3., vollständig überarbeitete Auflage

Daniela Eiletz-Kaube
Kurt Kaube

TANSANIA

STEFAN LOOSE
TRAVEL HANDBÜCHER

TANSANIA

1

© KURT KAUBE

Die Highlights

1 SOUTH BEACH Nur eine kurze Überfahrt mit der Fähre von Dar es Salaam entfernt, können es die palmenbestandenen Strände locker mit Sansibar aufnehmen. S. 166

2 BAGAMOYO Sklaven, Missionare, Pioniere, Kolonialisten – für Geschichtsinteressierte ist das Swahili-Städtchen ein Muss! S. 189

3 USHONGO BEACH Unberührt vom Tourismus locken die weißen Sandstrände südlich von Pangani vor allem Individualisten an. S. 220

© KURT KAUBE

© EMAYANI BEACH LODGE

4

4

4

© MAURITIUS IMAGES / ALAMY

© DREW SUTTON@ECO2.COM

4

4 **TAUCHEN VOR MAFIA ISLAND** Die Korallenformationen und Steilwände des Mafia Island Marine Park zählen zu den besten Tauchgründen Tansanias. S. 229

5

© KURT KAUBE

5 **STONE TOWN** Die ganze Welt verschmilzt zu etwas Neuem: enge, arabische Gassen und indische Balkone, Muezzinrufe und Kirchenglocken, betörende Taarab-Musik und hupende Mopeds. S. 259

6 **DIE STRÄNDE VON SANSIBAR** Ob nun Matemwe, Pongwe oder doch Bwejuu – welcher der schönste Strand ist, lässt sich nicht so einfach beantworten: Am besten, man testet sie alle! S. 301 und S. 310

7 **KILIMANJARO** Die majestätische Pracht des höchsten frei stehenden Berges der Welt begeistert immer wieder aufs Neue. S. 346

© KURT KAUBE

© KURT KAUBE

© KURT KAUBE

8 **USAMBARA MOUNTAINS** Wandern und dabei in das bunte Leben Afrikas eintauchen – die Berglandschaften zwischen Lushoto, Mtae, Bumbuli und Amani erfreuen ganz besonders Individualisten. S. 360

9 **KULTURTOURISMUS UM ARUSHA** Wer sich auf das tansanische Landleben einlässt, wird unvergessliche Erinnerungen mit nach Hause nehmen. Viele gut geführte Programme ermöglichen den Kulturaustausch. S. 393

10 **MOUNT MERU** Der kleine Bruder des Kilimanjaro – anspruchsvoller und mit unschlagbarem Blick auf den Kili. S. 403

© KURT KAUBE

11

© MAURITIUS IMAGES / JOHN WARBURTON-LEE

12

© OKAPIA / NAS / GREGORY G. DIMIJIAN

© PICTURE-ALLIANCE / NHPA / PHOTOSHOT

11 OL DOINYO LENGAI Majestätisch und als perfekter Kegel ragt der heilige Berg der Maasai aus der knochentrockenen Ebene hervor – wahrlich ein Bild für die Götter. S. 423

12 NGORONGORO CRATER Die überdimensionale Kraterschüssel ist ein Refugium für die „Großen Fünf" und viele andere Tiere. S. 429

13 SERENGETI NATIONAL PARK Das wohl berühmteste Naturschauspiel der Welt: Millionen von Tieren auf der Suche nach nahrhaftem Gras und Wasser. S. 436

© GETTY IMAGES / TIME & LIFE PICTURES / OVOWORKS

14 SELOUS GAME RESERVE

Größer als die Schweiz und dreimal so groß wie die Serengeti – dem wilden Safari-Land zwischen der Grenze zu Mosambik und den Uluguru Mountains erliegen Safari-Veteranen und Busch-Neulinge gleichermaßen. S. 488

15 RUAHA NATIONAL PARK

Miombo-Wälder, Baobab-Bäume und der facettenreiche Ruaha River sind hier nur Statisten – die wahren Helden sind Wildtiere in rauen Mengen. S. 506

15

15

15

16

© KURT KAUBE

16 **LAKE NYASA** Um in die abgeschiedenen Fischerdörfer am See zu gelangen, braucht man Zeit. Aber nirgendwo in Tansania schmeckt der Müßiggang süßer als hier. S. 515

Inhalt

Traveltipps von A bis Z 37

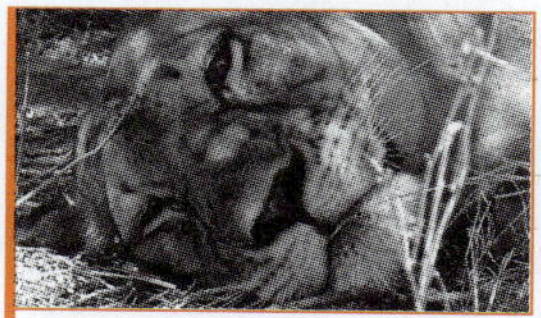

Land und Leute 115

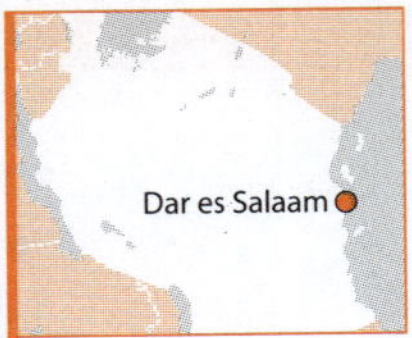

Dar es Salaam ... 151

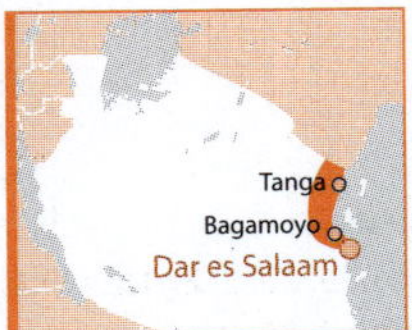

Die nördliche Küste ... 187

Die südliche Küste und Mafia Island ... 223

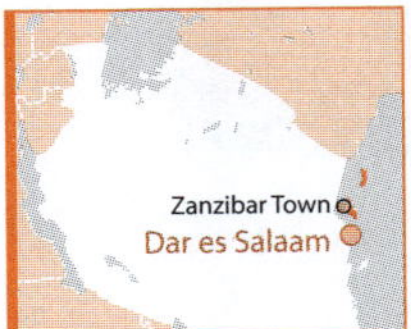

Sansibar und Pemba ... 255

Moshi
Dar es Salaam

Arusha
Dar es Salaam

Mwanza
Dar es Salaam

Kigoma
Dodoma
Dar es Salaam

Dar es Salaam
Iringa
Morogoro
Mbeya

Themen

Die in Tansania beheimateten Maasai-Giraffen weisen eine Weinblatt-förmige Musterung auf, die dunkler als bei gewöhnlichen Giraffen ist.

© KURT KAUBE

Reiseziele und Routen

Reiseziele

Bei Tansania denken die meisten Europäer unwillkürlich an Herden exotischer Tiere in freier Wildbahn und die endlose goldbraune Savanne. Und in der Tat – fast alle Reisenden kommen wegen der **Big Five (Elefant, Nashorn, Löwe, Leopard, Büffel).** Ein wesentlich kleinerer Teil der Besucher entscheidet sich fürs **Bergsteigen**, meist garniert mit ein paar Tagen auf Safari. Nach diesen anstrengenderen Teilen der Reise geht es zum Abschluss noch ans wohlig warme **Meer**. So bietet Tansania für jeden etwas – ein bisschen Abenteuer, ein wenig Sport und zu guter Letzt entspannendes Faulenzen.

Auf Safari

Die meistbesuchte Region des Landes stellt ohne Zweifel der **Northern Circuit** dar. Hier liegen die Sehenswürdigkeiten dicht beieinander und sind relativ gut erreichbar. Westlich und nordwestlich von **Arusha** (S. 382), dem Tor zum Northern Circuit, befinden sich die beliebtesten Nationalparks des Landes: der **Tarangire National Park** (S. 409), der **Lake Manyara National Park** (S. 418), der **Ngorongoro Crater** (S. 429) sowie in einiger Entfernung, aber dennoch binnen eines Tages erreichbar, die weltberühmte **Serengeti** (S. 436).

Der weniger bekannte **Southern Circuit** ist von Dar es Salaam aus zu erreichen. Abseits vom Massentourismus locken großartige Naturschutzgebiete und vom Tourismus noch größtenteils unberührte Naturlandschaften, nämlich das **Selous Game Reserve** (S. 488), der **Mikumi National Park** (S. 498) und der **Ruaha National Park** (S. 506).

Noch kaum bekannt ist der **Western Circuit**, im Zuge dessen man nicht nur den **Mahale Mountains National Park** (S. 480) und den **Gombe Stream National Park** (S. 479) – beide berühmt für ihre Schimpansen –, sondern auch den vollkommen unentdeckten **Katavi National Park** (S. 481) besuchen kann. Allerdings muss jedem Reisenden klar sein, dass er hier in weitgehend unerschlossene Gebiete vordringt. Die touristische Infrastruktur ist dementsprechend bescheiden und natürlich auch teuer. Außerdem sind für Individualreisende hier Swahili-Kenntnisse unerlässlich.

Völlig zu Unrecht wird der **Eastern Circuit** vom Tourismus weitgehend ignoriert. Während der an der nördlichen Swahili-Küste gelegene **Saadani National Park** (S. 199) seinen Reiz dadurch bezieht, dass er als einziger Nationalpark Tansanias direkt an den Indischen Ozean grenzt, ist der **Mkomazi National Park** (S. 357) nur Liebhabern bekannt. Unberührte Wildnis, goldbraunes Hügelland und authentisches Busch-Feeling erwartet Reisende, die für Neues offen sind.

Bergpanoramen

Die Bergwelt Tansanias hat noch keinen Reisenden kaltgelassen. Die beiden Aushängeschilder, der höchste Berg Afrikas, der **Kilimanjaro** (S. 346), und der nicht minder faszinierende zweithöchste Berg Tansanias, der **Mount Meru** (S. 403), bilden die bekanntesten Erhebungen.

Reiseplanung

Ein Urlaub in Tansania – so unvergesslich schön er auch sein mag – ist anstrengend, egal ob man sich in einer organisierten Reisegruppe befindet oder auf eigene Faust unterwegs ist. Neben den großen Distanzen und schlechten Straßenverhältnissen unterschätzen viele, dass Safaris durch die ständige Konzentration auf die Tier- und Pflanzenwelt sehr ermüdend sind. Ausschlafen steht aber nicht auf dem Programm, denn bei und kurz nach Sonnenaufgang ist die Wahrscheinlichkeit noch hoch, viele nachtaktive Tiere zu Gesicht zu bekommen. Aber auch ein Aktivurlaub, z. B. Bergwandern, strengt an. Nicht umsonst hat sich daher die klassische Reiseplanung mit einer Woche Safari oder Bergwandern und einer Woche Strandurlaub durchgesetzt. Hier einige Anregungen dafür.

Schwerpunkte setzen

Es hat sich bewährt, einen bestimmten Teil des Landes zu bereisen, z. B. das nordöstliche Bergland, den Northern Circuit oder ausgesuchte Parks im Süden. Wer mehr von seiner Reise haben möchte, sollte auch inhaltliche Schwerpunkte setzen – entweder zugunsten von Bergwanderungen oder von Safaris. Natürlich möchte man so viele Aktivitäten wie möglich in den Urlaub integrieren, doch mindert dies den Erholungswert der Reise.

Nichts übertreiben!

Leider hat sich vor allem bei den im Northern Circuit tätigen Safariveranstaltern die Unart eingebürgert, Touristen innerhalb von vier Tagen durch fünf Parks zu schleusen. Abgesehen davon, dass die Reisekasse wegen der vielen Parkgebühren unnötig strapaziert wird und das wiederholte Ein- und Auschecken in den Unterkünften mühselig ist, hat man nichts davon, ein solches Stressprogramm zu absolvieren. Schließlich sind die eindrucksvollsten Tiersichtungen eher geduldigem Warten zu verdanken als einer hektischen Park-Rallye. Insofern ist es viel sinnvoller, sich drei (statt fünf) Nationalparks auszusuchen und dort jeweils in einer der Unterkünfte zwei oder drei Nächte (statt der üblichen einen Nacht) zu verbringen. So lernt man Land und Leute viel intensiver kennen und hat beste Aussichten auf einen unvergesslichen und entspannenden Urlaub mit vielen Tiersichtungen und wenig Stress.

Lange Transfers vermeiden

Wer den Norden ansteuern will, sollte den Kilimanjaro International Airport unweit von Moshi und Arusha als Flugziel wählen. Das Flugticket nach Dar es Salaam mag zwar um einiges billiger sein, doch dazu kommt der Weitertransport von Dar in den Norden: Zu veranschlagen sind US$265 für einen einfachen Inlandflug nach Arusha – oder aber an die US$30 für ein einfaches Busticket zuzüglich Übernachtung in Dar es Salaam, bevor es früh morgens in den Norden geht, plus Taxi plus eine Tagesreise plus Nerven ... Deshalb auf längeren Strecken besser fliegen und die Reise auf ein eng abgestecktes Gebiet beschränken.

Erholung einplanen

Safaris sind teuer, daher will man natürlich jede Minute im Park optimal nutzen. Auf eine Safari oder eine Wanderung sollten also ein paar Tage zum Ausspannen folgen, wobei es nicht immer Sansibar sein muss. Auch auf dem Festland locken herrliche Strände, wie etwa südlich von Bagamoyo oder Pangani oder gar am South Beach von Dar es Salaam. Weitere Optionen sind die wunderbar ruhigen Inseln Mafia oder Pemba.

Neben diesen Touristenmagneten gibt es aber unzählige weitere Berglandschaften, die dem Großteil der Besucher vorenthalten bleiben. Dazu gehören der fantastische **Ol Doinyo Lengai** (S. 423) und die **Crater Highlands** (S. 430) im Norden, die beeindruckenden **Usambara Moun-**

tains (S. 360) und die **Pare Mountains** (S. 356) im Nordosten oder auch die **Uluguru Mountains** (S. 492) und die **Udzungwa Mountains** (S. 500) im Süden. Sie alle bieten genügend Möglichkeiten für ausgiebige Wanderungen – als willkommenes Zusatzprogramm zu den Safaris.

Viel Geschichte unter Palmen

Die sogenannte **Swahili-Küste**, die sich nördlich und südlich von Dar es Salaam erstreckt und auch die Inseln **Sansibar** (S. 256), **Pemba** (S. 317) und **Mafia** (S. 224) mit einbezieht, steht für Meer, Wassersport (in erster Linie Tauchen und Schnorcheln) und süßes Nichtstun. Palmengesäumte Strände, Mangrovensümpfe, einfache Fischerdörfer und geschäftige Hafenstädte lassen die Herzen aller Sonnenanbeter höher schlagen. Längst nicht jeder Strand ist dem manchmal viel zu lauten Tourismus preisgegeben; es gibt noch zahlreiche Flecken, wo man nichts anderes hört als das stete Murmeln des Meeres.

Historisch Interessierte kommen ebenso auf ihre Kosten, da hier für Tansania und ganz Afrika bedeutende Geschichte geschrieben wurde. Die alten, bröckelnden Swahili-Städte entlang der Küste lassen erahnen, wie mächtig und strategisch wichtig die Küste von Tansania einst war. Heute zieht es Gäste fast nur in eine einzige Stadt – die Altstadt von **Stone Town** (S. 259) auf Sansibar. Dabei brauchen aber das leicht erreichbare **Bagamoyo** (S. 189), das bröckelnde **Pangani** (S. 214) oder gar die alte Shirazi-Stadt **Kilwa** (S. 235) sich in puncto Bedeutung und Swahili-Charme nicht zu verstecken.

Grandiose Seen

Die malerischen Seen entlang des Ostafrikanischen Grabenbruchs – **Lake Nyasa** (Lake Malawi, S. 515), **Lake Tanganyika** (S. 474) und **Lake Victoria** (S. 447) gehören zu den schönsten Landschaften von Tansania. Zum Baden sind sie aber nur bedingt geeignet, da hier Bilharziosegefahr besteht. Wer hierher reisen möchte, braucht nicht nur einen verlässlichen Geländewagen, sondern auch eine gehörige Portion Abenteuerlust.

Tansania für Aktive

Bergsteigen, Wandern und Trekking

Die vielfältige Berglandschaft lädt vielerorts zum Wandern ein, auch wenn einzig der Kilimanjaro für Tansania kommerziell einträglich ist. Dabei hat Tansania weit mehr als nur den höchsten Berg Afrikas zu bieten (s. S. 23, „Bergpanoramen“).

Tauchen

Besonders beliebt unter Tauchern sind die Riffe **Sansibars** (S. 280) oder **Pembas** (S. 318). Als Geheimtipp gelten hingegen noch immer die Insel **Mafia** (S. 233) sowie die Tauchbasen in **Mikindani** (S. 245) und **Ushongo Beach** (S. 220). Und auch wenn man es kaum glauben mag: Die Tauchgründe rund um die Millionenmetropole **Dar es Salaam** (S. 151) zählen zu den besten Tansanias. Außer auf Mafia, wo auch Großfische vorkommen, zeichnen sich die Tauchgründe vor allem durch eine erstaunliche Artenvielfalt bei den Rifffischen und den Korallenformationen aus.

Hochseefischen

Die Hochseefischerei ist in Tansania nur schwach etabliert. In Dar es Salaam (S. 151), **Kilwa** (S. 235), auf **Sansibar** (S. 256) und **Pemba** (S. 317) existiert eine Handvoll Unternehmen, die Hochseefischen anbieten.

Reiserouten

Theoretisch könnte man in Tansania im Verlauf einer einzigen Reise auf Safari gehen, im Indischen Ozean tauchen, den höchsten Berg Afrikas besteigen, historisch bedeutsame Ruinenstädte besuchen und unter Palmen am Meer liegen.

Praktisch aber lässt sich die Fülle an Attraktionen nicht so leicht unter einen Hut bringen, denn vielfach werden die immensen Distanzen unterschätzt. Aus diesem Grund sollte man bei der Urlaubsplanung unbedingt die Transferzeiten so kurz wie möglich halten.

Die folgenden Routenvorschläge geben einen Eindruck davon, welche Urlaubsfreuden Tansania bereithalten kann, wenn der Faktor Entfernung realistisch eingeschätzt wird.

Tansania klassisch

■ 10–14 Tage

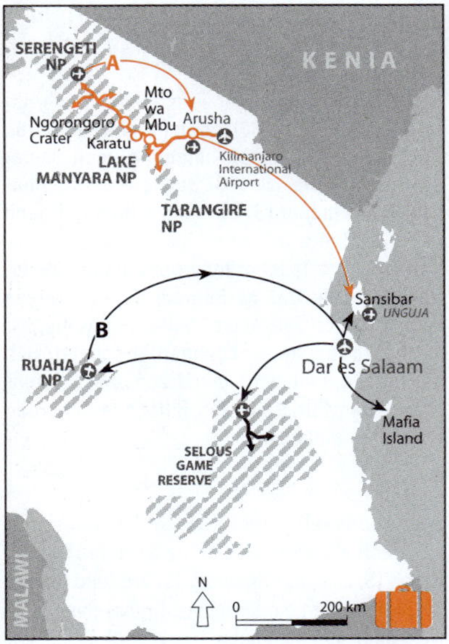

Wer zum ersten Mal nach Tansania reist, wählt oft die nachstehend beschriebene Route.

Variante A

Nach der Ankunft am Kilimanjaro International Airport konzentriert man sich auf den **Northern Circuit**: Die Safari-Tour mit einem Geländefahrzeug beginnt mit dem **Tarangire National Park** (S. 409, 2 Nächte, 2 Tage) oder dem **Lake Manyara National Park** (S. 418, 1 Tag, 1 Nacht). **Mto wa Mbu** (S. 393) bietet sich ideal für einen Vormittag Kulturtourismus an, bevor es nach **Karatu** (S. 425) geht, dem Tor zum **Ngorongoro Crater** (S. 429, 1 Tag, 2 Nächte). Es folgt die **Serengeti** (S. 436, mind. 2–3 Nächte). Nach 5–7 Nächten auf Safari führt die Fahrt zurück nach **Arusha** (S. 382), wo ein Tag mit Kulturtourismusprogrammen verbracht werden kann, und weiter mit einem kleinen Buschflugzeug nach **Sansibar** (S. 256). Ein oder zwei Nächte in Stone Town und einige Tage an der Küste runden das Programm ab und bieten Zeit zum Verschnaufen nach der anstrengenden ersten Woche auf Safari.

Variante B

Nach der Ankunft am Dar es Salaam International Airport wird man per Buschflugzeug in das **Selous Game Reserve** (S. 488, 2–3 Nächte) und den **Ruaha National Park** (S. 506, 2–3 Nächte) gebracht. Hier sind Naturverbundenheit und Buschfeeling garantiert! Zum Abschluss bietet es sich an, nach **Mafia Island** (S. 224) zu fliegen, um dort einige Tage mit Schnorcheln und Sonnenbaden zu verbringen. Oder man beschließt die Reise, wie in Variante A beschrieben, auf **Sansibar** (S. 256) – am bequemsten ist ein Flug dorthin, aber die Überfahrt mit der Fähre ist ebenso möglich.

Tansania deluxe

■ 10–14 Tage

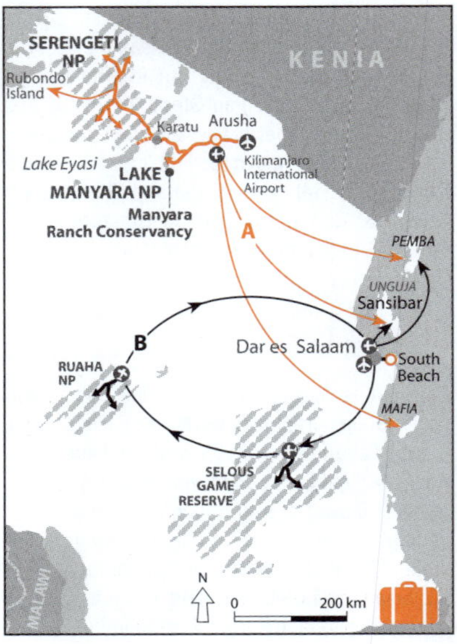

© KURT KAUBE

Marabustörche leben häufig in der Nähe von menschlichen Siedlungen.

Luxuriöse Hideaways mitten im unberührten Busch, meist handelt es sich um Tented Camps, finden sich fast überall in Tansania. Sie sind ein Erlebnis für den Geist, aber auch eine Herausforderung für das Portemonnaie.

Variante A

Nach der Ankunft am Kilimanjaro International Airport wird man per Fahrzeug in die **Manyara Ranch Conservancy** (S. 415, 2–3 Nächte) gebracht und danach in die **Serengeti** (S. 436, 3–5 Nächte) geflogen. Empfehlenswert ist die Buchung zweier Unterkünfte in ganz unterschiedlichen Regionen, z. B. zwei Nächte im Western Corridor und drei Nächte in der Loliondo Game Controlled Area. Zur Erholung am Schluss lohnt sich ein Abstecher zum **Lake Eyasi** (S. 428), zur **Rubondo Island** (S. 461) oder nach **Sansibar** (S. 256), **Pemba** (S. 317) oder **Mafia** (S. 224).

Variante B

Nach der Ankunft in Dar es Salaam fliegt man sofort weiter in eine der Lodges im **Selous Game Reserve** (S. 488, 4–6 Nächte). Ideal ist die Buchung zweier Lodges in zwei verschiedenen Regionen, denn so sind in ein und demselben Park völlig unterschiedliche Busch-Erfahrungen möglich. Als Alternative zur zweiten Lodge im Selous kann auch für drei Nächte eine Lodge im **Ruaha National Park** (S. 506) angeflogen werden. Nach einer Woche auf Safari klingt der Luxus-Urlaub entweder am **South Beach** (S. 166) von Dar es Salaam, auf **Sansibar** (S. 256) oder **Pemba** (S. 317) aus.

Tansania aktiv

- 14 Tage

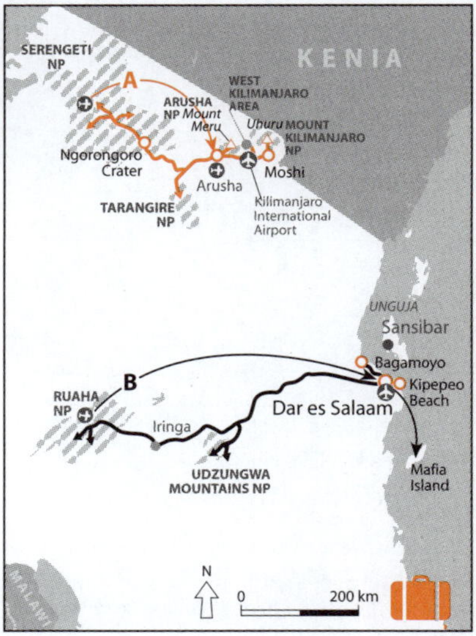

Sowohl im Norden als auch im Süden kommen Wanderer und Safari-Liebhaber auf ihre Kosten – was liegt daher näher, als beide Aktivitäten miteinander zu verbinden?

Variante A

Reisende, die entweder den Gipfel des **Kiliman jaro** (S. 346) oder den des **Mount Meru** (S. 403) erklimmen möchten, sollten dies als erste Etappe ihrer Reise vorsehen. Nach der Ankunft am

Kilimanjaro International Airport ist es sinnvoll, sich ein bis zwei Tage in **Moshi** (S. 327) oder **Arusha** (S. 382) zu akklimatisieren, bevor man den Aufstieg wagt. Je nach Route können für die Besteigung vier bis sieben Tage eingeplant werden. Egal, wie lange die Besteigung (inklusive Abstieg) auch dauern mag, es sollte sich mindestens ein Ruhetag anschließen.

Die restlichen sechs oder sieben Tage können nun auf Safari in einem oder zwei Parks des Nordens verbracht werden: Man beginnt in der **West Kilimanjaro Area** (wo Walking Safaris erlaubt sind, S. 408), dann geht es weiter zum **Ngorongoro Crater** (S. 429) und zur **Serengeti** (S. 436). Wer nur drei Tage auf Safari gehen möchte, muss sich Parks in der Nähe von Arusha aussuchen, z. B. den **Tarangire National Park** (S. 409). Oder man fliegt ganz ohne Safari direkt ans Meer.

Variante B

Alternativ dazu kann man auch im Süden hervorragend bergwandern, wenn auch weniger komfortabel als im Norden. Nach der Ankunft in **Dar es Salaam** (S. 151) sucht man sich ein Hotel

Individuell unterwegs in Tansania

© KURT KAUBE

Tansania ist kein klassisches Selbstreiseland wie etwa Namibia oder Südafrika – was nicht bedeutet, dass es unmöglich ist.

Was geht und was nicht geht

Von der Swahili-Küste (mit Dar es Salaam, Kilwa, Bagamoyo, Tanga, Pangani) und den Inseln (Sansibar, Pemba, Mafia) angefangen, über die Bergregionen im Norden und Nordosten (Moshi, Usambara-Berge, Pare Mountains) und die südlichen Regionen wie Iringa oder Mbeya bis hin zu den großen Seen und ihren Einzugsgebieten (Mwanza, Bukoba, Kigoma, Kyela) ist individuelles Reisen mit öffentlichen Verkehrsmitteln oder als Selbstfahrer uneingeschränkt möglich. In allen Landesteilen existieren sehenswerte, mehr oder weniger bekannte Highlights und Attraktionen, Kulturtourismusinitiativen für Ausflüge oder Wanderungen sowie genügend lokale Gästehäuser und Restaurants.

Wer eher bequem oder ängstlich ist, wird sich als Individualtourist aber nicht wohl fühlen. Man muss sich auf lange **Wartezeiten und Fußmärsche**, z. B. vom Busbahnhof bis zur Unterkunft, einstellen. Ebenso muss man bereit sein, um sprichwörtlich jede Leistung – egal ob die Taxifahrt, die Unterkunft, das Abendessen oder die Tomaten – bis aufs Blut zu **feilschen**, denn wer Geld hat (so wie die Weißen), soll es nach Möglichkeit auch mit den Tansaniern teilen. Obwohl man überwiegend mit freundlichen, zuvorkommenden Tansaniern zu tun haben wird, müssen Reisende sich darüber im Klaren sein, dass sie Begehrlichkeiten wecken.

im Norden der Stadt, um am nächsten Tag bequem **Bagamoyo** (S. 189) zu besuchen. Am darauffolgenden Tag folgt der Transfer in die **Udzungwa Mountains** (S. 500), wo trittsichere und konditionsstarke Wanderer gut und gerne drei, vier Nächte verbringen können (vielleicht sogar mit einem mehrtägigen Trek über die Berge). Die Udzungwa Mountains bieten auch einen wunderbaren Rahmen für Kulturtourismus.

Die Uluguru Mountains bei Morogoro (Wanderungen und Kulturtourismus) oder der Mikumi National Park liegen am Weg (je mind. 2 Nächte).

Als Kontrastprogramm zum Bergwandern empfehlen sich mehrtägige Safaris im **Ruaha National Park** (S. 506). Der azurblaue Indische Ozean bietet einen würdigen Abschluss der Reise: Einige Nächte am **Kipepeo Beach** (S. 166) in Dar es Salaam oder auf **Mafia Island** (S. 224) werden der Seele guttun.

Für einen solchen Aktivurlaub mit Bergsteigen, Safari und Meer gilt jedenfalls: nichts übertreiben – weniger (Unterkünfte) ist mehr (Urlaubsvergnügen) – und möglichst langwierige Transporte im Fahrzeug meiden.

Wer mehrtägige **Safaris** in unterschiedlichen Parks unternehmen möchte, muss sich an eine Agentur (in Tansania oder zu Hause) wenden (Kasten S. 80). Tagesausflüge oder kürzere Besuche (2 oder 3 Tage) von nur einem Nationalpark werden manchmal von Camps und Lodges arrangiert, z. B. für den Mikumi National Park (S. 498), das Selous Game Reserve (S. 488) oder den Saadani National Park. Wer ein Fahrzeug mieten möchte, sollte dies in Tansania tun, denn Fahrzeuge mit ausländischen Kennzeichen zahlen exorbitant hohe Gebühren und kenianische Fahrzeuge dürfen momentan gar nicht in tansanische Parks einfahren.

Mit einem geschulten, erfahrenen Fahrer, der das Gebiet und die Vorlieben der Wildtiere kennt, machen erlebnisreiche Pirschfahrten aber ohnehin viel mehr Spaß. Gleiches gilt für **Bergbesteigungen und Wanderungen**, die – für Mitteleuropäer eher ungewöhnlich – selten ohne Guide (S. 64) und Routenplanung gemacht werden können. Solche landesspezifischen Eigenheiten müssen selbst Individualreisende akzeptieren.

Der Faktor Zeit

Ob Besucher nun individuell oder organisiert in Tansania unterwegs sind, hängt in hohem Maße von der Aufenthaltsdauer ab. Wer 14 Tage Zeit hat, sollte im Sinne eines erholsamen Urlaubs die Buchung einer organisierten Tour (S. 76) ins Auge fassen. Wer dagegen mindestens vier Wochen Zeit hat und nicht an einem bestimmten Tag in einem bestimmten Ort sein muss, kann sich an Tansania ruhig in Eigenregie versuchen (mit den eingangs erwähnten Einschränkungen bei Safaris und Aktivitäten).

Transport und Distanzen

Viele Touristen realisieren erst vor Ort, mit welchen Tücken im Transportwesen man kämpfen muss und welche immensen Distanzen überbrückt werden müssen. Außer man befindet sich auf einer organisierten Tour mit einem Fahrzeug und Driverguide, wird selbst die beste Planung und Vorbereitung spätestens am dritten Tag obsolet. Individualtouristen müssen unbedingt ausreichend Pufferzeit einplanen, um annähernd im Zeitplan zu bleiben. Unvorhergesehenes passiert täglich.

Informationen

Vieles kann man nicht im Internet recherchieren oder die Angaben sind veraltetet oder falsch abgeschrieben. Auch der vorliegende Reiseführer kann nur grobe Anhaltspunkte geben, denn Bus-, Fähr- und Zugverbindungen ändern sich fast wöchentlich und die Preise explodieren. Die detaillierte Reiseplanung kann nur in Tansania selbst erfolgen. Für die Informationsbeschaffung muss daher genügend Zeit eingeplant werden.

Tansania intensiv

■ mind. 3 Wochen

Wer so viel Zeit hat, kann die ausgetretenen Touristenpfade durchaus verlassen und sich in weniger gut erreichbare Gebiete wagen. Während Safaris immer mit einem Tour Operator absolviert werden müssen, können andere Teile der Reise auch in Eigenregie erfolgen. Der Fantasie sind keine Grenzen gesetzt, und trotzdem sollte man sich auf ein Gebiet konzentrieren.

Variante A

Man könnte mit einigen Tagen Safari im Northern Circuit beginnen, z. B. im **Arusha National Park** (S. 400), dann weiter in den **Tarangire** (S. 409) fahren, anschließend in den **Ngorongoro Crater** (S. 429) mit einem mehrtägigen Trek in den Crater Highlands und zum Schluss in die **Serengeti** (S. 436). Nach der Rückkehr nach Arusha geht es mit öffentlichen Verkehrsmitteln weiter in die **Usambara-Berge** (S. 360) zum Wandern und für Kulturtourismus oder nach **Tanga** (S. 203), **Pangani** (S. 214) und **Ushongo Beach** (S. 220), wo Meer und historische Sehenswürdigkeiten warten. Selbstverständlich bietet sich zum Abschluss auch **Sansibar** (S. 256) an.

Variante B

In drei Wochen kann man auch gut den Süden und die Küste intensiv erleben: Nach einigen Tagen im **Selous Game Reserve** (S. 488) geht es auf der Panoramaroute über die Uluguru Mountains nach **Morogoro** (S. 493), wo man zwei, drei Tage mit Wandern und Kulturtourismus verbringen kann. Es folgen Safaris im **Mikumi National Park** (S. 498), bevor man den Weg zu den **Udzungwa Mountains** (S. 500) einschlägt (Wandern und Kulturtourismus). Ein paar Tage Safari im **Ruaha National Park** (S. 506) sowie anschließend noch ein Abstecher nach **Mbeya** (S. 510) und zum **Lake Nyasa** (Lake Malawi) (S. 515) runden die abwechslungsreiche Tour ab.

Auf Maasai trifft man fast im ganzen Land, von Arusha über Dodoma bis vor die Tore des Selous Game Reserve.

© KURT KAUBE

Klima und Reisezeit

Klima

Das Klima in Tansania gilt generell als tropisch. Die Sommermonate Dezember bis März bilden die heißeste Jahreszeit, während der (bisweilen recht kühle) tropische Winter vom Juni bis in den September hineinreicht. Wer in den europäischen Sommerferien nach Tansania fährt, reist also in den tropischen Winter.

Und trotzdem: Es ist nicht überall und immer gleich heiß. Die Mikroklimata sind je nach Region und Höhenlage verschieden. Die Ostküste, die Inseln Sansibar, Pemba und Mafia sowie insbesondere der Großraum Dar es Salaam stellen zu jeder Jahreszeit die Hitzepole des Landes dar. In den Sommermonaten ist es in diesen Küstenregionen und in der Metropole unerträglich heiß und schwül. In den Wintermonaten hingegen locken trocken-heiße Temperaturen und in den Nächten kann es auf wohlige 20 °C abkühlen.

Anders sieht es in den höher gelegenen Regionen aus. Wer im afrikanischen Winter das nördliche Bergland sowie die Nationalparks im Norden besucht, sollte warme Kleidung mitbringen. Im Juni und Juli kann es in höheren Lagen, z. B. an den Flanken des Kilimanjaro oder im Hochland rund um den Ngorongoro Crater, gerade in der Nacht und am Morgen empfindlich kalt werden. Das Gleiche gilt für höher gelegene Gebiete im Nordosten wie die Usambara-Berge oder die Gegend rund um Mbeya im Südwesten.

Das Klima in den Seengebieten gleicht dem des sonstigen Festlands. Grundsätzlich aber weisen diese Gebiete eine höhere Luftfeuchtigkeit sowie stärkere Regenfälle auf.

Regenzeiten

Wie überall in den Tropen gibt es **zwei Regenzeiten**, eine große und eine kleine. In der großen Regenzeit, die im Allgemeinen von März bis Ende Mai oder Anfang Juni dauert, werden weite Teile der Nationalparks und auch großflächige Gebiete unpassierbar. Die kleine Regenzeit von Oktober bis November beeinträchtigt das Reisen in der Regel nur geringfügig. Diese Anga-

In Tansania ist die Maasai-Giraffe verbreitet.

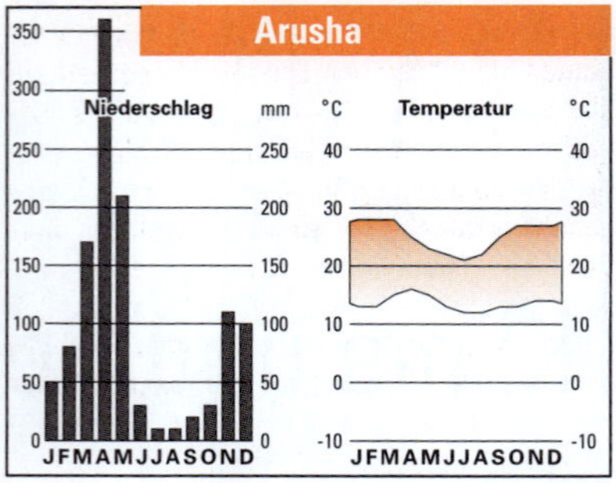

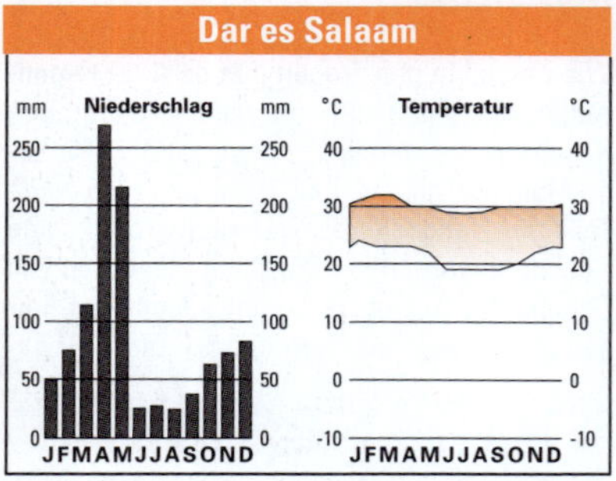

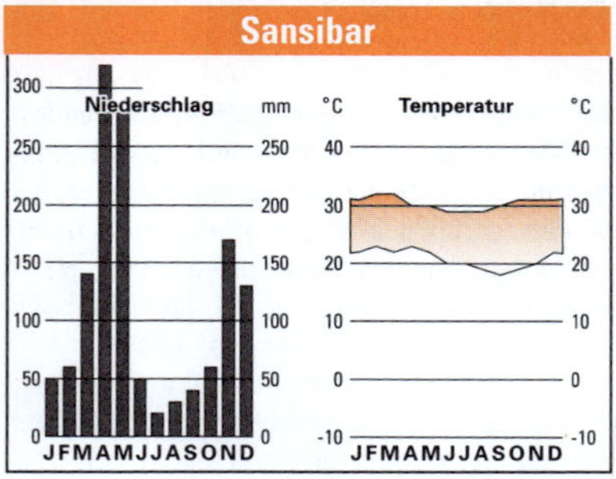

ben sind natürlich nur als Richtwerte zu behandeln, denn in den letzten Jahren ist es vermehrt zu **Verschiebungen der Regenzeiten** gekommen.

Als Europäer hat man kaum eine Vorstellung von einer tropischen Regenzeit, denn die **Intensität der Regenfälle** ist nicht mit Niederschlägen in unseren Breiten vergleichbar. Für kurze Zeit, oft nur wenige Minuten, gehen heftige Platzregen nieder, danach scheint wieder ganz unschuldig die Sonne. Nach wenigen Tagen kann der Boden das Wasser nicht mehr aufnehmen, weshalb viele Gebiete, auch Straßen, verschlammen und unpassierbar werden. Großflächige Landstriche sowie ganze Straßenzüge und Viertel in Städten stehen unter Wasser, da die Betondrainagen mit viel Unrat verstopft sind.

Besonders tückisch im Busch ist die sogenannte **Black Cotton Soil** (S. 101). Sie kommt fast flächendeckend im ganzen Land vor, und nach Regenfällen verwandeln sich ganze Landstriche in schmierige, glitschige Gebiete, wo Fahrzeuge hoffnungslos manövrierunfähig werden.

Reisezeit

Auch wenn mancher Reiseveranstalter Tansania als eine Ganzjahres-Destination verkauft, stimmt dies nur bedingt. Die ideale Reisezeit richtet sich primär nach den jeweiligen Reisezielen und den gewünschten Aktivitäten. Wer in der Hochsaison reist (Juli/August sowie Dezember bis Anfang Januar, also während der europäischen Sommer- und Weihnachtsferien), wird die dann stark erhöhten Preise empfindlich im Reisebudget spüren.

Safaris

Safaris können fast das ganze Jahr unternommen werden. **Unmittelbar nach der großen Regenzeit** (Juni bis August) halten sich die Tiere in den Nationalparks auf, weil sie genügend Wasser und Futter vorfinden. Außerdem stehen die Chancen gut, viele Jungtiere zu beobachten, da diese nach Ende der Regenzeit auf die Welt kommen. Dabei kann es allerdings ausgesprochen kalt werden. Warme Kleidung, eine wattierte Jacke, eventuell sogar leichte Handschuhe oder ein Stirnband (speziell für morgendliche Pirschfahrten, denn der Fahrtwind kann ganz schön eisig sein!), sollten im Gepäck nicht fehlen. Der **tropische Sommer** (Oktober bis Februar) präsentiert sich hingegen schwülheiß; die Nächte bringen keinerlei Abkühlung. Zu dieser sogenannten Trockenzeit konzentriert sich der Tierbestand an den Wasserläufen. Dann ist auch das Gras kürzer, was natürlich die Tierbeobachtung erleichtert. Während der darauf folgenden **großen Regenzeit** (März bis Mai) mag das Wetter vielleicht unwirtlich und die Pisten und Gehwege matschig sein, aber dort, wo ein Passieren der Pisten überhaupt möglich ist, tut regnerisches Wetter der Wildtierbeobachtung keinen Abbruch.

Wandern

Zum Bergsteigen und Trekking bieten sich vor allem die Monate **zwischen Oktober und Februar** an. Wenn es in niederen Lagen heiß und unerträglich stickig ist, sind die Temperaturen im Bergland angenehm sommerlich und besser verträglich. In den Wintermonaten Juni bis September hingegen kann es besonders nachts eisig kalt werden, und auch tagsüber bleiben die Gebirgszüge unter dunklen, dichten Wolken verborgen.

Am Indischen Ozean

Wasserratten und Sonnenanbeter kommen in Tansania fast das ganze Jahr über auf ihre Kosten. Entlang der Küste ist von **Juni bis Oktober** mit strahlend blauem Himmel, trockenheißen Temperaturen und einer stetig wehenden Brise zu rechnen. Von **Oktober bis Februar** herrschen nahe der Küste schwüle, stickige Temperaturen gepaart mit hoher Luftfeuchtigkeit vor, was zuweilen – besonders in der Nacht – unerträglich sein kann. Allerdings sorgt der behaglich warme Indische Ozean für Erfrischung. In den Wintermonaten während und unmittelbar nach der **großen Regenzeit** (März bis in den Juni) hingegen kann es besonders auf den Inseln manchmal trostlos sein, wenn der Wind fegt, der wolkenverhangene Himmel wenig Sonne durchlässt und kein Alternativprogramm zum Sonnenbaden besteht.

Kaskazi und Kusi – die Monsunwinde

Während in Europa vier Jahreszeiten existieren, folgt der klimatische Jahreszyklus in Tansania anderen Spielregeln: Hier unterscheidet man Regen- und Trockenzeiten.

Zweimal pro Jahr, am 23. September und am 21. März, erreicht die Sonne ihren Höchststand über dem Äquator. Dann werden die Landmassen kräftig aufgeheizt und die enormen Temperaturgefälle zwischen Ostafrika und dem kühleren Südwestasien begünstigen heftige Winde, die die Luftdruckunterschiede ausgleichen. Sie werden als **Monsunwinde** bezeichnet.

Wenn die Sonne nach dem 23. September südwärts wandert, bläst der Wind aus nordöstlicher Richtung als **Nordost-Monsun** oder **Kaskazi**. Nachdem daraufhin die Sonne am 21. Dezember (dem kürzesten Tag des Jahres in Europa) am südlichen Wendekreis „umgedreht" und Ende März wieder den Äquator passiert hat, erreicht sie am 21. Juni den nördlichen Wendekreis. Daraufhin dreht der Wind auf Südost als **Südost-Monsun** oder **Kusi**.

Die Regenzeiten orientieren sich jeweils an den Winden. Wenn Ende März die **große Regenzeit** (bis Juni) einsetzt, haben die Wolken viel Feuchtigkeit aus dem Indischen Ozean aufgesogen und bringen dementsprechend viel Regen mit sich. Weniger regenreich ist hingegen die **kleine Regenzeit**, die je nach Gebiet von Ende Oktober bis etwa Mitte Dezember anhält. Mit zunehmender Entfernung vom Äquator verschiebt sich der Beginn der Regenzeiten immer stärker. In der Nähe der Wendekreise, wo die Sonne nur einmal pro Jahr im Zenit steht, gibt es dann auch nur eine Regenzeit, so auch im Süden Tansanias (Regenzeit zwischen November und April).

© KURT KAUBE

Reisekosten

Tansania-Reisen sind kein billiges Vergnügen. Dem Ruf, ein Urlaubsland für Rucksacktouristen und Budgetreisende zu sein, wird Tansania längst nicht mehr gerecht. Wie hoch das **Tagesbudget** ausfällt, hängt letztendlich vom gewünschten Reise- und Komfortstandard ab. Wer mit einfachen Unterkünften, landestypischer Kost und heillos überladenen Daladalas zufrieden ist, kommt am Tag vermutlich mit weniger als 30 € für zwei Personen aus. Sobald man allerdings irgendwelche Aktivitäten plant, z. B. Safaris, Bergsteigen, Wandern oder Tauchen, steigt das Tagesbudget durch Eintrittsgebühren, Honorare für Guides sowie Buchungskosten bei Tour Operators sprunghaft an (US$150–200 p. P. und Tag für eine Camping-Safari oder US$50–70 für einen Tauchgang).

Generell sind alle Güter und Dienstleistungen, die von Ausländern und Touristen konsumiert werden, teuer. Für einigermaßen westlichen Standard muss tief in die Tasche gegriffen werden, egal ob es sich um Unterkünfte, Essen, Benzin, Kleidung oder Bücher handelt. Alles, was Einheimische zum täglichen Leben brauchen, wie Moskitonetze, einheimisches Obst und Gemüse, chinesische Plastik-Flipflops, landestypische Gästehäuser oder Kangas (S. 132), ist hingegen billig. Das allgemeine **Preisniveau** liegt in den Ballungszentren (Dar es Salaam, Dodoma) sowie in den Touristenzentren (Moshi, Arusha, Sansibar) erwartungsgemäß viel höher als anderswo. In puncto Lebenshaltungs-, Wohn- und Reisekosten sind Arusha und Dar es Salaam mit Abstand führend. Je weiter man in ländliche Gegenden vordringt, desto spärlicher wird das Angebot an westlichem Komfort, aber desto günstiger wird es auch. Tipp: Wer mit Tanzanian Shillings bezahlt, bekommt häufig bessere Preise; außerdem vermeidet man allzu schlechte Wechselkurse.

Eintrittsgebühren

Nationalparks und Naturschutzgebiete sind teuer. Zwischen US$30 und US$100 p. P. und Tag müssen für den Eintritt locker gemacht werden. Fahrzeuge mit ausländischem Kennzeichen zahlen hohe Gebühren ab US$150 nur für das Fahrzeug. Das macht Tansania auf der Trans-Afrika-Route zu einem sündhaft teuren Durchgangsland. Gesondert berechnet werden zudem noch die Trinkgelder (s. Kapitel „Trinkgeld", S. 56).

Übernachtung

Die einfachsten Unterkünfte kosten 15 000 TSH (ca 7 €) für ein DZ mit Gemeinschaftsbad. In diesem Preis ist das Frühstück selten enthalten. Ein Zimmer in einem landestypischen Mittelklassehotel mit Bad und WC gibt's für unter US$60, wobei das typisch tansanische (englische) Frühstück eingeschlossen ist. Für einen etwas besseren Standard (geräumige Badezimmer, Toilette mit Wasserdruck, intaktes Moskitonetz, Kaffee aus echten Bohnen) ohne viel Schnickschnack muss man bis zu US$100 berappen. Gehobenen Ansprüchen werden Zimmer ab etwa US$150 pro DZ inkl. Frühstück gerecht, es kann aber auch wesentlich teurer werden. Besonders in und um die Nationalparks, in den Ballungszentren Dar es Salaam und Arusha sowie

Löwen in freier Wildbahn zu beobachten ist ein erhebendes Gefühl.

auf den Inseln können die Übernachtungspreise astronomische Höhen erklimmen. So kosten Zimmer in ausgesuchten Luxusherbergen über US$1000 p. P. und Nacht.

In der großen Regenzeit werden, sofern die Unterkünfte nicht geschlossen sind, Green Season Rates angeboten, die je nach Verhandlungsgeschick bis zu 40 % unter dem Normalpreis liegen können.

Essen und Trinken

In den gehobenen Unterkünften muss man mit Dinner-Preisen ab US$20–30 p. P. rechnen. In den westlichen Restaurants in Dar es Salaam, Arusha oder Stone Town schlägt ein Abendessen mit 15 000 TSH (7 €)–35 000 TSH (16,70 €) p. P. zu Buche. Am billigsten sind landestypische Gasthäuser, wo man bei *chipsi mayai* (Pommes frites mit verquirltem Ei) oder *mishkaki* (Fleischspieße) für rund 2500 TSH (1,20 €) satt wird.

Transportkosten

Nahverkehrsbusse, sogenannte **Daladalas**, sind mit durchschnittlich 300–500 TSH (0,25 €) mehr als erschwinglich. Coaster oder Hiace übernehmen mittellange Strecken von 50, 80, 100 km für 5000 TSH (2,40 €). Langstrecken werden mit großen **Überlandbussen** gefahren, wobei das Busticket max. 100 000 TSH (48 €) kosten sollte, z. B. von Mtwara nach Mwanza.

Fährtickets vom Festland nach Sansibar belaufen sich momentan auf US$35 p. P. für die einfache Strecke, während **Bahnfahrkarten** in TSH zu bezahlen sind und nicht mehr als 49 000 TSH (23 €) kosten sollten, z. B. für die Strecke von Dar es Salaam nach Mbeya.

Innerhalb von Städten oder für Tagesausflüge eignen sich auch **Taxis**. Für einfache Strecken innerhalb von Städten werden 3000–30 000 TSH (1,40–14,30 €) verlangt; für weite Strecken, z. B. auf Sansibar, fallen schon mal 60 000 TSH (28,60 €) an.

Mietfahrzeuge sowie der Transport durch **Tour Operator** schlagen im Durchschnitt mit mindestens US$150 pro Tag zu Buche, doch diese Zahlen sind nur ein grober Richtwert und durch viele Faktoren beeinflussbar. Die günstigsten **Flugtickets**, z. B. von Dar es Salaam nach Stone Town, liegen bei US$70 p. P. einfach, doch die Preise reichen bis weit über US$500 für Flüge zu weit entfernten Zielen, z. B. zwischen Serengeti und Ruaha National Park.

Safari-Kosten

Die Kosten für eine geführte Safari beginnen bei US$180 pro Nacht und Person, z. B. bei einer Gruppen-Camping-Safari in den günstigeren Nationalparks, die nahe an Arusha liegen. Privat-Safaris mit befestigter Unterbringung in teuren Parks (Serengeti, Ngorongoro Crater, Selous Game Reserve) sind dementsprechend kostenintensiver und bei zuverlässigen Anbietern meist nicht unter US$350 pro Nacht und Person zu haben. Tagesausflüge in einen Nationalpark, arrangiert von Camps und Lodges, schlagen mit mindestens US$200 pro Person zu Buche.

€ Spartipps für Safaris

Bei der Qualität sparen sollten Safari-Liebhaber niemals. Vielmehr ergeben sich bei der Durchführung einer Safari kleine Sparpotenziale.

- **In der Gruppe wird es billiger.** Kosten für das Fahrzeug und den Driver werden so durch mehr Personen geteilt. In Arusha und Moshi finden sich Tour Operator, die Zubuchersafaris *(group departures, fixed departures)* anbieten.
- **Den Eintritt ausnutzen.** Die Parkeintrittsgebühren gelten für 24 Std. (außer Ngorongoro Crater). Frühzeitig zu einem anderen Park aufzubrechen, bedeutet Geld zu verschenken.
- **Außerhalb der Parkgrenzen übernachten.** Egal ob Camping oder feste Unterkünfte, außerhalb der Parks ist das Übernachten meist billiger. Manchmal lässt sich jedoch eine Übernachtung im Park aufgrund der Reiseroute nicht vermeiden.
- **Billigere Parks bevorzugen.** Es muss nicht immer der teure Krater oder die Serengeti sein, andere Naturschutzgebiete sind (je nach Saison) genauso schön und tierreich, z. B. Tarangire, Lake Manyara, Mkomazi oder Arusha National Park.
- **Keine Safari-Ralley machen.** Außer man ist ein Safari-Freak, reichen zwei, drei Parks vollkommen aus, um Wildtiere zu sehen. Dazwischen vertreibt man sich die Zeit mit Kulturtourismusprogrammen, Wanderungen oder Ausflügen. Jeder Tag, der nicht im Nationalpark oder Game Reserve verbracht wird, entlastet das Budget und macht wieder Lust auf Wildtiere.

Was kostet wie viel?

Getränke		
Trinkwasser (1,5 l)	1000–1500 TSH	0,50–0,70 €
Softdrink	600–1500 TSH	0,30–0,70 €
Bier (im Restaurant)	2000–5000 TSH	0,95–2,40 €
Kaffee	4500 TSH	2,15 €
Essen		
lokale Küche	3000–8000 TSH	1,50–3,80 €
westl. Standard	15 000–25 000 TSH	7–12 €
Hotelzimmer		
einfach	bis 20 000 TSH	9,50 €
Mittelklasse	US$40–100	30–75 €
Transport		
Busfahrt Kurzstrecke	max. 2000 TSH	1 €
Busfahrt Langstrecke	40 000 TSH	19 €
Taxifahrt Stadtzentrum	3000–10 000 TSH	1,40–4,80 €
Mietwagen (4WD)	ab US$150 pro Tag	112 €
Eintritt Nationalparks	US$30–100 p. P./Tag	23–75 €
Guide	US$20–40 pro Gruppe/Tag	15– 30 €
Internet	1000 TSH/30 Min.	0,50 €
1 l Benzin (Super)	2100 TSH	1 €

© KURT KAUBE

Traveltipps von A bis Z

Anreise

Per Flugzeug

Die reine Flugzeit von Europa nach Tansania beträgt 8–10 Stunden, doch bei fast allen Fluggesellschaften wird eine Zwischenlandung fällig.

Der größte Flughafen des Landes, der Mwalimu Julius K. Nyerere International Airport (IATA-Code DAR), liegt in **Dar es Salaam**. Weitere Flughäfen, die internationale Gäste abfertigen, befinden sich in **Sansibar** (IATA-Code ZNZ) und auf halbem Weg zwischen Arusha und **Moshi** (Kilimanjaro International Airport, IATA-Code JRO oder auch KIA). Mehr Informationen zur Ankunft finden sich in den jeweiligen Regionalkapiteln.

Um langwierige Auto- oder Busfahrten oder teure Inlandflüge zu vermeiden, sollte unbedingt der dem Reiseziel am nächsten liegende internationale Flughafen als **Zielflughafen** gewählt werden. Wer also in den Norden reist, wählt den Kilimanjaro International Airport; wer in den Süden möchte, reist über Dar es Salaam ein. Viele Reisebüros empfehlen die Einreise über Nairobi, doch das sollte nur als zweite Wahl in Betracht gezogen werden (s. „Visum für Kenia", S. 39).

Folgende **Fluggesellschaften** haben Flüge nach Tansania im Programm: Nur nach Dar es Salaam fliegen Emirates und Swiss, zum Kilimanjaro Airport fliegen auch Egypt Air, Etihad Airlines, Ethiopian, KLM, Qatar Airways sowie Turkish Airlines, jeweils mit Stopp im Heimatflughafen. Einige Airlines fliegen sowohl nach Dar es Salaam als auch zum Kilimanjaro Airport, z. B. KLM , Qatar Airways und Turkish Airlines. Condor bietet Direktflüge von Deutschland nach Arusha/Moshi und Sansibar, Edelweiss Air fliegt direkt von Zürich nach Arusha/Moshi. Mit Oman Air geht es via Muscat nach Dar es Salaam und Sansibar. Jet Air Fly verkehrt nur von Brüssel aus nach Sansibar.

Flugtickets

Die **Flugpreise** variieren je nach Saison und Aufenthaltsdauer. Vor allem in der Hauptreisezeit Juli und August sowie für die Weihnachtszeit sollte man lange genug im Voraus planen, da Tansania (und die Flüge dorthin) zu dieser Zeit regelmäßig ausgebucht sind. Zudem sind sie dann empfindlich teurer als im restlichen Jahr. Wenn einen die Schnäppchen-Tickets nur bis nach Dar es Salaam oder Nairobi bringen, muss auch der weiterführende Transfer (per Flug oder Bus) in die Kosten mit eingerechnet werden (möglicherweise ist das Ticket dann kein Schnäppchen mehr). Günstige Flugtickets für Tansania beginnen bei etwa 600 €.

Wer Tansania auf eigene Faust bereisen möchte, beginnt seine Recherche am besten im **Internet**. Man kann bei allen Airlines direkt übers Internet buchen, doch auch einige Internet-Portale bieten zuweilen echte Schnäppchen an, etwa 💻 www.swoodoo.com, 💻 www.billigflieger.de, 💻 www.skyscanner.de, 💻 www.billigflug.de oder 💻 www.checkfelix.com. Es empfiehlt sich, vor einer Buchung unbedingt mehrere Preisvergleiche zu machen, da jede Flugsuchmaschine nur mit einer beschränkten Anzahl von Airlines kooperiert. In jedem Fall ist überdies genau zu prüfen, ob eine Direktbuchung bei einer der Fluglinien nicht billiger kommt. Heutzutage werden nur noch sogenannte **E-Tickets** ausgestellt – hier heißt es speichern, ausdrucken und beim Einchecken vorzeigen. Die meisten Airlines mailen ein, zwei Tage vor Abflug noch eine Aufforderung zum Web-Check-In, wo die Fluggäste selbst den Sitzplatz auswählen und sich jede Menge Wartezeit er-

Flughafengebühren

Mehrere Jahre lang waren die Ausreisegebühren sowohl beim Abflug von Sansibar als auch von anderswo in Tansania in die Ticketpreise eingerechnet. 2013 wurden die Gebühren erhöht (US$35 Airport Service Charge plus US$8 Aviation Safety Fee für die Abreise nach Europa, 11 000 TSH für Inlandflüge), was einige Airlines dazu veranlasste, die Gebühren nicht mehr einzubeziehen. Zur Zeit der Recherche rechneten weder Precision Air noch Coastal Aviation die *departures taxes* ein. Möglicherweise ändert sich das wieder, aber die im Buch angegebenen Flugpreise für *domestic flights* enthalten im Normalfall keine Gebühren. Möglicherweise inkludieren die Airlines diese aber wieder in ihre Flugpreise.

Weniger fliegen – länger bleiben! Reisen und Klimawandel

Wer reist, erzeugt CO2: Allein der Flugverkehr hat einen bedeutenden Anteil an der globalen Erwärmung. Wir sehen das Reisen dennoch als Bereicherung: Es verbindet Menschen und Kulturen und kann einen wichtigen Beitrag für die wirtschaftliche Entwicklung eines Landes leisten. Reisen bringt aber auch eine Verantwortung mit sich. Dazu gehört, darüber nachzudenken, wie oft wir fliegen und was wir tun können, um die Umweltschäden auszugleichen, die wir mit unseren Reisen verursachen.

nachdenken • klimabewusst reisen

atmosfair

Wir können insgesamt weniger reisen – oder weniger fliegen und länger bleiben, den Zug oder den Bus nehmen, die schädlicheren Kurzstrecken- oder Nachtflüge meiden und eine Fluglinie auswählen, die weniger CO2 als die Konkurrenz erzeugt (Info unter www.atmosfair.de/fliegen-klima/atmosfair-airline-index). Und wir können einen Beitrag an ein Ausgleichsprogramm wie www.atmosfair.de leisten. Dabei ermittelt ein Emissionsrechner, wie viel CO2 der Flug produziert und was es kostet, eine vergleichbare Menge Klimagase einzusparen. Mit dem Betrag werden Projekte in Entwicklungsländern unterstützt, die den Ausstoß von Klimagasen verringern helfen. Tipp: Die Spenden an atmosfair sind steuerlich absetzbar! Weitere Infos zum Thema umweltbewusstes und sozial verträgliches Reisen auf S. 47.

sparen, da die Bordkarte schon zu Hause ausgedruckt und das Gepäck an einem separaten Schalter abgegeben werden kann.

Die meisten Flug-Suchmaschinen suchen auch nach **Last-Minute-Angeboten** für Strand-Pauschalurlaub auf Sansibar. Solche Angebote finden sich z. B. unter www.opodo.de, www.ltur.de, www.traveltopia.de, www.lastminute.de, www.expedia.de oder www.ab-in-den-urlaub.de.

Bevor aber ein **Pauschalurlaub auf Sansibar** gebucht wird, muss man unbedingt abwägen, was vom Urlaub erwartet wird, denn wer einfach nur Badeurlaub machen möchte, findet im Internet deutlich günstigere Destinationen anderswo auf der Welt. Wer jedoch das Erlebnis Safari nicht missen möchte, muss wissen, dass es – ganz im Gegenteil zu Kenia – nicht einfach (und schon gar nicht billig) ist, von Sansibar aus eine typische Safari auf dem Festland zu buchen. Für Safari-Begeisterte, die zum Abschluss noch einige Tage ans Meer wollen, empfiehlt sich daher eher eine der herkömmlichen Pauschalreisen (Safari und Strand), die aber von den Billig-Reiseportalen nicht angeboten werden. Hier lässt sich der Gang zu den klassischen Reiseveranstaltern und Reisebüros nicht vermeiden.

Einreise über Nairobi, Kenia

Einige Reiseveranstalter und auch Individualtouristen reisen über Nairobi an, was aber nicht immer die billigste und schon gar nicht die sicherste Route nach Tansania ist. Oft wird eine Übernachtung in Nairobi fällig, eine wenig attraktive Option, denn Nairobi gehört zu den größten und unsichersten Städten Afrikas. Zusätzlich stellt die Busreise von Nairobi nach Arusha ein nicht zu unterschätzendes Risiko dar: Schwere Busunglücke sind an der Tagesordnung; denn die Busfahrer gebärden sich besonders rücksichtslos. Außerdem fallen Visumgebühren sowohl für die Einreise nach Kenia als auch nach Tansania an.

Wer sich dennoch für diesen Anreiseweg entscheidet, kann die täglich verkehrenden **Shuttlebusse** nach Arusha und Moshi benutzen. Sie starten am **Jomo Kenyatta International Airport** (IATA-Code NBO) sowie von einigen Hotels in der Innenstadt von Nairobi. Am Flughafen von Nairobi erkundigt man sich am besten bei den draußen herumstehenden Taxifahrern – der Informationsschalter ist nämlich oft wenig hilfreich.

Nach Voranmeldung holen die Shuttlebusse Gäste auch von den (teureren) Hotels nahe dem Busterminal ab. Die Vorausbuchung eines Tickets ist in jedem Fall sinnvoll. Fahrten nach Arusha kosten einheitlich US$35, nach Moshi US$45.

Riverside Shuttle, ✆ 00254-20-229618 oder ✆ 027-2545993, 💻 www.riverside-shuttle.com. Zwei Fahrten pro Tag nach Arusha, nur die erste geht weiter nach Moshi. Abfahrt vom JKA-Flughafen tgl. 8.15 und 13.45 Uhr, Ankunft Arusha 13.30 und 18.30 Uhr, Ankunft Moshi 15.30 Uhr. Zurück von Moshi täglich zwei Shuttles nach Arusha (US$10) und Nairobi, Abfahrt S. 400.

Impala Shuttle, ✆ 00254-20-2730953, 💻 www.impalashuttle.com. Zwei Fahrten pro Tag nach Arusha, nur die erste geht weiter nach Moshi. Abfahrt von Nairobi tgl. 8 und 14 Uhr.

Natürlich kann man auch mit **Linienbussen** von Nairobi nach Arusha, Moshi oder Dar es Salaam fahren, z. B. mit Kampala Coach. Die Tickets sind zwar nur halb so teuer wie die der Shuttles, aber man muss vom Flughafen ins 15 km entfernte Nairobi gelangen, um dort das Busdepot an der Durumu Road (Nähe River Road) zu erreichen.

Visum für Ostafrika

2012 haben sich Kenia, Ruanda und Uganda auf ein **East African Community Single Visa** geeinigt (US$100 für 90 Tage), sodass mit nur einem Visum alle drei Länder bereist werden können. Vor der Reise ist zu klären, wie weit die Umsetzung der Pläne gediehen ist. Wer nur ein Land bereist, bezahlt das normale Landesvisum. Wer nach Nairobi fliegt, um Tansania zu besuchen, muss in Kenia ein 7-Tage-Transitvisum für US$20 (eine Erhöhung auf US$50 ist angedacht) lösen. Die Visa für Tansania werden an der Grenze oder den Flughäfen ausgestellt. Wer von Kenia mit dem Bus nach Tansania reist, sollte das Visum aber bereits vor der Abreise beantragen. Die Buslinien sehen es nicht gern, wenn der enge Busfahrplan durch die langwierige, wenn auch durchweg problemlose Visumausstellung durcheinander gewirbelt wird.

Per Schiff

Es bestehen z. Zt. keine Schiffsverbindungen über den Indischen Ozean zu den Nachbarländern **Kenia** oder **Mosambik**. Auch die Schiffsverbindungen nach **Uganda** und **Kenia** am Lake Victoria, zwischen Bujumburu, **Burundi**, und Kigoma am Lake Tanganyika, von Tansania in die Demokratische Republik **Kongo** und nach **Malawi** über den Lake Nyasa (Lake Malawi) liegen zurzeit brach.

Einzig von **Sambia** aus kann per Schiff nach Tansania eingereist werden. Am Lake Tanganyika pendelt die *MV Liemba* zwischen Mpulungu (Sambia) und Kigoma (S. 474) am nordöstlichen Ufer. Die Verbindung gilt als nicht sonderlich verlässlich und verkehrt nur unter Vorbehalt. Technische Probleme sind an der Tagesordnung und eine Fähre kann jederzeit ihren Dienst quittieren oder wieder aufnehmen.

Per Bahn

Mit der Tazara (Tanzania Zambia Railway) kann man von Sambia aus einreisen. Die 1852 km lange Eisenbahnlinie verkehrt zwischen Kapiri Mposhi in Sambia (nordöstlich von Lusaka) und Dar es Salaam. Laut Fahrplan dauert die Fahrt knapp 40 Stunden, also zwei Nächte und einen Tag, doch in der Praxis sieht es oft anders aus. Die schlecht gewarteten Gleise und altersschwachen Züge sind dem Fahrplan schon lange nicht mehr gewachsen, und so muss man für diese Strecke reichlich Pufferzeit einrechnen. Mehr Infos gibt es im Regionalkapitel Dar es Salaam (S. 151).

Per Bus

Täglich verkehren große Überlandbusse zwischen den wichtigsten tansanischen Städten und den Ballungszentren der Nachbarländer. So ist beispielsweise Arusha von Nairobi bzw. Dar es Salaam von Mombasa, **Kenia**, oder Mbeya von Mzuzu, **Malawi**, aus erreichbar. Zwischen **Mosambik** und Tansania bestehen trotz der Unity Bridge über den Ruvumu-Fluss noch immer keine Busverbindungen, hauptsächlich wegen der äußerst schlechten Straßenverhältnisse. Von Kampala in **Uganda** erfolgt die Anreise per Bus ausschließlich über Nairobi nach Arusha und Dar es Salaam. Zwischen Lusaka in

Sambia und Mbeya bzw. Dar es Salaam besteht ebenfalls eine regelmäßige Busverbindung.

Nach **Ruanda** fährt man am besten über Kampala (Uganda), da im äußersten Nordwesten Tansanias Überfälle auf Busse vorkommen können. Von Kigali kann die Weiterreise nach Bujumbura in **Burundi** in Angriff genommen werden (S. 464).

Botschaften und Konsulate

Zu den **ausländischen Vertretungen in Tansania** siehe die jeweiligen Regionalkapitel: Dar es Salaam (S. 151), Sansibar (S. 256) und Arusha (S. 382).

Vertretungen Tansanias

Botschaft der Vereinigten Republik Tansania, Eschenallee 11, 14050 Berlin, ✆ 030-30308-00, 📠 303080-20, 💻 www.tanzania-gov.de, 🕒 Mo–Fr 10–13 Uhr (Schalterzeiten der Visumsstelle). Mit Visabefugnis.

Permanent Mission of Tanzania, 47 Avenue Blanc, 1202 Genf, ✆ (+41) 22-73189-20, 📠 (+41) 22-73282-55, 💻 www.tanzania-mission.ch. Mit Visabefugnis.

Österreichische Staatsbürger müssen sich an die Botschaft in Berlin wenden.

Einkaufen

Konsumgüter

Wer nach Tansania reist, sollte sich am besten vollständig in Europa ausstatten. Bis auf Kleinigkeiten wie Insektenschutzmittel, einige Medikamente, Kochgeschirr oder Moskitonetze wird man in Tansanias Geschäften vergeblich nach den uns vertrauten Waren suchen.

Was Einheimische zum Leben brauchen, gibt es in Hülle und Fülle. Doch was Ausländer mit westlichem Lebensstandard benötigen, ist nicht in vergleichbarer Auswahl vorhanden. Der südafrikanische Shoprite war die erste ausländische Supermarktkette, die den Vorstoß nach Tansania wagte (in Dar es Salaam und Arusha), gefolgt vom ebenfalls südafrikanischen Game (in Dar es Salaam) und dem kenianischen Nakumatt (in Moshi). Letzterer plante Anfang 2014, die drei Shoprite-Filialen zu kaufen. Von diesen dreien hat Game klar die Nase vorn und bietet sogar Campingausrüstung, Schlafsäcke und ordentliche Elektrogeräte an. Trotzdem hinkt die Konsumlandschaft in Tansania noch meilenweit hinter derjenigen Kenias oder Malawis zurück. Die meisten Expats reisen regelmäßig nach Europa, Dubai oder Südafrika, um ihren Bedarf an westlichen Konsumgütern zu decken.

Öffnungszeiten

Die Öffnungszeiten der Einkaufszentren und kleinen Geschäfte sind uneinheitlich und werden von den Angestellten auch nicht immer eingehalten. Im Normalfall haben Geschäfte Mo–Fr 9–12.30 sowie 14–18 oder 19 Uhr geöffnet (z. T. ohne Mittagspause), Sa 8.30–12.30 Uhr (vereinzelt auch länger) und sogar sonntags vormittags.

Souvenirs

Wer auf der Suche nach passenden Mitbringseln ist, wird am ehesten im Norden (Arusha, Moshi, Mto wa Mbu, Karatu), in Dar es Salaam sowie in Stone Town fündig. Ausgesuchte Lodges verfügen über ihren eigenen kleinen Souvenirshop.

Holzschnitzereien

Als typisch tansanische Souvenirs gelten zweifelsohne die Holzschnitzereien der Schnitzer vom Makonde-Plateau. Echte Makonde-Schnitzereien (s. „Kunst und Kultur", S. 147) sind aber schwer zu finden und für Touristen nicht eindeutig zu erkennen. Vermutlich werden deshalb die meisten Besucher eher mit kenianischer Ramschware als mit echter Makonde-Schnitzerei nach Hause fahren.

Die Top Five der Souvenirmärkte

1. Mwenge Crafts Market, Dar es Salaam
Viele kleine Läden, relativ große Auswahl, Verhandlungsgeschick gefragt. Teilweise kann man den Schnitzern bei der Arbeit zusehen. Holzsouvenirs, Makonde-Schnitzereien, Korbwaren, Batikstoffe, Speckstein.

2. Mount Meru Craft & Curio Market, Fire Road, Arusha
Viele kleine Läden, relativ große Auswahl, Verhandlungsgeschick gefragt. Holzsouvenirs, Maasai-Erzeugnisse, Batikstoffe und Ähnliches. Vieles kommt aus Kenia oder Sambia, Handeln ist ein Muss!

3. Kenyatta Street und Gizenga Street, Stone Town
Viele kleine Läden, große Auswahl, der Verhandlungsspielraum ist wegen der vielen Touristen jedoch gering. Fast alle typischen tansanischen Souvenirs sowie sansibarisches Kunsthandwerk. Vieles kommt aus Kenia oder Indien.

4. Straßenmarkt von Mto wa Mbu
Straßenmarkt mit der größten Auswahl in Tansania, wenn es um Maasai-Souvenirs geht: Maasai-Shuka (Decken), Schmuck, Macheten *(panga)*, Holzschnitzereien. Unbedingt handeln!

5. The Souk im Slipway, Dar es Salaam
Viele kleine – teilweise exklusive – Läden in einem Einkaufszentrum, die Souvenirs, Kunsthandwerk und andere Dinge verkaufen. Kein Verhandlungsspielraum, dafür ordentliche Geschäfte, Cafés und ein gut sortierter Buchladen.

Gewöhnliche Holzschnitzereien (aus Kenia) gibt es in allen Varianten, als Holzschüssel, Aschenbecher oder gar als kleiner Hocker. Interessanterweise findet man auf den Märkten kaum Statuen oder Masken; die tansanischen Verkäufer scheinen sich eher auf praktische Dinge spezialisiert zu haben. Viele der Gegenstände sind mit Schuhcreme oder Bohnerwachs eingefärbt, um den Touristen vorzugaukeln, dass es sich um teures Ebenholz handelt.

Tücher und Stoffe

Kangas und Kitenge, die typische Frauenbekleidung, stellen ein weiteres beliebtes Souvenir dar. Mehr über diese Tücher findet sich im Kapitel „Gesellschaft", S. 132. Batik-Stoffkunst zählt ebenfalls zu den typischen Mitbringseln aus Ostafrika. Weitere Textilien S. 43.

Maasai-Andenken

Im Norden, dem Land der Maasai, haben sich viele Angehörige dieses Volkes aufs Anfertigen von Souvenirs spezialisiert. Sie stellen Schmuck oder Gebrauchsgegenstände her, z. B. Armbänder, kleine Schatullen oder Glasuntersetzer. Erzeugnisse aus Rocailles-Perlen, dem typischen Schmuck der Maasai, sind überall im Norden erhältlich. Außerdem können die traditionell in Rot, Grün, Blau oder Schwarz gehaltenen wollenen Überwürfe der Maasai, die sogenannten Maasai-Shuka, in europäischen Haushalten als Tagesdecken oder Tischtücher zweckentfremdet werden. Weitere Mitbringsel für Zuhause stellen die traditionellen Schwerter und Keulen dar.

Edelsteine

Vorwiegend im Norden, in Dar es Salaam sowie in Stone Town wird man auf Edelsteinhändler treffen, die mit dem Tansanit-Edelstein handeln. Dieser blassblaue, bisweilen violette Edelstein wird ausschließlich vor den Toren von Arusha gewonnen und ist weltweit einzigartig (S. 336). Edelsteine dürfen nur bei verlässlichen Händlern gekauft werden (siehe Regionalkapitel). Gehandelt wird auch mit anderen Edelsteinen wie Tsavorit, Saphir, Mondstein oder Diamanten. Tansania ist im wahrsten Sinne des Wortes eines der steinreichsten Länder der Welt!

Korbwaren

Bekannt für ihre Flecht- und Korbwaren ist die Region rund um Iringa. Wer hier auf dem Highway in Richtung Mbeya fährt, wird auf der Stra-

© KURT KAUBE

Der Perlenschmuck der Maasai wird traditionell von den Frauen hergestellt und auf Souvenirmärkten verkauft.

ße Korbwaren angeboten bekommen. Man muss aber nicht unbedingt nach Iringa reisen, denn die Korbwaren sind auch in Dar es Salaam oder Arusha erhältlich. Sie werden außer in Naturtönen in den verschiedensten Regenbogenfarben angeboten und sind farbenfrohe Mitbringsel, die auch gut in europäische Haushalte passen. In Sansibar produziert eine Frauenkooperative hübsche Korb- und Flechtwaren mit echten, traditionellen Mustern (S. 276, Moto Handicrafts).

Sansibarisches Kunsthandwerk und Gewürze

Abwechslungsreicher und exotischer präsentiert sich die Handwerkstradition der Sansibaris. Typisch für Sansibar sind die messingbeschlagenen **Sansibar-Truhen**, die es in vielen Geschäften in Stone Town zu kaufen gibt. Hier lohnt es sich, die einzelnen Handwerker abzuklappern, denn es gibt riesige Qualitätsunterschiede in der Verarbeitung der Messingbeschläge.

Typisch für Sansibar sind die bunten **Kikoy-Tücher** in den exotischsten Gewürzfarben. Sie sind stilvolle Mitbringsel, die genauso in sorgfältig durchgestylte westliche Lofts passen, beispielsweise als Tischtücher, Gästehandtücher oder zweckentfremdete Vorhänge. Auch hier gibt es Qualitätsunterschiede, die sich vor allem im Preis bemerkbar machen: Für einen qualitativ hochwertigen, farbechten Kikoy muss man mit mindestens US$10 rechnen.

So bunt wie die Kikoys sind auch die **Gewürze** von Sansibar. Sie zu finden, ist einfach: Immer der Nase nach! Die größte Auswahl hat der Darajani-Markt.

Trotzdem – vieles, was in den Geschäften und auf den Märkten von Stone Town verkauft

Unbedingt handeln!

Handeln gehört zum guten Ton in Tansania, besonders auf den Souvenirmärkten. Mehr dazu im Kapitel „Verhaltenstipps" auf S. 109. Auch in den Läden, besonders in Stone Town, gibt es ausreichend Verhandlungsspielraum. Einzige Ausnahme: In Geschäften, in denen die Ware mit Preisstickern markiert ist (besonders im Norden und in Dar es Salaam), ist nur mit geringem preislichen Entgegenkommen zu rechnen.

wird, wurde in Indien, Kenia, Südafrika oder gar China gefertigt. Orientalische Textilien, Hippie-Kleidungsstücke, Gewürzkerzen, bunte Tagesdecken, Fotoalben aus Palmenblättern – nichts von alledem wird auf Sansibar produziert. Sogar bei den farbenprächtigen Kikoy kann nicht mehr ausgeschlossen werden, dass sie bereits eine lange Reise hinter sich haben.

Verbotene Souvenirs

Tiertrophäen wie Felle oder Stoßzähne, Strandsouvenirs wie Seesterne, Korallen, größere Muscheln oder Schildkrötenpanzer sowie Erzeugnisse daraus, z. B. Bilderrahmen, Aschenbecher oder Ähnliches, dürfen unter keinen Umständen ausgeführt werden, da sie unter das äußerst strikte **Washingtoner Artenschutzabkommen** (CITES), 💻 www.cites.org, fallen. Bei Verstößen drohen dem Besitzer empfindliche Strafen. Ohnehin tut man gut daran, diesen Raubbau an der Natur nicht zu unterstützen – gibt es keine Nachfrage mehr, werden sich die illegalen Wilderer eine ehrenwertere Arbeit suchen.

Essen und Trinken

Im Gegensatz zu anderen Kulturkreisen hat sich in Ostafrika – mit Ausnahme von Sansibar – eine eher bedürfnis- als geschmacksorientierte Küche entwickelt. Die tägliche Kost ist einseitig, kohlenhydratreich und zumeist sehr fett; Salz, Gewürze oder Kräuter fehlen fast gänzlich. Nur an der Küste und auf den Inseln ist es vor allem indischen und arabischen Einflüssen zu verdanken, dass der Tisch ein wenig abwechslungsreicher gedeckt wird.

Lokale Küche

Als landestypisches **Grundnahrungsmittel** fungieren Maisbrei *(ugali)* und gekochter Reis *(wali)*, die jeweils in rauen Mengen auf den Teller kommen. Dazu werden bescheidene Portionen von Fleisch-, Fisch- oder Gemüsesoßen gereicht. Üblicherweise wird Rindfleisch verwendet, an der Küste und auf den Inseln auch gerne Fisch.

Abgerundet wird dieses Mittags- und Abendmahl durch eine zusätzliche Portion Bohnen *(maharagwe)*, Kohl *(kabeji)* oder einer spinatähnlichen Beilage (z. B. *mchicha*). Schmackhaft und erfrischend ist der traditionelle „Salat" *katchubari*, der aus fein geschnittenen Zwiebeln und Tomaten besteht und mit Zitronensaft mariniert wird. Beliebte Beilage zur großen Portion Kohlenhydrate sind die *dagaa* – kleine, salzige getrocknete Fische, die gerade auf dem Festland die einzige tierische Proteinquelle darstellen.

Zu den – regional unterschiedlichen – Grundnahrungsmitteln gehören auch Maniok oder Cassava *(muhogo)* sowie Kochbananen *(ndizi)*; sie werden entweder frittiert oder gekocht. Besonders gerne isst man *chipsi*, die neben *ugali* und *wali* zu den Lieblingsbeilagen gezählt werden können, allerdings sind sie mitnichten mit unseren knusprigen Pommes frites vergleichbar. Vielmehr handelt es sich um klebrige, mit Fett vollgesogene Kartoffelstücke, die gut und schnell sättigen.

Lieblingsspeise Nummer eins – und auch ein beliebtes Sonntags- und Festtagsmahl – ist gegrilltes (oder frittiertes) Hähnchen mit Pommes frites *(kuku na chipsi)*. Besonders gerne essen Tansanier *chipsi mayai*, eine eher unübliche Kombination von Pommes frites und mehreren verquirlten Eiern, die in einer Pfanne beidseitig gebraten werden (also eine Art Omelette). Als Snack kommen auch *mishkaki* zum Einsatz – kleine Fleischspießchen, die über dem offenen Feuer geröstet werden. *Nyama choma*, eine weitere einheimische Spezialität, wird zu besonderen Anlässen aufgetischt. Es handelt sich um gegrilltes Fleisch, das allerdings gute Zähne und einen festen Biss erfordert. Ziegenfleisch *(mbuzi)* gibt es meist – je nach ethnischen Bräuchen – zu wirklich feierlichen Anlässen.

Viel abwechslungsreicher ist die **Küche Sansibars**, wo man vor allem durch Beimengung der verschiedensten Gewürze herrlich aromatische und exotische Speisen zaubert. Curry, Tamarinde, Kardamom, Nelken, Ingwer und andere Gewürze verleihen den Speisen besondere Noten. So bereichern die Gewürzreis-Variationen *pilau* oder *biriani*, die beide aus dem indischen Raum stammen, den Speiseplan. Gewürze werden auch den typischen Getränken auf Sansibar beigemengt: Gewürztee *(spice tea)* oder -kaffee *(spice coffee)*. Ebenso wird auf Sansibar gerne mit Kokoscreme (oder -milch) gekocht; typische Gerichte sind z. B. Kokosreis *(wali na nazi)* oder Fisch in Kokossoße. Zudem kommen auf den Inseln oft Fisch sowie Meeresfrüchte in den Kochtopf – was liegt also näher, als auf Sansibar frischen Fisch, Hummer *(lobster)*, Scampi *(prawns)* oder Tintenfisch *(calamari, squid)* zu probieren?

Das traditionelle **Frühstück**, sowohl auf dem Festland als auch auf den Inseln, besteht aus *chapati* – aus Mehl, Wasser und jeweils einer Prise Zucker und Salz hergestellten Fladen, die anschließend frittiert werden. Gern zum Frühstück oder auch zwischendurch verspeisen Schleckermäulchen die leicht gesüßten *vitumbua* (Reisküchlein) und *mandasi*, ein frittiertes Hefeteiggebäck mit Zucker, Zimt und einer Prise Kardamom. Dazu wird Kräuter- oder Schwarztee *(chai)* getrunken, je nach den finanziellen Möglichkeiten mit viel Zucker oder gar mit Sojapulver (um den chronischen Eiweißmangel auszugleichen).

Wie in allen heißen Ländern der Welt, wird die **Hauptmahlzeit** zu sehr später Stunde eingenommen. Grundsätzlich wird mit den Händen gegessen, besonders *ugali* (Maisbrei) wird mit gekonnter Fingerfertigkeit zu Bällchen geformt, die man dann geschickt in die Beilagen und Soßen dippt. Üblicherweise verwendet man dazu die rechte Hand; die linke Hand gilt als unrein, da diese traditionell beim Klogang benutzt wird. Wer in einem Privathaus zum Essen eingeladen ist, wird vermutlich auf dem Boden speisen. Vor und nach dem Essen wird eine Schüssel mit Wasser, Seife und ein Tuch reihum gereicht, um sich die Hände zu reinigen. Waschgelegenheiten befinden sich außerdem in jeder noch so bescheidenen Gaststätte.

Getränke

Traditionelles Getränk ist, wie bereits erwähnt, **Kräuter- oder Schwarztee** *(chai)*. Besonders beliebt bei den Tansaniern sind kohlensäurehaltige **Limonaden**. Man kommt nicht umhin zu glauben, dass Coca-Cola das am meisten konsumierte Getränk Tansanias ist. **Alkoholika** sind weit verbreitet; vom lokal (aus Getreide, Bananen oder ähnlichen stärkehaltigen Pflanzen) gebrauten *pombe* über Konyagi (eine industriell gefertigte Melange aus Gin und Wodka) bis hin zu den geschmacklich ausgezeichneten, industriell gefertigten tansanischen Biersorten (Kilimanjaro, Safari, Serengeti) ist die vollständige Palette auch im hintersten Winkel des Landes erhältlich. Importbiere, wie Tusker (aus Kenia) oder Castle Lager (aus Südafrika, aber in Dar es Salaam hergestellt), sind in den Ballungszentren und Hotels erhältlich.

Überraschenderweise ist es in Tansania relativ schwer, guten **Kaffee** zu bekommen. Die Erklärung: Kaffee wird in Tansania zwar in großen Mengen angebaut – aber nicht geröstet. Die guten Röstereien befinden sich alle in Europa, wohin die tansanischen Kaffeebohnen verkauft werden. Erst in den letzten Jahren hat man verstärkt begonnen, in der Gastronomie auch dem Kaffee Bedeutung beizumessen. Guter Kaffee ist in den modernen Coffeeshops in Dar es Salaam, Stone Town, Moshi und Arusha sowie in den teuren Unterkünften erhältlich. Mittelklasse- und Low-Budget-Unterkünfte servieren normalerweise – bis auf wenige Ausnahmen – den beliebten, aber gewöhnungsbedürftigen Instant-Kaffee Africafe.

Wasser, das in den Tropen ausreichend konsumiert werden sollte (mindestens 2 l pro Tag, besser mehr), darf unter keinen Umständen aus der Leitung getrunken werden. Die bequemste Variante stellt abgefülltes stilles Wasser dar, das in allen möglichen Größen (bis zu 10 l) in *maduka* (kleinen Geschäften) und Supermärkten

Nur frisch, wenn's zischt

Bei Getränken sollte man unbedingt darauf achten, dass die Verschlusskappen der Flaschen original versiegelt sind. Normalerweise wird in den Hotels und Gaststätten das kalte Bier oder die Flasche Wasser vor den Augen der Kunden geöffnet. Man will ja nicht unbedingt die Bierreste anderer, die fein säuberlich in einer Flasche gesammelt wurden, vorgesetzt bekommen …

erhältlich ist. Einheimische können sich diesen Luxus natürlich nicht leisten, doch westlichen Reisenden sollten die Kosten (ca. 1500 TSH oder 0,71 € für 1,5 l, ca. 5000 TSH oder 2,39 € für 10 l, in den Hotels ist das Wasser natürlich teurer) nicht das Reisebudget sprengen. Mehr Informationen zum Wasser finden sich auf S. 61.

Kohlensäurehaltiges Mineralwasser wird unter dem Namen Club Soda verkauft, doch leider nur in kleinen Gebinden von 0,2 l. Mineralwasser in Liter-Flaschen ist in Tansania nicht erhältlich.

Restaurants

Vor allem in Arusha, Dar es Salaam, Stone Town und Moshi findet sich eine Vielzahl von Restaurants westlichen Typs. Wenn nicht explizit als indisch oder chinesisch ausgewiesen, wird in den meisten Restaurants und Unterkünften *continental food/cuisine* gekocht, was als Überbegriff für westliche Speisen zu verstehen ist. „Von allem ein bisschen" wird dann serviert – amerikanische Burger, französische Quiche Lorraine, Steak oder *pork chops* (Schweinekotelett), italienischer Salat mit Balsamico-Essig und schließlich französische Crème brûlée zum Nachtisch. Wer in Tansania allerdings auf authentische europäische Küche hofft, sucht vergeblich – und wird jedenfalls geschmacklich, bis auf ganz wenige Ausnahmen, enttäuscht.

Essen in Lodges, Hotels und auf Camping-Safaris

Fast alle Hotels und Lodges, und mögen sie auch noch so klein sein, haben ein angeschlossenes Restaurant. Die Qualität der Speisen hängt zum größten Teil vom Management ab; so können sowohl eine einfache Mittelklasse-Lodge auf Sansibar als auch die ultraluxuriöse Safari Lodge herrliche, oft exotische Gaumenfreuden bereiten. Trotzdem – und das sollte man als Reisender zu schätzen wissen – ist es nicht selbstverständlich, gut zu speisen. Köche mit entsprechender Ausbildung und dem nötigen Fingerspitzengefühl für verwöhnte europäische Gaumen sind schwer zu finden; oft stehen ausländische Köche oder Manager selbst in der Küche, um Qualität zu garantieren.

In den meisten Unterkünften wird englisches **Frühstück** *(English breakfast)* serviert, oft im Buffetstil. Toast, Marmelade, Butter, Eier und manchmal auch Bohnen oder Würste werden unter Garantie täglich angeboten. Äußerst selten wird man Cornflakes, Müsli, Joghurt, Käse oder gar Crêpes sowie andere Süßspeisen zum Frühstück erhalten. Säfte, Tee und Kaffee fehlen hingegen niemals.

Auf organisierten Touren, vor allem auf Safaris, isst man **mittags** (zwischen 12 und 14 Uhr) ein *light lunch*, das aus kleinen Häppchen, z. B. Sandwiches, Pizza oder Ähnlichem, besteht. Oft werden auch *lunch boxes* mitgegeben, um bei den weiten Distanzen nicht unnötig Zeit und Geld verfahren zu müssen. Dann wird an einem der lauschigen Picknickplätze in den Nationalparks mittags kalt gespeist.

Abends, nach der Safari und dem Sonnenuntergang, wird das Buffet meist um 19.30 Uhr eröffnet. Kredenzt wird eine Mischung aus internationaler und lokaler Küche; je exklusiver die Lodge, desto exquisiter im Normalfall auch die Küche. In den Lodges wird man selten auf Speisekarten treffen – wo es kein Buffet gibt, stehen ein oder mehrere Tagesmenüs zur Auswahl.

Budgetreisende, die sich für eine **Campingsafari** entscheiden, werden von einem mitreisenden Koch umsorgt. Gekocht wird auf offe-

Frisch gekocht ... und nichts anderes

In tansanischen Restaurants geht es meist etwas langsamer zu als zu Hause, doch auch dieses Warten – die Vorfreude auf das, was in der Küche zubereitet wird – ist Teil der Tansania-Erfahrung. Lange Wartezeiten sind an der Tagesordnung, da die Gerichte absolut frisch zubereitet werden. Wenn die Köche einigermaßen zu kochen verstehen, merkt man den geschmacklichen Unterschied zur Tiefkühlkost, die in unseren Breiten gerne serviert wird. Dieser Umstand sollte honoriert und genossen werden.

© KURT KAUBE

Frauen sorgen mit dem Verkauf von Feld- und Baumfrüchten für den Lebensunterhalt der Familie.

nen Feuerstellen oder einfachen Öfen, doch es ist sensationell, welche Köstlichkeiten mit solch bescheidenen Mitteln gezaubert werden: Suppen, Reisgerichte, Eintöpfe, gegrillte Fleischspeisen, Pasta und vieles mehr. Zumeist handelt es sich um deftige, üppige Speisen, aber nach einem eindrucksvollen Tag im Busch ist dies genau das Richtige für ausgehungerte Traveller.

Selbstversorger

Tansania ist zwar nicht das typische Selbstfahrerland, wie beispielsweise Namibia oder Südafrika, doch mit ein wenig Planung ist ein Campingurlaub als Selbstversorger trotzdem möglich. Die Märkte führen lokales Obst und Gemüse, je nach Saison meistens Tomaten, Zwiebeln, Kartoffeln, Cassava, Mango oder Melonen. Eier, Brot, Blueband-Margarine, Milchpulver oder der landestypische Pulverkaffee Africafe sind ebenso in allen Läden *(duka)* im Busch erhältlich. Westliche (aus Kenia oder Südafrika importierte) Lebensmittel wie Nudeln, Wurst- und Käsekonserven, Milchprodukte, Säfte, Olivenöl, Fischkonserven oder Ähnliches sollten in den großen Supermärkten in Dar es Salaam, Arusha oder Moshi eingekauft werden. Die meisten anderen größeren Städte wie Mbeya, Iringa, Mwanza oder Mtwara verfügen über ein paar besser sortierte Läden mit den genannten Lebensmitteln. Wasser kann üblicherweise in allen größeren und kleineren Ballungszentren in großen 10-l-Kanistern gekauft werden; draußen im Busch besteht diese Möglichkeit allerdings nicht.

Fair reisen

Reisen wirkt sich auf die Umwelt und die besuchten Menschen aus. Das reicht von der An- bzw. Abreise über die Arbeitsbedingungen für Angestellte der Tourismusbranche bis zur Nutzung lokaler Ressourcen und dem Entstehen von Abfällen. Touristen verbrauchen durchschnittlich mehr Wasser und Strom und produzieren mehr CO_2 und Müll als die Einheimischen. Viele Lebensmittel, die Touristen im Ausland ver-

Fair und grün – gewusst wo

Einrichtungen, die sich durch besonders umweltfreundliches oder sozial verträgliches Verhalten auszeichnen, sind in diesem Buch mit einem Baumsymbol gekennzeichnet. Sie verwenden zum Beispiel Solarenergie, bieten Bioprodukte an, nutzen Trockentoiletten, zahlen faire Löhne, investieren ihre Gewinne in soziale Projekte, propagieren einen nachhaltigen Tourismus oder stellen Besuchern Informationen für umweltverträgliches Verhalten bereit.

zehren, müssen aufwendig und umweltschädlich importiert werden. Manchmal werden dem Tourismus Naturlandschaften geopfert, z. B. auf Sansibar, wo die Mangrovenwälder abgeholzt werden, damit neue Hotels an makellosen Sandstränden gebaut werden können. Hin und wieder werden Menschenrechte verletzt, z. B. wenn Maasai von ihrem Land vertrieben werden, damit Nationalparks entstehen oder Jagdgebiete verpachtet werden können.

Natürlich hat der Tourismus auch gute Seiten. Er hat vielen Menschen einen Weg aus der Armut gezeigt, ihnen ermöglicht, einen Beruf zu ergreifen, sich weiterzubilden, ihren Kindern eine Ausbildung zu ermöglichen. Er stimuliert lokale Investitionen, verbindet Kulturen und trägt zur Gleichberechtigung der Geschlechter bei. Außerdem hat er vielerorts Naturräume geschützt, die ohne Touristen dem Kommerz zum Opfer gefallen wären. Näheres zum Thema Ökotourismus in Tansania S. 103.

Tipps für umweltbewusstes und sozial verträgliches Reisen

Beim Reisen ist jeder Einzelne gefordert, auch wenn die Tansanier sich selbst nicht immer umweltbewusst verhalten. Das Argument: „Die Einheimischen machen das doch auch", ist wenig überzeugend. Besser ist es, mit gutem Beispiel voranzugehen und die goldene Regel anzuwenden: Alle Plätze so verlassen, wie man sie selbst gerne vorfinden würde.

Umweltbewusst reisen

- Den durch die An- bzw. Abreise verursachten **CO_2-Ausstoß** (Flug, Bus, Schiff, Zug) mithilfe des Kompensationsprogramms einer nachweislich korrekt agierenden Klimaagentur neutralisieren (S. 39).
- **Klimaanlagen** vermeiden bzw. in jedem Fall Licht und AC ausstellen, wenn man das Zimmer verlässt.
- Unterkünfte bevorzugen, die durch luftige Bauweise und Naturmaterialien (z. B. Makutidach, Wände aus Blättern) **natürlich gekühlt** werden. Tipp: Wem unerträglich heiß ist, der kann sich einen nassen Kikoy um den Hals oder über die Schultern legen oder sich nachts damit zudecken – das kühlt genauso wie eine Klimaanlage.
- Unterkünfte bevorzugen, die mit **Solarenergie** Wasser heizen bzw. Strom erzeugen.
- Mit **Wasser** immer sparsam umgehen. Duschen statt baden.
- **Handtücher** mehrere Tage verwenden.
- Auf **Dosen** verzichten, lieber Getränke in Glas- (selten) oder Plastikflaschen kaufen.
- Eine **Flasche** von zu Hause mitbringen und in Hotels/Restaurants etc. auffüllen lassen.
- Auf Plastikbesteck und Papiergeschirr, z. B. bei den **Lunchboxes**, verzichten. Die Manager darauf aufmerksam machen, dass man lieber abwaschbares Geschirr und echtes Besteck wünscht.
- Statt mit **Batterien** besser mit aufladbaren Akkus reisen, und wenn sich Batterien nicht vermeiden lassen, diese mit nach Hause nehmen – in Tansania werden sie garantiert nicht vernünftig entsorgt!
- Von zu Hause biologisch abbaubare **Shampoos und Seifen** mitbringen.
- Von zu Hause **Waschmittel ohne Bleiche** mitbringen.

Sozial verantwortlich reisen

- Auf **respektvollen Umgang** mit der Bevölkerung und den Angestellten der Tourismusbetriebe achten und ggf. auch Mitreisende darauf hinweisen.
- Den persönlichen **Wohlstand nicht zur Schau stellen**. Bettelnden Kindern kein Geld geben. Wirksamer ist es, einer lokalen

Kinderhilfsorganisation Geld zu spenden oder den Kindern Essen, z. B. hartgekochte Eier (keine Süßigkeiten!), geben.

- **Überreste der Lunchbox** (wo möglich) an Einheimische verschenken. Sie freuen sich über Abwechslung ihres Speiseplans.
- Kein Geld oder unmotivierte Geschenke an die Einheimischen geben. Lieber ein **Sozialprojekt unterstützen**, z. B. Qualifizierungsprojekte, den Bau einer lokalen Klinik o. Ä.
- Kleinen lokalen Hotels, Restaurants, Tour Operators, Guides etc. gegenüber großen nationalen und internationalen Ketten den Vorzug geben – das erhöht die Chance, **zu lokalen Einkommen beizutragen**.
- Landwirtschaftliche **Produkte aus der Umgebung** statt importierte Waren kaufen.
- In **Unterkünften nächtigen**, die Sozialprojekte unterstützen, z. B. Kinderheime, Waisenhäuser, Spitäler etc. Genau nachfragen und evtl. das Projekt besuchen.
- **Mit Tour Operators auf Safari** gehen, die soziales Engagement zeigen, z. B. durch Bildungs- und Qualifizierungsprojekte. Genau nachfragen und evtl. das Projekt besuchen.
- **Prostitution** ablehnen!
- Männer, z. B. Fahrer oder Hotelangestellte, nicht zum **Alkohol-, Tabak- oder Drogenkonsum** verführen. Die Familien haben auch ohne Abhängigkeiten ihrer Männer schon genügend Probleme.

Auf Safari, beim Wandern und bei anderen Aktivitäten

- Darauf achten, dass der **ökologische Fußabdruck** minimiert wird: Plastikmüll vermeiden, organischen Müll vergraben, nichtorganischen mit in die nächste Stadt nehmen sowie Flora und Fauna ungestört lassen.
- Ehrgeizige Reisende sammeln den herumliegenden **Müll** beim Wandern oder bei einem Dorfbesuch auf – eine schöne Art, Mitreisende und die lokale Bevölkerung für das Thema zu sensibilisieren.
- An **Kulturtourismusprogrammen** teilnehmen (sie sind in den Reisekapiteln immer genau beschrieben). Genau nachfragen, inwiefern die Bevölkerung davon profitiert.

Fair einkaufen

- Für Einkäufe einen **Baumwollbeutel** mitbringen. Alternativ auf Papiersäcke oder die Verwendung von recyceltem Zeitungspapier bestehen, statt die gedankenlose Verwendung von Plastiktüten oder -verpackung zu unterstützen.
- Holzschnitzereien sind als typische Souvenirs kaum wegzudenken, aber sie tragen zur Problematik der Abholzung bei. Als Ersatz können Erzeugnisse aus **recyceltem Dhow-Holz** und anderen wiederverwerteten Materialien (Metall, Papier, Glas etc.) oder aus **umweltfreundlichen Rohstoffen**, wie Korbwaren oder Stein, gekauft werden.
- Keine **Souvenirs** kaufen, die Bestandteile von Muscheln, Korallen, Schildkrötenpanzern oder gar Elfenbein enthalten. Das Washingtoner Artenschutzabkommen verbietet deren Import nach Europa.
- **Nachfragen**, woher die Produkte kommen. Viele Souvenirs stammen leider aus Kenia, Sambia, Nigeria oder gar Indien. Gegebenenfalls nachbohren!
- Souvenirs bei **Hilfsprojekten oder NGOs** kaufen, z. B. bei den Wonderwelders (Dar es Salaam, S. 151), Neema Crafts Centre (Iringa, S. 501), Shanga Shangaa (Arusha, S. 382), Moto Handicrafts oder Sasik (beide Stone Town, S. 259). Deren Produkte sind oft aus recycelten Materialien, und wenn nicht, geben solche Initiativen den Menschen wenigstens Arbeit, Einkommen und Würde.

Nützliche Adressen

Wer mehr zum Thema „umweltfreundliches und sozial verantwortliches Reisen" wissen möchte, findet bei folgenden Adressen zahlreiche Anregungen:

- **Brot für die Welt – Tourism Watch**, Caroline-Michaelis-Str. 1, 10115 Berlin, ✆ 030-652111806, 💻 www.tourism-watch.de. Auf der Website sind Hintergrundberichte zu den Themen Tourismuspolitik, Umwelt, Menschenrechte und Wirtschaft in Englisch und

Deutsch verfügbar. Darüber hinaus findet man dort Links, Literaturkritiken und aktuelle Veranstaltungshinweise.

- **Fair einkaufen – aber wie?**, 💻 www.fair einkaufenaberwie.blogspot.de. Der Ratgeber für fairen Konsum gibt in seinem Tourismus-Kapitel u. a. einen Überblick über die Schattenseiten des Tourismus, die negativen Auswirkungen des Flugverkehrs und die sexuelle Ausbeutung von Kindern. Viele Tipps und Adressen helfen Verbrauchern, fairer und nachhaltiger zu reisen.
- **Fair unterwegs, arbeitskreis tourismus & entwicklung**, Missionsstr. 21, 4003 Basel, ✆ +41-61-2614742, 💻 www.fairunterwegs.org. Sehr umfangreicher Webauftritt mit aktuellen Hintergrundinfos, Themen, die von Menschenrechten über Ethik bis zu Tourismuskritik reichen, Länderprofilen und zahlreichen Tipps zum fairen Reisen. An junge Leute richten sich die Infos und Angebote (z. B. zu Freiwilligenarbeit) im Bereich jung&fair.
- **Studienkreis für Tourismus und Entwicklung e. V.**, Bahnhofstr. 8, 82229 Seefeld-Hechendorf, ✆ 08152-999010, 💻 www.studienkreis.org. Der Verein, der sich mit entwicklungsbezogener Informations- und Bildungsarbeit im Tourismus beschäftigt, ist Herausgeber der Sympathie-Magazine. Die Hefte ermöglichen einen Blick hinter die touristischen Kulissen europäischer und außereuropäischer Reiseziele und schaffen so ein Bewusstsein für die Lebensweisen der Menschen im Gastland.

Weitere Webadressen und Buchtipps unter www.stefan-loose.de.

Feste und Feiertage

Im Laufe eines Jahres finden sich unendlich viele Möglichkeiten, um **Feiertage** *(siku kuu, public holidays)* zu begehen, die aber hauptsächlich Ämter, Schulen, öffentliche Einrichtungen oder Botschaften betreffen. Feiertage, die auf einen Sonntag fallen, werden am darauf folgenden Montag nachgeholt.

Feiertage

1. Januar: New Year's Day (Neujahr)
12. Januar: Zanzibar Revolution Day (Jahrestag der Revolution auf Sansibar 1964)
7. April: Karume Day oder Heroes Day (Tag der Helden, Todestag des ersten Präsidenten von Sansibar, Abeid Karume, der 1972 erschossen wurde)
März/April: Karfreitag, Ostern, Ostermontag
26. April: Union Day (Tag der Nationalen Einheit, Jahrestag des Zusammenschlusses von Tanganyika und Zanzibar zum Staat Tanzania 1964)
Mai/Juni: Pfingsten mit Pfingstmontag
1. Mai: Labour oder Workers' Day (Tag der Arbeit)
7. Juli: Saba Saba oder Traders Day (Tag des Gewerbes, Jahrestag der Gründung der ersten Partei Tansanias, der TANU), seit 1963 wird in Dar es Salaam die allseits beliebte Saba Saba Trade Show (Saba-Saba-Messe) abgehalten
8. August: Nane Nane oder Peasants Day (Tag der Bauern)
14. Oktober: Nyerere Day (Todestag des ersten tansanischen Staatspräsidenten Julius Nyerere, 1999)
9. Dezember: Independence Day (Unabhängigkeitstag, Jahrestag der Unabhängigkeitserklärung von Tanganyika 1961)
25. und 26. Dezember: Christmas Day, Boxing Day (Weihnachten)

Als Tourist wird man von diesen Feiertagen kaum Notiz nehmen, da das Leben auf der Straße, bis auf wenige Ausnahmen, nur peripher berührt wird. Ganz anders hingegen verhält es sich mit den **islamischen Feiertagen**, die besonders Sansibar und die Küste Tansanias mitunter stilllegen können. Die Feiertage werden nach dem Mondkalender berechnet; sie verschieben sich also ohne fixe Daten von Jahr zu Jahr nach hinten – um etwa elf Tage, z. B. beginnt der Ramadan 2014 am 28. Juni, 2015 am 17. Juni, 2016 am 6. Juni. Folgende grobe Kalenderdaten gelten für die nächsten Jahre:

Dezember/Januar: Mawlid al-Nabi oder Maulidi (Geburtstag des Propheten Mohammed)
Mai/Juni: Beginn des islamischen Fastenmonats Ramadan

Juni/Juli: Eid al-Fitr (Ende des Ramadan, wobei die Feierlichkeiten drei Tage andauern)
September: Eid al-Adha (Opferfest zum Gedenken an Abraham, markiert auch jeweils das Ende der Pilgerfahrt Hajj nach Mekka)
September/Oktober: Muharram (Islamisches Neujahr, Beginn des Trauermonats, eines der vier heiligen Monate)

Während des Fastenmonats **Ramadan** essen und trinken Moslems tagsüber nichts, sondern nur zwischen Sonnenunter- und Sonnenaufgang. Das Geschäftsleben ist manchmal beeinträchtigt. Speziell auf Sansibar müssen Touristen, z. B. in landestypischen Unterkünften in Stone Town, mit massiven Einschränkungen rechnen, da Restaurants möglicherweise geschlossen haben, in einigen einfachen Pensionen kein Frühstück serviert wird oder tagsüber keine Getränke verkauft werden. Ebenso wird von Reisenden (auch wenn sie nicht moslemisch sind) erwartet, auf Essen und Trinken, den Genuss von Zigaretten oder den Austausch von Zärtlichkeiten in der Öffentlichkeit zu verzichten. Wer sich zu dieser Zeit auf der Straße eine Zigarette anzündet oder einen Schluck Wasser trinkt, wird offene Aggressionen ernten. Aber dafür erwachen abends die Straßen von Stone Town zu prallem Leben.

Ruhetag

Am ehesten kann es am **Sonntag** zu Reiseeinschränkungen kommen. Ämter, Geschäfte, Apotheken, Internetcafés, die Post – alles ist geschlossen. Vor allem die Städte sind sonntags wie ausgestorben; oft findet man nicht einmal ein Restaurant oder Café für einen Snack. Manche Supermärkte haben zwar sonntags einen halben Tag lang geöffnet, doch es empfiehlt sich, vor einem Einkauf am Sonntag die Öffnungszeiten zu studieren.

Nur wenige Einschränkungen bringt der Sonntag für alle, die im landesüblichen Stil reisen. Daladalas, Überlandbusse, kleine Gästehäuser, *hotelis* und ähnliche Einrichtungen sind täglich rund um die Uhr in Betrieb.

Auf Sansibar kommt es am ehesten am **Freitag**, dem heiligen Tag der Muslime, zur Zeit des Freitagsgebets zu Einschränkungen. Viele Geschäfte in Stone Town schließen zudem zu den gewöhnlichen Gebetszeiten ihre Pforten.

Fotografieren und Filmen

Fotografieren ist ein heikles Thema in Afrika. Die Menschen haben kein Verständnis dafür, dass wir Fotos zum schieren Selbstzweck schießen, denn das Konzept von Erinnerungen ist ihnen fremd. Viele glauben, dass wir die Fotos verkaufen; sie können sich keinen anderen Verwendungszweck dafür vorstellen. Hinzu kommt noch, dass gerade Moslems nicht gerne abgelichtet werden, und in ganz abgelegenen Ecken sogar noch Aberglauben diesbezüglich herrscht.

Das Gebot der Höflichkeit verlangt es, die Menschen um **Erlaubnis** zu bitten, sollte man Lust auf ein Foto verspüren. Auf Swahili fragt man dann: „Naombe nikupige picha?" Kaum ein Tansanier wird der Bitte aber ohne **Gegenleistung** nachkommen, wobei die oft geforderten Summen von US$5 oder US$10 im Vergleich zum durchschnittlichen Verdienst eines Tagelöhners (für schwere körperliche Arbeit) von rund 3000 TSH (1,42 €) zu hoch erscheinen. 1000–2000 TSH gelten eher als angemessen. Doch nicht immer muss Geld den Besitzer wechseln; viele Menschen freuen sich auch über Naturalien (S. 57) oder gar den Abzug eines Fotos. In ganz abgelegenen Gegenden wissen die Menschen oft nicht einmal, wie sie selbst aussehen; da wird ein Foto wie der größte Schatz gehütet.

In von Touristen wenig besuchten ländlichen Gegenden wird man vermutlich aber auch auf Leute treffen, die sich aus Prinzip nicht fotografieren lassen – auch nicht für Geld. Dies sollte man akzeptieren; es werden sich genügend andere Möglichkeiten für Fotos ergeben.

Strategische Motive dürfen unter keinen Umständen fotografiert werden. Dazu zählen Regierungsgebäude sowie die Präsidentenresidenz, militärische und sicherheitsrelevante Einrichtungen, z. B. Flughäfen, Postämter und Banken, Bahnhöfe, Brücken oder Gefängnisse. Ebenso ist es verboten, Polizisten oder Militärangehörige abzulichten.

Achtung: In einigen **Museen**, besonders wenn sie vom Staat betrieben werden, muss man neuerdings Filmgebühren von US$15 oder US$20 zahlen. Daher sollte man immer fragen, ob Fotografieren im Preis inbegriffen ist, ansonsten könnte es zu Nachforderungen kommen.

Frauen unterwegs

Reisende aus Europa oder Nordamerika sind in den Augen der Einheimischen immer reich, auch wenn sie sich das Geld für den Urlaub vom Mund abgespart haben. Aus diesem Grund wecken weiße Touristen, insbesondere Frauen, Begehrlichkeiten bei tansanischen Männern, da sie sich von ihnen ein Sprungbrett in den goldenen Westen erhoffen – oder wenigstens eine Handvoll Dollar.

Obwohl eine weiße Frau durch ihre Fremdheit und ihr Geld einen Sonderstatus genießt, ist sie in den Augen der Männer dennoch nur eine Frau: ein Geschöpf, das in der sozialen Hierarchie unterhalb der Männer rangiert.

Vor allem in den von Expats und Touristen frequentierten Lokalen und Restaurants wird man vermehrt auf **Prostitution** treffen. Das horizontale Gewerbe tritt in Tansania aber weitaus dezenter als beispielsweise im Nachbarland Kenia auf. Das älteste Gewerbe der Welt ist nicht auf Frauen beschränkt – in Restaurants, Bars oder am Strand bieten auch Männer ihre Liebesdienste an.

Im Gegensatz dazu hat sich auf Sansibar ein etwas befremdlicher Trend breitgemacht, der vermutlich von einer Überdosis an romantischem Kitsch-Kino à la *Die weiße Maasai* herrührt. Frauen jeden Alters verleben ein paar prickelnde Tage im exotischen Multikulti-Ambiente mit einem Maasai-Mann. Natürlich verkaufen sich nicht alle Maasai; der Großteil migriert einfach für einige Monate nach Sansibar, um sich als Souvenirhändler zu verdingen. Einige der Liebesdienste anbietenden „Maasai" sind allerdings in Wirklichkeit Angehörige anderer Volksgruppen, die nur auf der Maasai-Welle mitschwimmen wollen.

Europäischen Frauen, die sich Hals über Kopf in einen Tansanier verlieben, muss klar sein, dass eine Partnerschaft nach westlichen Maßstäben mit einem tansanischen Mann meist nicht möglich ist. Viele europäische und amerikanische Frauen haben bereits ihr Liebesglück in Tansania versucht; die meisten sind gescheitert – und mit ihnen auch gleich ihre gesamte Altersvorsorge.

Sicherheit

Auf organisierten Touren, z. B. mit Tour Operators, Safari-Unternehmen oder Overlandern, bestehen für alleinreisende Frauen kaum Sicherheitsrisiken. Der „Begleitschutz" eines Drivers, Guides oder Reiseleiters macht weiße Touristen absolut unantastbar – das Revier ist sozusagen schon abgesteckt. Anders gestaltet sich die Situation natürlich, wenn Frauen allein mit öffentlichen Verkehrsmitteln durchs Land reisen. Die Risiken gehen dabei hauptsächlich von Männern aus. Grundsätzlich sind auch die meisten Männer sehr höflich und zuvorkommend, doch die Restgefahr, belästigt oder gar vergewaltigt zu werden, besteht. Besonders lästig (und potenziell gefährlich) können Flycatcher, Straßenverkäufer oder selbst ernannte Guides sowie Betrunkene sein.

Für alleinreisende Frauen gelten die **allgemeinen Sicherheitshinweise** (S. 82). Im Notfall hilft oft eine kleine Notlüge, beispielsweise indem man behauptet, verheiratet zu sein, und dies notfalls mit einem Ring am Ringfinger bestätigt. Ein Foto von einem Mann in der Geldbörse kann unter Umständen auch helfen, lästige Männer abzuwimmeln. Nachts sollten Frauen nicht allein in Taxis einsteigen, schon gar nicht, wenn ein zweiter Mann im Fahrzeug sitzt. Frauen sollten Männern niemals bekannt geben oder zeigen, wo sie wohnen, und überdies nicht verlautbaren, dass sie allein wohnen oder reisen. Sie sollten zudem darüber Bescheid wissen, wann die Sonne untergeht, um noch vor der Dunkelheit ins Quartier zu kommen. Frauen, die abends allein oder in Gesellschaft anderer Frauen in eine Bar gehen, müssen dementsprechend forsch auftreten, denn vermutlich wird der erste Interessent nicht lange auf sich warten lassen. Ein paar freundliche, aber bestimmte Worte sollten die Grenzen aber abstecken. Der Großteil der alleinreisenden Frauen wird vollkommen unbehelligt durch Tansania reisen können – mit gesundem Menschenverstand und defensivem Verhalten.

Kleidung

Auf Kleidung, die mehr zeigt als verbirgt, sollten Frauen verzichten. Freizügige Kleidung, wie Miniröcke, bauchfreie Tops oder T-Shirts mit Spaghettiträgern, wird in Tansania mit Prostitution assoziiert. Vielerorts werden Frauen auch unverblümt angestarrt, wenn sie kurze Hosen tragen.

Am besten haben sich in den Tropen luftige, weite und langärmelige T-Shirts oder Leinenblusen, Baumwoll-Tuniken, bequeme knielange (oder längere) Röcke oder lange Hosen aus Funktionsmaterial bewährt, nicht nur wegen der Hitze, sondern auch wegen der Sonnenbrandgefahr.

Gesundheit

Die phasen- und gebietsweise hohe Luftfeuchtigkeit bietet den idealen Nährboden für das Wachstum von Bakterienkulturen. Besonders Frauen leiden in diesen Breiten deswegen vermehrt an **Infektionen im Intimbereich**.

Synthetische, enge Kleidung begünstigt Infektionen genauso wie mangelnde Hygiene, übermäßiges Schwitzen oder auch die Einnahme von Antibiotika, Malaria-Prophylaxe oder anderen Medikamenten, die den Hormonspiegel verändern.

Um diesen Unannehmlichkeiten **vorzubeugen**, sollte „frau“ einige einfache Dinge beachten: natürliche Materialien bevorzugen, auf eng anliegende Hosen verzichten oder ganz auf Röcke (knielang und länger) umsteigen. Tägliches Duschen oder Waschen sollte auch in Afrika und besonders in den Tropen selbstverständlich sein.

Abhilfe bei Infektionen schaffen gewöhnliche Fungizid-Salben, aber auch ganz banale Hausmittel, wie in Joghurt getränkte Tampons und Spülungen mit abgepacktem Wasser (unter Beigabe von einigen Tropfen Teebaumöl).

Geld

Landeswährung

Die offizielle Währung in Tansania ist der **Tanzania Shilling (TSH)**. Geldscheine gibt es im Nennwert von 500, 1000, 2000, 5000 und 10 000 SH, während Münzen im Nennwert von 20, 50, 100 und 200 TSH im Umlauf sind. Vor allem die 500er- und 1000er-Scheine sind zumeist äußerst abgegriffen und schmuddelig, denn sie werden im Alltag am häufigsten verwendet. 2011 wurden übrigens neue Banknoten ausgegeben, die minimal kleiner sind und fälschungssicherer sein sollten – aber de facto nicht waren.

Die inoffizielle Währung ist wie in vielen Entwicklungsländern der **US-Dollar**. Dollarnoten werden überall akzeptiert, im kleinen lokalen Gästehaus, auf dem Markt oder als Trinkgeld – allerdings bei oft großzügig abgerundetem Wechselkurs. In vielen Hotels oder in den Nationalparks wird die Begleichung der Rechnung mit US-Dollar sogar erwartet. Oft findet man auch Preislisten oder Speisekarten, die die Preise in beiden Währungen aufführen. Hier ist es jedem selbst überlassen, wie die Rechnung beglichen wird.

Die Tansanier selbst haben eine recht lockere Einstellung zum Thema **Wechselgeld**. Dass man Wechselgeld von 100 oder 200 TSH schuldig bleibt bzw. nicht damit rechnet, Wechselgeld in dieser Höhe tatsächlich zu erhalten, gehört zum Alltag. Es gibt aber auch immer wieder Menschen, die es übertreiben und gleich ganze Tausender-Scheine schuldig bleiben wollen. Jeder Reisende wird mit solchen Versuchen konfrontiert; in diesem Fall sollte man sachlich und bestimmt die Herausgabe des Wechselgeldes *(change)* verlangen.

Man sollte es sich zur Gewohnheit machen, bei jeder Transaktion, egal ob im Supermarkt, in der Wechselstube oder im Kaffeehaus, um einen Kassenbon zu bitten, denn sonst wandert das Geld in die Tasche des jeweiligen Angestellten.

Zahlungsmittel

Bargeld

Für Tansania gilt: Nur Bares ist Wahres. Besucher sollten folglich genügend Bargeld in Form von Euro, Schweizer Franken und US-Dollar mitnehmen. Wechselstuben gibt es in den Ballungs- und Touristenzentren wie Sand am Meer; wer immer einige Tage vorausplant, kann eigentlich nicht in finanzielle Engpässe geraten.

US-Dollar

Von Touristen wird die Bezahlung in US$ erwartet: Visa werden in US-Dollar berechnet; in den Nationalparks muss in US-Dollar bezahlt werden; für die Fähre nach Sansibar, Flugtickets und den Großteil aller gehobenen und Mittelklasse-Unterkünfte gilt dasselbe.

Deshalb sind ausreichend US$ mitzubringen. Dabei unbedingt auch US$100–200 in kleinen Stückelungen wie z. B. 5er-, 10er und 20er-Scheine mitführen, da es oft Engpässe beim Wechselgeld gibt und die Suche nach passenden Scheinen zur Odyssee ausarten kann. Für die Bezahlung von Unterkünften, Transporten u. Ä. sind aber 50er- und 100er-Scheine viel besser. Für 100er-Scheine bekommt man in den Wechselstuben einen marginal besseren Wechselkurs.

Euro, Schweizer Franken und Tanzania Shilling

Zum Eintausch von Landeswährung empfiehlt sich die Mitnahme von Euro oder Schweizer Franken. Diese Währungen werden in allen Wechselstuben und Banken anstandslos gewechselt. Die Mitnahme von US-Dollar zum Kauf von Landeswährung ist aufgrund der fälligen doppelten Umtauschgebühren nicht zu empfehlen.

Die benötigte Menge an TSH hängt stark von Art und Dauer der geplanten Reise ab. Lokale Gästehäuser, Restaurants, Souvenirs und öffentliche Verkehrsmittel können in der Landeswährung bezahlt werden. Es ist unbedingt erforderlich, jederzeit ausreichend **Kleingeld** in der Landeswährung parat zu haben. Am besten hortet man 500er-, 1000er- und 2000er-Scheine für die verschiedensten Anlässe: Trinkgeld, Kauf einer Flasche Wasser oder frischer Kokosmilch am Straßenrand, Internetcafés und anderes mehr. Tansanier haben oft wenig Wechselgeld bei sich; die Suche nach passenden Scheinen artet dann zur Staatsaffäre aus.

Wechselkurse

1 €	=	2100 TSH	1000 TSH	=	0,47 €
1 sFr	=	1770 TSH	1000 TSH	=	0,56 sFr
US$1	=	1600 TSH	1000 TSH	=	0,62 US$

Aktuelle Wechselkurse auf: www.oanda.com.

Kreditkarten

Kreditkarten haben sich in Tansania noch nicht flächendeckend durchgesetzt, vor allem deshalb, weil die internationale Abwicklung der Zahlungseingänge nicht einwandfrei funktioniert. Im Tourismus darf man in höherpreisigen Unterkünften, Souvernirläden oder bei gehobenen Tour Operators die Akzeptanz von Kreditkarten erwarten, wobei eine 5- bis 10 %ige Gebühr fällig wird. Die gängigsten Kreditkarten sind Visa und MasterCard.

Geld abheben per Kreditkarte

Für Notfälle empfiehlt sich die Mitnahme eines Barabhebungscodes für Kreditkarten von

US-Dollar

Dollar-Scheine sollten möglichst neu aussehen, am besten frisch aus der Druckerpresse. Es werden nur die Serien 2006 und aufwärts akzeptiert, noch besser wären ausnahmslos nagelneue Scheine. Beschriebene, zerknitterte oder beschädigte Dollar-Scheine werden unter keinen Umständen akzeptiert.

Visa oder MasterCard. Je nach Bank und Örtlichkeit werden pro Transaktion durchschnittlich 300 000–400 000 TSH (ca. 143–190 €), bei höherer Bonität auch mehr, z. B. bei der Barclays Bank, ausgezahlt, natürlich nur, wenn es zufällig einmal keinen Stromausfall gibt und die Telefonleitungen in die südafrikanischen Zentralen der Kreditkartenunternehmen einwandfrei funktionieren. Der Bezug von US$ ist nicht möglich. **Geldautomaten** (ATM) und Cash Points gibt es in allen größeren Städten, guten Tankstellen und Einkaufszentren. Die Barclays-Zweigstellen, die Exim-Filialen, die FBME- oder die Stanbic-Banken akzeptieren MasterCard und Visa Card, während einige Bankstellen der NBC-, CRDB- oder der Standard-Chartered-Banken nur die Visa Card annehmen. Im Einzelfall ist immer abzuklären, welche Karten wo akzeptiert werden, denn das kann sich rasch ändern.

Die Gebühren für diese Transaktionen sollten vor Antritt der Reise bei der Hausbank erfragt werden, da sie von Bank zu Bank und von Land zu Land variieren. In jedem Fall muss die Karte zu Hause schon in Gebrauch gewesen sein.

Mit der Ausdehnung des ATM-Netzes in Tansania vergrößern sich aber auch die Schwierigkeiten mit der Bargeldabhebung. Banken können üblicherweise den Automaten nicht öffnen, d. h. wenn eine Karte eingezogen wird, muss der gesamte „Kasten" nach Dar es Salaam geschickt werden. Wenn eine Transaktion scheitert, z. B. wenn kein Geld ausgespuckt, aber das Konto belastet wird, dürfen Kunden nicht auf Unterstützung der Bank hoffen. In so einem Fall muss man sich von einem der Verantwortlichen der Bankfiliale mit Stempel bestätigen lassen, dass kein Geld ausgezahlt wurde, ansonsten wird die eigene Hausbank einem kaum entgegenkommen. Schließlich kommt es bei den ATMs häufig zu Falschgeld-Auszahlungen, aber selbst die angeschlossene Bank verweigert dann den Tausch der falschen Scheine.

Bei der Auswahl der Geldautomaten sind solche in geschlossenen, bewachten Räumen zu bevorzugen, z. B. in kleinen Kiosken (mit Tür, häufig auch klimatisiert) neben der Bank. Nach einer Abhebung ist Vorsicht geboten, ob jemand folgt oder Annäherungsversuche macht.

Kreditkarte weg – was nun?

Diebstahl oder anders gearteter Verlust ist zwar lästig, muss aber nicht das Ende des Urlaubs bedeuten. Nach der sofortigen Meldung eines Verlusts bieten einige Kreditkarten-Unternehmen sogar die Zusendung von Bargeld oder einer Ersatzkarte an – bei der Verlustmeldung unbedingt nachfragen!

Karten aus Deutschland
Zentrale Anlaufstelle zur Sperrung elektronischer Berechtigungen (gilt für alle Karten): ✆ 0049-116-116 oder ✆ 0049-30-40504050, www.sperr-notruf.de

Karten aus Österreich
Zentrale Anlaufstelle zur Sperrung elektronischer Berechtigungen (gilt für Master- und Visa-Card): ✆ 0043-1-71111770 oder ✆ 0043-1-717014500
Maestro (ehemals Bankomat- oder EC-Karte): ✆ 0043-1-204-8800

Karten aus der Schweiz
Jede Bank hat ihre eigenen Hotlines: UBS ✆ 0041-848888601, Credit Suisse ✆ 0041-800800488, Raiffeisen ✆ 0041-58-9588383, Zürcher Kantonalbank ✆ 0041-844843823

Maestro

Überall dort, wo Geldausgabeautomaten die Kreditkarte MasterCard akzeptieren, kann Bargeld auch mit der Maestro-Karte abgehoben werden. Der in Europa gültige PIN-Code gilt auch hier. Und das Beste daran: Je nach Hausbank ist dieser Service sogar gratis, in jedem Fall aber billiger als die Abhebung mit Kreditkarte. Der kleine Haken an der Sache ist, dass es in abgelegenen Gebieten im Vergleich zu den Visa-fähigen Automaten weniger Automaten gibt, die MasterCard und Maestro akzeptieren. Problematisch wird dies dann, wenn es Leitungs- oder Stromausfälle gibt, was praktisch täglich der Fall ist. In den Ballungsräumen sind beide Möglichkeiten ausreichend vorhanden.

Eine Übersicht über die MasterCard- (und Maestro-)fähigen Geldausgabeautomaten findet sich unter 💻 www.mastercard.us/cardholder-services/atm-locator.html.

Banken und Wechselstuben

In allen größeren Ballungszentren und Städten gibt es ausreichend Banken. Die folgenden sind für europäische Reisende, besonders für die Bargeldabhebung mithilfe von Kredit- und Maestro-Karten, relevant:
Barclays Bank, 💻 www.barclays.co.tz,
NBC Bank, 💻 www.nbctz.com,
Standard Chartered Bank, 💻 www.standardchartered.com/tz,
Exim Bank, 💻 www.eximbank-tz.com,
CRDB Bank, 💻 www.crdbbank.com,
FBME Bank, 💻 www.fbme.com,
Stanbic Bank, 💻 www.stanbicbank.co.tz.

Geöffnet ist in der Regel wochentags von 8.30–15.30 Uhr und samstags von 8.30–12.30 Uhr. Diese Zeitangaben sind aber möglichst vor einem Besuch zu überprüfen.

In den **Wechselstuben**, die sich in Tansania gern Foreign Exchange Bureau (*forex bureau*) nennen, werden keine Gebühren berechnet, denn diese sind im tagesaktuellen Kurs bereits enthalten. Auch geht hier das Geschäft im Gegensatz zur Bank effizient in wenigen Minuten über die Bühne und die Kurse sind oft besser.

Es ist unter keinen Umständen empfehlenswert, sein Geld bei **illegalen Geldwechslern** auf der Straße zu tauschen, denn die Gefahr, dabei an Falschgeld zu geraten oder einem Trickbetrüger zum Opfer zu fallen, ist sehr hoch. Außerdem ist es strafbar. Häufig ist die Polizei darin involviert, die die Reisenden gegen Androhung von Gefängnis erpresst.

Trinkgeld

Unterkünfte

Die Höhe des Trinkgelds hängt von vielen Faktoren ab, z. B. von der Preisklasse der Lodge, der Aufenthaltsdauer, dem Service, der Freundlichkeit, den in Anspruch genommenen Leistungen und der subjektiven Zufriedenheit. Vor der Vergabe von Trinkgeld ist es ratsam, sich diskret beim Manager über dessen übliche Höhe und die Anzahl der Angestellten zu erkundigen sowie nach einer Tip Box zu fragen. Diese wird heute von den meisten Lodges bereitgehalten, um den Gästen entgegenzukommen, aber auch aus Fairness gegenüber den Angestellten, denn so kommen auch die unsichtbaren Helfer eines Hotelalltags in den Genuss des Trinkgelds. Bei gutem Service gelten US$10 pro Zimmer und Tag als angemessen.

Camping-Safari

Camping Safaris erfordern im Normalfall zusätzliches Personal. In diesem Fall sind mind. US$10 für den Koch und 10 000 TSH für den Camp Assistant, jeweils pro Gruppe pro Tag, angemessen.

Driverguides

Driver (oder Driverguides) eines Tour Operators, die Gäste durchs Land kutschieren und Safaris interessant gestalten, sind sich ihrer wichtigen Stellung für Touristen bewusst. Daher gelten pro Tag US$8–10 p. P. im Fahrzeug als angemessen; auf keinen Fall sollte man jedoch übertreiben und notfalls auch lautstarke Nachforderungen gelassen zur Kenntnis nehmen.

Ob man sich entscheidet, auch die Getränke des Drivers zu bezahlen, ist jedem selbst überlassen und hängt von Kompetenz, Freundlichkeit und Verlässlichkeit des Drivers ab. Dabei lohnt es sich, bei Bedarf klar zu vermitteln, dass es sich um freiwillige Mehrleistungen handelt.

Driver werden in Tansania üblicherweise in den jeweiligen *staff quarters* (Personalquartier) untergebracht. Die minimalen Kosten für Übernachtung sowie Verpflegung sind dabei in den Reisepreis eingerechnet, meist US$5–10 pro Nacht. Diese *staff quarters* entsprechen den landesüblichen Standards und genügen nicht immer den Ansprüchen eines Europäers. Versuche einzelner Driver, das soziale Gewissen von Touristen auszunutzen und zusätzliches Trinkgeld für Kost und Logis im nahe gelegenen

Keine Reiseschecks!

Die Mitnahme von Reiseschecks ist für Tansania nicht mehr empfehlenswert, da die Banken die Annahme verweigern.

Das Zeugen-Prinzip

Oft ist man auf einer Reise durch Tansania mit einer Gruppe von mehreren Angestellten eines Unternehmens unterwegs, z. B. auf einer Camping Safari oder einer Bergbesteigung. Um Unstimmigkeiten in Bezug auf das Trinkgeld zu vermeiden, empfiehlt sich folgende Vorgehensweise:
Zuerst muss festgestellt werden, welche Begleiter wirklich mit von der Partie waren, sofern man sie nicht ohnehin kennt. Gerade bei einer Bergbesteigung bleiben z. B. die Träger oft unerkannt im Hintergrund. Diese Personen werden auf einer Liste vermerkt. Dann wird in der Reisegruppe besprochen, wie hoch das Trinkgeld für jede Person (gemessen an der Tätigkeit, der Dauer der Tour etc.) ausfällt, und der entsprechende Betrag in die Liste eingetragen. Beim Abschied wird nun vor der versammelten Belegschaft (!) bekannt gegeben, welcher Betrag jeder Person zusteht. Die Verteilung des Geldes mithilfe der Liste kann anschließend dem Chef des Teams überantwortet werden.
Diese Vorgehensweise mag aus europäischer Sicht ungewöhnlich scheinen, doch in Tansania funktioniert sie. Geschenke und Gelder sollten grundsätzlich vor Zeugen übergeben werden, damit sie auch wirklich fair aufgeteilt werden. So weiß jeder, wie viel ihm zusteht. Ressentiments oder Neid werden dadurch keinesfalls geschürt, denn in Tansania herrscht ein anderes Verständnis von Nehmen und Geben: Man gibt, was man geben möchte, wobei der Empfänger zu akzeptieren hat, was gegeben wurde.

Dorf zu erwirken, sollte man tunlichst ignorieren, denn dann geht es meist um Mädchen und Alkohol. Wenn Driver am Tisch mit den Gästen essen und in den Hotelzimmern schlafen, werden die entsprechenden Preise laut Preisliste fällig.

Bergsteigen

Crew-Mitglieder bei Kilimanjaro- oder Meru-Besteigungen erwarten ebenfalls fürstliche Trinkgelder. Viele Führer verdienen sich ihr Trinkgeld auch redlich durch aufmerksame Fürsorge, doch einigen ist nicht bewusst, dass Trinkgeld an die Qualität der Leistung gekoppelt ist. Besonders bei Low-Cost-Besteigungen, wo an allen Ecken und Enden gespart wird, kommt es vor, dass die Crew bereits am Gipfel über ihre Trinkgelderwartungen zu reden beginnt. Bisweilen verknüpft sie ihre Forderungen mit geschickten Drohungen, die Gäste nicht mehr hinunter ins Tal zu begleiten, und setzt die ohnehin entkräfteten Bergsteiger damit gehörig unter Druck. Solche Tricks sollte man möglichst gelassen hinnehmen, die Forderung nicht rundweg ablehnen, sondern etwas Unverfängliches antworten – abgerechnet wird ohnehin erst am Ende der Tour.

Die Crew eines Kilimanjaro-Treks besteht aus drei verschiedenen Berufsgruppen – Guides, Köchen und Trägern *(porter)* –, die je nach ihrem gesellschaftlichen Rang unterschiedlich hohe Trinkgelder erwarten. Als angemessen gelten: Guide US$15–20, Assistant Guide US$10, Koch US$8–10, Träger US$5, jeweils pro Tag und Gruppe von max. 4 Pers. Hilfreich ist die Faustregel, dass insgesamt 8–10 % der Gesamtkosten der Besteigung als Trinkgelder ausbezahlt werden. Gebrauchte Ausrüstungsgegenstände sind übrigens ein ebenso willkommenes Honorar. In jedem Fall sind alle Trinkgelder erst nach einer Besteigung auszuzahlen.

Kleine Geschenke

Über kleine Aufmerksamkeiten, sogenannte *zawadi* (Geschenke), freuen sich Tansanier besonders. Dazu gehören z. B. Gratis-Duftproben aus Parfümerien, Werbe-T-Shirts, Kugelschreiber, kleine Blöcke oder Hefte, Kreide, Werbegeschenke, insbesondere kleine Geldbörsen, Feuerzeuge oder Ähnliches. Weniger sinnvoll hingegen sind Geschenke wie Bonbons oder Schokolade, denn die Ernährung der meisten Tansanier ist ohnehin schon einseitig genug. Wer in wirklich abgeschiedenen ländlichen Gegenden unterwegs ist, sollte besser Eier an die Kinder verteilen, denn an Proteinen mangelt es den meisten Menschen am allermeisten. Zudem sind Eier, gemessen am durchschnittlichen Einkommen in Tansania, relativ teuer.

Wichtig in diesem Zusammenhang ist allerdings, dass Geschenke unbedingt an eine **Gegenleistung** gekoppelt sein sollten. Unmotiviertes Schenken auf der Straße, nur weil ein Kind besonders niedlich aussieht, vermittelt den Menschen eine falsche Botschaft, nämlich dass Touristen so wohlhabend sind, dass sie ihre Besitztümer jederzeit verschenken können. (Ein Tansanier würde niemals einer wildfremden Person etwas schenken.) Guides könnten etwa ein T-Shirt erhalten, Köche vielleicht ein Feuerzeug und Bergführer die ausrangierten Bergschuhe. Das weibliche Putzpersonal wird sich zweifellos über eine kleine Duftprobe freuen. Und schulpflichtige Kinder, die ein Lied singen oder einen kleinen Dienst erweisen, haben Verwendung für Kugelschreiber oder Kreide.

Chai (Schmiergeld)

Weniger Pauschalreisende als vielmehr Individualreisende laufen Gefahr, Zielscheibe von Schmiergeldforderungen zu werden, die in fast jeder Lebenslage zum Alltag gehören. Individualreisende, die mit eigenem Wagen unterwegs sind, sollten auf Polizisten vorbereitet sein, die sich ein Zubrot bei zweifelhaften Verkehrskontrollen verdienen wollen. Geschwindigkeitsüberschreitungen (ohne dass eine Radarpistole diese beweisen könnte) oder an den Haaren herbeigezogene Vorschriften können als mögliche Gründe genannt werden. Am schnellsten passiert man natürlich die Sperre durch umgehende Zahlung des geforderten Schmiergelds (nicht mehr als 2000 TSH); andererseits fällt dies oft schwer, wenn man sich bereits an der dritten Polizeikontrolle hintereinander befindet. Diskussionen können zeitraubend sein; kaum ein Polizist spricht ausreichend Englisch. Von Vorteil sind dabei sicher Grundkenntnisse des Swahili, da dies den Polizisten üblicherweise den Wind aus den Segeln nimmt. Oft sollte man die Sache auch einfach nur aussitzen, denn die Tansanier wissen, dass Ausländer immer in Eile sind – weswegen sie gerne auf Zeit spielen. Das offizielle Strafmandat kostet übrigens 30 000 TSH.

Gepäck und Ausrüstung

Tansania „light"

Reisen in Tansania erfordert **leichtes Gepäck**. Man ist ständig mit Fahrzeugen unterwegs, wird von einer Unterkunft zur nächsten transferiert und muss vielleicht auch einmal einen Inlandflug nehmen. Wer innerhalb von Tansania mit den üblichen kleinen Cessna-Flugzeugen fliegt, z. B. in den Selous oder die Serengeti, muss das Gepäck auf maximal 15–18 kg pro Person beschränken und auf sperrige eckige Koffer verzichten, da diese in den Maschinen keinen Platz finden. Wenn man das Land auf eigene Faust mit den öffentlichen Verkehrsmitteln erkundet, benötigt man einen großen Tramper-Rucksack, wasserdicht und widerstandsfähig, damit er allen Widrigkeiten der Straße trotzen kann. Man sollte darauf achten, die zahlreichen kleinen Außentaschen nicht mit wertvollen Gegenständen zu füllen.

Vorsicht gilt beim **Handgepäck**, das man in Afrika lieber vorne tragen sollte. Auch Bauchtaschen oder Brusttaschen bieten keinen hundertprozentigen Schutz mehr, da alle Tansanier wissen, dass die Touristen ihr Geld und ihre Wertsachen in diesen ominösen Beuteln verstecken (deshalb sind sie auch ohne viel Aufsehen mit dem Messer entfernbar!). Hundertprozentigen Schutz gegen Diebstahl gibt es natürlich nicht, aber eine kleine Umhängetasche, die man immer gut festhält, scheint am sichersten zu sein.

Kleidung

Grundsätzlich gelten selbst in tansanischen Luxus-Unterkünften **keine Kleidervorschriften**. Understatement ist Trumpf, ebenso wie einfache, bescheidene Kleidung ohne viel Schnickschnack. Leichte, helle Sommerkleidung aus gut waschbaren, atmungsaktiven Materialien ist beim Aufenthalt in den Tropen zu bevorzugen. Ideal ist Funktionskleidung, die den Schweiß transportiert und auch nach der Handwäsche schnell trocknet.

Es mag Afrika-Neulinge überraschen, aber im **tropischen Winter** kann es in der Nacht empfindlich kalt werden. Temperaturen unter 10 °C sind keine Seltenheit, und afrikanische Häuser haben keine Heizung. Besonders im Norden, im Hochland rund um Moshi, Arusha, dem Ngorongoro-Krater und in der Serengeti, in höheren Lagen um den Lake Victoria oder in Lushoto, kühlt es in der Nacht ordentlich ab! Einige Lodges verfügen zwar über kleine Kamine (auch in den Zimmern); weil jedoch das Holz nur unzureichend getrocknet wird, bleibt der Wärmewert zumeist bescheiden.

Langärmelige Kleidung stellt die beste Prophylaxe gegen Moskitostiche und Malaria dar. Sie sollte von 16 Uhr nachmittags bis 9 Uhr morgens getragen werden, und zwar rund ums Jahr – auch im tropischen Sommer. Geschlossene, bequeme Schuhe sind ebenso ein Muss.

Völlig fehl am Platz ist **Schmuck**. Er sollte zu Hause bleiben; das gilt auch für die Uhr und ganz besonders für die goldene Halskette. Mitgenommen werden sollte allenfalls eine billige Sportuhr mit Leuchtanzeige und Alarm, um die es nicht schade ist, sollte sich ein unbekannter Dritter ihrer bemächtigen …

Der in den Unterkünften angebotene **Wäscheservice** ist vielerorts kostengünstig (oder je nach Kategorie sogar im Preis inklusive). Da jedes in Tansania erhältliche Waschmittel aber Unmengen von Bleiche enthält, ist unbedingt davon abzuraten, seine Lieblingsstücke mit in den Urlaub zu nehmen. Abgesehen davon wird in Tansania kein Unterschied zwischen heller und dunkler Wäsche oder zwischen einzelnen Materialien gemacht und alle Wäschestücke bunt gemischt gewaschen (zumeist mit viel Waschmittel auf wenig Wasser). Kleidungsstücke können deshalb unansehnlich und fleckig werden.

Technische Ausrüstung

Elektrische Geräte

In den Städten sowie auf Sansibar werden die Unterkünfte mit Elektrizität vom Stromnetz versorgt. Im Busch hingegen gibt es nur eingeschränkt Strom (entweder vom Generator oder aus Solarenergie). Weil aber auch die Stromversorgung vom Netz nicht immer verlässlich ist und Stromabschaltungen häufig vorkommen, verfügen die meisten Hotels und Lodges über Back-up-Generatoren. Am besten verzichtet man während eines Tansania-Urlaubs auf unnötige elektrische Geräte und besinnt sich auf die gute, alte Zeit, wo Zahnbürsten und Rasierer noch ohne Strom auskamen und die Haare vom Wind getrocknet wurden. Es muss auch damit gerechnet werden, dass man Smartphones und andere elektronische Geräte nicht überall aufladen kann.

Da Reisen in Tansania eine staubige Angelegenheit ist, sollten für die Foto- und Filmausrüstung, den Laptop oder das Smartphone robuste **Schutzbeutel aus Plastik** mitgenommen werden. Zusätzlich können die Geräte auch noch in ein Leinentuch gewickelt werden. Bei besonders staubigen Safaris hat es sich bewährt, ein Loch in den Schutzbeutel zu schneiden und die Kamera erst gar nicht aus diesem herauszunehmen.

Foto- und Videoausrüstung

Reisende, die sich extra für die Tansania-Reise mit einer neuen Kamera ausstatten, sollten darauf achten, dass das Gerät über einen möglichst **hohen optischen Zoom** verfügt. Beim Kauf muss man sich auch darüber im Klaren sein, dass gerade auf Safari schnelles Reagieren notwendig ist. Kameras mit **kurzer Auslöseverzögerung** (vom Drücken des Knopfes bis zum tatsächlichen Foto) sowie **kurzer Einschaltverzögerung** (vom Einschalten bis zur tatsächlichen Funktionsfähigkeit) sind daher zu bevorzugen.

Wichtig ist ein ausreichender Vorrat an **Speichermedien**. Außerdem sollten mindestens zwei **Akkus**, besser noch drei, im Gepäck sein. Auf Safari oder auf einer mehr als eintägigen Wanderung können sogar drei Akkus knapp werden! Nicht zu vergessen ist natürlich das **Akkuladegerät** oder das **Ladekabel**. Anstelle der Speichermedien hat sich auch die Anschaffung eines **mobilen Speichergerätes** (kleiner Laptop, externe Festplatte) bewährt, wohin laufend der Inhalt der Speicherkarten gespielt wird. Spätestens zu Hause kann man dann seine Fotos auf dem Computer bewundern. Für alle Fälle gehören auch einige leere, beschreibbare **CDs** ins Gepäck, denn man trifft immer wieder andere Reisende mit Laptops, die die Fotos auf den Speicherkarten u. U. auf CD brennen können.

Campingausrüstung

In fast allen touristisch bedeutsamen Orten (außer auf Sansibar) und in jedem Nationalpark finden sich Campsites. Sie werden zumeist von Tour Operators im Rahmen organisierter Camping Safaris angefahren. Wer als Individualtourist sein Budget durch Camping entlasten möchte, trifft deshalb auf relativ gute Bedingungen.

Voraussetzung dafür ist aber eine umfassende Ausrüstung, die unbedingt von zu Hause mitgebracht werden muss: **Kuppelzelte**, **Schlafsäcke**, dicke **Isomatten** und **Planen** sowie **Werkzeug**. Solche Ausrüstungsgegenstände sind in Tansania nämlich nicht leicht erhältlich, am ehesten noch im Game-Supermarkt in Dar es Salaam. Einen Campingurlaub mit einem Mietauto anzugehen, macht also wenig Sinn, weil das benötigte Equipment leicht die Gewichtsbeschränkungen im Flieger überschreiten kann.

Der benzin- oder petroleumbetriebene **Campingkocher** muss dagegen nicht unbedingt eingeführt werden, ebenso wenig wie Plastikgeschirr, Kochtöpfe oder Ähnliches. Diese Utensilien sind auf allen lokalen Märkten in Tansania zu weit günstigeren Preisen erhältlich. Zwar entsprechen die Kerosin-Kocher nicht unbedingt europäischem TÜV-Standard, doch sie sind für Afrika ideal. Gegen die Mitnahme eines Campingkochers von zu Hause spricht zudem, dass es in Tansania keine Gaskartuschen zu kaufen gibt und man daher auf Petroleum *(kerosene)* angewiesen ist.

Ausrüstung für den Mietwagen

Mietwagen werden in den seltensten Fällen mit dem Equipment vermietet, das den herrschenden Straßenverhältnissen angemessen wäre. Es empfiehlt sich, selbst die notwendigsten Sicherheitsutensilien mitzubringen (wer durch Nairobi kommt, kann sie auch dort erwerben): Alu-Sandblech, strapazierfähiges Abschleppseil, eventuell eine handliche Seilwinde sowie gutes Werkzeug. Schaufel, Benzinkanister, Überbrückungskabel und Ähnliches sind in Tansania erhältlich.

Keine Erste-Hilfe-Kästen in Mietwagen

In Tansania sind Mietwagen und andere Fahrzeuge nicht standardmäßig mit Erste-Hilfe-Verbandskästen ausgestattet. Es ist daher unbedingt erforderlich, diesen selbst mitzubringen.

Gesundheit

Allgemeines

Das Gesundheitssystem in Tansania sowie das Bewusstsein für gesundheitliche Fragen entsprechen bei Weitem nicht mitteleuropäischem Standard. Wer hierher reist, muss sich einfach darauf einstellen und auf mögliche Gesundheitsrisiken vorbereitet sein.

Die Umstellung vom heimatlichen auf das **tropische Klima** ist für den Körper grundsätzlich eine Belastung. Hinzu kommt die Höhenlage großer Teile Tansanias, die besonders Menschen mit zu hohem oder niedrigem Blutdruck zu schaffen machen kann.

Obwohl die Zeitverschiebung maximal zwei Stunden beträgt und man folglich nicht unter Jetlag zu leiden hat, ist der neunstündige Flug anstrengend. Daher ist es sinnvoll, **nach der Ankunft einen Ruhetag** einzulegen. Die erste Unterkunft sollte maximal zwei Stunden vom Flughafen entfernt liegen. Das gilt besonders für Selbstfahrer. Das Risiko eines Unfalls am ersten Tag aufgrund von Müdigkeit, mangelnder Konzentrationsfähigkeit und neuen Anforderungen wie Linksverkehr ist überdurchschnittlich hoch.

Impfvorschriften

Zur Zeit der Recherche war bei der Einreise aus Nachbarländern sowie bei Zwischenstopps von mehr als 12 Stunden in Endemiegebieten (z. B. Äthiopien) die **Gelbfieberimpfung** auf dem Festland vorgeschrieben. Für Sansibar ist sie in jedem Fall Pflicht.

Impfbefürworter müssen sich rechtzeitig um einen ausreichenden **Impfschutz** kümmern, vor allem wenn seit der letzten Basisschutzimpfung mehr als zehn Jahre vergangen sind. Da die Impfungen bis zu acht Wochen vor Abflug erfolgen müssen, empfiehlt es sich, frühzeitig den Hausarzt oder ein tropenmedizinisches Institut zu konsultieren.

Empfohlen werden Impfungen gegen Tetanus, Diphtherie, Keuchhusten, Typhus, Kinderlähmung (Polio) und Hepatitis A oder B. Tropenmediziner raten auch zu Impfungen gegen Cholera, eitrige Gehirnhautentzündung oder gar Tollwut. Alle Impfungen (inkl. Gelbfieber) werden in einen Internationalen Impfausweis eingetragen, der zu den Reiseunterlagen gehört.

Einige Krankenkassen übernehmen neuerdings die Kosten für Reiseschutzimpfungen und Malaria-Prophylaxe. Mehr dazu auf der Website des **Centrums für Reisemedizin (CRM)** unter 💻 www.crm.de/krankenkassen/index.html. Zu den Symptomen der Malaria und anderer möglicher Erkrankungen siehe auch „Reisemedizin zum Nachschlagen" auf S. 527.

Winzige Insekten, große Auswirkungen

Der beste gesundheitliche Rat für Reisende in die Tropen ist, sich nicht stechen zu lassen. Einige der gefährlichsten Krankheiten wie Malaria, Schlafkrankheit oder Dengue-Fieber können so vermieden werden, genauso wie die zwar unangenehmen, aber gesundheitlich unbedenklichen Einstiche von kleinen Fliegen, harmlosen Mücken oder Ähnlichem.

Die Mitnahme von guten Anti-Mücken-Lotionen (z. B. Autan, Nobite, Flystop), eventuell Imprägniersprays für die Kleidung bzw. der Kauf von Räucherspiralen vor Ort ist daher angeraten. Ob der Wirkstoff nun DEET (Diethyltoluamid), Icaridin oder Bayrepel heißen soll, ist Geschmackssache. DEET ist beispielsweise sehr effizient, greift aber die Haut und auch die Kleidung an. Natürlichere ätherische Öle wie Citronella oder Lemongrass bleiben (leider) den gewünschten Effekt schuldig, da die Insekten darauf nicht mehr reagieren. Ebenso wenig empfehlen sich Gelsenstecker, da meist schon der elektrische Stecker dafür fehlt, z. B. in den Camps.

Unterwegs im Land ist vernünftiges Verhalten das A und O: Lotionen auch wirklich auf die Haut auftragen; abends, nachts und morgens körperbedeckende Kleidung tragen; unter dem Moskitonetz schlafen und Räucherspiralen anzünden.

Wasser

Wasser sollte man nie ungefiltert oder unbehandelt aus dem Hahn trinken. Abgefülltes Trinkwasser ist überall in Plastikflaschen erhältlich. Wasser aus der freien Natur, besonders aus stehenden Gewässern oder auf Bergen, ist mit Vorsicht zu genießen.

Das Leitungswasser kann nur dann getrunken werden, wenn es zuvor einer chemischen Reinigung unterzogen worden ist. Wenn das Wasser klar und ohne Schwebstoffe ist, können dem Leitungswasser **Wasserreinigungstabletten** beigemengt werden, z. B. Katadyn Micropur Forte zur Wasserentkeimung (nicht Micropur Classic, da dieses nur zur Wasserkonservierung dient). Diese Wasseraufbereitung ist für alle Ballungszentren und entlang der Touristenpfade in den Hotels und Lodges vollkommen ausreichend. Wer im Busch unterwegs ist, wird auf trübes oder mit vielen Schmutzpartikeln versetztes Wasser aus der Wasserleitung stoßen. Dieses muss vor der Desinfizierung noch gefiltert und vorbehandelt werden. Einschlägige Informationen dazu sind im Internet oder in Ausrüstungsläden erhältlich. Trinkwasser gibt es überall in Plastikflaschen zu kaufen.

Eine weitere Möglichkeit der Reinigung von gefiltertem Wasser ist das Abkochen, das natürlich eine Kochgelegenheit voraussetzt. Unbedingt beachten: Wasser muss mindestens 15 Minuten kochen, um wirklich alle Keime abzutöten.

Medizinische Versorgung

Niemand denkt gerne an medizinische Notfälle im Urlaub. Doch gerade für Tansania, wo die Versorgung bei Weitem nicht dem europäischen Niveau entspricht, ist im Vorfeld einer Reise ein klein wenig Planung notwendig.

Vorschlag für eine Reiseapotheke

Erste Hilfe
- ☐ **Verbandszeug** (sterile Mullbinden, Pflaster sowie Blasenpflaster, Leukoplast, elastische Binden, sterile Kompressen, Dreieckstuch, Pinzette)
- ☐ **Mittel zur Wunddesinfektion**
- ☐ **Einweg-Handschuhe** (auch für den Fall, dass andere um Hilfe bitten)
- ☐ **Beipackzettel**
- ☐ **Breitband-Antibiotikum** oder **Antibiotika-Salben** (zur Unterstützung der Wundheilung bei Infektionen)

Malaria und Insekten (S. 530)
- ☐ **Anti-Mücken-Milch**, evtl. Imprägnierspray für Kleidung
- ☐ **Malaria-Prophylaxe** und **Stand-by-Therapie** (sofern man sich dafür entschieden hat)
- ☐ **Juckreizstillende Mittel**, z. B. Aloe-Vera-Gel
- ☐ evtl. **cortisonhaltige Salben** zur Behandlung von schmerzenden Insektenstichen
- ☐ **Antihistaminikum**

Schmerzen, Fieber, Erkältungen
- ☐ stärkere **Schmerzmittel**, z. B. **Ibuprofen** oder **Thomapyrin**
- ☐ Aspirin
- ☐ **Nasentropfen** für verstopfte Nasen, z. B. Nasivin oder Rhinodoron (Weleda)
- ☐ **Lutschbonbons** oder -tabletten gegen Halsschmerzen, z. B. Neoangin oder Tonsiotren

Allergien oder allergische Reaktionen
- ☐ **Augensalbe** (ist hitzebeständiger als Augentropfen)
- ☐ ggf. **antiallergische Augen- und Nasentropfen**

Magen- und Darmerkrankungen
- ☐ **Mittel gegen akuten Durchfall** (v. a. vor längeren Fahrten), z. B. Imodium
- ☐ **Elektrolyt-Lösungen** (zur Rückführung von Mineralien; Kinder: Oralpädon-Pulver)
- ☐ **homöopathische Tropfen** oder **Globuli** bei Magenverstimmung, z. B. Okoubaka
- ☐ evtl. **Kräutertees** für empfindliche Mägen, z. B. Fenchel oder Kamille (in Tansania nicht erhältlich)
- ☐ bei entsprechender Empfindlichkeit ein **Mittel gegen Reisekrankheit**, z. B. Paspertin oder homöopathische Globuli, z. B. Cocculus

Haut und Sonnenpflege
- ☐ ausreichend **Sonnenschutzmittel** mit hohem Schutzfaktor und Sun Blocker, After Sun Lotion
- ☐ **Lippenpflege, Lippenbalsam**
- ☐ **Wund- und Heilsalbe** (zur Linderung von trockener Haut, rissigen Lippen oder für kleinere Wunden), z. B. Bepanthen oder Calendula Wundsalbe (Weleda)
- ☐ evtl. **Salbe gegen Pilzerkrankungen** bei Prädisposition, z. B. Canesten

Sonstiges
- ☐ **Verhütungsmittel**

Verkehrsunfälle sind die häufigste Ursache von medizinischen Notfällen in Tansania. Der Verkehr ist mörderisch, die Fahrzeuge befinden sich in schlechtem Zustand und Geschwindigkeitsbeschränkungen gelten nicht viel. Bei Unfällen besteht ein sehr hohes Risiko, nicht rechtzeitig in ärztliche Behandlung zu kommen. Rettungshubschrauber fehlen ebenso wie funktionierende Notrufnummern oder ein Erste-Hilfe-Netzwerk.

Das größte Problem ist der Transport vom Ort des Unfalls in das nächstgelegene kompetente Krankenhaus.

Für diese Fälle gibt es zum Glück die Notfallevakuierung, u. a. **First Air Responder** von Knight Support, **AAR Health Services** oder die von Nairobi aus operierenden **Flying Doctors**, deren temporäre Mitgliedschaft eine unbezahlbare Investition darstellt (Kasten S. 64 und Regionalkapitel).

Bei anderen schwerwiegenden gesundheitlichen Problemen, wie Infektionskrankheiten, Zahnschmerzen oder Ähnlichem, kann man internationale und teilweise auch deutsch sprechende Ärzte in den Ballungszentren aufsuchen, wo eine **akzeptable ärztliche Versorgung** nur eine Frage des Geldes ist. Gerade in Dar es Salaam und Arusha ist die Dichte an guten Ärzten aus Übersee recht hoch. Zwar müssen die Kosten vor Ort ausgelegt werden, doch über Reiseversicherungen werden sie vollständig oder teilweise erstattet, ein entsprechender Abschluss vor Reisebeginn ist daher zu empfehlen. Die jeweiligen Botschaften und Konsulate können deutsch- und englischsprachige Ärzte in Tansania nennen. Sie strecken im Notfall auch Geldmittel vor, sollte es Engpässe bei der Begleichung von Krankenhaus- oder Arztrechnungen geben.

Eine gute Anlaufstelle im Notfall sind auch die **Missionskrankenhäuser**. Oft tun hier deutsche oder europäische Ärzte sowie Famulanten oder Freiwillige Dienst. Die Kunde, wo Ärzte aus dem Westen stationiert sind, dringt auch bis in den letzten Winkel des Buschs vor; die Frage nach einem *daktari wa mzungu* (weißen Arzt) kann also recht unbürokratisch beantwortet werden. Solche Krankenhäuser entsprechen zwar nicht unseren Vorstellungen, bieten aber – besonders mit internationalen Ärzten vor Ort – solide, den Umständen entsprechende Gesundheitsdienste. Gerade bei Verdacht auf Malaria kann man sich vertrauensvoll an eine solche Klinik wenden, deren Know-how meist erstaunlich ist. Bei Malaria lohnt sich auch der Gang in eine der nächstgelegenen **Buschkliniken** oder *dispensaries*. Im Normalfall sind ein hygienischer Malariatest sowie Malaria-Medikamente leicht erhältlich. Ansonsten gibt es – auch in den entlegensten Dörfern – zahlreiche **Apotheken** *(duka la dawa)*. Die klimatisierten unter ihnen verfügen natürlich über eine größere Auswahl an Medikamenten, wohingegen die nicht klimatisierten (abseits der Städte die Regel) ausnahmslos hitzeerprobte und -beständige Medikamente verkaufen. Viele Medikamente sind in Tansania um ein Vielfaches billiger als in Europa; wer nicht chronisch krank ist, braucht vor einem Langzeitaufenthalt daher keinen Vorrat an Erkältungsmitteln und dergleichen anzulegen.

Dank der großen Anzahl an indisch- und anderen asiatischstämmigen Tansaniern ist auch die **naturheilkundliche medizinische Versorgung** einigermaßen gut entwickelt. In fast allen größeren und Regionalstädten gibt es indische *herbalists* oder zumindest eine indisch geführte Apotheke, die pflanzliche Produkte im Sortiment hat. Die dort erhältlichen Präparate reichen von pflanzlichen Mitteln gegen Durchfall, Wurmbefall oder Pilzinfektionen über Hautpflegemittel bis hin zur Malaria-Prophylaxe. Auch die Maasai gelten als „Kräuterhexen". Ihre kleinen Verkaufsstände, die sich allerorts finden, mögen vielleicht nicht sonderlich hygienisch aussehen, doch die pflanzlichen Pulver, Teemischungen und Cremes sind hochkarätige naturheilkundliche Präparate. Ihr Wissen, z. B. in Bezug auf Malaria, machen sich sogar internationale Pharmakonzerne zunutze, die die Wirkung des von den Maasai verwendeten einjährigen Beifuß *(Artemisia annua)* untersuchen. Schon seit über 2000 Jahren wird diese Pflanze in der traditionellen chinesischen Medizin gegen Malaria verwendet, doch erst seit wenigen Jahren – nachdem die pharmakologischen Mittel im Kampf gegen Malaria zunehmend an ihre Grenzen stießen – wird Artemisinin industriell extrahiert und zu Malaria-Medikamenten verarbeitet. Heute werden Artemisinin-Präparate von der WHO uneingeschränkt empfohlen. Artemisia-Tee ist übrigens auch bei uns in der Apotheke erhältlich.

Neben den *herbalists* findet man auch einige Homöopathen. In der Innenstadt von Dar es Salaam gibt es ein vorzügliches Homöopathie-Zentrum, das natürlich nicht nur Malaria, sondern auch andere Krankheiten behandelt. Die Servicepalette besteht aus Malariaprophylaxe, Tests sowie Behandlung. Infos dazu im Kapitel Dar es Salaam, S. 151.

Für den Fall, dass einmal alle Stricke reißen und die Versorgung in Tansania nicht ausreicht, sollte man auf eine sorgfältig ausgewählte Reisekrankenversicherung (S. 112) zurückgreifen können, die dann den Rücktransport nach Europa bezahlt.

Reisemedizin im Internet

- www.fit-for-travel.de
- www.frm-web.de
- www.crm.de
- www.reisemed.at
- www.cdc.gov
- www.die-reisemedizin.de

Fliegende Ärzte

Die erste funktionierende **Flugrettung in Ostafrika** wurde 1957 von drei britischen Chirurgen ins Leben gerufen. Neben der Gesundheitsversorgung der lokalen Bevölkerung ist besonders die Flugrettung für Reisende oder in Ostafrika lebende Ausländer von unschätzbarem Wert.

Die Flying Doctors, eine Unterorganisation der **African Medical and Research Foundation (AMREF)**, fliegt für Notfalleinsätze, Krankentransporte und Notfallevakuierungen von ihrem Stützpunkt am Wilson Airport in Nairobi (Kenia) bis nach Tansania – an die 600 Mal pro Jahr. Ebenso organisieren die Flying Doctors Notfall-Krankentransporte nach Europa.

Die **24-Stunden-Notfall-Hotline** steht nur für *emergencies* zur Verfügung, beispielsweise lebensbedrohliche medizinische Notfälle oder schwere Unfälle mit Personenschäden (z. B. Auto, Flugzeug, Zug) in allen ostafrikanischen Ländern.

Flying Doctors Evakuierungen (von Kenia aus operierend), ✆ +254-20-6992299 oder +254-733-639088 💻 www.flydoc.org (für weitere Notfallnummern), Funkfrequenz: HF 9116 kHz oder 5796 kHz LSB, Erkennungscode „Foundation Control".

Die **Mitgliedschaft** (zwischen US$16/15 € und US$24/22 € je nach Länge des Aufenthalts) kann vor der Abreise bequem und unbürokratisch per Kreditkarte erworben werden, 💻 www.amrefgermany.de.

Guides

Bei einer Reise nach Tansania wird man sich daran gewöhnen müssen, dass kaum ein Schritt ohne einen Guide gemacht werden kann. Safaris und Bergbesteigungen, aber auch Spaziergänge, Stadtrundgänge, Wanderungen, Marktbesuche oder Kulturtourismustouren – alle Aktivitäten bedürfen im Normalfall eines Guides.

Während die Fahrer *(driverguides)* der Safariunternehmen überwiegend mit profundem Wissen über Fauna und Flora aufwarten können, handelt es sich bei den selbst ernannten Guides in den Städten um Männer ohne Ausbildung, die gerne an Fährhäfen, Busbahnhöfen, belebten Straßen oder vor der Touristeninformation ratlos dreinblickende Touristen ansprechen. Ihr enormer Vorteil besteht darin, dass sie ortskundig, mit den landesüblichen Gepflogenheiten vertraut und des Swahili mächtig sind. Zusätzlich haben sie den Vorteil, dass man unter ihrer Obhut in relativer Ruhe sein Besuchsprogramm absolvieren kann, denn Touristen, die bereits einen Guide an ihrer Seite haben, sind für andere Guides tabu.

Keineswegs darf man von solchen Guides allerdings geografisches, geschichtliches oder zoologisches Wissen erwarten. Sie kennen meist nicht den Namen der nächsten Querstraße oder die Einwohnerzahl der Stadt. Hingegen wissen sie, wo man am besten Erkundigungen für die anstehende Busfahrt einholt oder wie man am einfachsten zu einem bestimmten Markt gelangt. Sie sind also wertvoll in all den praktischen Dingen, die insbesondere Swahili-Kenntnisse voraussetzen.

Das **Honorar** eines Guides muss im Voraus mit ihm ausgehandelt werden (ab 20 000 TSH pro Tag). In den meisten Fällen sind die jungen Männer harmlos und hegen keinerlei kriminelle Absichten, doch einem wildfremden Menschen würde man auch in Deutschland nicht seine Tasche zum Aufpassen anvertrauen oder ihm in dunkle Gegenden folgen. Nicht jeder Guide ist vertrauenswürdig und manche sind Schlitzohren, während einige durchaus zu längerfristigen Reisebegleitern werden können.

An manchen Orten, beispielsweise Stone Town, Dar es Salaam, Moshi oder Arusha, sind solche selbst ernannten Führer mit besonderer Vorsicht zu genießen (vgl. „Beachboys und Flycatcher", S. 110).

Viele Touristen fühlen sich unwohl, wenn sie mit Guides unterwegs sind. Sie fürchten, sie würden koloniale, rassistische oder politisch unkorrekte Attitüden an den Tag legen, wenn sie sich von Guides begleiten lassen. Tansanier empfinden dies aber genau umgekehrt: Stolz zeigen sie den Gästen *(wageni)* ihr Land, profilieren sich als Kenner der Savanne (oder zumindest des Stadtdschungels) und empfinden Genugtuung dabei, einen so wichtigen Job zu haben und gutes Geld zu verdienen. Bei Unternehmen angestellte Guides und Begleiter erwarten übrigens ein Trinkgeld. Freischaffende erhoffen sich neben dem Honorar zumindest eine Mahlzeit und ein Getränk als freiwillige Zusatzleistung.

Informationen

Informationen aus dem Internet müssen allesamt mit Vorsicht genossen werden. Akkurate praktische Informationen liefern überwiegend private Websites, Blogs von Reisenden sowie Sites von Hilfsorganisationen, Reiseveranstaltern oder anderen kommerziellen Unternehmen.

Weniger empfehlenswert in Bezug auf praktische Daten wie Telefonnummern, Preise und Ähnliches sind die offiziellen oder regierungsnahen Websites, die das Land zwar in den schönsten Farben beschreiben, aber durchweg veraltete Infos liefern. Schon gar nicht sollte man von solchen Stellen Informationen per E-Mail anfordern – das ist vergebliche Liebesmüh.

Fremdenverkehrsämter

Zwar existieren das **Tanzania Tourist Board (TTB)** sowie andere offizielle Ämter zur Förderung des Tourismus in Tansania, doch sind diese in keiner Weise mit europäischen vergleichbar. Es herrscht tansanische Beamtenmentalität; außer in glücklichen Ausnahmefällen darf man sich keinerlei Informationen oder gar Hilfestellung bei der Planung einer Reise von zu Hause aus erwarten. Ein wenig besser ist die Situation vor Ort in den offiziellen Ämtern, z. B. in Dar es Salaam oder Arusha. Die Beamten sind dort zwar freundlich und dienstbeflissen, verfügen aber häufig nur über veraltete Informationen – also lieber das Informationsmaterial zweimal prüfen, bevor man sich darauf verlässt!

Zu den Informationsbüros siehe die jeweiligen Regionalkapitel: Dar es Salaam (S. 151), Arusha (S. 382), Ngorongoro Crater (S. 429), Nationalparks in Tansania (Tanapa, S. 72) und Sansibar (S. 256).

Verbände

Tato (Tanzania Association of Tour Operators)
School Road, P.O. Box 6162, Arusha
027-2504188 oder 0713-512308, tatotz.org

Die Tato ist ein touristischer Dachverband, der nicht nur die Interessen der Unternehmer vertritt, sondern seinen Mitgliedern auch ein Mindestmaß an Qualität abverlangt. Jeder Tour Operator, der sich als seriös profilieren möchte, strebt die Tato-Mitgliedschaft an, die natürlich an Mitgliedsgebühren gebunden ist. Eine Mitgliederliste findet sich unter obiger Internet-Adresse. Eine Tato-Mitgliedschaft ist die Minimalforderung an einen seriösen Tour Operator.

Tansania auf einen Klick

Offizielle Websites

www.tanzania-gov.de
Offizielle Website der tansanischen Botschaft in Deutschland. Veraltet, doch das Antragsformular für das Visum kann heruntergeladen werden. Englisch.

www.gov.go.tz
Offizielle Website der Vereinigten Republik Tansania. Englisch.

Reisewarnungen und Ähnliches

Auf den jeweiligen Unterseiten der drei **Außenministerien**, www.auswaertiges-amt.de, www.bmeia.gv.at und www.eda.admin.ch, findet man aktuelle Reisewarnungen, Sicherheitshinweise und weitere Informationen.

Nationalparks, Naturräume und Naturschutz

www.tanzaniaparks.com
Übersicht über alle Nationalparks in Tansania (ohne Game Reserves), allerdings nicht ganz aktuell, z. B. bei den Camps. Englisch.

www.serengeti.org
Schöne Seite, die Lust auf die Serengeti macht, aber leider nicht auf dem Laufenden gehalten wird. Englisch und Deutsch.

www.savetheserengeti.org
Sprachrohr und treibende Kraft im Kampf zur Rettung der Serengeti, insbesondere gegen die Nordroute des Serengeti-Highway.

www.ngorongorocrater.org
Website der Ngorongoro Conservation Area mit vielen Informationen und übersichtlichem Layout. Englisch.

www.savetherhino.org
Website zum Schutz der Nashörner, informativ und aktuell. Englisch.

www.zgf.de
Die Zoologische Gesellschaft Frankfurt ist einer der wichtigsten ausländischen Partner der tansanischen Naturräume. Deutsch.

www.awf.org
Die African Wildlife Foundation finanziert und betreut ausgesuchte Projekte im Norden Tansanias, beispielsweise ein Löwen- und Elefantenschutzprogramm in der Maasai-Steppe. Englisch.

www.janegoodall.org
1977 von Jane Goodall gegründet, ist die Institution heute eine der führenden Forschungseinrichtungen für Schimpansen. Englisch.

www.savetheelephants.org
Engagiert sich für das Überleben der Elefanten, was angesichts der massiven Wilderei der letzten Jahre besonders für Tansania wichtig ist. Englisch.

Touristische Websites und Reiseportale

www.tanzaniatouristboard.com
Umfassendes Informationsportal des tansanischen Fremdenverkehrsamtes, dessen englische Version am besten gewartet und aktualisiert wird. Englisch.

www.safari-portal.de
Umfassendes Informationsportal rund um Safaris, Unterkünfte, Nationalparks und Aktivitäten. Das Unterkunftsverzeichnis ist eines der aktuellsten überhaupt, und Bwana Mitch, wie sich der Betreiber nennt, ist seine Liebe für Afrika anzumerken.

www.africatravelresource.com
Internetpräsenz eines kommerziellen Reiseveranstalters, die aber ansprechend und außerordentlich detailliert ist. Schwerpunktmäßig werden Unterkünfte und Aktivitäten auf dem tansanischen Festland sowie auf Sansibar, Pemba und Mafia beleuchtet. Englisch.

www.mambomagazine.com
Gelungene Website eines Gratis-Magazins auf Sansibar, dessen Zugänge zu Sansibar-bezogenen Themen erfrischend sind. Kultur, Ausgehtipps, Verhaltenstipps, Sehenswürdigkeiten und vieles mehr. Englisch.

www.tanzaniaodyssey.com
Ausführliche Website einer kommerziellen Reiseagentur, die ausnehmend viele Informationen liefert. Zeichnet ein facettenreiches Bild des Landes. Englisch.

Kultur und Menschen

swahilionline.com
Einfache Website über grundlegende Aspekte der Swahili-Kultur, Sprache und Religion. Englisch.

Allgemeine Nachrichten und Informationsportale

www.diezeit.de/afrika
Online-Ausgabe der liberalen Wochenzeitung *Die Zeit*. Exzellentes, facettenreiches Afrika-Know-how. Manche Beiträge können verstören, doch sie zeichnen ein Bild des wahren Afrikas – nicht des Afrikas in unseren Köpfen.

www.dw-world.de
In ihren Dossiers über Afrika geht die Deutsche Welle auf diesen „Kontinent zwischen Erfolgen und Enttäuschungen" (Selbstbeschreibung) ein. Das eurozentrische Weltbild kommt dennoch zum Vorschein. Bemerkenswert: Die Nachrichten sind auch in Swahili erhältlich.

allafrica.com und **allafrica.com/tanzania**
Das umfangreiche Online-Nachrichtenportal sammelt und verarbeitet tagesaktuelle Nachrichten von zahlreichen afrikanischen Nachrichtenquellen und fügt sie zu einem übersichtlichen Informationsportal zusammen, das alle Aspekte des Kontinents beleuchtet. Englisch.

tanzania-network.de
Der Verein vertritt vor allem solche Gruppierungen, die Hilfsprojekte für oder Partnerschaften mit Tansania verfolgen. Sogar offene Stellen in Entwicklungsprojekten werden

ausgeschrieben. Interessant für Reisende sind vor allem das Magazin *Habari*, die Presseschau deutschsprachiger Medien über Tansania und ein Link zu tansania-information.de, wo regelmäßig Zusammenfassungen aus tansanischen Zeitungen zu finden sind.

www.bagamoyo.com
Umfangreiches Portal eines Vereins zur Förderung der deutsch-tansanischen, kulturellen Beziehungen. Obwohl man sich auf Bagamoyo konzentriert, finden sich viele nützliche Infos allgemeiner Natur, wie News, Bücher- und Musiktipps, Konzerttermine und Ähnliches.

Landkarten

Es ist unbedingt notwendig, sich zu Hause mit dem benötigten Kartenmaterial auszustatten, da in Tansania kaum Karten zu bekommen sind. Wenn überhaupt, sind sie in Läden von A Novel Idea (in mehreren Städten) und im Gallery Bookshop in Stone Town erhältlich.

Allgemeine Straßenkarten

Tanzania, Rwanda, Burundi (1 : 1 500 000), Nelles Verlag, Auflage 2012, ISBN 978-3-86574-2612, www.nelles-verlag.de.
Globetrotter Travel Map (1 : 1 900 000), New Holland Publishers, Auflage 2013, ISBN 978-1-78009-5912, www.newhollandpublishers.com.
Tansania (1 : 3 000 000), Freytag & Berndt-Verlag, Auflage 2012, ISBN 978-3-70791-3330, www.freytagberndt.de.
Tanzania (1 : 1 200 000), Verlag Reise Know-how, Auflage 2014, ISBN 978-3-83177-1264, www.reise-know-how.de.
Tanzania, Rwanda and Burundi (1 : 1 400 000), harms-ic-verlag, Auflage 2013, ISBN 978-3-927468-320, www.harms-ic-verlag.de.

Spezialkarten

Auf aussagekräftige Gratis-Stadt- und Landkarten darf man vor Ort nicht hoffen; weder das Fremdenverkehrsamt noch das Tourismusministerium wollen Geld dafür locker machen. Mit viel Glück ergattert man eine der Gratis-Karten von Arusha oder Sansibar, die von Toku Tanzania in Kollaboration mit dem harms-ic-verlag gedruckt werden.
Arusha National Park (1:50 000), harms-ic-verlag, 2007, ISBN 978-3- 92746-8276, www.harms-ic-verlag.de.
Kilimanjaro (1:100 000), harms-ic-verlag, 2013, ISBN 978-3-92746-8290, www.harms-ic-verlag.de.
Kilimandscharo (1:80 000), Freytag & Berndt, 2008, ISBN 978-3-70790-9647.
Kilimanjaro (1:62 500) und **Tanzania North** (1:1 375 000), International Travel Maps, ISBN 978-1-55341-4728, itmb.ca.
Lake Manyara National Park (1:100 000), harms-ic-verlag, 2000, ISBN 978-3-92746-8215, www.harms-ic-verlag.de
Ngorongoro Crater (1:60 000) und **Ngorongoro Conservation Area** (1:230 000), harms-ic-verlag, 2007, ISBN 978-3-92746-8283, www.harms-ic-verlag.de.
Sansibar, Pemba und Stone Town (1:100 000), harms-ic-verlag, 4. Auflage von 2011, ISBN 978-3-927468306, www.harms-ic-verlag.de.
Serengeti, Official Map and Visitor Guide (1:125 000), Harvey Maps, www.harveymaps.co.uk.

Giovanni Tombazzi, ein italienischer Kartograf mit besonderer Affinität zu Tansania, hat von einigen Nationalparks des Nordens bunte und detailreiche, von Hand gezeichnete Karten entworfen. Sie sind zwar zur Navigation unbrauchbar, zeigen aber, wie sich beispielsweise die Flora in der Regen- und Trockenzeit verändert. Für folgende Nationalparks sind sie erhältlich: Arusha National Park, Arusha Town, Kilimanjaro, Lake Manyara National Park, Ngorongoro Crater, Serengeti National Park, Tarangire National Park; außerdem für Sansibar. Obwohl wenig reisepraktisch, sind sie zumindest ein schönes Souvenir. Zum Verkauf angeboten werden sie vor allem in den besseren Hotels des Nordens, manchmal auch in den Souvenirshops der Nationalparks oder in Buchläden.

Internet

Viele **Hotels** bieten mittlerweile Internetanschluss, entweder per hauseigenem Internetcafé (mit einigen Rechnern) oder vom Zimmer

Begehrtes Diebesgut

Neben Mobiltelefonen, Smartphones und iPods gehören **Laptops** zu den bevorzugten Zielscheiben von Dieben. Wer den Laptop in der Öffentlichkeit präsentiert, z. B. in einem Internetcafé oder einem regulären Café, sollte sich nicht wundern, wenn er beobachtet, verfolgt und evtl. beklaut wird. Aus diesem Grund ist der Internetanschluss in der Unterkunft zu bevorzugen, denn so muss der Laptop nicht auf der Straße ausgeführt werden. Weiterer Tipp: keine offensichtliche Laptop-Tasche verwenden, sondern lieber Taschen, die so aussehen, als ob nur „harmlose" Dinge darin verstaut wären.

aus (Wireless oder mit Kabel). Einige berechnen die Internetnutzung nicht gesondert, während man in anderen Unterkünften dafür bezahlen muss. Die Verbindungsqualität ist zumeist schnell und gut und jedenfalls besser als in den vielen normalen Internetcafés. Die Preise liegen dafür im Normalfall über den Preisen der unabhängigen Internetcafés; 3000 oder 5000 TSH für eine halbe Stunde sind keine Seltenheit.

In den meisten Ballungszentren hat die Dichte der **Internetcafés** beachtliche Ausmaße erreicht. In Dar es Salaam, Stone Town, Arusha oder Moshi findet sich eine Vielzahl von kleinen oder größeren Internetcafés, wobei die Preise je nach Region und Schnelligkeit der Verbindung bei 1000–2000 TSH pro halber Stunde liegen. Cafés mit schnelleren Verbindungen sind meist ein wenig teurer.

Bevor man sich mit dem Gedanken beschäftigt, wie der **Laptop** am besten fit für die Reise gemacht werden kann, sollte man sorgfältig abwägen, ob er unbedingt erforderlich ist. Die Stromversorgung ist insbesondere außerhalb der Ballungszentren höchst unzuverlässig. Stromschwankungen könnten Geräte in Mitleidenschaft ziehen; Staub und Feuchtigkeit sind ständige Begleiter. Zu alledem kommt noch die ständige Sorge, dass der Laptop gestohlen werden könnte. Eine gute Alternative zum Laptop ist übrigens die Mitnahme eines datenfähigen Mobiltelefons, das nach Einsetzen einer lokalen SIM-Karte Zugang zum Internet ermöglicht.

Kinder

Tansania mag zwar nicht die typische Destination für einen Familienurlaub sein, doch wenn bereits in der Reiseplanung einige Aspekte beachtet werden, steht einem unbeschwerten Urlaub mit Kind und Kegel nichts im Weg.

Zahlreiche Unterkünfte auf dem Festland legen von vornherein ein **rigoroses Alterslimit** fest, da die Sicherheitsvorkehrungen nicht den Vorstellungen europäischer Eltern entsprechen. Einige Anlagen sind beispielsweise auf Stelzen gebaut oder nur über kleine Holzbrücken ohne Geländer erreichbar. Wege sind selten gesichert, ebenso wenig existieren Badeaufsichten oder Absperrungen auf Aussichtsplattformen. In den meisten Safari-Lodges können sich Wildtiere Tag und Nacht frei durch das Gelände bewegen, ein Umstand, der im schlimmsten Fall lebensgefährlich werden kann.

Generell sollte man beachten, dass man sich **Safaris für Kinder unter zehn Jahren** gut überlegen sollte. Abgesehen von den lückenhaften allgemeinen Sicherheitsvorkehrungen in den Unterkünften ist es fraglich, ob Kinder in diesem Alter wirklich ihre Freude an stundenlangen Safaris – oft in sengender Hitze – auf holprigen Straßen haben. Nach drei Giraffen und sieben Zebras wird die Aufmerksamkeitsspanne jedes Kindes vermutlich erschöpft sein. Und schließlich ist ein Familienurlaub mit Kindern sehr teuer. Für Kinder über fünf Jahren ist in den meisten Nationalparks fast der Vollpreis zu bezahlen, bei Flügen sind es üblicherweise zwei Drittel des Erwachsenen-Flugpreises.

Anders sieht die Situation bei **Kindern über zehn Jahren** aus. Hier ist es wichtig, die Reise im Vorfeld gründlich zu planen. Es hat sich bewährt, einen oder zwei benachbarte Nationalparks auszusuchen, um lange Transfers und wiederholtes Ein- und Auschecken zu vermeiden. So könnte man z. B. eine oder zwei Lodges im Selous Game Reserve oder in der Serengeti oder jeweils eine Unterkunft im Tarangire und Lake Manyara Park wählen. Zudem sollte im Vorfeld überprüft werden, welche Einrichtungen die Lodge besitzt, um den Kindern Zerstreuung bieten zu können (Pool, Spielplatz, Bird

Walk usw.). Während viel Spielzeug und Bücher mit ins Gepäck sollten, empfiehlt es sich, nur kurze Safaris zu wählen (drei bis maximal vier Stunden). Bei der Wahl eines Strandhotels sollte sichergestellt werden, dass es auch wirklich einen Strand gibt, denn gerade auf Sansibar haben zahlreiche Unterkünfte keinen direkten Zugang zum blütenweißen Sandstrand.

Grundsätzlich muss bei einer Buchung die Unterkunft über das Alter der Kinder informiert werden. Manche Lodges verfügen auch über Familien-Bandas; andere wiederum bieten nicht einmal die Möglichkeit, ein Extrabett ins Schlafzimmer zu stellen. An solchen Dingen kann man bereits erkennen, ob Kinder erwünscht sind oder nicht. Die meisten Hotels heißen Familien mit Kindern herzlich willkommen – außer im Fall von Sicherheitsbedenken, die zu akzeptieren sind.

Maße und Elektrizität

In Tansania verwendet man das **metrische** und das **englische System** parallel. Gewichtsangaben erfolgen meist in Kilogramm, während Längen oft in Fuß oder Zoll (*foot* und *inches)* angegeben werden. Im Normalfall werden aber die Maßeinheiten beider Systeme verstanden, wobei das metrische dominiert.

Wie in allen ostafrikanischen Ländern ist die 220/230/240-Volt Wechselspannung vorherrschend. **Britische dreipolige Adapter** passen in die hiesigen Steckdosen; europäische Lodges haben oftmals auch EU-Stecker. **Strom vom öffentlichen Netz** gibt es in den größeren Städten und den wichtigsten Orten, abseits davon muss das warme Bier am Abend im Schein der Kerosin-Lampen getrunken werden. Mit häufigen (oft täglichen, teilweise auch stundenlangen) **Ausfällen und Spannungsschwankungen** muss gerechnet werden, besonders bei anhaltender Trockenheit. Spannungsschwankungen fängt man am besten mit einem günstigen Überspannungsschutzstecker auf. Die klobigen und schweren Batterien für UPS *(uninterrupted power supply)* oder USV (Unterbrechungsfreie Stromversorgung) sind im Normalfall nicht notwendig.

Viel verlässlicher ist da die Stromversorgung der Camps und Lodges im Busch. Meist wird der **Strom mittels eines Generators** erzeugt; von 18 bis 22 oder 24 Uhr gibt es dann in den Unterkünften Strom. In vielen dieser Lodges gibt es keine Steckdosen in den Zelten; Kameras müssen im Büro oder der Lobby aufgeladen werden. In den Top-Lodges läuft der Generator den ganzen Tag.

Viel zu wenig Lodges setzen bislang auf Solarenergie – und das, obwohl die Äquatorsonne dazu prädestiniert wäre. Wo sie eingesetzt wird, ist Licht rund um die Uhr und Strom für das Laden während des Tages vorhanden.

Medien

Tansania verfügt über eine bunte und vielfältige Medienlandschaft. Die meisten Zeitungen sowie Radio- und Fernsehprogramme werden in Swahili publiziert bzw. gesendet.

Zeitungen und Zeitschriften

Tansanier lesen gern Zeitung, sofern sie es sich leisten können. Mit 500–1000 TSH sind die meisten Tageszeitungen für viele Menschen erschwinglich; die anderen können die Zeitung immerhin an einem der zahlreichen Straßenstände durchblättern.

In den Ballungszentren darf man durchaus auf ein tagesaktuelles, druckfrisches Exemplar hoffen. Je tiefer im Busch man allerdings unterwegs ist, desto mehr können sich Zeitungen verspäten. So ist in Songea oder Kigoma bisweilen nur die Zeitung von vor drei Tagen erhältlich. Tansanier sind zumeist weniger an den tagesaktuellen Nachrichten als vielmehr am Unterhaltungswert einer Zeitung interessiert. Selten beinhalten diese politische oder gesellschaftspolitische Diskussionen, doch sie informieren ihre Leser umfassend über Neuigkeiten, die unmittelbar ihren Alltag betreffen. Zur Angebotspalette zählen die privaten und unabhängigen Zeitungen *Mwananchi* (die auflagenstärkste Zeitung des Landes), *Mtanzania*, *Tanzania Daima*,

Nipashe und *Taifa Leo* oder die regierungsnahen *Habari Leo* und *Zanzibar Leo*.

Englische Tageszeitungen sind vorwiegend in den großen Städten erhältlich. Während *The Guardian*, 🖳 www.ippmedia.com, im Vergleich zu den anderen Tageszeitungen relativ viele Auslandsthemen beinhaltet, verbreitet die älteste Zeitung des Landes, die *Daily News*, 🖳 www.dailynews-tsn.com, als Parteiblatt der CCM hauptsächlich regierungsnahe Positionen zu Inlandsthemen. Weitere Tageszeitungen sind z. B. *The Citizen*, 🖳 www.thecitizen.co.tz, oder *This Day*, 🖳 www.thisday.co.tz.

Neben den Tageszeitungen existiert auch eine stattliche Anzahl an **englischsprachigen Wochenzeitungen**. Dazu gehören die konservative, aber äußerst kritische (und erfrischend ehrliche) *The East African*, 🖳 www.theeastafrican.co.ke, die aktuelle politische und wirtschaftliche Themen der fünf ostafrikanischen Länder Kenia, Tansania, Uganda, Burundi und Ruanda – auch länderübergreifend – beleuchtet. Weitere wöchentliche Zeitungen in Englisch sind beispielsweise *Sunday Observer* (Sonntagsausgabe des *The Guardian*) oder *Sunday News* (Sonntagsausgabe der *Daily News*). Ebenso gibt es Wirtschaftszeitungen wie die wöchentlich erscheinenden *Business Times* und *Financial Times*. Einmal pro Woche erscheint in Arusha das beliebte englischsprachige Blatt *Arusha Times*, 🖳 www.arushatimes.co.tz, das Neuigkeiten aller Art vornehmlich aus dem Großraum Arusha behandelt.

Um die **Pressefreiheit** ist es für afrikanische Verhältnisse nicht schlecht bestellt, immerhin rangierte Tansania 2012 bei „Reporter ohne Grenzen" auf Platz 70 von 179, noch vor Armenien, Griechenland oder Venezuela. Dennoch darf dieses Ranking nicht darüber hinwegtäuschen, dass regierungskritischer, investigativer Journalismus kaum möglich ist. Erst 2013 hat die Regierung über zwei nationale Zeitungen ein zeitweises Publikationsverbot verhängt; eine hatte über die Regierungsgehälter geschrieben. Im Grunde hängen die rund 760 (!) Zeitungen von den Werbeausgaben und Zuwendungen der Regierung ab, weswegen sie regierungsfreundlich berichten müssen. Fast alle Medien sind dem Boulevard zuzuordnen, wo reißerische Themen eher die Auflagen steigern als seriöse Berichte. Zudem wird die Medienlandschaft von einigen wenigen Großindustriellen kontrolliert, für die Auflage und Werbeeinnahmen im Vordergrund stehen.

Hervorzuheben sind die in Swahili abgefassten **Jugend- und Lifestyle-Magazine** *Fema* und *Si Mchezo*, die beide kein Blatt vor den Mund nehmen und brisante Themen rund um Sexualität, Aids und andere gesellschaftspolitische Fragen aufgreifen, 🖳 www.feminahip.or.tz. Die Magazine werden z. B. in Oberschulen gratis ausgegeben. So erhalten die Jugendlichen modern verpackten Hochglanz-Aufklärungsunterricht, wobei niemand mit dem erhobenen Zeigefinger wackeln kann – gewissermaßen die tansanische Version von *Bravo*.

Radio

Für die meisten Tansanier, nämlich 66 %, ist das Radio das wichtigste und beliebteste Informations- und Unterhaltungsmedium. Auch wenn viele Dörfer keinen Strom haben, können sie mit den batteriebetriebenen kleinen Transistorradios dennoch empfangen. In ländlichen Gebieten ist das Radio die einzige Informationsquelle. Von den über 80 Radiostationen senden **TBC Taifa** und **TBC FM** regierungsnahe Inhalte. Man könnte sie etwas unfein auch als Parteisender bezeichnen. Andere private Stationen wie **Radio One**, **Clouds FM** oder **Sky FM** bringen einen Mix aus Unterhaltung und Boulevard-Nachrichten. Die meisten Stationen senden auf Swahili; nur vereinzelt werden Sendungen in Englisch ausgestrahlt, z. B. Nachrichtensendungen von BBC oder CNN.

Fernsehen

Erst im Zuge der langsamen Demokratisierung des Landes in den 1990er-Jahren konnte sich die Medienszene in Tansania entwickeln. Das gilt selbstverständlich auch für das Fernsehen. Lange Zeit, besonders unter der Amtszeit von Präsident Julius Nyerere (1964–1985), galt Fernsehen als Luxus und Zerstörer des sozialen Gefüges, was die Medienarbeit im Keim erstickte. 1994 ging die erste private Fernsehstation auf Sendung und erst 2001 der erste regierungsnahe Fernsehsender. Das Fernsehen hat die Dimensionen vieler westlicher Länder noch lange nicht erreicht. Das liegt zum einen daran, dass sich mangels Investoren und finanzieller Mittel die Fernsehstationen kaum weiterentwickeln können. Es drängen auch keine ausländischen Sender auf den Markt. Trotzdem gab es 2012 26 Fernsehstationen, davon zwei staatliche. TBC 1, das wichtigste staatliche Programm, erreicht knapp 30 % der Bevölkerung. Das wohl größte Hindernis in der Fernseharbeit ist die allgemeine wirtschaftliche Situation, denn nur wenige Tansanier können sich einen Fernseher leisten oder haben Zugang zu Strom.

In vielen Dörfern wird man auf einen **Dorf-Fernseher** stoßen, der meist im größten Gasthaus des Dorfes oder im Dorfzentrum steht. Im Produzieren von Elektrizität zeigen sich die Menschen zuweilen sehr erfinderisch – vom dieselbetriebenen Handgenerator bis zum manuell bedienten Fahrrad sind der Fantasie keine Grenzen gesetzt. Insbesondere bei sportlichen Großveranstaltungen, wie Fußballspielen mit tansanischer Beteiligung oder gar Fußballweltmeisterschaften, sitzt dann das ganze Dorf gebannt vor dem Fernseher – während eine Person manchmal im Schweiße ihres Angesichts in die Pedale steigen muss. Wenn Strom aus der Steckdose erhältlich ist, läuft der Fernseher oft lautstark als Hintergrundbeschallung, ohne dass überhaupt jemand davon Notiz nehmen zu scheint. In den Städten werden Fernsehvorführungen im privaten Rahmen geboten; so verfolgen die Nachbarn gegen Geld, z. B. 500 TSH pro Vorführung, bestimmte Sendungen. Als Marktführer ködert **ITV** (Independent Television), 💻 www.itv.co.tz, sein Publikum mit einer populären Mischung aus veralteten amerikanischen Sitcoms und Spielfilmen, aktuellen BBC/CNN-Nachrichten und der Übertragung des islamischen Freitaggebets. Die meisten Programme werden zugekauft, lokaler Content fehlt bis auf wenige rühmliche Ausnahmen. Die im Land produzierten Familien-Soaps unterscheiden sich in ihren zentralen Themen wie Liebe, Freundschaft und Familie nicht sonderlich von deutschen oder amerikanischen Soaps. Sehr verschieden hingegen ist die Ausführung. Der tansanische Alltag in all seinen Facetten steht im Vordergrund; von der Großfamilie über notorische Geldprobleme bis hin zu Aids wird dem tansanischen Leben Rechnung getragen.

Als großer Konkurrent strahlt der Regierungssender **TBC** (Tanzania Broadcasting Corporation) ebenso alles aus, wofür Tansanier empfänglich sind – mit dem Unterschied, dass westliches Material unerwünscht ist und Afrikanisches im Vordergrund steht. Dazu zählen afrikanische Musikshows, nigerianische Soaps, religiöse Sendungen, politische Propaganda und vor allem Nachrichten in Swahili. Andere Fernsehsender, wie **Channel 5** von **EATV**, oder **Star TV**, bieten im Grunde ein ähnliches Potpourri mit leicht abweichenden Schwerpunkten und viel Unterhaltung, erreichen aber bei Weitem nicht die Verbreitung der beiden erstgenannten. Der zweite Staatssender existiert auf Sansibar: **TVZ** (Television Zanzibar) beschränkt seine Berichterstattung auf Swahili-News und islamische Gebetssendungen.

Hauptsächlich große, internationale Hotels oder Lodges sowie Bars und Restaurants empfangen das Prepaid-Programm des südafrikanischen **DStv** aus dem Hause Multichoice, das beispielsweise internationale Sender und Programme, darunter sogar ZDF, sendet.

Nationalparks und Reservate

16 ausgewiesene Nationalparks, mehrere Marine Parks und über 30 Wildreservate bilden das sprichwörtliche Gold Tansanias – den Hauptgrund, warum jährlich Hunderttausende Menschen aus Übersee hierher strömen, Tendenz steigend. Jedes dieser Gebiete ist ein ganz eigenes Juwel mit einzigartiger Flora und Fauna. Einige werden von staunenden Reisenden geradezu überrollt, andere wiederum begeistern nur Kenner und Abenteuerlustige.

Zur leichteren Orientierung und besseren Vermarktung hat man sich darauf geeinigt, Tansania in Safari-Sektoren *(circuits)* zu unterteilen. Der beliebteste und meistbesuchte Sektor ist

Eintritt nur mit Chipkarte oder Kreditkarte

Die Zahlung von Eintrittsgebühren mit Bargeld gehört in den tansanischen Parks der Vergangenheit an. An den Gates kann nur mehr mit der pre-paid **Tanapa Card** und **Kreditkarten** (Visa, MasterCard) bezahlt werden. Die Tanapa Card wird bei der CRDB-Bank nur an Tour Operators gegen Vorlage ihrer Lizenz ausgegeben. Mittlerweile wurde die Regelung auf alle Nationalparks ausgedehnt, davon ausgenommen sind die Game Reserves, die einer anderen Behörde unterstehen.

der **Northern Circuit**, in dem sich Parks wie die Serengeti, der Ngorongoro Crater und der Lake Manyara National Park befinden. Gemessen am Besucheraufkommen folgt der **Southern Circuit**, dem das Selous Game Reserve, der Ruaha National Park und der Mikumi zugeordnet werden.

Die Parks des **Western Circuit**, wie Gombe Stream National Park, Mahale Mountains National Park oder Katavi National Park, zählen zu den unbekannten Juwelen. Als neue Wortkreation wurde der **Eastern Circuit** erst vor Kurzem ins Safari-Vokabular aufgenommen. Er besteht aus dem Saadani National Park und dem Mkomazi National Park.

Die **Tanzania National Park Authority (Tanapa)** wacht über alle Nationalparks Tansanias. Die Behörde hat ihren Sitz wenige Kilometer außerhalb von Arusha und konzentriert sich in ihrer Arbeit hauptsächlich auf den Northern Circuit.

Reisende bemerken kaum einen Unterschied zwischen Nationalparks und Reservaten. In der Administration jedoch unterscheiden sie sich: Während die Nationalparks der Tanapa unterstehen, ist für die Game Reserves das **Ministry of Natural Resources & Tourism** (Sitz: Dar es Salaam) zuständig. Dazu zählt z. B. das Selous Game Reserve, das größte Naturreservat Afrikas. Der größte Unterschied zu den Nationalparks besteht darin, dass in den Game Reserves die Reglements weniger strikt sind. So ist es den Tourismusbetrieben erlaubt, Walking Safaris, Boot-Safaris und ähnliche Aktivitäten anzubieten, während dies in den Nationalparks strengstens untersagt ist (mit einigen Ausnahmen). Ebenso sind beispielsweise im Selous Jagdsafaris erlaubt. In der Praxis folgt das Ministerium trotzdem gerne den Vorgaben der Tanapa. Wenn beispielsweise die Tanapa ihre Preise erhöht, folgt das Ministerium auf den Fuß.

Einen Sonderstatus genießt die **Ngorongoro Conservation Area (NCA)**. Da sie in archäologischer, landschaftlicher und kultureller Hinsicht eine einzigartige Stellung in ganz Afrika einnimmt, entschloss man sich, die Ngorongoro Conservation Area Authority mit Sitz in Arusha zu gründen. Sie untersteht ebenfalls dem Ministerium, agiert aber eigenständig.

In den letzten Jahren wurden Unterwasserparks, sogenannte **Marine Parks**, ins Leben gerufen, die ebenso wie die Naturschutzgebiete an Land von den Touristen Eintrittsgebühren kassieren. In den meisten Parks ist man jedoch mei-

Zusatzgebühren in den Nationalparks

Fahrzeuge mit tansanischem Kennzeichen

Bis zu 2000 kg	20 000 TSH
2001–3000 kg	35 000 TSH
3001–7000 kg	60 000 TSH
7000–10 000 kg	150 000 TSH

Fahrzeuge mit nicht-tansanischem Kennzeichen

Bis zu 2000 kg	US$40
2001–3000 kg	US$150
3001–7000 kg	US$200
7000–10 000 kg	US$300

Öffentliche Campingplätze *(public campsites)*

in den Nationalparks

Personen über 16 Jahren	US$30
unter 16 Jahren	US$5

Öffentliche Campingplätze ohne Sanitäranlagen *(special campsites)*

in den Nationalparks sowie Campingplätze am Kilimanjaro

Personen über 16 Jahren	US$50
unter 16 Jahren	US$10

Nationalparks und Reservate

lenweit davon entfernt, die Unterwasserwelt zu schützen, Dynamitfischen nachhaltig zu unterbinden oder die ansässige Bevölkerung in die Schutzprojekte zu integrieren.

Regelmäßig kommt es zu teils empfindlichen Erhöhungen der **Eintrittsgebühren** für Nationalparks und Reservate. Die letzte Erhöhung trat im Juli 2013 in Kraft. Die Regierung begründet dies damit, dass sie den Besucherstrom zu regulieren suche, da die immer weiter steigende Anzahl an Touristen der Natur und dem Wildbestand stark zusetze. Zusätzlich wolle sie in gute Infrastruktur und noch besseres Personal investieren. Man darf nicht darauf hoffen, dass Erhöhungen lange im Voraus angekündigt werden. Alle Reisenden sollten vielmehr darauf gefasst sein, dass es jederzeit erneut so weit sein könnte.

Gut zu wissen

Öffnungszeiten: Alle Parks und Reservate haben von Sonnenaufgang bis Sonnenuntergang geöffnet, also von 6 oder 6.30 Uhr bis 18.30 Uhr. Die

Zebras sind Herdentiere. Man vermutet, dass die charakteristischen Streifen der Tarnung dienen.

Öffnungszeiten werden strikt kontrolliert und Verspätungen können Bußgelder nach sich ziehen.
Eintrittsgebühren: Sie gelten für 24 Stunden (außer im Ngorongoro Crater), d. h. wer mittags einen Park betritt, kann bis 12 Uhr am folgenden Tag darin verweilen.
Vorauskasse: Es wird erwartet, dass die Gebühren im Voraus bezahlt werden. Wenn noch nicht genau feststeht, wie lange man im Park bleiben möchte, bezahlt man den ersten Tag sofort und den Rest beim Verlassen. Das gibt auch Sicherheit, bei Bedarf den Park jederzeit wieder verlassen zu können, ohne zu viel bezahlt zu haben. Nicht genutzte Eintrittsgelder werden nicht erstattet.
Guides: Einem Fahrzeug ohne einheimischen Driverguide kann am Eingang eines Parks ein Guide zwangsweise zugewiesen werden. Kostenpunkt: US$20.
Picknickplätze: In vielen Parks, vor allem im Norden, gibt es idyllische Picknickplätze mit öffentlichen Toiletten.

Post

Der **Versand von Briefen und Postkarten** in die weite Welt funktioniert problemlos. Es lohnt der Gang in eines der größeren Postämter in Dar es Salaam, Arusha oder Stone Town, da hier attraktive Briefmarken, z. B. von den Big Five oder bedrohten Tierarten, ausgegeben werden. Das Porto nach Europa beträgt 800 TSH für eine Ansichtskarte und 900 TSH für einen Brief. Unbedingt auf dem Schriftstück „Air Mail" vermerken (oder einen Aufkleber verwenden), da die Post ansonsten mit dem Schiff versandt wird, was Wochen dauern kann. Die Luftpost nach Europa benötigt über zwei Wochen, in Glücksfällen auch nur wenige Tage. Die **Öffnungszeiten** der Postämter sind im Allgemeinen Mo–Fr 8–16.30 oder 17 Uhr und Sa 8–13 Uhr. Oft wird von 13–14 Uhr Mittagspause gemacht.

Das **Empfangen von Postsendungen** ist hingegen eher schwierig. Noch am ehesten kommen gewöhnliche Briefe und Zeitschriften an, wenn sie in durchsichtige Folie eingeschweißt sind. Am besten verwendet man die Postfachnummer eines Bekannten, eine Hauszustellung existiert nicht. Je größer eine Sendung, desto höher die Wahrscheinlichkeit, dass der Inhalt unter mysteriösen Umständen verschwindet.

Alle Sendungen, die größer als gewöhnliche Briefe sind, z. B. Pakete, müssen den Zoll passieren, was nicht nur zeitaufwendig und lästig, sondern auch kostenintensiv ist.

Wer auf die Beförderung wichtiger **Dokumente** oder anderer wertvoller Sendungen angewiesen ist, nutzt am besten den Kurierdienst **DHL**. DHL-Büros gibt es in allen größeren Städten in Tansania, der Versand (sowie der Empfang) sind zuverlässig und schnell.

Reisende mit Behinderungen

Gerade jene Dinge, die den Charme von Tansania ausmachen – natürliche Materialien, die Rustikalität in der Bauweise der Unterkünfte, das „Bacardi-Feeling" an den Stränden, das unverfälschte Buscherlebnis in der Natur –, stellt Menschen mit Behinderungen vor große Schwierigkeiten. In Tansania existiert wenig Bewusstsein für Menschen mit einer Gehbehinderung, sei es in der Konzipierung der Cottages, der Gestaltung der Gehwege oder der Breite der Türen.

Der Großteil aller Unterkünfte verfügt über ein sandiges oder steiniges **Wegenetz**. Meistens wurden die Pfade nicht einmal begradigt, sondern einfach dem Gelände angepasst. Es gibt **Stufen** an Orten, wo man sie am wenigsten erwarten würde, z. B. zwischen dem Schlafraum und dem Badezimmer; zudem sind Stufen im Eingangsbereich die Regel. Es existieren **keine normierten Abmessungen**: Jeder Tischler macht die Türen eben so breit, wie er es für nötig hält. Dabei erscheinen die großen Hotelketten wie Sopa, Serena oder Kempinski noch am ehesten barrierefrei, da sie ausladende Rampen oder Lifte in ihre Hotelkomplexe integriert haben. Aus eigener Betroffenheit hat die Foxes-Familie mit dem rollstuhlgerechten Umbau ihrer Lodges im Süden begonnen, so ist z. B. die Rufiji River

Lodge nun vollständig rollstuhltauglich. Trotzdem ist vor Antritt der Reise genau zu prüfen, ob die gebuchten Hotels behindertengerecht sind.

In den Städten ist mit Rollstühlen Vorsicht geboten, da man zahlreichen Löchern in der Asphalt- oder Betondecke ausweichen muss und gleichzeitig eine leichte Beute für Gelegenheitsdiebe darstellt. Rampen fehlen, am ehesten gibt es noch ausgeschlagene Gehsteigränder.

Im Busch und auf Safari kommt zur Herausforderung, eine einigermaßen zugängliche Unterkunft zu finden, noch die Problematik des Transports. Die Safarifahrzeuge haben **hohe Fahrzeugstände**, die schon für nicht behinderte Menschen beim Ein- und Aussteigen eine Hürde darstellen. Während der Safari, wenn die Dachvorrichtungen geöffnet werden, kann einem schon mal der weit entfernte Leopard entgehen, weil Aufstehen natürlich ausgeschlossen ist.

Die **Qualität der Straßen** in vielen Nationalparks macht das Sitzen in den Fahrzeugen zur Tortur, besonders weil die Federn auf den schlechten Pisten so schnell abnutzen.

Reisen für Menschen mit körperlichen Beeinträchtigungen zählen in Tansania (noch) zur absoluten Ausnahme. Mit ausreichend Planung, dem richtigen Spezialreiseveranstalter, z. B. 💻 www.go-africa-safaris.com in Kenia oder 💻 www.weitsprung-reisen.de, und der nötigen Urlaubskasse ist es dennoch möglich, die Schönheit Tansanias – vielleicht in etwas eingeschränkter Weise – zu genießen.

Safari njema – Gute Reise!

Ein Wort geht um die Welt: Ob für Pirschfahrten in Südafrika, für Off-Road-Abenteuer in Australien oder für Whale Watching in Costa Rica, das Wort Safari wird weltweit immer dann verwendet, wenn Tierbeobachtung oder die Erkundung eines Naturraums auf dem Programm steht. Dabei stammt dieser Begriff aus dem Swahili und bedeutet schlicht und einfach Reise. Im ausklingenden 19. Jh. titulierte man Expeditionen oder politische Eroberungszüge als Safari. Später erfuhr das Wort einen Bedeutungswandel und wurde alsbald für die beliebt gewordene Großwildjagd in den Weiten Afrikas verwendet. Mit der Entwicklung der Geländefahrzeuge erschloss sich der Busch auch den normalen Bürgern. Die Populärkultur, allen voran die Hollywood-Schinken *Hatari* oder *Jenseits von Afrika*, tat ihr Übriges und verlieh der Safari ihren heutigen Glamour. Besonders Kenia wusste den verklärten Mythos im Westen geschickt für sich zu nutzen.

Das Wort Safari gehört im Swahili nach wie vor zur Alltagssprache, und so wird man nicht selten von Einheimischen mit einem wohlmeinenden *safari njema* („Gute Reise") verabschiedet.

Reiseveranstalter

99 % aller Touristen, die Tansania bereisen, tun dies in organisierter Form. Diese Reiseform hat im östlichen Afrika auch seine Berechtigung, denn die wenigsten Reisenden sind mit der Mentalität sowie den landestypischen Gepflogenheiten vertraut. Wer sich in Afrika europäisch verhält (oder westliches Verhalten erwartet), wird bald an seine Grenzen stoßen. Die wenigsten Ausländer können sich in der Landessprache Swahili verständigen, und Englisch wird höchstens in den Touristenzentren rund um Arusha, Moshi, Dar es Salaam und Sansibar gesprochen. So wenig wie es Verkehrstafeln oder Straßenschilder gibt, so unzureichend sind durchweg auch die Unterkünfte oder andere Sehenswürdigkeiten beschildert. Und letztendlich ist man als Weißer, der in einer Gruppe oder mit einheimischen Guides unterwegs ist, weniger der Willkür der Ordnungsorgane ausgeliefert.

Safaris können für Individualisten zudem ganz schön ernüchternd sein, denn die einheimischen Driver und Guides wissen aus Erfahrung ganz genau, wo sich die Tiere am liebsten aufhalten. Schließlich darf man noch für die Übernachtung besonders tief in die Tasche greifen, denn die Normalpreise, die sogenannten Rack Rates, liegen um 20 bis 40 % über jenen Preisen, die den Reiseveranstaltern berechnet werden.

Die Reisebüros und -veranstalter bieten unterschiedlichste Programme an – von Gruppenreisen zu vorgegebenen Terminen bis zu maßgeschneiderten Aufenthalten je nach Vorlieben, vom Budget-Urlaub bis zur Luxus-Safari, vom Aktivurlaub bis zum naturnahen Campingerlebnis. Aus vielerlei Gründen ist es häufig wesentlich preiswerter und nervenschonender, sich einer organisierten Safari anzuschließen, als selbst zu fahren – auch wenn viele Tansania-Reisende dem keinen Glauben schenken.

In Europa oder vor Ort buchen?

Grundsätzlich besteht die Möglichkeit, entweder über europäische oder aber direkt über tansanische Reiseveranstalter (sogenannte *Tour Operators*) zu buchen.

Reisebüros und Reiseveranstalter mit Schwerpunkt Ostafrika gibt es in Deutschland, Österreich und der Schweiz. Sie arbeiten mit renommierten und erprobten Agenturen sowie Unterkünften vor Ort zusammen. Heimische Reiseveranstalter und -büros können es sich nicht leisten, mit windigen Low-Budget-Unternehmen in Tansania zu kooperieren; man kann also damit rechnen, dass der Urlaub gelingt.

Vieles spricht für die Buchung bei **europäischen Veranstaltern**. Sprachliche Barrieren entfallen; man verliert keine wertvollen Urlaubstage mit Planung, Organisation und ggf. Prüfung der Unternehmen und verstrickt sich nicht in zeitraubende Vorbereitungen oder Internetrecherchen. Aufgrund ihres Auftragsvolumens können die Agenturen zudem sehr günstige Konditionen aushandeln.

Je nach Vereinbarung stellen europäische Reiseveranstalter ein komplettes Paket inklusive Flug und Transfers zusammen, während lokale Agenturen sich oft nur auf die eigentliche Safari konzentrieren. Zusätzlich kann sich der Reisende bei einem europäischen Reiseveranstalter auf europäisches Recht stützen, d. h.

Das 1x1 der Safari-Terminologie

- **Gruppenreise** Reise in einer Gruppe zu vorgegebenen Terminen ohne flexible Reisegestaltung, entweder als Lodge Safari, Camping Safari oder Kombination aus beidem.
- **Private Safari** Maßgeschneiderte Individualtour (in Bezug auf Termine, Unterkünfte, Aktivitäten, Preisgestaltung).
- **Standard Private Safari** Konventionelle Privat-Safari im Northern Circuit (Tarangire, Lake Manyara, Ngorongoro, Serengeti) und auf Sansibar.
- **Lodge Safari** Die Übernachtungen erfolgen jeweils in permanenten Unterkünften, wie Lodges, Camps oder Hotels. Jede Preisklasse ist möglich – von einigermaßen günstig bis äußerst luxuriös. Meist mit Vollpension.
- **Camping Safari** Der Tour Operator stellt Camping-Ausrüstung, Lebensmittel und das Personal (Driver, Koch). Kampiert wird auf öffentlichen Campingplätzen inner- und außerhalb der Nationalparks. Bisweilen werden Mittagsmahlzeiten oder Erfrischungen in Lodges eingenommen.
- **Luxury Camping Safari** Kampiert wird auf sogenannten *special campsites*, designierten Arealen in landschaftlich schöner oder tierreicher Umgebung. Es werden keine gewöhnlichen Kuppelzelte aufgebaut, sondern überdimensionale, luxuriöse Canvas-Zelte mit großen Betten, Moskitonetzen und einer romantischen Dusche unter dem Sternenhimmel. Koch, Kellner und Putzpersonal sind inklusive.
- **Photographic Safari (Foto-Safari)** Im Gegensatz zu einer Jagd-Safari wird hier nur mit dem Fotoapparat geschossen. Die meisten organisierten Reisen in Tansania fallen in diese Kategorie.
- **Fly-in Safari** Um sich die teilweise mühsame Anfahrt zu den Nationalparks zu ersparen, werden Gäste per Propellermaschinen, die zwischen grasenden Gnus und davongaloppierenden Giraffen landen, zu den Lodges gebracht. Die Gäste werden mit Geländewagen von den oft abenteuerlichen Landepisten abgeholt, und die eigentliche Safari beginnt.

auf Konsumentenschutzgesetze und ein ausgeklügeltes Reiserecht, wodurch er im Falle einer missglückten Reise auf finanzielle Kompensation hoffen kann.

Wer sich dennoch für eine Direktbuchung bei einem **tansanischen Tour Operator** entscheidet, muss unbedingt sicherstellen, dass es sich um ein renommiertes Unternehmen mit guter Reputation und guten Referenzen handelt. Zahlreiche Unternehmen arbeiten äußerst professionell, und das schon seit Jahren; sie sind natürlich zu bevorzugen (auch wenn sie ganz sicher nicht die billigsten sind). Andere Tour Operator – leider viel zu viele – bieten haarsträubende Leistungen (unausgebildete Guides und manchmal auch Fahrer, schlecht gewartete Fahrzeuge, mangelhafte Ausrüstung, löchrige Zelte, mangelhaftes Essen, fehlende Lizenzen, unbezahlte Angestellte usw.), doch leider weiß man immer erst hinterher, ob man bei einem derartigen Unternehmen gebucht hat. Hier gilt es zu bedenken, dass in Tansania weder Verbraucherschutz noch ein Reiserecht existieren; und wer einmal bezahlt hat, sieht das Geld nie wieder.

Empfehlenswerte Spezialreiseveranstalter

In Deutschland

Abendsonne Afrika, ✆ 07343-92998-0,
🖳 www.abendsonneafrika.de
Spezialreiseveranstalter für das östliche und südliche Afrika. Die Geschäftsführer haben den Kontinent intensiv kennengelernt, als sie fast ein ganzes Jahr mit ihrem umgebauten Jeep durch Afrika reisten. Leistungen: Standard Privat-Safaris.

Afrika-erleben, ✆ 030-3964742,
🖳 www.afrika-erleben.de
Veranstalter, der sich auf Radreisen in Afrika spezialisiert hat. Intensive, geführte Bike Safaris in kleinen Gruppen. Eigene Räder können mitgenommen werden. Mit Begleitfahrzeugen, Vollverpflegung, Camping. Abenteuer pur. Leistungen: Gruppenreisen.

Concept Reisen, ✆ 030-2184053,
🖳 www.tanzania-reisebuero.de
„Unverfälschtes Tansania" – so lautet der Slogan dieses Veranstalters, und in der Tat fährt er in Gegenden, in die sich sonst kaum jemand verirrt. Kleines, sachkundiges Unternehmen, das Tansania in- und auswendig kennt. Leistungen: größtenteils Privat-Safaris und Bergbesteigungen, auch ausgefallene Wünsche werden erfüllt.

Elangeni, ✆ 06172-27959-0,
🖳 www.elangeni.de
Erfahrener Reiseveranstalter für das südliche und östliche Afrika, deren Inhaber ursprünglich aus Südafrika stammen. Leistungen: Gruppensafaris, Standard Privat-Safaris.

Hauser Exkursionen, ✆ 089-235006-0,
🖳 www.hauser-exkursionen.de
Die Schwerpunkte des Unternehmens liegen auf Bergsteigen (Kilimanjaro auf den verschiedensten Routen, Mount Meru) und Aktiv-Reisen. Leistungen: Gruppenreisen.

Klüger Reisen, ✆ 0211-3023490,
🖳 www.klueger-reisen.com
Alteingesessener Ostafrika-Spezialist, der alles Erdenkliche anbietet: Camping-Safaris mit frei wählbaren Terminen, Standard-Privat-Safaris und Bergbesteigungen. Auch Kombinationen mit den Nachbarländern möglich. Leistungen: Standard Private Safaris und Gruppenreisen.

Reiseservice Africa, ✆ 089-8119015,
🖳 www.reiseservice-africa.de
Alteingesessener Reiseveranstalter, der vor allem die traditionellen Reiserouten mit den üblichen Unterkünften im Programm hat. Western und Southern Circuit auf Anfrage möglich. Leistungen: Standard Private Safaris im Norden und Kilimanjaro.

Tantours Erlebnisreisen, ✆ 02835-790691,
🖳 www.tantours.de
Erfahrenes Unternehmen eines in Deutschland lebenden Tansaniers, das konventionelle Lodge Safaris im Norden und die Kilimanjaro-Besteigung im Programm hat. Solide Mittelklasse-Unterkünfte. Leistungen: Gruppenreisen, Standard Private Safaris.

Tanzania Special Tours (ITST),
✆ 0711-7778-712, 🖳 www.tanzania-tours.de
Ausschließlich auf Tansania spezialisierter Veranstalter mit viel Know-how und Landeskenntnissen entlang der üblichen Touristen-

routen und in den Standard-Unterkünften. Leistungen: Standard Private Safaris hauptsächlich im Norden, teilweise in Kombination mit Kenia, Bergbesteigungen.

In Österreich

Bergspechte, ✆ 0732-779311-0, 💻 www.bergspechte.at
Spezialveranstalter für Trekking und Mountainbiketouren, z. B. auf den Kilimanjaro und die Krater Highlands. Auch Safaris im Programm. Leistungen: Gruppenreisen.

Rudi Stangl, ✆ 0043-676-6265781, 💻 www.kilimanjaro.at
Der passionierte Alpinist und Kilimanjaro-Veteran (über 90 Besteigungen!) organisiert höchst professionelle Kilimanjaro-Besteigungen, die er höchstpersönlich begleitet. Mit seiner jahrzehntelangen Erfahrung wird der Gipfelsturm zum Genuss. Im Programm sind auch Mount-Meru-Trecks und Safari- sowie Strandverlängerungen. Leistungen: Gruppenreisen.

Safari Insider, ✆ 0043-664-1646276, 💻 www.safari-insider.com
Der kleine, aber feine Reiseveranstalter kennt Tansania in- und auswendig und hat sich auf individuelle Reisearrangements spezialisiert – am liebsten abseits der ausgetretenen Touristenpfade und mit ungewöhnlichen Einblicken in das faszinierende Land am Fuße des Kilimanjaro. Geleitet von der Autorin des vorliegenden Reiseführers, die ganz Tansania (und weitere Länder Ostafrikas) intensiv bereist und längere Zeit in Tansania gelebt und gearbeitet hat. Leistungen: Privatsafaris für Individualisten.

Weltweitwandern, ✆ 0316-583504-0, 💻 www.weltweitwandern.at
Spezialist für Trekking und Bergsteigen auf der ganzen Welt. Offeriert Kilimanjaro-Besteigungen, Mount-Meru-Trecks und Wanderungen in den Crater Highlands und schreibt sich Umweltbewusstsein auf seine Fahnen. Leistungen: Gruppenreisen im Norden.

In der Schweiz

A+M Africa Tours, ✆ 044-9267979, 💻 www.africatours.ch
Auf Afrika spezialisierter Veranstalter mit ausgefallenen Reisebausteinen, z. B. einer Wandersafari in der Serengeti, Wanderungen in den Pare und Usambara Mountains oder Kulturtouren zu den Hadzabe und Datoga am Lake Eyasi. Leistungen: Standard Privat-Safaris.

Flycatcher Safaris, ✆ 032-3925450, 💻 www.flycat.com
Intime Tansania-Kenner, die eigene Privat-Camps vor Ort unterhalten. Organisiert individuelle Safaris in allen Parks, auch im Western Circuit. Nichts von der Stange, was natürlich auch seinen Preis hat. Gutes Unternehmen mit solider Reputation. Leistungen: Standard Privat-Safaris in ganz Tansania.

Kaufmann Trekking, ✆ 041-8220055, 💻 www.kaufmanntrekking.ch
Kleiner Spezialveranstalter für Kilimanjaro-Besteigungen. Leistungen: Gruppenreisen.

Let's Go Tours, ✆ 052-6241077, 💻 www.letsgo.ch
Zahlreiche Reisebausteine, mit denen man sich sein individuelles Tansania-Erlebnis (Safari und Kilimanjaro) zusammenstellen kann. Auch vorgefertigte Tour-Empfehlungen. Leistungen: Gruppenreisen im Norden.

Wie erkennt man zuverlässige Tour Operator in Tansania?

Um einen verlässlichen und bewährten Tour Operator vor Ort zu finden, braucht man vor allem eines – Zeit. Zwei oder auch drei Tage sollten da schon für die Suche geopfert und mindestens drei Vergleichsangebote eingeholt werden. Empfehlungen zu Reiseveranstaltern in Tansania finden sich in den jeweiligen Regionalkapiteln.

Lizenzen und Mitgliedschaften sind die ersten Kriterien, auf die es zu achten gilt. Die staatliche **Tala-Lizenz** (es gibt zwei, eine für Safaris, eine für Kilimanjaro-Besteigungen) ist ein Minimum, denn sie berechtigt überhaupt erst zur legalen Tätigkeit als Safari-Veranstalter. Obgleich sie kein Qualitätskriterium im eigentlichen Sinne ist, beweist sie doch, dass der Unternehmer sich zumindest ans Gesetz hält und die hohen Lizenz-

Kostenstruktur einer Safari

Neben den **Eintrittsgebühren** (nähere Informationen dazu im Kapitel „Nationalparks und Reservate", S. 71) treiben die **Benzinpreise** die Kosten für eine Safari nach oben. Oft müssen schon bei der Anreise mehrere Hundert Kilometer zurückgelegt werden, und in den riesigen Parks akkumulieren sich die gefahrenen Kilometer rasch. Safari-Agenturen, die mit Low-Budget-Angeboten ködern wollen, sparen sehr oft beim Benzin und somit bei den gefahrenen Kilometern.

Dritter großer Kostenfaktor sind die **Übernachtungen**. Camping Safaris sind natürlich günstiger als Lodge Safaris, während Unterkünfte in den Parks generell teurer sind als jene außerhalb der Parkgrenzen. Dazu gesellen sich noch die Kosten für die **Verpflegung**. So ist man zwar in den meisten Unterkünften auf Vollpensionsbasis untergebracht, doch auf Camping Safaris werden die Mahlzeiten vom Veranstalter gestellt. Budget-Anbieter sparen zumeist bei der Speisequalität, denn *wali na maharagwe* (Reis mit Bohnen) kostet den Tour Operator mit Sicherheit weniger als ein ausgewogener Speiseplan mit Früchten, Nudeln, Cornflakes und Omelettes.

Neben der Deckung der Grundbedürfnisse stellen **kundige und erfahrene Guides** das A und O einer geglückten Safari dar. Entsprechend gut wollen sie entlohnt werden. Verantwortungsvolle Guides haben interessante und bereichernde Informationen über Fauna und Flora auf Lager und suchen mit wachen Augen die Umgebung ab. Sie können die Erlebnisqualität einer Safari immens erhöhen.

Einer der größten Kostenfaktoren eines jeden Safari-Veranstalters oder der Unterkunft ist jedoch zweifellos der **Fuhrpark** – sofern er ausreichend gewartet wird. Wegen der teilweise sehr schlechten, mit Schlaglöchern übersäten Pisten und auch der Fahrweise der Driver muss unendlich viel Geld in die Wartung der Fahrzeuge gesteckt werden. Ersatzteile sind generell sehr teuer und verschleißen schnell, sodass ein nagelneues Safarifahrzeug nur eine Lebensdauer von wenigen Jahren hat. Aus diesem Grund verzichten weniger seriöse Unternehmen großzügig auf regelmäßige Wartungsarbeiten an den Fahrzeugen und fahren oft auch mit gemieteten, schlecht gewarteten Fahrzeugen anderer Veranstalter – zum Ärger der leidtragenden Gäste.

gebühren bezahlt. Normalerweise muss diese Lizenz in den Geschäftsräumen ausgehängt werden. Man sollte sich Originale zeigen lassen, denn Kopien können leicht gefälscht werden. Zusätzlich zu den ohnehin obligatorischen Tala-Lizenzen registrieren sich alle seriösen Unternehmen bei der **Tato**, der Tanzania Association of Tour Operators (S. 65).

Entscheidend ist ebenso die **Branchenerfahrung in Jahren**. Alte Hasen sind nicht umsonst schon seit 10 oder 15 Jahren im Geschäft!

Es lohnt sich, die **Websites** der in Frage kommenden Safari-Agenturen zu studieren. Eine ansprechende, informative und vor allem auch aktuelle Website kostet nicht nur Geld, sondern verlangt der Agentur auch einiges an Organisation, Personaleinsatz und Nachhaltigkeit ab.

Viele Unternehmen sind dazu übergegangen, Kundenmeinungen zu sammeln und sogenannte **Referenzbücher** zu führen, entweder über die Website oder auch in guter alter Hardcopy-Manier als Broschüre, die in den Büros ausliegt.

Wenn alle bisher genannten Kriterien nicht ausreichend objektiv zu prüfen sind, bleibt noch ein Blick auf die **Blacklist des Tanzania Tourist Board** (TTB) in Dar es Salaam oder Arusha. Die schwarzen Schafe der Branche sollten dort theoretisch gelistet sein, aber nicht immer ist die Liste aktuell.

Wenn die Safari oder Bergbesteigung von einem **Flycatcher** auf der Straße gekauft wird, ist die Wahrscheinlichkeit, dass sie ein Reinfall wird, groß. Das Angebot wird zwar vermutlich unschlagbar billig sein, doch mit Sicherheit auch äußerst mangelhaft. Wenn Agenturen Flycatcher anheuern, weil sie sich keine andere Art von Werbung leisten wollen und können, dann sollten in jedem Fall die Alarmglocken schrillen.

Auch die **Größe der Tourgruppe** spielt für das Preisniveau eine Rolle. Je größer eine Gruppe ist, desto geringer sind die Kosten für den Einzelnen. Wenn nicht explizit eine Privat-Tour gebucht wird, findet man sich wahrscheinlich mit anderen Touristen in einem Wagen wieder.

Overlanding

Als Sonderform des organisierten Reisens ist das Overlanding besonders beliebt bei jüngeren, partyfesten Budget-Reisenden, doch im Grunde genommen gibt es dafür kein Alterslimit. Overlander-Trips sind organisierte Touren durch mehrere afrikanische Länder über einen längeren Zeitraum. Traditionelle Transafrika-Overland-Routen führten einst von Kairo nach Südafrika (oder in umgekehrte Richtung), doch aufgrund der instabilen Lage in einigen Ländern wird diese Route momentan nicht gerne gewählt, weswegen nun verkürzte Routen (Kenia–Kap) oder auch andere Länder zum Zuge kommen. Overlander sind leicht erkennbar: Sie fahren in überdimensionalen, umgebauten, oft fantasievoll bemalten LKWs.

Die Preise für eine solche Tour sind durchaus wettbewerbsfähig, da die Kosten minimal gehalten werden. Es wird auf öffentlichen Campingplätzen übernachtet; Kochen sowie das Lenken des Trucks übernehmen die Overlander selbst.

Rotel Tours, ✆ 08504-4040, 🖳 www.rotel.de, fahren mit ihrem knallroten, rollenden Hotel auch durch Tansania und eignen sich für ein jüngeres Publikum und kleinere Geldbeutel. Gereist wird in einem umgebauten Truck mit Schlafplätzen, wobei die Reiseteilnehmer das Kochen übernehmen.

Andere internationale Overland-Unternehmen sind **Intrepid** (vormals Guerba), 🖳 www.intrepidtravel.com, **Absolut Africa**, 🖳 www.absoluteafrica.com, **Overlanding Africa**, 🖳 www.overlandingafrica.com, und **Acacia Africa**, 🖳 www.acacia-africa.com.

Schwule und Lesben

Homosexualität ist in Tansania gesellschaftlich nicht akzeptiert und wird – nicht zuletzt aus religiösen Gründen – tabuisiert. Selbst Männer mit klaren homosexuellen Neigungen haben zu Hause Frau und Kinder. Reisende nach Tansania müssen wissen, dass Homosexualität auf dem tansanischen Festland wie auch auf Sansibar **illegal** ist und mit Gefängnisstrafen geahndet wird.

Dennoch können Schwule und Lesben aus Europa unbehelligt durch Tansania reisen, wenn sie sich an einige **Regeln** halten. In der Öffentlichkeit sollte Zurückhaltung geübt werden, vor allem was den Austausch von Zärtlichkeiten anbelangt (dies gilt übrigens auch für heterosexuelle Paare). Öffentliches Küssen ist absolut tabu, genauso wie Händchen halten oder ähnliche Zuneigungsbekundungen. Besonders vorsichtig sollte man auf Sansibar sein und keinesfalls einen Verdacht aufkommen lassen.

In den Unterkünften sollte es keine Probleme für Schwule und Lesben geben, solange sie sich in Twin-Zimmern einmieten. Zwei Männer oder zwei Frauen in einem Doppelbett könnten Aufsehen erregen, doch vielerorts denkt man sich gar nichts dabei – schließlich muss man oft genug kreativ bei der Unterbringung von Reisegruppen sein.

Man wird immer wieder männliche Tansanier sehen, die sich an den **Händen halten**. Diese Geste bedeutet nicht, dass es sich um schwule Männer handelt; sie zeigt vielmehr Respekt füreinander und Freundschaft.

Sicherheit

In aller Regel sind die Menschen in Tansania äußerst friedliebend; sie verachten jede Art von Auseinandersetzung und schätzen die Harmonie. Doch aufgrund der teilweise dramatischen wirtschaftlichen und sozialen Zustände kämpfen viele Menschen ums nackte Überleben. Gerade Städte bergen für viele Einheimische enorme Hoffnungen, die dann aber nach der Ankunft jäh zerstört werden. Das Leben in der Stadt ist teuer, man will seiner Familie aber Geld ins Dorf nach Hause schicken, und für unqualifizierte Menschen ist Arbeit auch in Tansania rar. Tansania zählt zu den ärmsten Ländern der Welt. Der gesetzliche Mindestlohn liegt bei 135 000 TSH im Monat, das entspricht knapp 64 €; Tagelöhner verdienen noch weniger, Beamte und Angestellte im Tourismus mehr. Die Kluft zwischen Arm und Reich ist eklatant, doch viele Tansanier haben in den letzten 30 Jahren den sozialen Aufstieg geschafft, wenn auch nicht immer auf ganz legalem Wege. Europäer werden natürlich stets als reich angesehen, auch wenn sie in ihrem Herkunftsland zur Mittelklasse gehören. Das weckt Begehrlichkeiten und auch Aggressionen, denn ein hart körperlich arbeitender Bürger wird es in Tansania nie zu Wohlstand bringen.

Besonders hoch ist die **Kriminalitätsrate** in Dar es Salaam und Arusha, doch andere Städte holen zunehmend auf. So wächst die kriminelle Bedrohung auf Sansibar ebenso wie in Mwanza, Moshi oder gar in Morogoro.

In den nördlichen Regionen (Northern Circuit) infiltrieren ausländische **Banden aus Somalia und Kenia** schon länger die lokale Bevölkerung. Dabei haben sie es nicht nur auf Banken oder Hotels abgesehen, sondern auch auf Safarifahrzeuge mit Touristen. Oft sind in diese organisierten Touren Einheimische involviert, die den Banditen Unterschlupf gewähren und sie mit lokalen Informationen versorgen – gegen Bezahlung natürlich. Leider bleibt es nicht immer bei reinen Diebestouren, denn die Banden sind bis auf die Zähne bewaffnet, mit Handgranaten, Kalaschnikows und Pistolen aus dem somalischen Kriegsfundus. Ähnliches gilt für die Region westlich des Lake Victoria bis hinunter nach Kigoma, wo Banden aus den Nachbarländern ihr Unwesen treiben. Die Polizei steht der Bedrohung hilflos gegenüber, da geschultes und auch sonstiges Personal fehlt, und manchmal arbeitet sie sogar mit den Banden zusammen, indem sie etwa für einen Anteil am Diebesgut Schmiere steht.

Besondere Vorsicht ist am ehesten im Westen von Tansania geboten. Auch als Reisender in einer organisierten Gruppe sollte man sich vorher nach der allgemeinen Sicherheitslage erkundigen. Sollten sich Negativmeldungen häufen, sind bestimmte Gebiete notfalls vollständig zu meiden, denn die Polizei ist nicht zur Stelle (und wäre auch heillos überfordert), und kenianische oder somalische Bandenmitglieder schrecken – im Gegensatz zu den Tansaniern – vor körperlicher Gewalt und Totschlag nicht zurück. Im Notfall sollte man sich auch nicht darauf verlassen, dass die einheimischen Begleiter, z. B. der Fahrer, die Situation schon meistern werden, denn sie könnten in den Überfall verwickelt oder auch nur genauso verängstigt und erschreckt wie ihre Gäste sein. Hier ist also selbst in organisierten Gruppen eine gewisse Eigenverantwortung gefragt.

Besucher müssen sich darauf einstellen, dass in Tansania andere Regeln herrschen. Sie sollten ihren gesunden Menschenverstand nutzen, Vorsicht walten lassen, sich bestimmte Verhaltensregeln zu Herzen nehmen und am besten Wertsachen zu Hause lassen. Im Ernstfall sind defensives Verhalten und Rückzug die beste Strategie.

Allgemeine Sicherheitshinweise

Wie im Falle fast aller afrikanischen Länder weisen die deutschsprachigen Außenministerien (S. 65) auf die „erhöhte Sicherheitsgefährdung" in Tansania hin. Es wird allgemein vor erhöhten terroristischen Aktivitäten und **Terroranschlägen** gewarnt. Vor allem in der Küstenregion und auf den Inseln Sansibar und Pemba, aber auch auf öffentlichen Plätzen, in Hotelanlagen, in Bars, Diskotheken, Nachtclubs sowie beim Besuch von touristischen Sehenswürdigkeiten und religiösen Stätten wird zu äußerster Vorsicht geraten. Ausländische Einrichtungen bzw. von Ausländern besuchte Hotel- und Ferienanlagen können leicht ins Visier von Terroristen kommen. Demonstrationen, Aufmärsche oder gewaltsame Auseinandersetzungen sind grundsätzlich zu meiden, wobei besondere Vorsicht in Sansibar und Pemba angesagt ist, denn hier brodelt es innenpolitisch schon seit Jahren.

Ein Großteil der Kriminalität besteht jedoch in direkten oder indirekten **Raubdelikten** und **Taschendiebstählen**, die allerdings selten geplant sind, sondern eher in die Rubrik „Gelegenheit macht Diebe" fallen. Gaunereien beim Begleichen der Rechnung, Einbrüche in Hotelzimmer, Diebstähle durch Hotelangestellte, *bag snatching* (dabei reißen vorbeifahrende Mopedfahrer Taschen an sich), *car jacking* (Autotüren werden im Stau aufgerissen) sowie Übergriffe auf flanierende Touristen oder auf Fahrzeuge, in denen Touristen transportiert werden, machen den Großteil der Kriminalität aus –

Sicherheits-Checkliste

Vorsicht und das rechtzeitige Erkennen brenzliger Situationen sind die wichtigsten Verhaltenstipps für Reisende in Tansania.

- **Ansprechpartner suchen!** Zuallererst muss die Lage vor Ort sondiert werden. Am besten fragt man den Manager einer Unterkunft oder eine andere hochrangige Person.
- **Unnötige Wertsachen zu Hause lassen!** Dazu gehören Schmuck, Uhren, Smartphones u. Ä. Man glaubt nicht, wie hinderlich Wertsachen in Tansania sind, denn was nützt das neueste Mobiltelefon, wenn man permanent darauf aufpassen muss?
- **Wertsachen nicht zur Schau stellen!** Keine pendelnden Kameras, losen Geldbeutel oder um den Hals gehängte Mobiltelefone. Keine Wertsachen in einem Fahrzeug oder Hotelzimmer frei sichtbar liegen lassen.
- **Bargeld und Dokumente nicht im Hotelzimmer lassen (außer im Zimmersafe)!** Entweder mitnehmen oder notfalls im Hotelsafe gegen Unterschrift verschließen lassen (nicht 100 % sicher!).
- **Sicherheitsschlösser verwenden** – für Kästen, Schubläden oder das eigene Gepäck! Sie mögen für unsere Augen vielleicht nicht sonderlich vertrauenswürdig aussehen, aber sie schrecken Gelegenheitsdiebe ab.
- **Wertsachen immer gut festhalten** und nicht aus den Augen lassen! Taschen sollten fest am Körper und Rucksäcke nur vor dem Bauch getragen werden, insbesondere auf Spaziergängen, an Stränden und im Straßengewühl. Keine Kamerataschen achtlos auf den Boden stellen, um einen Schnappschuss zu tätigen. Keine Taschen offen stehen lassen, Gepäck und Einkaufstaschen niemals unbeaufsichtigt lassen.
- **Einsame Gegenden meiden** – zu jeder Tageszeit! Das gilt auch für Strände. Unbedingt vor Ort abklären, welche Strandabschnitte für Spaziergänge geeignet sind.
- **Nach Sonnenuntergang keine Spaziergänge** mehr machen! Das gilt für alle Städte, größeren Siedlungen und Strände.
- **Immer einheimische Begleitung mitnehmen!** Auch wenn es noch so verwunderlich erscheint, Einheimische sind die beste Versicherung. Unbedingt vor Ort klären, wie man sich verhalten sollte, am besten mit dem Hotelmanagement. Niemals allein wandern, besondere Vorsicht gilt für Stadtrundgänge oder Spaziergänge (wenig Wertsachen in der Tasche haben).
- **Altes Mobiltelefon zur Kommunikation verwenden!** Ein altes, in Europa ausrangiertes Mobiltelefon kann in Tansania wertvolle Dienste leisten. Mehr Informationen zur Freischaltung und Anmeldung siehe unter „Telefon“, S. 91.
- **Sichere Geldautomaten wählen!** Wo man Geld abhebt, muss vom Standort des ATM abhängen. Man sollte nur Automaten aufsuchen, wo man sich relativ sicher fühlt.

leider mit zunehmender Tendenz. In den meisten Fällen beschränken sich die Übergriffe aber auf materielle Werte; äußerst selten kommen dabei Menschen zu Schaden. Zum beliebten Diebesgut gehören Uhren, Mobiltelefone, Computer – und natürlich Bargeld. **Diebstähle in den Unterkünften** kommen in den besten Häusern vor. Auch der Safe an der Rezeption (besonders in den Budget-Unterkünften) bietet keine hundertprozentige Sicherheit, denn wer kann schon überprüfen, wie viele Hotelangestellte Zugang zur Rezeption und zu den Schlüsseln haben? Je billiger die Unterkunft, umso schlechter muss die Sicherheitslage eingeschätzt werden.

Geschichten von „armen Schülern“ oder „kranken Kindern“ sind in aller Regel erfunden – wer es ehrlich meint, wäre zu stolz oder zu zurückhaltend, um einen fremden Weißen um Hilfe zu bitten. In besonderem Maße ist **Polizisten** mit Vorsicht zu begegnen. So treiben nicht nur als Polizisten verkleidete Betrüger ihr Unwesen, die Reisenden ein Delikt anzuhängen versuchen, das sich gegen ein bisschen *chai* (Bestechungsgeld) in Wohlgefallen auflöst. Auch echte Polizisten versuchen, sich so ein Zubrot zu verdienen. Entscheidend ist, dass man unter keinen Umständen den Reisepass aus der Hand gibt (einzige Ausnahme hierfür ist der Zoll).

Vorsichtsmaßnahmen

Es erstaunt immer wieder, wie naiv und fahrlässig sich Touristen verhalten; sie fordern Zwischenfälle bisweilen geradezu heraus. Ein Besucher, der in Dar es Salaam am Fährhafen seine 2000-€-Kamera stolz um den Hals trägt, ist selbst schuld, wenn sie ihm in einer unachtsamen Sekunde einfach abgeschnitten wird.

Als Faustregel gilt, dass jedem Menschen – egal ob Einheimischer oder Mitreisender – mit gesundem Misstrauen begegnet werden muss. Selbst nach einem vertrauenswürdigen Beginn kann man jederzeit negativ überrascht werden. Man sollte sich immer darüber im Klaren sein, dass jede weiße Person aus Sicht eines Tansaniers potenziell reich ist – und damit Begehrlichkeiten weckt. Die größte Gefahr für Touristen besteht dann, wenn der eigene Radar nicht ausreichend ausgefahren ist: Unaufmerksamkeit, der Tagestrott oder auch ein übertriebenes Gefühl der eigenen Stärke können die Sinne trüben und zu Unachtsamkeit führen.

Sicherheit für Selbstfahrer

Auf organisierten Reisen werden Besucher überwiegend mit Sachdelikten konfrontiert, und zumeist wird ein Einheimischer zur Stelle sein, der weiterhilft. Anders sieht es aus, wenn man als Selbstfahrer das Land bereist und nicht in die (trügerische) Sicherheit einer größeren Gruppe eingebettet ist. In diesem Fall heißt es, noch umsichtiger und vorausschauender zu handeln als ohnehin erforderlich.

Neben den oben genannten Verhaltensregeln gelten für Selbstfahrer noch einige mehr: Die **Autotüren und -fenster** sind immer von innen zu verschließen, egal ob in der Stadt oder auf Überlandfahrten. **Alarmsysteme** können Diebe – wenigstens kurzfristig – erschrecken und alarmieren die Umgebung. **Lenkradsperren** und große **Vorhängeschlösser** schrecken ebenfalls ab. **Zündunterbrecher** können dafür sorgen, dass Diebe mit dem gestohlenen Fahrzeug nicht allzu weit kommen. Lose Gegenstände, z. B. Ersatzreifen oder Gepäck, müssen am Dach festgekettet werden. Wertsachen sollten in einer kleinen Metallbox mit Schlössern gesichert und gut versteckt werden.

Die Gesetze der Straße in Afrika sind hart und unerbittlich. Unter keinen Umständen darf man sich – aus welchem Grund auch immer – stoppen lassen. Das heißt im Klartext: Auch wenn die Situation nach europäischem Ermessen nach Hilfe schreit, am besten aufs Gaspedal treten und weiterfahren.

Bei **Unfällen mit Personenschaden**, auch wenn man sie nicht selbst verursacht hat, muss man unbedingt direkt zur nächsten Polizeistation fahren – und gleichzeitig die Botschaft und einen Anwalt mobilisieren. Nach dem Gesetz ist man nicht zur Erste-Hilfe-Leistung verpflichtet, und Lynchjustiz stellt eine reale Gefahr dar, gleich ob man nun Schuld hat oder nicht.

Wer stehen bleibt, um beispielsweise Erste Hilfe zu leisten, muss damit rechnen, nicht nur ausgeraubt, sondern auch noch Zielscheibe von Aggressionen, Gewalt oder falschen Anschuldigungen zu werden. Schließlich können sich etwaige Hinterbliebene nur an vermögenden Personen schadlos halten, als die Europäer immer gelten. Es ist vorgekommen, dass Reisende als Unbeteiligte bei einem Unfall Erste Hilfe leisteten und dann nach Eintreffen der Polizei von allen Anwesenden als Unfalllenker identifiziert wurden. Gefängnis, Reisepassentzug, Geldstrafen, immense Schwierigkeiten: All das steht gegen das Gebot, ein Menschenleben zu retten – so furchtbar das auch klingen mag.

Ebenso wenig darf man auf Winkzeichen vom Straßenrand oder von anderen Fahrzeugen reagieren. Es könnte sich tatsächlich um eine **Panne** handeln, aber auch ein fingierter Notfall ist nicht auszuschließen. Bei plötzlichen Reifenpannen in Städten sollte man als Erstes an eine Falle denken und sich – wenn möglich – in die nächste Tankstelle flüchten. „Wohlmeinende" Hinweise von Passanten auf Ölaustritt oder platte Reifen müssen ebenfalls misstrauisch bewertet und gegebenenfalls in sicherer Umgebung, z. B. auf dem Parkplatz eines Hotels oder an einer Tankstelle, überprüft werden.

Einzige Ausnahme: Wenn die **Polizei** winkt, sollte man stehen bleiben – aber auch nur, wenn eindeutig zu erkennen ist, dass es sich um echte Beamte handelt. Auch hier sind schon viele europäische Fahrer in Fallen getappt und um ihr Hab und Gut betrogen worden. Tansanische Polizisten sind schlecht oder gar nicht ausgebildet, ihr Verantwortungsbewusstsein ist gering und sie fühlen sich aufgrund ihres Status übermächtig. Europäische Autofahrer, die mit Sicherheit solventer sind als Einheimische, erscheinen da oft als attraktive Geldquelle. Übrigens: Einheimische schmieren Polizeibeamte mit max. 2000 TSH und einer Flasche Coca-Cola („soda").

Die meisten Polizeibeamten sind zwar sehr freundlich, fragen nach den Papieren, überprüfen die Einhaltung der Vorschriften (S. 99) und lassen Ausländer weiterfahren. Sie können aber auch unverblümt nach Geld fragen und Schwierigkeiten bereiten. In einem solchen Fall sollte man bestimmt und freundlich auftreten, den genauen Grund für das „Bußgeld" erfragen, ein wenig Small Talk mit den Beamten halten und auf Zeit spielen. Ein paar Worte Swahili und einige Scherze können oft wahre Wunder bewirken. Meist rechnen die Polizisten nicht mit Gegenwehr der Touristen; oft lassen sie daraufhin von ihrem Vorhaben ab. Falls nicht, unbedingt nach einer Quittung verlangen (max. Strafmandat: 30 000 TSH) – nicht selten lassen sich so ungerechtfertigte Zahlungen vermeiden.

Grundsätzlich sind **bewachte Unterkünfte oder Campingplätze** zu bevorzugen. Wildes Camping ist nicht überall zu empfehlen, am ehesten noch in Gebieten mit wenig Tourismus. Zusätzlich müssen einige Sicherheitsvorkehrungen beachtet werden, z. B. ausreichend Vorhängeschlösser am Fahrzeug sowie kleine, am Dachträger montierte Fernscheinwerfer, die bei Bedarf manuell eingeschaltet werden können. Wer in der Nähe eines Dorfes kampiert, kann auch den Bürgermeister um einen Wachmann bitten – natürlich gegen Entgelt (ungefähr 5000–10 000 TSH pro Nacht).

Polizei und Militär

Wie bereits erwähnt, werden die meisten Polizisten Touristen gegenüber freundlich auftreten. Auch bei Straßensperren sind in der Regel keine Probleme zu erwarten. Sie dienen den Polizisten hauptsächlich dazu, von LKWs und Bussen einen Obolus zu erpressen. Jeder Fahrer in Tansania lebt mit dem Wissen, dass er täglich Gebühren an die Ordnungshüter zahlen muss.

Viel unangenehmer sind hingegen Angehörige des Militärs. Jegliche Konfrontation mit ihnen muss strikt gemieden werden, denn im Notfall ziehen die Herren auch die Schusswaffe. Mit Soldaten ist nicht zu spaßen, denn sie gebärden sich im Gegensatz zu den Polizisten als oberste Kontrollinstanz, die prinzipiell immer im Recht ist. Militärkonvois sind mit Respekt zu behandeln; Überholmanöver immer erst durchführen, wenn man weitergewunken wird. Truppen, die auf der Straße Sport treiben, sind schnell zu überholen. Unter keinen Umständen dürfen Fotos von Soldaten geschossen werden.

Verkehrssicherheit

Boda boda, piki piki, bajaji

Taxis stehen nur in größeren Städten zur Verfügung, aber vielerorts übernehmen unschlagbar billige Mopedtaxis (*boda boda, piki piki*) oder *bajajis* den Nahverkehr. In vielen Situationen wird man nicht umhin können, sie zu nutzen, aber sie verlangen eine große Portion Eigenverantwortung. Gerade *bajajis* sind oftmals in schwere Unfälle verwickelt, besonders im Stadtverkehr und wo Teerstraßen zum Schnellfahren verleiten. Unfälle entstehen durch die Instabilität bei hohen Geschwindigkeiten, durch löchrige, unebene Straßen und schlecht gemachte Bankette. Wenn Sie sich unsicher fühlen, wechseln Sie lieber das *bajaji* und suchen Sie sich einen langsameren Fahrer!

Busunfälle

Ein von der Reisebranche weitgehend unterschätztes Problem stellt die mangelnde Verkehrssicherheit der Überlandbusse dar. Jeder

Reisende muss sich darüber im Klaren sein, dass diese Reiseform viele Gefahren birgt.

Die größte Gefahr in Bussen geht von Unfällen aus, denn die meist von Macho-Gehabe geprägten Busfahrer halten sich nicht an Geschwindigkeitsbeschränkungen. Erschwerend hinzu kommen die schlechten Straßenverhältnisse, auch bei Teerstraßen, sowie unzureichend gewartete Fahrzeuge. Neue Busse werden immer erst gekauft, wenn die alten völlig unbrauchbar geworden sind; meist wechseln dann die Betreiber auch gleich die Namen der Busunternehmen. Fast täglich wird in den Tageszeitungen von tödlichen Busunfällen berichtet; die Wahrscheinlichkeit, in einen solchen verwickelt zu werden, ist dementsprechend hoch.

Autounfälle

Auf Tansanias Straßen empfiehlt sich eine defensive Fahrweise. Als Richtgeschwindigkeit auf Teerstraßen gelten 100 km/h, im Ortsgebiet bisweilen auch 50 km/h (Achtung: Radarpistolen!), um auf gefährliche Situationen, die von anderen Verkehrsteilnehmern verursacht werden, rechtzeitig reagieren zu können.

Im Falle eines Unfalls muss man allerdings mit dem Schlimmsten rechnen. Hilfe wird selten zu erwarten sein, schon gar keine Erste Hilfe. Passanten werden vielleicht versuchen, das Auto auszurauben. Bei Personenschäden sollte man unbedingt die Notfallevakuierung, z. B. Flying Doctors (siehe „Gesundheit", S. 64), informieren; sie sind die einzige medizinische Instanz, die womöglich helfen kann.

Tiere

Die einzigen wirklichen Gefahren für Reisende in ihren Fahrzeugen stellen **Elefanten**, **Nilpferde und Büffel** dar. Elefantenherden mit Jungen beispielsweise sollte man keinesfalls zu nahe kommen, denn die Jungtiere werden notfalls mit allen zur Verfügung stehenden Mitteln verteidigt. Dasselbe gilt für pubertierende Elefantenbullen, die man gut daran erkennt, dass sie allein in weiter Savanne leben. Sollten Elefanten attackieren (was wirklich nur passiert, wenn sie sich bedroht fühlen), dann unbedingt den Rückzug antreten: Rückwärtsgang einlegen und langsam zurückschieben, so lautet die erste Regel. Wenn der Elefant noch immer laut trompetet und mit den Ohren winkt, dann unbedingt einen Zahn zulegen und bei nächster Gelegenheit wenden und aus dem Gefahrenbereich verschwinden. Bekannt für Elefantenattacken ist das Selous Game Reserve.

Ist eine Flucht nicht mehr möglich, sollte man versuchen, den Elefanten mit möglichst viel Lärm zu beeindrucken: Den Leerlauf einlegen, das Gaspedal durchtreten und zusätzlich mit der flachen Hand von außen gegen die Fahrzeugtür schlagen. Büffel in großen Herden und Nilpferden an Land (meist ohnehin nur in der Dämmerung sichtbar) sollte ebenso begegnet werden.

Auch **Affen** sind mit Vorsicht zu genießen: Sie dringen im sprichwörtlichen Affentempo ins Fahrzeug ein (wenn etwa das Schiebedach zum Fotografieren vollständig geöffnet ist) und klauen alles, was nicht niet- und nagelfest ist. Im Ernstfall den Kopf mit den Armen schützen und keinerlei Gegenwehr leisten – ausgewachsene Paviane haben ein äußerst kräftiges Gebiss!

Andere Gefahren und Ärgernisse

Strafrechtliche Bestimmungen in Tansania

Die tansanischen Strafgesetze sehen für **homosexuelle Handlungen** hohe Gefängnisstrafen vor; bei Beteiligung Minderjähriger droht sogar lebenslange Haft. Da das Gesetz auf Sansibar im August 2004 noch verschärft wurde, sollten sich schwule und lesbische Reisende dieser Situation bewusst sein.

Drogen

Obwohl viele Junkies und Drogenabhängige auf den Straßen zu sehen sind, heißt es für Reisende: Finger weg von Drogen! Oft werden diese in Stone Town oder Arusha auf der Straße angeboten, doch wer erwischt wird (z. B. weil es sich um fingierte Verkäufe handelt), beendet seinen Urlaub im tansanischen Knast, gegen den unsere heimischen Gefängnisse wie Luxushotels wirken. Drogendelikte werden streng geahndet; ob die Botschaft helfen kann (und will), ist fraglich.

Geldwechsel auf der Straße

Wer auf der Straße Geld wechselt, riskiert viel: Nicht nur kann es sich dabei um Betrügereien oder um Falschgeldangebote handeln, sondern wenn die Polizei – die oft ihre Hand im Spiel hat – auftaucht, muss auch noch mit saftigen Bußgeldern (ohne Quittung) und/oder Gefängnisstrafe gerechnet werden. Dieser Hinweis gilt insbesondere für die Grenzübergänge, wo es im Normalfall mindestens eine offizielle Wechselstube gibt.

Sport und Aktivitäten

Tierbeobachtung

Die Hauptattraktion des Landes stellen natürlich die zahlreichen Nationalparks dar, denn Tansania gilt als eines der tierreichsten Länder Afrikas. Lange Zeit hat man sich ausschließlich auf die großen Tiere (die „Big Five", S. 123) konzentriert, doch in jüngster Zeit erlebt die Vogelbeobachtung einen bemerkenswerten Aufschwung.

Jede Safari ist einzigartig, keine Safari ähnelt der anderen. Obwohl man sich vielleicht über mehrere Tage in ein und demselben Gebiet aufhält, wird jeder Tag anders verlaufen. Bei der morgendlichen Safari läuft einem eine riesige Herde von Elefanten vor das Fahrzeug und eine Löwenfamilie liegt träge am Wegesrand. Bei der Sundowner Safari (Sonnenuntergangs-Pirschfahrt) ist nicht einmal am Wasserloch etwas los. Die unvermeidliche Frage, wo sich denn die Löwen befinden, ist müßig. Nicht einmal die besten Guides wissen, wo und wann die Tiere auftauchen, obwohl es natürlich Gebiete gibt, wo die Chancen höher stehen als anderswo.

Safaris sollten aber ohnehin nicht nur dazu dienen, die Big Five abzuhaken. Sie werden erst dann so richtig unvergesslich, wenn man sich mit Haut und Haaren der fantastischen Schönheit der afrikanischen Natur öffnet: Munter umherspringende Impalas sind genauso wertvoll wie auf der Lauer liegende Leoparden, der typische Geruch von Elefantendung macht den orange-goldenen Sonnenuntergang erst zum Erlebnis, und Spuren vom African Wild Dog in einem der Sand Rivers im Selous Game Reserve sind genauso aufregend, als würde das ganze Rudel leibhaftig unter dem nächsten Baum dösen.

Wandern und Trekking

Die wunderbaren Landschaften, die den Reiz Tansanias ausmachen, können auf Safaris erlebt werden – oder auch auf Schusters Rappen. Die Berge rufen laut in Tansania, obwohl abseits des Kilimanjaro kaum jemand diese Rufe vernimmt.

Natürlich erliegen viele der Versuchung, den höchsten Berg Afrikas zu besteigen, weshalb der **Kilimanjaro** neben der Serengeti und dem Ngorongoro Crater die größte Touristenattraktion des Landes ist. Hier steht der sportliche Ehrgeiz im Vordergrund, sich der Besteigung eines (fast) Sechstausenders rühmen zu können.

Andere Berge mögen zwar dem Ego nicht so schmeicheln, bieten aber mehr Genuss, mehr Herausforderung und weit mehr Interaktion mit der lokalen Bevölkerung. So vereint der zweithöchste Berg Tansanias, der **Mount Meru**, sportliche Herausforderung mit einer höchst amüsanten Walking Safari durch den Arusha National Park und der berauschendsten Aussicht des Landes, nämlich auf den Kilimanjaro bei Sonnenaufgang.

Auf trittsichere Wanderer in bester körperlicher Verfassung wartet der Gottesberg der Maasai, der **Ol Doinyo Lengai**, der keine Fehler verzeiht. Im restlichen Tansania finden sich zahllose unentdeckte Juwelen, wie die **Usambara-** oder **Pare-Berge**. Im **Udzungwa National Park** hat man beim anstrengenden Klettern und Kraxeln sogar Publikum, nämlich endemische Primaten, die ausschließlich dort vorkommen. Weiter südwestlich, in den **Livingstone Mountains**, kann es gar passieren, dass der Guide für die Wanderer erst den Pfad mit der Machete freischlagen muss, weil sich keine anderen Touristen dorthin verirren. Dafür werden sie aber reichhaltig belohnt, mit einem permanenten

Auf Safari

© KURT KAUBE

Game Drive (Pirschfahrt): Ausfahrt mit einem Safarifahrzeug in einen Nationalpark oder ein Reservat; Dauer: 3–8 Std.
Walking Safari (Fuß-Safari)*: Wanderungen in designierten Teilen innerhalb oder außerhalb eines Schutzgebietes; Dauer: 2–4 Std.; Voraussetzung: mind. ein bewaffneter Ranger als Begleitschutz.
Bird Safari (Vogelbeobachtung)*: Spaziergänge durch vogelreichen Busch, oft in der Umgebung von Unterkünften, auch außerhalb von Parks und Reservaten; Dauer: 2–4 Std.
Boat Safari (Boot-Safari)*: Bootsfahrten auf Flüssen oder Seen, wo man auf eine nicht ungefährliche Tuchfühlung mit Krokodilen, Nilpferden und anderen Wassertieren geht; Dauer: individuell.
Balloon Safari (Ballon-Safari)*: Überflüge von tierreichen Gebieten mit dem Heißluftballon, nur in der Serengeti und im Tarangire möglich, Dauer: 2–4 Std.

**Nicht in allen Parks und Reservaten erlaubt*

Blick auf den unendlich weiten, im gleißenden Sonnenlicht glitzernden Lake Nyasa (Lake Malawi). In den jeweiligen Regionalkapiteln wird im Einzelnen auf die Wandergebiete eingegangen.

Wichtig ist, die komplette **Wanderausrüstung** von zu Hause mitzunehmen, denn vor Ort sind kaum Ausrüstungsgegenstände erhältlich. Wanderer, die den Kilimanjaro oder den Mount Meru besteigen, sollten ihren eigenen Schlafsack (Komfortbereich bis -10 °C) im Gepäck haben. Zwar vermieten alle Tour Operators Schlafsäcke, die Verwendung von gebrauchten Schlafsäcken ist aber nicht jedermanns Sache. Neben einem kleinen, gewöhnlichen Erste-Hilfe-Paket mit Blasenpflastern, Wunddesinfektionsmittel und ähnlichen Utensilien sollte auch die Mitnahme eines Antibiotikums für die Wundheilung in Erwägung gezogen werden. Wunden, z. B. Blasen, verheilen in den Tropen äußerst schlecht (wegen der Luftfeuchtigkeit und der Hitze). Mit zunehmender Höhenlage nimmt zudem der für die Heilung notwendige Sauerstoff immer mehr ab.

Dass auf allen Touren **ausreichend Wasser** mitgenommen werden muss, versteht sich von selbst. An die Tatsache, dass immer auch ein **Guide** (S. 64) dabeisein muss, gewöhnt man sich hingegen nur schwer. Egal welche Tour in Angriff genommen wird, Guides gehören in Tansania einfach dazu und helfen nicht nur bei der Orientierung, sondern erhöhen auch die Sicherheit. Es ist unmöglich, sich selbst auf einem Berg zurechtzufinden, denn es gibt weder Schilder noch Pfade, markierte Steine oder gar Wanderkarten – nur einheimisches Wissen, dass von den Eltern an die Kinder weitergegeben wird.

Wassersport

Die Küste Tansanias kommt eher Sonnenanbetern als Wasserratten entgegen. Bis auf wenige Ausnahmen ermöglicht der große **Tidenhub** nur eingeschränkte Badefreuden. Zweimal pro Tag, bei Ebbe, zieht sich das Meer wegen der flachen Küste so weit zurück, dass an Baden nicht gedacht werden kann. Ausnahmen sind lediglich die Strände südlich von Dar es Salaam, z. B. Kipepeo Beach, oder die Küste bei Nungwi im Norden von Sansibar. Die meisten sonnenhungrigen Urlauber stört dies aber nicht, denn zum einen verfügen zahlreiche Resorts über Swimmingpools, und zum anderen sind auch lange Spaziergänge an den Riffen entlang äußerst reizvoll.

Wenn das Wasser zweimal pro Tag zurückkehrt, steht neben Baden auch **Schnorcheln** auf dem Programm. Auch weiter draußen bieten sich im Korallenriff, das übrigens der gesamten Küste vorgelagert ist und große Fische sowie starke Wellen abhält, wunderbare Gelegenheiten zum Schnorcheln. Es empfiehlt sich, Schnorchelausflüge bei renommierten Tauchbasen zu buchen, da diese Schwimmwesten im Boot haben und zudem meist Getränke oder gar Tierbestimmungsbücher zur Verfügung stellen. Beim Schnorcheln trägt man am besten als Sonnenschutz ein T-Shirt, da die Sonneneinwirkung knapp unter der Wasseroberfläche besonders intensiv ist.

Im Indischen Ozean ist aber **Tauchen** das Gebot der Stunde. Herrliche Tauchgebiete, fisch- und artenreiche Riffe und das wohlig warme Wasser des Indischen Ozeans machen Tauchen zum Genuss. Überall gibt es ausgezeichnete Tauchbasen, die zumeist in ausländischer Hand sind und daher in der Regel ein stärkeres Sicherheitsbewusstsein haben. Während Sansibar vielen ein Begriff ist, sind Pemba und Mafia überwiegend nur Kennern geläufig. Auch entlang der Festlandküste gibt es exzellente Tauchreviere: nahe Dar es Salaam, am nördlichen Festlandzipfel bei Pangani und ganz im äußersten Süden, bei Mikindani. Die beiden Letztgenannten setzen allerdings einiges an Planung voraus, da sie auf dem Landweg nur mühsam zu erreichen sind.

Der Trend **Kitesurfen** hat Sansibar vor einigen Jahren ereilt. Rund um Bwejuu/Jambiani sowie im Norden bei Nungwi gibt es eine Handvoll Kitesurf-Schulen.

Ganz im Gegensatz zu anderen Destinationen im Indischen Ozean finden sich nur wenige Anbieter für **Hochseefischen** *(deep sea fishing)*, obwohl die Fischgründe prädestiniert dafür wären. Vereinzelt gibt es voll ausgestattete hochseetaugliche Boote (nähere Informationen in den Regionalkapiteln). Viele Hochseefischer machen Kenia zu ihrer Basis und stechen von dort aus in tansanische Gewässer.

Die großen tansanischen **Seen** eignen sich nicht überall zum Baden, Schnorcheln und Wassersport, denn die Gewässer des Lake Victoria und des Lake Tanganyika sind größtenteils mit Bilharziose-Erregern verseucht und der Lake Nyasa (Lake Malawi) verfügt (noch) über wenig touristische Infrastruktur – nicht einmal über kleine Landepisten oder ausreichend gewartete Straßen. Am südlichen Lake Tanganyika wurden in den letzten Jahren einige Lodges gebaut, die für Individualisten interessant sind (S. 474).

Radfahren

Das Interesse an Fahrradtouren in Tansania steigt, auch wenn es vor Ort nur sehr wenige gewartete, qualitativ hochwertige Fahrräder für längere Radtouren gibt. In Moshi (S. 327) sowie in Arusha (S. 382) finden sich kleine engagierte Tour Operators, die Radsafaris im Programm haben. Außerdem bieten europäische Anbieter Biking Safaris durch den Norden, durch die Usambara-Berge bis hinunter an die Küste, z. B. 💻 www.afrika-erleben.de, www.bergspechte.at, www.kiliman.ch.

Kulturtourismus

Das Cultural Tourism Programme, zu Deutsch Kulturtourismusprogramm, das einst von der niederländischen Entwicklungsorganisation SNV ins Leben gerufen wurde, zielt darauf, einen Teil der einheimischen Bevölkerung am lukrativen Tourismusgeschäft zu beteiligen, das fest unter wenigen Hotelketten, Mitgliedern der tansanischen Oberschicht und einflussreichen Expats aufgeteilt ist. Man strebt einen **sozial verträglicheren Tourismus** an und erhofft sich zusätzliches Einkommen für die einzelnen Gemeinschaften. SNV eröffnete eine Koordinationsstelle in Arusha, die die Organisation, Vermarktung und Koordination der Einzelprogramme übernahm.

Trotz aller Bemühungen bleibt die Bekanntheit dieser Programme jedoch gering. Das Gros der Touristen hat nämlich keine Zeit dafür, weil ihr enger Reiseplan kaum eine Lücke für einen Village Walk in Karatu oder einen Besuch in einem Maasai-Dorf lässt.

Wer diese Gelegenheit auslässt, versäumt aber ein Kernelement eines Urlaubs in Tansania: den tansanischen Alltag. Die Programme sind vielfältig; sie reichen von Wanderungen und Kamelsafaris über die Vermittlung von Heilkräuterkunde bis hin zur Demonstration traditioneller landwirtschaftlicher Methoden. Gäste erleben den Dorfalltag, bekommen ein Gefühl für afrikanische Weltanschauungen und erfahren Wissenswertes aus der Natur. Bei Bedarf werden sogar Übernachtungen bei Familien oder in lokalen Gästehäusern organisiert. Die Kulturtourismusprogramme konzentrieren sich im **Norden**, besonders in der Gegend um Arusha, Moshi sowie in den Pare- und Usambara-Bergen, aber auch an der Küste in **Pangani.** In den einzelnen Regionalkapiteln werden die empfehlenswerten Programme genauer beschrieben.

Natürlich gibt es kein Gütesiegel für das Etikett Kulturtourismus, und weil dieser bei uns in Europa gerade so angesagt ist, handelt es sich bei derartigen Angeboten oft um eine Mogelpackung. Guides von offiziellen, vom Tanzania Tourist Board geförderten Initiativen sollten Ausweise vorweisen können. Wenn ein Tour Operator oder private Initiativen Kulturtourismus verkaufen, ist genau zu erfragen, ob und wie die lokale Bevölkerung integriert ist, wie sich die Verteilung der Einkommen gestaltet und was genau vermittelt werden soll.

Ob und wie viel wirklich dem Gemeinwohl zurückgegeben wird, lässt sich schwer überprüfen, manchmal handelt es sich bei Cultural Tourism auch einfach um ein einträgliches Geschäft findiger Tansanier. Nicht überall, wo Cultural Tourism draufsteht, werden wirklich die Werte des sozial verträglichen und partizipativen Tourismus gelebt.

Telefon

Die privaten Mobilfunkanbieter arbeiten seit Jahren konsequent an der Verkabelung und Vernetzung Tansanias. Nur Gebiete, in denen es sich aufgrund der spärlichen Besiedelung für die Mobilfunkanbieter nicht rentiert, Netzwerk-Masten aufzustellen, sind telefonisch nicht erreichbar, aber die weißen Flecken werden im-

Wichtige Telefonnummern

Notfallnummern

Flying Doctors Evakuierungen
(von Kenia aus operierend)
✆ +254-20-6992299
oder +254-733-639088

First Air Responder Arusha
✆ 0754-510197

First Air Responder Dar es Salaam
✆ 0754-777073

Vorwahlen von Europa nach Tansania

Landesvorwahl	✆ 00255
Dar es Salaam	✆ 022
Arusha und Moshi	✆ 027
Sansibar	✆ 024

Vorwahlen von Tansania ins deutschsprachige Europa

Deutschland	✆ 0049
Österreich	✆ 0043
Schweiz	✆ 0041

mer kleiner. Selbst in der Serengeti, am Kilimanjaro oder im Selous Game Reserve hat man Empfang.

Für Reisende bedeutet dies, dass ihre eigenen Mobiltelefone (von europäischen Mobilfunkanbietern) in den meisten Gegenden Empfang haben (Achtung: Roaming-Gebühren fallen an!). Die Alternative ist eine SIM-Karte eines örtlichen Anbieters.

Festnetz

Außer in den großen Städten gibt es kaum Haushalte, die an die staatliche Telefongesellschaft **TTCL** angeschlossen sind. Im Normalfall sind Festnetznummern *(landline)* am verlässlichsten. Solche Anschlüsse werden selten gewechselt oder gar abgeschaltet, während Mobilnummern häufig geändert werden müssen, z. B. weil Telefone gestohlen werden, verloren oder kaputt gehen.

Mobiltelefon

Mobil telefonieren ist in Tansania unkompliziert, auch für Langzeitreisende oder Touristen. Sei es um telefonisch erreichbar zu sein, um im Notfall Hilfe holen zu können oder um ein Taxi zu bestellen – ein Mobiltelefon bei sich zu haben, hat sich bewährt. Am einfachsten ist es, ein älteres, freigeschaltetes Mobiltelefon mitzubringen und sich eine **SIM-Karte** mit Telefonnummer für wenige tausend Shillinge zu kaufen. Die Entsperrung von Mobiltelefonen in Tansania ist ebenso unkompliziert und schlägt mit 40 000 TSH zu Buche. Anschließend müssen Guthaben auf die SIM-Karte geladen werden, nach dem Vorbild der Wertkarten-Handys in Europa. **Prepaid Card** oder Telephone Voucher sind in Stückelungen von 1000, 2000, 5000 oder 10 000 TSH fast flächendeckend erhältlich, z. B. in kleinen Geschäften am Straßenrand, Imbissbuden, Gasthäusern oder Hotels. Die SIM-Karte sowie die dazugehörige Telefonnummer werden nach sechs Monaten ungültig, sofern sie nicht genutzt werden. Aufbewahren der SIM-Karte ist also zwecklos.

Mobilfunkanbieter im Überblick

africa.airtel.com
Der Provider Airtel hat in den letzten Jahren (aus steuerlichen Gründen) mehrmals den Namen gewechselt (von Celtel zu Zain und 2010 zu Airtel) und verfügt über das größte Netz in Tansania.

www.vodacom.co.tz
Vodacom ist die zweitbeste Alternative und eignet sich gut als Ergänzung zu Airtel – wenn Airtel nicht funktioniert, dann bestimmt Vodacom.

www.tigo.co.tz
Der dritte und älteste Anbieter, Tigo, ist für seine „Kampfpreise" bekannt, aber nicht für Reisende geeignet, die eine weiträumige Netzabdeckung benötigen. Hat gute Abdeckung in den großen Städten und am Lake Victoria.

www.zantel.com
Zantel ist der Mobiltelefon-Provider auf Sansibar, hat aber auch Netzwerk-Türme auf dem Festland, z. B. entlang der Küste sowie rund um Mbeya und Mwanza.

Internationale Telefonate

Internationale Telefonate werden heute am besten **übers Internet** abgewickelt. Es gibt in den Ballungszentren viele kleine, unscheinbare Internetcafés, die auch *international calls* anbieten. Je nachdem, ob man eine Mobilnummer oder einen Festnetzanschluss anruft, schwanken die Gesprächspreise ins deutschsprachige Europa zwischen 400 und 1000 TSH pro Minute. Im Gegensatz dazu kostet eine Minute über das normale Telefonnetz, beispielsweise bei der Post oder in den kleinen Telecom-Büros, an die 3000–5000 TSH pro Minute.

Die kleinen, unscheinbaren **Telecom-Büros** sind gerade in ländlichen Gegenden nicht auf den ersten Blick erkennbar. Am besten fragt man, wo sich das nächste Telefon befindet. Es kann sich um eine Post handeln, aber auch um ein ganz normales Geschäft, das einen Apparat hat, den es für Telefongespräche „vermietet".

Münzapparate samt Telefonwertkarten gibt es in den Postämtern, wo man auch Ferngespräche tätigen kann.

Wer mit dem eigenen Laptop reist, hat den Vorteil, selbst übers Internet telefonieren zu können, z. B. via **Skype**, 💻 www.skype.com. In vielen Internetcafés oder Hotels ist so internationales Telefonieren fast zum Nulltarif möglich. Manche Cafés, vor allem jene, die selbst internationale Telefonate anbieten, sehen dies nicht so gerne. Dann wechselt man notfalls das Internetcafé.

In den letzten Jahren sind die **Mobilfunkgebühren** derart kompetitiv geworden, dass kurze Telefonate nach Europa auch mit der ganz normalen tansanischen SIM-Karte erschwinglich sind. Ein mehrminütiges Gespräch kostet nur wenige Euro.

Transport

Busse

Das Busnetz ist in Tansania äußerst dicht gewebt. So lässt sich das ganze Land bereisen, sofern der fehlende Komfort in den Bussen nicht als Hindernis empfunden wird. Zudem gibt es kein billigeres Fortbewegungsmittel als die großen und kleinen Busse.

Daladalas und Kleinbusse (Coaster, Noah)

Bei Daladalas handelt es sich um zumeist poppig aufgemachte japanische **Kleinbusse** in mehr oder weniger fahrtüchtigem Zustand. Vorn steht genau drauf, woher sie kommen und wohin sie fahren; hinten werden sie vorzugsweise mit religiösen Sprüchen ausstaffiert, die Leitmotiv und Erkennungsmerkmal darstellen sollen – und einen guten Überblick darüber geben, was wirklich wichtig ist. In schrillen Lettern prangt da an der Heckscheibe *Jesus never fails* (Jesus versagt niemals), *Bwana utangulie* (Der Herr zeigt den Weg) oder *Allah akbar* (Gott ist groß) – der Fantasie sind keine Grenzen gesetzt.

Mittlerweile werden aus Kapazitätsgründen auch größere Kleinbusse eingesetzt, die in Tansania **Noah** oder **Coaster** (nach den Automarken) benannt sind. Sie werden auf populären Routen und zwischen größeren Städten eingesetzt.

> **Daladalas: Sicherheit**
>
> Normalerweise gilt für Daladalas keine erhöhte Sicherheitsstufe. Die anderen Fahrgäste werden die weißen Mitfahrer neugierig begutachten oder gar versuchen, mit ihnen ins Gespräch zu kommen. Vorsicht ist im Gedränge geboten, sowohl im Bus als auch außerhalb (Geld, Wertsachen, Mobiltelefon, Uhr). Die Gepäckstücke werden üblicherweise auf dem Dach festgebunden, was meist problemlos funktioniert.

Die Minibusse sind zwar öffentliche Verkehrsmittel, und die Linien und Preise werden staatlich reguliert. Doch die Busse selbst sind **in privater Hand**. Sie gehören Unternehmern: die Fahrer *(dereva)* und der Schaffner *(kondakta)* müssen täglich bestimmte Geldbeträge an den Firmeninhaber abliefern. Die verbleibende Summe dient sozusagen als Lohn für Fahrer und Schaffner. Aus diesem Grund werden so viele Menschen wie möglich in die Fahrzeuge gepfercht. Zugleich ist dies auch die Erklärung, warum es keine Fahrpläne gibt: Man fährt erst ab, wenn alle Plätze doppelt belegt sind und die Fahrt sich rentiert.

Wenn auch meist hoffnungslos überfüllt, sind Daladalas jedenfalls **unschlagbar billig**. Auf innerstädtischen Linien werden normalerweise, je nach Streckenführung und Länge, zwischen 300 und 1000 TSH pro Person fällig; beim Umsteigen ist allerdings erneut zu bezahlen. Grundschulkinder dürfen die Minibusse kostenlos benutzen, weshalb ihnen die Busfahrer zu Stoßzeiten den Zustieg verwehren. Längere Fahrten in den Busch können auch 2000 oder 4000 TSH kosten.

Es ist immer wieder erstaunlich zu sehen, welche Strecken Daladalas und Minibusse bewältigen. Sie erreichen den Großteil aller Siedlungen in Tansania und stellen für die einheimische Bevölkerung meist das einzig verfügbare Verkehrsmittel dar. Da Daladalas oft anhalten, um Passagiere abzusetzen oder mitzunehmen,

Bunte *bajajis* sind aus dem Straßenverkehr in den Städten nicht mehr wegzudenken.

muss mit **langen Fahrzeiten** gerechnet werden. Wer zusteigen möchte, gibt einfach ein Handzeichen oder wartet an einer der (nicht gekennzeichneten) Busstationen oder an einem der vielen kleinen Busbahnhöfe.

Daladala-Fahrer sind ebenso wie die Busfahrer der Überlandbusse äußerst geschwindigkeitsverliebt, doch zumeist lassen die Straßenbedingungen und die Personenlast eine rasante Fahrweise gar nicht zu. Gerade in Regenzeiten verwundert es, wie die Fahrer es schaffen, die schlammigen Straßen zu bewältigen oder den Bus durch tiefe Pfützen zu manövrieren. Dann ist allerdings kein Verlass auf Daladalas, denn viele Gebiete sind in dieser Jahreszeit gänzlich unpassierbar.

Kleine Helfer des Alltags

Wer mit öffentlichen Verkehrsmitteln unterwegs ist, sollte immer mit Klopapier, ausreichend Wasser und nicht verderblichen Nahrungsmitteln wie Crackers, Konserven oder Ähnlichem ausgerüstet sein.

Überlandbusse

Relativ komfortabel und (eigentlich viel zu) schnell sind Überlandbusse, die auf den meisten Hauptrouten verkehren. Sie halten nur in größeren Städten und dürfen nur so viele Passagiere mitnehmen, wie Sitzplätze vorhanden sind, die deshalb auch im Voraus gebucht werden müssen. In vielen Bussen werden die jeweiligen Sitzplätze zugewiesen.

Die Büros der einzelnen Buslinien befinden sich entweder am großen örtlichen Busbahnhof oder in dessen Nähe. **Busbahnhöfe** machen ihrem schlechten Ruf alle Ehre, und in der Regel gehört ihre Umgebung zu den unsichersten Gebieten überhaupt. Sie ziehen zwielichtige Gestalten an wie die Motten das Licht, und außer zum Ticketkauf oder zur Abfahrt sollte man einen weiten Bogen um sie machen. Busbahnhöfe liegen in der Regel zentral; nur in den größten Städten gibt es je nach Fahrtrichtung oder Gesellschaft unterschiedliche Abfahrtsplätze.

Verhungern wird beim Busfahren niemand, denn bei den zahlreichen Stopps wartet eine Heerschar von Straßenverkäufern mit lokalen Speisen, die den Busreisenden durch die Fenster

Busse: Kategorisierung und Sicherheit

Zu den wichtigsten Bedürfnissen von Reisenden gehört die Auswahl relativ sicherer Buslinien. Leider kann keine eindeutige Empfehlung gegeben werden. In Tansania werden die Busse in drei **Kategorien** eingeteilt: *ordinary, semi-luxury* und *luxury buses.* Der Unterschied liegt in der Qualität und Sicherheit der Busse sowie dem Service im Bus. Während die *ordinary buses* weder über Klimaanlagen noch besonders viel Raumangebot verfügen, haben *luxury buses* AC, breitere Sitze und sogar Wasser und Snacks im Preis inklusive. Wenn die Einheimischen „sichere" Busse meinen, sprechen sie von *luxury buses.* Weniger sicher sind *semi-luxury buses* oder *ordinary buses,* aber auf manchen Strecken hat man keine andere Wahl, z. B. nach Lushoto oder Tanga. Neue Buslinien kommen und gehen, ein Unternehmer kauft einige neue Busse, gibt ihnen einen Namen und lässt sie so lange fahren, bis sie auseinanderbrechen. Am besten fragt man Einheimische, die nicht im Transportwesen tätig sind, also z. B. Hotelangestellte, Kellner oder Verkäufer, welche Linien gerade als sicher gelten. Die **Sicherheit** bezieht sich aber nur auf den Wartungszustand der Busse. Für die Busfahrer selbst kann keine Garantie gegeben werden.

serviert werden, z. B. Nüsse, hartgekochte Eier, *chapati* oder *mandasi.* In den *luxury buses* sind im Fahrpreis Wasser und ein kleiner Snack enthalten.

Überlandbusse haben **feste Abfahrtszeiten**, die sie einhalten müssen. Nachtfahrten sind generell nicht zugelassen. Deshalb brechen viele Busse, die lange Distanzen zu bewältigen haben, schon zeitig auf. Leider unterliegen die Busse engen Zeitplänen, was zum Teil die enorm hohe Anzahl der oft tödlichen Busunfälle erklärt. Die **fehlende Verkehrssicherheit** markiert nämlich den einzigen Wermutstropfen des sonst gut etablierten Systems. Busfahrer sind als rücksichtslose Fahrer bekannt, die sich weder von Geschwindigkeitsbeschränkungen, *speed bumps* (Rüttelschwellen) oder miserablen Straßenverhältnissen davon abhalten lassen, ihrem Geschwindigkeitsrausch zu frönen. Man sollte sich allerdings hüten, den Fahrer um Drosselung der Geschwindigkeit zu bitten, denn solche Bitten bewirken meist das genaue Gegenteil. Der Fahrer fühlt sich in seinem Bus als Boss, dem sich alle anderen unterzuordnen haben. Gesellschaftspolitisch und gesetzlich lässt sich dagegen nicht ankommen. Die Straßenpolizisten haben wenig Autorität, die Straßenverkehrsordnung wird nach Belieben übertreten, und wenn ein Unfall passiert, ist es für den Fahrer ein Leichtes, unterzutauchen und in einem weit entfernten Dorf eine neue Identität anzunehmen. Erschwerend hinzu kommt, dass die Busse teilweise in katastrophalem technischem Zustand sind. Diese Gefahr ist nicht zu unterschätzen. Mangelhafte medizinische Versorgung sowie Überfälle nach Unfällen, vor allem auf Weiße, können einer Reise ein jähes, unliebsames Ende bereiten.

Die Menschen verstehen wenig von Erster Hilfe und stehen einem Unglück genauso hilflos gegenüber wie man selbst. Oft werden schwer Verwundete einfach sich selbst überlassen, da eine adäquate medizinische Versorgung ohnehin nicht möglich ist.

Gut zu wissen

- Seit einigen Jahren werden alle **Bustarife**, egal ob von Daladalas oder Überlandbussen, staatlich geregelt. Die Tarife hängen von den gefahrenen Kilometern sowie dem Komfortgrad des Busses ab. Am teuersten sind die *luxury buses*, am billigsten die *ordinary buses.* Vor einer Fahrt erkundigt man sich am besten auf 💻 www.sumatra.or.tz oder in den *booking offices* über Tarifänderungen.
- Für Reisebusse gibt es **keine Gepäckgebühren** *(cargo fees)* oder andere dubiose *fees*, die kreative Ticketverkäufer für Touristen erfinden.
- Daladalas oder Coasters mit Dachaufbau sind zu bevorzugen, denn dann wird das Gepäck problemlos und ohne Aufforderung zu Extragebühren transportiert.
- Beim Ticketkauf ist darauf zu achten, **keine Tickets von Mittelsmännern** zu kaufen, sondern nur direkt beim Schalter oder im Bus.

- **„Hilfsbereite" Männer**, die bereitwillig Auskunft geben, Tickets organisieren oder einen zum gewünschten Bus bringen, sind erstens zu bezahlen und zweitens in den meisten Fällen nicht vertrauenswürdig.
- Man sollte Tickets immer **am Vortag** (ohne Gepäck) kaufen, um nicht unter Druck zu geraten und genügend Zeit zu haben, die Lage zu sondieren.
- In den **Minibussen und Daladalas** ist das Beförderungsentgelt ausschließlich an den *kondakta* (erkennbar am blauen Hemd und recht ordentlichen Hosen) zu zahlen.

Eisenbahn

Weitaus sicherer als eine Busreise ist die Fahrt mit der Bahn, die allerdings keine echte Alternative zum Bussystem darstellt, da es nur zwei Bahnlinien mit Personenbeförderung gibt. Von Dar es Salaam aus verkehrt zum einen die **Tazara Line** in Richtung Mbeya und Sambia, zum anderen die **Central Line**, die Kigoma und Mwanza ansteuert. Die Durchschnittsgeschwindigkeit der Bahn liegt bei weniger als 40 km/h, für den flotten Transport von A nach B sind Züge also denkbar ungeeignet. Zudem befindet sich das gesamte Schienennetz in vernachlässigtem Zustand, die Zuggarnituren sind veraltet und die auf den Fahrplänen vermerkten Zeiten allenfalls als ungefähre Richtwerte zu betrachten. Um die Landschaft zu genießen oder mit den Einheimischen ins Gespräch zu kommen, ist die Eisenbahn allerdings ideal. Wer die Zeit hat, eine Bahnreise zu unternehmen, sollte sich das auf keinen Fall entgehen lassen.

Wem es lediglich darum geht, Eisenbahn zu fahren, dem sei die Tazara-Linie empfohlen. Sie ist jünger, gepflegter und noch besser in Schuss. Die Central Line hingegen eignet sich wirklich nur für Overland-Trips zum Lake Tanganyika – aus rein praktischen Gründen. Es ist vor Ort zu klären, z. B. in Dar es Salaam, welche Linien tatsächlich im Betrieb sind.

Central Line

Die Central Line verbindet Dar es Salaam mit **Kigoma** (S. 474) am Lake Tanganyika (1254 km).

Bus und Bahn: Änderungen beachten!

Informationen hinsichtlich der öffentlichen Verkehrsmittel veralten besonders schnell. Die Fahrpläne wechseln häufig, ebenso wie die Busunternehmen. Am besten geht man am Vortag einer Reise zum Verkaufsbüro, zum Busbahnhof oder zum Bahnhof und erfragt alle näheren Details. Bahntickets, selbst für die 1. Klasse *(daraja la moja)*, müssen unbedingt mehrere Tage im Voraus gekauft werden!

Bis vor wenigen Jahren existierte die Nebenstrecke Northern Line nach **Mwanza** (1229 km). Der Bahndienst nach Mwanza ist aber bis auf Weiteres eingestellt. Eine Wiederaufnahme der Linie ist geplant und vor Ort zu erfragen. Andere Nebenstrecken, die z. B. von Tabora nach Mpanda (Katavi National Park) oder von Tabora nach Singida in Zentraltansania führen, sind ebenfalls ausgesetzt.

Die in der deutschen Kolonialzeit kurz vor 1914 entstandene (und seitdem im Wesentlichen unveränderte) Linie, die von den Deutschen Mittellandbahn genannt wurde, ist seit jeher für ihre hohe Anzahl von Zugreisenden pro Abteil berüchtigt, da der Zug aufgrund der schlechten Straßenbedingungen das einzige erschwingliche und zumutbare öffentliche Verkehrsmittel der Region darstellt. Heute ist die Central Line ein Häufchen Elend, das schon bei den geringsten Regenfällen ihren Dienst einstellen muss und für notorisch unzuverlässigen Service bekannt ist. Eine vorübergehende Privatisierung 2007–2011 mit indischen Eigentümern brachte der Central Line, die seitdem offiziell Tanzania Railway Ltd., kurz TRL, heißt, nicht die bitter notwendige Modernisierung, sondern sorgte durch Korruption für negative Publicity. Die Linie, die inzwischen wieder von Tansania übernommen wurde, verfällt zusehends. Der Dienst bleibt höchst unzuverlässig, mit einer Einstellung des Verkehrs muss, z. B. nach Regenfällen, täglich gerechnet werden.

Tazara

Die Tazara, die Tanzania-Zambia-Railway (mehr Infos S. 512), ist noch nicht ganz so alt wie die

Sicherheit im Zug

Generell ist im Zug erhöhte Aufmerksamkeit angebracht. Das Gepäck sollte immer in Sichtweite stehen. Besonders in der 1. und 2. Klasse müssen während der Nacht Abteiltüren und Fenster geschlossen bleiben. Immer wieder kommt es zu Vorfällen unter Beteiligung angeblicher Schaffner und Polizisten, die es aufs Geld oder die Wertsachen europäischer Reisender abgesehen haben. Wenn möglich, sollten sich Reisende in Gruppen zusammentun und gegenseitig auf ihre Wertsachen achten.

Central Line und daher auch wesentlich komfortabler. Sie befährt eine 1860 km lange Strecke von **Dar es Salaam** über **Mbeya** nach **New Kapiri Mposhi in Sambia** und durchquert unterwegs das Selous Game Reserve. Es besteht somit die realistische Chance auf eine kleine, aber feine Zug-Safari. Giraffen, Elefanten, Impalas, Zebras, ja sogar Löwen wurden entlang der Bahnlinie schon gesichtet – natürlich nur tagsüber.

Die Fahrt nach Sambia dauert gut 48 Std., bis nach Mbeya sind es etwa 24 Std., sofern keine größeren Pannen auftreten. Insbesondere die in Dar es Salaam startenden Züge sind relativ verlässlich, weshalb nichts dagegen spricht, per Zug ins Selous Game Reserve zu reisen, sofern man sich auf das Gebiet um das Matambwe Gate im Norden beschränken möchte. Alle anderen Unterkünfte liegen zu weit entfernt. Auch der Udzungwa National Park liegt an der Zugstrecke.

Es empfiehlt sich, Tickets in der 1. Klasse zu buchen. Während die 2. Klasse sich nicht wesentlich von der 1. Klasse unterscheidet (jeweils Liegewagen), geht es in der 3. Klasse hoch her. Dicht gedrängt sitzen die Fahrgäste, bunte Plastiktaschen und auf dem Boden schlafende Kinder versperren die Gänge, und die Hitze ist unerträglich. Ein wenig bequemer geht es da schon in den anderen beiden Klassen zu, auch wenn der kleine Ventilator im Abteil vergeblich versucht, die Hitze des Tages zu lindern. Eine Rolle Toilettenpapier sowie Seife und kleine Wasserfläschchen werden im Zug ausgeteilt, frische Kissen und Decken ebenso. Ein einfaches Bordrestaurant kocht landestypische Gerichte, die auch beim Bordpersonal, das durch die Abteile geht, bestellt werden können. Trotzdem empfiehlt es sich, je nach Länge der Bahnreise ausreichend Getränke und Lebensmittel mitzunehmen.

Im Normalfall werden erst kurz vor der Abfahrt die Sitz- oder Liegeplätze zugewiesen (1. und 2. Klasse). Das Personal im Zug hat die endgültige Passagierliste und weist die Plätze dort direkt zu. Außer in der 1. Klasse werden Männer und Frauen in getrennten Abteilen untergebracht.

Die Chinesen unterstützen die Tazara nach wie vor mit Geldmitteln und zinslosen Krediten, während sich die Linie selbst in tansanischer Hand befindet.

Schiffe

In Tansania gibt es nur einen sehr eingeschränkten Schiffsverkehr. Genauso wie die Eisenbahn leidet dieses Verkehrsmittel unter notorisch veraltetem Material, Ausfällen und einem willkürlichen Fahrplan. Fähren können jederzeit ihren Dienst quittieren, dann steht die komplette Verbindung still. Die einzige verlässliche Bootsverbindung besteht zwischen Dar es Salaam und **Sansibar**, denn hier legen die modernen Schnellboote mehrmals täglich ab. Entlang der Festlandküste existieren keine verlässlichen Verbindungen. Auf den großen Seen verkehren – mit den erwähnten Vorbehalten – hingegen Fähren. Die *MV Liemba* pendelt zwischen Kigoma und Mpulungu (Sambia) auf dem **Lake Tanganyika**, auf dem **Lake Victoria** verbinden Fähren Mwanza mit Bukoba und Ukerewe Island, und auf dem **Lake Nyasa** (Malawi) verkehren die *MV Songea* und die *MV Mwande*. Weitere Informationen finden sich in den jeweiligen Regionalkapiteln.

Flüge

Die Distanzen in Tansania sind enorm, weshalb gerade Kurzzeitreisende die Alternative eines komfortablen Inlandflugs in Erwägung ziehen sollten. Das Binnenflugnetz ist relativ gut ausgebaut, überall im Land gibt es Landepisten *(air*

Dhows

© KURT KAUBE

Auch wenn Reisende immer wieder Überfahrten vom Festland (Dar es Salaam, Tanga, Kilwa, Kisiju und anderen Küstenorten) auf die Inseln mit -Dhows unternehmen, so ist dennoch davon abzuraten. Die Überfahrt in den kleinen Dhow-Booten kann mitunter lebensgefährlich sein. Abenteuerlich ist sie ohnehin immer – und nichts für schwache Mägen ...

strip, air field), alle großen Safari-Attraktionen sind per Flug erreichbar. Auch dies kann Teil einer Safari sein: das beeindruckende Dach Afrikas (den Kilimanjaro), die smaragdgrünen Inseln im türkisblauen Indischen Ozean oder den verästelten Rufiji River im Selous Game Reserve von oben zu sehen. Ganz sicher lässt ein solcher Flug in einer kleinen fünfsitzigen Cessna, wenn vor dem Abflug noch grasende Impalas von der holprigen Landepiste gescheucht werden müssen, Abenteuerstimmung aufkommen.

Die **Preise** werden üblicherweise in US$ und pro Person in eine Richtung angegeben. Zwischen den einzelnen Fluglinien bestehen auf den Hauptstrecken (Dar es Salaam–Sansibar, Arusha–Sansibar, Arusha–Dar) kaum preisliche Unterschiede, doch Preisvergleiche erübrigen sich oft, da bestimmte Strecken ohnehin nur von einer Fluglinie bedient werden.

Neben den renommierten größeren Unternehmen, die **Linienflüge** anbieten, d. h. täglich oder zumindest regelmäßig verkehren, existieren auch kleinere Unternehmen für **Charterflüge**. Diese kommen oft dann zum Einsatz, wenn Linienflüge ausgebucht sind oder zu bestimmten Zielen gar nicht angeboten werden. Verspätungen sind an der Tagesordnung, vor allem in der touristischen Hauptsaison. Zur Sicherheit sollte man sich die Flugzeiten von der Unterkunft oder dem Reisebüro bestätigen lassen.

Einer der größten Nachteile der kleinen „Buschtaxis“ sind die **Gepäckbeschränkungen**. Sicherheitsgründe sprechen für die Limitierung auf 15 kg oder 18 kg pro Person, aber kaum ein Tourist hält sich daran. Die Piloten drücken gerne ein Auge zu, sie können Gäste ja auch schwer irgendwo im Busch zurücklassen. An den großen Flughäfen Dar, Arusha oder KIA wird beim Einchecken manchmal strikter vorgegangen, aber der Handlungsspielraum der Fluglinien ist gering, denn sie können Reisenden ja nicht 10 kg ihres Gepäcks wegnehmen. Man

Die wichtigsten Airlines im Überlick

Coastal Aviation, www.coastal.cc, fliegt von Dar es Salaam aus in alle Landesteile sowie nach Mafia, Pemba, Sansibar und Tanga. Die Online-Buchungen funktionieren gut; beste Reputation unter den Inlandfluglinien.
Precision Air, www.precisionairtz.com, fliegt ebenso in alle Landesteile und auf die Inseln, hat aber in puncto Organisation und Kundenservice keinen guten Ruf.
Zanair, www.zanair.com, verbindet Sansibar mit Dar es Salaam und der Küste (Saadani) und fliegt nach Pemba sowie zum Northern Circuit.
Auric Air, www.auricair.com, deckt von Mwanza aus den Westen und Norden des Landes ab und fliegt nach Dar es Salaam, Tanga und Sansibar. Hat sich auf Destinationen spezialisiert, die andere verschmähen.
Regional Air, www.regionaltanzania.com, deckt den gesamten Norden ab und fliegt nach Dar es Salaam und Sansibar.
Safari Air Link, www.safariaviation.info, fliegt weniger populäre Destinationen im Süden an, z. B. die Lazy Lagoon Lodge in Bagamoyo, Mufindi (bei Iringa), Mikumi National Park, Katavi National Park oder auch Selous; Charter und Linie.
Air Excel, www.airexcelonline.com, bedient den Northern Circuit, Sansibar und Dar es Salaam.
Tropical Air, www.tropicalair.co.tz, konzentriert sich auf Flüge von den Inseln nach Dar es Salaam und Arusha.
Der kenianische Low-Cost-Carrier **Fly 540,** www.fly540.com, wickelt momentan nur Flüge von Kenia nach Sansibar ab. Chaotisch und notorisch verspätet, aber spottbillig.
Der zweite Low-Cost-Carrier **Fastjet,** www.fastjet.com, fliegt nach Mbeya, Mwanza, Kilimanjaro Airport, Dar es Salaam und Sansibar und nach Johannesburg in Südafrika.

macht gute Miene zum bösen Spiel und hofft, dass nichts passiert.

Buchungen können in den Büros der Fluglinien in jeder Stadt, an den Flughäfen und in jedem beliebigen Reisebüro vorgenommen werden. Details dazu finden sich in den Abschnitten zu den jeweiligen Städten. Wer mit einem Tour Operator reist, muss sich um solche Dinge üblicherweise nicht kümmern. Bezüglich Flughafengebühren siehe S. 38.

Taxis

Vor allem innerhalb der Stadtgrenzen von Dar es Salaam, Arusha, Moshi und Stone Town sind Taxis eine flotte Alternative zu den öffentlichen Verkehrsmitteln. Sie sind an den aufgemalten farbigen Bändern und den weißen Nummerntafeln erkennbar.

Grundsätzlich gilt, dass der **Tarif** im Voraus ausgehandelt werden muss, noch bevor man überhaupt das Fahrzeug besteigt. Als Tourist kann man davon ausgehen, dass der zuerst genannte Preis völlig überzogen ist, aber je nach Verhandlungsgeschick lässt sich dieser Fantasiewert oft halbieren (vgl. Handeln im Alltag, S. 109). Bei Dunkelheit steigen automatisch die Preise für Taxifahrten, da die Fahrer wissen, dass vielerorts keine Daladalas mehr unterwegs sind. Taxifahrer haben oft kein Wechselgeld bei sich, daher muss man den vereinbarten Betrag passend parat haben.

Die Taxilizenz ist in Tansania nicht unbedingt an Ortskenntnisse gebunden. Straßennamen haben hier ohnehin keine große Bedeutung – wesentlich besser kennen die Taxifahrer große Bürokomplexe, gut frequentierte Hotels, Restaurants oder namhafte Großbanken, z. B. die Barclays Bank in Arusha.

Wer auf dem Rücksitz Platz genommen hat, sollte unbedingt die Autotür von innen versperren und das Fenster schließen. Beim Aussteigen zwischendurch sollte man keinerlei Besitztümer im Fahrzeug lassen. Dass der erste Weg nach dem Einsteigen gleich zu einer **Tankstelle** führt, ist normal. Gäste werden gebeten, das Benzin vorab zu begleichen, was in Ordnung geht, solange man so nicht schon den gesamten ausgehandelten Fahrpreis bezahlt. Manchmal ist es auch nötig, den Fahrer auf den leeren Tank aufmerksam zu machen, sofern man nicht mitten in der Nacht im Niemandsland stranden möchte.

Wer mehrere Fahrten zu erledigen hat, mietet sich am besten gleich ein **Taxi für einen Tag**. Man erspart sich das ewige Feilschen um den Preis; der Taxifahrer wartet geduldig, bis alle Gänge erledigt sind; und im Normalfall fühlt man sich mobiler und flexibler, als wenn ständig nach einem neuen Taxi gesucht werden muss. Kosten je nach Verhandlungsgeschick innerhalb einer Stadt: in Dar es Salaam um die 100 000 TSH, in Moshi oder Arusha 70 000–80 000 TSH (inkl. Fahrer und Benzin).

Wer mit dem Fahrstil und der Zuverlässigkeit eines Taxifahrers zufrieden ist, sollte ihn um seine Telefonnummer bitten. Es spart Nerven und Zeit, wenn man immer wieder auf die gleichen, zuverlässigen Fahrer zurückgreift.

Sicherheit im Taxi

Berichte von Touristen, die von Taxifahrern ausgeraubt und zur Herausgabe von Kreditkartencodes gezwungen wurden, häuften sich in den letzten Jahren in den Ballungszentren, insbesondere Dar es Salaam, Arusha und Sansibar. Hier ein paar Sicherheitsvorkehrungen:

- **Hotelrezeptionen** arbeiten üblicherweise mit verlässlichen, ehrenwerten Taxifahrern zusammen. Solche Empfehlungen sind insbesondere für alleinreisende Frauen und Frauengruppen wichtig.
- Nur **lizenzierte Taxis** nehmen (Merkmale: bunter Längsstreifen auf weißer Karosserie, weißes Nummernschild).
- Im Taxi sollte nur der **Fahrer** sitzen. Niemals in Taxis mit mehr Personen steigen.
- Wenn ein Taxi **auffallend billig** ist, versucht der Fahrer möglicherweise, Gäste in sein Auto zu locken, um sich an ihren Wertsachen schadlos zu halten.
- **Türen und Fenster** von innen versperren.
- Mit **Informationen über sich** muss man sparsam umgehen. Je weniger Taxifahrer wissen, desto weniger geraten sie in Versuchung.
- Auch im Taxi dürfen **Wertgegenstände** (Smartphone, Tablet oder viel Bargeld) nicht zur Schau gestellt werden.

Bajajis und Mopedtaxis

Für Kurzstrecken in den Städten werden seit wenigen Jahren die dreirädrigen, asiatischen Tuktuks eingesetzt, die in Tansania *bajaji* (nach dem indischen Hersteller) heißen. Bei Einheimischen wegen der günstigen Tarife beliebt, gelten sie als nicht sehr sicher (S. 85). Mopedtaxis heißen in Tansania *piki piki* oder auch *boda boda*, weil sie zuerst zwischen den Grenzposten von Tansania und Kenia eingesetzt wurden (in Anlehnung an *border*). Für sie gelten die gleichen Sicherheitsbedenken, zumal man keine Helme tragen muss.

Mietfahrzeuge

Freiheit auf vier Rädern ist natürlich auch in Tansania möglich, Reisende mit eigenem Mietfahrzeug sind allerdings eher die Ausnahme als die Regel, denn aus vielerlei Gründen ist Tansania eben kein klassisches Selbstfahrerland.

In den Ballungszentren Dar es Salaam und Arusha existieren einige verlässliche Agenturen (siehe Regionalkapitel). Für die Anmietung eines Fahrzeugs gelten je nach Unternehmen unterschiedliche Bedingungen, doch in der Regel beträgt das **Mindestalter** 22 oder 23 Jahre. Damit genügend Fahrpraxis vorhanden ist, muss der Führerschein außerdem mindestens zwölf Monate alt sein. Zur Hinterlegung der nicht geringen Kaution *(deposit)* wird eine Kreditkarte verlangt.

Für einen guten Geländewagen müssen ab US$150–200 pro Tag veranschlagt werden. Die im Preis eingeschlossenen **Leistungen** sind aber genau zu prüfen, da Versicherungen, Kilometerpauschalen *(limited mileage)* und Ähnliches gerne separat berechnet werden. Hier lohnt genaues Nachrechnen, denn in Tansania fährt man schnell einmal 100 km, ohne irgendwohin zu gelangen. Gerade einige Anbieter in Dar es

Allein auf großer Safari

Folgende Utensilien gehören unbedingt in jedes Fahrzeug:

- gefüllter Ersatzkanister Benzin (Kanister aus Blech)
- intakter Ersatzreifen (Reifenpannen sind beinahe an der Tagesordnung)
- ausreichend Trinkwasser
- Abschleppseil, Wagenheber *(car jack)*, evtl. Seilwinde (vor allem in der Regenzeit)
- Schaufel, Sandblech
- Überbrückungskabel

(s. auch S. 60, Ausrüstung für den Mietwagen)

Salaam erlauben keine Fahrten in die Nationalparks.

Auf Tansanias Straßen sollte ein Fahrzeug gut gewartet und in **einwandfreiem Zustand** sein, denn in brenzlige Situationen gerät man oft schneller, als einem lieb ist. Bevor ein Fahrzeug – auch von einem noch so renommierten Unternehmen – gemietet wird, muss es genau unter die Lupe genommen werden. Notfalls ist die Annahme zu verweigern! Für die meisten Nationalparks und abseits der geteerten Routen ist ein Geländewagen mit hoher Bodenfreiheit *(clearance)* ein Muss (Fahrzeuge der Marke Toyota RAV sind daher ungeeignet). Land Rover und Toyota Landcruiser stellen die gängigsten Fahrzeuge in Tansania dar, mit denen sich selbst im Busch Mechaniker auskennen. Ersatzteile für beide Typen sind normalerweise in allen Städten erhältlich.

Für die Stadt genügt ein normales Auto; sobald man in den Busch oder außerhalb der Stadt fahren möchte, ist ein Fahrzeug mit Allradantrieb zu mieten. Wer eine Tagestour plant, sollte einen Fahrer dazu mieten oder gleich ein Taxi nehmen. Dies ist mit Sicherheit günstiger und problemloser, als selbst zu fahren.

Grenzübertritte werden selten erlaubt, sie sind zudem mit viel Bürokratie verbunden. Erforderlich sind beispielsweise die Green Card Insurance und eine offizielle Bestätigung der Mietfirma, dass die Grenzüberquerung gestattet wird. Solche Extrawünsche erhöhen selbstverständlich den Mietpreis enorm.

Hinweise für Selbstfahrer

Allgemeines

In Tansania herrscht Linksverkehr. Das Tempolimit auf Landstraßen beträgt 100 km/h, bei Ortsdurchfahrten entlang der Teerstraßen 50 km/h, in Städten und Nationalparks liegt es bei 30 km/h. Zur Verkehrsberuhigung werden überall unangenehme Straßenschwellen *(speed bumps)* eingebaut, die zeitweise völlig unmotiviert (und unmarkiert!) wie aus dem Nichts auftauchen. Schon allein deshalb sind Nachtfahrten nicht anzuraten, da die Straßenschwellen dann im Normalfall nicht rechtzeitig zu sehen sind. Ebenso wenig sind Menschen oder Tiere in der rabenschwarzen afrikanischen Nacht erkennbar.

Der Verkehr in Tansania ist – wie in den meisten afrikanischen Ländern – mörderisch. Nicht nur die desolaten Straßenverhältnisse verlangen dem Fahrer alles ab, sondern auch die übrigen Verkehrsteilnehmer, wie rasende Autofahrer, spielende Kinder und stoische Kühe. Es gilt das Gesetz des Stärkeren, d. h. LKWs sind gegenüber PKWs immer im Vorteil, und Fußgänger haben stets auszuweichen, denn auf die schwächeren Verkehrsteilnehmer wird keine Rücksicht genommen.

Nationalparks

Fahrzeuge mit tansanischen Kennzeichen bezahlen minimale Eintrittsgebühren, während im Ausland zugelassene Geländewagen über 2000 t US$150 pro Fahrzeug (ohne Insassen) berappen müssen. Mit den Mietwagenverleihern muss abgesprochen sein, ob Fahrten in Nationalparks gestattet sind.

Parken

In den größeren Städten, wie Moshi, Arusha und Dar es Salaam wird eine Parkgebühr verlangt, die sich in einer Größenordnung von 200–300 TSH pro halbe Stunde bewegt. Widerstand ist zwecklos, es werden Reifenkrallen angelegt. Erkennbar sind die Parkwächter an ihren leuchtend gelben oder orangefarbenen Westen.

Internationaler Führerschein

Die Mitnahme eines internationalen Führerscheins (gemeinsam mit dem nationalen Führerschein) wird dringend angeraten, wenn ein Fahrzeug auf Selbstfahrerbasis gemietet werden soll oder wenn man mit dem eigenen Fahrzeug unterwegs ist. Mit Vorliebe winken die Streifenpolizisten *wazungu* (Weiße) an den Straßenrand, um den internationalen Führerschein zu kontrollieren (S. 100).

Straßenschilder

An Tansanias Straßen und Wegkreuzungen stehen nur selten Straßenschilder, denn diese werden von den Einheimischen gerne als Brennholz oder Werkzeug zweckentfremdet. Selbst mit der besten Straßenkarte und modernem Navigationssystem bleibt es einem nicht erspart, Einheimische nach dem Weg zu fragen. Das ist zumeist die verlässlichste Methode, ans Ziel zu kommen.

Straßenverhältnisse

Die Straßen in Tansania sind unter keinen Umständen mit dem europäischen Wegenetz vergleichbar. Wo immer man auch unterwegs ist – ob auf Teerstraßen oder Schotterpisten –, die Straßenverhältnisse erfordern allerhöchste **Konzentration**. Auf alles gefasst sein, lautet hier die Devise. Steine, Ziegen, Kinder und liegengebliebene LKWs auf der Straße sind das tägliche Brot jedes Autofahrers. Grundsätzlich auf Sicht fahren, denn auch wenn die Teerstraße noch so vertrauenserweckend aussieht, kann sich nach zehn schlaglochfreien Kilometern plötzlich wie aus dem Nichts ein tiefes Loch auftun.

Die wichtigsten **Hauptverkehrsrouten** sind mittlerweile alle asphaltiert. Zu den wenigen Ausnahmen gehören die Strecken Songea–Mtwara, Dodoma–Babati, der Weg durch die Serengeti und einige Strecken im Westen am Lake Tanganyika. Auch die meisten Stadtstraßen verfügen über mehr oder minder intakte Asphaltdecken. Auf Sansibar scheinen die Teerstraßen im Allgemeinen am besten erhalten zu sein, wahrscheinlich weil der Schwerverkehr gänzlich fehlt.

Außerhalb der Städte ist es nicht ratsam, mit einem normalen PKW zu fahren. Hier ist ein sicheres Vorankommen nur im gut gewarteten Geländewagen möglich. Vor allem während der großen Regenzeit (März bis Juni) werden ungeteerte Straßen unpassierbar und sogar asphaltierte Straßen können überschwemmt oder – je nach Schwere der Regenfälle – großflächig verschmutzt sein.

Abseits der Hauptverbindungsrouten existieren **Schotter- und Sandpisten**. Mancherorts wurden auch sogenannte Allwetterpisten errichtet, die angeblich den sintflutartigen Regenfällen standhalten sollen, was sich allerdings oft als schöner Traum erweist ...

Ob Pisten oder Straßen passierbar sind, ist – besonders in den Regenzeiten – immer vor Ort zu klären. Am wenigsten verlässlich sind Angaben von ortskundigen Menschen, die über kein Fahrzeug verfügen. Gesicherte **Informationen** können nur andere Autofahrer geben. Gute Informationsquellen sind Busfahrer, Tour Operators, Autovermietungen oder Manager von Unterkünften.

Black Cotton Soil

In vielen Gegenden Tansanias, insbesondere in den Naturschutzgebieten, trifft man auf den berüchtigten Black Cotton Soil. Das Befahren des dunklen, graubraunen bis schwarzen, höchst lehmhaltigen Bodens ist weder in der Trocken- noch in der Regenzeit ein Vergnügen. In der Trockenzeit zeichnet er sich durch tiefe Rillen und Löcher aus, zudem wird er hart wie Beton. Nach Regenfällen verwandelt er sich binnen Stunden in glitschiges, schmierseifenähnliches Terrain, das unbefahrbar ist. Innerhalb kürzester Zeit verstopft das Reifenprofil, sodass man abwechselnd rutscht und stecken bleibt. In der Regenzeit sind solche Gebiete unbedingt zu meiden.

Polizeikontrollen

Als weißer Autofahrer, vielleicht sogar mit ausländischem Kennzeichen, ist man für die Straßenpolizei immer ein attraktives Ziel. Zu groß ist die Verlockung, einem mit den Verkehrsvorschriften nicht vertrauten *mzungu* ein paar Dollarscheine aus der Tasche zu ziehen. Die Polizisten überprüfen mit Vorliebe den internationalen Führerschein sowie die Autopapiere und die Versicherung. Sie wollen jedoch meist auch die *road license*, zwei Warndreiecke und den obligatorischen Feuerlöscher sehen (beide Utensilien sind im Supermarkt oder jedem beliebigen Ersatzteilladen erhältlich). Der Feuerlöscher sollte übrigens offiziell bei einem Fire Department registriert und aktuell sein (das Ablaufdatum wird kontrolliert). Besonders gerne nutzen Polizisten ihre Radarpistolen, die in regelmäßigen Abständen vom Ministerium ausgegeben werden. Nicht selten sind die vermeintlichen Geschwindigkeitsübertretungen fingiert. Mit ein paar Floskeln in Swahili können angespannte Situationen entschärft werden. Tipp: Lieber ein offizielles Strafmandat über 30 000 TSH samt *receipt* verlangen als Schmiergeld bezahlen!

Road Blocks

An vielen Ortsein- und -ausgängen oder auch mitten in den Ortschaften auf der Überlandstraße existieren sogenannte *road blocks,* also Polizeikontrollstationen, die oft mit einem Balken oder großen Tonnen gesichert sind. Sollte man angehalten werden, hat man außer einer der üblichen Polizeikontrollen kaum etwas zu befürchten. Ein paar freundliche Worte entschärfen die Situation und man wird schnell durchgewunken. Die Sperren dienen dazu, von den zahlreichen Bussen, LKWs und Daladalas Wegzoll zu erheben.

Tanken

Viele der kleinen No-Name-Tankstellen führen minderwertiges Benzin; besser man hält sich an Benzin von BP, Engen, Agip, Oilcom oder Lake. Versorgungsengpässe können auftreten, am ehesten in ländlichen Gegenden mit schlechten Straßen.

Beim Tanken sind die Tankwarte nicht aus den Augen zu lassen, da manche gerne zu viel berechnen, die Zähler manipuliert haben oder einfach vergessen, den Tankdeckel wieder zuzuschrauben.

Anhalter

Einheimische werden immer wieder um Mitfahrgelegenheiten bitten. Aus Sicherheitsgründen sollte man aber davon absehen, fremde Menschen im eigenen Fahrzeug mitzunehmen. Körperliche Übergriffe sind dabei weniger zu befürchten als vielmehr Diebstähle.

Übernachtung

Tansania bietet Unterkünfte jeder Kategorie, von der Absteige bis zur Luxusherberge. Die meisten sind kleine Familienbetriebe von 10–20 Zimmern, große Bettenburgen gibt es vereinzelt im Norden, in Dar es Salaam oder auf Sansibar.

Das Preisniveau ist – außer im Falle landestypischer Budget-Unterkünfte – generell sehr hoch, wobei das Preis-Leistungs-Verhältnis oft nicht stimmt. Im Land herrscht wenig Verständnis dafür, dass nach westlicher Auffassung bestimmte Zimmerpreise eine erwartete Leistung mit sich bringen. Selbst dem Preis nach gehobene Unterkünfte sind in puncto Zimmer- und Servicequalität oft bestenfalls Mittelklasse. Das immens hohe Preisniveau hat viele Gründe: die Korruption, hohe Transportkosten, bewusst hohe Steuern und lächerlich viele Lizenzgebühren vor allem für ausländische Tourismustreibende. Nicht die Kosten, sondern die Übernachtungspreise der Nachbarlodge und das durchschnittliche Einkommen der westlichen Besucher (über die tansanische Hoteliers genau Bescheid wissen) dienen als Kalkulationsgrundlage.

Für Missverständnisse sorgt manchmal das Swahili-Wort *hoteli,* das immer wieder in großen Lettern auf den Häusern prangt. Damit ist meistens ein einfaches Restaurant gemeint.

Landestypische Gästehäuser

Unterkünfte dieser Kategorie (❶) liegen meist in Dorf- oder Stadtzentren, an gut frequentierten Straßen oder gar Hauptstraßen oder in der Nähe von Busbahnhöfen. Fast jede Ortschaft verfügt über mindestens eines dieser Gasthäuser; wer sich damit begnügt, findet also fast überall Unterschlupf. Einheitliche Bezeichnungen fehlen, doch titulieren sich solche funktionalen Schlafstätten gerne als *guest house.*

Landestypische Gästehäuser zielen vor allem auf reisende Einheimische (die mit öffentlichen Verkehrsmitteln unterwegs sind). Deshalb bieten sich diese Unterkünfte auch gut für Rucksack-Touristen oder Low-Budget-Reisende an. Es handelt sich um **einfache Unterkünfte**, oft

Ökotourismus

Der Hype um Klimapunkte, CO_2-Emissionen und Ökotourismus hat auch Tansania erreicht, vor allem durch die zunehmende Nachfrage westlicher Kunden. Der Schutz der ungebändigten Natur Tansanias stellt daher eine notwendige Voraussetzung für die Fortführung der Erfolgsstory Tourismus dar. Dennoch fehlt bislang ein allgemeines Bewusstsein auf breiter Ebene für den Naturschutz, und ethnische, soziale und gesellschaftspolitische Aspekte, die ja auch Teil des Ökotourismus sind, werden kaum aufgenommen.

Man muss die Kirche im Dorf lassen und das westliche Konzept von Ökotourismus den afrikanischen Rahmenbedingungen anpassen. Während wir im Westen auf über hundert Jahre Industrialisierung zurückblicken, hat vielleicht ein Zehntel aller Tansanier Strom. Wie soll man energiesparende Maßnahmen erwarten, wenn die einheimische Bevölkerung gerade erst dabei ist, die Vorteile und Annehmlichkeiten der Elektrizität für sich zu entdecken?

Der Schutz der Naturräume, des Wassers und der Tierwelt und die faire **Beteiligung der Tansanier** am Profit aus dem Tourismus sind notwendig, doch muss sich die Umsetzung ökologischer Maßnahmen an den gegebenen Möglichkeiten und Voraussetzungen orientieren.

Die meisten Lodges und Camps in Tansania sind ohnehin in die Natur integriert. Doch eine rustikale Bauweise allein macht noch kein Ökocamp aus, denn natürliche Baumaterialien wie Holz, Palmenblätter oder Stein sind nicht nur billig und leicht erhältlich, sondern aufgrund der klimatischen Bedingungen sogar unverzichtbar. Erst hinter den Fassaden der Bandas zeigt sich, ob es sich um eine echte Ökolodge handelt.

Für eine Ökolodge „light" gehört es sich zumindest, die einheimische Bevölkerung und lokale Kommunen am Geschäftserfolg zu beteiligen. Ihr Personal muss aus den umliegenden Dörfern rekrutiert werden, weil dadurch die **Löhne** postwendend in die lokale Mikrowirtschaft fließen. Diese Löhne sollten fair sein – also höher als der gesetzliche Mindestlohn von 135 000 TSH, der die in den letzten Jahren stark gestiegenen Lebenshaltungskosten keinesfalls deckt. Darüber hinaus kann die Lodge sinnvolle Hilfsprojekte initiieren, die der Allgemeinheit zugutekommen.

Eine nachhaltig arbeitende Lodge muss sich auch der Problematik der **Energiegewinnung** stellen. So sollten Strom und Warmwasser aus Solarenergie stammen, genauso wie der Einsatz von Holzkohle in der Küche auf ein Minimum reduziert werden sollte. Entscheidend ist auch der **Umgang mit Wasser**, denn gerade dieser ist eine der größten Herausforderungen für Tansania. Wird das Wasser mit Tankwagen herangekarrt oder wurden Wasseraufbereitungsanlagen installiert, um Regenwasser aufzufangen und wiederzuverwerten? Der Umgang mit Abwässern ist ebenfalls ein heikles Thema, schließlich werden diese auf Sansibar größtenteils noch immer ins Meer geleitet ... Zudem muss eine ernsthafte Ökolodge Lösungen zur Müllvermeidung anbieten, wie z. B. die Reduktion von Batterien durch umweltfreundliche Solartaschenlampen.

Nicht alles, was in puncto Umweltschutz oder Sozialverträglichkeit wünschenswert wäre, ist in Tansania derzeit machbar. Recycling existiert nicht, 99 % des Mülls wird verbrannt. Leicht abbaubare Waschmittel ohne Chlor und Bleiche finden sich nicht in den Regalen. Und schließlich ist es schwierig, die lokale Bevölkerung in die Arbeit einer Lodge zu integrieren, wenn die Standards in der Pflichtschule mangelhaft und die Lehrer schlecht ausgebildet sind. Doch im Rahmen der gegebenen Möglichkeiten können Touristik-Unternehmen ihre Verantwortungsbereitschaft beweisen.

mit Gemeinschafts-Bad/WC oder gar „Duschen" aus Eimern. Warmes Wasser ist Mangelware, Stehtoiletten sind die Regel, manchmal fehlt gar der Strom oder – vielleicht unangenehmer – das Türschloss. Größtenteils ist es um die Hygiene nicht sonderlich gut bestellt, auch fehlen oft Moskitonetze. Manche Gästehäuser verfügen über ein kleines Restaurant, das landestypische

Auf und ab

Die Beurteilungen der in den Regionalkapiteln aufgeführten Unterkünfte spiegeln die Situation zur Zeit der Recherche wider. Die Qualität einzelner Unterkünfte kann sich aber schlagartig zum Schlechteren wenden, manchmal natürlich auch zum Besseren. Qualität, Service oder Kundendienst sind sehr fragile Konzepte, die beispielsweise mit dem Wechsel von Managern zusammenbrechen können. Ebenso labil ist das Preisgefüge – die Preise können ohne Vorankündigung von heute auf morgen empfindlich angehoben werden, insbesondere in den Nationalparks, wo ein Teil der Kosten von der Regierung diktiert wird.

Kost serviert. Wenn nicht, gibt es mit Sicherheit in der unmittelbaren Nachbarschaft ein kleines *hoteli* (landestypisches Restaurant).

Low-Budget-Reisende, die hier absteigen, müssen sich mit einem entsprechenden Survival-Kit ausrüsten: ausreichend Toilettenpapier, Klebeband für die Moskitonetze (bzw. idealerweise ein eigenes Netz), eventuell ein dünner Sommerschlafsack, ein zusätzliches Vorhängeschloss und eine Dose Insektenspray.

Ein Schnäppchen winkt dann, wenn das Gästehaus noch neu und daher in gutem Zustand ist. Je älter das Haus, desto abgewohnter ist es.

Kirchliche Gästehäuser stellen eine gute Alternative zu traditionellen *guest houses* dar. Ihr Hauptzweck ist, den vielen Missionaren auf Reisen eine bequeme Unterkunft zu bieten, doch sie beschränken sich nicht ausschließlich auf diese Klientel. Oft befinden sie sich in abgelegenen Gegenden, wo man gar nicht mit einer akzeptablen Schlafstätte rechnet. Für die Glaubensgemeinschaften stellt das Gästehaus eine bescheidene Einkommensquelle dar. Den Gästen wiederum verheißt ein Zimmer in einem Frauen- oder Männerkloster eine gute, saubere Unterkunft sowie ausgezeichnete landestypische Küche.

In den Nationalparks der Tanapa gibt es ebenfalls bescheidene, gemauerte Unterkünfte, sogenannte **Rest Houses**. Es handelt sich um einfache, wenig gepflegte, teilweise verkommene Bauten für Selbstversorger, die je nach Park ab US$30 pro Nacht kosten. Am besten prüft man vor Ort, ob die Schlafstätte ihr Geld wert ist, wenn nicht, empfiehlt sich Campen (S. 106).

Es ist abzuklären, ob ein Frühstück im Preis inbegriffen ist, denn in den Super-Budget-Unterkünften für unter 20 000 TSH muss man auf Kaffee und Eier am Morgen meist verzichten.

Mittelklasse-Unterkünfte

Landestypische Mittelklasse-Unterkünfte (❷–❹) finden sich in jedem kleineren Ballungszentrum. In vielen Orten handelt es sich dabei um die besten Übernachtungsmöglichkeiten weit und breit. Obgleich sie größtenteils nicht mehr als zweckmäßig ausgestattet sind, verfügen sie doch meist über fließendes Wasser, Warmwasser, Sitztoiletten und ausreichend große Zimmer. Damit sind sie aus Sicht der meisten Tansanier geradezu luxuriös. Ihre Stammkundschaft sind tansanische **Geschäftsreisende** oder in der sozialen Hierarchie höher gestellte Tansanier, die mit dem eigenen Fahrzeug unterwegs sind. Deswegen befinden sich solche Unterkünfte nicht immer in der Nähe des Bahnhofs oder der Busstationen.

Wegen der besser betuchten Klientel verfügen diese Unterkünfte (sie bezeichnen sich gerne als „Hotel") über geringfügig bessere Restaurants, in denen hauptsächlich landestypische Küche aufgetischt wird. Zusätzlich findet man hier oft auch Internetcafés oder kleinere Konferenzräume.

Das Preisniveau bewegt sich zwischen US$30 und US$150, wobei das Frühstück im Preis inbegriffen ist. Nachfragen lohnt sich aber dennoch! Die Preise sind meist in TSH ausgewiesen, beide Währungen werden in der Regel akzeptiert.

Gehobene Unterkünfte

Gehobene Unterkünfte (❺–❻) erkennt man leicht daran, dass in US$, Euro oder Britischen Pfund abgerechnet wird. Ein Großteil dieser Unterkünfte befindet sich in den Händen von Aus-

Das 1x1 der Unterkünfte

Hotel Üblicherweise eine Unterkunft in der Stadt oder am Strand im gemauerten Stil, wo sich Zimmertür an Zimmertür reiht, oft ein einziger Baukomplex.

Lodge Permanente Unterkunft in oder im Einzugsbereich von Naturschutzgebieten oder am Strand, idyllisch eingebettet in den Naturraum; gemauerte, rustikale Bauweise; meist stehen die eigenständigen Zimmer aus Stein oder Ziegeln (*bandas* oder *bomas* genannt) weit auseinander und garantieren Privatsphäre.

Camp oder Tented Camp Permanente oder halb permanente (d. h. saisonal, für drei oder vier Monate aufgebaute) Unterkunft in oder im Einzugsbereich von Naturschutzgebieten; überdimensionale, komfortable Canvas-Zelte oft auf Holzplattformen, mit großen Betten, Schreibtischen, Sesseln und anderem Mobiliar, oft mit gemauerten Sanitäranlagen dahinter oder daneben; durch die Leichtbauweise fühlt man sich besonders mit der Wildnis verbunden und nimmt vor allem in der Nacht viele Geräusche wahr.

Fly Camp Mobile Luxus-Camps, die nur vorübergehend an bestimmten Orten aufgestellt werden; große, vollständig möblierte Canvas-Zelte, oft WC und Dusche unter freiem Himmel; man ist mitten im Busch und im Normalfall ganz allein, was sich besonders ursprünglich anfühlt und die Naturgewalten eindrucksvoll erleben lässt.

Resort Kleine und große Ferienanlagen am Meer, zumeist gemauerte Bauweise, oft mehrere Restaurants, Bars, sogar Souvenirläden, Internetcafés und Ähnliches.

Banda Typische Swahili-Bezeichnung für ein frei stehendes gemauertes Häuschen oder ein Canvas-Zelt.

Boma Gemauertes, frei stehendes, rundes Häuschen; geläufige Bezeichnung im Norden (Maasai-Land).

ländern oder Tansaniern indischer Abstammung. Im Normalfall kann man davon ausgehen, dass die Zimmer ordentlich, die Moskitonetze nicht löchrig und die Sitztoiletten akzeptabel sind.

Je nach Lage bekommt man sogar mehr für sein Geld. In Orten abseits der großen Touristenströme wie Mbeya, Mtwara, Mwanza oder Bagamoyo kann man relativ günstig in ausgezeichneten Hotels übernachten, in den Touristenhochburgen wie Arusha, Stone Town oder Moshi ist das Preisniveau generell hoch. In Dar es Salaam herrscht ein guter Mix aus Mittelklasse- und gehobenen Unterkünften, obwohl die Stadt ebenso zu den teureren Pflastern gehört. Gehobene Unterkünfte verfügen in aller Regel über gute Restaurants.

Luxusherbergen

Der Übergang zwischen gehobener und Luxusklasse ist fließend, wobei die Preiskategorie ❼ (bis US$500) eher noch dem gehobenen Standard zuzuordnen ist, denn sie ist bei Weitem nicht so luxuriös, wie es der Preis vermuten lässt. Über den tatsächlichen Grad an Luxus entscheidet maßgeblich der Standort der Herberge, denn das Stadthotel in Dar es Salaam bietet ausgesprochen viel Komfort für dieses Geld, während eine Lodge in einem Nationalpark eher noch rustikal sein kann.

Viele der **Camps und Lodges** sind aber definitiv geschmackvoll und elitär. Manche frönen dem alten viktorianischen Kolonialstil, andere haben aus Holz, Stein und Beton kreative tropische Busch-Hideaways geschaffen, wo einem vor Staunen der Mund offen bleibt. Aufgrund der klimatischen Bedingungen muss die Bauweise offen sein, damit jede noch so kleine Brise effizient genutzt werden kann. Die imposanten Dachkonstruktionen aus Palmenblättern sind zumeist Kunstwerke der Statik, und sie verleihen den Unterkünften nicht nur ein wohlig-heimeliges Gefühl der Naturverbundenheit, sondern kühlen auch wunderbar. Einige Lodges und Camps verfügen über Swimmingpools, Spas (kleine Wellness-Oasen) oder gar Fitnessräume. In vielen besteht heutzutage Internetanschluss, oft noch per Satellit, manchmal sogar über das Mobilfunknetz. Der Strom kommt meist aus dem Generator, doch der ist geschickt versteckt, damit man ihn weder hört noch sieht. In den „günstigeren" Camps wird zumeist nach

Preiskategorien

Im vorliegenden Reiseführer werden die Übernachtungspreise in folgende Kategorien eingeteilt (jeweils DZ mit Frühstück):

1	bis US$20 (Super-Budget, ohne Frühstück)
2	bis US$50
3	bis US$100
4	bis US$150
5	bis US$200
6	bis US$250
7	bis US$500
8	über US$500

Es handelt sich um Rack Rates, die Individualtouristen normalerweise berechnet werden. Preise von Tour Operators und Reiseveranstaltern sowie Green Season Rates liegen deutlich darunter.

22 oder 23 Uhr der Generator abgeschaltet und erst am nächsten Morgen wieder in Betrieb genommen. Die Busch-Unterkünfte haben also ganz schön viel zu bieten, gemessen daran, dass sie mitten in der unberührten Wildnis des tansanischen Buschs stehen. Ein weiteres Plus: Selbst in der allerhöchsten Luxusklasse herrscht afrikanischer Charme und lockerer Esprit ohne Kleidervorschriften.

Die andere Seite der Medaille lautet, dass die **Preise** hier pro Person angegeben werden und das Preisgefüge nicht immer transparent ist. So wird in erster Linie zwischen Hoch- und Nebensaison unterschieden, wobei die Preise in der Nebensaison (nicht einheitlich geregelt, meist jedoch März bis April, also die Monate der großen Regenzeit, bisweilen auch die Monate Oktober und November) um bis zu 40 % günstiger sein können. In den Touristenhochburgen des Nordens wird sogar noch eine Peak Season ausgewiesen, die Weihnachten, Neujahr und die Hauptreisemonate Juli/August umfasst. In zweiter Linie unterscheidet man zwischen Rack Rate (Normalpreis) und Tour Operator Rate. In den Nationalparks wird der Preis zusätzlich noch dadurch definiert, ob in der Übernachtung Pirschfahrten oder Aktivitäten enthalten sind. Diese attraktiven **All-inclusive-Arrangements** sind vor allem dann interessant, wenn man nicht an einen Tour Operator gebunden ist, sondern die Safaris direkt bei den Lodges und Camps bucht.

Im Übrigen regeln häufig Angebot und Nachfrage die Preise, vor allem da Tansania zu den Hauptreisezeiten wie zu Weihnachten und im Juli zu wenig Betten hat. In den stark frequentierten Nationalparks, wie der Serengeti oder dem Ngorongoro Crater, sind für diese Zeiträume die Lodges und Camps ein Jahr im Voraus ausgebucht. Ebenso diktiert die Popularität auf Sansibar den Preis, denn auch ein einfaches Hotel ohne Komfort und Geschmack mit einem Zimmerpreis von US$100 kann heute in Stone Town eröffnen – und ist schon morgen praktisch voll gebucht.

Ein anderer Erklärungsansatz für die überzogenen Übernachtungspreise liegt in der **Abgeschiedenheit** vieler Lodges und Camps. Es stellt eine logistische Meisterleistung dar, fast täglich frische Lebensmittel tief in den Selous zu liefern, entweder per Flug oder LKW. Ebenso schwierig ist es, Einrichtungsgegenstände, Geschirr, Gläser und Ähnliches in den Katavi National Park oder tief in den Tarangire National Park zu schaffen. Kraftstoff für die Generatoren und Fahrzeuge zu besorgen kann dabei in einen unvorstellbaren Aufwand ausarten. An solch entlegenen Orten muss auch berücksichtigt werden, dass die kontinuierliche Instandhaltung der Safarifahrzeuge und LKWs Unsummen von Geld verschlingt. Nicht zu vergessen, dass der tansanische Staat durch saftige Steuer- und Abgabenforderungen zur Preissituation maßgeblich beiträgt.

Trotz all dieser Erklärungsversuche steht außer Frage, dass die Unterkünfte in Tansania viel zu teuer sind, doch die Tendenz ist weiter steigend. Im Vierteljahrestakt eröffnen neue Lodges, die sich immer wieder preislich nach der Decke strecken und trotzdem gebucht werden.

Camping

Für viele Pauschalreisende bildet Camping eine lohnende Alternative zu teuren Lodge Safaris. Aber auch Selbstversorger, die mit dem eigenen

© KURT KAUBE

Camping-Safaris sind nicht nur vergleichsweise billig, sondern auch besonders buschnah.

Wagen oder einem Mietfahrzeug unterwegs sind, zelten gerne – sofern sie ihre Camping-Ausrüstung aus Übersee mitgebracht haben (S. 60). Im ganzen Land gibt es fast flächendeckend **Campingplätze**, aber die wirklich guten mit Top-Infrastruktur und -Leistungen können an einer Hand abgezählt werden. Viele davon verfügen über (einfache) Sanitäreinrichtungen, manche sind nur bewachte Plätze, wo gegen Gebühr das Zelt aufgestellt werden kann. Auch hier sind, wie bei den festen Unterkünften, alle Qualitätsstufen vorhanden.

Campingplätze außerhalb der Nationalparks haben allesamt ein besseres Preis-Leistungs-Verhältnis als diejenigen der Nationalpark- oder Reservatsverwaltungen. Letztere liegen vielleicht besonders idyllisch, doch die Sanitäranlagen sind häufig schmutzig und vernachlässigt, und die Plätze nicht gut instand gehalten. Außerdem werden für das Kampieren auf den *public campsites* in den Parks US$30 p. P. verlangt. Da sind die ebenso komfortablen Campingplätze außerhalb der Parks, die für US$10 p. P. zu haben sind, wohl die attraktivere Variante.

Zusätzlich zu den herkömmlichen Campingplätzen wurden in den meisten Naturschutzgebieten sogenannte *special campsites* eingerichtet, die außer einer reizvollen Lage oder atemberaubenden Aussicht wenig zu bieten haben – für US$50 p. P. Solche Plätze werden mittlerweile gerne für die Errichtung von saisonalen Zeltcamps genutzt und müssen dementsprechend rechtzeitig bei der Tanapa reserviert werden. *Special Campsites* sind nicht ausgeschildert, Wegbeschreibungen müssen erfragt werden.

Sollte einmal kein Campingplatz zu finden sein, kann man auch **wild zelten** (außer auf Sansibar, in den Parks und Schutzgebieten). Draußen im Busch weitab der Siedlungen geht die größte Gefahr von Wildtieren aus. Wer in der Nähe von Dörfern zeltet, sollte zuerst bei den Einwohnern um Erlaubnis bitten. Normalerweise wird man von der Dorfgemeinschaft herzlich willkommen geheißen; auf Anfrage wird einem gegen Trinkgeld auch ein Wachmann zugeteilt. Beim Zelten gilt erhöhte Vorsicht vor Schlangen und Skorpionen.

Verhaltenstipps

Wer nach Tansania reist, taucht in eine andere Welt ein, die zwar nur wenige Flugstunden von der unsrigen entfernt ist, in der aber ganz andere Regeln und Gesetze gelten. Es ist eine exotische und faszinierende, von vielen westlichen Zwängen befreite und manchmal auch frustrierende Welt, die weder mit dem romantischen Bild von Afrika als Hort des Einfachen und Natürlichen noch mit dem Kriege- und Krisen-Image in der westlichen Welt viel gemein hat.

Private Einladungen

Wer eine Einladung in ein privates Haus erhält, kann dies als große Ehre betrachten. Mag das Heim noch so bescheiden sein, die Gastfreundschaft ist fast immer überwältigend. Die aufgetischten Mahlzeiten sind meist vorzüglich und mit Sicherheit das Beste, was sich die Familie leisten kann.

Mzungu!

Ob es eine herablassende Bezeichnung ist oder einfach nur eine neutrale Feststellung, lässt sich schwer sagen.
Mzungu (Mehrzahl: *wazungu*) werden in Ostafrika jedenfalls Menschen mit weißer oder heller Hautfarbe genannt. Der Terminus, der nichts anderes als „Herumstreunender, Herumziehender" bedeutet, stammt aus dem 18. Jh., als die europäischen Händler und Forscher von einem Ort zum anderen zogen und immer auf dem Sprung waren.
Besonders Kinder lieben es, „Mzungu!" brüllend durch die Straßen zu laufen, aber auch im alltäglichen Gespräch mit Erwachsenen wird das Wort öfters fallen – ohne beleidigenden Unterton.
Wazungu müssen jedoch mit heillos überteuerten Preisen rechnen, die nicht ohne Weiteres bezahlt werden sollten.

Es ist üblich, dass der Gast eine kleine Aufmerksamkeit mitbringt, z. B. frische Ananas oder frischen Fisch oder auch praktische Dinge wie Telefonguthaben über 2000 oder 5000 TSH, Batterien oder ein Päckchen Tee – Hauptsache praktisch und alltagstauglich.

Zärtlichkeiten in der Öffentlichkeit

Während Tansanier sich erfrischend direkt zu sexuellen und anderen körperlichen Bedürfnissen äußern, werden diese dennoch nicht in der Öffentlichkeit befriedigt. Deshalb sollte man auf Liebesbekundungen in der Öffentlichkeit verzichten; besonders Küssen wird nicht gerne gesehen. Je nach Toleranz der umstehenden Menschen könnte es passieren, dass man angepöbelt oder beschimpft wird. Ebenso ungern gesehen wird es, wenn Mann und Frau Händchen halten. Derlei Liebesbekundungen provozieren aggressives Verhalten der Tansanier, zumindest aber mehr Aufmerksamkeit, als einem lieb sein kann. Händchen halten gleichgeschlechtlicher Menschen wird hingegen als Freundschaftsbekundung gesehen.

Umgang mit Geld

Es ist ratsam, bei Reisen durch Tansania immer genügend **Kleingeld** mitzuführen. Man benötigt es fürs Trinkgeld, zum Kauf von Busfahrscheinen oder Snacks in Garküchen, aber auch für Restaurants, Straßenläden, Märkte oder Supermärkte. Nur selten ist ausreichend Wechselgeld vorhanden; viele Geschäftsinhaber überantworten ihren Angestellten mangels Vertrauen keine Kassenbestände. Zudem sind kleine Scheine im Alltagsleben der Einheimischen so wichtig, dass sie sie nicht gerne hergeben.

Es kann auch passieren, dass bei einem Einkauf nicht genug **Wechselgeld** herausgegeben wird. Wer sich darüber ärgert, sollte wissen, dass diese Großzügigkeit in beide Richtungen gilt und einem vielleicht schon beim nächsten Einkauf 100 oder 300 TSH geschenkt werden. Hier lässt man also am besten Großzügigkeit walten.

Grundsätzlich sollte in Tansania keine **Dienstleistung** im Voraus bezahlt werden. Taxifahrer werden nach der Fahrt, auf Bestellung angefertigte Holzstatuen bei der Abholung bezahlt. Hier sollte man unbedingt hart bleiben, ansonsten besteht die reelle Gefahr, dass man die bereits bezahlte Leistung niemals erhält.

Handeln im Alltag

Hotels, Restaurants und Geschäfte westlichen Stils, öffentliche Verkehrsmittel und Zeitungen haben **fixe Preise**. Bei Straßenhändlern oder auf Märkten hingegen gehört es zum guten Ton, zu **feilschen**. Das will aber gelernt sein, denn schließlich sollten beide Geschäftspartner mit dem Ausgang des Handels zufrieden sein. Am besten erkundigt man sich zuvor bei Reiseleitern oder Einheimischen nach den üblichen Preisen.

Das erste Preisangebot wird fast immer viel zu hoch ausfallen. Man spricht dann von *Wazungu*-Preisen, die aber dennoch von einigen blauäugigen Touristen aus Unkenntnis – und weil die Ware im Vergleich zum Preisniveau im Heimatland so billig erscheint – bezahlt werden. Nun muss der Käufer sein Erstgebot abgeben, das im Normalfall mindestens 50 % unter dem genannten Preis liegt. Danach nähern sich Käufer und Verkäufer in 500er- und 1000er-Schritten (TSH) dem endgültigen Verkaufspreis an, der im Idealfall dem vorher erfragten landesüblichen Preis entspricht. Mit ein bisschen Übung wird man sein Verhandlungsgeschick bald perfektionieren und dem Handeln vielleicht sogar ein wenig Spaß abgewinnen. Denn nichts anderes ist die Feilscherei auch für die Einheimischen – ein beliebter Zeitvertreib, ein Spiel, aus dem beide Geschäftspartner als Gewinner hervorgehen sollten. Wichtig: Wer ein Gebot abgibt, sollte sich daran auch gebunden fühlen!

Manchmal sind auch **Tauschgeschäfte** möglich, wobei Elektrogeräte (Mobiltelefone, iPods) sowie Markenkleidung heiß begehrte Tauschware sind – hier wechselt schon einmal ein T-Shirt gegen eine Holzgiraffe seinen Besitzer.

Beachboys und Flycatcher

Begleiterscheinungen des florierenden Tourismus stellen zweifelsohne die Beachboys und Flycatcher dar, die an den zahlreichen Besuchern verdienen wollen – aber leider oft mit unlauteren Mitteln.

Strandverkäufer werden allgemein als Beachboys bezeichnet. Ihre Warenpalette reicht von Schnitzereien über Tingatinga-Gemälde bis hin zu Tüchern und anderen typischen Souvenirs. Während sie an den Stränden von Kenia eine wahre Plage sind, verhalten sich die sansibarischen Strandverkäufer weniger aufdringlich. Im Normalfall reicht ein bestimmtes „No, thank you", um sie abzuwehren. **Flycatcher** lautet die wenig schmeichelhafte Bezeichnung für Männer, die unaufgefordert ratlos blickende Touristen auf der Straße, am Taxistand, Busbahnhof, Fährhafen oder sogar am Flughafen ansprechen und ihnen billige Safaris, Bergbesteigungen oder Ausflüge verkaufen möchten. Oft sind sie drogen- oder alkoholabhängig, und in jedem Fall kassieren sie für ihre Vermittlungstätigkeit Provisionen. Von der Buchung bei solchen Vermittlern oder den Unternehmen, die sie anheuern, ist dringend abzuraten. Viele Urlauber werden Jahr für Jahr Opfer solcher zwielichtiger Unternehmen und verlieren teilweise viel Geld dabei. Wenn also ein Guide behauptet, die gebuchte Unterkunft sei geschlossen oder der gewählte Safari-Veranstalter nicht empfehlenswert, sollte man hellhörig werden. Mit solchen Geschichten versuchen die Unehrenhaften unter den Guides die Touristen zu einer Änderung ihrer Pläne zu veranlassen, damit sie von den Unternehmen, von denen sie angeheuert wurden, Provisionen kassieren können.

Begrüßungsritual

Jedes Gespräch mit einem Tansanier beginnt mit einem scheinbar nicht enden wollenden Begrüßungsritual, das im Normalfall das Klima eines Gesprächs nachhaltig prägt. Dafür muss immer Zeit sein, auch mit der Polizei, Grenzbeamten oder im Quartier. Man erkundigt sich nach dem momentanen Gesundheitszustand, dem Wohlbefinden der Familie, dem Fortgang der Arbeit oder einfach nach den Neuigkeiten seit dem letzten Zusammentreffen. Außenstehende mögen das vielleicht als Austausch oberflächlicher Höflichkeitsfloskeln sehen, doch im Dorfleben ersetzen sie Nachrichten und Telefon. Zudem schenkt man seinem Gegenüber das höchste Gut, das man zur Verfügung hat – nämlich Zeit (S. 113).

Betteln

Auf bettelnde Menschen wird man fast ausschließlich in den Ballungs- und Touristenzentren Dar es Salaam und Arusha treffen. Während es sich in Dar es Salaam größtenteils um behinderte oder kranke Menschen handelt, die mit Betteln ihren Lebensunterhalt bestreiten müssen, wird man in Arusha oder Mwanza vermehrt auf verwahrloste Kinder und Jugendliche treffen. Wer geneigt ist, ihnen den einen oder anderen Schein zuzustecken, sollte vorher die lokalen Gepflogenheiten erkunden. Als angemessen gelten Münzen und Beträge unter 1000 TSH. Am besten, man hält immer einige Münzen griffbereit.

Bei Kindern ist allerdings Vorsicht geboten: Obwohl sie einem leidtun können, wird mit einer Geldspende das falsche Signal gesetzt. Viele Kinder verdienen mit Betteln oft mehr als mit Arbeit. So werden sie (auch von ihrer Familie) dazu angetrieben, eher betteln zu gehen, als eine reguläre Schule zu besuchen, da die Bettelei offensichtlich ein durchaus einträgliches Geschäft darstellt. Die Verlierer dieses Teufelskreises sind zweifelsohne die Kinder selbst. Wer ihnen trotz allem gerne etwas geben möchte, sollte an Nahrungsmittel denken, z. B. Mehl, Zucker oder Eier, oder lieber Geld an eine karitative Einrichtung spenden, die sich um Kinder kümmert.

Vermittlungsgebühren

Vermutlich wird kaum ein gewöhnlicher Tourist mit den allseits beliebten Vermittlungsgebühren *(commissions)* in Berührung kommen. Wer aber länger oder als Individualtourist in Tansania weilt, macht andere Erfahrungen. Ob beim

© KURT KAUBE

Maasai leben in Polygamie. Um ihre Einheit zu demonstrieren, hüllen sich die Frauen eines Mannes in farblich gleiche Tücher.

Anmieten einer Wohnung oder der Suche nach Ersatzteilen fürs Auto, es wird generell eine Vermittlungsprovision von 10–20 % berechnet. Selbst Firmeninhaber, die Angestellte losschicken, um Ersatzteile oder Werkzeuge aufzutreiben, zahlen ihnen diese Provision.

Da kostenlose Gefälligkeiten unüblich sind (erst recht, wenn der Nutznießer ein vermeintlich reicher Ausländer ist), muss man sich darauf einstellen und die Provision ggf. im Voraus aushandeln. Wenn schon keine Provision, so erwartet man wenigstens ein angemessenes Trinkgeld.

FKK und Oben-ohne-Baden

Öffentliche Nacktheit jeder Art ist schon aus Rücksicht auf die moslemische Bevölkerung an der Küste nicht gestattet. Obwohl einige Resorts abseits der Dörfer liegen und nur wenige Einheimische den dazugehörigen Strand frequentieren, gilt diese Verhaltensregel auch hier, um die Angestellten nicht vor den Kopf zu stoßen. Im Übrigen ist es für Besucherinnen keineswegs angenehm, ständig angestarrt zu werden. Sofern Einheimische überhaupt ins Wasser gehen, tun sie dies meist vollständig bekleidet.

Toiletten

Öffentliche Toiletten sind dünn gesät, da die meisten Einheimischen ohnehin hinter den nächsten Strauch gehen. Flughäfen, Bahnhöfe oder Tankstellen verfügen über öffentliche Toiletten, die dem landestypischen Niveau entsprechen. Zumeist handelt es sich um Plumps- oder Stehklos ohne fließendes Wasser und Toilettenpapier. Deshalb tut man gut daran, immer etwas Papier bei sich zu haben, vielleicht sogar feuchtes Klopapier oder Feuchttücher zum Händereinigen. Auch Handdesinfektionsmittel haben sich bewährt. Dieselben Empfehlungen gelten für Safaris. Je nach Nationalpark legt man strategisch geplante Stopps ein oder aber sucht einfach die – ohnehin wesentlich hygienischere – Buschtoilette auf. In den Städten muss man auf die Toiletten der Restaurants, Cafés und Hotels ausweichen, was aber im Normalfall kein Problem darstellt. Für körperliche Bedürfnisse gelten in Afrika ohnehin viel weniger Tabus als bei uns …

Versicherungen

Die großen Versicherungsunternehmen bieten eine verwirrende Vielzahl von Versicherungspaketen an, die Reiserücktritts-, Unfall-, Gepäck- und Auslandskrankenversicherung einschließen können. Letztlich liegt es im Ermessen jedes Einzelnen, was versichert werden soll. Dringend empfohlen ist lediglich die private **Auslandskrankenversicherung**, die den Krankenrücktransport einschließt.

Beim Abschluss einer solchen Krankenversicherung ist unbedingt darauf zu achten, dass sie eine vernünftige **Rückholklausel** beinhaltet. Sofern ein Arzt vor Ort die Notwendigkeit einer Behandlung in Europa bescheinigt, erstattet die Versicherung den vorzeitigen Rückflug. Wer im Ausland schwer erkrankt, wird nur dann zu Lasten der Versicherung heimgeholt, wenn er plausibel darlegen kann, dass am Urlaubsort keine ausreichende Versorgung gewährleistet ist. Dann geht es mit Linienmaschinen oder auch mit eigens losgeschickten Ambulanzflugzeugen nach Hause. Die meisten Versicherungen haben inzwischen den Passus „wenn medizinisch notwendig" in das Kleingedruckte aufgenommen. Aber gerade die medizinische Notwendigkeit ist nicht immer leicht zu beweisen. Lautet derselbe Passus „wenn medizinisch sinnvoll und vertretbar", kann man wesentlich besser für eine Rückholung argumentieren.

Alle später bei der Versicherung einzureichenden **Rechnungen** sollten folgende Angaben enthalten:

- Name, Vorname, Geburtsdatum
- Behandlungsort und -datum
- Diagnose
- Erbrachte Leistungen in detaillierter Aufstellung (Beratung, Untersuchungen, Behandlungen, Medikamente, Injektionen, Laborkosten, Krankenhausaufenthalt)
- Unterschrift des behandelnden Arztes
- Stempel

Auslandskrankenversicherungen werden von nahezu allen großen Versicherern und auch von einigen Kreditkartenorganisationen angeboten. Sie sind meistens für ein Jahr gültig, decken jedoch nur Reisen von jeweils bis zu 30 oder 42 Tagen, manche auch bis zu acht Wochen ab. Es empfiehlt sich der Abschluss eines Jahresvertrags. Wer länger als sechs Wochen verreisen möchte, sollte sich nach Langzeittarifen erkundigen.

Tipp: Unbedingt eine lokale Versicherung für die **Flugrettung** abschließen, S. 64.

Visa

Grundsätzlich benötigen alle Reisenden aus Deutschland, Österreich und der Schweiz ein Visum. Das normale, drei Monate (90 Tage) gültige **Besucher- und Touristenvisum** (Tourist Visa) kann vor der Reise bei der Botschaft der Republik Tansania in Berlin beantragt werden (gilt auch für österreichische und Schweizer Staatsbürger) oder auch direkt bei der Einreise nach Tansania. Voraussetzung für die Ausstellung ist in beiden Fällen ein noch mindestens sechs Monate gültiger Reisepass sowie die Vorlage eines Rückreisetickets.

Eine **Beantragung im Heimatland** ist sinnvoll, wenn man bei der Einreise möglichst wenig Action haben möchte. Wer rechtzeitig bucht, könnte beispielsweise einen Monat vor der Abreise das Visum bestellen. In jedem Fall sollte man genügend Zeit einplanen, damit der Reisepass rechtzeitig vor der Abreise wieder in der Post ist. So umständlich und zeitraubend die Ausstellung in Berlin auch sein mag, sie hat einen entscheidenden Vorteil: Man braucht sich am jeweiligen Flughafen in Tansania nicht in die langen Menschenschlangen vor dem Visumschalter einzureihen (das gilt besonders für Dar es Salaam, wo viele internationale Flieger um dieselbe Zeit ankommen).

Am einfachsten ist der Download des Antragsformulars für das Visum von der Website 💻 www.tanzania-gov.de (Link „Visum & Pass"). Dem ausgefüllten Antrag sind der Reisepass, ein aktuelles Passfoto, eine Kopie des Tickets oder eine Rückreisebestätigung des Reisebüros sowie ein frankierter Rückumschlag (Einschreiben) beizulegen. Die Kosten liegen bei 50 €.

Wer seine Reise kurzfristig bucht, kann das Visum direkt **bei der Einreise** erwerben (ohne zusätzliches Passfoto oder Ticketkopie, also mit weit weniger Aufwand), entweder in den internationalen Flughäfen oder an den anderen Grenzübergängen. Je nachdem, wie viele Flugzeuge gleichzeitig abgefertigt werden, kann die Wartezeit in den Flughäfen erheblich sein. Deshalb gilt: Möglichst flott aus dem Flieger aussteigen, um zumindest die Mitreisenden der eigenen Maschine zu überholen. Auch an den offiziellen Grenzübergangsstellen zu den Nachbarländern ist das Besuchervisum jederzeit relativ problemlos erhältlich. Momentan (Winter 2013/14) beläuft sich die Gebühr für das Touristenvisum vor Ort auf wahlweise US$50 oder 50 €, wobei dem schwachen Dollar eindeutig der Vorrang zu geben ist.

Das Visum für Tansania ist im Normalfall ab dem Tag der Ausstellung drei Monate gültig und berechtigt nur zur **einmaligen Einreise** (Single Entry). Langzeitreisende sollten deshalb das Visum erst bei der Einreise erwerben, denn nach Ablauf der drei Monate kann das Visum – unter Berücksichtigung der tansanischen Bürokratie und ihrer Tücken – einmal um einen Monat bei einem Immigration Office verlängert werden. Die zweite Möglichkeit, seinen Aufenthalt zu **verlängern**, besteht darin, in ein Drittland, das kein Nachbarland ist, aus- und wieder einzureisen.

2012 haben sich Kenia, Ruanda und Uganda auf ein **East African Community Single Visa** geeinigt, sodass ein einziges Visum dazu befähigt, in alle drei Länder einmalig einzureisen (Single Entry). Tansania weigert sich noch, daran teilzunehmen. Über das **Multiple Entry Visa** wird noch verhandelt, nur Kenia handhabt dieses Visum besucherfreundlich. Die anderen Länder bestrafen Touristen, die mehr als einmal innerhalb von drei Monaten in ein ostafrikanisches Land einreisen möchten, lieber weiterhin.

Bei der Ankunft am Flughafen (oft auch schon im Flugzeug) oder bei der Einreise über einen Straßengrenzposten ist das Formular **East African Community Entry Form** (gemeinsam mit Visa Application Form) auszufüllen und einzureichen. Es dient zur Überprüfung der persönlichen Daten sowie von Zweck und Dauer des Aufenthalts.

Obwohl Sansibar zum Staat Tansania gehört und das tansanische Visum trotz anderslautender Gerüchte hier uneingeschränkt gültig ist, kann es Besuchern, die vom Festland her anreisen, passieren, dass sie die mühseligen Einreiseformalitäten (Ausfüllen des Entry Form, Zoll etc.) ein zweites Mal durchlaufen müssen. Speziell am Hafen von Stone Town kann dies lästig werden, wenn sich Horden urlaubshungriger Touristen nach Verlassen der Fähre gleichzeitig auf die wenigen offenen Schalter stürzen.

Für die **Ausreise** wird eine Ausreisekarte verlangt, die gewöhnlich bereits bei der Einreise zusammen mit der Einreisekarte ausgehändigt wird. Eventuell bei der Einreise vermerkte Luxusgüter, z. B. Videokameras, müssen bei der Ausreise vorgezeigt werden. Damit soll dem Schwarzmarkt ein Riegel vorgeschoben werden.

Zeit und Zeitempfinden

Der **Zeitunterschied** zur MEZ beträgt in Tansania plus eine Stunde während der europäischen Sommerzeit bzw. plus zwei Stunden während unserer Winterzeit. Zusätzlich zu dieser internationalen Zeitrechnung gilt hier aber auch die Swahili-Zeit, die sich nach dem Stand der Sonne richtet. Die **Swahili-Zeitrechnung** beginnt bei Sonnenaufgang, sozusagen mit der Stunde null (6 Uhr morgens). Dies ist die Zeit, wenn der Großteil der Tansanier aus den Federn steigt – man traut seinen Augen oft nicht, welch buntes Treiben bereits um diese Zeit auf den Straßen herrscht! Die erste Stunde des Tages endet um 7 Uhr morgens, woraus sich auch die Uhrzeit, nämlich 1 Uhr Swahili-Zeit *(saa moja),* ableitet.

Entsprechend dieser Zeitrechnung (als Eselsbrücke subtrahiert oder addiert man jeweils sechs Stunden zu unserer Zeit) ist also 9 Uhr vormittags die dritte Stunde (3 Uhr Swahili-Zeit, *saa tatu*) und 14 Uhr nachmittags die achte Stunde (8 Uhr Swahili-Zeit, *saa nane*). Ein Tag hat von Sonnenaufgang bis Sonnenuntergang ungefähr zwölf Stunden (aufgrund der Äquatornähe gilt dies rund ums Jahr), weswegen nach der 12. Stunde (18 Uhr abends nach westlicher Zeit) die Zählung wieder bei eins beginnt.

Gewöhnlich wird Touristen gegenüber die westliche Zeit genannt – im Zweifelsfall (wie bei Abfahrtzeiten von Bussen) fragt man aber besser nach. Angaben wie beispielsweise „2:00 as." (2 Uhr *asubuhi* = am Morgen, also 8 Uhr morgens) lassen jedenfalls darauf schließen, dass Swahili-Zeit gemeint ist. Es kann immer wieder passieren, dass selbst Tansanier, die des Englischen mächtig sind, aus Gewohnheit ihre eigene Uhrzeit wortwörtlich übersetzen.

Doch nicht nur die Uhrzeit ist unterschiedlich, sondern auch das **Zeitempfinden** allgemein. Für einen Tansanier ist Zeit das höchste Gut, weswegen es auch als unhöflich gilt, keine Zeit oder Zeitdruck zu haben. Obwohl die meisten Menschen eine Uhr am Handgelenk tragen, ist sie wohl mehr ein Statussymbol als ein Zeitmesser. Man nimmt sich viel Zeit in alltäglichen Situationen, um dem jeweiligen Gegenüber gebührenden Respekt zu zollen, z. B. in Form von ausführlichen Begrüßungsritualen. Aus all diesen Gründen darf man keine Schweizer Pünktlichkeit erwarten. Zeitangaben sollte man meist als Richtwerte auffassen, besonders im zwischenmenschlichen Bereich. Züge, Busse oder Flüge sind im Großen und Ganzen pünktlicher. Im Allgemeinen herrscht also ein wesentlich weniger hektischer Lebensrhythmus als in Europa, der in den oft gehörten Aussprüchen *pole pole* („Langsam, immer mit der Ruhe") und *hamna shida* („Alles kein Problem!") zum Ausdruck kommt. Auch wenn diese Mentalität für einen Westeuropäer gewöhnungsbedürftig ist, sollte man sich darauf einstellen und tolerant bleiben (solange sich die Verspätungen im Rahmen halten), denn nichts kann einen Urlaub in Tansania nachhaltiger ruinieren als der permanente Blick auf die Uhr.

Zoll

Die Einfuhr der Landeswährung ist (theoretisch) verboten, die **Mitnahme von Fremdwährung** aber unbegrenzt erlaubt. Im Prinzip sind diese Geldmittel deklarationspflichtig, doch in der Praxis sollte man davon Abstand nehmen.

Gegenstände für den persönlichen Bedarf, wie z. B. Videokameras, Digitalkameras, Feldstecher oder Laptops, können zollfrei eingeführt werden. Sollte man mit der Einfuhr Probleme haben, so müssen alle Waren unbedingt als persönliche Güter *(personal effects* oder *personal belongings)* deklariert und dem Beamten deutlich gemacht werden, dass man wieder ausreist und die Güter mitnimmt. Man sollte außerdem um eine Quittung *(receipt)* bitten. Normalerweise ist die Einfuhr heutzutage aber problemlos möglich.

Die Einfuhr von pornografischem Material sowie von Drogen ist strengstens **verboten**. Jagdwaffen sind bei der Einreise zu deklarieren, andere Waffen dürfen nicht eingeführt werden.

Die **Ausfuhr** von Gegenständen, die aus geschützten Tieren hergestellt worden sind und nicht den Vorschriften des Washingtoner Artenschutzabkommens entsprechen, ist verboten. Dazu gehören Elfenbein und das Rhinozeroshorn, aber auch Tierfelle jeder Art, Muscheln, Korallen oder Schildpatt von Wasserschildkröten, die den Touristen vielerorts angeboten werden. Näheres im Abschnitt „Einkaufen", S. 41.

EU-Bürger finden Informationen zum **zollfreien Import** von Waren unter 🖳 ec.europa.eu/taxation_customs/common/travellers/enter_eu/index_de.htm, Schweizer Staatsbürger unter 🖳 www.ezv.admin.ch/zollinfo_privat.

Land und Leute

Geografie

Fläche: 947 300 km², davon 885 800 km² Landmasse

Größte Städte: Dar es Salaam (über 4,36 Mio. Einw.), Mwanza (706 500 Einw.) und Zanzibar City (223 000 Einw.)

Größte Seen: Lake Victoria (69 484 km²), Lake Tanganyika (32 893 km²) und Lake Nyasa (Lake Malawi, 29 604 km²), zugleich die drei größten Seen Afrikas

Wichtigste Flüsse: Ruvumu River (Grenzfluss zu Mosambik) mit 1100 km, Great Ruaha River, Rufiji River, Pangani River, Mara River

Höchster Punkt: Kilimanjaro (5895 m), gleichzeitig höchster Punkt Afrikas

Tiefster Punkt: Lake Tanganyika (358 m unter dem Meeresspiegel), gleichzeitig tiefster Punkt Afrikas

Wie groß ist Ostafrika?

Gemeinhin werden die Länder östlich des zentralafrikanischen Grabenbruchs (S. 118) zwischen Äthiopien und dem Grenzfluss Ruvuma unter dem Sammelbegriff Ostafrika zusammengefasst, zumal Geschichte, Kultur und Sprache dieser Länder miteinander verwandt sind. Dazu gehören im engeren Sinn Tansania, Kenia, Uganda, Ruanda und Burundi; im weiteren Sinn wird auch das südliche Somalia (Swahili-Küste), das nördliche Mosambik und der östliche Kongo (jeweils dort, wo man noch Swahili spricht) und manchmal Malawi dazugerechnet. In jedem Fall bildet Tansania neben Kenia das Herzstück Ostafrikas.

Wer in Tansania die typischen Bilder von Buschlandschaft, goldbraunen Savannen oder schneebedeckten Gipfeln erwartet, wird nicht enttäuscht. Doch zugleich überrascht Tansania, denn seine vielfältigen Landschaftsformen erinnern mancherorts eher ans Allgäu als an unendliche afrikanische Weiten.

Mit mehr als der doppelten Fläche Deutschlands ist Tansania das größte ostafrikanische Land. Im Norden grenzt es an Kenia und Uganda, im Süden an Mosambik; seine westlichen Nachbarn heißen Ruanda, Burundi, Kongo, Sambia und Malawi. Aufgrund der willkürlichen Gebietsaufteilungen in der Kolonialzeit verlaufen die Grenzen zu den Nachbarstaaten oft wie mit dem Lineal gezogen. So teilen sich Uganda, Kenia und Tansania den Lake Victoria im Norden, während durch die Mitte des Lake Tanganyika die Grenzlinie zur Demokratischen Republik Kongo verläuft. Malawi und Mosambik wiederum haben gemeinsam mit Tansania Anteil am Lake Nyasa (Lake Malawi); mit Mosambik teilt sich das Land außerdem den Fluss Ruvumu. Entgegen anders lautender Behauptungen des Nachbarn Kenia steht der Kilimanjaro dagegen vollständig in Tansania.

Die Landschaftsräume Tansanias lassen sich in drei große Bereiche gliedern: die Küstenregion, das Hinterland und die Inseln. Das Hinterland besteht topografisch gesehen aus dem westlichen und östlichen Grabenbruch, ausgedehnten Plateaulandschaften in Zentral- und Südtansania sowie dem südlichen Hochland.

Die Küste und die Inseln

Mitsamt den Inseln misst die Küstenlinie sagenhafte 1424 km. Weiße, palmengesäumte Korallenstrände, einsame, azurblaue Buchten, Mangrovensümpfe, Fischerdörfer und wichtige Hafenstädte wechseln einander ab. Die von Korallenriffen geprägte Küste ist flach; an weiten Teilen zieht sich das Meer bei Ebbe bis zum Horizont zurück und legt den grasbewachsenen Korallenstein, kleine Tümpel und allerlei Meeresgetier frei. Mehrere Hunderte Meter vom Sandstrand entfernt brechen über dem fast durchgängig vorgelagerten Korallenriff die Wellen. Das Riff schützt die Küste und auch die Küstenbewohner sowie Touristen, da es große Raubfische wie Haie fernhält.

Hinter der Küstenlinie am Festland erstrecken sich die **Küstenniederungen** auf einer Breite von bis zu 50 km (im Süden von Tansania gar bis zu 200 km). Dieses Gebiet liegt auf Meereshöhe (bis maximal 100 m über dem Meeresspiegel) und im Einflussbereich des feuchten, tropi-

Großlandschaften und Geografie Tansanias

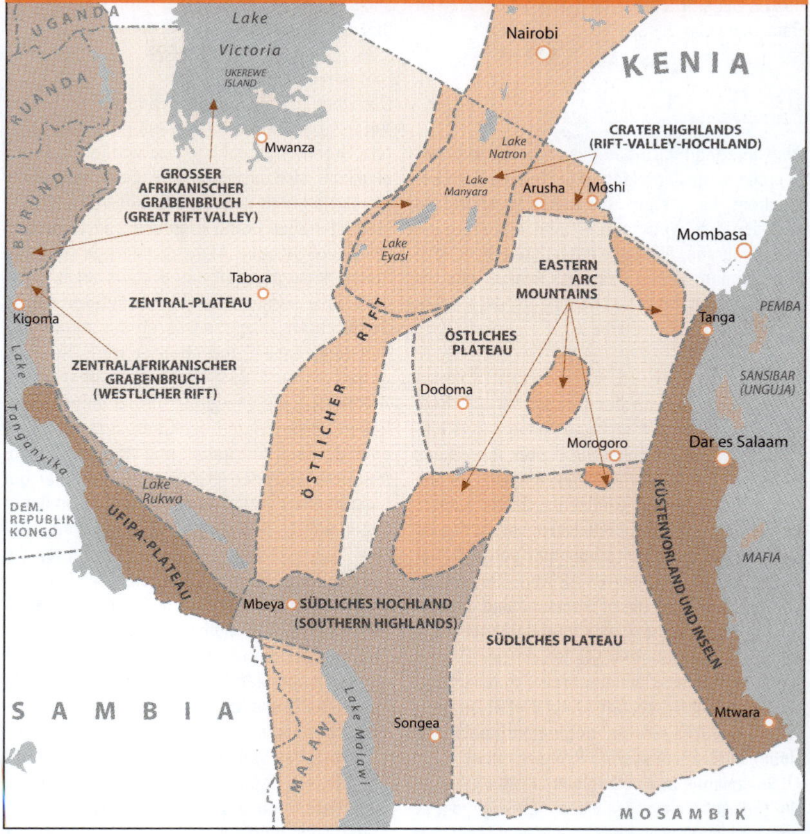

schen Küstenklimas, wo Temperaturen über 33 °C von November bis Februar keine Seltenheit sind. Heute ist der Küstenstreifen besonders nördlich von Dar es Salaam dicht besiedelt, und große Teile werden intensiv bewirtschaftet. Hauptsächlich handelt es sich dabei um Anpflanzungen von Sisal, Kokos- und Cashewnüssen für den Export sowie Obst und Gemüse für den Eigenbedarf.

Die drei größten Inseln des Landes sind **Unguja** (landläufig als Sansibar bezeichnet), **Pemba** und **Mafia**. Hinzu kommen noch zahllose kleine Inseln, die teilweise unbewohnt sind; auf manchen befinden sich heute auch Luxusherbergen. Ein Großteil der kleinen vorgelagerten Inseln bleibt jedoch von Reisenden unberührt. Einige sind Naturschutzgebiete, die nicht betreten werden dürfen, z. B. Vogelschutzgebiete, wo dichte Mangrovenwälder den gefiederten Bewohnern ein reichhaltiges Habitat bieten. Wie die Festlandküste sind auch die Inseln von artenreichen Korallenriffen umgeben. Obwohl alle drei Inseln aus Korallenstein sind, gelten Pemba („Die grüne Insel") und Mafia als besonders fruchtbar. Sansibar hingegen ist im Vergleich dazu weniger fruchtbar, besonders die Böden im Osten sind eher karstig.

Das Hinterland

Als Hinterland wird das gesamte Gebiet westlich des schmalen, flachen Küstenstreifens bezeichnet. Es besteht aus teilweise konträren Landschafts-, Vegetations- und Klimaformen. Die Topografie reicht von der tiefsten Stelle Afrikas auf dem Grund des Tanganyika-Sees bis zum höchsten Punkt des Kontinents, dem legendären Gipfel des Kilimanjaro.

Der Große Afrikanische Grabenbruch

Über 6500 km – von der Türkei über das Rote Meer, quer durch Kenia und Tansania bis hinunter nach Mosambik – durchzieht der riesige Abbruch *(The Great Rift Valley)* die östliche Seite des afrikanischen Kontinents. Dieser Schnitt, im Durchschnitt an die 700–800 m tief, ist das Ergebnis gewaltiger, unterirdischer geologischer Kräfte, die in den letzten 18 Mio. Jahren bewirkten, dass sich die afrikanische und die arabische tektonische Platte gegeneinander verschoben. An manchen Stellen ist der Graben mehrere hundert Kilometer breit. Nach dem Entdecker dieser Bruchstufe (John Walter Gregory) wird er, vor allem im angloamerikanischen Raum, auch als *Gregorian Rift* bezeichnet.

Seismische und vulkanische Kräfte haben in die Erdkruste eine tiefe Narbe gerissen, die so gewaltig ist, dass man sie selbst vom Mond aus deutlich erkennt. Geologen sind sich einig, dass diese Kräfte in ferner Zukunft bewirken werden, dass sich die Landmassen östlich der Bruchlinie vom Kontinent abspalten. Heiße Quellen, Dämpfe und Vulkanausbrüche zeugen nach wie vor von großer Aktivität unter der Erdoberfläche. Bestes Beispiel ist der Vulkan Ol Doinyo Lengai.

Der Graben bildet in Ostafrika zwei Arme: Der **zentralafrikanische Grabenbruch** (Westlicher Rift) zieht sich von Uganda über die westliche Grenze Tansanias durch den Lake Tanganyika bis zum Nyasa-(Malawi)-See. Der andere Teil (Östlicher Rift) reicht von Nord-Kenia bis Nord-Tansania und umfasst auch Lake Natron, Lake Manyara, Lake Eyasi und Lake Rukwa. Im südwestlichen Tansania vereinen sich die beiden Zweige wieder.

Sodaseen und Vulkane

Die Seen im Östlichen Rift verfügen über keine Abflüsse ins Meer. Dieser und noch zwei weitere Gründe sind dafür verantwortlich, dass sie alkalisch, also salzhaltig sind. Einerseits ist der Landstrich, das sogenannte Rift-Valley-Hochland oder auch **Crater Highlands**, durch permanente vulkanische Aktivität geprägt, was den hohen Mineralgehalt des Bodens erklärt. Andererseits handelt es sich um äußerst flache Seen, deren Salzgehalt durch die starke Verdunstung immer konzentrierter wird. Der Salzgehalt fördert das Wachstum bestimmter Algenarten, die wiederum für die unterschiedlichen Verfärbungen der Seen verantwortlich sind. Je nach Salzgehalt und Algenart schimmern die Salzseen in roten, grünen oder gar pinkfarbenen Tönen. Ihre Wassermassen unterliegen großen saisonalen Schwankungen; manche Seen trocknen in regenarmen Jahren sogar ganz aus. Je nach Gegebenheiten kann der **Lake Natron** ein Meer aus pinkfarbenen Zwergflamingos sein (Optimisten sprechen von einer Zahl jenseits der Millionengrenze, in jedem Fall ein sensationeller Anblick) – oder einfach nur eine trübe Lache mit verschlammten oder rissigen Uferregionen.

Abgesehen von den alkalischen Seen zeichnet sich die Gegend durch ihre **Hochlandlage** aus. Diese Hochlandregionen weisen ein gemäßigtes Klima auf, mit trocken-heißen Sommern und Wintern, die dem Frühling in Mitteleuropa sehr ähnlich sind. Aus diesem Grund waren diese Gebiete, insbesondere Moshi und Arusha, seit jeher bevorzugte Siedlungsgebiete der Kolonialisten.

Entlang des Grabensystems entstanden **Vulkane**, die heute die Szenerie des Nordens maßgeblich prägen. Neben den großen Namen wie Kilimanjaro, Mount Meru oder Ol Doinyo Lengai gibt es in dieser Gegend auch zahlreiche andere, weniger bekannte, kleinere Vulkane (weswegen sie auch Crater Highlands genannt werden).

Die großen Seen

Im Westlichen Rift existieren ausschließlich tiefe **Süßwasserseen**. Durch die starke Sonneneinstrahlung verdunsten auch hier enorme Wassermengen, doch werden sie in Form von Regenfällen wieder in die Seen zurückgeführt. Diese mikroklimatischen Bedingungen sorgen dafür, dass die Uferregionen besonders fruchtbar und herrlich saftig grün sind. Insbesondere die flachen Ufer des Lake Victoria sind daher dicht besiedelt.

Der **Lake Victoria** ist der größte See Afrikas; sein Abfluss gilt als einer der wichtigsten Quellflüsse des Nils. Er nimmt eine geologische Sonderstellung im großen afrikanischen Grabenbruchsystem ein, da er weder zum westlichen noch zum östlichen Rift gehört, sondern ziemlich genau in der Mitte zwischen beiden liegt. Seine Entstehung ist jedoch der tektonischen Aktivität in beiden Armen zu verdanken.

Als zweitgrößter See Tansanias und Afrikas und als zweittiefster Süßwassersee der Welt kann der **Lake Tanganyika** einige Superlative für sich beanspruchen. Der dritte im Bunde der großen Seen ist schließlich der **Lake Malawi**, in Tansania besser bekannt als Lake Nyasa.

Eastern Arc Mountains und das südliche Hochland

Eine eindrucksvolle Bergkette zieht sich von den Pare-Bergen im Nordosten des Landes über Morogoro bis nach Mbeya und weiter südlich nach Songea. Sie umfasst so klingende Namen wie die Usambara-Berge, die Udzungwa-Berge und die Livingstone-Berge am Lake Nyasa.

Geologisch gesehen spalten sich diese Hochländer in zwei große Formationen. Da sind einerseits die Gebirge rund um Mbeya und entlang des Nyasa-Sees, die zum **Östlichen Rift des Afrikanischen Grabenbruchsystems** gehören (s. S. 118) und somit vulkanischen Ursprungs sind. Alle Berge östlich davon zählen hingegen zu den **Eastern Arc Mountains** (S. 361). Diese geologisch uralte kristalline Gebirgskette reicht von Kenia bis nach Tansania und umfasst sowohl die Pare- und Usambara-Berge als auch die Uluguru- und Udzungwa-Berge. Klimatisch steht sie überwiegend im Einflussbereich des Indischen Ozeans; dies und auch die isolierte Lage haben dazu geführt, dass sich hier endemische Pflanzen und Tiere entwickeln konnten. Obwohl die Eastern Arc Mountains nur 2 % der Landfläche Tansanias ausmachen, sollen hier 40 % der endemischen Arten leben. Bis dato haben diese dennoch nur unzureichende Schutzmaßnahmen erfahren.

Ebenso wie das nördliche Hochland um Moshi und Arusha zählt dieser Landstrich zum beliebten Siedlungsgebiet der Europäer. Die fruchtbaren und klimatisch angenehmen Bergregionen waren und sind ideal für die Sonderkulturen **Tee und Kaffee**, die sowohl im Norden (Arusha, Moshi) als auch um Lushoto und Amani im Nordosten, in Mbeya, Tukuyu und Mbinga (Südtansania) kultiviert werden. Morogoro gilt seit jeher als Kornkammer Tansanias, da jede Art von **Getreide und Gemüse** in den gemäßigten, grünen Höhenlagen besonders gut gedeiht. Das wussten die Kolonialisten und Missionare sehr zu schätzen.

Die Plateaus

Den Großteil des Landes bestreiten ausgedehnte Plateaulandschaften. Dabei handelt es sich um großflächige Ebenen, die zwischen 200 m und 1200 m Seehöhe liegen. Charakteristisch sind flache Savannenlandschaften oder karge Halbwüsten mit vereinzelten Hügeln und niederen Bergzügen. Dazu zählen vor allem die Gebiete südlich des Victoria-Sees bis zu den Southern Highlands (Zentral-Plateau) und südlich davon bis zur Grenze von Mosambik (südliches Plateau). In diesen Plateaulandschaften liegen viele **Naturreservate**, wie z. B. die Serengeti, der Ruaha National Park oder das Selous Game Reserve.

Flora und Fauna

Pflanzenwelt

Der Großteil des Landes ist von **Trockenwäldern, Halbwüsten** und der typischen **Grassavanne** (alle unter dem Sammelbegriff Savanne zusammengefasst) überzogen. Das gilt vor allem für die immensen Plateaulandschaften. Andere Vegetationsformen werden in den jeweiligen Kapiteln genauer beschrieben, z. B. die außergewöhnliche Vegetation des Kilimanjaro mit seinen montanen Regen- und Nebelwäldern.

Savannen

Der Begriff „Savanne" ist für viele ein nebulöses Konzept, das aus schierer Verlegenheit verwendet wird. Doch der wissenschaftliche Begriff beschreibt Vegetationstypen, die alle eines gemeinsam haben: Wassermangel. Je nachdem, wie lange die Trockenperioden anhalten, entwickeln sich die verschiedenen Ausprägungsformen, z. B. die Feuchtsavanne (nur vier Monate Trockenzeit), die Trockensavanne (zwischen 500 und 1000 mm Niederschläge, Trockenzeit fünf bis acht Monate) sowie die Dornenstrauchsavanne (unter 500 mm Niederschläge, über acht Monate Trockenzeit). Oft sind die Übergänge zwischen den einzelnen Typen fließend und nicht eindeutig erkennbar.

Die Savanne ist vor allem durch die (zumeist dornigen) Akazien charakterisiert, die ihr Laub in den Trockenperioden abwerfen. **Schirmakazien** gelten als typische, einprägsame Bäume der Savanne, die mit ihren flachen Baumkronen (sie erinnern an aufgespannte Schirme) bei gleichzeitig ausladendem Geäst herrliche Fotomotive abgeben. Die **Fieberakazien** mit ihren typischen gelben Rinden hingegen wurden von den ersten Siedlern zu Unrecht als Fieberbäume bezeichnet. Sie dachten nämlich, dass die Bäume Malaria übertrügen – ohne zu beachten, dass diese Akaziengattung in feuchten Böden gedeiht, die letztendlich die wahre Brutstätte der Blutsauger sind. Die **Flötenakazie**, äußerst stachelig und an trockene Bedingungen angepasst, ist weniger optisch als vielmehr akustisch auffällig, denn die Hohlkugeln an ihren Ästen erzeugen im Wind pfeifende Geräusche. Die genannten Akazienarten können in allen Savannenformen vorkommen, ebenso wie die **Baobab-Bäume** (dt.: Affenbrotbaum). Um sie ranken sich Legenden und Geschichten, und mit Sicherheit bilden die Bäume, die ein wenig aussehen, als wären sie aus der Erde herausgerissen und danach verkehrt herum zurückgesteckt, lohnende Fotomotive.

Die **Trockensavanne** zeichnet sich durch lockeren Baumbestand und höhere Gräser aus. Sie bilden einen willkommenen Kontrast zu den Akazien, vor allem wenn sich die Gräser sanft im Wind wiegen, weswegen auch von der Langgras-Savanne gesprochen wird. Der dichte Bewuchs mit Savannengras und schattenspendenden Schirmakazien stellt für viele Wildtiere einen der wichtigsten Lebensräume dar.

Besonders typisch für Tansanias Trockensavannen sind die **Miombo-Wälder**, ein afrikanisches Waldland, in dem bestimmte Spezies, z. B. *Brachystegia*, dominieren. Im Volksmund wird genau dieser Vegetationstyp als „Busch" bezeichnet, was die Vegetation im Grunde recht anschaulich beschreibt. Die Gewächse sind zumeist dornenfreie Bäume, die eher an Gebüsch und große Sträucher erinnern. Sie gedeihen besonders auf trockenen, nährstoffarmen Böden, und durch Brandstiftung der Ranger (*cold* oder *controlled burning*) stehen diese Flächen insbesondere nach der Regenzeit oft in Flammen (in der Trockenzeit auch durch Selbstentzündung). Die Brände zerstören zwar einen Teil der Bäume, doch sie ermöglichen es den Gräsern und Büschen, sich im Miombo-Wald zu entfalten (den Wildtieren dienen sie dann als Nahrung).

Feuchtsavannen kommen vor allem an Flüssen, Senken (wo sich Wassermassen sammeln können) und Gebieten mit höherem Niederschlag vor. Typische Vegetationsformen stellen die grünen **Galeriewälder** an den Flussläufen dar. Sie bestehen überwiegend aus Akazien, vor allem der gelbrindigen Fieberakazie, wilden Feigen- und Baobab-Bäumen. Im dichten Geäst nistet eine ausgesprochen vielfältige Vogelwelt, Leoparden und Affen suchen hier Schutz vor der sengenden Mittagssonne. Borassus- und Doum-Palmen (mit den vielen „zerfledderten" großen Palmenblättern) und die komisch aussehenden Leberwurstbäume (mit den Fruchthülsen, die an Würste erinnern) wachsen auch in diesen Gebieten.

Dornstrauchsavannen entstehen besonders auf steinigem Untergrund; ausgedehnte Dürreperioden lassen lediglich eine karge, dornige Vegetation zu. In ihrem Fortpflanzungsverhalten haben sich die Pflanzen perfekt ihrer Umgebung angepasst. Viele der Samen von Blumen und Gräsern bleiben über Jahre keimfähig

„Baum des Himmels“ – die Kokospalme

Die Kokosnuss, so nehmen Botaniker an, trieb von Indonesien über den Indischen Ozean und landete schließlich an der Küste Ostafrikas, wo sie wunderbare Lebensbedingungen vorfand. Heute ist die Kokospalme aus dem Landschaftsbild Afrikas nicht mehr wegzudenken, besonders als Inbegriff tropischer Küsten.

Neben konstant warmen Temperaturen jenseits von 26–27 °C benötigt die Kokospalme sehr viel Wasser – was erklärt, weshalb sie vorwiegend an den feuchten, niederschlagsreichen Küsten gedeiht. Sie dient den Küstenanrainern als hervorragende Nahrungs- und Rohstoffquelle: Die Nüsse versorgen die Menschen mit nährstoffreicher Flüssigkeit (auf Swahili *dafu* für das Kokoswasser junger Kokosnüsse) und mit gehaltvollen Zutaten zum Kochen (Kokosmilch, Kokosfleisch oder Kopra); ihr Holz dient als Baumaterial für Hütten, die Blätter als Dach (auf Swahili *makuti*) und ihre Fasern als Material zum Flechten von Körben oder Matten. Aus der harten Schale werden schließlich auch noch kunstvolle Schmuckstücke und Gefäße gefertigt.

Nicht zu unterschätzen ist die Gefahr, die von Kokosnüssen ausgeht. Viele Menschen erliegen jedes Jahr den Kopfverletzungen, die ihnen herabfallende Kokosnüsse zufügen. Wer unter einer Kokospalme Schatten sucht, sollte deshalb zuerst nach oben sehen, ob Nüsse im Baum hängen.

und lagern so lange unter der sandigen Bodendecke, bis Regen sie zum Leben erweckt. Nach den meist sintflutartigen Niederschlägen beginnt die karge Landschaft zu blühen – scheinbar aus dem Nichts. Typische Pflanzenvertreter sind widerstandsfähige Akazien, Wolfsmilchgewächse (z. B. Euphorbienbäume), Sukkulenten und kurzes Gras. Dieses Gras ist äußerst nährstoffreich und wird von den meisten Wildtieren in der Regenzeit gerne gefressen.

Mangrovenwälder

Charakteristisch für die tansanische Küste sind Mangrovenwälder, die an vielen Abschnitten gedeihen, vor allem an den Flussmündungen oder in geschützten Buchten. Diese bis zu mehreren Metern aufragenden Bäume haben sich an das Leben im Salzwasser optimal angepasst. Die besonders harten und widerstandsfähigen Bäume bilden unzählige, in sich verwobene und verwachsene Wurzeln. Im Landschaftsschutz spielen sie eine bedeutende Rolle, da ihre Wurzelgeflechte Schlammbänke und Sanddünen stabilisieren und so die Erosion der losen Sandsedimente verhindern. Vor allem aber bilden diese Mangrovenwälder in sich geschlossene Ökosysteme, die als Laichgebiete und Lebensraum für Fische, Krabben oder Garnelen dienen. Als Nahrungsquelle ziehen sie eine artenreiche Vogelwelt an.

Küstennaher Urwald

An der Küste und auf den Inseln wuchs früher – wo heute Siedlungen und Städte stehen – ein dichter Urwald, der heute nur mehr vereinzelt existiert, z. B. in **Pugu** bei Dar es Salaam (S. 151) oder im **Jozani Forest** auf Sansibar (s. S. 256). Noch vor wenigen Jahrhunderten waren die Inseln und die Festlandküste damit bedeckt, doch der überwiegende Teil des Urwalds ist der Besiedelung zum Opfer gefallen. Man rodete, um Bauholz, Bootsholz oder Holzkohle für die zunehmende Besiedelung zu produzieren – ohne einen Gedanken an Aufforstung zu verschwenden. Botaniker und Biologen gleichermaßen sind sich darüber einig, dass die noch verbleibenden Urwaldgebiete schützenswert sind, da sie endemische Fauna und Flora beherbergen. Seitens der politisch Verantwortlichen gibt es aber kaum Resonanz.

Flora der Eastern Arc Mountains

Das gleiche traurige Schicksal trifft auch die Flora der Eastern Arc Mountains. Zahlreiche halbstaatliche und private Hilfsorganisationen haben Projekte initiiert, die auf den wertvollen Lebensraum aufmerksam machen, doch außer vereinzelten Initiativen geschieht wenig. Dabei ist die Region bezüglich ihrer Pflanzenvielfalt und der Fülle an endemischen Gattungen eines der beeindruckendsten Naturgebiete Tansanias.

Trotz ihres massigen Körperbaus sind Elefanten Leisetreter. Nur das Knacken im Unterholz oder das Rascheln der Blätter verrät sie.

Gewürzpflanzen und tropische Früchte

Besonders die als Gewürzinseln bekannten Inseln Sansibar und Pemba kultivieren **Gewürzpflanzen** noch heute in großem Stil, ohne jedoch auf dem Weltmarkt eine besondere Bedeutung zu spielen. Pfeffer, Kardamom, Nelken, Zimt, Muskatnuss, Tamarinde, Ingwer und Vanille werden produziert, und die Küche der Inseln spiegelt diese Gewürzvielfalt auf wunderbare Weise wider.

Dank des tropischen Klimas gedeihen köstliche tropische Früchte wie Bananen, Mangos, Avocados, Papayas oder Kokosnüsse, z. T. ganzjährig oder gar mit mehreren Ernten. Bananenstauden wachsen beispielsweise kontinuierlich ohne „Saison", wohingegen Ananas, Avocados, Mangos, Maracujas (Passionsfrüchte), Pampelmusen (Pomelos) oder Papayas nur in bestimmten Monaten geerntet werden.

Tropische Zierpflanzen

Wer zur richtigen Zeit durch Tansania reist, wird von den zahlreichen farbintensiven Zierpflanzen begeistert sein, die sich hier überall zu meterhohen Bäumen auswachsen, während sie bei uns nur kleine, mickrige Topfpflanzen bleiben. Wegen ihrer farbenprächtigen Blütenfülle gehört die **Bougainvillea** beispielsweise zu den beliebtesten tropischen Zierpflanzen. Je trockener und praller die Sonne auf sie scheint, desto flammender scheint das Blütenmeer zu sein, das rot, pink, violett oder weiß leuchtet. Die tropische Kletterpflanze überzieht Mauern und Wände und ist besonders an der Küste, im kargen Sandboden, weit verbreitet. Die Bougainvillea gehört zu den Wunderblumengewächsen; ihr Name erinnert an den französischen Seefahrer, der die Pflanze im 18. Jh. „entdeckte".

Während die Bougainvillea ganzjährig ihre Blütenpracht ausbreitet, blüht der **Flammenbaum** *(flamboyant tree)* nur rund um die Weihnachtszeit. Je nach Gebiet, Höhenlage und Bodenbeschaffenheit treiben die feurig roten Blüten zwischen Oktober und Dezember aus. Wunderbar anzusehen sind die z. B. in Morogoro angelegten Alleen von *Christmas Trees*, wie sie sehr unbotanisch in Tansania genannt werden.

Eindrucksvoll sieht auch der blau-violett blühende **Jacarandabaum** (Palisanderbaum) aus, dessen glockenförmige Blüten den gesamten Baum überziehen. In manchen Städten, z. B. in Arusha oder Moshi, säumen Jacarandabäume kilometerlang die Ausfahrtsstraßen, was vor allem zur Blütezeit ein unvergesslicher Anblick ist.

Besonders an der Küste und auf Sansibar füllen **Frangipani** zur Blütezeit die Luft mit wohlriechendem Duft. Der ganze Baum steht gegen Ende der Regenzeit in Blüte, die – je nach Gattung – weiß, gelblich oder zartrosa sein kann. Fünf Blütenblätter setzen sich wie ein kleines Windrad zu einer Blüte zusammen, von der ein süßlicher, angenehmer Duft ausgeht, weswegen sie in Europa seit Jahrhunderten auch zur Parfumherstellung genutzt wird.

Tierwelt

Die allermeisten Besucher kommen, um einmal die legendären **Big Five** in freier Wildbahn zu erleben: **Büffel, Elefant, Leopard, Löwe und Nashorn**. Der Ruhm dieser Tiere stammt aus der Zeit der **Großwildjäger**, deren Wunsch, die Trophäe einer der Großen Fünf zu ergattern, das Hauptziel ihrer Jagdsafaris darstellte. Es handelt sich dabei nicht unbedingt um die größten Säugetiere weltweit, sondern um eine willkürliche Kategorisierung aus einer Zeit, als das Großwild noch in rauen Mengen anzutreffen war.

Leider versteifen sich viele Touristen darauf, diese fünf Tiere „abzuhaken", und betrachten ihren Urlaub als missglückt, wenn sie keinen Löwen gesehen haben. Dabei entgeht ihnen das Wesentliche eines Tansania-Aufenthalts – die Natur in ihrer Gesamtheit zu bewundern und alle Mitglieder und Naturräume der Ökosysteme mit ihren Wechselbeziehungen zu genießen.

Ein kleiner **Safari-Führer** mit genaueren Informationen zur tansanischen Tierwelt findet sich am Ende des Buches.

Umwelt

Einzigartige Naturräume und unberührte Wildnis locken Reisende von weit her an. Doch in erster Linie ist Tansania ein Entwicklungsland. Seine

Menschen kämpfen ums tägliche Überleben, das politische und wirtschaftliche System ist korrupt, überbürokratisiert und unterreglementiert. Getrieben vom Wunsch, das Land aus der Armutsspirale zu holen und Wirtschaftswachstum zu forcieren, bleiben Ökologie und Umweltschutz auf der Strecke.

Nationalparks und Reservate

Nationalparks und Reservate (S. 71) sind fragile Zonen, in denen versucht wird, die Natur so intakt wie möglich zu halten. Dass menschliche Siedlungen und unberührte Natur sich gegenseitig ausschließen, hat in den Jahrzehnten des begrenzten Tourismus niemanden gestört. Doch mit den wachsenden Besucherzahlen kommt insbesondere der Regierung von Tansania die Rolle zu, langfristige und nachhaltige Managementpläne sowie Strategien zum Schutz der Naturräume zu verabschieden – die dann auch tatsächlich eingehalten werden. In einigen Parks ist Tansania drauf und dran, die Fehler seines Nachbarlandes Kenia zu wiederholen, wo der einst boomende Tourismus in den 1990er-Jahren fast vollkommen zum Erliegen kam. Dort konnten Reisende beobachten, dass die vielen Safarifahrzeuge den Tieren Stress verursachten, und angesichts von 100-Betten-Hotels konnte von authentischem Safari-Feeling kaum mehr gesprochen werden. Die Tierpopulationen nahmen ab, Vegetationszonen wurden zerstört und die Wasserstände der Flüsse gingen zurück. Das auf Profitmaximierung ausgerichtete System brach komplett zusammen. In der Serengeti, dem Ngorongoro Crater oder dem Lake Manyara National Park fühlen sich Besucher in der Hochsaison, wenn 30, 40 Geländewagen ein Rudel Löwen belagern, an kenianische Parks erinnert.

Zu den durch den Tourismus bedingten ökologischen Problemen kommen die systemimmanenten: Bevölkerungsdruck und Arbeitslosigkeit zwingen die Einwohner zur **Wilderei**, um sich mit Fleisch zu versorgen; viele bestreiten mit der Wilderei sogar ihren Lebensunterhalt. Die Wilderei nimmt seit einigen Jahren wieder zu, vor allem Elefanten (Elfenbein) und Rhinos (Horn) werden geschlachtet. Zahllose Tansanier siedeln sich entlang der Touristenrouten an, um ihren Teil am Kuchen einzufordern. Dies wiederum führt zu Problemen bei der Wasserversorgung sowie der **Müll- und Abwasserentsorgung** in den Einzugsgebieten der Naturräume. Zudem wird in die Migrationskorridore der Tiere eingegriffen, die auch außerhalb der Parks und Reservate leben. Alles in allem also eine verzwickte Situation, die Regulierungen, weise Vorausschau und das richtige Gespür für Mensch und Tier erfordert.

In fast allen Parks und Reservaten gibt es **Umweltschutzprojekte** ausländischer karitativer Organisationen, die darauf abzielen, das fragile Ökosystem zu schützen – und die nebenbei die Regierung aus ihrer Verantwortung entlassen. Außerhalb der Serengeti existieren kaum regierungsfinanzierte Projekte, was angesichts der hohen Deviseneinnahmen verwundert. Ohne die rastlosen Initiativen (meist ausländischer) Idealisten gingen wertvolle Arten unwiderruflich verloren.

Umweltschutz im Alltag

Jedem Reisenden, der in Dar es Salaam oder Arusha ankommt, sticht der **Müll** ins Auge: Gelbe und blaue Plastiksäcke, unbrauchbar gewordene Flipflops, zerrissene Textilien oder Konservendosen werden überall achtlos entsorgt. Es gibt Schätzungen, dass 80–90 % des in den Städten anfallenden Mülls nicht angemessen entsorgt wird. Der Großteil davon wird einfach verbrannt. Die Menschen ignorieren das gesetzliche Verbot von dünnem Plastik (hauptsächlich für Tüten) vielerorts, die Plastikindustrie sowieso. Es bestehen weder Recycling- oder Verbrennungsanlagen noch flächendeckende Abwassersysteme.

Während westliche Reisende in erster Linie in ihrem ästhetischen Empfinden beeinträchtigt sind, stellt dieser Müll für die einheimische Bevölkerung ein erhebliches Gesundheitsrisiko dar. Seuchen und Krankheiten, die Verschmutzung des Grundwassers und des Bodens, die Übertragung der Schadstoffe auf die Nutzpflanzen: All das schwächt das ohnehin schon bescheidene Immunsystem der Menschen.

Wie können Touristen zum Umweltschutz beitragen?

Eigentlich sollte es in einem Land, das von seinen natürlichen Ressourcen lebt, selbstverständlich sein, dass Tourismustreibende zum Naturschutz beitragen. Aber weit gefehlt: Mit Geld und den richtigen Beziehungen können gut vernetzte Geschäftsleute sich aus der Verantwortung stehlen. Wie im Westen liegt es an den Besuchern, von den Unterkünften mehr Umweltverträglichkeit einzufordern. Erst durch die Nachfrage konnten sich dort fair gehandelter Kaffee, Bio-Bananen oder Bio-Baumwolle flächendeckend durchsetzen. Mehr dazu, was jeder Einzelne tun kann, S. 47, Fair reisen.

In den Städten kommt noch die **Luftverschmutzung** hinzu, als Folge von Fahrzeugabgasen (schlecht gewarteter Fahrzeuge in Kombination mit minderwertigem Benzin), Industrieemissionen und Hausbränden. Zudem wird noch größtenteils unter großer Rauchentwicklung auf dem offenen Feuer gekocht. Untersuchungen der Muhimbili University of Health Allied Sciences zufolge zählt Dar es Salaam zu den schmutzigsten Städten Afrikas, wo die Bewohner unter ständigem Husten und Asthma und permanent tränenden, roten Augen leiden. Neben Aids und Malaria zählen Atemwegserkrankungen zu den häufigsten Krankheiten im Land.

Nicht nur Müll und Luftverschmutzung bedrohen die Menschen, sondern vor allem kontaminiertes **Wasser**. Laut einer Studie der Regierung (2010) entsprechen 80 % der Plumpsklos in den wild wachsenden Vierteln (also nicht im Zentrum, aber an der Peripherie) nicht den Vorschriften. Elektromüll, wie TV-Geräte oder alte Computer, landet in Flüssen. Neben schmutzigem Wasser stellt die Verfügbarkeit von Wasser überhaupt das Land vor große Herausforderungen, denn es gibt Anzeichen, dass die Pegelstände der Flüsse rapide sinken. Ausbleibende Regenfälle, teilweise mikroklimatisch bedingt, z. B. aufgrund großflächiger Abholzungen, teilweise aufgrund globaler Klimaveränderungen, verschärfen die Situation. Dürrejahre sorgen zumindest regional für Missernten und Hungersnöte. Darüber hinaus wird mit dem vorhandenen Wasser nicht sorgfältig umgegangen. Lecke Leitungen und tropfende Wassertonnen vernichten kostbares Nass; Wasserauffangreservoirs für Regenfälle existieren nicht – hier gibt es enormen Handlungsbedarf.

Bereits seit mehreren Dekaden machen **Abholzung** und **Überweidung** dem Lebensraum Tansania zu schaffen. Holz bildet einerseits eine wichtige Lebensgrundlage der Bewohner, da größtenteils mit Holzkohle gekocht wird. Andererseits dient es auch wirtschaftlichen Interessen, als Bauholz, Möbelholz und für den Export. Die Folgen sind deutlich spürbar: Ausgerottete Spezies, drastische Veränderungen in den Mikroklimata, Bodenerosion und -degeneration.

Monokulturen und Überweidung verhindern, dass der Boden sich regenerieren kann. Der malträtierte Boden rächt sich: Sinkende Ernteerträge, Ernteausfälle und Übersäuerung tragen nicht zur Lebensmittelstabilität des Landes bei. Wer von Mikumi Village in Richtung Iringa durch die sanfte Hügellandschaft fährt, kann erahnen, welche Dimensionen die Abholzung angenommen hat. Stattliche Bäume sind – so weit das Auge reicht – mickrigen Baumstümpfen gewichen.

Bedrohte Natur

Bei genauem Hinsehen entpuppt sich Tansania als Großbaustelle in Sachen Umweltzerstörung. Der geplante **Serengeti-Highway** ist selbst in Europa in aller Munde, weil er in der geplanten Routenführung den Lebensraum Serengeti empfindlich stören würde. Für den **Uran-Abbau** wurden Teile des Selous Game Reserve geopfert; am Lake Natron gefährden Pläne für eine **Sodaaschefabrik** die Brutplätze der Zwergflamingos; allerorten wird nach **Gas und Öl** gebohrt oder nach anderen Bodenschätzen gesucht, selbst in den Nationalparks. Sogar die **Safari-Industrie** muss sich den Vorwurf gefallen lassen, mit ihren spritfressenden Ungetümen ihren Teil zur Umweltverschmutzung beizutragen.

Sanfter Tourismus existiert kaum, abgesehen von einigen Privatinitiativen und Kulturtourismusprogrammen.

Selbst **alternative Energieformen** haben es in Tansania schwer, und nur dank idealistischer privater Initiativen, meist von Ausländern, gibt es punktuell Solarenergie in Dörfern. Neues lässt sich schwer verkaufen, und einfache Bauern können nicht verstehen, warum z. B. ein Solarkocher effizienter, kostensparender und sauberer sein soll als das althergebrachte Kochen auf offenen Feuerstellen. Zum anderen fehlt der politische Wille, denn der Verkauf von Diesel, z. B. für Generatoren, bedeutet Steuereinnahmen. Nach wie vor stützt sich fast die gesamte Stromproduktion abseits des öffentlichen Netzes (dessen Kapazität längst ausgereizt ist) auf Dieselgeneratoren, auch in den einfachen Unterkünften und Luxusherbergen. Das Gleiche wie für die Solarenergie gilt für **Windkraft**, besonders entlang der Küste.

Hausgemachte Herausforderungen bedrohen Tansania ebenso wie globale Phänomene. Der steigende Wasserspiegel an der Küste fordert Tribut, vielerorts sind Trinkwasserreserven bedroht. Schützende Mangrovenwälder werden gerodet, um Grundstücke an Investoren verkaufen zu können, was Bodenerosion, Überschwemmungen und Versalzung des Wassers Tür und Tor öffnet. Es gibt viel Handlungsbedarf in einem Land, dass primär aus seiner Natur Profit schlägt.

Bevölkerung und Sprache

Einwohner: 44,93 Mio. (laut Volkszählung 2012)

Bevölkerungswachstum: 2,7 % pro Jahr

Lebenserwartung: 62 Jahre (Frauen), 59 Jahre (Männer)

Säuglingssterblichkeit: 45 pro tausend Geburten

Alphabetisierungsrate: 75,5 % (Männer), 60,8 % (Frauen)

Anteil der Stadtbevölkerung: 26 % mit einer Wachstumsrate von 4,8 %

HIV-Rate: 5,6 %

Tansania ist ein buntes Mosaik aus Ethnien, Sprachen und Traditionen, und verglichen mit anderen Nationen Afrikas grenzt es fast an ein Wunder, dass diese Vielfalt keine innere Instabilität erzeugt. Immerhin bilden in allen anderen Ländern Afrikas ethnische Konflikte eine Hauptursache für innerstaatliche Zerrüttung. Auch im Nachbarland Kenia überschattet das soziokulturelle Konzept des *kabila* (Swahili für Stamm, ethnische Gruppe) die politische Agenda, denn die allermeisten politischen Handlungen sind stammespolitisch motiviert. Nicht so in Tansania, da keine ethnische Gruppe zahlenmäßig überdurchschnittlich präsent ist. Schließlich sorgte der visionäre Präsident Julius Nyerere für sozialen Frieden im Land und bewahrte Tansania vor Katastrophen à la Ruanda oder Sudan.

Ethnien

Westlichen Besuchern ist das Konzept der **Stammeszugehörigkeit** fremd, aber für Afrikaner stellt der Stamm die übergeordnete und identitätsstiftende Instanz dar. Man definiert sich zuerst als Mitglied einer bestimmten Ethnie und erst in zweiter Linie als Staatsbürger. Für die meisten Afrikaner, die in Dörfern ohne Infrastruktur, Medien oder gar Strom leben, ist

Ethnie oder Stamm?

Obwohl im Klima der politischen Korrektheit der Terminus „Stamm" verpönt ist, werden im vorliegenden Buch beide Bezeichnungen verwendet. Keiner der beiden Begriffe ist geringschätzig oder abwertend. Ethnien oder Stämme spielen für Afrikaner eine identitätsstiftende Rolle, viel mehr, als es ein Staat jemals könnte. Sie folgen strengen gesellschaftlichen Hierarchien und zeichnen sich durch individuelle Riten, Traditionen, Geschichten, Mythen und Sprachen aus.

Ausländer und Expats

Weniger als 1 % der Bevölkerung Tansanias sind nichtafrikanischer Abstammung; dazu zählen u. a. Inder und Pakistanis, Chinesen sowie Europäer und Amerikaner.
Zuerst kamen die **Inder** als Händler nach Ostafrika, unterwegs auf dem Indischen Ozean mit Hilfe der Monsunwinde, um mit Elfenbein, Textilien, Keramik und Töpferwaren sowie Sklaven zu handeln. Die omanischen Sultane schätzten die Rechenkünste und den Geschäftssinn der Inder und setzten sie als Beamte und Schatzmeister in wichtigen Positionen ein. Als der Hauptsitz des Sultanats nach Sansibar umsiedelte, zogen die Inder mit. Zeitgleich brachten die britischen Kolonialisten für den Bau der Uganda-Kenia-Eisenbahn weitere Inder nach Ostafrika. Wegen ihrer Schreib- und Rechenkenntnisse wurden jene, die nach Fertigstellung der Bahnlinie in Ostafrika blieben, oft als Kolonialbeamte verpflichtet. Zusätzlich begannen sie, ihre eigenen florierenden Geschäfte zu eröffnen. Ein kontinuierlicher Zustrom an indischen Handels- und Geschäftsleuten war die Folge.
Wirtschaftlich war ihr Ansehen groß, doch blieben sie in der gesellschaftlichen Hierarchie hinter den Europäern zurück. Nach Abzug der Kolonialisten änderte sich dies aber und sie stiegen plötzlich zur indo-afrikanischen Elite auf. Heute werden große Teile von Handel, Industrie und Tourismus von indischstämmigen Tansaniern kontrolliert; Indien ist der zweitgrößte Investor im Land. Ihr endogames Heiratssystem, das Mischehen mit Afrikanern nicht gestattet, hatte zur Folge, dass sowohl ihre Traditionen als auch ihre Sprache weitgehend unverfälscht erhalten geblieben sind. So hört man auf den Straßen von Dar es Salaam oder Stone Town oft die westindische Sprache Gujarati. Der indische Einfluss auf die ostafrikanische und sansibarische Kultur ist vor allem in der Gastronomie und Kleidung sichtbar. Unter den Tansaniern genießen die Inder allerdings ein zweifelhaftes Ansehen, denn sie sind als allzu geschäftstüchtig und gebieterisch bekannt. Die Löhne in indischen Unternehmen liegen meist unterhalb denen, die westliche Geschäftsleute für gewöhnlich zahlen.
Die deutschen Missionare Johann Ludwig Krapf und Johannes Rebmann erblickten Ende der 1840er-Jahre als erste **Weiße** den Kilimanjaro. Es folgten weitere Missionare, Abenteurer, Forschungsreisende und später, gegen Ende des 19. Jhs., die deutschen Kolonialisten. Neben Deutschen siedelten sich insbesondere Griechen in Tansania an, zunächst um beim Bau der Eisenbahn von Tanga nach Moshi mitzuwirken, später um die Sisalfarmen zu führen. Nach den Deutschen kamen die Briten, aber Tansania blieb weitgehend von der in Kenia zu beobachtenden Modeerscheinung der britischen Siedler, die sich den Traum einer eigenen großen Farm erfüllen wollten, verschont.
Nach der Unabhängigkeit Tansanias begann die westliche Entwicklungshilfe sich für Tansania zu interessieren, und der Zustrom an idealistischen Freiwilligen, Entwicklungshelfern und Missionaren ist nach wie vor ungebrochen.
Die jüngste Gruppe der Zuwanderer stammt aus **China**. Der größte Investor in Tansania verwirklicht Infrastrukturprojekte nur mit chinesischen Fachkräften; den Tansaniern bleibt nur, sich bei ihnen als Tagelöhner zu verdingen. Chinesische Unternehmen lassen sich scharenweise im Land nieder. Mittlerweile hat das Importvolumen aus China das aus Indien überholt. Viele Chinesen sind legal im Straßen- und Infrastrukturbau beschäftigt, aber der größere Teil arbeitet illegal im Handel. 2013 schätzte man, dass 100 000 Chinesen illegal in Dar es Salaam leben und Handel treiben. Der chinesische Einfluss ist deutlich spürbar: Billige Importware und Fälschungen (u. a. Mobiltelefone, Elektrogeräte, Medikamente) überschwemmen die Märkte. Der Kariakoo in Dar es Salaam hat sich zu Klein-Chinatown entwickelt. Eine weitere unangenehme Nebenwirkung des chinesischen Engagements in Tansania: Der Elfenbeinschmuggel hat Rekordausmaße erreicht. Im November 2013 wurden beispielsweise bei chinesischen Schmugglern in Dar es Salaam über 700 Stoßzähne sichergestellt. Da die Chinesen als Kleinhändler den Tansaniern Arbeit wegnehmen, genießen sie in ihrer neuen Heimat keinen guten Ruf.
Seit wenigen Jahren zeigt auch **Russland** an Tansania Interesse, nicht nur als Urlaubsziel, sondern vor allem im Bergbau und in der Stromgewinnung.

das Konstrukt „Staat" nicht mehr als eine Worthülse. Der Staat ist unsichtbar, er sorgt nicht für das Wohlergehen der einfachen Menschen und spielt in ihrem täglichen Leben keine Rolle.

Nur **Julius Nyerere** ist es zu verdanken, dass es zu keinem Zerwürfnis zwischen den Stämmen gekommen ist. Während andere seiner (sozialistischen) Ideen an der afrikanischen Realität scheiterten, waren seine Bemühungen um die Einheit des Landes von Erfolg gekrönt. Er war derjenige, der den Tansaniern immer und immer wieder eindringlich nahelegte, dass zuerst der Staat komme – und dann erst die Stammeszugehörigkeit. Die Früchte seiner Arbeit liegen heute auf der Hand: Ehen zwischen Angehörigen verschiedener Stämme sind an der Tagesordnung und absolut unproblematisch, in den Städten hat eine Vermischung der Stämme stattgefunden, und oft kann man heute ein Gebiet gar nicht mehr einem einzigen Stamm zuordnen.

Keiner der knapp 130 Stämme in Tansania ist so bevölkerungsstark, dass es zu einer ungebührlichen Machtkonzentration kommt. Zwar gibt es einige besonders mitgliederstarke Stämme, doch gefährdet dies offenbar nicht die innere Stabilität des Landes. Obwohl die **Sukuma** und **Haya** (im Nordwesten, rund um den Lake Victoria), die **Chagga** (im Kilimanjaro-Gebiet), **Gogo** (rund um Dodoma), **Makonde** (im Süden), **Nyamwezi** (im Westen zwischen Lake Victoria und Lake Rukwa) oder **Nyakyusa** (im Südwesten) jeweils über 1 Mio. Angehörige zählen, sind kleinere Stämme bekannter, insbesondere die **Maasai** (S. 391) und die **Swahili**.

Ethnologen vermuten, dass über 20 % aller Ethnien, vor allem in Küstennähe, ursprünglich frauenzentrisch organisiert waren. Bedingt durch den Einfall kriegerischer, patriarchalisch organisierter Verbände und vor allem durch die Ankunft der Weißen, die viktorianische Gesellschaftsstrukturen einführten (die Frau an den Herd, der Mann an die Macht), sind heute nur noch wenige Ethnien so organisiert, darunter die **Makonde** im Süden, die **Luguru** und **Kaguru** rund um Morogoro sowie die **Zaramo** an der nördlichen Swahili-Küste. In Zeiten von Internet, Globalisierung und den Versuchungen der westlichen Welt macht die Jugend das Gleiche wie überall auf der ganzen Welt: Sie versucht, sich von den Ketten der Stammesherkunft zu befreien und strebt nach einem Leben in relativer Freiheit. Besonders in den Ballungszentren ist die Abkehr von Traditionen spürbar.

Ethnische Vielfalt

Die Chaggas am Kilimanjaro unterscheiden sich von den Swahili an der Küste so deutlich wie die Friesen von den Bayern, u. a. in der Sprache, der Mentalität, den Traditionen und Werten. Beispielhaft werden hier drei Ethnien vorgestellt: die Sukuma, eine der zahlenmäßig größten Ethnien im Norden, die Makonde, die bekannteste Ethnie des Südens, und die vom Aussterben bedrohten Segeju.

Die **Sukuma** (auch Nyamwezi) um den Lake Victoria wanderten vermutlich im 14. Jh. aus dem heutigen Uganda ein. Sie betreiben überwiegend Feldwirtschaft und halten Rinderherden. Sofern sie am Ufer des Viktoria-Sees wohnen, leben sie außerdem vom Fischfang. In jüngerer Zeit wandten sie sich den Devisenbringern Baumwolle und Tabak zu. Im Sukuma-Land befinden sich heute die größten Baumwollfelder Ostafrikas. Früher betrieben die Sukuma regen Handel mit den Nachbarkönigreichen im heutigen Uganda und Tansania. In den 1860er- bis 1880er-Jahren gelang es dem gewieften Sukuma-König Mirambo sein Königreich durch geschickte Diplomatie und Eroberungsfeldzüge enorm zu vergrößern. Dies erklärt auch, warum die Sukuma heute die mit Abstand größte Ethnie Tansanias bilden. Um Mirambo ranken sich noch heute Geschichten und Mythen, da er mit seiner Macht sogar den Kolonialisten die Stirn bieten konnte. Noch heute existiert formal ein König, der allerdings durch die Bildung des Staates Tansania politisch an Einfluss verloren hat. Neben dem König wurden die Ahnen und Naturgeister gefürchtet; Regenmacher, traditionelle Medizinmänner und Naturgeisterheiler waren dementsprechend angesehen. Sukuma-Land ist heute landesweit noch immer für die (illegalen) Hexenverbrennungen (s. auch S. 137) bekannt, die sich in dieser Gegend – verglichen mit anderen Gebieten – häufen.

Die **Makonde** hingegen zog es vor über 300 Jahren wegen anhaltender Dürreperioden vom Lake Nyasa in ihr heutiges Siedlungsgebiet im

Bedrohte Buschvölker

© KURT KAUBE

Die beiden letzten Buschvölker Tansanias, die **Hadza** im Gebiet des Lake Eyasi im Norden und die **Sandawe** bei Dodoma, gehören der Sprach- und ethnischen Familie der **Khoi-San** an, die heute hauptsächlich in Namibia, Südafrika und Botswana leben. Diese Ethnien zeichnen insbesondere zwei Merkmale aus: zum einen die sprachlichen Eigenheiten der Schnalz- und Klicklaute, zum anderen ihre körperliche Erscheinungsform. Anders als die negriden Völker Afrikas sind die Khoi-San-Völker kleinwüchsig, ihre Hautfarbe ist gelblich-braun und ihr Gesicht durch eine distinktive Lidfalte gekennzeichnet. Sie leben noch heute als Jäger und Sammler.

Traditionell kamen die Buschmänner ohne Geld, Religion, Verhaltensregeln oder Zeitmessung aus; sie überlebten durch Jagen und Sammeln (von Honig oder Früchten), die sie zur Not im Dorf gegen Nahrungsmittel oder Gebrauchsgegenstände tauschten. Mit dem Geld der Touristen kamen aber Alkohol und HIV, während Tabak und Marihuana seit jeher zu ihren Begleitern gehören.

Besonders einige Hadza-Familien (auch Hadzabe genannt) haben sich in den letzten Jahren bereitwillig dem **Tourismus** geöffnet. Sie tun es freiwillig und haben keinerlei Berührungsängste. Besucher können gemeinsam mit den Männern auf die Jagd gehen oder den Frauen bei ihren traditionellen Aufgaben helfen. Andere Familienverbände wiederum ziehen sich weit ins Hinterland zurück und wollen von westlichen Errungenschaften nichts wissen. Ihr Wunsch ist zu respektieren, und Guides oder Fahrer, die absichtlich zu jenen abseits lebenden Hadzabe fahren, sind zu meiden. Man nimmt an, dass es an die 800–1200 Stammesangehörige gibt, die noch nach der traditionellen Weise leben. Die restlichen Hadzabe siedeln zentral, an der Einfahrtsstraße zum **Lake Eyasi**, und sind Geschäften mit Touristen nicht abgeneigt.

Das Interesse an solcherlei „Kulturtourismus" hat den Hadzabe in den lokalen Gemeinschaften viel Ansehen und eine Steigerung ihres Status gebracht, denn wenn Touristen von weit her anreisen, um die Buschmänner zu sehen, können sie ja so primitiv und minderwertig nicht sein. Als rückständig werden sie nämlich von der Regierung betrachtet, die 2007 den Hadza ihre Landrechte entziehen wollte, um einer königlichen Familie der Vereinigten Arabischen Emirate ihren Lebensraum als Jagdgebiet zu überlassen. Diese Pläne sind aber mittlerweile vom Tisch. In den Dörfern rund um den See hat ein Umdenken stattgefunden: Man nimmt die Hadzabe plötzlich ernst, integriert sie in politische Entscheidungen und stellt ihnen Lebensraum zur Verfügung. Ende 2010 hat man sogar begonnen, den Wildwuchs an geführten Touren zu reglementieren. Die Hazdabe-Verbände suchen sich die Männer, die sie als Guides in ihre Dörfer lassen, selbst aus. Diese erhalten offizielle Ausweise und müssen für ihre Dienste eine Rechnung ausstellen. Am besten ist es aber ohnehin, dem Oberhaupt der jeweiligen Hadza-Familie den Tourpreis in die Hand zu drücken.

Süden Tansanias und Norden Mosambiks. Lange konnten sie Einflüssen von außen und arabischen sowie europäischen Besetzungsversuchen standhalten. Selbst heute lebt das Volk aufgrund fehlender Straßenanbindung und mangelhafter Infrastruktur noch relativ isoliert, so dass es sich seine Eigenständigkeit bewahren konnte.

Die Legende erzählt, dass die erste Makonde-Frau aus Holz geboren wurde. Als matrilineare Gesellschaft gehören Besitz und Erbschaften genauso zur Frau wie die Kinder. Männer erhalten ein Wohnrecht im Dorf ihrer Ehefrauen, haben aber das Privileg, die mythologisch und spirituell wichtigen Holzschnitzereien, für die die Makonde bekannt sind (S. 149), herzustellen. Traditionell aus Ebenholz gefertigt, stellen sie häufig weibliche, schwangere Figuren dar, aber auch Masken zählen zum Repertoire der Holzschnitzer. Wegen ihres künstlerischen Ausdrucks haben die Schnitzereien ab den 1950er-Jahren Einzug in die westlichen Kunstgalerien gehalten.

Weder matrilinear noch kunstfertig sind die **Segeju**, die auch unter dem Namen Dhaiso bekannt sind. Sie sind überwiegend Moslems und sollen ursprünglich rund um den Mount Kenya beheimatet gewesen sein. Ähnlich wie die Maasai bestritten die Segeju ihren Lebensunterhalt als Viehhüter und waren als Krieger gefürchtet. Die einfallenden Portugiesen nutzten die kriegerische Mentalität der furchtlosen Männer für ihre Zwecke. Nach und nach drängten aber andere Volksgruppen die Segeju immer weiter nach Süden ab, bis ins tansanische Tanga. Heute glauben Ethnologen, dass die Sprache Kisegeju in Kenia ausgestorben ist, während in Tansania nur noch wenige hundert oder vielleicht tausend Sprecher in den Eastern Usambara Mountains dieser Sprache mächtig sind. Kisegeju ist im Roten Buch der gefährdeten Sprachen der Unesco *(Unesco Red Book of Endangered Languages)* eingetragen und wird in wenigen Jahren vermutlich ganz ausgestorben sein.

Sprache

Die meisten Tansanier sind **multilingual**. Neben der eigenen Stammessprache beherrscht der Großteil die Schul- und Amtssprache Swahili. Ein kleiner Prozentsatz, vor allem in den Ballungs- und Touristenzentren, spricht zusätzlich noch Englisch, die zweite offizielle Sprache.

In knapp 130 Stämmen werden mindestens ebenso viele Sprachen gesprochen. So sind in Tansania Bantusprachen, nilotische, kuschitische, khoisanische und arabische Sprachen verbreitet, die aufgrund der Verkehrssprache Swahili friedlich koexistieren. Die Vielfalt ist wahrlich faszinierend (und auch einzigartig). Die Stämme sowie die dazugehörigen Sprachen heißen meist gleich; den Sprachen wird die Vorsilbe Ki- vorangestellt. So sprechen die Stammesmitglieder der Luguru Kiluguru (und sie stammen aus dem Gebiet der Uluguru Mountains).

Offizielle Landessprache ist **Swahili**; es ist die Sprache von Politik, Regierung und Medien. Aufgrund der Größe des Einzugsgebietes dieser Sprache (das sich auf ganz Ostafrika erstreckt) weist sie viele regional unterschiedliche Dialekte auf. Der sansibarische Dialekt wurde deshalb zum Standard-Swahili, vergleichbar mit dem Hochdeutschen, erklärt (s. auch S. 522).

Die Sprache des Geldes ist jedoch (noch) zweifellos **Englisch**. Der Tourismus, westliche Investoren, Entwicklungsorganisationen, die UNO und nicht zuletzt die äußerst umtriebige EU benutzen Englisch als *Lingua franca*. Im Vergleich zu Kenia ist es aber um die Englischkenntnisse der Tansanier generell schlechter bestellt. Sobald man die Ballungszentren verlässt, ist es äußerst hilfreich, ein paar Brocken Swahili zu beherrschen.

Gesellschaft

Die Wirtschaftseinheit Großfamilie

Trotz Wirtschaftswachstum und Urbanisierung blieben zentrale traditionelle Strukturen erhalten. Eines der Grundmerkmale der tansanischen Gesellschaft ist die sogenannte *extended family*, die Großfamilie. Meistens handelt es sich um unüberschaubare Familienclans, deren Mitglieder teilweise nicht einmal blutsverwandt sind.

Sogar in der Sprache manifestieren sich diese gesellschaftspolitischen Strukturen. Üblicherweise titulieren sich Gleichaltrige oder Gleichrangige gegenseitig als *kaka* (Bruder) oder *dada* (Schwester). Auch als Reisender wird man auf der Straße vielleicht mit *brother* oder *sister* angesprochen, was sich für unsere mitteleuropäischen Ohren anbiedernd anhört. Im tansanischen Kontext macht diese Anrede aber durchaus Sinn.

Grob gesagt stellt die *extended family* eine Wirtschaftseinheit dar – ein **Versorgungssystem**, ohne das die Gesellschaft kollabieren würde. Familienmitglieder mit Einkommen versorgen die mittellosen Familienmitglieder mit Nahrungsmitteln, Geld, medizinischer Hilfe und Ähnlichem, während Familienmitglieder, die nicht im Erwerbsleben stehen, sich um das Haus, die Kinder oder die Ernte kümmern. Wohnraum, Arbeit, Betreuungspflichten, Geld – alles wird geteilt.

Die Großfamilie ist Segen und Fluch zugleich. Auf der einen Seite übernimmt sie jene Aufgabe, die in europäischen Gesellschaften dem Staat zufällt: Sie sorgt für die Kranken und sozial Schwachen. Männer mit Einkommen versorgen ihre arbeitslosen Brüder und deren Familien; Hochzeiten, die – gemessen an den durchschnittlichen Einkommen – horrende Summen verschlingen, können so finanziert werden, da jeder, der in der Familie Geld hat, zu einem finanziellen Beitrag verpflichtet ist. Für Begräbnisse gilt dasselbe.

Trotz aller positiven Aspekte aber hemmt die Großfamilie, zumindest von einem westlichen Blickpunkt aus gesehen, die Entwicklung. Zum einen haben Menschen mit durchschnittlichen Jobs und durchschnittlicher Entlohnung kaum die Möglichkeit, große Summen an Geld anzusparen – etwa für ein Moped, ein Auto, ein kleines Häuschen, eine Geschäftseröffnung oder gar die Schulbildung der Kinder –, denn die Verwandtschaft fordert Geldleistungen vehement ein. Es gilt als unhöflich, die Bitte nach Geld zurückzuweisen. Das männliche Familienoberhaupt kommt nicht darum herum, seiner Mutter, dem Onkel oder Neffen Geld zuzustecken.

Zum anderen erstickt die Großfamilie jegliche Eigeninitiative. Wozu soll ein junger Mann oder eine Frau sich auf die Suche nach Arbeit begeben, wenn der große Bruder oder Onkel ohnehin zur Unterhaltsleistung verpflichtet ist? Die Großfamilie gilt als einer der Gründe, warum sich in Tansania bis heute keine nennenswerte Mittelschicht bilden konnte, obwohl eine solche für eine nachhaltige wirtschaftliche Entwicklung unabdingbar wäre.

Doch noch überwiegt die Notwendigkeit der Großfamilie: Nur durch sie konnten die dramatischen Auswirkungen von Aids bis dato einigermaßen abgefedert werden. Die Großmütter übernehmen die Rolle der Eltern, wenn diese durch Aids dahingerafft werden. Aber sie, meist selbst mittellos und oft am Rande der Gemeinschaft, können die riesige Schar der elternlosen Kinder nicht länger auffangen. Die Unicef schätzt, dass mehr als 3 Mio. Kinder keine Eltern mehr haben, davon 1,3 Mio. durch Aids, der Rest durch andere Todesursachen. Jene Kinder, die nicht das Glück haben, bei einer *bibi* (Großmutter) zu wohnen, werden dann ihr Leben als bettelnde, stehlende Straßenkinder und Prostituierte fristen – und den Staat Tansania vor unermessliche Probleme stellen.

Das Senioritätsprinzip

Egal ob in der Familie, im Freundeskreis oder im Berufsleben – in Tansania herrscht eine strenge hierarchische Ordnung nach **Alters- und Gesellschaftsklassen**. Jeder Mann (weniger die Frauen) durchläuft bestimmte Lebensabschnitte, die jeweils mit Rechten und Pflichten verbunden sind. Die höchste Stufe der Hierarchie bilden die Ältesten, die alle wichtigen politischen und gesellschaftlichen Entscheidungen treffen und zudem ein außerordentlich hohes Ansehen genießen. Häufig, vor allem im ländlichen Raum, werden ihnen auch magische Fähigkeiten zugeschrieben. Sie stellen beispielsweise die Verbindung zu den traditionellen Autoritäten wie dem Urahn oder den Göttern her.

Die Ausprägungen dieser Altershierarchie sind im Alltag spürbar. Ältesten sowie Führern wird zumeist widerspruchslos gehorcht und ihren Anweisungen ohne kritische Reflexion Folge geleistet. Entscheidungen dürfen jeweils nur

Der Kanga

Wer denkt bei Ostafrika nicht an die bunten, farbenprächtigen Tücher, in die sich Frauen in jeder Lebenslage einwickeln und die ihre ständigen Begleiter sind? Kinder werden darin gestillt und getragen, Lasten damit auf dem Kopf nach Hause transportiert und Botschaften an die Außenwelt gesandt. Eine mit den alten Traditionen verbundene tansanische Frau würde niemals ohne ihren Kanga aus dem Haus gehen, da sie sich sonst nackt fühlen würde.

Geschichte und Symbolik des Kanga

Ein Baumwolltuch mit den Maßen 1,50 x 1 m verbindet alle Frauen über Alters-, Gesellschafts- und Einkommensklassen hinweg. Modebewusste Sansibari-Frauen erfanden den Kanga im 19. Jh., als sie mehrere *leso* (Taschentücher, die die Portugiesen in Afrika eingeführt hatten) zu einem großen **Wickeltuch** zusammennähten. Die ersten Textilien glichen also eher einer Patchworkdecke als dem heutigen Kanga. Ein Name war rasch gefunden, denn die weißen Punkte auf einigen Kanga-Mustern erinnerten an Perlhühner (Swahili: *kanga*). Böse Zungen behaupten, die Männer hätten dem Baumwolltuch den Namen in Anlehnung an die als eitel verrufenen und unablässig schnatternden Perlhühner gegeben.
Findige Unternehmer erkannten rasch das Marktpotenzial und begannen das Tuch industriell herzustellen. (Andere Quellen berichten, dass das Tuch in Mombasa erfunden wurde – und die Sansibaris es als Erste industriell erzeugten.) Aufgrund der vielseitigen Verwendungsmöglichkeit verbreitete es sich im Lauf der folgenden Jahrzehnte entlang der gesamten Swahili-Küste und bis ins Innere Afrikas, ja sogar bis nach Madagaskar und auf die Komoren. Normalerweise erwirbt man den Kanga im Paar *(doti)*, d. h., auf einem Stück Stoff sind zwei identische Muster abgedruckt (also 3 x 1 m).
Die **Ornamente und Motive** sind dem indischen, arabischen und afrikanischen Kontext entliehen und symbolisieren gewisse wünschenswerte Eigenschaften wie Fruchtbarkeit und Reichtum. Heutzutage sieht man auf den Kangas aber auch ganz banale Muster, wie Fahrzeuge oder Flugzeuge. Die Muster verändern sich ebenso wie die Mode in den Industrienationen laufend.
Erst die **Sinnsprüche** verleihen den Kangas die ganz besondere gesellschaftliche Bedeutung. Frauen (und Männer) wählen sie nämlich nicht nach Formen und Farben aus (wie es westliche Frauen machen würden), sondern nach ihren Botschaften. So erhalten gebärende Frauen von ihren Schwiegermüttern einen Kanga, um ihnen durch die Blume Ratschläge für die Erziehung der Kinder oder die Ehe zu geben. Ebenso kann ein Ehemann seiner Frau einen Kanga mit einem passenden Sprichwort schenken, um sich bei ihr zu entschuldigen. Da finden sich sprichwörtliche Weisheiten wie *Njia mwongo fupi* („Der Weg des Lügners ist kurz", im Sinne von „Lügen haben kurze Beine") ebenso wie *Haba na haba, hujaza kibaba* („Wenig und wenig füllt den Behälter" im Sinne von „Auch Kleinvieh macht Mist"). Männer, die sich eine Eskapade erlaubt haben, mögen den Kanga mit der Aufschrift *Mpenzi uwe radhi* („Liebling, es tut mir leid!") wählen.
Somit avancierte der Kanga vom praktischen Kleidungsstück zum sozialpolitischen Kommunikationsmedium, durch das die Frauen persönliche, politische oder religiöse Ansichten ausdrücken. Politische Kandidaten machen sich die gesellschaftliche Kraft des Kanga ebenso zunutze, indem sie ihn beispielsweise als Wahlgeschenk austeilen (versehen mit den richtigen Wahlsprüchen, versteht sich).

Kitenge und Kikoy

Nicht zu verwechseln ist der Kanga mit dem **Kitenge**, der zwar ebenso ein buntes Baumwolltuch ist, aber weder das traditionelle Kanga-Design noch Sinnsprüche aufweist. Aus ihnen werden die typischen, bunten Gewänder der Frauen genäht. Moslemische Männer auf den Inseln trugen seinerzeit traditionell **Kikoys**, Baumwolltücher ohne Muster, dafür aber in kräftigen Farben, die an Gewürze, die Farben des Meeres und die Tropen erinnern. Sie sind heute nur auf Sansibar erhältlich, und auch für die Kangas gilt: Wer auf Sansibar nicht fündig wird, wird es nirgendwo.

von jenen getroffen werden, die in der Hierarchie ganz oben stehen. Dies hat zur Folge, dass in der tansanischen Kultur Kritik verpönt ist, insbesondere an einem Führer oder einem Älteren. Engagierte politische Nachwuchskräfte stoßen dadurch bald an ihre Grenzen, denn amtierende Politiker sind faktisch unantastbar und haben so einen Freibrief für halbherzige oder auch sinnlose Maßnahmen.

Geschlechterrollen

Das **Patriarchat** ist die dominante Gesellschaftsform der meisten Ethnien. Frauen nehmen generell eine schwächere Position in der Gesellschaft ein, auch hinsichtlich ihrer Sexualität innerhalb einer Partnerschaft. So wird es als natürlich angesehen, dass auch verheiratete Männer mehrere Sexualpartnerinnen haben, da die Ansicht vorherrscht, dies läge in der Natur der Männer. Dieser Umstand ist beispielsweise dafür verantwortlich, dass Frauen viel häufiger von ihren Männern mit HIV infiziert werden als umgekehrt. Männer bringen Aids aus der Stadt mit, von Prostituierten oder von ihren Affären (*nyumba ndogo*, „kleines Haus"), während die Frauen auf dem Land bei den betagten Eltern und den Kindern bleiben.

Die Ungleichheit von Mann und Frau spiegelt sich auch in der Gesetzgebung und Rechtsprechung wider, die Frauen klar benachteiligt, egal ob beim Landerwerb oder beim Erbrecht. Mädchen und Frauen werden oft von **Bildung** ausgeschlossen, obwohl 1977 die allgemeine Schulpflicht für Grundschulen eingeführt wurde. Viele Mädchen werden im Alter von 13 oder 14 Jahren zwangsverheiratet und bereits vor Abschluss der Grundschule dem Bildungssystem entzogen. **Kinderheirat ist noch immer erlaubt.** Auch die Reaktion auf ungewollte Schwangerschaften im Kindesalter ist äußerst frauenfeindlich. Mädchen, die von ihren Lehrern, Nachbarn oder Schulkameraden vergewaltigt und so ungewollt schwanger werden, müssen die Schule verlassen, werden ihrer Zukunftschancen beraubt und müssen Ausgrenzung ertragen. Sind sie erst einmal von der Schule ausgeschlossen, stehen die Chancen schlecht, dass sie jemals einen Schulabschluss machen; die Spirale der Armut beginnt sich zu drehen. Viel weniger Mädchen als Jungen schaffen es zudem in die kostenpflichtige Sekundarschule (ab 14 Jahren). Hier wird den männlichen Nachkommen der Familie klar der Vorzug gegeben.

Traditionell ziehen die Männer vom Land in die Stadt, um einen **Arbeitsplatz** zu finden, was zu einem geschlechtsspezifischen Ungleichgewicht führt (und die Prostitution sowie die Ausbreitung von Aids fördert). Frauen bleiben in ihren Heimatdörfern und sind für die Kindererziehung, die Feldarbeit sowie die Tierzucht verantwortlich. Daneben kommt der Frau auch eine soziale Rolle innerhalb des Familienverbandes zu, wenn Ältere oder Kranke gepflegt werden müssen. Männer stecken nicht so eng im Korsett der gesellschaftlichen Verpflichtungen und Erwartungen. Während Frauen in jedem Fall ihre Kinder ernähren müssen, scheint die Erwerbstätigkeit der Männer eher freiwilligen Charakter zu haben, vielen Männern fehlt zudem das Verantwortungsgefühl für ihre Familie. Trotzdem ist es das erklärte Ziel jeder Frau, zu heiraten und Kinder zu bekommen, obwohl sich dies in den großen Städten zumindest unter den gebildeten Frauen zu ändern beginnt. Viele entscheiden sich nur mehr für Kinder – ohne Mann, was sich bei gutem Verdienst, der die Anstellung einer Kinderfrau ermöglicht, relativ problemlos realisieren lässt. Diese modernen Frauen haben es geschafft, die patriarchalischen Strukturen zu erschüttern. Immer mehr Frauen gründen Unternehmen oder sitzen in einflussreichen Positionen. Im Vergleich zum Westen sind überdurchschnittlich viele Frauen in der Politik, ebenso beim Militär, der Polizei oder in anderen wichtigen Ämtern.

Der Alltag von Mann und Frau verläuft weitgehend in **getrennten Sphären** – angefangen beim Essen, das in vielen Ethnien getrennt voneinander eingenommen wird, über die Freizeitgestaltung bis zu dem Umstand, dass eine strikte Arbeitsteilung nach Geschlechtern herrscht. Tansanische Frauen und Männer finden es befremdlich, wenn beispielsweise westliche Paare ihren Urlaub oder ihre Freizeit gemeinsam verbringen.

Rituale

In allen Ethnien existieren **Initiationsriten**, die den Übergang von einer Lebensphase in die nächste markieren, oft vom Kindsein ins Erwachsenenalter. Die Mädchen und Jungen werden so in eine neue gesellschaftliche Rolle eingeführt. Manchmal zeigen rein äußerliche Veränderungen diesen Statuswechsel an, beispielsweise neue Kleidung oder Schmuck. Bei den Maasai z. B. wird der Übergang von der Kindheit ins Knabenalter durch die Entfernung eines oder zweier unterer Schneidezähne markiert, was die charakteristische Zahnlücke zurücklässt. Oft sind damit feierliche Zeremonien verbunden, die Jungen müssen Mutproben bestehen oder Mädchen bestimmte Aufgaben meistern.

Viel zu oft wird dieser Übergangsprozess auch durch verschiedene körperliche Markierungen symbolisiert, zu denen neben anderen die **Beschneidung** gehört. Erst beschnittene Mädchen gelten als vollwertige Mitglieder der Erwachsenengesellschaft; sie können sich lästiger Haushaltspflichten entledigen und sind heiratsfähig. In vielen Ethnien wird die Beschneidung von Jungen und Mädchen heute noch genauso wie vor Hunderten von Jahren praktiziert. Im Vergleich zur harmlosen Beschneidung eines Jungen ist dieser Eingriff für Mädchen jedoch folgenschwer. Im Westen hat sich mittlerweile der Begriff *female genital mutilation* (FGM), also weibliche Genitalverstümmelung, durchgesetzt, um die Schwere des Rituals zu dokumentieren. Mit Rasierklingen werden Teile des weiblichen Genitalbereichs unter unsäglichen Schmerzen entfernt, um diesen danach bis auf eine kleine Öffnung für das Urinieren zuzunähen. Mangels hygienischer Verhältnisse und Kenntnisse in Wundheilung sowie Desinfektion sterben viele Mädchen qualvoll daran. Dabei wird den Mädchen nicht einmal erzählt, was sie erwartet – ein Leben voller Schmerzen, chronischer Infektionen und psychischer Probleme. Allein für die Geburt eines Kindes wird die Naht aufgeschnitten, aber danach (bis auf eine kleine Öffnung) gleich wieder verschlossen.

Gerechtfertigt wird die Verstümmelung damit, dass Frauen ihren Aufgaben als Mutter, Landwirtin, Sozialarbeiterin und Köchin nachkommen sollen und nicht durch Lustempfinden oder außereheliche Affären abgelenkt werden.

In den betroffenen Regionen und Ethnien, u. a. bei den Maasai, den Barbaig und Iraqw in der Manyara-Region und vor allem in der Mara-Region rund um den Lake Victoria, findet erst jetzt ein Umdenken statt, obwohl Genitalverstümmelung in Tansania schon seit 1998 verboten ist. Groß angelegte Anti-Beschneidungs-Kampagnen und Bildungsoffensiven tragen langsam Früchte: Mädchen büchsen von daheim aus, um den Qualen zu entkommen. Sie erhalten moralische Unterstützung von führenden Politikerinnen und mehr und mehr auch von Dorfältesten. Vielerorts diskutiert man schon über alternative Formen von Initiationsriten für Frauen, die den Spagat zwischen Tradition und körperlicher Unversehrtheit schaffen sollen. Nicht alle Dorfältesten stehen den Veränderungen aufgeschlossen gegenüber, häufig finden Rituale aber nur noch im Geheimen statt. Ein Trend zur Baby-Beschneidung konnte ebenso beobachtet werden.

Religion

Als eine der Grundfesten der afrikanischen Existenz kann die Religion angesehen werden. Sie ist fester Bestandteil des Alltags und umfasst alle Bereiche des Lebens: der Imam, der die moslemische Bevölkerung zum Gebet ruft; der wöchentliche Kirchgang der christlichen Gemeinde; Aufschriften auf Daladalas; Missionare in den entlegensten Winkeln; Frauen, die wegen angeblicher Hexerei verbrannt werden; Tischgebete vor dem Essen. Oft wird man in Tansania mit dem Ausspruch *Mungu akipenda* („So Gott will") konfrontiert, um Krankheiten, Todesfälle, Kinderlosigkeit oder ähnliche Schicksalsschläge zu kommentieren und zu relativieren.

Um zu verhindern, dass die Religion in Tansania (wie in vielen Ländern Afrikas) zu einem Politikum wird, wird bei Volkszählungen seit 1967 nicht mehr nach der Religionszugehörigkeit gefragt. Man nimmt an, dass Christen unter den Festlands-Tansaniern die stärkste Gruppe bilden (etwa 40 %, jeweils zur Hälfte katholisch und protestantisch), während an die 30 % dem Islam angehören. Schätzungsweise an die 30 % der Bevölkerung sind Anhänger traditioneller Religionen und des Ahnenkults. Auf Sansibar stellen Moslems mehr als 95 % der Bevölkerung. Daneben existiert eine hinduistische Minderheit. Das Zusammenleben funktioniert weitgehend friedlich, obwohl auch in Tansania fundamentalistische islamische Tendenzen spürbar sind.

Das **Christentum** hat sich weiträumig über ganz Tansania verbreitet, während der **Islam** an der Swahili-Küste sowie auf den Inseln dominiert. Dort werden neben den staatlichen auch islamische Feiertage begangen, die jedoch in unserem (gregorianischen) Kalendersystem nicht genau datiert werden können, weil der islamische Kalender sich exakt nach dem Mond richtet (S. 50). Im Allgemeinen tolerieren Christen und Moslems einander, in den letzten zwei Jahren litt das entspannte Verhältnis aber unter Anschlägen auf Kirchen und christliche Geistliche.

Die **Missionierung** Afrikas und Tansanias ist noch lange nicht abgeschlossen. In den Kirchengemeinschaften der Industriestaaten gilt Afrika als der Kontinent mit dem größten Potenzial – und offensichtlich noch vielen „verlorenen Seelen". Ob Moslems, katholische Missionare, die Zeugen Jehovas, Pfingstkirchen *(Pentecoastal Church)* oder Quäker, sie alle drängen nach Tansania, besonders in Gegenden, die von anderen Religionsgemeinschaften bis dato unberührt blieben. Bibeln werden in die lokalen Sprachen übersetzt, Kirchen gebaut, Messen abgehalten, Bibel- und Koranschulen für Kinder initiiert. Oft unterhalten Missionen auch Schulen und Krankenhäuser, was natürlich die Lebensqualität der Menschen im Busch verbessert. Andererseits sorgen diese Einrichtungen auch für eine starke Bindung zur jeweiligen Religionsgemeinschaft – und dafür, dass die lokale Bevölkerung die Bibel in der Stammessprache überhaupt lesen kann.

In Wahrheit sind die Grenzen zwischen Religionsgemeinschaften und den **afrikanischen Traditionen** fließend. Kaum ein Tansanier, egal ob katholisch, protestantisch oder moslemisch, glaubt nicht auch an Hexerei, Dämonen, Voodoo, die Ahnen und Naturgeister. Der Alltag einer durchschnittlichen Dorfgemeinschaft ist nach wie vor von Aberglauben und Hexenaustreibungen geprägt. Dabei ist heutzutage der Grat zwischen echter Naturheilkunde einerseits und Quacksalberei andererseits sehr schmal. Teilweise jahrhundertealtes Wissen wurde immer mündlich überliefert – und droht verloren zu gehen. Viele Quacksalber tingeln durch das Land und versprechen der gutgläubigen Bevölkerung Linderung ihrer Not – aus purer Geschäftemacherei. Selbst die Tansanier können echte, erfahrene Heiler nicht immer von effektvoll arbeitenden Quacksalbern unterscheiden.

Der vermutlich fundamentalste und am tiefsten verankerte Glaube ist jener an die **Ahnen**. Abstammung und Verwandtschaft – auch über Generationen hinweg – spielen bei allen Völkern eine bedeutende Rolle, denn sie definieren die Stellung eines Individuums innerhalb der Gesellschaft. Vergangenheit, Gegenwart und Zukunft fließen so ineinander über.

Entsprechend der Altershierarchie (S. 131) sind die Älteren – auf Swahili *mzee* (Männer) bzw. *bibi* (Frauen) genannt – zu verehren und zu achten, auch über den Tod hinweg. Die Verstorbenen sind nämlich nicht ausgelöscht, sondern allgegenwärtig – als Geister und geistige Kräfte. Die Ahnen und mythischen Urväter sowie -mütter greifen in die Geschicke der Lebenden ein, weswegen man um ihr Wohlwollen bemüht sein muss. Um sie gnädig zu stimmen, werden Tänze, Rituale und Zeremonien abgehalten. Oft sind auch die Ahnen auf die Lebenden angewiesen, denn durch ihre Opfergaben oder symbolischen Gesten können sie fortbestehen.

Daneben existiert der Glaube an gute und böse **Geister oder Dämonen**. Die umgebende Natur gilt häufig als beseelt. Bäumen, Quellen, Felsen, Bergen u. a. wird ein heiliges Wesen zugesprochen, wie etwa dem Ol Doinyo Lengai als heiligem Berg der Maasai. Im Zusammenhang mit diesen Vorstellungen stehen häufig strenge **Tabus** (z. B. dass bestimmte Tiere oder Pflanzen nicht verzehrt und bestimmte Orte nicht betreten werden dürfen).

Als Mittler zwischen den Menschen einerseits und den Ahnen, Geistern und der Natur an-

Die Geister, die ich rief

Es ist paradox – adrett gekleidet, frisch gewaschen und mit reinem Herzen strömen sie Sonntag für Sonntag in die Kirchen. Doch auch die intensivsten Missionierungsversuche (von christlicher als auch von islamischer Seite) konnten nichts daran ändern, dass die meisten Tansanier böse Geister und Hexen noch immer als allmächtig ansehen.

Eines der am besten dokumentierten Beispiele aus früheren Tagen ist vielleicht der Maji-Maji-Aufstand (1905–1907) im südlichen Tansania, wo sich die Menschen gegen das Regime der Kolonialregierung erhoben (vgl. S. 518). Um den Kriegern im Kampf gegen die Kolonialtruppen Mut einzuflößen, verabreichte man ihnen ein **Zauberwasser** (*maji* bedeutet Wasser), das die Gewehrkugeln der deutschen Soldaten an ihnen abprallen lassen sollte. So gestärkt, traten Zehntausende der Rebellion bei – und bezahlten natürlich mit dem Leben.

Auch heute noch gehören böse Mächte, Geister und Hexen zum Alltag, wie schon vor Hunderten von Jahren. In der Shingyanga- oder Mwanza-Region werden beispielsweise noch immer ältere Frauen, die man für **Hexen** hält, brutal ermordet. In den meisten Fällen werden solche Vorkommnisse gar nicht bei der Polizei angezeigt, sondern die Täter werden von der Dorfgemeinschaft für ihre vermeintlich „gute Tat" auch noch fürstlich entlohnt.

Der Glaube an Hexen und Geister erlaubt es den Menschen, Schicksalsschläge zu erklären und jemand anderen dafür verantwortlich zu machen. Wenn jemand erkrankt, so sind daran nicht Bakterien oder fehlende Schutzmaßnahmen schuld, sondern der Nachbar, der mit den bösen **Geistern** unter einer Decke steckt. Die verdorbene Ernte wird dem Lehrer des Nachbardorfs angehängt. Die rüstige Seniorin von gegenüber muss dafür herhalten, wenn ein junger Mann seinen Job verloren hat (weil er wiederholt alkoholisiert zum Dienst gekommen ist). Überführt werden die angeblichen Täter u. a. durch Träume.

Geistervertreiber und traditionelle Heiler genießen höchstes Ansehen in der Dorfgemeinschaft. Sie brauen fragwürdige Teemischungen (gegen Pechsträhnen), ziehen unsichtbare Kreise um Dörfer (um das Eindringen von Hexen zu verhindern) und lassen sich Zeremonien einfallen (um die Geister zu vertreiben). Sie besitzen natürlich auch die Gabe, Hexen zu erkennen, weshalb ihnen in den – ungesetzlichen – Hexentötungen eine gewichtige Rolle zufällt. Die Insel Pemba gilt als Hochburg sogenannter Geistervertreiber; von Kenia, Tansania und weither reisen Menschen an, um Schuldige für ihr Schicksal zu finden und diese auszutreiben. In regelmäßigen Abständen halten vermeintliche Heiler das Land in Atem, indem sie behaupten, sie könnten Krankheiten heilen, bei denen die Ärzte versagt haben. Erst 2011 reisten abertausende Menschen unter der Aufbringung ihrer letzten finanziellen und körperlichen Reserven nach Loliondo, um sich vom Heiler Mwasapile das Wundermedikament, das nur einmal im Leben genommen werden darf, verabreichen zu lassen.

Die Grenze zu **Kräuterheilern** – und zu Quacksalbern – ist fließend. Viele Geisteraustreiber verfügen über enormes Wissen in Bezug auf Naturmedizin, doch besteht eine Behandlung meist aus der Kombination von Hokuspokus und Kräutern. Besonders das Volk der Maasai hat sich durch seine äußerst wirkungsvolle Kräuterheilkunde auch international einen Namen gemacht; Pharmakonzerne versuchen bereits, sich ihr Wissen zunutze zu machen. Auf Märkten sieht man oft die kleinen Verkaufsbuden der Maasai, wo diese ihre traditionellen Kräuter (z. B. gegen Malaria, Würmer, verdorbenes Wasser oder Ähnliches) in kleinen Glasbehältern an den Mann oder die Frau bringen.

dererseits fungieren meist ältere Personen. Damit erklärt sich auch der hohe Status, der den älteren Mitgliedern einer Gemeinschaft zukommt. Manche der Älteren verfügen dazu noch über hervorragende Kenntnisse der Heilkunde, des Wettergeschehens oder der Erzählkunst, und es werden ihnen besondere magische Fähigkeiten zugeschrieben. Im westlichen Sinne entsprechen diese Personen **Medizinmännern** oder Regenmachern.

Geschichte und Politik

Offizieller Name: *Jamhuri ya Muungano wa Tanzania* (Vereinigte Republik Tansania)
Regierungsform: Präsidialrepublik
Hauptstadt: Dodoma
Unabhängig seit: 1964

Frühzeit

Anthropologische Untersuchungen legen nahe, dass im Gebiet des östlichen Rifts des Afrikanischen Grabenbruchs **Frühformen der heutigen Menschen** lebten. In der Oldupai-Schlucht im Norden fanden Archäologen hominide Spuren, die über 3,5 Mio. Jahre alt sein dürften. Weitere Fundstellen, die sogar als älter gelten, liegen unweit davon, in Westkenia und Äthiopien. Deshalb wird der ostafrikanische Raum auch gerne als „Die Wiege der Menschheit" bezeichnet. Genauere Informationen dazu finden sich im Kapitel „Safaris im Norden", S. 379. Abgesehen von diesen Sensationsfunden gab es in Tansania noch weitere Entdeckungen, etwa Steinzeitfunde bei Isimila (unweit von Iringa), die darauf schließen lassen, dass die hominiden Vorläufer dort vor ca. 270 000 Jahren lebten. Auch die Felsmalereien von Kondoa Irangi (Zentraltansania) deuten darauf hin, dass die heutige Spezies Mensch dort schon vor etwa 6000 Jahren existiert haben muss.

Vor der Ankunft der Europäer

Vor ca. 2500 Jahren muss es massive Völkerwanderungen gegeben haben. Bantu und Niloten (hierzu gehören z. B. die Maasai) zogen ins Gebiet des heutigen Tansania und brachten neben Viehwirtschaft auch den Bananen-, Hirse- und Knollenfrüchte-Anbau mit. Eine der ersten schriftlichen Aufzeichnungen über die ostafrikanische Küste wird ungefähr auf das 1. Jh. n. Chr. datiert. Aus griechischen Reise- und Handelsdokumenten geht hervor, dass zwei mächtige Siedlungen in Tansania, vermutlich das heutige **Kilwa** (damals Rhapta) und Kua auf **Mafia Island**, wichtige Stützpunkte auf dem Seeweg von Arabien nach Indien waren. Arabische Aufzeichnungen belegen, dass sich der Handelskontakt ab dem 9. Jh. intensivierte. Die Handelswaren wurden mit Segelschiffen (Dhows) transportiert. Arabische und indische Seeleute lieferten Datteln, Stoffe, Keramiken und Gewürze und nahmen dafür Mangrovenholz, Gold, Tierfelle und später auch Elfenbein und Sklaven mit zurück. Durch den regen Austausch entwickelte sich an der Küste und auf den Inseln eine hochstehende moslemische, afro-arabische Kultur, die **Swahili-Kultur**.

Etwa zur gleichen Zeit, im 10. und 11. Jh., legten **Araber und Shirazi** (aus Persien) die Grundmauern der ersten dauerhaften Siedlungen aus Stein. Von den bedeutenden Shirazi-Siedlungen existieren in Tansania heute nur mehr Ruinen, z. B. nahe Tanga, Mtambwe Mkuu auf Pemba, auf Mafia oder bei Kilwa, das im 14. Jh. seine Blütezeit erlebte.

Die portugiesische Herrschaft

Durch die arabisch-islamische Präsenz im Indischen Ozean war den Europäern der Seeweg nach Indien abgeschnitten, weswegen man verzweifelt nach Mitteln und Wegen suchte, die wirtschaftliche und religiöse Dominanz der Araber zu durchbrechen. Eines der Ziele war, Afrika von der westlichen Seite zu umschiffen, um über Südafrika und das Kap der Guten Hoffnung Ostafrika und schließlich Indien zu erreichen. 1488 gelang dem portugiesischen Seefahrer Bartolomeu Diaz die Umschiffung des Kaps, aber erst 1498 erreichte der erste Europäer, der ebenfalls portugiesische Seefahrer **Vasco da Gama**, die Ostküste. Als erster Europäer setzte er Fuß auf das kenianische Festland und legte in Mombasa und Malindi an. Schwer beladen mit Gastgeschenken und exotischen Waren segelte er zurück nach Europa und sorgte damit in seiner Heimat für Furore. Bald war klar, dass die Seefahrermacht Portugal die Herrschaft in Ostafrika an sich reißen wollte, um sich den Seeweg nach Indien und den Zugang zu den exotischen Rohstoffen zu sichern.

Die portugiesische Expansion, die auch als heiliger christlicher Krieg gerechtfertigt wurde, verlief aber nicht nach Wunsch. Sie entpuppte sich als **wirtschaftliches Desaster.** Die portugiesischen Waren standen in Ostafrika schlecht im Kurs; man musste in Europa teure Tauschware erwerben. Um dieses Verlustgeschäft zu kompensieren, mussten die Portugiesen die Küstenstädte und den Handel kontrollieren, und dabei gingen sie nicht zimperlich vor. Wenn Portugiesen eine Stadt enterten, dann wurde geplündert, gemordet und zerstört. Ihre durch Feuerwaffen gesicherte militärische Überlegenheit machte sie praktisch unbesiegbar, und so gerieten die Küstenstädte bald unter ihre Kontrolle. Zudem führten die Portugiesen ein Steuersystem ein, das der wirtschaftlichen Stärke der Städte erheblich zusetzte.

Wegen der militanten Portugiesen verlegten die einheimischen Händler ihre Handelsrouten ins Landesinnere, der Küstenhandel brach fast vollständig zusammen. Die Zölle und der **Rückgang des Handels** führten zur Verarmung der Küstenstädte; die Ausbeute der Portugiesen sank rapide. Genau 200 Jahre sollte die Oberhoheit der Portugiesen in Ostafrika dauern, die für die einst größte Seefahrernation in einem ökonomischen Supergau endete. Da war es ein Leichtes für die arabischen **Omani**, in den verarmten und verzweifelten Küstenstädten Verbündete zu finden und die Orte nach und nach einzunehmen.

Nach mehreren kriegerischen Auseinandersetzungen fiel 1698 schließlich die letzte portugiesische Bastion Mombasa (Kenia) und die unbeliebten Europäer mussten sich zurückziehen. Im 18. Jh. versuchten sie erfolglos, weite Teile der Ostküste erneut unter ihre Herrschaft zu bringen, mussten sich aber schließlich mit Mosambik zufriedengeben.

Obwohl die portugiesische Herrschaft sang- und klanglos endete, hat sie in Tansania Spuren hinterlassen. Den Stierkämpfen auf Pemba wird nachgesagt, portugiesischen Ursprungs zu sein, ebenso wie einigen Swahili-Wörtern, z. B. *pesa* (Geld), *meza* (Tisch) oder auch *gereza* (Gefängnis, Befestigungsanlage). Von den Kangas nimmt man an, dass ihre Muster portugiesischen Taschentüchern entlehnt sind.

Das blutige Jahrhundert – Elfenbein und Sklaverei

Nach der Eroberung Mombasas, des wichtigsten Handelszentrums Ostafrikas, war der Weg für die arabischen Omani geebnet. Die Swahili-Kultur erblühte von Neuem, die Araber kontrollierten nun wieder die Handelswege, führten ein (von indischen Beratern entwickeltes) Steuerwesen ein und zählten um 1730 fast die gesamte Ostküste zu ihrem Einflussbereich. Primäre Handelsgüter stellten **Elfenbein**, Gold und andere Edelmetalle dar. Nach und nach erlangte Sansibar als Handelsmetropole Bedeutung, vor allem durch seinen natürlichen Tiefseehafen.

In Europa, Indien und China galten die Stoßzähne afrikanischer Elefanten als Luxusgut. Klaviergriffe, Billardbälle, Messerhefte, Schirmgriffe oder Kämme fanden reißenden Absatz unter den Wohlhabenden. Dem gestiegenen Bedarf musste mit veränderten Fangmethoden begegnet werden. So entwickelten sich Berufsjäger, die rund ums Jahr auf Elfenbeinjagd gingen, was die monetären Gewinne ins Unermessliche steigen ließ. Religiöse Bedenken – denn sowohl Elefanten als auch Elefantenfriedhöfe galten bei manchen Ethnien als heilig – wurden kommerzieller Gier geopfert. Laut einer Statistik eines deutschen Händlers wurden z. B. in den 1880er-Jahren an die 570 000 kg Elfenbein jährlich aus Ostafrika nach Deutschland importiert, was 3000–3500 getöteten Elefanten entspricht. Noch heute ist der illegale Handel mit Elfenbein kaum zu stoppen; Tansania gehört nach wie vor zu den Toplieferanten nach Deutschland, Italien, Arabien und China.

Bald aber wurde Elfenbein von einem anderen „Gut" überflügelt. Vom Verbot des **Sklavenhandels** im britischen Königreich im Jahre 1808 (das insbesondere den Sklavenhandel von Westafrika traf) profitierten nämlich die Händler Ostafrikas. Die Kultivierung der Gewürznelke ab 1818 und die Plantagenwirtschaft anderer exotischer Früchte wie Vanille, Kakao und Zucker auf Mauritius und La Réunion verlangten nach Arbeitskräften und brachten einen grausamen Wirtschaftsmotor in Gang, der Sansibars wirtschaftliche und politische Stellung festigte (Kasten S. 191).

1832 verlegte **Sultan Sayyid** die Hauptstadt seines omanischen Sultanats Muskat (samt seinem gesamten Hofstaat) nach Sansibar. Damit avancierte die Insel zum wirtschaftlichen und politischen Zentrum Ostafrikas und des Oman. Mit dem Sultan zogen viele einflussreiche und wohlhabende Familien in die neue Hauptstadt. In den ersten paar Jahren vervierfachte sich die Population der reichen Handelsstadt auf 20 000 Einwohner.

Deutsche und britische Kolonialherren

Allmählich erwachte in Europa das Interesse am „schwarzen Kontinent". **Forschungsreisende und Geistliche** waren die Wegbereiter für die folgende Kolonialisierung Ostafrikas. Als erste Missionare setzten Ludwig Krapf und Johannes Rebmann 1846 ihren Fuß auf tansanischen Boden. Ihre Erzählungen über einen großen Binnensee in Ostafrika waren es schließlich, die Richard Francis Burton und John Hanning Speke 1857 zur ersten Ostafrika-Expedition starten ließen. Es folgten 1866 David Livingstone sowie 1871 – auf der Suche nach Livingstone – Henry Morton Stanley (Kasten S. 478).

Die Forschungsberichte aus dem Inneren Afrikas stießen bei den politischen Führern Europas auf offene Ohren. **Rohstoffe** wurden für die fortschreitende Industrialisierung benötigt; man erkannte den Vorteil des Umstands, dass die für die europäische Versorgung wichtigen *cash crops* Sisal, Baumwolle, Kaffee, Weizen, Mais oder Ähnliches nicht mehr von Südamerika importiert werden mussten. Gerade die Briten, damals die führende Industrienation, bauten ihre Außenhandelsbeziehungen mit dem Sultanat von Sansibar und Ostafrika systematisch aus und unterstrichen ihre Vormachtstellung mit der Pacht von Sansibar. Sie rechtfertigten ihre Präsenz in Ostafrika vor allem mit ihrer Mission, die Sklaverei beenden zu wollen (was 1873 auch offiziell geschah). Primär hatten sie jedoch – wie alle anderen Interessenten auch – nicht humanistische, sondern handfeste wirtschaftliche und politische Motive.

Der Rest von Europa sah das Engagement der Briten in Ostafrika natürlich kritisch, denn jede Nation wollte am Kuchen Afrika teilhaben. Etwa zur gleichen Zeit, zu Beginn der 1880er-Jahre, versuchten mit Großbritannien, Spanien, Belgien, Frankreich, Italien und Deutschland gleich mehrere Länder ihre Fühler nach Afrika auszustrecken, doch am Streit über den strategisch wichtigen Kongo mit all seinen Bodenschätzen eskalierte die Situation schließlich. Otto von Bismarck, Reichskanzler von Deutschland, berief 1884 die **Kongo-Konferenz** ein, die im englischen Sprachraum auch als Berliner Konferenz bekannt ist. Sie sollte vor allem die Zuteilung des Kongo regeln. Westafrika ging an die Franzosen, der Kongo an Belgien, die Briten erhielten Südafrika. Das damalige Festland-Tansania, Tanganyika, wurde (neben anderen Territorien) den Deutschen zugeteilt, während *British East Africa* das heutige Kenia umfasste. Den Signatarstaaten des Vertrags wurde zudem Handelsfreiheit in den afrikanischen Territorien gewährt.

Dies intensivierte den Kampf um das „Niemandsland" Afrika. Ohne Wissen der Briten begannen die Deutschen, mit den Stammeshäuptlingen „Schutzverträge" abzuschließen. Es folgte die willkürliche Annexion mehrerer großer Gebiete in Tansania, und schließlich pachteten die Deutschen 1888 vom sansibarischen Sultan einen Küstenstreifen am Festland. Nach diesem anfänglichen Machtgerangel einigten sich Deutschland und Großbritannien im **Helgoland-Sansibar-Vertrag** von 1890 letztendlich darauf, dass das Deutsche Reich Uganda und Sansibar als britisches Protektorat akzeptierte. Im Gegenzug erhielt Deutschland das bis dahin britische Helgoland sowie das Recht, dem sansibarischen Sultan die Tanganyika-Küste abzukaufen, die es zuvor schon gepachtet hatte.

Die **Kolonialherrschaft der Deutschen** in Tanganyika verlief natürlich nicht ohne Komplikationen. Rücksichtslos versuchten die Kolonialherren, das Land nach deutschem Vorbild umzukrempeln. Sie ignorierten die Hoheitsgebiete einheimischer Herrscher ebenso wie ethnische Zugehörigkeiten. So wurde bei der Grenzziehung zwischen Kenia und Tansania das Volk der Maasai zwei verschiedenen Ländern zugewiesen, was heute zur Folge hat, dass sich Verwandte nur durch Vorweisen eines Reisepasses besuchen können. Diese rigorose koloniale Inbesitznahme vollzog sich deshalb nicht ohne den erbitterten Widerstand seitens der einheimischen Bevölkerung. Dabei setzten sich die Kolonialherren aufgrund ihrer militärischen Überlegenheit aber stets durch. Trotzdem gelten der **Bushiri-Krieg** (1888–1889) bei Tanga (S. 203), der **Aufstand der Hehe** (1891–1894) bei Iringa (S. 501) sowie der **Maji-Maji-Aufstand** (1905–1907) in Südtansania (S. 518) als Meilensteine der Auflehnung gegen die deutschen Kolonialherren.

Nach der völligen Vereinnahmung Tansanias wurde versucht, dem Land deutsche Verwaltung und Effizienz überzustülpen. Schulen, Spitäler und Straßen wurden gebaut sowie Mais eingeführt. Die Kolonialherren trieben Steuern ein, die nicht etwa in Naturalien, sondern in Geld zu zahlen waren. Das zwang die Tansanier, als Lohnarbeiter auf den Plantagen (Sisal, Baumwolle, Kokosnüsse) der Weißen zu arbeiten. Andere mussten sich als Tagelöhner oder Zwangsarbeiter bei den großen Eisenbahnprojekten verdingen, z. B. beim Bau der Usambara-Bahn von Tanga nach Moshi sowie der Central Line von Dar es Salaam nach Kigoma.

Der **Erste Weltkrieg** machte auch vor Deutsch-Ostafrika nicht halt; Schlachten wurden gefochten und Blut vergossen. Die Deutschen verloren nicht nur den Krieg, sondern durch den Vertrag von Versailles (1919) auch die ostafrikanischen Besitzungen an den Völkerbund. Damit gehörte das gesamte Ostafrika bis zur Unabhängigkeit zum britischen Imperium, allein der Status der Gebiete variierte: Kenia war ab 1920 britische Kronkolonie, Tanganyika stand als Mandat des Völkerbunds unter britischer Verwaltung, Uganda und Sansibar blieben unverändert Protektorate. Deutsche Siedler und Missionare wurden ausgewiesen; wegen des ökonomischen Niedergangs lud man stattdessen indische Kaufmänner und Investoren ein, sich in Tansania anzusiedeln. Nach dem Vorbild anderer Kolonien führten die **Briten** 1925 die sogenannte *indirect rule* ein, wobei die Verwaltung einzelner Distrikte dezentralisiert wurde. Dies gestattete den Stammesführern eine teilweise politische Selbstbestimmung auf kommunaler Ebene.

Die Unabhängigkeit

Da die Briten in Tansania kaum Siedler (und auch keine Siedlungsansprüche) hatten, verlief die Unabhängigkeitsbewegung weit weniger dramatisch als in anderen afrikanischen Ländern. Es gab kaum Konflikte um Grundbesitz, Farmen oder Ähnliches. Durch die *indirect rule* konnte sich früh eine politische Kultur entwickeln – und der langsame Wunsch nach Unabhängigkeit. 1928 formierte sich der erste Vorläufer einer politischen Partei, die *Tanganyika African Association* (TAA), die 1954 zur *Tanganyika African National Union* (TANU) und damit zur ersten von der UNO anerkannten Massenpartei des Landes wurde.

Als erster Parteiführer trat ein gewisser **Julius Nyerere** (1922–1999) an, der als einer der ersten Tansanier überhaupt das Privileg genoss, in London studiert zu haben. Nachdem die britische Verwaltung dem Land am 9. Dezember 1961 formal die Unabhängigkeit gewährte, wählte man den katholischen Lehrer (Swahili: *mwalimu*) vom Victoria-See schließlich 1962 zum Staatspräsidenten von **Tanganyika**, das sich zur Republik im britischen Commonwealth erklärte. Kurz nach der Unabhängigkeitserklärung von **Sansibar** am 10. Dezember 1963, der eine blutige Revolution vorangegangen war, verbanden sich die beiden Staaten Tanganjika *(Tan)* und Zanzibar *(Zan)* und gründeten die **Vereinigte Republik Tanzania**. Mwalimu Julius Nyerere wurde erneut zum Staatspräsidenten der jungen Republik ausgerufen (und Abeid Karume aus Sansibar zum Vizepräsident ernannt) und seine Wiederwahl jeweils 1965, 1970, 1975 und 1980 bestätigt.

Nyereres Wahl läutete die **sozialistisch-kommunistische Ära** in Tansania ein. In der *Arusha Declaration* von 1967 stellte er die Weichen für ein neues, seiner Meinung nach gerechteres Tansania. Er verstaatlichte die Banken und andere Wirtschaftsunternehmen, forcierte die Neugründung sozialistischer Dorfgemeinschaften *(Ujamaa)*, initiierte eine Reform des Schulwesens und schuf den Prototyp des **Afrikanischen Sozialismus** (S. 457). Schließlich aber scheiterte der Traum vom gerechteren Tansania an der Nichtfinanzierbarkeit des Systems, wie es auch gegen Ende des 20. Jhs. in Osteuropa zu erkennen war. Mit seinem bemerkenswerten Rücktritt im Jahre 1985 gestand Nyerere das Scheitern seiner Politik ein.

Die 1980er- und 1990er-Jahre

Nach den wirtschaftlich ruinösen 20 Nyerere-Jahren galt es, das Land wieder auf Vordermann zu bringen – ein Prozess, der aufgrund mangelnder politischer und wirtschaftlicher Erfahrung der handelnden Personen äußerst chaotisch verlief. Der Internationale Währungsfonds (IWF) sowie die Weltbank waren sogleich mit Geld zur Stelle, doch anstatt die Finanzmittel in Straßenbau, Wasserversorgung oder Krankenhäuser zu investieren, verstrickte sich der Nachfolger Nyereres, **Ali Hassan Mwinyi** (geb. 1925), immer tiefer in Korruptionsaffären. Während die Oberschicht sich an den Entwicklungshilfegeldern bereicherte, sickerte kaum etwas davon zur einfachen Bevölkerung durch. Aufgrund der kontinuierlich steigenden Zinsen der internationalen Kredite versank Tansania zudem immer tiefer in der **Schuldenspirale**. Fallende Weltmarktpreise für Agrarexporte und Mineralien in Verbindung mit steigenden Preisen für Importe von Industriegütern ließen Tansanias Wirtschaft nicht mehr konkurrenzfähig produzieren. Die Textilindustrie kollabierte, und eine lang anhaltende Trockenperiode sowie der Flüchtlingsstrom aus dem benachbarten Ruanda taten ihr Übriges, um die Situation der meisten Tansanier dramatisch zu verschlechtern.

Während die allgemeine Wirtschaft darniederlag, begann der **Tourismus** langsam zu wachsen. Mit der Privatisierung der Hotels und Tourunternehmen konnte man leichter auf die Anforderungen der internationalen Gäste reagieren, Privatinvestoren bauten Lodges und die ökologischen Herausforderungen in den Nationalparks wurden endlich zur Chefsache erklärt.

Auf Druck der internationalen Geldgeber kam es 1995 zu den ersten „freien" Mehrparteienwahlen, aus denen **Benjamin Mkapa** (geb. 1938) als Staatspräsident hervorging. Er führte die Politik der Privatisierung staatlicher Betriebe weiter, beispielsweise der National Bank of Commerce, der Telekommunikation, der Energieversorgung und von Teilen der Wasserversorgung. Allerdings half auch hier internationaler Druck, die Reformen rasch und möglichst effizient durchzuziehen. Als einer der ersten Präsidenten Afrikas sprach sich Mkapa gegen den gängigen Personenkult aus. Konsequenterweise verzichtete er darauf, neue Geldnoten mit seinem Konterfei drucken zu lassen, was sonst in Afrika durchaus üblich ist. Trotz seiner Bemühungen zugunsten einer Politik der freien Marktwirtschaft konnte er die tief verwurzelte Korruption und die Steuerflucht nicht unterbinden. Und auch die Privatisierungswelle hat bei Weitem noch nicht zu den erwarteten und erhofften Verbesserungen geführt.

Tansania heute

Obwohl Oppositionsparteien seit 1993 verfassungsmäßig erlaubt sind, spielten sie lange nur eine Nebenrolle. Die absolute Macht hatte die 1977 gegründete Einheitspartei CCM (*Chama Cha Mapinduzi*, dt. Revolutionspartei). Ihr Mitglied, der charismatische **Jakaya Mrisho Kikwete** (geb. 1950), wurde 2005 mit einer überwältigenden Mehrheit von über 80 % der Stimmen an die Spitze der Republik Tansania gewählt und 2010 in seinem Amt bestätigt. Seine Bilanz ist durchwachsen und von keinen großen Würfen geprägt. Im Gegenteil, große Korruptionsskandale kamen während seiner Amtszeit an die Öffentlichkeit. In Tansania wird er mittlerweile eher als Sunnyboy denn als ernstzunehmender Politiker wahrgenommen. Aber er leitete eine Art Aufbruchsstimmung ein, die stärkere Oppositionspolitik und größeres Interesse an der Politik und Partizipation seitens der Bevölkerung mit sich brachte.

So stärkte seine Politik der Harmonie den **Oppositionsparteien** den Rücken. Während Moslems traditionell zur zweiten großen Partei CUF (Civic United Front) tendieren, unterstützen junge, gebildete Städter aus der Mittelschicht neuerdings eher die CHADEMA (*Chama cha demokrasia na maendeleo*, Partei für Demokratie und Fortschritt). Die Medien berichten freimütig von den politischen Machenschaften, kritisieren und analysieren. Begierig saugt die Jugend

Stolperstein Sansibar

Sansibar nimmt im **Unionsstaat Tansania** eine Sonderstellung ein, nicht zuletzt aufgrund der unterschiedlichen geschichtlichen Entwicklung. Formal agiert Sansibar selbstständig mit eigenem Parlament und Präsidenten, selbstständigen Regierungsaufgaben und eigenständiger Gesetzgebung. Über 95 % der Bevölkerung sind Moslems, deren Weltbild sich schlecht mit dem des tansanischen Festlands vereinen lässt. Seit dem Zusammenschluss Tansanias und Sansibars gibt es **Spannungen** zwischen den beiden Teilen der Union. Die Sansibaris monieren, dass die Belange Sansibars in der Unionspolitik zu wenig berücksichtigt würden. Die Themen Autonomie und Unabhängigkeit stehen permanent im Raum. Das halbautonome Sansibar stellt für den jeweiligen Unionspräsidenten, für die innenpolitische Stabilität und die internationale Akzeptanz seit jeher ein unkalkulierbares Risiko dar. Nach jahrelangen Querelen und gewalttätigen Auseinandersetzungen einigten sich die beiden führenden Parteien CCM und CUF 2010 darauf, die politische Union mit dem Festland nicht anzutasten. Das politische Aufatmen war aber nur von kurzer Dauer – bis die Bewegung **Uamsho** („Erwachen") mit radikal islamischen Gedanken und Aktionen in Erscheinung trat. Sie strebt einen unabhängigen islamischen Gottesstaat unter der Herrschaft des Religionsgesetzes Scharia an und soll Verbindungen mit Al Kaida und der somalischen Shabab-Miliz pflegen.

Brandanschläge auf Kirchen, öffentliche Hasspredigten, Flugblätter mit Gewaltaufrufen oder heimtückische Säureanschläge auf Touristen und Geistliche verändern seitdem das einst viel gepriesene Klima der Toleranz auf Sansibar. Westlicher „Dekadenz" und ausländischen Sitten ist der Kampf angesagt worden. Parlamentarier bringen Vorschläge ein, westliche Kleidung unter Prügelstrafe zu stellen oder den Alkoholausschank rigide zu kontrollieren.

Uamsho kann sich über ungebremsten Zulauf freuen. Die Sansibaris sind enttäuscht von den etablierten Parteien, die ihre Ideale – die Abspaltung vom Festland – verraten haben. Sie radikalisieren sich in ihren Ansichten, ihren gelebten Traditionen und vor allem in ihrer Haltung den Touristen gegenüber, obwohl 80 % der Einnahmen aus dem Tourismus stammen. Es gibt zwar kaum noch leere Grundstücke, und neue Hotels eröffnen fast im Wochentakt, doch der große Wohlstand ist bei den Bürgern nicht angekommen. Armut und Drogen grassieren wie ansteckende Krankheiten, Korruption und Arbeitslosigkeit werden immer schlimmer, je mehr die Insel boomt. Menschen vom Festland kommen und nehmen den Insulanern Arbeitsplätze weg. Die Sansibaris sind so gut ausgebildet wie nie zuvor (u. a. auch durch Studienaufenthalte in radikalen Ländern wie Saudi-Arabien oder Iran), finden aber keine Arbeit. Die Furcht vor lokalem **Extremismus** wächst – auch auf dem Festland, wo man diese Entwicklung mit Besorgnis beobachtet, insbesondere im Lichte der weltweiten Vermarktung der Destination Tansania.

Informationen aus den Zeitungen auf, verfolgt die Sitzungen des *bunge* (Parlament) im Fernsehen und wettert mit Freunden gegen die eine oder andere Entscheidung. Die Oppositionsparteien nehmen plötzlich ihre Arbeit als Kontrollinstanz wahr, boykottieren Regierungsbeschlüsse, initiieren Kontrollausschüsse und schauen der Regierung genauer auf die Finger als je zuvor.

Der **Demokratisierungsprozess** wurde während Kikwetes Amtszeit auf die richtige Spur gebracht. Dennoch hakt es immer noch an den ewig gleichen Stellen: Infrastruktur, Korruption, Ineffizienz. Die Politik hinkt der Profitgier und der gesellschaftlichen Umwälzung immer zwei Schritte hinterher. Für Gesundheit und Bildung wird nicht genug Geld locker gemacht; Strom- und Wasserversorgung sind größtenteils zusammengebrochen; die Arbeitslosigkeit ist trotz Wirtschaftsboom hoch; die Korruption wuchert weiter. Armut, Verkehr, Umweltschutz, Aids, Kriminalität und Drogen sowie der Drang Sansibars nach Unabhängigkeit – die großen Problemfelder wachsen in Zeiten von ungebremstem Wirtschaftswachstum exponentiell. Wie die Geschichtsbücher über Kikwete nach dem Ende seiner Amtszeit 2015 urteilen werden (der tansanische Präsident darf kein drittes Mal antreten), wird die Zukunft zeigen.

Wirtschaft und Entwicklung

Wirtschaftswachstum: (real) 7 %
Inflation: 6–8 %, mit Spitzenwert von 19,8 % im Dezember 2011
BIP pro Kopf: US$1600 (Deutschland: US$39 700)
Agrarsektor: 85 %
Zugang zu Elektrizität: 20 %
Mindestlohn: ca. 100 000 TSH pro Monat (ca. 48 (EUR))
Arbeitslosigkeit: 30–40 % (geschätzt)

Wer in Dar es Salaam die Ausfahrt des Flughafens verlässt, findet sich in einer Autoschlange wieder. Zu Spitzenzeiten braucht man wegen Verkehrsstaus für die Fahrt ins Stadtzentrum eine Stunde – für eine Distanz von 12 km. Zwischen 6 und 9 Uhr sowie 16 und 20 Uhr kommt der Verkehr im Stadtgebiet von Dar es Salaam vollkommen zum Erliegen, selbst Ausweichrouten funktionieren dann nicht mehr. Die Staus in den Städten, allen voran in Dar und Arusha, sind selbst für Besucher gute Indikatoren für das Wirtschaftswachstum der letzten Jahre. Glitzernde Büro- und Wohnhaustürme ragen in den Himmel, viele davon noch im Bau befindlich; Kaffeehäuser à la Starbucks sind um die Mittagszeit zum Bersten voll; und in den wenigen Einkaufszentren herrscht Gerangel um die Parkplätze.

In den urbanen Zentren ist eine (häufig im Ausland) ausgebildete, geschäftstüchtige, junge Mittelschicht herangewachsen, die Unternehmen gründet und den Privatsektor gehörig aufmischt.

Doch sobald man die Stadtgrenzen hinter sich lässt, dominiert das Bild, dass man von Afrika kennt: ärmliche Behausungen ohne Strom und fließend Wasser, Ochsenkarren und zum Umkippen voll beladene Fahrräder mit ausgemergelten Fahrern auf den Straßen. Es gibt Schätzungen, dass weniger als 10 % der tansanischen Bevölkerung vom Wirtschaftsboom profitieren.

Wirtschaftsboom made in Tansania

Die Wirtschaftsmagazine und Fachleute überschlagen sich vor Begeisterung: Seit mehreren Jahren überzeugt Tansania mit konstant hohen Wirtschaftswachstumsraten, und steckt dabei sogar locker Kenia in die Tasche. Im ersten Quartal 2013 ist die Wirtschaft um sagenhafte 7,5 % gewachsen. Die Wirtschaftslokomotiven sind dem Bergbau und Bodenschätzen, dem Bausektor, der Kommunikationsbranche, dem Tourismus und der Entwicklungshilfe geschuldet.

Doch die Jubelmeldungen täuschen darüber hinweg, dass 90 % der Bevölkerung am gesamtwirtschaftlichen Wachstum nicht partizipiert. Der *Human Development Index* 2013 der Vereinten Nationen setzt Tansania auf Rang 152 von 186 Ländern. **Armut** ist und bleibt besonders in ländlichen Gegenden das zentrale Thema – zwei Drittel der Tansanier leben von weniger als US$1,25 pro Tag. Hand in Hand mit Armut gehen unzureichende Schul- und Ausbildung, fehlendes Wissen um die beiden großen gesundheitlichen Geißeln des Landes, Malaria und Aids, sowie der weiter zunehmende Bevölkerungsdruck bei ständig sinkenden Nutzflächen und Erträgen.

In den letzten Jahren haben zudem Teuerungswellen das Land erfasst, die alle Bereiche des täglichen Lebens betreffen. Die **Preise** explodieren, egal ob für Grundnahrungsmittel wie Reis, Mais oder Mehl, für Benzin/Diesel, Strom, Zement oder Holz. Gerade die Verteuerung alltäglicher Waren wie Holzkohle oder Grundnahrungsmittel wirkt sich dramatisch auf die Lebenssituation der Menschen aus.

Der erstarkte **Privatsektor** in den Städten darf nicht darüber hinwegtäuschen, dass sich auf institutioneller und politischer Ebene nur wenig getan hat. Wer ein Unternehmen in der Dienstleistungsbranche hat, beklagt die schlecht ausgebildeten Mitarbeiter und deren mangelnde Leistungsbereitschaft. Anderen macht die starke Abhängigkeit vom Import zu schaffen. Da nichts im eigenen Land produziert wird, muss faktisch alles, von Computern über Fahrzeuge, Brennstoffe und Kleidung bis hin zu Möbeln, Geschirr oder Büchern, eingeführt werden. Zölle,

Schikanen bei der Einfuhr und andere Importbarrieren machen gerade den Mittelstand anfällig für behördliche Willkür. Die Weltbank, 💻 www.doingbusiness.org, setzt Tansania auf Platz 145 (von 189 Ländern); wenn es um das für eine Geschäftseröffnung günstige Klima geht. Kritisiert werden u. a. eine ausufernde Bürokratie und Korruption, Schwierigkeiten beim Erwerb von Grundstücken und Immobilien oder beim Erhalt von Baugenehmigungen, Probleme in der Stromversorgung, beim Im- und Export sowie hohe Zölle.

All diese Gründe machen **Investitionen** nur für solche Investoren interessant, für die Geld keine Rolle spielt und die über die entscheidenden Beziehungen verfügen. Dazu zählen der Bergbau, große arabische oder indische Hotel- und Bauprojekte oder auch die Telekommunikationsbranche. Alle genannten Sektoren stehen vor den gleichen Herausforderungen: Die Investitionen sind äußerst kapitalintensiv, während sie vergleichsweise wenig Arbeitsplätze schaffen. Es profitieren nur Wenige, darunter korrupte Politiker, heimische Großindustrielle und die ausländischen Geldgeber.

Ähnlich ergeht es der **Entwicklungshilfe und ausländischer Finanzhilfe**. Tansania ist hinter Kongo und Äthiopien der drittgrößte Empfänger von internationalen Geldern. Zu den Geberländern zählen China, die EU, die Vereinigten Staaten, Südafrika und Indien. Sie finanzieren vor allem große bis sehr große Projekte im Straßen- und Eisenbahnbau, im Bergbau und zu geringeren Teilen in der Agrarwirtschaft und dem Tourismus. Die Hilfe kommt aber nicht dort an, wo sie soll – bei den Menschen im Dorf, die von der Hand in den Mund leben.

Korruption stellt eines der größten Hemmnisse für die Entwicklung des Landes dar. Ob in der Wirtschaft, der Politik oder sogar im privaten Bereich, sie terrorisiert und lähmt das Land. Dass Politiker Geld von Entwicklungsprojekten abzweigen, mag vielleicht nicht überraschen. Aber auch Wirtschaftstreibende müssen bestechen, um Waren importieren zu können, um Aufenthaltsgenehmigungen und Geschäftslizenzen zu erhalten oder um ein Fahrzeug anzumelden. Im täglichen Straßenverkehr schikanieren korrupte Polizisten Einheimische und Ausländer. Mit Geld kann man die Justiz beugen, den Universitätsabschluss des Sohnes fingieren oder eine adäquate Behandlung im Spital erkaufen.

Ähnlich problematisch steht es um die **Infrastruktur**. Die Stromkapazitäten sind unzureichend, ebenso wie die Wasserversorgung oder die Abwasser- und Müllentsorgung. Ein wenig Besserung ist im Straßenbau zu sehen, wo unter dem beliebten Minister John Magufuli binnen kürzester Zeit viele lang angekündigte oder stillstehende Straßenbauprojekte vorangetrieben wurden. Dennoch ist das Verkehrswesen bei Weitem nicht so leistungsfähig, wie es für ein Land mit derartigen Wachstumsraten sein sollte.

Bei aller Euphorie über den Aufschwung bleibt die Nachhaltigkeit offen. Die Wirtschaftsleistung ist auf **Profitmaximierung** ausgerichtet, was weder den Großinvestor noch den mittelständischen Jungunternehmer ausnimmt. Investitionen müssen sich sofort amortisieren; für Amortisationszeiten von Bauprojekten wie im Westen von 20–25 Jahren oder länger haben Tansanier höchstens ein mildes Lächeln übrig. Einheimische Unternehmer zahlen ihren Angestellten noch geringere Gehälter als Expats und investieren selten in Mitarbeiterqualifizierung. Geringes betriebswirtschaftliches Wissen wird durch hohe Verkaufspreise kompensiert; es herrscht wenig Bewusstsein für Qualität, Kundenfreundlichkeit oder gar ökologische Überlegungen.

Schwer quantifizierbar ist der **informelle Sektor**, der sowohl in ländlichen Gegenden als auch in der Stadt das Wirtschaftsleben beherrscht und kulturell tief verwurzelt ist. So basiert nahezu die gesamte Grundversorgung der Bevölkerung auf informeller Wirtschaftsleistung, egal ob durch den Fischer von nebenan oder die Tomatenverkäuferin von der Straße.

Wirtschaftszweige

Den Hauptpfeiler der tansanischen Wirtschaft bildet mittlerweile der Dienstleistungssektor mit der Cash Cow Tourismus (47 % Anteil am BIP). An zweiter Stelle steht die nach wie vor weitgehend nicht mechanisierte **Agrar- und Viehwirtschaft** mit niedriger Produktivität. Über 80 % der Erwerbstätigen sind in der Landwirtschaft tätig. Es handelt sich dabei um Kleinbauern, die mit traditionellen Werkzeugen und Bewässerungsmethoden per Hand ihre Felder bestellen und ernten. Sie tun dies hauptsächlich, um ihren Eigenbedarf zu decken und überschüssige Ware auf den lokalen Märkten zu verkaufen (Subsistenzwirtschaft). Auch die Einnahmen aus der **Fischerei und Holzwirtschaft** tragen erheblich zum Bruttoinlandsprodukt (BIP) bei. Bis auf wenige Devisenbringer (sogenannte *cash crops*) wie Kaffee, Tee, Sisal, Baumwolle, Cashewnüsse, Tabak, Pyrethrum (ein Insektenvernichtungsmittel aus Chrysanthemen) oder Schnittblumen gibt es keine nennenswerten und konkurrenzfähigen Agrarprodukte für den Export. In der Summe hat die Landwirtschaft einen Anteil von etwa 28 % am BIP.

Mit 25 % Anteil am BIP hat die **Industrie** in den letzten Jahren mächtig zugelegt. Dabei spielt die Verarbeitung der Agrarprodukte (Bier, Tabak, Zucker, Sisal), Zement oder die Salzproduktion insgesamt eine untergeordnete Rolle. Viel bedeutender ist mittlerweile der Bergbau mit Gold- und Diamantenminen oder Eisenerzeugung. In den nächsten Jahren wird mit einem Anstieg bei der Förderung von Uran, Erdgas und Erdöl gerechnet, insbesondere mit der Erschließung der Uranfelder außerhalb des Selous Game Reserve und der Off-Shore Öl- und Gasvorkommen der Südküste.

Hoffnungsträger Tourismus

Der Tourismus boomt wie kein anderer Wirtschaftszweig in Tansania. Während in den 1970er-Jahren alle nach Kenia pilgerten, blieben im damals sozialistischen Tansania die Grenzen geschlossen. Erst Anfang der 90er-Jahre begann sich der Tourismus zu etablieren. Die Regierung setzte dabei auf den gehobenen Tourismus. Die Folgen sind die höchsten Eintrittspreise im südlichen Afrika sowie Übernachtungspreise, die auch nach europäischen Maßstäben exorbitant sind. Wirtschaftsexperten schätzen, dass der Tourismus heute für ein Drittel aller Deviseneinnahmen verantwortlich ist.

Die **Besucherzahlen** verdeutlichen diese Entwicklung: Während im Jahr 2000 nur knapp 500 000 Touristen ins Land kamen, waren es 2006 bereits 644 000 – Tendenz stark steigend. Nachdem 2012 die 1-Millionen-Marke geknackt wurde, sollen zwischen September 2012 und September 2013 1,5 Millionen Touristen Tansania besucht haben. Die Touristen stammen hauptsächlich aus den USA, Großbritannien, Italien, Südafrika, Deutschland und Frankreich und ließen an die US$1,8 Mrd. im Land. Angesichts dieser imposanten Zahlen enttäuscht es, dass der Tourismus nur rund 500 000 Tansaniern Beschäftigung und Einkommen bietet. Wie die Studie *Tracing the tourist dollar* von 2009 aufzeigt, fließen nur 18 % der Tourismuseinnahmen direkt an die Bevölkerung – zur echten, gebietsweisen Armutsbekämpfung taugt der Tourismus daher nicht.

Die Zeichen der Zeit sind jedoch unübersehbar: Der Bauboom in Sansibar ging in den letzten Jahren ungebrochen weiter, Fluglinien nehmen Tansania in ihren Flugplan auf, in den Nationalparks werden laufend neue Lodges und Camps eröffnet und neue Tour Operators versuchen ihr Glück.

Um die „Qualität in den Nationalparks" weiterhin gewährleisten zu können, hat die Tanapa sowie das zuständige Ministerium mit einer empfindlichen Anhebung der Eintrittsgebühren reagiert. Im Juli 2013 wurden sie gemeinsam mit anderen Gebühren für Touristen erhöht. Die Regierung beteuert die Wichtigkeit der Einnahmen aus dem Tourismus, doch die Realität spricht eine andere Sprache. Der Disput um den Bau eines Highways in der Serengeti bewegt aktuell die Gemüter; im Selous Game Reserve ist die Wilderei längst aus den Fugen geraten und gefährdet den Elefantenbestand, und das zuständige Ministerium will kein Geld ausgeben, um die Klassifizierung tansanischer Unterkünfte nach dem internationalen Sternesystem zu finanzieren. Dafür lässt man sich mit viel Kreativität neue Gebühren und Steuern einfallen. Die Hoteliers und Tourismusunternehmer geben die Mehrkosten an die Besucher weiter – die Destination Tansania verteuert sich dadurch weiter.

Entwicklung

Wirtschaftsboom bedeutet nicht gleichzeitig Entwicklung. Ambitionierte Pläne zur Reduktion der Armut greifen nicht wie erwartet, weil sie mit dem rasanten Bevölkerungswachstum nicht mithalten. Staatliche Maßnahmen können immer nur im Nachhinein korrigiert werden, wenn es bereits zu spät ist. Tansania zählt deshalb noch immer zu den am wenigsten entwickelten Ländern der Welt – trotz Schuldenerlassen, Finanzspritzen, milliardenschwerer Entwicklungshilfe und Mega-Investitionen. Man kann sich des Eindrucks nicht erwehren, dass das Geld offensichtlich in die falschen Kanäle fließt.

Seitdem 2002 das Schulgeld abgeschafft wurde, ist das ohnehin marode **Schulsystem** zusammengebrochen. Die Grundschulen *(shule ya msingi)* platzen aus allen Nähten, die unterbezahlten und schlecht ausgebildeten Lehrer sind heillos überfordert. Während Prügelstrafen an der Tagesordnung sind, reichen die Englischkenntnisse der Schüler nach den sieben Grundschuljahren kaum weiter als bis zu einfachsten Vokabeln. Oftmals bleiben Kinder der Schule fern, weil die Eltern Uniformen und Unterrichtsmaterialien nicht finanzieren können, jedes Paar Hände beim Ackerbau gebraucht wird oder Mädchen in Zwangsehen gedrängt werden. Die **Analphabetenrate** liegt im Durchschnitt um 30 %, ein hoher Wert angesichts der Tatsache, dass allgemeine Schulpflicht herrscht und der Grundschulbesuch kostenlos ist.

Ebenso scheint das **Gesundheitswesen** zu kollabieren. Staatliche Krankenhäuser sind überbelegt und verfügen nur über mangelhaft entlohntes und ausgebildetes Personal sowie über eine unzureichende Ausstattung. Als Folge der Entwicklungshilfe, in deren Rahmen jährlich Freiwillige und Famulanten unentgeltlich in die Kliniken Tansanias drängten, sind die Löhne der Ärzte ins Bodenlose gesunken, und so entschieden sich immer mehr qualifizierte Ärzte, das Land zu verlassen, um in Südafrika, Europa oder Amerika zu arbeiten. Mittlerweile wurden die Gehälter zwar angehoben, aber Ärzte verdienen noch immer weniger als Driverguides oder Ranger in den Nationalparks. In den staatlichen Spitälern ist die Grundversorgung für gewisse Patienten gratis, z. B. für Kinder, Senioren oder Aids-Kranke. Der Rest der Bevölkerung muss für medizinische Dienste in einer Klinik tief in die Tasche greifen, sei es für echte Leistungen oder wegen der Korruption. Im Gesundheitswesen ist es gang und gäbe, dass Personal Geld von den Angehörigen für Medikamente, Versorgung und Pflege erpresst. Eine qualitativ wesentlich bessere Gesundheitsversorgung können da schon die kirchlichen und von Entwicklungsorganisationen geförderten Krankenhäuser anbieten. Zudem gibt es in den Städten eine Reihe von privaten Ärzten und Krankenhäusern, die sich jedoch nur die Oberschicht leisten kann. Je weiter man sich von den Ballungsräumen entfernt, desto schlechter wird die medizinische Versorgung. In ländlichen Gebieten kommt darum traditionellen Heilkundigen eine besondere Bedeutung zu. Sie kennen die Kräuter, Wurzeln und andere Naturmedizin und ersetzen so die Apotheken der Städte.

Verschärft wird die allgemeine Lage der Bevölkerung durch die Seuche **Aids**, die Kleinkinder zu Waisen macht und die Sozialeinheit der Familie in ihren Grundfesten erschüttert. Abgesehen von den gesellschaftlichen Herausforderungen, die Waisen- und Straßenkinder für einen Staat bedeuten, geht durch die Seuche auch wichtiges Humankapital verloren. Wozu also in Schulen und Bildung investieren, wenn ein Großteil der Investitionen sich langfristig gar nicht rentieren kann?

Schließlich können auch die **Naturkapriolen** unkalkulierbare Auswirkungen auf die Entwicklung haben. Der natürliche Kreislauf ist aus den Fugen geraten. Die Abholzung der Wälder beeinflusst das Mikroklima und die Regenfälle, was wiederum zur Ausbreitung von nicht urbarem Land, Dürre und Hungersnöten führt. Fehlende Wälder verschlechtern die Qualität und den Ertrag der Böden und verursachen Erosion, was wiederum Überschwemmungen, Ernteausfälle und ähnliche Folgen hat.

Kunst und Kultur

In der westlichen Welt wird Kunst, Kunsthandwerk und Kultur anhand von ästhetischen Maßstäben gemessen. Man gibt Epochen Namen, Kritiker entscheiden über die Qualität (und den Preis) von Kunst, und die öffentliche Meinung hat gar das Recht, Kunst zu denunzieren.

Diese Anmaßung hat es in Ostafrika nie gegeben, denn Kunst wird hier vielmehr als Ausdruck der Lebensweise, der Mythen und Glaubensbekenntnisse sowie der Tradition gesehen. Es kommt weniger auf stilsichere Verarbeitung oder makellose Schönheit als auf den symbolischen Wert eines Gegenstands an.

Aus diesem Grund sind die „schönen Künste" auch nicht Teil der tansanischen Kultur. Malerei, Bildhauerei, Literatur oder Architektur haben wenig Platz im täglichen Leben, und die bescheidene Kunstszene im westlichen Sinn wurde entweder von Weißen initiiert oder wird von ihnen zumindest maßgeblich beeinflusst. Es herrscht im Allgemeinen keinerlei Verständnis dafür, dass ein Bild oder eine Skulptur mehr Geld einbringen kann als ein ganzes Jahr harter Feldarbeit. Der fehlende Sinn für kreative Ausdruckskraft mag auch die wenig spektakulären und ewig gleichen Souvenirs erklären.

Trommeln, Taarab und Musik

Die wohl eindrucksvollste Annäherung an die tansanische Volkskultur gelingt über die Musik. Obwohl es auch hier weniger um kreative als vielmehr um spirituelle und rituelle Ausdrucksformen geht, bietet Musik am ehesten einen emotionalen Zugang zum Lebenspuls der tansanischen Bevölkerung. Tanz und Musik genießen einen außerordentlich hohen Stellenwert, was allein schon daran ersichtlich ist, dass praktisch jeder sich gekonnt zu Musik bewegen kann. Musik, Trommeln und Tanz werden unter dem Begriff *ngoma* zusammengefasst, obwohl dieses Wort ursprünglich nur für Trommeln stand, das Urinstrument der Afrikaner.

Traditionelle Zeremonien, Feste und Tänze sind ohne **Trommeln** wohl unvorstellbar. Vermutlich existieren so viele verschiedene Trommelarten, wie es Völker in Tansania gibt. Sie werden aus Naturmaterialen, vor allem Holz, hergestellt und mit Ziegen- oder Ochsenhäuten bespannt. Je nach Volumen und Bespannung erzeugen die Trommeln unterschiedliche Töne, und auch der Spielart – ob mit Händen oder Stöcken – sind nahezu keine Grenzen gesetzt. Alle Trommeln werden selbstverständlich in Handarbeit ohne mechanische Hilfsmittel hergestellt.

Die **Taarab**-Musik hingegen ist eine Besonderheit, die ausschließlich auf Sansibar praktiziert und gelebt wird. Als Kombination aus afrikanischen, arabischen und indischen Musikelementen schallt sie heute noch genauso wie vor Jahrzehnten durch die engen Gassen von Stone Town, ganz besonders im heiligen Monat Ramadan, wenn die Nächte zum Tag gemacht werden.

Historiker vermuten, dass etwa ab 1820 am Hof der Sultane Musik gespielt wurde, die der heutigen Taarab-Musik zuzurechnen ist. 1870 soll Sultan Barghash eine Gruppe von Musikern aus Ägypten an den Hof geladen haben, um die Musik zu verfeinern. Da Taarab traditionell von ganzen Orchestern gespielt wird, entstanden schon früh Taarab-Orchester nach dem Vorbild ägyptischer Musikgruppen. Einst als Hochzeits- und Zeremonienmusik gepflegt, ist Taarab heute ein fester Bestandteil der sansibarischen Alltagskultur.

Neben Trommeln besteht ein Taarab-Orchester aus Geigen, einer Art Zither *(kanun)*, arabischen Flöten *(nay)* sowie einem Akkordeon oder auch Xylophonen. Heutzutage werden auch moderne Instrumente wie Gitarren oder Bass eingebunden. Ohne Gesang wäre Taarab nicht denkbar, meistens werden die arabischen und Swahili-Texte von Frauenstimmen gesungen. (Mehr zu Sansibars Superstar der Taarab-Szene, Bi Kidude, im Kasten auf S. 274).

Die erste große Musikrevolution begann in den 1930er-Jahren, als kongolesischer Rumba, der irreführenderweise als Jazz bezeichnet wurde, nach Tansania einsickerte. 1932 wurde der erste Tanzclub in Dar es Salaam gegründet, und die daraus entstandene **Muziki wa Dansi**, also Tanzmusik, ist bis heute äußerst beliebt. Gitarren, Banjos, Mandolinen und Geigen erinnern tatsächlich ein wenig an die Karibik und kubanische Mojitos. Man kann diese Musik als typisch tansanische Popmusik beschreiben und wird sie bei einem Aufenthalt in Tansania mit Sicherheit hören, denn sie schallt lautstark aus dem Radio, wird bei Tanzveranstaltungen oder Hochzeiten eingesetzt und ertönt allabendlich aus den Bars.

Ein Phänomen der letzten Jahre stellt **Bongo Flava** dar, die tansanische Variante des amerikanischen Hip-Hop – inklusive des Macho-Gehabes, der Kleidung und der Statussymbole. Sie ist ein typisches Beispiel dafür, dass politische Verbote genau das Gegenteil dessen bewirken, was sie ursprünglich erreichen wollten. Im sozialistischen Regime von Julius Nyerere war amerikanische Musik verpönt oder gar verboten. Trotzdem gelang dem amerikanischen Hip-Hop durch den Einfluss reicher tansanischer Emigranten oder Tansanier, die im Ausland studierten, der Einzug in die tansanische Jugendszene – zuerst im Verborgenen, in den 1990er-Jahren dann auch öffentlich. Heute zählt Bongo Flava, dessen Name eine Anspielung darauf sein soll, dass man zum Überleben in Dar es Salaam sein Gehirn benutzen muss (*ubongo* = Gehirn, *flava* = Ableitung des engl. *flavour*, das wohl mit Sound oder Lebensart umschrieben werden kann), zu den angesehensten modernen Musikrichtungen in Afrika und wird sowohl international wahrgenommen als auch als eigenständig anerkannt. Swahili-Texte dominieren, kaum jemand singt auf Englisch. Musiker genießen Kultstatus, eigene Radiostationen haben sich auf Bongo Flava spezialisiert, und die Texte erlauben es den Musikern, sozialkritisch auf die täglichen Herausforderungen im Land aufmerksam zu machen – womit sie vermutlich mehr Zuhörer erreichen, als Entwicklungsorganisationen es je könnten. Sie singen über Aids, rappen gegen korrupte Polizisten und verurteilen die erbärmliche medizinische Versorgung.

Malerei

Außer in längst vergangenen Zeiten, in denen Felsmalereien entstanden, hatte Malerei in Tansania nie einen hohen Stellenwert. Doch von den Souvenirmärkten von heute sind die farbenfrohen, naiv anmutenden **Tingatinga**-Bilder gar nicht mehr wegzudenken. Die Entstehung dieser Kunstform ist eher einem Zufall als einer langen Entwicklung zu verdanken. Der arbeitslose **Edward Saidi Tingatinga** begann in den 1960er-Jahren in Ermangelung einer einträglichen Erwerbstätigkeit, auf quadratische Hartfaserplatten mit Fahrradlack Dorfszenen und Tiere zu malen. Freunde und Verwandte kopierten die bunten Bilder und fingen ihrerseits an, bunte Lackbilder zu malen. Bald wurden skandinavische Entwicklungshelfer auf die Kunstwerke aufmerksam; sie organisierten eine Werkschau und schlagartig waren die quadratischen Bilder auf dem westlichen Markt salonfähig.

Zahlreiche tansanische Künstler haben sich eine namhafte internationale Reputation als ernst zu nehmende, eigenständige und ausdrucksstarke Tingatinga-Maler erarbeitet. Dazu zählt der 2005 verstorbene **George Lilanga**, der als renommiertester Maler Tansanias gilt.

Holzschnitzerei

Holzschnitzereien sind vermutlich das bekannteste afrikanische Kunsthandwerk überhaupt, allerdings hat es – wie so viele andere Kunstformen – wenig Tradition in Tansania. Das mag man ob der Fülle der Holzschnitzereien auf den Souvenirmärkten kaum glauben, doch wie die Tingatinga-Malerei sind diese überwiegend ein Produkt der westlichen Nachfrage.

Eine Ausnahme bilden die Schnitzereien der **Makonde**, einer Ethnie aus dem südlichen Küstenland. Vor der Kolonialisierung fertigten sie ausschließlich Masken mit grässlichen Fratzen, die satanische Geister- und Fabelwesen symbolisierten und das Böse fernhalten sollten. Die für die Makonde ebenfalls typischen Familienbäume begannen erst nach der Unabhängigkeit Tansanias zu entstehen. Es handelt sich um bis zu mannshohe konvexe Skulpturen, die oft auf einer Ahnenfigur aufbauen, auf deren Kopf sich reliefartig hervortretende, ineinander verschlungene stilisierte Menschen stützen. Sie symbolisieren den Gemeinschaftsgedanken *Ujamaa* (S. 457). Makonde-Skulpturen sind immer aus einem einzigen Stück Holz gefertigt; zumeist lassen sich die Künstler von den Maserungen und der Form des Materials inspirieren und „beleben" das entsprechende Stück. Die „Beseelung" von irdischen Dingen ist tief in der Weltanschauung der meisten afrikanischen Völker verwurzelt und wird auch von den Makonde ernst genommen.

Literatur

Wie überall in Afrika existierte vor der Ankunft der Araber und Europäer keine Schriftsprache, die schriftliche Überlieferungen ermöglicht hätte. Geschichten, Weisheiten und Mythen wurden innerhalb einer Gemeinschaft ausschließlich **mündlich**, zum einen singend, zum anderen erzählend, weitergegeben. Diese Traditionen sind heute besonders im reichhaltigen Repertoire von **Rätseln**, **Gedichten**, **Parabeln** und **Sprichwörtern** erkennbar, die noch immer pointiert und spielerisch weitergegeben werden. Die Tansanier lieben ihre Rätsel und Wortspiele, die von Generation zu Generation weiterleben.

Mit der Ankunft der Araber und der Europäer kam die **Schriftsprache**, zuerst die arabische, später die lateinische. Doch es sollte bis in die 1950er-Jahre dauern, bis **Shaaban Robert**, der erste eigenständige Schriftsteller mit internationaler Reputation, auf der Literaturbühne erschien. Er verfasste seine Gedichte und Prosa auf Swahili und wurde vom ersten Präsidenten Julius Nyerere verehrt. Sein Stellenwert für das Selbstverständnis Tansanias lässt sich daran erkennen, dass in Dar es Salaam eine Straße nach ihm benannt wurde. Diese Ehre wird gewöhnlich nur großen afrikanischen Staatsmännern und Politikern zuteil. Heutzutage gibt es zwar einige tansanische Schriftsteller (S. 535), die aber mangels Verlagen oder gar Literaturförderung wenig Beachtung finden. Dass Schriftliteratur keinen Stellenwert in der Gesellschaft hat – auch nicht in ihrem gebildeten Teil –, lässt sich unter anderem daran erkennen, dass außer Läden für Schulbücher so gut wie keine Buchhandlungen existieren. Die wenigen Buchläden in Dar es Salaam, Arusha oder Stone Town sprechen in erster Linie Expats und Touristen an.

Theater und Tanz

Während die Lesekultur in Tansania wenig ausgeprägt ist, erreichen Theaterstücke, Tanz oder Ähnliches bei Weitem mehr Interessierte. Gerade Tanz ist in der Kultur und dem Alltag der Tansanier tief verwurzelt, die meisten Ethnien haben eigene Tänze für diverse Feierlichkeiten. Die fehlende Lesekultur erschwert es Hilfsprojekten, Zugang zu den Menschen zu finden. Während man bei uns einfach Broschüren zur Aufklärung verteilt, muss man in Tansania schon zu anderen Mitteln greifen, um sich Gehör zu verschaffen. Theaterstücke oder Tanztheater sind passende Ausdrucksformen, um die eigene Botschaft zu vermitteln. Die **Bagamoyo Players** (S. 150), das staatliche Nationalensemble Tansanias, fühlte sich dieser Tradition verbunden und fand dafür auch international Anerkennung. Inzwischen sind die Bagamoyo Players allerdings schon sehr betagt und treten nicht mehr auf.

Dar es Salaam

Stefan Loose Traveltipps

Kariakoo Hier lässt sich ostafrikanischer Alltag in Reinkultur erleben. S. 160

Fischmarkt Auf dem Fischmarkt Mzizima herrscht emsige Betriebsamkeit. S. 162

Mwenge Crafts Market Der Holzschnitzermarkt in Mwenge lädt zur Souvenirjagd ein. S. 165

1 **South Beach** Relaxen an palmengesäumten Sandstränden, z. B. am Mikadi Beach, Kipepeo Beach oder noch weiter südlich. S. 166

Großraum Dar es Salaam

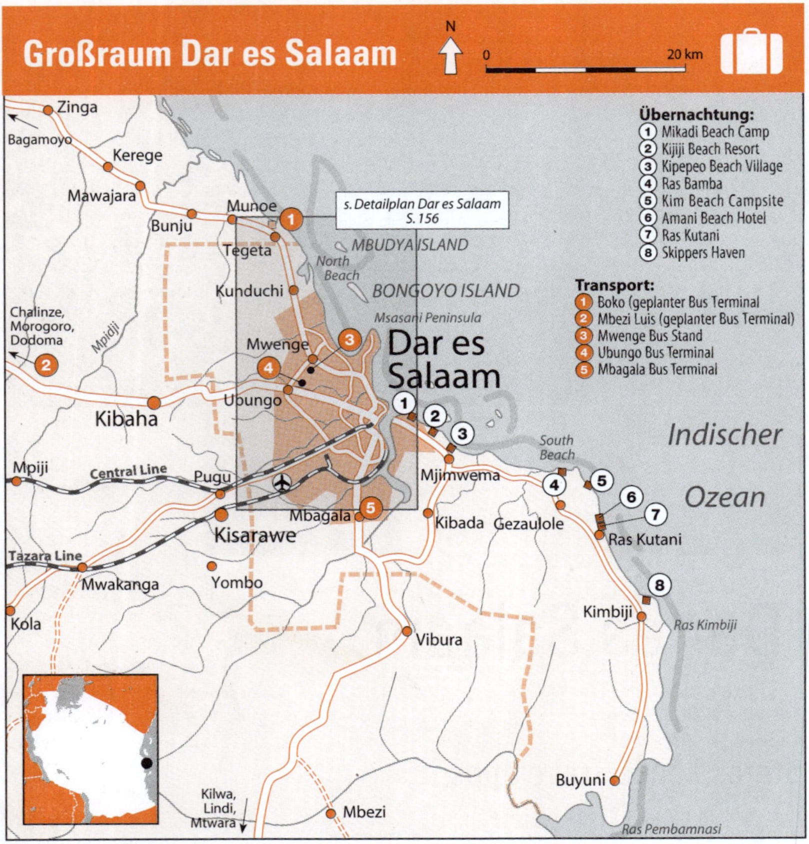

Die Metropole Tansanias präsentiert sich als bunter Schmelztiegel der Völker und Religionen – und als Ort der Gegensätze. Während in der Innenstadt das pralle Leben tobt, herrscht in den mondänen Villenvierteln am Meer gepflegte Ruhe. Obwohl es eine typisch afrikanische Großstadt ist, besitzt Dar es Salaam vor allem eines: Strände, die zu den schönsten des ganzen Landes gehören.

Die heutzutage weniger attraktive als vielmehr praktische Stadt bietet nur wenige Attraktionen, aber sie ist für Langzeitreisende der einzige Ort weit und breit, an dem sie ausgiebig einkaufen, das Fahrzeug auf Vordermann bringen, nützliche Informationen einholen oder einfach nur mal wieder gut essen gehen können. Noch vor wenigen Jahrzehnten war Dar es Salaam ein kleines beschauliches Fischerdorf, heute ist es eine stetig wachsende Großstadt, das gesellschaftliche und wirtschaftliche Zentrum des Landes sowie das verwaltungstechnische Herzstück von Tansania (obwohl die offizielle Hauptstadt ja Dodoma heißt).

Trotzdem bleibt Dar – nicht zuletzt durch seine Lage am Indischen Ozean – eine der charmantesten afrikanischen Großstädte und hebt sich wohltuend von Nairobi, Kampala oder Johannesburg ab. Zwar sind die Straßen ein heißes Pflaster und Vorsicht ist zu jeder Tages- und Nachtzeit geboten, aber nach ein paar Tagen hat jeder herausgefunden, wie man sich am besten und sichersten durch das Straßenlabyrinth manövriert.

Geschichte

Als 1862 der damalige Sultan von Sansibar, **Majid**, begann, das Dorf Mzizima (dt. für „gesunder Ort") sukzessive auszubauen, gab er der neu entstehenden Sultansresidenz den klingenden arabischen Namen *Band(u)r ul-Salâm*, zu Deutsch „Palast des Friedens". Vielerorts wird man aber auf die Übersetzung „Hafen des Friedens" stoßen, was auf eine falsche Übersetzung des arabischen Wortes *bandur* ins Swahili als *Bandari ya Salaam* (*bandari* bedeutet Hafen) zurückzuführen ist. Majid wollte sich einen Rückzugsort am Festland sichern, da er als schwacher, wenig rühmlicher Regent einen Aufstand in Stone Town befürchtete. Doch noch bevor der Palast fertiggestellt war, starb der Gründer Dar es Salaams 1870. Sein Nachfolger führte den Ausbau des ehemaligen Fischerdorfes nicht weiter. Ende der 1890er-Jahre verkaufte er einen Küstenstreifen an die **Deutsch-Ostafrikanische Gesellschaft**, die der Beschaulichkeit von Dar es Salaam endgültig ein Ende bereitete.

Die deutschen Kolonialherren zeigten sich vom optimalen **Naturhafen** von Dar begeistert und verlegten 1892 ihre Verwaltung von Bagamoyo in das unbedeutende Fischerdorf. Die große Bucht vor der Stadt eignete sich hervorragend für die Schifffahrt, vor allem für die neueste Errungenschaft der Industriellen Revolution, das Dampfschiff. Die schweren Dampfschiffe aus Europa konnten hier anlegen und Waren entladen, aber noch bedeutender war, dass endlich Rohstoffe wie Sisal, Edelsteine, Gewürze oder Kaffee in großen Mengen nach Europa verschifft werden konnten. Doch so richtig aufzublühen begann Dar es Salaam erst mit der Fertigstellung der Eisenbahn 1905, denn die Bahn ermöglichte es, Rohstoffe aus dem Landesinneren zuverlässig an den Hafen zu bringen.

Die deutsche Handschrift lässt sich in der **Architektur des Stadtkerns**, rund um die *Waterfront,* noch gut erkennen. Die beiden Kirchen, St. Joseph's Cathedral und Azania Front Lutheran Church, der Bahnhof Central Railway Station oder die alte Post erinnern an alpenländische Architektur aus einem vergangenen Jahrhundert.

Nachdem der **Erste Weltkrieg** auch in Tansania (damals noch Tanganyika) zwischen deutsch-afrikanischen und britischen Truppen ausgefochten wurde, mussten die Deutschen 1918 die Oberherrschaft über das Land an die **Briten** abtreten. Diese trieben die Stadtplanung voran und unterteilten die Stadt gemäß ihren Glaubensgrundsätzen in nach Rassen getrennte Wohnviertel. Die weißen Wohnviertel lagen naturgemäß am schönsten Ende der Stadt, zwischen Ocean Road und Askari Monument und entlang der *Waterfront*. Die Wohnviertel der asiatischen Arbeitsimmigranten und der einheimischen Bevölkerung befanden sich westlich davon, wobei das heutige Viertel Kariakoo schon damals als afrikanisches Wohngebiet ausgewiesen wurde. Aus dieser Zeit stammen beispielsweise die vielen Alleen, die in den schwülen Sommermonaten Schatten spenden.

Während Dar es Salaam nicht zuletzt wegen der vielen indischen Zuwanderer beständig wuchs, bescherte die gescheiterte Ujamaa-Politik (S. 457) seinen Einwohnern Armut und Perspektivlosigkeit. Auch die **Verlegung der Hauptstadt** nach Dodoma lähmte jeden weiteren Aufschwung, da natürlich alle verfügbaren Gelder in den Ausbau der Infrastruktur Dodomas flossen. Erst nach der Abdankung Präsident Nyereres 1985 und der nachfolgenden Liberalisierung des Landes verbesserten sich die wirtschaftlichen Perspektiven der Stadt langsam wieder.

Während der gesamten deutschen und britischen Kolonialzeit blieb Dar es Salaam **Verwaltungszentrum** des Landes, und auch nach der Unabhängigkeit 1961 änderte sich daran zunächst nichts. 1974 aber wurde Dodoma zur offiziellen Hauptstadt Tansanias erklärt, vor allem um die rückständigen, ländlichen Regionen im Hinterland aufzuwerten. Trotzdem befinden sich nach wie vor alle wichtigen Regierungseinheiten, Büros und Ministerien in Dar (wie es von den Einwohnern genannt wird), auch das State House des Präsidenten. Sämtliche Botschaften, die UN und alle großen Unternehmen haben ihren Sitz noch immer in der Metropole an der Küste.

Die Swahili-Küste

Monsunwinde legten einst den Grundstein für den Aufschwung an der ostafrikanischen Küste. Bereits im 8. oder 9. Jh. wurden Gold, Elfenbein und Sklaven ins Ausland exportiert; im Gegenzug gelangten asiatischer Reis, Bananen, Hirse, Hühner und Ziegen aus dem südlichen Asien nach Afrika. Persische und arabische Händler siedelten sich an der Küste an. Sie kamen mit ihren Dhows, den traditionellen Booten mit bauchigen Lateinsegeln, und vermischten sich mit der einheimischen Bantu-Bevölkerung. Die arabischstämmigen Händler bauten Städte, heirateten afrikanische Frauen und begründeten so die moslemisch dominierte, maritime **Swahili-Kultur**. Der Terminus Swahili leitet sich dabei vom arabischen *sahil* ab, was einfach „Küste" bedeutet. Früh begann sich die **Verkehrssprache Swahili** zu entwickeln, eine um arabische Elemente angereicherte afrikanische Bantu-Sprache. Als Wiege der Swahili-Kultur und -Sprache gilt im Besonderen Sansibar, weshalb der dort gesprochene Dialekt als die reinste und korrekteste Form des Swahili im ganzen Kulturkreis anerkannt ist.

Da die Monsunwinde für die Entwicklung der Swahili-Kultur entscheidend waren, wird auch die gesamte von ihnen beeinflusste Küste als Swahili-Küste bezeichnet. Sie beginnt in Südsomalia und zieht sich über die Küsten und Inseln von Kenia und Tansania hinweg bis nach Nordmosambik, wo der Einflussbereich der Winde endet. Im ausklingenden 19. Jh. bildeten die Küstenstädte von Sansibar, die Häfen von Bagamoyo oder Pangani sowie später auch Tanga und Dar es Salaam bedeutende **Wirtschaftszentren**, von denen aus Waren aller Art in den Mittleren Osten, nach Asien oder Europa transportiert wurden.

So hat sich Dar es Salaam in den letzten Jahren zur **geistigen und wirtschaftlichen Metropole** des Landes entwickelt, weswegen es von den Tansaniern auch liebevoll *bongo* (Swahili für „Gehirn") genannt wird. Hier lebt und arbeitet die geistige Elite der Nation. Auch die älteste und renommierteste Universität befindet sich hier.

Die Stadt heute

Als eine der am schnellsten wachsenden Städte Afrikas ist Dar es Salaam mit vielen drängenden Problemen belastet. 4,36 Mio. Einwohner wurden bei der letzten Volkszählung 2012 gezählt. Jährliche **Wachstumsraten** von bis zu 5 % sind die Regel, 10 % der tansanischen Bevölkerung lebt in Dar es Salaam. Alle, die vom großen Geld träumen, ziehen aus den Dörfern hierher. Ohne Kapital und Ausbildung werden die meisten natürlich herb enttäuscht. Arbeitsplätze gibt es schon für gut ausgebildete Tansanier kaum, und die Großstadt ist für diesen Menschenansturm auch schlecht gewappnet. Es mangelt an adäquatem Wohnraum. Der durch die rasante Entwicklung gesteigerte Strombedarf kann durch veraltetes Material und schlechte Wartung der Maschinen nicht mehr gedeckt werden, was täglich stundenlange **Stromausfälle** zur Folge hat. Die öffentliche Wasserversorgung ist zusammengebrochen, die Entsorgung der Abwässer und des Mülls funktioniert nicht, und mehrmals täglich kommt es zu einem Verkehrskollaps, weil die Straßen die vielen Fahrzeuge nicht mehr aufnehmen können (die unzähligen Daladalas gelten als Hauptverursacher der Staus). Obwohl es keine offiziellen Zahlen gibt, ist beim bloßen Hinsehen zu erkennen, dass der motorisierte Individualverkehr sprunghaft angestiegen ist. Das ist ein untrügliches Indiz dafür, dass sich in den letzten Jahren ein bescheidener Mittelstand gebildet hat, der sich Kleinwagen und Motorräder leisten kann, während noch vor zehn Jahren hauptsächlich schwere Geländewagen und Fahrräder das Stadtbild bestimmten. Seit einigen Jahren sieht man auch südostasiatische Autorikschas, die in Tansania – abgeleitet vom indischen Markennamen – *bajaji* (sprich *badschaschi*) heißen.

Ein weiteres drängendes Problem der Stadt ist **Aids**. Pessimisten sprechen von einer Infektionsrate, die bis zu einem Drittel der Stadtbevölkerung betragen soll. Grund hierfür ist vor allem der Zuzug von Männern aus den ländlichen Gegenden, während die Frauen in ihren Dörfern bleiben. So boomt die Prostitution, die auch für Reisende nicht zu übersehen ist.

Trotz all seiner Schattenseiten bleibt Dar es Salaam für Tansanier der Ort, an dem sie am ehesten Arbeit finden können, vor allem in der **Administration**, der **Industrie** (Textilindustrie, Brauereien und Getränkeerzeugung, Herstellung von Plastik, Zement, chemische Industrie oder Stahlerzeugung) und der **Nahrungsmittelproduktion**. Das Gros der Bevölkerung versucht seinen Lebensunterhalt jedoch im informellen Sektor zu bestreiten. Fast flächendeckend bemühen sich entlang von Straßenzügen, an Straßenkreuzungen oder in der Nähe von Wohnsiedlungen illegale **Straßenverkäufer**, ihre Ware an den Mann oder die Frau zu bringen. Die Wamachinga, wie sie genannt werden (von *marching boys*, weil sie keine festen Verkaufsläden haben), sind typische Nahversorger, die von Bananen über Unterwäsche, Sonnenbrillen und Transistorradios bis hin zu Zeitungen alles verkaufen.

Für die nächsten Jahre (und vermutlich Jahrzehnte) sind große **Infrastrukturprojekte** in der Pipeline, die das Leben der Großstadtbewohner verbessern sollen. Die Sanierung maroder Straßenzüge mit Hilfe ausländischer Sponsoren hat bereits begonnen, und auch der öffentliche Verkehr wird gerade von Grund auf erneuert. Jenseits des Kurasini Creek in Kigamboni (S. 166) soll bis 2032 ein ganzer Stadtteil für 500 000 Menschen mit Wohnhäusern und Büros aus dem Boden gestampft werden – sofern sich für das ambitionierte Projekt finanzkräftige Investoren finden. Nicht zuletzt muss die Stromversorgung dringend verbessert werden.

Ob auch in Bezug auf die **Abfall- und Abwasserentsorgung** Ernst gemacht wird, lässt sich noch nicht erkennen. Von den 2600 t Müll, die allein in Dar täglich anfallen, werden nur 40–45 % (!) gesammelt, was in der Stadt deutlich zu sehen ist. Der Rest landet auf der Straße und gefährdet akut die Menschen – durch Seuchen, verschmutztes Wasser und mit Unrat verstopfte Kanäle. Zu allem Überdruss fließen die Industrie- und Haushaltsabwässer ungeklärt ins Meer oder sickern in den Boden. Positiv zu bewerten ist allerdings, dass sich trotz des unkontrollierten Zuzugs noch keine Slums vor den Toren der Stadt gebildet haben, wie sie in Südafrika oder Kenia überall anzutreffen sind.

Orientierung

Auf den ersten Blick erscheint Dar es Salaam wie ein verwirrendes Labyrinth aus verstopften Gassen und löchrigen Straßen. Doch beim zweiten Hinsehen fällt auf, dass die Hauptverbindungsrouten die Stadt wie ein Gitter durchqueren und zerteilen. Eine Art **Stadtautobahn** zieht sich durch die gesamte Stadt; sie beginnt beim Internationalen Flughafen, durchquert die hektische Innenstadt und schlängelt sich dann weiter in den Norden in Richtung Mwenge und Bagamoyo. Die Orientierung wird dadurch erleichtert, dass im Osten das Meer liegt.

Die meisten Behörden, der Geschäftsdistrikt, das Immigration Office, einige wenige Sehenswürdigkeiten, der Fährhafen sowie das afrikanische Viertel Kariakoo befinden sich im **City Centre**.

Die nördlich außerhalb der Stadt liegenden Vororte **Oyster Bay** und **Msasani Peninsula** sind Heimat vieler Botschaften und Konsulate, Nichtregierungsorganisationen sowie zahlreicher großer Hotels und Einkaufszentren.

Am Rande des Großraums Dar es Salaam hat sich im 20 bis 25 km entfernten **Jangwani Beach** und **Kunduchi Beach** eine Hotelkolonie etabliert. Die Südstrände, **South Beach**, begann man hingegen erst in jüngerer Zeit zu erschließen – sie gehören mit Abstand zu den schönsten Tansanias. Ständig verkehrende Autofähren pendeln zwischen dem City Centre und Kigamboni, dem ersten Ort von South Beach, hin und her.

Zentrum

Das Stadtbild prägen verfallende Kolonialgebäude, mehrstöckige, verglaste Bürogebäude und nicht zuletzt der mörderische Verkehr. Ein Spaziergang tagsüber sollte im Normalfall kein Problem darstellen; Vorsicht vor Gaunereien ist trotzdem rund um den Fischmarkt, im Kariakoo und beim Fährhafen geboten. Wer auf Nummer sicher gehen will, lässt jegliche Wertsachen im Safe oder besichtigt die Stadt per Taxi. Viele

Dar es Salaam

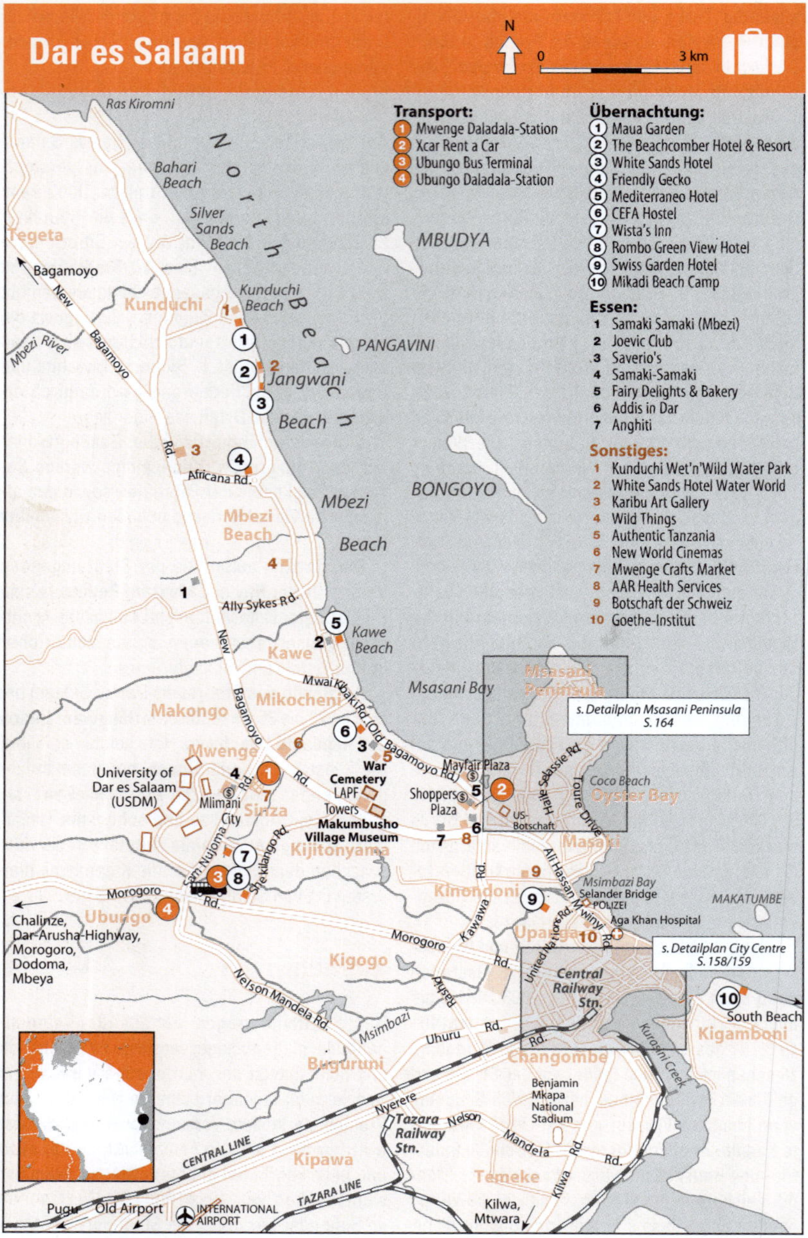

Unterkünfte organisieren gerne Stadtrundfahrten mit zuverlässigen Taxifahrern.

Das historische Stadtzentrum erstreckt sich längs der geschützten Hafenbucht. Hauptschlagadern der Altstadt sind die beiden Straßenzüge **Sokoine Drive** und **Samora Avenue**.

Zwischen Askari Monument und Clock Tower

In der Mitte des stark frequentierten Verkehrskreisels an der Kreuzung von Azikiwe Street und Samora Avenue steht das **Askari Monument**. Denkmäler dieser Art gibt es in vielen tansanischen Städten. Sie gedenken der unzähligen Soldaten (*askari* bedeutet „Soldat" oder „Wachmann" auf Swahili), die in Kriegen und Aufständen mit europäischer Beteiligung fielen. Jenes von Dar es Salaam wurde 1911 errichtet und stellte ursprünglich den deutschen Offizier Herrmann von Wissmann dar (selbstverständlich gedachte man seinerzeit vor allem der gefallenen deutschen Soldaten). Später wurde er aber durch einen afrikanischen Soldaten ersetzt, um fortan an die afrikanischen Gefallenen zu erinnern.

An der Stelle des heutigen **New Africa Hotel** stand zur Jahrhundertwende das erste Hotel Tansanias, das Hotel Kaiserhof. Hier genossen die Kolonialisten deutsches Bier, heimische Tanzkapellen und Schrammelmusik, bevor sie sich in ihre Villen mit Meerblick zur Nachtruhe zurückzogen.

An der Meeresfront erhebt sich linker Hand die **Azania Front Lutheran Church**. Die Kirche wurde gegen Ende des 19. Jhs. von bayrischen evangelisch-lutherischen Missionaren im typischen Kolonialstil erbaut. Ihre weithin sichtbaren, mit roten Schindeln gedeckten Dächer sind ebenso wie der Glockenturm zweifellos alpenländisch inspiriert. Gleich hinter der unübersichtlichen Kreuzung und der NBC Bank, in Richtung Südwesten, befinden sich am Sokoine Drive (ehemals Kaiserstraße) Gebäude aus der deutschen Kolonialperiode, beispielsweise neben der NBC der heute **Toyota House** genannte Bau und anschließend **The Old Post Office**.

Etwas weiter, noch vor dem Fährhafen, fällt rechter Hand der Blick auf die katholische **St. Joseph's Cathedral**, die 1902 von deutschen Missionaren nach fünfjähriger Bauzeit fertiggestellt wurde. Im Inneren gibt es Gedenksteine in deutscher Sprache. Die nächste Wegmarke stellt die Anlegestelle für die Fähren nach Sansibar dar, deren Einzugsgebiet man aus Sicherheitsgründen schleunigst verlassen sollte, sofern man nicht auf dem Weg nach Sansibar ist.

Nur ein Stück weiter steht eines von Dar es Salaams ältesten noch erhaltenen Gebäuden. Die **Old Boma** geht auf die Gründungsjahre der Stadt zurück und sollte ursprünglich als Gästehaus für den Sultan dienen. Doch Majid verstarb frühzeitig, und so überließ man das Haus lange Jahre seinem eigenen Schicksal. Es wurde mit UN-Geldern renoviert und beherbergt heute neben anderen Ämtern die Unesco-Vertretung. Die benachbarte, 1903 von der deutschen Kolonialregierung erbaute **City Hall** wird heute von der Stadtverwaltung genutzt. Als ehemaliges „Kaiserliche Bezirksamt" wurde es mit einem Wachturm erbaut, der heute aber nicht mehr existiert.

Bei der 1906 errichteten **Central Railway Station**, einem der beiden großen Bahnhöfe

Sicherheit

Dar es Salaam ist zwar eine Großstadt mit all ihren sozialen, gesellschaftlichen und wirtschaftlichen Spannungen, dennoch ist es in puncto Kriminalität keinesfalls mit Johannesburg oder Nairobi vergleichbar. Die größte Gefahr geht vom Verkehr und von Taschendieben bzw. Überfällen aus. Deshalb sollte man keine Wertgegenstände bei sich tragen und die unverzichtbaren gut schützen. Zum Geldabheben nur Automaten in geschlossenen Räumen wählen, wo man von außen nicht beobachtet werden kann. Geldwechsel auf der Straße ist unbedingt zu unterlassen. Menschenleere Orte (z. B. Strände oder Straßen) sollte man meiden; je mehr Menschen, desto sicherer ist die Gegend.

Transporte mit ungeschützten Moped- oder *bajaji*-Taxis sind um ein Vielfaches gefährlicher als Fahrten in einem geschlossenen Taxi (u. a. wegen Taschenraubs und rücksichtsloser Verkehrsteilnehmer). Defensives Verhalten im Straßenverkehr hat oberste Priorität. Siehe weitere Sicherheitshinweise zu Fahrten im Taxi S. 99.

Dar es Salaam City Centre

Essen:

1 Bakers Basket
2 56 Chapan Bhog
3 Retreat
4 Mokka City Café
5 Banadir
6 Forodhani
7 Mamboz BBQ
8 Albasha
9 Sawasdee (New Africa Hotel)
10 Luther House Centre
11 Oriental Restaurant
12 Alcove

Sonstiges:

1 Alliance Française
2 Amref (Flying Doctors)
3 Leopard Tours
4 Emslies Travels
5 Uniglobe Skylink
6 Immigration Office
7 Deutsche Botschaft
8 Al Dar & Bar@ONE
9 Nordic Dental Clinic
10 A Novel Idea
11 Takims Holidays Tours & Safaris
12 Natural Therapies Centre
13 Club Bilicanas
14 Mansoor Daya Chemists
15 A Tent With A View Safaris
16 JD Pharmacy
17 Kearsleys Travel & Tours (2x)
18 Shoprite (Nakumatt) Supermarket
19 Foxes African Safaris

Transport:

1 Coastal Aviation
2 Auric Air
3 Posta Mpya
4 Fastjet
5 Booking Office Royal Coach, Saibaba
6 Posta Zamani
7 Fährhafen nach Sansibar
8 Fährhafen zum South Beach
9 Kivukoni
10 Mnazi Mmoja
11 Stesheni

Kigamboni

© KURT KAUBE

In der Samora Avenue reihen sich alte Kolonialhäuser aneinander.

der Stadt, biegt man rechts ab. Von 1905 bis 1914 erbaute die deutsche Kolonialregierung die 1254 km lange Eisenbahnlinie vom Tanganyika-See zur Küste, vor allem um Kupfer aus Kongo über Kigoma nach Europa verschiffen zu können.

Der **Clock Tower**, nicht weit davon, ist ebenso wie das Denkmal des Askari ein Phänomen, das man in jeder tansanischen Stadt antrifft. Meistens befindet sich der Uhrturm in der Mitte eines Verkehrskreisels an sehr exponierter Stelle (an der man sich übrigens gut orientieren kann).

Vom Clock Tower nur ein paar Gehminuten entfernt und allemal einen Abstecher wert ist der **Textilienmarkt** in der Uhuru Street (vorne hin zur Bibi Titi Mohamed). Hier präsentiert sich eines der buntesten und zugleich fröhlichsten Gesichter der Stadt, wenn lauthals rufende und wild gestikulierende Frauen farbenprächtige Stoffe aller Art, allen voran Kangas und Kitenge, feilbieten (ein Kanga kostet ca. 8000–12 000 TSH).

Kariakoo

Kariakoo wird gerne als „Afrikaner-Viertel" bezeichnet, weil sich hier noch am ehesten das typisch afrikanische Ambiente erhalten hat. Alte Lehmhütten mit Wellblechdächern, von der Decke herabhängende Ware, ein intensives Potpourri aus exotischen Gewürzen, Ziegen und Hühnern, Autoabgasen und marktschreierische Geschäftigkeit bestimmen die Atmosphäre.

Die Bezeichnung Kariakoo stammt aus dem Ersten Weltkrieg, als Tausende Tansanier als Träger für die Soldaten zwangsverpflichtet wurden. Die Wohnbaracken für jene Träger, sozusagen das tragende Korps *(carrier corps)*, wurden auf dem heutigen Gelände des Kariakoo im Schachbrettmuster aufgestellt und nach dem Krieg einfach sich selbst überlassen.

Mitten in Kariakoo befindet sich eine große, zweistöckige Markthalle, der **Kariakoo Market**, unter dessen Wellblechdach der größte Lebensmittelmarkt der Stadt (angeblich sogar ganz Ostafrikas) untergebracht ist. Bereits kurz nach Sonnenaufgang herrscht hier Hochbetrieb. ⏲ tgl. 6–18 Uhr.

Ein Spaziergang durch das bunte Treiben ist in aller Regel völlig unproblematisch, sofern man alle Wertsachen (inkl. Uhr und Mobiltelefon) zu Hause lässt. Wer mit den afrikanischen Gepflogenheiten noch nicht genügend vertraut ist, sollte einen Führer mitnehmen.

Ein Wiedersehen mit der Lieblingsjeans

Wer weiß in unseren Breiten schon, dass gebrauchte Kleidung nicht nur karitativen Zwecken zugeführt, sondern in Entwicklungsländern auch kommerziell verwertet wird? Wer z. B. am Wochenende durch den Kariakoo spaziert, wird vielleicht seine eigene Lieblingsjeans, die vor einem Jahr in der Altkleidersammlung landete, wiederfinden. So erklären sich natürlich auch all die amerikanischen Embleme auf den T-Shirts, wie Colorado State University oder Kentucky Fried Chicken.

Infolge der schlechten Wirtschaftslage in den 1980er-Jahren konnte die Textilproduktion in Tansania nicht mehr die Nachfrage decken. Veraltete Maschinen, schlechte Textilqualität, Stromabschaltungen und immens hohe Produktionskosten trieben das Land dazu, auf gebrauchte Kleidung aus dem Westen auszuweichen. Heute deckt der überwiegende Teil der Bevölkerung seinen Kleidungsbedarf mit Secondhandware, *mitumba* genannt. Im Kariakoo beispielsweise gibt es große Kleiderlager, wo tagtäglich ballenweise gebrauchte Kleidung an Händler verkauft wird. Diese Händler verkaufen ihre Waren dann meist auf Märkten und auf der Straße. Oft bestreiten auch Frauen ihren Lebensunterhalt mit dem Kleiderverkauf im privaten Rahmen oder hinter Bürotüren. Die Altkleider werden in die entlegensten Dörfer gebracht; sie sind flächendeckend in Tansania erhältlich. Man lobt den günstigen Preis und die gute Qualität der Ware, die weit strapazierfähiger ist als die heimische Produktion. Während der Altkleidermarkt für die Verbraucher ein Segen ist, stellt er für das Gewerbe ein großes Problem dar. Schon seit Langem ist die eigene Textil- und Bekleidungsproduktion auf dem internationalen Markt nicht mehr konkurrenzfähig, einmal abgesehen davon, dass es sie faktisch kaum noch gibt, obwohl der Rohstoff Baumwolle im Land selbst angebaut wird. Viele Menschen können es sich schlichtweg nicht mehr leisten, traditionelle Gewänder aus einheimischen Stoffen von Schneidern anfertigen zu lassen. Darunter leidet die Zunft der Schneider ebenso wie unter ihren schlechten Nähmaschinen und dem Druck, dem veränderten Konsumverhalten der Tansanier Rechnung zu tragen.

Das Stadtviertel wird vom verlotterten **Mnazi Mmoja Park** und dem **Mnazi Moja Hospital** begrenzt. Der ungepflegte Grünstreifen ist Heimat zweier Monumente. Die **Uhuru Torch** („Freiheitsfackel") steht als Symbol für die Erlangung der Unabhängigkeit 1961, als auf dem Kilimanjaro als Zeichen der Freiheit eine Fackel angezündet wurde. Gegenüber befindet sich der **Republic Fountain** („Brunnen der Republik"), der an die Ausrufung der Republik 1962 erinnern soll.

Asiatisches Viertel

Im Dreieck zwischen Sokoine Drive, Zanaki Street und Bibi Titi Mohamed Road hat sich das bunte afro-asiatische Viertel etabliert. Den Straßennamen wie Libya Street, India Street, Zanaki Street (eine Volksgruppe Tansanias aus dem Norden) oder Mali Street kann man unschwer entnehmen, aus welchen Ländern die ersten Bewohner kamen. Die Trennung nach ethnischen Gruppen hat sich heute gelockert, vor allem da viele der oft wohlhabenden indischstämmigen Handeltreibenden längst in die Villenviertel am Meer oder die attraktiveren Vororte gezogen sind. Dennoch, gerade viele asiatischstämmige Menschen wohnen und arbeiten noch immer in diesem Stadtteil.

Das Gassenlabyrinth hat neben seinen zahlreichen Händlern (Elektronik, Edelsteine oder Fahrzeuge) und einem attraktiven Kaleidoskop von Glaubens- und Bethäusern der verschiedensten Religionen auch eine unschlagbare kulinarische Vielfalt zu bieten. Besonders exotisch mutet das Viertel rund um die **Kisutu Street** (auch als Pramukh Swami Street ausgeschildert) an. Farbenprächtige Hindutempel wechseln sich mit kleinen Imbissstuben ab, die allerlei Köstlichkeiten servieren. Wer betriebsame Märkte mag, sollte dem überschaubaren **Kisutu Market** (Bibi Titi Mohamed Rd., zwischen Morogoro Rd. und Peacock Hotel) einen Besuch abstatten. Der kleine Markt führt alles, was die lokale Bevölkerung zum Kochen benötigt – Geschirr, Obst und Gemüse, Bohnen, Reis und Geflügel. ⌚ tgl. 8–18 Uhr.

Zwischen Kivukoni Front und Ocean Road

Da die Straße von der Azania Front Lutheran Church schnurstracks zur Fähre über den Kurasini Creek führt, wurde sie Kivukoni Front getauft (*kivuko* ist das Swahili-Wort für „Fähre", die Flexionssilbe -ni markiert eine Bewegungsrichtung). Entlang der Uferpromenade passiert man zuerst das ehrenwerte **Hyatt Regency Kilimanjaro**. Das einst verstaatlichte Hotel und Lieblingsabsteige der Regierungsmitglieder hat in den letzten Jahren mehrmals aus steuerlichen Gründen die Betreiber gewechselt. Weiter vorne stehen einige bröckelnde, aber teilweise auch renovierte deutsche Kolonialgebäude, die heute z. T. tansanische Regierungsbehörden beherbergen. Fahrzeuge können den letzten Rest der Kivukoni Front wegen des Einbahnsystems rund um das Mzizima-Viertel nicht befahren, sondern zweigen am Präsidentenbüro (Utumishi) links und danach rechts ab. Über die Magongoni Street erreicht man an der Spitze der Bucht, immer der Nase nach, den mit Mitteln der japanischen Regierung wiederbelebten **Fischmarkt Mzizima** sowie den Anlegeplatz der Personen- und Autofähre (Kigamboni, Kivukoni oder Magongoni Ferry) zum South Beach. Dies ist die Gegend, wo sich einst das Fischerdorf Mzizima befand, aus dem Sultan Majid seine Residenzstadt erschaffen wollte. Als Teil des Mega-Projekts Kigamboni City (S. 166) ist die Errichtung einer Brücke über die Meerenge geplant, aber bis sie wirklich kommt, wird der dazugehörige Turm, in dem Teile der Hafenverwaltung sitzen, schon wieder zu bröckeln beginnen. Auf dem Fischmarkt locken Souvenirstände mit allerlei Raritäten aus dem Meer, doch sollten Interessenten bei einem Kauf bedenken, dass die Ausfuhr der meisten Exponate illegal ist. Besuche des Fischmarktes sind in Begleitung eines Führers viel informativer.

Weiter auf der Ocean Road (seit dem Staatsbesuch 2013 auch Barack Obama Drive genannt) , die herrliche Blicke auf den Indischen Ozean freigibt, erreicht man das **State House**. Der Regierungssitz des Präsidenten ist in einem aufwendig restaurierten, stattlichen deutschen Kolonialpalast aus den späten 1890er-Jahren untergebracht, von dem aus einst auch der deutsche Kolonialregent regierte. Das im Ersten Weltkrieg fast gänzlich zerstörte State House wurde beim Wiederaufbau um afrikanische und arabische Elemente ergänzt. Wie alle von der Regierung genutzten Gebäude darf auch dieser Bau nicht fotografiert werden.

Die Ocean Road führt weiter am **Ocean Road Hospital** vorbei, offiziell 1897 als Missionskrankenhaus der Lutheranischen Kirche eröffnet, um vor allem die Gesundheit der deutschen Kolonialisten sicherzustellen. Das stattliche Gebäude im Kolonialstil mit arabischen Elementen wurde erst kürzlich mit deutschen Geldern renoviert und lässt erahnen, dass es einst eines der wichtigsten Hospitäler des Landes war. Als Hospital der Weißen gegründet, ist es heute das einzige Krankenhaus Tansanias, das sich mit der Krebsforschung und -behandlung beschäftigt.

Hinter dem Hospital biegt man links in die Luthuli Street (oder Chimara St.) ein. Am Kreisverkehr zweigt man nach Westen in die Garden Avenue ab, wo man nach wenigen Metern links (noch vor dem Southern Sun Hotel) den Eingang zum Botanischen Garten erreicht. Der **Botanische Garten** (Botanical Gardens) stammt aus der deutschen Kolonialzeit und ist Heimat farbenprächtiger einheimischer Blumen und seltener endemischer Pflanzen. Er wird vom benachbarten Southern Sun Hotel gut in Schuss gehalten und bietet einige lauschige, kühle Plätzchen zum Verweilen in der stickigen Millionenmetropole. 🕒 tgl. 7–18 Uhr, Eintritt frei.

An der nächsten Kreuzung biegt man links in die Shaban Robert Street, wo gegenüber dem IFM College das Tor zum Nationalmuseum liegt. Bereits 1940, damals noch unter britischer Flagge, öffnete das **National Museum and House of Culture,** ✆ 022-2117508, 💻 www.houseofculture.or.tz. Einige wenige bedeutende Artefakte des Landes sind hier ausgestellt, darunter z. B. in der Hall of Man der wichtigste prähistorische Fund des Landes, der Schädel des „Nussknacker-Menschen", den Mary und Louis Leakey in der Oldupai-Schlucht (S. 431) entdeckten. Um ihn zu sehen, sind 15 000 TSH extra zu bezahlen. Die geschichtliche Aufarbeitung beschränkt sich auf die deutsche und britische Kolonialzeit sowie die Luxusautos von Präsident

Das Wirken von Robert Koch

© KURT KAUBE

Ocean Road Hospital – hier forschte Robert Koch zur Malaria

Neben dem Franzosen Louis Pasteur gilt Robert Koch als Begründer und Wegbereiter der Bakteriologie. 1905 erhielt er in Anerkennung seiner Leistungen im Bereich der Tuberkuloseforschung den Nobelpreis für Medizin.
Der 1843 im Harz geborene Arzt spezialisierte sich seit Beginn seiner praktischen Tätigkeit auf die Erforschung von Infektionen und Seuchen sowie deren Vermeidung durch Desinfektion. Ihm gelangen revolutionäre Durchbrüche in der Erforschung von Tuberkulose und Cholera, zwei der größten Geißeln jener Zeit. Koch war 1885 Mitbegründer des ersten Hygienischen Instituts in Berlin, reiste zu Forschungsaufenthalten nach Ägypten und Indien und lebte von 1896 an mehrere Jahre in Afrika, wo er Seuchen und Tropenkrankheiten erforschte, die die Kolonialisten von Deutsch-Ostafrika bedrohten, wie die Pest oder die Malaria. Im neu errichteten Kaiserlichen Hospital (dem heutigen Ocean Road Hospital) begann er seine Malariaforschungen, unternahm Forschungsreisen ins Landesinnere und brachte den Ärzten des deutschen Sanitätsdienstes den richtigen Umgang mit Chinin bei. Bis zu seinem Tod 1910 reiste er noch mehrmals nach Ostafrika, um seine Untersuchungen auch anderer Tropenkrankheiten, wie z. B. der Schlafkrankheit, voranzutreiben. Für seinen maßgeblichen Anteil an der Erforschung von Tropenkrankheiten wurde ihm im Muhimbili National Hospital von Dar es Salaam eine Gedenktafel geweiht.

Nyerere. Weitere Räume samt Schaukästen und -tafeln thematisieren die biologische und ethnografische Vielfalt, z. B. die Rock-Art-Funde von Kondoa (S. 138). Die massiven Renovierungen und die Erweiterung haben dem Museum zwar gutgetan, aber nur wirkliche Museumsliebhaber und Spezialisten werden vom Museum nachhaltig begeistert sein. 🕒 tgl. 9.30–18 Uhr, Eintritt US$8 (10 000 TSH). Achtung: Die heftige Fotografier- und Filmgebühr wird tatsächlich berechnet, wenn man beim Fotografieren erwischt wird.

Von der Selander Bridge bis zur Msasani Peninsula

Nördlich der Selander Bridge über den Msimbazi Creek, einen unscheinbaren, aber wichtigen Orientierungspunkt, beginnen die Wohn- und Geschäftsviertel der wohlhabenderen Einwohner von Dar es Salaam.

Westlich der Ali Hassan Mwinyi Road erstreckt sich der Bezirk **Kinondoni**, östlich liegen die Viertel **Masaki** und **Oyster Bay**. Wenn man

Msasani Peninsula

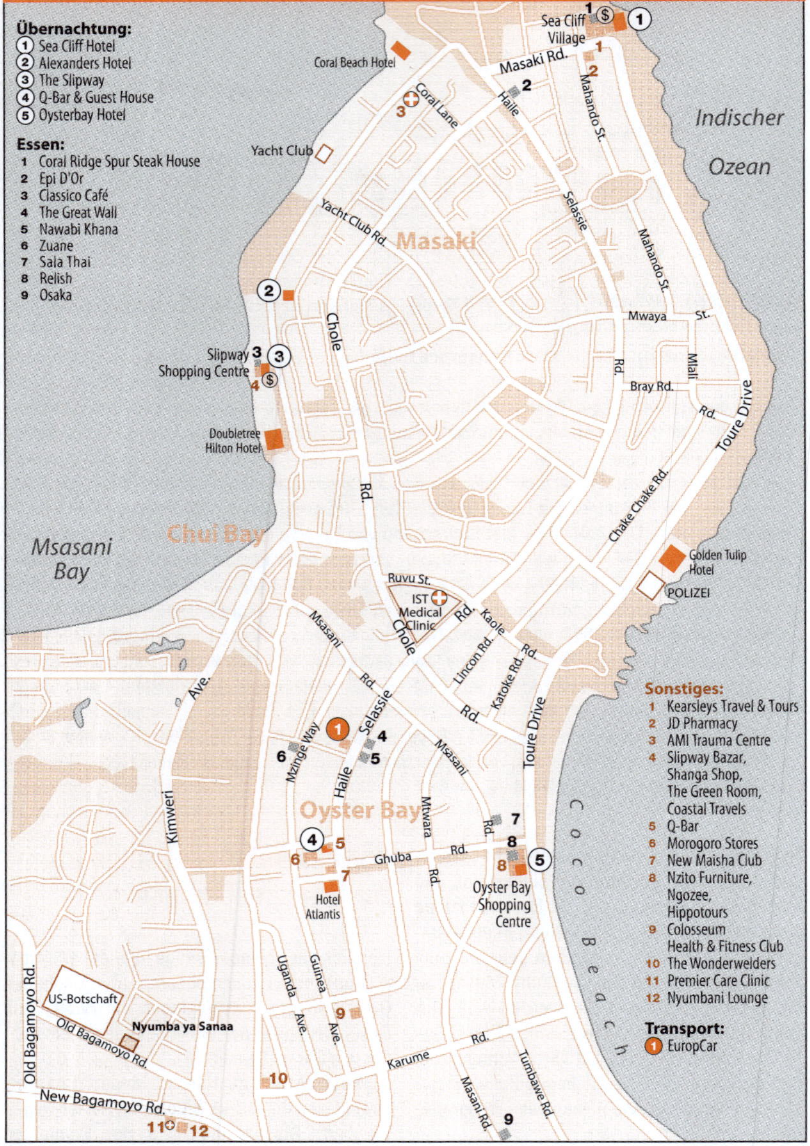

erst der Kenyatta Road und später dem Toure Drive folgt, erreicht man schließlich die **Msasani Peninsula**.

Bei der Gegend östlich der Ali Hassan Mwinyi Road handelt es sich um die Top-Adresse für Diplomaten, hochrangige Regierungsbeamte und Mitarbeiter von Entwicklungsorganisationen; eine spektakuläre Villa reiht sich an die andere, selbstverständlich gut gesichert durch hohe Elektrozäune und den unvermeidlichen *askari* (Wachmann).

Hier befinden sich drei der westlichsten (und beliebtesten) Einkaufszentren der Stadt, das **Oyster Bay Shopping Centre**, das **Sea Cliff Village** und das **Slipway**, alle mit angeschlossenen Hotels. Dazwischen liegt der bei Einheimischen beliebte, schöne (aber auch verdreckte) **Coco Beach** von Oyster Bay. Er ist in zwei Teile aufgeteilt: Am nördlichen Ende versammeln sich die Tansanier, am südlichen Ende wollen die indisch- und asiatischstämmigen Stadtbewohner unter sich bleiben. Vor allem an den Wochenenden drängen sich hier viele Jugendliche, Freunde und Familien, um am Strand zu picknicken oder sich zu Imbissen und Drinks zu verabreden. Achtung: Nur am Strand bleiben, wenn auch andere Personen anwesend sind, am besten am Wochenende.

Anfang 2011 übersiedelte das renommierte **Nyumba ya Sanaa** vom Stadtzentrum in die Nachbarschaft der US-Botschaft an der Old Bagamoyo Road (seit 2013 Mwai Kibaki Road). Beim 1972 gegründeten „Haus der Kunst", so die Übersetzung, handelt es sich um eine Dauerausstellung tansanischen Kunsthandwerks, das auch zum Verkauf steht. Ursprünglich ging das Zentrum, unterstützt vom Staatsmann Mwalimu Nyerere, aus einem Modellprojekt von Künstlern und behinderten Menschen hervor. Heute präsentieren sich hier Künstler aus den Bereichen Malerei, Grafik, Batik, Mode, Weberei, Papierkunst und Töpferei. Wer Souvenirs sucht, wird hier fündig.

In Richtung North Beach

Zurück auf der nach Norden führenden New Bagamoyo Road steht rechter Hand das **Makumbusho Village Museum** nur wenige Meter vor dem LAPF Tower. Wie der Name besagt (*kumbusho* bedeutet „Erinnerung"), soll das bereits 1966 eingerichtete Freilichtmuseum an die Alltagskultur, die traditionelle Wohnsituation sowie Bautechniken verschiedener tansanischer Stämme erinnern, die aufgrund des Fortschritts in Vergessenheit zu geraten drohen. Es gibt regelmäßig Veranstaltungen, z. B. traditionelle Tänze oder Musik; insbesondere an den Wochenenden geht es hoch her, denn auch die Einheimischen erfreuen sich am lauschigen Park, dem Restaurant mit bodenständigen Spezialitäten und der einheimischen Kultur. ⌚ tgl. 9.30–18 Uhr, Eintritt US$5.

Ein ungewöhnliches Highlight stellt der **Mwenge Crafts Market** dar. Etwas westlich der großen Kreuzung der New Bagamoyo Road mit der Sam Nujoma Road hat sich ein stattlicher Souvenirmarkt etabliert. Vieles ist wenig innovativ und nicht sonderlich kunstfertig, doch die Makonde-Holzschnitzer (vom Makonde-Plateau im Süden Tansanias), die noch immer traditionelles tansanisches Kunsthandwerk pflegen, produzieren hier. Wer tansanisch kaufen möchte, sollte sich genau erkundigen, wie die Ware hergestellt wurde. Aufgrund der gestiegenen Beliebtheit des Marktes werden leider oft völlig überhöhte Preise verlangt, deshalb ist Handeln und Vergleichen unabdingbar. Der Markt liegt 12 km vom Stadtzentrum entfernt, etwa 1 km westlich der Kreuzung auf der linken Seite. ⌚ tgl. 8–18 Uhr.

Eher bescheiden nehmen sich die nördlichen Strände aus. In jüngerer Zeit hat sich der **Kawe Beach** zu einer beliebten Gegend gemausert, nicht etwa wegen makelloser Sandstrände (die Küste ist hier eher ein wenig unansehnlich), sondern wegen der Lokale und der guten Vibes. Besonders das Mediterraneo Hotel ist als Oase zu erwähnen – perfekt, um in der schattigen Lounge zu relaxen, den Fischern bei der Arbeit zuzusehen oder einen Happen italienisch zu essen. Meist an den Wochenenden wird hier Unterhaltung geboten, wie Livemusik, Partys oder Themenabende.

Die Strände des **Jangwani Beach** und seiner Hotels, z. B. Jangwani Seabreeze Hotel oder White Sands Hotel, ca. 21 km von der Stadt entfernt, sind neben denen des heruntergekommenen Silver Sands Hotel oder des überzogen teuren Bahari Beach Hotel weiter nördlich noch am ehesten zu empfehlen (ca. 24 km von der Stadt). Bei Spaziergängen am Strand, z. B. am **Kunduchi Beach** oder **Bahari Beach**, ist jedoch enorme Vorsicht geboten, denn es kommt immer wieder zu Raubüberfällen auf ahnungslose Touristen. Am besten lässt man alle Wertsachen zu Hause, geht immer zu zweit oder in Gruppen oder heuert einen *askari* an.

1 HIGHLIGHT

South Beach

Viel paradiesischer – und weit weniger frequentiert – sind die Strände südlich der Innenstadt. Dorthin gelangt man ausschließlich über die Autofähre Kigamboni (oder Magongoni) Ferry, die von der Kivukoni Front (neben dem Fischmarkt) täglich viele Male ans andere Ufer in **Kigamboni** pendelt (S. 182). Die Regierung hat mit dem bis vor Kurzem noch verschlafenen Kigamboni bis 2032 Großes vor. So soll die komplette Halbinsel zu einem durchstrukturierten Vorzeige-Siedlungsprojekt avancieren, wo u. a. Wohnraum, Geschäfts- und Regierungsviertel, Bildungszentren mit Internationalen Schulen und Universitäten sowie Sportstätten nach einem für Tansania noch nie dagewesenen Bebauungsplan entstehen sollen. Der Plan ist ambitioniert, erst zwei Investoren haben angebissen, und so ist der Zeitpunkt der Fertigstellung mehr als ungewiss. Solange die Kigamboni New City nur auf Papier existiert, sollten Besucher die schönen Strände und das authentische Dorfleben am South Beach noch genießen.

Die ersten Kilometer der Straße am South Beach sind asphaltiert, die hiesigen Strände heißen **Mikadi Beach** und **Barracuda Beach**. 2 km hinter der Fähre liegt das Mikadi Beach Camp, das sich für kontaktfreudige Tagesausflügler, Camper und Budget-Reisende lohnt (s. „Übernachtung"). Dann folgen weitere Abschnitte, wie z. B. der **Kijiji Beach** (auch mit Lodge), bis schließlich der **Kipepeo Beach** erreicht ist. Etwa 7,5 km südlich der Fähre zweigt man hierfür (an einem Schilderwald mit einigen Verkaufsständen) von der Teerstraße links ab. Der Strand ist genau so, wie man sich ihn am Indischen Ozean vorstellt: blütenweißer Sand, türkisblaues Wasser, romantische Palmenhaine – und Kühe, die samt Kuhhirten auf ihrer täglichen Runde am Strand promenieren. Zu Deutsch bedeutet *kipepeo* „Schmetterling", und je nach Jahreszeit schwirren sie auch zu Tausenden herum. In den letzten Jahren wurde der Kipepeo Beach mit zahlreichen Hotelkolossen verbaut, dennoch bleibt er eine gute Wahl für Individualisten.

Weiter südlich findet der Strandreigen seine Fortsetzung. Die Anzahl der qualitativ hochwertigen Unterkünfte hier kann man an einer Hand abzählen– zum Wohl der Gäste, die es hierher verschlägt. Etwa 30 km von der Fähranlegestelle entfernt liegt das luxuriöseste Hideaway des South Beach, das gehobene **Ras Kutani**, das mit himmlischer Abgeschiedenheit und herrlichen Stränden werben kann. In den letzten Jahren wurden die Strände südlich von Dar immer attraktiver für die Städter, die sich am Wochenende gerne hierher zurückziehen, weswegen Ferienwohnungen, Privathäuser und Unterkünfte entstanden sind. Diese werden auch gern an Langzeitreisende oder Individualisten vermietet. Entsprechende Angebote finden sich im Gratismagazin *Advertising Dar*. Für Urlauber, die dem Trubel Sansibars entkommen möchten, hat der South Beach abschnittsweise noch viel zu bieten.

ÜBERNACHTUNG

Das Preisniveau in der Millionenmetropole ist generell hoch, wobei es beim Preis-Leistungs-Verhältnis oft hapert. Der Lärmpegel vieler Unterkünfte in Innenstadtlage ist beträchtlich. Hier liegen fast alle Low-Budget-Unterkünfte.

Airport-Nähe

Die beiden Unterkünfte eignen sich nur für den Ankunft- und Abflugtag; Taxipreise je nach Distanz und Tageszeit US$5–10.

Transit Motel Airport, Einfahrt gegenüber dem Airport beim VETA-Schild, ✆ 022-2842177, 💻 www.transitmotels.com. Landestypisches Gästehaus mit 11 Zimmern in unmittelbarer Nähe zum Flughafen mit AC, Moskitonetzen und

Flatscreen. Transfers zum Flughafen werden arrangiert. Frühes Frühstück möglich. Wenn das Hotel voll ist, kann man ins 1,6 km westlich davon gelegene Schwesterhotel **Transit Motel Ukonga** ausweichen. Beide ❷

City Centre und Upanga

Wenn nicht anders angegeben, Karte S. 158/159.

Untere Preisklasse

Die meisten Budget-Hotels in Dar haben schon bessere Tage gesehen; oft sind sie schmuddelig und abgewohnt. Je neuer ein Hotel ist, desto besser die Ausstattung. Tagsüber stellen der Kariakoo bzw. die Innenstadt kein Problem dar, nach Sonnenuntergang nur noch mit vertrauenswürdigen Taxifahren unterwegs sein.

YMCA Hostel, Maktaba St., hinter dem Holiday Inn, vor Ort buchen. Nicht mehr als eine nützliche, zweckmäßige Unterkunft in Innenstadt- und Daladala-Stand-Nähe. Zimmer mit Gemeinschaftsbad. Strom- und Wasserausfälle sind an der Tagesordnung. ❶

Al-Uruba Hotel, Mkunguni St., Ecke Sikukuu St., Kariakoo, ✆ 022-2180133, ✉ almaanac@gmail.com. Einfach und billig. Einige der über 50 Zimmer sind mit AC ausgerüstet, alle haben Du/WC im Zimmer. Frühstück muss im angeschlossenen Banadir Restaurant (s. „Essen") extra bezahlt werden. Der Eigentümer verlangt, dass Paare verheiratet sein müssen, gleichgeschlechtliche Zimmergenossen gehen aber in Ordnung. Unbedingt auf die eigene Sicherheit achten! ❶

Econolodge, Libya St., ✆ 022-2116048, ✉ econolodge@raha.com. Das Budget-Hotel in zentraler Lage gehört zu den besseren Low-Budget-Unterkünften der Stadt und hat 61 einfache Zimmer. Manche haben AC, andere Deckenventilatoren. Moskitonetze kontrollieren! Taxistand vor dem Hotel. ❷

Luther House Centre, Sokoine Dr., im Areal der Azania Front Lutheran Church, ✆ 022-2120734, ✉ luther@simbanet.net. Von Geistlichen geführte Unterkünfte sind in der Regel gut, wenngleich dieses Gästehaus preislich ein wenig überzogen ist. 16 funktionale, etwas abgewohnte Zimmer mit Du/WC und AC. Die Herberge liegt gleich neben der Kirche; die Kantine mit landestypischem Essen ist zu empfehlen. ❷

Mittlere Preisklasse

Royal Mirage, Livingstone, Ecke Amani St., ✆ 022-2181462, 💻 www.royalmiragetz.com. Das funktionale und renovierte Budget-Hotel im Kariakoo bietet einfache und saubere Zimmer (mit einem Kartensicherheitssystem). Durch die nahe Moschee kann es früh morgens laut sein. 60 Zimmer, teilweise mit AC. WLAN. ❸

Sleep Inn Hotel City Centre, Jamhuri St., ✆ 022-2127340, 💻 www.sleepinnhoteltz.com. Neueres Schwesterhotel des Sleep Inn Kariakoo, nur geringfügig teurer, aber alles ist noch relativ neu und gut in Schuss. WLAN. Gute Lage! ❸

Sleep Inn Hotel Kariakoo, Lumumba Rd., Ecke Mahiwa St., ✆ 022-2183100, 💻 www.sleepinnhoteltz.com. Das indisch geführte Haus befindet sich am südwestlichen Rand des Kariakoo (es kann mitunter etwas lauter zugehen) und bietet zweckmäßige, abgewohnte Zimmer mit AC und Internetanschluss zu akzeptablen Preisen. Schon ein wenig in die Jahre gekommen. Es empfiehlt sich, auswärts zu essen, denn die Küche ist katastrophal. WLAN. ❸

Heritage Motel, Bridge St., Ecke Kaluta St., ✆ 022-2117471, 💻 www.heritagemotel.co.tz. Saubere Zimmer in Hochglanzoptik, zentral gelegen, und alle 50 Zimmer haben Kühlschrank, Safe, TV, Internet und AC. Gute Wahl, sowohl für Touristen als auch für Geschäftsreisende. WLAN. Das libanesische Restaurant Albasha (S. 171) ist dem Hotel angeschlossen. ❸

Swiss Garden Hotel, Mindu St., Upanga, stadtauswärts vor der Selander Bridge links in die United Nations Rd. abbiegen, danach Beschilderung zur IST folgen, erste Abzweigung rechts, danach links, Karte S. 156, ✆ 022-2153219, 💻 www.swissgardenhotel.net. Freundliches, sauberes Gästehaus in der Nähe der Innenstadt, in Schweizer Hand. Die 13 Zimmer mit Kühlschrank, AC, Ventilator, Safe und WLAN (gegen Aufpreis) befinden sich rund um einen üppig bewachsenen Innengarten. Abendbuffet im Restaurant. ❹

DAR ES SALAAM

Schlafen im Stadtzentrum

Wer in Dar es Salaam Erledigungen plant oder nur auf der Durchreise (Weiterflug, Bahnfahrt oder Fähre nach Sansibar) ist, sollte eine Unterkunft im Stadtzentrum oder in der Nähe der benötigten Einrichtung bevorzugen. Fast alle für Reisende notwendigen Einrichtungen liegen zentral in Innenstadtnähe, z. B. der Flughafen, der Fährhafen, das Einwanderungsbüro, Botschaften, Autovermietungen, Banken oder Wechselstuben. Die Staus in Dar es Salaam sind in den letzten beiden Jahren unerträglich geworden, deshalb muss man zentral nächtigen und rechtzeitig losfahren, um pünktlich zu sein.

Obere Preisklasse

Harbour View Suites Hotel, Samora Ave., ✆ 022-2124040, 💻 www.harbourview-suites.com. Exzellente, preislich attraktive Adresse nahe dem Fährhafen. Die schick möblierten, riesengroßen Apartments, jedes mit kleiner Küche, Safe, TV und AC liegen zentral in der Stadt. WLAN, Pool auf dem Dach, Fitnesscenter. Exzellentes indisches Restaurant, riesengroßes Frühstücksbuffet. Einige Zimmer haben Blick auf die Bucht. Gute Wahl in der Innenstadt für komfortable Nächte. ❺–❼

Southern Sun, Garden Ave., ✆ 022-2137575, 💻 www.southernsuntz.com. Angenehmes Stadthotel im grüneren Teil der Innenstadt, ruhig und zentral gelegen. Aufgrund des guten Preis-Leistungs-Verhältnisses beliebt bei Ausländern, die in Tansania leben und für ein Wochenende in Dar es Salaam Zerstreuung suchen – auch wegen des üppigen Frühstücksbuffets. Gute Gerichte in der gehobenen Preisklasse, westliche Küche. 152 Zimmer mit Safe, TV und AC, außerdem Fitnessraum, Pool, WLAN, Gartenanlage. Vom Pool und dem Outdoor-Café aus blickt man in den Botanischen Garten. ❼

Hyatt Regency Dar es Salaam, The Kilimanjaro, Kivukoni St., ✆ 0764-701234, 💻 daressalaam.kilimanjaro.hyatt.com. Im altehrwürdigen Geschäfts- und Konferenzhotel, das alle paar Jahre die Betreiber wechselt, gibt es 180 gut ausgestattete, geräumige Zimmer. Es dominiert klares Design im Afro-Asia-Ethno-Mix. Herrlicher Blick über die Hafenbucht. Spa, Massage, Fitnessraum, Pool, Internet/WLAN. Ausgezeichnetes orientalisches Restaurant sowie Restaurant mit internationaler Küche in der gehobenen Preisklasse. ❽

Westlich der Stadt: Ubungo Bus Terminal

Karte S. 156

Die genannten Hotels sind besonders für frühe Abfahrten vom Ubungo Bus Terminal oder Flughafentransfers zu empfehlen. Hinter dem Ubungo Terminal rund um den Ubungo Plaza gibt es jede Menge billiger, landestypischer Gästehäuser. Taxis zum Busbahnhof kosten je nach Distanz 5000–7000 TSH, Nachtfahrten 10 000 TSH. Siehe Infos zu Busverbindungen S. 183.

Rombo Green View Hotel, am Anfang der Shekilango Rd., stadtauswärts Abzweigung rechts 100 m vor dem Bus Terminal, ✆ 022-461043, 💻 www.rombogreenviewhotel.com. Einfacheres, landestypisches Stadthotel in der Nähe des Busbahnhofs mit recht gutem Preis-Leistungs-Verhältnis. ❷–❸

Wista's Inn, Sinza Kivulini, Zufahrt entweder über Sam Nujoma Rd. oder Shekilango Rd., ✆ 0715-277563, 💻 www.wistasinn.co.tz. Rustikale, landestypische Zimmer mit TV, AC und WLAN; grüner, üppiger Garten; recht gute Küche mit Durchschnittspreisen von 8000–10 000 TSH für Hauptgerichte. Mit verlässlichem Taxiservice. ❷–❸

Nördlich der Stadt: Kinondoni, Oyster Bay, Msasani Peninsula

Karte S. 164

Mittlere Preisklasse

Q-Bar & Guest House, Haile Selassie Rd., Oyster Bay, ✆ 0754-282474, ✉ reservations@qbar.dar, 💻 www.qbardar.com. Etwas abgewohnte Mittelklasse-Unterkunft mit 20 großen Zimmern für Partytiger. In der bei Einheimischen und Expats gleichermaßen beliebten Bar darunter geht es lauter zu; der benachbarte Maisha Club trägt von Do–So seinen Teil zum Lärmpegel bei (Zimmer vor Bezug zeigen lassen). Das Restaurant mit bodenständigen

Steak- und Grillgerichten ist ganz okay; hat ein wenig Oktoberfest-Charakter, aber faire Preise. Es gibt auch ganz, ganz einfache Backpacker-Gemeinschaftsräume. Dorm ❶, ansonsten ❷–❸

The Slipway, Msasani Bay, im Slipway Shopping Center, ☎ 022-2600893, 💻 www.hotelslipway.com. Dem Einkaufszentrum direkt angeschlossenes Hotel mit Zimmern auf mehreren Etagen, teilweise mit Blick aufs Meer. Gute Qualität zum fairen Preis. Hier zu nächtigen hat Vorteile, denn man hat alles unter einem Dach: Restaurants, Souvenirshops, Kaffeehäuser, Geldautomaten und den Sonnenuntergang am Meer. Zudem ist die Gegend für hiesige Verhältnisse sehr ruhig (außer sonntags, wenn halb Dar es Salaam bis in die Nacht unterwegs ist). Internet auf den Zimmern. ❹

Obere Preisklasse

Alexanders Hotel, Mary Knoll Rd., Nähe Slipway, ☎ 0754-343834, 💻 www.alexanders-tz.com. Komfortables, gemütliches Boutiquehotel mit 14 Zimmern und persönlicher Betreuung zum fairen Preis. In der luftigen Rooftop-Lounge schweift der Blick bis zum Meer und über die Dächer der Stadt. Schickes Ambiente, exzellentes Essen, WLAN, Pool, köstliches Frühstücksbuffet. Der gut sortierte Weinkeller ist der ganze Stolz der Eigentümer. ❻

Sea Cliff Hotel, Toure Dr., Msasani Peninsula, ☎ 0764-700600, 💻 www.hotelseacliff.com. Elegantes Hotel auf den Klippen mit 98 Zimmern, Kasino, WLAN, Pool, Fitnesscenter, Frisör, Shops und dem Village Supermarket. Exquisites asiatisches Restaurant, falls einem die Lokale im Einkaufscenter zu simpel sind. Das Karambezi Café bietet unschlagbare Aussichten auf das Meer. Gediegenes Ambiente, viel Marmor, Gold, gedeckte Farben, nur die etwas lieblose Gartenanlage rund um den Pool passt nicht so recht dazu. Village Rooms im Einkaufszentrum ❺, Zimmer im Haupt-Hotel ❼

Oysterbay Hotel, Toure Drive, ☎ +44-1932-260618 (Büro in Großbritannien), 💻 www.theoysterbayhotel.com. Direkt am Toure Drive mit bestechendem Blick aufs Meer liegen 8 geräumige Suiten im geschmackvollen Ethno-Design, in denen modernes, klar strukturiertes Design mit lokalem Kunsthandwerk gewürzt wird. Besonders intimes Refugium, für das die Geldbörse weit geöffnet sein muss. ❽

Nördlich der Stadt: Mikocheni, Kawe, North Beach

Karte S. 156

Untere Preisklasse

Friendly Gecko, Africana Rd., Nähe Kreisverkehr mit der Old Bagamoyo (Mwai Kibaki) Rd., ☎ 0759-941848, 💻 www.friendlygecko.com. Einfaches, familiäres Gästehaus, in dem hauptsächlich Volunteers untergebracht sind. Man darf keine Hotelstandards erwarten, sondern hier zählt eher der gute Wille (die Einnahmen gehen an ein Waisenhaus) und die Möglichkeit, viele Kontakte zu knüpfen. Jüngeres Publikum, etwas chaotische Organisation, WLAN, bescheidenes Restaurant. Lage: unweit vom Meer. Mehrere Kategorien der Unterbringung. Gemeinschaftszimmer und Zelt ❶, DZ ❷

CEFA Hostel, Old Bagamoyo (oder Mwai Kibaki) Rd., Mikocheni B, ☎ 022-2780425, ✉ cefahostel@gmail.com. Saubere, simple Unterkunft mit 14 Zimmern, die von einer italienischen Entwicklungshilfeorganisation betrieben wird. AC, WLAN, in den Obergeschossen Blick aufs Meer, Italo-Swahili-Küche. Buchung erforderlich, denn Volunteers werden bevorzugt einquartiert. ❷

Mittlere Preisklasse

Maua Garden, Kunduchi Beach, ☎ 0784-306904, 💻 www.maua-beach.ch. 8 einfache, gemütliche Zimmer inkl. Schlemmerfrühstück. Die familiäre Pension des hilfsbereiten Schweizer Ehepaars Grob hat zwar keinen direkten Strandzugang, doch der Pool entschädigt dafür. Gutes Restaurant, das tgl. und durchgehend ab 11 Uhr bis spät abends geöffnet hat (untere bis mittlere Preisklasse). ❸

Mediterraneo Hotel, Old Bagamoyo (oder Mwai Kibaki) Rd. stadtauswärts, rechts zum Kawe Beach abbiegen, ☎ 022-2618359, 💻 www.mediterraneotanzania.com. Einladendes Hotel im mediterran-afrikanischen Stil mit Flair, aber wenig inspirierendem Strand. Jedes der 19 Zimmer hat eine gemütliche Veranda, ein Teil der Zimmer auch Meerblick. WLAN, Pool und ein Tennisplatz, der gefährlich nahe beim Restaurant liegt. Gemütliche Lounge und exzellente italienische Küche, garniert mit Blick aufs Meer und die Lichter der Stadt am Abend. ❹

Obere Preisklasse

The Beachcomber Hotel & Resort, Africana Rd., Jangwani Beach, ✆ 022-2647772, 💻 www.beachcomber.co.tz. Obwohl der verspielte, bisweilen kitschige Stil nicht jedermanns Sache ist, hinterlässt das freundliche, ältere Hotel einen sympathischen Eindruck. Das Personal ist äußerst zuvorkommend. Indische Führung. Alle 36 Zimmer verfügen über Meerblick. WLAN, Fitnessraum, Pool, Meerzugang. Akzeptable indische Küche zu moderaten Preisen. ❹–❺

White Sands Hotel, Africana Rd., Jangwani Beach, ✆ 022-2647621, 💻 www.hotelwhitesands.com. Die großzügigen Appartements sind empfehlenswert, aber der Rest des einst besten Hotels an der Nordküste wirkt lieblos und schmuddelig. Das große Plus: Das Hotel hat einen ansehnlichen Strand. Pool, Fitnesscenter. Freier Eintritt in die angrenzende Water World (S. 175). WLAN. Tgl. Fähre zur romantischen Mbudya-Insel. 116 Zimmer. ❻

South Beach

Die genannten Unterkünfte bestehen auf Reservierungen aufgrund der schwierigen Versorgungslage mit Lebensmitteln. Die weiter südlich gelegenen Unterkünfte können auch gut mit dem Flugzeug erreicht werden (Ras Kutani Airstrip), z. B. mit Safari Air Link für US$150 p. P. Karte S. 156.

Untere Preisklasse

€ **Mikadi Beach Camp**, ✆ 0754-370269, 💻 www.mikadibeach.com. Nur 2 km hinter der Fähre liegt das einfache, südafrikanische Camp für Overlander und kontaktfreudige Camper. Auch Familien sind willkommen. Mit Restaurant (Gerichte meist um 15 000 TSH), Bar, Lounge, Pool, viel Unterhaltung. WLAN gegen Aufpreis. Reservieren (per SMS und E-Mail) ist sinnvoll, da das Beach Camp oft ausgebucht ist. Sicheres Parken für Fahrzeuge (5000 TSH/Tag), wenn man nach Sansibar möchte. DZ mit Gemeinschafts- oder Privatbad. Auch Camping, S. 171. ❶–❷

Mittlere Preisklasse

€ **Kipepeo Beach Village**, Kipepeo Beach, ca. 8 km südlich der Fähre, ✆ 0754-276178, 💻 www.kipepeovillage.com. Legere, entspannte Anlage an einem sehr schönen Strandabschnitt. Die 20 auf Stelzen gebauten Chalets mit großen Betten im 1. Stock haben Meerblick. Rustikale und relaxte afrikanische Architektur. Auch 15 Strand-Bandas für um US$25 (DZ) mit Gemeinschaftsbad vorhanden. Aktivitäten wie Schnorchelausflüge zu den Sinda Islands oder Kayak-Fahren im Angebot. WLAN 4000 TSH pro Tag. Die Küche ist akzeptabel, allerdings auf schwere Kost mit Frittiertem, Fleischgerichte, Burger, Fisch und Meeresfrüchte spezialisiert; Hauptgericht durchschnittlich 15 000 TSH. Auch Camping, S. 171 ❷–❸

Kijiji Beach Resort, 5 km hinter der Fähre, ✆ 0783-680000, 💻 www.kijijibeach.com. Freundliche, saubere Pension direkt am Strand; Unterbringung in unterschiedlichen Kategorien von Zelten bis zu Cottages. Sehr nahe an der Fähre, ohne lange Transfers, ideal für alle, die nur mal schnell 2 Nächte am Strand verbringen möchten. Schöne Poollandschaft, korrekte Preise. ❷–❺

Obere Preisklasse

Amani Beach Hotel, Ras Kutani, ✆ 0782-410033, 💻 www.proteahotels.com. Familienfreundliches, komfortables Resort im sansibarischen Stil. 10 geräumige Bungalows mit Meerblick, aber weniger schick als der Nachbar Ras Kutani. Pool, viele Aktivitäten. Wunderbare, abgeschiedene Bucht. Die Qualität der Küche variiert, ist aber meist ganz gut. Nur für gebuchte Gäste zugänglich! ❺–❻

Skippers Haven, Kibiji Village, 40 km südlich der Fähre und südlich von Ras Kutani, ✆ 0686-714053, 💻 www.skipper-haven.com. 6 komfortable, romantische, offen gestaltete Chalets im rustikalen Tropenstil mit Betonböden,

Makuti-Dach und schöner Veranda liegen leicht erhöht auf Klippen, mit Zugang zu einem Privatstrand. Familienfreundlich. Viele Aktivitäten rund ums Meer, wie Angeln, Schnorcheln, Bootsfahrten, aber auch Vogelbeobachtung. Entspannte Atmosphäre. DZ mit Vollpension US$ 270. Auch Camping, s. u. ❻

Ras Bamba, 20 km südlich der Fähre, ✆ 0754-000270, 💻 www.rasbambaecolodge.com. Rustikales, intimes Resort direkt am langen Sandstrand mit weitläufigen Chalets, die über sensationelle Open-Air-Badezimmer verfügen. Gute Küche mit sehr viel Fisch und Meeresfrüchten. Die Inhaber führen die Anlage sehr persönlich. Nur mit Reservierung! DZ mit Vollpension ab US$300. ❼

Ras Kutani, Ras Kutani, ✆ 022-2128485, 💻 www.selous.com. Die charmante, liebevoll gestaltete Luxusherberge gehört zu den Geheimtipps am Indischen Ozean: wunderbare Lage, herrlicher Strand, romantische Robinson-Crusoe-Atmosphäre. Rustikale Bungalows sowie Suiten mit eigenem Minipool und ein Familienhaus in erhöhter Lage mit tollem Blick aufs Meer. Massagen, Aktivitäten, Schnorcheln. Nur für gebuchte Gäste zugänglich! ❽

Camping

Die zweifellos schönsten Campingplätze der Millionenmetropole liegen am blütenweißen Sandstrand südlich von Kigamboni, z. B. **Mikadi Beach Camp** (10 000 TSH p. P.), **Kipepeo Beach** (US$8 p. P.), **Skippers Haven** (US$10 p. P.) oder **Kim Beach Campsite** südlich von Gezaulole (einfacher Campingplatz unter Palmen an einem abgelegenen Traumstrand, für echte Selbstversorger, mit Wasser und Toiletten und Bewachung, 10 000 TSH p. P.).

ESSEN

Fast alle Hotels und Unterkünfte haben ein Restaurant angeschlossen. Sofern diese im Abschnitt „Übernachtung" nicht explizit genannt wurden, haben sie keinen Eindruck hinterlassen.

City Centre und Upanga

Karte S. 158/159

Luther House Centre, Sokoine Dr., neben der Azania Front Lutheran Church. Landestypische Küche mit Gerichten zwischen 5000 und 10 000 TSH. 🕒 Mo–Sa 6.30–20, So 7–14.30 Uhr.

Forodhani, Libyia St., zwischen Safari Inn und Econolodge. Große Auswahl hauptsächlich an indischen (auch vegetarischen) Speisen, gut gewürzt. Max. 10 000 TSH. 🕒 tgl. 17–23 Uhr.

€ **Banadir Restaurant**, im Al-Uruba Hotel, Mkunguni St., Ecke Sikukuu St., Kariakoo. Hat in der Gegend einen guten Ruf. Afrikanisches Buffet 6000–7000 TSH, Hauptgerichte 4000–6000 TSH. 🕒 durchgehend von morgens bis abends.

💼 **56 Chapan Bhog**, Kisutu (Pramukh Swami) St. Viele meinen, das kleine, 2013 renovierte Lokal zwischen zwei großen hinduistischen Tempeln zähle zu den besten indischen (vegetarischen) Restaurants der Stadt. Ideal für den kleineren Hunger oder um sich mit Snacks und Häppchen durch die unterschiedlichen indischen Regionen zu kosten. Unbedingt auch die süßen Köstlichkeiten probieren! 🕒 tgl. 7–22 Uhr

Retreat, Kisutu (Pramukh Swami) St. Exzellente indische vegetarische Küche, z. B. vegetarisches Biryani, zum moderaten Preis. Liegt schräg gegenüber vom 56 Chapan Bhog. 🕒 tgl. 12–15, 18.30–22 Uhr, Do abends geschl.

€ **Mamboz BBQ**, Morogoro Rd., Ecke Libya St., gegenüber den Haadi Apartments. Streetfood im wahrsten Sinne des Wortes: Zubereitet und gegessen wird das indische Barbecue auf der Straße. Einen guten Ruf hat das Chicken BBQ mit verschiedenen Marinaden, Saucen und Salaten. Super, um dem bunten Treiben auf der Straße zuzusehen. Gut und mit ca. 7000 TSH pro Portion günstig, aber durch die Popularität muss man längere Wartezeiten in Kauf nehmen. 🕒 Di–So, abends.

€ **Albasha**, Bridge, Ecke Kaluta St., neben Heritage Motel. Libanesische Spezialitäten wie Falafel oder Taboulel für rund 11 000 TSH. Unter libanesischer Führung, also wirklich authentische Küche. Gute vegetarische Gerichte. 🕒 tgl. 7–22.30 Uhr.

Alcove, Samora Ave. ✆ 022-2137444. Zählt seit Jahrzehnten zu den besten indischen Restaurants der Stadt. Einfache Ausstattung, die der Qualität der Gerichte nicht entspricht, aber es gibt Pläne, das Restaurant auf die andere Straßenseite zu verlegen. Eines von wenigen indischen Restaurants in der Innenstadt, das Alkohol ausschenkt. Hauptgerichte 10 000–15 000 TSH. ⌚ Mo–Sa 12–15, tgl. 19–23 Uhr.

Bakers Basket, im Dar es Salaam Serena Hotel. Neben gutem Kaffee gibt es im klimatisierten Café allerlei süße Köstlichkeiten wie Plundergebäck und Torten oder auch Sandwiches. ⌚ tgl. 7–20 Uhr.

Mokka City Café, Samora Ave., am Askari Monument. Neues, klimatisiertes Kaffeehaus im gelb-braunen Retro-Design mitten im Business District mit Sandwiches, Burgern, Tramezzini, Smoothies, Milchshakes und natürlich Kaffee und Kuchen. Mittags kann es eng werden, wenn die Angestellten und Geschäftsleute ihre Mittagspause hier verbringen. Angenehme Atmosphäre, schneller Service, WLAN. ⌚ tgl. 6.30–21.30 Uhr.

Sawasdee, New Africa Hotel, Azikiwe St., Ecke Sokoine Dr., ✆ 022-2117050. Einziges Thai-Lokal in der Innenstadt mit gutem Ruf. Mit romantischem Blick über den Hafen. Ab US$20. ⌚ tgl. 19–23 Uhr.

Oriental Restaurant, im Hyatt Regency Dar es Salaam, ✆ 0764-701234. Trotz des Betreiberwechsels ist das Restaurant, das asiatische Küche von Japan über Thailand bis China und Vietnam kredenzt, noch immer eine der besten Adressen für Sushi. Gehobene Preise. ⌚ tgl. mittags und abends.

Nördlich der Stadt: Msasani Peninsula

Karte S. 164

Relish, Oyster Bay Shopping Centre, ✆ 0784-277388. Versteckt im Obergeschoss des Einkaufszentrums, hinter den Bücherregalen von A Novel Idea, liegt das kleine Café. Gemütliches Ambiente mit Sofas, rotem Wandanstrich und flottem Service. Leckere Gerichte, z. B. dick belegte Sandwiches ab 13 000 TSH. Guter Kaffee (4500 TSH), exzellente Kuchen. ⌚ Mo–Fr 8–17, Sa 8–14 Uhr.

Classico Café, Slipway. Gute westliche Küche, Salate, Pasta, Sandwiches und Burger. Akzeptables Preis-Leistungs-Verhältnis und starker Espresso (oder Latte Macchiato) zum Nachtisch. Restaurant und Open-Air-Café, drinnen klimatisiert. Gerichte ab 10 000 TSH. ⌚ tgl. 7–22 Uhr.

Sea Cliff Village, neben dem Seacliff Hotel, Toure Dr. Hier haben sich diverse kleinere und größere Restaurants (u. a. italienisch, mexikanisch, Fischspezialitäten) einquartiert. Niedriges bis mittleres Preisniveau, auch ideal zum Mittagessen. Unterschiedliche Öffnungszeiten.

Sala Thai, Masani Rd., ✆ 0787-244997. Ausgezeichnete Speisen aus Thailand, z. B. traditionelle Suppen wie Tom Yam, gebratener Reis oder gebratene Nudeln, alle 12 000 TSH. Mittleres Preisniveau. ⌚ Mo–Sa 16–22, So 11–22 Uhr.

Epi D'Or, Haile Selassie Rd., an der Kreuzung Chole Rd., ✆ 022-2601663. Wegen des krossen Gebäcks, der süßen Versuchungen (z. B. Mousse au Chocolat oder Apfeltarte) und der köstlichen Gerichte zählt das französisch-libanesische Café/Restaurant zu den beliebtesten Lokalen der Stadt, z. B. kalte und warme Mezze ab 9000 TSH, Club Sandwich ab 12 000 TSH, Burger und gefüllte Bagels ab 10 000 TSH und jede Menge Salate. Mo–Sa Special of the Day für 18 000 TSH, Hauptgerichte der mediterranen und libanesischen Küche für 20 000 TSH. Das sonnengelbe Gebäude mit der lauschigen Veranda und den blühenden Bougainvilleen macht allein schon Appetit. Frühstück bis 12 Uhr. Die frisch gepressten Säfte sind ein Gedicht, der Kaffee ist gut und stark. Mit eigener Bäckerei. Mittlere Preisklasse. ⌚ Di–So 7.30–22.30 Uhr.

The Great Wall, Haile Selassie Rd., neben Nawabi Khana, ✆ 0757-558888. Hinter der orangen Chinesischen Mauer direkt an der Straße liegt das beste China-Restaurant der Stadt. Immer gut besucht. Chinesische Expats kommen gerne zum Essen hierher. ⌚ tgl. mittags und abends.

Nawabi Khana, Haile Selassie Rd., ✆ 0778-111111. Im gehobeneren Restaurant mit üppigem indischem Interieur (samt plätscherndem Wasserfall) servieren wieselflinke Kellner im Livrée indische Hauptgerichte ab ca. 15 000 TSH. ◷ tgl. mittags und ab 18.30 Uhr.

Zuane, Mzingaway Rd., nahe Morogoro Stores, ✆ 0766-679600. Einer der besten und beliebtesten Italiener der Stadt: schönes Ambiente in einer Garten-Villa mit Tischen auf der Terrasse und drinnen; große Speisekarte mit schmackhaften Gerichten aus Bella Italia. Pizza ca. 16 000 TSH, Pasta 17 000 TSH, Antipasti, Salate, Dolci, Espresso. ◷ tgl. mittags und abends.

Coral Ridge Spur Steak House, Sea Cliff Village. Bestes Steakhaus in Tansania. Die niederländische Franchise-Kette bietet Riesenportionen, ein klimatisiertes Restaurant und ein abwechslungsreiches Salatbuffet. Steaks ab 23 000 TSH, mexikanische Gerichte, Burger ab 16 000 TSH. Sehr familienfreundlich (Kinderspielplatz), beliebt für Kindergeburtstage. ◷ tgl. 11–23 Uhr.

Osaka, Hill St., Ecke Msasani Rd., ✆ 0755-268228. Exquisite japanische Küche, u. a. Sushi und Teppanyaki, zum stolzen Preis. Das Restaurant mit neuem Standort ist zweigeteilt: Rechts liegt der klimatisierte Raum für Sushi und Sashimi, rechts befindet sich der offene Bereich für die Teppanyaki-Gerichte, die auf einer Stahlplatte direkt am Tisch zubereitet werden. Abends gibt's hier Schaukochen. Gehobene Preise ab US$20–25. ◷ tgl. 12.30–14.30, 18.30–23 Uhr.

Nördlich der Stadt: Mikocheni, Kawe, North Beach

Karte S. 156.

Fairy Delights Bakery, Shoppers Plaza. Kuchen, Plundergebäck, Baguettes und anderes mehr. Neben dem Epi D'Or eine weitere empfehlenswerte Bäckerei.

€ **Fairy Delights**, Shoppers Plaza und Mlimani City. Hier werden täglich von 12–16 Uhr außerordentlich gute indisch-tansanische Mittagsbuffets für nur 9500 TSH serviert. Mittags sind daher schnell alle Tische besetzt. Im Café in der Mlimani City kann man sich auch am ausladenden Frühstücksbuffet für rund 4500 TSH sattessen. ◷ Shoppers Plaza Mo–Sa 8–21, So 9–16 Uhr, Mlimani City tgl. 7–22 Uhr.

Joevic Club, Kawe Beach, gegenüber vom Hotel Mediterraneo, ✆ 0772-222777. Die Expats lieben das rustikale Restaurant mit Bar wegen der Steaks und anderen Fleischgerichte, der lockeren Atmosphäre sowie der attraktiven Preise. Mit Themenabenden, Mi ist z. B. Pizza Night (10 000 TSH), Sa Rock Night. Hier trifft man sich auch, um nach der Arbeit ein paar Bier zu kippen. ◷ tgl. 11 Uhr bis spät.

Saverio's, Old Bagamoyo (Mwai Kibaki) Rd., Mikocheni B, ✆ 022-2700393. Die in Dar es Salaam lebenden Expats pilgern vor allem wegen der Pizza zu Saverio's. Mittlere Preisklasse, Pizza unter 15 000 TSH.

Samaki-Samaki, Mlimani City, New Bagamoyo Road, ✆ 0785-415415. Im urigen, rustikalen Ambiente (mit massiven Möbeln aus Dhow-Holz) werden fangfrische Fische und Meeresfrüchte serviert. Danach geht mit DJs und Livekonzerten bei viel Partystimmung die Post ab. Weitere Filiale an der Straße nach Bagamoyo in Mbezi Beach (auf Höhe IMTU Hospital). Hauptgerichte ca. 15 000 TSH. ◷ tgl. 9.30–24 Uhr.

Addis in Dar, Ursino St., Regent Estate, ✆ 0713-266299. Stimmungsvolles Restaurant, in dem von der Atmosphäre über das Essen mit Fingern bis zur Kaffeezeremonie alles echt äthiopisch ist. Typische und traditionell äthiopische Eintöpfe mit Rind, Lamm oder vegetarisch, serviert auf dem typischen Sauerteig-Fladenbrot *injera*. Luftige, romantische Veranda. Ab 15 000 TSH. Etwas abgelegen, man muss also ein Taxi nehmen. ◷ Mo–Sa ab 17.30 Uhr.

Anghiti, New Bagamoyo Rd., stadtauswärts rechts nach der Kreuzung mit der Mwai Kibaki (Old Bagamoyo) Rd., ✆ 022-2701866. Wahrscheinlich noch immer das beliebteste indische Restaurant der Stadt. Großzügige Portionen, schmackhaft gewürzte Speisen. Am Wochenende sollte man reservieren. Faires Preis-Leistungs-Verhältnis. Ab 15 000 TSH. ◷ tgl. 12–15, 18–22.30 Uhr.

Mediterraneo, Kawe Beach. Empfehlenswertes Restaurant mit schönem Blick aufs Meer; gehobene Preisklasse. Sa abends Livemusik und So Brunch. Mehr Infos s. „Übernachtung" S. 102.

UNTERHALTUNG UND KULTUR

Alle Unterkünfte der gehobenen Klasse verfügen über Bars, die alkoholische Getränke und auch Cocktails servieren. Discos, Bars und Clubs verlangen Eintritt, der meist um die 10 000–15 000 TSH (in elitären Clubs auch bis zu 30 000 TSH) beträgt. Oft gibt es Ladies Nights oder auch Herrenabende, wo entweder kein Eintritt bezahlt werden muss oder ein Getränk gratis serviert wird. Zudem lohnt es sich immer, nach der Happy Hour (verbilligte Getränke oder Speisen) zu fragen. Für nächtliche Ausflüge empfiehlt es sich, Taxis oder das eigene Fahrzeug zu nutzen. In den von Ausländern frequentierten Lokalen sind viele Prostituierte unterwegs.

Nachtleben

Das Nachtleben in Tansania, insbesondere in Dar es Salaam, beginnt sehr spät. Die Discos und Clubs bleiben meist bis Mitternacht spärlich besucht, die restlichen Ausgehlokale (oft als Bars oder Lounge bezeichnet) beginnen sich dagegen meist schon um 20 Uhr zum Abendessen zu füllen. Neue Hot Spots inserieren im *Advertising Dar.*

Club Bilicanas, Mkwepu St., Nähe Askari Monument. Eine der etabliertesten und angesagtesten Discos in Dar es Salaam mit wöchentlichen Highlights. Bongo Flava, DJs, Konzerte, Ladies Nites etc. Tansanier und Ausländer sind gleichermaßen vertreten, auch Prostituierte. ◷ Di–So ab 22 Uhr, Eintritt 8000–10 000 TSH.

New Maisha Club, Haile Selassie Rd., gleich neben dem Atlantis Hotel, Oyster Bay. Nach einem Brand wieder eröffnet, ist der Laden heißer denn je. Wechselnde DJs, Bongo Nites, Shows etc. Eintritt 5000 TSH, mit Band 8000 TSH, Fr/Sa 10 000 TSH. ◷ tgl. ab 22 Uhr.

Nyumbani Lounge, New Bagamoyo Rd., Kinondoni, unweit der Oyster Bay Police Station. Beliebter Club mit Livemusik und DJs, meist Fr und Sa. Gehobeneres Preisniveau. ◷ Do–Sa ab 20 Uhr.

Q-Bar, Haile Selassie Rd., Oyster Bay. Beliebte Sportbar der Einheimischen und Ausländer, in der täglich etwas los ist, z. B. Billardturniere, Livekonzerte, Fußballübertragungen. Prostituierte warten hier mit Vorliebe auf die richtige Bekanntschaft, die im angeschlossenen Gästehaus bedient wird. Restaurant ganz okay; s. „Übernachtung" S. 102. ◷ tgl. 8 Uhr bis spät.

Rouge, im Hyatt Regency Kilimanjaro, Kivukoni St. Der neuere Nachtclub öffnet seine Pforten nicht nur für die Gäste des elitären Hotels. Für die ausländischen und lokalen Top-DJs muss man tiefer als üblich in die Tasche greifen (Eintritt 30 000 TSH). Themenabende und Promi-Gäste. ◷ Mi–Sa 18–4 Uhr.

Runway Lounge, im Penthouse-Level des Shoppers Plaza. Hippe Lounge-Bar mit Chill-out-Musik, von Do–Sa DJs, Konzerte und Partynights. Eintritt ca. 10 000 TSH. ◷ Di–Do 19–24, Fr–Sa 19–6 Uhr.

Sundowner

Auch in Dar es Salaam beginnt der Abend mit einem Sundowner. Schön sind die **Sonnenuntergänge** rund um die Msasani Bay, z. B. im Slipway (The Waterfront) oder im Mediterraneo Hotel. Ein Cocktail in der Pool Bar des Hyatt Regency Kilimanjaro Hotel im 1. Stock hat ebenfalls seinen Reiz.

Festivals

Die beiden Kulturinstitute, **Goethe Institut** und **Alliance Française** (S. 175) organisieren unregelmäßig Film- und Musikfestivals.

Swahili Fashion Week, jedes Jahr im Nov./Dez., 💻 www.swahilifashionweek.com. Die Modenschau bietet seit 2008 den langsam selbstbewusst werdenden ostafrikanischen Mode- und Accessoires-Designern eine Plattform. Der Catwalk sowie die Boutiquen befinden sich in der Karimjee Hall.

Galerien

La Petite Galerie, Oyster Bay Shopping Centre, Ghuba Rd., ✆ 0713-320566, ✉ lapetite.galarie@gmail.com. Galerie des Bildhauers und Malers Yves Goscinny (Organisator der East Africa Art Biennale) und einer von wenigen Orten, an denen hochwertige Malerei von tansanischen und panafrikanischen Künstlern verkauft wird. ◷ Mo–Sa 10–18 Uhr.

Kinos

Century Cinemax, im Mlimani Shopping Centre in Mwenge, ✆ 022-2773053.

New World Cinemas, New Bagamoyo Rd., kurz vor der großen Kreuzung von Mwenge, ✆ 022-2772178.

Europäische und internationale Filme werden auch von den jeweiligen Kulturinstituten der Botschaften gezeigt, z. B. im Goethe-Institut und der Alliance Française.

Kulturinstitute

Alliance Française Cultural Centre, Ali Hassan Mwinyi Rd., neben dem Las Vegas Casino, stadtauswärts rechts hinter der Ohio St., ✆ 022-2198800, 💻 www.ambafrance-tz.org. Die Alliance Française hat regelmäßige Workshops, Seminare, Ausstellungen und Aufführungen im Programm, um den kulturellen Austausch zwischen Ostafrika und Frankreich zu unterstützen. Das Le Bistrot, ein französisches Café und Treffpunkt der französischen Expats, serviert französische Speisen; 🕒 tgl. 9–22 Uhr.

Goethe-Institut, Alykhan Rd., von der Ali Hassan Mwinyi Rd. stadtauswärts links abzweigen, gegenüber der Jamatkhana-Moschee, Upanga, ✆ 022-2134800, 💻 www.goethe.de/tansania. Bereichert den Kulturkalender der Stadt und organisiert ein breites Spektrum an Veranstaltungen, u. a. aus den Bereichen Film, Literatur, Musik oder Theater.

Makumbusho Village Museum, S. 165. Aufführungen von traditionellen Tänzen und andere kulturelle Ereignisse, meist am Wochenende.

Nyumba ya Sanaa, S. 165. Es werden traditionelle afrikanische Tänze aufgeführt und Workshops, z. B. Batikkurse, abgehalten.

Vergnügungsparks

Kunduchi Wet 'n' Wild Water Park, Kunduchi Beach Hotel, ✆ 0688-058365, 💻 www.wetnwild.co.tz. Der nach eigenen Angaben größte Wasser-Vergnügungspark Ostafrikas. 🕒 tgl. 9–18 Uhr, Erw. ab 10 000 TSH, Kinder ab 8000 TSH.

White Sands Hotel Water World, Jangwani Beach, ✆ 022-26476206. Wasserrutschen, Schwimmbecken, Wasservergnügen für Jung und Alt. 🕒 Di–So 10–17 Uhr, 5000 TSH, Kinder 3000 TSH.

Beide Vergnügungsparks sind bei indischen Familien beliebt und am Wochenende überfüllt.

EINKAUFEN

Dar es Salaam kann in puncto Einkaufserlebnis nicht mit anderen afrikanischen Großstädten wie Nairobi, Maputo oder Kapstadt mithalten. Es gibt nur einige wenige Einkaufszentren (Malls), Supermärkte und Handwerksmärkte. Die Auswahl an Konsumgütern ist bescheiden.

Bücher

A Novel Idea, Ohio St., Ecke Samora Ave. (Steers-Komplex); weitere Filialen im Slipway und Oyster Bay Shopping Centre. Die bestsortierte Buchladenkette mit mehreren Standorten in ganz Tansania. Anglo-amerikanische und südafrikanische Belletristik, aber auch viele Bildbände und Sachbücher zu Afrika und Tansania, Landkarten, Kinderbücher sowie Geschenkartikel in bescheidenem Umfang. 🕒 unterschiedlich je nach Laden, meist Mo–Sa 9–19 Uhr, So 10–18 Uhr.

Kunsthandwerk und Souvenirs

City Centre und Upanga

Edelsteine, wie Tansanite (S. 336) kauft man am besten in den großen Hotels, z. B. Hyatt Regency Kilimanjaro oder Dar es Salaam Serena Hotel (Ohio St.).

Nördlich der Stadt: Msasani Peninsula

Morogoro Stores, Haile Selassie Rd., Nähe Atlantis Hotel. Hier wird nicht nur tansanisches Kunsthandwerk verkauft, sondern auch hausgemachte tansanische Spezialitäten, z. B. Käse, Wurst und Marmelade aus Lutoni Njombe. Spezialisiert auf Tingatinga-Malereien.

Ngozee, Oyster Bay Shopping Centre, ✆ 022-2601961. Lederwaren , z. B. Handtaschen, Gürtel, Buchcover, Bilderrahmen und Schmuck.

Nzito Furniture, im Oyster Bay Shopping Centre, ✆ 0754-578467.Massive Möbel, aber auch kleinere Einrichtungsgegenstände wie Bilderrahmen und Tischschmuck werden aus altem Dhow-Holz mit Charakter gefertigt.

Daneben gibt es Recycling-Art und weitere geschmackvolle Kunsthandwerkserzeugnisse, u. a. Schmuck, Taschen, farbenfrohe handbemalte Heimtextilien aus Sambia (von Tribal Textiles) oder schöne Erzeugnisse aus Kitenge.

Shanga Shop, Slipway. Schöne, handgeblasene Glaswaren und anderes Kunsthandwerk aus einem Sozialprojekt in Arusha (S. 382). ⌚ tgl. 10–19 Uhr.

Slipway Bazar, am südlichen Ende des Slipway-Einkaufszentrums, direkt am Meer. Typische Souvenirs; außerdem arbeiten im hinteren Teil der Hütten mehrere Tingatinga-Maler, die ihre Werke verkaufen. ⌚ tgl. früh bis spät.

The Green Room, Slipway, ✆ 0757-279405. Geschmackvolle Möbel, Accessoires und Mitbringsel „Made in Tanzania", teils aus Hilfsprojekten, teils auch aus recycelten Materialien, gut als Souvenirs geeignet. Kein afrikanisches Design, sondern leichte Farben und beschwingte Formen, die von Sonne und Meer inspiriert sind. ⌚ Mo–Sa 10–18 Uhr.

The Souk, im Slipway. Viele kleine, teilweise exklusive Läden im Slipway-Einkaufszentrum, die Souvenirs, Handwerk und andere schöne Dinge verkaufen. Kein Verhandlungsspielraum, dafür ordentliche Geschäfte. ⌚ tgl. 9/10 Uhr bis 18/19 Uhr.

The Wonderwelders, bei Blue Mango, Karume Rd., ausgeschildert von der Haile Selassie Rd., ✆ 0754-051417, 💻 www.wonderworkshop.co.tz. Hier produzieren poliogeschädigte Menschen kunstvolle Objekte wie kleine afrikanische Tiere aus entsorgten Metallteilen, z. B. aus Schrauben, Federn oder Ähnlichem. Auch handgeschöpftes Papier, Holzprodukte und Schmuck, jeweils aus recycelten Materialien, werden erzeugt. ⌚ Mo–Fr 8.30–18, Sa 10–18 Uhr.

Nördlich der Stadt: Mikocheni, Kawe, North Beach

Karibu Art Gallery, New Bagamoyo Rd., nördlich von Mwenge und Africana Rd. rechts stadtauswärts, ✆ 0718-711993. Sehr große Auswahl an den verschiedensten Souvenirs, angefangen von Tingatinga-Bildern über Holzschnitzereien bis hin zu Masken und Flechtwaren. 100 % in Tansania gefertigt, mit Verhandlungsspielraum.

Märkte

Waren aller Art, von Kangas und Kitenge über Autoreifen und Kühlboxen bis hin zu Aluminiumkisten, findet man im Afrikaner-Viertel Kariakoo. Im **Textilienmarkt** an der Uhuru St, Ecke Bibi Titi Mohamed St., gibt es Kangas und Kitenge in Hülle und Fülle (S. 160).

Für Holz- und typische Afrika-Souvenirs lohnt die Fahrt zum Holzschnitzermarkt **Mwenge Crafts Market**, denn dort gibt es mit Abstand die größte Auswahl.

Optiker

Optiker, die Brillen, aber auch Linsenzubehör und Ähnliches verkaufen, finden sich am ehesten in den großen Einkaufszentren, z. B. Opticzone im Seacliff Village oder Vision Plus in den **Harbour View Towers** oder im **Shoppers Plaza.**

Supermärkte und Einkaufszentren

City Centre und Upanga

Harbour View Towers (vormals JM Mall), Samora Ave. Hier gibt es neben dem kleinen City-Supermarkt u. a. eine gut sortierte Apotheke, einen Optiker sowie Geldautomaten der Barclays und Standard Chartered Bank.

Shoprite (Nakumatt)-Supermarkt, Nkrumah St., an der Straße von der Innenstadt zum Flughafen.

Nördlich der Stadt: Kinondoni, Oyster Bay, Msasani Peninsula

Oyster Bay Shopping Centre, Oyster Bay. Charmantes, älteres Einkaufszentrum mit Kunsthandwerk und Souvenirs (z. B. bei Nzito oder Ngozee), einer Apotheke, Restaurants (z. B. Relish), dem Sportstudio Nanasi (Yoga, Pilates, Karate etc.), Büchern (A Novel Idea) und anderen Geschäften. ⌚ So geschlossen.

Sea Cliff Village, Toure Dr., Msasani-Halbinsel. Der gut sortierte Village-Supermarket (⌚ tgl. 8.30–21 Uhr), das Optikfachgeschäft Opticzone, das Kearsley-Reisebüro, ein Zahnarzt, einige Schmuck- und Bekleidungsläden sowie die Restaurants und Cafés erinnern an eine amerikanische Mall. Im Hotelbereich liegt das empfehlenswerte Tanzanite-Geschäft The Tanzanite Experience mit garantiert echten Steinen (S. 393). Vor dem Supermarkt hängt das am intensivsten genutzte schwarze Brett der Stadt für Kleinanzeigen. Treffpunkt der meisten Expats und Touristen. NBC-Automat vorhanden.

Slipway, Toure Dr., Msasani-Halbinsel. Die beliebte Mall auf der Westseite der Halbinsel ist neben dem Sea Cliff Village das wichtigste Einkaufszentrum – für Touristen: Souvenir- und Kunsthandwerksgeschäfte, Bekleidungsläden (T-Shirts), Buchhandlung A Novel Idea, Supermarkt, Delikatessenladen, Apotheke, Barclays-Automat, Wechselstube sowie Restaurants und Cafés.

Nördlich der Stadt: Mikocheni, Kawe, North Beach

LAPF Towers, New Bagamoyo Rd., Kijitonyama. Bietet außer dem Fastfoodladen Steers und der Wheatfield Bakery (mit akzeptablem Gebäck und Brot) auch ein gutes Internetcafé.

Mlimani City, Sam Nujoma Rd., Mwenge. Neben den beiden großen Supermärkten Shoprite (Nakumatt)-Supermarkt und Game (empfehlenswert!) haben sich hier gute Bekleidungsläden, Fastfoodlokale, eine gut sortierte Apotheke, ein Automat der Exim-Bank und ein Kino angesiedelt. Im Fischrestaurant mit Bar Samaki-Samaki macht man die Nacht zum Tag.

Shoppers Plaza, Old Bagamoyo (Mwai Kibaki) Rd., Mikocheni. Praktisches Einkaufszentrum mit dem Shoppers Supermarket, der Bäckerei Fairy Delights, Fastfood von Subway und anderen kleineren Geschäften. Besonders hervorzuheben ist hier der gute Fotoladen Professional Photo Lab im 1. Stock (Mo–Sa 8.30–18.30, So 10–13 Uhr, Batterien und Memory Cards) sowie der bestens sortierte Optiker Vision Plus im Erdgeschoss (2 Mo–Do 9.30–18, Fr 9.30–18, Sa 9.30–14.30 Uhr). In den Obergeschossen hinten liegen ein iStore, das schicke Kaffehaus The Art of Coffee sowie die Runway Lounge.

AKTIVITÄTEN UND TOUREN

Bootsausflüge

Die vorgelagerte, unbewohnte Insel **Bongoyo Island** kann als Tagesausflug angesteuert werden. Das Schöne an der Insel mit paradiesischen Sandstränden ist, dass man hier unabhängig von Ebbe und Flut baden kann, was an den meisten Stränden (außer am Kipepeo und an anderen Abschnitten von South Beach) nicht der Fall ist. Die Überfahrt erfolgt vom Slipway-Einkaufszentrum (Zugang vorbei an The Waterfront Restaurant) tgl. um 9.30, 11.30, 13.30, 15.30 Uhr für 30 000 TSH inkl. Eintrittsgebühren. Es gibt eine Snack-Bar und ausgeschilderte Pfade für alle, die sich die Beine vertreten wollen.

Beste Bedingungen zum Schnorcheln bietet die ebenfalls unbewohnte **Mbudya Island**, eine Insel, die etwa 3 km vor Kunduchi liegt. Für Tagesausflüge legen Boote u. a. vom White Sands Hotel oder dem Mediterraneo Hotel ab, Eintritt US$10 und Bootsfahrt ab 10 000 TSH, Sonnenschutz (einfache Hütte) 10 000 TSH.

Fitness

Die meisten Hotels der gehobenen Klasse betreiben kleinere Fitnessstudios. Gegen eine Tagesgebühr, die meist 10 000–15 000 TSH beträgt, kann man diese auch als Nicht-Hotelgast nutzen.

Colosseum Health & Fitness Club, Haile Selassie Rd., Masaki, ✆ 0789-100075, 💻 www.colosseumtz.com. Eindrucksvolles Fitnessstudio im pompösen römischen Stil, etwas außerhalb der Innenstadt. Fitnessgeräte, Gymnastikklassen, Sauna, Pool, Squash. Uneingeschränkt westlicher Standard und einer der besten Clubs in Dar es Salaam. Tagespass US$20, Mitgliedschaft 15 Tage US$85, ein Monat US$140.

Nanasi Studios, Oyster Bay Shopping Center, ✆ 022-2601097. Im Obergeschoss des Einkaufszentrums befinden sich zwei Räume, in denen Gruppenfitness geboten wird: Yoga, Pilates, Aerobic, Zumba, Karate. Einheit 20 000 TSH.

Reiten

The Horse Club, Ras Kutani, ✆ 0754-0002342, 💻 www.thehorseclubtz.com. Nur wenige Minuten zu Fuß von den beiden Luxusresorts Ras Kutani und Amani Beach Hotel entfernt, können Hotelgäste, aber auch Tagesgäste aus der Stadt, am weißen Sandstrand und durch den goldbraunen Busch reiten. Kosten ab US$50. Anreise nur mit Taxi oder eigenem Fahrzeug: hinter der Fähranlegestelle geradeaus halten, nach der Abzweigung zum Kipepeo Beach geradeaus weiter auf die Sandpiste, nach ca. 27 km Schild, hier links abbiegen.

Safariveranstalter

A Tent With A View Safaris, Zanaki St., Ecke Indira Gandhi St., im Zahra Tower neben der Habib African Bank, ✆ 022-2110507, 💻 www.saadani.com. Erfahrener Veranstalter mit eigenen Lodges im Selous und Saadani. Spezialisiert auf den Süden. Mittleres Preisniveau.

Authentic Tanzania, Kawe Beach, ✆ 0786-019965, 💻 www.authentictanzania.com. Spezial-Safaris im Southern Circuit, Übernachtungen hauptsächlich in den eigenen komfortablen Zeltcamps (Fly-Camping). Außergewöhnliche Abenteuer-Safaris für anspruchsvolle Genießer.

Coastal Travels, Slipway, ✆ 022-602430. Flüge mit Coastal Aviation und Camps/Lodges der Coastal-Gruppe, u. a. The Slipway Hotel, können hier gebucht werden. Oft gute Last-Minute-Angebote und ideal für den Southern Circuit (Selous, Ruaha, Kilwa) in Kombination mit Dar und Sansibar. Gute Mittelklasse-Unterkünfte zum attraktiven Preis.

Foxes African Safaris, Büro im Tazara-Areal, ✆ 0713-237422, 💻 www.tanzaniasafaris.info. Verdienter und empfehlenswerter Safari-Veranstalter, der Camps und Lodges in mehreren Parks des Südens sein Eigen nennen. Mittleres Preisniveau.

Hippotours, Oysterbay Shopping Center, ✆ 0754-267706, 💻 www.hippotours.com. Anbieter von standardisierten Lodge-Safaris im Süden und Buchungen von Hotels am Meer. Mittleres Preissegment.

Kearsleys Travel & Tours, mehrere Standorte, z. B. Makunganya St., Southern Sun (beide Innenstadt), Sea Cliff Village, ✆ 022-2115026, 💻 www.kearsleys.com. Einer der ältesten Safari-Anbieter mit standardisierten Safaris im mittleren Preissegment.

Leopard Tours, im Dar es Salaam Serena Hotel, ✆ 022-2119754, 💻 www.leopard-tours.com. Solides Unternehmen mit standardisierten Safaris im mittleren Preissegment.

Takims Holidays Tours & Safaris, Mtendeni St., ✆ 022-2110347, 💻 www.takimsholidays.com. Gut organisiertes Unternehmen mit Zweigstellen in Arusha und Stone Town. Eher Standardsafaris als innovative Abenteuer. Mittleres Preisniveau.

Wild Things, Kawe Beach Rd., Nähe Mediterraneo Hotel, ✆ 0773-503502, 💻 www.wildthingsafaris.com. Spezialisiert auf kreative Safaris im Süden in jeder Preisklasse, auch Camping-Safaris, Wandern in den Udzungwa Mountains oder Trips ins Kilombero Valley sowie in den tiefen Süden. Mittleres bis gehobenes Preisniveau.

Stadtbesichtigung

Fragen Sie bei den Tour Operators oder Ihrer Hotelrezeption (vor allem in den teureren Mittelklasse-Unterkünften) nach geführten Rundfahrten, ca. US$70–80 p. P.

Wassersport

Das **White Sands Hotel** bietet eine Fülle von Aktivitäten, z. B. Windsurfen, Wasserskifahren oder Schnorcheln. Hochseeangeln auf Anfrage.

Ausflüge von Dar aus

Wer mal schnell zwei Tage in Dar es Salaam erübrigen kann, sollte sich unter keinen Umständen den **South Beach** (S. 166) entgehen lassen. Lohnend ist auch ein Ausflug nach **Bagamoyo** (S. 189), am besten mit dem Taxi – für Geschichtsinteressierte bei Weitem lohnender als ein Stadtrundgang in Dar es Salaam.

Für zwei- oder dreitägige Touren von Dar es Salaam aus bieten sich der **Mikumi National Park** (S. 498) oder der **Saadani National Park** (S. 199) an; beide sind von der Entfernung her noch einigermaßen zu bewältigen. Es empfiehlt sich, einen der hiesigen Touranbieter in Anspruch zu nehmen. In den **Selous** (S. 488) sollte man für so eine kurze Zeit nur fliegen.

In den **Uluguru Mountains** (S. 492) rund um Morogoro kann man auch wandern. Dieser Ausflug ist mit Überlandbussen und vor Ort mit Daladalas und Taxis machbar.

Swahili lernen

Wer länger unterwegs ist und vorhat, in entlegenere Gegenden zu reisen, sollte einen Swahili-Kurs in Erwägung ziehen.
Die Veranstaltungsorte erhält man auf Anfrage.
KIU Swahili Courses, ✆ 022-2851509 oder 0754-271263, 💻 www.swahilicourses.com. Teilweise Unterricht im Slipway.
Swahili Dar Language School, ✆ 0753-073780, 💻 www.sdl.ac.tz.
Weitere gute Kurse für Langzeitreisende gibt es in Stone Town (S. 259), Iringa (S. 501) und Lushoto (S. 365).

Sea Breeze Marine Dive Centre, im White Sands Hotel, ✆ 0754-783241, 💻 www.seabreezemarine.org. PADI Open Water Certificate US$460 (inkl. Materialien), Doppeltauchgang US$80 plus US$15 Ausrüstungsmiete. Deutschsprachige Leitung.

Yoga

Es gibt mehrere Yoga-Studios in der Stadt, z. B. **Nanasi Studios** (S. 177) und **Satya**, 💻 yogaindar.com (mit Einheiten in unterschiedlichen Studios). Im **Slipway Theatre** (kleiner Mehrzweckraum, Zugang bei Coastal Travel bzw. neben dem Supermarkt) veranstalten unterschiedliche Lehrer ihre Stunden. Preise pro Einheit 15 000–20 000 TSH.

SONSTIGES

Apotheken

In den meisten Stadtteilen steht fast an jeder Ecke eine kleinere Apotheke (klimatisierte sind zu bevorzugen!); die gut sortierten größeren befinden sich meist in den Einkaufszentren. Solche Apotheken führen in der Regel auch Damen-Hygieneartikel, Rasierschaum, Linsenpflegemittel, Filme und Ähnliches. Noch um eine Spur besser bestückt sind die Apotheken der Kliniken, z. B. Trauma Centre oder IST Clinic (beide S. 181).
JD Pharmacy, mehrere Standorte, z. B. Azikiwe St. (City Centre, beim Askari Monument), Harbour View Towers, Mlimani City oder im unscheinbaren Village Walk in der Masaki Rd. schräg gegenüber dem Seacliff Village. Gut sortierte, klimatisierte Apotheken. 🕒 unterschiedliche Öffnungszeiten, meist Mo–Sa 8–18, So 8–14 Uhr, im City Centre So geschlossen.
Mansoor Daya Chemists, Samora Ave., Ecke Azikiwe St., im IPS-Gebäude, ✆ 022-2122517. Zentral und gut sortiert. 🕒 Mo–Sa 8–17, So 8–12 Uhr.
Oyster Bay Pharmacy, Oyster Bay Shopping Centre. 🕒 Mo–Fr 8–18, Sa 8–14 Uhr.
Medipharm, Slipway, ✆ 022-2123375. Klein, aber sehr gut sortiert. 🕒 Mo–Fr 10–18, Sa 10–17, So 10–14 Uhr.

Autoreparaturen

Lokale Werkstätten befinden sich in der Nyerere Road in Richtung Flughafen oder in der Morogoro Road. Daneben gibt es die **Gerezani Area** des Kariakoo in der Makamba St. mit diversen Werkstätten. Man sollte sich aber einen genauen Kostenvorschlag machen lassen (alles inkl.) und idealerweise den Mechanikern nicht von der Seite weichen – sonst kann es z. B. vorkommen, dass defekte Teile dringelassen, neue Ersatzteile aber berechnet und später auf dem Schwarzmarkt verkauft werden.

Autovermietungen

Für Stadtfahrten sind Mietwagen nur mit Fahrer zu empfehlen. Für Überlandfahrten sollte man prüfen, ob die Unterkünfte Transfers anbieten.
Avis Tanzania, Büros am Flughafen, im Hyatt Regency Kilimanjaro, im Amani Palace gegenüber dem Dar es Salaam Serena Hotel, ✆ 022-2115381, 💻 avistz.com. Geländewagen ab ca. US$220/Tag ohne Extras und Kilometergebühr. Neue Fahrzeuge, aber leider darf man mit ihnen nicht in die Parks fahren.
EuropCar, Haile Selassie Rd., gegenüber von Nawabi Khana und im CMC Tower im Stadtzentrum, ✆ 022-2664722, 💻 www.europcar.co.tz. Teilweise nagelneue Fahrzeuge, Landrover ab US$150/Tag ohne Extras und Kilometergebühr.
Xcar Rent a Car, Old Bagamoyo (oder Mwai Kibaki) Rd., schräg gegenüber dem Shoppers Plaza in Richtung stadtauswärts, ✆ 0753-254660, 💻 www.xcarrentals.com. Ab US$120/

Tag für einen alten Toyota Landcruiser Prado (nur mit einfacher Versicherung), US$0,50 Kilometergebühr ab 101 km/Tag, Chauffeur US$20/Tag. Ältere Kleinwagen inkl. Fahrer US$30 (ohne Benzin).

Botschaften und Konsulate

Botschaft der Bundesrepublik Deutschland, Umoja House, Mirambo St., Ecke Garden Ave., ☏ 022-211-7409 bis -7415, Nacht- und Feiertagsnotdienst ☏ 0786-971692, 💻 www.daressalam.diplo.de. In zentraler Lage in der Innenstadt. ⌚ Mo–Fr 8–12 Uhr (außer an gesetzlichen Feiertagen).
Botschaft der Schweiz, Kinondoni Rd., stadtauswärts links nach der Selander Bridge, ☏ 022-2666008, ✉ dar.vertretung@eda.admin.ch. ⌚ Mo–Fr 8–12 Uhr.
Österreichische Staatsbürger wenden sich an die Botschaft in Nairobi.

Expressversand

DHL, Julius Nyerere International Airport, Terminal 2, Gate 6, ☏ 022-2194900, 💻 www.dhl.co.tz. Das Hauptquartier liegt am Flughafen, aber zahlreiche kleine Büros verteilen sich über die Stadt, z. B. in der Harbour View Tower Mall oder am Askari Monument.
Fedex, vertreten durch Pax Couriers, Ali Hassan Mwinyi Rd., ☏ 022-2199740, 💻 www.fedex.com/tz.
UPS, vertreten durch Freight in Time Group, Millenium Business Park, Morogoro Rd., Ubungo, schräg gegenüber dem Ubungo Plaza, ☏ 022-2400598, 💻 www.ups.com.

Geld

Sowohl in der Innenstadt als auch in allen Einkaufszentren stehen mittlerweile Geldautomaten zur Verfügung.

Banken in der Innenstadt

Für Abhebungen mit Master-/Maestro- und Visa-Card:
Barclays Bank, u. a. Ohio St. (gegenüber vom Dar es Salaam Serena Hotel); Morogoro Rd., Ecke Libya St. (Kisutu); Harbour View Towers Mall (Samora Ave.).
Stanbic, u. a. im PSPF Tower, Ohio St.

> **Gratismagazine**
>
> In allen nennenswerten Lokalitäten der Stadt, vor allem in Hotels, Restaurants, Cafés, im Tourismusbüro und in vielen Geschäften, liegt das monatliche Gratismagazin *Dar Guide* aus, das einen guten Überblick über alles liefert, was in der Metropole los ist. Neben einem Stadtplan enthält es Infos über Spezialitätenwochen in Restaurants sowie Veranstaltungshinweise, aber auch die Abfahrtszeiten der Fähren nach Sansibar. Aktuelle Infos über Events, Restaurants, Freizeitgestaltung u. Ä. liefert auch das zweite Gratis-Magazin *Advertising Dar*.

Exim Bank, Samora Ave. (Nähe Clock Tower); Hyatt Regency Kilimanjaro; Ghana Rd. im Exim Tower.
FBME Bank, u. a. beim Askari Monument (Samora Ave.)
NBC-Bank, Azikiwe St., Ecke Sokoine Dr. (gegenüber vom New Africa Hotel), beim National Museum (Samora Ave., Ecke Mission St.) und im Kariakoo (Livingstone St., Ecke Mchikichi St.).
Für Abhebungen mit Visa-Card:
Standard Chartered Bank im Nic Life House (Sokoine Dr., Ecke Ohio St.) oder Shabban Robert St., Ecke Garden Ave., sowie in den Harbour View Towers (Samora Ave.).

Banken weiter außerhalb

An vielen Tankstellen ebenso wie in allen großen Einkaufszentren existieren Geldautomaten (ATM) der unterschiedlichsten Bankinstitute.
Für Abhebungen mit Master-/Maestro- und Visa-Card:
Barclays Bank, Slipway und in Mwenge an der Old Bagamoyo (Mwai Kibaki) Rd.
NBC-Zweigstellen im Sea Cliff; Mlimani City; in Mwenge New Bagamoyo Rd., Ecke Sam Nujoma Rd.; oder Old Bagamoyo (Mwai Kibaki) Rd. (Mbezi Industrial Zone, Nähe Kawe Beach).
Stanbic, u. a. Sea Cliff, Mayfair Plaza in Mikocheni, Old Bagamoyo (Mwai Kibaki) Rd.
Standard Chartered Bank, Shoppers Plaza, Old Bagamoyo (Mwai Kibaki) Rd.
Exim Bank, u. a. Mlimani City.

Wechselstuben

Jede Menge Wechselstuben (Bureau de Change, Forex) gibt es in der Samora Ave. und in der restlichen Innenstadt, alle mit recht einheitlichen Kursen. Weiter außerhalb sind die Wechselkurse meist schlechter, ebenso wie in den Banken. Achtung: Kein Geld auf der Straße wechseln! Es kann sich bei den Anbietern um Falschgeldtrickser oder andere Betrüger handeln.

Informationen

Tourism Information Centre, Samora Ave., unweit der Zanaki St., ✆ 022-2131555, 💻 www.tanzaniatourism.go.tz. Das offizielle Tourismusbüro ist relativ gut organisiert und hilft freundlich weiter, die Aktualität der Informationen ist aber mangelhaft – unbedingt überprüfen! ⌚ Mo–Fr 8–16, Sa 8.30–12.30 Uhr.

Internet

Die Dichte an **Internetcafés** ist außerordentlich hoch, viele Verbindungen sind jedoch langsam und instabil. Die schnellsten Verbindungen für Smartphone, iPad und Laptop findet man in Hotels, Cafés und Einkaufszentren mit WLAN, u. a. im Southern Sun Hotel, im Holiday Inn (Roof Top Bar Al Dar oder in der Bar@ONE), im Classico Café im Slipway oder im Restaurant Albasha im City Centre. Viele Cafés und Restaurants fungieren als **Raha Hotspot**, d. h. nach einer einmaligen Registrierung kann man Internet gratis nutzen, z. B. im Mokka City Café, Epi D'Or, The Art of Coffee im Shoppers Plaza oder Sea Cliff Village.

LAPF Towers Internet Café, New Bagamoyo Rd., LAPF Towers, neben Wheatfield Bakery. Gutes WLAN für Leute, die mit dem eigenen Laptop unterwegs sind. 2000 TSH/Std. Hier kann man ungestört skypen, was in manch anderen Cafés nicht gern gesehen wird.

Medizinische Hilfe

City Centre und Upanga

Aga Khan Hospital, Ocean, Ecke Ufukoni Rd., ✆ 022-2115151, ✉ med.dir@AKHST.org.

Natural Therapies Centre, Nyanza, Ecke Chusi St., gegenüber dem Shree Hindu Mandal Hospital. Homöopathische Malaria-Prophylaxe und -Behandlung. ⌚ Mo–Fr 9–17, Sa 9–13 Uhr.

Nordic Dental Clinic, Patel House, Kisutu (Pramukh Swami) St., ✆ 022-2601650. Mit dänischen Ärzten.

Nördlich der Stadt: Kinondoni, Oyster Bay, Msasani Peninsula

IST Medical Clinic, Haile Selassie Rd., Ecke Ruvu St., ✆ 0754-783393 oder 0782-783393, 💻 www.istclinic.com. Klinik mit holländischen Ärzten, die Deutsch verstehen, direkt am Campus der Internationalen Schule. ⌚ Mo–Do 8–18, Fr 8–17, Sa 9–12, So in Notfällen.

AMI Trauma Centre Hospital, Yacht Club Rd., ✆ 022-2602500 (Notruf), 💻 www.amiplc.com. Röntgen, Ultraschall, Gebärstation, Notfälle. Gut sortierte Apotheke.

Nördlich der Stadt: Mikocheni, Kawe, North Beach

Premier Care Clinic, Ali Hassan Mwinyi Rd., neben Best Bite Restaurant, schräg gegenüber der Einfahrt zur US-Botschaft, ✆ 022-266838520. Allgemeinmedizinische Klinik mit Impfungen, Bluttests, Ultraschall, Röntgen sowie angeschlossener Apotheke.

ZAM International, Ali Hasan Mwinyi Rd., Nähe Anghiti Restaurant, ✆ 022-2775958. Französische Zahnklinik.

Notfälle

Es ist ratsam, bei einer der genannten Organisationen eine temporäre Mitgliedschaft (für Evakuierungen, Flugambulanz und medizinische Erstversorgung) abzuschließen. Sie kostet je nach Aufenthaltsdauer US$20–40.

AAR Health Services, Ali Hasan Mwinyi Rd., Chato St., Block 1 Regent Estate, ✆ 022-2701121, 💻 www.aarhealth.com.

Malaria

In Dar es Salaam sollte man in besonderem Maße darauf achten, sich durch richtiges Verhalten vor Malaria zu schützen. Aufgrund der großen Menschenmengen und des feuchtheißen Klimas stellt die Stadt eine Malaria-Hochburg dar. Mehr zur Malaria S. 530.

Flying Doctors, Ali Hasan Mwinyi Rd., schräg gegenüber vom Dar es Salaam Serena Hotel, ✆ 022-2116610, ✉ flying.doctorstz@amref.org, S. 64.
Knight Support (First Air Responder), Ali Hasan Mwinyi Rd., Nähe Mwenge, ✆ 022-2760087, 💻 www.knightsupport.com.

Polizei

Notruf, ✆ 0787-668306. Im Falle von Überfällen oder Gewalt.
Bei Verkehrsunfällen: ✆ 0732-928723.

Post

Das neuere **Hauptpostamt** befindet sich an der Maktaba St., während die kleinere **alte Post** am Sokoine Dr. neben dem Toyota House steht. Weitere kleinere Filialen finden sich in größeren Stadtteilen.

Reisebüros

Emslies Travels, Ohio St., FNB House, gegenüber dem Dar es Salaam Serena Hotel im 5. Stock, ✆ 022-2114065, 💻 www.emsliestravel.com.
Kearsleys Travel & Tours, Makunganya St., ✆ 022-2115026, 💻 www.kearsleys.com. Weitere Büros befinden sich im Southern Sun Hotel und im Sea Cliff Village.
Uniglobe Skylink, Ohio St., Amani Place, gegenüber dem Dar es Salaam Serena Hotel im 4. Stock, ✆ 022-2115381, 💻 www.skylink tanzania.com. Weitere Standorte in der Innenstadt im Hyatt Regency Kilimanjaro, im Kariakoo (Lumuba, Ecke Odowe St.) sowie am Flughafen.

Visa

Immigration Office, Ghana St., Ecke Ohio St., ✆ 022-2850575, 💻 www.moha.go.tz.

NAHVERKEHR

In der Innenstadt bewegt man sich am besten zu Fuß, besonders in dem Bereich, der von Sokoine Dr., Bibi Titi Mohamed St. und Ohio St. begrenzt wird. Selbst Busse oder Taxis stehen hier den Großteil des Tages im Stau.

Daladalas und Kleinbusse

Kleinbusse verkehren flächendeckend im gesamten Großraum Dar es Salaam von Sonnenaufgang bis weit nach 22 Uhr. Ortsunkundige werden meist Taxis bevorzugen. Wichtige Verkehrsknotenpunkte für Daladalas sind folgende **Busbahnhöfe** (Swah. *stendi)*:
Posta Zamani (Old Post Office), Sokoine Dr. beim Bustani ya Posta im Zentrum;
Posta Mpya (New Post Office), Maktaba St., im Zentrum: Bei beiden Postämtern halten fast alle wichtigen Daladala-Linien in die unterschiedlichsten Fahrtrichtungen.
Mnazi Mmoja, Uhuru St., Kariakoo: Die Linien in westliche Stadtteile, z. B. Ilala, Tazara Railway Station oder Flughafen, halten hier.
Stesheni, Nähe Central Station: Daladalas in den Süden (Kilwa Rd., Mgulani, Temeke, Mbagala) fahren meist über Stesheni.
Kivukoni, bei der Fähre nach Kigamboni/Magongoni. Ausstieg für die Fähre zum South Beach.
Mwenge, im Norden von Dar es Salaam: Busse in den Norden, z. B. nach Kunduchi oder Mbezi Beach, fahren immer über den Busbahnhof Mwenge, wo man einen der Anschlussbusse erwischen muss. Von hier fahren auch die Busse nach Bagamoyo (2300 TSH) ab.
Ubungo, gegenüber vom Ubungo Bus Terminal für Überlandbusse: Hier muss man in Daladalas in die westlichen Stadtteile und zur Universität umsteigen. Daladalas auf die Msasani-Halbinsel tragen Aufschriften wie Msasani, Masaki oder Kinondoni.
Um herauszufinden, welche Linie man nehmen muss, fragt man am besten Passanten, die gerne mit einer Auskunft weiterhelfen. Bustickets innerhalb der Stadt kosten 400 TSH, längere Distanzen außerhalb von Dar es Salaam geringfügig mehr, z. B. bis Tegeta 600 TSH.

Fähren

Die Autofähre nach South Beach pendelt tgl. zwischen 5–18 Uhr viele Male zwischen der Kivukoni Front und Kigamboni am Südstrand. 200 TSH p. P., Fahrzeug 2000 TSH. Aus „Sicherheitsgründen" zwingt man Autopassagiere (bis auf den Fahrer), das Auto auf der Fähre zu verlassen. Im Zweifelsfall, falls sich Wertsachen im Wagen befinden, sollte man sich weigern und im Fahrzeug bleiben.

Taxis

Eine riesige Flotte an Taxis (erkennbar am farbigen Band und der weißen Nummerntafel) steht in Dar es Salaam zur Verfügung. Richtpreise: innerhalb der Innenstadt 10 000 TSH; von der Innenstadt zum Seacliff Village 15 000 TSH; von der Innenstadt zum Bahnhof 10 000 TSH. Für Taxis, die vom und zum Flughafen abfahren, gibt es kaum Verhandlungsspielraum; hier gelten feste Preise: zu den Strandhotels im Norden US$50–60; in die Innenstadt US$30, nach Masaki US$40. Taxi für einen Tag ca. 100 000 TSH inkl. Fahrer und Benzin. Wissenswertes zum Taxifahren, z. B. Sicherheitstipps, S. 81.

TRANSPORT

Überlandbusse

Wegen der Überlastung der Straßen wurden die großen Überlandbusse aus der Innenstadt verbannt und alle Terminals an den Stadtrand verlegt. Bis auf Weiteres ist der **Ubungo-Busbahnhof** der wichtigste und größte Busbahnhof der Stadt. In den nächsten Jahren wird jedoch der ca. 13 km westlich von Ubungo gelegene Ort **Mbezi Luis** zum Busterminal für alle Busse in den Westen und nach Zentraltansania ausgebaut (Morogoro, Mbeya, Dodoma, Kigoma, Mwanza). Ebenso ist ein neuer Terminal nördlich von Tegeta in der **Boko Area** geplant, für alle Fahrten in den Norden (Bagamoyo, Tanga, Usambara Mountains, Moshi, Arusha, Nairobi). Bitte vor Ort erkundigen, inwieweit die Busverbindungen sich geändert haben.

Ubungo Bus Terminal, Morogoro Rd., Ecke Sam Njoma Rd., ca. 8 km außerhalb des Stadtkerns. Viele Busse fahren bereits vor 6 Uhr morgens ab. Um dem Verkehrsinfarkt zu entgehen, empfiehlt es sich, vor der Busfahrt in einer der einfachen Unterkünfte in Ubungo zu nächtigen. Erhöhtes Sicherheitsrisiko am Terminal! Bis auf Weiteres halten in Ubungo alle Überlandbusse, die in Richtung Norden oder Westen unterwegs sind. Der beste Ort, um verlässliche Informationen bezüglich der Abfahrts- und Ankunftszeiten sowie der verschiedenen Buslinien zu erhalten.

Mbagala Bus Terminal, Kilwa Rd., Stadtteil Mbagala, Nähe NMB Bank auf dem Weg nach Kilwa. Hier stoppen die Busse, die in den Süden (Kilwa, Nangurukuru, Lindi oder Mtwara) unterwegs sind. Früh aufstehen ist notwendig, da die meisten bereits um 5 oder 6 Uhr morgens starten.

Welche **Buslinien** als sicher gelten, kann sich sehr schnell ändern. Grundsätzlich sind *luxury buses* zu bevorzugen. Sie sind zwar immer teurer, man darf aber mehr Service erwarten (Snacks, Wasser) und sie haben in puncto Verkehrstüchtigkeit und -sicherheit im Vergleich zu den *ordinary buses* die Nase vorn. Mehr Infos zur Sicherheit und Verhaltensregeln beim Busfahren findet man auf S. 81.

Ab Mbagala Bus Terminal

KILWA, via Nangurukuru, z. B. Buti la Zungu, Machinga oder Ngitu, Abfahrt ca. 6–7 Uhr, ca. 6 Std., max. 17 400 TSH mit *luxury bus.* In Nangurukuru steigt man in Sammeltaxis *(shared taxis)* nach Kilwa Masoko um, 2000 TSH p. P.

KILWA direkt, ab Mbagala Bus Terminal, z. B. mit Mashaalaah oder Swahili, Abfahrt 5.30 und 12.30 Uhr, ca. 5–6 Std., 12 900–17 200 TSH mit *ordinary* und *semi-luxury bus.*

LINDI, via Nangurukuru, z. B. mit Buti la Zungu, Machinga, Abfahrt 7 Uhr, ca. 8 Std., 24 400–26 800 TSH mit *semi-luxury* bzw. *luxury bus.*

Ab Ubungo Bus Terminal

ARUSHA, siehe Moshi.

IRINGA, z. B. mit Deluxe Tours, Green Star Line, Sumry, Saibaba, Chaula, ca. 6–7 Std., max. 28 900 TSH mit *luxury bus.*

LUSHOTO, direkt, mit Ibariki, Burdan, Mbaraku, Shambalai und Saibaba, Abfahrt 6–12 Uhr, 7–8 Std., max. 22 000 TSH. Siehe auch Mombo.

MBEYA, s. Iringa, ca. 10 Std., um 64 100 TSH mit *luxury bus*, Umstieg in Mbeya in die Busse nach Tunduma, Sumbawanga, Kyela etc.

MOMBASA, Abfahrt 6 Uhr, mit Modern Coast Express, 32 300 TSH.

MOMBO, alle *luxury*-Busse in Richtung Moshi und Arusha, max. 19 400 TSH, in Mombo Umstieg in Kleinbusse (Daladalas und Coaster) nach LUSHOTO, max. 2000 TSH.

Bustickets kaufen

Das Ticket bereits am Vortag zu kaufen hat viele Vorteile: Man bekommt tatsächlich einen Sitzplatz, muss nicht auf das Gepäck aufpassen und erkundet nebenbei rechtzeitig, wo und wann die Reise losgeht.

MOROGORO, z. B. mit Green Star Line, Sumry, Hood, Saibaba, Abood, ca. 3 Std., um 10 300–11 300 TSH in *semi-luxury* bzw. *luxury buses*.
MOSHI, z. B. mit Dar Express, Mtei Express, Kilimanjaro Express, 8–10 Std., 28 500–31 300 TSH mit *semi-luxury* bzw. *luxury bus*.
MWANZA, via Dodoma (meist mit Übernachtung) und Singida, 2 Tage, mit *semi-luxury buses* 61 400 TSH, mit *luxury buses* max. 67 500 TSH.
NAIROBI, via Arusha, z. B. mit Dar Express oder via Tanga/Mombasa mit Modern Coast Express, Abfahrt 6 Uhr, 75 000 TSH.
SONGEA, via NJOMBE, z. B. mit Sumry, Superfeo oder Saibaba, ca. 15 Std., 50 600 bzw. 55 500 TSH mit *semi-luxury* bzw. *luxury bus*.
TANGA, z. B. mit Modern Coast Express, Raha Leo, Ratco, ca. 6 Std., 18 500–20 300 TSH mit *semi-luxury* bzw. *luxury bus*.

Eisenbahn

Detaillierte Informationen zu den Bahnlinien S. 95.
Tickets müssen rechtzeitig gekauft werden, am besten mehrere Tage vor der Abfahrt. Die Züge haben regelmäßig massive Verspätungen. Nur zu zweit reisen, da speziell bei der maroden Central Line schon Übergriffe auf alleinreisende Touristen vorgekommen sind.
Central Railway Station, Railway St., Ecke Sokoine Dr., ⌚ 8–17 Uhr. Zwei Züge pro Woche fahren nach KIGOMA bzw. MWANZA. Abfahrt momentan Di und Do, jeweils ca. 21 Uhr. Preise in der 1. Klasse ca. 75 000 TSH. Dauer ca. 40–50 Std. Vor Ort Auskünfte einholen, da sich Abfahrtszeiten häufig ändern. Die Northern Line nach Mwanza wurde erst Anfang 2013 wieder aufgenommen. Es ist vor Ort zu klären, ob diese Linie noch fährt.
Tazara Railway Station, Nyerere Rd., Ecke Mandela Rd., stadtauswärts, auf dem Weg zum Flughafen. Die Tazara-Bahnlinie fährt nach MBEYA und von dort weiter an ihr Endziel NEW KAPIRI MPOSHI in Sambia. Abfahrt: Di ca. 16 Uhr („express train") und Fr ca. 19 Uhr (*ordinary train*), max. 48 100 TSH in der 1. Klasse bis nach Mbeya im „express train". Dauer: ca. 24–30 Std. Der Zug fährt weiter nach SAMBIA (max. 104 000 TSH). Taxi vom Flughafen zur Tazara Station max. 10 000 TSH.

Fähren und Dhows

Das Schnellboot *Super Seabus 3*
fährt momentan 2x wöchentl. nach PEMBA, Abfahrt Di und Do 8 Uhr, US$35–40 je nach Klasse. Unbedingt vor Ort Abfahrtszeiten prüfen, da sie sich häufig ändern.
Ob und wann genau Fähren wieder nach TANGA fahren, ist am Schalter zu erfragen. Derzeit ist der Verkehr eingestellt.
Nach MAFIA fahren keine Dhows von Dar es Salaam aus, allenfalls ab Kisiju, fast 100 km südlich der Stadt, aber es nicht zu empfehlen, mit ihnen zu fahren, da die Segelboote unsicher und gefährlich sind.

Fähren nach Sansibar

Seit den schweren Fährenunglücken 2011 und 2012 können nur noch die Kilimanjaro-Fähren von **Azam Marine,** ✆ 022-2123324, Online-Buchungen unter 🖳 www.azammarine.org, empfohlen werden, weil sie Schwimmwesten haben und ihre Boote nicht überladen. Der Terminal aus blauem Glas mit gekühlter Lounge und Toiletten liegt am südwestlichen Ende des **Fährhafens**, Sokoine Dr. Abfahrtszeiten: 7, 9.30, 12.30, 15.45 Uhr. Dauer der Überfahrt: je nach Windverhältnissen 1 1/2–2 1/2 Std. Preise: US$35 Economy Class, US$40 First Class. Fahrplanänderungen sind vor Ort zu erfragen. Die Fähren legen in Stone Town gegenüber der Old Dispensary im nördlichen Teil der Altstadt an (S. 260).
Abfahrtszeit und Preis der langsamen Flying Horse: 12 und 15 Uhr; 3–4 Std., US$20. Diese Boote sind wesentlich angenehmer für Leute, die leicht seekrank werden. Allerdings kann die Fähre in puncto Sicherheit nicht mit Azam Marine mithalten.

Tipps zum Ticketkauf am Fährhafen

© KURT KAUBE

- Es ist ratsam, die Tickets im Voraus zu kaufen, da sich die Fähren gerade in der Hauptsaison schnell füllen.
- Immer nur One-Way-Tickets kaufen, denn alles andere ist mit Schwierigkeiten verbunden.
- Alle Formalitäten müssen unbedingt an den Schaltern erledigt werden, niemals auf der Straße durch Mittelsmänner.
- Beim Kauf der Tickets ist große Vorsicht angeraten (Reisepass nicht aus der Hand geben, nur Geld gegen Ticket, keine dubiosen Extragebühren, z. B. für Gepäck oder Hafensteuern, bezahlen, sich keine „Deals" aufschwatzen lassen)!
- Immer das Geld passend in kleinen Scheinen herausgeben und im Idealfall TSH (in Kleingeld) geben.
- Bei Problemen vermeiden, dass die Polizei eingeschaltet wird – man zieht dann garantiert den Kürzeren. Das geforderte Schmiergeld (aus welchem Grund auch immer) sollte man bezahlen und dann von dannen ziehen.

Flüge

International

Der **Mwalimu Julius K. Nyerere International Airport** (Terminal 2) wird hauptsächlich von internationalen Airlines angeflogen. Von den nationalen Fluggesellschaften haben u. a. Air Tanzania und Precision Air Landelizenzen. Mehr Infos dazu auf S. 98.

Egypt Air, Ohio St., im Dar es Salaam Serena Hotel, ✆ 022-2136663, 💻 www.egyptair.com, 🕒 Mo–Fr 9–17 Uhr, Sa 9–13 Uhr.

Emirates, Kisutu (Pramukh Swami) St., Haidery Plaza, 6. Stock, ✆ 022-2116100, 💻 www.emirates.com, 🕒 Mo–Fr 8.30–16.30, Sa 8.30–12.30 Uhr.

Ethiopian Airlines, Ohio St., neben Barclays Bank, ✆ 022-2117065, 💻 www.ethiopianairlines.com.

Fly540, Samora Ave., Upanga, ✆ 022-2125912, 💻 www.fly540.com. Der kenianische Low-Cost-Carrier verbindet Sansibar mit Nairobi bzw. via Mombasa mit Malindi und Lamu. Die Airline hat viele Destinationen in Tansania in den letzten Jahren aufgeben müssen und fliegt momentan nur noch ab Sansibar. Notorisch unpünktlich, chaotische Informationspolitik, aber sehr billig.

KLM, 36 Bibi Titi Mohamed St., Peugeot House, ✆ 022-2163914, 🖳 www.klm.com.
Precision Air, Samora Ave., Ecke Pamba Rd., NIC-Gebäude, ✆ 022-2168000, 🖳 www.precisionairtz.com. Neben Inlandflügen auch Flüge nach Mombasa, Nairobi, Lusaka, Lubumbashi, Entebbe und auf die Komoren.
Qatar Airways, Zanaki St., Ecke Bibi Titi Mohamed Rd., Elia Complex, Erdgeschoss, ✆ 022-2198301, 🖳 www.qatarairways.com, ⏲ Mo–Fr 8.30–17, Sa 8.30–13 Uhr.
Swiss, Sokoine Dr., Luther House, Zugang über Innenhof der Azania Front Church, ✆ 022-21188702, 🖳 www.swiss.com, ⏲ Mo–Fr 8–16.30, Sa 8.30–12.30 Uhr.
Turkish Airlines, Maktaba Square Business Park, 4. Stock, Azikiwe St., ✆ 022-2116681, 🖳 www.turkishairlines.com.

Inlandflüge

Die restlichen Inlandflüge starten vom kleineren sogenannten **Old Airport** (Terminal 1), der sich unweit vom heutigen internationalen Flughafen stadtauswärts an der Nyerere Road befindet. Es ist trotzdem immer ratsam zu überprüfen, von welchem Flughafen der gebuchte Flieger startet. Detaillierte Infos zu Inlandflügen S. 96.
Auric Air, Haidery Plaza, 1. Stock, Kisutu (Pramukh Swami) St., ✆ 0688-937165, 🖳 www.auricair.co. Für Flüge in den Nordwesten, z. B. nach Bukoba, Musoma und Mwanza; in den Westen, z. B. nach Katavi oder Mpanda; in den Südwesten, z. B. nach Songea.
Coastal Aviation, zwei Booking Offices, Upanga Rd. neben Citibank und The Slipway bei The Coastal Travel Services, ✆ 022-2842700 oder 0752-627825, 🖂 safari@coastal.cc, 🖳 www.coastal.co.tz. Coastal Aviation bietet seinen Gästen einen kostenlosen Shuttledienst zwischen Terminal 1 und 2 und fliegt alle wichtigen Safari-Airstrips an, ebenso wie Moshi, Arusha, Mwanza. Außerdem Flüge nach Mosambik.
Fastjet, Samora Ave., neben Steers, ✆ 0767-007903, 🖳 www.fastjet.com. Billigairline mit Flügen zum Kilimanjaro Airport, nach Sansibar, Mbeya und Mwanza sowie Johannesburg (Südafrika). Keine besonders gute Reputation.
Flightlink, Sea Cliff Village, ✆ 0782-354448. Fliegt u. a. nach Mtwara, Mbeya, Iringa, Dodoma oder Arusha.

© KURT KAUBE

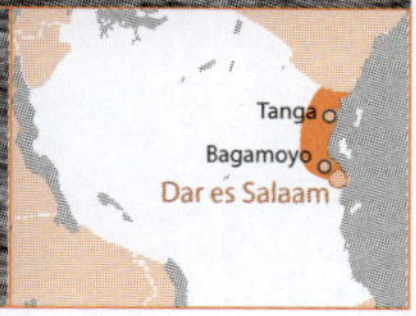

Die nördliche Küste

Stefan Loose Traveltipps

2 **Bagamoyo** Im geschichtsträchtigen Fischerdorf, nur eine Stunde von Dar es Salaam entfernt, setzt man auf Tradition. S. 189

3 **Ushongo Beach** Ein Besuch dieses naturbelassenen Strands ist wegen der Überfahrt über den Pangani River mit einem Hauch von Abenteuer verbunden. S. 220

Sange Beach Alles, was auf Ushongo Beach zutrifft, gilt auch für Sange Beach – nur dass er noch einen Tick einsamer liegt. S. 222

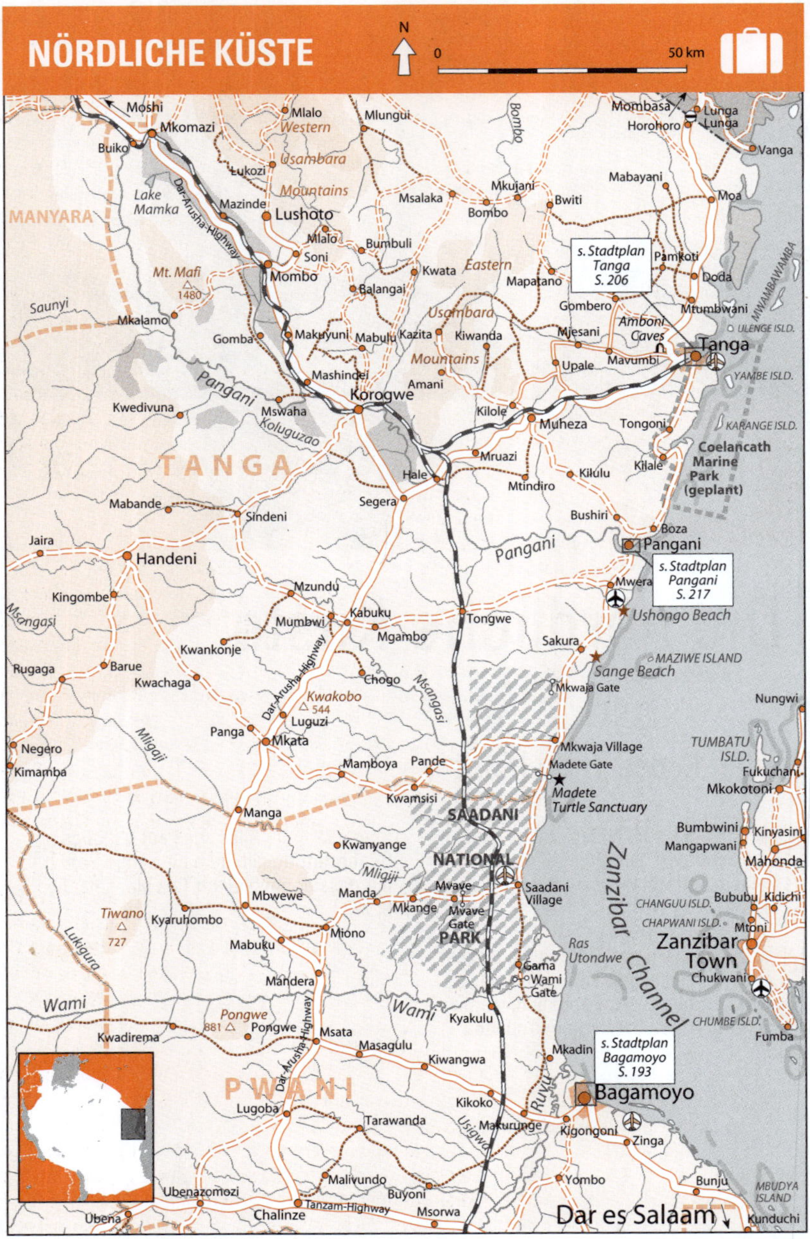
NÖRDLICHE KÜSTE
N
0
50 km
Moshi
Mkomazi
Buiko
Mlalo
Western
Usambara
Mountains
Mlungui
Bombo
Mombasa
Horohoro
Lunga Lunga
Vanga
Lukozi
Lake Mamka
Dar-Arusha-Highway
Mazinde
Lushoto
Msalaka
Bombo
Mkujani
Bwiti
Mabayani
Moa
MANYARA
Mlalo
Soni
Bumbuli
Mombo
Kwata
Eastern
Mapatano
s. Stadtplan Tanga S. 206
Pamkoti
Doda
MWAMBAWAMBA
Mt. Mafi
1480
Balangai
Usambara
Mountains
Gombero
Amboni Caves
Mtumbwani
ULENGE ISLD.
Saunyi
Mkalamo
Gomba
Makuyuni
Mabulu
Kazita
Kiwanda
Mjesani
Upale
Mavumbi
Tanga
YAMBE ISLD.
Pangani
Mashindei
Amani
Korogwe
Kilole
Kwedivuna
Mswaha
Koluguzao
Muheza
Tongoni
KARANGE ISLD.
Coelancath Marine Park (geplant)
TANGA
Mruazi
Hale
Mtindiro
Kilulu
Kilale
Segera
Mabande
Sindeni
Bushiri
Boza
Jaira
Handeni
Pangani
Pangani
s. Stadtplan Pangani S. 217
Mwera
Kingombe
Mzundu
Msangasi
Mumbwi
Kabuku
Tongwe
Ushongo Beach
Mgambo
Kwankonje
Sakura
MAZIWE ISLAND
Rugaga
Barue
Kwachaga
Chogo
Sange Beach
Mkwaja Gate
Msangasi
Kwakobo
544
Luguzi
Nungwi
Mligaji
Panga
Mkata
Mkwaja Village
TUMBATU ISLD.
Negero
Madete Gate
Fukuchani
Kimamba
Mamboya
Pande
Madete Turtle Sanctuary
Mkokotoni
Kwamsisi
Manga
SAADANI
Bumbwini
Kinyasini
Mangapwani
Kwanyange
Zanzibar
Mahonda
NATIONAL
Mligiji
Mvave
Saadani Village
Bububu
Kidichi
Tiwano
727
Kyaruhombo
Mbwewe
Manda
Mkange
Mvave Gate
CHANGUU ISLD.
CHAPWANI ISLD.
Mtoni
Mabuku
Miono
PARK
Ras Utondwe
Zanzibar Town
Lukigura
Channel
Chukwani
Mandera
Gama
Wami Gate
Wami
Pongwe
881
Pongwe
Wami
Kyakulu
CHUMBE ISLD.
Fumba
Kwadirema
Msata
Masagulu
Mkadini
s. Stadtplan Bagamoyo S. 193
Kiwangwa
PWANI
Ruvu
Lugoba
Kikoko
Bagamoyo
Tarawanda
Makurunge
Kigongoni
Usigwa
Zinga
Malivundo
Yombo
Bunju
MBUDYA ISLAND
Ubenazomozi
Buyoni
Ubena
Chalinze
Tanzam-Highway
Msorwa
Dar es Salaam
Kunduchi

Wer die Küstengegend nördlich der Metropole Dar es Salaam besucht, wird überrascht sein, wie schnell man den Großstadttrubel in Afrika hinter sich lassen kann. Nur wenige Kilometer außerhalb der Stadtgrenze beginnt eine andere Welt, die von verschlafenen Dörfern, langsam dahin zuckelnden Ochsenkarren, endlosen Palmenhainen und dem typischen Swahili-Lebensgefühl beherrscht wird.

Die Nordküste hat für fast jeden Geschmack etwas zu bieten: geschichtlich Interessantes, Tierbeobachtung, Strände. Die Einheimischen hoffen, dass die Rückständigkeit des Küstenstreifens nachlässt, wenn die geplanten und teilweise bereits umgesetzten Infrastrukturmaßnahmen endlich greifen. Anfang 2013 wurde die Brücke über den Wami River fertiggestellt; der geplante Coastal Highway von Dar es Salaam über Bagamoyo und den Saadani National Park bis nach Mombasa ist aber noch Utopie. Der Vertrag über den von China finanzierten Containerterminal südlich von Kaole ist bereits unterzeichnet worden. Er soll Bagamoyo an den Linienschiffsverkehr zwischen Dar es Salaam und Sansibar anbinden. Weitere Projekte, wie ein Gaskraftwerk oder eine neue Zementfabrik, sind auf Kurs. Wie in den Dekaden zuvor verlassen sich die Menschen aber vorerst noch auf traditionelle Überlebensstrategien: Fischfang, Landwirtschaft für den Eigenbedarf, den Anbau von Sisal, Kokospalmen und Cashewnüssen für den Export. Das fruchtbare Hinterland mit den drei großen Flüssen Ruvu, Wami und Pangani bietet dafür die idealen Voraussetzungen.

2 HIGHLIGHT

Bagamoyo

Die kurzzeitige Hauptstadt von Deutsch-Ostafrika ist heute ein unscheinbarer, staubiger Ort von rund 35 000 Einwohnern. Seine historische Bedeutung offenbart sich erst bei genauerem Hinsehen. Von Versklavung und Fremdbestimmung bis hin zu Freiheitskampf und Unabhängigkeit reicht die Bandbreite, die die Menschen des Landstrichs über Jahrhunderte geprägt hat. Die Bewohner sind freundlich, aber reserviert. Sie halten kompromisslos an ihren Traditionen fest und verschließen sich Veränderungen, von denen andere profitieren und auf die sie selbst keinen Einfluss nehmen können. Bagamoyo ist deshalb nur ein lohnendes Ausflugsziel, wenn man die ambivalente Geschichte spannend findet und die lokalen Bräuche respektiert.

Im Gegensatz zu Dar es Salaam ist Bagamoyo leicht zu Fuß zu erkunden, die Luft ist von Salz- und Fischgeruch (statt Autoabgasen) geschwängert, und eine selige Lethargie liegt über dem Ort.

Ein Spaziergang kann nur in Begleitung eines registrierten, ortskundigen Führers unternommen werden. Der Ortskern lässt sich gut zu Fuß erkunden, da alles auf engem Raum beisammen liegt. Nur die Kaole-Ruinen müssen mit dem Fahrzeug besucht werden.

Geschichte

Überregionale Bedeutung erlangte Bagamoyo nicht erst dadurch, dass die deutschen Kolonialbeamten den Ort Anfang 1891 zur ersten Hauptstadt ihres ostafrikanischen Kolonialabenteuers machten. Vielmehr kreuzten sich hier jahrhundertelang die Wege von Elfenbeinhändlern, Jägern und Sklavenfängern aus Indien, Arabien und Europa. Schon Ende des 18. Jhs. ließen sich muslimische Familien aus dem Oman in Bagamoyo nieder. Sie lebten vom Salzanbau im 3 km nördlich gelegenen Nunge und von Steuern, die sie auf Fischfang und Viehhaltung erhoben.

Spätestens seit der Sultan von Oman 1832 die in Sichtweite vor der Küste liegende Insel Sansibar zum Herrschersitz auserkoren hatte, verhalf der **Sklavenhandel** Bagamoyo zu trauriger Berühmtheit. Im 19. Jh. galt die Stadt als einer der bedeutendsten Umschlagplätze für den Sklavenhandel. Männer und Frauen, die die wochenlangen Fußmärsche vom Inneren des Kontinents bis an die Küste überstanden hatten, sahen ihre Hoffnung auf ein freies Leben beim Anblick der Galeeren auf dem Meer endgültig schwinden. Wer aus Bwaga-Moyo (Swahili für „Leg dein Herz nieder") deportiert wurde, hatte wenig Hoffnung, seine Heimat und seine Familie je wiederzusehen. Nachts verließen die voll beladenen Schiffe das Festland und nahmen Kurs auf Sansibar, wo die Menschen auf dem Sklavenmarkt (S. 191) wie Vieh gehandelt wurden.

Nachdem sich 1868 die ersten **Missionare** Afrikas (!) hier niedergelassen hatten, bemühten sie sich um das Ende des unwürdigen Menschenhandels. Sie kauften nicht nur die Sklaven frei (wenn es ihnen finanziell möglich war), sondern engagierten sich auch intensiv für die Abschaffung der Sklaverei. Viele abenteuerlustige Missionare folgten, und ausgehend von Bagamoyo wurden fortan Ostafrika und die angrenzenden Länder missioniert.

Neben den Missionaren prägte besonders ein pakistanischer Philanthrop die Geschicke der Stadt, der unermesslich reiche Händler **Sewa Haji**. Das große Geld machte er als Karawanenausrüster, Elfenbein- und Nashornhändler, bedachte aber auch die Allgemeinheit. So schenkte er den Missionaren Land für den Bau der Kirche, spendete die Schule (S. 194) und das Krankenhaus.

1880 war Bagamoyo vermutlich eine bunte, multikulturelle Stadt mit rund 1000 Einwohnern. Ihr weltweiter Ruf und die gute Infrastruktur lockten **Abenteurer und Forscher** aus der ganzen Welt an, die Bagamoyo als Ausgangspunkt ihrer Expeditionen nutzten. Livingstone, Burton und Speke oder Stanley – sie alle schätzten die Vorzüge einer gut entwickelten Stadt, um sich angemessen für monatelange Expeditionen auszurüsten.

1888 pachtete das Deutsche Reich vom Sultan von Sansibar einen 16 km breiten Küstenstreifen und ernannte die Hafenstadt Bagamoyo zum militärischen und verwaltungstechnischen Hauptquartier seiner neuen **deutschen Kolonie**, die aber erst am 1. Januar 1891 offiziell ausgerufen wurde. Anfang 1892 übertrug man diesen Status wegen des tieferen Hafenbeckens auf Dar es Salaam. Nicht nur deswegen, sondern vor allem durch die offizielle Abschaffung des Sklavenhandels 1873 verlor die einst boomende Stadt ihre Wirtschaftsgrundlage und verfiel alsbald wieder in ihren einstigen beschaulichen Zustand. Das feudale System der arabischen Elite hinterließ vor allem ungelernte Kräfte und Analphabeten. Unternehmergeist und Bildung fehlen den Bewohnern der nördlichen Küste bis heute, weswegen der Landstrich zu den ärmsten in Tansania zählt.

Im Kampf des Nachbarlandes Mosambik gegen die Kolonialherrschaft der Portugiesen spielte Bagamoyo eine tragende Rolle. Die **Unabhängigkeitskämpfer von FRELIMO** betrieben südlich von Bagamoyo ihr Hauptquartier samt Ausbildungszentrum (FRELIMO wurde in Dar es Salaam gegründet, und Tansania unterstützte Mosambik seit jeher in den Unabhängigkeitsbestrebungen). Heute ist auf dem Gelände die Kaole Secondary School untergebracht. Mosambik ehrt sogar seine Kriegsveteranen mit einer nach Bagamoyo benannten Medaille. Jedes Jahr besuchen Delegationen aus Mosambik Bagamoyo, um sich für den erwiesenen Dienst erkenntlich zu zeigen.

Bagamoyo heute

Vieles in Bagamoyo sieht so aus, als ob es sich über die Jahrhunderte nicht verändert hätte. Fischer und Schiffsbauer gehen wie eh und je ihrem Tagwerk nach. Frauen tragen Feuerholz am Strand entlang nach Hause und braten am Fischmarkt tagein tagaus die Fische, die ihre Männer gefangen haben.

Seit die Asphaltstraße die Metropole mit Bagamoyo verbindet, nutzen die Großstädter den Ort vor allem an Wochenenden als Naherholungsgebiet. Der lukrative Tourismus lässt auf sich warten, wohl auch, weil die Strände zwar ganz akzeptabel sind, ihnen aber das tropischromantische Flair von Sansibar fehlt und freizügiges Baden nicht möglich ist. So verdienen die meist überteuerten Hotels in Bagamoyo ihr Geld an den in Ostafrika beliebten **Tagungen und Konferenzen**.

Seit 2006 warten die Stadtväter auf die Ernennung Bagamoyos zum Weltkulturerbe als **Ausgangspunkt für die Ostafrikanische Sklavenroute**. Neben Bagamoyo sollen auch Ujiji am Tanganyika-See, Tabora und andere Orte an der Karawanenroute unter Denkmalschutz gestellt werden. Dazu soll ein 20 m breiter Korridor eingerichtet werden, der durch 13 Distrikte führt und u. a. wichtige Gebäude und Orte schützt. Mehrere Anträge und Ergänzungen mussten bei der Unesco bereits eingebracht werden, aber wie beim Debakel in Kilwa (S. 238)

Blutiges Geld – Sklavenhandel in Ostafrika

Sklaverei ist kein Phänomen der Neuzeit, sondern – vermutlich wie die Prostitution – eines der **ältesten Gewerbe der Welt**. Es existieren Aufzeichnungen darüber aus dem Römischen Reich, von den alten Griechen und aus dem biblischen Mesopotamien. Auch im Mittelalter war der Sklavenhandel in Mitteleuropa, vornehmlich für Italiener und Spanier, ein einträgliches Geschäft. Damals verpflichteten die Adelshäuser überwiegend unfreie Arbeiter vom Balkan als Feldarbeiter, Hausangestellte oder Soldaten. Besonders begehrt waren hellhäutige Sklaven aus Europa in den arabischen Ländern. Araber waren es auch, die den Sklavenhandel in Afrika einfädelten. Über die jahrhundertealten Handelsrouten gelangten nicht nur Edelsteine, Gold und Elfenbein nach Arabien, sondern auch Menschen vom afrikanischen Kontinent. Der Höhepunkt des ostafrikanischen Sklavenhandels fiel ins 19. Jh., vor allem bedingt durch die Eroberungszüge der europäischen Länder im Indischen Ozean, die zu einem hohen Bedarf an Arbeitskräften u. a. für Plantagen und den Straßenbau führte.

Über bestimmte **Handelsrouten** reisten die Händler mit ihren Karawanen durch Tansania. Die zwei wichtigsten Routen führten von Bagamoyo über Tabora zum Städtchen Ujiji am Lake Tanganyika (und weiter in den Kongo) sowie von Kilwa durch Südtansania zum Malawi-See. Solche Karawanen waren teure Unternehmungen mit schwer bewaffneten Söldnern, arabischen Händlern und zahlreichen Trägern. Ganze Dörfer wurden dabei niedergebrannt und als „ungeeignet" erscheinende Alte, Kranke, Schwangere oder Kinder massakriert. Die jungen, kräftigen Männer und Frauen wurden in wochenlangen Gewaltmärschen unter Peitschenhieben an die Küste getrieben, in Ketten und durch hölzerne Halsjoche aneinander gefesselt. Diejenigen, die den Strapazen nicht gewachsen waren, verblieben hilflos, geschwächt und geschunden im Busch und wurden schließlich von Wildtieren gefressen. Oft spielten auch die Stammeshäuptlinge eine entscheidende Rolle, indem sie ihre eigenen Leute an die Sklavenhändler verkauften.

Während die Sklaven aus Westafrika hauptsächlich auf die Plantagen der Karibik, Südamerikas und der amerikanischen Südstaaten verkauft wurden, gelangten die ostafrikanischen Sklaven über die Drehscheibe Sansibar überwiegend auf die Inseln im Indischen Ozean. Nachdem die Franzosen im beginnenden 19. Jh. Zuckerrohrfelder auf Mauritius und La Réunion anlegen ließen, stieg ihr Bedarf an Arbeitskräften sprunghaft an. Sansibar lag da strategisch günstig und wuchs in den 1840er-Jahren zum größten Sklavenmarkt der Welt heran. Anfang des 19. Jhs. wurden bis zu 10000 Sklaven jährlich auf den **Sklavenmärkten** von Stone Town „umgesetzt"; später stieg diese Zahl durch den gestiegenen Bedarf womöglich auf bis zu 50000 Sklaven pro Jahr. Dies sind natürlich nur Schätzungen, da genaue Zahlen zu diesem dunklen Kapitel der Menschheitsgeschichte fehlen.

1873 verfügten die zu dieser Zeit bereits einflussreichen Briten das **Ende des Sklavenhandels** in Ostafrika, allerdings setzte sich der illegale Handel noch bis weit ins 20. Jh. hinein fort. Die deutschen Kolonialisten selbst sahen sich erst 1904 bemüßigt, die Sklaverei in ihrer Kolonie offiziell zu verbieten. Man vermutet, dass zwischen dem 16. und dem späten 19. Jh. insgesamt mindestens 20 Mio. Menschen aus Afrika in die Plantagen der Karibik, des Indischen Ozeans und der amerikanischen Südstaaten verschleppt wurden.

bemängelt man auch im Falle Bagamoyos fehlende Nutzungsstrategien und Managementpläne sowie vor allem die mangelnde Bereitschaft Tansanias, sich mit seiner eigenen Geschichte auseinanderzusetzen.

In den vergangenen Jahren wurde immerhin eine Handvoll Gebäude unter großem finanziellem Aufwand renoviert. Zu verdanken ist dies dem Engagement europäischer Organisationen, allen voran der schwedischen **Entwicklungshilfe** Sida, aber auch deutschen Initiativen, darunter Kirchen sowie der Freundeskreis Bagamoyo e. V., 💻 www.bagamoyo.com. Dennoch könnten die Stadtväter die prestigeträchtige Ernennung zum Unesco-Welterbe mit dem unsensiblen Umbau des Postamts verspielt haben.

Ob und wie Bagamoyo sich in den nächsten Jahren entwickeln wird, hängt von vielen Faktoren ab. Dass der amtierende Präsident Jakaya Kikwete, der im Bagamoyo District geboren wurde, keine Wunder vollbringen kann, war Realisten von Anfang an klar. Es herrscht zwar verhaltene Goldgräberstimmung wegen einiger Großprojekte, aber der ersehnte Aufschwung samt Arbeitsplätzen und mehr Wohlstand hängt nicht allein von ihnen ab. Wie überall in Tansania hofft man auch auf den **Tourismus**. Die Grundstücke am Meer rund um Bagamoyo sind schon längst verkauft und die Pläne für mehrere Hotels warten in den Schubläden, aber es braucht mehr Kreativität, um einen ganzen Landstrich zu verändern. Das Geschäftsklima in Bagamoyo ist ruppig, neue Ideen und neue Gesichter haben es schwer. Touristen bringen zwar Geld, aber auch fremde Sitten und Erwartungen, z. B. Sonnenbaden am Strand, leichte Bekleidung oder guten Service im Hotel. Ob die Menschen von Bagamoyo dafür bereit sind, ist fraglich. Bis dato war Bagamoyo jedenfalls keine typische Stranddestination, sondern eher für Geschichts- und Kulturinteressierte geeignet, die sich mit einfachen Unterkünften zufriedengeben.

Rund um das Old Fort

Die imposante Festung **Old Fort** (Altes Fort) am südlichen Ende der Stadt wurde im 19. Jh. von den Sultanen nach und nach zu einer Befestigungsanlage ausgebaut. Vorher war sie das private Wohnhaus eines arabischen Händlers, in dem sich auch ein Sklavenbunker befand. Die deutschen und die englischen Kolonialherren nutzten das Gebäude als Garnisonsquartier mit Gefängnis, und bis 1990 beherbergte es die lokale Polizei. Heute finden hier nur mehr Tagungen der Denkmalbehörde statt. Es dürfte sich um das älteste Steingebäude von Bagamoyo handeln. ⌚ tgl. 8–18 Uhr, Eintritt 20 000 TSH oder abgedeckt durch die *city fee* (S. 194).

Weiter südlich am Strand entlang liegt versteckt hinter Palmenhainen der **Deutsche Friedhof**. 20 gut erhaltene und gepflegte Gräber mit deutschen Inschriften erinnern u. a. an die Gefallenen der Wissmann-Einheit, die in der großen Schlacht während des Bushiri-Aufstands (S. 362) 1888 ihr Leben lassen mussten. Der Friedhof wurde nur zwischen 1889 und 1894 genutzt.

Rund um die Boma

Die heutige **India Street**, die einst die prachtvolle Kaiserstraße war, zieht sich vom Alten Fort Richtung Norden stadteinwärts. Erst 2006 wurde sie mit europäischen Geldern gepflastert.

Südlich der Boma steht das **Liku**- oder **Emin-Pasha-Haus**, das wohl weniger geschichtliche Bedeutung als eher anekdotischen Wert hat. Emin Pasha hieß ursprünglich Eduard Schnitzer, war gebürtiger Schlesier und regierte als Gouverneur von Equatoria (heute Südsudan) unter der Krone Großbritanniens. Nachdem er 1889 heil von einer Forschungsreise zurückgekommen war, wurde zu seinen Ehren ein feuchtfröhlicher Empfang in ebenjenem Haus gegeben. Dabei schaute er zu tief ins Glas, stürzte unbeabsichtigt aus dem Fenster des 1. Stocks und zog sich ernsthafte Verletzungen zu.

Linker Hand steht die weithin sichtbare **Boma**. Das monumentale ehemalige Bezirkshauptquartier von Deutsch-Ostafrika wurde 1895–1897 errichtet und erfüllte diese Funktion bis zum Ende der Kolonialherrschaft. Danach diente es als Distriktverwaltungsgebäude. Seit 2009 wird die Boma renoviert.

Vor der Boma an der Kaiserstraße, dem Meer zugewandt, liegt der Platz (erkennbar an den halbrunden Mauern), wo früher das Wissmann-Denkmal stand. Es sollte an die deutschen Soldaten erinnern, die in den Schlachten von Deutsch-Ostafrika zu Tode gekommen waren. 1946 demontierten die britischen Kolonialisten es; die Bronzeplatten des Denkmals befinden sich heute im Nationalmuseum von Dar es Salaam.

Weiter vorne, auf der linken Seite, erhebt sich ein großes, imposantes Gebäude mit sechs dicken, runden Pfeilern, die einen herrlichen Balkon stützen. Das **Arabische Teehaus** (Arab Teahouse), das einst einen Laden und im 1. Stock ein Hotel beherbergte, wurde in den 1860er-Jahren erbaut. Später, in der deutschen Kolonialzeit, wurde es als Offiziers-Krankenhaus genutzt, wobei 1913 zwei neue Flügel angebaut

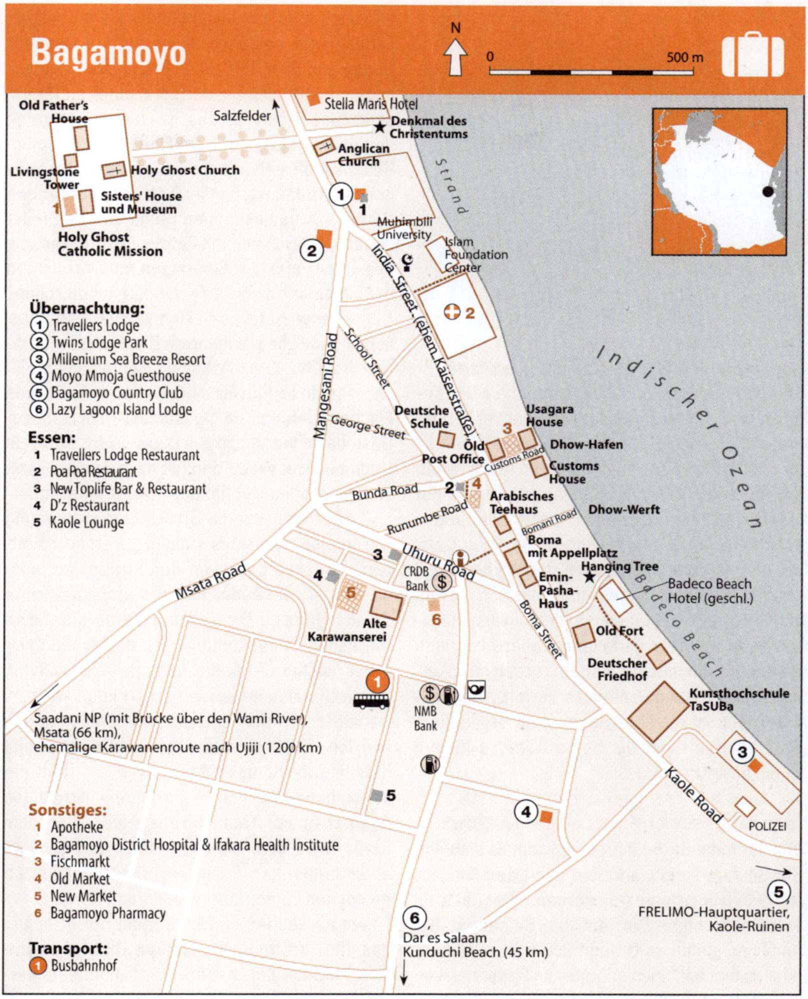

wurden. Mittlerweile beherbergt das herrschaftliche Gebäude die Stadtverwaltung.

Entlang der ehemaligen Kaiserstraße stehen noch einige andere historische Gebäude, die sich aber – wie fast alle Bauten – in einem beklagenswerten Zustand befinden. Hier und da stößt man beim Flanieren auf eine jener alten, verwitterten **Swahili-Türen**, die zwar zur typischen Swahili-Kultur gehören, jedoch nur mehr in Stone Town von der örtlichen Bevölkerung gepflegt werden.

Am Kreuzungspunkt mit dem Weg zum Dhow- und Fischereihafen steht die **Alte Deutsche Post** (Old Post Office). Ursprünglich gehörte sie dem pakistanischen Kaufmann Sewa Haji, der übrigens viele Bauten und karitative Projekte in

Bagamoyo City Fee

Zur Zeit der Recherche wurde eine neue *city fee* von 20 000 TSH p. P. eingeführt. Innerhalb des Stadtgebietes können damit alle historischen Gebäude besichtigt werden. Ausgenommen sind die Ruinen von Kaole (20 000 TSH p. P.) sowie das Missionsmuseum (2000 TSH p. P. zzgl. Foto- oder Filmgebühr). In der *city fee* ist eine Fotoerlaubnis enthalten. (Falls zu wenige Touristen kommen, kann es aber sein, dass die neue Gebühr wieder abgeschafft wird.)

Bagamoyo und Dar es Salaam finanzierte. Er übergab das Gebäude 1896 den deutschen Kolonialisten, die darin das erste Post- und Telegrafenamt Ostafrikas einrichteten. Bis 1995 wurde es als Postamt genutzt, an der Außenwand und auch in den Innenräumen sind noch gut die Postfächer zu erkennen. Leider bot ein Geschäftsmann der Stadtverwaltung genug Geld, um die historischen Mauern in ein überteuertes Hotel zu verwandeln und gleich nebenan ein kolossartiges Nebengebäude hinzustellen – mitten in ein zwar verfallenes, aber historisch wertvolles Ensemble. Dabei wurden die Auflagen des Denkmalschutzes verletzt; abgesehen davon ist die Lage neben dem Brennpunkt Fischerhafen nicht die beste Adresse für ein Hotel dieser Preisklasse.

Im Einzugsgebiet des Dhow-Hafens

Von der India Street führt eine schmale staubige Straße zum **Fischmarkt**, wo nach dem Eintreffen der Fischerboote frühmorgens oder nach 15, 16 Uhr das halbe Dorf auf den Beinen ist, um den Fang gleich an Ort und Stelle zu ersteigern oder zumindest einen gebratenen Happen davon zu ergattern. Früher verfrachteten die Händler hier ihre Sklaven aufs Schiff. In dieser Gegend ist besondere Vorsicht mit Wertsachen geboten!

Am Meer vorne steht rechter Hand das 1895 errichtete und teilweise renovierte **Customs House** (Zollhaus), das heute die Hafenverwaltung beherbergt. Hier wurden die Sklaven in die Boote verladen, nicht ohne vorher noch Steuern pro Kopf zu erheben. Der südliche Flügel ist komplett kollabiert, der Nordflügel noch in Benutzung.

Gleich nördlich davon stehen die mächtigen Fundamente des vormals deutschen **Usagara House** aus dem Jahr 1889. Die merkwürdig anmutenden Stützen fungierten als Stelzen für ein deutsches Fachwerkhaus, das hier einst thronte und dem Direktor der Deutsch-Ostafrikanischen Gesellschaft gehörte. Es soll der gesellschaftliche Mittelpunkt der in Bagamoyo lebenden Deutschen gewesen sein. Rund um die Pfeiler waren einst Schalen mit Petroleum gruppiert, die das Ungeziefer am Eindringen und Vernichten der Lebensmittelvorräte gehindert haben sollen.

Im **Dhow-Hafen**, der sich südlich und nördlich befindet, liegen mehrere Dutzend alter traditioneller Dhows vor Anker, die heute noch als Fischerboote im Einsatz sind. Nebenan (zwischen Fischerhafen und dem geschlossenen Badeco-Gästehaus) werden in der **Dhow-Werft** noch auf traditionellem Wege und mit einfachsten Werkzeugen ebenjene schnittigen Boote gefertigt.

Zurück in der India Street liegt in Richtung Norden jenseits eines sandigen Vorplatzes, etwas zurückversetzt von der Straße, ein ausgedehntes Gebäude, das die **erste deutsche Schule** Deutsch-Ostafrikas beherbergte. Sewa Haji schenkte das Gebäude der deutschen Kolonialverwaltung – mit der Auflage, es müssten in dieser Schule alle Rassen unterrichtet werden. Nach Stockwerken getrennt wurden dann auch wirklich afrikanische, indische und europäische Kinder unterrichtet. Mittlerweile erstrahlt die Mwambao Primary School mit ihrem blitzweißen Anstrich und den blauen Fensterläden in neuem Glanz, was dem unermüdlichen Engagement einer deutschen Partnerschule und anderen deutschen Einrichtungen zu verdanken ist.

Am nördlichen Ende der India Street nimmt das 1891 eröffnete **Bagamoyo District Hospital** ein weitläufiges Areal ein. Noch heute versorgt es ein riesiges Einzugsgebiet. Mit substanziellen privaten Spenden des Freundeskreises Bagamoyo sowie der Unterstützung weiterer internationaler Geldgeber wurde es grundlegend saniert. Seit 2005 hat das renommierte Ifakara Health Institute (IHI) angedockt. Gemeinsam mit der Bill-und-Melinda-Gates-Stiftung soll ein Impfstoff gegen Malaria entwickelt werden. Die Bedeutung des Spitalstandortes Bagamoyo unterstreicht auch der neben der Travellers

Lodge gelegene Bau der Muhimbili University, wo Medizinstudenten ihre Praktika absolvieren.

Die katholische Mission mit Museum

Vorbei an der Travellers Lodge in Richtung Norden erreicht man rechter Hand die kleine, etwas versteckte **Anglican Church**, erkennbar an den wenigen Souvenirständen davor. Gleich dahinter zweigt ein Weg in Richtung Meer ab, an dessen Ende sich das **Denkmal des Christentums** befindet, ein großes Kreuz, das der Christianisierung und der Ankunft der ersten christlichen Missionare in Ostafrika 1868 gedenkt.

Links davon führt eine prächtige, dem Vernehmen nach 1870 von befreiten Sklaven angelegte Mangobaum-Allee zur ersten **katholischen Mission Ostafrikas**, der Mission der Brüder zum Heiligen Geist (Holy Ghost Catholic Mission). Obwohl an der Küste von jeher der Islam klar dominierte, überließen die Stadtverantwortlichen der katholischen Glaubensgemeinschaft 1868 ein Stück Land. Ursprünglich fungierte die Mission als Zufluchtsort für befreite Sklavenkinder.

Zuerst erblickt man rechter Hand das Missionsdenkmal sowie das 1873 erbaute, heute einsturzgefährdete Old Fathers' House, das bald renoviert werden soll. Daneben strahlt die fein säuberlich gepflegte Kathedrale Holy Ghost Church (gebaut 1910–1915, mit sehenswerter Altar-Malerei), und schräg dahinter blitzt der Livingstone Tower der Old Catholic Church. 1874 wurde in der Kirche Livingstones Leichnam auf dem Weg nach England aufgebahrt, weswegen sie auch Livingstone Church genannt wird. Die Legende erzählt, dass 600 freigelassene Sklaven bei seinen sterblichen Überresten Totenwache hielten. Links außen, im ehemaligen, 1876 errichteten Sisters' House (Nyumba ya Masista), befindet sich das kürzlich mit deutschen Mitteln renovierte **Missionsmuseum**, das unbedingt einen Besuch wert ist. Hier finden sich interessante Exponate aus der Sklavenära ebenso wie aus der Kolonialzeit und den ersten zaghaften Anfängen der Missionierung, darunter Ketten, Folterutensilien, Ausrüstungsgegenstände der kolonialen Armeen, eine deutschsprachige Zeitung aus Tanga aus dem Jahr 1913 und Freibriefe von Sklaven. Viele der Museumsstücke sind in deutscher Sprache gehalten und lassen deutlich erkennen, wie sehr die Geschichte der Küste von den deutschen Kolonialherren dominiert wurde. ⌚ tgl. 10–17 Uhr, Eintritt 2000 TSH, Fotogebühr 1000 TSH, Filmgebühr 10 000 TSH.

Alte Karawanserei

Dieses Sklavenlager war bereits im Jahre 1800, also lange vor der Ankunft der Deutschen, in Gebrauch – als Endpunkt der Sklavenkarawanen aus dem Landesinneren. Hier, westlich der Boma und in Nachbarschaft des heutigen Marktes, warteten die versklavten Menschen auf den Abtransport nach Sansibar, denn in Bagamoyo selbst existierte kein Sklavenmarkt. Ein großer Zaun schützte das kostbare „Gut" vor Angriffen von Tieren. Auch die Träger lebten in diesem Camp. Später, in den 1870er-Jahren, wurde es von der Deutsch-Ostafrikanischen Gesellschaft neu erbaut, um Lagerräume für Elfenbein und andere Waren zu schaffen. Heute ist hier ein Museum über Sklaverei untergebracht; eine kleine Fotoausstellung dokumentiert zudem die Geschichte des Gebäudes. ⌚ tgl. 8–17 Uhr, Eintritt 20 000 TSH oder abgedeckt durch die *city fee* (S. 194).

Kunsthochschule TaSUBa

Weniger geschichtsträchtig als vielmehr gesellschaftspolitisch interessant ist die knapp außerhalb von Bagamoyo gelegene staatliche Kunsthochschule – die einzige Ostafrikas. Seit über 30 Jahren wird hier Tanz, Musik, Kunst, Schauspiel, Akrobatik und noch vieles mehr unterrichtet. Seit 2008 nennt man sich TaSUBa (Taasisi ya Sanaa na Utamaduni Bagamoyo). Als Heimat des staatlichen Nationalensembles (Bagamoyo Players, momentan nicht aktiv) und Veranstalter des International Bagamoyo Festival hat die Hochschule sich über die Grenzen hinweg einen Namen gemacht und verfügt laut eigenen Angaben über das größte Theater Ostafrikas mit einem Fassungsvermögen von 1800 Personen. Seitdem die skandinavischen Geldgeber ausgestiegen sind, laufen die Dinge aber nicht mehr so rund.

FRELIMO-Hauptquartier

Kurz vor Kaole, auf dem Gelände der Kaole Secondary School, befinden sich einige Gebäude,

Salzgewinnung

© KURT KAUBE

Schon zu Beginn des 18. Jhs. lieferten die Nunge-Salzfelder nördlich von Bagamoyo erhebliche Erträge, die zum Reichtum der Siedlung beitrugen. Das Salz wird in großflächigen Salzgärten aus Meerwasser gewonnen. Auch jenseits des Wami River, südlich des Saadani National Park, erzeugt man noch heute Salz.

die während des Unabhängigkeitskrieges Mosambiks von Samora Machel und seiner Familie bewohnt wurden. Es gibt nicht viel zu sehen, es ist eher die historische Bedeutung des Ortes, die zu würdigen ist.

Kaole-Ruinen

Händler aus der persischen Stadt Shiraz waren die ersten Siedler von Bagamoyo. Sie erbauten 5 km vor den Toren des heutigen Bagamoyo eine Moschee sowie Grabmäler, die dem Zahn der Zeit getrotzt haben. Möglicherweise handelt es sich dabei um die erste Moschee auf dem ostafrikanischen Festland überhaupt. Datierungen sind schwierig, doch der nördliche Teil der Moschee dürfte aus dem 13. Jh. stammen, während einige der Grabsteine nicht vor dem 14. Jh. errichtet wurden. Auf einem Grabstein ist die 2. Sure aus dem Koran zu lesen, was eindrucksvoll die jahrhundertelange Präsenz des Islam in Ostafrika beweist. ⏲ tgl. 8–16 Uhr, Eintritt 20 000 TSH inkl. Guide. Man muss entweder mit dem Auto oder einem *bajaji* (15 000–20 000 TSH inkl. Wartegebühr) herkommen.

ÜBERNACHTUNG UND ESSEN

Untere Preisklasse

€ **Moyo Mmoja Guesthouse**, unweit der neuen Post am Ortseingang, ✆ 0754-978628, 💻 www.moyommoja-guesthouse.com. Das kleine Gästehaus mit nur 3 einfachen, aber großen Zimmern mit Gemeinschaftsbad sowie 3 kleinen Bungalows mit Du/WC ist Teil eines karitativen Projekts. Gemeinschaftsküche, Strand- und Marktnähe. Beliebt bei Freiwilligen, Studenten und Backpackern, daher rechtzeitig buchen. Interessante Tarife für Langzeitaufenthalte. ❶–❷

Twins Lodge Park, schräg gegenüber der Travellers Lodge, ✆ 0655-670801. 14 einfache AC-Zimmer im landesüblichen Format, umgeben von einem recht gepflegten Garten. Nur kurze Wegstrecke bis zum Strand. ❷–❸

Mittlere Preisklasse

Bagamoyo Country Club, Kaole Rd, 2,5 km südlich von Bagamoyo, ✆ 0784-472999, 💻 www.bagamoyocountryclub.com. Einfache, in den Hang gebaute Ferienanlage mit 10 zweckmäßigen Zimmern samt Veranda mit traumhaftem Meerblick (Schreibtisch, AC, Ventilator, Moskitonetze, Warmwasser inkl.). Über Stufen geht es hinunter, bis schließlich das Restaurant und die Lounge unten auf Meereshöhe erreicht sind. Ein paar Schritte weiter kann man die Zehen ins Wasser halten. Fantastische Sonnenuntergänge. WLAN, gutes Essen, kaum Beachboys. Abseits vom Dorf relativ unbehelligtes Sonnenbaden möglich. Spezielle Tarife für Langzeitaufenthalte. Transfers werden arrangiert, z. B. mit *bajaji* an die 4000 TSH. US$15 Aufpreis für Halbpension, Abendessen à la carte ca. 15 000–30 000 TSH. Deutschsprachiger Betreiber. ❸

Travellers Lodge, Nordstrand, ✆ 0754-855485, 💻 www.travellers-lodge.com. Neben dem Bagamoyo Country Club die beste Wahl in der Stadt. Sehr gepflegte, sympathische Anlage mit einem schönen Palmengarten, die einem deutsch-südafrikanischen Gespann gehört. 13 der 25 Cottages stehen am Strand. Gemütliches Restaurant mit Makuti-Dach und Lounge-Charakter. Die kleinen Cottages sind zwar schon etwas in die Jahre gekommen, aber noch immer tadellos in Ordnung. Äußerst beliebt, daher unbedingt reservieren. Bestes Restaurant in Bagamoyo. WLAN in der Lounge gegen Aufpreis. ❸

Millenium Sea Breeze Resort, Südstrand, Nähe Kunsthochschule, ✆ 0767-700900, 💻 www.millennium.co.tz. Abgewohntes, schmuckloses Hotel an einem schönen Strandabschnitt, das gerne für Konferenzen und auch von einigen europäischen Reiseagenturen gebucht wird. Für den gebotenen Standard weit überteuert. WLAN gegen Aufpreis. ❹–❺

Obere Preisklasse

Lazy Lagoon Island Lodge, Südstrand, Abzweigung 13 km vor Bagamoyo Richtung Osten, zu buchen über Foxes African Safaris, ✆ 0713-237422, 💻 www.tanzaniasafaris.info. Die 12 Cottages mit Makuti-Dach und großer Veranda, alle im rustikalen, luftigen tropisch-maritimen Stil erbaut, liegen malerisch auf einer 2 km vor dem Festland befindlichen, langgezogenen Halbinsel, die nur per Boot zu erreichen ist. Am Abend glitzern die Lichter von Bagamoyo am Horizont. Pool, blütenweißer Sandstrand, Korallenriff zum Schnorcheln. Viele Freizeit- und Wassersportaktivitäten. ❼ mit Vollpension

Camping

Travellers Lodge (s. o.). Herrlicher Campingplatz in Strandnähe, behagliches Ambiente, akzeptable Sanitäranlagen. US$12 p. P.

ESSEN

Zum Abendessen bleibt man entweder in der Unterkunft oder geht in eines der umliegenden Hotels. Selbst landestypische Swahili-Lokale sind dünn gesät.

New Toplife Bar & Restaurant, Uhuru Rd. Einfaches Gasthaus mit traditioneller Landesküche. Beliebt am Wochenende, wenn die Erholung suchenden Großstädter aus Dar es Salaam Lust auf eine gut gekühlte Coca-Cola mit *chipsi na kuku* (Hühnchen mit Pommes frites) verspüren.

D'z Restaurant (ausgesprochen Disi), gegenüber vom Markt. Landestypisches *hoteli* mit täglich wechselnden Gerichten (max. 3000 TSH) und Unterhaltungsfaktor, da man gut das Treiben auf dem Markt beobachten kann.

Kaole Lounge, unweit vom Busbahnhof. Beliebtes Open-Air-Restaurant mit tansanischen Gerichten und gut besuchter Bar. Gerichte max. 4000 TSH, angenehme Atmosphäre.

Poa Poa Restaurant, Boma St., unweit des Old Post Office. Restaurant, Bar und Kaffeehaus mitten im Zentrum und einziges Lokal in Bagamoyo mit westlich orientierter Küche, z. B. Chapati Wraps oder Sandwiches, ca. 5000–8000 TSH. Leckere Fruchtsäfte, guter Cappuccino, große Auswahl an Alkoholika. Die Bar abends hat länger geöffnet. Nette, urige Atmosphäre; wunderschöne Swahili-Türen. 🕒 Mo–Sa 8–22 Uhr.

UNTERHALTUNG

International Bagamoyo Festival, Sep/Okt, 💻 bagamoyofestival.weebly.com. Das

Traditionelle Künste in Bagamoyo

Grundsätzlich ist es möglich, bei lokalen Künstlern Unterricht zu nehmen. Im Angebot sind **Kurse in Töpferei, Tanz, Holzschnitzerei, Trommeln** oder **Akrobatik**. Reisende, die in Gruppen unterwegs sind, haben größere Chancen, einen Lehrer zu finden. Häufig finden Workshops zu den Hauptreisezeiten, wie Juli oder August, statt. Entweder man fragt an der Kunsthochschule oder bei einer der Unterkünfte, z. B. Travellers Lodge, nach. Sie haben zumindest die Telefonnummern zur Hand, um die richtigen Leute anzurufen. Workshops an der Hochschule *(short courses)* sind ebenfalls möglich, z. B. für zwei Wochen oder einen Monat; bei der Organisation von Unterkunft u. Ä. wird geholfen. Anmeldungen erfolgen am besten vor Ort bei der Kunsthochschule, 💻 www.tasuba.ac.tz.

mehrtägige Festival hat sich als panafrikanisches Musik- und Tanzfestival über die Landesgrenzen hinaus einen Namen gemacht und zieht Künstler aus ganz Afrika an. Die wichtigsten und bekanntesten Acts des Festivals spielen am vorletzten Abend vor ausverkauftem Auditorium ab 19 Uhr, Eintritt 4000 TSH. Leider werden das Datum bzw. das genaue Programm immer sehr spät veröffentlicht, was eine Planung für Touristen schwierig macht.

AKTIVITÄTEN

Ausflüge

Alle Aktivitäten sind bei den Unterkünften oder dem neuen Informationsbüro zu arrangieren: Angeboten werden Besuche in traditionellen Fischerdörfern, Bootsausflüge zur Lagune von Ras Luale zur Vogelbeobachtung (ca. US$25 p. P.), auf dem Ruvu River, wo neben Vögeln auch Schildkröten zu sehen sind (ca. US$30 p. P.), oder die Besichtigung von Bagamoyo per Fahrrad.

Stadtführungen

Jede Unterkunft organisiert registrierte, vertrauenswürdige Führer für einen Stadtspaziergang (40 000 TSH p. P. exklusive Eintrittsgebühren, ca. 2 Std.).

Wassersport

Bagamoyo ist keine Stranddestination. Die **Strände** sind bei Weitem nicht so makellos wie angepriesen, und die Wasserqualität, besonders um den Fischereihafen und die Dhow-Werft, ist fraglich. Zumindest sind die Strände an diesen Abschnitten oft mit Unrat und Abfällen verschmutzt. Am Strand zu liegen ist zwar eingeschränkt möglich, doch in einem islamischen Umfeld fühlt man sich als sonnenbadender Tourist leicht deplatziert.
Einige **Hotelpools** dürfen gegen Bezahlung benutzt werden; die Preise sind generell verhandelbar, ca. 6000 TSH.
Die vorgelagerte Sandbank ist ein Schnorchelparadies, ca. US$30 für einen **Bootsausflug** dorthin. Zu buchen über die Unterkünfte.

SONSTIGES

Apotheken

In der **katholischen Mission** existiert eine gut bestückte Apotheke *(zahanati)* mit kleiner Klinik, die bei kleineren Blessuren oder für Malariatests ausreicht. Eine weitere namens **Bagamoyo Pharmacy** befindet sich in der Nähe der CRDB Bank.

Einkaufen

Exponate der Abgänger der hiesigen Kunsthochschule (und solcher, die sich dafür ausgeben) werden in ganz Bagamoyo angeboten. Am **alten Markt** *(soko la zamani, Old Market)* im Ortszentrum (Einfahrt Nähe Postamt und Arabisches Teehaus) wird man am ehesten fündig. Größere Auswahl, unbedingt handeln! Neben der Anglican Church befinden sich je nach Saison einige **Souvenirstände**.

Geld

In der **CRDB Bank** kann mit Visa-, Master- und Maestro-Card Geld abheben und wechseln.

Informationen

An der Einfahrt zum historischen Zentrum liegt ein neueres, öffentlich subventioniertes **Informationsbüro** für Guides, Ausflüge, u. a. Fahrradtouren (Mittagssonne meiden), Stadtführungen oder Exkursionen zu den Ruinen. Ausgezeichnete Informationen liefert die **Website** 💻 www.bagamoyo.com.

Internet
Die großen Konferenzhotels verfügen über mehr oder weniger gutes Internet. Die **Travellers Lodge** bietet zuverlässiges WLAN (einmalig 3000 TSH); Cafés mit Computern und Internet finden sich in der **Kunsthochschule** (1000 TSH/30 Min.) und im **Millenium Old Post Office Hotel** in der alten Post (1500 TSH/Std., 24 Std. für 6000 TSH).

Medizinische Hilfe
Bagamoyo District Hospital, India St.
Siehe auch Apotheken.

Polizei
An der Straße nach Kaole, Nähe Kunsthochschule.

Post
Gegenüber der Natoil-Tankstelle am Ortseingang, erkennbar an Sendemasten und dem EMS-Schild.

Sicherheit
Die an den Stränden postierten *askari* sind ernst zu nehmen. Nach Einbruch der Dunkelheit sind Spaziergänge am Strand oder im Ort unbedingt zu unterlassen, auch in der Morgendämmerung. Bei Stadtbesichtigungen ist auf die Mitnahme von Wertgegenständen zu verzichten. Überfälle auf Touristen kommen vor.

NAHVERKEHR
Im Ortsgebiet verkehren keine Busse, auch nicht zu den Kaole-Ruinen, den Lodges oder der Kunsthochschule. Der Nahverkehr wird fast ausschließlich über *bajajis* abgewickelt; der Tarif für Stadtfahrten beträgt ca. 4000 TSH. Vom Busbahnhof zum nächstgelegenen Strand der Travellers Lodge sind es immerhin 1,8 km, ohne *bajaji* (4000 TSH) oder Taxi (30 000 TSH) geht es also auch hier nicht. Die Unterkünfte vermitteln verlässliche Taxifahrer.

TRANSPORT
Selbstfahrer
Zwischen DAR ES SALAAM und Bagamoyo (45 km von der Abzweigung Kunduchi Beach bis zur Ortseinfahrt) verläuft eine ausgezeichnete geteerte Straße. Nach MSATA (66 km), wo man auf die Asphaltstraße Richtung Norden (Saadani, Tanga) stößt, führt seit 2013 eine Teerstraße. Die Fahrt ist recht idyllisch; sie führt durch typisch afrikanische Straßendörfer und ausgedehnte Ananasplantagen, mit denen ein großer Teil des inländischen Bedarfs gedeckt wird.
Ca. 10 km westlich von Bagamoyo zweigt eine Piste rechts zur Brücke über den Wami River ab, S. 202.

Busse
Der Ort ist bequem mit öffentlichen Verkehrsmitteln von DAR ES SALAAM (2300 TSH, ca. 2 Std. je nach Anzahl der Stopps) aus zu erreichen, entweder ab Daladala-Busbahnhof Mwenge oder Tegeta, beide an der New Bagamoyo Road. Der **Busbahnhof** von Bagamoyo liegt in derselben Straße wie die NMB Bank. Verbindungen nach MSATA (1 1/2 Std.) erfragt man am besten dort. Sobald der neue Busterminal in der Boko Area nördlich von Tegeta eröffnet ist, werden alle Busse von Dar in den Norden über Bagamoyo und Msata geführt.

Taxis
Wer keinen Mietwagen zur Verfügung hat, kann stattdessen in DAR ES SALAAM ein Taxi buchen (US$100–120 pro Tag). Tagesausflüge werden auch von Reisebüros und Tour Operators in Dar angeboten.

Boote
Von Überfahrten mit Dhows auf die Inseln wird wegen des hohen Wellengangs generell abgeraten; Näheres Kasten S. 97.

Saadani National Park

- **Zugang:** Der Park ist von drei Seiten aus erreichbar: Vom Arusha Highway erfolgt der Zugang entweder über das Mvave Gate von Mandera Village oder über das Madete Gate von Mkata aus. Die zweite Variante erfolgt über Pangani im Norden (über das Mkwaja oder Madete Gate). Seit 2013 ist der Zugang auch über Bagamoyo und die neue Brücke über den Wami River möglich.
- **Eintritt:** Erw. US$30 für 24 Std.

Als jüngster aller tansanischen Nationalparks wird der erst 2002 aus der Taufe gehobene, 1062 km² große Saadani National Park kaum beachtet. Dabei ist er der einzige Nationalpark des Landes, der bis ans Meer reicht. In welchem Park kann man sich schon nach einer staubigen Safari im paradiesischen Indischen Ozean abkühlen? Besonders spannend ist es, frühmorgens am Strand die Fußspuren vieler Tiere im Sand auszumachen.

Die beiden Hauptorte des Parks, **Saadani Village** im Süden und **Mkwaja** im Norden, liegen etwa 35 km voneinander entfernt direkt an der schnurgeraden Hauptroute.

Allgemeines

Der heutige Nationalpark bestand bereits seit 1969 als Game Reserve. Sukzessive fügte man Land hinzu, und 2002 wurde die Parkfläche anlässlich der Umwidmung zum Nationalpark sogar auf einen Schlag verdoppelt. In den frühen Jahren des Reservats half man dem **Tierbestand** etwas nach: Ein bescheidener Zoo wurde errichtet und u. a. mit Büffeln, Gnus, Elenantilopen, Zebras und Löwen bestückt. Aus Geldmangel wurden diese in den späten 1970er-Jahren kurzerhand ihrem eigenen Schicksal überlassen. Der Widerstand der ortsansässigen Bevölkerung war natürlich vorprogrammiert, da die im Reservat lebenden Tiere einen Teil der Ernten vernichteten. Die Plantagenwirtschaft war dadurch nicht mehr lukrativ. Auch der Raubbau an der Natur durch Abholzung, Abwassereinleitungen und Wasserverschwendung setzte (und setzt noch immer) dem fragilen Ökosystem zu. Bis heute ist die **Kooperation** mit den umliegenden Dörfern eine der größten Herausforderungen für den Park. 1998 rief das Landwirtschaftsministerium daher das inzwischen abgeschlossene Saadani Conservation and Development Programme (SCDP) ins Leben, das finanziell und inhaltlich von der Deutschen Gesellschaft für Technische Zusammenarbeit (GTZ) unterstützt wurde.

Bis vor wenigen Jahren litt das Schutzgebiet stark unter der **Wilderei**, die auch heute noch nicht vollständig unter Kontrolle ist. Doch seitdem die Parkbehörde Tanapa Präsenz zeigt und ordentliche Gates eingerichtet wurden, hat sich der Tierbestand stabilisiert. Leute, die regelmäßig den Park befahren, berichten, dass die Tiersichtungen substanziell gestiegen und nunmehr abwechslungsreiche Safaris garantiert sind.

Fauna und Flora

Bemerkenswert am Saadani-Nationalpark ist der Umstand, dass er sowohl maritime als auch festlandtypische Fauna und Flora vereint. Während landeinwärts staubtrockene **Savannenlandschaften** und **Akazienhaine** dominieren, gedeihen entlang der Küste und des Wami River genügsame **Mangroven**. Das maritime Ökosystem kann mit Garnelen, Shrimps sowie über 40 Fischsorten aufwarten, darunter kleine **Haie** und sogar **Stachelrochen**. Gelegentlich werden vor der Küste auch **Buckelwale** und **Delfine** gesichtet. Die saisonal gefangenen **Garnelen** aus der Gegend gelten in allen namhaften Restaurants Tansanias als begehrte Delikatesse.

Ansonsten kann der junge Nationalpark, der gerne mit dem passenden Slogan *Where bush meets beach* wirbt, allerdings nicht mit seinen nördlichen oder südlichen Konkurrenten mithalten. Von den Big Five fehlt das Nashorn, doch **Löwen**, **Büffel**, **Leoparden** und **Elefanten** können gesichtet werden. Andere Säugetiere, wie **Dikdiks**, **Elenantilopen**, **Kudus**, **Wasserböcke**, **Buschböcke**, **Zebras**, **Gnus**, **Hyänen** oder **Warzenschweine**, findet man zur Genüge. Eine stattliche Anzahl von **Giraffen** lebt ebenfalls innerhalb der Parkgrenzen. Unter Kennern ist der Park für seine **Lichtenstein-Antilopen** und die seltenen **Roosevelts-Rappenantilopen** bekannt. Letztere existieren übrigens nur mehr im Saadani und im Shimba Hills National Reserve in Kenia. Impalas wird man hingegen vergeblich suchen. Da ein Kolonialdokument aus dem Jahr 1911 belegt, dass Impalas damals in der Gegend um Bagamoyo heimisch waren, gibt ihr Verschwinden den Biologen Rätsel auf.

Saadani Village

Das bescheidene Fischerdorf am südlichen Parkeingang lässt kaum vermuten, dass es im historischen Kontext eine Sonderstellung einnimmt. Während sich alle anderen Siedlungen an der Küste dem omanischen Diktat unterwarfen, blieb Saadani unabhängig. Stattdessen regierte ab ca. 1870 Bwana Heri bin Juma, ein sagenumwobener Herrscher, der politisch und wirtschaftlich geschickt agierte. Es gab Zeiten, da war Saadani sogar mächtiger und reicher als Bagamoyo. Heri bin Juma erkannte die Bedrohung durch die betrügerischen deutschen Schutzverträge und tat sich mit Abushiri bin Salim al-Harth zusammen, um den Widerstand zu organisieren (S. 362, „Der Bushiri-Krieg"). Dieser wurde vom deutschen Militär jedoch 1889 gebrochen, nachdem Saadani im selben Jahr bombardiert und fast völlig zerstört worden war. Heute leben die etwa 3000 Einwohner hauptsächlich von der **Kokospalmenzucht** (die Wildtiere lassen kaum Landwirtschaft zu) und vom saisonalen **Garnelenfang**, der jeweils in den Regenmonaten März, April und Mai (Kaskazi) über die Bühne geht. Mangels Kühlmöglichkeiten werden die begehrten Garnelen fangfrisch an Restaurants und Hotels in Sansibar, Bagamoyo und Dar es Salaam verkauft.

Einige wenige **Ruinen** existieren noch; die Unterkünfte organisieren Village Tours – ohne kundige Führer sind die Ruinen nämlich nur halb so attraktiv.

ÜBERNACHTUNG UND ESSEN

Alle Unterkünfte haben von April–Mai geschlossen.

Südeingang

Tanapa Saadani Guesthouse, nördlich der Saadani Safari Lodge, anzumelden beim Gate, ohne Verpflegung. Nur im Notfall zu empfehlen. ❸

Sanctuary Saadani Safari Lodge, 💻 www.sanctuaryretreats.com. Inspirierende, verträumte Safari-Lodge mit 6 eleganten Suiten mit Veranden auf Stelzen direkt am Strand und viel Liebe zum Detail. Exzellente Küche, spezialisiert auf Fisch und Meeresfrüchte. Pool, viele Aktivitäten, WLAN. ❽ all inclusive.

Sanctuary Saadani River Lodge, 💻 www.sanctuaryretreats.com. Außerhalb der Parkgrenzen, aber direkt am Fluss liegt die jüngste Ergänzung an Luxus-Camps im Saadani. Schicke Chalets auf Stelzen im eleganten Afro-Landhaus-Stil, Spa, WLAN. Besser geht's wohl nicht. ❽ all inclusive

Camping

Public Campsite der Tanapa, nördlich der Saadani Safari Lodge, anzumelden beim Eingang, US$30. Weitere Campsites gibt es beim Wami River (Kinyonga Campsite), südlich der Salzfelder, im Zaraninge Forest (Anfahrt über Kisampa Camp) oder zentral im Park (Tengwe Campsite). Man sollte sich auf bescheidene sanitäre Anlagen einstellen.

Nordeingang

Siehe auch S. 202, nördlich von Mkwaja, wo es neue, günstigere Lodges gibt, die Tagesausflüge in den Saadani National Park anbieten.

A Tent with a View Safari Lodge, ✆ 022-2110507, 💻 www.saadani.com. Herrlich gelegene, ältere Lodge im Rustikal-Chic mit 14 fantasievollen Bandas. Die meisten ruhen auf Holzplattformen mit großem Balkon, wo man in der Hängematte den Blick aufs Meer genießen kann. Gute Küche. Ein 20 m hoher Aussichtsturm eröffnet tolle Panoramen. Die Lodge liegt knapp außerhalb der Parkgrenzen. ❼ Vollpension, ❽ All-inclusive-Safari-Package

Außerhalb des Nationalparks

Kisampa Camp, vor dem Mvave Gate rechts auf die Sandpiste abzweigen und durch den Zaraninge Forest fahren, ✆ 0769-204159, 💻 www.afrikaafrikasafaris.com. Hier, in der Kisampa Conservation Area, widmen Rob Barbour und seine Familie ihre ganze Energie der Nachhaltigkeit und dem echten Ökotourismus – ein Vorzeigebeispiel in Tansania. Gemeinsam mit dem benachbarten Dorf Matipwili betreiben sie die Conservation Area, um Abholzung (zwecks Feuerholzgewinnung) den Riegel vorzuschieben, der Wilderei Einhalt zu gebieten und den Naturraum in seinen ursprünglichen Zustand zurückzuversetzen. Ein Teil der Einnahmen des Camps geht ans Dorf, dessen Gremium penibel über die Mittelverwendung wacht. Lebensmittel und Anschaffungen für das Camp werden von lokalen Händlern gekauft; das Camp selbst ist fast gänzlich kerosinfrei (dank Solarlampen und Jathropa-Öl). Die 6 komfortablen, rustikalen Bandas aus lokalen Materialien (Holz, Gras, Stein, Zement) mit effizienter Buschtoilette und Buschduschen unter freiem Himmel sind möglicherweise nicht jedermanns Sache. Plastik ist verpönt; Honig und andere Lebensmittel stammen aus der eigenen Produktion. Echte Naturliebhaber, die vor oder nach einer Safari ein paar Nächte im Busch relaxen möchten, werden sich ebenso wie Familien mit Kindern pudelwohl fühlen. Herzliche Gastgeber, unterschiedlichste Aktivitäten (z. B. Besuch von Matipwili, Busch-, Fluss- und Vogelwanderungen, Kanusafaris, Fährtenlesekurse und andere Aktivitäten für Kinder). Die Stiftung Tuende Pamoja (dt. „Sich gemeinsam auf den Weg machen") koordiniert und finanziert unter Einbeziehung der Entscheidungsträger Dorfprojekte mit dem Fokus auf Bildung und Gesundheit, z. B. Schulgelder für den Besuch der hiesigen Secondary School, Ausbau der Secondary School, Aufbau einer Bibliothek etc. Das Kisampa Camp kann auch über Bagamoyo und den Wami River erreicht werden (Parken nahe Kiwangwa Village, Wachmann US$10/Tag; eine detaillierte Anfahrtsbeschreibung muss angefragt werden). ❼ all inclusive (Vollpension, Getränke, Aktivitäten)

AKTIVITÄTEN

Sofern man sich nicht auf einer organisierten Safari befindet, kann man bei den Lodges einzelne Aktivitäten buchen.

Boot-Safaris

Die Preise für Bootsfahrten auf dem Wami River kosten je nach Länge des Anreisewegs, z. B. US$90 inklusive Pirschfahrt (A Tent with a View Safari Lodge) zuzüglich der Nationalparkgebühren (Eintritt, US$20 Boating Fee). Bei den Sanctuary Lodges sind die Boot-Safaris im All-inclusive-Preis inbegriffen.

Meeres-Safaris

Schnorcheln an der Mafui-Sandbank; Anfragen an die Sanctuary Saadani Safari Lodge.

Pirschfahrten und Walking Safaris

Alle Unterkünfte verfügen über gut gewartete Fahrzeuge. Man ist also nicht auf Tourveranstalter angewiesen. Halbtags-Pirschfahrt oder Walking Safari US$40–60 zzgl. Gebühren.

Saadani Village Tour, Maasai-Touren

Anfragen bei den Lodges.

Schildkrötenbeobachtung

Teile der Nordküste zählen zu den letzten großen Brutstätten auf Tansanias Festland. Die A Tent with a View Safari Lodge engagiert sich sehr für den Schutz der Suppenschildkröten.

TRANSPORT

Selbstfahrer

Die Zufahrtspiste zum **Mvave Gate im Südwesten** über Mandera Village ist je nach Saison in mehr oder minder passablem Zustand. Ein Geländewagen ist unbedingt erforderlich (160 km von Dar es Salaam nach Mandera Village via Chalinze auf Teer, ab Mandera Village nur mehr Sand- und Schotterpiste, 5–6 Std.). Die versteckte Abzweigung nach rechts auf dem Arusha Highway befindet sich vor dem rot-weiß-roten Mobilfunkmast 3,5 km nach dem Wami-River-Elektrizitätswerk, das in einer Talsohle liegt. 2 km hinter Mandera liegt rechter Hand die alte, gut gepflegte Mandera Mission.

Die Anfahrt **von Norden (Madete Gate)** ist besonders spektakulär: Zuerst muss man mit der Fähre über den Pangani River, danach geht es 45 km bis Mkwaja Village (ca. 2–3 Std.). Nach Mkwaja muss man sich an der Abzweigung links (südlich) halten. Von Mkata aus am Highway ist der Park ebenfalls erreichbar; vor Mkwaja biegt man rechts zum Madete Gate ab.

Die Zufahrt **von Süden (Dar es Salaam, Bagamoyo)** über die Brücke des **Wami River (Wami Gate)** ist momentan mit 3 1/2 Std. Fahrt die schnellste und bequemste Anreisevariante (bis 10 km hinter Bagamoyo auf Teer, danach auf Piste). Die Allwetterpiste ist während der Regenzeit wegen hoher Pegelstände des Flusses sowie der abschnittsweise vorhandenen Black Cotton Soil zu meiden.

Die Pisten im und um den Park variieren in der Qualität je nach Saison und Dienstauffassung der Parkverantwortlichen. 2010 wurden Allwetterpisten angelegt, doch ihr Zustand hängt in hohem Maße von der Bereitschaft zur Instandhaltung ab.

Transfers

Alle Unterkünfte arrangieren Transfers, z. B. A Tent with a View Lodge (US$350 einfach ab Dar es Salaam) oder Kisampa Camp (US$300).

Busse und Daladalas

Ab und bis PANGANI sind die Verbindungen gut, ab Bweni auf der anderen Seite des Flusses verkehren nur wenige öffentliche Verkehrsmittel. Anfahrt auch möglich via BAGAMOYO oder MANDERA VILLAGE nach Saadani Village, aber die teuren Unterkünfte im Park werden entweder angeflogen oder mittels Privattransfer erreicht.

Flüge

Die meisten Gäste fliegen in den Saadani-Nationalpark, mit Linienflügen von DAR ES SALAAM (US$140 p. P. einfach, 30 Min.), von ARUSHA (US$300) oder von SANSIBAR (US$75, 15 Min.), z. B. mit Coastal Aviation oder Safari Airlink.

Die beiden Flugfelder liegen wenige Kilometer von den Dörfern Mkwaja und Saadani entfernt. Das Kisampa Camp hat seinen eigenen Airstrip.

Tanga

Im äußersten Nordzipfel der tansanischen Swahili-Küste – durch eine Teerstraße sowohl mit Dar es Salaam (355 km) als auch mit Arusha (440 km) bestens verbunden – liegt Tanga am Indischen Ozean. Dass es sich um eine **Hafen- und Industriestadt** handelt, sieht man ihr auf den ersten Blick nicht an, obwohl viele der geschätzten 273 000 Einwohner in der Zement- und Sisalindustrie beschäftigt sind. Diese Industriezweige profitieren ebenso wie Betriebe aus der Holzverarbeitung, der Düngemittel-, Mehl-, Seifen- und Kunststoffproduktion von dem gut ausgebauten Hafen, der in puncto Größe gleich hinter Dar es Salaam rangiert. Der Großteil der Menschen lebt wie auch im restlichen Tansania von der Landwirtschaft, während sich an der Küste viele als Fischer verdingen. Wirtschaftlich kontrolliert die indische Elite alle wichtigen Unternehmen, was der Entwicklung der Stadt nicht immer dienlich ist. Die Geschäftsleute sorgen beispielsweise seit Jahren erfolgreich dafür, dass der Straßenbau rund um Tanga vernachlässigt wird, um weiterhin massig Geld mit Geländewagen, Autoersatzteilen und Werkstätten scheffeln zu können.

Obwohl kaum touristische Substanz vorhanden ist, punktet das kleine, entspannte Städtchen mit Swahili-Charme, Verschlafenheit und reichhaltiger Geschichte. Für Reisende, die sich gerne in der Sonne räkeln, lohnt sich ein Abstecher an die einige Kilometer südlich der Stadt gelegenen, recht ordentlichen Strände.

> **Von Tanga zu Tanganyika**
>
> Zu Beginn der Kolonialisierung war Tanga der wichtigste Verbündete der Deutschen bei der Eroberung des Hinterlands. Deshalb führten sie den Namen Tanganyika in den allgemeinen Sprachgebrauch ein, um das unerforschte Land zwischen dem Meer und dem damals noch namenlosen Lake Tanganyika zu benennen (*nyika* bedeutet „Wildnis"). Unter der britischen Herrschaft wurde der Name erstmals für das Territorium Deutsch-Ostafrika verwendet – und somit von einem See auf das ganze Land ausgedehnt. Woher der Name Tanga stammt, ist nicht ganz klar; möglicherweise aus dem Swahili, wo *tanga* „segeln" oder „Segel" heißt. Seit jeher lagen nämlich in Tanga zahllose Dhows vor Anker. Der Begriff könnte aber auch aus der lokalen Sprache der Bondei stammen.

Geschichte

Über Jahrhunderte hinweg stand der Küstenort unter der Dominanz der Shirazi. Das Geschick von Tanga war seit 1631 eng mit dem des Verbündeten Mombasa gekoppelt. Im 19 Jh. entwickelte Tanga sich zu einem reichen **Handelsstützpunkt** durch Sklaven- und Elfenbeinhandel. Angezogen vom Glanz der Stadt und der wirtschaftlichen Blüte kamen zuerst die deutschen Missionare und später auch die deutschen Kolonialherren. Die Deutschen bevorzugten die hiesige tiefere Bucht als Ankerplatz für ihre schweren Dampfschiffe, wodurch Pangani, bis dahin der Hauptort der nördlichen Küste, in die Bedeutungslosigkeit versank. Durch diesen strategischen Vorteil avancierte Tanga 1889 zum **militärischen Außenposten für Deutsch-Ostafrika** und zum Ausgangspunkt für die weitere Landnahme im Hinterland.

Als der Sklavenhandel durch das Verbot von 1873 nach und nach an Bedeutung verlor, begannen die deutschen Kolonialherren 1893 mit dem Bau der **Usambara-Bahn** von Tanga nach Moshi und später nach Arusha, die vor allem den Transport von Exportgütern wie Kaffee, Baumwolle oder Holz und später Sisal zum Hafen gewährleisten sollte. Der Plan bestand darin, die Kilimanjaro-Region mit dem Meer und somit einem wichtigen Hafen zu verbinden. 1895 erreichte die Bahntrasse Muheza, doch wurden die Bauarbeiten aufgrund der wirtschaftlichen Misserfolge im Kaffeehandel anschließend eingestellt.

Nachdem 1892 erstmals **Sisal** in Pangani gepflanzt worden war, entwickelte sich dieser Rohstoff zum Exportschlager; in der Folge gewann auch Tanga an Größe und Bedeutung. An die 5000 Einwohner soll der Ort damals gezählt haben. Der Eisenbahnbau wurde vorangetrieben und erreichte 1902 Korogwe, 1905 Mombo am Fuße der westlichen Usambara-Berge. Diese Verbindung zum Hinterland bewahrte Tanga vor dem wirtschaftlichen Verfall, der viele andere Küstenorte nach der Einstellung des Sklavenhandels ereilte. 1913 war Tanga die viertgrößte Stadt des Landes.

In dieser Zeit siedelte auch eine erkleckliche Anzahl von **Griechen** in der Stadt, die vor allem von der deutschen Regierung für den Bau der Eisenbahnlinie nach Deutsch-Ostafrika entsandt worden waren. Nach Beendigung des Eisenbahnbaus bewirtschafteten sie das Land und spielten über lange Zeit als Landwirte eine beherrschende Rolle in der Region.

Als tansanische Küstenstadt, die Kenia am nächsten liegt, musste Tanga im **Ersten Weltkrieg** als Bollwerk an der Front zwischen Deutschland und Großbritannien herhalten. Der legendäre britische Angriff vom 3. November 1914 konnte von der deutsch-afrikanischen Truppe unter **General von Lettow-Vorbeck** sowie einem riesigen Schwarm von Bienen abgewehrt werden. Die Bienen attackierten erbost die britischen Angreifer, da ihre Bienenstöcke von deren Gewehrsalven vernichtet wurden. Es dauerte noch anderthalb Jahre, bis Tanga im Juli 1916 schließlich doch von den Briten eingenommen wurde. Diese Episode fand sogar Eingang in die Literatur: William Boyds Roman *An Ice Cream War* (dt.: *Zum Nachtisch Krieg*) ist ein tragikomischer Antikriegsroman über die Wirren des Ersten Weltkriegs in Tansania und Kenia.

Unter den Briten wurde der Hafen angesichts der guten Wirtschaftsprognosen für **Sisal** ausgebaut. Bis zum Ende des Zweiten Weltkriegs war Tanga der größte Sisal exportierende Hafen der Welt. 1959 erreichte man den Höchststand mit 205 273 t produzierten Sisals. Zur Zeit der Unabhängigkeit 1961 war Tanga die zweitgrößte Stadt des Landes. Noch 1966 galt Tansania mit 35 % des weltweiten Exportvolumens als führender Sisalproduzent. Dem afrikanischen Sozialismus unter Nyerere und der Verstaatlichung der Betriebe sowie der Erfindung synthetischer Materialien ist es zuzuschreiben, dass Sisal und der Hafen von Tanga zunehmend an Bedeutung verloren. Langsam verfiel Tanga, wie zuvor schon der Großteil der einst boomenden Swahili-Küste, in einen Dämmerzustand.

Während Sisal in den 1990er-Jahren gerade mal US$150 pro Tonne am Weltmarkt erzielte, waren es Mitte 2007 bereits wieder knapp US$1000. Grund für den **Aufschwung** ist das wachsende ökologische Bewusstsein, gestiegene Erdölpreise und die daraus resultierende Abkehr von künstlichen Produkten. In der Folge werden nun die brachliegenden Sisalplantagen rund um Tanga (und auch in anderen Landesteilen) wieder zum Leben erweckt und mit massiven Investitionen aufgerüstet. 2010 hat die Sisalwirtschaft wieder 24 677 t produziert. 2011 exportierte man 19 % mehr Sisal als im Jahr zuvor. Knapp 70 % der Wirtschaftsleistung der Region Tanga basieren heutzutage wieder auf Sisal.

Erst 2005 wurde Tanga trotz seiner langjährigen wirtschaftlichen Bedeutung für Tansania in den Rang einer Stadt erhoben. Im Vergleich zu anderen Städten an der Küste, wie Bagamoyo, Mtwara oder gar Dar es Salaam hat sich Tanga in den letzten Jahren aber nur wenig verändert und entwickelt.

Weißes Gold Sisal

© KURT KAUBE

Die Naturfaser Sisal *(Agave sisalana*, Swahili *katani)* stammt ursprünglich aus Süd- und Zentralamerika und zählt neben anderen Agavenarten, wie Manilahanf oder Jute, zu den Hartfasern. Als der deutsche Botaniker **Richard Hindorf**, der in Amani auf einer Plantage arbeitete, in einem botanischen Fachmagazin einen Artikel über Sisal sah, ließ er – nach einem Fehlversuch mit mexikanischen Pflanzen – 1000 Bulbillen aus Florida kommen. Nur 62 Stecklinge überlebten 1892 die Seefahrt über Hamburg nach Tanga. Der Rest ist Geschichte: Im trockenen, sonnenintensiven Klima Ostafrikas gediehen die ersten Stecklinge bestens und legten den Grundstein für den mächtigsten Wirtschaftszweig der ersten Hälfte des 20. Jhs.

Nachdem die Stecklinge per Hand gepflanzt werden, steht nach ca. drei Jahren das erste Mal eine **Ernte** an. Die Erntehelfer schneiden einmal im Jahr die bis zu 1,5 kg schweren Blätter am unteren Ansatz ab und müssen dabei vorsichtig sein, denn die spitzen Stacheln der Blätter bohren sich leicht in die Haut. Die stachelige Spitze wird gekappt und die Blätter fein säuberlich in Lagen gestapelt, bevor sie weitertransportiert und -verarbeitet werden. In einem maschinellen Vorgang trennen sich die trockenen Fasern vom Blattgewebe, werden hernach bis zu 12 Stunden in Wasser eingeweicht, um unerwünschte Stoffe auszuwaschen, und abschließend bis zu 10 Stunden an der Sonne getrocknet. In Bündel sortiert folgt dann der Export.

Noch heute stellt Sisal eine der weltweit wichtigsten Naturfasern dar, die als Alternative zu erdölbasierten Kunstfasern eine Renaissance erlebt. Traditionell wurde Sisal für Taue, Seile, Garne, Teppiche oder Fischernetze verwendet. Heutzutage findet es **Verwendung** als Verbundwerkstoff, Füllstoff für Matratzen, Dämmstoff für Häuser oder Isolierungen für Luxuswagen. Außerdem greifen moderne Biogasanlagen zur Stromproduktion auf die Abfälle aus der Sisalproduktion zurück. In Brasilien experimentiert man sogar an einem Verbundwerkstoff aus Sisal und Zement, der Asbest ersetzen soll.

Eine ausgewachsene Pflanze, die wie eine überdimensionale Ananas-Staude aussieht, wiegt bis zu 150 kg und kann bis zu 15 Jahre alt werden. Wenn die Lebensdauer einer Sisalpflanze erschöpft ist, erwächst ihr aus der Mitte ein Stab, der in Tansania als billiges Baumaterial für Dächer beliebt ist.

Tanga

N
0
1 km
Toten Island
Tanga Bay
Old German Hospital
Bombo Hospital
Hospital (Bombo) Road
Kisauni Road
Raz Kazone
Sahare Area
School Street
Wilhelminischer Uhrturm
Usambara Courthouse
FRACHTHAFEN
St. Anthony's Cathedral
Alte Boma (Museum)
Mombasa Road
Amboni-Höhlen, Mombasa (Kenia)
City Council (Rathaus)
ehem. Kaiserhof
Sachak House
Katani House
Tasma Road
Hospital Road
Port Road
Nyumbani Hotel
Nasaco House
Bandari House
Independence Avenue
Road
BIBLIOTHEK
Jamhuri Park
Kolonialer Stadtkern
Goan Street
Government St
MARKT
Toyota
TANESCO
Tanga European Cemetery
India Street
Market St (Sokoine St)
Rotary Monument
Amani Street
Uhuru-Park
Old Tanga School
POLIZEI
Eckernfoerde Avenue
Guinea Street
Usambara Street
Customs Street
Boma
FEUERWEHR
STADION
Vila Esperanca
Station Road
Ring Street
New Korogwe Road
Tanga Railway Station
Road
Ngamiani
4th Street
Swahili Street
über Segera nach Dar es Salaam, Moshi und Arusha
Tangamano Market
8th Street
Taifa
Mkwakwani Street
Makoko Street
Maua Street
Jamhuri Road
Pangani, Tongoni Ruinen, Ushongo Beach
11th Street
Ngamiani Market
Übernachtung:
1 CBA Hotel
2 Mkonge Hotel
3 Panori Hotel
4 Fish Eagle Point
5 Mbuyukenda Hostel
6 Silverado Hotel
7 Regal Naivera Hotel
8 Tanga Beach Resort
9 New Dolphin Inn
10 Waridi Executive, Red Sea Motel, New Apollo Hotel
11 Maua Inn
12 Tanga International Conference Centre
Transport:
1 Fährhafen
2 Busbahnhof
Essen:
1 Razkazone Swimming Cl
2 Tanga Yacht Club
3 Pizzeria D'Amore
4 Foro Garden Park
5 Food Palace
6 Patwas
7 Nyinda View Hotel
Sonstiges:
1 Harbour's Club
2 Safi Medics
3 La Vida Loca/Chichi Night Club
4 SD Supermarket
5 Tanga Medicare Hospital
6 Tatona
7 Ilya Tours
8 Le Grand La Casa Chica
9 Tanga Hotel
10 RH Travels

Sehenswürdigkeiten

Die Bahnlinie teilt Tanga in zwei Hälften: Der koloniale Stadtkern liegt dem Meer zugewandt, mit teilweise in Schuss gehaltenen historischen Bauten und dem östlich davon auf einer Halbinsel gelegenen Villenviertel Raz Kazone. Südlich der Eisenbahn liegt das lebhafte, im Schachbrettmuster angelegte Afrikaner-Viertel Ngamiani mit landestypischen Verkaufsbuden, dem großen Markt und dem zentralen Busbahnhof. Ein kleiner Streifzug durch die Stadt lohnt sich allemal, denn so kann man den Puls von Tanga am besten erspüren.

Das **alte Stadtzentrum** ist geprägt von seiner großzügig angelegten Architektur, die an sorgfältig geplante Reißbrettstädte erinnert. Die breiten Alleen sowie einige hübsche Wohn- und Verwaltungsgebäude mit hohen Räumen und luftigen Veranden verdeutlichen den typischen Tropen-Baustil der Kolonialzeit. Die gepflegt wirkende Innenstadt kann man gut zu Fuß besichtigen. Die sehenswerten Gebäude befinden sich in den drei parallel zum Meer verlaufenden Hauptstraßen Independence Avenue, Market Street und Eckernfoerde Avenue.

Einige koloniale Relikte aus deutschen Zeiten stehen an der Waterfront in der Independence Avenue. Nur 150 m hinter der Abzweigung von der Boma Road liegt das heutige Rathaus, an dessen Stelle die erste **Boma** stand, die komplett in sich zusammenbrach und abgetragen wurde. Gleich nebenan steht die **Alte Boma**, die eigentlich die zweite Boma der Deutschen Verwaltung war. Sie wurde 1883 errichtet und beherbergte bis 1901 Büros der Militärverwaltung. Sie wurde mit deutschen Mitteln renoviert und zum bescheidenen Tanga Museum umfunktioniert (Einfahrt beim Schild „Jeshi la Magereza"). In dem Gebäude mit ockerfarbigem Anstrich sind historische Fotos und Artefakte ausgestellt, ⌚ Mo–Fr 9–17, Sa 9–12 Uhr, Eintritt für Erw. 2000 TSH. Daneben liegt die Bibliothek, die erst in der britischen Zeit errichtet wurde.

Im angrenzenden **Jamhuri Park** steht ein Denkmal, das an die deutschen Marinesoldaten erinnert, die im Bushiri-Krieg ihr Leben lassen mussten. Der **Wilhelminische Uhrturm** aus dem Jahr 1901 im selben Park ist noch vollständig erhalten. Schräg gegenüber, neben der CRDB-Bank, befand sich einst das beste Hotel der Stadt und lange Zeit das einzige Hotel Tanganyikas, das legendäre **Hotel Kaiserhof.** Bis zur Eroberung der Stadt 1916 markierte es das gesellschaftliche Zentrum der deutschen Siedler. Heute ist das Gebäude in Privatbesitz. Ein paar Schritte weiter östlich kreuzt die Independence Avenue die Usambara Street, an der nach 50 m rechter Hand das **Usambara Courthouse** liegt. Das schmucke, zweistöckige Gebäude wurde erst kürzlich vom hiesigen Denkmalschutzverein renoviert und beherbergt heute wieder das örtliche Gericht. Während der deutschen Zeit residierte der Bezirkshauptmann von Tanga, Walter von Saint Paul-Illaire, in dem Haus. Er gilt übrigens als Entdecker des Usambaraveilchens (S. 376).

Auf dem gepflegten **Soldatenfriedhof** (Tanga European Cemetery) am Ende der Market Street liegen unter zwei großen Baobab-Bäumen gemeinsam deutsche Soldaten und Askari-Krieger begraben, die 1914 in einer Schlacht gegen die Briten den Tod fanden.

Auf der Hospital Road stadtauswärts Richtung Raz Kazone findet man das große Bombo Hospital und gleich dahinter, direkt am Meer, ein stattliches Gebäude mit Arkadengängen, Erker und roten Schindeln. Es handelt sich um das erste **Deutsche Krankenhaus** in Afrika, das 1902 errichtet wurde. Noch heute spricht man vom *German Hospital*, obwohl sich über die Jahre der Name Cliff Block etablierte. Bis vor wenigen Jahren wurde der Bau noch vom Krankenhaus genutzt, doch mittlerweile ist er so baufällig, dass ein Verweilen darin lebensgefährlich wäre. Unweit davon befinden sich weitere Kolonialrelikte, wie das in den 1950er-Jahren von den Briten erbaute **Katani House**, das dem größten Sisalunternehmen Tansanias, Katani Ltd., als Headquarter dient. Im **Mkonge Hotel** weiter stadtauswärts trafen sich einst die europäischen Sisalpflanzer zu Clubabenden. Ebenfalls aus britischer Zeit stammt der **Bahnhof** an der Station Road.

Zurück an der Eckernfoerde Avenue, gegenüber vom Stadion, errichtete die deutsche Kolonialregierung 1895 die erste Schule Tanganyikas, die **Old Tanga School**. Noch heute wird in der Secondary School unterrichtet, die man dank großzügiger Unterstützung des

Deutscher Kolonialismus in Tansania

Obwohl Reichskanzler Bismarck neuen Kolonien skeptisch gegenüberstand, schloss er sich dem europäischen Rennen um die besten Startplätze für die Eroberung Afrikas an. So erhielt der Pastorensohn **Dr. Carl Peters**, der später als Schöpfer von Deutsch-Ostafrika in die Geschichtsbücher einging, den Auftrag, im Namen der Deutsch-Ostafrikanischen Gesellschaft Gebiete in Besitz zu nehmen, was er von 1884 an auch tat. Mit faulen „Schutzverträgen", die von den Häuptlingen nicht einmal verstanden wurden, kaufte er sukzessive die Rechte für die Landnutzung an, was einer **Landenteignung** gleichkam.
Deutsche Unternehmer verdienten sich mit ihren **Kolonialgesellschaften** eine goldene Nase. Deutsche Plantagen, z. B. für Kaffee, Nelken, Sisal oder Bananen, wurden gegründet; Import-Export-Unternehmen handelten mit Kolonialwaren (Elfenbein, Kopal, Ebenholz) aus der ostafrikanischen Kolonie. Als neuer **Absatzmarkt** war Ostafrika ebenfalls interessant, wenn auch – gemessen an anderen Außenhandelspartnern – nur am Rande.
Um ein Wirtschaftswachstum zu ermöglichen, musste Deutschland die **Infrastruktur** aufbauen. So verlegte man die Usambara-Bahn und die Zentraleisenbahn (heutige Central Line), investierte in Häfen und Straßen und errichtete Verwaltungsgebäude sowie Telegrafenlinien und -ämter. Um das Leben der deutschen Kolonialisten zu erleichtern, wurden Krankenhäuser gebaut und massiv in die Ungezieferbekämpfung investiert. Während die Privatunternehmen satte Profite mit dem Kolonialhandel einfuhren, blieb die Kolonie für das Kaiserreich aufgrund der hohen Investitionen bei relativ geringen Steuereinnahmen ein Verlustgeschäft.
Abgesehen von finanziellen Interessen ging es auch darum, der Bevölkerung die vermeintlich höherwertigen deutschen Tugenden beizubringen. Dazu dienten u. a. Schulen, eine straffe Verwaltung sowie die Einführung der Lohnarbeit.
Mit der Niederlage Deutschlands gegen England im Ersten Weltkrieg ging 1918 das Kapitel Deutsch-Ostafrika zu Ende. Doch damit war das **rassistische Gedankengut** in vielen deutschen Köpfen noch lange nicht ausgelöscht – nicht umsonst wurden die als besonders brutal bekannten deutschen Kolonialisten, wie z. B. Dr. Carl Peters, vom NS-Regime als Nationalheilige verehrt.

Städtepartners Eckernförde 2004 renovierte. Überhaupt ist die seit 1963 existierende Städtepartnerschaft mit Eckernförde an der Ostsee äußerst fruchtbar. Die Partnerschaft besteht vor allem in der kontinuierlichen Finanzierung kleinerer und größerer Entwicklungsprojekte. Als Dank dafür haben die Stadtväter nicht nur eine Schule, sondern auch eine der wichtigsten Hauptstraßen nach der Partnerstadt benannt.

ÜBERNACHTUNG

Zentrum

Westlich der Pangani Rd. entlang der 8th St. gibt es eine ganze Menge landestypischer Unterkünfte. Zu den neueren bzw. besseren zählen das **Waridi Executive**, das **Red Sea Motel** und das **New Apollo Hotel**, DZ mit AC ca. 25 000–28 000 TSH. Alle ❶

Maua Inn, Barabara ya Nane, ✆ 027-2646242. Einfaches mehrstöckiges Gästehaus mit 24 Zimmern ohne Schnickschnack im geschäftigen Stadtteil rund um den Busbahnhof. Taxi 2000 TSH vom Busbahnhof, Mopedtaxi 1000 TSH. ❶

New Dolphin Inn, ein wenig außerhalb vom Stadtzentrum in der Chuda Area, östlich der Gleise, von der Einfahrtsstraße ausgeschildert, ✆ 027-2646061, ✉ dolphinhotel2000@yahoo.com. Großes, 3-stöckiges Hotel mit blitzweißer Fassade und recht komfortablen Zimmern im landestypischen Stil. Es gibt keinen Garten, aber dafür ein Restaurant im Erdgeschoss. Für ein Stadthotel liegt es ein wenig abseits. ❷

Silverado Hotel, Boma Rd., ✆ 027-2645259. Älteres Mittelklasse-Gästehaus mit 6 etwas düsteren, aber geräumigen Zimmern (mit AC und Kühlschrank) in landestypischer Qualität. Obwohl es direkt an der Straße steht, ist es leicht zu übersehen. ❷

Bombo, Raz Kazone, Sahare

Mbuyukenda Hostel, Nähe Bombo Hospital, ✆ 027-2640094. In der alten Mission gibt es 10 zweckmäßige, ruhige Zimmer (einige mit AC) rund um einen angenehmen Garten. Sicheres Parken. Günstiges Restaurant. Das Schild kann leicht wegen überhängender Äste übersehen werden. ❶

Panori Hotel, Raz Kazone, ✆ 027-2646044, ✉ panorihotel@yahoo.com. Betagte, aber sympathische und saubere Unterkunft auf der grünen, ruhigen Raz-Kazone-Halbinsel. Ratternde AC und TV mit Schneetreiben inklusive, deshalb sollte man unbedingt nach einem der 4 Zimmer mit Meerblick fragen! ❷

CBA Hotel, gegenüber dem Yacht Club, ✆ 027-2645338. Kleines, neueres Stadtgästehaus im landestypischen Stil mit sauberen Zimmern (AC, TV und harte Betten) und nettem Personal in ruhiger Lage. Großer Garten, sicheres Parken. ❷

Regal Naivera Hotel, Raz Kazone Bombo, Nähe Bombo Primary School, ✆ 027-2645669, 💻 www.regalnaiverahotel.com. Eines der beliebteren Geschäftshotels der Stadt in einer ruhigen Gegend im landestypischen Stil, das immer gut gebucht ist. ❸

Mkonge Hotel, Bombo Hospital Rd., nach dem Krankenhaus links, ✆ 027-2643440, 💻 www.mkongehotel.com. Älteres Hotel, dessen von außen attraktives Haupthaus aus den 1950er-Jahren stammt und einst den Sisalpflanzern als Club diente. Die einfachen, dunklen Zimmer liegen in einem uncharmanten Anbau. Das Personal ist unfreundlich und das Essen dürftig, aber viele nächtigen hier wegen der schönen Lage an der Küste (kein Meerzugang!) und des großen Pools. Für die gebotene Leistung überteuert. ❸–❹

Außerhalb der Stadt

Tanga International Conference Centre (TICC), in Mwambani, an der Straße nach Pangani, ab Busbahnhof ca. 7 km, danach links abzweigen und weitere 3,7 km, ✆ 0716-666617, 💻 www.meetingpointtanga.net. Wer nicht unbedingt in Stadtnähe übernachten, aber dennoch nah genug sein möchte (Taxi ca. 10 000–25 000 TSH), muss rechtzeitig beim TICC buchen (eigentlich ein Konferenzzentrum). Die 30 sauberen und sehr komfortablen Zimmer in mehreren Kategorien befinden sich in einer weitläufigen, gepflegten Anlage, die an einem Flussdelta liegt. Zugang zum Wasser (aber kein Strand). Das Rahmenprogramm kann sich für kulturinteressierte Besucher sehen lassen: Trommel- und Tanzworkshops, Maasai-Besuche, Swahili-Kurse und vieles mehr, um Land und Leute besser zu verstehen. Zudem gibt es nirgends in Tanga mehr Aktivitäten: Dhow-Ausflüge, Schnorcheln, Beachvolleyball, diverse Spiele und Schwimmen. Das Restaurant zählt zu den besten der Stadt. Taxi vom Flughafen 15 000 TSH. ❸–❺

Fish Eagle Point, Mkadini Beach, 40 km nördlich von Tanga an der Mombasa Rd., ✆ 0784-346006, 💻 www.fisheaglepoint.com. Rustikale, luftige Cottages am Strand. Hier kann man sich weit weg vom Trubel erholen. Pool, Bootsausflüge, Schnorcheln, Fischen. Am besten anrufen oder ohne Reservierung vorbeikommen, denn auf E-Mails reagiert niemand. ❺ Vollpension

Camping

Wer ein paar Tage am Meer ausspannen möchte, sollte lieber im weiter südlich gelegenen **Peponi Beach Resort** (s. Pangani, S. 216) oder im **The Beach Crab** (s. Ushongo Beach, S. 220) campen.

ESSEN

Nyinda View Hotel, am Ende der 8th St., um die Ecke vom New Dolphin Inn. Ganz passable *nyama choma* und andere tansanische Spezialitäten. Günstig.

Foro Garden Park, Independence Ave., gegenüber Sea View Hotel. Im Jamhuri Park befindet sich eine Art Biergarten, der sich meist ab 17 Uhr füllt. Nettes Ambiente im Park, preiswertes Fast Food.

Patwas, Mkwakwani St., zwischen Markt und Stadion. Beliebtes und alteingesessenes Restaurant, bekannt für seine frischen Säfte (2500 TSH), einige indische Gerichte und

tansanische Hausmannskost. Hauptgerichte ab 6000 TSH. ⌚ Mo–Sa 8–20 Uhr.
Food Palace, Market St. Die Institution in Tanga für indische Küche (Curries), Pizza und Snacks mit zahlreichen vegetarischen Gerichten. Hauptgerichte ca. 8000 TSH. ⌚ Mo–Do 8–16, Fr–So zusätzlich 19–22 Uhr.
Tanga Yacht Club, Raz Kazone, Hospital Rd. Beliebt bei Einwohnern aus dem Westen am Wochenende, um der Hitze der Stadt ein Schnippchen zu schlagen, am Strand zu liegen, bei einem Glas Bier aufs plätschernde Wasser zu schauen und gut zu speisen. Beliebtestes und bestes Restaurant in Tanga mit einem guten Mix aus internationaler und lokaler bzw. indischer Küche. Gerichte ca. 8000–12 000 TSH. Die Tagesgebühr von 3000 TSH ist zusätzlich zu bezahlen. ⌚ Mo–Fr mittags und abends, Sa–So durchgängig bis 24 Uhr geöffnet .
Razkazone Swimming Club, Raz Kazone, Hospital Rd. Schmackhafte Swahili-Küche und Fisch sowie Meeresfrüchte zum günstigen Preis, ab 8000 TSH. ⌚ mittags und abends ab 18 Uhr.
TICC, siehe „Übernachtung". Nach einem Tag in der stickigen Stadt ist ein köstliches Abendessen an der Küste unter Palmen genau das Richtige. Wirklich gutes Essen, gemütliche Atmosphäre, ideal zum Relaxen. Taxi ins TICC von der Stadt ca. 10 000 TSH einfach.
Pizzeria D'Amore, Hospital (Bombo) Rd. Das einzige italienische Lokal in der Stadt mit Pizza, Pasta und italienischen Fleischgerichten und Popmusik aus den Lautsprechern. Mit Abstand das westlichste Lokal der Stadt. Schöner, großer Garten, man speist im Obergeschoss auf einer luftigen Veranda unter einem Makutidach. Pizza ab 9000 TSH, Pasta ab 10 000 TSH, Fleischgerichte ca. 15 000 TSH. ⌚ Di–So mittags und abends ab 18.30 Uhr.

UNTERHALTUNG

Le Grand La Casa Chica, Independence Ave., Obergeschoss im Sachak House. Von 21 Uhr bis früh morgens geht Mi–So in der beliebten Disco nach westlichem Vorbild die Post ab. Viel Bongo Flava, Taarab, R&B, dazu lokale Gerichte und Billard. Eintritt um 3000–7000 TSH.
La Vida Loca/Chichi Night Club, Independence Ave., neben Sea View Hotel. Zweiter Hotspot von Tanga, wo von Di–So bis in die frühen Morgenstunden getanzt wird. Meist Eintritt von 3000 TSH. Bar/Disco, teilweise draußen, am ehesten gut besucht an den Wochenenden.
Harbour's Club, Bombo (Hospital) Rd., zwischen Hafengelände und Krankenhaus. Bekannt für seine Livekonzerte am So, meist Eintritt 5000 TSH. Schöne Lage am Wasser, gute *nyama choma* und Alkohol.
Tanga Hotel, Eckernfoerde Ave., neben der Polizei. Äußerst beliebte Bar Fr und Sa, angenehme Atmosphäre. ⌚ Mi–So ab 20 Uhr.

EINKAUFEN

Im kolonialen Stadtkern gibt es einen **Obst- und Gemüsemarkt** (Central Market), gleich gegenüber liegt der kleine **SD Supermarket**.
Gebrauchte Kleider *(mitumba)* und andere Gegenstände des täglichen Lebens findet man auf dem **Tangamano Market**, Pangani Rd. (Di, Do, Sa, jeweils vormittags).
Rund um den Central Market in der Innenstadt werden vereinzelt **Souvenirs** verkauft. Zudem wird man in puncto Souvenirs auch beim TICC (siehe „Übernachtung") fündig.

AKTIVITÄTEN

Safaris und Ausflüge

Ilya Tours, Ocean Breeze Inn, Central Market, ☏ 0784-660569, 💻 www.ilyatours.com. Sie sind die einzigen offiziellen Tour Operator in Tanga und ohne Konkurrenz, d. h. manchmal ist das Personal nicht besonders enthusiastisch, ab US$30 p. P. Buchungen sind auch über TICC möglich (S. 209).

Wassersport

Schwimmen ist im **Tanga Yacht Club** (Eintritt 3000 TSH) oder im **Razkazone Swimming Club** (Eintritt 1000 TSH) möglich. Beide liegen auf der Halbinsel Raz Kazone in unmittelbarer Nähe zueinander.

SONSTIGES

Apotheken

Es gibt mehrere Apotheken, z. B. an der Market St., Ecke Mkwakwani St., oder in der Eckernfoerde Ave.

Expressversand

DHL, Market St., gegenüber dem Food Palace.

Fahrradverleih

Das Fahrrad ist ein beliebtes Nahverkehrsmittel, was gerade in Tanga kaum zu übersehen ist. Der Fahrradverleih läuft eher informell ab, es gibt keine offiziellen Verleihstellen. 3000 TSH pro Tag müssen einkalkuliert werden. Anfragen u. a. bei Ilya Tours (s. „Aktivitäten").

Geld

NBC Bank mit Visa-Automat, Market St., Ecke Bank St.; **Exim Bank** und gleich daneben **Barclays Bank** mit Master-Card- und Visa-Automat, Independence Ave., gegenüber vom Bandari House; **CRDB Bank**, Independence Ave, Nähe Markt, Visa- und Master-Card.

Geldwechsel ist nur eingeschränkt möglich, z. B. bei der NBC Bank oder der CRDB Bank, und immer mit langer Wartezeit verbunden!

Informationen

Tatona Informationsbüro, gegenüber dem Nyumbani Hotel im Pavillon. Infos über Hotels, Vermittlung von Aktivitäten. ⌚ Mo–Fr 8–16.30, Sa 8–13 Uhr. Das sechseckige Gebäude soll um 1900 entstanden sein.

Internet

Karibu Tanga Internet Café, gegenüber Food Palace, Market Street.

Kleidung

Tanga ist sehr traditionell muslimisch und verschlafen, ordentliche Kleidung wird erwartet.

Medizinische Hilfe

Die besten Adressen sind **Safi Medics** an der Hospital Rd. neben dem Katani House und **Tanga Medicare Hospital** an der Independence Ave. neben der CRDB Bank.

Das staatliche **Krankenhaus Bombo Hospital** in der Hospital Rd. ist nur im äußersten Notfall zu empfehlen.

Polizei

Hauptwache beim Rotary Monument in der Boma Rd.

Post

Hauptpost, Independence Ave., ⌚ Mo–Fr 9–16 Uhr.

Reisebüros

RH Travels, Maua St. im Ngamiani-Viertel, in der Nähe der Eisenbahngleise, ✆ 0653-192172, ✉ rhtravels@hotmail.com. Das einzige verlässliche Reisebüro für Flüge aller Art, z. B. mit Coastal Aviation, Auric Air oder Tropical Air nach Sansibar, Pemba, Dar, Arusha. ⌚ Mo–Fr 9–13, 15–17, Sa 10–13 Uhr.

NAHVERKEHR

Daladalas

Daladalas bzw. Coaster (größere Minibusse mit mehr Sitzen) verkehren mehrmals täglich in alle Richtungen: nach Pangani, zur Grenze nach Kenia und nach Muheza. Manchmal lange Wartezeiten und/oder überfüllte Busse.

Taxis

Taxis können auch für Ausflüge gemietet werden (hart verhandeln!). Vom Stadtzentrum nach Raz Kazone sollten sie nicht mehr als 8000 TSH kosten, zum Busbahnhof in Ngamiani max. 5000 TSH und zum Flughafen um 10 000 TSH.

Mopeds und Bajajis

Innerhalb der Stadt kosten Mopedtransporte (piki piki, boda boda) und bajaji-Transfers je nach Distanz 1000–3000 TSH.

TRANSPORT

Selbstfahrer

In Richtung Süden führt eine holprige Schotterpiste nach PANGANI (48 km, 2 Std.) und weiter in den SAADANI NATIONAL PARK (S. 199).

In Richtung **Norden** s. Infokasten „Grenzverkehr nach Kenia", S. 212.

Auf der ausgezeichneten Teerstraße Richtung **Westen** (nach Dar und Arusha) kann die Region der Western Usambara Mountains bequem angefahren werden. Nach Muheza, der Abzweigung nach Amani, sind es 37 km.

Bei KM 72 hat man den Ort Segera erreicht – Abzweigung nach DAR ES SALAAM oder MOSHI/ARUSHA.

Taxis

Da die Coaster und Minibusse oft gerade nicht fahren, wenn man sie braucht, oder überfüllt sind, können Taxis für längere Transfers gute Dienste leisten. Richtpreise: PEPONI oder CAPRICORN (S. 216) max. 50 000 TSH, PANGANI max. 60 000 TSH, USHONGO BEACH max. 120 000 TSH. Bis nach LUSHOTO fährt im Notfall ein Taxi für ca. 230 000 TSH. Infos über die aktuellen Taxipreise bekommt man im Tatona-Informationsbüro.

Busse

Der **Busbahnhof** sowie die Büros der Buslinien liegen südlich der Bahnlinie an der Pangani Rd. in der 11th St. Rund um den Busbahnhof treiben sich aggressive Flycatcher und Straßenverkäufer herum; Wertsachen nicht aus den Augen lassen!

Überlandbusse fahren (meist früh morgens bis in die Mittagstunden) von Tanga in alle Landesteile:

ARUSHA, Abfahrt bis 12 Uhr, z. B. mit den *ordinary buses* von Mtei Express, Mshasha oder Simba Coach, 8 Std., 15 200 TSH.

DAR, Abfahrt bis 16 Uhr, z. B. mit *luxury buses* wie Raha Leo, Modern Coast Express (von Mombasa kommend, Abfahrt 11 Uhr) oder Ratco, ca. 6 Std., 20 300 TSH, mit den *ordinary buses* von Bembea oder Airbus 12 800 TSH.

DODOMA, nur 1x tgl. um 6 Uhr morgens, mit Raha Leo, 8–9 Std., 21 400 TSH.

IRINGA, siehe Mbeya, ca. 9–10 Std., 33 200 TSH.

LUSHOTO, Abfahrt 5–14 Uhr, entweder mit Coasters oder *ordinary buses*, z. B. von Shashui oder Rogers, 3–4 Std., 8000 TSH; die Busse halten auf Wunsch auch in Muheza und Mombo.

MBEYA, 1x wöchentl. am Sa um 6 Uhr, 14 Std., mit dem *semi-luxury bus* von Airbus, 51 200 TSH.

MOMBASA, Abfahrten mehrmals tgl., z. B. um 13 Uhr mit den *super luxury buses* von Modern Coast Express aus Dar es Salaam kommend, 12 000 TSH, mit *ordinary buses* wie Falcon, 3 Std., 8000 TSH.

MOROGORO, Abfahrt tgl. um 6 Uhr, mit Jahi oder Simba, ca. 6 Std., 12 000 TSH, mit Raha Leo 18 000 TSH.

MOSHI, s. Arusha, 6 1/2 Std., 12 200 TSH.

MUHEZA, mit Daladalas und Coaster-Minibussen, 45 Min., max. 1300 TSH.

NAIROBI, siehe Mombasa.

PANGANI, mit Daladalas und Coaster-Minibussen oder mit *ordinary buses* wie Shakira Bus oder Shilingi, tgl. Abfahrt 6–18 Uhr, 2 Std., 2500 TSH.

Grenzverkehr nach Kenia

Die 66 km lange Teerstraße zur kenianischen Grenze ist in exzellentem Zustand. Die Abfertigung am Grenzübergang **Horohoro** (kenianisches Touristenvisum US$50) funktioniert reibungslos, man ist zuvorkommend und hilfsbereit. Eine recht gute Teerstraße führt weiter bis Mombasa. Weder in Horohoro noch in **Lunga Lunga**, dem Grenzort auf kenianischer Seite, existieren Unterkünfte oder Infrastruktur. Es lohnt sich, nach Diani Beach oder Tiwi Beach weiterzufahren (71 km bis zur Abzweigung nach Ukunda, weitere 2,5 km bis nach Diani Beach; die Abzweigung von der Hauptstraße in Richtung Tiwi Beach folgt wenig später). An der Grenze gilt ein erhöhtes Sicherheitsrisiko – kein Geldwechsel auf der Straße! Zum Ostafrika-Visum s. S. 40.

Boote

Im **Tanga Harbour** (Zugang zwischen Bandari und Nasaco House) legen wegen der Fährunfälle der letzten Jahre keine Passagierboote mehr ab. Der Verkehr war Mitte 2013 völlig eingestellt. Änderungen sind vor Ort zu erfragen. Zu illegalen Überfahrten in Dhows Kasten S. 97.

Flüge

Mit Coastal Aviation nach DAR ES SALAAM (US$190 p. P.) via PEMBA (US$95 p. P.) und/ oder SANSIBAR (US$120 p. P., jeweils einfach) 2x tgl. ab Tanga; nach ARUSHA 1x tgl. (US$230 einfach). Auric Air sollte Tanga in den Flugplan aufnehmen, Tropical Air hat die Stadt bereits im Flugplan, gilt aber als notorisch unzuverlässig. Das Flugfeld liegt weniger als 5 km westlich der Innenstadt in Richtung Muheza/ Segera. Ticketverkauf im Reisebüro RH Travels.

Die Umgebung von Tanga

Etwa 8 km nördlich von Tanga bei **Amboni** befinden sich 150 Mio. Jahre alte Tropfsteinhöhlen. Entgegen der angeblichen Ausdehnung von über 200 km sind die Ausmaße des unterirdischen Höhlensystems aus Kalkstein oder Karst *(limestone)* in Wirklichkeit viel bescheidener und betragen höchstens wenige Kilometer. In den **Amboni Caves** gibt es kein elektrisches Licht, sodass es erst einmal einige Minuten dauert, bis das Auge sich an die Dunkelheit gewöhnt hat und man die mächtigen Stalagmiten und Stalaktiten sehen kann. Momentan sind zwei Höhlen begehbar, die größere für ca. 500 m (1 Std.), die andere nur wenige Meter (10 Min.). Der größten Höhle namens Mabavu (Swahili für „mächtig") werden von den Einheimischen magische Kräfte nachgesagt. ⌚ tgl., Erw. 20 000 TSH, Guides (warten vor den Höhlen) 10 000 TSH. Vor dem Eingang werden in einem kleinen Kiosk Erfrischungen angeboten.

Um zu den Amboni Caves zu gelangen, folgt man zunächst über 6 km der Straße nach Mombasa und biegt dann am Mafuriko Village links ab, danach vor der NBC Bank bzw. der Fabrik noch einmal nach links. Nach weiteren 2 km geradeaus sind die Höhlen erreicht. Taxis von Tanga kosten etwa 25 000 TSH einfach.

Meeresschutzgebiet oder Tiefseehafen im Großraum Tanga?

2003 gab es den ersten Bericht über einen Coelancath, der den Fischern an der Südküste von Tansania ins Netz ging. Bis zu diesem Zeitpunkt war von aufsehenerregenden fossilen Quastenflossern nur auf den Komoren, in Südafrika und Indonesien berichtet worden. Zwischen 2004 und 2011 sollen mindestens 40 **Quastenflosser** zwischen 40 und 200 m Tiefe vor der Küste Tangas gefangen worden sein, was das bisherige Auftreten in den anderen Gebieten zahlenmäßig bei Weitem überstieg.

Quastenflosser sind sogar älter als die Dinosaurier, denn man nimmt an, dass sie vor etwa 409 Mio. Jahren entstanden. Lange Zeit glaubten Wissenschaftler, dass der Quastenflosser das Massenaussterben am Ende der Kreidezeit vor 65 Mio. Jahren nicht überlebt hätte. Nach dem Washingtoner Artenschutzabkommen (CITES) zählt das Urzeittier zu den meistbedrohten Tierarten, weswegen die tansanische Regierung den 100 km langen **Coelancath Marine Park** zwischen Mafuriko (nördlich von Tanga) und Pangani eingerichtet hat. Die Tanga Bay, Toten Island, Mwambani Bay, das Tongoni-Delta sowie die Inseln Yambe und Karange gehören dazu.

Von dieser Maßnahme sollten nicht nur die „Dinosaurier" der Meere profitieren, sondern die Unterwasserwelt der Region im Ganzen, u. a. die Riffe, drei Arten von Schildkröten und sogar Dugongs. Dynamitfischen ist somit offiziell verboten. Leider gibt es keine Kontrollen, sodass diese Praxis samt grausamen Delfin-Abschlachtungen (die als Köder für den Haifang dienen) ungehindert weitergeht. Von den Haien wird vornehmlich die Flosse nach Asien verkauft, wo sie zur Delikatesse Haifischsuppe verkocht wird. Die zerstörten Riffe können sich ebenfalls nicht im erhofften Ausmaß erholen und die (ungenießbaren) Quastenflosser werden gar nicht geschützt.

Noch müssen Besucher der Küstenlinie keinen Eintritt bezahlen, aber es steht außer Frage, dass in den nächsten Jahren Gebühren eingeführt werden, obwohl die Aussicht, beim Tauchen einen Coelancath zu sehen, denkbar gering ist. Mit etwa US$20, so wie im Mafia Island Marine Park, müssen Besucher dann rechnen. Ob die Einnahmen wirklich für den Schutz des Marine Parks verwendet werden, ist fragwürdig. Denn wie andere Beispiele zeigen, z. B. auf Mafia Island, lässt sich die Bevölkerung nicht so leicht überzeugen. Sie zieht keinerlei Vorteile aus dem Marine Park und muss täglich ums Überleben und um jeden Fisch kämpfen.

Noch ist nicht endgültig entschieden, ob die Region tatsächlich wirksam geschützt oder aber wirtschaftlich genutzt werden soll. Seit 2007 gibt es Gerüchte und Pläne, einen neuen Tiefseehafen in der Mwambani Bay zu bauen. Der Ausgang des ungleichen Duells ist unklar.

Ruinen der Shirazi, eines ehemaligen persischen Herrschergeschlechts des 13. und 14. Jhs., finden sich in **Tongoni**, ca. 17 km südlich von Tanga an der Pangani Road. Man vermutet dass Tongoni lange vor Tanga als Siedlung Bedeutung hatte, denn schon Vasco da Gama soll 1498 und 1499 den prosperierenden Handelsort Tongoni besucht haben. Mit einem Guide oder einer organisierten Tour ist eine Besichtigung viel aufschlussreicher.

Wer einen Ausflug in die Geschichte mit Badefreuden verbinden möchte, muss die vorgelagerte **Toten Island** besuchen. Auf der mit Mangrovenwäldern gesäumten Insel finden sich ebenfalls Ruinen aus Shirazi-Zeiten. Der Name der winzigen Insel stammt aus der deutschen Kolonialzeit, als die Insel eine Quarantänestation – und angeblich auch Hinrichtungsstätte – war, und erinnert an all die „Toten". Bis 1884 war die Insel bewohnt, danach wurden die Einwohner nach Tanga umgesiedelt.

Weitere kleinere Inseln wie **Yambe Island** oder **Ulenge Island**, wo sich weitere Ruinen aus der deutschen Kolonialzeit befinden, eignen sich ebenfalls für Sonnenanbeter und Tagesausflügler.

Erst ca. 30 km südlich auf dem Weg nach Pangani beginnen die schöneren Strandabschnitte, zweifellos angeführt von Ushongo Beach (S. 220).

Alle Ausflüge sind über die lokalen Veranstalter (S. 210) bzw. über die Unterkünfte zu organisieren.

Pangani

Mit seinen einsturzgefährdeten Ruinen, seiner historischen Bedeutung im Sklaven- und Elfenbeinhandel und seiner heutigen Verschlafenheit unterscheidet sich Pangani kaum von seinen Nachbarstädten. Trotzdem ist der Ort 48 km südlich von Tanga ein liebenswertes Stück Afrika abseits der ausgetretenen Touristenpfade, das besonders mit seinen Stränden punkten kann – und mit einem bewährten Kulturtourismusprogramm.

In Pangani leben heute knapp 10 000 Menschen, der Großteil davon ist islamisch. Panganis Haupteinnahmequellen stellen forst- und landwirtschaftliche Produkte dar. Viele Familien leben auch vom Fischfang und von der Jagd, obwohl infolge der Errichtung des Saadani National Park sowie des Tanga Marine Parks mittlerweile Fangquoten eingeführt wurden. Nach wie vor verdienen viele Menschen ihren Lebensunterhalt mit der Kultivierung von Kokosnüssen, die ausschließlich in den Export gehen, sowie mit der Arbeit auf den weitläufigen Sisal-Plantagen.

Weniger rühmlich ist die jüngste Vergangenheit des Fischerdorfes, das sich als Hauptumschlagplatz für den **Schmuggel** an der Küste einen Namen gemacht hat. Angeblich sind auch die Beamten der Zoll- und Steuerbehörde in den illegalen Handel mit Gütern aller Art verwickelt. So werden die im Land relativ teuren Waren Benzin, Kerosin oder Zement nach Pangani geschmuggelt und unter dem Marktwert bis nach Sansibar und Dar es Salaam verkauft.

Der **Tourismus**, in den sehr viele Hoffnungen gesetzt wurden, scheint nicht so recht auf Touren zu kommen. Pangani ist geografisch abgelegen, und die Straßen sind in bescheidenem Zustand. Die im Süden von Pangani gelegenen Strandabschnitte sind zwar paradiesisch, aber für die meisten Touristen mit engem Zeitbudget scheint Sansibar mit seiner gut ausgebauten Infrastruktur verheißungsvoller. Und viele Reisebüros und Tour Operator wissen schlichtweg nicht Bescheid.

Geschichte

Lange wurde vermutet, dass es sich bei Pangani um das sagenhafte Rhapta handelt, doch neuere Forschungen lassen den Schluss zu, dass Rhapta eine Stadt am Rufiji River im Süden gewesen sein muss (s. Kilwa, S. 235).

Vom 8. bis 10. Jh. machten sich unweit des heutigen Pangani die **Shirazi** sesshaft, die auch Tanga, Bagamoyo und andere Küstenorte besiedelten. Als die **Portugiesen** im frühen 17. Jh. die Küsten kontrollierten, wurde die Siedlung dem Erdboden gleichgemacht. Heute existieren nicht einmal mehr Ruinen.

Als mit der Ankunft der omanischen **Araber** im beginnenden 19. Jh. andere Küstenorte zu florieren begannen, setzte auch für Pangani eine Blütezeit ein. Der Pangani River bot den

Kaufleuten für den Handel mit **Elfenbein und Sklaven** einen strategisch wichtigen Transportweg ins Landesinnere. Als einer der reichsten und einflussreichsten Araber galt Said Abraik, der u. a. 1810 die erste Moschee sowie die Boma in Pangani erbauen ließ. In der zweiten Hälfte des 19. Jhs. entwickelte sich Pangani zum Nabel des Sklaven- und Elfenbeinhandels und damit zu einem der größten Häfen zwischen Bagamoyo und Mombasa. Zusammen mit Tanga war Pangani einer der ersten Orte, wo deutsche Kolonialbeamte die ausbeuterischen „Schutzverträge" von den Stammeshäuptlingen unterschreiben ließen.

Pangani war jedoch – so wie das nahe Bagamoyo – eine ostafrikanische Handelsmetropole auf Zeit. Die immer größeren und schwereren Dampfschiffe konnten die Sandbänke des Pangani River nicht mehr passieren. So wichen die Händler auf die neuen Häfen Tanga und Dar es Salaam mit ihren tieferen Becken aus.

Mit dem Ausbleiben der Handelsschiffe standen nun selbst die geschäftstüchtigen Araber vor dem Ruin, und die Kaufleute verließen die Stadt. Nur für kurze Zeit erhielt Pangani durch den **Sisal-Boom** im beginnenden 20. Jh. wieder Oberwasser.

Auch während der von 1916 bis 1961 dauernden **Herrschaft Großbritanniens** hielt der stetige Niedergang Panganis an. Der Ort war aufgrund seiner Unzugänglichkeit vom Meer her wirtschaftlich nutzlos und strategisch irrelevant geworden, woran sich bis heute nichts geändert hat.

Sehenswürdigkeiten

Als Tourist kann man die kleine, kompakte Stadt getrost auf eigene Faust erkunden. Der Großteil des Städtchens wurde Anfang des 19. Jhs. errichtet, wobei architektonisch der arabische Einfluss dominiert. Weniger beherrschend, doch ebenfalls gut erkennbar, sind die indischen und kolonialen Einflüsse.

Das wohl augenfälligste – und noch am besten gepflegte – Bauwerk ist die **Boma**, die 1810 vom reichen Araber Said Abraik als privates Wohnhaus erschaffen wurde. Sie wird als ältestes Haus in Pangani gehandelt. An der Boma klebt viel Sklavenblut, denn die Legende erzählt, dass der arabische Bauherr sogar lebendige Sklaven unter den Säulen der Boma begraben ließ, um das Gebäude von bösen Geistern freizuhalten. Später wurde es von den Deutschen zum Distriktbüro umfunktioniert und erhielt 1880 ein neues, europäisches Dach, was der Boma ihr einzigartiges Aussehen verleiht. Sie fungiert noch heute als Verwaltungsgebäude. Besonders gut erhalten und nach wie vor eindrucksvoll ist die imposante blaue Swahili-Tür.

Das ehemalige **Slave Prison** (wo früher die Sklaven vor dem Verkauf oder Weitertransport verwahrt wurden) liegt schräg hinter der Boma und wurde von den Deutschen nach deren Machtübernahme erbaut. Später fungierte es als Krankenhaus und nachfolgend als Verwaltungsbüro. Heute sind wieder ein Gefängnis und öffentliche Ämter darin untergebracht.

Ein Spaziergang entlang der Straße am Wasser Richtung Osten führt über den **Memorial Garden**, wo die obligatorische Freiheitsfackel steht. Ein zweiter, verwitterter Gedenkstein ehrt die siegreiche britische Nation sowie ihren damaligen König Georg V. („GR" steht für lat. *Gregorius Rex*). An derselben Stelle soll zuvor das Bismarck-Denkmal, gestanden haben. Auf Bismarcks Befehl wurde Bushiri (S. 219) gehängt.

An der Ocean Road geht es weiter bis zum **Customs House**. Das von den Deutschen um 1910 errichtete Zollhaus diente seinerzeit gleichzeitig als Postamt und Warenlager. Der Bau dieses gewaltigen Gebäudes, das zu den wichtigsten Hinterlassenschaften der Deutschen zählt, dauerte ganze vier Jahre. Heutzutage werden hier Kokosnüsse, die Haupteinnahmequelle der Einheimischen, gelagert und gehandelt.

Im **Slave Depot** (Sklavenlager) gleich nebenan, das Mitte des 19. Jhs. von einem Sklavenhändler errichtet wurde, haben sich vermutlich dramatische Szenen abgespielt. Das Gebäude soll sowohl über einen Platz, auf dem die Sklaven ausgepeitscht wurden *(whipping platform)*, als auch über einen unterirdischen Tunnel verfügt haben, durch den die Sklaven zu den wartenden Booten am Fluss gebracht wurden, die sie dann weiter nach Sansibar oder in den arabischen Raum verfrachteten. Heute ist außer einigen tragenden Wänden vom einstigen Hauptgebäude nicht mehr viel übrig.

Einen Block weiter erreicht man die **India Street**, die als eine der ältesten Straßen von Pangani aus dem 19. Jh. gilt. Der indische Charakter der Häuser ist heute noch überaus gut sichtbar. Indische Gebäude zeichnen sich durch große Balkone aus, die mit kunstvollen und aufwendigen Holzschnitzereien verziert sind. Die vorderen, straßenseitigen Räume sind immer den geschäftlichen Interessen gewidmet, die Wohnräume befinden sich im hinteren Teil des Hauses. Auch heute noch bildet die India Street die wichtigste Einkaufsstraße der Stadt.

ÜBERNACHTUNG UND ESSEN

In Pangani gibt es einige neuere Gästehäuser, wie die **Mboni Lodge** neben dem Markt (DZ 25 000 TSH ❶) oder die abseits liegende **Holy Lodge** (DZ 12 000 TSH ❶), für die man ein Mopedtaxi (1000 TSH) organisieren muss.

Seaside Community Hostel, neben Pangadeco Hotel, direkt in Pangani, ✆ 0755-276422. 10 zweckmäßige, simple Zimmer mit Ventilator oder AC stehen beim Beach Retreat des katholischen Klosters Holy Spirit Fathers & Sisters zur Auswahl. Zugang zum Strand, preiswertes Restaurant mit lokalen Spezialitäten. Oft Geistliche und Missionare zu Gast, die sich am Strand von Pangani erholen. Strenge Hausregeln, z. B. Ausgang bis 22 Uhr. Leider mittlerweile mit US$50 für ein DZ (AC) mit Frühstück überteuert, weil es die einzige Mittelklasse-Option in Pangani ist. Einfaches Camping für US$5 p. P. möglich. ❷

€ **Peponi Beach Resort**, 30 km südlich von Tanga und etwa 15 km nördlich von Pangani (gut beschildert), ✆ 0784-202962, 💻 www.peponiresort.com. Die beliebte, familiär geführte Budgetunterkunft liegt direkt an den Ufern des Indischen Ozeans. Sandwege verbinden die sauberen, rustikalen Bandas. Großer Campingplatz mit überdachten Unterständen, brauchbare Sanitäranlagen. Legeres Ambiente, das insbesondere unter Overland- und Rucksacktouristen geschätzt wird. Tadellose Küche. Viele Freizeitaktivitäten (z. B. tgl. Schnorchelausflüge), Pool am Meer. WLAN. ❸ Halbpension

Capricorn Beach Cottages, ✆ 0784-632529, 💻 www.capricornbeachcottages.com. Kleines, intimes Anwesen in unmittelbarer Nachbarschaft zum Peponi Beach Resort. Jedes der 3 geräumigen, gemütlichen Cottages verfügt über eine komplett eingerichtete Küche, daher sind sie ideal für Selbstversorger. Restaurant (siehe „Essen"), Modeboutique für Strand- und Badebekleidung, WLAN, Grillplatz für Selbstversorger. ❹ mit Frühstück

Mkoma Bay Tented Lodge, 4 km nördlich von Pangani, ✆ 0786-434001, 💻 mkomabay.com. Auf hohen Klippen gelegen, bietet das sympathische Camp einen wunderbaren Ausblick auf die Mkoma Bay. Es gibt schicke Safari-Zelte, 2 Familienzelte und ein herrlich großes Familienhaus mit 4 Zimmern. Pool sowie Bar/Lounge und Restaurant mit Blick aufs Meer, Internet, gute Küche. Über Treppen gelangt man zum Meer und zum wunderbar einsamen Strand. ❹–❺

Camping ist im Peponi Beach Resort für US$5 p. P. zzgl. US$1 für Strom möglich. Zeltmiete US$10.

ESSEN UND UNTERHALTUNG

Barracuda Club, Ocean Rd. Bar, Restaurant, Disco, Fr/Sa/So Eintritt von 2000 TSH. Die restlichen Tage gibt es Essen und Alkohol ohne Eintrittsgebühr.

Forodhani Sea Foods, Ocean Rd. Landestypisches Restaurant samt Bar mit Fisch- und Meeresfrüchten.

Capricorn Garden Café, Capricorn Beach Cottages. Das Café serviert echte Holzofen-Pizza (ab 12 000 TSH) und guten Kaffee. Man sitzt gemütlich unter großen Sonnenschirmen in einem schönen Garten und hat das Meeresrauschen im Ohr. WLAN 1000 TSH/30 Min. Der Coffeeshop ist den ganzen Tag über geöffnet, Pizza gibt es tgl. von 13–17 Uhr. Guter Ruf in der Gegend, die Gäste kommen von weit her, sogar von Tanga.

AKTIVITÄTEN

Alle nachstehenden Freizeitangebote können entweder bei PTIC oder in den Unterkünften gebucht werden.

Um Maziwe Island, seine Riffe und Tiere zu schützen, wurde von einigen Tourismustreibenden die informelle Initiative **Friends of Maziwe** gegründet. Eines ihrer Hauptanliegen ist der Schildkrötenschutz. Neben der staatlichen

Eintrittsgebühr für das Marine Reserve um Maziwe Island (US$10) wird eine zusätzliche Schutzgebühr (US$2/2000 TSH) erhoben, mit der v. a. Kompensationszahlungen an die Fischer und Dörfler finanziert werden (Kasten S. 221). Allerdings gibt es v. a. in Pangani Neid darüber, dass gewisse Mitbürger Geld erhalten, deshalb boykottieren manche Einwohner die Initiative. **Mzee Leonhard Sekibaha** (Koordinator) sowie **Bwana Emanuel Petro** (Guide) sind das Herzstück des Kulturtourismusprogramms des **Pangani Tourist Information Centre (PTIC)**, ✆ 0715-489129, ✉ leonhardsekibaha@ymail.com, das direkt am Busbahnhof liegt. Ihr Programm, eine der beständigsten Kulturtourismusinitiativen in Tansania, umfasst u. a. eine Historical Walking Tour (US$40), Pangani River Cruise (US$20), Tongoni Ruins (US$20), Bootsfahrt nach Maziwe Island (US$42 inkl. Gebühren), Fahrradtouren, Wanderungen und Angeln.

Bootsausflüge

Flussfahrten und Sunset Cruises auf dem **Pangani River** sind interessant für Tierfreunde. US$20 p. P.

Ungefähr 10 km vom Strand entfernt und unbedingt einen Ausflug wert ist **Maziwe Island**. Die kleine Sandbank im Nature Reserve bietet ideale Voraussetzungen zum Schnorcheln, auch wenn das Korallenriff sich erst langsam wieder von der bis vor Kurzem üblichen Praxis der Dynamitfischerei erholt. Ausflüge organisieren das PTIC sowie die Unterkünfte für US$30, Eintritt US$10, 2000 TSH zusätzliche Gebühr (Kasten S. 221).

Fischen

In traditionellen Dhows kann auf Fischfang gegangen werden, ca. US$150 pro Boot und Tag (3 Pers.), zu buchen bei den Unterkünften.

Einst ein wichtiges Handelszentrum, bröckelt Pangani heute langsam vor sich hin.

Radtouren

Fahrradmiete pro Tag US$3 beim PTIC. Das PTIC organisiert Fahrradtouren durch die Sisalplantagen und das Hinterland, halber Tag max. US$25 p. P.

Stadtführungen

Das PTIC und die Unterkünfte vermitteln Guides, US$10 p. P.

SONSTIGES

Einkaufen

Außer kleineren Obst- und Gemüseständen und afrikanischen Straßenbuden ist in Pangani nicht viel geboten. Spätestens in Tanga sollte man sich daher mit dem Notwendigsten ausrüsten. Gleiches gilt für Telefonkarten *(voucher)* und Benzin. In Pangani existieren zwei Tankstellen, die jedoch laut Angaben der hiesigen Autobesitzer minderwertiges Benzin verkaufen.

Geld

Man muss mit ausreichend Bargeld nach Pangani oder Ushongo Beach kommen. In der **NMB** (gegenüber der Polizei, hinter der Post) kann weder Geld gewechselt noch Bargeld bezogen werden.

Medizinische Hilfe

Das kleine lokale **Krankenhaus** liegt nördlich der Boma. Eine **Apotheke** befindet sich gegenüber der Safari Lodge.

Polizei

Die **Polizeiwache** liegt gegenüber der Safari Lodge (etwas nach hinten versetzt).

Post

Unweit vom Fährhafen.

Sicherheit

Spaziergänge an einsamen Stränden sind nicht ratsam. Im Städtchen selbst kann man tagsüber bedenkenlos umhergehen.

NAHVERKEHR

Die Unterkünfte im Norden Panganis sind mit öffentlichen **Bussen** leicht erreichbar, einfach

Der Bushiri-Krieg 1888–1889

Abushiri bin Salim al-Harthi war ein Plantagenbesitzer arabisch-afrikanischer Abstammung in der Nähe von Pangani. Als Händler und Grundbesitzer 1888 gegen die Machtübernahme der Deutschen zu protestieren begannen, schloss er sich dem Aufstand an.

Die Deutschen wollten erstmals in der Geschichte der Swahili-Küste die Registrierung von Land und Eigentum einführen. Zudem beabsichtigten sie, den Sklavenhandel zu verbieten. Man fürchtete zu Recht um Einnahmen und den Verlust von Grund und Boden. Zeitgleich wurden in mehreren Küstenorten des Nordens Revolten angezettelt. Abushiri avancierte bald zum Anführer, da er schon bei Tabora Erfahrung im Krieg gegen die Deutschen gesammelt hatte. Dank der Unterstützung von **Bwana Heri**, dem Häuptling von Saadani, war der Aufstand anfangs auch erfolgreich, zumal die Deutschen sich kaum zu verteidigen wussten. Die Kolonialisten wurden aus den Orten vertrieben und mussten ins Hinterland ausweichen.

Rasch waren die europäischen Verbündeten mit Schiffen zur Stelle, um die Versorgung der Rebellen zu blockieren. Die deutsche Regierung beauftragte **Hermann von Wissmann**, den Aufstand niederzuschlagen. Als tropenerfahrener Kämpfer wusste er, dass die europäischen Soldaten die Schlachten in der Tropensonne nicht aushalten würden, also rekrutierte er mit Hilfe der Briten sudanesische und südafrikanische Krieger. An die 1000 Soldaten im deutschen Dienst kämpften ab Mai 1889 gegen die etwa 8000 Mann starke Truppe der Küstenbewohner. Nach mehreren Schlachten schlug die deutsche Schutztruppe schließlich den Aufstand nieder. Nachdem nach und nach alle Küstenstädte erobert worden waren, blieb den Aufständischen kaum noch Terrain für Verstecke und Hinterhalte. Als auch Pangani fiel, wurde es für Abushiri schwierig. Seiner Truppe wurden empfindliche Verluste zugefügt, er verlor die Unterstützung seiner Soldaten und wurde schließlich von einem Dorfbewohner, bei dem er sich verschanzt hatte, verraten – immerhin hatten die Kolonialisten eine Belohnung von 10 000 Rupien auf seinen Kopf ausgesetzt. Abushiri wurde im Dezember 1889 in Pangani gehängt, das gleiche Schicksal ereilte andere Anführer.

dem Fahrer das Fahrziel mitteilen. Zu den Unterkünften im Süden besteht keine öffentliche Anbindung, hier muss man eine Abholung arrangieren oder mit **Taxis/Mopeds** weiterfahren.

Boote

Für die Überfahrt über den Pangani River sorgen eine **Autofähre** für 6–8 Fahrzeuge (5000 TSH/Auto samt Fahrer plus 200 TSH pro zusätzlicher Person) und **kleine Holzboote** (mit Motor) für die Personenbeförderung (200 TSH p. P.). Sie operieren allerdings ohne Fahrplan und setzen mehr oder minder willkürlich über. Die Beförderung funktioniert relativ reibungslos, abgelegt wird meist erst, wenn das Boot/die Fähre voll ist. Fährverkehr tgl. 6–22 Uhr.

Von Bweni, dem Fähranleger auf der anderen Seite des Pangani-Flusses, verkehren Taxis (US$30) oder Mopeds (*piki piki*, 5000 TSH, nur empfehlenswert mit leichtem Gepäck) zum Ushongo Beach.

TRANSPORT

Selbstfahrer

Die Anreise nach Pangani erfolgt entweder über eine holprige Piste von TANGA aus (48 km, ca. 2 Std.) oder über MUHEZA (40 km, 1–1 1/2 Std.), wobei diese Sand- und Schotterpiste nur bei trockenen Verhältnissen zu wählen ist. Die Weiterfahrt nach USHONGO BEACH südlich des Pangani-Flusses erfordert das Übersetzen mittels Fähre über den Pangani River. Danach geht es auf holpriger Piste weiter. Wer nur an die Strände fährt und Pangani auslässt, kann auch am Arusha Highway bei Mkata in Richtung Mkwaja und Ushongo Beach abzweigen.

Sofern die Witterungsverhältnisse es erlauben, sollte man die 40 km lange Piste über Muheza wählen, wenn man vom

Dar-Arusha Highway kommt. Die herrliche, zu jeder Jahreszeit sattgrüne Gegend und idyllische Landstriche entschädigen für die holprige Fahrbahn. Besonders eindrucksvoll ist der kraftvolle Kontrast zwischen der roten Erde und der dunkelgrünen Vegetation.

Minibusse

Mehrmals am Tag verkehren Daladalas oder Coaster von TANGA (Busbahnhof in der Pangani Rd., Ecke 11th St.) nach Pangani (2 Std., 2500 TSH). Der Busterminal liegt beim Markt. Es empfiehlt sich, rechtzeitig einen Sitzplatz zu ergattern, denn mehrere Stunden in einem voll bepackten Kleinbus zu stehen, kann ungemütlich sein. Auf Zuruf stoppen die Busse bei den Unterkünften entlang der Strecke.

Überlandbusse

Die meisten Busverbindungen werden über Tanga abgewickelt. Es gibt aber Überlandbusse, die z. B. direkt nach DAR ES SALAAM fahren, darunter Shilling VIP Class *(ordinary bus)*. Vor Ort fragen!

Taxis

Von TANGA nach Pangani fahren Taxis für 50 000–60 000 TSH (max. US$60) einfach.

Boote nach Sansibar

Das Schnellboot von Ushongo Beach nach SANSIBAR (S. 256) macht auch in Pangani Halt und nimmt Passagiere auf. Abfahrt tgl. 8 Uhr, 1 1/2 Std., bis 5 Pers. US$310 pro Boot, über 5 Pers. US$60 p. P. Buchungen unter ✆ 0784-134056 oder ✆ 0782-457688, ✉ T2ZonC@gmail.com.

Flüge

Das nächstgelegene Flugfeld befindet sich auf der anderen Seite des Flusses in Ushongo (s. S. 222). Abholungen sind über die Lodges zu organisieren, für Buchungen sollten diese ebenfalls direkt kontaktiert werden . Der Flughafen von Tanga liegt 52 km nördlich von Pangani (s. S. 214)

3 HIGHLIGHT

Ushongo Beach

Ein Hauch von Abenteuer kommt bei der Überquerung des Pangani-Flusses auf. Menschen und Fahrzeuge werden mit einer kleinen, aber leistungsstarken, regelmäßig verkehrenden Fähre über den Fluss (und zurück) geschippert. Während man vor einigen Jahren mit dem alten Fährboot lange Wartezeiten, auch über Nacht, in Kauf nehmen musste, geht die Überfahrt heutzutage flott vonstatten. Der Abstecher zum paradiesischen Ushongo Beach ist jedenfalls jede Anstrengung wert.

Südlich des Flusses in Richtung Saadani National Park führt die rostrote Sandpiste durch riesige Sisalplantagen. Die großen Plantagen der mächtigen Amboni-Gesellschaft links und rechts der Straße bieten ein imposantes Bild.

Nach ca. 12 km ab dem Fähranleger zweigt man beim Schilderwald links in Richtung Ushongo Beach ab und nach weiteren 7 km ist man am Ziel (30–40 Min. ab Bweni Village). In Tansania lebende Ausländer empfehlen Ushongo gerne als Alternative zum überlaufenen Sansibar.

ÜBERNACHTUNG UND ESSEN

Weil es keine ausgewiesenen Restaurants am Ushongo Beach gibt, ist es sinnvoll, Halbpension zu buchen.

€ **The Beach Crab Resort**, am südlichen Ende des Ushongo Beach, ✆ 0767-543700 oder ✆ 0784-543700, 💻 www.thebeachcrab.com. Für Aktive und Gesellige ist die rustikale, familiäre Lodge des deutschen Paares Sonja und Alex direkt am einsamen Strand ideal: Tauchen, Schnorcheln, Windsurfen, Kayaking, Ausflüge in ein Maasai-Dorf oder nach Pangani, Safaris nach Saadani und noch einiges mehr. Es gibt Übernachtungsoptionen für jedes Budget: in den komfortablen Bungalows, den günstigeren einfachen Zelt-Bandas mit Gemeinschaftsbad oder auch im eigenen Zelt auf dem Campingplatz (US$4 p. P.). Bekannt für entspannte Vibes und das beste Essen am Ushongo Beach zum fairen Preis, mehrgängiges Abendessen US$15, Frühstück US$6. Transfers werden arrangiert, bei Flugbuchungen wird ebenfalls geholfen. Exzellentes Preis-Leistungs-Verhältnis! Tented Camp ❷, Bungalow ❸

Drifters Lodge, ✆ 0714-542909, 💻 tanzaniabeachstay.com. Einfachere, anspruchslose Unterkunft direkt am Strand in 7 Bandas (mit Gemeinschaftsbad) und 5 Chalets mit angeschlossenem Bad/WC. Alles ist sehr naturbelassen, sandiger Untergrund im ganzen Gelände, auch im Restaurant. Viele Aktivitäten, recht gutes Essen, angenehme Atmosphäre. ❷–❸

Emayani Beach Lodge, ✆ 0782-457668, 💻 www.emayanilodge.com. Die 12 urigen, aus traditionellen Materialien wie Sisal und Palmenblättern erbauten Bandas stehen direkt an dem von Kokospalmen gesäumten Strand. Jedes geräumige Banda verfügt über eine eigene malerische Veranda, von wo aus man den Ozean überblicken kann. Die farbenfrohe Lounge macht Lust auf Cocktails. WLAN US$5/Std. Kleiner Planschpool, umfassendes Freizeitprogramm. ❺ mit Halbpension

The Tides Lodge, ✆ 0784-225812, 💻 www.thetideslodge.com. Die intime, elegante Lodge hat Stil. Die großen, gemauerten Cottages liegen direkt am Strand, die einstöckige Upepo Suite ist etwas nach hinten versetzt, hat aber dennoch Blick aufs Meer. Einziger ordentlich großer Pool in Ushongo. Tauchen, Schnorcheln und Ausflüge werden arrangiert. Nur das Essen entspricht nicht ganz der gehobenen Preisklasse. Internet. Verschiedene Massagen ab US$40. Mit Sicherheit die exklusivste, aber auch die teuerste Unterkunft weit und breit. ❼ mit Halbpension

AKTIVITÄTEN

Jede Lodge bietet eine Vielzahl von Aktivitäten an, die vor Ort gebucht werden sollten: Schnorcheln bei Maziwe Island, Ausflüge nach Pangani, Sundowner mit der Dhow, Windsurfing, Kayakfahren, Boogieboarding, Angeln etc. Für weitere Freizeitangebote s. Pangani, S. 214.

The Beach Crab, s. „Übernachtung“: Pangani River Cruise (mit Transfer) US$45 p. P. (bei 4 Pers.), Maasai Village Tour US$7 p. P., Camping-Safari im Saadani National Park US$350 p. P. (bei 2 Pers.). Eigenes Tauchcenter unter deutscher Leitung (Doppeltauchgang US$105, Minimum 3 Pers. im Boot), Schnorcheln US$25 p. P. (bei 4 Pers.).

Wahrer Naturschutz am Ushongo Beach

Die in Tansania registrierte NGO **Sea Sense** setzt sich seit 2001 zum Ziel, Dugongs, Walhaie sowie die fünf in Tansania vorkommenden Schildkrötenarten zu schützen und ihre Zahlen wieder zu vermehren. Schwerpunktmäßig betreibt Sea Sense Projekte im Großraum Pangani und Saadani, Mafia Island und am South Beach von Dar es Salaam. Am Ushongo Beach übernehmen die Kasa Divers die Organisation im Schildkrötenschutz. Schildkröten werden an der Küste von den Einheimischen als Delikatesse betrachtet; außerdem glaubt man, ihr Verzehr würde Leben verlängern und männliche Impotenz heilen. Das führte dazu, dass die Population drastisch sank. Durch das Programm werden nun die Schildkröteneier zwischen April und August von den Dorfbewohnern auf Maziwe Island gesammelt und zum Strand der Kasa Divers verfrachtet, wo sie bis zum Schlüpfen unter der Kontrolle der Anrainer und der Mitarbeiter von Kasa Divers bleiben. Auf Maziwe Island schlüpfen die Schildkröten nicht mehr, da die Insel langsam im Meer versinkt und täglich unter Wasser steht. Da Schildkröten ihre Eier immer dort legen, wo sie selbst geschlüpft sind, kommen sie aber immer wieder zurück nach Maziwe Island. Mit viel Glück erlebt man, wie Schildkrötenbabys nach 55 Tagen schlüpfen (meist zwischen Juni und September) und in Richtung Wasser huschen. 2012 sind am Strand der Kasa Divers 7051 Schildkröten geschlüpft. Insgesamt sollen seit 2009 am Ushongo Beach 18 000 Schildkröten gerettet worden sein. Mit den Einnahmen aus den Gebühren für das Friends of Maziwe-Projekt (2000 TSH p. P.), die beim Besuch von Maziwe Island und seinen Riffen erhoben werden, werden die Dorfbewohner und Fischer für ihre Dienste entlohnt sowie die Dorfregierung entschädigt.

Kasa Divers, Emayani Beach Lodge, ✆ 0786-427645, ✉ kasadivers@gmail.com, 🖳 www.kasa-divers.com. Doppeltauchgang US$105, PADI Open Water US$500, Schnorcheln US$50 p. P. inklusive Gebühren für Maziwe Island (bei 4 Pers.). Kerstin (deutschsprachig) und Wim sind im Naturschutz engagierte Tauchlehrer mit viel Wissen über die hiesige Unterwasserwelt. Meist wird auf Maziwe Island getaucht, wegen der unterschiedlichen Korallenarten und des Artenreichtums der Rifffische.

NAHVERKEHR

Minibusse ab BWENI VILLAGE verkehren nur sporadisch. Besser, man nimmt ein Mopedtaxi (*piki piki* oder *boda boda*) für max 5000 TSH.

TRANSPORT

Selbstfahrer

Die Allwetterpisten zum Ushongo Beach sind in ordentlichem Zustand, der jedoch je nach Saison und Regenfällen variieren kann.

Boote nach Sansibar

Nach KENDWA verkehren regelmäßig Boote: Emayani verfügt über das schnellste Boot (2 Std., US$270 für bis zu 5 Pers., ab 6 Pers. US$55 p. P., einfache Fahrt, je nach Saison tgl., Abfahrt um 7.30 Uhr von Ushongo Beach), bei Fahrt über Pangani US$5 mehr. Zu buchen über die Unterkünfte oder direkt über ✆ 0784-134056, ✆ 0782-457688 oder ✉ T2ZonC@gmail.com.

Flüge

Es gibt zwei Flugfelder in Ushongo Beach; eines gehört zur Emayani Beach Lodge (Kwa Joni), das andere, Mashado, liegt in den Sisalfeldern. Linienflüge mit Coastal Aviation ab/nach ARUSHA (US$250 p. P.), DAR ES SALAAM (US$180 p. P.), Sansibar (US$90 p. P.) oder SELOUS (US$310 p. P.). Weitere Linienflüge mit Safari Air Link; Regional Air bietet auch Charterflüge.

Südlich von Ushongo Beach

Noch einen Tick abgeschiedener sind jene Unterkünfte, die südlich von Ushongo Beach auf dem Weg in den Saadani National Park liegen. Erst ab 2010 wagten sich ein paar Idealisten daran, diesen Küstenabschnitt für den Tourismus zu erschließen. Zur Zeit der Recherche gab es rund um die Dörfer **Sakura**, **Sange**, **Mkwaja** eine Handvoll Lodges, aber wenn man von den Grundstücksverkäufen ausgeht, könnte sich die Anzahl in den nächsten Jahren eventuell verdreifachen.

ÜBERNACHTUNG UND ESSEN

Vagabond Lodge, Mkwaja, 12 km nördlich des Mkwaja Gate, ✆ 0784-472999, 🖳 www.thevagabondlodge.com. Ausgedehnte Anlage direkt am Meer mit 32 Zimmern unterschiedlicher Kategorien. Ideal für Overlander und Camper, denn es gibt Kochgelegenheiten für Selbstversorger. Top-Küche in einem Restaurant rund um einen Baobab-Baum, deutschsprachiger Betreiber, Tauchcenter, Safaris und viele abwechslungsreiche Aktivitäten. ❸–❺

Tembo Kijani, Sange, 1 Std. südlich von Ushongo, ✆ 0687-027454, 🖳 www.pangani-ecolodge.com. Schlemmen und Faulenzen – so kann man Tembo Kijani auf einen Nenner bringen. Für Leute, die der Welt für einige Tage komplett den Rücken kehren und im Rhythmus der Natur Urlaub machen wollen. Die offenen Busch-Häuser auf Stelzen und geschlossenen Holzchalets (für Familien) fügen sich nahtlos in den naturbelassenen Bewuchs der Küste ein. Sehr persönlich geführt; Solarstrom, viel Ruhe, naturnah. Feinschmecker werden Jojos Küche lieben. ❺ mit Vollpension

AKTIVITÄTEN

Abgeschiedenheit bedeutet nicht Langeweile! Jede Lodge bietet Safaris in den Saadani National Park, Bootsausflüge und andere Aktivitäten. Im Tembo Kijani kostet 1 Tag auf Safari im Saadani US$200 p. P.

TRANSPORT

Die Unterkünfte arrangieren Transfers. Busse verkehren hier unten keine, notfalls muss man auf Taxis zurückgreifen (ca. US$100 einfach nach Tanga). Der nächste Airstrip ist entweder der Mkwaja Airstrip im Park (mit Eintrittsgebühren!) oder die Flugfelder von Ushongo Beach.

Die südliche Küste und Mafia Island

Stefan Loose Traveltipps

4 Tauchen im Mafia Island Marine Park Die Walhaie sind das Ausgangsschild des Parks, der Taucher und Schnorchler magisch anzieht. S. 229

Ruinen von Kilwa Die beeindruckenden Zeugnisse vorkolonialer Kultur sind seit 1981 Teil des Unesco-Weltkulturerbes. S. 235

The Old Boma at Mikindani Dieses Hotel ist einzigartig in Tansania: Vor 100 Jahren noch ein Fort, kann hier heute genächtigt werden. S. 246

Tauchen In der Mikindani- oder Mtwara-Bucht am südlichsten Zipfel von Tansania haben Taucher die artenreichen Gewässer für sich alleine. S. 247

Ähnlich wie die nördliche Küste erlebte auch diese Region ihre Blütezeit in vergangenen Jahrhunderten. Geschichtsträchtige Ruinen, das Rufiji-Delta oder die unberührten Sandstrände von Kilwa begeistern heute vor allem Individualisten, denn das Gebiet gilt als besonders rückständig: Die Infrastruktur liegt im Argen und die Entwicklung hinkt derjenigen anderer Gebiete weit hinterher. Obwohl die Region am Meer liegt, mit wunderbaren Stränden gesegnet ist und über einen Hafen (Mtwara) verfügt, ist der Durchschnittsverdienst der Einwohner nur rund halb so hoch wie weiter nördlich.

Als Hauptgrund für die Rückständigkeit wird gerne angeführt, dass die Landstriche des Südens im Unabhängigkeitskrieg von Mosambik als Sperrgebiet galten. Doch es war vor allem der politische Wille, der die Entwicklung dieser Region verhinderte. Erst mit dem Amtsantritt des zweiten Präsidenten Benjamin Mkapa, der aus Masasi im tiefsten Süden stammt, wurden die Belange des Südens auf die politische Agenda gesetzt. Sein bescheidenes Vermächtnis verblasst aber bereits wieder.

Bis vor Kurzem war die gesamte südliche Region völlig unzugänglich. Erst 2003 wurde die Brücke über den Rufiji River fertiggestellt; 2012 wurde der **Coastal Highway**, die Teerstraße zwischen Dar es Salaam und Mtwara, vollendet. Seit 2010 verbindet die **Unity Bridge** Tansania über den Ruvuma River mit Mosambik (Anfahrt über Masasi und Nangomba). Wer nicht mit dem eigenen Fahrzeug unterwegs ist, muss sich die Buslinie sorgfältig aussuchen, denn die Busfahrer im Süden sind nicht erst seit Fertigstellung der Teerstraße als rücksichtslose Rabauken bekannt. Wer es sich leisten kann, sollte einen Flug oder Privattransfer bevorzugen.

Bis eine nennenswerte Zahl von Touristen die Südroute einschlägt, werden noch viele Jahre ins Land ziehen. Einstweilen wird die Bevölkerung weiterhin von der Agrarwirtschaft leben, die hauptsächlich dem Eigenbedarf dient; als *cash crops* in den Export gehen lediglich Cashew- und Kokosnüsse.

Viel stärker als an der Nordküste ist hier die **Swahili-Kultur** ausgeprägt. Ein Großteil der Bevölkerung ist moslemisch und tief in den tansanischen Traditionen verwurzelt. Die christlichen Missionare mussten nach intensiven, aber erfolglosen Bemühungen in den vergangenen Jahrhunderten unverrichteter Dinge in andere Landesteile weiterziehen.

Mafia Island

Kokospalmen, wohin das Auge reicht, Cashewnuss-Haine, weiße Sandbänke und die farbenprächtigsten submarinen Korallengärten Tansanias – erstaunlich daher, dass die nur 48 km lange und bis zu 17 km breite Insel Mafia vom Tourismusboom noch nicht voll erfasst wurde. Mit ihrer Beschaulichkeit stellt die Insel einen liebenswürdigen Flecken Tansanias dar, wo als Hauptattraktionen himmlische Ruhe, unverdorbenes Inselleben und Aktivitäten im Wasser, allen voran Tauchen und Schnorcheln, winken.

Geschichte

Das im Mündungsdelta des Rufiji River gelegene und nur 20 km vom tansanischen Festland entfernte Mafia war wie die gesamte Küste in früheren Jahrhunderten ein wichtiger Handelsstützpunkt im Indischen Ozean. Aufgrund der geografischen Nähe weist die Entwicklung Parallelen zu Kilwa (S. 239) auf.

Bereits der griechische Astronom und Geograf Claudius Ptolemäus (85–165 n. Chr.), der vermutlich in Ägypten lebte, verzeichnete in seinem Monumentalwerk *Geographia*, einem der ersten Atlanten der Welt, eine Insel namens Menouthesias, von der heute angenommen wird, dass es sich um Mafia handeln könnte. Damals kontrollierten die **Sabäer** (heute Jemen) von Mocha aus den Handel im Indischen Ozean bis hinunter nach Menouthesias. In dieser Zeit dürfte es bereits die Siedlung **Kua** auf Juani Island gegeben haben. Als 957 n. Chr., wie in der Kilwa-Chronik verzeichnet, eine persische Familie aus der Stadt Shiraz dem ortsansässigen König Kilwa abkaufte, wurde die Insel Mafia aus strategischen Gründen dem **Sultanat Kilwa** einverleibt. Aus dieser Zeit stammt die Stadt **Kisimani Mafia**, von der heute noch überwucherte Relikte zu besichtigen sind. Den beiden historischen Handelsorten Kua und Kisima-

SÜDLICHE KÜSTE UND MAFIA ISLAND

ni Mafia wird nachgesagt, mit Hilfe von Kilwa einst den Silberhandel aus den Minen von Simbabwe kontrolliert zu haben.

Das persische Königsgeschlecht herrschte auch in den folgenden Jahrhunderten, und seine Handelsrouten reichten bis nach Indonesien und dem von der Ming-Dynastie beherrschten China, wie Funde von chinesischem Porzellan und indischen Münzen belegen. Ebenso florierte Mafia später unter den **arabischen Händlern**, die sich an den Küsten ansiedelten; langsam entstand die Swahili-Kultur. In den 200 Jahren ihrer offiziellen Herrschaft schafften es die **Portugiesen** jedoch, die florierenden Siedlungen auszubluten und dem Niedergang zu weihen. Die folgende wirtschaftliche Renaissance durch die omanischen Araber, die im 17. Jh. die Festlandküste und Sansibar unter ihre Herrschaft stellten, erfasste Mafia kaum mehr.

Nach der Annexion durch die Deutschen setzte 1892 der erste deutsche Kolonialist seinen Fuß auf Mafia. 1915 schließlich nahmen britische Truppen die Insel ein und errichteten dort eine **Militärbasis**, als am Rufiji River Delta die Schlacht um das Kriegsschiff *Königsberg* (s. Kasten „Verhängnisvoller Rufiji River", S. 234) entbrannte. 1922 ging die Herrschaft über Mafia vom sansibarischen Sultanat auf das Festland Tanganyika über, in dessen politischem Einflussbereich es sich noch heute befindet.

Ein Name, drei Erklärungen

Schon portugiesische Seefahrerkarten aus dem 16. Jh. weisen die Insel als *Monfia* aus, doch die Herkunft des Inselnamens Mafia ist umstritten. Oberflächlich betrachtet scheint die Erklärung plausibel, wonach sich der Name von der Swahili-Bezeichnung *mahali pa afya* oder *maafya* (dt.: Platz der Gesundheit) ableitet. Andere Historiker vermuten, dass der Name eher von den frühen arabischen Siedlern herrührt, die die Insel schlicht *morfieyeh* (dt.: Inselgruppe, Archipel) nannten. Die dritte Erklärung erscheint jedoch die logischste: Als jemenitische Adelsgeschlechter noch lange vor der Ankunft der Perser den Indischen Ozean kontrollierten, gab das jemenitische Himyariten-Geschlecht der *Ma'afir* auf der Insel den Ton an.

Bevölkerung und Wirtschaft

So wechselvoll die Geschichte der Insel ist, so heterogen stellt sich heute auch ihre **Bevölkerung** dar. In den nördlichen Teilen der Insel leben überwiegend **Wambwera** (sie stammen ursprünglich von der gegenüberliegenden Festlandküste) und die Nachfahren des ehemaligen persischen Adelsgeschlechts der Shirazi, die **Washirazi**. Der Süden hingegen sah sich besonders zur Zeit der Kolonialplantagen mit dem Zuzug vieler Sklaven vom Festland und von Menschen der unterschiedlichsten Ethnien konfrontiert.

Die rund 46 000 Einwohner bestreiten ihren Lebensunterhalt zum überwiegenden Teil mit **Fischfang** (weniger zum Eigenverbrauch, sondern um die Fische in Dar es Salaam auf dem Markt zu verkaufen), dem Fang von Krustentieren für den Export, Agrarwirtschaft (Maniok, Reis, Ananas, Erbsen, Bohnen, Mangos, Kokosnüsse) und in kleinerem Umfang mit Handwerk (Bootsbau, Segelmacherei etc.). Frauen verdienen ein kleines Taschengeld, indem sie Matten *(mkeka)* aus Rhapia-Palmen flechten, um sie auf dem Kariakoo Market in Dar feilzubieten. Das fruchtbare Mafia eignet sich gut für den **Ackerbau**. Große Flächen der Insel wurden während der deutschen Herrschaft und des britischen Völkerbundmandats in **Kokosplantagen** (sogenannte Estates) umgewandelt, und noch heute dienen diese fünf Plantagen mit etwa 200 000 Palmen den Inselbewohnern als Einkommensquelle, vor allem in der Trockenzeit, wenn die Kokosnüsse erntefähig, viele der restlichen Agrarerzeugnisse aber knapp sind.

Von der **Tourismusindustrie** vielleicht auch wegen der weniger spektakulären Strände vernachlässigt, ist Mafia nach wie vor ein Geheimtipp – für Leute mit prall gefülltem Geldbeutel und Individualisten. Low-Budget-Reisen auf Mafia ist nur eingeschränkt möglich, die Auswahl an Unterkünften und Verkehrsmitteln beschränkt; die Pisten befinden sich vor allem nach den Regenzeiten in haarsträubendem Zustand. Von Tomaten über Milch bis zum Bier wird restlos alles vom Festland eingeflogen; die-

MAFIA ISLAND

selfressende (teure) Generatoren und vereinzelt Solarpaneele sorgen für die Stromversorgung. Mit willkürlichen Gebühren macht sich die Inselverwaltung bei den Gästen und Reisebüros keine Freunde, denn neben den Eintrittsgebühren für den Marine Park wurde erst kürzlich eine Whaleshark Fee von US$15 p. P. eingeführt. Wenn man in die Erschließung der Insel nur ebenso viel Energie stecken würde wie in die Erfindung neuer Gebühren für Touristen ...

Mafia Island gehört heute wie der ganze Süden zu den **ärmsten Gegenden Tansanias**. Von der Festlandregierung kommt wenig Hilfe; es existieren keine Teerstraßen, die Wasser- und Stromversorgung ist mangelhaft, und nicht einmal das Mobilfunknetz entspricht der Qualität auf dem Festland. Da die Insel relativ isoliert liegt, profitiert sie weder vom Tourismusboom (allein schon, weil sie wesentlich teurer als Sansibar ist) noch vom wirtschaftlichen Aufschwung Tansanias.

Fauna

Durch die isolierte Lage der Insel haben sich einige Tierarten erstaunlich gut gehalten. Im Einflussbereich des Rufiji-Delta sowie im Marine Park leben beispielsweise die vom Aussterben bedrohten **Dugongs**. Diese Meeressäuger, eine Art Seekuh, ernähren sich streng vegetarisch von Seegras und erreichen das beachtliche Gewicht von durchschnittlich 400 kg bei 3 m Länge. Eine Besonderheit sind auch die ebenfalls vom Aussterben bedrohten **Flughunde**, die – während sich die Tropensonne in sattem Rosa-Orange zur Ruhe begibt – zu Dutzenden ausschwärmen. Sie stammen ursprünglich von den Komoren (deshalb auch der englische Name Comoro Flying Fox) und sind heute nur noch dort und auf Mafia zu sehen. Daneben brüten drei Arten von **Meeresschildkröten** an gewissen Strandabschnitten, deren sensibler Fortpflanzungsrhythmus auf Mafia offensichtlich kaum gestört wird.

Neben den genannten Tieren stellen die **Walhaie** *(whale shark)* wahrscheinlich die Hauptattraktion des Marine Parks dar. Weil zwischen Oktober und April die Gewässer rund um Mafia den Walhaien Plankton und Algen im Überfluss bieten, kehren die sanften Riesen des Meeres – übrigens mit an die 10 m Länge und bis zu 12 t Gewicht die größten Fische der Welt – alljährlich zurück (beste Monate: Januar bis März). Taucher haben von ihnen nichts zu befürchten, und mit ihnen zu tauchen oder auch nur zu schnorcheln ist ein überwältigendes Erlebnis. Abgesehen davon leben in den Gewässern rund um Mafia **Delfine**, die imposanten **Mantarochen** und von August bis November auch **Buckelwale**.

Kilindoni

Der Hauptort Kilindoni ist ein kleines verschlafenes Fischerdorf, man empfängt Gäste hier aber viel überschwänglicher als auf Pemba. Als Verkehrsdrehscheibe (Flughafen, Hafen) und Ort mit der einzigen nennenswerten Infrastruktur, z. B. einer Bank, dem Markt, einigen Gästehäusern und *hoteli* (Restaurants), ist das Dorf eher von praktischem Nutzen als sehenswert.

ÜBERNACHTUNG UND ESSEN

Die landestypischen Gästehäuser, wie **Bismillah Hotel** oder **Kijuju Hotel** (beide Nähe New Lizu Hotel) oder das älteste Gästehaus im Dorf, das **New Lizu Hotel** (zentral), haben ihre besten Tage schon hinter sich. Sie sind nur im Notfall zu empfehlen und alle überteuert. ❶–❷

Whale Shark Lodge, 1,5 km nordöstlich von Kilindoni, ✆ 0755-696067, ✉ carpho2003@yahoo.co.uk. Auf Klippen etwas außerhalb des Dorfes gelegen, überschaut man vom Panoramarestaurant den Ozean – und mit etwas Glück zur richtigen Jahreszeit jede Menge Walhaie. Einfache, saubere und erschwingliche Bandas unter italienischer Leitung; Camping um US$7 p. P. Aktivitäten können arrangiert werden. Schwimmen ist vom hauseigenen Bilderbuchstrand (bei Flut) möglich. Bestes Essen und beste Bar in Kilindoni. Im April/Mai geschlossen. ❷

SONSTIGES

Geld, Reiseapotheke, geladene Akkus sollten Besucher nach Mafia Island mitbringen. An der Airport Road liegt eine **NMB-Bank**, die nur in Ausnahmefällen Geld wechselt, es gibt aber keine Barabhebungsmöglichkeit auf Mafia Island. In Kilindoni befinden sich zudem eine **Post** und eine kleine **Apotheke**. Auf Chole Island existiert eine recht gute, kleine **Klinik**, für komplizierte Gesundheitsprobleme muss man aber nach Dar es Salaam ausweichen. Gutes **Internet** gibt es am ehesten in den teureren Unterkünften am Strand.

TRANSPORT

Boote

Von den günstigen, aber riskanten Überfahrten mit der **Dhow** ab KISIJU (90 km südlich von Dar es Salaam, erreichbar mit Daladala ab Mbagala Bus Terminal), die je nach Wind zwischen 5 und 15 Std. dauern können, ist Abstand zu nehmen.

Auch von der ebenso billigen Überfahrt ab NYAMISATI ist abzuraten. Nyamisati liegt noch weiter südlich von Dar, erreichbar mit Daladala ab Mbagala Bus Terminal (ca. 5000 TSH, 2 Std.). Von hier verkehrt meist um 9 Uhr ein **Fischerboot** (10 000 TSH) nach Kilindoni; die Überfahrt dauert 4–6 Std., wenn alles gut geht. Hoher Wellengang, ein überladenes Boot und viel zu wenig Rettungswesten machen den Trip sehr gefährlich. Wer in Nyamisati strandet, weil die Fähre abgefahren ist, fragt am besten in der alten Schwedischen Mission nach einem Schlafplatz. Achtung: Man sollte sich niemals zu einer Fahrt mit den kleinen Booten überreden lassen!

Flüge

Im Frühjahr 2013 wurde der Airstrip von Kilindoni geteert. Außerhalb der Regenzeiten wird Kilindoni täglich von kleinen Maschinen angeflogen, z. B. von Coastal Aviation ab DAR ES SALAAM (US$120), SANSIBAR (US$160), KILWA (US$190) oder SELOUS GAME RESERVE (US$250), von Safari Air Link auch ab BAGAMOYO (US$290), außerdem mit Tropical Air nach Dar, alle Preise p. P. Transfers müssen bei den Unterkünften arrangiert werden und sind meist nicht in den Zimmerpreisen inbegriffen, ca. US$40–100 pro Fahrzeug je nach Distanz.

4 HIGHLIGHT

Mafia Island Marine Park

Wer einmal in die Unterwassergründe des 822 km² großen Mafia Island Marine Park abgetaucht ist, wird die enthusiastischen Berichte der Taucher verstehen. Mit knapp 50 Arten von farbenfrohen Korallenformationen und über 460 dokumentierten Fischarten zählen die Tauchgebiete zu den vielfältigsten der Welt. Mehr als die Hälfte des Parks ist weniger als 20 m tief, speziell rund um die Chole Bay. Nur der Kinasi Pass, der Chole Channel und westliche Teile rund um das Kitutia Reef reichen bis zu 40 m. Wissenschaftler haben bestätigt, dass es sich um eines der **artenreichsten Gewässer im tropischen Raum** handelt. Im Marine Park sind Dynamitfischen sowie gewerbliches Fischen offiziell verboten; auch der unseligen Praxis der Kalk- und Baumaterialgewinnung aus Korallen wurde damit ein Riegel vorgeschoben. Leider erholen sich die Korallengärten von den invasiven Fischfangmethoden der 1970er- und 1980er-Jahre nur sehr langsam.

Die besonderen Charakteristika der **Unterwasserwelt** entstehen durch die einzigartige Lage von Mafia. Der Archipel besteht aus mehreren bewohnten Inseln und unbewohnten Korallenatollen und liegt im Mündungsdelta des Rufiji River an der Südküste. Dadurch werden die Gewässer rund um Mafia zu einem artenreichen Treffpunkt von großen, ozeanischen Fischen und den kleineren, bunten Rifffischen der Korallengärten.

Der Park, der nur den süd- und nordöstlichen Teil von Mafia Island samt den Inseln Chole, Juani, Jibondo und Bwejuu sowie das Mange Reef und das Kitutia Reef umfasst, wurde 1995 eingeweiht; jeder Reisende muss pro Tag (ebenso wie in den Nationalparks auf dem Festland) eine **Eintrittsgebühr** von US$20 berappen. Doch was des einen Freud, ist des anderen Leid: Taucher mögen sich zwar an der prachtvollen Unterwasserwelt erfreuen, für die ansässigen Fischer bedeutet das Schutzgebiet aber einen Eingriff in ihre Lebensgrundlage. Obwohl der Marine Park einst als Projekt konzipiert war, das der lokalen Gemeinde ein gewisses Mitspracherecht sowie einen Anteil an den Einnahmen aus dem Tourismus versprach, ist Mitbestimmung im Gesellschaftsverständnis Tansanias nur ein schwammiger Begriff. Und so kassiert die Regierung zwar mit offenen Händen die Einnahmen aus dem Park, unterstützt die Fischer aber nicht bei alternativen Einnahmequellen. Sie haben das Nachsehen, und die Stimmung der Einheimischen wandte sich folglich zunehmend gegen den Park. Das Dynamitfischen geht weiter (wenn auch in eingeschränkter Form). Durch den Bevölkerungsdruck steigt der Bedarf an Nahrung und Geld, und Lösungen sind nicht in Sicht.

Juani Island, Chole Island und Kisimani Mafia

Eine der zwei ältesten Siedlungen, **Kua**, liegt auf **Juani Island**. Die Bedeutung der Insel wurde erst in jüngerer Zeit dramatisch unterstrichen, als ein tansanischer Archäologe bedeutende Funde auf der Insel freilegte. Diese Funde – Höhlen, Keramik aus Griechenland und Syrien, Glas aus Persien – bestätigen eindeutig, dass Tansania und seine Inseln schon lange vor der islamischen Besiedlung, also etwa zu der Zeit von Claudius Ptolemäus im 2. Jh., bedeutende Handelszentren gewesen sein müssen. Die Relikte werden auf ca. 600 v. Chr. datiert! Die Shirazi-Ruinen aus späterer Zeit, wahrscheinlich aus dem 14. Jh., bestehen aus Grabmälern, Überresten mehrerer Häuser – eines davon sogar mit Bad – und zweier Moscheen. Britische Archäologen fanden in den 1950er-Jahren auch Münzen aus dieser Zeit, die die wirtschaftliche Blüte dieser Jahrhunderte bekräftigen. Neben Ruinen können auf der spärlich besiedelten Juani Island mit viel Glück auch ungewöhnliche Tiere, z. B. Wildschweine, Affen oder Blaue Duiker, eine kleine Antilopenart, beobachtet werden.

Mangrovenwälder in der Chole Bay

Obwohl der Marine Park ein Paradies für Taucher ist, können die Strände in Utende und Chole Island, an denen sich die touristische Infrastruktur konzentriert, leider nicht dasselbe Prädikat in Anspruch nehmen. Die hiesigen Mangrovenwälder spielen zwar eine entscheidende Rolle bei der Vermeidung von Bodenerosion, sind aber nicht sonderlich ansehnlich. Doch zum Glück gibt es paradiesisch schöne, vorgelagerte Sandbänke, die sich allerdings durch den bis zu 4 m hohen Tidenhub nur bei Ebbe ansteuern lassen.

Der Untergang von Kua verursachte gleichzeitig den Aufschwung von **Chole** auf **Chole Island**, als der Sklavenhandel auf den Maskarenen (Mauritius, La Réunion) und Madagaskar seinem Höhepunkt zustrebte. Sklavenhändler und -besitzer errichteten Steinhäuser, Brunnen und Moscheen und siedelten sich in Chole an. Später, in den 1890er-Jahren, kamen die deutschen Kolonialisten, fügten ein Gefängnis (von dem noch Zellen sichtbar sind) hinzu und bauten den Sklavenmarkt zu einem Zollhaus um. Trotzdem wurde die Administration bald darauf nach Kilindoni verlegt, weil die schweren Schiffe nicht mehr in die Chole Bay einfahren konnten. Die Ruinen von Chole sind zwar nicht sonderlich ansehnlich, belegen aber eindrucksvoll, dass das Fischerdorf einst strategisch wichtig gewesen sein muss. Die mit üppigem Grün überwachsenen Bauten stehen in pittoreskem Kontrast zum einfachen Landleben, das die Fischer und ihre Familien im Dorf führen. Derzeit leben knapp 1400 Personen auf der recht dicht besiedelten Insel, deren Wohlergehen von mehreren NGOs betreut wird. Die Dhow-Werft ist allemal einen Besuch wert. Zugang nur per Boot, die Dorfgemeinschaft erhebt US$5 p. P.

Von der zweitältesten Siedlung auf Mafia ist nicht mehr viel übrig. Die **Ruinen von Kisimani Mafia**, nahe Kilindoni im Südwesten der Insel, wurden im Laufe der Zeit größtenteils vom Meer verschluckt, doch Archäologen vermuten, dass eine Siedlung dort bereits im 10. oder 11. Jh. existierte. Als gesichert gilt, dass die ersten Siedler aus dem Dorf Mbwera, nahe dem Delta auf dem Festland, das genau gegenüber von Kisimani liegt, kamen. Nach vielen Jahrhunderten prosperierenden Handels wurde die Stadt 1872 schließlich durch einen Zyklon vollständig zerstört.

Der Indische Ozean – ein überdimensionales Aquarium

© DREW SUTTON @ ECO2.COM, MIKINDANI

Der ostafrikanischen Küste ist ein mehrere hundert Kilometer langes Riff vorgelagert, in dessen bunten Korallengärten eine faszinierende Unterwasserwelt angesiedelt ist. Kristallklares Wasser, herrlich angenehme Wassertemperaturen und ein einzigartiger Fischreichtum lassen die Herzen von Tauchern höher schlagen.

Viele Fische haben ihr Zuhause in einem der reichhaltigsten Ökosysteme der Welt, dem **Korallenriff**. Das Gerüst des Riffs besteht aus wasserunlöslichem Kalziumkarbonat. Bei idealen Voraussetzungen wachsen diese Hartkorallen um maximal 4 cm pro Jahr. Das Riff vor der ostafrikanischen Küste benötigte also etwa zwei Millionen Jahre, um seine heutige Gestalt anzunehmen.

In diesem Aquarium schwimmen über 2000 verschiedene Arten von Fischen, dazu kommen über 1500 Muschel- und Krustentiere, mehr als 100 Arten von Korallen sowie 150 verschiedene Seegräser. Seesterne, Schwämme, Fächerfarne, Anemonen und Mangroven machen den Unterwasserdschungel komplett. Hier sind einige Spezies das ganze Jahr über zu finden, andere nur zu bestimmten Zeiten. Während des Nordost-Monsuns, der zwischen Dezember und März die See auf bis zu 30 °C erwärmt, bestehen die besten Chancen, auf größere Meeresbewohner wie Hai, Marlin, Thunfisch, Blaufisch, Delfin oder Königs- und Goldmakrele zu treffen. Die meisten der stromlinienförmigen **Hochseefische** haben eine stark ausgebildete Schwanzflosse, durch deren schnelle seitliche Bewegungen sie auch in ungeschützten Gewässern nicht von der Strömung abgedrängt werden.

Im Gegensatz dazu sind bei den kleineren Fischarten die Rücken- und Brustflossen besser ausgebildet, was ihnen im Gewirr der Korallenbänke große Wendigkeit verleiht. Die meisten **kleineren Fische** *(reef fish)* sind das ganze Jahr über am Riff zu sehen. Einige werden allerdings von der Strömung des Südost-Monsuns, der zwischen April und Oktober bläst und die Wassertemperatur auf 23 °C sinken lässt, nach Nordosten in Richtung Malediven getragen.

Zu den kleineren Fischen gehören Igelfische und Puffer, die sich bei Bedrohung mit Wasser zu einer Kugel aufpumpen; ihre Stachel sind hochgiftig. Einige Fische treten in riesigen **Schwärmen** auf, wie viele der bunten Korallenfische, Schnapper, Süßlippenfische, die gelbschwarzen Borstenzähner, die prächtigen Juwelenfische und die bunten Papageienfische. Riffbarsche glänzen in verschiedenen Farben und Größen.

Zu den besonders empfehlenswerten **Tauchgründen** in Tansania zählen neben den Riffen vor Mafia Island auch manche Abschnitte auf Pemba, Sansibar und bei Mikindani im Süden. Selbst vor der Metropole Dar es Salaam lässt es sich herrlich tauchen.

ÜBERNACHTUNG UND ESSEN

Alle Unterkünfte sind im April/Mai geschlossen.

Innerhalb des Marine Parks

Der Großteil der Lodges verfügt über Strände, die von Mangroven durchwachsen und gezeitenabhängig sind. Zusätzlich zum Übernachtungspreis werden täglich US$20 p. P. in bar an Gebühren für den Park fällig – egal ob man ins Wasser geht oder nicht.

€ **The Blue House Mafia**, Utende, Chole Bay, ✆ 0755-828825, ✉ bluehousemafia@yahoo.com. Zweckmäßige Low-Budget-Unterkunft, die einem engagierten ehemaligen Fischer gehört. 5 Zimmer im landesüblichen Stil; Fisch und Meeresfrüchte zum Dinner (US$10 p. P.) und zahlreiche Aktivitäten. Sehr schöner Strand. ❷ mit Frühstück

Chole Foxes Lodge, Südende von Chole Island, ✆ 0787-877393, ✉ cholefoxeslodge@yahoo.com. Simple, saubere Unterkunft mit landestypischem Standard ohne Strom. Zimmer mit Solarlicht ohne Ventilator, also eher in den kühleren Monaten interessant (Juni–Nov). Mangrovenstrand mit Meerzugang. Bei Ebbe muss man vom Bootsanlegeplatz am Nordende der Insel eine halbe Stunde laufen; bei Flut wird direkt bei der Lodge angelegt. Reisende, die mit der einheimischen Bevölkerung in Kontakt kommen wollen und auf Internet oder Computer verzichten können, werden sich sehr wohl fühlen. Aktivitäten werden arrangiert. ❷ mit Frühstück, ❸ mit Vollpension

Didimiza Guest House, südlich der Chole Bay, ✆ 0716-744816. Landestypische Pension direkt am Strand der Chole Bay. Wer Lokalkolorit und authentisches Ambiente sucht, ist hier richtig. Einfache, gemauerte, türkisblaue Häuser mit Makutidach, Bett, Moskitonetz, Ventilator, Bad/WC, Veranda mit Blick auf den Mangrovenstrand. Transfers in die Bucht (zum Tauchen und Schnorcheln) werden arrangiert. Sehr gutes Essen. ❷–❸

Mafia Island Lodge, Utende, Chole Bay, 💻 www.mafialodge.com. Dass dieses Mittelklassehotel einst in staatlicher Hand war, sieht man ihm noch immer an, obwohl es schon länger privatwirtschaftlich geführt wird. Man bemüht sich nach Kräften, das Flair der sozialistischen Ära zu kaschieren. Einfacher Standard, aber liebevoll dekoriert und solide italienisch geführt. Schöner Strand mit Beachboys (der einzige in Utende ohne Mangroven und ohne großen Tidenhub), eigene Tauchbasis Mafia Island Diving (S. 233), Wassersportaktivitäten, Angeln, Internetcafé, Souvenirshop. 34 Zimmer. ❻ mit Halbpension, ❼ mit Vollpension

Kinasi Lodge, Utende, Chole Bay, ✆ 0777-424588, 💻 www.mafiaisland.com. Geschmackvolle Lodge inmitten eines Kokospalmenwaldes an der Chole Bay. Wunderschönes Ambiente im marokkanisch-arabischen Stil. Heimelige Lounge und gediegenes Restaurant mit Blick auf die türkisblaue Chole Bay. Pool, Spa mit Thai-Massagen, Internet. Eigenes Tauchcenter. 12 großzügige Cottages. Kleiner, bescheidener Strand vor dem Resort. ❼ mit Vollpension

🌳 **Chole Mjini**, Nordende von Chole Island, zu buchen über AfrikaAfrika Safaris, ✆ 0769-204159, 💻 www.afrikaafrikasafaris.com. Rustikale, familiäre, authentische Ökolodge mit minimalem CO2-Fußabdruck (Solarlicht, Kompost-Toilette, kein Strom). Die offenen Baumhäuser stehen idyllisch in einem Baobab-Wald mit Blick auf Mangrovenhaine. Die Lodge empfiehlt sich nur für Naturfreunde, die allen modernen Annehmlichkeiten für kurze Zeit entsagen und möglichst viel Lokalkolorit erleben möchten. Die lokale Bevölkerung von Chole Island ist intensiv in den Alltag der Lodge eingebunden und profitiert direkt davon. Viel Ruhe, aber jede Menge Aktivitäten wie Bootsausflüge, Angeln, Inselführungen, Massagen. Kein Strand, nur Mangrovenwaldküste. Zugang nur per Boot. 6 Baumhäuser, 1 Cottage am Boden. ❼ mit Vollpension

Polepole Resort, Utende, Chole Bay, ✆ 022-2601530, 💻 www.polepole.com. Rustikale, intime Lodge am Mangrovenstrand von Utende in Nachbarschaft zur Kinasi Lodge. Massagen, Pool. Tauchen und Schnorcheln mit Mafia Island Diving am Hauptstrand. 7 Chalets aus Naturmaterialien auf Stelzen. ❼ mit Vollpension

Steckbrief: Tauchen vor Mafia

- **Tauchtiefe**: max. 30 m, meistens weniger
- **Sicht**: generell schlechter als auf Pemba (durch die Sedimente des Rufiji River), im Idealfall bis zu 40 m im März/April
- **Beste Zeit zum Tauchen**: Sep./Okt.–März/April
- **Tauchspots**: Kinasi Pass, Milimani Reef (Chole Bay), Dindini Wall, Jina Wall (außerhalb der Chole Bay)
- **Spezialitäten**: Walhai *(whale shark)*, Mantarochen *(manta ray)*, Suppenschildkröte *(green sea turtle)*, Echte Karettschildkröte *(hawksbill sea turtle)* und die seltene Lederschildkröte *(leatherback turtle)*, Zackenbarsch *(grouper)*, Napoleon-Lippfisch *(humphead wrasse)*, Dickkopf-Makrele *(giant trevally)*, Barrakuda

Außerhalb des Marine Parks

Shamba Kilole, Nähe Utende, ✆ 0786-903752, 💻 www.shambakilolelodge.com. Sympathische, gepflegte Lodge mit 6 farbenfrohen, geschmackvollen Bandas in einem Wald voller Mangobäume mit Blick auf die Chole Bay in der Ferne. Äußerst liebenswürdige, kundige italienische Besitzer, die die Unterkunft mit Herz führen. Innovative Italo-Swahili-Küche, die sich auf der Insel schon herumgesprochen hat. Hauseigenes Tauchcenter. Ein wenig billiger als die gehobenen Lodges im Marine Park. ❼ mit Vollpension

AKTIVITÄTEN

Alle Lodges organisieren Ausflüge gegen Entgelt, da entweder ein Boot oder ein anderes Fahrzeug in Anspruch genommen werden muss.

Bootsausflüge

Bootsausflüge mit traditionellen Dhows zu Sandbänken, Lagunen, Chole Island und anderen vorgelagerten Inseln oder besonders schönen Strandabschnitten können gebucht werden. Oft sind Picknicks inbegriffen. Sundowner-Ausflüge werden ebenfalls angeboten, außerdem je nach Saison Boottrips (mit Schnorcheln) zu den **Walhaien** (Okt–April, US$100 p. P. zzgl. US$10 Whaleshark Fee), den **Walen** (Juli–Sep, Okt–Nov, ab US$65) und den **Schildkröten** von Juani Island (wenn sie gerade schlüpfen zwischen April und September (US$35 p. P. zzgl. US$10 Sea Sense Watch Fee).

Rundgänge und Ausflüge an Land

Jede Unterkunft bietet ihren Gästen Ausflüge in die Umgebung, z. B. **Mangrove Walks** (ca. US$10 p. P.) oder die **Utende Village Tour** (ca. US$5 p. P. zzgl. Village Development Fee US5 p. P.). Die **Kilindoni Market Tour** führt in die 30–40 Min. entfernte Inselhauptstadt (ca. US$35 p. P.).

Touren zu den Ruinen

Halbtagestrips zu den Ruinen von **Kua** oder nach **Chole Island** (alle Preise zzgl. US$5 p. P. Chole Island Community Fee) werden von den Unterkünften gerne arrangiert.

Wassersport

Es gibt mehrere PADI-**Tauchbasen**, die meist an Lodges gekoppelt sind. Jede Tauchbasis hat ihr eigenes Hausriff zum **Schnorcheln** (ca. US$25–30 p. P.). Alle diese Reviere sind empfehlenswert und artenreich.

Fischen ist bei vielen Unterkünften oder Tauchzentren im Angebot, z. B. Mafia Island Lodge (US$500 pro Boot und Tag) oder Big Blue Diving (US$500) zzgl. einmalige Fischerlizenz US$50 p. P. für 5 Tage.

Big Blu Diving, nahe Mafia Island Lodge, ✆ 0688-587059, 💻 www.bigbluemafia.com. Das Tauchcenter ist mit der Butiama Lodge verbunden und bietet gutes Equipment sowie erfahrene Instruktoren. Doppeltauchgang US$80, PADI Open Water US$450 inkl. Kursunterlagen.

Mafia Island Diving, Chole Bay, ✆ 0688-218569, 💻 mafiaislanddiving.com. In unmittelbarer Nähe zur Mafia Island Lodge liegt das älteste und renommierteste Tauchcenter der Insel mit teilweise altgedienten Mafia-Tauch-Veteranen und lokalen Instruktoren. PADI Open Water US$395 ohne Kursbuch, Doppeltauchgang US$80.

West- und Nordküste

An diesen Küsten existieren erst seit kurzer Zeit Unterkünfte. Die Strände sind viel paradiesischer als an der Chole Bay. Fischerdörfer, Mangrovenwälder und Plantagen dominieren diese Abschnitte. Urlaubern, die nicht unbedingt täglich tauchen möchten, bieten sich somit ideale Rückzugsmöglichkeiten an gänzlich unberührten Stränden und Sandbänken.

ÜBERNACHTUNG UND ESSEN

Alle Unterkünfte sind im April/Mai geschlossen. Die Abholung ist bei den Lodges zu buchen.

Butiama Beach, 10 Min. südlich von Kilindoni, ✆ 0784-575720, 💻 www.butiamabeach.com. Gute Laune verbreiten nicht nur die bunten Farben in der intimen Anlage, sondern auch der makellose Strand und das gemütliche Ambiente. Tolle Sonnenuntergänge, familiäre Betreuung, exzellentes Essen, Pool. Taucher werden ins ca. 30 Min. entfernte Utende gebracht, wo das hauseigene Tauchcenter Big Blue Diving Tauch- und Schnorcheltrips arrangiert. Bietet auch geführte Touren nach Kilindoni. Optimal zum Schnorcheln mit Walhaien. ❻ mit Vollpension

Lua Cheia, Ras Bweni am nördlichen Kap von Mafia Island, 40 km nördlich von Kilindoni, ✆ 0777-424588, 💻 luacheiabeach.com. Die Eigentümer der Kinasi Lodge haben am Nordende der Insel ein zweites Camp errichtet. Nur passend für Leute, die der Zivilisation für einige Tage vollständig entsagen möchten. In der Ausstattung nicht luxuriös, aber für Erholungsbedürftige Luxus pur. ❻–❼

Ras Mbisi Lodge, nördliche Westküste, 16 km von Kilindoni, ✆ 0754-663739, 💻 www.mafiaislandtz.com.Rustikales Ambiente mit Möbeln und Ausstattung aus Kokospalmholz, erbaut und geführt von den britischen Eigentümern. Alle 9 komfortablen Bandas liegen am kilometerlangen unberührten, herrlichen Sandstrand ohne Mangroven. Zahlreiche

Verhängnisvoller Rufiji River

Als 1914 alle Anzeichen auf den Ausbruch des **Ersten Weltkriegs** hindeuteten, wurde der Kleine Kreuzer **S. M. S. Königsberg** (S. M. S. steht für „Seiner Majestät Schiff") nach Dar es Salaam überstellt. Nach Kriegsbeginn am 4. August 1914 war er in den Gewässern zwischen dem heutigen Tansania und Sansibar für Seeschlachten vorgesehen. Bis Ende September kaperte der zuständige Kommandant, Max Looff, mit seiner Mannschaft nicht nur den britischen Frachter *City of Winchester*, sondern versenkte auch den britischen Kreuzer *Pegasus* im Hafen von Sansibar. Daraufhin wurde der deutsche Kreuzer samt der 322 Mann starken Besatzung erbittert von den Briten gejagt. Aufgrund dringend notwendiger Reparaturmaßnahmen sah sich der Kapitän gezwungen, nach einem Versteck vor den Briten zu suchen, und verfiel auf die kühne Idee, den Rufiji River so weit wie möglich hinaufzufahren. Die tonnenschweren Teile wurden ausgebaut und zur Reparatur nach Dar es Salaam gebracht. Versorgungsgüter für die Seeleute wurden herangeschafft. Indessen hatte die britische Navy bereits Schiffe in den Indischen Ozean geschickt, um die *Königsberg* aufzuspüren. Einem dummen **Zufall** ist es zu verdanken, dass die Briten den Deutschen schließlich auf die Spur kamen: Bei der Durchsuchung eines deutschen Handelsschiffes im Hafen von Lindi fand man eine Quittung für eine Kohlenlieferung an die *Königsberg*. Sogar der Ort der Lieferung im nördlichen Delta war genau vermerkt. Ende Oktober wurde die *Königsberg* dann von den Briten im dichten Mangrovenwald des Rufiji River entdeckt, hauptsächlich deshalb, weil man vergessen hatte, die Masten zu kürzen.

Nach mehreren Monaten Belagerung und Bombardement entschloss sich Kapitän Looff, die *Königsberg* aufzugeben und zu sprengen. Kurze Zeit nach der Sprengung versank sie bis zum Oberdeck. Bis weit in die 1980er-Jahre war das Wrack der *Königsberg* bei Ebbe sichtbar, es versank aber mit der Zeit so tief in den Sand und Schlick des Rufiji, dass es heute von der Bildfläche verschwunden ist.

Aktivitäten, exzellente Küche, Pool. Tauchen wird arrangiert. ❼

Die drei Kilwas

Einst in aller Munde, heute von Gott und der Welt vergessen – so oder ähnlich könnte man das Schicksal von Kilwa zusammenfassen. Kilwa, etwa auf halbem Weg zwischen Dar und Mtwara gelegen, besteht aus drei Orten, der Name wird aber als Synonym für alle drei verwendet, denn die Dreiteilung erfolgte erst im 18. Jh. Meist ist das historische **Kilwa Kisiwani** (dt.: Kilwa auf der Insel) gemeint, wenn man von Kilwa spricht. Reisende passieren zunächst **Kilwa Kivinje**, das an der Abzweigung etwa 7 km südöstlich des markanten Kreisverkehrs des Marktfleckens Nangurukuru liegt. Als Nächstes erreicht man **Kilwa Masoko**, das administrative Zentrum der Region und Hauptort der touristischen Infrastruktur.

Kilwa Kivinje

Kilwa Kivinje (dt.: Kilwa beim Kasuarinen-Baum) entstand erst, als die Araber den Haupthandelsplatz für Sklaven und Elfenbein im 18. Jh. auf das Festland verlegten. In der Folgezeit kam dem Ort als regionalem Verwaltungszentrum im kolonialen Deutsch-Ostafrika eine wichtige Rolle zu. Aus der deutschen Kolonialzeit sind noch ein Fort (*boma*), der riesige ehemalige Sklavenmarkt, ein altes Handelshaus, zahlreiche Wohn- und Amtshäuser sowie zwei Denkmäler erhalten. Das eine an der Zufahrtstraße (Nähe Spital) erinnert daran, dass hier Aufständische des Maji-Maji-Krieges (Kasten S. 236) gehängt wurden. Das andere würdigt die zwei in diesem Aufstand getöteten deutschen Händler. Heute ist Kivinje wieder ein einfaches Fischerdorf an einer Mangrovenbucht, wo die Fischer im Wechsel der Gezeiten ihrem Tagwerk nachgehen und weiße Besucher die Attraktion der Woche darstellen.

Es ist sinnvoll, den Ort mit einem Guide zu besuchen. Da weder englischsprachige Guides noch ordentliche Unterkünfte vorhanden sind, empfiehlt sich die Buchung eines Tagesausflugs von Kilwa Masoko aus (ca. US$30–40 pro Person). Die Einfahrt nach Kilwa Kivinje ist aufgrund der zwei markanten Funktürme kaum zu übersehen.

Das Wetter an der Südküste

Wer sich für Kulturtourismus und Ruinenbesichtigungen interessiert, kann in den windigen und kühlen Wintermonaten Juni bis September reisen. Zum Sonnenbaden, Schwimmen und Tauchen hingegen eignen sich die windstillen, heißen Monate Oktober bis Februar besser. Ab März regnet es, doch noch nicht durchgehend. Die unangenehme Regenzeit dauert maximal zwei Monate, nämlich April und Mai.

Kilwa Masoko

Kilwa Masoko (dt.: Kilwa der Märkte) ist ein Versorgungszentrum mit Unterkünften, Lebensmittelgeschäften und Tankstellen, das auf einer Art Halbinsel liegt. Außerdem ist es Ausgangspunkt für eine Bootsfahrt zur historisch sehenswerten Insel Kilwa Kisiwani, ohne selbst historisch bedeutsam zu sein. Neben einigen lokalen Gästehäusern gibt es auch Strand-Lodges mit westlichem Standard. Ein kaltes Bier bekommt man in Kilwa Masoko also allemal.

Östlich vom Dorfkern liegt in einer lang gezogenen Bucht der recht schöne **Jimbiza Beach** mit Lodges nach westlichem Standard. Fast überall kann ungeachtet der Gezeitenunterschiede gebadet werden. Die Zufahrt erfolgt über das Dorfzentrum. Attraktiver (aber nur bei Flut zum Schwimmen geeignet) ist der lange, palmengesäumte **Masoko Pwani Beach** etwa 4 km nördlich, wo sich weitere Unterkünfte befinden, die am besten mit einem *bajaji* erreicht werden (ca. 5000 TSH). Die Abzweigung zum Masoko Pwani Beach befindet sich beim Flugfeld, danach hält man sich in Richtung Meer.

Durch die Öl- und Gasfunde an der Küste sowie den nun fast vollständig ausgebauten Highway erhofft sich Kilwa Masoko einen spürbaren

Der Maji-Maji-Krieg oder Das Zauberwasser (1905–1907)

Die deutsche Kolonialregierung war unter Druck geraten. Immerhin sollte die Kolonie ja rentabel bleiben, doch die riesigen, ökologisch nicht an die tropischen Bedingungen angepassten Plantagen (Sisal, Kautschuk, Kaffee, Baumwolle) hatten durch Seuchen und Ungeziefer empfindliche Einbußen erlitten. Um das System möglichst profitabel zu halten, begann man mit der **Eintreibung von Steuern**. Dies zwang die Tansanier zu harter, unmenschlicher Lohnarbeit auf den Plantagen, während ihre eigenen Felder unbestellt blieben.

Eine weitere Erhöhung der Steuern, die zu Versorgungsengpässen der Dorfgemeinschaften mit Feldfrüchten geführt hätte, sowie die immer schlechteren Bedingungen auf den Plantagen brachten das Fass schließlich zum Überlaufen. Unter der Federführung der indischen und arabischen Händler vereinigten sich über 20 Ethnien gegen das ungeliebte Regime. Es entwickelte sich daraus die **größte Rebellion der deutschen Kolonialzeit** in Deutsch-Ostafrika, die nachhaltige Folgen nicht nur für die Regierung, sondern auch für das Sozialgefüge der Tansanier hatte. Schätzungen zufolge sollen bis zu 300 000 Menschen – ein Drittel der Bevölkerung des Südens – den Tod gefunden haben.

Der Krieg nahm seinen Anfang westlich von Kilwa. Hauptverantwortlich für das anfängliche Massaker war ein Mann aus dem Matumbi-Gebiet namens **Kinjikitile**, der aufgrund besonderer Vorkommnisse im Dorf als Prophet und Zauberer galt: Er versprach den Einwohnern, dass sie nach der Einnahme des Maji-Zaubers (*maji* bedeutet „Wasser"), einem Gebräu aus Hirse und Wasser, die Gewehrkugeln der Kolonialisten in Wasser verwandeln könnten und dadurch unverwundbar würden. Die Kunde verbreitete sich rasch, und gestärkt durch die Zauberkräfte erlebte der Aufstand großen Zulauf aus dem ganzen Süden, von Kilwa bis zum Lake Nyasa (Lake Malawi).

Die **Antwort der Kolonialisten** auf die Rebellion war brutal. Nach den ersten verlustreichen Kampfhandlungen änderten die Tansanier ihre Strategie, da der Zauber nicht zu wirken schien. Sie starteten einen Guerillakrieg, der von den Deutschen mit der Taktik der „Verbrannten Erde" beantwortet wurde: Sie bestraften die Bewohner in den aufständischen Gebieten mit Todesurteilen und dem Abbrennen ihrer Häuser und Felder. So starben als unmittelbare Folge des Krieges, nämlich durch Verhungern, mehr Menschen als in allen anderen deutschen Kolonialkriegen. Die menschenverachtende und selbstherrliche Grundhaltung der Kolonialherren erregte Unmut in Deutschland, was schließlich zu einer Verbesserung der Lebensbedingungen vor Ort und zum Austausch der Kolonialadministration führte.

In Tansania wird der Maji-Maji-Krieg als prägendes Ereignis für die eigene **nationale Identität** angesehen. Er gilt im Land sogar als Auslöser für die nationale Vereinigung, die 1964 in der Staatsgründung gipfelte.

Aufschwung. Seit wenigen Jahren erst ist die Distrikthauptstadt an das öffentliche Stromnetz (Tanesco) angeschlossen. Neue Hotels und Gästehäuser werden gebaut, wobei man nicht nur Touristen, sondern auch Geschäftsleute, Angestellte der Ölfirmen sowie Wochenendausflügler von Dar es Salaam erwartet. Als Alternative zu Sansibar oder anderen Stränden bietet sich Kilwa vor allem für jene an, die mit einem Fahrzeug vom Selous kommen. Wer ruhige Tage am Strand verbringen und ein wenig in echtes Dorfleben reinschnuppern möchte, wird an Kilwa Gefallen finden, vor allem wegen dessen überaus freundlichen Einwohnern. Wie die muslimische Bevölkerung mit dem neu entdeckten Tourismus umgeht, wird die Zukunft weisen. Badebekleidung ausschließlich am Strand und angemessene Kleidung im Dorf werden vorausgesetzt.

ÜBERNACHTUNG UND ESSEN

Viele Unterkünfte sind schlecht beschildert, man muss sich also durchfragen. Es gibt mehrere äußerst bescheidene lokale Gästehäuser, wobei das **New Mjaka Guest House** in der Hauptstraße die beste Option darstellt (sichere Parkmöglichkeit und Nähe zum Busbahnhof), ❶. Alle anderen Gästehäuser, z. B. das Joshua Paradise Inn oder das New Bwawani Guest House, liegen weit von der Hauptstraße entfernt (mit *bajaji* 1000–2000 TSH). Gäste müssen jeweils auswärts essen, z. B. im **New Mnyalukolo Camp** (vormals Sunset Camp) gegenüber der NMB Bank (gutes *pillau)*, in der **Miwa Bar** (in einer Seitenstraße am Ortseingang links mit gutem *mchemsho*, einer Art Eintopf mit allen möglichen Zutaten), auf dem stimmungsvollen **Night Market** (Nähe Busbahnhof) oder in den Lodges am Strand.

Kilwa Beach Lodge, Masoko Pwani, ✆ 0774-423175, 💻 www.kilwa.co.tz. Direkt am langen Sandstrand unter Kokospalmen werden Gäste in unterschiedlichen Kategorien untergebracht: von iglu-artigen Häusern in ökofreundlicher Super-adobe-Bauweise, über einfache Tented Bandas mit Panoramablick bis hin zu Chalets mit gehobener Ausstattung, alle direkt am Strand. Restaurant, Bar, Safaris in den Selous, Ausflüge nach Kilwa Kisiwani, Mangrovenwald-Besuche etc. Faire Preise beim Essen. Man versucht den Weg des sanften, ökologischen Tourismus zu gehen. Camping ebenfalls möglich. ❷–❻

Kilwa Dreams, Masoko Pwani, ✆ 0784-585330, 💻 www.kilwadreams.com. Zweckmäßige, spartanische Unterbringung unter Kokospalmen; für das Gebotene (4 einfache Zimmer) etwas überteuert. Trotz des fröhlichen blauen Anstrichs und des einladenden Restaurants wirkt die Anlage direkt am Strand karg und lieblos, aber für erholungsbedürftige Budgetreisende, die gerade eine mehrstündige Busfahrt hinter sich haben, fühlt sie sich an wie das Paradies. ❸

Kimbilio Lodge, Jimbiza Beach, neben Kilwa Pakaya Beach Hotel, ✆ 0785-991681, ✉ betty.kilwa@gmail.com. Die geräumigen pinkfarbenen Cottages im Stil von Rundhütten mit Makuti-Dach stehen direkt am Meer – man schläft also mit Meerrauschen ein. Rustikale, gemütliche Unterkunft, die zur beliebtesten Bar in Kilwa mutiert ist. Dank den italienischen Managern Alfredo und Elisabetta exzellente Italo-Swahili-Küche. In Summe: sympathisches Ambiente und gute Leistungen zum fairen Preis. Angeschlossenes Tauchcenter viele Aktivitäten, auch Ausflüge zu den Ruinen mit empfehlenswertem Guide. ❹

Kilwa Pakaya Hotel, Jimbiza Beach, ✆ 0773-747374, 💻 www.kilwapakayahotel.co.tz. Gemütliches, neueres Hotel direkt am Strand von Jimbiza mit 20 Zimmern (alle haben Blick aufs Meer) und vielen Annehmlichkeiten: gutes Essen, starker Espresso, WLAN, Pool, jede Menge Aktivitäten, kleines Fitnesscenter. Hat sich wegen der guten Infrastruktur als eine Art Geschäftshotel für Leute etabliert, die beruflich in Kilwa zu tun haben. ❹

Mwangaza Hideaway, bei der Ortseinfahrt rechts, noch vor dem Airstrip, ✆ 0687-848927, 💻 www.fishing-tanzania.com. Exklusive, kleine Lodge mit nur 4 rustikalen, geschmackvollen Bungalows, die nicht nur für Hochseeangler ein paar Tage Ruhe und Entspannung garantieren. Kein Sandstrand, sondern Mangrovenküste, aber Blick aufs Meer von allen Bungalows. ❻–❼

Camping

Kilwa Seaview Resort, Nordoststrand des Jimbiza Beach, ✆ 0784-613335, 💻 www.kilwa.net. Campingplatz unter Bäumen unweit vom Strandzugang mit einfachen Sanitäranlagen. US$10 p. P., Frühstück US$10 p. P. Die dazugehörige Lodge (12 einfache Zimmer) samt Restaurant um einen massiven Baobab wird gerne von deutschen Veranstaltern gebucht, ist aber nichts Besonderes und für die gebotene Qualität zu teuer. ❹

Kilwa Beach Lodge, s. o. Camping direkt unter Kokospalmen am Strand bei liebenswürdigen Gastgebern. US$10 p. P.

Kilwa Dreams, s. o. Alternative, wenn anderswo kein Platz ist. Kampieren unter Palmen direkt am Meer, US$10 p. P. Frühstück 10 000 TSH.

AKTIVITÄTEN

Ruinenbesichtigungen

Die Unterkünfte organisieren Ausflüge inkl. Führer nach **Kilwa Kivenje**, US$30–40 p. P. Nach **Kisiwani** S. 242.

Tierbeobachtung

Eine mehrstündige Bootsfahrt in die westlich von Kilwa gelegenen Mangrovensümpfe zu einer Flusspferdkolonie inklusive Sundowner („Hippo-Trip") kostet ca. US$80–100 für das Boot (bis zu 5 Pers.).

Wassersport

Die vorgelagerten Korallenriffe entlang des Masoko Pwani Beach sowie die Jimbiza-Bucht eignen sich recht gut zum **Schnorcheln**. Zu arrangieren z. B. über Kimbilio Lodge, Kilwa Beach Lodge oder Kilwa Pakaya Beach Hotel. Inkl. Bootsmiete und Schnorchelausrüstung ab US$30 p. P.

Die Kimbilio Lodge betreibt seit vielen Jahren ein **Tauchcenter**, Doppeltauchgang US$100 p. P. Sowohl das Kilwa Pakaya Beach Hotel (Jimbiza) als auch die Kilwa Beach Lodge (Masoko Pwani) planten, eines zu eröffnen. Es gibt einige schöne Tauchspots, aber für mehr als 2, 3 Tauchgänge reicht es nicht. Die besten Monate zum Tauchen sind Okt–April, wenn es windstill und das Meer ruhiger ist.

SONSTIGES

Polizei, **Post**, 3 **Tankstellen** sowie landestypische Geschäfte und ein **Markt** sind vorhanden, ebenso ein bescheidenes **Krankenhaus** mit *dispensary* (Apotheke). In der NMB an der Hauptstraße kann man weder **Geld** wechseln noch abheben. Zur Zeit der Recherche war das Kilwa Pakaya Hotel der beste Ort für **WLAN** (bei Konsum von Getränken oder Essen gratis).

NAHVERKEHR

Zwischen Nangurukuru und Kilwa Masoko fahren *shared taxis* (Sammeltaxis) für 2000 TSH p. P.

Innerhalb von Kilwa selbst ist man mit *bajajis* und Mopedtaxis flott und billig unterwegs; Stadtfahrten max. 1000 TSH, zu den Stränden: Jimbiza max. 2000 TSH, Masoko Pwani max. 5000 TSH.

TRANSPORT

Selbstfahrer

Zur Zeit der Recherche war der Coastal Highway zwischen Dar es Salaam und Mtwara fast durchgehend geteert; ein einziger Abschnitt, nämlich der zwischen Mohoro und Masongo vor Kilwa, fehlte noch (wegen sumpfigen Erdreichs).

Von DAR ES SALAAM aus erreicht man Kibiti, einen strategisch wichtigen Ort zum Auftanken und Einkaufen, nach 138 km auf Asphalt (ca. 2 Std.). Bis zur neuen Brücke (KM 180) über den Rufiji-Fluss kommt man flott voran, kurz danach folgt das letzte noch verbliebene Stück auf Sand. Am Kreisverkehr der Ortschaft NANGURUKURU (KM 310) hält man sich links und erreicht nach 7 km die Abzweigung nach Kilwa Kivinje und nach weiteren 22 km Kilwa Masoko (339 km ab Dar es Salaam, 4–5 Std.). Die nunmehr wenig abenteuerliche Fahrt führt durch dünn besiedeltes Gebiet. Zahllose Kokospalmen säumen die Straße, besonders im nördlichen Teil der Anfahrt.

Busse

Busbahnhof an der Hauptstraße zum Hafen, schräg gegenüber vom New Mjaka Guest House.

Ungewisse Zukunft

Zwar wurde Kilwa zum Unesco-Weltkulturerbe erklärt, doch dies allein reicht nicht aus, um eine bedeutende historische Stätte zu schützen. Nachdem die historischen Gebäude zunehmend zu kollabieren drohten und die Regierung keine Maßnahmen einleitete, wurden 2002 mit Hilfe französischer, japanischer und Unesco-Gelder dringliche Ausbesserungsarbeiten vorangetrieben sowie Techniken der Denkmalpflege und Restaurierung unterrichtet. Trotzdem hat das Welterbekomitee Kilwa am 5. Juli 2004 auf die **Rote Liste des gefährdeten Welterbes** gesetzt. Ab 2008 flossen mehrere großzügige Spenden von der Unesco, den Vereinigten Staaten und der EU in den Erhalt einzelner besonders betroffener Gebäude. Trotzdem steht den Ruinen das Wasser buchstäblich bis zum Hals, nicht nur weil der Meeresspiegel bei Flut bereits so hoch steigt, dass sie teilweise unter Wasser stehen.

DAR, z. B. mit Mashaalaah oder Swahili, Abfahrt 5.30 und 12.30 Uhr, ca. 5–6 Std., 12 900 TSH; via Nangurukuru z. B. mit Buti la Zungu oder Ngitu, Abfahrt um die Mittagszeit, ca. 4 Std., ca. 11 900 TSH, in *semi-luxury buses* 15 900 TSH.
LINDI, nur Kleinbusse (Coaster), Abfahrt 5.30 Uhr, 4–5 Std., 6000 TSH.
MTWARA, siehe Lindi. In Lindi muss man in ein Daladala (oder einen Kleinbus) nach Mtwara (3500–4000 TSH) umsteigen.

Flüge

Das Flugfeld befindet sich wenig nördlich des Ortskerns von Kilwa Masoko. Coastal fliegt tgl. von und nach DAR ES SALAAM (US$250 p. P.) oder SANSIBAR (US$300 p. P.), vom SELOUS US$400 p. P. Transfers müssen bei den Lodges arrangiert werden, meist US$10 pro Fahrzeug.

Kilwa Kisiwani

Eine der ersten schriftlichen Erwähnungen findet Kilwa im *Periplus Maris Erythraei* („Küstenfahrt am Roten Meer"), in dem ein weit gereister Händler aus Ägypten im 1. Jh. n. Chr. die Handelsrouten und Warenströme der nordostafrikanischen, arabischen und indischen Küste akribisch analysiert. Die wichtigste Route ging vom Haupthandelsplatz Mocha im heutigen Jemen aus und endete in **Rhapta**. Viele Indizien deuten darauf hin, dass Rhapta mit dem heutigen Kilwa identisch sein könnte.

In der Kilwa-Chronik ist nachzulesen, dass 957 n. Chr. eine persische Adelsfamilie aus der Stadt **Shiraz** Kilwa dem ortsansässigen König abkaufte. Seine fruchtbare Erde, ausreichende Trinkwasservorkommen und seine isolierte Lage schienen für eine Besiedlung perfekt. Von da an florierte Kilwa, besonders durch den Handel mit Gold und Elfenbein, Zölle und Schiffsbau. Kilwa lag am Ende der Silberroute von Mosambik und Simbabwe. Auch Perlen, Parfums, persische Keramik und chinesisches Porzellan verhalfen dem Ort zu Reichtum und politischem Einfluss. In seinem Reisebericht von 1331 zeigt sich der marokkanische Gelehrte Ibn Battuta von der Pracht, Schönheit und Macht der Stadt außerordentlich angetan. Vom 13. bis ins 16. Jh. hinein erlebte Kilwa vermutlich seine Blütezeit und die **Swahili-Kultur** erreichte ihren präkolonialen Zenit. Historiker sind der Auffassung, dass Kilwa zu dieser Zeit die mächtigste Stadt der Swahili-Küste war. Selbst eigene Münzen wurden in Kilwa geprägt, die, jüngsten sensationellen Entdeckungen zufolge, bis nach Australien gelangt sein könnten. Dies würde beweisen, dass Australien lange vor der offiziellen, holländischen Landnahme 1606 im 11. oder 12. Jh. von Arabern besucht wurde. Aus dieser Ära stammen die meisten imposanten Prunkbauten aus Stein, deren Ruinen heute zu den aufschlussreichsten Zeugnissen vorkolonialer Kultur gehören und deshalb von der Unesco 1981 zum Weltkulturerbe erklärt wurden.

Als 1502 der portugiesische Seefahrer Vasco da Gama seinen Fuß auf Kilwa Kisiwani setzte, hatte die Stadt bereits über 500 Jahre Handel und Wohlstand hinter sich, auch aufgrund der isolierten Lage, die die Insel vor Angreifern schützte. Nachdem die **Portugiesen** (s. „Die portugiesische Herrschaft", S. 138) die Küste gewaltsam an sich gerissen hatten, bluteten sie die Stadt, die unter den Portugiesen als Quiloa bekannt war, regelrecht aus. In nur kurzer Zeit ließen sie ein Fort errichten, den Urbau des heutigen Gereza. Nach acht Jahren Besatzung aber verließen sie Kilwa wieder, da die großen Handelsstädte Malindi und Mombasa in Kenia strategisch wichtiger waren. Innerhalb kurzer Zeit schwand die wirtschaftliche Bedeutung der ostafrikanischen Küste. Die arabischen **Omanis** hatten also leichtes Spiel, als sie 1700 die Stadt besetzten. Im Zuge der Eroberung rief der Gouverneur alle Einwohner von Kilwa Kisiwani dazu auf, die Insel zu verlassen, um auf dem Festland zwei neue Siedlungen zu gründen, nämlich Kilwa Kivinje und Kilwa Masoko.

1770 erlangte Kilwa wieder seinen unabhängigen Status und wurde von nun an von den **Sultanen von Sansibar** regiert. Diese sorgten durch Sklaven- und Elfenbeinhandel dafür, dass die Stadt im 18. und 19. Jh. wieder aufblühte, wozu der Umstand beitrug, dass Kilwa am Ende der südlichen Karawanenroute lag. Über Kilwa gelangten Abertausende versklavte Menschen aus Südtansania, Malawi und Mosambik auf die Zu-

Islam und Christentum in Tansania

Je nachdem, ob man eine islamische oder christliche Quelle um Zahlenmaterial zur Religionsverteilung in Tansania bittet, fällt die Antwort unterschiedlich aus. Schätzungen des US-amerikanischen Pew Research Centers von 2010 zufolge sind an die 35 % der Bevölkerung moslemisch, während 60 % dem katholischen Glauben anhängen. Auf Sansibar und den Inseln ist der Islam jedoch unbestritten mit mehr als 98 % die dominierende Religion.

Vor allem in den Küstenregionen Ostafrikas und entlang alter Handelsrouten, wo jahrhundertelang arabische Händler ins Hinterland reisten, festigte sich der **Islam**. Mit der Ankunft der Europäer erhielten die Imame Konkurrenz durch das **Christentum**. Es gelang den katholischen und protestantischen Missionaren jedoch kaum, die moslemische Phalanx an der Küste zu durchbrechen; bis auf ganz wenige Ausnahmen scheiterten alle Missionierungsversuche. Deswegen zogen sich die christlichen Gemeinden ins Hinterland zurück und starteten von hier aus den Versuch, die Menschen zum Christentum zu bekehren.

Die Missionierung trug nach wenigen Dekaden spürbare Früchte. Durch die **Missionsschulen** entstand so etwas wie eine privilegierte, christliche Bildungselite, die nach der Unabhängigkeit viele wichtige Ämter in der Administration übernahm. Auch der erste Präsident, Julius Nyerere, war Schüler und später Lehrer einer christlichen Schule. Dieses Ungleichgewicht schürte Unzufriedenheit innerhalb der moslemischen Gemeinschaft, die vehement darauf pochte, dass der Islam zur Staatsreligion erklärt würde. So wurde beispielsweise in den späten 1960er-Jahren diskutiert, ob in Teilen der Rechtsprechung (z. B. beim Familienrecht) der Scharia der Vorzug zu geben sei. Die Diskussionen um eine stärkere gesellschaftspolitische Verankerung des Islam in der **Politik** sind bis heute nicht vom Tisch. Viele Moslems fühlen sich und ihre Anliegen in Tansania unterrepräsentiert. Zudem ist ihnen der wachsende Tourismus mit all den „dekadenten" Besuchern aus dem Westen ein Dorn im Auge.

Das trotzdem relativ friedliche Nebeneinander von Moslems und Christen ist dem weitsichtigen **Julius Nyerere** zu verdanken, der stets darauf bedacht war, Politik von Religion zu trennen. Sein ideologisches Vermächtnis über Religionsgrenzen hinweg lässt sich heute noch gut erkennen, etwa durch die Wahl des Moslems **Jakaya Kikwete** zum Präsidenten im Jahr 2005 mit über 80 % der Stimmen.

In den letzten Jahren verstärkten sich allerdings die **Spannungen** zwischen Christen und Moslems. Es kam zu zahlreichen Brandanschlägen auf Kirchen, Attacken gegen katholische Würdenträger und Säureanschlägen auf Priester sowie auf zwei britische Volontäre in Sansibar. Der blutigste Anschlag wurde bei der Weihe einer neuen Kirche in Arusha im Mai 2013 verübt. Man macht radikale islamische Splittergruppen dafür verantwortlich, aber die religiösen Führer rufen zur Besonnenheit auf und ermahnen die Gläubigen, keine Vergeltung zu üben.

ckerplantagen der Maskarenen. An den Glanz alter Tage konnte Kilwa jedoch nie mehr anknüpfen.

Sehenswürdigkeiten

Die einstige Dominanz der Ruinenstadt Kilwa Kisiwani an der ostafrikanischen Küste lässt sich heute anhand ihrer eindrucksvollen Architektur nachvollziehen. Die besonders beeindruckenden Bauten liegen hauptsächlich im Westen der vorgelagerten Insel.

Gleich bei der Ankunft sticht Besuchern das **Gereza** (Fort, im eigentlichen Wortsinn Gefängnis) ins Auge. 1505 von den Portugiesen erbaut, wurde es von den Omanis im frühen 19. Jh. in ein quadratisches Fort umgewandelt. Weil sich die Bezeichnung vom portugiesischen Wort für Kirche, nämlich *igreja*, ableitet, nimmt man an, dass dies der ursprüngliche Verwendungszweck war. Die große imposante Tür des Forts, die mit arabischen Inschriften und Schnitzereien versehen ist, soll aus dem Jahre 1807 stammen.

Südlich davon gelangt man zur **Malindi Mosque** und dem Malindi-Friedhof. Wie mehrere andere Bauten auch wurde die Moschee im 15. Jh. errichtet. Im 18. Jh. wurde sie renoviert.

© KURT KAUBE

Warum sich solche Attentate gerade jetzt häufen, darüber kann nur spekuliert werden. Durch vermehrten Kontakt mit radikal-islamischen Inhalten (z. B. durch Stipendien an moslemische Schüler und Studenten in Nahost-Staaten) bilden sich fanatische Gruppen, die nicht nur versuchen, die Menschen zu beeinflussen, sondern auch blutige Zeichen zu setzen. Andererseits wirft man dem Präsidenten Kikwete vor, nicht eindeutig Stellung zu beziehen. Zudem ist in den letzten Jahren die Anzahl der Christen durch expansive Missionierung und zahllose Neugründungen von Glaubensgemeinschaften gestiegen.
Während die Spannungen auf dem Festland ein neues Phänomen sind, werden Sansibar – und insbesondere Pemba – seit jeher als Hochburgen des **islamischen Fundamentalismus** angesehen, wobei sogar vermutet wird, dass politische Führungskräfte Kontakte zu Al-Qaida pflegen.

Sie soll von einer einflussreichen Familie aus Malindi im heutigen Kenia erbaut worden sein, die dem Freundeskreis des herrschenden Sultans angehörte. Auf dem **Friedhof** nebenan können einige ehemals großartige Grabmäler besichtigt werden.

Südwestlich des Gereza liegt die **Große Kuppelmoschee** (*The Great Mosque,* auch *Friday Mosque* genannt). Sie stammt ursprünglich aus dem 11. Jh. Als größte Freitagsmoschee Ostafrikas wurde sie stets gepflegt und mehrmals renoviert sowie erweitert, weshalb sie fast noch in ihrem gesamten majestätischen Erscheinungsbild zu bewundern ist. Aktiv als Gebetshaus diente die Moschee bis ins beginnende 19. Jh.

Südlich an die Moschee grenzt das **Jumba Kuu**, das große Haus *(The Great House)*, an. Heute sind nur noch Grundmauern erhalten, aber ab dem 15. Jh. dienten die Gebäude als Wohnhäuser, u. a. für den Imam, den Vorbeter, der in der Gesellschaft als Gelehrter großes Ansehen genießt.

In unmittelbarer Nähe befindet sich die **Small Domed Mosque**, die noch am besten erhaltene Moschee von Kilwa Kisiwani. Die Kuppeln, Ornamente und arabischen Inschriften sind gut zu sehen.

Die dreieckige Anlage **Makutani** (Swahili für „Platz der großen Mauern") steht am westlichen Ende. Erbaut im 18. Jh., als die Omanis der Stadt zu neuer Blüte verhalfen, diente das Herzstück des Baus dem Sultan als Palast. Er wohnte nicht nur hier, sondern führte von hier aus auch die Regierungsgeschäfte.

Historiker nehmen an, dass derselbe Baumeister, der die Freitagsmoschee im 14. Jh. erweiterte, etwa zeitgleich auch den Sultanspalast **Husuni Kubwa** (Swahili für „großer Palast") errichtete. Dieses prächtigste Gebäude der Stadt liegt ein wenig außerhalb des ehemaligen Stadtzentrums. Hier residierte im 14. und 15. Jh. der jeweilige Sultan mit seiner Familie. Imposante Relikte legen Zeugnis ab von unermesslichem Prunk. So soll der Palast aus über 100 teilweise gewölbten und mit Friesen dekorierten Räumen bestanden haben. Neben einer Moschee und dem Dienstbotenquartier gab es einen Audienzraum, mehrere Innenhöfe, einen Pavillon sowie einen eindrucksvollen achteckigen Pool (mit Sitzgelegenheiten). Handelsreisende beschrieben den Palast als größtes Steingebäude im südlichen Afrika. Man kann sich leicht vorstellen, was für einen herrlichen Blick der Sultan aufs glitzernde Meer gehabt haben muss!

Gleich nebenan befindet sich der sogenannte **Husuni Ndogo**, der „kleine Palast". Wie er genutzt wurde, konnte nicht eindeutig festgestellt werden.

TRANSPORT UND SONSTIGES

Die Ruinen sind nur per **Boot** ab KILWA MASOKO (Motorboot, ca. 30 Min.) erreichbar. Der Pier für die Abfahrt der Boote liegt direkt am Ende der Hauptstraße. Hier, am kleinen Hafen, kann man selbst ein Motorboot organisieren und den Preis aushandeln (ca. 30 000 TSH hin und zurück). Zusätzlich ist eine **Erlaubnis** vom Antiquities Department im District Commissioner's Office (Halmashauri ya Wilaya ya Kilwa, Ofisi ya Utamaduni) einzuholen. Es liegt direkt an der Hauptstraße, gegenüber der Post, erkennbar am Funkturm (zur Zeit der Recherche gab es keine Hinweistafel), US$20/27 000 TSH p. P. Registrierte **Guides** müssen ebenfalls beim Antiquities Department angeheuert werden (ca. 20 000 TSH für 2 Pers.). Die Boote legen beim Gereza an. An den jeweiligen Gebäuden stehen zwar Informationstafeln, aber ein kundiger Guide macht den Ausflug erst lohnenswert.

Wer weniger Aufwand (zum fast gleichen Preis) wünscht, überlässt die Organisation den Lodges, die für den Ausflug inkl. Guide und Genehmigung ca. US$50 p. P. berechnen.

Die südliche Küste

Lindi

Je weiter südlich man fährt, desto stärker wird das Gefühl, in einem längst vergessenen Niemandsland unterwegs zu sein. 166 km von Nangurukuru entfernt und 461 km südlich von Dar liegt der Hauptort der Region Lindi an der Mündung des Lukuledi River. Gegründet wurde er im 17. Jh., als arabisch-sansibarische Händler den Ort als strategisch günstigen Endpunkt ihrer Sklaven- und Elfenbeinkarawanen vom Lake Nyasa (auch Lake Malawi) nutzten. Die deutschen Kolonialisten verlegten den Hauptsitz des Bezirks Lindi hierher. Von den ehemals vermutlich prunkvollen Villen aus Korallenstein entlang der Bucht und vom Bezirksamt stehen heute nur noch Ruinen. Die einst stattliche Boma vorne am Meer in der Nähe des Hafens ist völlig von Bäumen überwuchert, während ein lokaler Investor vor Kurzem das ehemalige Wohnhaus des Bezirksoberhaupts direkt am Strand (Nähe Stadium) kaufte (erkennbar an der langen Stiege). Er will daraus das beste Hotel von Lindi machen, nennt es aber irrtümlich Boma.

In der Umgebung von Lindi legten die Deutschen ertragreiche **Sisalplantagen** an, doch mit dem Untergang des Sisalhandels versandeten die Einnahmen. Heute gibt es in der Gegend von Lindi weder Industrie noch eine nennenswerte Agrarwirtschaft – nicht einmal die von Briten angelegten Cashewnuss-Plantagen bringen genug Ertrag ein. Die Briten erschufen schließlich in den 1940er-Jahren Mtwara – zum Leidwesen von Lindi, das immer mehr in die Bedeutungslosigkeit versank. Mittlerweile leben die Menschen hauptsächlich von der Landwirtschaft für den Eigenbedarf, vom Handel mit Kopra und Kokosnüssen, Erd- und Cashewnüssen, dem Fischfang und der **Salzproduktion** (überwiegend für den industriellen Gebrauch). Als Distrikthauptstadt befinden sich viele Ämter in Lindi, einer der größten Arbeitgeber ist also der öffentliche Sektor. Einige Missionare, Lehrer und Ärzte karitativer Organisationen halten unbeirrt die Stellung.

Bedeutung für die tansanische Wirtschaft hat Lindi durch die **Erdgasvorkommen** auf der vorgelagerten Insel Songo Songo gewonnen, die einen Teil der Stromversorgung des Landes bestreiten. Via Pipelines wird das Gas nach Dar es Salaam geleitet, wo es die Generatoren der Umspannwerke antreibt. Dies stößt den Bewohnern von Lindi sauer auf, denn es werden keine Arbeitsplätze vor Ort geschaffen. So kam es sogar schon zu Blockaden der Gaslieferungen nach Dar es Salaam. Weitere Erdgasvorkommen werden vermutet, weswegen der Süden Tansanias, insbesondere auch das Selous Game Reserve, in den Blickpunkt des internationalen Interesses geraten ist.

Für Touristen hat der Ort kaum Bedeutung, außer als Zwischenstopp zum Einkauf von Gemüse. Ein Spaziergang durch das entspannte, staubige Städtchen, vorbei an bröckelnden Ruinen und typischen indischen oder arabischen Läden, erinnert an die Zeit, als Lindi eines der wichtigsten Handelszentren des Südens war. Einige Strandabschnitte sind recht schön, doch angesichts der moslemischen Bevölkerung ist Schwimmen, Sonnenbaden oder gar allzu freizügige Kleidung fehl am Platz. Am ehesten kann man noch am **Mitema Beach**, ca. 4 km nördlich der Stadt (nicht beschildert), baden und sich sonnen. Achtung: Überfälle an einsamen Stränden können vorkommen; man sollte sich dort nur gemeinsam mit anderen Sonnenhungrigen aufhalten.

Tendaguru

1907 entdeckte ein deutscher Ingenieur in den Hügeln von Tendaguru (etwa 60 km westlich von Lindi, ca. 6 Std. Fahrzeit) auf der Suche nach Edelsteinen **Dinosaurierknochen**. Von 1909 bis 1913 fanden weitere Grabungen statt. Die weltweit bedeutendsten Funde wurden umgehend nach Deutschland verbracht, wo sich herausstellte, dass sich unter den 250 t sichergestellten Knochen das größte intakte Saurierskelett der Welt befand. Der bis zu 15 m hohe, vegetarisch lebende Brachiosaurus wog 50 t, lebte vor rund 150 Mio. Jahren und gilt als eines der größten Landwirbeltiere aller Zeiten. Bis heute ist Tendaguru die einzige gut bearbeitete Fundstelle eines Dinosauriers. Das Skelett kann im Berliner Naturkundemuseum bewundert werden, wo es 2005–2007 neu aufgebaut wurde. Der Brachiosaurus und zahlreiche weitere Funde der Tendaguru-Expedition stehen nach wie vor im Zentrum des wissenschaftlichen Interesses des Naturkundemuseums. Einige Kisten sollen noch gar nicht untersucht worden sein. Gelehrte und Politiker in Tansania fordern die Rückgabe der Skelette. Das Naturkundemuseum in Berlin argumentiert aber, dass für die sachgemäße Lagerung und Präsentation der wichtigsten Dinosaurierfunde der Welt nicht die passende Infrastruktur vorhanden sei.

ÜBERNACHTUNG UND ESSEN

Die Unterkünfte und Restaurants sind entsprechend der abgeschiedenen Lage einfach. Eine gute Option ist das **Himo One Restaurant** (Jamhuri St., nahe CRDB Bank), das von 6–24 Uhr ein großes Sortiment an einheimischen und internationalen Speisen anbietet, darunter *pilau*, *biriyani*, süßes Reisbrot *(mkate ya mchele)* oder andere typische Swahili-Spezialitäten.

Paris Guest House, unweit vom Busbahnhof in der Msonobarini St. Einfach und zentral. ❶–❷

Vision Hotel, gegenüber der Brigita Dispensary, unweit der CRDB Bank. Einfaches, neueres Hotel in einer ruhigeren Seitenstraße der Market St. ❶–❷

Adela Hotel, Ghana St., am Ende der Straße, bevor sie den Highway kreuzt. Das einfache, auch als Adela Kubwa bekannte Hotel bietet solide Mittelklassezimmer in mehreren Preiskategorien, je nachdem ob man Klimaanlage, Ventilator oder eine Suite wünscht. Sichere Parkmöglichkeit. ❶–❷

€ **MM Hotel** (auch Double M Hotel), Mitanda St., vom Clocktower-Kreisverkehr in Richtung Spital fahren, dann rechts abzweigen. Neueres Mittelklasse-Gästehaus im ruhigen Teil der Stadt mit Zimmern mit Bad/WC, sicherer Parkmöglichkeit und ansprechendem Restaurant. Gute Option für wenig Geld. ❷

Mtuleni Hill Lodges, vom Clocktower-Roundabout der namenlosen Straße folgen, die über den Highway nach Westen führt, danach bergwärts bis zum Ende der Teerstraße fahren, ✆ 0764-921220, ✉ giuseppetrupia@hotmail.com. Im ehemaligen Gästehaus einer finnischen NGO betreibt der gebürtige Italiener Guiseppe mit seiner Frau das einzige einigermaßen westlich geprägte Gästehaus. Nicht luxuriös, aber die Moskitonetze haben keine Löcher und die Klimaanlage funktioniert bestens. Einige Zimmer haben einen schönen Blick über die Bucht von Lindi. Unbestritten das beste italienische Restaurant im Süden, mit knuspriger Pizza, köstlicher Caprese (mit frischem Basilikum!) und exzellenten Fischgerichten. ❸

UNTERHALTUNG

An den Wochenenden, meist Fr–So, kommt Leben in die Bars und Pubs. In der **Police Mess** (Nähe Lindi Beach Resort, auf dem Weg zum Strand) trinkt man Fr und Sa sein Bier zu Musik. Alkohol wird auch im **Santolin Club** am nördlichen Ende der Makongoro Rd. in unmittelbarer Nähe zum Strand ausgeschenkt. Der Santolin Club eignet sich zudem prächtig für ein kühles Bier am Nachmittag mit Blick über die Lindi Bay.

Mangrove Bar, an der Hauptstraße nach Mtwara. War zur Zeit der Recherche bei Einheimischen beliebt und liegt – wie der Name schon sagt – an einem Mangrovenstrand.

Paris Club, direkt beim Stadion. Mi–So geht in der heißesten Disco von Lindi die Post ab, an manchen Tagen mit Liveband (10 000 TSH Eintritt, ohne Band 5000 TSH). ⏱ ab 22 Uhr.

SONSTIGES

Geld

NBC Bank, Nähe Anglican Church an der Waterfront (nur Visa); **CRDB Bank**, am großen Clocktower-Kreisverkehr (Visa- und Mastercard sowie Maestro, auch Geldwechsel).

Internet

Pira Stationary, Uhuru St., oder bei der **Post** in der Baraza St. nahe dem Hafen.

Markt

Nähe CRDB Bank und Clocktower-Kreisverkehr.

Medizinische Hilfe

An der Ausfahrtsstraße nach Kilwa liegt das **Distriktkrankenhaus** von Lindi.

Brigita Dispensary (und VCT Centre), Makonde St., nahe dem Kreisverkehr und CRDB, Einfahrt beim Gift Guest House von der Market St. aus. Kleine Klinik mit westlichem Knowhow und deutschem Arzt.

Polizei

In der Baraza St. in der Nähe der Post.

Post und Telefon

In der Baraza St. in Hafennähe.

NAHVERKEHR

Taxis nehmen für Stadtfahrten an die 3000 TSH, *bajajis* 1500–2000 TSH.

TRANSPORT

Selbstfahrer

Zwischen NANGURUKURU und Lindi (166 km, 2 1/2–3 Std.) wurde der Coastal Highway zur Gänze fertiggestellt. Zwischen Lindi und MTWARA (103 km, 2 Std.) existiert eine ältere, aber gute Teerstraße.

Busse

Der **Busbahnhof** liegt zwei Blocks südlich des Stadions an der Makongoro Rd.

DAR via Nangurukuru, z. B. mit Buti la Zungu, Machinga, Abfahrt zwischen 7.30 und 9 Uhr, ca. 8 Std., 24 400 TSH in *semi-luxury buses*, 26 800 TSH in *luxury buses*.

KILWA, siehe Busse nach Dar, 8500–9500 TSH. Umsteigen in Nangurukuru und mit lokalem Transportmittel weiter fahren, 2000 TSH. Mit Kleinbussen (Coaster) Abfahrt laufend 6–8 Uhr, ca. 4–5 Std., 8000 TSH.

MTWARA (über Mikindani), mit Daladalas und Kleinbussen, Abfahrt zwischen 6 und 17 Uhr regelmäßig, 2–2 1/2 Std., 4000 TSH.

Mikindani

Ein wahres Juwel tief im Süden ist Mikindani, das – wie alle Häfen an der Küste – das unausweichliche Schicksal aller Swahili-Städte ereilte, nämlich der Niedergang, nachdem die Bedeutung als Umschlagplatz für Elfenbein, Sklaven und andere Waren sank. Jahrhundertelang war die geschützte Bucht ein ausgezeichneter **Naturhafen** für arabische und indische Handelsschiffe, die Elfenbein, Tierhäute, Schildpatt und Kupfer in ihren Bäuchen abtransportierten, während sie den Einwohnern Metalle für Waffen, Textilien und Haushaltsartikel brachten. Mikindanis Einfluss reichte im 15. Jh. bis weit nach Angola, Kongo und Sambia. Die Zerstörung der Handelswege durch die Portugiesen war nur von kurzer Dauer, denn durch den Sklavenhandel verhalfen die Sultane Sansibars Mikindani zu ungeahnter Blüte. Livingstones letzte Reise auf der Suche nach den Quellen des Nils begann 1866 in Mikindani, eine Gedenktafel am 1952 von den Briten wiedererbauten **Livingstone House** erinnert daran.

In den 1880er-Jahren, nachdem Afrika 1884 bei der Kongokonferenz aufgeteilt wurde, erreichten die Deutschen Mikindani, bauten die **Boma** als Verwaltungszentrum und Befestigungsanlage und verschifften die Agrarerzeugnisse des Umlands, vor allem Sisal, Kokosnüsse, Kautschuk sowie Ölfrüchte, nach Deutschland. Sie begannen auch mit der Ernte und dem Export von Austernperlen. Der Sklavenhandel wurde wieder aufgenommen, der ehemalige Sklavenmarkt am Fuße der Boma zeugt davon. 1916 wurde das Gefängnis durch einen britischen Angriff schwer beschädigt. Noch bis 1947 unter den Briten war Mikindani das Verwaltungszentrum der Südregion, doch mit dem Bau von Mtwara wurden alle wichtigen Einheiten dorthin verlegt und Mikindani verfiel in einen seligen Dornröschenschlaf.

Heute ist es in erster Linie ein entspanntes **Fischerdorf** mit viel Atmosphäre und Geschichte. Ruinen erinnern an seine ehemaligen Bewohner: arabische Händler, deutsche Kolonialisten und indische Kaufleute – eine typische Swahili-Stadt also. Die engen Gässchen und

Die kleine Ansiedlung Mikindani liegt direkt am Wasser, aber ohne Strände zum Sonnenbaden.

Steckbrief: Tauchen in der Mikindani Bay

© DREW SUTTON @ ECO2.COM, MIKINDANI

- **Tauchtiefe**: max. 30 m, meist weniger
- **Sicht**: im Normalfall 20–25 m, in der Regenzeit weniger
- **Beste Zeit zum Tauchen**: Juli–Dez
- **Spezialitäten**: Zackenbarsche *(giant grouper)*, Dickkopf-Makrelen *(giant trevally)*, Große Barrakudas *(giant barracuda)*, Nördliche Schnapper *(red snapper)*, Seepferde *(sea horses)*, Kraken *(octopus)*, Spanische Tänzerin und andere Nacktkiemer (*Spanish dancer* aus der Familie der *nudibranchs*), Mondfische (*ocean sunfish* oder *mola mola*, aber nur mit ganz viel Glück)

ehemals weiß getünchten, heute verfallenden einstöckigen Häuser mit luftigen Balkonen und alten Sansibar-Türen vermitteln Swahili-Melancholie. Wenn man so will, ist Mikindani ein Stone Town im Taschenformat, bevor dieses vom Tourismus vereinnahmt wurde. Während Übernachtungen in Lindi oder Mtwara für Reisende eher Notlösungen sind, kann man in Mikindani leicht einige Tage verbringen. Ein Spaziergang durch das Dorf, Bootsausflüge in die Mikindani Bay, Tauchgänge in verschiedenen Revieren und Ausflüge bis nach Mosambik sorgen für Kurzweil.

ÜBERNACHTUNG UND ESSEN

Die beiden Unterkünfte organisieren zahlreiche Aktivitäten und Ausflüge, arrangieren die Abholung vom Flughafen Mtwara (US$15) und sind eindeutig die kompetentesten und besten Optionen im gesamten Süden.

€ **Ten Degrees South Lodge**, ✆ 0766-059380, 💻 www.tendegreessouth.com. Kleine, intime Pension, die teilweise (4 einfache Zimmer im Swahili-Stil mit Gemeinschaftsbad) in einem alten arabischen Haus untergebracht ist. Nur getrennt durch das gemütliche Restaurant befinden sich 4 neuere, komfortable, geräumige Zimmer mit Du/WC sowie Blick auf die Bucht auf der anderen Straßenseite. Ausgezeichnete Küche, angenehme Vibes, leistungsstarkes WLAN. Exzellente Option für Individualisten. ❷–❸

The Old Boma at Mikindani, ✆ 0756-360110, 💻 www.mikindani.com. Die über 100 Jahre alte deutsche Boma thront auf einer Anhöhe und überblickt die Bucht. Der blitzweiße Anstrich leuchtet von Weitem. Das Haus voller Charme und Geschichte wurde im Zuge eines Entwicklungsprojektes sachkundig und liebevoll revitalisiert, die 9 Zimmer mit typischen Swahili-Möbeln und Kunsthandwerk ausgestattet. Einige Zimmer haben Meerblick, alle sind geräumig und gemütlich. Großer Pool. Die Küche genießt einen ausgezeichneten Ruf. WLAN. ❸–❺

AKTIVITÄTEN

Ausflüge zum Rondo Plateau

Zwei- oder mehrtägige Exkursionen auf das **Rondo-Plateau** werden von The Old Boma arrangiert. Das Rondo Plateau Forest Reserve ist für seine Biodiversität (Bäume, Pflanzen, Vögel) bekannt und erlaubt ausgedehnte Wanderungen. Der Preis von 150 000 THS p. P. und Nacht beinhaltet die Transfers, Verpflegung, Guide und Übernachtung.

Bootsausflüge

Romantische Dhow-Fahrten in die Mikindani-Bucht werden von The Old Boma organisiert, mit Verpflegung 35 000 TSH p. P., ca. 3 Std. Bei eco2 ca. 20 000 TSH je nach Gruppengröße, aber ohne Verpflegung.

Märkte von Mtwara

Ein Besuch des Fischmarktes sowie des großen Marktes von Mtwara *(soko kuu)* organisiert The Old Boma für 30 000 TSH p. P., inkl. Transport.

Stadtführungen

The Old Boma bietet Führungen durch den historisch bedeutsamen Ortskern an, 15 000 TSH p. P. Die Guides stammen aus Mikindani und schöpfen aus einer Fülle von Informationen, Erlebnissen und Anekdoten.

Tauchen und Schnorcheln

eco2, in der Ten Degrees South Lodge, ✆ 084-855833, 💻 www.eco2tz.com, ist nicht nur das einzige Tauchcenter weit und breit, sondern auch ein Unterwasserforschungszentrum. Die beste Zeit zum Tauchen ist Juli–Dez, getaucht wird in der Mikindani- oder Mtwara-Bucht. PADI Open Water US$465, PADI Advanced Diver US$415, 2 Dives US$125. Viele andere Aktivitäten, z. B. Kayaking (15 000/Std.).

Schnorcheln ist ebenfalls möglich, aber nur an einigen wenigen Stellen, nachzufragen bei eco2, Mind. 4 Pers., US$30 p. P. Spezielle Arrangements, z. B. Tauchsafaris im Marine Park, nur auf Anfrage.

Walbeobachtung

Eine Garantie gibt es nicht, aber mit einiger Wahrscheinlichkeit erspäht man von Aug–Nov Buckelwale (US$40–45 p. P. bei eco2), ca. 20–30 Min. von Mikindani entfernt in der Mikindani Bay.

TRANSPORT

Selbstfahrer

Auf dem Weg von Lindi nach Mtwara kommt man automatisch durch Mikindani. Die Straße von LINDI führt über MINGOYO (KM 25), auch als Mnazi Moja bekannt. Die alte Teerstraße ist in gutem Zustand. Bei KM 69 ab Mingoyo erreicht man Mikindani, 9 km weiter liegt der große Kreisverkehr von MTWARA (erkennbar an der Uhuru-Fackel).

Busse und Daladalas

Die Überlandbusse von und nach MTWARA halten auf Wunsch in Mikindani. Mehrmals am Tag verkehren Daladalas zwischen Mtwara und Mikindani (500 TSH, ca. 20 Min.).

Bajajis und Taxis

Von Mikindani nach MTWARA müssen per *bajaji* etwa 6000–10 000 TSH einkalkuliert werden. Von Mikindani zum Flughafen von Mtwara verlangt ein Taxi mind. 25 000 TSH oder US$15 p. P. (eco2).

Flüge

Das nächste Flugfeld liegt in Mtwara, S. 253.

Mtwara

Wenig Sehenswertes für Touristen bietet die erst im 20. Jh. gegründete Stadt Mtwara, die zugleich der Verwaltungssitz der gleichnamigen Region ist. Die 103 km südlich von Lindi und

564 km von Dar gelegene Siedlung mit ihren knapp 108 000 Einwohnern verströmt das Flair einer staubigen Wildweststadt am Ende Tansanias. Seit der Eröffnung der Universität 2010 ziehen viele junge Menschen zum Studium hierher und die zahllosen ausländischen Mitarbeiter in der Offshore-Erdöl- und -gasförderung lassen Hotels und Nachtclubs wie Pilze sprießen.

Das heutige Mtwara entstand auf dem Reißbrett der britischen Verwaltungsbeamten, was man auf Anhieb erkennt: weite, ausladende Grünflächen, alleenartige Straßen und für afrikanische Städte unüblich viele Freiflächen. Die Stadt eignet sich schlecht für eine Erkundung zu Fuß, da alles relativ weit auseinander liegt. Vor 1947 befand sich an den Ufern des heutigen Mtwara nur ein unbedeutendes Fischerdorf. Doch Mitte der 1940er-Jahre ersannen die britischen Kolonialisten ein folgenschweres Experiment, das die Verlegung der Regionalregierung von Mikindani nach Mtwara verlangte: Das britische Ernährungsministerium startete mit dem sogenannten **Tanganyika Groundnut Scheme** (dt.: Tanganyika-Erdnuss-Plan, 1946–1951) ein agrarindustrielles Großprojekt, das Großbritannien mit Erdnüssen zur Herstellung von Erdnussbutter und Erdnussöl versorgen sollte. Das teuerste und größte Projekt der britischen Kolonialregierung sollte riesige Flächen im Hinterland (bis nach Dodoma in Zentraltansania und Tabora im Nordwesten) urbar machen, Zehntausende Arbeitsplätze schaffen und auch der Nahrungsmittelknappheit in Tansania entgegenwirken. Stattdessen endete es in einer grandiosen Pleite – hauptsächlich wegen eklatanter Planungsmängel. So wurde beispielsweise außer Acht gelassen, dass zur Kultivierung von Erdnüssen in vielen Teilen Tansanias zu wenig Regen fällt und es nicht überall Trinkwasserreservoirs gibt, um die benötigten Arbeitersiedlungen zu versorgen. Der lehmige Boden ist für die Agrarwirtschaft ungeeignet; zudem schienen die Planer die Tücken des Transports ignoriert zu haben: Ein kräftiger Regen reicht schon aus, um Straßen unpassierbar zu machen oder Bahngleise zu unterspülen. Nicht zuletzt kämpfte das Projekt mit Löwen- und Nashorn-Attacken, mit Traktoren, die dem Boden nicht gewachsen waren, und mit ausbleibenden Regenfällen, was die ohnehin geringe Ernte zerstörte. Als die Hafenanlagen von Mtwara 1950 fertiggestellt waren, stand der Groundnut Scheme bereits vor dem Bankrott. Das fehlgeschlagene Projekt verschlang Gelder im heutigen Gegenwert von 950 Mio. Euro, ohne auch nur im Entferntesten etwas erreicht zu haben. Noch heute wird im englischen Sprachgebrauch das geflügelte Wort *Groundnut Scheme* verwandt, um die Vergeudung öffentlicher Gelder in der Entwicklungshilfe anzuprangern.

Die Pleite der britischen Beamten darf aber nicht darüber hinwegtäuschen, dass Erdnüsse *(korosho)* noch immer der wichtigste Wirtschaftsfaktor der Region sind. Tourismus spielt nur eine untergeordnete Rolle, was auch Vorteile hat: Man wird kaum belästigt oder gar angebettelt, wie in anderen, touristischeren Gegenden.

Heute ist Mtwara der wichtigste **Verkehrsknotenpunkt** in Südosttansania mit einem neu belebten Hafen, einem Flughafen sowie dem nahen Grenzübergang zu Mosambik. Es hat dennoch den undankbaren Status, (noch) eine Sackgasse zu sein, denn weder für Touristen noch Overlander ist die Stadt leicht zu erreichen. Die Fahrt von/nach Mosambik ist beschwerlich. Das Visum für Mosambik muss schon in Dar gelöst werden, die Autofähre von Kilambo fährt nur während der Flut, und wer die Brücke nach Mosambik wählt, lässt Mtwara gleich ganz links liegen. Auch von Songea aus lässt sich die größte Stadt des Südens nur mit viel Planung und Einsatz erreichen: Zur Zeit der Recherche waren von der geplanten Teerstraße zwischen Nantumbo (ca. 70 km östlich von Songea) gerade mal wenige Kilometer in Bearbeitung, die Fertigstellung wird noch Jahre dauern. Bis dahin muss man von Songea nach Mtwara eine 2-Tage-Reise mit Zwischenstopp in Masasi oder Tunduru einplanen. Die Piste von Tunduru nach Nantumbo ist in sehr schlechtem Zustand und während der Regenzeit nahezu unpassierbar (und nur für leistungsstarke Geländewagen machbar).

Von Dar es Salaam aus ist die Teerstraße zwar zu 99 % fertig, aber Mtwara liegt weit weg von allen großartigen Attraktionen, die Tansania zu bieten hat. Vielleicht trägt gerade dieser Umstand zum Flair der Stadt bei: Trotz wirtschaftlichen Aufschwungs hat sich die Stadt ihre Ge-

Mtwara

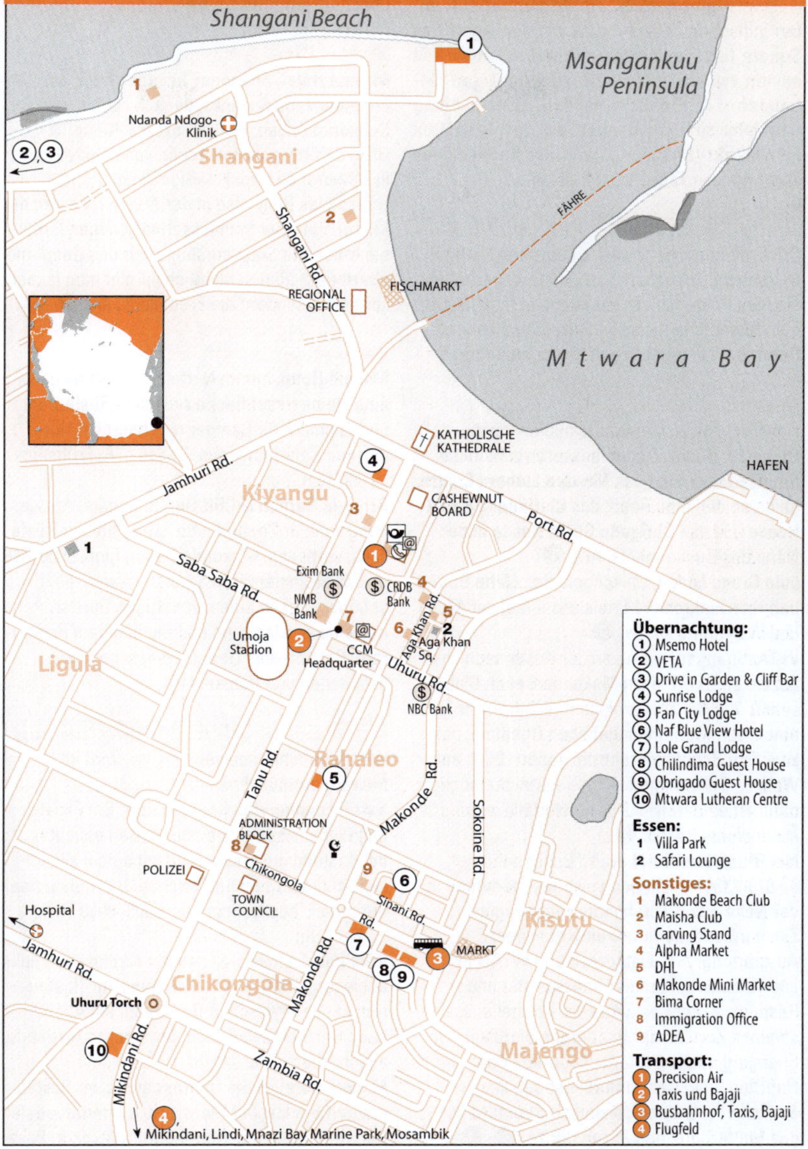

N
0
500 m
Shangani Beach
Msangankuu
Peninsula
Ndanda Ndogo-
Klinik
Shangani
Shangani Rd.
FÄHRE
REGIONAL
OFFICE
FISCHMARKT
Mtwara Bay
KATHOLISCHE
KATHEDRALE
HAFEN
Jamhuri Rd.
Kiyangu
CASHEWNUT
BOARD
Port Rd.
Saba Saba Rd.
Exim Bank
CRDB
Bank
NMB
Bank
Umoja
Stadion
CCM
Headquarter
Aga Khan Rd.
Aga Khan
Sq.
Uhuru Rd.
NBC Bank
Ligula
Rahaleo
Tanu Rd.
Makonde Rd.
Sokoine Rd.
ADMINISTRATION
BLOCK
POLIZEI
Chikongola
TOWN
COUNCIL
Sinani Rd.
Hospital
Jamhuri Rd.
MARKT
Kisutu
Chikongola
Makonde Rd.
Uhuru Torch
Mikindani Rd.
Zambia Rd.
Majengo
Mikindani, Lindi, Mnazi Bay Marine Park, Mosambik
Übernachtung:
1 Msemo Hotel
2 VETA
3 Drive in Garden & Cliff Bar
4 Sunrise Lodge
5 Fan City Lodge
6 Naf Blue View Hotel
7 Lole Grand Lodge
8 Chilindima Guest House
9 Obrigado Guest House
10 Mtwara Lutheran Centre
Essen:
1 Villa Park
2 Safari Lounge
Sonstiges:
1 Makonde Beach Club
2 Maisha Club
3 Carving Stand
4 Alpha Market
5 DHL
6 Makonde Mini Market
7 Bima Corner
8 Immigration Office
9 ADEA
Transport:
1 Precision Air
2 Taxis und Bajaji
3 Busbahnhof, Taxis, Bajaji
4 Flugfeld

lassenheit erhalten. Mtwara setzt sich nicht künstlich in Szene, sondern ist ein Stück echtes Südtansania.

Empfehlenswert ist ein Abstecher zum alten indischen Zentrum rund um den **Aga Khan Square** (ein kleiner Park mit viel Schatten) mit seinen typisch indischen, zweistöckigen Gebäuden. Für Einblicke in den Swahili-Alltag empfiehlt sich ein Besuch auf dem lebhaften **Fischmarkt** (Shangani, nahe der Katholischen Kathedrale) – Tansania in Reinkultur!

ÜBERNACHTUNG

Der Erdölboom hat Mtwara überteuerte Mittelklassehotels beschert. Die Zimmerkapazitäten sind bei Weitem nicht ausreichend und die Erdölfirmen nehmen, was sie bekommen können. Daher besser weiter nach Mikindani fahren!

Untere Preisklasse

Anspruchslose Unterkünfte buhlen um die Gunst der Gäste. Zu den besseren zählen die **Sunrise Lodge** und das **Mtwara Luthern Centre**, beide an der Tanu Road, das **Chilindima Guest House** und das **Obrigado Guest House** in der Nähe des Busbahnhofs. Alle ❶

Lole Grand Lodge, Chikongola Rd., Nähe Busbahnhof. Einfaches Mittelklassehotel mit AC, TV und WLAN im Zimmer. ❷

VETA, Shangani, vorne an der Küste nach links abzweigen, vorbei am Makonde Beach Club, ✆ 023-234094. 22 zweckmäßige Zimmer in einem von Mauern umgebenen Gebäude, das zu einem Schulungszentrum gehört. Blick aufs Wasser. Schwimmen ist im Meer nicht möglich, dafür ist es zu felsig. Nur für Notfälle, wenn sonst nichts frei ist. ❷

Naf Blue View Hotel, Nähe Busbahnhof, ✆ 023-2334465. Landestypisches Stadthotel in der Nähe des Busbahnhofs mit beengten Zimmern und moderner elektronischer Ausstattung, z. B. Flatscreen und WLAN in allen Zimmern. Kleines Fitnesscenter und Restaurant, aber es wird kein Alkohol ausgeschenkt. Zur Zeit der Recherche wurde in Shangani an der Waterfront gerade das Naf Blue View Beach Hotel gebaut, das ähnliche Preise und denselben Standard wie das Mutterhotel aufweisen dürfte. ❷–❸

Fan City Lodge, Nähe Tanu Rd. und Immigration Office. Neueres landestypisches Gästehaus mit TV, Internet und AC im Zimmer, aber etwas überzogenen Preisen. ❸

Mittlere Preisklasse

Msemo Hotel, Shangani, bei der Kirche am Ende der Tanu Rd. links, danach rechts, den Schildern folgen, ✆ 0786-678283. Keine Offenbarung, aber tatsächlich das beste Hotel in Mtwara! 22 zweckmäßige Zimmer und Bungalows (teilweise in der ersten Reihe an der Küste) ohne viel Schnickschnack liegen direkt am Meer. Mit Souvenirshops. Für das Gebotene überteuert, aber schließlich spricht man ja nicht Touristen, sondern die Erdölmultis an. ❸–❹

Camping

Msemo Hotel, nur im Notfall zu empfehlen, da eine kleine Rasenfläche zwischen Restaurant und Zimmern für Camper reserviert ist. Notdürftige Sanitäranlagen. US$10 p. P., Frühstück 10 000 TSH.

Drive-in Garden & Cliff Bar, Shangani, Abzweigung von der Shangani Rd. vorne bei der Küste links, vorbei am Makonde Beach Club. 5000 TSH p. P. Mit rudimentären Sanitäranlagen, aber schöner Lage in einem schattigen Garten unweit vom Meer und bodenständigem Restaurant. Beliebtestes Gericht: *chipsi na kuku* (Hähnchen und Pommes frites).

ESSEN

Wer gehobener speisen möchte, wird in Mtwara enttäuscht sein.

Safari Lounge, Aga Khan Square. Bei Expats und Einheimischen gleichermaßen beliebtes, bodenständiges Restaurant mit einem klimatisierten Innenraum und Tischen draußen auf der Veranda. Hauptgerichte um 5000–8000 TSH. ⏲ 7–24 Uhr.

Villa Park, Jamhuri St., an der Kirche nach links abbiegen, dann geradeaus. Open-Air-Restaurant mit den typischen Gerichten, am Abend auch Bar/Pub, wo Prostituierte gerne Ausländer ansprechen. ⏲ 6–24 Uhr.

Msemo Hotel, siehe Übernachtung. Im Restaurant mit Blick aufs Meer werden internationale Gerichte, Fisch und Meeresfrüchte, Pizza, Pasta und Swahili-Gerichte (10 000–25 000 TSH) angeboten.

UNTERHALTUNG

Seit die männlichen Arbeiter der Ölmultis Unterhaltung wollen, gibt es sie auch. Mehrere Clubs haben in letzter Zeit eröffnet (und weitere Neueröffnungen sind geplant). Man sollte also vor Ort nachfragen, welcher Club gerade angesagt ist. In einigen der genannten Unterkünfte und Restaurants, z. B. im Msemo Hotel, im Villa Park oder der Safari Lounge, lassen sich ebenfalls angenehme Abende verbringen. Wer 100 % Lokal-„Flava" sucht, muss im Bereich der Bima, einem ehemaligen Versicherungsgebäude (gegenüber von NMB, Ecke Uhuru Rd.) ausgehen.

Drive-in Garden & Cliff Bar, siehe Camping. Gut zum Ausklang des Tages, mit der Brise vom Meer, einem kalten Bier und einheimischer Küche.

Makonde Beach Club, Shangani, am Ende der Shangani Rd. vorne an der Küste links. Mit diesem recht elitären Beach Club spricht man gezielt die Ausländer und gut situierten Tansanier an. Großes Open-Air-Restaurant mit massivem Makuti-Dach. Höhere Preise fürs Essen, um die 6000–10 000 TSH, und Alkoholika. Do–So Livebands (Eintritt 5000–10 000 TSH), meist Bongo Flava. Schöne Lage direkt am Meer, besonders angenehm in den schwülen Monaten. ⌚ 7–24 Uhr.

Maisha Club, Shangani, auf dem Weg zum Msemo Hotel, Eintritt 10 000 TSH. Zur Zeit der Recherche der angesagteste Nachtclub von Mtwara, der auch in Dar es Salaam und Dodoma Zweigstellen unterhält. Dieser Club unterscheidet sich in seinem Standard fast nicht von einem europäischen (10 000 TSH).

EINKAUFEN

Der **Markt** liegt unweit vom Busbahnhof. Der neuere, große Supermarkt **Alpha Market** liegt nahe dem Aga Khan Square, wo sich auch der kleine, recht gut sortierte **Makonde Mini Market** befindet.

Carving Stand, Tanu Rd., gegenüber der Post. Kleiner Makuti-gedeckter Stand mit zwei Regalen voller Makonde-Schnitzereien. Hat nicht immer offen, aber wenn, stehen die Chancen gut, dass man zu einem guten Preis (verhandeln!) traditionelle Makonde-Schnitzereien erstehen kann.

Msemo Hotel, Shangani, siehe Übernachtung. Hier haben sich eine Handvoll Künstler angesiedelt, die typisch tansanische Makonde-Schnitzereien und Tingatinga-Malereien anbieten. Wer Glück hat, kann die Künstler bei ihrem Handwerk beobachten.

ADEA, Sinani Rd., Nähe Busbahnhof. Die amerikanische NGO unterstützt lokales Kunsthandwerk und Kulturprojekte und ermöglicht Künstlern Ausbildung und Einkommen. Mehr an westliche Geschmäcker angepasste Souvenirs, die mittlerweile von anderen Künstlern, z. B. jenen im Msemo Hotel, aufgegriffen wurden.

AKTIVITÄTEN

Zum **Schnorcheln** oder **Tauchen** in der Mtwara Bay s. eco2 in Mikindani, S. 247. Die Mtwara Bay zählt zu den besten Tauch- und Schnorchelspots der Südküste.

Ein Nachmittag an einem schöneren Strand erfordert etwas Planung in Mtwara.

Schwimmen (nur bei Flut) ist am ehesten westlich des Msemo Hotels am Shangani Beach möglich, wo es einen ca. 1,5 km langen breiten Sandstrand gibt, an dem auch die Einheimischen ins Wasser gehen. Sonnenbaden ist in Mtwara eher unüblich. Alternativ kann man die schönen Strände des

Steckbrief: Tauchen in der Mtwara Bay

- **Tauchtiefe**: 15–20 m
- **Sicht**: im Normalfall 20–25 m, in der Regenzeit weniger
- **Beste Zeit zum Tauchen**: Juli–Dez
- **Spezialitäten**: Seepferde *(seahorses)*, Seenadeln *(pipe fish)*, Echte Tintenfische *(cuttlefish)*, Anglerfische *(frog fish)*, Kraken *(octopus)*, Spanische Tänzerin und andere Nacktkiemer (*Spanish dancer* aus der Familie der *nudibranchs*), Geisterpfeifenfische (*ghost pipefish*, Nov–Feb)

Grenzverkehr nach Mosambik

Zur Zeit der Recherche (2013) gab es zwei Möglichkeiten des Grenzverkehrs mit Mosambik: entweder über die 2010 fertiggestellte **Unity Bridge** oder über die neue Autofähre bei **Kilambo**.
Über **Masasi** (2 1/2 Std. von Mingoyo (Mnazi Moja) auf Teer nach Masasi, danach 40 km Teer und später gute Allwetterpiste geradeaus bis Nangomba, hier in Richtung Süden abzweigen und weitere 74 km auf recht guter Piste) erfolgt die Anfahrt zur Unity Bridge, wo die Grenzformalitäten erledigt werden müssen. Vom Grenzort auf der mosambikanischen Seite, Negomano, führt eine schlechte Piste weiter ins 170 km entfernte Mueda mitten im Busch.
Bei **Kilambo** (2 Std. südlich von Mtwara) ist eine von der Regierung betriebene Autofähre in Betrieb, die bei High Tide Fahrzeuge (25 000 TSH) sowie Passagiere (500 TSH) über den Ruvumu River transportiert. Man sollte in Mtwara nachfragen, wie es um die Fähre bestellt ist, z. B. beim Kapitän, ✆ 0782-724928, oder im Amtsgebäude, wo auch die Immigration untergebracht ist. Achtung: Ausländische Touristen mit eigenem Fahrzeug müssen mit Gebührenforderungen von US$200–300 für die Autofähre rechnen, aber angeblich sind nur die genannten 25 000 TSH rechtens. Fußgänger werden von Privatbooten für ca. 6000 TSH übergesetzt. Daladalas nach Kilambo fahren nur 1x tgl., ab Mtwara um 6 Uhr morgens, ab Kilambo um 12 Uhr, 4500 TSH.
Wer **nach Mosambik** fährt, muss sich bereits in Dar es Salaam oder zu Hause um ein **Visum** gekümmert haben. Das Single-Entry-Visum beim mosambikanischen Konsulat in München kostet momentan offiziell 30 € für 30 Tage. In Dar es Salaam liegt die High Commission von Mosambik in der Garden Avenue, ✆ 022-2116502.
Wer von Mosambik kommt und nach Tansania einreist, trifft auf recht gut organisierte Grenzstationen. Das Visum sowie etwaige Formalitäten fürs eigene Fahrzeug (S. 40) können nahezu problemlos arrangiert werden.
Mosambik liegt in einer anderen **Zeitzone**, die Uhr muss um eine Stunde vorgestellt werden.

Marine Parks aufsuchen (z. B. mit eco2 in Mikindani) oder die bewohnte Msangankuu-Halbinsel ansteuern (Achtung: keine Wertsachen mitnehmen, Überfälle kommen vor, am besten vor Ort fragen, wie die Sicherheitslage im Moment einzuschätzen ist). Hin gelangt man vom Fischmarkt aus mit der Fähre (300 TSH) oder einem lokalen Fischerboot. Dazu mit den Fischern einen Preis aushandeln, der aber 15 000–20 000 TSH (hin und zurück) nicht überschreiten sollte.
ADEA organisiert **kulturelle Veranstaltungen**, z. B. das MaKuYa-Musikfestival. Ob und wann es wieder stattfindet, muss vor Ort erfragt werden.

SONSTIGES

Apotheken

Es gibt mehrere kleine Apotheken, z. B. in der Nähe des Marktes und des Busbahnhofs oder in der Tanu Rd.

Geld

Exim Bank, Tanu Rd., sowie **NBC Bank**, Uhuru Rd., für Abhebungen mit Visa-, Master- oder Maestro-Card, **CRDB Bank**, Tanu Rd., für Abhebungen mit Visa-Card und Geldwechsel.

Internet

Internetzugang gibt es in der **Post**, im **CCM-Gebäude** in der Uhuru Rd. oder an der **Bima** (gegenüber von NMB, Ecke Uhuru Rd.), 30 Min. 500 TSH.

Medizinische Hilfe

Ndanda Ndogo, Shangani St. Der als St. Mary's Dispensary ausgeschilderte Ableger der Klinik der großen Benediktiner-Abtei Ndanda (auf dem Weg nach Masasi) bietet ausgezeichnete medizinische Hilfe.
Das öffentliche **Legula Hospital** befindet sich in der Jamhuri Rd., westlich vom Kreisverkehr.

Post und Telefon

Tanu Rd., unweit der großen Kirche.

Visa

Die Einwanderungsbehörde liegt etwas nördlich des großen Kreisverkehrs an der Zufahrtsstraße nach Mtwara im **Administration Building**. Wenn möglich, sollte notwendiger Papierkram aber in Dar es Salaam erledigt werden.

NAHVERKEHR

Durch die weitläufige Bauweise der Briten sind innerhalb der Stadt große Distanzen zu überwinden, die man am besten mit dem **Taxi** (ca. 4000 TSH für eine Stadtfahrt, 15 000 TSH zum Flughafen von Mtwara), dem *bajaji* (ca. 2000 TSH, z. B. zum Msemo Hotel oder Makonde Beach Club, 1500 TSH zum Markt, 3000 TSH zur Drive-in Garden & Cliff Bar) oder einem **Mopedtaxi** (ca. 1000 TSH) absolviert. Ein beliebter Standplatz für den Nahverkehr ist u. a. die Bima Corner.

TRANSPORT

Busse

Der **Busbahnhof** für Daladalas und Überlandbusse liegt am südlichen Ortseingang auf der rechten Seite gleich neben dem Markt.
Es ist zu befürchten, dass die ohnehin waghalsige Fahrweise der Busfahrer durch den teilweise fertiggestellten Ausbau der Teerstraße nach Songea noch schlimmer wird und sich damit für Busreisende auch das persönliche Risiko erhöht, zumal die Busse in schlechterem Zustand als anderswo sind.
DAR, z. B. mit Buti la Zungu, Ngitu, Hamanju, Abfahrt 6 Uhr, ca. 8–10 Std., 29 700 TSH in *semi-luxury buses*.
KILAMBO, S. 252.
KILWA, siehe Busse nach Dar, 13 900 TSH. Umsteigen in Nangurukuru und mit lokalem Transport weiterfahren, 2000 TSH.
LINDI, mit Daladalas und Kleinbussen, Abfahrt 6–17 Uhr regelmäßig, 2 1/2 Std., 4000 TSH.
MASASI, z. B. Coastal Coach, Ngitu, Abfahrt regelmäßig 6–16 Uhr, 4–5 Std., 7500 TSH. Hier muss man in die Busse nach Songea umsteigen (nur in der Trockenzeit).
MOSAMBIK, am besten über Masasi. Übernachten in Masasi, dann weiter nach Masuguru oder Negomano (Kasten S. 252). Nächste Schlafmöglichkeit in Mueda, das man frühestens am Abend erreichen kann.

Flüge

Das Flugfeld liegt etwa 6 km südlich des Kreisverkehrs von Mtwara auf dem Weg nach Newala. Wer nach Mtwara oder Mikindani will, muss ein Taxi nehmen (ca. 20 000–30 000 TSH bis Mikindani, ca. 15 000 TSH in die Stadt) oder bei der Unterkunft einen Transfer buchen.
Precision Air, im gleichen Gebäude wie die Post, ✆ 0787-818442, 💻 www.precisionairtz.com, fliegt momentan tgl. von DAR nach Mtwara und wieder zurück (einfach ca. US$200 p. P.). Mo, Mi, Fr und So gibt es zusätzlich Abendflüge, Flugdauer jeweils 1 1/4 Std. Precision Air bietet einen Shuttle-Dienst in die Stadt, 10 000 TSH p. P.
Air Tanzania hat Mtwara (ab/nach DAR) wieder in den Flugplan aufgenommen, 117 000 TSH p. P., mit Precision zu fliegen, ist aber zuverlässiger.

Mnazi Bay-Ruvuma Estuary Marine Park

- **Zugang**: Auf der Piste nach Kilambo, einem der Grenzübergänge nach Mosambik, kann der Park entweder über das Dorf Ziwani (Ziwani–Strand 17 km) oder das Dorf Madimba (Madimba–Msimbati 18 km) betreten werden. Hinweisschilder existieren nicht, man muss in den Dörfern nachfragen.
- **Eintritt**: US$20 p. P./Tag, zahlbar entweder beim Veranstalter, mit dem man die Bootsausflüge unternimmt, oder beim Gate in Msimbati.

Im Jahr 2000 wurde der Mnazi Bay-Ruvuma Estuary Marine Park eingerichtet, der sich von Mtwara bis an den Grenzfluss Ruvuma River erstreckt. Mehr als 200 km² im Meer und 464 km² an Landfläche wurden damit geschützt – nicht zuletzt dank der Arbeit von eco2-Besitzer und Meeresbiologe Martin Guard.

Angesichts der Fläche und der begrenzten Finanzmittel ist noch längst nicht alles über das **Artenvorkommen** unter Wasser bekannt. Mehr als 400 Fischarten wurden bereits dokumentiert, ebenso wie 258 Korallenarten (die höchste Anzahl von Korallen in ganz Ostafrika!), eine bedeutende Anzahl von Delfinen und Walen sowie vier Arten von Meeresschildkröten.

Der Unterwasserreichtum ist vor allem darauf zurückzuführen, dass sich dank der Strömungen und der Unterwassergeografie ozeanischer Bestand mit den Lebewesen des Riffs vereint. Die intakten alten Mangrovenwälder stellen eine ostafrikanische Rarität dar. Für Reisende sind die unberührten Strände von Bedeutung, insbesondere jene von **Msimbati** und **Ruvula** auf der Msimbati Peninsula. Allerdings ist die Gegend touristisch noch völlig unerschlossen, weshalb sich Erkundungsfahrten auf eigene Faust (wegen fehlender Hinweisschilder und der erbärmlichen Sandpisten) äußerst schwierig gestalten.

Vorgesehen ist, den gesamten Küstenstreifen von Mafia Island über Mtwara und den Ruvuma-Fluss bis hinunter nach Pemba (Mosambik) in der Zukunft zu einem einzigen großen Marine Park zusammenzuführen. Aber wie so oft in Tansania scheint keine Klarheit darüber zu herrschen, welche Kuh man melken möchte. Einerseits will man an die Devisen der Touristen heran, indem man Eintrittsgebühren verlangt (und gleichzeitig so wenig wie möglich in Patrouillen gegen Fischer investiert). Andererseits will man auch auf die Millionen der Öl- und Gasmultis nicht verzichten, denn im Marine Park selbst (!) wird nach Öl und Gas gebohrt.

Tauchsafaris, die Tauchen in Mikindani, Mtwara Bay und dem Marine Park verbinden, bietet ausschließlich nach vorheriger Reservierung eco2 in Mikindani (S. 245) an. Einen Camping-Ausflug nach Msimbati für eine Nacht arrangiert The Old Boma in Mikindani, mit 4x4-Transfer, Camping, Schnorchelausrüstung und Verpflegung 160 000 TSH p. P. Wer auf eigene Faust unterwegs ist und am Strand kampiert, muss sich Wachpersonal organisieren (gegen Gebühr, ca. 5000–10 000 TSH).

© KURT KAUBE

Sansibar und Pemba

Stefan Loose Traveltipps

5 **Stone Town** In den engen Gassen stehen alte Korallensteinhäuser mit viel Geschichte; orientalische Basare erinnern an die alten, pompösen Sultanszeiten. S. 259

Sauti za Busara Music Festival Hier pulsiert der inseleigene Rhythmus – intensiver kann der Kontakt mit Sansibar nicht werden. S. 275

Kunsthandwerk Swahili-Türen, Sansibar-Truhen und -Himmelbetten, leuchtende Kikoy-Stoffe oder traditionelle Fliesen – das Kunsthandwerk sucht auf dem Festland seinesgleichen. S. 276

Spice Tour Gewürze haben die Insel berühmt und ehemals reich gemacht und sind integraler Bestandteil der Alltagskultur. S. 279

6 **Strände an der Ostküste von Sansibar** Kilometerlange Palmenstrände – Matemwe und Bwejuu sind die richtigen Orte, um nach einer staubigen Safari die Seele baumeln zu lassen. S. 301 und 310

Misali Island Das unberührte Kleinod vor der Küste Pembas lässt die Herzen von Tauchern, Schnorchlern und Sonnenanbetern höher schlagen. S. 322

Der Sansibar-Archipel hält alle Zutaten für einen exotischen Urlaub bereit – Orte voller mysteriöser Geschichte, Erinnerungen an Prinzessinnen und Abenteurer, Düfte von Nelken und Frangipani, palmengesäumte Strände und azurblaues Meer bis zum Horizont. Kein Wunder, dass viele die Inseln als ideales Kontrastprogramm zu einer staubigen Safari auf dem Festland betrachten.

Geschichte

Seit jeher waren die Inseln leicht erreichbar, sei es vom afrikanischen Festland oder sogar von Europa oder Asien aus. Schriften belegen, dass griechische Händler von Ägypten aus bereits 60 n. Chr. mit Sansibar Handel trieben. Seit dem 7. Jh. etwa siedelten sich **arabische Händler** und später, um 1200, die persischen **Shirazi** auf Sansibar an. Diese bevölkerten vor allem den südlichen Teil der Insel, nämlich Kizimkazi, die Tumbatu-Inseln oder Wambaa. Ob sie der Insel ihren Namen gaben – *Zangh barr* bedeutet so viel wie „Land der Schwarzen" – oder ob sich der Name aus dem arabischen *Zayn Za'l Barr* ableitet, was so viel wie „Schön ist die Insel" heißt, darüber scheiden sich noch immer die Geister.

Araber und Shirazi sorgten dafür, dass der **Islam** die Oberhand über die Naturreligionen der afrikanischen Bewohner gewann. Funde belegen, dass die erste Moschee auf sansibarischem Boden bereits 1107 in Kizimkazi (Süd-Unguja) eingeweiht wurde.

Als im 15. Jh. die **Portugiesen** die Inseln (und auch das Festland um Kilwa) überrannten, fanden sie prosperierende Städte vor, die regen Handel mit Persien, Arabien oder Indien trieben (s. „Die portugiesische Herrschaft", S. 138). Sie errichteten die ersten Steinbauten auf der Insel, die auch heute noch vereinzelt in Mvuleni oder Shangani zu sehen sind.

Nach der Niederlage der Portugiesen erlangten die **Omanis** immer größeren Einfluss in Ostafrika (s. „Das blutige Jahrhundert – Sklaverei und Elfenbein", S. 139), auch weil der natürliche Tiefseehafen Sansibars ideale Ankerplätze für die immer größeren Handelsschiffe bot. Nachdem um 1820 Gewürznelken aus Mauritius, Kakao aus Westafrika und andere Sonderkulturen eingeführt wurden, erkannten die Omanis das ökonomische Potenzial Sansibars, und 1832 verlegte Sultan **Sayyid Said** die Hauptstadt seines omanischen Sultanats Muskat hierher. Sayyid Said, der erste Sultan von Sansibar, prägte die Geschicke der Insel maßgeblich. Er lockte wohlhabende Familien in die neue Hauptstadt, indem er ihnen große Ländereien auf der Insel zuteilte. Für diese Gewürzplantagen wurden immer mehr Arbeitskräfte gebraucht, infolgedessen florierte der Sklavenhandel. Um 1840 wurden pro Jahr etwa 40 000 bis 50 000 Sklaven „vermarktet", wovon etwa die Hälfte in der sansibarischen Nelkenproduktion verblieb, die andere Hälfte war für den Verkauf nach Arabien, Persien und an die französischen Landbesitzer im heutigen Mauritius und La Réunion bestimmt. Der mächtigste und berüchtigtste Sklavenhändler dieser Zeit, **Tipu Tip**, wurde beispielsweise so wohlhabend, dass er sich einen Harem von über 30 Konkubinen samt Kindern nebst seiner Erstfrau und deren Kindern leisten konnte.

Der geschäftstüchtige Sultan führte intensive Handelsbeziehungen mit europäischen Ländern, darunter auch Deutschland und Österreich-Ungarn. So wurden die exotischen Gewürze der mitteleuropäischen Küche u. a. aus Sansibar importiert – was wäre der österreichische Apfelstrudel ohne Zimt oder Nürnberger Lebkuchen ohne Gewürznelken und Kardamom?

Als Sultan Sayyid Said 1856 starb, hinterließ er seinen Söhnen ein florierendes Reich. Wegen Erbstreitigkeiten brach es allerdings auseinander; das Sultanat Muskat fiel an den Sohn Thuwein, und **Majid** übertrug man die Führung Sansibars sowie der ganzen ostafrikanischen Küste. Majid, und ab 1870 sein Sohn **Barghash**, regierten als fortschrittliche Sultane; die wirtschaftliche Blüte hielt an, vor allem dank der Fertigstellung des Suezkanals 1869, der den Handel zwischen dem Mittelmeer und dem Indischen Ozean erleichterte. Unter Barghash wurde nicht nur ein Großteil der pittoresken Gebäude in Stone Town erbaut, sondern vor allem die Stadt modernisiert. Der Sultan ließ elektrische Straßenbeleuchtung installieren; mithilfe eines Aquädukts wurde sauberes Trinkwasser in die Stadt geleitet, der Straßenbau wurde forciert und eine Polizeieinheit zum Schutz der Bevölkerung gebildet. Barghash finanzierte daneben

SANSIBAR UND PEMBA

Kriminalität und Sicherheit

Ohne Hysterie erzeugen zu wollen – die Insel der Seligen ist Sansibar schon lange nicht mehr. Die Kriminalität betrifft in den meisten Fällen die Hotels und ihren Tagesbetrieb. Diebstähle in Zimmern (z. B. vom Reinigungspersonal), Überfälle in der Nacht von außen und Taschendiebstähle in Stone Town kommen häufiger vor. Neben den Hinweisen auf S. 52 sollte man noch Folgendes beachten:

- **Keine Angaben** über das Hotel, die Zimmernummer und andere persönliche Dinge machen.
- **Geld und Wertsachen** auf verschiedene Körperstellen und Personen verteilen.
- **Zimmertür** zu jeder Tageszeit abschließen, egal ob man innerhalb oder außerhalb des Zimmers ist. Balkontüren und Fenster bei Verlassen des Zimmers schließen.
- Nur **Guides** engagieren, die vom Hotel geprüft und empfohlen wurden oder von einer renommierten Agentur stammen.
- Es gibt Fälle von **fingierten Fahrzeuginspektionen** der Polizei, bei denen Drogen versteckt werden, die wenig später wie zufällig von weiteren Polizisten gefunden werden. Die Touristen werden eingeschüchtert und beleidigt und sogar mit lebenslangen Haftstrafen sowie Geldforderung von Tausenden US-Dollar konfrontiert.

auch die jährliche Pilgerfahrt der Moslems nach Mekka.

Als die aggressive Afrikapolitik der deutschen **Kolonialherren** in den 1870er-Jahren das Reich der Sansibaris, das sich mittlerweile bis zum Tanganyika-See sowie nach Kenia und Mosambik ausgebreitet hatte, bedrohte, begann der schleichende Untergang des Sultanats. Schritt für Schritt musste der Sultan seine Ländereien auf dem Festland abgeben, im Jahr 1890 bestand das Reich de facto nur mehr aus Unguja und Pemba. Ab 1885 unterstand das Sultanat dem Deutschen Reich, 1890 wurde es an das britische Kolonialreich abgetreten. Zwar wurde Sansibar weiterhin bis 1964 von (insgesamt acht) Sultanen regiert, jedoch standen diese bis zum Ende des Sultanats unter der Aufsicht der Kolonialverwaltung.

Der politischen Entmachtung folgte die wirtschaftliche auf dem Fuß. Obwohl der **Sklavenhandel** offiziell bereits 1873 durch die Briten abgeschafft worden war, brachte der Handel im Verborgenen der omanischen Oberschicht weiterhin hohe Einnahmen. Erst 1897 griff die Kolonialregierung hart gegen den Sklaven-Schwarzmarkt durch. Neue Tiefseehäfen in Mombasa und Dar es Salaam sowie die schwindende Bedeutung des Nelkenexports versetzten der Wirtschaft Sansibars endgültig den Todesstoß.

Nachdem die britische Kolonialherrschaft im Dezember 1963 endete, stürzte man im Januar 1964 den letzten Sultan in einer blutigen Revolte. Mehr als 17 000 wohlhabende Araber und Inder wurden dabei von aufständischen Afrikanern massakriert. Nach kurzer Übergangszeit als „Volksrepublik" vereinigte sich Sansibar am 26. April 1964 mit dem Festlandsstaat Tanganjika zu einem neuen Staat Tansania (Tanganyika + Zanzibar = Tanzania).

Seitdem ist der Verwaltungsbezirk Sansibar, also Unguja und Pemba, ein **Teilstaat der Republik Tansania**; allerdings wurde dem Archipel ein halbautonomer Status eingeräumt (s. „Tansania heute", S. 142, und Kasten „Stolperstein Sansibar", S. 143).

Der erste Präsident Sansibars, **Sheikh Abeid Karume**, war wie sein Kollege vom Festland, Julius Nyerere, ein Vertreter des Afrikanischen Sozialismus und unterhielt gute Kontakte zu Kuba, Russland, China und der DDR. Mit ihrer Unterstützung ließ er die Infrastruktur der Insel aufpolieren, z. B. mit Plattenbauten, die Zanzibar Town prägen.

Bevölkerung und Religion

Die 1,3 Mio. Einwohner des Archipels, ein buntes Bevölkerungsgemisch aus Afrikanern, Indern, Persern und Arabern, sind zu über 98 % **Moslems**, was im Alltag nicht zu übersehen ist. Der Großteil der Frauen trägt *buibuis* – lange schwarze Umhänge – über der Kleidung; auch die Männer zeigen sich in ihrer traditionellen Tracht – lange, weiße Hemden *(khanzu)* und kunstvoll verzierte Kopfbedeckungen *(kofia)*. Fünfmal pro Tag hallt der lautstarke Ruf zum

Gebet über die Inseln; Freitag ist der wichtigste Gebetstag der Moslems. Polygamie wird praktiziert, Schweinefleisch ist tabu.

Trotzdem unterscheidet sich der auf Sansibar praktizierte gemäßigte Islam von demjenigen anderer moslemischer Gesellschaften. Das mag daran liegen, dass in Sansibar moslemische Praktiken aus verschiedenen Teilen der Welt zusammengetroffen sind. Die Sansibaris sind stolz auf ihre Toleranz gegenüber Andersgläubigen, auch wenn es in den letzten Jahren vereinzelte Anschläge auf Christen und westliche Besucher gegeben hat. Umso mehr müssen Touristen darauf achten, islamische Regeln einzuhalten. Vor allem in Stone Town sollten Frauen auf Miniröcke, Shorts oder ärmellose Tops verzichten. Für Touristen kann der heilige Monat **Ramadan** mitunter unangenehm werden, denn Essen, Trinken und Rauchen sind dann tagsüber in der Öffentlichkeit tabu. Das Tourismusministerium fordert seit einigen Jahren die Hoteliers auf, während des Ramadans kein Frühstück zu servieren (betrifft vor allem Stone Town, nicht die Resorts an der Küste), und auch tagsüber haben kaum Restaurants geöffnet.

Gut zu wissen

Nach der Ankunft am Flug- oder Fährhafen ist es ratsam, sich zunächst eine **Unterkunft** in Stone Town oder Umgebung zu suchen und dort ein oder zwei Tage zu verbringen.

Reisende, die Stadt und Strand möglichst optimal zu verbinden suchen, sollten sich in einem der Hotels in den **Vororten**, z. B. Mbweni, Fumba, Mtoni oder Bububu, einquartieren. Diese Resorts punkten vor allem mit der relativen Nähe zu Stone Town – ideal für Urlauber, denen Sonnenbaden nach dem dritten Tag zu eintönig wird – und mit herrlichen Sonnenuntergängen, die den Resorts an der Ostküste fehlen.

Wer mehr als drei oder vier Tage auf Sansibar verbringen will, kann die weiter entfernten Resorts und Lodges an der restlichen **Küste** im Norden, Osten und Süden aufsuchen. Im Durchschnitt ist eine Stunde Fahrt zu veranschlagen.

Sansibar (Unguja)

43 km östlich vom Festland auf Höhe des Saadani National Park liegt die Insel Unguja mit ihren (knapp 900 000 Einw.). Sie ist etwa 87 km lang und bis zu 39 km breit. Der Name Sansibar steht streng genommen für den gesamten Archipel, der aus Unguja (sprich Ungudscha), Pemba und rund 50 weiteren kleinen Inseln besteht. Die größte Insel dieser Gruppe ist Unguja, das als Sansibar bekannt ist. Hingegen gehört die dritte größere Insel Tansanias, Mafia Island (S. 224), politisch gesehen zur Küstenregion des Festlands und nicht zum Archipel, wie man meinen könnte.

5 HIGHLIGHT

Stone Town

An der Westküste liegt die Hauptstadt des Archipels, Zanzibar Town (geschätzte 350 000 Einwohner), deren historisches Herzstück Stone Town heißt. Der Stadtteil ist dem Meer zugewandt, während die neueren Stadtteile alle jenseits der Creek Road im Hinterland liegen. Vor über 300 Jahren begannen die Araber Häuser aus Korallenstein zu bauen – eine für Afrika untypische Bauart. Durch die dichte, Schatten spendende Bauweise installierten sie sozusagen flächendeckend eine Klimaanlage. Die meisten Gebäude entstanden im 19. Jh., aber heutzutage existieren kaum mehr als 40 % der alten Bausubstanz. Ein Großteil der historischen Häuser müsste dringend renoviert werden, wenn die Altstadt erhalten bleiben soll. Seit 1985 existiert die Altstadtkommission, die in den letzten Jahren mit Hilfe internationaler Geldgeber viele historische Gebäude vor dem Verfall bewahrt hat. 18 000 Menschen wohnen heute noch im historischen Kern.

Der kürzeste Krieg der Geschichte

Nachdem am 25. August 1896 Sultan Sayyid Said verstorben war, sahen die deutschen Kolonialisten ihre Stunde gekommen und katapultierten mittels eines von ihnen unterstützten Staatsstreichs dessen Neffen Barghash an die Macht. Die britischen Protektoren hatten jedoch einen anderen Nachfolger im Sinn und wollten Barghash zur Abdankung zwingen. Der Sultan verweigerte die Gefolgschaft und stellte binnen zweier Tage ein kleines Heer zusammen, um einen Angriff der Briten abwehren zu können. Nachdem alle diplomatischen Versuche gescheitert waren, ließ dieser auch nicht lange auf sich warten. Am 27. August 1896, um Punkt 9 Uhr, begann das Bombardement des Palastes und des House of Wonder. Das kleine Heer konnte gegen die Kriegsschiffe der britischen Seemacht wenig ausrichten. Um 9.38 Uhr war der Spuk vorbei, die Briten sicherten sich die Herrschaft über Sansibar, und der ungeliebte Sultan Barghash ersuchte bei der deutschen Kolonialregierung um politisches Asyl, in dessen Schutz er die nächsten 15 Jahre zubrachte.

Die Steinstadt bezaubert durch ihre scheinbar wild aneinander gereihten Häuser, zwischen denen unzählige enge Gassen verlaufen. Hier pulsiert das Leben, überall duftet es nach kulinarischen Spezialitäten, kleine Läden *(duka,* Mehrzahl *maduka)* bieten von der Zahnpasta über getrocknete Gewürze bis hin zu Stoffen eine bunte Warenmischung an, und aus den Häusern dringt arabische Taarab-Musik. Für Autos sind die meisten Gassen zu schmal; am besten kommt man zu Fuß voran, doch nicht immer ist es einfach, sich im Straßengewirr zurechtzufinden. Selbst mit einem Stadtplan wird man bald an seine Grenzen stoßen …

Neben der historischen Bedeutung, die die Altstadt zweifelsohne hat, ist Stone Town auch eine ganz normale afrikanische Stadt, mit allen Vor- und Nachteilen: Durch die kompakte Bauweise hat man ein attraktives Angebot an Restaurants, Läden, Sehenswürdigkeiten und Transportmitteln auf engstem Raum. Doch gleichzeitig leben viele Menschen in der Stadt, die Gassen sind geschäftig und laut, rasant fahrende Moped- und Radfahrer erfordern viel Aufmerksamkeit, und durch unzählige Moscheen mit Lautsprechern wachen die meisten Touristen beim Morgengebet meist vor 5 Uhr morgens auf.

Rund um den Hafen

Besonders beeindruckend sind die Bauten entlang der Meeresfront, dem vormals strategisch wichtigen Teil der Stadt, in der Nähe des Hafens. Vom heutigen geschäftigen Hafen, der 1925 fertiggestellt wurde, führt die Mizingani Road direkt am Meer entlang in die Altstadt. Östlich vom Hafen liegen der alte Dhow-Hafen und der große **Fischmarkt** im Malindi-Viertel, wo besonders am Morgen reges Treiben herrscht, wenn die Fischer ihren Fang gleich nach der Rückkehr lautstasrk feilbieten. Nur mit Guide empfehlenswert!

Nach kurzer Wegstrecke in Richtung Altstadt tun sich die ersten Schönheiten auf, z. B. die **Old Dispensary** (Alte Apotheke). Viele Jahrzehnte lang war in diesem Gebäude, das gegen Ende der 1880er-Jahre erbaut wurde, eine kleine Klinik samt Apotheke einquartiert. Sir Tharia Topan, einer der einflussreichsten indischen Geschäftsmänner der damaligen Zeit, wollte mit diesem Gebäude ein Denkmal zu Ehren des goldenen Thronjubiläums von Queen Victoria setzen. Nach der Revolution von 1964 stand das Haus jahrzehntelang leer. Um den gänzlichen Verfall des architektonischen Juwels zu verhindern, restaurierte die Aga-Khan-Stiftung es in den 1990er-Jahren so weit wie möglich originalgetreu.

Sultansviertel

Ein paar Schritte westlich des Big Tree steht das **Old Customs House**, der Palast einer der Töchter des ersten Sultans, der von 1928 bis Ende der 1980er-Jahre als Zollhaus diente. Gleich nebenan befindet sich hinter Mauern der heute verfallene, ehemalige **Friedhof der Sultane**. Weiter entlang der Meeresfront steht das **Palace**

SANSIBAR (UNGUJA)

Stone Town

Übernachtung:
1. Warere Town House
2. Rumaisa Hotel
3. Zanzibar Grand Palace Hotel
4. Zenj Hotel
5. Kholle House
6. Kiponda Hotel
7. Zanzibar Palace Hotel
8. Mashariki Palace Hotel
9. Emerson on Hurumzi
10. Emerson Spice Hotel
11. House of Spices
12. Zanzibar Coffee House Hotel
13. The Zanzibar Serena Inn
14. Dhow Palace Hotel
15. Kisiwa House
16. Hiliki House

Essen:
1. Malindi Food Market
2. Zenj Café
3. Passing Show
4. Forodhani Food Market
5. House of Spices
6. Archipelago
7. Silk Route
8. Zanzibar Coffee House
9. Food Market beim Darajani-Markt
10. Lazuli
11. Stone Town Café
12. Lukmaans
13. Travellers Café
14. Amore Mio
15. 6 degrees South
16. Pagoda Restaurant
17. La Taverna
18. Loulou
19. Les Spices Rendez-Vous
20. Abessynian Maritim

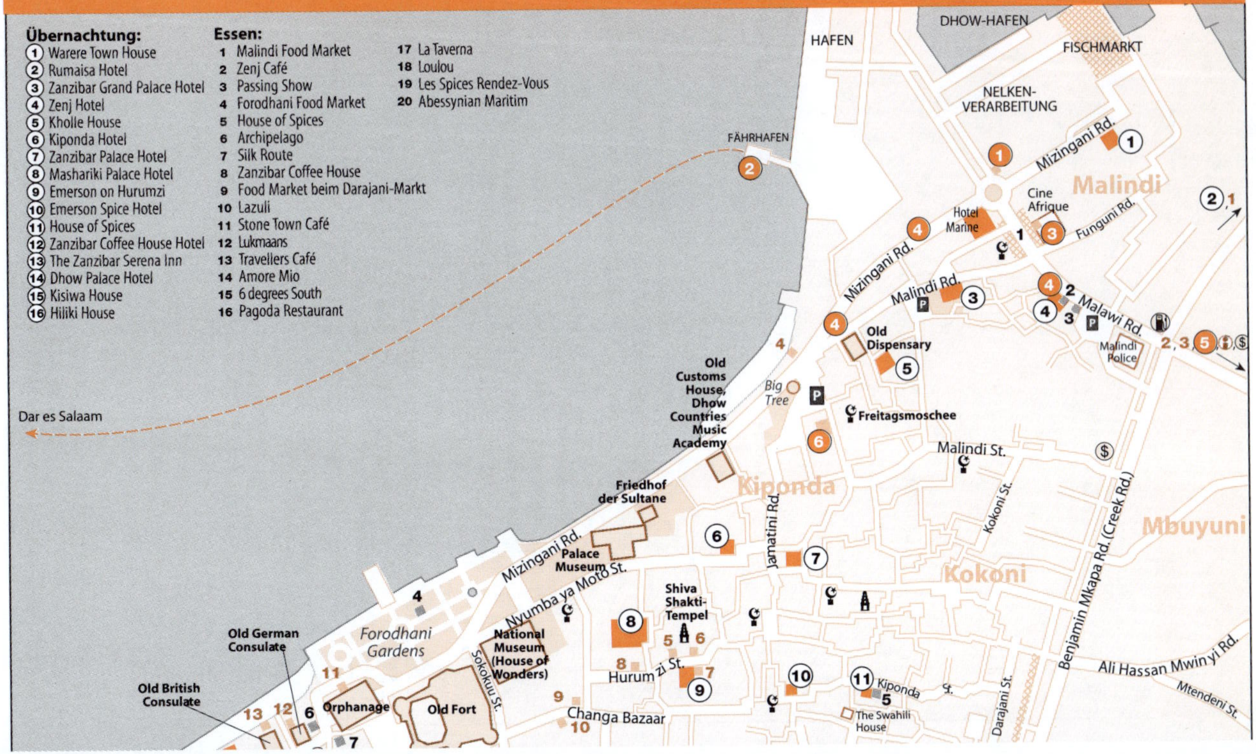

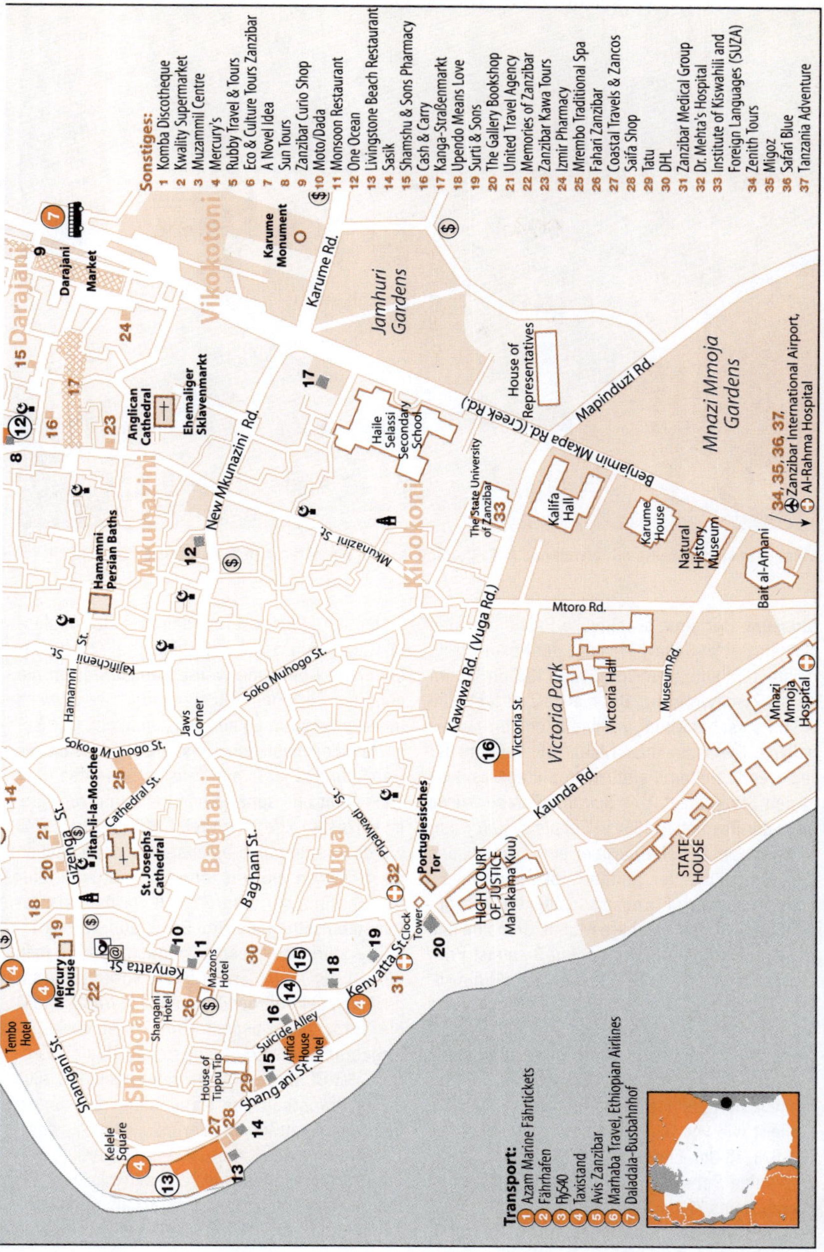
Sonstiges:
1 Komba Discotheque
2 Kwality Supermarket
3 Muzammil Centre
4 Mercury's
5 Rubby Travel & Tours
6 Eco & Culture Tours Zanzibar
7 A Novel Idea
8 Sun Tours
9 Zanzibar Curio Shop
10 Moto/Dada
11 Monsoon Restaurant
12 One Ocean
13 Livingstone Beach Restaurant
14 Sasik
15 Shamshu & Sons Pharmacy
16 Cash & Carry
17 Kanga-Straßenmarkt
18 Upendo Means Love
19 Surti & Sons
20 The Gallery Bookshop
21 United Travel Agency
22 Memories of Zanzibar
23 Zanzibar Kawa Tours
24 Izmir Pharmacy
25 Mrembo Traditional Spa
26 Fahari Zanzibar
27 Coastal Travels & Zancos
28 Saifa Shop
29 Tatu
30 DHL
31 Zanzibar Medical Group
32 Dr. Mehta's Hospital
33 Institute of Kiswahili and Foreign Languages (SUZA)
34 Zenith Tours
35 Migoz
36 Safari Blue
37 Tanzania Adventure
Transport:
1 Azam Marine Fährtickets
2 Fährhafen
3 Fly540
4 Taxistand
5 Avis Zanzibar
6 Marhaba Travel, Ethiopian Airlines
7 Daladala-Busbahnhof
Darajani
Vikokotoni
Darajani Market
Karume Monument
Karume Rd.
Jamhuri Gardens
House of Representatives
Mapinduzi Rd.
Mnazi Mmoja Gardens
34, 35, 36, 37
Zanzibar International Airport, Al-Rahma Hospital
Benjamin Mkapa Rd. (Creek Rd.)
Anglican Cathedral
Ehemaliger Sklavenmarkt
Mkunazini
New Mkunazini Rd.
Haile Selassi Secondary School
Kibokoni
Mkunazini St.
The State University of Zanzibar
Kalifa Hall
Karume House
Natural History Museum
Bait al-Amani
Hamamni Persian Baths
Hamamni St.
Kajificheni St.
Soko Muhogo St.
Jaws Corner
Kawawa Rd. (Vuga Rd.)
Mtoro Rd.
Victoria Park
Victoria Hall
Victoria St.
Museum Rd.
Mnazi Mmoja Hospital
Kaunda Rd.
STATE HOUSE
HIGH COURT OF JUSTICE Mahakama Kuu
Portugiesisches Tor
Pipalwadi St.
Vuga
Baghani
Baghani St.
Cathedral St.
Gizenga St.
Jitan-li-la-Moschee
St. Josephs Cathedral
Clock Tower
Kenyatta St.
Mercury House
Mazons Hotel
Shangani Hotel
Shangani
Shangani St.
Tembo Hotel
House of Tippu Tip
Suicide Alley
Africa House Hotel
Kelele Square
SANSIBAR UND PEMBA

© KURT KAUBE

Männer in *kanzu* (weißes Gewand) und *kofia* (Kopfbedeckung) gehören zum Stadtbild von Stone Town.

Museum. Der einst prachtvolle Palast, der den Namen *Bait al-Sahel* („Haus an der Küste") trug, diente der Sultansfamilie von den 1830er-Jahren an als Zweitwohnsitz. Die meiste Zeit lebte sie ja im Palast bei Mtoni, wenige Kilometer außerhalb der Stadt, direkt am Meer. 1911 verlegte der regierende Sultan die offizielle Sultansresidenz in den Stadtpalast. Der *Sultan's Palace* wurde nach der Revolution 1964 in *People's Palace* umbenannt. Heute beherbergt er ein Museum, das die Geschichte der Sultane dokumentiert. Es enthält einmalige Preziosen aus dem Schatz der Sultane, darunter kostbare Möbel, Gemälde und handgeschriebene Verträge. Ein Raum ist Prinzessin Salme (1844–1924, Kasten S. 269) gewidmet. Auf dem Balkon des obersten Stockwerks spürt man noch einen Hauch von 1001 Nacht, wenn die Palmen sich sanft im Wind wiegen, man das Plätschern des Wassers an der Hafenmole hört und vielleicht die gleiche Aussicht genießt wie vor 100 Jahren die Sultansfamilie. ⌚ tgl. 9–18 Uhr, Eintritt 5000 TSH/US$3.

Wenige Schritte weiter sticht das **House of Wonders** ins Auge, das Sultan Barghash 1883 erbauen ließ und das einst durch Übergänge mit dem Palast verbunden war. Der opulente Bau erinnert an viktorianische Kolonialarchitektur: Gewaltige weiße Säulen stützen die enormen Balkone; Balustraden und Galerien im Inneren erinnern an alte Herrenhäuser. Der Name leitet sich von dem Umstand ab, dass dieses Gebäude das erste auf Sansibar war, das über Elektrizität und sogar einen Fahrstuhl verfügte. Im kürzesten Krieg der Welt 1896 (Kasten S. 260) wurde das Gebäude bombardiert, doch blieben die Schäden glücklicherweise marginal. Nur der Uhrturm, der ursprünglich vor dem als Zeremonienstätte genutzten Bau stand, wurde dabei zerstört. Aus diesem Grund integrierte man ihn bei der Renovierung in die vordere Fassade. Nach der Jahrhundertwende waren bis 1964 die Büros der britischen Protektoren darin untergebracht. Ab 1977 fungierte der Bau als Zentrale der CCM, der Revolutionspartei. Seit 2002 ist im Prachtbau das Nationalmuseum untergebracht. Draußen vor der massiven Sansibar-Tür stehen zwei Kanonen, die vermutlich von den Portugiesen zurückgelassen wurden. Ein Besuch lohnt sich, denn man erhält einen komprimierten Überblick über die Geschichte sowie über Kultur, Religion, Wirtschaft und Traditionen des sansibarischen Volkes. Zur Zeit der Recherche wurde das Museum gerade renoviert. ⌚ tgl. 9–18 Uhr, Eintritt 6000 TSH/US$4.

Allabendlich ab etwa 18 Uhr erlebt der **Forodhani Food Market** in den gegenüber liegenden Forodhani Gardens, seine Renaissance, auch während des Ramadan. Ein exotisches Potpourri aus gegrilltem Tintenfisch, Sansibar-Pizza und samtweichem Gewürztee lässt einem nach Einbruch der Dunkelheit das Wasser im Mund zusammenlaufen. In kleinen Garküchen brutzeln *samosas* (dreieckige Teigtaschen mit herzhafter Fleisch- oder Gemüsefüllung), *kachori* (herzhafte Kartoffelbällchen), afrikanische *chapati* (eine Art Crêpe, aber ungesüßt) oder sansibarische Pizzen. *Mishkaki* (gegrillte Fleisch- oder Fischspießchen), *spice tea* (Gewürztee) oder frisch gepresster Zuckerrohrsaft stehen ebenfalls zum Verkauf. Einmal durch die pulsierende Menge zu streifen ist für jeden Stone-Town-Besucher ein Muss. In letzter Zeit häufen sich allerdings die Beschwerden gutgläubiger Reisender über Wucherpreise. Die kleinen Häppchen wie *mishkaki* aus Rindfleisch oder Sansibar-Pizza sollten jeweils nicht mehr als 3000 TSH kosten. Für Spießchen mit Fisch oder Meeresfrüchten sollten nicht mehr als 6000 TSH verrechnet werden. Kostet eine Mahlzeit mehr als 10 000 TSH, ist eines der Restaurants zu bevorzugen – hier wird man garantiert satter. Vorsicht vor Taschendieben!

Wo heute kleine Garküchen stehen, dürfte vor 1920 der alte Hafen gelegen haben. Man kann sich vorstellen, welch herrliche Aussicht die Sultansfamilie genoss, wenn bunte Segelschiffe mit fremdartigen Menschen hier anlegten.

Das **Old Fort** wurde gegen Ende des 18. Jhs. von den Omanis an der Stelle einer alten portugiesischen Kapelle erbaut (weswegen manchmal auch vom Portugiesischen Fort die Rede ist) und fungierte als militärische Schutzanlage. Heute finden hinter den dicken Mauern Konzerte, Theater- oder Tanzaufführungen statt; es gibt Souvenirläden und ein kleines Restaurant mit Bar. Tagsüber kann die Anlage auch von innen besichtigt werden. ⌚ tgl. 8 Uhr bis spät, Eintritt frei.

Ein Stück weiter die Straße hinunter gelangt man in einen Tunnel, der unter einem mächtigen Gebäude hindurchführt. Es hat im Laufe der Jahre u. a. den Englischen Club sowie eine Schule beherbergt. Heute bietet das **Orphanage House** den Waisenkindern von Sansibar ein neues Zuhause.

Shangani

Man erreicht nun den Stadtteil Shangani. Das Viertel ist heute als Souvenir-Mekka für Touristen bekannt, doch auch die feinen Balkone, filigranen Holzverzierungen an Fenstern und Türen oder die schönen Swahili-Türen stechen ins Auge. Dieser Teil der Stadt zählt nicht zum ursprünglichen Stadtkern, denn erst mit der Ankunft der indischen Händler entwickelte sich hier ein eigenes Stadtviertel. Die Herkunft der zugezogenen Händler vornehmlich aus Goa, der ehemals portugiesischen Kolonie in Indien, ist an den Häusern im typisch indischen Stil zu erkennen: Das Erdgeschoss war Geschäftsraum, das Obergeschoss mit den zur Straße ausgerichteten Balkonen diente als Wohnraum. Auch die Swahili-Türen werden dem indischen Kulturkreis zugeschrieben.

Das Leben pulsiert entlang der Kenyatta Street, wo unübersehbar das **Shangani Post Office** von 1907 steht, ein Beispiel britischer Kolonialarchitektur nach der Jahrhundertwende. Breite, alleeartige Straßen, Häuser mit Veranden und Säulengängen sowie Gärten und Parkanlagen wurden errichtet, viele davon vom britischen Architekten J. H. Sinclair. Sein State House (1901) und High Court (1904, Swahili: *Mahakama kuu*) ähneln architektonisch dem Post Office, das ebenfalls von Sinclair entworfen wurde. Der weitläufige, europäische Baustil steht im krassen Gegensatz zur introvertierten Lebens- und Bauweise der Araber und Inder in den engen Gassen von Stone Town.

Am **Kelele Square**, wo sich heute das elegante Zanzibar Serena Inn befindet – zu Zeiten der Sultane war hier das Postamt –, war einst der haarsträubende Schauplatz des Sklavenmarktes. Der Lärmpegel an diesem Ort, wo die Sklaven lautstark wie auf dem arabischen Basar feilgeboten wurden, muss ohrenbetäubend gewesen sein, denn auf Deutsch bedeutet *kelele*

„Lärm". Beklemmend ist auch der Name einer kleinen Gasse unweit davon, an der Rückseite des Africa House Hotel. Viele Sklaven wählten offenbar in der *Suicide Alley,* der Selbstmordgasse, lieber den Freitod, als auf dem Markt wie Ware verhökert zu werden.

Entlang der Gizenga Street

Zurück am Beginn der Kenyatta Street zweigt beim (vermeintlichen) **Geburtshaus von Freddie Mercury** eine kleine Gasse ab. An den wohl berühmtesten Sohn der Stadt, den Sänger der

Die Swahili-Tür

Eine der augenscheinlichsten Manifestationen der Swahili-Kultur ist die typische, wuchtige und reichhaltig verzierte Tür, deren Tradition heute fast ausschließlich auf Sansibar gepflegt wird. Sie stammt ursprünglich aus Persien und Afghanistan, was Aufzeichnungen aus dem 12. Jh. belegen. Schon in den mittelalterlichen Handelsmetropolen Mombasa und Kilwa verzückte sie die europäischen Reisenden. Doch erst der weit gereiste Sultan Barghash perfektionierte im 19. Jh. dieses Kunsthandwerk bis zu seiner heutigen Form, indem er seine Eindrücke aus einem Indien-Aufenthalt einfließen ließ.

Früher war es üblich, die Tür anzufertigen, bevor mit dem Hausbau begonnen wurde. Sie zeigte demonstrativ, welche soziale Stellung die Bewohner innehatten. Je kunstvoller verarbeitet und größer die Tür war und je wuchtiger das Vorhängeschloss, desto einflussreicher war der Eigentümer des Hauses. Ursprünglich wurden die Türen aus dem termiten- und wasserresistenten Teakholz gefertigt, heute wird hauptsächlich afrikanisches Mahagoni *(mninga)* verwendet.

Eine typische Swahili-Tür hat eine nahezu quadratische Form und besteht aus zwei Flügeln, die in der Mitte von einem senkrechten Balken gestützt werden. Rahmen und Stützbalken sind aufwendig verziert, wobei verschiedene **Symbole** immer wieder auftauchen: der Fisch und die Wellenlinien, die bedeutende Elemente im Leben der Küstenbewohner darstellen; stilisierte Lotusblumen als Symbol für Fruchtbarkeit und Frieden; die Blätter der Dattelpalme, mit denen Reichtum und Gesundheit assoziiert werden. Eine geschnitzte Kette, die um den gesamten Rahmen führt, soll den Bewohnern Sicherheit bescheren. Weitere Schnitzereien, wie Pfauenaugen, Löwen oder Nelken, symbolisieren einen bestimmten Charakterzug des Hausbesitzers. In den oberen Rahmen wurden häufig **Koransprüche** eingearbeitet, die das Haus und seine Bewohner segnen sollen. Zusätzlich sind die Türflügel mit hölzernen oder bronzenen Messingbeschlägen und dekorativen **Schlössern** besetzt, denen man die Kraft zuspricht, Unheil vom Haus abzuhalten.

Laut einem Gesetz von 1960 werden originale Sansibar-Türen von einer Historikerkommission geprüft und mit laufender Nummerierung in ein **Register** eingetragen. So will man sicherstellen, dass die etwa 1400 noch erhaltenen antiken Türen aus der Sultanszeit nicht aufs Festland oder nach Übersee verkauft werden.

SANSIBAR UND PEMBA

britischen Rockgruppe Queen, erinnert außer einer kleinen Tafel (und einem Restaurant an der Meeresfront) nichts mehr; auch für die meisten Sansibaris hat der Name keinerlei Bedeutung und die Stadtväter verbitten sich gar jegliche Assoziation mit ihm (s. Kasten). Über die Frage, wo Freddie Mercury und seine Familie nun tatsächlich gewohnt haben, gibt es unterschiedliche Meinungen, vermutlich haben sie in mehreren Häusern entlang der Kenyatta Street gelebt, darunter auch in jenem Haus weiter südlich an der Kenyatta Street, wo sich heute das Restaurant Camlurs befindet.

In der Gizenga Street beginnt ein besonders liebenswürdiger Teil der Altstadt, mit vielen Souvenirgeschäften, der katholischen **St. Josephs Cathedral** sowie weiter östlich dem **Shiva Shakti Hindu Temple** an der Hurumzi Street. Diese Straße, in der heute das Emerson on Hurumzi (vormals 236 Hurumzi) steht, weiß viele Geschichten zu erzählen. Als 1873 der Sklavenhandel verboten wurde, weigerten sich die Sklavenbesitzer, ihre Sklaven freizulassen. Die Briten sahen sich daher gezwungen, die Sklaven freizukaufen. In dem heutigen Komforthotel soll ebenjene ausführende Behörde einquartiert gewesen sein. Aus dieser Zeit stammt auch der Name der Straße, der auf den Ausspruch *Huru-Muuze* („Lass ihn frei!") zurückzuführen ist.

Die Legende Freddie Mercury

Obwohl Mercury als einer der charismatischsten und unvergesslichsten Rocksänger gilt, möchte Sansibar, die Insel seiner Geburt, ihn am liebsten aus ihren Annalen streichen. 1946 wurde Mercury als Farrokh Bulsara in Sansibar im Mnazi Mmoja Hospital geboren; seine Eltern, ursprünglich aus Indien, waren zur britischen Kolonialregierung nach Sansibar entsandt worden.

Farrokh blieb nicht lang, denn schon 1955 wurde er ins indische Panchgani in die Schule geschickt. Hier wurde sein Talent erkannt und von einem aufmerksamen Lehrer gefördert. Erst 1963 kehrte er im Alter von 17 Jahren nach Sansibar zurück, doch infolge der sansibarischen Revolution im Januar 1964 flüchteten seine im Dienste der Majestät stehenden Eltern mit ihren Kindern nach Großbritannien.

Nach einer schillernden, exzentrischen und arbeitsintensiven Karriere als Musiker starb er am 24. November 1991 an den Folgen von Aids. Freddie Mercury gilt als eines der ersten prominenten Opfer dieser noch immer unheilbaren Immunkrankheit.

Mercury-Souvenirjäger werden in Stone Town aber herb enttäuscht werden. Mercurys Lebensstil passt nicht zu den islamischen Sitten der Insel, daher wird er nicht nur von offizieller Seite totgeschwiegen.

Mkunazini und Darajani

Im Labyrinth von Mkunazini befinden sich die **Hamamni Persian Baths**, die aber nicht leicht zu finden sind. Eher wird man zufällig bei einem Streifzug auf die verfallenden Ruinen des einst prächtigen Bades im persischen Stil treffen. *Hamamni* kann als „Ort der Bäder" übersetzt werden. Obwohl Sultan Barghash es als öffentliches Bad vorgesehen hatte, konnten sich nur wohlhabende Menschen die Eintrittsgebühr leisten. Frauen und Männer waren nicht nur räumlich, sondern auch zeitlich getrennt – die Frauen durften morgens, die Männer abends ein ausgedehntes Bad nehmen. Ursprünglich waren die Bäder noch viel größer, doch nachdem sie geschlossen wurden, nahmen Anrainer einen Teil als Wohnraum ein. Heute sind die Bäder leider unansehnlich geworden, doch mit ein bisschen Fantasie kann man sich vorstellen, wie sich das soziale Leben der Mittelschicht hier, im Vorläufer der heutigen Therme, abgespielt hat. Das Bad kann man besichtigen. Am besten fragt man auf der Straße nach dem *caretaker*. ⌚ tgl. 9–17 Uhr, Eintritt 1500 TSH/US$1.

Auf dem Weg zum **Darajani Market** sollte man sich nun in Richtung Südosten halten (freundliche Stadtbewohner werden mit Sicherheit gern den Weg weisen). Der an der Benjamin Mkapa Road gelegene lebendige Markt existiert seit dem frühen 20. Jh. In der überdachten Markthalle, aber auch nebenan bei den dicht gedrängten Marktständen, wird alles verkauft, was die Erde und das Land hergeben: rote

Emily Ruete – eine sansibarische Prinzessin in Deutschland

Geboren wurde sie am 30.8.1844 als Tochter des ersten sansibarischen Sultans Sayyid Said und einer seiner 75 Nebenfrauen. Im Palast Bait al-Mtoni am Meer wuchs **Prinzessin Salme** unbeschwert in Luxus auf. Wissbegierig und ganz im Stile ihres späteren unkonventionellen Lebens brachte sie sich selbst das Schreiben bei, denn moslemischen Mädchen war nur das Lesen erlaubt. Nach dem Tod ihres Vaters 1856 und ihrer Mutter 1859 wurde sie (im Alter von 12 Jahren) für volljährig erklärt und als Erbin mehrerer Plantagen und eines Geldvermögens umgehend in die **Intrigen am Hof** unter der Führung ihres Bruders Majid hineingezogen. In einem Putschversuch ihres Halbbruders Barghash nahm sie eine Schlüsselrolle als seine Sekretärin ein, da sie als einzige Frau lesen und schreiben konnte. Nach dem fehlgeschlagenen Manöver wurde sie auf einer ihrer Besitzungen unter **Hausarrest** gestellt. Während des Hausarrests lernte sie 1866 den Kaufmann **Heinrich Ruete**, Agent des Hamburger Handelshauses Hansing & Co, kennen. Er trieb Handel mit Gewürzen und Nelken und zog auf ein benachbartes Landgut. Die Beziehung zum christlichen Kaufmann wurde am Hof zwar geduldet, aber keineswegs gutgeheißen. Als Salme schwanger wurde, blieb ihr keine andere Wahl, als an Bord eines britischen Handelsschiffes nach Europa zu fliehen. Nur so konnte sie der nach islamischer Tradition drohenden Steinigung entgehen.

Ihr Leben in Europa stand jedoch unter keinem guten Stern. In Spanien, der ersten Station ihrer Reise, konvertierte sie zum Christentum, wurde auf den Namen Emily getauft und heiratete Heinrich 1867. Ihr erster gemeinsamer Sohn starb, doch dem sansibarisch-deutschen Ehepaar wurden drei weitere Kinder geboren. Im August 1870 starb Heinrich unter tragischen Umständen. Die repressiven deutschen Ehegesetze brachten Emily um ihr Erbe, die Hinterlassenschaften des gemeinsamen Haushalts waren bald aufgezehrt. So schlug sie sich als **Arabischlehrerin** durch und vagabundierte mit ihren Kindern zwischen mehreren deutschen Städten hin und her, ohne irgendwo heimisch zu werden. Emily Ruete litt unter den gesellschaftlichen Zwängen und der menschlichen Kälte in Deutschland und fand kaum Anschluss. Die beengende Kleidung, das Essen mit Messer und Gabel, die Enge in den Häusern – all das stellte sie vor große Probleme.

Vergeblich versuchte sie, ihre enteigneten Besitzungen auf Sansibar zurückzuerlangen, doch ihr Halbbruder **Barghash** lehnte jeden Kontakt zu ihr ab. Durch ihre Konvertierung zum Christentum wurde sie als Schande für die Familie betrachtet. Barghash wollte Emily, als sie 1885 und 1888 in Begleitung von deutschen Beamten nach Sansibar reiste, nicht einmal empfangen. Von den deutschen Behörden wurde sie Anfang der 1890er-Jahre wie eine heiße Kartoffel fallen gelassen, nachdem sie den Behörden jahrelang als Beraterin zur Seite gestanden hatte. Die deutsch-britischen Auseinandersetzungen um Ostafrika hatten sich ja ohne ihr Zutun geklärt.

Mit den Einnahmen aus ihrer **Biografie** verdiente sie sich ihren Lebensunterhalt. *Memoiren einer arabischen Prinzessin* (1886), die erste Autobiografie einer Araberin in der Literaturgeschichte, wurde ein beachtlicher Publikumserfolg. In mehreren zeitgenössischen Zeitschriften wurden ausführliche Berichte über sie und ihre authentische Beschreibung des Lebens am Hof gedruckt. 1924 starb Emily in Jena.

Die revolutionäre Prinzessin gilt als einzige wahre Chronistin des sansibarischen Sultanats, was angesichts der Rolle der Frau im Islam besonders bemerkenswert ist.

Nicht nur beim Streifzug durch ihr Geburtshaus, den Mtoni-Palast, wird die Geschichte lebendig. Interessierte sollten sich die „Princess Salme Spice Tour" von Zanzibar Different (S. 277) nicht entgehen lassen, die sich auf die Suche nach Spuren der Prinzessin begibt.

Bananen, grüne Kochbananen, Mangos, Ananas, Anonen (schmecken wie Erdbeeren mit Sahne), Jackfrüchte (grüne, unförmige Früchte), *mchicha* (Blätter von Maniokstauden, die wie Spinat aussehen und schmecken) oder Maniok, dazu Gewürze oder Tee. Wer hier etwas er-

Zweiräder in Stone Town

So wie im restlichen Tansania gilt auch in den Gassen von Stone Town das Recht des Stärkeren. Aus diesem Grund haben Radfahrer und *piki piki*-Fahrer immer Vorrang. Oft machen sie sich durch lautes Hupen bemerkbar, doch manchmal kommt es auch vor, dass man sich nur durch einen beherzten Sprung zur Seite vor einem Zusammenstoß retten kann.

stehen will, muss sich aufs Handeln einlassen, was aber ohnehin fast überall unerlässlich ist. Nichts für schwache Nerven und feine Nasen ist der intensiv riechende Fisch- und Fleischmarkt am südlichen Ende des Markttreibens. Abends ab 17.30 Uhr, wenn die Sonne langsam im Meer versinkt, werden die ersten Feuerstellen der **Garküchen** in Betrieb genommen. Man sieht eifrige Sansibaris beim Kartoffelschälen und -schneiden, und in den überdimensionalen Woks beginnt das Fett zu brutzeln. In den Garküchen wird traditionelle Swahili-Küche angeboten, u. a. *chipsi, mishkaki, pilau, chapati, samosas* oder frittierte Hähnchen. Diese Garküchen werden hauptsächlich von Einheimischen frequentiert, doch Touristen sind willkommen.

Entlang der Benjamin Mkapa Road, die unter den Einheimischen als **Creek Road** bekannt ist, geht es zurück in die Altstadt. Der einstige Flussarm trennte Stone Town, früher eine kleine dreieckige Halbinsel, von Ng'ambo („Die andere Seite") noch bis 1935, als man begann, den Wasserlauf langsam zuzuschütten.

Weiter südlich, an der nächsten großen Kreuzung, lohnt sich ein Abstecher nach rechts zur **Anglican Cathedral** an der Stelle des letzten Sklavenmarkts Afrikas. Erst in den 1860er-Jahren wurde der Haupt-Sklavenmarkt vom Kelele Square hierher verlegt, und als 1873 der Sklavenhandel offiziell verboten wurde, ließ der anglikanische Bischof Steere, ein vehementer Gegner der Sklaverei, die Kirche auf dem Gelände des Sklavenmarktes errichten. An der Stelle des heutigen Altars befand sich einst der Platz, wo die Sklaven ausgepeitscht wurden. Damit wurde ihre Zähigkeit und Belastbarkeit getestet. Wer dabei zu weinen oder schreien begann, verlor an Wert, und folglich sank der Preis, den der Sklavenhändler erzielen konnte. Das Rot des Altars symbolisiert das vergossene Blut. Dahinter befindet sich, eingelassen im Boden, eine Gedenktafel an Edward Steere. Der Zugang zur Kirche ist außer zur sonntäglichen Frühmesse um 8 Uhr kostenpflichtig. ⏲ tgl. 8–18 Uhr, Eintritt 6000 TSH/US$6.

Die Vorstadt Vuga

Wer noch nicht müde ist, kann der stark befahrenen Benjamin Mkapa (Creek) Road nach Südwesten in den Stadtteil Vuga folgen. Am südlichsten Zipfel, gegenüber vom ungepflegten Mnazi Mmoja Park, war einst im imposanten weißen Kuppelbau das Peace Memorial National Museum untergebracht, bis alle Exponate ins House of Wonders transferiert wurden. Das attraktive, in **Bait al-Amani** (Haus des Friedens) umbenannte Haus war lange Jahre ohne Verwendung, aber seit Anfang 2013 zeigt man in den Innenräumen einige lieblose Schautafeln über Prinzessin Salme. ⏲ tgl. 9–18 Uhr, Eintritt US$1.

Wer sich hier an der Kreuzung rechts hält, gelangt vorbei an der **Victoria Hall** mit den Victoria Gardens (einst von Sultan Barghash für seine Haremsdamen errichtet), dem State House und dem High Court wieder in die Kenyatta Street. Am Kreuzungspunkt von Vuga (Kawawa) Road und Kaunda Road, dort wo der auffällige, aber nicht sonderlich schöne Uhrturm (Clock Tower) steht, befindet sich das kleine **Portugiesische Tor** (Portuguese Arch), ein kurioser Torbogen, für den es weder Verwendung noch eine verbriefte Geschichte gibt. Das Viertel südlich der Vuga Road wurde erst Anfang des 20. Jhs. bebaut, zuvor waren hier die Siechhäuser und Friedhöfe der Stadtbewohner angesiedelt. Heute steht hier das größte Hospital der Insel, das Mnazi Mmoja Hospital.

ÜBERNACHTUNG

In den Low-Budget-Unterkünften unbedingt hart verhandeln, denn je nach Saison und Belegung sind oft Ermäßigungen drin. Stone Town ist generell eine laute Stadt; es gibt kaum Winkel, wo man dem ratternden Verkehrslärm und dem Ruf des Muezzins entgehen kann.

Kaffee trinken auf Sansibarisch

Obwohl für Touristen kaum sichtbar, hat Sansibar eine eigene Kaffeetradition. Täglich früh morgens und ab 15 oder 16 Uhr, je nach Hitze, wird an bestimmten Plätzen Kaffee ausgeschenkt, z. B. am Soko Muhogo (Jaws Corner), beim Darajani Market, beim Big Tree und der Old Dispensary oder beim Fährhafen. Ein mobiler Kaffeebrauer serviert eine Art türkischen Mokka (mit weit weniger Kaffeesatz) ohne Zucker in kleinen, rot und blau bemalten Porzellanschälchen für 100 TSH. Die Kaffeebohnen werden wie anno dazumal über dem offenen Feuer geröstet und das Gebräu manchmal mit Kardamom und Zimt veredelt. Wer gezuckerten Kaffee möchte, muss *kahawa ya Pemba* („Kaffee wie auf Pemba") verlangen. Der Ingwertee *(chai ya tangawizi)* ist ebenso lecker. Dazu werden für 50–100 TSH süße *kashata*, eine Art türkischer Honig aus Erdnüssen und Kokosraspeln, gereicht. Rund um die kleinen Kaffeestände herrscht binnen Minuten reges Treiben und man ist gleich mit wissbegierigen Männern in ein Gespräch verwickelt.

Untere Preisklasse

Die meisten Budget-Gästehäuser sind völlig überteuert – für den gebotenen Standard. Wer bereit ist, zehn, zwanzig Dollar mehr auszugeben, erhält gleich einen ganzen Quantensprung mehr an Qualität, Sauberkeit und Service. Die vielen austauschbaren und einheitlich landestypischen Gästehäuser werden hier nicht genannt.

€ **Kiponda Hotel**, Kiponda, ✆ 024-2233052, 💻 www.kiponda.com. Freundliches Gästehaus mit 15 sauberen, farbenfrohen Zimmern (mit AC oder Ventilator sowie Netz). Die renovierten Zimmer sind zu bevorzugen (weil charmanter). Du/WC im Zimmer. Highlight ist die luftige Dachterrasse mit Blick über Stone Town, wo das Frühstücksbuffet serviert wird. Gratis WLAN, engagierte Leitung. ❸

Warere Town House, hinter Princess Salme Inn, Malindi, ✆ 0782-234564, 💻 www.warere.com. Einfaches, kürzlich generalsaniertes Gästehaus in einem nach hinten versetzten, üppig mit Bougainvilleen überwachsenen Haus. 10 zweckmäßige Zimmer auf 3 Stockwerken mit traditionellen großen Sansibar-Betten, Du/WC, AC oder Ventilator, TV. Die besten Zimmer haben einen Balkon. Auf der blitzblauen Dachterrasse wird bei schöner Aussicht aufs Meer das Frühstück serviert. WLAN in der Lounge im Erdgeschoss. ❸

Rumaisa Hotel, an der Zufahrtstraße zum Bwawani Hotel, ✆ 0777-410695, 💻 www.rumaisahotel.com. 7 einfache, kleine Zimmer in tropischer Betonmachart im Obergeschoss des Gebäudes mit AC und Ventilator, WLAN und Flatscreen. Auf der luftigen Dachterrasse im 2. Stock gibt es Frühstück. ❸

Zenji Hotel, Malindi, schräg gegenüber Cine Afrique, ✆ 0776-705592, 💻 www.zenjizanzibar.com. Am Rand der historischen Altstadt liegt das freundliche und unprätentiöse, im Swahili-Stil eingerichtete Gästehaus mit 9 einfachen Zimmern verteilt auf 2 Stockwerke. Die Lage an der stark befahrenen Malawi Road stört nur geringfügig, in der Nacht wird es wesentlich ruhiger. Für Langschläfer eher nicht geeignet, auch wegen der nahen Moschee. Das leckere Frühstück (selbst gemachtes Brot, Marmelade, Schokokuchen) gibt es auf der Dachterrasse. WLAN. Super Preis-Leistungs-Verhältnis! ❸

€ **Hiliki House**, Vuga, ✆ 0777-410131, 💻 www.hilikihouse-zanzibar.com. Sympathisches, intimes Gästehaus mit Wohlfühlfaktor. 6 Zimmer auf 2 Etagen in einem hübschen Stadthaus mit geschmackvoller Einrichtung. Ruhige Lage in der Nähe der Victoria Gardens, gutes Frühstück, WLAN. ❸

House of Spices, Kiponda St., ✆ 0773-573727, 💻 www.houseofspiceszanzibar.com. Geheimtipp und Juwel in einem: Hier haben sich Anna und Cesare ihren Lebenstraum erfüllt. In liebevoller Kleinarbeit schufen sie ein farbintensives, stilvolles Refugium für Genießer mit 4 Zimmern und einem der besten Restaurants der Stadt. Attraktives Preis-Leistungs-Verhältnis für Individualreisende. ❸

Mittlere Preisklasse

Zanzibar Grand Palace Hotel, Turkey Square, Malindi, ✆ 024-2235368, 💻 www.zanzibargrandpalace.com. Das nüchterne Geschäftshotel liegt 2 Min. vom Fährhafen entfernt, d. h. es ist ideal für Leute, die nach der Ankunft mit der Fähre einen Spießrutenlauf mit Flycatchern vermeiden oder früh morgens mit der ersten Fähre fahren wollen. 35 einfache Zimmer mit AC, Safe und WLAN, mäßiges Frühstücksbuffet. Abends ist die Gegend wegen der Lage am Fährhafen nicht 100 % sicher, also im Notfall ein Taxi nehmen. ❸–❹

Zanzibar Coffee House Hotel, Mkunazini St., ✆ 024-2239319, 💻 www.riftvalley-zanzibar.com. Kleines, intimes Gästehaus mit 8 individuell gestalteten Zimmern in einem alten Stadthaus von 1885. Ausgezeichneter, starker Kaffee aus eigener Produktion und herrliches Frühstück auf der Dachterrasse nach Swahili-Art auf Polstern am Boden. WLAN. ❸–❺

Kholle House, Malindi, ✆ 0772-161033, 💻 www.khollehouse.com. An der Rückseite der Old Dispensary liegt der 2-stöckige, historische Stadtpalast von Prinzessin Kholle mit 11 Zimmern in 3 Kategorien. Dachterrasse mit Teehaus und kleinem Restaurant (Meerblick), steile Stufen. Kleiner Pool im hinteren Teil des Hauses. Normalerweise gutes, opulentes Frühstück. Die Standard-Zimmer sind sehr beengt. Wer das Budget hat, sollte lieber die Deluxe-Zimmer nehmen. Kurzer Fußweg zum Fährhafen. ❹

Dhow Palace Hotel, Kenyatta St., ✆ 024-2233012, 💻 www.dhowpalace-hotel.com. Älteres Open-Air-Hotel, einst ein Stadthaus aus den späten 1870er-Jahren, das mit allerlei alten schweren Holzmöbeln und sansibarischen Utensilien eingerichtet ist. 30 große, etwas farblose Zimmer, TV, Internet. Pool in der Lobby. Typisches sansibarisches Ambiente. Kein Alkoholausschank. Wird gerne von Reiseveranstaltern gebucht. ❹–❺

Obere Preisklasse

Emerson on Hurumzi (vormals 236 Hurumzi), Hurumzi St., ✆ 024-2232784, 💻 www.facebook.com/emersononhurumzi. Der einstige Palast eines der reichsten Männer der Swahili-Küste ist heute eine komfortable Herberge – ein zauberhaftes Labyrinth aus Stiegen, Aufgängen, überhängenden Bougainvilleen und hellen, charaktervollen Zimmern. Gutes Preis-Leistungs-Verhältnis für so viel Klasse! Jedes Zimmer ist individuell gestaltet und romantisch verwinkelt in den alten Palast integriert. Seit Februar 2014 wieder unter dem exzellenten Management von Emerson Skeens, dem Mastermind des Emerson Spice Hotel. ❹–❻

Kisiwa House, Baghani St., ✆ 0772-789272, 💻 www.kisiwahouse.com. Hinter dem Dhow Palace Hotel versteckt sich in einer ruhigen Seitenstraße in zentraler Lage ein gemütliches, gut geführtes Stadthotel mit attraktivem Preis-Leistungs-Verhältnis. Elegante Atmosphäre verteilt auf 3 Stockwerke, 11 hübsche weitläufige Zimmer und Suiten mit Safe, Flatscreen, AC. WLAN. Im Darini Restaurant (indisch und westlich) lässt es sich gut schmausen (zu moderaten Preisen von ca. 15 000–20 000 TSH). ❹–❺

Mashariki Palace Hotel, Nyumba ya Moto St., ✆ 024-2237232, 💻 www.masharikipalacehotel.com. Schickes Design und die Magie alter Palastmauern vereinen sich hier zu einem Sinnenfest in Creme und Beige. Blick auf den Hafen und das Palace Museum. Aufmerksamer Service, effizientes Management und himmlische Kekse zur Tea Time. Für Puristen, Designliebhaber und Romantiker ist das Hotel ein absolutes Muss! ❺–❻

Emerson Spice Hotel, Tharia St., Kiponda, unweit vom Zanzibar Coffee House Hotel, ✆ 0755-046395, 💻 www.emerson

> **€ Regenzeit ist Schnäppchenzeit**
>
> Während der Monate der stärksten Regenfälle, von April bis Juni, schließen viele der Strand- und Stadthotels. Sofern dies nicht der Fall ist, werden sogenannte **Green Season Rates** angeboten, die bis zu 40 % unter dem Normalpreis liegen. Für Schnäppchenjäger ideal! In dieser Zeit kann das Wetter durchaus angenehm warm sein, mit kleineren Regenschauern, die den Urlaub nicht beeinträchtigen. Allerdings kann es bisweilen auch durchgehend wie aus Kübeln regnen, wobei der Wind durch die luftigen Häuser bläst. Es regnet übrigens nicht überall gleich stark, einige Küstenabschnitte sind wetterbegünstigt bzw. regenärmer.

spice.com. Emerson Skeens, Hotelier der ersten Stunde, hat ein Hotel „made in Zanzibar" geschaffen. Sansibarische Handwerks- sowie Baukunst wurde revitalisiert; die Zimmer des Stadtpalastes aus den 1830er-Jahren wurden möglichst originalgetreu rekonstruiert. Jede Suite ist einzigartig, künstlerisch gestaltet und hat seine eigene Entstehungsgeschichte (sie ist in den Zimmern nachzulesen). Man sollte gut zu Fuß sein, denn die steilen Treppen führen bis ins 4. Obergeschoss, wo sich auf der Dachterrasse das Teehaus befindet (mit 360°-Panorama). Bestes Restaurant der Stadt zur Zeit der Recherche. ❻

Zanzibar Palace Hotel, Kiponda, ✆ 024-2232230, 💻 www.zanzibarpalacehotel.com. Schön renoviertes Stadthaus mit Sansibar-Chic, allerdings muten die Flatscreen-Fernseher und die Vollklimatisierung in dem historischen Ambiente ein wenig kurios an. Jede der 9 Suiten ist individuell und farbenfroh gestaltet, aber die steilen Stufen in die oberen Stockwerke haben es in sich. Gutes Frühstück und auf Wunsch Abendessen, heimelige Bar mit Lounge-Charakter, Spa für Hotelgäste. WLAN. Toller, persönlicher Service der holländisch-belgischen Besitzer. Etwas überteuert. ❻

The Zanzibar Serena Inn, Shangani, Kelele Square, ✆ 024-2233587, 💻 www.serenahotels.com. Historisches Gebäude, das einst Abenteurern, Fürsten, Botschaftern und berühmten Ärzten als Heimstatt diente. Heute ist es ein gediegenes, größeres Hotel mit 51 Zimmern, in dem romantische Geschichten aus der Vergangenheit wach werden. Eines der wenigen Hotels in Stone Town direkt am Meer. Pool, Internet. ❼

ESSEN

Afrikanische Küche und Swahili-Spezialitäten

€ **Malindi Food Market**, Malawi Rd., neben Hotel Marine. Alternative zum Forodhani Food Market; ausländische Gäste sind gern gesehen. Zur Zeit des Ramadans sind die zahlreichen Garküchen nach dem Fastenbrechen gut besucht. Außerhalb des Ramadans weniger Stände, die dennoch tagsüber und besonders abends Spezialitäten anbieten. Faire Preise.

€ **Food Market beim Darajani Markt**, Creek Rd., S. 267. Kaum Touristen, fast ausschließlich Einheimische. Faire Preise. 🕒 tgl. ab 18 Uhr.

Forodhani Food Market, in den Forodhani Gardens, Nähe Old Fort. Fingerfood mit Atmosphäre, wenn die kleinen Garküchen landestypische Spezialitäten zubereiten, max. 3000–5000 TSH (S. 265). Hart verhandeln! In der Hochsaison verkommt der Markt leider zur Touristenfalle. 🕒 tgl. ab 18 Uhr.

€ **Lukmaans**, New Mkunazini Rd. Dieses Lokal mit Swahili-Hausmannskost ist bei Einheimischen und hier lebenden Expats gleichermaßen beliebt. Gute sansibarische Spezialitäten in Marktnähe. 🕒 tgl. früh bis spät.

Passing Show, Malawi Rd., Nähe Fährhafen. Schmackhafte landestypische und indische Spezialitäten, die auch bei Einheimischen sehr beliebt sind. Kein Alkohol. Günstig. 🕒 tgl. ab 7 Uhr, solange der Vorrat reicht.

Lazuli, Kenyatta St., Baghani, Zugang zwischen Shangani Post Office und Dolphin Restaurant. Mit dem blau-weißen Anstrich erinnert das Lokal an eine griechische Taverne, und die bunten Sessel und Tische machen richtig Appetit. Fusion-Küche aus Swahili-Zutaten mit internationalem Twist, Salate, vegetarische Gerichte, Sandwiches und Burger, frische Säfte und Smoothies. Vernünftige Preise: Hauptgerichte unter 12 000 TSH. Einzige Schwachstelle: Schlechte Küchenorganisation, d. h. nur kommen, wenn wenige Tische besetzt sind. 🕒 Mo–Sa 12–16, 18–22 Uhr.

Abessynian Maritim, Kaunda Rd. am Vuga Roundabout., ✆ 0772-940556. Echt äthiopisch essen: Man reißt das Sauerteig-Fladenbrot in Stücke und isst die aromatisch gewürzten Fleisch- und Gemüseeintöpfe mit der Hand, während leise traditionelle Musik spielt. Köstliche Säfte, exzellenter Kaffee (samt Zeremonie), Hauptspeisen ca. 12 000–15 000 TSH. 🕒 12–23 Uhr, Tea House 9–23 Uhr.

Chinesisch

Pagoda Restaurant, gegenüber vom Africa House Hotel. China-Restaurant, sehr einfach in der Ausstattung, aber die Speisekarte ist um-

Für den Besuch des Fischmarkts muss man früh aufstehen, am besten ist man schon vor 6 Uhr morgens da.

fassend und das Essen schmeckt vorzüglich. Mittleres Preisniveau, manchmal etwas langsamer Service. ⌚ tgl. 12–14.30, 19–22.30 Uhr.

Indisch

Silk Route, Shangani St., beim Orphanage House. In üppigem Rot dekoriertes, indisches Restaurant im Obergeschoss mit schmackhaften Hauptgerichten ab 12 000 TSH und viel Tütü: kühlendes Handtuch zum Empfang, Vorspeise auf Kosten des Hauses und Kellner in glitzernden, wallenden indischen Gewändern. ⌚ tgl. 18–23 Uhr.

Les Spices Rendez-Vous, Shangani, nahe der Abzweigung der Vuga Rd. direkt an der Kenyatta St., ✆ 0777-410707 Seit vielen Jahren halten viele dieses alteingesessene Restaurant für das beste indische Lokal der Insel. Mit dezenter indischer Musikuntermalung und Indo-Swahili-Ambiente, z. B. Wandmalereien und -teppichen. Hauptgerichte um 15 000 TSH. ⌚ Di–So 11.30–15, 18.30–23 Uhr.

Westliche Küche

Archipelago, Forodhani St., ✆ 0778-717171. Beliebtes Restaurant direkt an der Waterfront, wo man zu noch recht günstigem Preis passabel speisen kann, sofern das Kantinenflair nicht stört. Das Augenmerk liegt eindeutig auf Fischgerichten. Kein Alkoholausschank, aber guter Espresso und Kuchen zum Nachtisch. Hauptgerichte ab 10 000 TSH. ⌚ tgl. 8–23 Uhr.

Travellers Café, Kelele Square, neben dem Serena Hotel und hinter dem Coastal Travels/ Zancos-Büro. Italienisches Restaurant für Lunch, Snacks und Kaffee zum guten Preis, max. 12 000 TSH, z. B. Lasagne, Cannelloni, Gnocchi oder Cheese Wraps. Ideal zum Sonnenuntergang – liegt direkt am Meer und Strand –, aber etwas kahl. ⌚ tgl 8–22 Uhr.

La Taverna, Creek Rd., Nähe Darajani Market, ✆ 0776-650301. Liegt versteckt neben der Haile Selassie Secondary School an der stark befahrenen Creek Road hinter massigen Sträuchern. Hier bekommt man alles, wofür die italienische Küche geliebt wird – Pizza, Pasta, Panini, Tiramisu und natürlich einen guten Cappuccino. Herrlich kosmopolitisch, wenn italienische Rufe aus der Küche ertönen, während man auf Swahili bedient wird. Pizza ab 10 000 TSH, Pasta ab 11 000 TSH. ⌚ Mo–Sa 11–23 Uhr.

6 degrees South, Nähe Africa House Hotel an der Waterfront, ✆ 0779-666050. Neuester, sehr hipper Zugang in der Restaurant-Bar-Szene und (laut eigenen Aussagen) aufgehender Stern am Gourmethimmel Sansibars. Super Aussicht aufs Meer, insbesondere vom Obergeschoss. Cocktails, erschöpfende Wein- und Cocktailkarte, Lounge-Musik, DJs, Partys – und sehr gutes Essen im gehobenen Preissegment. ⌚ tgl. 8–23 Uhr.

House of Spices, Kiponda St., ✆ 0773-573727. Das Restaurant im 2. Stock ist in appetitanregendem Grün gehalten und hält, was es auf den ersten Blick verspricht: italienisch inspirierte Küche der Spitzenklasse. Pizza ab 12 000 TSH, Salate ab 11 000 TSH, hausgemachte Pasta *al dente* ab 15 000 TSH. Hoch über den Straßen von Stone Town. ⌚ Mo–Sa 10–22 Uhr.

Loulou, Kenyatta St. Nähe Haupteingang Africa House Hotel, ✆ 0777-486350, 💻 loulouzanzibar.com. Schickes, voll klimatisiertes Restaurant im reduzierten Schwarz-Weiß-Look (mit blinkendem Sternenhimmel) mit Fokus auf Fisch, Meeresfrüchte und Fleisch. Schokoholics lieben das beste Schoko-Mousse von Stone Town (9000 TSH) und die belgischen Desserts. Hauptgerichte bis max. 20 000 TSH. ⌚ 11–22 Uhr.

Emerson Spice Hotel, s. „Übernachtung", nur nach Reservierung, ✆ 024-2232776. Zur Zeit der Recherche das beste Restaurant der Stadt! Schönes, romantisches Ambiente im Rooftop-Restaurant, US$30 p. P. für ein 5-gängiges Menü mit viel Fisch und Meeresfrüchten – aber jeden Cent wert! Tipp: Rechtzeitig zum stimmungsvollen Sundowner auf der Dachterrasse sein. ⌚ Drinks ab 18 Uhr, Dinner ab 19 Uhr.

Bi Kidude

Freddy Mercury ist nicht das einzige musikalische Wunderkind Sansibars: Bi Kidude, die Queen des Taarab (S. 148), wurde 2005 mit dem renommierten WOMEX Award für ihr Lebenswerk ausgezeichnet. Keiner weiß genau, wann sie geboren wurde, man schätzt irgendwann vor 1910. Bereits in den 1920er- und 1930er-Jahren tingelte sie mit Taarab-Orchestern und der legendären Siti Binti Saad, der ersten Taarab-Sängerin der Welt (!), durch Ostafrika. Später hatte sie ihr eigenes Orchester, und in den 1980er- und 1990er-Jahren tourte sie fast über den gesamten Erdball. Bi Kidude war so etwas wie ein Enfant Terrible der moslemischen Welt: Sie flüchtete im Alter von 13 Jahren vor einer Zwangsheirat, ignorierte die Schleierpflicht und rauchte und tanzte bis zu ihrem Tod am 17. April 2013 für ihr Leben gern. Ihr ganzes Leben konzentrierte sich auf das, was sie am meisten liebte: das Singen. In Sansibar genießt Fatuma Binti Baraka, wie sie mit bürgerlichem Namen hieß, trotz ihrer westlichen Eskapaden größtes Ansehen – und in der Weltmusik sowieso.

Kaffee, Kuchen und Süßes

Die Auswahl an Kaffeehäusern scheint zwar groß zu sein, aber so richtig guter Kaffee wird selten angeboten.

Serena Hotel, Mdele Coffee Shop und The Pool Terrace. Bei toller Aussicht aufs Meer und auf dem weitläufigen Pool bekommt man sehr guten Kaffee. Die täglich wechselnden Patisserie-Erzeugnisse und Kuchen schmecken ebenso lecker. Gehobenere Preise, aber Meeresrauschen inklusive.

Zanzibar Coffee House, Mkunazini, 💻 www.riftvalley-zanzibar.com. Kaffeehaus der ersten Stunde in Stone Town, das noch immer starken Kaffee und herzhafte Süß- und Mehlspeisen sowie Snacks bietet. Eigene Kaffeeröstung, Kaffeebohnen von der hauseigenen Farm in Mbeya. ⌚ tgl. 9–18 Uhr.

Stone Town Café, Kenyatta St., neben Dolphin Restaurant. Das kleine Lokal an der geschäftigen Kenyatta Street bietet guten Kaffee (Swahili-Style) und Kuchen, außerdem schmackhafte warme Küche. Die schattigen Plätze draußen an der Straße sind beliebt. Das Lokal hat wegen seines fairen Preis-Leistungs-Verhältnisses einen guten Ruf unter den hier lebenden Ausländern. Teilweise langsamer Service, aber es gibt ohnehin viel zu Beobachten. Kein Alkoholausschank. ⌚ tgl. 8–22 Uhr.

Zenj Café, Malindi, schräg gegenüber Cine Afrique, 💻 www.zenjizanzibar.com. Vor der Kulisse der geschäftigen Ausfahrtstraße beim

Sundowner von oben

Es muss nicht immer das **Africa House Hotel** sein, obwohl der Sonnenuntergang von dort zugegebenermaßen herrlich anzusehen und die Stimmung unvergleichlich ist. Dabei sind z. B. das **Zanzibar Serena Inn**, das **Travellers Café**, das **Emerson Spice** oder das **Livingstone Beach Restaurant** ideale Orte, um sich einen gepflegten Sundowner-Cocktail oder ein Glas Wein zu genehmigen. Im **Serena Inn** und im **Seyyida Hotel** kommen sogar Liebhaber der Shisha-Pfeife auf ihre Rechnung.

Hafen lässt es sich in angenehmer Atmosphäre auf der Veranda gut essen (max. 10 000 TSH), Kaffee trinken und Kuchen naschen. WLAN. Gut und günstig. ⌚ durchgängig von früh bis 18 Uhr.

Amore Mio, Shangani St., zwischen Zanzibar Serena Hotel und Tatu. Herausragend ist hier die köstliche hausgemachte Eiscreme für 2500 TSH/Kugel (die einzige auf Sansibar!). ⌚ tgl. 10–22 Uhr.

UNTERHALTUNG UND KULTUR

Bars

Mercury's, Mizingani Rd. Warum die Touristen scharenweise in dieses Restaurant pilgern, ist aufgrund der Qualität der Küche unverständlich. Schön hingegen ist die Lage am Wasser, weswegen es sich gut für ein kaltes Bier oder ein Gläschen Wein zum Ausklang des Abends anbietet. Regelmäßige Konzerte (meist samstags), 5000 TSH Eintritt. ⌚ tgl. ab 9 Uhr bis spät abends.

Tatu, Shangani St., ✆ 0778-672772. Essen, trinken, chillen – so lautet das Motto von Tatu. Die einzige Whiskeybar Sansibars mit Restaurant und Pub-Atmosphäre auf 3 Etagen (deswegen Tatu, was so viel wie „drei" bedeutet). Viel Atmosphäre, gutes Essen mit Themenabenden, große Auswahl an Alkoholika und gehobene Preise. ⌚ tgl. ab 12 Uhr.

Livingstone Beach Restaurant, Kenyatta St. Schönes Ambiente in einem alten Kolonialhaus, das um 1860 erbaut wurde und u. a. David Livingstone als Domizil diente. Um die Tische draußen am Strand (mit Fackeln) herrscht Gerangel, besonders zum Sonnenuntergang. Musik, Konzerte, Cocktails. Das Essen ist für die gebotene Qualität viel zu teuer, aber ein Drink mit den Zehen im Sand ist stimmungsvoll. ⌚ tgl. 10 Uhr bis spät.

Clubs

Komba Discotheque, Bwawani Hotel. Immer den Ohren nach ... Heiße Discorhythmen, Alkohol und auch Prostituierte. Eintritt 10 000–15 000 TSH. ⌚ tgl. ab 22 Uhr.

Festivals

ZIFF-Festival, Juni/Juli, 💻 www.ziff.or.tz. Das größte Film- und -Kunstfestival Afrikas, das die Kultur und Traditionen aller Dhow-Länder des indischen Ozeans zelebriert. Herzstück der Veranstaltung ist das Filmfestival, das hauptsächlich Kurz- und Dokumentarfilme zeigt. Daneben werden Ausstellungen sowie Musik- und Tanzaufführungen präsentiert. Das 8–9 Tage dauernde Festival spielt sich teilweise im Old Fort ab, in kleinerem Umfang auch an anderen Plätzen. Die Filme werden in unterschiedlichen Hotels gezeigt. Eintritt ca. US$10 pro Veranstaltung, Festival-Pass US$70.

Sauti za Busara Music Festival, Februar, 💻 www.busaramusic.com. 3-tägiges Musikfestival für die verschiedensten afrikanischen Musikrichtungen, von Bongo Flava über Taarab, Gospel bis hin zu Hip-Hop und Jazz. Die meisten Musiker stammen aus afrikanischen Ländern, doch auch interkulturelle Bands aus Europa finden ihren Weg hierher. Veranstaltungsort Old Fort. Tagespass ab US$50.

Jahazi Literary & Jazz Festival, August/September, 💻 www.jahazifestival.com. Familiäres, 3-tägiges Festival mit Jazz- und Reggae-Musik sowie Lesungen von Literatur mit Sansibar-Bezug (teilweise tansanische Autoren). Veranstaltungsorte: Livingstone Beach Restaurant, Seyyida Hotel. Die Privatinitiative kann jederzeit eingestellt werden.

Mwaka Kogwa, 3. Juliwoche, 💻 www.mzurikaja.or.tz. S. 316.

Livemusik

Von Mi–So stehen die Chancen gut, in einem der Restaurants und Bars Livemusik (von

SANSIBAR UND PEMBA

Taarab bis Pop und Bongo Flava) zu hören. Im **Mercury's**, im **Monsoon Restaurant** oder auch im **Old Fort** finden regelmäßig Konzerte statt. Wer echte sansibarische Musik hören möchte, schaut am besten auf das schwarze Brett der **Dhow Countries Music Academy** im Old Customs House, wo Absolventen der Schule und anerkannte Musiker abends regelmäßig zur Soirée bitten, 10 000 TSH. Siehe auch Taarab-Konzerte in den Mtoni Ruins, S. 286.

EINKAUFEN

Typische Souvenirs von Sansibar sind vor allem Gewürze, Holztruhen mit kunstvollen Messingbeschlägen, Teppiche, Messingwaren, Stoffe und Textilien. Außerdem ist Stone Town ein Paradies für alle, die Trödelläden lieben.

Bücher

The Gallery Bookshop, Gizenga St., gegenüber der Freitagsmoschee. Buchladen mit guter Auswahl an Tansania-, Sansibar- und Afrikarelevanter Literatur. Ableger des Gallery-Imperiums des sansibarischen Fotografen Javed Jafferji, dessen Bücher prominent vertreten sind. ⌚ Mo–So 9–18 Uhr.

A Novel Idea, Hurumzi St., im Emerson on Hurumzi. Gut sortiert mit viel Afrika-bezogener Literatur und anspruchsvollen Bildbänden, die zur Abwechslung einmal nicht von Javed Jafferji stammen.

Gewürze

Bei Gewürzen wird man auf dem **Darajani Market** fündig. Unbedingt hart verhandeln! Achtung: Es wird kein Safran auf Sansibar gezüchtet!

Leder

Surti & Sons, Gizenga St., gegenüber Eagle Foreign Exchange Bureau. Echte sansibarische Ledersandalen, die man auch nach dem Urlaub zu Hause bedenkenlos tragen kann. Geruchsneutralität garantiert!

Fahari Zanzibar, Kenyatta St. Taschen, Schmuck und Accessoires hauptsächlich aus Leder, entworfen von einer britischen Designerin, erzeugt im Rahmen einer sansibarischen NGO. Nicht billig, aber echtes Leder und sansibarische Werkstoffe verschmelzen zu Dingen, die dem westlichen Geschmack entsprechen.

Souvenirs

Souvenirjäger werden sicherlich in der Gizenga St./Changa Bazaar, in der Hurumzi St., im Old Fort oder der Kenyatta St. reiche Beute machen, wo es viele gut sortierte Läden gibt. Darunter ist viel Standardware aus Kenia oder Indien.

Memories of Zanzibar, Kenyatta St. Viele schöne Mitbringsel im Herzen der Altstadt, aufbereitet für die Augen und Geldbeutel von Touristen aus Übersee. Keine Schnäppchen, aber gut sortiert. Mit großer Auswahl an Kikoys, die zu den farbenprächtigsten und qualitativ hochwertigsten von Stone Town zählen. ⌚ Mo–Sa 9–19, So 9–18 Uhr.

Moto Handicrafts und Dada, Hurumzi St., gegenüber dem Zanzibar Curio Shop. Kaltgerührte, handgemachte Seifen mit Mustern von Sansibari-Türen und andere hochwertige Naturkosmetik; Flechtwaren aus traditionell überlieferten Mustern und Textilien, exotische Saucen und Marmeladen und handgewebte Stoffe. Alles hergestellt im Rahmen von Frauenprojekten, wobei alle Grundprodukte aus Sansibar stammen. Fair, natürlich und nachhaltig. ⌚ tgl. 9–18 Uhr.

Saifa Shop, Kelele Square, südlich des Serena Inn. Der Zanzibari Omar Mrisho produziert seit 1993 handbedruckte T-Shirts und Produkte aus lokalen Textilien, z. B. Taschen, Seesäcke und Kappen.

Zanzibar Curio Shop, Gizenga St. Auf den ersten Blick mutet der Shop wie ein gewöhnlicher Souvenirladen an, doch in den Hinterzimmern tun sich wahre Schätze auf – alte Tauchglocken, echtes Kolonialmobiliar oder alte gusseiserne Sicherheitsschlösser. ⌚ tgl. 9–18 Uhr, freitags eingeschränkt.

Supermärkte

Cash & Carry, westlich vom Darajani Market. Der kleine Supermarkt führt Konserven, Milchprodukte und Käse, Balsamico-Essig und ähnliche Produkte, die die kleinen *maduka* für gewöhnlich nicht anbieten. ⌚ Mo–Sa 9–19 Uhr

Fair und ökologisch einkaufen in Stone Town

Besucher haben es schwer, wirklich lokale, ökologisch oder fair produzierte Dinge zu erkennen. In den Läden nachzufragen, hilft nicht immer, da man häufig falsche Auskünfte erhält.
Garantiert lokal, fair und teilweise ökologische Produkte findet man bei:

- **Moto/Dada** – Naturkosmetik, Flechtwaren, Körbe, handgewebte Stoffe, Lebensmittel
- **Sasik** – handgenähte Polsterüberzüge und Decken
- **Mrembo Spa** – lokal erzeugte Schönheitselixiere
- **Old Fort** – Holzschnitzereien
- **Upendo Means Love** – Bekleidung aus Kanga-, Kitenge- und Kikoy-Stoffen
- **Fahari** – schicke Ledererzeugnisse

(außer während der Gebetszeiten in der Moschee), So 9–13.30 Uhr.
Rund um den Darajani Market gibt es weitere **kleine Läden**, die oft ein erstaunliches Sortiment an westlichen Lebensmitteln führen. Man sollte genau wissen, wonach man sucht, denn oft sind die Produkte gut im hinteren Lagerraum versteckt.
Größere Supermärkte, nämlich **Migoz**, Airport Rd., und **Kwality Supermarket**, Mlandege St., befinden sich relativ weit von der Altstadt entfernt.

Textilien

Kikoys, Kangas und Kleidung gibt es in fast allen großen Souvenirgeschäften an der Kenyatta St. Die hier genannten Läden haben sich darauf spezialisiert.

Sasik, Gizenga St., Nähe Emerson on Hurumzi. Rund 50 Frauen nähen Kissenschoner, Wandteppiche und ähnliche Objekte basierend auf arabischen und swahilischen Designs. Eines der ältesten (seit 1994) und renommiertesten Frauenprojekte Tansanias. ⌚ Mo–Sa 9–18 Uhr.

Upendo Means Love, Nähe Silk Route Restaurant. Sansibarische Frauen erlernen in diesem Ausbildungsprojekt einen Beruf und fertigen gleichzeitig Mode aus Kanga-, Kikoy- und Kitenge-Stoffen. ⌚ Mo–Sa 9–16 Uhr.
Gleich hinter dem Darajani Market in Mkunazini gibt es den **Kanga-Straßenmarkt**, wo Kangas und Kitenge günstiger als in den Geschäften erworben werden können. Die Preise variieren je nach Druck, Qualität und Art des Stoffes und beginnen bei etwa 8000 TSH.

Weitere **Textilien- und Stoffmärkte** befinden sich auf der dem Darajani Market gegenüberliegenden Straßenseite, im Stadtteil Ng'ambo, entlang der Straße nach Mlandege.

AKTIVITÄTEN UND TOUREN

Exkursionen auf der Insel

Standardtouren

Im Angebot sind: eine **City Tour** (ca. US$30), Ausflüge zum Urwald **Jozani Forest** (US$20–50 plus US$8 Eintritt), auf die lauschige Insel **Prison Island** (US$30–40) oder zu den **Delfinen von Kizimkazi** (US$60–100, Hinweise S. 314). Anfragen bei den Tourveranstaltern. Je mehr Personen im Fahrzeug sitzen, desto günstiger wird der Einzelpreis. Zur **Spice Tour** Kasten S. 279, zu Guides und *papaasi* S. 278.
Eco & Culture Tours Zanzibar, Hurumzi St., gegenüber Emerson on Hurumzi, ✆ 024-2233731, 💻 www.ecoculture-zanzibar.org. Alteingesessen und erfahren.
Sun Tours, Hurumzi St., schräg gegenüber dem Clove Hotel, ✆ 0777-414196, 💻 www.suntours znz.com. Engagiert und mit gutem Ruf.
Zenith Tours, , an der Straße zum Flughafen, ✆ 024-2232320, 💻 www.zenithtours.com. Renommierter Tour Operator mit gutem Ruf.

Spezialtouren

Zanzibar Different, Mtoni Marine (außerhalb der Stadt), ✆ 0777-430117, 💻 www.zanzibardifferent.com. Ausgefallene Touren, aber auch teurer: Auf den Spuren von Prinzessin Salme (S. 268) mit Kaffeezeremonie und Spice Tour (US$80 p. P.), Sunset-Bootsfahrten mit Taarab-Konzert in den Palastruinen

Guides und Papaasi

Ausflüge, Schnorcheltrips oder Sundowner können auf Sansibar ganz schön ins Geld gehen. Dennoch: Finger weg von Exkursionen oder Aktivitäten, die für einen Spottpreis am Strand oder auf den Straßen von Stone Town angeboten werden. Klar, die Touren, die die *papaasi* (wörtliche Übersetzung: Zecken, Blutsauger) verkaufen, sind oft erheblich günstiger als die Touren akkreditierter Guides und Unternehmen. Dafür bezahlen sie keine Steuern, haben keine Ausbildung, sind nicht beim Tourismusministerium registriert und haben keine Ahnung von Qualitätstourismus. Meist haben sie nicht einmal Verantwortungsbewusstsein ihren Gästen gegenüber. Schon bei der Ankunft mit der Fähre werden Gäste von ihnen begrüßt und in jene Etablissements geführt, von denen sie die höchste commission erhalten – auch wenn die Gäste ganz woanders gebucht haben.

Für Besucher wird es immer schwieriger, echte Guides von *papaasi* zu unterscheiden, da viele gefälschte Lizenzen und Ausweise vorweisen. Im Normalfall ist davon auszugehen, dass nur renommierte Agenturen (z. B. die hier empfohlenen) es sich leisten können, jährlich die teuren Lizenzen für registrierte Guides zu verlängern.

Papaasi können einfache, anständige Männer sein, doch im Zweifelsfall ist damit zu rechnen, dass sie unangenehm auftreten und betrügerische Absichten hegen, vor allem wenn Drogen im Spiel sind. Organisierte Raubüberfälle auf Touristen, abgekarterte Spiele mit Drogen und der Polizei, Taschendiebstähle, Betrügereien – all dies ist möglich. Meistens verliert man „nur" Geld, wenn man sich mit einem *papaasi* einlässt, aber auch das kann einem den Urlaub schon gründlich vermiesen.

In den letzten Jahren wurde das Verhalten der *papaasi* und Beachboys zunehmend aggressiver.

Selbst Reisende, die jeden Urlaubsdollar zweimal umdrehen, tun gut daran, sich an folgenden **Verhaltensregeln** zu orientieren:

- Am besten hält man an der eigenen Planung (und einer Buchung sowieso) fest und lässt sich nicht durch Geschichten verunsichern. *Papaasi* erhalten die höchsten *commissions* von jenen Etablissements, die am schlechtesten ausgelastet sind. Viele der Unterkünfte, die mit *papaasi* auf Kundenfang gehen, sind Halsabschneider, die lieber den *papaasi* eine *commission* geben als das Geld in die Renovierung ihrer Unterkunft zu stecken.
- Im schlimmsten Fall sind die *papaasi* zu ignorieren, indem man sich mit gesenktem Haupt durch die Masse schiebt und kein Wort wechselt.
- Auch wenn Fotos lügen können und Tripadvisor-Einträge gefälscht sind, empfiehlt es sich für weniger Afrika-erfahrene Besucher für die erste Nacht in Stone Town eine Unterkunft per E-Mail zu buchen (und die Abholung gleich dazu). Danach kann man sich in aller Ruhe (und ohne verräterisches Gepäck) auf die Suche nach einer billigen oder ansprechenden Bleibe machen.
- Man sollte sich mit persönlichen Angaben über sich selbst und die Reise bedeckt halten; Sie weder das Hotel noch die Zimmernummer, noch die weiteren Pläne an Unbekannte weitergeben.
- Ausflüge bucht man bei einer der zahlreichen Agenturen (mit Büros oder Verkaufsständen) oder direkt im Hotel. Die Qualität der Exkursionen unterscheidet sich vor allem hinsichtlich der Informationstiefe und der Verpflegung, der Qualität der Fahrzeuge, aber auch im Hinblick auf die Pünktlichkeit und Verlässlichkeit der Guides. Einige sind des Deutschen mächtig, und alle müssen bei der Zanzibar Tourism Commission registriert sein.

Übrigens: Sollte auf einer Tour mit einem *papaasi* ein Unfall oder ein Überfall passieren, werden die offiziellen Stellen jegliche Unterstützung verweigern.

des Mtoni Palace und Stranddinner (US$150 p. P.), Stone Town Tour mit Architektur-Schwerpunkt (US$30) oder Tingatinga-Malworkshops (US$25 p. P.), bei jeweils 2 Personen. Der Transfer wird arrangiert. Die Einnahmen gehen teilweise in die Renovierung des Mtoni Marine Palace, teilweise in gemeinnützige Projekte.

Zanzibar Kawa Tours, Mkunazini St., ✆ 0754-526459, 💻 www.zanzibarkawatours.com. Kulturtouren eines Ausbildungsprojektes per Fahrrad, u. a. zu einer Gewürzfarm, zu Red Colobus Monkeys und Palastruinen oder City Tour in Stone Town. Faire Preise.

Musikunterricht

Dhow Countries Music Academy, im Old Customs House, Mizingani Rd., 💻 www.zanzibarmusic.org. Musikunterricht in traditioneller Swahili-Musik, z. B. Taarab oder Ngoma, 45 Min. um US$15. Anmeldung vor Ort. Regelmäßig geben Absolventen der Academy im Haus Konzerte, S. 276.

Safari-Veranstalter

Tanzania Adventure, Chukwani Rd., Mbweni, ✆ 0773-478748, 💻 www.tanzania-adventure.com. Renommiertes Safari- und Tour-Unternehmen mit Hauptsitz in Arusha. Deutsch-tansanisches Joint Venture. Corina auf Sansibar legt viel Wert auf persönliche Kundenbetreuung.

Coastal Travels & Zancos, neben Zanzibar Serena Inn, ✆ 024-223489, ✉ zanzibar@zancos.co.tz. Flüge mit Coastal Aviation sowie die Camps/Lodges der Coastal-Gruppe können hier gebucht werden. Oft gute Last-Minute-Angebote und ideal für den Southern Circuit (Selous, Ruaha, Kilwa) in Kombination mit Dar und Sansibar. Gute Mittelklasse-Unterkünfte zum attraktiven Preis.

Schnorcheln

Viele kleine Inseln, die sich für herrliche Schnorchelausflüge eignen, sind vorgelagert. Die beste Ausrüstung und Sicherheitsmaßnahmen (Schwimmwesten, Funkgeräte) bietet **One Ocean** (S. 280), US$35. Bei Tour-Unternehmen meist ab US$30 zu buchen.

Safari Blue, Fumba Village, ✆ 0777-423162, 💻 www.safariblue.net. Seit 1996 bietet Eleanor Griplas die Originalbootsexkursionen auf Sansibar an. Von 9.30 bis 17 Uhr am Abend dreht sich der ganze, türkisblaue Tag nur um Wasser, Sandbänke, Essen (Lobster Lunch, Verkostung von Früchten), Trinken (Kaffee, Amarulla, frische Säfte), geführte Schnorcheltouren, Sonnenbaden und Delfine beobachten in der Menai Bay Conservation Area. Der Transfer (US$30–35 pro Fahrzeug) wird arrangiert, US$60 p. P. Professionell und herrlich entspannend.

Auf Spice Tour

Zugegeben, mit einer Busch-Safari oder einem Tauchgang ist die Spice Tour nicht vergleichbar, wenn man mit unzähligen anderen Touristen in einen Bus gepfercht und auf eine der zahlreichen **Gewürzfarmen** gekarrt wird. Doch immerhin erlaubt die Spice Tour einen Einblick in die sansibarische Geschichte und Kultur, und viele Reisende erfahren hier zum ersten (und oft auch zum letzten) Mal etwas über tansanische Speisen und Esskultur.

Auf den Spice Farms im Inselinneren werden Anbau und Ernte verschiedener inseltypischer Gewürze und Früchte gezeigt und bisweilen auch erklärt, z. B. von Nelken, Zimt, Vanille, Muskatnuss, Kardamom, Pfeffer oder Zitronengras, ebenso wie Kaffee und Kakao oder die bei uns unbekannte Jack-Frucht. Blätter werden gerieben, Knospen aufgebrochen, es wird an Baumrinden gekratzt oder Seifenschaum aus kleinen Kirschen gezaubert. Vielleicht werden auch grüne Kokosnüsse geköpft und der erfrischende Saft unreifer Kokosnüsse *(dafu)* verkostet.

Neben Lebensmittelkunde kommt auch der Geschichtsunterricht nicht zu kurz. **Abstecher zu historischen Stätten**, z. B. zu den Sklavenkammern von Mangapwani oder den Persischen Bädern von Kidichi, demonstrieren eindrucksvoll die gar nicht so weit zurückliegende, schillernde Vergangenheit des ehemaligen Sultanats. Inbegriffen ist auch ein **Mittagessen** im Swahili-Stil, das in einem traditionellen afrikanischen Haus – am Boden sitzend – eingenommen wird. Üblicherweise klingt die Tour mit einem **Strandbesuch** aus.

Am besten über die Unterkunft zu buchen, zwischen US$20–60 p. P. je nach Gruppengröße und Unternehmen. Tipp: Zuerst am Darajani-Markt erkundigen, was die Gewürze dort kosten. In den allermeisten Fällen werden auf den Spice Farms nämlich überteuerte Preise verlangt.

Schwimmen

Rund um Zanzibar Town ist von einem Bad im Meer abzuraten, da die Abwässer größtenteils ungereinigt ins Meer fließen. Die nächstgelegenen Strände, die sich zum Baden eignen, sind **Fuji Beach**, etwa 10 km nördlich, oder der Strand bei den **Mbweni Ruins**, einige Kilometer südlich der Stadt. Wer Abkühlung sucht, findet sie im Pool des **Tembo Hotel** (10 000 TSH) oder des **Dhow Palace** (5000 TSH).

Stadtführungen

Zwei- bis dreistündige Stadtführungen werden von allen Unternehmen angeboten, auch alle Hotels vermitteln Guides. Ein Pflichtbesuch wird stets dem Darajani Market abgestattet, was für all jene ganz angenehm ist, die sich im marktschreierischen Gedränge allein nicht wohl fühlen. Je nach Gruppengröße US$20–40 p. P. Anbieter s. Standardtouren S. 277.

Tauchen

Die Riffe und Inseln an der Westküste im Großraum Stone Town (max. 30 m tief) sind besonders für Schnuppertaucher, Anfänger und Schnorchler bestens geeignet – kaum Strömungen und wenig Wind.

One Ocean, Kenyatta St., gegenüber dem Livingstone Beach Restaurant, ✆ 0773-048868, 💻 www.zanzibaroneocean.com. Platzhirsch auf Sansibar und renommiertes Tauchcenter mit gutem Ruf. Hat zahlreiche Tauchbasen auf der Insel, die Preise variieren je nach Resort. PADI Open Water US$500, PADI Advanced Open Water US$480, 10 Tauchgänge US$490.

Steckbrief: Tauchen auf Sansibar

- **Tauchtiefe:** durchschnittlich 20–25 m, einige Korallenwände gehen bis auf 40 m
- Sicht: 20–25 m, am Mnemba-Atoll 40 m
- **Beste Zeit zum Tauchen:** Okt–Dez und Feb–April
- **Spezialitäten:** Wracktauchen vor Stone Town, im Westen Hartkorallen, im Allgemeinen keine Großfische, aber Rifffische, Blaupunktrochen *(blue dotted sting ray)*, Schildkröten, Riesen-Zackenbarsch *(giant grouper)*, Barrakuda, Delfine
- **Bester Tauchspot:** Westküste und die vorgelagerten Inseln, Mnemba Island (Weichkorallen, Rifffische), Menai Bay, Kendwa, Nungwi Vor Nungwi gibt es Riffe, die hauptsächlich die ansässigen Tauchbasen nutzen. Die Westküste ist besonders für Schnuppertaucher, Anfänger und Schnorchler geeignet (kein Wind und ruhige See), Nungwi ist für Strömungen bekannt.
- **PADI-Tauchbasen** findet man auf der ganzen Insel, der Großteil ist bestens ausgerüstet, mit erfahrenen, zumeist europäischen oder südafrikanischen Instruktoren.

Wellness

Mrembo Traditional Spa, Cathedral St., schräg gegenüber der St. Josephs Cathedral, Eingang auch über Soko Muhogo St., ✆ 0777-430117. Jahrelang hat Stefanie Schoetz sansibarische Schönheitsrezepturen zusammengetragen, auch mit Hilfe von Bi Kidude und anderen lebenserfahrenen sansibarischen Frauen. So erhält frau hier z. B. ein *singo*, ein Körperpeeling aus frischem Jasmin, Ylang-Ylang, Rosenblüten, Nelken und noch vielen Zutaten mehr, das ursprünglich sansibarischen Bräuten als Vorbereitung auf die Hochzeit vorbehalten war. Massage mit heißem Sand und Aromatherapie. Ab US$40. ⌚ tgl. 9–18 Uhr.

Yoga

Yoga with Jo, ✆ 0773-271942, ✉ yogawithjo @gmail. Regelmäßig Yoga-Stunden in den Mbweni Ruins, aber auch an anderen Orten, z. B. in Paje. 20 000 TSH.

SONSTIGES

Apotheken

Viele relativ gut sortierte Apotheken gibt es rund um den Darajani Market.

Shamshu & Sons Pharmacy, hinter dem Darajani Market, ✆ 0777-411480. Ausgezeichnet sortierte Apotheke mit vielen Medikamenten, Hygieneartikeln, Kosmetika und Parfums. Beste Auswahl in Stone Town. ⌚ Mo–Sa 9–20 Uhr (außer während der Gebetszeiten in der Moschee), So 9–13.30 Uhr.

Izmir Pharmacy, am südlichen Ende des Darajani Market, ✆ 024-2232137. Neuere, gut sortierte und klimatisierte Apotheke für Medikamente, Hygieneartikel und Ähnliches. ⌚ tgl. 9–21 Uhr.

Autovermietungen

Halblegale Autovermietungen finden z. B. bei den Forodhani Gardens, beim Big Tree und am Darajani Market statt. Davon sollte man aber Abstand nehmen, insbesondere seitdem es offizielle Mietagenturen gibt. Am besten mietet man ein Fahrzeug von einem der renommierten Tourveranstalter (S. 282) oder bei folgenden Autovermietungen:

Kibabu Cars, ✆ 0772-755788, 💻 kibabucars.com. RAV4 US$55/Tag, Escudo US$35/Tag. Das Fahrzeug wird zum Hotel zugestellt.

Avis Zanzibar, Mlandege St., gegenüber vom Muzammil Centre in der PETRO-Tankstelle, ✆ 0777-725287, 💻 www.avistanzania.com. Momentan noch sehr teuer, womöglich aber werden die Preise an das Inselniveau angepasst.

Botschaften und Konsulate

Deutsches Honorarkonsulat, Hans-Dieter Allgaier, Mbweni, ✆ 0754-339713, ✉ sansibar@hk-diplo.de. Vom Stadtzentrum kommend kurz vor der Mazizini Police Station rechts Richtung Chukwani abbiegen; kurz vor der Mbweni-Moschee (nach ca. 350 m) befindet sich auf der linken Straßenseite das Haus hinter einem schwarz-weißen Tor. ⌚ Di 10–12, Do 14–16 Uhr.

Expressversand

DHL, Shangani, gegenüber Kisiwa House, bei Madeira Tours, ✆ 024-2230406. ⌚ Mo–Fr 8–12, 14–17, Sa 8–12 Uhr.

Geld

Banken

Für Maestro-, Master- und Visacard-Abhebungen:

Barclays Bank, Kenyatta St. im Mazons Hotel; an der Creek Rd. nähe Malindi Police; Gulioni Rd. im ZSTC Building, östlich von Stone Town auf dem Weg in den Norden.

CRDB Bank, New Mkunazini St. schräg gegenüber dem Lukmaans Restaurant.

> **Swahili-Kurse**
>
> Sansibar, die Wiege des Hoch-Swahili, ist ein guter Platz, um sich Sprachkenntnisse anzueignen. Man kann sich entweder durch Herumfragen selbst einen Lehrer suchen (8000–10000 TSH/Std.) oder aber gleich das **Institute of Kiswahili and Foreign Languages** im Obergeschoss der State University of Zanzibar (SUZA), am östlichen Ende der Vuga Rd., ansteuern. Anfragen bei Mama Zainab ali Iddi, ✆ 0777-477397, 💻 zainab.iddi@suza.ac.tz, US$7/Std., Intensivkurse: 4 Std. pro Tag zzgl. Visum (derzeit US$250) und Homestay (ca. US$500/Monat).

Exim Bank, beim Kwality Supermarket in der Mlandege Rd., nächste doppelspurige Querstraße nach Creek Rd. (Mkapa Rd.).

Für Visacard-Abhebungen: **FBME Bank**, Kisiwandui St. (hinter Jamhuri Gardens) und **NBC Bank**, Kenyatta St. (neben Karibu Inn).

Geldwechsel

Die besten Kurse gibt's bei **Eagle Bureau de Change** oder **Morning Star Bureau de Change** in der Gizenga Street. Ebenfalls recht gute Kurse bekommt man im **Shangani Hotel**.

Informationen

In der Altstadt gibt es keine offizielle, staatliche Touristeninformation. Einige Agenturen behaupten zwar, sie wären Touristeninformationszentren, verkaufen aber nur ihre eigenen Touren.

Zanzibar Tourist Corporation, Livingstone House, Bububu (Malawi) Rd., neben Barclays Bank, ✆ 024-2238630, 💻 zanzibartouristcorporation.net. Ein Besuch lohnt sich kaum, denn das Informationsmaterial ist veraltet und das Personal wenig engagiert. ⌚ Mo–Fr 7.30–15.30 Uhr.

Das **Gratismagazin** *The Swahili Coast* enthält interessante Artikel und viele hilfreiche Telefonnummern. Wer nach aktuellen Informationen sucht, erkundigt sich am besten in den gut besuchten Lokalen, wie dem Livingstone Beach Restaurant, dem Mercury's oder dem Africa

House Hotel (gutes schwarzes Brett). Manche Veranstaltungen, wie die Kendwa Full Moon Partys, werden in der ganzen Stadt plakatiert. Interessante Beiträge über Geschichte, Kultur, Traditionen, interessante Restaurants oder ungewöhnliche Sehenswürdigkeiten bietet das Online-Magazin **Mambo Magazine**, 💻 www.mambomagazine.com.

Internet

Mehrere **Internetcafés** befinden sich in der Kenyatta St. rund um das Shangani Post Office, in der Forodhani St. oder der Hurumzi St., doch die Qualität der Leitungen reicht nicht an diejenige in Dar es Salaam oder Arusha heran. Das **Shangani Post Office** selbst hat immerhin gute Computer, akzeptable Internetverbindungen (500 TSH/Std., 2000 TSH/Std. für Skype) und gut funktionierende Klimaanlagen. Im selben Gebäude liegt ein weiteres Internetcafé mit recht flottem Internet (1000 TSH/Std.). Zahlreiche Hotels und Lokale bieten Kunden mit eigenem Computer inzwischen WLAN-Verbindungen an, meist gratis, manchmal gegen Bezahlung, z. B. **Zanzibar Serena Inn**. Tipp: Laptop oder Tablet nicht in exponierten Cafés auspacken. Lieber geschlossene Räume, die von der Straße nicht einsichtig sind, wählen.

Medizinische Hilfe

Von offizieller Seite heißt es, die Malaria sei auf Sansibar ausgerottet. Dennoch sind Vorsichtsmaßnahmen sinnvoll, z. B. unter dem Moskitonetz schlafen und Mückenlotion verwenden.
Al-Rahma Hospital, an der Straße zum Flughafen, ✆ 024-2236715. Privatkrankenhaus für Expats . Bei schwerwiegenden Erkrankungen sollte man nach Dar es Salaam ausweichen.
Zanzibar Medical Group, Kenyatta St., schräg gegenüber dem Les Spices-Rendez-Vous Restaurant, ✆ 024-2233134. Einfachere Klinik mit guter Medikamentenausstattung. ⏲ Mo–Do 9–13 und 17–20, Fr–Sa 9–12, 17–20, So 9–11 Uhr.
Dr. Mehta's Hospital, Vuga Rd., Nähe Abessynian Maritim, ✆ 0777-410009. Kleine, moderne Privatklinik mit angeschlossener Apotheke und sogar Röntgen- bzw. Ultraschallgeräten. 24-Stunden-Notruf unter ✆ 0681-900900. ⏲ Mo–Sa 8–13, 17–20 Uhr.

Polizei

Polizeistation Malindi, ✆ 024-2230772. Die größte Polizeistation von Stone Town.

Post

Shangani Post Office, Kenyatta St., Shangani. Für Touristen ist dieses sogenannte Old Post Office optimal gelegen. (Das größere General Post Office befindet sich weiter außerhalb.) ⏲ Mo–Do 8–13 und 14–16.30, Fr 8–12 und 14–17 Uhr. Das Internetcafé ist tgl. bis 20 Uhr besetzt.

Reisebüros

Die Tourveranstalter der Stadt können in den meisten Fällen auch Buchungen von Inlandflügen und Zimmerreservierungen übernehmen. Internationale Flugtickets müssen aber bei den hier genannten Reisebüros gebucht werden.
Rubby Travel & Tours, Hurumzi St., gegenüber dem Emerson on Hurumzi Hotel, ✆ 0775-044547. ⏲ Mo–Fr 8.30–17, Sa 9–14 Uhr.
United Travel Agency, Gizenga St. nahe Gallery Bookshop, ✆ 024-2232258. ⏲ Mo–Fr 8.15–12.30 und 14.15–16.30, Sa 8.15–12.30 Uhr.

Sicherheit

Anders als in allen anderen afrikanischen Städten sind die Straßen von Stone Town relativ sicher, auch in der Nacht. Nächtlichen Zerstreuungen, wie einem Besuch der Food Markets oder Livekonzerten in den Bars, kann man sich also bedenkenlos bis etwa 23 Uhr hingeben. Trotzdem kommt es besonders in dunklen oder unbelebten Gassen gelegentlich zu **Überfällen** auf Touristen, vor allem am späten Abend. Im Zweifelsfall sollte ein Taxi als Transportmittel in Erwägung gezogen werden; Taxifahrer begleiten ihre Gäste gerne auf den letzten Metern bis zum Hotel.
Grundsätzlich gilt: Menschenleere oder schlecht beleuchtete Gassen sind zu meiden. Unter keinen Umständen ratsam sind nächtliche Spaziergänge am Strand (z. B. beim Tembo Hotel), im Einzugsgebiet des Fährhafens sowie jenseits der Benjamin Mkapa Road oder in Richtung Bwawani.
Die **Bekleidung** hat den islamischen Vorschriften zu entsprechen, d. h. keine

schulterfreie Kleidung, Röcke und Hosen müssen über die Knie reichen und transparente Stoffe bzw. Kleidung mit tiefen Ausschnitten sind zu meiden. Der Großteil der Bevölkerung steht Touristen positiv gegenüber, aber fundamentalistische Splittergruppen werden immer stärker und können möglicherweise Touristinnen wegen allzu freizügiger Kleidung beschimpfen oder gar attackieren.
Siehe auch Sicherheitshinweise für Sansibar S. 258.

Telefon

Internationale Telefongespräche zum günstigen Internettarif können beispielsweise vom namen-losen **Internetcafé** neben dem Shangani Post Office getätigt werden, 1300 TSH/Min. nach Europa. ⏲ tgl. 8.30–21 Uhr.

Visa

Obwohl es in Stone Town ein **Immigration Office** gibt, lassen sich Visumsangelegenheiten besser in Dar es Salaam erledigen. In besonderen Fällen kann auch der deutsche Honorarkonsul, Herr Allgaier, kontaktiert werden (s. „Botschaften und Konsulate").

NAHVERKEHR

Daladalas

Der Busbahnhof für Daladalas liegt am Darajani Market in der Benjamin Mkapa Rd. Mit ihnen kann man sich in Zanzibar City und auf der ganzen Insel fortbewegen. Die **Route A** führt ins östliche Zanzibar City (zum Amaani Stadium); mit Bussen der **Route B** erreicht man Bububu und Fuji Beach; **Route U** verkehrt in südliche Stadteile rund um den Flughafen. Im städtischen Großraum kostet die Fahrt max. 350 TSH. An den meisten offenen Minibussen für Fahrten außerhalb der Stadt prangt vorne eine dreistellige Nummer und das Fahrtziel, z. B. **101 Mkokotoni**. Mit max. 2500 TSH ist die Fahrt überaus günstig, aber man braucht sehr viel Zeit.
Leider verleiten die guten Teerstraßen viele Busfahrer zum Rasen. Es gibt zahlreiche Straßenabschnitte, die schnurstracks durch die Landschaft verlaufen, mit der Folge, dass die Fahrer hier das Gaspedal durchtreten. Deshalb sind Daladalas für Langstrecken, z. B. nach Nungwi oder in den Osten, nur bedingt empfehlenswert. Wer auf Nummer sicher gehen möchte, sollte sich lieber ein **Share Taxi** leisten (max. US$10–15). Für kurze Strecken, z. B. nach Bububu oder Mbweni, sind Daladalas aber praktisch und weitgehend gefahrlos zu nutzen.

Taxis

Standplätze befinden sich überall in der Altstadt, z. B. vor dem Livingstone Beach Restaurant, entlang der Kenyatta Street, beim House of Wonders und den Forodhani Gardens, am Fährhafen, am Vorplatz bei der Malindi Police oder am Darajani Market.
Alle **Fahrpreise** sind bereits vor der Abfahrt zu vereinbaren. Stadtfahrten (die meisten Unterkünfte liegen innerhalb der Altstadt) kosten im Normalfall max. 3000 TSH (in der Nacht sind sie um 1000–2000 TSH teurer). Nach Mtoni Marine oder Mbweni Ruins müssen rund 10 000–12 000 TSH veranschlagt werden. Für die Strecke von Stone Town nach Nungwi oder an die Ostküste (Bwejuu, Paje, Jambiani) werden stolze US$80–90 verlangt. Mit etwas Verhandlungsgeschick kann man diesen Preis um etwa ein Drittel mindern, mehr als US$50–60 sollten in keinem Fall bezahlt werden. Eine bessere Alternative (nur für die zuletzt genannten Orte) sind **Share Taxis**, die von einigen Tour Operatorn betrieben werden. Der Tarif beläuft sich einheitlich auf US$10 p. P. (in der Hochsaison auch schon mal US$15), wobei man sich vor Abfahrt – wenn möglich – mit anderen Touristen zusammentun sollte, um etwaige überhöhte Tarifforderungen abzuwehren. Abfahrt tgl. um 8 und 12.30 Uhr vom Old Fort. Wer ein Strandhotel gebucht hat, wird ohnehin meist abgeholt (bei den Unterkünften nachfragen).
Wer die Insel erkunden möchte, aber keine Lust hat, selbst am Steuer zu sitzen, kann sich auch ein Taxi mieten. Mit Preisen von US$70–100/Tag ist zu rechnen.

Fahrrad- und Motorradverleih

Bei den halblegalen Autovermietern in den Forodhani Gardens oder beim Darajani Market sowie bei einigen Tour Operators können

Motorräder oder Vespas gemietet werden (US$25–30 pro Tag), ebenso Räder (US$5–10 pro Tag). Wer auf Nummer sicher gehen möchte, mietet lieber von einem renommierten Tour Operator (S. 277).

TRANSPORT

Fähren

Nach Dar es Salaam

Zwischen Dar es Salaam und Stone Town verkehren täglich mehrere Fähren. Ihre **Anlegestelle** liegt direkt gegenüber der Old Dispensary, unweit vom Mercury's Restaurant und dem Big Tree.

Eine Armada von **Taxis** steht nach Ankunft jeder Fähre bereit (s. „Nahverkehr"). Der Fährhafen in Stone Town ist bekannt für unangenehme Beamte und starkes Gedränge. Siehe Sicherheitsweise und Verhalten beim Ticketkauf, S. 185.

Tickets von Stone Town nach Dar sind rechtzeitig zu buchen (mind. am Vortag), vor allem in der Hochsaison, wenn sich die Boote schnell füllen. Weder telefonisch noch elektronisch lassen sich verlässlich Tickets reservieren. Seit den schweren Fähren- und Bootsunglücken im Jahr 2012 ist man sehr vorsichtig geworden. Zur Zeit der Recherche wurden nur die Schnellboote des Betreiber **Azam Marine** (Büro am Kreisverkehr Malindi gegenüber dem Hotel Marine im alten Hafengelände) als sicher eingestuft, d. h. regelmäßig gewartet, nicht überladen und mit ausreichend Schwimmwesten an Bord versehen. Im Sinne der eigenen Sicherheit sollte man von den anderen Fähren Abstand nehmen, denn die Gewässer zwischen dem Festland und den Inseln sind für hohen Wellengang und Strömungen bekannt.

Abfahrtszeiten der Azam Marine-Schnellboote: 7, 9.30, 12.30, 15 und 15.30 Uhr.

Preise p. P. einfach: US$35 Economy Class bzw. US$40 1. Klasse.

Nach Pemba

Die Schnellboote von Azam Marine legen momentan Mo und Sa jeweils um 7 Uhr ab (2 1/2 Std., US$35 bzw. US$40 in der 1. Klasse). Vor einer Fahrt unbedingt nach dem aktuellen Fahrplan erkundigen, da sich dieser oft ändert.

Autofahren auf Sansibar

Abgesehen von Rüttelschwellen, zahlreichen Schlaglöchern und einigen tieferen Sandpisten im Osten und Süden ist auf Sansibars Straßen kaum mit Problemen zu rechnen. Man sollte sich aber darauf einstellen, als weißer Autofahrer an den zahlreichen **Straßenblockaden** überprüft zu werden. Die **polizeiliche Überprüfung** kann von oberflächlichem Geplänkel bis zu handfesten Geldforderungen reichen. Am besten man verhält sich ruhig und freundlich, verwickelt den Polizisten in ein Gespräch und versucht, die Situation auszusitzen. Wenn möglich, sollte man den Führerschein nicht aus der Hand geben, sondern gut lesbar für den Ordnungshüter durchs Fenster halten (abgenommene Führerscheine werden gern als Druckmittel verwendet). Ordentliche Papiere (Internationaler Führerschein) und ein guter Allgemeinzustand des Fahrzeugs sind unabdingbar. Polizisten müssen eine Anstecknadel mit ihrer Dienstnummer tragen, ansonsten ist ihr Eingreifen illegal. Bei Schwierigkeiten tut man gut daran, nach dem Namen und der Dienstnummer zu fragen, um den Vorfall am nächsten größeren Polizeiposten zu melden.
Im Großraum Zanzibar City ist besonders auf die vielen **Rad- und Mopedfahrer** zu achten.

Nach Tanga

Seit den Bootsunglücken von 2012 fährt keine regelmäßige Fähre mehr zwischen Tanga und Sansibar. Von den gefährlichen Überfahrten mit den Dhows (in der Nacht) ist unbedingt abzuraten!

Nach Ushongo Beach

Siehe Kendwa S. 299.

Flüge

Der **Zanzibar International Airport** liegt knapp 7 km südlich der Stadt. Hier landen sowohl Flüge aus Übersee als auch zahlreiche Inlandflüge. Für alle, die nicht ohnehin vom Hotel abgeholt werden, stehen ausreichend **Taxis** zur Verfügung. Die von vielen Taxifahrern geforderten US$30 für einen Transfer in die

Innenstadt sollte man tunlichst auf mindestens US$10–15 herunterhandeln. Der übliche Fahrpreis liegt bei 15 000 TSH, vor allem in die Gegenrichtung, von der Stadt in Richtung Flughafen. **Daladalas** mit der Nummer 505 (Uwanje wa Ndege oder U/Ndege) oder der Route U fahren zum Darajani Market.

Nationale Airlines

Coastal Air, am Flughafen, Ticketverkauf auch bei Zancos neben dem Serena Hotel, ✆ 0785-500009 , 💻 www.coastal.cc.
Fastjet, am Flughafen, ✆ 0777-680538, 💻 www.fastjet.com. Momentan nur Flüge von Sansiar zum Kilimanjaro Airport, aber das kann sich jederzeit ändern.
Fly540, im Cine Afrique, ✆ 0762-540540, ✉ resvns.znz@fly540.com. Für Flüge nach Nairobi oder Mombasa.
Precision Air, Mlandege Rd., Muzammil Centre, ✆ 024-2235126, 💻 www.precisionairtz.com.
Zanair, Nyerere Rd., Nähe Migoz-Supermarkt, auf dem Weg zum Flughafen, ✆ 024-2233670, 💻 www.zanair.com.

Internationale Airlines

Flugtickets der hier nicht genannten Airlines (Swiss, Turkish Air, Qatar Airways, KLM, Egypt Air) müssen in den Reisebüros gekauft werden.
Condor, am Flughafen, 💻 www.condor.de.
Emirates, Mlandege Rd., neben Muzammil Centre, 💻 www.emirates.com.
Ethiopian Airline, gegenüber der Freitagsmoschee in Malindi, Nähe Mercury's, im Reisebüro von Marhaba Travel, ✆ 0777-667665, ✉ infomarhaba@zanzinet.com. 🕒 Mo–Fr 8.30–13, 14–17 Uhr, Sa 8.30–12.30 Uhr.
Kenya Airways, Mlandege Rd., Muzammil Centre, 💻 www.kenya-airways.com.
Oman Air, Mlandege Rd., Muzammil Centre, ✆ 024-2238392, 💻 www.omanair.com.

Flüge nach:

ARUSHA, mit Coastal Air, US$250
DAR ES SALAAM, mit Coastal Air oder Safari Air Link US$70, mit Fly540 US$43
KILIMANJARO INTERNATIONAL AIRPORT, mit Coastal Air US$250. Fastjet fliegt ebenfalls dorthin.
MAFIA ISLAND, mit Coastal Air US$160
MOMBASA, mit Fly540, US$198
MOSHI, mit Coastal Air, US$250
NAIROBI, mit Fly540, US$217
PEMBA, mit Coastal Air, US$90
RUAHA, mit Safari Air Link, US$350
SELOUS GAME RESERVE, mit Coastal Air oder Safari Air Link, US$190

Die Umgebung von Stone Town

Sobald man Zanzibar Town den Rücken kehrt, wird es auf den Straßen merklich geruhsamer. Die Vorstadt, sowohl südlich als auch nördlich der Stadt, war im 19. Jh. bei den Sultanen besonders beliebt. Sie bauten zahllose Paläste, die gerade weit genug von der Stadt entfernt waren, um deren Hektik und Gestank zu entkommen, aber nahe genug, um regelmäßig ohne große Strapazen in der Stadt nach dem Rechten sehen zu können. In die Stadtresidenzen zog es die Sultane nur, wenn dringende Geschäfte riefen oder illustre Besucher zu empfangen waren. Nur drei Paläste sind heute so gut erhalten, dass man sie noch besichtigen kann.

Maruhubi Ruins

Der dritte Sultan von Sansibar, Barghash (reg. 1870–1888), ließ sich Anfang der 1880er-Jahre einen Palast angeblich nur für seine Konkubinen errichten. Mit seiner Hauptfrau lebte er weiter nördlich an der Küste im Chuini Palace (S. 287). Nur 4 km nordöstlich der heutigen Stadtgrenze muss man von der Teerstraße in Richtung Norden nach links zum Meer abzweigen. Ohne Begleitung kann der Eingang leicht übersehen werden.

Von diesem Palast, der aus Korallenstein und Holz besteht, sagte man, er sei der am kunstvollsten gestaltete Palast von allen gewesen. All die Pracht fand 1899 durch einen Brand ein jähes Ende. Nur die Grundmauern und meterhohe Steinsäulen, die einst den massiven Holz-

Selbst den Ruinen sieht man an, dass der Maruhubi Palace einst einer der opulentesten Sultanspaläste war.

balkon rund um das Haupthaus trugen, Teile eines Aquädukts sowie die Badehäuser im hinteren Teil trotzten dem Feuer. Die Mangobäume, die die meterhohe Wand rund um das Anwesen flankierten, soll der Herrscher aus Indien importiert haben. Der Name stammt vom ehemaligen Besitzer des Grundstücks, einem arabischen Händler namens Al-Maruhubi.

Der Sultan liebte es opulent. Mit Vorliebe beobachtete er die unzähligen Haremsdamen beim täglichen Bad in den Badehäusern und bat die verlockendste Frau des Tages hernach in sein Schlafgemach. Der Legende nach hatte er 99 Konkubinen zu versorgen. ◷ tgl. 8–18 Uhr, Eintritt 6000 TSH.

Mtoni Ruins

Nur ein wenig weiter nördlich ließ der erste Sultan, Said (reg. 1804–1856), 1828 den ersten „Landsitz" der Insel – somit den ältesten aller Paläste – erbauen, gleich neben einem Fluss, der die Süßwasserversorgung für den Hof sicherstellte. Daher kommt der Name Beit el-Mtoni, „Haus am Fluss". Es galt während Saids Regentschaft als das größte Gebäude der Insel.

Der Palast war in jeder Hinsicht feudal. Er bestand seinerzeit aus einer Moschee, dem imposanten Hauptpalast mit überdimensionalen verspiegelten Wandelhallen, etlichen Badehäusern und Quartieren für über 1000 Lakaien. Bäder waren ein Privileg der Reichen und mit Gemälden und Mosaiken kunstvoll dekoriert. Hier verbrachten die Auserwählten viele Stunden – beim Lesen, Koran rezitieren, Ausruhen und natürlich beim Baden. In den gepflegten Gärten sollen der Überlieferung nach Pfaue, Perlhühner, Flamingos, Strauße und sogar gezähmte Gazellen herumspaziert sein. Für die meisten Gäste war nur der Hofraum zugänglich, um die Frauen im Palast vor Blicken Fremder zu schützen.

Man sagt dem Herrscher nach, dass er jede Woche drei bis vier Tage in seinem Palast am Meer verbracht habe. Die restlichen Tage pendelte er zwischen seinen Stadtresidenzen, den anderen kleineren Herrenhäusern und den Plantagen. In seinem Lieblingspalast wuchs auch seine Tochter Salme auf, deren Ruhm sich später bis nach Europa erstreckte (Kasten S. 268). Aufgrund mangelnder Sorgfalt brannte der Prunkbau 1914 fast gänzlich ab; übrig blieben nur das Haupthaus, die Moschee sowie kümmerliche Überreste der einst feudalen Haremsbäder. Das angrenzende Hotel, Mtoni Marine, bemüht sich seit Jahren, die Ruinen vor dem Verfall zu retten. Heute dürfen Besucher in die Innenhöfe, den Palastgarten und die relativ gut erhaltenen und teilweise renovierten Baderäume. ⌚ tgl. 8–18 Uhr, Eintritt 6000 TSH (US$4).

ÜBERNACHTUNG

Mtoni Marine, ✆ 024-2250140, 💻 www.mtoni.com. Familienfreundliches, alteingesessenes, beliebtes Hotel direkt neben den Ruinen. Die 52 Zimmer sind mit einem Mix aus sansibarischen und arabischen Elementen eingerichtet und komfortabel ausgestattet (Safe, AC). Zwei ausgezeichnete Restaurants, Internet, Mrembo Traditional Spa mit echt sansibarischen Behandlungen (Hauptfiliale in Stone Town, S. 259), Souvenirshops und schöner Infinity Pool mit Kinderbecken. Toller Blick auf die Inseln und die vor Stone Town ankernden Containerschiffe. Kein typisches Strandhotel, aber gut für Leute, die die Nähe Stone Towns suchen. ❹–❺

ESSEN UND UNTERHALTUNG

Mcheza Sports Café, im Hotel Mtoni Marine. Gemütliches Restaurant für Getränke, Kaffee, Live-Sportübertragungen und einfachere Speisen, z. B. Steinofen-Pizza, Burger, deftige Fleischspeisen und Ähnliches. Beliebter Treffpunkt der in Sansibar lebenden Ausländer. ⌚ tgl. 11–24 Uhr.

Taarab-Konzerte, ✆ 0777-423477, ✉ mtonipalace@zanzibar.cc. In regelmäßigen Abständen finden in den Ruinen Taarab-Konzerte lokaler Musiker statt. Der Hofraum wird bestuhlt und die Fackeln und Öllampen, die den Raum schummrig erleuchten, lassen erahnen, wie es vor 160 Jahren gewesen sein muss, als sich die Höflinge am Abend zu Belustigungen eingefunden haben. Das Publikum wird mit traditionellen Süßigkeiten und Snacks sowie Zitronengrastee und anderen Spezialitäten bewirtet. Eintritt 10 000 TSH p. P., Reservierung sinnvoll.

Bububu

Der kleine, 10 km außerhalb von Stone Town gelegene Ort Bububu bietet selbst keine Sehenswürdigkeiten. Für Reisende interessant sind der (am Wochenende belebte) öffentliche Strand **Fuji Beach** und die **Chuini-Ruinen**.

Chuini Palace Ruins

Knappe 10 km Luftlinie von Stone Town entfernt erbaute der dritte Sultan Barghash an einer Mangrovenbucht auf Klippen, mehrere Meter über dem Indischen Ozean, den „Leoparden-Palast". Die Palastanlage, die sich rund um die Bucht erstreckte, bezog er 1873. Der Hauptpalast des Herrschers stand am nördlichen Ende der Bucht und war mit dem Südende über eine gewaltige Brücke verbunden. Hier, mit Blick auf den Ozean, lagen das Sultansbad, die Moschee sowie ein aufwendiges Zisternensystem samt Aquädukten, die den Hauptpalast mit fließendem Wasser versorgten. Jener mehrstöckige Bau muss beeindruckend gewesen sein, vor allem seiner massiven Rundum-Veranda wegen.

Viele Jahre nach Barghashs Tod brannte der Palast 1914 nieder. Nur marginale Reste sind von der einstigen Pracht heute noch übrig, darunter die Ruinen des Aquädukts und des Minaretts. Sie sind nicht öffentlich zugänglich, da sie sich auf dem Privatgrundstück der Hakuna Matata Beach Lodge befinden. Die deutschen Erbauer der Lodge, Rosi und Fritz Geuen, legten die Ruinen 2006 in monatelanger, mühevoller Kleinarbeit frei und integrierten die Chuini Ruins in die Lodge. Um ihre Hotelgäste vor allzu großem Andrang zu schützen, müssen hotelfremde Besucher US$25/Tag an Strandnutzungsgebühr zahlen.

ÜBERNACHTUNG UND ESSEN

Mangrove Lodge, Chuini, ✆ 0777-436954, 💻 www.mangrovelodge.com. Eingebettet in einen schattigen Palmenwald liegen 5 Bungalows, die jeweils 2 große, zweckmäßige und saubere Zimmer mit Heißwasser und Ventilator umfassen. Es gibt gratis WLAN und Rasta-Vibes hängen in der Luft. Die Besitzer sind Italiener und dementsprechend auch viele ihrer Gäste. Schöner Privat-Strand, das Abendessen wird bei Kerzenschein am Strand serviert. Ideal für

Eisenbahn mit Ablaufdatum

Vielerorts wird behauptet, dass der Ortsname Bububu von der alten fauchenden und tutenden Dampflok stamme, die zwischen 1905 und 1928 Stone Town mit der „Vorstadt", in der die Sultanspaläste standen, verband. Aufzeichnungen aus jener Zeit beweisen aber, dass der Name schon lange vor dem Bau der Eisenbahnlinie in Gebrauch war. Viel wahrscheinlicher ist nämlich, dass sich der Name von den sprudelnden Süßwasserquellen ableitet, die sich unweit des Dorfes befinden. Noch heute kommt ein Großteil des Trinkwassers aus dieser Quelle.

Die ehemalige Eisenbahn wurde von der amerikanischen Firma Arnold Cheney & Co. errichtet und verband die Nelkenplantage von Sultan Hamud, dem 8. Sultan (reg. 1902–1911), mit dem Hafen. Sie führte über 10 km von Bububu über Malindi (und dem heutigen Hafen) bis zum Palast, wo der ehemalige Hafen lag. Die Eisenbahn diente der einheimischen Bevölkerung natürlich auch als Transportmittel, und für westliche Besucher wurde ein 1.-Klasse-Abteil eingerichtet – sozusagen die erste Zugsafari Ostafrikas. 1928 wurde die Bahn geschlossen sowie ein Großteil der Gleise entfernt. An manchen Stellen jedoch kann man noch das eine oder andere Bahnrelikt erkennen.

geruhsame Tage weit weg vom Rummel der Nord- oder Südostküste. ❸

Hakuna Matata Beach Lodge, ca. 10 km nördlich von Stone Town, ✆ 0756-144605, 💻 www.hakuna-matata-beach-lodge.com. Gepflegte Bungalowanlage mit 14 komfortablen Wohneinheiten auf Klippen. Ausgezeichnetes Restaurant, gut sortierte Bar samt großer Wein- und Rumkarte. Schönste Sonnenuntergänge, weil in der Ferne nachts die Lichter von Stone Town glitzern. Spa, Pool, Internet gegen Gebühr. Transfers und Exkursionen werden organisiert. Baden nur bei Flut möglich; Badeschuhe nicht vergessen! ❺–❼

TRANSPORT

Daladalas (Nr. 502, Route B) fahren auf der Hauptstraße von STONE TOWN bis nach Bububu. Ausstieg bei den diversen Ruinen möglich. Die Chuini Ruins erfordern einen längeren Spaziergang, sind aber ohne Weiteres mit öffentlichen Verkehrsmitteln erreichbar.

Die Sklavenkammern von Mangapwani

Wenige Kilometer nördlich von Bububu folgt in Bumbwini (oder Bungwini) eine Abzweigung nach links in Richtung Meer (beschildert mit Seacliff Hotel sowie Serena Beach Club). Nachdem man die Abzweigung zum Seacliff Hotel passiert hat, muss an der nächsten größeren Kreuzung erneut nach links abgebogen werden (einfach den Serena-Schildern folgen). Kurz vor dem Strand führt ein (zumeist unbeschilderter) Pfad rechts weg zu den unterirdischen Sklavenkammern von Mangapwani (Mangapwani Slave Chambers).

Historiker vermuten, dass die von Menschenhand erbauten Slave Chambers in den 1880er-Jahren entstanden. Sie sind an der dachartigen Konstruktion an der Oberfläche zu erkennen, die seinerzeit aber durch dichtes Buschwerk vor neugierigen Blicken geschützt war. Diese Theorie bestätigt der Name Mangapwani („Araber am Strand"): Wahrscheinlich hielten sich hier Araber auf, um in diesen illegalen Kammern nach der Abschaffung der Sklaverei 1873 Sklaven weit weg von Stone Town vor den Behörden und den Briten zu verstecken. ⏲ tgl. 8–18 Uhr, 6000 TSH (US$4).

Der Name Mangapwani kann aber genauso gut von einem der arabischen Besitzer der riesigen Ländereien an der Küste stammen. Hier, südlich des Dorfes Mangapwani, entdeckte ein kleiner Sklavenjunge zufällig eine alte, natürlich entstandene Zisterne im Korallenstein, die Mangapwani Coral Cave. Schon Jahrhunderte früher verwendeten die Küstenbewohner die unterirdische Quelle als Süßwasserreservoir, sie geriet aber in Vergessenheit. Nach der Abschaffung der Sklaverei wurde auch diese Korallensteinhöhle als Sklavenlager verwendet, bis die Sklaven entweder mit den Monsunwinden in den Orient verschifft oder auf den heimischen

Plantagen verkauft wurden. ⌚ tgl. 8–18 Uhr, 1500 TSH (US$1).

Eine der beiden unterirdischen Kammern ist meist in die Spice Tour integriert; sie sollten beide nicht ohne Guide in Angriff genommen werden, da es in dem einsamen, unwegsamen Gelände schon zu Überfällen auf Touristen gekommen ist. Ein geführter Besuch der beiden Stätten kann auch vom Serena Beach Club arrangiert werden.

Meist klingt die Spice Tour am Strand von Mangapwani aus, einer Postkarten-Idylle made in Zanzibar mit Puderzucker-Strand, rauschenden Kokospalmen und dem unendlichen Ozean.

ÜBERNACHTUNG, ESSEN, UNTERHALTUNG

Mangapwani Serena Beach Club, ✆ 024-2233051. Der schöne Strand des Serena Hotels samt Liegen, Sonnenschirmen, Badekabinen und kleinem Restaurant ist nur zahlenden Gästen vorbehalten. Anmeldungen im Hotel in Stone Town, Preis US$50 p. P. (inkl. Transport und Mittagessen). Aktivitäten gegen Aufpreis möglich, z. B. Tauchen, Schnorcheln, Kayak fahren oder Besuch der Sklavenkammern.

Seacliff Hotel Zanzibar, nördlich der Chuini Ruins (beschildert), ✆ 0767-70224-1 bis 9, 💻 www.seacliffzanzibar.com. Monumentales Resort mit 120 Zimmern für Urlauber, die in einem All-inclusive-Resort ihre Ruhe haben wollen. Kein direkter Strandzugang, aber 2 riesengroße Infinity-Pools. Erhöhte Lage auf Klippen, Spa, viele Angebote zur Zerstreuung. Tauchen wird arrangiert. ❼–❽

Zanziresort, nördlich der Chuini Ruins, ✆ 0777-111333, 💻 www.zanziresort.com. Neueres, exklusives Villenresort mit nur 7 stilvollen Villen im arabisch-sansibarischen Stil, Spa, exquisiter Küche, vielen Exkursionen. Jede Villa hat ihren eigenen Privatstrand. ❽

Kidichi Persian Baths

Das kleine Dorf Kidichi liegt inmitten ausgedehnter Gewürzplantagen.Ebendort, unweit von seinem feudalen Palast Bait al-Mtoni, ließ der erste Sultan Said Badehäuser für seine persische zweite Ehefrau Sheherazade (auch Sherazade geschrieben) errichten. Sie soll außerordentlich schön gewesen sein, liebte die Jagd und das Reiten, was den Frauen im Oman (und Sansibar) beides untersagt war. Sie galt als Rebellin, nahm sich unislamische Freiheiten heraus und missfiel den restlichen Mitgliedern der Sultansfamilie.

So ungewöhnlich wie sie selbst war auch ihr Badehaus. Das Besondere daran sind die noch gut erhaltenen Wandornamente mit naiven Abbildern von Blumen und Vögeln, obwohl die islamische Lehre die Darstellung von Lebewesen eigentlich untersagt. Dafür sollen eigens persische Handwerker und Künstler engagiert worden sein, denn der jahrhundertealten persischen Tradition gemäß dürfen naive Malereien von Vögeln, Tieren und Blumen angefertigt werden.

Der Stuckdekor in den Bädern wird auf 1832 datiert, also nehmen die Historiker an, dass der Sultan das Bad im selben Jahr erbaute. Andere Quellen sprechen von 1849 oder 1850. Neben den eigentlichen Bädern sind auch noch ein Massageraum und ein Ruheraum erkennbar. Nach einem anstrengenden Tag auf seinen zahlreichen umliegenden Plantagen soll sich der Sultan mit seiner Ehefrau in den Bädern vergnügt haben. Auch Sheherazade erfrischte sich hier gerne nach ihren ausgedehnten Ausfahrten ins Landesinnere oder nach der Jagd.

Im islamischen Kulturkreis sind Bäder seit jeher bekannt. Wohlhabende konnten sich ihre eigenen Badehäuser leisten und sie aufwendig nach der neusten Mode ausstatten lassen. Die ganze Familie und die Dienerschaft erfreuten sich oft stundenlang am Bad, natürlich in je nach Stand und Geschlecht getrennten Räumlichkeiten. Man plauderte, ruhte sich aus, nahm die Mahlzeiten hier ein, übte sich im Rezitieren des Korans. Die Bäder waren quasi das gesellschaftliche Zentrum eines Palastes.

Wer die Kidichi Ruins besuchen will, biegt bei Bububu am Wegweiser nach Kizimbani rechts ab; die weiß gekalkten Bäder befinden sich ca. 2,5 km östlich der Abzweigung oben auf dem Hügel rechts. Meist sind sie fester Bestandteil der Spice Tour (S. 279). Wer ein Stück weiter fährt, erreicht die Kizimbani Persian Baths, die ebenfalls von Said und Sheherazade benutzt wurden, aber weit weniger aufwendig gestaltet wurden.

Mbweni

Schon die Sultane wussten, dass es sich in Mbweni gut leben lässt. Noch heute ist die Vorstadt von Zanzibar Town bei wohlhabenden Sansibaris und Ausländern als Wohngebiet beliebt. Bekannt sind heute vor allem die **Mbweni Ruins**, die auf dem Grundstück des Mbweni Ruins Hotel stehen. Sie sind die Überreste der St. Mary's School for Freed Slave Girls. Als nämlich 1873 die Sklaverei offiziell per Vertrag mit den Briten untersagt wurde, entwickelte sich rasch rund um die Mission der Heiligen Maria ein kleines Dorf, in das sich jene Sklaven flüchteten, die von den Briten aus den Händen der illegal tätigen Händler befreit worden waren. Erzählungen belegen, dass in der Schule mitunter mehr als 250 befreite Sklaven lebten. Verwaiste Mädchen und die Töchter der befreiten Sklaven wurden an der Schule unterrichtet und selbst zu Lehrerinnen ausgebildet, um aufs Festland entsandt zu werden. Der Bau der Schule, die aus Schlafsälen, Klassenräumen und einer kleinen Kapelle bestand, wurde von Edward Steere geleitet, jenem Geistlichen, der auch die anglikanische Kirche in Stone Town entwarf und das erste Swahili-Englisch-Wörterbuch verfasste. Um 1917 wurde die Lehranstalt geschlossen.

Südlich von Mbweni auf dem Weg nach Fumba liegen die kaum besuchten und bescheidenen **Chukwani Ruins**, die mit dem achten Sultan Ali bin Hamoud (reg. 1902–1911) in Verbindung gebracht werden. Es soll sich um ein Bade- und Ferienhaus gehandelt haben.

ÜBERNACHTUNG UND ESSEN

Mbweni Ruins Hotel, ✆ 024-2235478, 🖳 www.proteahotels.com/mbweni. Älteres Hotel mit 13 Zimmern im sansibarischen Stil inmitten eines prachtvollen botanischen Gartens. Pool, exklusives Spa samt Frisörsalon in den Ruinen. Der Strand ist blütenweiß; an manchen Stellen wurde der Mangrovenwald belassen. Erhöht gelegenes Restaurant mit Meerblick. Ruhig und doch nah an Stone Town eignet sich das Hotel auch für einen Strand-Kurzurlaub für Leute, die die Zerstreuungen der Stadt nicht missen möchten. Gratis-Shuttles nach Stone Town. ❻–❼ mit Halbpension

TRANSPORT

4,5 km südlich der Altstadtgrenze rechts von der Airport Road abzweigen (keine Beschilderung, aber ca. 350 m hinter der großen Kreuzung nach Fumba Village). Nach 800 m erneut Abzweigung nach rechts, danach noch knapp 1 km der Piste nach Mbweni folgen (unbeschildert). Wer mit dem **Daladala** unterwegs ist (Nr. 509 nach Chukwani), muss an der zweiten Kreuzung bei Kiembe Samaki aussteigen und den Rest zu Fuß gehen.

Fumba

Das Fischerdorf Fumba hat keine geschichtliche Bedeutung, doch die fantastischen Strandbuchten sind allemal einen Abstecher wert. Die Bootsausflüge von Safari Blue (S. 279) starten hier.

Direkt am Strand befindet sich die weitläufige **Fumba Beach Lodge**, ✆ 0778-919525, 🖳 www.fumbabeachlodge.com, ❼ mit Halbpension. Das farbenprächtige Interieur in den 26 komfortablen Cottages garantiert paradiesisches Ambiente. Vom Pool blickt man auf das türkisblaue Meer. Auf einem Holzdeck ebenfalls direkt am Strand lässt es sich hervorragend chillen. Der Fokus der angeschlossenen Tauchbasis liegt auf Tauchgängen in der Menai Bay Conservation Area. Die gute Mittelklasse-Option hat zwar Schwachstellen im Service-Bereich, bietet aber dennoch ein sehr gutes Preis-Leistungs-Verhältnis für Sansibar.

Normalerweise wird der Transport von und nach Stone Town von der Lodge oder von Safari Blue gegen Aufpreis übernommen. **Daladalas** (Nr. 407) verkehren häufig. Die neue Teerstraße macht die knapp 25 km Anfahrt von Stone Town, egal ob mit Bus oder Auto, sehr angenehm.

Die vorgelagerten Inseln

Eine Vielzahl von Inseln liegt in unmittelbarer Nähe zur Hauptinsel, neben den hier erwähnten u. a. **Bawe Island** und **Grave (Chapwani) Island** (mit Lodge). Die Lodge auf Bawe hat momentan geschlossen, ebenso jene auf Changuu. Am besten für einen Tagesausflug eignet sich Changuu Island.

Changuu (Prison) Island

Zu Zeiten der Sultane gehörte die knapp 5 km vor Stone Town liegende Insel einem arabischen Sklavenhändler. Von der Insel konnten die Sklaven kaum fliehen, bevor sie auf dem Sklavenmarkt von Stone Town verkauft wurden. Später, 1893, als das Sultanat unter britischem Protektorat stand, begann man auf Geheiß des geschäftstüchtigen britischen Generals Lloyd Mathews mit dem Bau eines Gefängnisses, das aber nie als solches genutzt wurde. Stattdessen fungierte es bis Mitte der 1930er-Jahre als Quarantänestation, in der aus dem indischen Raum einreisende Personen erst einmal ein bis zwei Wochen zubringen mussten, bevor sie nach Stone Town weiterreisen durften. Bis vor einigen Jahren existierte auf der Insel ein Hotel. Aus dem alten Wohnhaus von General Mathews hatte der vorherige Besitzer ein Restaurant gemacht, die ehemalige Quarantänestation beherbergte eine kleine Bar, und die Zimmer befanden sich in den Gemäuern der alten Quarantäne-Wohnhäuser.

Bedeutsam ist die Insel zudem als Heimat für 108 Aldabra-Riesenschildkröten, die 1920 als Gastgeschenk der Seychellen an den Sultan ins Land gebracht wurden. Dikdiks, Pfaue und eine Vielzahl anderer Vögel durchstreifen den dichten Wald. Am vorderen Ende der Insel kann man auf der kleinen Sandzunge herrlich sonnenbaden und schnorcheln.

Die Insel ist öffentlich zugänglich und kann mit einem lokalen Veranstalter für ca. US$30–40 besucht werden. ◷ tgl., Eintritt US$6 p. P.

Chumbe Island

6 km vor dem Festland der Fumba-Halbinsel liegt der **Chumbe Island Coral Park**. Die 1 km lange, überwiegend aus Korallen bestehende Insel – mit unberührten Korallengärten – ist heute ein vollständig geschütztes Naturreservat, das nur den Gästen der Lodge zugänglich ist. Von Dynamitfischen und Schiffsankern verschonte Riffe sind an der tansanischen Küste ansonsten nur an wenigen Orten zu finden. Der Unterwasserpark rund um die kleine Insel ist Heimat von 90 % der in Ostafrika bekannten Korallenarten und über 350 Fischsorten. Delfine, Schildkröten und riesige Krabben, die auf Bäume klettern, sind oft zu sehen.

Wer nicht übernachten möchte, kann Tagesausflüge nach Chumbe Island machen, allerdings können sie nicht von langer Hand geplant werden. Da nur maximal 14 Personen auf der Insel erlaubt sind, kann die Reservierungszentrale von Chumbe Island frühestens zwei Tage vor dem geplanten Ausflug Auskunft darüber geben, ob noch Plätze frei sind (Preis US$90 p. P. inkl. Bootstransfer, Mittagessen, Getränke und Aktivitäten).

ÜBERNACHTUNG UND ESSEN

Chumbe Island Coral Park, ✆ 024-2231040, 💻 www.chumbeisland.com. Preisgekrönte, hervorragende Ökolodge der ersten Stunde. Im privat finanzierten Unterwasser- und Waldreservat hat sich das Korallenriff vollständig erholt, wie auch der Primärwald samt allen Spezies erhalten wurde. Die 2-stöckigen, offen gestalteten Hütten aus Naturmaterialien sind im rustikalen Schick gehalten. Schnorcheln, Vogelbeobachtung, Spaziergänge. Für Naturliebhaber, die sich in der Abgschiedenheit erholen, ausgezeichnetes Essen und familiäre Gastfreundschaft genießen wollen. Wegen der aufwendigen Anreise nicht unter 3 Nächten empfehlenswert. ❽ mit Vollpension

Die Nordküste

Wer von der Nordküste spricht, meint im Allgemeinen die Strände von Nungwi und Kendwa, die etwa 60 km von Stone Town entfernt liegen. Der Hauptort der Nordküste ist **Nungwi**, der lange Jahre zum erklärten Lieblingsziel vieler Rucksacktouristen, Overlanders und Italiener zählte. Östlich von Nungwi liegen die ruhigeren Strandhotels, deren Küstenabschnitte durch starke Gezeitenunterschiede und eine felsige Küste charakterisiert sind. **Kendwa**, südwestlich von Nungwi, galt einst als ruhig, aber wegen des anhaltenden Baubooms, der Partys und ständig steigenden Besucherzahlen ist es mit der Beschaulichkeit längst vorbei.

Nungwi

War Nungwi noch vor zehn Jahren ein liebenswertes, authentisches Stück Sansibar und ein beschauliches Fischerdorf mit großer Tradition im Bau von Dhows, so hat es sich mittlerweile zu einer Bastion von Rucksacktouristen, in die Jahre gekommenen Hippies, Auszeit nehmenden Yuppies und italienischen Pauschalurlaubern entwickelt. Busladungen von knapp bekleideten italienischen Gästen (mit dem obligaten Club-Armbändchen), ungezügelte Bautätigkeit (in zweiter, dritter und gar vierter Reihe) und die vollständige Verbauung des wunderschönen Strandes haben aus Nungwi einen sterilen Ort gemacht. Die Ochsenkarren wurden längst aus dem Ortskern verbannt, da im komplett verbauten Zentrum kein Platz mehr für die einheimischen Bauern und Fischer ist. Enge Straßen, hohe Betonwände rund um die Hotels und Wachmänner dominieren die Szenerie. Wer hier nicht Italienisch spricht, scheint auf verlorenem Posten. In den Nächten fegt laute Discomusik den Strand entlang, und wer will, kann sich abends von Bar zu Bar hangeln. Falsche und echte Maasai werben um weiße Frauen, und Beachboys wollen auf ihren aufdringlichen Verkaufstouren alles zu Geld machen, was Land und Meer im Überfluss hergeben.

Das ist die schlechte Nachricht, doch die gute folgt auf dem Fuß: Nungwi hat dennoch seinen Reiz. Nungwi Village ist ideal für all jene Urlauber, die viele Aktivitäten unternehmen möchten und die Trubel, mit Musik beschallten Stränden, kontaktfreudigen Beachboys oder Flycatchern und Urlaubsflirts nicht abgeneigt sind. Nachdem die Sonne untergegangen ist, beginnt das Dorf erst so richtig zu pulsieren (speziell in der Hochsaison), aber die richtigen Strandpartys haben sich nach Kendwa verlagert. Wer zentrumsnah nächtigt, kann das Dorf bequem zu Fuß erkunden. Nungwis besondere Note besteht darin, dass es kein künstlich erschaffenes Feriendorf ist, sondern dass Hotellerie, touristische Betriebe und das Dorf längst zusammengewachsen sind. Besucher und Sansibaris leben Tür an Tür. Daher müssen Touristen im Dorf unbedingt auf angemessene Kleidung achten, die den muslimischen Regeln (S. 258) entspricht. Am Wasser und in den Resorts ist Badebekleidung natürlich erlaubt.

Attraktiv an Nungwi sind besonders zwei Dinge: der Strand, der weniger gezeitenabhängig ist als anderswo, und seine Kaplage, die schöne, glutrote Sonnenauf- und -untergänge bietet. Der Strand in Nungwi verteilt sich auf mehrere, nicht allzu große Buchten direkt beim Dorf.

Die Unterkünfte jenseits des Double Hilton sind ruhebedürftigen Besuchern vorbehalten. Die Distanzen sind zu weit, um sie (bei der Hitze) zu marschieren. Der Strand ist größtenteils unwegsam mit vielen Korallen, was die Beachboys fernhält. Gewisse Abschnitte sind nur bei Ebbe vom Meer aus zu erreichen. Bei Flut reicht das Wasser bis zu den Klippen, was bedeutet, dass die Hotels vom Strand abgeschnitten sind. Außer wenn man ein Taxi organisiert oder Touren bucht, ist man auf das Resort und die Hälfte des Tages wiederum auf den Pool beschränkt. Wo man sich einquartiert, hängt also wesentlich von der Art des geplanten Urlaubs ab: Entspannen und Nichtstun (besser östlich von Nungwi) oder aktiv die Gegend kennenlernen bei gleichzeitiger maximaler Flexibilität (besser Nungwi Village).

Von Dezember bis März, während des Kaskazi-Monsuns, wird Sand entlang des Kaps von den Strömungen in nordwestliche Richtung weggeschwemmt. Mit dem Drehen der Winde im April wird der Sand aber wieder zurück an den Strand gespült. Viele Urlauber werden sich daran kaum stoßen, da alle gehobenen Unterkünfte Pools haben. Im Wasser muss man sich vor Quallen in Acht nehmen, insbesondere in den Monaten mit Wind. Speziell bei Ebbe oder niedrigem Wasserstand muss man mit Seeigeln am Korallenboden rechnen.

Sehenswürdigkeiten in und um Nungwi

Im Vergleich zu vielen anderen Dörfern gibt es in Nungwi vergleichsweise viel zu tun: Man kann das **Mnarani Marine Turtles Conservation**

Aquarium beim alten Leuchtturm (das Swahili-Wort *mnarani* bedeutet „Ort beim Leuchtturm") besuchen, wo Meeresschildkröten versorgt werden, die entweder verletzt aufgefunden wurden oder versehentlich beim Fischfang ins Netz gegangen sind. ⌚ tgl. 9–18 Uhr, Eintritt US$5.

Der **Leuchtturm** ist noch in Betrieb und nicht für Besucher zugänglich. Offiziell dürfen keine Fotos gemacht werden, da er eine strategische Einrichtung ist.

Für Sansibaris hat Nungwi als wichtigste und größte **Bootswerft** der Insel Bedeutung. Seit Generationen werden am Strand von Nungwi in der Nähe des Leuchtturms in Handarbeit Boote in allen Größen und für die unterschiedlichsten Zwecke – von kleinen Fischerbooten bis hin zu großen Lastkähnen – gebaut. Touristen werden zwar von den Bootsbauern in der Werft toleriert, aber nicht immer gern gesehen. Man will auch nicht fotografiert werden, zumindest nicht ohne Bezahlung.

Früh morgens, wenn die Fischer nach ihrer nächtlichen Ausfahrt zurückkommen und vom halben Dorf empfangen werden, lockt der **Fischmarkt**. Fein säuberlich wird Fisch für Fisch, von Königsmakrelen über Thunfische bis zu Schwertfischen und Mantas, im Sand aufgelegt und den gestrengen Augen der Käufer präsentiert. Der Fang der Frauen wird hingegen den ganzen Tag über auf dem Fischmarkt verkauft. Sie waten bei Ebbe bis an den Rand des Korallenriffs, wo sie kleine Fische, Tintenfische und Muscheln fangen und in bunten Plastikschüsseln auf dem Kopf an Land tragen.

ÜBERNACHTUNG

Viele der Budget-Hotels öffnen und schließen wieder, solche Unterkünfte werden hier nicht erwähnt.

Dorfzentrum

Um zum Dorfzentrum zu gelangen, hält man sich nach dem Ende der Teerstraße links. Es liegt auf der Westseite des Kaps.

Östlich vom alten Dorffußballplatz (erkennbar an der Schule links davon) liegen einige anspruchslose Backpacker-Unterkünfte im landestypischen Stil inkl. der obligatorischen Probleme mit Wasser und Strom, z. B. das **Jambo Brothers** (hinter dem East Africa Diving Center) und in der Nachbarschaft das **Union** sowie das **Safina Guesthouse**. Hart verhandeln! ❷

James Guesthouse, 3 Min. vom Strand entfernt, von der Hauptstraße vor der Einfahrt ins Dorf Abzweigung nach links, ☎ 0772-525484, 💻 www.jamesguesthouse.com. Kleines, recht sauberes Gästehaus in zweiter Reihe in landestypischer Manier mit Doppelzimmern, Dorm und Restaurant samt Bar. Immer nach „promotions" fragen! Dorm ❶, DZ ❷

Paradise Beach Bungalow, Dorfzentrum, ☎ 0778-677691, 💻 www.nungwiparadisebungalows.com. Beliebter Treffpunkt aller Backpacker und Partylöwen, an dem seit Jahren nicht die kleinste Schraube erneuert wurde, deshalb sollten die geforderten US$60 oder gar US$100 (mit Meerblick) für ein DZ mit Frühstück nicht klaglos gezahlt werden. 20 einfache, abgewohnte Zimmer, in nur 2 neueren Zimmern gibt es AC. Es kann sehr laut zugehen, da rund um die Unterkunft das bewegte Nachtleben tobt. Großes Plus: die Lage direkt am Meer. ❸

€ **Casa Umoja**, auf dem Weg zu den Flame Tree Cottages, ☎ 0777-487570, 💻 www.casaumoja.com. 5 Zimmer befinden sich im Haupthaus, drei größere Cottages liegen im Garten. Alle sind geräumig und mit sansibarischen Möbeln (inkl. Moskitonetze) ausgestattet, einige mit Balkon und AC. Ruhige Lage im Dorf, nur wenige Schritte vom Meer und von guten Restaurants und Bars entfernt. Relaxte, sansibarische Atmosphäre, einheimische Leitung, viel Lokalkolorit. Tipp: Die Zimmer im Obergeschoss sind größer und mit großem Balkon. (Noch) faire Preise für Nungwi. ❸–❹

Amaan Bungalows, ☎ 0779-232788, 💻 www.amaanbungalows.com. Einfaches Resort, das für den gebotenen Standard und Service zu teuer ist. 16 Zimmer (US$160 mit Frühstück) liegen schön an einem der Hauptstrände und inmitten der Action, aber die restlichen 70 einfachen (wenn auch renovierten) Zimmer ab US$80 befinden sich in zweiter Reihe, ebenso wie der neue Pool. WLAN für Gäste. Nur für den Fall, dass alles andere ausgebucht ist. ❸–❺

Täglich aufs Neue zieht sich das Meer bei Ebbe so weit zurück, dass die Boote für wenige Stunden auf dem Trockenen liegen.

Smiles Beach Hotel, östlich des Dorfzentrums in Spaziernähe zum Dorf, neben Doubletree Hilton, ✆ 0714-444105, 💻 www.smilesbeachhotel.com. Älteres Hotel mit 16 Zimmern auf 2 Etagen. Große, freundliche Zimmer mit lauter AC, TV und Bad. WLAN. Der Hauptstrand liegt nur wenige Gehminuten entfernt; der Hotelstrand befindet sich erhöht auf einem betonierten Kai mit Liegen und Sonnenschirmen. Der Küstenabschnitt davor ist bei Flut nicht zugänglich. ❹

Flame Tree Cottages, östlich des Zentrums in Spaziernähe zum Dorf, auf dem Weg zum Doubletree Hilton, ✆ 024-2240100, 💻 www.flametreecottages.com. Die Anlage inmitten eines gepflegten Tropengartens bietet 16 simple, aber komfortable Zimmer und Cottages, die alle nach Blumen benannt sind. Von einigen der Zimmer in den Obergeschossen hat man sogar Meerblick. Wie schon im benachbarten Smiles Beach Hotel liegt der Hotelstrand erhöht auf dem betonierten, mit Sand aufgeschütteten Kai. Aktivitäten, z. B. Yoga; Pool mit Sichtschutz durch Bäume und Sträucher. Man bekommt, wofür man bezahlt hat – eine freundliche Mittelklasse-Anlage mit sansibarischem Mittelklasse-Service. ❹

Langi Langi, Dorfzentrum, ✆ 024-2240470, 💻 www.langilangizanzibar.com. Die üppige Gartenanlage wirkt gepflegt, die 32 zweckmäßigen, komfortablen Zimmer und Suiten sind in Ordnung und alle mit AC. 12 Zimmer blicken aufs Meer, der Rest entweder auf den Pool oder den Garten. Ausgezeichnetes Panorama-Restaurant mit Meerblick gleich gegenüber (siehe „Essen") und Liegedeck erhöht über dem Meer. Der Meerzugang erfolgt über das Liegedeck und das Restaurant, ist aber durch die Gezeiten eingeschränkt. Wird gerne von Veranstaltern gebucht. Typisch sansibarisches Hotel mit Ecken und Kanten, das von Sele engagiert geführt wird. ❹–❺

Z-Hotel, im Dorfzentrum, ✆ 0774-266266, 💻 www.thezhotel.com. Zentral im Nungwi Village neben einer der schönsten Buchten gelegen, ist das schicke Boutique-Hotel ideal für Aktive. 35 komfortable Zimmer in 4 Kategorien (einige mit Meerblick) in 3 zweistöckigen Gebäuden nebeneinander. Flatscreen, iPod-Docking-Stationen, AC, Kühlschrank, WLAN. 2 Restaurants, Pool mit Holzdeck mit Blick auf den Strand und das Meer, Tauchschule im Haus, Spa, Hochseefischen, Exkursionen und dosierter afrikanischer Alltag durch die Nähe zum Dorf. ❻–❼

In Richtung Osten

Alle Hotels östlich des Zentrums liegen auf Klippen, d. h. Baden ist nur bei Flut möglich. Man muss im hoteleigenen Restaurant essen; Nungwi Village ist zu Fuß nicht zu erreichen (nur Transfers mit Taxi).

Sazani Beach Cottages, 1,5 km östlich von der Hauptstraße in unmittelbarer Nachbarschaft zum Ras Nungwi Beach Hotel, ✆ 0776-668681, 💻 sazanibeach.com. Die kleine, entspannte Beach Lodge im traditionellen sansibarischen Stil mit nur 10 zweckmäßigen Zimmern (alle mit Blick aufs türkisblaue Meer) liegt an einer großen Strandbucht. Hier fühlen sich Urlauber wohl, die auf Luxus verzichten können und lokales Flair suchen. Ruhige Lage weit weg von Nungwi Village, nur die Kitesurfschule Kiteboarding Zanzibar hält auf dem Wasser ihre Kurse ab. ❹

Mnarani Beach Cottages, ✆ 024-2240494, 💻 www.mnarani-beach-cottages.com. Es gibt neuere Zimmer und Apartments sowie einen preisgünstigeren älteren Teil. Die Zimmer (alle mit Safe und AC) in mehreren Kategorien sind als zweckmäßig-rustikal einzustufen. Sympathisches Ambiente, schöner Liegebereich auf den Klippen, Pool. Viele Aktivitäten und Ausflüge. Restaurant. ❹–❻ mit Halbpension

The Zanzibari, östlich von Nungwi, am Ende der Hauptstraße rechts in Richtung Osten abzweigen, ca. 1,4 km auf holpriger Piste weiter, ✆ 0772-222919, 💻 www.thezanzibari.com. 18 angenehme Zimmer und Suiten (mit AC, Veranda, Fön, Kühlschrank und Kaffeestation) in einem bestens geführten, kompakten Resort mit Infinity Pool, Spa, Internet und guter Küche. Abseits vom Trubel auf Klippen gelegen, doch Pool und Garten entschädigen für die felsige Küste. ❼–❽ mit Halbpension

Doubletree Hilton, östliches Dorfende, gut ausgeschildert, ✆ 024-2240476, 💻 doubletree3.

hilton.com. Gehobenes All-inclusive-Strandresort mit toller Poollandschaft und Essensausgabe im Buffet-Stil, aber ohne Seele und Lokalkolorit. Man darf trotz des Namens keine internationale Hilton-Qualität erwarten. ❼–❽

Ras Nungwi Beach Hotel, 1,5 km östlich von der Teerstraße, ✆ 024-2233767, 💻 www.rasnungwi.com. Das ältere Hotel hat den Charme der alten Bauweise auf Sansibar, mit erdigen Farben und lokalen Materialien wie Holz, Stein und Makuti-Dächern. 32 gemütliche Zimmer (mit AC, Safe, Fön) in 4 verschiedenen Kategorien (16 mit Blick aufs Meer). Die Lodge Rooms (günstigste Kategorie) befinden sich in der zweiten Reihe (also Blick auf den Garten) und sind aufgrund des größeren Raumangebots komfortabler.Die hauseigene, kleine Strandbucht ist auch bei Flut nicht überspült. Tauch- und Wassersportcenter (Zanzibar Watersports), recht kleiner Pool, Souvenirladen, Spa, Internet (WLAN im Restaurant), Bar und Beachbar vorhanden. Für erholungsbedürftige Urlauber, die sich Ruhe und authentischen, unprätentiösen lokalen Charme wünschen. ❼–❽

Essque Zalu, östlich von Nungwi, auf dem Weg zum The Zanzibari, ✆ 0778-683 960, 💻 www.essquehotels.com. Schönes Luxus-Resort mit 40 Suiten und 9 Villen im afro-asiatischen Design und großartigen Gaumenfreuden. Riesengroßer Infinity Pool über mehrere Levels (gefüllt mit Salzwasser). Der Steg *(jetty)* soll der längste der Insel sein. Von ihm kann man während der Flut ins Meer steigen, ansonsten muss man zum Schwimmen in den Pool ausweichen. ❽ mit Halbpension

ESSEN

€ **Chef's Baking Shop**, schräg gegenüber der Schule am großen Dorfplatz. Westliches Essen zu sehr fairen Preisen, ca. 6000–8000 TSH.

Paradise Beach Bungalow (Mama Mia Ristorante), Dorfzentrum. Hauptsächlich Pasta, Pizza und einige landestypische Gerichte, aber die Qualität variiert – mal ausgezeichnet, mal fad im Geschmack. Dann entschädigt wenigstens die schöne Lage direkt am türkisblauen Meer. Mittleres Preisniveau. ◷ tgl. von früh bis spät.

Wave's Restaurant, in der Nähe der East African Divers am Strand. Kleines Restaurant mit dem für Nungwi typischen Mix aus Suppen, Currys, Pasta, Fisch- und Fleischgerichten, aber geschmacklich einen Tick besser als der Rest. Faire Preise, Hauptgerichte ca. 13 000 TSH. ◷ tgl. von früh bis spät.

Loca Restaurant, nordöstlich von East African Divers. Unweit vom Wave's Restaurant liegt ein weiteres Lokal direkt am Strand. Gute Küche mit Schwerpunkt auf Fisch und Meeresfrüchten. Nett dekoriert und flotter Service (wenn die Betreiber vor Ort sind). ◷ tgl. 10 Uhr bis spät.

Gerry's Bar, östlich vom Dorf, neben Doubletree Hilton, ✆ 0779-897707. Gutes Essen zu fairen Preisen (bei riesigen Portionen), angenehmes Flair und gute Laune, das ist das Erfolgsrezept von Gerry. Karaoke, Musik, Partys – und das alles direkt am Strand. ◷ tgl. 10 Uhr bis spät.

Marhaba Restaurant & Coffeeshop, Teil des Langi Langi (s. „Übernachtung"). Schmackhafte Swahili-Gerichte, Pasta und Pizza; die Currys werden auf Wunsch scharf gewürzt. Die Spezialität des Hauses sollte man sich nicht entgehen lassen: Seafood Curry Massala. Besser als jedes Gewürz: die betörende Aussicht auf den türkisblauen Indischen Ozean. Mittlere Preiskategorie. ◷ tgl. von früh bis spät.

Cinnamon, im Z-Hotel im Obergeschoss, am Hauptstrand im Dorfzentrum. Die Preise sind in US$ angeschrieben, was schon viel über das Restaurant aussagt. Indische Currys und Thai-Gerichte, Salate, Sushi, Steaks, Burger und Sandwiches ab US$12, Pizza ab US$10. ◷ ab 17 Uhr.

UNTERHALTUNG

Viele kleine informelle Open-Air-Bars und Strand-Bistros erwachen nach Sonnenuntergang zum Leben. In einigen der oben genannten Restaurants (z. B. Gerry's Bar) kann man ebenfalls gut feiern.

Cholo's, direkt am Strand, Nähe Paradise Beach Bungalows. Strandbar in schöner Lage direkt im Sand, empfehlenswert für ein kaltes Bier oder einen Cocktail, aber auch für frischen Fisch und Seafood. In der Hochsaison häufig Strandpartys, aber an den meisten Tagen einfach nur gut zum Chillen bei und nach Sonnenuntergang.

Mangi's Bar, am Hauptstrand beim Z-Hotel. Eine Institution in Nungwi! Beliebtes Restaurant samt Bar, wo zum Sonnenuntergang und zum Abendessen die Tische an den Strand gestellt werden. Bei romantischem Kerzenlicht kann dann gespeist und getrunken werden. Gute Vibes, zünftige Abendunterhaltung und Partysause bis früh am Morgen. 2 tgl. von früh bis spät.

EINKAUFEN

Souvenir-Shopping sollte idealerweise in Stone Town erledigt werden, da die Auswahl in Nungwi bescheiden ist. Das Gros der Souvenirverkäufe wird von mobilen Händlern mit Bauchladen und Beachboys abgewickelt. Unbedingt hart verhandeln, denn die Strandverkäufer sind gewitzte Geschäftsmänner. Kleine **Lebensmittelläden** für Getränke, Eis, Knabbereien oder Zahnpasta sind sowohl am Strand als auch im Dorfzentrum vorhanden, z. B. zwischen Mangi's Bar & Restaurant und Nungwi Inn oder in der Nähe der Schule am großen Dorfplatz.

Jenga Zanzibar, neben dem Nungwi Supermarket im Dorf. Eine Art Gemeinschaftsprojekt vieler sansibarischer Handwerkskooperativen, wo westliche Kreative mit einheimischen Frauen und Männern Produkte für den Geschmack der ausländischen Besucher kreieren. Recycled-Art, Dinge aus Kikoy und Kanga, Kosmetik und vieles mehr.

AKTIVITÄTEN

Bootsausflüge, Wasserski und Schnorcheln

Alle Hotels bieten als Vermittler Bootsausflüge, Schnorcheltrips, Sunset Cruises und Ähnliches an. Auch Beachboys am Strand verkaufen Bootstouren (siehe Anmerkungen zu *papaasi*, S. 278). Die Spanne der Angebote reicht von 30 000 TSH bis US$50–60 p. P.

Schnorchelausflüge bucht man am besten bei den Tauchschulen, die ordentliches Equipment (auch Schwimmwesten und Außenbordmotoren) haben.

Catamaran Julia, ✆ 0774-441234, 💻 www.dive-n-sail.com. Laut eigenen Angaben der größte Katamaran in Sansibar; er kann bis zu 15 Gäste aufnehmen. Miete samt Skipper für diverse kurze oder längere Trips – zum Tauchen, zum Fischen oder für mehrtägige Segeltörns.

Fun-Sportarten

Zanzibar Parasailing, zwischen Cholo's und Jambo Brothers, ✆ 0779-073078, 💻 www.zanzibarparasailing.com. Alle möglichen und unmöglichen Wassersportaktivitäten wie Parasailing ab US$80), Jetski Safaris von Kendwa nach Tumbatu Island (ab US$200), Bananenboot und das ähnliche Ringo (ab US$30), Wasserski oder Wakeboarding. Außer bei starkem Regen fährt Sabine, die deutsche Betreiberin, immer auf See. Abholung vom Hotel, auch von Matemwe, Kiwengwa und sogar Stone Town.

Hochseeangeln

Hooked on Fishing, im Z-Hotel, ✆ 0777-330331, 💻 www.fishzanzibar.com. Der voll ausgestattete Katamaran (elektrische Toilette, GPS, Sicherheitsequipment, gute Angelausrüstung) fasst 4 Personen und kann für einen Halbtag (US$600) und einen ganzen Tag (US$900–1200, je nach Route) gemietet werden. Die Preise beinhalten Getränke, Snacks/Lunch und Schnorchelausrüstung.

Fishing Zanzibar, ✆ 0773-875231, 💻 www.fishingzanzibar.com. Halbtags- oder Ganztagscharter möglich, ab US$500–1000 pro Boot, Nachtfischen ab US$1100 pro Boot (4–6 Pers.).

Kitesurfen

Die besten Bedingungen zum Kitesurfen herrschen im Januar/Februar und Juni/Juli.

Kiteboarding Zanzibar, Nähe Jambo Brothers und Zanzibar Parasailing, ✆ 0779-720259, 💻 www.kiteboardingzanzibar.com. Das Headquarter liegt zwar in Nungwi, aber Unterricht, Ausfahrten und Kurse macht man in Ras Nungwi (bei der Sazani Beach Lodge) und in Matemwe. Alle Instruktoren sind IKO-zertifiziert. Verwendet werden Cabrinha-Kites. Kurse für unterschiedliche Niveaus werden angeboten, Leihausrüstung wird gestellt, Reparatur-Workshop, Lagerung von Kites möglich.

Schwimmen

Der Reiz von Nungwi besteht darin, dass man (bis auf wenige Tage im Monat bei Vollmond) gezeitenunabhängig baden kann. Hier gibt es mehrere Sandbuchten, die beiden schönsten beim East Africa Diving Centre und beim Z-Hotel Zanzibar. Baden im Bikini stellt kein Problem dar.

Tauchen

Divine Diving, zentral im Dorf neben den Amaan Bungalows, ✆ 0777-771914, 💻 www.scuba zanzibar.com. Engagiertes, von Opaz mit Herz geführtes Tauchcenter und Reservierungszentrale für Yoga. 1 Tauchgang US$55, Doppeltauchgang US$95, 10er-Block US$385. PADI Open Water US$450, Schnorchelausfllüge US$15 (nach Kendwa) bis US$35 (Mnemba Island).

Diving Poseidon, bei den Baraka Beach Bungalows, beim Dorfplatz links halten, ✆ 0777-720270, 💻 www.divingposeidon.com. Die deutschsprachigen Betreiber Ilse und Bernhard haben eine kleine, aber feine Tauchbasis aufgebaut mit dem Fokus auf persönlicher Betreuung und Qualität. Kein Massenbetrieb, familiäres Umfeld. 1 Tauchgang US$60, Doppeltauchgang US$95, 10er-Block US$390. PADI Open Water US$460, Schnorchelausfllüge US$25 (nach Tumbatu) bis US$40 (Mnemba Island).

East Africa Diving, Headquarter bei den Jambo Brothers, weitere Niederlassungen in verschiedenen Hotels, z. B. Z-Hotel, ✆ 0777-416425, 💻 www.sansibar-tauchen.de. Tauchgänge auch auf Deutsch. PADI Open Water US$540, PADI Advanced Open Water $450 (inkl. Unterrichtsmaterial), 10 Tauchgänge US$420.

Zanzibar Watersports, Paradise Beach Bungalows, Dorfzentrum, ✆ 0773-235030, und im Ras Nungwi Beach Resort, ✆ 024-2233615, 💻 www.zanzibarwatersports.com. Tauchcenter des Ras Nungwi Beach Resorts mit Niederlassungen im Dorf Nungwi und im Kendwa Rocks. Aktivitäten, gebucht von den Paradise Beach Bungalows aus, sind billiger, z. B. 1 Tauchgang US$60, 10 Tauchgänge US$445, PADI Open Water US$499, PADI Advanced Open Water US$395. Mit ein wenig Handeln kann man die Preise auch noch nachjustieren – unbedingt nach „good deals" fragen!

Yoga

Yoga in Zanzibar, Büro im Divine Diving (s. „Tauchen"), ✆ 0776-310227, 💻 www.yogazanzibar.com. 2 Yoga-Einheiten pro Tag in den Flame Tree Cottages, meist 8–9.30 Uhr und 17.30–19 Uhr. US$20 pro Einheit.

SONSTIGES

Im Dorf können Fahrräder gemietet werden.

Geld

Noch immer gibt es keinen **Geldautomaten,** die wenigen **Wechselstuben**, z. B. in den Amaan Bungalows oder bei One Stop Tours (auf dem Weg zum Doubletree Hilton), bieten erschreckend schlechte Wechselkurse. Daher immer mit ausreichend Bargeld nach Nungwi reisen!

Internet

Einige Resorts und Restaurants bieten WLAN oder stationäre Computer mit Modems. Im Dorf existierten zur Zeit der Recherche eine Handvoll Internetcafés, z. B. eines in den **Amaan Bungalows** (4000 TSH/30 Min., 8000 TSH/Std.), eines bei **One Stop Tours** und eines neben dem Nungwi Inn, doch auf keines der beiden ist in puncto Elektrizität, Virenschutz und Internetbandbreite Verlass.

Sicherheit

Der Küstenabschnitt zwischen Nungwi und Kendwa (nur 3 km, 30 Min.) ist nach Einbruch der Dunkelheit absolut tabu. In Nungwi Village selbst kann man sich nachts ohne großes Sicherheitsrisiko bewegen, doch sollte der Spaziergang nicht weiter östlich des Hilton Doubletree gehen.

TRANSPORT

Vom Darajani Market in STONE TOWN nach Nungwi verkehren häufig **Daladalas** (Nr. 116), knapp 2 Std., max. 2500 TSH. Mit dem **Share Taxi** (US$10–15) ist mit einer Fahrzeit von 1 Std. zu rechnen, Abfahrt vom Old Fort um 8 Uhr, Rückfahrt 9.30 Uhr vor den Jambo Brothers/ East African Divers. Reguläre **Taxis** berechnen US$50–80 pro Strecke.

Kendwa

Kendwas Markenzeichen ist sein makelloser, blütenweißer Sandstrand, der über mehrere, sanft geschwungene Buchten reicht und gezeitenunabhängig ist. Er reicht vom La Gemma dell'Est am nördlichen Ende bis zum Mocco Beach Resort am Südstrand. Seit einigen Jahren wird der Strand rund um das La Gemma dell'Est in den Kaskazi-Monaten (Januar, Februar) weggespült, dann muss man in Pools ausweichen (wo vorhanden).

Der zentrale Kendwa Beach, rund um das Kendwa Rocks und Kendwa Sunset, wird von einem jüngeren, partyfesten Publikum und italienischen Low-Budget-Pauschalurlaubern beherrscht. Beachboys, lässige Rastas und Maasai tummeln sich am Strand und versuchen, den einen oder anderen guten Deal zu landen. Über weite Strandabschnitte gibt es Dauerbeschallung durch laute Musik und regelmäßig Partys. Mit etwas Glück ist es in der Nachsaison ruhiger, aber in der Hochsaison geht hier definitiv die Post ab. Die gehobeneren Hotels und italienischen Clubanlagen finden sich nördlich und südlich vom Party-Epizentrum, also in ruhigerer Randlage. Vom Mythos als Low-Budget-Paradies und Geheimtipp für Erholungsbedürftige hat sich Kendwa (genau wie Nungwi) mit Schallgeschwindigkeit verabschiedet. Aber die Sonnenuntergänge haben nichts an Romantik verloren.

ÜBERNACHTUNG UND ESSEN

Eine Reihe ganz einfacher Gästehäuser (mit überzogenen Preisen) wird mal besser, mal schlechter geführt, u. a. **Mocco Beach Resort**, **White Sands**, **Le Toits de Palms** oder **Breezes**. Vor Ort prüfen!

Sunset Kendwa, neben Kendwa Rocks, den Schildern von Kendwa Rocks und der schmalen Piste bis zum Ende folgen, ✆ 0777-413818, 💻 www.sunsetkendwa.com. Älteres, einfaches Resort mit 80 anspruchslosen Zimmern (von Deluxe Rooms direkt am Strand über Apartment Rooms oben auf den Klippen weiter hinten bis zu einfachen Strandhütten). Die meisten Zimmer verfügen über AC, Safe und Kühlschrank, aber im Zweifel sollte man das Zimmer vorher besichtigen. Restaurant samt Bar direkt am Strand, aber unmotiviertes Personal. Hauptsächlich trinkfestes Publikum unter 30, das wenig Schlaf benötigt, denn im Einzugsgebiet des Kendwa Rock Hotels findet immer irgendwo eine Party statt. ❷–❸

Kendwa Rocks, von der Hauptstraße aus gut beschildert, ✆ 0777-415528, 💻 www.kendwarocks.com. Der Klassiker am Kendwa Beach für kontaktfreudige Reisende. Recht schöne Anlage auf einem Felshügel mit einfachen Bungalows und Bandas in unterschiedlichen Kategorien: gemauerte Häuser oben auf den Klippen und neuere Holzbungalows am Strand mit Bad/WC sowie einfachere Hütten *(bandas)* aus lokalen Materialen (Kokosnussholz und Bananenblätter) unten am Strand (mit Gemeinschaftsbad). Das Restaurant mit Bar direkt am Strand serviert die üblichen, salzarmen Gerichte für Touristen wie Pizza, Pasta, Samosas, einige indische Gerichte sowie Swahili-Küche. Chaotisches Management, Internet.Bekannt durch die allmonatlichen Full Moon Partys und Gelage bis in die frühen Morgenstunden, also nichts für Ruhebedürftige. ❸–❹

Diamonds La Gemma dell'Est, ✆ 024-2240175, 💻 lagemmadellest.diamonds-resorts.com. Schon die geteerte Zufahrtsstraße lässt vermuten, dass das Clubhotel mit 138 Zimmern im opulenten Sultans-Stil keine Abstriche beim Komfort kennt. An alles wurde gedacht, z. B. Golfwägelchen für die langen Wege, Wechselstube, Internet, kleine Klinik, Babysitting-Service, Spa, Souvenirladen, Tennisplatz, Wassersportcenter, Tauchcenter, Fitnesscenter etc. ❽

ESSEN UND UNTERHALTUNG

Essence, am südlichen Ende von Kendwa Beach zwischen Eden Village und Mocco Beach Hotel, ✆ 0682-613534. Der kulinarische Lichtblick am Kendwa Beach! Im schicken Open-Air-Restaurant fühlt man sich auf Anhieb wohl. Fleisch-, Fisch- und Seafood-Gerichte sowie nordafrikanische und indische Speisen werden mit dem Blick aufs Meer garniert. Gehobene Gastronomie mit ebensolchen Preisen, z. B. Hauptgerichte um US$22, Vorspeisen US$10. 🕒 tgl. 11–22 Uhr.

Jeden Monat zu Vollmond (oft samstags, aber nicht immer) geht im **Kendwa Rocks** (seit 1996) die Post ab. Von der ganzen Insel kommt dann das Partyvolk, um sich eine mondhelle Nacht am Strand um die Ohren zu schlagen. Jede Menge Beachboys suchen sich hier gerne ihre willigen Opfer.

SONSTIGES

Sicherheit

Zwischen Kendwa und Nungwi kommt es häufig zu Überfällen auf Touristen, S. 298.

Tauchen

Scubado Divers, direkt bei den Sunset Kendwa Bungalows, ✆ 0777-417157, 💻 www.scubado-zanzibar.com. Professionelle Tauchbasis in britisch-amerikanischer Hand mit guter Reputation. PADI Open Water US$575, PADI Advanced Open Water US$505, 10 Tauchgänge US$500.

Zanzibar Watersports, im Kendwa Rocks, ✆ 0773-235030, 💻 www.zanzibarwatersports.com. PADI Open Water US$520, PADI Advanced Open Water US$470, 10 Tauchgänge US$495.

TRANSPORT

Daladalas und Taxis

Vom Darajani Market in STONE TOWN fahren **Daladalas** (Nr. 116) nach Nungwi. Ausstieg beim Kendwa Bus Stop vorne an der Hauptstraße. Von hier sind es noch 1,5 km bis nach Kendwa.

Taxis können entweder selbst organisiert oder bei den Hotels gebucht werden. Der Fahrpreis liegt bei mind. US$60. Günstiger kommen die **Share Taxis** (US$10–15 p. P.), die in Stone Town (z. B. Old Fort) um 8 Uhr und um ca. 10 Uhr vor Kendwa Rocks/Kendwa Sunset abfahren.

Boote

Nach USHONGO BEACH bei Pangani verkehren regelmäßig **Boote** der Emayani Lodge, je nach Saison tgl. um 10.30 Uhr ab Kendwa (2 Std., US$290 für bis zu 5 Pers., ab 6 Pers. US$55 p. P., einfach). Zu buchen direkt bei der Lodge unter ✆ 0784-134056, ✆ 0782-457688 oder ✉ T2ZonC@gmail.com. Fahrten nach Pangani um US$5 p. P. teurer.

Mnemba Island

Unter den vielen Inseln, die Unguja flankieren, sticht Mnemba Island besonders hervor. 2,5 km von der Nordostküste entfernt liegt das kleine, fast perfekt dreieckige Eiland, an dessen östlicher Seite sich ein weitläufiges Areal voller Korallengärten ausdehnt. Dieses Unterwassergebiet steht seit 2002 offiziell unter Naturschutz, um die Fischgründe und Korallenformationen vor Dynamitfischerei zu schützen. Pro Person und Tag wird deshalb eine Gebühr von US$3 erhoben.

Im Umfang misst die bewaldete Mnemba Island fast 1,5 km; man kann sie also entlang des blütenweißen, feinen Sandstrands bequem in weniger als einer halben Stunde umrunden – allerdings nur als zahlender Gast der exklusiven Mnemba Island Lodge, 💻 www.mnemba-island.com. Taucher und Schnorchler dürfen sich der Insel nur bis auf 200 m nähern, um die Privatsphäre der Gäste zu wahren. Dennoch sind die zahllosen Tauch- und Ausflugsboote vor der Insel nicht zu übersehen, auch nicht für die Gäste der teuersten Lodge auf Sansibar.

Was das Tauchen anbelangt, gehört die Mnemba Island Conservation Area zu den besten Tauchgründen, die Unguja zu bieten hat. An die 600 Arten Rifffische, Walhaie, Delfine, ja sogar Buckelwale (von Juli bis Oktober) können beobachtet werden. Zudem gibt es ein Aufzuchtprogramm für die vom Aussterben bedrohte Grüne Meerschildkröte (*green turtle*), die von Dezember bis Mai in etwa ihre Eier am Strand von Mnemba Island ablegt. Der Eintritt für das Naturschutzreservat ist immer in den Bootstrip eingerechnet, der von jeder Tauchbasis an der Ost- und Nordküste aus organisiert wird.

Die nördliche Ostküste

Die große Bucht bei Chwaka teilt die Ostküste in zwei Hälften. Wie überall – mit Ausnahme von Nungwi und Kendwa – ist die Küste sehr flach, daher ist Schwimmen bei Ebbe nicht möglich. Bei Flut aber verwandeln sich die Ufer in paradiesische Tropenstrände mit türkisblauem Wasser und sanft plätscherndem Wellengang. Die restliche Zeit muss man im Pool plantschen (wo vorhanden) und sich mit Riffwanderungen begnügen.

6 HIGHLIGHT

Matemwe

Matemwe, das am nördlichsten gelegene Fischerdorf der Ostküste, ist definitiv ein Postkarten-Idyll: der blütenweiße, breite Sandstrand ist von rauschenden Palmen flankiert, malerische Dhows mit wettergegerbten Segeln treiben durch das azurblaue Wasser und das Leben der lokalen Bevölkerung geht scheinbar unbelastet von äußeren Einflüssen seinen Gang.

Der Charme von Matemwe besteht darin, dass sich die touristische Infrastruktur auf kleinere Beach Lodges in der guten Mittelklasse und der gehobenen Kategorie beschränkt. Weder große Pauschalurlaubsresorts noch typische Backpacker-Unterkünfte konnten sich hier ansiedeln, was es für aufdringliche Beachboys gänzlich unattraktiv macht. Zudem ist Matemwe noch nicht vollständig verbaut, obwohl an manchen Abschnitten die Unterkünfte recht eng nebeneinander auf kleinen, schmalen Grundstücken stehen, vor allem im Dorf Matemwe.

Bei all der Idylle müssen Urlauber aber akzeptieren, dass die Menschen von Sansibar mit dem Meer und vom Meer leben. Sie verdienen ihr Geld mit **Fischfang** und dem plantagenartigen Kultivieren von **Meeresalgen** (Seetang, *seaweed farming,* S. 309). Wer sich daran stößt, muss eines der großen internationalen Resorts weiter südlich wählen, wo man vom Leben der Sansibaris wenig mitbekommt und Personal dafür bezahlt wird, den Strand vor dem Resort zu säubern. Je nach Saison (meist im November und April), Strömungen und Windverhältnissen wird – wie überall an der Ostküste Sansibars – Seegras angeschwemmt. Im Gegensatz zu Seetang ist das geruchlose Seegras ein natürliches Phänomen, das als Lebensraum und Nahrungsquelle zugleich fungiert. Ebenso kann es je nach Saison viele Seeigel und von Zeit zu Zeit sogar Quallenalarm geben.

Ideal ist Matemwe einerseits für Taucher, wegen der relativen Nähe zum Mnemba-Atoll, andererseits für Leute, die beschauliche, authentische Ferien weit weg vom Trubel im Sinn haben. Partys und Strandbars wird man vergeblich suchen; viel mehr als die wogende Brandung, die rauschenden Palmen und hin und wieder die Rufe der Fischer und Seetang-Frauen bekommt man hier nicht zu hören. Obwohl die Hotels viele Aktivitäten im Angebot haben, bleiben die Möglichkeiten für Ausflüge wegen der Entfernungen limitiert. Eine Fahrt nach Stone Town oder zum Jozani Forest bringt nicht nur hohe Taxikosten mit sich, sondern man „opfert" auch fast einen ganzen Tag – anstatt ihn am Bilderbuchstrand zu verbringen.

ÜBERNACHTUNG UND ESSEN

Ausgewiesene Restaurants gibt es in Matemwe Village keine, weswegen fast alle Resorts Halbpension anbieten. Wer nur Übernachtung mit Frühstück bucht, kann in einem der umliegenden Resorts gegen Voranmeldung zu Abend essen. Nur die Unterkünfte im Matemwe Village sind zu Fuß zu erreichen, alle anderen liegen zu weit weg.

Matemwe Kigomani (nördlich von Matemwe Village)

Sunshine Marine Lodge, nahe Muyuni Beach, Luftlinie ca. 7 km nördlich von Matemwe, aber über eine eigene Zufahrt erreichbar, ✆ 0774-388662. Das schöne, komfortable Resort in Hanglange auf Klippen ist ideal für begeisterte Taucher und Erholungsbedürftige. 23 geräumige Zimmer und Suiten mit Meerblick, aufgeteilt auf weit voneinander stehende Häuser. Großer Pool, gutes Essen. Der Traum-Sandstrand Muyuni Beach ist nur wenige Minuten mit dem Fahrzeug entfernt. ❺–❼

Che Che Vule, 3 km nördlich nach dem Ende der Teerstraße, noch vor der Matemwe Lodge, ✆ 0778-919525, 💻 www.moivaro.com. Perfektes Hideaway für Flitterwöchner, Familien oder Freunde. In der großen, 2-stöckigen Tropenvilla im offenen, rustikalen Stil mit 4 Schlafzimmern mit Ventilatoren, die genau

SANSIBAR UND PEMBA

an der puderweißen Bucht von Matemwe Kigomani liegt, finden bis zu 8 Erwachsene Platz. Ein Pool, der tolle Garten, Hausangestellte und ein Manager sorgen für unbeschwerte Ferien. Interessanter Preis für die mehr als komfortable Unterbringung! ❼

Matemwe Lodge, 3,5 km nördlich nach dem Ende der Teerstraße, ✆ 0736-500515, 🖳 www.asiliaafrica.com. 12 luftige, offene und komfortable, 2-geschossige Cottages auf Klippen hoch über dem Ozean, die in einem weitläufigen, tropisch grünen Garten liegen, geschmackvoll gebaut und afrikanisch dekoriert. Exklusives, familiäres Refugium mit 2 Pools, Wassersportcenter, Spa mit Meerblick und exquisiter Küche, die im schön gelegenen Panorama-Restaurant serviert wird. Super romantisch für gehobene Ansprüche, aber keine Club-Atmosphäre. ❽ mit Vollpension

Matemwe Village

Sele's Bungalows, gleich neben Matemwe Beach Village, ✆ 0777-413449, 🖳 selesbungalows.com. Zweckmäßige Zimmer (mit und ohne AC) direkt am Strand und im Garten, wobei Letztere nicht in den Genuss der kühlenden Brise vom Meer kommen. Gemütliche Bar samt Restaurant in Strandnähe mit einer Lounge im Obergeschoss – perfekt zum Chillen und Relaxen. Einfache, aber schmackhafte Küche, gut sortierte Bar, WLAN. ❸

Matemwe Cloves B&B, Nähe Schule, ✆ 0756-315005, ✉ ealbusaid_1@hotmail.com. Kleines, intimes B&B mit nur 2 Chalets direkt am Strand sowie einem größeren Cottage und dem Haupthaus, wo das Frühstück serviert wird und wo die Besitzer leben. Gemütliches Ambiente in Weiß und Blau, sehr persönlich geführt, zum Wohlfühlen. ❹

Zanzibar Retreat, am Ende der Teerstraße in Richtung Süden halten, ✆ 0776-108379, 🖳 zanzibarretreat.com. Kleines, intimes Hotel mit 12 sansibarisch dekorierten Zimmern im Hauptgebäude, die entweder auf den recht großen Pool oder den Garten schauen. Gepflegte, familiäre Anlage unter skandinavischer Führung mit schönem, großem Pool. Zimmer mit AC, WLAN und Bad/WC. Vom Restaurant aus überblickt man den Ozean und den schmalen Streifen Privatstrand, der vom Hauptstrand abgetrennt ist. Das massive Makuti-Dach sorgt für ein angenehmes Raumklima. ❹–❺

Matemwe Beach Village, nach dem Ende der Teerstraße nach Norden abzweigen, ✆ 0777-437200, 🖳 www.matemwebeach.net. Nicht ohne Grund ist das Matemwe Beach Village der Klassiker am Matemwe Beach und oft ausgebucht. Die simplen Kijiji Rooms im reduzierten Afro-Schick liegen weiter hinten in der Anlage; die 5 zweistöckigen Shamba-Suiten sowie die romantische Asali Suite mit Plungepool, eigenem Koch und Privatstrand sind jeden Cent wert. Gemütliche offene Lounge in erfrischenden Blau- und Violetttönen direkt vor dem blütenweißen Sandstrand. Außerordentlich gutes Essen, das mal im Restaurant, mal in der Boma – einem afrikanischen Dorf nachempfunden – eingenommen wird. Pool, Top-Tauchbasis One Ocean. ❺–❼ mit Halbpension

Sunshine Hotel, nach Ende der Teerstraße in Richtung Süden halten, ✆ 0774-388662, 🖳 www.sunshinezanzibar.com. Charmante Strand-Lodge im luftigen Tropenstil am dicht verbauten Teil des Matemwe Beach, die clever geplant wurde. Trotz eines vergleichsweise kleinen Grundstücks verfügen alle 12 Zimmer über (teilweisen) Meerblick. Die beiden geräumigen Suiten ebenso wie der Pool und das schicke, offene Panorama-Restaurant liegen direkt am Meer. Rührender Service, angenehme Atmosphäre, Spa. WLAN. ❻–❼

ESSEN

Seles Bungalows, s. Übernachtung. Einfache, schmackhafte Küche mit viel frischem Fisch und Meeresfrüchten sowie Gerichte im Swahili-Stil. Gut sortierte Bar, Chill-out-Musik, flottes Personal.

Matemwe Beach Village, s. Übernachtung. Exzellente Küche, insbesondere die Boma-Night, ein Abendessen im Buffet-Stil, wenn afrikanische, indische und internationale Gerichte im Ambiente einer traditionell-afrikanischen Boma (typische Rundhütte) serviert werden, ist zu empfehlen. Rechtzeitig reservieren! Mehrgängiges Abendessen US$25–35.

Zanzibar Retreat, s. Übernachtung. Jan lässt keinen Zweifel daran, dass er gutes, kreatives Essen liebt: Der beleibte, finnische Besitzer verwöhnt auch seine Gäste mit ausgezeichneter Küche, die er Euro-Swahili Fusion nennt. Super lecker! Gehobene Preisklasse.

AKTIVITÄTEN

Riffwanderungen

Bei Ebbe ist das Wasser an manchen Stellen maximal kniehoch und bietet die Gelegenheit, zu Fuß das Riff zu erkunden, entweder mit gut informierten Guides (aus dem Hotel) oder in Eigenregie.

Tauchen

Der Vorteil von Matemwe liegt in der Nähe zum herrlichen Mnemba-Atoll, die Eintrittsgebühren sollten in den Preisen bereits enthalten sein.

One Ocean, Matemwe Beach Village, ✆ 0779-111888, 💻 www.zanzibaroneocean.com. Eine Niederlassung des empfehlenswerten One Ocean-Tauchcenters. PADI Open Water US$500, PADI Advanced Open Water US$380 (mit E-learning), Double Dive US$120.

Dive Point Zanzibar, in der Sunshine Marine Lodge, ✆ 0778-870101, 💻 www.divepoint zanzibar.com. Liegt direkt gegenüber von Mnemba Island, also ideal für alle Tauchausflüge dorthin. PADI Open Water US$500, PADI Advanced Open Water US$470, Double Dive US$110.

TRANSPORT

Busse der Linie 118 verkehren zwischen Matemwe und dem Darajani Market von STONE TOWN. Die Teerstraße reicht über Matemwe bis nach Chwaka. Für das **Taxi** von und zum Flughafen sind US$60–80 in eine Richtung einzuplanen; Transfers in andere Inselteile, z. B. Fumba oder an die südliche Ostküste, kosten US$50–80 pro Fahrzeug.

Pwani Mchangani

Bis auf eine Handvoll Ausnahmen stehen südlich von Matemwe große All-inclusive-Resorts mit überdimensionierten Buffets, Pool-Animation und Gerangel um kalte Alkoholika im Vordergrund. Viele deutsche Veranstalter haben u. a. Sandies Neptune Pwani, Dreams of Zanzibar oder Ocean Paradise Resort im Programm.

ÜBERNACHTUNG UND ESSEN

Next Paradise, ✆ 0773-822206, 💻 www.next-paradise.com. Sympathisches Boutique-Hotel mit 16 unterschiedlichen, geräumigen Zimmern direkt am puderweichen Sandstrand von Kiwengwa unter Palmen mit Pool. Gehobene Ausstattung (Safe, AC, Deckenventilator, Flatscreen-TV, Fön. Entspannung pur, recht gutes Essen, unprätentiös, für Ruhebedürftige. ❼

Mchanga Beach Lodge, ✆ 0773-569821, 💻 www.mchangabeachlodge.com. Wer hier bucht, bleibt auch. 10 simple und zugleich schicke Chalets und Zimmer (mit AC und Ventilator) mit Makuti-Dach, wundervoll in kräftigen Blautönen dekoriert. Die Schuhe kann man getrost im Koffer lassen, alle Gehwege sind aus Sand. Pool, Spa, gute Küche. Das kleine Resort kommt ohne Halligalli, Animation und TV aus; Kinder unter 12 Jahren sind nicht zugelassen. Ideal, um Ruhe und Einkehr zu finden. Weit weg von den großen Resorts. ❼

TAUCHEN

One Ocean, Ocean Paradise Resort, ✆ 0777-453892, 💻 www.zanzibaroneocean.com. Top-Tauchbasis mit Renommee.

TRANSPORT

Die Zufahrt mit öffentlichen Verkehrsmitteln erfolgt mit Bus Nr. 117 nach KIWENGWA oder Nr. 118 nach MATEMWE. Am besten ist die Anreise per Taxi, ca. US$60–80 ab Stone Town.

Kiwengwa

Blütenweiße Sandstrände und türkisblaues Meer bilden auch in Kiwengwa die Zutaten für einen unvergesslichen Urlaub, wenngleich das Fischerdorf sich mittlerweile in Italien einen großen Namen als Clubparadies gemacht hat. Wegen der großen Resorts und dem Wildwuchs an Antennen und anderer Infrastruktur hat Kiwengwa geringfügig an Attraktivität eingebüßt. Doch es gibt eine rühmliche Alternative:

die Shooting Star Lodge. Wegen abschnittsweise hoher Klippen haben nicht alle Hotels direkten Strandzugang. Unten am Meer, in großen „Gärten", ernten die Frauen von Kiwengwa Seegras im großen Stil.

ÜBERNACHTUNG

Aufgrund der internationalen und italienischen Clubs, wie Sultan Sands, Bluebay Resort oder Hotel Meliá Zanzibar promenieren viele Beachboys am Strand. Einige Hotels sind deswegen dazu übergegangen, Wachmänner am Strand zu postieren.

Shooting Star Lodge, Kiwengwa, direkt an der Teerstraße südlich des Meliá Resorts, ✆ 0777-414166, 💻 shootingstarlodge.com. Der Tansanier Elly war vor 15 Jahren einer der ersten, der diesen Küstenabschnitt für sich entdeckte. Seitdem ist die intime Individualisten-Lodge hoch über dem Meer auf Klippen beständig gewachsen. Klassisch sansibarisch eingerichtete Zimmer, teilweise mit Meerblick. 2 sensationelle Suiten (Kuzi und Kazkazi) über 3 Etagen mit eigenem Plunge-Pool und Dachterrasse. Bunt blühender Garten, gemütliche offene Lounge, Infinity Pool am vorderen Ende der Klippen mit Blick auf das türkisfarbene Meer. Spa, Beach Bar am Strand, Internet. ❺–❼

AKTIVITÄTEN

Kitesurfen

Kite Zanzibar, ✆ 0773-114976, 💻 www.kitezanzibar.com. 140–350 € für Kurse von 1–3 Tagen. Je nach Windverhältnissen werden Spots von Nungwi bis nach Kiwengwa gewählt. Beste Monate sind Juni/Juli/Aug und Jan/Feb.

Tauchen

One Ocean, Blue Bay Beach Resort, ✆ 0777-414332, 💻 www.zanzibaroneocean.com. Eine der Niederlassungen von One Ocean, Top-Tauchbasis mit Renommee. PADI Open Water US$620, PADI Advanced Open Water US$515, Double Dive US$135.

TRANSPORT

Hier ist die Abholung vom Hotel zu bevorzugen, da die Unterkünfte relativ weit vom Dorf entfernt sind. Verlässliche Transfers nach STONE TOWN kosten US$60–80 (einfach pro Fahrt), wenn die Resorts es arrangieren. Fahrten nach MATEMWE oder PONGWE sollten nicht mehr als US$25 kosten, nach NUNGWI US$50, Transfers nach JAMBIANI maximal US$120.
Bus Nr. 117 fährt von STONE TOWN ins Dorf, doch kaum ein Tourist wählt diese Option.
Die Shooting Star Lodge stellt Mietfahrzeuge für US$45 und Motorräder für US$35 pro Tag zur Verfügung.

Pongwe und Chwaka

Die beiden etwa 15 km voneinander entfernten Fischerdörfer bieten genau das, wonach stressgeplagte Menschen sich sehnen: Ruhe, Ruhe und nochmals Ruhe. In den 1890er-Jahren wollten britische Kolonialbeamte aus dem südlicheren Fischerdorf **Chwaka** an der gleichnamigen Bucht das „Brighton of Zanzibar", die Kopie des bedeutendsten englischen Seebades, machen. 1896 wurde das erste koloniale Gästehaus nördlich des Dorfes fertiggestellt, selbst der Sultan ließ einen Sommerpalast bauen. Heute sind davon nur noch unscheinbare Relikte übrig.

Für die Sansibaris ist Chwaka einer der wichtigsten Handelsorte an der Ostküste Sansibars. Mehrmals pro Woche finden sich die Fischer der Region zu einem der größten Fischmärkte ein; es existiert ein Finanzverwaltungszentrum (sogar mit eigener Ausbildungsstätte) und früher gar eine britische Militärbasis. Für Biologen und Naturschützer ist das **Chwaka Bay Marine Reserve** mit seinen ausgedehnten Mangrovenwäldern einzigartig. Ob das fragile Ökosystem aus Mangroven, Meeresbewohnern, Vögeln und anderen Organismen der illegalen Abholzung und dem Druck der Tourismusindustrie, die ausschließlich weiße Strände ohne Mangroven will, standhalten kann, wird sich zeigen.

ÜBERNACHTUNG

Seasons Lodge, Pongwe, ✆ 0776-107225, 💻 www.seasonszanzibar.com. 7 freistehende Cottages und einige Zimmer im Obergeschoss des Haupthauses, alle aus lokalem Korallenstein und viel Holz. Schöne Lage auf einem Felsvorsprung, aber es gibt drei Zugänge zum blütenweißen Strand. Pool, gute Küche, Beach Bar. ❺

Pongwe Beach Hotel, Pongwe, ✆ 0784-336181, 💻 www.pongwe.com. Das ältere Resort bietet 16 Zimmer im landestypischen, rustikalen Stil, viel Lokalkolorit, einen schönen Infinity Pool mit Meerblick und eine große Veranda, aber wer sitzt schon im Hotel herum, wenn vor der Haustür ein blütenweißer Strand liegt? Familiäre Atmosphäre, ideal zum Ausspannen. Nur für Leute, die außer Faulenzen, Sonnenbaden, Lesen oder im Pool plantschen keine weiteren Aktivitäten planen (ansonsten hohe Taxikosten). Rechtzeitig buchen! ❻

Ngalawa Beach Resort, nördlich der T-Kreuzung nach Chwaka-Village, ✆ 0712-45366, 💻 www.ngalawabeachvillage.com.18 geräumige, komfortable Zimmer (verteilt auf 5 Makuti-gedeckte Häuser) mit AC, Safe, Kaffeestation und Veranda mit Blick auf Pool und Garten. Direkt am Meer liegt die weitläufige Honeymoon-Suite mit Privatstrand (zum Sonnenbaden). Luftige Lounge-Area auf Stelzen mit Panoramablick auf die Chwaka Bay. Joanne und Sadru, ein kanadisches Ehepaar mit sansibarischen Wurzeln, führt das Resort mit viel Hingabe. Joannes exquisite Küche hinterlässt einen bleibenden Eindruck. WLAN. ❻ mit Vollpension

TRANSPORT

Nach Chwaka verkehren Daladalas der Linie 206 und 214 von STONE TOWN, doch insgesamt empfiehlt sich hier die Abholung vom Hotel. Nach Pongwe fährt Bus Nr. 209. Für einen Tagestrip, z. B. nach Stone Town oder in den Jozani Forest, muss man in jedem Fall ein Taxi nehmen (Achtung: hohe Kosten!).

Die südliche Ostküste

Die Südostküste zieht sich südlich der markanten Chwaka Bay bis hinunter nach Kizimkazi, dem südlichsten Zipfel Sansibars. Zu Beginn der Tourismus-Ära markierten Bwejuu, Paje und Jambiani die Hotspots für Rucksack-Reisende und Kurzzeit-Aussteiger. Das hat sich aber in den letzten Jahren radikal verändert – nunmehr findet man an der Südostküste alles, von billigen Gästehäusern über Mittelklasse-Lodges und vereinzelte Clubanlagen bis zu Luxusherbergen.

Der Strand ist aber derselbe geblieben: kilometerlanger, puderweicher, schneeweißer Sandstrand, flankiert von leuchtend türkisblauem Wasser. Vereinzelt ist die Küste von Abschnitten unterbrochen, wo die Unterkünfte auf Klippen errichtet werden mussten, was der Schönheit des Strandes aber keinen Abbruch tut. Ein paar Schritte über Stufen nach unten und schon ist man am Meer, das wie fast überall auf der Insel gezeitenabhängig ist. Alle 6 Stunden und 35 Minuten ist die Flut *(high tide)* zurück; mit etwas Glück kann man also zweimal am Tag ins Wasser gehen.

Viele Unterkünfte haben zwar einfache Backpacker-Standards, aber schon lange keine Backpacker-Preise mehr. Wenn eine Unterkunft mit allzu niedrigen Preisen wirbt, liegt der Verdacht nahe, dass sie illegal betrieben wird, denn wer Steuern und Lizenzen zahlt, kann ein Doppelzimmer mit angeschlossenem Bad/WC nicht mehr für unter US$65–70 vermieten. Einige Hostels in Paje bieten Dorm-Rooms und Bandas mit Gemeinschaftsbädern, dann wird's geringfügig billiger.

Jozani-Chwaka Bay National Park

Auf dem Weg zu den südlichen Abschnitten der Ostküste passiert man den Jozani-Chwaka Bay National Park (oder auch einfach Jozani Forest), den letzten tropischen Urwald Sansibars, der einst die ganze Insel bedeckte. Der Rest der Waldfläche fiel in den letzten Jahrhunderten den Gewürzplantagen zum Opfer, aber auch den Swahili-Türen, den Dhows oder der Holzkohleproduktion. Forscher glauben, dass es im Jozani Forest mindestens sieben endemische Tierarten gibt, darunter der Rote Sansibar-Stummelaffe und die Syke's Blue Monkeys (Weißkehlmeerkatzen). Daneben bietet das 10 km² große Areal Unterschlupf für an die 40 Vogelarten, kleine Antilopen, Buschschweine und Insekten (viele

Die Seetang-Plantagen werden von den Frauen vor allem bei niedrigem Wasserstand bearbeitet.

Schmetterlinge). Der scheue Sansibar-Leopard soll aber schon ausgerottet sein. Für Besucher, die von einer Safari auf dem Festland kommen, wird der Park eher ernüchternd sein, doch der Unterhaltungswert einer Führung hängt stark vom Guide ab. ⏲ tgl. 7.30–17 Uhr, Eintritt US$10 oder 12 000 TSH inkl. einer Führung von einer Stunde plus Trinkgeld für den Guide.

AKTIVITÄTEN

Moto Workshop & Museum, 2 km vom Jozani Forest in Pete, ✆ 0773-031178, 💻 gomotozanzibar.wordpress.com. Wer schon mal in der Gegend ist, sollte der lokalen NGO einen Besuch abstatten. In der Werkstatt von Moto (siehe Stone Town, S. 259) lernen Interessierte, wie man althergebrachte sansibarische Muster flicht, Kikoys webt und Batiken erzeugt. Dauer max. 3 Std., Preis inklusive traditionellem Swahili-Lunch US$25 p. P. (bei 2 Teilnehmern).

Paje

Als es noch keine Teerstraße gab, war Paje (gesprochen Padsche) jener Ort an der südlichen Ostküste, der am einfachsten zu erreichen war. Aus diesem Grund entstanden hier auch die ersten kleinen Gästehäuser und Backpacker-Unterkünfte. Heute ist Paje recht verbaut. Die Resorts und Unterkünfte liegen abschnittweise eng beieinander und haben nur wenig Platz.

Mit den legendären Partys im Paje by Night und anderen Lodges erwarb sich das 200 Familien umfassende Fischerdorf 52 km von Stone Town den Ruf einer Partydestination, wo fast täglich irgendwo eine Party steigt. Nicht zur Freude der Dorfbewohner, denn abgesehen von der lautstarken Beschallung (durch die offene Bauweise der meisten Häuser und Unterkünfte hört man alle Geräusche der Umgebung) bringen sie auch Prostituierte, Drogenabhängige und Beachboys mit sich.

Außer in den Monaten November und April ist das türkisblaue Wasser frei von Seegras. Ursprünglich wurde in Paje Seetang *(seaweed)* kultiviert, doch wegen der Kitesurfer sind die Frauen weiter nördlich in Richtung Bwejuu gewandert.

Im dicht besiedelten Gebiet darf es nicht verwundern, dass es im Dorf und manchmal auch am Strand viel Unrat und Müll gibt. Aufklärungsprojekte einiger Lodge-Betreiber konnten daran nicht viel ändern.

Henna-Tattoos

Seit Jahrhunderten lassen sich Frauen aus Afrika, Arabien und Indien mit kunstvollen Henna-Bemalungen (Swahili: *hina)* an Händen, Füßen und Fußsohlen schmücken. Sie bringen die Schönheit der Frauen und Lebensfreude zum Ausdruck. Damals wie heute ist dieser Hautschmuck vornehmlich Bräuten oder verheirateten moslemischen Frauen vorbehalten, denn das andere Geschlecht soll damit betört werden. Doch ein Aufweichen dieser Tradition ist auf den Straßen von Stone Town zu beobachten, wo bereits Kinder solche Bemalungen tragen.

Besonders zu religiösen Feierlichkeiten, etwa dem Ende des Ramadan oder zur Hochzeit, schmücken sich die Frauen. Henna-Malereien gelten einer sansibarischen Braut als Glücksbringer in der Ehe. Einige Bräute gehen sogar so weit, den Rücken und die Schultern zu schmücken, um ihren Ehemann in der Hochzeitsnacht zu überraschen. Die kunstvollen rotbraunen bis schwarzen Henna-Malereien werden in tagelanger mühevoller Kleinarbeit oft in mehreren Schichten aufgetragen und halten viele Tage. Die Intensität und Haltbarkeit hängt von der Mischung des Henna-Pulvers, von den Zutaten (Zitrone z. B. lässt die Farbe rötlicher werden) oder von der Art sowie der Anzahl der Auftragungen ab. Nach sansibarischer Tradition sind die frisch vermählten Bräute so lange von jeglicher Hausarbeit entbunden, bis ihr Hochzeits-Henna gänzlich verblasst ist.

Die filigranen, floralen, orientalisch und indisch inspirierten Ornamente werden von den sansibarischen Frauen anhand ihrer symbolischen Bedeutung ausgewählt. Bei ausländischen Reisenden hingegen spielt vielmehr die Ästhetik eine Rolle, und so haben in die Musterkataloge der am Strand arbeitenden Henna-Bemalerinnen keltische oder auch chinesische Zeichen Einzug gehalten.

Im **Seaweed Center**, ✆ 0779-748788 (Mama Thecla), www.seaweedcenter.com, werden von einer Frauengruppe die einzelnen Stationen vom Seetang-Anbau (S. 309) bis zur Verarbeitung zu Seifen und Cremes gezeigt. Man geht hinaus aufs Meer, wird durch die kleine Fabrik geführt und erfährt Wissenswertes anhand großer Schautafeln. Nur bei Ebbe möglich. Dauer: ca. 1–2 Std., 10 000 TSH, Spenden erbeten, Reservierung empfohlen (über die Unterkünfte in der Gegend oder direkt). Man folgt der Abzweigung von der Teerstraße zum Dhow Inn und hält sich an der ersten Gabelung links. Ideal für nachhaltige Souvenirs!

Dass sich Paje als Kitesurfing-Ort etablieren konnte, liegt nicht nur am Wind, sondern an den Rahmenbedingungen. Der Untergrund ist sandig, es gibt kaum Seeigel und der ständig wehende Wind garantiert gute Bedingungen für Anfänger und Fortgeschrittene.

ÜBERNACHTUNG UND ESSEN

Zentral um das Dorf Paje liegen die Unterkünfte dicht nebeneinander, teilweise auf schmalen Grundstücken. Es kann laut zugehen. Nicht alle haben Zugang zum Strand. Im südlichen oder nördlichen Teil von Paje ist es ruhiger.

€ **New Teddys Place**, südlicher Teil von Paje, ✆ 0773-096306, www.teddys-place.com. Echte Backpacker werden diese S(tr)and-Unterkunft in der zweiten Reihe lieben: urige Hütten aus *mikeka* (aus Palmblättern geflochtene Matten) und komfortable Bandas, Sand statt Beton (auch in den Zimmern), alle Zimmer mit Gemeinschaftsbad. Aussichtsdeck und Lounge mit Blick auf den Ozean, faire Preise im Restaurant. In ungekünstelter Rasta-Atmosphäre viel Abwechslung für gesellige Leute in Feierlaune. Nicht zu verwechseln mit dem alten Teddys Place, das ohne gültige Lizenzen operiert. Bett im Dorm ❶, Zimmer ❷

Jambo Beach Bungalows, Paje Village, vor dem Dhow Inn, ✆ 0774-529960, www.jambobeachbungalows.com. Partytiger finden hier eine einfache Backpacker-Unterkunft mit simplen Bandas (aus Palmenblättern) und 2 Dorms, alle mit Gemeinschaftsbad. Hauptgerichte im Restaurant ab 8000 TSH, Bar direkt am Strand, Party momentan freitags (5000 TSH Eintritt). Etwas günstigere Preise, weil hier auch sehr viele Einheimische feiern. Bett im Dorm ab US$17. Banda ❸

€ **Savanna & Ocean**, Nord-Paje, hinter Paje Ndame, ✆ 0774-368468, 🖳 hotel.savanna-ocean.com. Einfaches Gästehaus in zweiter Reihe für Kontaktfreudige, das als Teil einer skandinavischen Freiwilligenorganisation begann und mittlerweile als eine Art Lehr-Hotel Einheimische im Gastgewerbe ausbildet. Jüngeres Publikum. Privatstrand vorhanden, Restaurant mit fairen Preisen, Massage, WLAN, Viele Aktivitäten, z. B. Swahili-Kurse, Fahrradtouren, Village Tours. Bett im Dorm US$25. Zimmer ❸

Domokuchu Beach Hotel, südlicher Teil von Paje, ✆ 0776-217263, 🖳 www.domokuchu.com. Intimes, einfaches Gästehaus mit Superior Rooms am Strand und Standard Rooms weiter oben am Hang in der Nähe der Straße. Alle Zimmer mit Veranda, Meerblick und Tee/Kaffee-Station. Rustikale Bauweise aus Holz, Makuti-Dach. Klein, intim, ruhig. ❷–❸

Paje Ndame, nördlicher Teil von Paje, ✆ 0777-886611, 🖳 ndamezanzibar.com. Einfacheres, aber herzlich geführtes Gästehaus direkt am (schönen) Strand mit sauberen, simplen Zimmern, gutem Essen, exzellentem Management und erholsamen Vibes. Eher gesetzteres Publikum, Paare und Familien, die relaxen wollen und die zentrale Lage schätzen. ❸

Kilima Kidogo, südlicher Teil von Paje, schon fast in Jambiani, gut beschildert, ✆ 0777-201088, 🖳 www.kilimakidogo.co.za. Leider ist das Kilima Kidogo 2013 abgebrannt, aber wenn die Besitzerin Ende 2014 wieder aufmacht, ist die familiäre Unterkunft mit Pool, Spa und Restaurant am Strand definitiv wieder eines der Highlights am Paje Beach. ❸

Paje by Night, Paje Village, ✆ 0777-460710, 🖳 www.pajebynight.net. Das bei trinkfesten Urlaubern beliebte Gästehaus im rustikalen Tropenstil in zweiter Reihe ist für das Nachtleben und die Partys bekannt, meist am Wochenende oder zu Ferienzeiten. Kein Strandzugang, aber entspannte Atmosphäre. Coole Lounge, ganz in Schwarz gehalten, gut sortierte Bar, saubere Zimmer, sehr gute Küche. Spa, Pool, WLAN. ❸–❹

ESSEN UND UNTERHALTUNG

Einen guten Ruf in puncto Küche genießen z. B. das **Paje by Night**, das **Paje Ndame** und das **Kilima Kidogo**.

Oceans Restaurant, im selben Komplex wie Bucaneer Diving. Für den schnellen Hunger zwischendurch oder für Gäste, die nur Halbpension gebucht haben. Fisch und Meeresfrüchte sowie Gerichte mit mediterranem, indischem und sansibarischem Einschlag. Interessantes Preis-Leistungs-Verhältnis. Hauptgerichte ca. 15 000 TSH. 🕒 Di–So 10–15, 18 Uhr bis spät.

Do–So findet sicher in irgendeiner Bar, z. B. **Jambo Bar**, **Vuvuzela Bar**, in der **Demani Lodge** (an der Teerstraße) oder im **Paje by Night** eine Party statt.

AKTIVITÄTEN

Kitesurfen

In Paje existieren mehrere Kitesurfzentren in direkter Nachbarschaft (was auch viel Betrieb im Wasser bedeutet). Die besten Monate sind Dez–Feb und Juni–Aug. Es kann längere, wetterbedingte Flauten geben, man sollte also auch einen Plan B für den Kite-Urlaub parat haben.

Kitecenter Zanzibar, neben Kinazi Upepo im südlichen Paje, ✆ 0776-531535, 🖳 www.kitecentrezanzibar.com. Das älteste und renommierteste Center in Paje mit jährlich erneuertem Equipment, IKO-zertifizierten Instruktoren und kleinen Gruppen (max. 4 Pers.). Anfängerkurse (9 Std.) für 290 €. Weitere Center sind das **Airborne Kite Centre**, neben Bucaneer Diving, 🖳 www.airbornekitecentre.com, und das **Haraka Kite**, neben Cristal Resort, 🖳 www.harakakite.com, oder das **Paje by Kite**, das mit dem Hotel Paje by Night kooperiert. Sie alle teilen sich einen Strandabschnitt von etwa 1,5 km.

Zanzibar Kite Paradise, südlich in Paje, zwischen Hakuna Majiwe und New Teddy's Place, 🖳 www.zanzibarkiteparadise.com. Momentan noch etwas abseits von den anderen Centern, mit gehobeneren Preisen und Nobile-Equipment. Anfängerkurse (9 Std.) für US$440.

Seetang – Einnahmequelle und Ärgernis

Für viele Frauen an der Ostküste ist der Anbau von Seetang zu einer der wichtigsten **Einnahmequellen** geworden, die das Überleben der Familie sichert.

Von der Pflanzung bis zur Ernte vergehen in der Regel zwei Monate. Die Frauen arbeiten ausschließlich bei niederem Wasserstand – egal zu welcher Tageszeit gerade Ebbe ist -, und auf der Farm gibt es ständig etwas zu tun. Je weiter draußen und tiefer gepflanzt werden kann, desto höher ist der Ertrag. Nach der Pflanzung an Stäben, die mit Schnüren miteinander verbunden sind, muss der Unterwassergarten regelmäßig gepflegt und von Unkraut befreit werden. Wenn der Seetang reif für die Ernte ist, wird er abgerissen und in großen Körben an Land gebracht. Nach dem Pflücken werden die salatgrünen Pflanzen auf den Straßen des Dorfes getrocknet, anschließend in Bündel verpackt und fertig für den Abtransport gemacht.

Aber was an der Oberfläche wie ein einträgliches Geschäft und gute Verdienstmöglichkeiten aussieht, ist für die Frauen ein **Verlustgeschäft**. Die Farmen, die den Frauen vom Dorf zugeteilt werden und die sie aus eigener Kraft bewirtschaften können, sind gerade so groß, dass sie im Monat gerade mal 100 kg Ernte einfahren können. Da die Frauen maximal 400, 500 TSH pro Kilo erhalten, verdienen sie schlappe 50 000 TSH im Monat, ein Verdienst, der für die harte Arbeit ganz und gar nicht entschädigt. Die einfachen Bauersfrauen sind Analphabeten sind und wissen nicht, wie sie bessere Preise ausverhandeln können. Die lokalen Händler nutzen dies genauso aus wie die internationalen Abnehmer. Zu ihnen zählt vor allem die japanische und amerikanische Kosmetikindustrie.

Nicht nur fehlende Bildung, sondern vor allem die **fehlende Wertschöpfung auf Sansibar** betrügt die Frauen um ihre Einkommensmöglichkeiten. Aufgrund von fehlender Infrastruktur (z. B. Strom), Maschinen und Know-How kann der Seetang nicht weiterverarbeitet werden. Ein Kilogramm Seetang-Pulver, das aus 5 kg Seetang hergestellt wird, könnte um 10 000 TSH verkauft werden, was eine fünffache Wertsteigerung bedeutet. Seetang-Pulver wird beispielsweise zum Anreichern für Kuchen, Säften, Salaten und Suppen verwendet und von Vegetariern als Fleischersatz gegessen.

Tauchen

Bucaneer Diving, neben Arabian Nights im nördlichen Paje, 💻 www.buccaneerdiving.com. Einziges Tauchcenter der Gegend, etwas Konkurrenz würde ihm aber gut tun. PADI Open Water 350 €, Padi Advanced Open Water 275 €, plus je 75 €.für Kursmaterial, Doppeltauchgang 68 €, 10 Tauchgänge 578 €, zzgl. Mietausrüstung.

SONSTIGES

Die Hinweise bezüglich Beachboys und Guides (S. 110) gelten insbesondere für Paje, Jambiani und Bwejuu.

Einkaufen

Es gibt einige **Minimarkets** zur Deckung der Grundbedürfnisse (Wasser, Zahnpasta) und **Souvenirläden**.

Geld

Ausreichend Barmittel in Landeswährung und US-Dollar müssen von Stone Town mitgebracht werden (was für die ganze südliche Ostküste gilt).

Informationen

Es gibt keine offizielle Touristeninformation; die Büros in Paje dienen nur dem Verkauf der eigenen Touren.

Internet

Es existieren einige **Internetcafés** (mit langsamer Verbindung).

Medizinische Hilfe

Paje Clinic, in der Nähe der Schule, nördlich des Dhow Inn Resort. Dr. Haji, ein angesehener Arzt auf Sansibar, und sein Team verarzten nicht nur die Dorfbevölkerung, sondern auch Besucher.

TRANSPORT

Taxis von und nach STONE TOWN kosten etwa US$40–50 in eine Richtung. Direkt vor dem

Kreisverkehr von Paje existiert eine große Polizeisperre, eine Hürde für Selbstfahrer. Mit öffentlichen Verkehrsmitteln (Linie 324) ist Paje ebenso einfach wie kostengünstig zu erreichen. Share Taxis fahren nicht weiter als Paje, ca. US$10–15.

6 HIGHLIGHT

Bwejuu

Seit jeher war Bwejuu (gesprochen Bweschu) das Kontrastprogramm zu Paje. Während in Paje die Feste gefeiert wurden, wie sie fallen, haben sich die Lodge- und Hotelbetreiber in Bwejuu nach Erholungsuchenden ausgerichtet. In den letzten Jahren haben sich zu den zahlreichen einfachen Gästehäusern mittelklassige und sogar exklusivere Hotels gesellt. Trotzdem sind hier abseits der großen Clubs noch immer ruhige Ferien garantiert.

An den meisten Abschnitten von Bwejuu benötigt man aufgrund des breiten Sandstrandes keine Badeschuhe, denn wo Sand ist, gibt es keine Seeigel. Nachfragen tut dennoch not. Außer in den Monaten November und April ist das türkisblaue Wasser frei von Seegras.

ÜBERNACHTUNG

Robinsons Place, nördlicher Teil, gleiche Einfahrt wie Twisted Palm und Evergreen, ✆ 0777-413479, ✉ robinsons place@hotmail.com (Ann hat nicht täglich Zugang zum Internet). Die Schweizerin Ann und ihr sansibarischer Mann Eddie bieten ihren Gästen Ferien à la Robinson Crusoe: Fernab von den Errungenschaften der westlichen Zivilisation, ohne Strom, im natürlich klimatisierten Areal (mit Kaltwasser, Makuti-Dächern, dichtem Wald und viel Schatten) liegen mehrere simple, aber farbenfrohe Zimmer (teils mit Gemeinschaftsbad). Ausgezeichnetes Abendessen (15 000 TSH), das auf sansibarisch, also auf Teppichen und Kissen sitzend, eingenommen wird. Für Leute, die der Welt für ein paar Tage entsagen möchten. ❷–❸

€ **Kilimani Kwetu**, südlicher Teil von Bwejuu, ✆ 0777-214133, 💻 www.kilimani.de. 4 schlichte Zimmer (mit Kaltwasser und Deckenventilatoren) in familiärem Umfeld. Hier kann man getrost ein paar Gänge zurückschalten. Einfache, aber schmackhafte Küche. Lage nicht direkt am Strand, sondern 100 m nach hinten versetzt, aber zum Gästehaus gehört eine gemütliche Strandbar mit bunten Kissen samt Hängematten, Sonnenliegen und Palmen direkt am blütenweißen Sandstrand. ❸

Twisted Palm Village, nördlicher Teil, ✆ 0776-130275, 💻 twistedpalms.zanzibarone.com. Alteingesessener Backpacker-Klassiker mit ungezwungener Atmosphäre, seit einigen Jahren unter italienischer Leitung. Einfachere Bungalowanlage mit 5 Zimmern in Strandnähe und 5 Zimmern weiter hinten. Das Restaurant liegt erhöht auf einer Holzplattform direkt im puderweißen Sand. Liebevoll geführt von Laura und Renato. ❸–❹

€ **Bellevue**, nördliches Bwejuu, ✆ 0777-209576, 💻 www.bellevue zanzibar.com. Herrlich relaxtes Gästehaus mit 9 einfachen, farbenfrohen Zimmern links und rechts vom Restaurant. Besonderes Highlight: Der offene Jungle Room, wo man sich fast wie Tarzan in den Bäumen fühlt. Liegt in zweiter Reihe auf einer Anhöhe. WLAN im Restaurant. Ausgezeichnete Küche. Kein Pool! Kitesurfer werden gratis zum Kitecenter Zanzibar in Paje gebracht. ❸–❹

Upepo Beach Bungalows, Einfahrt nördlich der Evergreen Bungalows, ✆ 0784-619579, 💻 zanzibarhotelbeach.com. Leider ist das intime Mini-Hotel schlecht beschildert, aber gelbe Tafeln mit einem Wind-Kopf (*upepo* bedeutet Wind auf Swahili) weisen den Weg. Zwei einfache, landestypische Zimmer, aber wer bleibt schon im Zimmer, wenn ein dicht gewachsener, romantischer Garten samt blütenweißem Strandabschnitt wartet? Meistens sehr gutes Essen. Nur für Leute zu empfehlen, die Lokalkolorit und Ruhe suchen. ❸

Makuti Beach Resort, südlicher Teil von Bwejuu, selbe Einfahrt wie Sun & Seaview Bungalows, ✆ 0774-372 947, 💻 www.makuti-beach-hotel.com. Sand- und Strandliebhaber schätzen das kleine Resort mit einfachen, rustikalen Zimmern in landestypischer Ausstattung (Zementböden, Deckenventilator, luftige Veranda). Die meisten Zimmer stehen nahe beim Strand, nur die Beachfront Bungalows liegen vorne in der ersten Reihe. Restaurant auf Sand direkt am Wasser. ❹

Anna of Zanzibar, ✆ 0773-999387, 💻 www.annaofzanzibar.com. 5 große Privatvillen mit Holzveranda und Meerblick im eleganten Kolonialambiente, das mit sansibarischen Elementen aufgepeppt ist. Absolut geschmackvolles Haus für Individualisten. Pool, WLAN, Spa. Inkl. Vollpension und Getränke. ❽

Breezes Beach Club, **Baraza Resort** und **The Palms**, nördliches Ende von Bwejuu, 💻 www.thezanzibarcollection.com. Alle drei zählen beständig zum Besten, was Sansibar zu bieten hat: Das exklusive Palms spricht mit seinen 6 Villen ausschließlich Paare und Honeymooners an; das weitläufigere Baraza Resort bietet opulenten afro-sansibarischen Luxus der Extraklasse (für Paare, aber auch für Familien), während im nicht minder ausgezeichneten Breezes Beach Club Pauschaltouristen mit gehobenen Ansprüchen nächtigen. Breezes ❼, Palms/Baraza ❽

TRANSPORT

Taxis von STONE TOWN nach Bwejuu sollten nicht mehr als US$50–60 kosten, die Variante mit Share Taxis ist bedeutend billiger (US$10–15). **Daladalas** (Nr. 324) verkehren bis ins Dorf, die meisten Unterkünfte sind allerdings einige Kilometer vom Dorf entfernt.

Im **Bellevue Guesthouse** kann man Fahrzeuge mieten: Auto (US$40/Tag), Scooter (US$25/Tag), Motocross (US$30/Tag), Fahrrad (US$7/Tag) – internationalen Führerschein nicht vergessen!

Nördlich von Bwejuu

Knappe 17 km nördlich des großen Kreisels von Paje und 69 km von Stone Town entfernt, liegt am Ende der Teerstraße am nördlichsten Zipfel der südlichen Ostküste **Michamvi**. Dieser Teil Sansibars wurde erst in den letzten Jahren erschlossen. Lange Zeit war das Karafuu Resort das letzte Hotel an diesem Strandabschnitt. Die dünn besiedelte Halbinsel erstreckt sich vom Dorf Pingwe, wo die Teerstraße einen markanten Knick nach links macht, bis ins eigentliche Dorf Michamvi Kae. An der Ostseite der Halbinsel (nördlich von Pingwe) verläuft der blütenweiße Sandstrand über einige kleinere Buchten, die bei Flut über den Strand nicht erreichbar sind. Hier hat man das gewohnte Panorama auf den endlosen Ozean, dafür aber keine Sonnenuntergänge.

Die Westseite der Halbinsel liegt an der Chwaka Bay, einer weitläufigen, größtenteils von Mangrovenwäldern zugewachsenen Bucht, die noch dünner als die Halbinsel besiedelt ist. Dafür wurde in weiten Teilen ein Nationalpark eingerichtet, um die wichtigen Mangrovenwälder zu erhalten. Die touristischen Einrichtungen an der Bucht haben den Vorteil, dass sie glutrote Sonnenuntergänge genießen, während sich das Wasser in der Bucht fast vollständig geräuschlos, ohne Wellenschlag, hebt und senkt.

In Michamvi sollten sich Besucher einquartieren, die ruhige, familiäre, unaufgeregte Ferien machen wollen. Man ist etwas isoliert und Ausflüge ziehen höhere Taxikosten mit sich.

ÜBERNACHTUNG UND ESSEN

€ **Kichanga Lodge**, beim Karafuu Hotel rechts auf die Piste abzweigen, ✆ 0777-835515, 💻 www.kichanga.com. Die sympathische Mittelklasse-Lodge liegt an einem Hang, deshalb hat man fast überall einen traumhaften Blick aufs Meer. Freistehende, orange getünchte Häuser und Zimmer mit Makuti-Dächern und Veranda (samt Hängematte) in verschiedenen Kategorien. Farbenfrohe Ausstattung, rustikale Einrichtung, Deckenventilator, Warmwasser, keine AC! Kaum Beachboys in der kleinen Privat-Bucht. Gratis Transfers zu The Rock (selbes Management). Spricht ruhebedürftige Reisende an, denn die nächsten Zerstreuungen sind meilenweit entfernt. ❺ mit Halbpension

Michamvi Sunset Bay, am Ende der Teerstraße nach rechts abbiegen, ✆ 0777-878136, 💻 www.michamvi.com. Sympathisches Resort der guten Mittelklasse mit farbintensiven Sonnenuntergängen, am besten von der Bar aus, die direkt am Strand liegt. 4 Häuser stehen in einem Halbkreis um den Pool und beherbergen insgesamt 20 Zimmer (mit AC, Safe, WLAN); fast alle haben Meerblick. Gut für gesellige Paare, Freunde und Familien. Südafrikanisches Management, deutsche Gästebetreuerin. ❻ mit Halbpension

Matlai, Einfahrt hinter Upendo Lounge, ✆ 0777-300012, 🖳 www.hotelmatlai.com. 4 schicke, geräumige Suiten in kühler Betonbauweise (2 oben, 2 unten) in einem luftigen Gebäude. Alle Zimmer (jeweils nach den vier Elementen Wasser, Erde, Luft und Feuer unterschiedlich dekoriert) verfügen über Meerblick, große Veranda und Spa-ähnliches Badezimmer. Toller geschwungener Pool zentral zwischen den beiden Gebäudehälften mit Blick auf den Ozean. Sehr gute Küche, WLAN. Direkt am weißen Sandstrand! ❼ mit Vollpension

ESSEN UND UNTERHALTUNG

Vor einem langen Strandspaziergang sollte man das Management nach der Sicherheitslage fragen. Gut essen lässt es sich im Matlai Hotel, dessen Restaurant direkt am Strand liegt.

Upendo Lounge, am Strand von Pingwe, ✆ 0777-244492, 🖳 www.upendozanzibar.com. In der mit bunten Kissen ausstaffierten rustikalen Bar direkt am Strand (mit Blick auf das Restaurant The Rock) unter Palmen lässt es sich nach einem Strandspaziergang gut ein Bier trinken oder Snacks essen. Jeden So ab 10 Uhr Brunch mit DJs. Badeschuhe nicht vergessen – der Untergrund ist steinig. Willkommene Abwechslung zum „Alltag" im Resort. Snacks bis 8000 TSH, Hauptgerichte an die 20 000 TSH, Brunch 30 000 TSH. ◷ tgl. 8–22 Uhr.

Kae Funk, Michamvi Kae, ✆ 0777-439059. Rustikale, lässige Beachbar aus Holz, mit Hängematten, dicken Kissen und großer Auswahl an Drinks, perfekt für einen Sundowner oder ein paar kühle Bier in schöner Lage an der Chwaka Bay. Bei Bedarf kann man in einem der 7 schönen Cottages (DZ US$70) schlafen. ◷ tgl. 10 bis spät.

The Rock, Pingwe, ✆ 0777-835515, 🖳 www.therockrestaurantzanzibar.com. Spektakuläres Restaurant auf einem Korallenfelsen mitten im türkisblauen Ozean. Bei Flut steht ein Boot bereit, was aber nicht ganz vor nassen Füßen bewahrt. Die Qualität der italienischen Gerichte, hauptsächlich Meeresfrüchte und Fisch, rechtfertigt die hohen Preise nicht immer. Dennoch: Einen Drink oder eine Tasse Kaffee hoch über dem türkisen Ozean sollte man sich nicht entgehen lassen! WLAN. ◷ tgl. 10–22 Uhr.

AKTIVITÄTEN

Zanzibar Kite Club, gleich neben der Upendo Lounge, ✆ 0776-531535, 🖳 www.zanzibarkiteclub.com. Schwesterunternehmen des Kite Centre Zanzibar in Paje mit North-Kites-Equipment, ION-Ausrüstung und etwas gehobenerem Setup.

TRANSPORT

Nach Michamvi Village fährt die Buslinie 340 ab STONE TOWN in ca. 2 Std. Danach muss man sich abholen lassen. Alternativen sind Taxis und Abholungen, ca. US$60 pro Fahrt.

Jambiani

Eigentlich sind Paje und das ebenso lang gezogene Jambiani schon zusammengewachsen; nur die Einheimischen wissen, wo der eine Ort aufhört und der andere beginnt. Beide waren von Anbeginn an Pilgerstätten von Rucksacktouristen und Aussteigern auf Zeit. Noch heute zieht es nach Jambiani vor allem Urlauber, die Kontakt zu den Einheimischen und Lokalkolorit suchen.

Außergewöhnlich an Jambiani ist das hiesige **Tourism Training Institute**, das seit 2007 lokale Jugendliche fit für die Hotellerie und den Tourismus macht. Was aus losen Unterrichtsstunden eines kanadischen Arzt-Lehrer-Ehepaares nach Praxisschluss begonnen hat, ist heute eine respektierte Ausbildungsstätte, die eine zweijährige Ausbildung mit Diplom anbietet. Das dazugehörige Trainings-Restaurant **Alibi's Well** ist werktags auch für Touristen geöffnet. Wer nicht im Tourismus beschäftigt ist, verdient entweder am Seetang (S. 309) oder an der Fischerei ein paar Shilling, die aber kaum zum Leben reichen.

ÜBERNACHTUNG UND ESSEN

Nur ein paar Gästehäuser liefern beständig Qualität – sie werden hier erwähnt. Viele andere Pensionen haben häufige Betreiberwechsel. Nicht alle Unterkünfte liegen direkt am Sandstrand, vor allem im südlichen Teil stehen viele Hotels etwas erhöht auf Korallenklippen.

Mango Beach House, zentral, ✆ 0773-498949, 💻 www.mango-beachhouse.com. In der liebevoll und künstlerisch gestalteten Pension mit nur 3 Zimmern (alle mit großen Betten, Meerblick, Warmwasser, Bad und Terrasse) hat sich Lisa Stern mit Kiddo, ihrem sansibarischen Partner, ein kleines Paradies geschaffen. Sehr persönlich geführt. Sehr gute Küche. Familien oder Freunde können das ganze Haus mieten. Lage direkt am Strand, ein wenig abseits vom Trubel. Faire Preise. 100 % individuell für Leute, die den Puls Sansibars erleben wollen. ❸

Red Monkey Lodge, südliches Jambiani, ✆ 0777-713366, 💻 www.redmonkeylodge.com. Einfaches Gästehaus auf Klippen für gesellige Urlauber in Feierlaune. Faire Preise im Restaurant mit landestypischen Speisen und viel Fisch sowie Meeresfrüchten. Nur geeignet für Reisende, die mit den landestypischen Gegebenheiten klarkommen und Lokalkolorit wünschen. Abgelegen, was gut für die Kiter ist (mit eigener Kite-Basis). ❸

La Papaye Vert, südliches Jambiani, 💻 www.zanzibar-papaye-verte.com. Französisch-geführte Pension mit nur 3 Zimmern im ruhigeren Teil von Jambiani. Französischer Charme (auch beim Interieur), gute Küche, intime Atmosphäre. ❸

Casa del Mar, zentral, ✆ 0777-455446, 💻 www.casa-delmar-zanzibar.com. Der artenreiche Tropengarten erfreut die Sinne, ebenso die 14 liebevoll dekorierten, hübschen Zimmer (mit Ventilatoren) auf 2 Geschossen mit Möbeln aus Kokosnussholz sowie der blütenweiße Strand. Einladender Pool, gepflegte Anlage, kein Alkoholausschank. Wird gerne von deutschen Reiseveranstaltern gebucht. Exzellentes Preis-Leistungs-Verhältnis. ❸–❹

Blue Oyster Hotel, zentral, ✆ 0784-432911, 💻 www.zanzibar.de. Sympathisches, kleines Gästehaus, das schon zu den Klassikern auf Sansibar gehört. Das familiär geführte Hotel bietet 15 einfache, saubere Zimmer, entweder mit Meerblick oder rund um den Innenhof. Attraktives Preis-Leistungs-Verhältnis. Gemütliches Panorama-Restaurant im Obergeschoss mit herrlichem Meerblick. WLAN. Bindet lokale Anbieter für Touren und Aktivitäten ein. Hat viele Stammgäste – rechtzeitige Reservierung sinnvoll. ❸–❹

Bahari View Lodge, nördliches Jambiani, ✆ 0776-716020, 💻 www.bahari-view-lodge.de. Ältere, ungekünstelte Lodge mit 12 einfachen Zimmern (die neueren sind zu bevorzugen) in einer schattigen Anlage mit vielen Bäumen und tropischen Pflanzen. Pool, Beach Bar, offenes Restaurant direkt am Strand, WLAN. Familiäre Anlage; die Betreiber haben eine weitere Lodge nahe Arusha und ein Camp in der Serengeti. ❺

Spice Island Hotel, nördliches Jambiani, ✆ 0777-512512, 💻 www.spice-island-hotel-resort.com. Weitläufiges Hotel mit Resortcharakter unter deutscher Führung. Zweckmäßige, aber saubere Zimmer, die hinter dem wuchtigen Haupthaus und dem Poolbereich in zweiter Reihe liegen. Riesengroßer Pool, resorteigener Strand für zahlende Gäste. Nur für Leute geeignet, die ruhige Ferien ohne großen Kontakt mit der Außenwelt suchen. ❺

ESSEN UND UNTERHALTUNG

Kiddo's Café, siehe Mango Beach House. Gäste erfreuen sich nicht nur an Sandwiches, Salaten, hausgemachten Kuchen und frisch gepressten Fruchtsäften, sondern vor allem am Blick aufs türkise Meer von der Panorama-Terrasse. Auf Anfrage auch Swahili-Küche. Faire Preise, man achtet auf lokale Zutaten und vermeidet importierten Firlefanz. Faire Preise (ca. 9000–12 000 TSH). 🕒 tgl. mittags bis abends.

Alibi's Well, im Jambiani Tourism Training Institute. Direkt am Strand liegt das „Übungsrestaurant" der hiesigen Hotelfachschule. Hauptsächlich gibt es Pizza, Sandwiches, Wraps (gerollte Fladenbrote mit Fleisch- oder Gemüsefüllungen), aber auch frisch gepresste Säfte, köstlichen Kaffee und noch köstlichere Kuchen. 🕒 tgl. 11–18 Uhr.

Sale e Pepe, neben der Sea View Lodge. Hübsch dekoriertes Italo-Restaurant in zweiter Reihe mit Dhow-Möbeln, weißen, schmiedeeisernen Sesseln und Kissen in Blau-Tönen.

Pasta, Pizza und natürlich Fisch und Meeresfrüchte. Guter Cappuccino. WLAN. ⏲ tgl. 11–22 Uhr.

In der **Red Monkey Lodge** (siehe „Übernachtung") gibt es Partys und Unterhaltung, ansonsten bleibt es abends in den Unterkünften meist ruhig. Im September wird das 3-tägige Zanzibar Beach and Watersports Festival ausgetragen, mit Livemusik und sportlichen Wettkämpfen.

AKTIVITÄTEN

Tauchen mit dem Dive Centre **Easy Blue Divers**, neben dem Blue Oyster Hotel, ✆ 0777-422488, 💻 easybluedivers.com, Ausflüge mit **Kemi Tours & Travel**, ✆ 0782-214127, 💻 www.kemitours-zanzibar.com, Kite Surfing mit dem **Jambiani Kite Center**, bei der Red Monkey Lodge, ✆ 0774-753990.

SONSTIGES

Die medizinische Versorgung ist mit zwei Ärzten recht gut: Dr. Hamza von der **Jambiani Clinic** und der kanadische Chiropraktiker Alistair Piri, der das **Jambiani Wellness Center** leitet (mit Chiropraktik, TCM, Osteopathie).

TRANSPORT

Daladalas (Nr. 309) von STONE TOWN nach Jambiani sind nur bedingt zu empfehlen, da viele der Unterkünfte weit von der Route entfernt sind. Share Taxis verkehren (je nach Saison) 2x tgl., US$10/10 000 TSH; Taxis verlangen an die US$50–60 für eine Fahrt.

Der Süden

Wenn man sich auf dem Weg zur Ostküste, vorbei am Jozani-Chwaka Bay National Park, bei Kitogani geradeaus hält, gelangt man in den südlichsten Teil Sansibars mit den beiden Hauptorten **Kizimkazi** und **Makunduchi**. Die meisten Besucher sehen das südliche Sansibar nur während eines Tagesausflugs, entweder zu den Delfinen, zum Jozani Forest oder zur alten Moschee von Kizimkazi. Das liegt hauptsächlich daran, dass es im Süden weniger gut vermarktbare Strände und nur eine Handvoll seriöser Unterkünfte gibt.

Die **Menai Bay Conservation Area** braucht den Vergleich mit Mnemba Island nicht zu scheuen, und **Chumbe Island** ist ohnehin ein Vorzeige-Naturschutzprojekt. Für Sansibar hat der Süden besonders historische Bedeutung, denn hier wurden die ersten Siedlungen gegründet und die erste Moschee gebaut. Auf dem Weg in den Süden passiert man Ruinen aus der Sultans- und Kolonialzeit, z. B. die **Bikhole Ruins** oder die **Unguja Ukuu Ruins**, doch ohne ortskundige Begleitperson sind sie nur schwer zu finden.

Kontra Delfin-Touren

Zugegeben, die Delfine von Kizimkazi sind eine Attraktion. Die Tourveranstalter und Fischer stellen den Touristen in Aussicht, die intelligenten Tiere berühren und mit ihnen schwimmen zu können. Ob die Delfine besonders glücklich darüber sind, wenn sie von 30, 40 (oder gar mehr) lärmenden Motorbooten (oft nur von zwei Personen besetzt) gejagt werden und Horden von Besuchern zu ihnen ins Wasser springen, sei dahingestellt. Jedenfalls erinnert das Spektakel der Delfin-Tour eher an eine Treibjagd als an eine gefühlvolle Annäherung an die empfindsamen Tiere.

Das Problem besteht vor allem darin, dass die Delfin-Touren keiner Aufsicht unterstehen. Jeder Fischer, der ein Boot samt Motor hat und willig ist, Abgaben ans Dorf zu bezahlen, kann sie anbieten. Junge Männer buhlen im Dorf teilweise recht aggressiv um Kunden, d. h. wer nicht auf einer vom Hotel oder einem Tour Operator organisierten Tour ist, braucht gute Nerven. Auch zu Wasser ist das Gehabe sehr aggressiv. Wer Delfine sehen möchte, geht besser schnorcheln, tauchen oder bucht eine Safari-Blue-Tour (S. 279). Jene, die sich dennoch für eine Delfin-Tour entscheiden, müssen bei einer Buchung direkt in Kizimkazi (besser bei den Hotels, da sie die verlässlicheren Bootsführer kennen) mit Preisen von US$30–US$45 p. P. rechnen. Eintritt US$5 p. P. (Menai Bay Conservation Fee).

Kizimkazi

Kizimkazi besteht eigentlich aus zwei Ortschaften: Kizimkazi Dimbani (gleich zu Beginn der Dorfeinfahrt) und Kizimkazi Mkunguni (3 km weiter südlich). Kizimkazis Bekanntheit rührt von den – leider nicht mehr empfehlenswerten – Delfin-Touren her (Kasten S. 314), doch auch seine Historie ist bemerkenswert. So ist der Ort eine der ältesten Siedlungen mit der ältesten noch bestehenden Moschee der Insel und war viele Jahrhunderte Sitz des obersten Herrschers von Sansibar.

Die **Moschee** von Kizimkazi Dimbani wurde im frühen 12. Jh. errichtet und ist heute noch in Gebrauch, obwohl man das unscheinbare Gebäude auf den ersten Blick nicht als Moschee erkennt. Die Koranverse in der Moschee werden auf das Jahr 1107 datiert, was belegt, zu welch frühem Zeitpunkt der Islam bereits auf Sansibar Einzug hielt. Um 1770 fanden Restaurierungsarbeiten statt, und vor wenigen Jahren wurden ein wenig schmeichelhaftes Blechdach sowie weitere Wände hinzugefügt. Im Außenbereich finden sich einige Gräber von einflussreichen arabischen Kaufmännern.

ÜBERNACHTUNG UND ESSEN

Das große Fünf-Sterne-Resort **The Residence** mit 66 Villen hat vor einigen Jahren eröffnet, ist aber nur für All-inclusive-Besucher geeignet.

Promised Land Lodge, Kizimkazi Mkunguni, ✆ 0779-909168. Wohl die einzige Backpacker-Unterkunft im Süden mit einfachen Hütten und Zimmern zum Chillen und Relaxen. Rustikales Ambiente, das Resort liegt auf Klippen, die Küste davor ist felsig. Sehr ruhig und abgelegen, man muss alle Mahlzeiten im Hotel einnehmen, denn ins Dorf sind es über 2 km. Die Anreise mit Daladala ist daher eher problematisch. ❷

Karamba Resort, Kizimkazi Dimbani, ✆ 0773-166406, 💻 www.karambaresort.com. Gemütliches Resort auf Klippen mit 22 farbenfrohen, zweckmäßigen Zimmern und Suiten. Einige Zimmer sind mit fantasievollen Open-Air-Duschen ausgestattet. Die Chill-Out-Lounge ist ein schöner Platz, um die herrlichen Sonnenuntergänge zu genießen. Mit Lokalkolorit, vielen Aktivitäten, Sandstrand gleich nebenan. Sehr viele spanische Gäste. WLAN, Pool. ❹–❺

Das verschlafene Fischerdorf Makunduchi erwacht nur zum persischen Neujahrsfest zum Leben.

© KURT KAUBE

Das Mwaka Kogwa Festival in Makunduchi

Ende Juli findet in und rund um das Dorf Makunduchi das älteste Fest der Insel statt. Aus allen Winkeln der Insel kommen Menschen, nehmen teil, beobachten einfach, treffen Freunde, feiern gemeinsam. Die Wurzeln von Mwaka Kogwa, dem viertägigen, persischen Neujahrsfest, gehen zurück auf die ersten Siedler auf der Insel, die Shirazi, die im 11. und 12. Jh. auf Unguja lebten. Im Zentrum stehen Schaukämpfe der Männer, die (heutzutage nur noch symbolisch) Streitigkeiten und Unrecht im alten Jahr beilegen wollen, damit das neue Jahr friedlich und ohne Fehden beginnen kann. Die Kämpfe werden heutzutage mit Palmwedel-Stielen und aus Palmfasern geflochtenen Geißeln ausgetragen; vor der Revolution waren noch Bambusstöcke erlaubt. Dennoch geht es bei den Kämpfen teilweise recht hart zur Sache, aber die Männer wappnen sich gegen allzu heftige Attacken u. a. mit Motorradhelmen. Während die Männer kämpfen, marschieren die Frauen in ihren besten Festtagsgewändern singend und stampfend um die Kampfarena. Nach der Beendigung der Schaukämpfe sind sie es, die die Blessuren der Männer pflegen. Die Feierlichkeiten erreichen ihren Höhepunkt, wenn die Hütte des Medizinmannes – heute nur ein Nachbau einer Hütte, die am Rande der Arena eigens für Mwaka Kogwa errichtet wird – verbrannt wird. Ein per Los gewählter Dorfbewohner, der den Medizinmann symbolisiert, sitzt in der Hütte und muss es so lange wie möglich im Inneren aushalten. Das Feuer soll symbolisch die Häuser der Bewohner schützen, damit auch sie im Falle eines Feuers unversehrt aus den vier Wänden laufen können. Danach folgen ausgelassene Feierlichkeiten mit Alkohol und traditionellen Gerichten.

Die Festivitäten variieren von Dorf zu Dorf im Süden, aber in Makunduchi werden sie mit dem größten Getöse veranstaltet. Das Fest wurde offiziell anerkannt und kann auf besondere Nachfrage mit einem der Tourveranstalter besucht werden. Auch Unterkünfte an der südlichen Ostküste organisieren Exkursionen. Besucher sind herzlich willkommen, denn jedem Dorfbewohner, der das Fest ohne Gäste begeht, wird das Glück im nächsten Jahr abhold sein.

Unguja Lodge, Kizimkazi Mkunguni, ✆ 0774-477477, 💻 www.ungujalodge.com. 11 geschmackvolle, riesengroße Villas in luftiger, tropischer Bauweise. Harmonische Anlage ohne Ecken – Feng-Shui lässt grüßen. Exzellente Gaumenfreuden und Gastgeber, die das Herz am rechten Fleck haben, machen das Paradies perfekt. Eigene Tauchbasis. Liegt auf Klippen, die beiden Sandbuchten können nur bei Ebbe zum Sonnenbaden genutzt werden. Pool. Hausriff direkt vor der Lodge, ideal zum Schnorcheln. ❼ mit Halbpension

TAUCHEN

Hauseigene Tauchbasis **Unguja Divers** im Unguja Resort. PADI Open Water US$520, PADI Advanced Open Water US$420, Double Dive US$120, 10 Tauchgänge US$470.

TRANSPORT

Das Unguja Resort holt seine Gäste normalerweise von STONE TOWN ab. Organisierte Transfers zum Karamba Resort kosten US$55 pro Fahrzeug, Taxis verlangen ungefähr dasselbe. Auf eigene Faust gelangt man mit Daladala Nr. 326 nach Kizimkazi (Dimbani und Mkunguni), 1 1/2 Std., 2500 TSH.

Makunduchi

Das kleine verschlafene Fischerdorf liegt am Ende der Teerstraße im äußersten Südosten der Insel. Einmal im Jahr kommt Schwung ins beschauliche Dorfleben, wenn in der dritten Juliwoche das persische Neujahr Mwaka Kogwa (S. 316) nach alter Tradition gefeiert wird. Ansonsten wird sich kaum jemand in diesen Winkel verirren – außer italienischen All-inclusive-Urlaubern, für die Club-Hotels errichtet wurden. Die knapp 70 km von Stone Town können mit Daladala Nr. 310 in ca. 1 1/2 Std. zurückgelegt werden.

Pemba

Sattgrüne Reisfelder, Ochsenkarren auf staubigen Straßen, Mangobäume bis zum Horizont, sanfte Hügel und der Duft von Nelken – so könnte eine Kurzbeschreibung von Pemba lauten, das wegen seiner dichten tropischen Vegetation auch als „grüne Insel" bekannt ist. Zu der 68 km langen und zwischen 15 und 25 km breiten Insel gehören unzählige kleine, unbewohnte vorgelagerte Eilande – ideale Refugien zum Segeln, Tauchen und Sonnen.

Auch wenn Pemba durchaus das Potenzial hätte, Sansibar den Rang abzulaufen, führt die 56 km vom Festland entfernte und nur 45 km nordöstlich von Unguja gelegene, hügelige Insel mit ihren 407 000 Einwohnern politisch wie touristisch ein Schattendasein. Die gesamten Ressourcen des Verwaltungsbezirks werden schließlich in die Hauptinsel Unguja gesteckt, und statt vom Boom der letzten Jahre zu profitieren, hat sich Pemba nur noch tiefer in die Armutsspirale manövriert.

Es gibt wenig Infrastruktur und kaum Fahrzeuge, die meisten Inselbewohner sind mit dem Fahrrad oder zu Fuß unterwegs. Stromausfälle sind an der Tagesordnung, und Tankwagen müssen nicht selten für das öffentliche Leitungssystem einspringen, um die Wasserversorgung der Bevölkerung sicherzustellen. Ein Mann, der etwas Geld übrig hat, leistet sich in der Regel eher eine Zweitfrau, als das Geld in die Anhebung seines Lebensstandards zu investieren. Es überrascht nicht, dass Pemba als Hochburg der Partei CUF, der **Civic United Front**, gilt, die vehement eine Loslösung von Tansania fordert und radikalislamische Ansichten vertritt. Moderne Entwicklungen sind mit den Parolen der CUF nicht kompatibel. Die Bevölkerung ist sehr konservativ, Frauen müssen daher unbedingt auf angemessene Kleidung achten.

Die drei wichtigsten urbanen Zentren sind **Mkoani**, wo die Fähren aus Sansibar anlegen, **Wete** und die Hauptstadt **Chake Chake**. 80 % der Nelkenproduktion des gesamten Archipels findet noch immer auf Pemba statt. Besonders zur Erntezeit der Gewürznelken im September bietet sich dem Besucher ein prachtvolles Bild: Die rot glänzenden Nelken werden per Hand gepflückt und dann am Straßenrand zum Trocknen ausgelegt. Ihr Duft hängt überall in der Luft.

Dass die Insel vor Jahrhunderten strategisch wesentlich wichtiger als heute war, belegen überwucherte **Ruinen** von Moscheen, Häusern oder Gräbern, zum Teil noch aus der Shirazi-Zeit. Später, unter den Omanis, wurde Pemba zur Drehscheibe im Sklavenhandel. Die historische Bedeutung kann heute kaum mehr nachvollzogen werden, da die vielen Ruinen immer weiter schrumpfen, verwenden doch die Inselbewohner die alten Steine, um daraus ihre Eigenheime zu bauen. Dabei gab es Zeiten, wo hier sogar eigene Münzen geprägt wurden.

Die zutiefst moslemische Gesellschaft verhält sich Touristen gegenüber zurückhaltend. Pioniergeist ist ein Muss für alle, die die Insel auf eigene Faust erkunden möchten. Reisende verbinden mit Pemba (so sie es überhaupt kennen) eher herrliche Strände, z. B. auf **Misali Island**. Grandiose Naturlandschaften prägen die Insel aber nicht nur zu Lande, sondern vor allem zu Wasser: Pemba ist bekannt für seine **Tauchgründe** in den vorgelagerten Korallenriffen; die Sicht ist generell besser als auf Sansibar. Viele Tauchspots weisen starke Strömungen auf und sind nur für gute Taucher geeignet. Die Meeresenge zwischen Pemba und dem Festland, der Pemba Channel, bietet optimale Möglichkeiten zum Fischen.

Auf Pemba können Reisende getrost einige Gänge zurückschalten, der Charme der Insel liegt in ihrer Ursprünglichkeit. Der Puls des Lebens wird von den Gezeiten des Meeres bestimmt, Instant-Touren von der Stange wird man vergeblich suchen. Das Hauptaugenmerk der Reisenden richtet sich auf das Erleben tropischer **Natur**. Strände und Sandbänke, Mangrovenwälder, Schnorchel- und Tauchspots, Urwälder und Pemba Flying Foxes (Pemba-Flughunde) sind die Hauptattraktionen – die man mit kaum einem anderen Reisenden teilen muss. Die Pemba-Flughunde stehen allerdings seit 1988 auf der Roten Liste der UN für bedrohte Tierarten, da ihr natürlicher Lebensraum durch das Abholzen der Wälder akut bedroht ist.

Der Großteil der **Unterkünfte** ist landestypisch. Abgesehen von vereinzelten luxuriösen

Steckbrief: Tauchen auf Pemba

- **Tauchtiefe:** 20–35 m, einige Korallenwände gehen deutlich tiefer
- **Sicht:** 20–40 m
- **Beste Zeit zum Tauchen:** Okt–März
- **Spezialitäten:** Steilwände, teilweise überhängend, Tieftauchgänge, Strömungstauchen, Wracks, Nachttauchgänge, Korallenformationen bei Misali Island, hauptsächlich kleinere Rifffische, selten Großfische
- **Beste Tauchspots: Misali** Island, Fundu Gap, Manta Point, Njao Gap, Emerald Reef. Nur für erfahrene Taucher geeignet!

Strandhotels liegen die meisten nicht am Meer. Alkohol wird auf der Insel nur vereinzelt ausgeschenkt, am ehesten in den Touristenunterkünften und einigen wenigen Restaurants. Alle Unterkünfte helfen gerne beim Organisieren von Ausflügen, Rad- oder Bootstouren.

Der **Nahverkehr** verläuft über den Hauptverkehrsknotenpunkt Chake Chake; alle öffentlichen Transportmittel, meist Daladalas mit abenteuerlichen Holzaufbauten, fahren vom und zum Hauptort. Die Orientierung fällt leicht, da auf den Bussen oder Trucks jeweils vorne das Fahrtziel ausgewiesen ist. Von Mkoani führt eine neuere Teerstraße bis zum Flughafen in Chake Chake. Wie überall in Tansania scheint man auch auf Pemba alle verlorene Zeit des Tages beim Busfahren aufholen zu wollen. Neben den öffentlichen Transportmitteln existieren einige wenige Privatfahrzeuge, z. B. (nur rund 15) Taxis und die Geländewagen der Tourismusunternehmen. Die gehobeneren Hotels holen ihre Gäste ohnehin an der Fähre oder am Flughafen ab. Alternativ zu den klapprigen Bussen bieten sich für das hügelige Gelände und die tiefen Sandpisten auch Fahrräder als Fortbewegungsmittel an – aber nur für sportliche Typen, die gerne bergauf und -ab fahren. Wegen des tiefen Sandes kann das Radfahren eine schweißtreibende Angelegenheit sein, aber man gelangt dorthin, wo kein Fahrzeug mehr hinkommt. Für echte Individualisten mehr als empfehlenswert! Als Alternative bleiben immer noch die Daladalas.

Mkoani und der Süden

Das am Südzipfel gelegene Mkoani ist der kleinste der drei Hauptorte und gleichzeitig jener, an dem Bootsreisende die Insel betreten. Die Fähren von Sansibar legen nämlich hier an. Durch die Errichtung des Piers, der in den frühen 1990er-Jahren von der EU finanziert wurde, ist der Hafen relativ gezeitenunabhängig und stellt deshalb die wichtigste Verbindung zum restlichen Tansania dar. Einige Teile des Ortes liegen erhöht auf einem Hügel, von wo aus die idyllische Landebucht eingesehen werden kann. Links und rechts vom Pier legen täglich die Fischer in ihren Dhows an, deren Fang anschließend auf Ochsenkarren abtransportiert wird. Wegen der Aussicht und Swahili-Romantik kommen Besucher gerne nach Mkoani, nicht wegen der Infrastruktur, die eher der eines Dorfes mitten im tansanischen Busch entspricht.

ÜBERNACHTUNG UND ESSEN

Ocean Panorama, Nähe Hafen, ✆ 024-2456166, www.zanzibaroceanpanorama.com. Sympathisches, kleines, einfaches Gästehaus in erhöhter Lage mit schönem Blick aufs Wasser, besonders vom Panorama-Restaurant aus. Gute Küche, vor allem Fisch und Meeresfrüchte, ruhig gelegen, umsorgendes Betreiberehepaar. Liegt bequem für Leute, die mit dem Boot kommen. Der dazugehörige Strandabschnitt taugt zwar nicht zum Schwimmen, aber allemal, um entspannende Spaziergänge entlang der Mangroven zu machen. ❸

Pemba Lodge, Kiweni (Shamiani) Island, ✆ 0777-415551, www.pembalodge.com. Auf einer Insel im äußersten Süden gelegen, ist die neuere Öko-Lodge eine Bereicherung für Pemba und ideal für Naturfreunde, Erholungsbedürftige und Individualisten. Man wandert in 3 Std. um die Insel, erfreut sich an den Geräuschen und Gerüchen der Mangrovenwälder und erlebt im benachbarten Fischerdorf traditionellen Swahili-Alltag. Die 6 rustikalen Bungalows sitzen auf Stelzen, die Möbel stammen aus gebrauchtem Bootsholz, es gibt Solarlampen und Komposttoiletten. Zugang nur per Boot. ❻

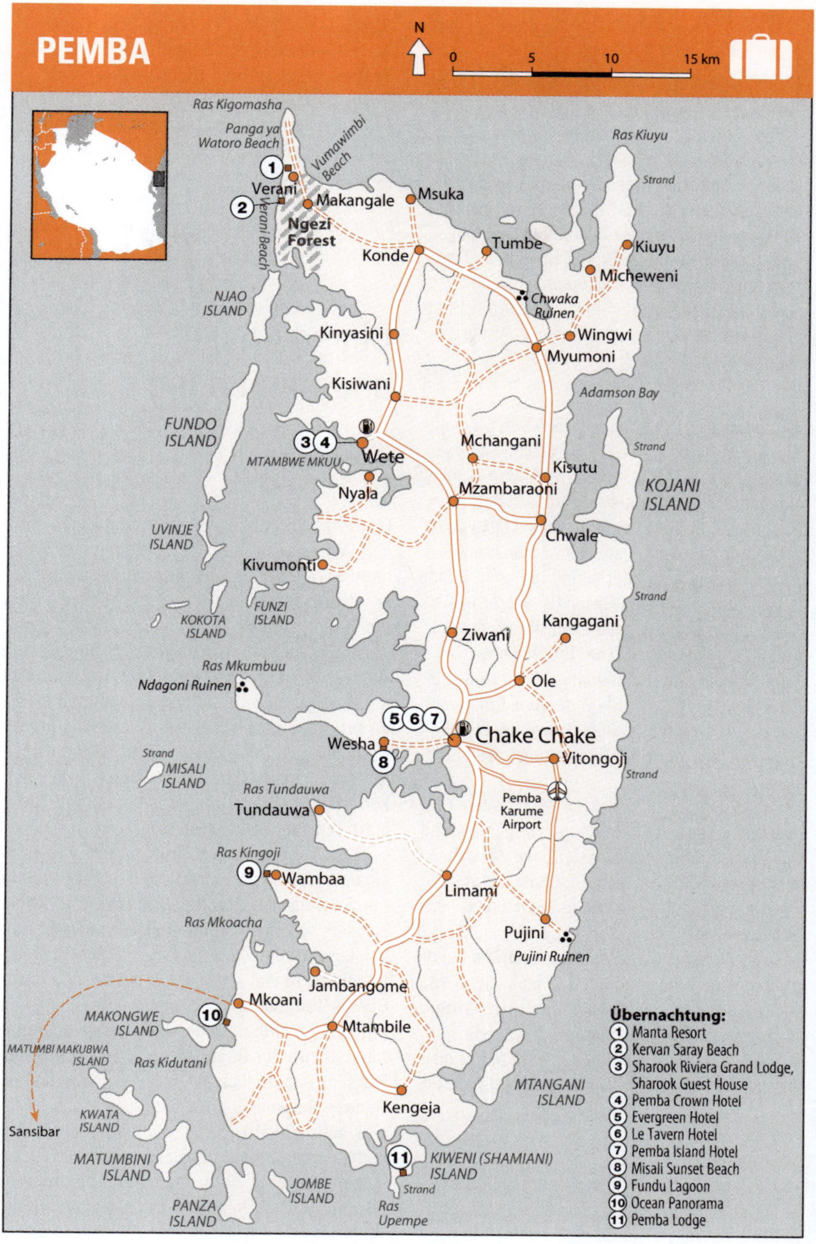
PEMBA
N
0 5 10 15 km
Ras Kigomasha
Panga ya Watoro Beach
Vumawimbi Beach
Verani
Makangale
Msuka
Ngezi Forest
Verani Beach
Konde
Tumbe
Ras Kiuyu
Strand
Kiuyu
Micheweni
Chwaka Ruinen
NJAO ISLAND
Kinyasini
Wingwi
Myumoni
Kisiwani
Adamson Bay
FUNDO ISLAND
Wete
MTAMBWE MKUU
Mchangani
Kisutu
Strand
Nyala
Mzambaraoni
KOJANI ISLAND
Chwale
UVINJE ISLAND
Kivumonti
KOKOTA ISLAND
FUNZI ISLAND
Strand
Kangagani
Ziwani
Ras Mkumbuu
Ndagoni Ruinen
Ole
Chake Chake
Wesha
Vitongoji
Strand
Strand
MISALI ISLAND
Ras Tundauwa
Tundauwa
Pemba Karume Airport
Ras Kingoji
Wambaa
Limami
Ras Mkoacha
Pujini
Pujini Ruinen
Jambangome
Mkoani
Mtambile
MAKONGWE ISLAND
MATUMBI MAKUBWA ISLAND
Ras Kidutani
Kengeja
MTANGANI ISLAND
KWATA ISLAND
Sansibar
MATUMBINI ISLAND
KIWENI (SHAMIANI) ISLAND
Strand
JOMBE ISLAND
PANZA ISLAND
Ras Upempe
Übernachtung:
1 Manta Resort
2 Kervan Saray Beach
3 Sharook Riviera Grand Lodge, Sharook Guest House
4 Pemba Crown Hotel
5 Evergreen Hotel
6 Le Tavern Hotel
7 Pemba Island Hotel
8 Misali Sunset Beach
9 Fundu Lagoon
10 Ocean Panorama
11 Pemba Lodge

Hexenzauber und Geister

Wenn schrille Gesänge oder Trommeln in der Ferne erklingen, werden gerade irgendwo böse Geister ausgetrieben. Von weit her, sogar aus Kenia oder den Komoren, kommen „verwunschene" Menschen, um von den als besonders erfahrenen und kraftvoll bekannten *waganga*, den Hexendoktoren, Heilung zu erfahren. Besonders für hartnäckige und zerstörerische Hexenzauber, die *uchawi*, nehmen viele den beschwerlichen (und teuren) Weg nach Pemba auf sich. Ausführliche Informationen zum Glauben an Geister S. 137.

Fundu Lagoon, Wambaa, nördlich von Mkoani, zu buchen über ✆ +44-870-2406008, 💻 www.fundulagoon.com. Das exklusive kleine Hotel an einem herrlichen Sandstrand schafft den Spagat zwischen geschmackvollem Luxus und naturverbundenem, rustikalem Ambiente. Die Zimmer liegen entweder weiter hinten (Hill Side Rooms) oder vorne am Ozean (Beach Front Rooms), wo sich auch die exquisiten Suiten befinden. Infinity Pool, Spa, Tauchbasis, Schnorcheln und Hochseeangeln auf Anfrage. Geschlossen Mitte April–Mitte Juni. Erhält laufend Auszeichnungen und Awards. Die Anlage ist nur per Boot zu erreichen. ❽

SONSTIGES

Alle wesentlichen Einrichtungen liegen entlang der Hauptstraße nach Chake Chake. Vom Pier aus gesehen kommt zuerst die **Post**, dann die **Polizei** und schließlich weiter östlich das **Krankenhaus**.
Mkoani dient als gute Basis für **Ausflüge** auf die nahe gelegenen Eilande, z. B. Misali Island, Matumbi Makubwa oder Kwata. Die Gästehäuser organisieren Bootsausflüge zu den Inseln (US$30–40 p. P.), Dhow-Trips (US$25 p. P.) und Angeltrips. Fahrräder können gemietet werden.

TRANSPORT

Daladalas
Die Daladala-Station befindet sich unübersehbar mitten im Ort, die Linie 603 fährt nach CHAKE CHAKE.

Fähren
Derzeit verkehren das Schnellboot *Super Seabus 3* nach DAR ES SALAAM (via Stone Town) am Mo um 10 Uhr und Mi um 8 Uhr. Fr um 7 Uhr und Sa um 10 Uhr fährt das Schnellboot nur jeweils bis STONE TOWN (Fahrzeit ca. 3 Std. von/nach Dar es Salaam, US$35–40 je nach Klasse). Man sollte unbedingt im Hafen nach dem aktuellen Fahrplan fragen, da er sich häufig ändert.

Chake Chake und Umgebung

Chake Chake

Relativ zentral auf der Insel, knapp 28 km nördlich von Mkoani und 30 km südlich von Wete, liegt der Hauptort und Verwaltungssitz Chake Chake. Hier, um den größten Ort der Insel (schätzungsweise 40 000 Einwohner), gruppiert sich die Infrastruktur: Das Stromkraftwerk liegt westlich, ein wenig nördlich befindet sich das einzige Fußballstadion der Insel und mitten im Ort, beim arabischen Fort, steht das größte Krankenhaus, Anfang der 1990er-Jahre mit EU-Mitteln errichtet. Der offizielle Hafen 7 km westlich ist für die Insel relativ unbedeutend, da er stark von den Gezeiten abhängt.

Das Wohnhaus des Präsidenten von Sansibar, wenn er auf Pemba weilt, steht bezeichnenderweise im Stadtteil **Tibirinzi**. Der Name soll sich von *deep breeze* ableiten und gibt Aufschluss darüber, dass die Brise in diesem Stadtteil die Hitze viel erträglicher macht. Die historische Bedeutung von Pemba ist am ehesten noch hier sichtbar. In der Nähe des Fischerhafens stehen die Reste eines alten **arabischen Forts**, das vermutlich im 18. Jh. errichtet wurde. Genaue Daten sind nicht verfügbar, doch portugiesische Baustrukturen, z. B. der rechteckige Turm, deuten darauf hin, dass bereits die Portugiesen hier eine Befestigungsanlage errichteten, die von den Omanis später erweitert wurde. Teile des Forts wurden über die letzten Dekaden abgetragen, um die umliegenden Gebäude, u. a. auch das Krankenhaus, zu erbauen. Heute ist ein kleines Museum im Fort untergebracht. ⏲ tgl. 9–16 Uhr, Eintritt 2000 TSH.

Bei einem Streifzug durch die überschaubare Altstadt kann man noch mehrere historische Gebäude entdecken, beispielsweise die Bibliothek, das Zollhaus oder das alte **Gerichtsgebäude** *(court house)* mit seinem Uhrturm.

Der **Basar** von Chake Chake kann sich zwar mitnichten mit Stone Town messen, doch die engen Gassen und kleinen *maduka* haben ihren Charme.

ÜBERNACHTUNG UND ESSEN

Während des Ramadan nach Pemba zu reisen, bedeutet Einschränkungen in der Versorgung, insbesondere weil kein Frühstück serviert wird.

Evergreen Hotel, gegenüber People's Bank of Zanzibar, ✆ 024-2452633, ✉ pembaevergreen@hotmail.com. In einem 4-stöckigen, weißen Gebäude direkt an der Hauptstraße von Chake Chake untergebracht, ist die Qualität der Zimmer bescheiden. Jene mit Balkon sind allein schon wegen der Luftzirkulation zu bevorzugen. Exkursionen werden organisiert. ❷

Pemba Island Hotel, an der Hauptstraße von Chake Chake, ✆ 024-245 2215. Funktionales Mittelklassehotel im typischen Inselstil mit AC-Zimmern. ❷

Le Tavern Hotel, ✆ 024-2452660. Einfache, abgewohnte Unterkunft mit 6 kleinen Zimmern, das Frühstück wird auf der Dachterrasse mit Blick auf die Dächer von Chake Chake serviert. Zentral am Anfang der Straße nach Wesha gelegen. ❷

Misali Sunset Beach, Wesha, 2 km westlich von Chake Chake, ✆ 0786-497673, 💻 pembamisalibeach.com. Neuere Hotelanlage mit Zimmern in knallgrünen Cottages, die Blick auf Misali Island haben. Nettes Restaurant auf Holzstelzen über dem Wasser. Allerdings ist weder der Strand sonderlich ansehnlich noch die Lage besonders reizvoll. ❹

UNTERHALTUNG

Pemba Bull Fights, Sep–Feb. Ob die Portugiesen den Stierkampf wirklich nach Pemba brachten, ist mittlerweile umstritten, aber im Gegensatz zum spanischen Pendant fließt hier unter keinen Umständen Blut, so wie es die Lehre des Islam fordert. Die unregelmäßig stattfindenden Kämpfe (meist nach der Ernte) heißen *mchezo ya ngombe* und haben Volksfestcharakter. Hauptaustragungsorte finden sich im Großraum Chake Chake, z. B. im Dorf Kangagani.

AKTIVITÄTEN

Einige wenige Unternehmen haben sich auf Exkursionen spezialisiert. Nach Möglichkeit sollte man eine Tour oder einen Transfer bei offiziellen Firmen oder bei den Unterkünften buchen, da die selbst ernannten Guides nicht die erwartete Qualität und Verlässlichkeit bieten.

Coral Tours, ✆ 24-2452045, ✉ coralnasa@yahoo.com. Haji Nassor ist ein bemühter Veranstalter mit viel Wissen über Land und Leute.

Msewe Tour, ✆ 0777-229468, 💻 www.eaholiday.com. Flugtickets, Transfers, Hotelbuchungen und ganze Packages.

SONSTIGES

Geld

Am besten ist es, mit ausreichend Barmitteln auf die Insel zu kommen. Geldwechsel ist möglich, z. B. in der **Peoples Bank of Zanzibar** (nur gegen schlechtere Kurse als auf Unguja Island), Reiseschecks werden hingegen nicht mehr entgegengenommen.

Informationen

Pemba Association of Tourism Investors, Msingini Rd., ✆ 0773-545418. Gute Adresse für frisch Angekommene, besonders für Taxis, Transfers und Touren.

Internet

Internet gibt es u. a. im **Adult Training Centre** an der Hauptstraße (30 Min. für 500 TSH). ⏲ 8–20 Uhr.

Medizinische Hilfe

Das staatliche Krankenhaus in Chake Chake hat keinen guten Ruf, besser ist das staatliche Hospital von Mkoani. Die **Apotheke** im Erdgeschoss des Le Tavern Hotel mit einer englischsprachigen Apothekerin ist gut sortiert.

Polizei
Die Polizei liegt direkt an der Hauptstraße in Richtung Mkoani im Stadtteil Madungu.

Post und Telefon
Die Post befindet sich stadtauswärts in Richtung Mkoani.

TRANSPORT

Busse
Der Busbahnhof liegt zentral in der Ortsmitte, hinter dem Markt. Von WETE fährt die Linie 606 und von MKOANI die Linie 603, 1300 TSH, ca. 1 1/2–2 Std.

Flüge
Die zuverlässigste Anreise erfolgt per Flug. Der **Karume Airport** von Pemba befindet sich ca. 6 km östlich der Stadt. Manchmal warten bei Ankunft des Flugzeugs Daladalas (mit der Aufschrift U/Ndege), doch darauf sollte man sich nicht verlassen. Einige Taxis stehen hingegen immer bereit und fahren für ca. 15 000 TSH nach Chake Chake. In der Regenzeit ist Pemba nicht erreichbar!

Coastal Air, am Flughafen, ✆ 0777-418343, 🖳 www.coastal.cc. Von DAR ES SALAAM (via Sansibar) US$130, von TANGA US$95, von SANSIBAR oder TANGA US$95.

Zanair, neben NMB-Bank, ✆ 024-2452990. Von DAR ES SALAAM US$150, von SANSIBAR US$100.

Die Umgebung von Chake Chake

Etwa 10 km südöstlich von Chake und 5 km südlich des Flughafens liegt Pujini Village mit den **Pujini Ruins** (alternativ auch Mkama Ndume genannt). Die Befestigungsanlage soll einst vom berüchtigten Mohammed bin Abdul Rahman erbaut worden sein, der Pemba vor der Ankunft der Portugiesen regierte. Noch heute steht sein Name bei den Einwohnern von Pemba für Schrecken und Pein. Sein Spitzname Mkama Ndume, der so viel wie „Menschen-Melker" bedeutet, deutet bereits darauf hin, dass er seine Untertanen besonders hart arbeiten ließ und jene, die sich weigerten, grausam bestrafte. Mit dem Taxi oder dem Fahrrad gelangt man leicht bis nach Pujini Village; dort sollte man einen lokalen Führer anheuern, da die Ruinen ansonsten nicht zu finden sind. Allerdings spricht im Dorf kaum jemand Englisch.

Westlich von Chake Chake, am äußersten Nordzipfel der Halbinsel **Ras Mkumbuu**, liegen Reste einer Moschee, von Hausfundamenten sowie 14 Gräbern. Diese Siedlung, von der größere Teile inzwischen unter dem Meeresspiegel liegen, soll im 11. Jh. eine der größten Siedlungen an der Ostküste Afrikas gewesen sein. Die Ruinen stammen vermutlich aus dem 13. oder 14. Jh., doch aus welchen Gründen die Siedlung im 16. Jh. aufgegeben wurde, ist nicht bekannt. Sie ist wohl die besterhaltene historische Stätte auf Pemba. Die Anreise erfolgt am besten per Boot, die Straße dorthin ist nämlich äußerst holprig und die Taxifahrer verweigern die Anfahrt.

Misali Island

Eines der Highlights eines Aufenthalts auf Pemba ist Misali Island 17 km westlich von Chake Chake und 14 km nordwestlich von Mkoani. Dieses Juwel Pembas vereint alles auf kleinstem Raum, was Pemba so besonders macht: paradiesische Strände, aufregende Schnorcheltrips, reichhaltige Fauna und Flora zu Wasser und zu Lande sowie exzellente Tauchausflüge. Die dichten Mangrovenwälder, Urwälder und mysteriösen Baobab-Bäume bieten zahlreichen Vogelarten, die man auf den Lehrpfaden beobachten und hören kann, einen geschützten Lebensraum. Auch die vom Aussterben bedrohten **Pemba-Flughunde** sind neben zahlreichen anderen Spezies hier zu entdecken. Seit einiger Zeit nisten an bestimmten Strandabschnitten zudem **Suppenschildkröten** *(green turtles)*.

Unter Wasser existieren über 40 Korallenarten sowie über 300 Fischgattungen – ein buntes Potpourri also für passionierte Taucher und

Schnorchler. Sonnenanbeter finden mit Sicherheit ihren Lieblingsplatz an den zahlreichen blütenweißen Sandstränden, z. B. beim **Mbuyuni Beach**.

Die **Eintrittsgebühr** von US$10 ist in den Preisen für Exkursionen (oder fürs Tauchen) meist nicht enthalten und muss beim kleinen Visitor Centre an der Anlegestelle entrichtet werden. Die Insel ist nur für Tagesgäste zugänglich, Übernachten ist verboten. Die Anreise erfolgt per Boot, entweder von Chake Chake (US$50–60) oder Mkoani (ca. US$40) aus.

Die **Bendera-Höhle** der ansonsten unbewohnten Insel gilt als Heimstätte von Orakeln und Ahnen, die gegen Opfergaben Gesundheit garantieren.

Um die Insel ranken sich verschiedene Legenden. Eine davon handelt von dem Piraten Captain Kidd, der angeblich einen Schatz auf Misali Island vergrub. Einer anderen Legende zufolge erschien einem Insulaner der moslemische Prophet Hadhara in einer Vision. Er fragte nach einer Gebetsmatte (auf Swahili *msala*), die niemand auftreiben konnte. Also verwendete er gleich die gesamte Insel, die gen Mekka ausgerichtet ist, als Gebetsmatte. Seitdem heißt die Insel Misali, abgeleitet von *msala*.

Wete und Umgebung

Als zweitgrößter Ort von Pemba ist Wete bedeutend beschaulicher als Chake Chake. Reisende kommen hier vor allem auf dem Weg zu den Lodges durch und wenn sie den Ngezi Forest besuchen. Über den zweitgrößten Hafen der Insel wird der Großteil der Nelkenernte verschifft, hier kommt auch ein Großteil des Fischfangs herein, der bedeutend reichhaltiger als auf Unguja ist. Dhows und Boote aus Tanga legen für gewöhnlich in Wete an.

Gegenüber vom Hafen befindet sich die kleine Insel **Mtambwe Mkuu**, auf der sich einst ein bedeutender Handelsort der Shirazi befand. Auf der ganzen Insel verstreut liegen Reste von Ruinen, und Funde von Silbermünzen beweisen eindrucksvoll, dass der Handelsort in der Tat äußerst wichtig war. Bei Ebbe ist die Insel zu Fuß erreichbar, normalerweise erfolgen die Exkursionen dorthin aber per Boot.

Der Urwald, mit dem vor 300 Jahren weite Teile der Insel überzogen waren, fiel den Nelkenplantagen zum Opfer. Ein letzter trauriger Rest kann im **Ngezi Forest** erlebt werden. Das immergrüne Dickicht, das heute als Naturschutzgebiet ausgewiesen ist, birgt endemische Fauna und Flora, allen voran den endemischen Pemba-Flughund *(Pemba Flying Fox)*. Kleine Säugetiere wie Grüne Meerkatzen, Blauducker oder Zwergantilopen kommen ebenfalls vor; für die endemischen Baum- und Palmenarten *Odyendea zimmermannii* oder *Chrysalidocarpus Pembanus* existieren bislang noch nicht einmal deutsche Begriffe, was ihre Seltenheit unterstreicht. Zum Meer hin im Westen gehen die Baumbestände in Mangrovenwälder über. ⏲ tgl. 8–16 Uhr, Eintritt US$5, US$2 für die Durchfahrt und den Zugang zum Vumawimbi Beach. Am besten erfolgt der Besuch im Rahmen einer organisierten Tour. Es gibt ein kleines Besucherzentrum sowie einen kurzen Pfad durch den Wald.

Im Norden des Ngezi Forest erstreckt sich ein wunderbarer, blendend weißer und breiter Strand, der **Vumawimbi Beach**, der von allen Stränden noch am einfachsten zu erreichen ist. Weitere empfehlenswerte Strände sind der an der westlichen Seite der Halbinsel gelegene **Verani Beach** und der **Panga ya Watoro Beach** am nördlichen Ende der Halbinsel.

ÜBERNACHTUNG UND ESSEN

Sharook Riviera Grand Lodge und Guest House, zentral gelegen, ✆ 0777-431012, 💻 pembaliving.com. Die Grand Lodge ist ein Neubau des Sharook Guest House, ein beliebtes, einfaches Gästehaus mit einfachen sauberen Zimmern und hilfsbereiten Besitzern, die einfach alles organisieren können, was Reisende brauchen. Die 8 Zimmer (mit Warmwasser und AC) im neuen Gebäude, das in einer ruhigen Seitenstraße liegt, sind zu bevorzugen. Abends ist man nach Vorbestellung auf der Dachterrasse mit Blick auf den Hafen und beobachtet tausende Flughunde (Pemba Flying Fox) beim Ausschwärmen. WLAN. ❷

Pemba Crown Hotel, Nähe Hafen, ✆ 0777-493667, 💻 www.pembacrown.com. Landestypisches Mittelklassehotel ohne viel Schnickschnack mit 15 Zimmern. Es ist nicht zu übersehen – der 3-stöckige wuchtige Bau wurde in typisch ostafrikanischer Sansibar-Manier errichtet. Internetzugang. ❷–❸

Kervan Saray Beach, Makangale (Norden), ✆ 0773-176737, 💻 www.kervansaraybeach.com. Die Swahili Divers sind von Chake Chake hierher übergesiedelt. Gemütliche Zimmer in einer gepflegten Anlage mit guter Küche, aber die Hauptrolle spielt das Tauchen. Die Besitzer Raf und Cisca sind bekannt für spektakuläre Tauchgänge. Sie wissen enorm viel über die Riffe und sind die erfahrensten Betreiber einer Tauchbasis auf Pemba. Tauchkurs PADI Open Water US$450, Doppeltauchgang US$150, interessante Tauchspecials. ❼ mit Vollpension

Manta Resort, Kigomasha (Norden), ✆ 0776-718852, 💻 www.themantaresort.com. Unterbringung in einfacheren und komfortableren Zimmern in zweiter Reihe sowie in neueren Seafront Villas. Typisches rustikales Ambiente im luftigen Tropenstil – aber elegant. Tauchen: PADI Open Water US$540, Tauchgang US$52, Bootsexkursionen. Inkl. Vollpension, Getränke, Spa. ❼–❽

SONSTIGES

Polizei und **Post** liegen an der Hauptstraße Richtung Chake Chake.

Das **Krankenhaus** ist zentral im Ort, gleich nebenan befindet sich eine **Apotheke**.

Manta Resort und Swahili Divers im Kervan Saray Beach organisieren **Tauchgänge**. Beide Resorts sind auch Ansprechpartner fürs **Hochseefischen**.

TRANSPORT

Der zentrale Busbahnhof liegt neben dem Markt und in der Nähe des Sharook Guest House. Mehrmals tgl. verkehren **Daladalas** von und nach CHAKE CHAKE (Linie 606, 1300 TSH, 1 Std.). Daladalas fahren bis nach Konde, aber von dort muss man zu Fuß weiter, z. B. zum Ngezi Forest Entrance Gate. Für die Fahrt zu den Lodges (Kervan Saray und Manta Reef) empfiehlt sich ein vom Hotel organisierter Transfer. Aus Sicherheitsgründen ist von einer Überfahrt mit Dhows von Pemba aus, z. B. nach Tanga, abzuraten.

Das nördliche Bergland

Stefan Loose Traveltipps

Moshi Im herrlich weitläufigen, sauberen Städtchen zu Füßen des Kilimanjaro lassen sich gut ein paar Tage verbringen. S. 327

7 **Kilimanjaro** Der erste Blick auf den größten Berg Afrikas ist einer der ergreifendsten Momente jedes Tansania-Urlaubs. S. 346

Mkomazi National Park Der vielfältige Naturraum bietet, was anderen schon abhanden gekommen ist – rauen, faszinierenden Busch ohne Trubel. S. 357

8 **Usambara Mountains** Die Bergdörfer Lushoto und Amani zählen zu den Geheimtipps des sanften Tourismus in Tansania. S. 360

Mtae Weitab vom Schuss, dafür umso näher an Panoramen, die einem die Sprache verschlagen. S. 372

DAS NÖRDLICHE BERGLAND

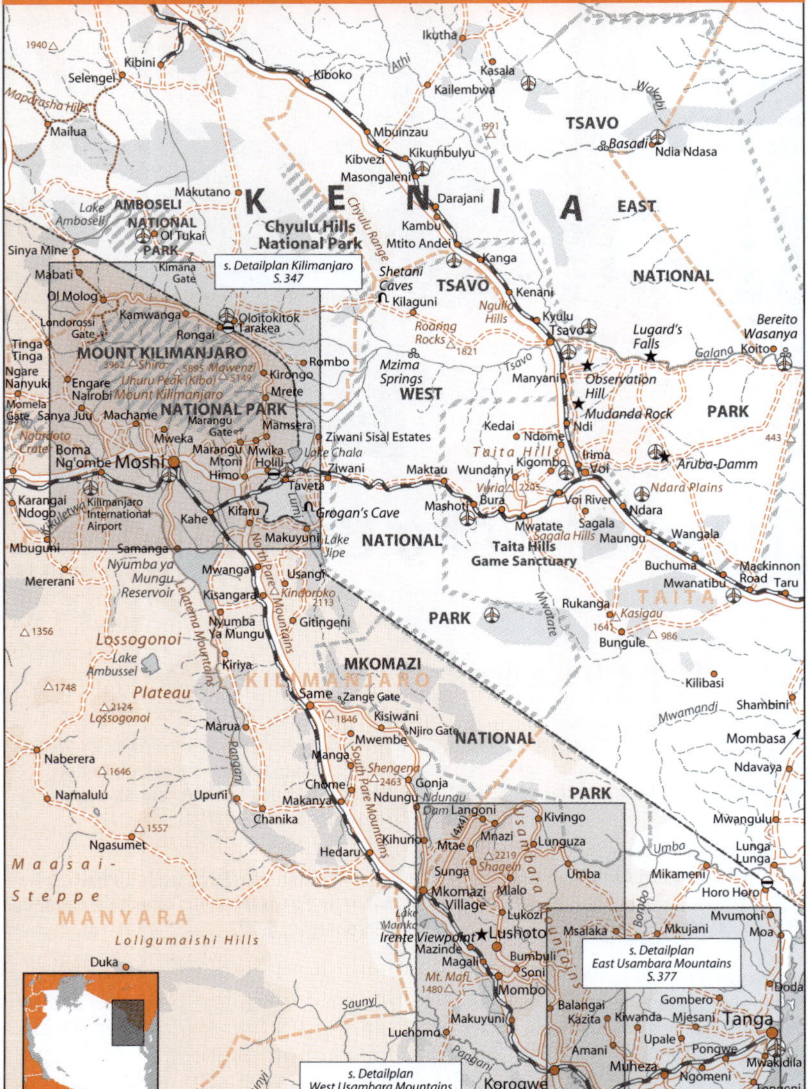

So stellt man sich Afrika wohl am allerwenigsten vor: schroffe Bergmassive, rauschende Wasserfälle, tiefgrüne Berghänge und ein Fernblick, der süchtig macht. Manche Landstriche erinnern stark an die Tiroler Bergwelt, wenn da nicht Bananenhaine, Kaffeeplantagen und der bunte Alltag Afrikas wären.

Das milde, niederschlagsreiche Klima, besonders rund um den Kilimanjaro und in den Usambara-Bergen, sorgt für fruchtbare Böden und bietet den hier ansässigen Menschen gute Lebensbedingungen. Kein Wunder also, dass die nördlichen Bergregionen (zu denen im weiteren Sinne auch Arusha sowie das Gebiet um den Mount Meru gehören, S. 403) äußerst dicht besiedelt sind.

Schon die ersten Missionare und Siedler wussten, wo es sich in Tansania gut leben lässt, was die Dichte an Kirchen und Religionsgemeinschaften im Norden und Nordosten erklärt. Ihnen ist es auch zu verdanken, dass die Region besser als andere Landesteile erschlossen ist und die Menschen eine vergleichsweise gute Grundbildung genießen.

Am Kilimanjaro

Weithin sichtbar erhebt sich die Silhouette des 5895 m hohen Kilimanjaro über dem endlosen Buschland. Er bildet mit Sicherheit einen Höhepunkt jeder Ostafrikareise, egal ob man ihn nun besteigt oder nur aus der Ferne betrachtet.

Moshi

In den Ausläufern des Kilimanjaro-Massivs, auf über 800 m Höhe, liegt die sympathische, für afrikanische Verhältnisse saubere Stadt Moshi, die sich trotz ihrer Rolle als Drehscheibe für den Kilimanjaro-Tourismus ihre Leichtigkeit und Freundlichkeit erhalten hat. Moshi zieht die Touristenscharen an, weil alle wenigstens einen Blick auf das „Dach Afrikas" werfen möchten – wenn sie den Berg nicht ohnehin besteigen wollen. An unzähligen Plätzen in der Stadt und ihrer Umgebung kann man die atemberaubende Kulisse des Kilimanjaro bestaunen, und die Menschen sind stolz darauf, dass der höchste Berg Afrikas (übrigens vollständig) in ihrem Land steht.

Wer den Aufstieg zum Gipfel anderen überlassen möchte, findet auch in der Umgebung reichlich Gelegenheit, sich an der üppigen Vegetation und den Naturwundern, wie z. B. Wasserfällen, zu erfreuen. Einen entscheidenden Vorteil hat Moshi überdies: Das Leben hier ist bedeutend günstiger als in Arusha.

Man weiß nicht genau, ob der aus dem Swahili stammende Name Moshi (zu Deutsch „Rauch") nun auf die letzte vulkanische Tätigkeit des Berges im 17. Jh. oder auf den Rauch der Dampfzüge zurückzuführen ist. Einigkeit besteht hingegen darüber, dass der relative Wohlstand der Gegend wohl nur durch das Zusammenspiel von deutschen Siedlern, britischer Verwaltung und den hier ansässigen, als geschäftstüchtig und fleißig geltenden Chagga zustande kommen konnte. Knapp 185 000 Menschen leben im erweiterten Stadtgebiet von Moshi, im Umland kommen noch an die 500 000 hinzu. Der größere Teil der Bevölkerung ist nach wie vor nach alter Tradition in der Landwirtschaft tätig. Das gemäßigte, niederschlagsreiche Klima macht das Kilimanjaro-Gebiet zu einer der ertragreichsten Regionen Tansanias, deren Feldfrüchte, z. B. Mais und Bananen, im ganzen Land verkauft werden. Zuckerrohr wird in weitläufigen Plantagen kultiviert, Kaffee und Sisal in großen Mengen exportiert.

Geschichte

Das ursprüngliche Dorf Moshi (heute als Old Moshi bekannt), auf das die ersten Missionare in den 1860er-Jahren stießen, lag etwas nordöstlich der heutigen Stadt. Damals regierten einzelne Chiefs (Häuptlinge) ihre Territorien, die jeweils – angepasst an die geografischen Bedingungen – durch Täler voneinander getrennt waren. Die durchziehenden Sklaven- und Elfenbeinkarawanen samt Händlern und Abenteurern mussten mit ihnen verhandeln und hohe Wegezölle abliefern. Dabei tat sich besonders der diplomatisch gewandte Häuptling **Chief Rindi** hervor, der 1891 auch den Vertrag mit den Deutschen über die Errichtung ihres Hauptquartiers unterzeichnete.

Die Chagga – die Herren des Kilimanjaro

Mit geschätzten 1,5 Mio. Angehörigen stellen die Chagga eine der zahlenmäßig größten Ethnien des Landes dar. Sie leben überwiegend am Kilimanjaro und in dessen Umgebung, doch man trifft sie auch in allen anderen Landesteilen an, denn oft sind es Chagga, die gut gehende Geschäfte, Mittelklassehotels oder Safari-Unternehmen leiten. Ihr geschäftlicher Erfolg und sprichwörtlicher Fleiß wird von anderen Ethnien des Landes oft neidvoll und misstrauisch beäugt.

Da die ersten Missionare sich gezielt im gemäßigteren Teil Tansanias niederließen, waren die Chagga eines der ersten Völker, die christlich missioniert wurden und so Zugang zu westlicher **Bildung** erhielten. Dieser Umstand allein zeichnet aber nicht für ihren Erfolg verantwortlich, vielmehr bestellen sie schon seit vielen hundert Jahren mit althergebrachten, ausgeklügelten Methoden erfolgreich ihr Land. Die neuzeitliche Bildung wiederum verhalf ihnen zu den nötigen Fertigkeiten, um auch in der Geldwirtschaft zu brillieren.

Manche sagen, es sei leicht, eine blühende Landwirtschaft hervorzubringen, wenn man die Gewässer des Kilimanjaro zur Verfügung habe. Doch dies stimmt nur bedingt, denn ohne die effektiven **Bewässerungssysteme** und unterirdischen Kanäle wäre der Lebensstandard der Chagga nur halb so hoch. Das Gefälle der oft nur 30–40 cm schmalen, in die Erde gegrabenen oder in den Fels gehauenen Kanäle ist so gering, dass das menschliche Auge es nicht wahrnehmen kann. So entstand zu Zeiten Vasco da Gamas im 15. Jh. die Legende vom Wasser am Kilimanjaro, das bergauf fließe. Man sieht sie kaum, doch allerorten hört man es leise plätschern und gurgeln – die Kanäle führen zu fast jedem Haushalt der Chagga. Ein faires Entnahmesystem regelt die Zufuhr zu den Häusern, sodass alle regelmäßig Wasser anzapfen können und das fragile System nicht zusammenbricht. Grellbunte Wasserkübel auf den Köpfen und in den Händen von Frauen sind ein seltener Anblick am Kili, und die Hände bleiben frei für das Sammeln von Grünfutter für die Rinder, die zu Hause im Stall warten. Den Mist der Kühe verwendet man fürs Düngen, was erklärt, warum trotz saftiger Weiden keine einzige Kuh auf den Almen zu sehen ist. So entwickelte sich ein ausgeklügeltes Plantagensystem, das auf Bewässerungsanlagen, ausreichend Dünger und dem gemäßigten Klima beruht.

Kaffee zählt zu den *cash crops* (Agrarprodukte für den Export), doch anders als in Arusha oder Mbeya, wo riesige Plantagen in westlicher Hand Kaffeebohnen produzieren, wird der Kaffeeanbau am Kilimanjaro von Familienverbänden und Dörfern betrieben. Vor jedem Haus stehen Kaffeesträucher und die ganze Familie ist in die Produktion eingebunden. Solche Kleinplantagen mögen vielleicht nicht so effizient wie die Großplantagen des Nachbarn Arusha sein, doch sie dienen den Chagga dazu, sich ihre Eigenständigkeit zu erhalten.

Wenig später, im Jahr 1893, wurden deutsche **Missionare** der Leipziger Mission in Moshi sesshaft und begannen die erste Mission namens Kidia zu erbauen. Die erste Kirche am Kilimanjaro wurde 1901 ebenda errichtet. Der Philanthrop und Missionar **Bruno Gutmann** lebte und arbeitete von 1909 bis weit in die 1930er-Jahre hinein in dieser Mission am Fuße des Kilimanjaro. Aus jener Zeit stammen über 20 Bücher und 400 Fachartikel über den Alltag und die Traditionen der **Chagga** (s. Kasten), die vermutlich eines der am besten dokumentierten Völker in Tansania sind. Bis in die heutige Zeit gehören Gutmanns Schriften zum Standardrepertoire aller Afrikanistikstudenten und Ostafrika-Ethnologen.

Erst mit der Ankunft der **Usambara-Eisenbahn** im Jahr 1912, die den Hafen Tanga mit dem Hinterland verbinden sollte, wurde der Grundstein für das heutige Moshi gelegt, das näher am Bahnhof liegen musste.

Im Laufe der Jahre wuchs Moshi zum wichtigen Geschäftszentrum heran. Dank des günstigen Hochlandklimas gediehen **Kaffeepflanzungen** hier ausgezeichnet, und als Kaffee noch Tansanias Devisenbringer Nummer eins war, zählte Moshi zu den reichsten Städten Ostafrikas.

© KURT KAUBE

Um die Chagga ranken sich auch zahlreiche **Legenden**. Sie erzählen von früheren Kriegen mit anderen Stämmen, von den ersten Weißen und natürlich den Wassergeistern und Ungeheuern. Es liegt auf der Hand, dass diese eine bedeutende Rolle in der lokalen Mythologie spielen, da sich die Chagga der Bedeutung des Wassers vollauf bewusst sind. Im Lake Chala soll beispielsweise ein Seeungeheuer leben, das zur Besänftigung Menschenopfer fordert, vorzugsweise Jungfrauen. Beim Lagerfeuer (da es am Abend empfindlich kalt wird) und einem Gläschen *mbege* werden solche alten Legenden gerne erzählt. Ob man sich bei dem gewöhnungsbedürftigen Geschmack des Gebräus von vergorenen Bananen in Hirsesuppe auf die Geschichten konzentrieren kann, bleibt allerdings fraglich.

Nach dem Ausbau der Straße von der Küste nach Moshi und Arusha verlor die Eisenbahn an Bedeutung, dafür hat die Fernstraße der Stadt u. a. den Weg für den Tourismus geebnet.

Sehenswürdigkeiten

Moshi bietet an sich wenig Sehenswertes, doch die Atmosphäre ist entspannt und die Stadt herrlich weitläufig. Die breiten, alleenartigen Straßen, kolonialen Fassaden und markant voneinander abgegrenzten Wohnviertel sind ein Erbe der britischen Kolonialisten. So wurde deren einstiges Villenviertel, Shanty Town (auch heute noch beliebtes Wohngebiet der besser situierten Einwohner), typischerweise vom Handelszentrum der Inder und den Wohngegenden der Afrikaner getrennt.

Auffällige Gebäude in der Innenstadt sind die **Weiße Moschee** und gleich anschließend ein **Hindu-Tempel** in der Nyerere (Mawenzi) Road. Überhaupt sind in der ganzen Stadt zahlreiche – vor allem christliche – Gotteshäuser zu finden, z. B. die **Christ The King-Kathedrale** am zentralen Kreisverkehr mit dem **Askari Monument**.

Im Süden von Moshi, an der Ghala Road, befindet sich der **Bahnhof**, ein Relikt aus der deutschen Kolonialzeit.

Moshi

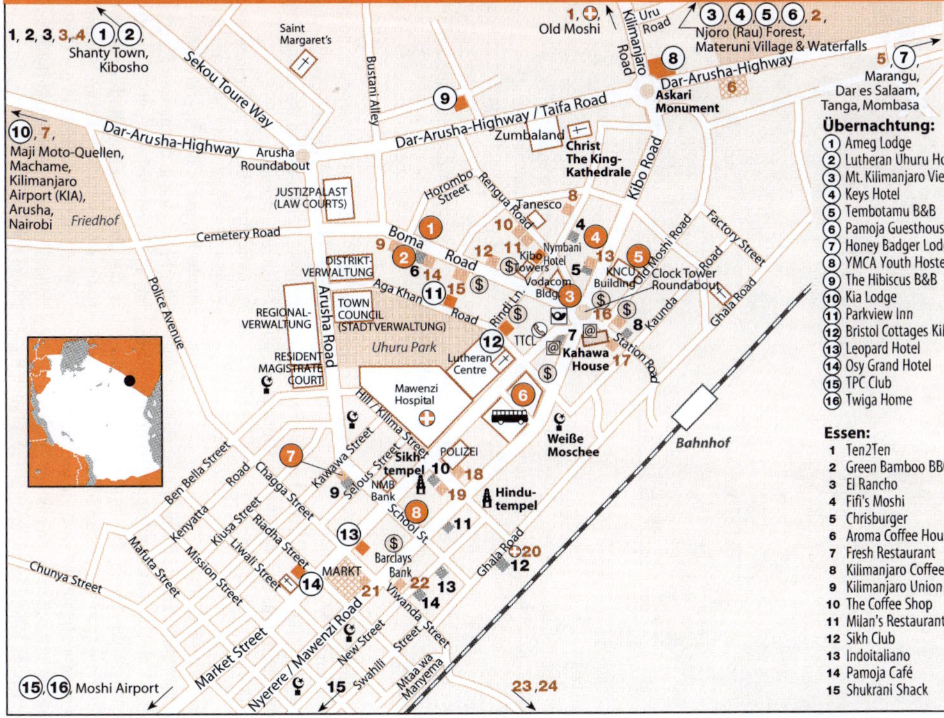

Übernachtung:
1. Ameg Lodge
2. Lutheran Uhuru Hotel
3. Mt. Kilimanjaro View Lodge
4. Keys Hotel
5. Tembotamu B&B
6. Pamoja Guesthouse
7. Honey Badger Lodge
8. YMCA Youth Hostel
9. The Hibiscus B&B
10. Kia Lodge
11. Parkview Inn
12. Bristol Cottages Kilimanjaro
13. Leopard Hotel
14. Osy Grand Hotel
15. TPC Club
16. Twiga Home

Essen:
1. Ten2Ten
2. Green Bamboo BBQ
3. El Rancho
4. Fifi's Moshi
5. Chrisburger
6. Aroma Coffee House
7. Fresh Restaurant
8. Kilimanjaro Coffee Lounge
9. Kilimanjaro Union Café
10. The Coffee Shop
11. Milan's Restaurant
12. Sikh Club
13. Indoitaliano
14. Pamoja Café
15. Shukrani Shack

Sonstiges:
1. KCMC Hospital
2. C'aFrica Bar
3. Shanty Town Dispensary
4. Glacier
5. Rajinder Motors
6. Muungano Market
7. Highway Supermarket
8. Chase Forex
9. Frank's Car Repair
10. Kemi Pharmacy
11. Malindi Club
12. Immigration Office
13. Pub Alberto
14. Basecha
15. Alleem's Grocery
16. Emslies Travel
17. Nakumatt-Supermarkt
18. Tahea Kili Gallery
19. The Souvenir Shop
20. Jaffery Charitable Medical Services
21. Trast Bureau de Change
22. i-Curio
23. Club La Liga
24. Shah Industries

Transport:
1. Dar Express
2. Mtei Express
3. Riverside Shuttle, Kilimanjaro Express
4. Impala Shuttle
5. Precision Air
6. Busbahnhof (Central Bus Stand), Daladala Bus Stand
7. Coastal Aviation
8. Kampala Coach

Kilimanjaro-Sonnenuntergänge

Die weitläufigen Kaffeeplantagen im Norden von Moshi, z. B. nördlich des KCMC-Krankenhauses, bieten bei Sonnenuntergang eine traumhafte Kulisse. Um Schwierigkeiten insbesondere mit den Angestellten der Plantagen zu vermeiden, sollte man allerdings mit einer einheimischen Person unterwegs sein.

Ein Spaziergang durch die geschäftigen Gassen zwischen dem **Markt** (Chagga St.) und dem Busbahnhof ist in jedem Fall lohnend.

ÜBERNACHTUNG

Zentrum

Im Zentrum von Moshi gibt es viele ältere Budget-Unterkünfte, die aber mangels Instandhaltung ihr Geld nicht wert sind. In jedem Fall sollte man sich das Zimmer vorher ansehen. Aufgrund des Verkehrs und der Moscheen ist der Lärmpegel im Zentrum hoch.

Osy Grand Hotel, Riadha St., schräg gegenüber Akiba Commercial Bank, ✆ 0754-421220, 💻 www.osygrandhotel.com. Zentral gelegenes, einfaches Stadthotel (28 Zimmer) mit unübersehbarer, rotbrauner Fassade und kleinen, spartanischen Zimmern. DZ ab US$50. ❷–❸

Bristol Cottages Kilimanjaro, Rindi Lane, Ecke Aga Khan Rd., ✆ 027-2755083, 💻 www.bristolcottages.com. Freundliches, gepflegtes Gästehaus in der Stadt. Die 8 Cottages und 3 Suiten sind äußerst geräumig und heimelig, während die Zimmer im neuen Anbau kleiner und weniger charmant, aber dennoch gemütlich sind. Bewachter Parkplatz. Eine kleine grüne Oase zum Wohlfühlen mitten in der Stadt. Die geringfügig teureren Cottages sind unbedingt zu bevorzugen! WLAN. Kleiner Souvenirladen im Eingangsbereich. Essen sollte man lieber auswärts. ❸

Parkview Inn, Aga Khan Rd., ✆ 027-2750711, 💻 www.pvim.com. Absolut tadelloses Hotel mit 44 Zimmern (AC, TV, WLAN) und recht gutem Preis-Leistungs-Verhältnis. Die Qualität der Speisen ist genauso unberechenbar wie das Personal. WLAN. Die 28 neuen Zimmer sind zu bevorzugen. Sichere Parkmöglichkeit, Pool. ❸–❹

Leopard Hotel, Market St., ✆ 027-2750884, 💻 www.leopardhotel.com. Landestypisches Hotel in Hochglanzfliesen-Optik mit 47 kleinen Zimmern und AC, das zentral an der Hauptstraße und in Marktnähe liegt. Die Zimmer im neuen Flügel sind zu bevorzugen. WLAN. Komfortabel, weil Geldautomat, Restaurant und Safari-Anbieter im selben Gebäude untergebracht sind, aber in Summe sind die Zimmer für die gebotene Qualität zu teuer. ❸

Südlich des Zentrums

€ **Twiga Home**, südlich des Moshi Airport, Soweto Area, ✆ 0762-035030, 💻 www.moshi-hostel.com. Äußerst einfaches, aber sehr sauberes Gästehaus im Backpacker-Stil, ideal für Alleinreisende und Leute, die Anschluss suchen. Einige Zimmer mit AC. WLAN. Viele Kulturtourismus-Aktivitäten, gratis Shuttle-Dienst ins Zentrum, kleines Restaurant vor Ort. ❶

Nördlich des Highway

YMCA Youth Hostel, am Askari Monument Roundabout, ✆ 0754-269813. Einfache Zimmer mit Betten samt Moskitonetzen und Gemeinschaftsbädern, Pool für Hausgäste gratis. Kontakt per SMS funktioniert sehr gut. DZ ab 28 000 TSH. ❶

€ **Tembotamu B&B**, Uru Rd., ✆ 0757-983007, 💻 www.tembotamu.com. Wunderbare Frühstückspension für Reisende, die gerne in einem familiären Umfeld urlauben. 4 einfache, aber nett gestaltete Zimmer, 2 im Haupthaus (mit Bad/WC) und 2 im Gästehaus, die sich Bad/WC teilen. Die Betreiber organisieren Safaris und Aktivitäten und sparen nicht mit erstklassigen Tipps. ❷

Pamoja Guesthouse, Uru Rd., nähe Safari Resort, ✆ 0759-824137, 💻 pamojaguesthouse.com. Gästehaus einer karitativen Organisation, die in der Stadt das gleichnamige Café betreibt. Nette, einfache, saubere Zimmer in mehreren Kategorien, von Doppelzimmern über Dorm Rooms bis hin zu einem Familienzimmer. Viele Aktivitäten und Leistungen, auch Airport-Transfers, Swahili-Stunden und Gepäckaufbewahrung. ❷

€ **The Hibiscus B&B**, Shanty Town, Nähe Arusha Highway, ✆ 0768-146589, 💻 www.thehibiscusmoshi.com. Hübsche, kleine und kreativ gestaltete Frühstückspension etwas außerhalb des Zentrums mit 6 farbenfroh dekorierten Zimmern, WLAN, Essen auf Bestellung. Sehr ruhig gelegen. Großer Büchertauschbasar, Kaffee/Tee den ganzen Tag über. ❷

Lutheran Uhuru Hotel (vormals Lutheran Uhuru Hostel), Sekou Toure Way in Richtung Shanty Town, 3 km vom Zentrum entfernt, ✆ 027-2754512, 💻 www.uhuruhotel.org. Geistliches Gästehaus in einer weitläufigen, schönen Parkanlage. 60 saubere, zweckmäßige Zimmer auf mehrere Flügel verteilt; die teureren Zimmer im Mawenzi Wing sind zu bevorzugen. Einige Zimmer haben atemberaubende Aussicht auf den Kilimanjaro. Für die gebotene Leistung etwas zu teuer, aber äußerst ruhig gelegen und sehr sicher. Ein sehr gutes Grillrestaurant ist angeschlossen (s. „Essen"). ❸

Honey Badger Lodge, Dar Highway, ca. 6 km vom Zentrum entfernt, ✆ 0787-730235, 💻 www.honeybadgerlodge.com. Jenny und Joe betreiben die Honey Badger Lodge (anfangs noch als Campsite) seit vielen Jahren mit einer Vision: ihren Gästen tansanische Kultur und den Alltag der Menschen zu vermitteln. 14 geräumige, simple Zimmer in rustikaler Zement-Bauweise mit viel Holz und Stein. Am großen Pool kann man den ganzen Tag faulenzen, und im Open-Air-Restaurant unter dem Makuti-Dach kommen die Gäste beim Essen miteinander ins Gespräch. Viele Kulturtourismus-Aktivitäten, Organisation von Safaris und Bergbesteigungen. ❸

TPC Club, 20 km südlich von Moshi, Anfahrt vorbei am Moshi Airport, ✆ 0784-202601, 💻 www.tpc-club.co.tz. Für Leute, die nach einer Safari zwei Nächte entspannen oder ein paar Tage aktiv in der Natur verbringen möchten: Auf der in den 1930er-Jahren gegründeten Zuckerplantage kann man golfen, Vögel beobachten (bis zu 640 Arten leben in der wasserreichen Gegend), auf ausgeschilderten Routen Rad fahren oder einfach am Pool ausspannen. Ausrüstung (Golf, Fahrräder mit GPS-Karten) kann gemietet werden, die Lodge sowie das Restaurant wurden bei der Recherche gerade renoviert. Transfers nach/von Moshi werden arrangiert. ❸

Ameg Lodge, Lema Rd., Shanty Town, ✆ 027-2750175, 💻 www.ameglodge.com. Komfortable Lodge mit 20 großen, komfortablen Zimmern. Weitläufiger Garten, der etwas kahl wirkt, aber tolle Panoramen auf den Kilimanjaro ermöglicht (wenn die Bäume geschnitten sind). Schöner Pool und gut ausgestattetes Fitnesscenter, aber häufig ungenießbare Küche. WLAN; sicheres Parken. Bietet Kilimanjaro-Besteigungen an. ❸–❹

Keys Hotel, am Beginn der Uru Rd., ca. 1,5 km vom Stadtzentrum, ✆ 027-2752250, 💻 www.keys-hotel-tours.com. Das in die Jahre gekommene, für die gebotene Qualität weit überteuerte Hotel mit 15 Zimmern im Obergeschoss des Hauptgebäudes und 15 Rund-Bandas weiter hinten im Gelände ist zweckmäßig ausgestattet und liegt günstig – außerhalb der Stadt und mit exzellenter Verkehrsanbindung. WLAN. Das angeschlossene Tour-Unternehmen hat schon große Namen auf den Gipfel geführt. Ein neueres Stadthotel der Keys-Gruppe mit 48 Zimmern liegt ganz in der Nähe an der Kreuzung von Dar Highway und Mbokomu Rd. ❸–❹

Mt. Kilimanjaro View Lodge, Shimbwe Juu, ✆ 0784-392862, 💻 www.mtkilimanjaroviewlodge.com. Urige kleine Berglodge mit sehr einfachen Hütten im traditionellen Chagga-Stil auf 1950 m Höhe am Fuße des Kilimanjaro. Die besten Sonnenauf- und -untergänge in ganz Moshi! Viele Aktivitäten, Wanderungen, Kulturtourismus, Kilimanjaro-Besteigungen (Kasten S. 348). Die Lodge sollte man nur mit einem leistungsstarken Geländewagen selbst anfahren, denn nicht nur das Panorama verschlägt einem die Sprache, sondern auch die hier heraufführende Straße. Die Lodge sorgt gerne für den Transfer (US$45/Fahrzeug von Moshi). Anfahrt: Uru Rd., im Dorf Rau rechts, dann immer links bergauf halten, 16 km von Moshi entfernt. Unbedingt bei der Buchung nach Packages oder Angeboten fragen! Camping US$5. ❹ mit Vollpension

Bei den Chagga am Fuße des Kilimanjaro

In keiner Hochglanzbroschüre findet man, was der Chagga Philip Kilewo seinen Gästen während der (empfohlenen) zwei Tage Aufenthalt in der **Mt. Kilimanjaro View Lodge** bietet: Chagga-Folklore, romantische Wanderungen und authentisches afrikanisches Leben. Wer Luxus sucht, ist bei Philip falsch; die Unterbringung ist einfach, dafür sind die Erinnerungen unbezahlbar.

Im Vordergrund steht natürlich die herrliche Landschaft, die ausgiebig auf **Wanderungen** erkundet wird. Die Begleiter teilen ihr Wissen um die lokale Flora und Fauna begeistert mit den Besuchern, mit Leichtigkeit wird im Dickicht ein Chamäleon erspäht. Schüchterne Dorfkinder mit verschmitztem Lächeln sind immer mit von der Partie. Daneben spielt die Begegnung mit der **Kultur der Chagga** eine große Rolle. Gäste werden mit traditionellen Chagga-Tänzen und melodischen Liedern begrüßt – und jeder, der sich vom Rhythmus der stampfenden Füße anstecken lässt, ist herzlich zum Mitmachen eingeladen. Die Abende klingen jeweils gemütlich aus – am wärmenden Lagerfeuer. Philip erzählt uralte Chagga-Legenden, sagenumwobene Gestalten werden zum Leben erweckt und mitreißende Lieder angestimmt.

Frühmorgens steht dampfender Kaffee oder Tee vor der Hütte, denn der leuchtende **Sonnenaufgang** (mit Blick auf den Kilimanjaro) mag zwar das Herz erwärmen, die Finger bleiben jedoch um diese Tageszeit noch kalt.

Für dieses Abenteuer muss unbedingt **warme Kleidung** ins Gepäck, u. a. eine Goretex-Jacke mit Innenfutter, lange Jeans und festes Schuhwerk. Die Nächte können eisig kalt werden, besonders von Juni bis Oktober.

Philip Kilewo verfolgt mit dem Betrieb der Lodge einen lang gehegten Traum: den Chagga aus dem nahe gelegenen Dorf Arbeit und Bildung zu vermitteln. Die Angestellten danken es mit herzerwärmendem und umsorgendem Service. Kulturtourismus der besonderen Art also! Mehr Informationen sowie Infos zur Anfahrt s., „Übernachtung".

Am Flughafen KIA

Kia Lodge, zu buchen über Moivaro, ✆ 027-2506315, 💻 www.moivaro.com. Für Reisende, die in der Nacht ankommen oder abfliegen oder in Flughafennähe übernachten wollen, bietet sich diese Lodge an. Atmosphärische Busch-Lodge mit 40 Zimmern und Pool inmitten farbintensiver Bougainvilleen. ❻–❼

ESSEN

Kaffee, Kuchen, Snacks

The Coffee Shop, Hill (Kilima) St. Ältestes und erstes Kaffeehaus der Stadt mit Sitzmöglichkeit im Garten. Snacks, Sandwiches, Kaffee, Tee, Milchshakes, Kuchen und Eiscreme, etwas billiger als anderswo. Verwenden und verkaufen die köstlichen Produkte der Irente Farm in Lushoto. Für Individualreisende ist das Schwarze Brett mit Privat- und Werbeanzeigen interessant. Netter Outdoorbereich, freundlicher, flotter Service. 🕒 Mo–Fr 8–20, Sa 8–18 Uhr.

€ **Pamoja Café**, New St., ums Eck vom Kindoroko Hotel. Beschwingter, kleiner Coffeeshop mit Tischen und Bänken draußen im Freien. Swahili-Style-Speisen wie *chapati wraps*, aber auch westliche Gerichte wie Pfeffersteak und Burger und Vegetarisches. Guter Mix aus Einheimischen und ausländischen Gästen. Mit durchschnittlichen Preisen von 8000–10 000 TSH. WLAN. 🕒 tgl. 8–22 Uhr.

Aroma Coffee House, Boma Rd. Man sollte wegen des sehr guten Kilimanjaro-Kaffees samt Kuchen hierher kommen, weniger wegen der Snacks wie Burger und Sandwiches. Nettes Ambiente mit Tischen draußen; liegt etwas ab vom Schuss. Die Öffnungszeiten werden nicht sehr genau genommen. 🕒 Mo–Sa 7–20 Uhr.

Kili Java Café, im Nakumatt-Supermarkt. Guter Espresso in etwas nacktem Ambiente, aber die Getränke sind durchweg sehr empfehlenswert. Einer der besten Orte in Moshi für flottes Internet. 🕒 tgl. 8.30–20.30 Uhr.

Kilimanjaro (oder Tanzania) **Coffee Lounge**, Station Rd., gegenüber Nakumatt. Luftiges Open-Air-Kaffeehaus mit Tischen auf einer großen Veranda und im Garten. Starker Kaffee für ca. 3000 TSH, Sandwiches, Wraps, Burritos ca. 12 000 TSH, frische Säfte, Milchshakes. WLAN gegen Aufpreis. ⌚ Mo–Sa 8–21, So 10–17 Uhr.

Fifi's Moshi, Rindi Lane, Nähe Nyumbani Hotel. Guter Kaffee, recht gute Küche, flottes Internet (WLAN von Raha). Gutes Frühstück, Burger und ähnliche westliche Gerichte, ähnliche Preise wie im Kilimanjaro Union Café.

Kilimanjaro Union Café, Arusha Rd., Ecke Selous St. Auf der luftigen Veranda des mintgrün-weiß getünchten und sorgfältig renovierten Kolonialhauses, garniert mit Blick auf das Treiben auf der Straße, schmecken die Sandwiches (max. 8000 TSH), die Pizza aus dem eigenen Pizzaofen (bis max. 9000 TSH) und die Salate (ca. 6000 TSH) am allerbesten. Wahrscheinlich das westlichste und teuerste Café der Stadt. Ausgezeichneter Kaffee aus der KNCU-Kooperative, leckeres Essen, schönes Ambiente. Beliebtester Treffpunkt der in der Stadt stationierten Ausländer. WLAN. ⌚ tgl. 7.30–20.30 Uhr.

DAS NÖRDLICHE BERGLAND

Restaurants

Zentrum

Shukrani Shack, Swahili St., unweit Naseeb Hotel. Echtes Streetfood mit typisch tansanischen Gerichten, wie *chipsi majai* (Pommes frites mit Eiern), *mishkaki* (Spießchen), *ndizi* (Kochbananen), *pilau* (Gewürzreis). Max. 3000 TSH.

Fresh Restaurant, am Clock Tower und in der Double Rd. Gute Chapatis und andere lokale Köstlichkeiten im kühlen Schatten von Gummibäumen und Palmen zum günstigen Preis. ⌚ tgl. 7–18.30 Uhr.

€ **Milan's Restaurant**, Nyerere Rd., in einer Seitengasse der Double Road zwischen School und Hill (Kilima) Street. Im Restaurant mit pinkfarbenem Anstrich schmecken die Currys und anderen vegetarischen Speisen doppelt so gut. Faire Preise mit max. 6000 TSH. Recht flotter Service. ⌚ tgl. mittags und abends.

Chrisburger, Kibo Rd., Nähe Clock Tower. Das „McDonald's von Moshi" mit Hamburgern, Samosas, Sandwiches und Frittiertem für alle, die Lust auf günstige, schnelle Küche haben. Ideal für Frühstück und Lunch, das man auf der beschatteten Veranda einnimmt. Am Abend öffnet gleich nebenan der Pub Alberto mit Billardtisch und Tanzfläche seine Pforten. Viele Prostituierte. ⌚ tgl. von früh bis spät.

Indoitaliano, New St., gegenüber vom Buffalo Hotel. Das Restaurant ist für seine schmackhafte Pizza (9000–13 000 TSH) bekannt; die italienischen Spezialitäten und indischen Gerichte (ca. 10 000–15 000 TSH) sind ganz okay. Abends gut besucht. Wer spät essen will, muss reservieren. ⌚ tgl. mittags und abends.

Sikh Club, Ghala Rd. Für viele der beste Inder in Moshi, noch dazu relativ günstig und mit großer Auswahl an vegetarischen Gerichten. Mit Blick auf ein Hockeyfeld, wo abends oft Hockey gespielt wird. Nüchternes Ambiente, lange Wartezeiten, aber die Speisen sind es wert. ⌚ tgl. mittags und abends außer Mo.

Shanty Town

Ten2Ten, Lema Rd.. Einfaches Open-Air-Restaurant an der Straße mit indischen, chinesischen und westlichen Gerichten und passabler Pizza. Angemessene Preise, aber die Qualität wie auch der Arbeitseifer des Personals variiert von Tag zu Tag. ⌚ mittags bis abends.

El Rancho, Zufahrt über Lema Rd., vor der Internationalen Schule rechts. Mexikanisch ist nur der Name, denn das El Rancho ist eines der besten indischen Restaurants der Gegend, mit Schwerpunkt auf vegetarischen Gerichten. Man kann schön auf der großen Veranda mit Blick auf den Garten sitzen. Ruhig, außerhalb der Stadt. Hauptgerichte 8000–15 000 TSH. ⌚ Di–So 12.30–22 Uhr.

Green Bamboo BBQ, im Lutheran Uhuru Hotel, Sekou Toure Way. Fleischtiger lieben die Fleisch- und Grillgerichte des schön gelegenen Restaurants im Grünen. Besonders am Wochenende verbringen Familien ihre Nachmittage im weitläufigen, gepflegten Garten mit Kinderspielplatz. Mehrgängiges Menü 20 000 TSH. ⌚ tgl. 12–22 Uhr.

UNTERHALTUNG UND KULTUR

Es ist nicht ratsam, nachts allein durch Moshi zu laufen, auch wenn die Stadt einen recht sicheren Eindruck macht. Nightlife-Fans sollten mit eigenem Fahrzeug oder Taxi unterwegs sein.

Nachtleben

C'aFrica Bar, Zufahrt über Uru Rd., neben dem Uhuru Museum (beschildert). Beliebte Bar im Grünen mit guten, lokalen Grillgerichten, Eintöpfen und Burgern (zum fairen Preis), Cocktails, Bier und regelmäßigen Events. Beliebt wegen der guten Vibes. ⌚ Di- So 19–24, Fr–Sa bis 2 Uhr.

Malindi Club, Rengua Rd., gegenüber von Tanesco. Beliebte, landestypische Bar samt Restaurant mit Musik, Billardtischen, großen Leinwänden und viel lokalem *flava*.

Glacier, Sekou Toure Way, Ecke Lema Rd. Open-Air-Lokal im weitläufigen Garten eines alten Kolonialhauses. Kühles Bier, *nyama choma* (Spießchen) und am Wochenende Livemusik. ⌚ Fr–So 12–24 Uhr.

Pub Alberto, Kibo Rd., am Clock Tower. Laute Discorhythmen, Billardtische und viele willige Mädchen. ⌚ Di–So 18–4 Uhr.

Club La Liga, südlich der Gleise im Industrieviertel. In der In-Disco wird heiße Discomusik bei täglich wechselnden Themenabenden gespielt. Gemischtes Publikum, Eintritt ca. 7000 TSH. ⌚ Mi–So ab 22 Uhr.

Veranstaltungen

Kili[Man]jaro, jeweils Ende Feb/Anfang März, 💻 kilimanjaro-man.com. Der Ironman auf Tansanisch sozusagen: Besteigung des Kilimanjaro, Radmarathon (190 km) und Laufmarathon (42,2 km), beide am Fuße des Kilimanjaro. Nur für die Härtesten unter den Harten! Veranstalter ist Chagga Tours, 💻 www.chagga-tours.com.

Kilimanjaro-Marathon, jeweils Ende Feb/Anfang März, 💻 www.kilimanjaromarathon.com. Dieses Sportereignis, das seit 2002 jährlich veranstaltet wird, kann sich zwar nicht mit den durchorganisierten Marathonläufen in unseren Breiten vergleichen, doch es werden ordentliche Preisgelder vergeben und humanitäre Projekte gefördert.

EINKAUFEN

Kunsthandwerk und Souvenirs

Kleinere Souvenirläden findet man in der ganzen Stadt verteilt. Sie alle verkaufen den für Tansania typischen Trödel. Unbedingt handeln! Die Auswahl ist recht groß, und kaum anderswo in Tansania lässt es sich günstiger Souvenirs einkaufen.

The Souvenir Shop, Hill (Kilima) St.,, neben The Coffee Shop. Typische Souvenirs wie Schnitzereien, Textilien, Perlenketten.

Tahea Kili Gallery, Hill (Kilima) St., gegenüber The Coffee Shop. Kleiner Containerladen mit Souvenirs.

i-Curio, neben dem Kindoroko Hotel, Viwanda St. Relativ großes Sortiment zu fairen Preisen.

Shah Industries, Karakara St., jenseits der Bahngleise, Nähe La Liga Nachtclub, 💻 www.shahleather.com, produzieren ungewöhnliche Souvenirs, z. B. aus Leder oder Kuhhorn. Zusätzlich erhält man bei Interesse eine kostenlose Führung durch die Werkstatt. ⌚ Mo–Sa 8–17 Uhr.

Muungano Market, am Dar-Arusha Highway, in Richtung Dar nach der Brücke rechts, schräg gegenüber vom YMCA. Hier werden Makonde-Skulpturen, Holzschnitzereien und Tingatinga-Bilder angefertigt. Zur Zeit der Recherche nur ein paar wenige Verkaufsstände.

Der seltene violette Edelstein **Tansanit** (Kasten S. 336), der nur in Mererani (Nähe Kilimanjaro Airport) abgebaut wird, hat seinen Preis, und vor einem Kauf sollte man sicher sein, dass es sich nicht um Synthetik-Imitate handelt. Die Händler in Arusha, z. B. Tanzanite Experience, sind zu bevorzugen.

Lebensmittel

Nakumatt Supermarket, Station Rd., unweit vom Clock-Tower-Kreisel. Größter und bestsortierter Supermarkt von Moshi. Mit Apotheke, Optiker, Souvenirladen und dem Java Kili Café. ⌚ Mo–Sa 8.30–22, So 10–21.30 Uhr.

Highway Supermarket, am Dar-Arusha Highway Richtung Arusha. Ebenfalls gut sortiert.

Alleem's Grocery, Boma Rd. Fleisch- und Wurstwaren, Käse, Wein, Delikatessen.

Obst und Gemüse kauft man am besten auf dem **Central Market** in der Chagga St.

DAS NÖRDLICHE BERGLAND

Tansanit – das blaue Gold Tansanias

Diamanten gibt es in Südafrika, Russland oder Kongo, Rubine lagern in Thailand, Pakistan oder Tansania. Doch der Tansanit wurde bislang nur in einem einzigen Gebiet weltweit gefunden – in einem Areal der Größe von 2 x 7 km in den **Mererani Hills** (auch Merelani Hills), 16 km südlich des KIA International Airport, der etwa auf halber Strecke zwischen Moshi und Arusha liegt. Die Anfahrt erfolgt über die Zufahrtsstraße zum Kilimanjaro International Airport (Abzweigung nach rechts kurz vor dem Flughafen).

Dass der Tansanit so rar ist (1000 Mal seltener als Diamanten!), macht ihn zu einem der wertvollsten **Edelsteine** überhaupt. 1967 erst wurde der zart violett bis leuchtend blau schimmernde Stein entdeckt. 585 Mio. Jahre benötigt er, um seinen vollen Glanz zu entfalten. Geologisch eigentlich eine Zoisit-Variante, taufte man ihn später wegen der semantischen Ähnlichkeit zum englischen Wort *suicide* (dt.: „Selbstmord") in Tanzanite um, wohl auch um die Einzigartigkeit des Steins zu untermauern.

Förderung, Verkauf und Export verliefen anfangs chaotisch. Auf Irrwegen erfuhr **Tiffany**, der weltberühmte Schmuckhändler aus New York, von der Entdeckung des Edelsteins und nahm ihn zwei Jahre danach in seine Premium-Kollektion auf. Da aber der Nachschub an Steinen so unberechenbar war, Lieferzeiten nicht eingehalten wurden und Kunden immer wieder auf unbestimmte Zeit vertröstet werden mussten, nahm Tiffany ihn bald wieder aus dem Sortiment.

Wegen seiner leichten Spaltbarkeit muss der Stein in unterirdischen Stollen per Hand abgebaut werden. Bis 2010 verliefen **Handel und Export** in unkontrollierten Bahnen, die die internationale Vermarktung des Steins massiv erschwerten. Pessimisten vermuten, dass damals 90 % aller Funde illegal, meist über Nairobi, ins Ausland geschmuggelt wurden, vorbei am Ministerium und der Steuer, aber mit dem Segen hochrangiger Regierungsbeamter. Alle Funde wurden im Ausland weiterverarbeitet, in vielen Fällen in Jaipur (Indien), wo angeblich 250 000 Menschen damit beschäftigt waren, Tansanite zu veredeln.

Nach dem Krisenjahr 2009, als der Tansanit-Markt infolge der Weltwirtschaftskrise zusammengebrochen war und Schätzungen zufolge 200 Tansanitminen schließen mussten, erließ die Regierung im Juli 2010 ein Gesetz, das den Export von Rohtansanit komplett stoppte. Dadurch sollen US$100 Mio. an Wertschöpfung in Tansania geschaffen werden. Allein auf dem US-Markt, der 85 % der Steine erhält, erzielt der Tansanit Umsätze von US$500 Mio. jährlich. Zweitwichtigster Absatzmarkt ist Südafrika. Zudem wurde verfügt, dass keine Abbaulizenzen mehr an Ausländer vergeben werden. Der Plan, Wertschöpfung und Know-how nach Tansania zu transferieren, war gut gemeint, doch die erhoffte Wertschöpfung bleibt noch aus, allein schon weil kundige Edelsteinschleifer fehlen. Zudem nehmen es nicht alle Minenbetreiber mit wahrheitsgemäßen Angaben für die Steuer oder die Lizenzgebühren so genau. Glaubt man den Einschätzungen der Experten, so könnte der Tansanit-Abbau in 12–15 Jahren ohnehin passé sein, wenn die unterirdischen Depots aufgebraucht sind. Dann wird der Tansanit höchstens im Museum zu begutachten sein.

2003 wurde der bislang größte Rohtansanit gefunden: Er wog 16 839 Karat, also etwas mehr als 3 kg. Vermutlich weil er genauso zerfranst aussah wie der Gipfel **Mawenzi** des Kilimanjaro, gab man ihm ebendiesen Namen.

AKTIVITÄTEN UND TOUREN

Kulturtourismus

Die Kulturtourismus-Szene in Moshi hat sich erst in den letzten Jahren entwickelt. Gute Anlaufstellen für Kulturtourismusinitiativen sind das Schwarze Brett im **Coffee Shop** in der Hill Street oder in der **Honey Badger Lodge** (S. 332). Auch in der weiteren Umgebung gibt es einige Programme, z. B. in Machame (S. 345) und Marangu (S. 343).

Kahawa Shamba Coffee Tour, Booking Office im Kilimanjaro Union Café, ✆ 0784-793969. Das Gemeinschaftsprojekt der KNCU-Kaffeekooperative, wohin fast 70 000

Kaffeebauern der Region ihre Erträge verkaufen, wird Kaffeeliebhaber erfreuen: In einer ca. 4-stündigen Tour werden die einzelnen Arbeitsschritte vom Anbau an den Flanken des Kilimanjaro bis zur lokalen Röstung gezeigt. Die Tour kostet 33 000 TSH p. P. inkl. eines traditionellen Lunch; für das Taxi werden zusätzlich 45 000 TSH hin und zurück verrechnet. Alternativ kann man ein Daladala nach Mawera nehmen, muss aber damit rechnen, viel zu laufen. Detaillierte Infos gibt es im Booking Office.
Twiga Home, s. „Übernachtung". Viele Ausflüge ins Umland, zu den Maasai, zu Wasserfällen und zu Reisfeldern.
Zwischen Moshi und Arusha, in West Kilimanjaro, befindet sich das Maasai-Museumsdorf **Olpopongi** (S. 408), das einen Tagesausflug oder gar eine Übernachtung wert ist.
Mehr Informationen zu anderen Kulturtourismusprogrammen finden sich im Kapitel Arusha, S. 382.

Kunst

Ndoro Sculpture Park, Shanty Town, ✆ 0784-176342, 💻 simbart49@yahoo.de. Die Afrika-Kennerin und Journalistin Carola Rasmussen sammelt seit über 30 Jahren Steinskulpturen aus Simbabwe. Ihre Privatsammlung auf 5000 m² ist weltweit einzigartig. Mit Film, Führung und kleinem Laden, wo man ausgesuchtes Kunsthandwerk kaufen kann. Dauer ca. 2–3 Std. Nur nach Voranmeldung und für Kunstsinnige.

Safari- und Trekking-Veranstalter

Man möchte meinen, dass Moshi das Zentrum des Kilimanjaro-Tourismus sein müsste, doch de facto ist dies Arusha. Deswegen ist die Zahl der professionell agierenden Veranstalter hier vergleichsweise klein. Die renommierten Hotels können zur Organisation von Besteigungen durchaus in Betracht gezogen werden, doch auch hier ist sorgfältig auf Qualität zu achten, z. B. Marangu Hotel (S. 343) oder Honey Badger Lodge (S. 332).
Africa Scenic Safaris, Shanty Town, ✆ 0783-080239, 💻 www.africanscenicsafaris.com. Noch relativ junges, aber sehr engagiertes Unternehmen. Wegen des Fokus auf Volunteers und günstigeren Arrangements bieten sie laufend Zubucher-Safaris und Kili-Besteigungen, was für Kurzentschlossene interessant ist. Günstigeres Preissegment.
Pristine Trails, Boma Rd., ✆ 027-2754463, 💻 www.pristinetrails.com. Das junge tansanische Unternehmen bietet Standardtouren auf den Kilimanjaro sowie in die nördlichen Nationalparks. Zuverlässig und charmant im günstigeren Preissegment.
Gladys Adventure, Hill (Kilima) St., ✆ 0787-111881, 💻 www.gladysadventure.com. Zur Zeit der Recherche einer der billigsten Standardanbieter mit Einzel- und Gruppentouren auf den Kilimanjaro, weil die Ausrüstungsmiete im Preis inbegriffen ist. Zahlreiche Hotels in Moshi arbeiten mit Gladys zusammen.
Afromaxx, Nkomo Ave., Nähe YMCA, ✆ 0684-4500458, 💻 www.afromaxx.com. Deutschsprachiges Unternehmen mit Kilimanjaro-Besteigungen im mittleren Preissegment. Angeboten werden auch maßgeschneiderte Safaris und Kulturtourismusaktivitäten, z. B. Exkursionen nach Olpopongi (S. 408) oder Kaffeetouren. Deutschsprachige Betreuung vor Ort.
Summit Expeditions & Nomadic Experience, Shanty Town, ✆ 027-2753233, 💻 www.nomadicexperience.com. Nicht nur Kili-Besteigungen und Safaris, sondern außergewöhnliche Wanderungen rund um den Kilimanjaro sowie Radtouren vom Kilimanjaro bis zum Meer bietet der charismatische Ausnahme-Athlet Simon Mtuy. Er und sein Team organisieren seit 2012 den Kilimanjaro Stage Run, einen 8-tägigen Etappenlauf, der in 300 km rund um den Kilimanjaro führt. Nischenanbieter für ungewöhnliche Touren im gehobenen Segment.
Mauly Tours & Safaris, Boma Rd., neben dem Immigration Office, ✆ 0787-266522, 💻 www.mauly-tours.com. Zuverlässige Standardtouren und Safaris; das Unternehmen hat einen guten Ruf in Moshi. Mittleres bis gehobenes Preisniveau.
ZARA International, Springlands Hotel, Pembo Rd., ✆ 0754-4510000, 💻 www.zaratours.com. Alteingesessenes und verdienstvolles Tourismusunternehmen in Moshi, das durchschnittliche Standardtouren in verschiedenen Preissegmenten anbietet. Hat einen tadellosen Ruf

und deckt die komplette Standardpalette ab. Mittleres bis gehobenes Preisniveau.

Schwimmen

YMCA Youth Hostel, Askari Monument Roundabout, Dar-Arusha Highway. Bester und größter Swimmingpool in Moshi, in dem man ordentliche Züge schwimmen kann. Benutzung des Pools nur gegen Gebühr (4000 TSH).
Impala Hotel, Lema Rd., in Shanty Town. Poolbenutzung 5000 TSH.

Tagesausflüge

Ausflüge mit dem Auto können zum **Lake Chala**, zum **Nyumba ya Mungu**, einem wichtigen Wasserreservoir (S. 356), oder zu den heißen Quellen **Maji Moto** (auch Kikuletwa oder Chemka Springs) bei Sanya Chini (S. 409) arrangiert werden. Das historische **Old Moshi** (Kidia) mit der halbverfallenen ehemaligen Mission kann ebenso wie die Steinkirche von **Kibosho** besucht werden. Buchungen sind über alle hier genannten Veranstalter zu tätigen.

Wandern

Kilimanjaro-Besteigungen, S. 348. Auch die Ausläufer des Kilimanjaro-Massivs eignen sich hervorragend sowohl für gemütliche als auch für anspruchsvolle Tageswanderungen. Die meisten dieser Wanderungen starten in Marangu (z. B. zu den Marangu Waterfalls) oder Machame, aber auch von Moshi aus sind Wanderungen möglich, z. B. durch **Reisfelder** und zum **Njoro (Rau) Forest**, zu den 70 m hohen **Materuni Waterfalls**, die gut mit der Kirche von **Kibosho** kombiniert werden können, oder in die Umgebung von **Shimbwe Juu** (s. Mt. Kilimanjaro View Lodge, S. 333). Buchungen sind über die hier genannten Veranstalter zu tätigen. Solche Touren lassen sich oft auch bei lokalen Veranstaltern oder im Guesthouse buchen.

Verschiedenes

TPC Club, s. „Übernachtung“. Viele Aktivtäten: Radfahren entlang ausgeschilderter Routen, Wandern in einer weitläufigen Wilderness Area, Joggen, Bird Watching, Golfen. Shuttle-Dienst von und nach Moshi wird angeboten.

SONSTIGES

Apotheken

Die bestsortierte Apotheke ist **Kemi Pharmacy** in der Rengua Rd., ebenfalls ansprechend ist das Sortiment der Apotheke im Nakumatt-Supermarkt. Für Malariatests und Medikamente empfiehlt sich die **Shanty Town Dispensary** (s. „Medizinische Hilfe“).

Autoreparaturen

Autowerkstätten befinden sich in der Rindi Ln., in der Boma Rd., z. B. **Frank's Car Repair**, oder in der Majengo Area, z. B. **Rajinder Motors**, östlich von Moshi.

Expressversand

DHL-Büro im Kahawa House am Clock Tower, ✆ 027-2754030.

Geld

Banken

Bargeldabhebungen mit Visa-Card bei der **Standard Chartered**, Rindi Ln. (neben Bristol Cottages) sowie Visa und Master-Card/Maestro bei der **Stanbic**, Boma Rd. (ATM auch beim Busbahnhof), **Exim Bank**, Boma Rd. und Old Moshi Rd., **Barclays**, Nyerere (Mawenzi) Rd. und Nakumatt-Supermarkt, **NBC Bank**, Clock Tower Roundabout (ATM im Leopard Hotel).

Geldwechsel

Den besten Kurs bietet **Jacobson Forex**, Kibo Towers (Rindi Ln.), weitere Wechselstuben mit meist schlechteren Kursen sind **Trast Bureau de Change**, Chagga St., Ecke Nyerere Rd., neben dem Markt, und **Chase Forex** (im Subzali Building) am nördlichen Ende der Rindi Ln.

Informationen

In Moshi gibt es keine offizielle Touristeninformation, auch wenn diverse Safari-Veranstalter dies mittels irreführenden Schildern glauben machen wollen. In einigen Cafés gibt es Schwarze Bretter, z. B. im The Coffee Shop oder im Kilimanjaro Union Café.

Internet

Es gibt nur eine Handvoll guter Internetcafés in der Stadt, z. B. **Kicheko Internet Café**, Nyerere

Rd. in Fahrtrichtung zum Clock Tower, **Easy. Com**, Kahawa House am Clock Tower. Kosten: 1000–3000 TSH/Std.
Neben dem **Kilimanjaro Union Café** gibt es ein Internetcafé, 1000 TSH/Std.
Stabiles und recht schnelles **WLAN** bieten das Java Kili Café (im Nakumatt-Supermarkt), das Café Fifi's Moshi (Rindi Ln.) und die Kilimanjaro Coffee Lounge (gegenüber Nakumatt-Supermarkt).

Medizinische Hilfe

KCMC, Mweka Rd., beim YMCA-Kreisverkehr in Richtung Norden, ✆ 027-2754377–80, 💻 www.kcmc.ac.tz. Hier, in einem der größten Hospitäler des Landes, arbeiten viele westliche Ärzte. Konsultation ca. US$50.
Shanty Town Dispensary, am Beginn der Lema Rd., Shanty Town, ✆ 027-2751606. Ausgezeichnete Versorgung. Medikamentenausgabe *(dispensary)*, äußerst kundiger Arzt. 🕒 Mo–Sa 9–13.30, Mo–Fr 15–17, Feiertage 8–12.30 Uhr.
Kibosho Hospital, ca. 16 km nördlich von Moshi, in den Ausläufern des Kilimanjaro, ✆ 027-7500861. Zufahrt über die Lema Rd. (Shanty Town), ca. 30 Min. Kirchliches und u. a. auch von deutschen Spendengeldern finanziertes Krankenhaus, u. a. mit guter zahnmedizinischer Versorgung.

Sicherheit

Moshi gilt als recht sicherer Ballungsraum, aber Taschendiebe haben überall Hochsaison. Besonders rund um den Busbahnhof können die Flycatcher ganz schön lästig werden. Wer neu in der Stadt ist, sollte eine Taxifahrt (nur mit einem lizenzierten Fahrzeug) in Erwägung ziehen, auch wenn das Hotel zentral liegt. Türen von innen immer versperren, *car jacking* kommt vor. Mit dem Taxi kann man den Horden von aufdringlichen, selbst ernannten Guides am besten entkommen und langsam ein Gespür für die Stadt entwickeln. Ansonsten gilt: Keine Spaziergänge in der Nacht!
Achtung Raucher: Reisende berichten davon, dass für das Entsorgen von Zigarettenkippen auf der Straße Strafen verhängt werden.

Jaffery Charitable Medical Services, Ghala St., neben Sikh Club. Recht gut sortierte Apotheke.

Polizei

Zwischen Busbahnhof und The Coffee Shop.

Post

Hauptpostamt, Clock Tower Roundabout.

Reisebüros

Emslies Travel, Old Moshi Rd., neben Exim Bank, ✆ 027-2752701, 💻 www.emsliesglobal.com.
Basecha, Boma Rd., neben Aroma Coffee House, ✆ 0754-343623, 💻 www.basecha.com. Flugtickets, z. B. Fastjet, Precision Air.

Telefon

TTCL beim Postamt am Clock Tower Roundabout, Internettelefonie in einigen Internetcafés möglich.

Visa

Immigration Office, Boma Rd., ✆ 027-2751557. 🕒 Mo–Fr 7.30–15.30 Uhr.

NAHVERKEHR

Daladalas

Am zentralen Busbahnhof *(stendi kuu)* fahren laufend kleine Busse ab (erkennbar an den bunten Streifen), die jede Ecke von Moshi und seiner näheren Umgebung, z. B. **Machame**, **Marangu**, **Himo**, **Shimbwe** oder **Holili**, anfahren. Zusteigemöglichkeiten sind überall vorhanden (Winksignal!). Beliebte Haltestellen sind der Clock Tower, entlang der Kibo Rd. sowie das YMCA am Askari Monument Roundabout bei der Stadteinfahrt. Ein zweiter kleinerer Busbahnhof liegt auf dem Weg zum Moshi Airport, aber alle Busse fahren zuerst vom *stendi kuu* ab.

Taxis

Taxis (erkennbar am blauen Streifen und weißen Nummernschild) warten am Clock Tower, beim Busbahnhof oder beim Askari Monument Roundabout an der Stadteinfahrt. Stadtfahrten 3000–5000 TSH, Transfers vom Flughafen ca. 70 000–90 000 TSH, Fahrten nach

Marangu 40 000 TSH. Wer in illegale, nicht lizenzierte Taxis steigt, ist selbst schuld.

TRANSPORT

Selbstfahrer

Die Straßen in der Stadt sind geteert, für Ausflüge außerhalb der Stadt sind ausnahmslos immer leistungsfähige Allradfahrzeuge notwendig. Achtung: Das Highway-Teilstück zwischen Moshi und Arusha gehört wegen des hohen Verkehrsaufkommens zu den tödlichsten Strecken in Tansania.

Busse

Central Bus Stand (stendi kuu), mitten in der Stadt, einen Block südlich des Clock Tower Roundabout. Bis auf einige Ausnahmen haben die meisten *semi-luxury-* und *luxury-*Buslinien ihre Verkaufsschalter in dem Gebäude (mit Warteraum).

Dar Express, Boma Rd., gegenüber Aroma Coffee House.

Hood, Booking Office in der Police Mess, gleich neben dem Busbahnhof.

Kilimanjaro Express, Clock Tower Roundabout, Vodacom House, auf der Seite der Rengua Rd.

Mtei Express, Boma Rd., neben Aroma Coffee House.

Kampala Coach, School St., Nähe NMB Bank.

Ziele in Tansania

Moshi liegt auf der Strecke Arusha–Dar es Salaam und ist entsprechend gut angebunden.

ARUSHA, mit den *ordinary* und *semi-luxury buses* häufige Abfahrten, 3000–4300 TSH, mit Dar Express, Mtei Express und Kilimanjaro Express ab ihren eigenen Terminals Abfahrt zwischen 14–16 Uhr (Busse von Dar kommend), 1 Std., 4700 TSH; zudem stdl. Daladalas, 2 Std.; 3000 TSH; mit Riverside Shuttle und Impala Shuttle 1–2 x tgl., US$10.

DAR (Ubungo), u. a. mit Dar Express, Mtei Express, Kilimanjaro Express, von 7–10 Uhr von den eigenen Bus Terminals; mit Kampala Coach um ca. 14 Uhr; 8–9 Std., max. 31 300 TSH.

IRINGA, alle Busse nach Mbeya, 10–11 Std., max. 47 500 TSH.

LUSHOTO,mit Fasaha (Abfahrt 7.30 Uhr) und Chaikito (8 Uhr Uhr) ab Central Bus Stand, 5–6 Std., 16 000 TSH, Fasaha fährt weiter nach Mtae, Chaikito nach Mlalo, 2–3 Std., 7000 TSH.

MBEYA, mit Hood oder Sumry via Chalinze, Abfahrt 7–7.30 Uhr, ganzer Tag, max. 67 300 TSH.

MOMBO, alle *luxury-*Busse in Richtung Dar es Salaam und Tanga, max. 12 000 TSH, in Mombo Umstieg in Kleinbusse (Daladalas und Coaster) nach LUSHOTO, max. 2000 TSH. Siehe Hinweise S. 371.

MOROGORO, alle Busse nach Mbeya; sowie Abood, Islam, Hood, BM Coach, alle via Chalinze, Abfahrt 7.30 Uhr, 8–9 Std., max. 29 900 TSH.

MWANGA (Pare Mountains), u. a. mit Kilenga, Kimbwe oder Kakole, Abfahrt 8.30–18 Uhr, ca. 2–3 Std., max. 4000 TSH.

TANGA, u. a. mit Ngorika, Simba Mtoto, Airbus, Abfahrt 7–13 Uhr, ca. 6–7 Std., max. 19 400 TSH.

Mehr Auswahl in die verschiedenen Landesteile hat man ab Arusha.

Nach Kenia

Shuttles verkehren von/nach NAIROBI und zum dortigen Jomo Kenyatta Airport. 7 1/2 Std., US$45 (Moshi–Arusha US$10). Das Ticket einen Tag vor der Abfahrt reservieren.

Impala Shuttle, Kibo Rd., gegenüber dem KNCU-Gebäude, ✆ 027-51786 oder ✆ 0754-360658. Abfahrt tgl. 6.30 und 11.30 Uhr vom Büro.

Riverside Shuttle, am Clock Tower Roundabout, Vodacom Building, 1. Stock, Zimmer 132, ✆ 027-50093 oder ✆ 0755-996453. Abfahrt tgl. 6.30 und 11.30 Uhr vom Büro.

Kampala Coach, Abfahrt 14 Uhr, 30 000 TSH.

Die Fahrt in die anderen Nachbarländer erfolgt am besten über Nairobi.

Nach Uganda

KAMPALA, mit Kampala Coach, Abfahrt 14 Uhr, mit Übernachtung in Nairobi, 62 000 TSH.

Flüge

Moshi und Arusha teilen sich den **Kilimanjaro International Airport (KIA)**, 35 km westlich von Moshi und 47 km östlich von Arusha am Dar-Arusha Highway. Er wird nicht nur von internationalen Fluglinien ab Europa

Grenzverkehr nach Kenia

34 km östlich von Moshi befindet sich der **Grenzübergang Taveta** (im Dorf Holili) nach Kenia, z. B. nach Voi und Mombasa. Seit der Highway von Marangu nach **Tarakea** 2012 fertiggestellt wurde, erreicht man die Hauptstadt Kenias, Nairobi, von Moshi aus innerhalb von 5 Stunden via Marangu und dem Grenzübergang Tarakea. Touristenvisa in beide Länder (je US$50) werden anstandslos ausgestellt. Erhöhte Vorsicht ist an den Grenzübergängen geboten (kein Geld wechseln, Dokumente nicht aus der Hand geben). Nach dem Grenzübergang Taveta fährt man mehrere Stunden durch Niemandsland, wo es vereinzelt zu Überfällen kommt.
Siehe Ostafrika-Visum S. 40

angeflogen, sondern auch von lokalen Fluggesellschaften, wie Precision Air.
Eine Wechselstube mit akzeptablem Kurs ist vorhanden, Autovermieter fehlen hingegen.
Die Airlines bieten vereinzelt einen Shuttle-Service nach Moshi/Arusha (30 Min.) für US$10 p. P. an. Ein Taxi kommt auf 70 000–90 000 TSH.
Wer lange Transfers am Tag der Ankunft oder des Abflugs vermeiden möchte, kann in der nahen und ruhigen, äußerst empfehlenswerten KIA Lodge übernachten. In jedem Fall ist es sinnvoller, ein Hotel für die erste Nacht zu reservieren, als sich gleich zu Beginn der Reise mit der anstrengenden Suche nach einer Unterkunft abzumühen, insbesondere bei nächtlicher Ankunft.
Inlandflüge von Coastal Aviation landen am lokalen **Moshi Airport**, der südlich des Stadtkerns liegt.
Coastal Aviation, neben Kilimanjaro Union Café, ✆ 027-2755110 oder ✆ 0785-500729, 💻 www.coastal. co.tz. Nach ARUSHA US$80, DAR ES SALAAM oder SERONERA, je US$250. 🕒 Mo–Fr 9–18 Uhr.
Precision Air, Old Moshi Rd., ✆ 027-2753498, fliegt nach DAR ES SALAAM oder SANSIBAR für US$200, nach MWANZA für US$260 einfach. Shuttle zum KIA US$10 p. P.
Für Flüge mit anderen Airlines kontaktiert man am besten die Reisebüros Emslies oder Basecha (S. 339).

Lake Chala

Gottverlassen liegt der tiefblaue Kratersee jeweils zur Hälfte auf tansanischem und kenianischem Gebiet. Das Kilimanjaro-Massiv mit Eiskappe und zerfranstem Mawenzi im Vordergrund dominiert die Szenerie westlich des Sees. Östlich davon, auf kenianischer Seite, fällt das staubtrockene Land sanft ab, hunderte Kilometer weit sieht man in die goldbraune Savanne. Das Gebiet ist nicht nur interessant, um Vögel und Reptilien zu beobachten, auch Baumschliefer, Honigdachse, Servale, Ginsterkatzen, Leoparden, Hyänen sowie Dik-Diks und Kudus sind oft gesehene Zaungäste. Entlang ihrer alten Migrationsrouten passieren große Elefantenherden in den Trockenmonaten den Lake Chala. Den endemischen Chala-Tilapia wird man aber kaum noch sehen; er steht auf der Roten Liste der gefährdeten Spezies. Das Gebiet rund um den Lake Chala lohnt sich für einen Tagesausflug und auch um hier nach einer Safari zwei, drei Tage zu verschnaufen. Der wenig erforschte See liegt auf 900 m Seehöhe. Seine fast senkrechten Wände recken sich an die 100 m in die Höhe. Im Durchmesser misst der See knappe 3 km; tief soll er an die 90 m sein, aber es gibt auch Vermutungen, dass er bis zu 3000 m in die Tiefe reichen könnte. Der See soll das Ergebnis der ersten vulkanischen Eruptionen vor 600 000 Jahren sein. Erst in den folgenden Jahrhunderten formierte sich das Kilimanjaro-Massiv mit seinen Gipfeln Shira, Mawenzi und Kibo. Man nimmt auch an, dass der See unterirdisch vom Kilimanjaro gespeist wird und er selbst wiederum den Lake Jipe (S. 356) speist. Durch den Kilimanjaro als markante Wetterbarriere erhält das Gebiet wenig Niederschläge, aber dass sich das Wasserniveau in den letzten Jahren um über 2 m gesenkt hat, liegt eher daran, dass das Flusswasser der zahlreichen Abflüsse im Chala Basin zur Bewässerung von Feldern genutzt wird.

ÜBERNACHTUNG UND ESSEN

Lake Chala Safari Camp, ✆ 0786-111177, 💻 www.lakechalasafaricamp.com.
Idyllisches Zeltcamp mit zwei Kategorien von Zelten direkt am Rand des Lake Chala: einfache Zelte mit Gemeinschaftstoilette in 2. Reihe für

US$45 (2 Pers.) oder die komfortablen Luxus-Zelte mit Veranda, Bad und viel Platz vorne direkt am Kraterrand für US$160 Vollpension (2 Pers.). Panoramarestaurant mit Blick auf den See und die Weite Kenias. Viele Aktivitäten, wie Bird Walks, Kanufahren, Buschwanderungen und sogar Reiten. Leider ist die Küche nicht berauschend, ebenso wenig wie das verschlafene Personal. Auch Reservierungen sind schwierig.

AKTIVITÄTEN

Baden auf eigene Verantwortung ist möglich. Die Krokodile, die früher die Netze der Fischer zerstörten, sollen angeblich alle getötet worden sein. **Spaziergänge am Kraterrand** (mit geschlossenen Schuhen wegen der Schlangen) eröffnen herrliche Aussichten bei himmlischer Ruhe – wenige andere Menschen verirren sich hierher. Die **Umrundung des Sees** dauert ca. 4 Std. Zum Wasser hinunter geht man gut 30 Min. Gut für Vogelliebhaber und Tierbeobachtung: **Bird Walks** (ca. 3 Std.) meist früh morgens und abends. Das Lake Chala Camp arrangiert alle Aktivitäten und stellt ortskundige Guides.

TRANSPORT

Es existieren zwei Zugänge: Die schnellere Zufahrt erfolgt vom **Holili (Taveta) Highway** aus. Man passiert die Kreuzung von Himo (Abzweigung nach Marangu) sowie ebenfalls links die neue Teerstraße nach Mwika (und weiter nach Tarakea) und fährt in östliche Richtung nach Kenia. Ein paar hundert Meter hinter dem Kilometerstein „Holili 6" folgt eine kleine Siedlung, wo links eine rote Piste abzweigt (beim kleinen Laden Marisha Camp, ca. 5,5 km hinter der Kreuzung mit der Teerstraße nach Mwika/Tarakea). Die Abzweigung muss vor dem Hügel mit den drei Funktürmen erfolgen! Nach etwa 10 km führt an einer Kreuzung eine Piste nach rechts und nach weiteren 7 km ist der See erreicht (beschildert mit Lake Chala Camp). Nach rund 50 km ab Moshi (ca. 1 Std.) liegt der Lake Chala in seiner ganzen Pracht vor einem. Zur Zeit der Recherche war die Piste in gutem Zustand. Mit viel Glück sieht man bei der Anfahrt linker Hand in der Ferne den Kilimanjaro. Landschaftlich noch etwas reizvoller, wenngleich auch länger, ist die zweite **Anfahrt über Marangu und Mamsera**. Die ersten 27 km ab der Himo Junction verlaufen auf Teer, danach

Wunderschöne Fernsichten und mit Glück Elefanten bietet der Lake Chala.

zweigt man im Dorf Mamsera rechts ab und folgt der sanft abfallenden roten Piste in Richtung Südosten. Es geht geradeaus, weiter vorne hat man die Pare Mountains im Blick; links blitzt in der Ferne der Lake Chala auf. Nach 15 km ist das Lake Chala Safari Camp erreicht. Die Fahrt führt durch Dörfer, vorbei an Mais- und Sonnenblumenfeldern und kleinen, grünen Hügeln und erlaubt Fernsichten von Hunderten Kilometern.

Marangu

Die momentan zweitbeliebteste und einfachste Route auf den Kilimanjaro, beginnt am Marangu Gate (1840 m). Früher wurde in den Hütten Coca-Cola verkauft, weswegen sie heute noch immer etwas spöttisch als „Coca-Cola-Route" abgetan wird. Das Dorf Marangu (eigentlich Marangu Mtoni, was „Marangu am Fluss" bedeutet) liegt nur 39 km von Moshi auf guter Teerstraße entfernt. In Marangu Mtoni (erkennbar am Funkturm) gabelt sich die Teerstraße. Nach rechts führt sie bis nach Rombo und Tarakea, dem Grenzübergang nach Kenia. Geradeaus macht die Teerstraße zuerst einen scharfen Schlenker nach links; hier geht es entweder links ab zu einigen Unterkünften oder man hält sich geradeaus und fährt auf der kurvenreichen Straße weiter bis zum Marangu Gate.

Der Kilimanjaro-Tourismus ist der Grund für die Entwicklung Marangus zu einem wichtigen Stützpunkt, doch außer Unterkünften gibt es hier keine nennenswerte Infrastruktur. Wer nicht als Hotelangestellter oder Bergführer sein Auskommen findet, arbeitet in der Landwirtschaft, als Viehbauer oder auf seiner eigenen kleinen Kaffee- und Bananenplantage. Die Luft ist klar und kühl, fast erinnert sie an die Gegebenheiten eines Luftkurorts.

ÜBERNACHTUNG UND ESSEN

In und um Marangu Mtoni leben die Hotels ausschließlich vom Kilimanjaro-Tourismus. Für die gebotene Qualität sind alle Hotels weit überteuert. Sie haben aber den Vorteil, dass man bei ihnen direkt Kilimanjaro-Besteigungen und Kulturtourismusaktivitäten buchen kann.

Banana Jungle Lodge, Rombo Rd., in Marangu Mtoni rechts und an der Babylon Lodge vorbei, ✆ 0754-270947. 8 einfache und äußerst rustikale Rundhäuser im traditionellen Chagga-Stil mit Strohdächern in einem wunderbaren Dschungel-Garten voller Hibiskussträucher, Engelstrompeten, Bananenpalmen und noch viel mehr Gewächs. Einfache Unterbringung, aber mit Familienanschluss und Produkten von der eigenen Farm. ❸ mit Halbpension

Babylon Lodge, Rombo Rd., in Marangu Mtoni rechts halten; nach 800 m links abzweigen, ✆ 027-2756355, 🖳 www.babylonlodge.com. Ein Teil der 21 einfachen, zweckmäßigen Zimmer wurde renoviert und bunt ausgemalt. Die Bauweise ist landestypisch rustikal, mit Betonböden und vielen Elementen aus Beton und Holz. Die Zimmer hinten oben waren zur Zeit der Recherche noch nicht verschönert. Terrassenförmig angelegter Garten. Für Leute, die sich Lokalkolorit wünschen. ❸ mit Vollpension ❹

Capricorn Hotel, 2,5 km vor dem Gate an der Straße dorthin, ✆ 027-2751309, 🖳 www.thecapricornhotels.com. Der riesige Rundbau, der als Haupthaus mit Rezeption und Restaurant dient, wirkt düster, die Inneneinrichtung ziemlich altbacken. Die 52 Zimmer sind zweckmäßig und sauber, einige davon sind allerdings etwas zu klein geraten. Wird gerne von deutschsprachigen Veranstaltern gebucht, aber für den gebotenen Standard zu teuer. ❺ mit Vollpension

Marangu Hotel, direkt an der Marangu Rd. noch vor dem Dorf, ✆ 027-2756594, 🖳 www.maranguhotel.com. Gut gebuchter Platzhirsch für anspruchslose Bergsteiger. Das alte Anwesen aus der Kolonialzeit hatte zwar einmal Charme, doch heute wirkt es abgewohnt und verblasst. Schöner, weitläufiger Garten. Pool, toller Blick auf den Kilimanjaro. Ausgezeichnete Besteigungen mit fair bezahlten Guides. ❺ mit Vollpension

Kilimanjaro Mountain Resort, 3 km westlich von Marangu Mtoni, vorbei am Kibo Hotel, ✆ 027-2758950, 🖳 www.kilimountresort.com. Das Hotel im Besitz einer örtlichen Chagga-Familie verfügt über 42 geräumige Zimmer mit dunklen

Hochlandkaffee

Kaffeesträucher gehören zum Kilimanjaro wie seine berühmte weiße Schneehaube. Und trotzdem ist der hiesige Kaffee in unseren Breiten nicht dem Namen nach bekannt, wohl aber in aller Munde: Kaum eine Kaffeemischung in den deutschsprachigen Ländern kommt ohne ihn aus, denn diese zählen neben Japan und den USA zu den Hauptabnehmern.
Tansanische Erde ist der ideale Boden für **Arabica-Kaffee**, die Königin unter den Kaffeebohnen. Nur in Ostafrika und Kolumbien gedeihen außerdem die speziellen Bohnen der Sorte *Colombia Mild* (auch *Mild Arabica*), die zu den besten und begehrtesten Kaffeebohnen der Welt zählen. Voll im Aroma, mit geringer Säure und einem fruchtig-süßlichen Geschmack, werden sie vielfach zur Qualitätssteigerung von Kaffeemischungen verwendet.
Über 90 % der Kaffeeproduktion liegt in der Hand von **Kleinbauern**, was besonders am Kilimanjaro offensichtlich ist. Oft stehen Kaffeesträucher im Schatten von Bananenstauden, um sie vor der unbarmherzigen Hitze zu schützen. Aufgrund der fehlenden Technisierung und den althergebrachten Anbaumethoden fällt der Hektarertrag mit max. 200 kg vergleichsweise bescheiden aus. Auch die Entwicklung der Weltmarktpreise für Kaffee verheißt den Kleinbauern keine rosige Zukunft. Obwohl Kaffee neben Erdöl zu den meistgehandelten Rohstoffen der Welt zählt, sinken die Preise aufgrund der weltweiten Überproduktion tendenziell immer weiter.
Die Kleinbauern organisieren sich in **Kooperativen**; die KNCU (Kilimanjaro Native Cooperative Union) mit über 70 000 Bauern gilt als die älteste und ist eng mit Fair Trade-Organisationen verbunden.
Neben **Moshi** und **Arusha** gibt es weitere Kaffeeanbaugebiete, vor allem rund um **Mbeya** und **Mbinga** (im Süden, Nähe Lake Nyasa/Lake Malawi) sowie in der **Kagera-Region** beim Lake Victoria. Minderwertiger Kaffee verbleibt im Land und wird zu Pulverkaffee verarbeitet, z. B. Africafe. Interessant ist, dass die Tansanier selbst kaum Kaffee konsumieren. Bis vor wenigen Jahren war es auch für Reisende und Expats schwierig, guten Bohnenkaffee zu bekommen, da es weder eine Kultur des Röstens (alle Bohnen werden im Rohzustand nach Übersee transportiert) noch eine des Zubereitens und Trinkens (außer auf Sansibar, S. 256) gab. Mittlerweile gibt es aber einige wenige Betriebe, die im Land Kaffee rösten, und so kommen Touristen aus Europa oder Amerika heute auch in Tansania in den Genuss ihres Lieblingsgetränks – oft aus Bohnen vom Kilimanjaro.

Holzvertäfelungen, Holzböden und schweren Vorhängen. Alle Zimmer, die in den Farben Gold und Ocker gehalten sind, punkten mit Balkon und Flatscreen. Pool, Sauna, Massage (US$40/ Std.), Internetcafé, Souvenirladen. Pluspunkt: der tiefgrüne, tropische Garten mit reicher Vegetation, in dem auch der idyllische Campingplatz liegt (nur für Fahrzeuge ohne Aufbauten geeignet). Sehr gepflegt und zur Zeit der Recherche das komfortabelste Hotel in Marangu. ❼ mit Vollpension

Camping

Coffee Tree Village Campsite, 2 km vor dem Gate rechts, ✆ 0754-691433. Mama Lucys Herzlichkeit ist ansteckend; jeder Gast wird mütterlich umsorgt. Schöne Lage, recht einfache Infrastruktur. Camping US$8 p. P., Bandas/einfache Zimmer für US$12/15 p. P. (ohne Frühstück) werden ebenso vermietet. Mahlzeiten ab US$7 p. P. Nur für Fahrzeuge ohne Aufbauten.

Kilimanjaro Mountain Resort, Details s. o. Herrlich lauschiger Campingplatz im tropischen Garten mit guten Sanitäranlagen. US$8,50 p. P., Frühstück für US$12 p. P. erhältlich.

AKTIVITÄTEN

Nicht jeder Reisende muss gleich den Kilimanjaro besteigen. Ihn aus der Ferne zu betrachten, ist genauso reizvoll – und man kann aus zahlreichen lohnenden **Tageswanderungen und -ausflügen** wählen, z. B. zu Bananen- und Kaffeeplantagen, auf den Ngangu Hill, zu rauschenden Wasserfällen oder in alte Chagga-Höhlen. Oder man unternimmt eine Village

Tour mit Fokus auf der reichen Chagga-Geschichte.

Alle Hotels sind gerne bei der Buchung von lokalen **Guides** behilflich. Nur akkreditierte Führer (immer nach der Ausweiskarte oder ID fragen!) garantieren Aktivitäten ohne böses Erwachen. Als Trinkgeld für Guides werden 20 000–30 000 TSH pro Gruppe erwartet.

Es ist nicht ratsam, Wanderungen in der Umgebung oder Aktivitäten auf eigene Faust zu unternehmen, da die zahlreichen ungebetenen Begleiter, die ihre Dienste anbieten wollen, schnell lästig werden. Zudem kommt es immer wieder zu Überfällen auf Touristen, die allein unterwegs sind, auch wenn die Dörfer im Regelfall einen sicheren Eindruck machen.

TRANSPORT

Viele **Daladalas** pendeln tgl. zwischen MOSHI und Marangu, aber ab Marangu Village wird es schwierig, mit öffentlichen Verkehrsmitteln weiterzukommen.

Machame Village

Die beliebteste Route auf den Kilimanjaro (nur Aufstieg möglich!), liebevoll „Whiskey-Route" getauft, verläuft vom Machame Village aus, einem größeren Dorf an den Westhängen des Berges. Es ist bequem auf der Teerstraße von Moshi aus erreichbar: 12 km westlich der Stadt führt die Stichstraße 15 km Richtung Norden nach Machame. Das auf 1524 m gelegene Bergdorf eignet sich gut zum Akklimatisieren oder auch für Erkundungstouren durch die malerischen Ausläufer des Kilimanjaro. Weil Machame nur als Aufstiegsroute dient, hat sich das Übernachtungsangebot und die Infrastruktur nicht so wie in Marangu entwickelt.

ÜBERNACHTUNG UND ESSEN

Kaliwa Lodge, Machame Rd., ✆ 0784-545548, 💻 www.kaliwalodge.com.
Die klare Formensprache und die moderne, funktionale Bauhausarchitektur sind ungewöhnlich und unterstreichen auf die üppigen Bananenplantagen und den Regenwald rundherum. Geräumige Zimmer in grasgrün, kaffeebraun und zementgrau. Die Lodge hat deutsche Besitzer, Kili-Blick vom Garten und ein ausgezeichnetes Preis-Leistungs-Verhältnis! ❹

Protea Hotel Aisha Machame, Machame Rd., ✆ 027-2756948, 💻 www.proteahotels.com. Kleineres, älteres Hotel der südafrikanischen Hotelkette Protea mit garantiert südafrikanischem Standard. Die 30 Zimmer sind komfortabel und wohnlich, mit Safe und TV. Pool, Fitnessraum. Organisation von Exkursionen oder Touren, z. B. zu Wasserfällen oder heißen Quellen; auch Ausritte sind im Angebot. Man ist auf Gruppen von Kili-Besteigern eingestellt. ❻–❼

Makoa Farm, Machame Rd., 5 km hinter der Rombo Primary School links, ✆ 0754-312897, 💻 www.makoa-farm.com. Renovierte Kaffeefarm aus kolonialen Tagen. Kleine, intime Lodge mit Unterbringung in unterschiedlichen Zimmern, z. B. im Gästezimmer im kolonialen Haupthaus, im renovierten Speicher (heute Gästehaus im Maisonette-Stil) sowie in geräumigen Hauszelten und Cottages. Einige haben einen spektakulären Blick auf den Kilimanjaro. Alle Zimmer verfügen über Bad/WC und weitläufige Veranden. Ausgezeichnete Küche mit Produkten von der eigenen Farm. Reiterhof (s. „Aktivitäten"). Eine gute Wahl nicht nur für Reiter, sondern auch für Wanderer, Tierliebhaber und Erholungssuchende. Ideal für Familien mit Kindern, da die Eigentümer eine Art Arche Noah für Tiere auf dem Bauernhof betreiben. ❼ mit Vollpension

AKTIVITÄTEN

Die oben genannten Hotels sowie die Safari-Veranstalter in Moshi und Arusha organisieren Besteigungen des **Kilimanjaro** in jeder Preisklasse.

Reiten

Reitsafaris, die bis zu 8 Tage dauern können, werden von der **Makoa Farm** angeboten. Sie führen in das Gebiet zwischen Kilimanjaro und Mt. Meru, die West Kilimanjaro Area, in die Ausläufer des Kilimanjaro und bis an das Grenzgebiet zu Kenia. Für passionierte Reiter (oder solche, die es noch werden wollen) ist das Erleben des weitgehend unberührten

Naturraums Nordtansania und das Zusammentreffen mit den noch traditionell lebenden Menschen, z. B. den Maasai, unvergesslich. Gut gepflegte und trainierte Pferde. 8 Tage/7 Nächte auf der Farm inkl. Ausritte schlagen mit mind. 1995 € p. P. (exkl. Eintrittsgebühren) zu Buche.

Wandern und Kulturtourismus

Wanderungen auf dieser Höhe sind zum Akklimatisieren ideal. Anfragen entweder bei den Unterkünften oder beim **Nkweshoo Cultural Tourism Programme** (3 km östlich von Machame Village). Informationen unter ✆ 0784-616331 oder 💻 www.machameculturaltourism.com einholen. Die vornehmlich von Frauen betriebene Initiative organisiert Wanderungen zu Wasserfällen und Höhlen, Besuche einer alten Kirche oder Kaffeefarmen oder begleitet zum Dorfmarkt.

TRANSPORT

Daladalas pendeln mehrmals tgl. zwischen MOSHI und Machame. Auch Überlandbusse lassen Reisende gerne an der Machame Junction aussteigen, Weiterfahrt mit Daladalas.

7 HIGHLIGHT

Mount Kilimanjaro National Park

- **Zugang**: Machame Gate, Marangu Gate, Londorossi Gate, Umbwe Gate, Rongai Nalemoru Gate.
- **Eintritt**: US$70 pro 24 Std.
- **Weitere Gebühren**: US$50 Camping, US$60 pro Schlafplatz in einer Hütte, US$20 Rescue Fee (einmalig).
- **Besteigung**: Die Hotels in Machame, Marangu und Moshi sowie die Safari-Veranstalter in Moshi und Arusha organisieren Besteigungen in jeder Preisklasse.
- **Beste Reisezeit**: Dez–Feb oder Juli–Okt (S. 349).

Bereits der griechische Astronom und Geograf Claudius Ptolemäus (85–165 n. Chr.), der vermutlich in Ägypten lebte, beschrieb in seinem Monumentalwerk *Geographia*, einem der ersten Atlanten der Welt, einen mit Schnee bedeckten Berg landeinwärts 23 Segeltage südlich von Opone in Somalia. 1519 verzeichnete der Spanier Fernandes de Encisco die Entdeckung eines hohen Bergs, der westlich von Mombasa lag und dem er den Namen „Äthiopischer Olymp" gab. Die deutschen Missionare Johannes Rebmann und Johann Ludwig Krapf waren vermutlich die ersten Europäer, die den Kilimanjaro mit seiner markanten Schneehaube 1848 aus der Nähe sahen. In den intellektuellen Zirkeln ihrer Heimat wurden ihre Berichte als völlig unglaubwürdig abgetan, denn nur drei Grad südlich des Äquators konnte es nach damaliger Ansicht keinen Schnee geben. 41 Jahre und mehrere Fehlversuche später wurde das Dach Afrikas schließlich von der ersten Expedition unter Hans Meyer 1889 bezwungen.

1973 erhielt der Kilimanjaro den Status eines Nationalparks und 1989 – 100 Jahre nach der Erstbesteigung – wurde er zum Weltnaturerbe der Unesco ernannt. Der erloschene Vulkan mit seinem charakteristischen weißen Schneehäubchen ist bei klarem Wetter sowohl von Tansania als auch von Kenia aus zu sehen, wobei die typischen Bilder mit dem Elefanten im Vordergrund im kenianischen Amboseli National Park aufgenommen werden.

Allgemeines

Bei näherer Betrachtung erkennt man deutlich, dass die Spitze aus drei Gipfeln besteht, die alle auf vulkanische Aktivitäten im Ostafrikanischen Grabenbruch zurückgehen. Der westlichste Gipfel ist der 3962 m hohe **Shira**. Im Osten zieht das gezackte Profil des **Mawenzi** mit dem Hans Meyer Peak (5149 m), der nur echten Bergsteigerprofis vorbehalten ist, das Augenmerk auf sich. Im Zentrum – umgeben von ewigem Eis – ragt der Gipfel des **Kibo** (5895 m) heraus, dessen höchster Punkt übrigens Uhuru Peak („Freiheitsgipfel") genannt wird. Der Kibo ist die jüngste Formation; schwefelhaltige Gase im Kraterinneren deuten auf latente vulkanische Aktivität, wobei aber nicht davon auszugehen ist, dass er in der nächsten Zeit ausbricht.

Flora und Fauna

Durch seine freistehende Lage, seine imposante Höhe und seine unzähligen unterirdischen Quellen erzeugt der Kilimanjaro an seiner tansanischen Südseite ein fruchtbares Mikroklima. (Die nördlichen Ausläufer in Kenia hingegen bleiben knochentrocken, was vor allem damit zu tun hat, dass sich die Monsunwolken vornehmlich an der Südseite abregnen.) Während die Ausläufer des Massivs mit dichtem **Regenwald** und üppigem **Kulturwald** (Bananenstauden und Kaffee) bedeckt sind, dominieren in höheren Regionen zwischen 1500 und 2500 m schnellwüchsige **Eukalyptus- und Nadelhölzer**. Bis etwa 3000 m Seehöhe gedeiht im niederschlagsreichen Mikroklima der **Berg- und Nebelwald**, der durch

Der Name Kilimanjaro

In den Legenden der Chagga, des am Kilimanjaro lebenden Volkes, gibt es wenig Hinweise auf die Entstehung des Namens, und so geistern zwar viele Vermutungen, aber wenig gesicherte Informationen herum. Am ehesten plausibel dürfte die Erklärung sein, dass *kilemanjaare* (oder *kilemanyaro*) in der Sprache der Chagga „für eine Karawane unmöglich zu überqueren" bedeutet, in Anspielung auf die unbezwingbaren Höhen. Diese Bezeichnung wurde von den vorüberziehenden Sklaven- und Elfenbeinkarawanen aufgenommen und in die an der Küste gesprochene Sprache, das Swahili, übernommen. Dabei wurde die Bezeichnung sozusagen „swahilisiert".

Bärlapp- und Moosfarnarten charakterisiert ist und dessen gespenstische Flechten herrliche Fotomotive abgeben. Ab 3000 m beginnt das **afroalpine Grasland** – eine Hochmoorlandschaft mit meterhohen Erikas, Senezien und Lobelien.

Weiter oben, bei ca. 4000 m, folgt eine bizarre Mondlandschaft mit **Moosen und Flechten**, die hinauf bis ans ewige Eis reicht. Der Kilimanjaro ist aber nicht nur Pflanzenhabitat, sondern auch Heimat vieler Tiere, u. a. von **Elefanten**, **Büffeln**, **Elenantilopen**, **Duckern**, **Leoparden** und **Pavianen**. In den dichten Regenwäldern leben außerdem Hunderte von Vogelarten.

Die Kilimanjaro-Besteigung

Der höchste Berg Afrikas, zugleich der höchste freistehende Berg der Welt, lockt seit Jahrzehnten Abenteurer und Bergsteiger an. Erst beim dritten Versuch gelang es dem deutschen Geografen und Forschungsreisenden Hans Meyer und dem erfahrenen österreichischen Alpinisten Ludwig Purtscheller 1889 erstmals, den Gipfel des Kibo zu bezwingen. Angeführt von Yohani Kinyala Lauwo, der vom Häuptling von Marangu zum Führer auserkoren worden war, erreichte der Tross am 6. Oktober jenes Jahres den Gipfel. Bis 1918 hieß der Gipfel „Kaiser-Wilhelms-Spitze". Es sollte noch weitere 20 Jahre dauern, bis eine erste Route über Marangu angelegt wurde. 2011 sollen laut Parkbehörde 55 000 Menschen den Kilimanjaro bestiegen haben; statistisch gesehen sind also über 150 Menschen täglich am Berg. Vermutlich erreichen nur etwa 40 % auch tatsächlich den Uhuru-Peak – wobei die Erfolgsquote bei den Frauen übrigens weitaus höher liegt als bei den Männern.

Kosten

Für eine seriöse und gut organisierte Kilimanjaro-Besteigung über die fünf Tage dauernde **Marangu-Route** muss man (je nach Gruppengröße und ausgehend von Moshi) mit rund US$1300–1500 p. P. rechnen. Alle anderen Routen sind teurer, z. B. Lemosho US$1800–2000. Für Besteigungen, die in Arusha ihren Ausgang haben, sowie für alle weiteren Routen sind die Preise dementsprechend höher. In dieser Summe inbegriffen ist auch die Hotelübernachtung vor und nach der Bergtour. Vor allem der dringend erforderliche Ruhetag nach dem anstrengenden Bergabenteuer kommt in vielen Urlaubsplanungen zu kurz. Jeder Zusatztag am Berg schlägt mit ca. US$200 zu Buche. Eine Kilimanjaro-Besteigung mit genügend Ruhetagen davor und danach ist bei ordentlichen Leistungen, guter Bezahlung der Guides und zuverlässigem Management für unter US$1000 p. P. nicht möglich!

Es muss klar gesagt werden: Jeder Bergsteiger, der am Berg spart, bringt sich selbst in **Gefahr** und unterstützt unprofessionell agierende, nicht als Kilimanjaro-Veranstalter registrierte Geschäftsmänner und Bergführer ohne Lizenzen. Für sie gibt es viele Einsparungsmöglichkeiten: lausige Bezahlung der Crew (die dann die Differenz zum Normallohn durch unverschämte Trinkgeldforderungen bei den Gästen einfordert oder gar Diebstahl in Betracht zieht); zu wenig Personal für den Trek; die Crew muss per Daladala zum Gate fahren; schlechte Kleidung und Ausrüstung für die Crew; marode Ausrüstung für die Kunden, z. B. nicht wasserfeste Zelte und längst ausrangierte Ausrüstungsgegenstände; viel zu wenige ausgewogene Mahlzeiten für alle Beteiligten; unbezahlte Lizenzen als Tour Operator (immerhin ein paar Tausende US-Dollar pro Jahr); Kunden, die am Gate ohne Bezahlung der Eintrittsgebühren vorbei geschmuggelt werden; und vieles mehr.

Den Löwenanteil der Kosten nehmen die tansanischen **Behörden** ein – über Eintrittsgebühren,

Packliste für die Kilimanjaro-Besteigung

- ☐ Tagesrucksack mit 20–30 l Volumen
- ☐ Fleecejacke
- ☐ Rollkragenpulli
- ☐ Trekkingsocken oder -strümpfe
- ☐ 6 T-Shirts
- ☐ Unterwäsche
- ☐ Langarmshirts (Funktionswäsche)
- ☐ lange Unterwäsche (z. B. Ski-Unterwäsche)
- ☐ Halstuch
- ☐ Fleecehaube und Stirnband (evtl. auch noch eine Sturmhaube)
- ☐ Handschuhe dünn
- ☐ Handschuhe warm
- ☐ Überhandschuhe
- ☐ Hygienebeutel mit Zahnputzzeug, Nagelschere, Seife
- ☐ kleines Handtuch
- ☐ Zusatznahrung (ca. 5–10 Energieriegel, Brausetabletten, Lutschbonbons, einige Kräuter- oder Früchteteebeutel)
- ☐ Kleine Hausapotheke mit Aspirin-Tabletten, Halsschmerzmittel-Lutschtabletten, Mitteln gegen Magenprobleme, Schmerzen, Durchfall, Nasentropfen, Blasenpflaster, Gel oder Salbe gegen Verstauchungen und Zerrungen, Alu-Rettungsdecke, Dreieckstuch, Hansaplast, Leukoplast, elastische Binde
- ☐ Wichtige Adressen und Telefonnummern
- ☐ Mobiltelefon
- ☐ Foto- und Videoausrüstung plus Ersatzakku oder -batterien samt ausreichend Speichermedien (Aufladen ist unterwegs nicht möglich)
- ☐ Regenschutz für die Kameras

Alle Unterkünfte bewahren überschüssiges Gepäck in ihren Gepäckräumen auf.

Übernachtung sowie den einmaligen Rettungsbeitrag, um nur die großen Brocken zu nennen.

Gerade das sogenannte **Trinkgeld**, eine fest einzuplanende finanzielle Zusatzleistung an die Träger und Führer, vergessen viele, in ihre Kostenkalkulation einzubeziehen. Da kommen gut und gerne weitere US$150–200 pro Person, je nach Begleitmannschaft und Gruppe, zusammen: US$5 pro Tag und Gruppe je Träger, US$10 pro Tag und Gruppe für den Koch und die Assistant Guides und US$15 pro Tag und Gruppe für den Head Mountain Guide. Ausführliche Informationen dazu im Kapitel „Traveltipps von A bis Z", S. 37. Auch gebrauchte Ausrüstungsgegenstände sowie Bekleidung sind immer willkommene Geschenke.

Reisezeiten

Die klimatisch günstigsten Monate sind **Dezember bis Februar**. Die Vorteile liegen auf der Hand: keine Niederschläge, gute Fernsicht und höhere Temperaturen am Berg. Zahlreiche Gleichgesinnte machen sich die guten klimatischen Bedingungen zunutze, und so bilden diese Monate die absolute Hauptsaison. Durch die Menschenmassen wird das Berg- und Naturerlebnis natürlich stark beeinträchtigt.

Für jene, die mehr Ruhe bevorzugen, bieten sich daher eher die Monate **Juli bis Oktober** an. Es ist dann zwar etwas kühler und der Weg zum Gipfel oft verschneit, doch das Wetter zeigt sich stabil und unerfahrenere Bergsteiger scheuen den Weg zum Gipfel. Für Bergbegeisterte mit ausreichend hochalpiner Erfahrung sind daher besonders der Juli und der August zu empfehlen.

Ausrüstung

Bei der Ausrüstung sollte man sich an einer Winterwanderung in den Alpen orientieren, da es am Kilimanjaro schon mal kälter als -10 °C werden kann. Extreme Wetterverhältnisse, z. B. Stürme, kommen vor, dann wird es noch eisiger. Durch den Sauerstoffmangel verändert sich jedoch das Kälteempfinden: Finger und Zehen frieren dadurch schon bei geringen Minusgraden ab, weshalb warme, erprobte Funktionskleidung (Handschuhe, Strümpfe, Socken) unbedingt ins Gepäck muss.

Vorbereitung und Organisation

Eine Besteigung kann entweder von zu Hause aus oder vor Ort gebucht werden. Wer bei einem europäischen Veranstalter (s. auch S. 76, „Reiseveranstalter") bucht, braucht sich um die

Die legendäre Eiskappe

© KURT KAUBE

So charakteristisch die Eiskappe des Kilimanjaro auch sein mag, sie wird nach Meinung der Wissenschaftler vielleicht nur noch wenige Jahrzehnte halten. Der einst mächtige Gletscher von teilweise über 100 m Dicke schmilzt durchschnittlich im Rekordtempo von einem halben bis einem Meter pro Jahr. Ende der 1970er-Jahre wurde die Gletscherfläche mit 12 km^2 vermessen. Heute soll nur mehr eine Fläche von etwa 2 km^2 mit ewigem Eis bedeckt sein.

Den Rückzug des Eises konnte man schon seit Ende des 19. Jhs. nach dem Ende der „Kleinen Eiszeit" beobachten, doch seit den 1980er-Jahren schmelzen die Gletscher mit Lichtgeschwindigkeit. Vor einigen Jahren gelang einem Forscherteam der Beweis, dass aber nicht so sehr die Erwärmung der Erdatmosphäre als vielmehr das Ausbleiben der Regenfälle den Gletschern zusetzt. Letzteres hängt mit den feuchten Luftmassen vom Indischen Ozean und mit den Mikroklimaveränderungen der Region zusammen, die wiederum durch massives Abholzen ausgelöst werden. Durch die hohen Niederschläge im Jahr 2006 wuchs die Eiskappe zum ersten Mal seit Beginn der Aufzeichnungen wieder um bis zu 0,8 m. Leider, so vermuten die Forscher, ist das Aufbäumen des Berges aber nicht von Dauer.

Organisation nicht zu kümmern, da diese Firmen mit renommierten tansanischen Unternehmen zusammenarbeiten und alle notwendigen Schritte erledigen.

Weitaus schwieriger gestaltet sich die Planung für jene, die es auf **eigene Faust** probieren möchten. Eine Buchung übers Internet von zu Hause aus ist problematisch, da Anzahlungen geleistet werden müssen, ohne dass man die Bedingungen vor Ort kennt. Daher sollte man sich wirklich nur an renommierte Unternehmen und Hotels wenden, z. B. an solche, die in diesem Buch aufgeführt sind, oder an die Mitglieder des Kilimanjaro Porters Assistance Project (S. 351). Wer zwei oder drei Urlaubstage übrig hat, kann die Besteigung auch vor Ort in Moshi oder Arusha organisieren. Hier hat es sich bewährt, mehrere Angebote einzuholen, sich mit anderen Bergsteigern auszutauschen und vor Abreise in einschlägigen Foren im Internet zu recherchieren. Wer sich für eine Agentur entschieden hat, sollte nicht nur nach einer schriftlichen Buchungsbestätigung verlangen, sondern auch von einer vollständigen Bezahlung bereits bei Vertragsabschluss absehen. Viel besser ist es, die Bezahlung zu splitten – etwa die Hälfte bei Vertragsabschluss, den Rest unmittelbar vor der Abreise zum Gate. Die Lizenz der Bergführer ist unbedingt zu überprüfen, am besten bei einem persönlichen Gespräch, wo man sich auch ein Bild von seinem Gegenüber machen und herausfinden kann, ob die Chemie stimmt. Name und Telefonnummer des Führers muss man sich in jedem Fall notieren.

Entscheidend in der Planungsphase ist die Frage nach der **Dauer der Tour**. Hier am falschen Ende zu sparen, wäre fatal. Je länger die Tour dauert, desto größer die Wahrscheinlichkeit, den höchsten Punkt, den Kibo, auch wirklich zu erreichen. Aus diesem Grund sollten Touren, die sechs Tage oder länger dauern, auf jeden Fall bevorzugt werden, da durch den langsameren Aufstieg der Körper sanfter an die extremen Höhenlagen herangeführt wird. Nur wirklich höhentauglichen und -erprobten Bergsteigern ist eine Fünf-Tage-Besteigung anzuraten.

Es ist natürlich im Vorfeld schwierig, sich zu vergewissern, ob die Organisation professionell ist. Ausreichend motivierte Träger, erfahrene Guides und ordentliche Verpflegung sind ein Muss, ebenso wie Vertrauen, Kameradschaftsgeist und Toleranz innerhalb einer Gruppe. Man muss sich darüber im Klaren sein, dass günstigere Angebote in irgendeinem Punkt einsparen müssen – die meisten tun es beim Essen, durch zu niedrige Bezahlung der Begleitmannschaft oder mit fragwürdiger Ausrüstung.

Guides, Köche und Träger

Alle Wanderer sind verpflichtet, einen Guide, also einen kundigen Führer, mitzunehmen. Im Normalfall rechnet man pro Bergsteiger außerdem mit zwei bis drei Trägern *(porters)*, die jeweils an die 15 kg auf den Berg schleppen. Nur eine sorgfältige Planung mit Hilfe seriöser Tour Operators garantiert zuverlässige, ehrenwerte Guides.

Unter den Begleitleuten gibt es eine ganz klar definierte Hierarchie, die sich auch in der Bezahlung niederschlägt. So sollte ein Guide offiziell an die US$20 pro Tag verdienen, während Köche sich mit US$15 und Träger mit 8–10 000 TSH begnügen müssen. Assistant Guides werden mit US$15 pro Tag entlohnt. Die Reallöhne sehen oft anders aus. Die Non-Profit-Organisation **Kilimanjaro Porters Assistance Project**, 💻 www.kiliporters.org, hat es sich zum Ziel gemacht, gegen die Ausbeutung von Trägern, d. h. gegen zu wenig Lohn, zu wenige Träger pro Gruppe, schlechte Ausrüstung, zu große Lasten oder schlechte Verpflegung, vorzugehen. De facto speisen gierige Anbieter ihre *porters* mit weniger als US$5 ab. Hochgerechnet kommt ein Träger auf einen Lohn von 150 000 TSH im Monat – doch kein Träger kann 30 Tage im Monat am Berg unterwegs sein! Auch Bergsteiger können ihren Teil beitragen, indem sie benutzte Ausrüstung und Kleidung spenden.

Körperliche Vorbereitung

Grundsätzlich kann sich jede gesunde Person mit Ausdauer und Willenskraft am Kilimanjaro versuchen. Dennoch lohnt sich eine gewissenhafte Vorbereitung, die wenigstens sechs Monate vor der Abreise beginnen sollte. **Ausdauertraining** bereitet Muskulatur, Lungen und die Sauerstoffsättigung im Blut am besten auf das Bergabenteuer vor. Laufen, Radfahren oder Skilanglauf eignen sich besonders gut. An den Wochenenden können längere Bergwanderungen von 5–7 Std. mit leichtem Rucksack eingeplant werden, auch um die Trittsicherheit und das eigene Schritttempo zu schulen. Klettersteige oder schwieriges Terrain erhöhen das Vertrauen in das eigene Können. Zwei oder drei Wochenenden vor der Abreise kann man sich an eine ausgedehnte Wanderung in größerer Höhe wagen. Um auf Nummer sicher zu gehen, empfiehlt sich ein rechtzeitiger **Fitness- und Gesundheitscheck** bei einem kundigen Sportarzt.

Aufstiegssrouten

Es bestehen mehrere Zugangsrouten. Als beliebteste gilt momentan Machame, während der Ansturm auf die Marangu-Route in den letzten Jahren stark zurückgegangen ist, denn durch die Hüttencamps sind die Schlafplätze (auf max. 90 Personen pro Tag) beschränkt. Auf den Touren mit Zeltcamps hingegen können die Anbieter mehr Kunden und größere Gruppen unterbringen.

Auf den Kilimanjaro: die Aufstiegsrouten im Überblick

Marangu-Route
- **Dauer und Unterkunft:** 5 oder 6 Tage, Hüttencamps
- **Zugang:** Südwestseite, Marangu Gate
- **Gangrichtung:** Aufstiegs- und Abstiegsroute
- **Besonderheiten:** Schöne Landschaften (zuerst Regenwald, dann Heide- und Wüstenlandschaften), auch geeignet für weniger erfahrene Bergsteiger (wegen des flacheren Geländes und der Hütten)
- **Vorteil:** flacherer Aufstieg, gut ausgebaute Wege, wegen begrenzter Kapazitäten in den Hütten nicht mehr die meistbegangene Route
- **Nachteil:** langer Gipfelweg

Machame-Route
- **Dauer und Unterkunft:** 6 oder 7 Tage, Zeltcamps
- **Zugang:** Westseite, Machame Gate
- **Gangrichtung:** nur Aufstieg, Abstieg über Mweka-Route; seit Anfang 2008 ist auch der Aufstieg zum Kraterrand über das Arrow Camp und die Great Western Breach wieder möglich (nur mit befugtem Guide und Ausrüstung)
- **Besonderheiten:** landschaftlich reizvoll, abwechslungsreiche Routenführung
- **Vorteil:** 7-tägige Besteigung möglich, was mehr Bergabenteuer vermittelt
- **Nachteil:** momentan die meistbegangene Route, Camps und Wege sind stark verschmutzt

Rongai-Route
- **Dauer und Unterkunft:** 5 oder 6 Tage, Zeltcamps
- **Zugang:** Ostseite, Rongai Nalemoru Gate
- **Gangrichtung:** nur Aufstieg, Abstieg über Marangu-Route
- **Besonderheiten:** Kilimanjaro und Mawenzi von der Ostseite
- **Vorteil:** relativ einfache Besteigung, kurze Tagesetappen
- **Nachteile:** kein Bergurwald, da er der Plantagenwirtschaft geopfert wurde, langer Gipfelweg, beim Abstieg über die Marangu-Route müssen die Bergsteiger neben den Hütten im Zelt schlafen.

Umbwe-Route
- **Dauer und Unterkunft:** 6 Tage, Zeltcamps
- **Zugang:** Westseite, Umbwe Gate
- **Gangrichtung:** Aufstieg 2 Tage über die steile Umbwe-Route, danach weiter über Machame-Route, Abstieg über Mweka-Route; seit Anfang 2008 ist auch der Aufstieg zum Kraterrand über das Arrow Camp und die Great Western Breach wieder möglich (nur mit befugtem Guide)

Alle weiteren Routen werden aufgrund der mit ihnen verbundenen höheren bergsteigerischen Anforderungen weitaus weniger frequentiert. Grundsätzlich kann sich ein trittsicherer Bergwanderer in guter körperlicher Verfassung an allen sechs Aufstiegsrouten versuchen. Sie unterscheiden sich hauptsächlich in Dauer der Besteigung, Landschaften, Beschaffenheit und Steilheit der Wege sowie der Ausstattung der Camps (s. Kasten). Egal für welche Route man sich entscheidet, die Besteigung des Kilimanjaro ist und bleibt ein gewaltiges Naturerlebnis, das für Hobbysportler zu den großartigsten Bergerfahrungen unseres Planeten zählt.

Übernachtung und Verpflegung

Berghütten gibt es nur auf der Marangu-Route; sie sind mit je vier oder sechs Schlafplätzen ausgestattet. Für die Mahlzeiten hat man Hüt-

- **Besonderheiten:** wunderschöner Bergregenwald an den ersten beiden Tagen, etwas steilerer Anstieg
- **Vorteil:** echtes Bergabenteuer, Route wird sehr wenig begangen
- **Nachteile:** kleine Campsites, am ersten Tag Wasserknappheit

Lemosho-Route

- **Dauer und Unterkunft:** 6 bis 8 Tage, Zeltcamps
- **Zugang:** Nordwestseite, Londorossi Gate
- **Gangrichtung:** Aufstieg 3–4 Tage über Lemosho-Route, ab Lava Tower/Barranco Camp über Machame-Route, Abstieg über Mweka-Route
- **Besonderheiten:** schöner Bergurwald, möglicherweise Tierbegegnungen
- **Vorteil:** an den ersten Tagen wenig Bergtouristen, die Route kann leicht ausgedehnt werden, um die Akklimatisierung zu erleichtern
- **Nachteile:** lange Anfahrtszeit zum Gate, ab 2. oder 3. Tag weiter über die stark begangene Machame-Route

Londorossi-(Shira)-Route

- **Dauer und Unterkunft:** 6 bis 8 Tage, Zeltcamps
- **Zugang:** Nordwestseite, Shira Gate
- **Gangrichtung:** Aufstieg bis Shira 2 Camp über Londorossi-(Shira)-Route, ab Lava Tower/Barranco Camp über Machame-Route, Abstieg über Mweka-Route
- **Besonderheiten:** sehr naturbelassene Waldwege
- **Vorteil:** in den ersten 2 Tagen wenig Bergtouristen
- **Nachteile:** noch längere Anfahrtszeit zum Gate als Lemosho, ab 2. oder 3. Tag weiter über die stark begangene Machame-Route

Mweka-Route (Südseite) ab Barafu-Camp

- **Dauer und Unterkunft:** 2 Tage, Zeltcamps
- **Zugang:** Westseite, Mweka Gate
- **Gangrichtung:** Abstiegsroute
- **Besonderheiten:** schöner Ausblick auf den Kibo
- **Vorteile:** kurze Tagesetappen, gut ausgebauter Weg
- **Nachteile:** sehr viele Bergtouristen von all jenen Routen, die über die West- und Nordwestseite führen

ten mit Tischen und Bänken für etwa 60 Personen aufgestellt. Bergunerfahrene Trekker schätzen den „Komfort" der einfachen Berghütten, der erholsamen Schlaf garantiert.

Die anderen Routen gelten als **Zeltrouten**. Auf der Machame- sowie der Mweka-Route wurden zwar auf Höhe des Regenwaldgürtels Hütten errichtet, doch sie dienen eher als Übergangsschutz vor Regen und Kälte, bis das Zeltlager aufgestellt ist.

Im Normalfall ist die **Trinkwasserversorgung** auf allen Routen gesichert, dennoch muss das Wasser oftmals über weite Strecken von den Trägern in Plastikkanistern mitgeführt werden. Es muss vor dem Trinken unbedingt abgekocht oder mit Entkeimungsmittel behandelt werden. Da Wasser in großen Höhen schneller, nämlich schon bei weniger als 100 °C, zu kochen beginnt (pro 1000 m sinkt der Siedepunkt des Wassers um 3,3 °C), muss es zur vollständigen Keim- und

Höhenkrankheit

Durch die zunehmende Höhe nimmt der Luftdruck ab und mit ihm auch der Sauerstoff-Partialdruck (der anteilige Sauerstoffdruck) unserer Atemluft. Dadurch atmen wir automatisch weniger Sauerstoff in unsere Lunge. Die ersten Auswirkungen davon machen sich ab einer Höhe von 3000–4000 m bemerkbar – erhöhter Puls, tiefere Atmung, leichtes Druckgefühl im Kopf. Schnelle Bewegungen führen bereits in diesem Stadium sofort zu **Atemnot**, da die Menge der roten Blutkörperchen im Blut nicht mehr ausreicht, um das Gehirn mit genügend Sauerstoff zu versorgen.

Beim Auftreten dieser ersten Symptome ist es ratsam, längere **Pausen** einzulegen oder gar einige Tage auf der erreichten Höhe zu verbringen. Der menschliche Organismus hat für derartige Belastungsspitzen die wundersame Gabe entwickelt, zusätzlich rote Blutkörperchen zu bilden, um sich für kommende Anstrengungen zu wappnen. Diese sogenannte Adaptationsfähigkeit des Körpers macht Bergsteiger in einer solchen Situation wieder leistungsfähig. Erst dann kann ans langsame Weitersteigen gedacht werden.

Ausreichend **Flüssigkeitszufuhr**, nämlich mindestens 3–4 l pro Tag, ist unabdingbar. Viele Bergsteiger, die vorzeitig umkehren müssen, haben schlichtweg zu wenig getrunken.

Drei Stadien von Höhenkrankheit werden medizinisch unterschieden: die akute Höhenkrankheit AMS *(Acute Mountain Sickness)*, das Höhenhirnödem HACE *(High Altitude Cerebral Edema)* und das Höhenlungenödem HAPE *(High Altitude Pulmonary Edema)*. Alle drei kommen am Kilimanjaro immer wieder vor.

AMS-Symptome treten zumeist ab 3000 m auf. Typische Beschwerden sind hartnäckige Müdigkeit, Übelkeit und Erbrechen, Kopfschmerzen, Schwindel oder Schlafstörungen. Wer eines oder mehrere dieser Symptome verspürt, muss in jedem Fall eine Pause einlegen. Sollte innerhalb von 24 Std. keine Besserung eintreten, ist der Rückzug anzutreten.

Ab 4000 m Höhe können **HACE**-Symptome den Aufstieg behindern. Sie sind bedeutend schwerwiegender und äußern sich in Körperfunktionsstörungen, Verwirrtheit, Halluzinationen, unsicherem Stand oder gar Bewusstlosigkeit. Der Betroffene muss ins Tal gebracht und unter medizinische Aufsicht gestellt werden.

Noch dramatischer gestalten sich die sogenannten **HAPE**-Symptome, die ebenfalls ab 4000 m auftreten können: Blaue Lippen, trockener Husten, blutiger Auswurf, Apathie und brodelnde Atemgeräusche sind kritische Warnsignale – hier muss auf der Stelle umgedreht und der Betroffene unter kompetente ärztliche Aufsicht gestellt werden!

Von der Höhenkrankheit können auch Spitzensportler betroffen sein, während scheinbar Untrainierte spielend den Weg auf den Gipfel schaffen. Patentrezepte gibt es keine – manche Menschen sind anfällig für die Höhenkrankheit, andere nicht. Wesentliche **Voraussetzungen** für eine Kilimanjaro-Besteigung sind in jedem Fall ausreichende sportliche Fitness, ein guter allgemeiner Gesundheitszustand sowie ein gewisses Maß an Höhenerprobtheit. Für niemanden gibt es eine Garantie, den Uhuru Peak tatsächlich zu erreichen.

Erregerabtötung länger gekocht werden (etwa 15–20 Min.).

Die **Waschmöglichkeiten** am Berg sind begrenzt. Meist stellen die Träger kleine Plastikschüsseln mit warmem Wasser vor das Zelt. Analog dazu handelt es sich bei den Toiletten um einfache Plumpsklos mit Holzverkleidung. Nur auf der Marangu-Route verfügen die Toiletten über einen etwas besseren Standard.

Das **Essen** am Berg wird vom jeweiligen Gruppenkoch immer frisch zubereitet. Das bedeutet, dass die gesamte Verpflegung für alle Teilnehmer von den Trägern auf den Berg getragen wird. Das Frühstück besteht aus Pulverkaffee und Tee sowie Weißbrot, Marmelade, Honig, Eiern, Würstchen und Früchten. In die Lunchbox wird zumeist ein Sandwich, ein hart gekochtes Ei, ein Stück Hühnchen, Frucht-

Schattenseiten des Kilimanjaro-Tourismus

Leider musste der Kilimanjaro in den letzten Jahren einen Massenansturm an Bergsteigern hinnehmen, vor allem infolge der fälschlichen Behauptung, wonach der Aufstieg über die Marangu-Route nicht mehr als eine anspruchsvolle Bergwanderung in größere Höhen sei. In der Hochsaison werden Dutzende Gruppen zeitgleich auf den Kilimanjaro getrieben. Wenn man bedenkt, dass jede Gruppe aus mehreren Wanderern sowie doppelt so vielen Trägern und Guides besteht, kann man sich ausmalen, wie stark die Menschenmassen Tier- und Pflanzenwelt belasten – zumal die Müllbeseitigung und die Entsorgung menschlicher Exkremente ungelöste Probleme darstellen, was an manchen Routenabschnitten durchaus zu sehen und zu riechen ist.

Natürlich ist eine Besteigung des höchsten Bergs von Afrika reizvoll. Viele Menschen benötigen dazu auch nur eine gute körperliche Verfassung sowie die Lust am Wandern. Die größte Herausforderung für viele Bergsteiger ist aber weniger die technische Seite der Kilimanjaro-Besteigung als vielmehr der stetig abnehmende Sauerstoffgehalt der Luft. Die meisten europäischen Bergsteiger leiden am Kilimanjaro zum ersten Mal an der Höhenkrankheit, denn in Europa liegen die meisten Gipfel unter 3000 m Höhe. Deshalb sollte eine Kilimanjaro-Besteigung trotz der technischen Anspruchslosigkeit wohlüberlegt sein, denn sie ist mit Sicherheit kein Sonntagsspaziergang, und erfahrungsgemäß fällt es den meisten Bergsteigern schwer, kurz vor dem Gipfel umzudrehen, zumal von den bereits gezahlten Gebühren im Falle eines Scheiterns kein Cent erstattet wird. Auch wenn die Behörden oder die Safari-Veranstalter es nicht gern erwähnen, finden doch jedes Jahr an die zehn Personen am Kilimanjaro den Tod, weil sie den Berg unterschätzen – und sich selbst überschätzen.

saft und Obst gepackt. Bei der Hauptmahlzeit am Abend wird üppig geschlemmt – mit deftigen Suppen, Fleisch und Geflügel, wohlschmeckenden Gemüsesaucen sowie Reis und Nudeln. Üblicherweise reicht die Verpflegung aus. Wer etwas Abwechslung in den Menüplan bringen möchte, kann Müsliriegel, Energieriegel oder Bonbons mitnehmen, die es in Tansania nicht zu kaufen gibt. Wer Kräuter- oder Früchtetees bevorzugt, muss sie ebenfalls von zu Hause mitbringen. Bier ist schwer erhältlich, auch auf der Machame- und Marangu-Route; wer Jagatee und Hüttengaudi am Abend liebt, sollte den eigenen Flachmann nicht vergessen. (Auf übermäßigen Alkoholkonsum sollte dennoch verzichtet werden, denn man bewegt sich am Kilimanjaro schließlich auf Höhen, die für den Körper eine erhebliche Belastung bedeuten.)

Notfälle

Die Verwaltung des Nationalparks betreibt zur Versorgung von Verletzungen und anderen Gesundheitsproblemen einen Bergrettungsdienst, der vom jeweiligen Guide angefordert werden muss. Die Rettungs- und Transportmethoden sind allerdings nicht mit denjenigen in Europa vergleichbar. Wenn schwere Verletzungen oder Krankheiten am Berg auftreten, muss eine **Notfallevakuierung** durchgeführt werden (S. 62, „Medizinische Versorgung"). Wer eine Kilimanjaro-Besteigung plant, sollte deshalb schon im Vorfeld klären, ob die Reiseversicherung einen Rettungseinsatz am Berg abdeckt oder ob ein zusätzlicher Versicherungsschutz notwendig ist. Gute Veranstalter bieten automatisch eine Notfallevakuierung an, z. B. mit FAR (First Air Responder) oder AMREF. US$20 oder US$25 für eine einmalige Kurzmitgliedschaft von 14 Tagen sind weise investiert, denn sie sichern eine Notfallversorgung am Unfallort und eine Evakuierung per Flugzeug in ein internationales Krankenhaus. Die dortigen Behandlungskosten werden hingegen nicht übernommen.

Dieses Kapitel entstand in enger Zusammenarbeit mit dem Kilimanjaro-Experten Rudi Stangl, der den Berg schon über 90 Mal bestiegen hat. Er organisiert Kilimanjaro-Besteigungen und führt jährlich mehrere Touren persönlich. Mehr Infos unter „Reiseveranstalter", S. 76.

Pare Mountains

Während im Rückspiegel noch das Kilimanjaro-Massiv thront, beginnt im Grenzland zu Kenia ein Landstrich der Gegensätze – staubtrockenes Grasland zu Füßen der im Osten aufragenden Pare Mountains, ausgedehnte Sisalplantagen und landwirtschaftlich genutzte Flächen, je weiter man nach Süden vorstößt.

Die North und South Pare Mountains gehören zu den Eastern Arc Mountains (Kasten S. 361), einer alten Bergkette, die sich vor über 30 Mio. Jahren formierte. Auf der Westseite ist sie karg, die Ostseite hingegen ist sattgrün mit herrlich tropisch-üppiger Natur. Das Gebiet ist schlecht erschlossen; es gibt nur wenige Pisten und kaum touristische Infrastruktur. Ein echtes Highlight in dieser abgelegenen Region ist der östlich der Bergkette gelegene **Mkomazi National Park**.

North Pare Mountains

Etwa 30 km hinter der Abzweigung vom Arusha-Himo Highway ist die Distrikthauptstadt **Mwanga** erreicht, eine wenig charmante Ansiedlung von Häusern im kargen Niemandsland. Von hier zweigt (bei der Two-in-One-Bar) eine Teerstraße in die Berge ab. Nach wenigen Kilometern geht sie in eine Allwetterpiste über, die ins 25 km entfernte idyllische, fruchtbare **Usangi** führt, Ausgangsort für Wanderungen und Aktivitäten in den North Pare Mountains. Hier geht es sehr informell zu: Beste Anlaufstelle für Informationen und Guides ist die Lomwe Secondary School einige Kilometer hinter Usangi, wo man bei der Schule das Zelt aufschlagen oder aber auch sich in der Cafeteria/Bar verpflegen kann. Wer nicht campen möchte, übernachtet im **Mhako Hostel** ❶ (hart verhandeln!) auf dem Weg nach Lomwe. Auf dubiose Gebühren zur „Dorfentwicklung" (Guide Fee, Coordination Fee, Village Development Fee) werden Reisende in Usangi allenthalben stoßen. Um einige, wie die Eintrittsgebühren für das **Kindoroko Rainforest Reserve** (verhandelbar, aber üblicherweise US$10), wird man nicht herumkommen.

Die Hauptattraktion der Gegend stellen die Wanderung durch den Kindoroko Rainforest sowie die Besteigung des Mount Kindoroko (2113 m) und anderer Gipfel dar, wo man den Lake Jipe und sogar bis zum Kilimanjaro sieht. Eine Dorfführung ermöglicht Einblicke in die Traditionen der Pare; montags und donnerstags ist Markttag in Usangi. Ein paar historische Relikte aus der Zeit der großen Königreiche lassen die präkoloniale Zeit aufleben.

Die Anfahrt von Moshi oder Arusha aus ist relativ problemlos: Überlandbusse stoppen in Mwanga (mit Umstieg in lokale Daladalas nach Usangi, 1 1/2 Std.), andere *ordinary buses* (z. B. Sahara, Rakibu, Fantastic) fahren direkt von Arusha/Moshi nach Usangi (8000/5500 TSH).

Kisangara

Etwa 9 km südlich von Mwanga wartet Kisangara mit einem straffer organisierten Kulturtourismusprogramm auf; außerdem ist Kisangara deutlich einfacher und schneller zu erreichen, da es direkt am Highway liegt. Der Ort verfügt über eine Tankstelle und das größere, recht komfortable (wenn auch überteuerte) **Kindoroko Hotel** ❷–❸.

Drehscheibe für das Kulturtourismusprogramm ist **Mama Grace Mngara**, deren kleines, lokales Gästehaus ❷ direkt neben der Msafari Primary and Medium School liegt. Man kann auch campen (15 000 TSH); Frühstück kostet 5000 TSH, Mittagessen und Dinner jeweils 6000 TSH. Viele Ausflüge werden arrangiert, z. B. zum Markt am Sonntag in Kisangara, am Donnerstag nach Mwanga oder freitags zum Maasai Market von Mgagao, zu traditionellen Tischlern oder Ziegelwerkstätten oder ins Lembeni Herbal Hospital, wo viel Interessantes über die lokale Naturheilkunde zu erfahren ist. Ebenso lernt man bei Mama Grace, wie traditionelle tansanische Gerichte zubereitet werden. Längere Exkursionen führen zum Nyumba ya Mungu-Staudamm oder in die Kindoroko Mountains. Die Kosten variieren je nach Länge des Ausflugs, Transportmittel und Anzahl der involvierten Personen, aber 30 000–40 000 TSH pro Person sind allemal einzuplanen. Kontakt: ✆ 0754-487193 oder ✆ 0784-347746.

Wer mit dem Bus (entweder Überlandbusse oder Coaster von Moshi und Arusha) kommt, steigt an der Tankstelle aus und läuft den Rest zu Fuß oder nimmt ein Mopedtaxi in Anspruch (1000 TSH). Alternativ arrangiert Mama Grace die Abholung.

Same

Der größte Ort der South Pare Mountains, Same, direkt am Highway (und auf der Route der Überlandbusse), ist ein trostloses Straßendorf. Einige staubige Kneipen, die Bier und *chipsi mayai* (Omelette mit Pommes frites) servieren, ein kleiner Bauernmarkt und das wöchentliche Großereignis des Marktes – mehr Infrastruktur gibt es nicht. Der neue, vergrößerte Busterminal, die vor einigen Jahren fertiggestellte Kirche sowie die neuen Überlandleitungen lassen aber erkennen, dass sich in Same etwas tut. Das einfache **Elephant Motel**, ✆ 027-2758193, 🖳 www.elephantmotel.com, ❷–❸, erscheint fast wie eine kleine Oase. Die zweckmäßige, freundliche (mittlerweile leider überteuerte) Unterkunft mit einigen neueren „Suiten" (mit extra Wohnzimmer) liegt direkt am Highway und serviert auch Snacks und tansanische Hauptgerichte. Camping möglich (US$10).

Weitere landestypische Unterkünfte sind das neuere, recht ordentliche **Nzoroko Hotel** am nördlichen Ortsanfang ❷ sowie die ältere **Yongoma Falls Lodge** ❷.

Mkomazi National Park

- **Zugang**: Über das **Zange Gate**, 7 km von Same entfernt, einzige Zahlstelle. An den anderen Gates, Njiro (7 km hinter Kisiwani) und Umba, existieren keine Zahlstellen, der Zutritt ist dort nur mit Sonderarrangement oder nach vorheriger Bezahlung am Zange Gate möglich. Man plant die Einrichtung eines weiteren Gates bei Komakota (Nähe Kivingo), aber ob dort eine Zahlstelle kommt, ist ungewiss. Rausfahren kann man aber bei allen Gates.
- **Eintritt**: US$30 pro 24 Std.
- **Informationen**: Am Zange Gate liegen die Park Headquarters, wo man Erkundigungen bezüglich der Straßen und der Campingmöglichkeiten einholen sollte.
- **Beste Reisezeit**: Für Tierbeobachtung Juli–Dez, während die Landschaft von März–Juni besonders attraktiv ist (Achtung: Black Cotton Soil in großen Teilen des Parks).
- **Hinweis:** Es ist davon auszugehen, dass sich in nächster Zeit einiges verändert, da sich der Park erst langsam formiert, d. h. es könnten neue Campsites oder Aktivitäten hinzukommen.

Über den geteerten Dar-Arusha Highway (81 km ab der Abzweigung vor Himo, östlich von Moshi) erreicht man bequem das größere Straßendorf Same. Von dort ist es ein Katzensprung (ca. 7 km) zum Mkomazi National Park. Abseits des Highways können die Pisten stellenweise schlecht und in der Regenzeit wegen der Black Cotton Soil mitunter unpassierbar sein.

Das Gebiet, das bereits seit 1951 als Wildreservat besteht, ist praktisch die Verlängerung des kenianischen Tsavo West National Park und ähnelt diesem hinsichtlich seiner **Fauna und Flora**. Schon der Name verrät, dass die typisch ostafrikanische Trockensavanne mit braun-goldener Busch- und Strauchlandschaft dominiert: In der Sprache der Pare bedeutet *mko* „Holzlöffel" und *mazi* „Wasser" – damit ist gemeint, dass es hier nur so viel regnet, um einen Schöpflöffel zu füllen. Vereinzelte Baobab-Bäume und unzählige steinige Hügel und Bergketten (bis auf 1600 m Seehöhe) machen das Landschaftsbild abwechslungsreich. Daneben finden sich offenes Savannenland mit Wäldern von Schirmakazien und flache Wiesentäler mit ausgedehnten Grasflächen.

Auf 3240 km² tummeln sich u. a. Giraffen, Elefanten, Büffel, Zebras, Grant- und Thomsongazellen und in großen Konzentrationen Oryx-Antilopen, die seltenen Gerenuk-Antilopen und Beisa-Antilopen sowie weitere Antilopenarten. Auch Löwen, Geparden und Leoparden leben und jagen im grenzüberschreitenden Tsavo-Ökosystem, einem der größten und bedeutendsten Ökosysteme Afrikas. In Summe wurden 78 Wildtierspezies und zusätzlich über 400 Vogelarten gezählt.

1988 lag Mkomazi bildlich gesprochen nahezu am Boden – ein klassisches Beispiel dafür, wie unkontrollierte Wilderei, Überweidung und Abholzung einem Ökosystem schaden können. Die Elefanten des Reservats wurden beinahe und die Spitzmaulnashörner sogar vollständig ausgerottet, ganze Landstriche drohten zu versteppen. Nur der Vision von Tony Fitzjohn, einem leidenschaftlichen Umweltschützer und Weggefährten des ermordeten, legendären George Adamson („The Lion Man of Africa"), ist es zu verdanken, dass sich Mkomazi heute langsam wieder erholt. Seit 1989 gibt es das Mkomazi-Schutzprogramm, mit dessen Umsetzung Fitzjohn von der Regierung beauftragt wurde.

Internationale Reputation bei Naturschützern erlangte das noch viel zu wenig besuchte Reservat durch seine Versuche, sowohl die gefährdeten **Afrikanischen Wildhunde** als auch das in Tansania fast ausgerottete Spitzmaulnashorn zu schützen und deren Population wieder zu vermehren. Das Spitzmaulnashorn-Schutzgehege **Black Rhino Sanctuary** ist einzigartig in Tansania: Hierher werden über Luftbrücken aus Südafrika oder Großbritannien Nashörner gebracht, die nach und nach in den Mkomazi-Naturraum integriert werden sollen. 2012 lebten 18 Nashörner in dem eingezäunten und bewachten Schutzgehege. Nur sechs davon entstanden durch Fortpflanzung im Gehege. Man vermutet, dass es heute in Tansania nur noch an die 80 Spitzmaulnashörner gibt, die in freier Wildbahn leben. Erst Mitte 2010 wurde in der Serengeti ein Nashorn-Ansiedlungsprogramm lanciert (S. 440).

Die Eindämmung der **Wilderei** ist somit nach wie vor die größte Herausforderung für das Mkomazi-Schutzprojekt. Denn obwohl Nationalpark-Strukturen eingeführt, Ranger ausgebildet, Pisten gebaut und Überwachungsflüge geflogen werden, ist das Gebiet einfach zu groß und sind die Mittel zu beschränkt, um der Bedrohung Herr zu werden. Und dennoch gibt es auch Erfolge zu vermelden: Nachdem in den 1980er-Jahren nur noch wenige **Elefanten** im Reservat lebten, hat sich der Bestand inzwischen stabilisiert. Allerdings existieren keine aktuellen Zahlen über die tatsächliche Elefantenpopulation. Bei der Elefanten-Zählung 2011 im Tsavo National Park zeichnete man an die 12 000 Elefanten auf, wovon ein großer Teil vermutlich auch auf die tansanische Seite kommt.

ÜBERNACHTUNG UND ESSEN

Babu's Camp, 11 km nordöstlich des Zange Gate, zu buchen über Anasa Safari, ✆ 027-2548840, 💻 www.anasasafari.com. Schönes, stimmungsvolles Buschcamp mit 5 großen, luxuriös ausgestatteten Zelten, absolut buschnah und unaufdringlich. Die Zelte, weit voneinander entfernt aufgestellt, garantieren Intimität. Das Restaurant-Zelt liegt malerisch unter einem imposanten Baobab-Baum.
❽ mit Vollpension

Es gibt einige **Campingplätze**, der öffentliche Campingplatz (US$30) z. B. liegt 1 km vom Zange Gate entfernt. Die anderen Campsites in Ibaya und Dindira im nordwestlichen Sektor des Parks sind *special campsites* (ohne Wasser und Toilette), US$50 p. P.

Weitere Unterkünfte in Same oder entlang der Panoramastrecke nach Mkomazi Village (S.360), z. B. das Temboni Hotel in Gonja, die Tona Lodge (S. 359) oder das Zebra Camp bzw. Pangani River Camp an der Teerstraße nahe Mkomazi Village.

AKTIVITÄTEN

Pirschfahrten mit dem Fahrzeug sind die übliche Fortbewegungsart im Mkomazi. Mietfahrzeuge im Babu's Camp (US$295 pro Fahrzeug inkl. Guide, max. 4 Pers.).

Walking Safaris sind möglich, entweder organisiert (beim Camp) oder auf eigene Faust. In letzterem Fall muss am Gate Bescheid gesagt und ein Ranger für US$20 pro Tag mitgenommen werden, zzgl. Gebühr für Walking Safaris US$20 p. P.

Babu's Camp unternimmt nach Voranmeldung auch **Night Safaris**, US$50 p. P.

NAHVERKEHR

Bis nach Same ist der Transport leicht zu bewerkstelligen, ab Same fahren entweder **Daladalas** nach Gonja oder Mkomazi (Ausstieg beim Zange Gate erbitten) oder man arrangiert die Abholung durch das Babu's Camp.

TRANSPORT

Selbstfahrer

Die Sandpisten sind je nach Jahreszeit recht passabel, in der Regenzeit allerdings unpassierbar. Mit genügend Treibstoff, Wasser und Lebensmitteln muss man sich spätestens in Same versorgen.

Flüge

Zentral in der Mitte des Parks, in der Nähe des Njiro Gate, gibt es das **Kisima-Flugfeld**, aber sowohl das Camp als auch die Campsites sind besser auf dem Landweg zu erreichen.

South Pare Mountains

Schon die Missionare erkannten die Vorzüge dieser Gegend: Die South Pare Mountains mit dem Hauptort **Manka** (auch bekannt als Manga oder Mbaga, da die umgebenden Hügel „Mbaga Hills" heißen) verfügen über ein angenehmes Hochlandklima sowie sattgrüne Berge mit steilen Hängen (die mehr an Europa als an Afrika erinnern) und sind weniger von Malaria betroffen als andere Landesteile. Die Missionare christianisierten erfolgreich das ansässige Volk der Pare, sozusagen mit der Konkurrenz vor der Haustür: Nur wenige Kilometer weiter unten in der Ebene, im Ort Kisiwani, einem der Durchzugsorte der Karawanen, dominiert bereits wieder der Islam. Viele der ehemals deutschen missionarischen Strukturen sind noch heute intakt. Das kleine Postamt, wo einst deutsche Siedler wohnten, soll dem Vernehmen nach das älteste Gebäude im Dorf sein. Die alte Kirche am Ortsende ist längst nicht mehr im Einsatz, steht aber noch wacker da. Das hiesige Gästehaus war früher die Residenz des Missionars Jakob Dannholz, der 1908 die Missionsstation im Namen der Leipziger Mission gründete. Sein Manuskript über die Traditionen und den Alltag der Pare konnte auf wundersame Weise aus seiner Kriegsgefangenschaft in Ägypten (wo er 1918 starb) gerettet werden und wurde von seiner Familie veröffentlicht. Die Schrift ist auf Deutsch und Englisch erhältlich, zum Gedenkjahr 2008 erschien sie im Dorf auch auf Swahili.

In Manga kann man es gut und gerne ein paar Tage aushalten. Hauptgrund für einen Besuch ist das hiesige ausgezeichnete **Kulturtourismusprogramm**, mit vielen Wanderungen in die South Pare Mountains, die von wenigen Stunden, z. B. zum **Mpepera Viewpoint** mit Blick auf den Mkomazi, bis zu drei Tagen dauern können, etwa wenn man die abenteuerliche und kräftezehrende Besteigung des **Shengena Peaks** (2463 m) in Angriff nehmen möchte. Andere Ausflüge führen zu Seen, Dämmen und Wasserfällen oder bleiben im Dorf, wo die traditionelle Pare-Kultur gezeigt wird. Wer abseits vom oberflächlichen Tourismus Land und Leute kennenlernen will, wird hier auf seine Kosten kommen. Alle Aktivitäten (Wandern, Dorfführungen, Ausflüge) können beim engagierten Besitzer der Tona Lodge, Herrn Elly Kimbwereza, gebucht werden.

ÜBERNACHTUNG UND ESSEN

Tona Lodge, ✆ 0754-852010, 💻 www.tonalodge.org. Einfache Unterkunft und Basis des Kulturtourismusprogramms. Es gibt mehrere Cottages mit einigen Zimmern. Strom vom Generator, fließendes Wasser, Panoramasicht aufs Dorf und die Umgebung. Frühstück inkl., Mahlzeiten um 8000 TSH auf Vorbestellung, Camping für 10 000 TSH p. P. möglich. ❷

TRANSPORT

Selbstfahrer

4,5 km südlich von Same geht nach Osten eine Piste ab. Nach ca. 10 km gabelt sie sich: Hier links gen Osten halten und das Dorf Mwembe durchqueren. Die (ab Highway) ca. 40 km lange, äußerst kurvige Anfahrt durch die Berge dauert je nach Jahreszeit und Pistenzustand mind. 1 1/2–3 Std. und wird in den Trockenmonaten auch von Daladalas absolviert. Alternativ kann die Tona Lodge auch von der anderen Seite, von Kisiwani an der Panoramastrecke (Kasten S. 360) angefahren werden, allerdings ausnahmslos in der Trockenzeit und wegen der engen, kurvenreichen Piste mit einem leistungsstarken Geländewagen.

Daladalas

Von SAME verkehren, wenn die Straßenverhältnisse es zulassen, Daladalas nach Manka.

Fantastische Panoramastrecke

Als Alternative zur eintönigen Fahrt auf der Teerstraße hat die knapp 100 km lange Allwetterpiste (ca. 2 1/2 Std.) von Same über Gonja ins Dorf Mkomazi Village ihren Reiz. Ödland wechselt sich mit fruchtbaren Landstrichen ab; dabei hat man rechts die Pare Mountains und links die Usambara Mountains ständig im Blickfeld. Ab Gonja wird es grüner. Hier beginnen die Reis- und Maisfelder, die großflächigen Sisalplantagen und vereinzelt Baobab-Bäume Nach etwa 60 km tauchen die fruchtbaren Ebenen des Ndungu-Staudamms links Richtung Osten auf, die kurz danach wieder in trostloses Ödland übergehen. Die vielen verschiedenen Vegetationszonen machen die Fahrt abwechslungsreich, wenn auch die Piste zwischendurch holprig ist. An der Kreuzung im Dörfchen Mkomazi hält man sich ostwärts (links), wenn man die steile Anfahrt nach Mtae (S. 372) in Angriff nehmen (nur mit gutem 4WD zu empfehlen) oder über die Gates Komakota (falls eröffnet) bzw. Umba in den Mkomazi National Park fahren möchte; rechts endet die Piste am Dar-Arusha Highway.

8 HIGHLIGHT

Usambara Mountains

Nach knapp 220 km Fahrt ab Moshi erreicht man den lebhaften Ort Mombo, von wo eine Teerstraße ins 33 km entfernte Lushoto abzweigt. Die Straße schlängelt sich nun die Berglandschaft hinauf, vorbei an Wasserfällen (darunter die Soni-Wasserfälle, S. 364), herrlichen Aussichten und üppiger Hochlandflora.

Auf dem Weg nach Mombo liegt der idyllische **Pangani River Campsite** (68 km südlich von Same), eingebettet zwischen dem Fluss und den Eisenbahngleisen. Allerdings sind die Moskitos zu mancher Jahreszeit wirklich eine Plage – also viel Mückenschutzmittel verwenden oder früh in den Schlafsack! Ein paar Kilometer weiter in Richtung Süden befindet sich ein weiterer Campingplatz, **Zebra Campsite** (beide für Selbstversorger interessant). **Mombo** ist die verkehrstechnische Drehscheibe der **West Usambara Mountains**, ein Marktflecken mit Tankstellen, Garküchen und Marktständen, der hauptsächlich von den zahlreichen Überlandbussen lebt, die täglich aus allen Landesteilen vorbeikommen. Von hier starten viele Minibusse in die Berge, u. a. nach Lushoto.

Dass die wundervollen West Usambara Mountains bislang noch nicht von der Tourismusindustrie entdeckt wurden, verwundert eigentlich angesichts ihrer guten Erreichbarkeit. Sie liegen ideal auf dem Weg vom Northern Circuit über den Kilimanjaro zum Indischen Ozean (s. Pangani, S. 214, sowie Ushongo Beach, S. 220).

Alle Reisenden, die es hierher verschlägt, zeigen sich hellauf begeistert (außer in den trüben und kalten Winter- und Regenmonaten, denn da sind die tief hängenden Nebelschwaden wirklich unwirtlich). Unberührte Naturlandschaften, pittoreske Bergdörfer in sattgrüner Vegetation, die die bunten Kangas der Dorffrauen noch farbenprächtiger erscheinen lässt – all das spricht für die westlichen Usambara-Berge mit ihrem Hauptort **Lushoto.** Alle anderen kleinen und großen Dörfer sind durch breite Schotter- und Sandpisten miteinander und mit Lushoto verbunden.

Wanderungen, Radtouren und äußerst aktive Kulturtourismusprogramme sorgen für Kurzweil.

Geschichte

Vom 17. Jh. an waren die Usambara-Berge ein Königreich. **Mbega**, ein junger Mann aus dem Tal, wurde von seiner Familie um den ihm rechtmäßig zustehenden Thron im Dorf beraubt. Er flüchtete in die Berge, ließ sich in der Ortschaft Kilindi nieder und erwarb sich den Ruf eines furchtlosen, stolzen Jägers. Als die Sambaa, das Volk der Usambara-Berge, von ihm hörten, ließen sie sogleich nach ihm schicken, denn das Volk und seine landwirtschaftlichen Flächen wurden von einer Wildschweinplage heimgesucht. In der Hoffnung, der mutige Jäger könne sie von der ihre Ernte bedrohenden Plage befreien, hießen sie ihn willkommen. Mbega

Die Eastern Arc Mountains – gefährdeter Lebensraum

Die Eastern Arc Mountains sind eine uralte, kristalline Gebirgskette, die sich von den Taita Hills in Kenia über die Pare und Usambara Mountains bis in den Südwesten Tansanias zieht. Die wunderschönen Uluguru Mountains bei Morogoro sind ebenso Teil der Gebirgsmasse wie die einmaligen Udzungwa Mountains, heute ein Nationalpark. Wissenschaftler vermuten, dass die Eastern Arc Mountains sich vor über 30 Mio. Jahren formierten, was insofern erstaunlich ist, als beispielsweise der weltberühmte erloschene Vulkan Kilimanjaro „nur" um die 2 Mio. Jahre auf dem Buckel hat. Noch gibt die wenig erforschte Gebirgskette zahllose Rätsel auf; über ihre Entstehung, die vor rund 100 Mio. Jahren begann, existieren kaum gesicherte Fakten.

Einzigartig ist aber nicht nur ihr Alter, sondern auch der enorme **Artenreichtum** insbesondere der endemischen Gattungen (s. Abschnitt „Flora und Fauna"). Er konnte sich zum einen aufgrund der isolierten Lage der Berge entwickeln, zum anderen sorgten die Monsunwinde durch die Nähe zur Küste für ausreichend Regen und Feuchtigkeit. So entwickelten sich neben dem heute fast ausgerotteten küstennahen Regenwald auch Pflanzen, die für die moderne Medikamentenproduktion von höchster Bedeutung sind. An die 100 Tier- und über 830 Pflanzenarten, die sonst in keiner Region der Welt vorkommen, wurden im Gebiet der Eastern Arc Mountains bislang gefunden. Davon stehen an die 100 bereits auf der **Roten Liste** bedrohter Arten. Botaniker, Ornithologen und Biologen geben sich in den Bergen und den zahlreichen Forschungsstationen regelrecht die Türklinke in die Hand. Die Usambara-Berge werden als ökologisch bedeutsam eingestuft und ihre Forschung sowie Erhaltung daher von internationalen NGOs und Geberländern, u. a. auch der EU, finanziert.

Für Tansania geht es beim Schutz der fragilen Ökosysteme aber um weit mehr als um den Erhalt seltener Spezies. Alle Berge der Eastern Arc Mountains stellen für die hier ansässigen Menschen und ganz Tansania **lebensnotwendige Naturräume** dar, die unter allen Umständen schützenswert sind. Viele wichtige Flüsse, an denen Städte und Dörfer oder gar agrarwirtschaftliche Plantagen liegen, werden von den Eastern Arc Mountains gespeist. Man schätzt, dass so bis zu 25 % der Bevölkerung mit Wasser und Lebensmitteln versorgt werden. Noch drastischer ist die Abhängigkeit bei der Energiegewinnung: Mehr als 80 % der Stromversorgung Tansanias hängen von den Regenfällen in den Eastern Arc Mountains ab.

jedoch erwies sich nicht nur als erfolgreicher Jäger, sondern auch als weiser, guter Mann, der Streitigkeiten diplomatisch schlichten konnte und in der Region für Ruhe und Ordnung sorgte. Als Dank für seine heldenhaften Taten ernannte man ihn zum König und die Kilindi zur Königsfamilie.

Das herrschende Geschlecht der **Kilindi** stellte von da an alle wichtigen Funktionsträger im Königreich: den König, die Regions- und Bezirksvorsteher und die Bürgermeister. Zur Hauptstadt des Königreichs wurde Vuga ausgerufen, das in den Bergen südlich von Soni liegt. Über drei Jahrhunderte regierte die Königsfamilie, bis der letzte König schließlich 1947 den Thron bestieg. Dem Vernehmen nach soll seine Regentschaft noch bis ins Jahr 2000 gedauert haben, doch sein politischer Einfluss verringerte sich stetig.

Mbegas besonderes Verdienst war es, das bunte Völkergemisch in den Usambara-Bergen zu einer starken Nation zu verschmelzen, die im 19. Jh. unter dem **König Kimweri** sogar zum mächtigsten Stamm zwischen Sansibar und den Königreichen in der Region der Großen Seen aufstieg.

Von Pangani aus verlief die stark frequentierte **Handelsroute** südwestlich der Usambara-Berge in Richtung Kilimanjaro. Viele der vorbeiziehenden arabischen Händler trieben Handel mit den Sambaa, wobei vornehmlich Kleidung und Schusswaffen den Besitzer wechselten. Auch die wichtigsten europäischen Forscher, wie z. B. Johann Krapf 1848 und 1852 oder Burton und Speke 1857, machten Bekanntschaft mit König Kimweri, den sie in ihren Aufzeichnungen beschrieben, und so sind noch heute akkurate Darstellungen seiner Persönlichkeit vorhanden.

West und East Usambara Mountains

Die Usambara-Berge bestehen aus zwei Gebirgszügen mit Gipfeln bis zu 2440 m, die durch das weitläufige Lwengera-Tal voneinander getrennt sind. Der östliche Gebirgszug, die **East Usambara Mountains**, erhält aufgrund der Nähe zur Küste mehr Niederschlag, ist aber flächenmäßig bedeutend kleiner. Sein Hauptort **Amani**, der nur über Muheza und eine schlechte Bergstraße erreichbar ist, verfügt über wenig Infrastruktur und Annehmlichkeiten. Die **West Usambara Mountains** mit ihrem Hauptort **Lushoto** hingegen sind durch die Teerstraße und gut ausgebaute Pisten leicht zugänglich.

Als Kimweri 1862 verstarb, erhob mangels rechtmäßiger Nachfolger der weit entfernt Verwandte **Semboja** Anspruch auf den Thron. Der als gewalttätig und ehrgeizig beschriebene neue König widersetzte sich mit gewieften Strategien erfolgreich allen Versuchen der Deutschen, das Land zu annektieren. Die Expedition von Hans Meyer und Oscar Baumann (zur Vorbereitung der Landnahme) 1888 scheiterte nicht zuletzt am Herrscher der Usambara-Berge, aber auch an den Wirren des Bushiri-Aufstands, dessen Anführer Semboja als Verbündeten zu gewinnen suchten. Nach der Niederschlagung der Rebellion konnten die Deutschen Semboja auf ihre Seite ziehen, aber auch nur, weil sie ihm ein fürstliches Monatsgehalt anboten. Als er 1895 starb, war der Weg in die Usambara-Berge für die deutschen **Kolonialisten** frei.

Mit den Usambara-Bergen verbanden die Siedler melancholisch-heimatliche Gefühle. Das angenehme Klima, der Überfluss an Lebensmitteln und die liebliche hügelige Gegend, die die meisten Deutschen an zu Hause erinnerte, war ausschlaggebend dafür, dass die Berge als Siedlungsgebiet besonders begehrt waren. Zudem gab es im kühlen Höhenklima keine Malaria. In der Nähe von Korogwe, heute ein Straßendorf am Highway, wurde 1904 das Höhensanatorium von Wugiri in Betrieb genommen, wo gesundheitlich angeschlagene Städter aus Dar es Salaam oder gar Deutschland zur Kur gingen. Viele Siedler bauten in den westlichen Usambara-Bergen gutgehende Plantagen auf und führten dort ein reges gesellschaftliches Leben – auch, weil hier viele Reisende durchkamen, die in den Häusern der Deutschen gern gesehene Gäste waren. Diesen frühen Tourismus hat nicht zuletzt die **Usambara-Bahn** begünstigt, deren Bahnhof Korogwe nur wenige Stunden mit der Kutsche von den Plantagen und Gutshöfen entfernt war. Auch die **Missionare** ließen sich bevorzugt in dem angenehmen Höhenklima nieder, was an der Vielzahl von Kirchen verschiedener Konfessionen noch heute erkennbar ist.

Land und Leute

Bei einem Streifzug durch die Hügel der Usambara-Berge überrascht die **Fruchtbarkeit** der Gegend. Jedes Fleckchen wird für den Anbau von Lebensmitteln genutzt; bis zu dreimal im Jahr können Gemüseernten eingefahren werden. Der Großteil der Ernte geht in den Verkauf in die großen Ballungszentren. u. a. Mais, Kartoffeln, Bohnen, Avocados, aber auch Kaffee, Tee oder Kardamom. Außerdem werden Früchte kultiviert, die gemäßigtes Klima benötigen, wie Äpfel, Pflaumen oder Erdbeeren. Solcherlei Früchte auf einem beliebigen Markt in Dar es Salaam, Arusha oder Stone Town stammen mit hoher Wahrscheinlichkeit aus den Usambara-Bergen. Diese wichtige landwirtschaftliche Rolle erklärt teilweise auch den erstaunlich guten Zustand der Straße nach Lushoto. Wen es wundert, dass östlich des Marktes eine nagelneue, breite Teerstraße in die Berge führt: Dem Altpräsidenten Benjamin Mkapa zuliebe verlängerte man die Teerstraße 2006 direkt bis zur Einfahrt seiner stattlichen Residenz, die unweit der Muller's Mountain Lodge liegt.

Laut Volkszählung 2012 leben 492 000 Menschen in den West Usambara Mountains, die einer der drei großen **Ethnien** in den Bergen angehören. Zahlenmäßig die größte Gruppe stellen die Sambaa dar. *Shambaa* bedeutet „Feld" oder „Acker" auf Swahili, und so deutet bereits der Name darauf hin, dass das fruchtbare Land der Usambara-Berge seit Generationen bewirtschaftet und kultiviert wird. Weitere, kleinere Volksgruppen sind die Buga und die Pare. Sie al-

WEST USAMBARA MOUNTAINS

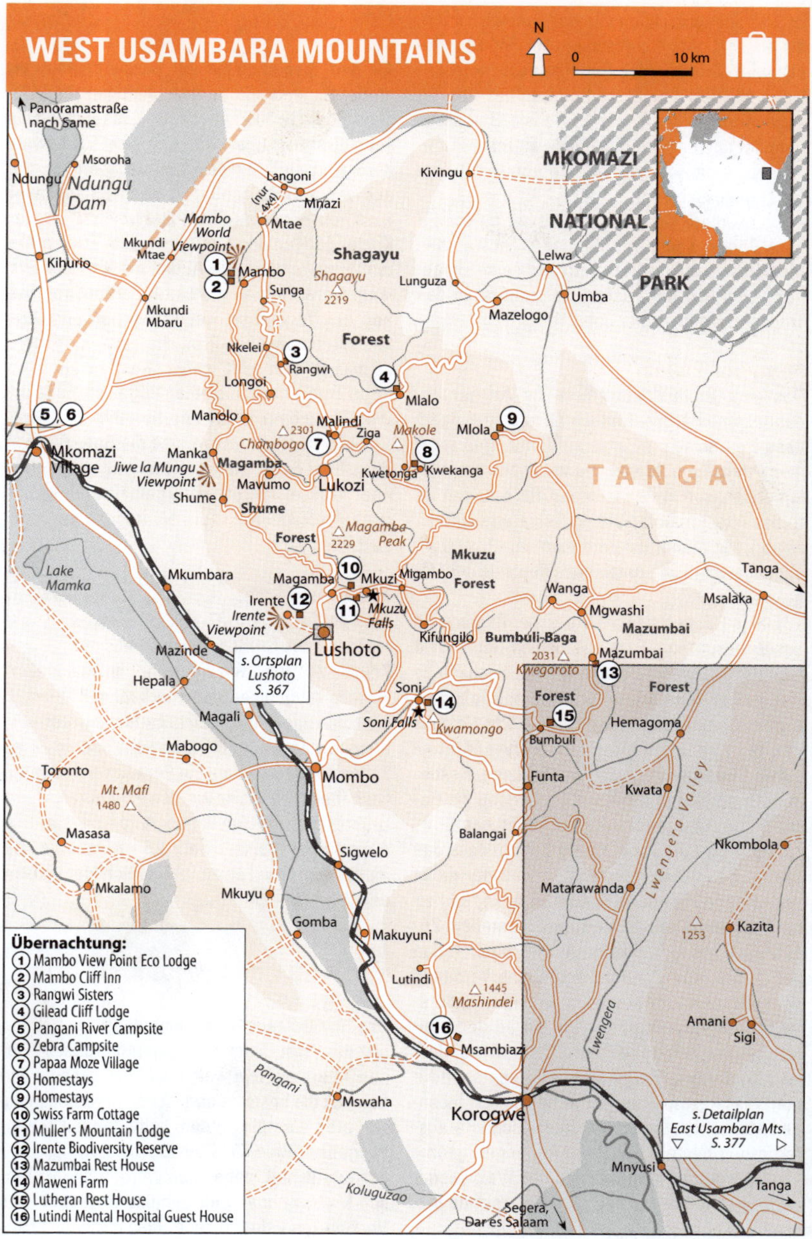

le leben hauptsächlich von der Landwirtschaft, die ausschließlich in traditioneller Form betrieben wird. Großflächige Dauerbewässerungsanlagen existieren nicht, stattdessen hat sich die sogenannte *local irrigation* (lokale Bewässerungstechnik) erhalten, wo jede einzelne Pflanze jeweils am Morgen und am Abend mit dem Eimer gegossen wird.

Das kühlere Klima sorgt nicht nur für fruchtbare Böden, sondern auch dafür, dass es den Moskitos zu kühl ist. Lushoto und seine Umgebung sind **fast malariafrei**, Vorsicht ist in den Tropen trotzdem immer geboten.

Flora und Fauna

Das gemäßigte Klima sowie die Abgeschiedenheit der Bergwelt haben dazu beigetragen, dass die Usambara-Berge aufgrund ihres enormen **Pflanzenreichtums** und vor allem ihrer vielen endemischen Pflanzen und Tiere zu den interessantesten botanischen Gebieten weltweit zählen. Mit Sicherheit wird man beim Wandern auf ungewöhnliche Amphibien, Reptilien und Vögel stoßen.

Einige Flächen sind als tropischer **Regenwald** ausgewiesen, so z. B. der Magambo-Regenwald oder der Mazumbai-Regenwald. Heimisch fühlen sich hier in den Bergen vor allem der Schwarzweiße Stummelaffe *(Black and White Colobus Monkey)*, die Grüne Meerkatze *(Vervet Monkey)* sowie Chamäleons und Schmetterlinge. Besonders Ornithologen schätzen die Gegend als Garanten für aufregende Vogelbeobachtungen.

Auch als Laie kann man erahnen, dass das stetige Bevölkerungswachstum und der damit verbundene steigende Bedarf an Ackerland eine **Bedrohung des Ökosystems** darstellen. Zusätzlich führen Monokulturen zur Degeneration der Böden, Rodungen bewirken eine Verödung der Landschaft und sorgen für Erosion – mit dramatischen Auswirkungen für die an den steilen Hängen gelegenen Bergdörfer. Besonders wichtig sind die Berge und ihre Vegetation für die Wasserversorgung der in der Region lebenden Menschen. Die größte ökologische Herausforderung besteht darin, die Rodungen ganzer Landstriche zu verhindern und den Wald wieder aufzuforsten, um das derzeitige Mikroklima mitsamt den häufigen Regenfällen zu erhalten.

Soni

Auf dem Weg nach Lushoto passiert man direkt an der Hauptstraße den geschäftigen Marktflecken Soni (12 800 Einwohner). Das ganze Dorf scheint ein einziger Markt zu sein: Zu bewundern sind eimerweise knallrote Tomaten, Säcke von Zwiebeln oder je nach Saison auch Kirschen oder Pflaumen. Dazwischen spielen Kinder Fangen und bunt gekleidete Frauen bieten ihre Ware feil. Die Augen müssen sich erst langsam wieder an die satten, prächtigen Farben der Vegetation, der Menschen und ihrer landwirtschaftlichen Produkte gewöhnen, denn all dies steht in auffallendem Kontrast zur trostlosen Trockenheit, die unten im Tal, am Fuße der West Usambara Mountains, herrscht.

Einen Abstecher wert sind die Soni-Wasserfälle, **Soni Falls**, die zwar fast das ganze Jahr über Wasser führen, naturgemäß aber in und nach der Regenzeit (April bis August) am imposantesten sind.

ÜBERNACHTUNG UND ESSEN

Maweni Farm, ✆ 0787-279371, 💻 www.maweni.com. Großes Anwesen aus der Kolonialzeit zu Füßen eines überdimensionalen Felsens mit üppiger Blumenpracht und einem künstlich angelegten Teich. Einfache Unterbringung, entweder im Haupthaus oder in Zelten vor dem Felsen. Ein Paradies für Vogelliebhaber; Bird Walks werden angeboten. Organisation von Ausflügen. Anfahrt: Erste Abzweigung rechts in Soni, 2,5 km immer in Richtung großer Felsen fahren. Schilder weisen den Weg. ❷–❸

Bumbuli und Mazumbai Forest

Das 10 000-Seelen-Dorf **Bumbuli** an den Osthängen der West Usambaras genießt großes Ansehen, in erster Linie weil das Missionsspital von Bumbuli die beste medizinische Versorgung weit und breit darstellt. In dem bedeutenden Teeanbaugebiet leben 95 % der Bevölkerung von der Landwirtschaft, neben Tee werden hauptsächlich Mais, Bohnen und Gemüse angebaut. Das Herkulu Tea Estate erzeugt beispielsweise Fair-

© KURT KAUBE

Nur ein geschultes Auge erkennt Chamäleons in der saftig grünen Landschaft.

Trade-Tee, der auch im Westen vielerorts erhältlich ist. Der größte Arbeitgeber der Region ist aber das deutsche Benediktinerkloster **Sakarani**, das 1946 als Versorgungsgut für die Abtei Nanda gegründet wurde. Man kultiviert große Flächen an Kaffee, Macademianüssen, Chininrinde und Wein und stellt in einer Schreinerei in Handarbeit Schulmöbel her. Da die Klosterbrüder lieber unter sich bleiben, ist das Gut für Touristen nicht zugänglich. Gleich hinter Bumbuli, bei der lutherischen Missionsstation samt Krankenhaus, liegt das einfache **Lutheran Rest House** ❶ mit acht landestypischen Zimmern und Gemeinschaftsbad.

Nordöstlich von Bumbuli liegt das **Mazumbai Forest Reserve**, ein verbliebener Rest tropischen Bergregenwaldes, wo neben zahllosen Vögeln seltene Tier- und Pflanzenarten zu sehen sind. Das Waldschutzgebiet zählt zu einem der 25 wichtigsten Biodiversität-Hotspots der Welt und hat alles, was man sich unter Urwald vorstellt: 50 m hohe Baumriesen, seltene Affen (z. B. den Angolischen Stummelaffen), Käfer, Spinnen, Schlangen und rauschende Wasserfälle. Fast unvorstellbar ist, dass der dichte Regenwald früher einmal die gesamten Usambara-Berge bedeckte. Nur Mazumbai und einige andere Inseln sind der Abholzung entgangen und wurden unter Schutz gestellt. Die einzige Übernachtungsmöglichkeit ist das **Mazumbai Rest House** ❶ aus Kolonialtagen mit landestypischem Standard.

Von Soni aus führt eine Piste über Funta nach Bumbuli, aber die Schönheit des Landstrichs erschließt sich am ehesten auf einer mehrtägigen **Wanderung**. Ausgehend von Soni und der Maweni Farm macht man entweder eine zweitägige Rundwanderung oder geht auf dem Weg in die East Usambara Mountains (S. 374) an Bumbuli und dem Mazumbai Forest vorbei.

Lushoto

Hinter Soni, nach etlichen scharfen Kurven und gefährlich schmalen Straßenabschnitten, ist der Hauptort Lushoto erreicht, malerisch eingebettet in die Berge. Unwillkürlich fühlt man sich angesichts der üppig grünen Pracht und der schroffen Bergmassive an die Schweizer Alpen erinnert.

Nachdem der wehrhafte König Semboja 1895 starb, begannen die Deutschen alsbald mit dem Ausbau der Siedlung. Wenige Jahre später entwickelte sich Wilhelmstal, wie Lushoto in der Kolonialzeit hieß, zur beliebten **Sommerfrische**. Während der äußerst unangenehmen Sommermonate an der Küste führten die Kolonialbeamten ihre Regierungsgeschäfte von Wilhelmstal aus. Kurzfristig überlegte man sogar, die Hauptstadt wegen des viel bekömmlicheren Klimas hierher zu verlegen. 1913 war Wilhelmstal eine deutsche Kleinstadt wie aus dem Bilderbuch: Es gab ein Bezirksamt, eine 64 Mann starke Polizeitruppe und andere administrative Einrichtungen wie das Forstamt oder ein Vermessungsamt. Alle zwei Wochen kam „Europapost", wofür das hiesige Postamt zuständig war. Vier europäische sowie zwei indische Firmen versorgten die deutschen Siedler mit dem Nötigsten, zwei Gasthäuser hielten gesellschaftliche Traditionen aufrecht. Seit 1905 verkehrte die Usambara-Bahn von Tanga nach Mombo, von wo eine „Automobilstraße" nach Wilhelmstal führte. Zu dieser Zeit lebten an die 420 deutsche Siedler in den Usambara-Bergen (den ganzen Bezirk nannte man auch Wilhelmstal), verteilt auf insgesamt 17 Missionsstationen, knapp 20 Plantagen und zahlreiche Gewerbebetriebe.

Überall im Dorf Lushoto und in den Bergen finden sich **Relikte aus der Kolonialzeit**. Das größte Gebäude, das ehemalige deutsche Bezirksamt, steht linker Hand, bevor die Hauptstraße durch den Marktflecken nach der alten Post (auf der rechten Seite) eine Rechtskurve macht. Es dient heute noch als Verwaltungssitz. Auch alte Wohnhäuser und Kirchen tragen unverkennbar die deutsche Handschrift. Es existieren zudem noch zahlreiche alte Gräber.

Heute leben die 28 000 Einwohner von Lushoto und seinem Umland ausschließlich von der Agrarwirtschaft. Der sanfte Tourismus treibt zögerliche Blüten, was vor allem den attraktiven **Kulturtourismusprogrammen** zu verdanken ist. Die Usambara-Berge rund um den Hauptort Lushoto werden vermutlich trotzdem noch länger ein Geheimtipp unter wanderbegeisterten Reisenden bleiben – und das ist gut so.

Die beste Reisezeit, um Lushoto zu erkunden, ist definitiv der tropische Sommer von November bis März, wo das tagsüber gemäßigte Klima Wanderungen zu einem Genuss macht. Es wird selten heißer als 25 °C. Zur Standardausrüstung für die West Usambara Mountains gehören feste, knöchelhohe Wanderstiefel sowie eine wärmende Fleecejacke. In den Regenmonaten ist ein Regenponcho ratsam.

ÜBERNACHTUNG

Von Juni bis September kann es nachts ganz schön abkühlen, bisweilen sinken die Temperaturen bis auf den Gefrierpunkt. Für diese Jahreszeit sind warme Pullover empfehlenswert, da es in den Unterkünften keine Heizungen gibt.

Lushoto

In der Nähe des Busbahnhofs gibt es jede Menge billige, schmuddelige lokale Gästehäuser. Zu den besseren Budget-Optionen zählen u. a. das **Triple Twelve Hotel** (Nähe Friends of Usambara), das **White House Annex** oder das **Kialilo Green Garden Motel** (oberhalb von Lushoto, nur wenige Gehminuten vom Busterminal entfernt, Anfahrt über die Einfahrt beim Lawns Hotel), alle drei ❶.

€ **Tumaini Hostel**, in der Hauptstraße, ✆ 027-2660094, ✉ tumaini@elct-ned.org. Einfache, freundliche Backpacker-Herberge älteren Datums unweit vom Busbahnhof und dem Zentrum mit 22 hellhörigen Zimmern in 2 Kategorien, die „Suiten" (um 35 000 TSH) sind definitiv zu bevorzugen. Einige Zimmer nur mit Gemeinschaftsbad. Besser, man nimmt ein Zimmer in der oberen Etage im hinteren Teil. Landestypisch in jeder Hinsicht, z. B. unregelmäßig Warmwasser oder Strom sowie unmotiviertes Personal. Im Restaurant typisch lokale Küche, sehr gepflegter, schöner Garten. Sicheres Parken. ❶–❷

Kakakuona Lodge, am nördlichen Ortsende hinter der Post, ✆ 027-2640273, 💻 www.kakakuonatz.com. Einfaches landestypisches Gästehaus mit 10 Zimmern, etwas außerhalb vom Zentrum. Schön gelegenes Restaurant mit Blick ins Grüne. Camping möglich, 10 000 TSH pro Zelt. Transport vom Busbahnhof max.

Übernachtung:
1. Highland Park Hotel
2. Muller's Mountain Lodge
3. Swiss Farm Cottage
4. Kakakuona Lodge
5. Triple Twelve Hotel
6. Tumaini Hostel
7. Kialilo Green Garden Motel
8. White House Annex
9. Lawns Hotel (Camping)
10. Irente Biodiversity Reserve
11. Avocado Lodge
12. St. Eugene's Hostel
13. Kanaani Resthouse

Essen:
1 Triple Twelve
2 Friends Corner
3 Fadhil Restaurant
4 Sham Café
5 Checkpoint Bar
6 Green Valley Café
7 Tumaini Hostel
8 Irente Biodiversity Reserve

Sonstiges:
1 SED Tours and Adventures
2 Friends of Usambara
3 Shetumba Pharmacy
4 Ado duka la dawa (Apotheke)
5 Tupande
6 Cabbage Club
7 Hub Club
8 District Hospital

1500 TSH mit dem *piki piki* oder Taxi für max. 3000 TSH. ❶

Kanaani Resthouse, vor der Stadt beim Hospital links abbiegen, vorbei am Hospital, danach links, genaue Anfahrtsbeschreibung vorher einholen, ✆ 0756-189123 oder 0713-734460, ✉ kanaaniRest@hotmail.com. Viel Qualität für wenig Geld! Sabine Mmole, verheiratet mit einem Tansanier und seit 1992 im Land, betreibt ein einfaches, aber herzlich geführtes Gästehaus mit nur 4 zweckmäßigen Zimmern oberhalb von Lushoto mit schönem Panoramablick. Ausgezeichnetes, abwechslungsreiches Essen mit hausgemachten Spezialitäten; familiäre Atmosphäre. Sabine geizt nicht mit Informationen und interessanten Einsichten ins tansanische Leben. Taxi 5000 TSH vom Busbahnhof, interessante Langzeittarife. ❷

Highland Park Hotel, am nördlichen Ortsende von Lushoto nach der Post, ✆ 0716-112132, 💻 highlandparktz.com. 25 saubere, recht geräumige Mittelklasse-Zimmer in erhöhter Lage ein wenig außerhalb des Zentrums mit schönem Blick auf Lushoto. Im mehrstöckigen Gebäude gibt es mehrere Kategorien von Zimmern, teilweise mit Balkon. Internetcafé, lokale und indische Küche. Nach der Ankunft mit dem Bus sollte man ein Taxi nehmen (3000 TSH), aber ansonsten kann man ganz leicht ins Zentrum spazieren. ❷

St. Eugene's Hostel, Ubiri, 3 km vor Lushoto direkt an der Hauptstraße (ca. 30 Min. Spaziergang in die Stadt), ✆ 0784-523710, 💻 www.st-eugenes-hostel.com. Die von katholischen Schwestern geführte Unterkunft verfügt über praktische 14 Zimmer (fast alle Twins, nur 1 Zimmer mit Doppelbett) mit Bad/WC und Balkon. Sauber und mit gutem Frühstück (Marmelade, Käse und Säfte aus eigener Produktion). Gute, preiswerte lokale Küche, mehrgängiges Lunch/Dinner ca. 8500 TSH. Als Montessori Training Centre ausgeschildert. Sicheres Parken. ❷

Avocado Lodge, Abzweigung am Ortsanfang links, in die Piste zum Hospital einbiegen, ✆ 0773-282212, 💻 www.avocadolodge.com. Die neuste Ergänzung an Hotels in Lushoto, mit 10 großen, landestypischen Zimmern in mehreren Kategorien mit Safe, WLAN, Kaffee/Tee-Station in einem roten Backstein-Haus. Sehr ruhige Hanglage. ❷–❸

Außerhalb

Homestays rund um Lushoto, anfragen bei den Friends of Usambara, ✆ 027-2660132, 💻 www.usambaratravels.com. Homestays eröffnen ausgewählten Bauern zusätzliche Einkommensmöglichkeiten. Besucher sollten an (reduziertem) Landleben interessiert sein. 20 000 TSH p. P. inkl. Frühstück, Verpflegung extra. Teilweise liegen die Homestays weit von Lushoto entfernt.

Muller's Mountain Lodge, 17 km nordöstlich der Stadt, an der Kreuzung von Magamba rechts abbiegen, unweit vom Swiss Farm Cottage, ✆ 0782-315661, 💻 www.mullersmountainlodge.co.tz. Die Lodge wurde in den 1930er-Jahren im Stil eines englischen Landsitzes errichtet und ist von üppigen Gärten umgeben. Das Haupthaus mit 4 Zimmern wird weitgehend originalgetreu erhalten. Die restlichen, ebenso zweckmäßigen wie individuell dekorierten Zimmer befinden sich in Nebengebäuden. Wander-Guides werden vermittelt, Mountainbikes US$20 pro Tag. Großes Areal zum Campen vorhanden. Geleitet wird die Lodge von Karl Rudy Müller, einem deutschstämmigen Tansanier. ❸

Swiss Farm Cottage, Mkuzi, 15 km nordöstlich der Stadt, an der Kreuzung von Magamba rechts abbiegen, ✆ 0715-700813, 💻 www.swiss-farm-cottage.co.tz. Schönes Anwesen mit zweckmäßigen Zimmern und jeder Menge Aktivitäten. Leider hat sich das Schweizer Urgestein Kiboko, der das Swiss Farm Cottage wiederbelebt und renoviert hat, aus dem Projekt zurückgezogen. Wie lange die Qualität der Unterbringung gewährleistet bleibt, ist fraglich. ❸

Camping

Das **Lawns Hotel** bietet die Möglichkeit zu zelten (US$10 p. P.); warme Duschen stehen zur Verfügung. Idyllisch ist es auch in der **Muller's Mountain Lodge** (US$6 p. P., ebenfalls mit Warmwasser) oder dem **Irente Biodiversity Reserve** (siehe „Essen“, 7000 TSH p. P., auch hier heiße Duschen).

ESSEN

In Lushoto gibt es viele günstige Restaurants, besonders in der Nähe des Busbahnhofs und des Marktes, z. B. die **Checkpoint Bar**, das **Sham Café**, das **Green Valley Café** oder das **Fadhil Restaurant** neben der NMB. Gut und beliebt ist das **Friends Corner** (neben den Friends of Usambara) wegen der Grillgerichte und *mishkaki*. Im Hotel **Triple Twelve** (ebenfalls in der Nähe der Friends of Usambara) trifft man sich auch gerne zum Essen. Gute Küche serviert insbesondere das **Tumaini Hostel**.

Irente Biodiversity Reserve, vor Lushoto links in Richtung Westen abzweigen, dann der Straße in Richtung Irente Viewpoint und Irente View Cliff Lodge folgen, ✆ 0784-502935. Hier sollte man unbedingt das Picknick Lunch, bestehend aus exzellenten, selbst gemachten Speisen, kosten (Roggenbrot, Marmelade, Säfte, Käse, Quarkaufstriche). Diese Köstlichkeiten können von Campern oder Selbstfahrern auf Vorbestellung auch leicht zum Frühstück umfunktioniert werden. Sehr lecker und mit 7000 TSH extrem günstig. Es gibt zweckmäßige Zimmer (ab 40 000 TSH p. P.), die aber düster und feucht sind. Mo–Fr 8–16, Sa–So 10–16 Uhr.

Langzeitreisende und Selbstversorger können bei den Schwestern des **St. Eugene's Hostel** (s. „Übernachtung") Bananenwein, Käse und Marmeladen kaufen.

UNTERHALTUNG

Das Nachtleben ist in einem Bergdorf naturgemäß beschränkt. Außer zahlreichen lokalen Bars rund ums Zentrum, z. B. **Friends Corner** oder **Triple Twelve** (beide neben Friends of Usambara) oder in der **Checkpoint Bar**, gibt es kaum Angebote. Hoch her geht es hingegen oft in der Bar des **Lawns Hotel**. Die Bar ist urig und proppenvoll mit Fotos, Wimpeln und Bierdeckeln, das Bier erfrischend kalt. Der **Cabbage Club** im CCM-Gebäude (gegenüber TTCL) erwacht Fr–So ab 21 Uhr zum Leben (Eintritt 3000 TSH). Ob der Hub Club bei den Saba Saba Grounds wieder aufmacht, muss vor Ort geklärt werden.

EINKAUFEN

Jeden Donnerstag und Sonntag finden sich in und vor den Türen der großen Markthalle im Zentrum von Lushoto Händler aus der ganzen Region zu einem bunten **Markt** ein. Verkauft wird von frischem Obst und Gemüse über Secondhandkleidung, lokale Töpferwaren oder Kangas alles, was Tansanier im Alltag benötigen.

AKTIVITÄTEN

Siehe Hinweise zu Flycatchern S. 339.

Radfahren

Die **Friends of Usambara** haben einige recht gut gewartete Mountainbikes. Individuell zusammengestellte Touren führen z. B. von Lushoto nach Moshi (US$25/Tag).

Swahili lernen

Karibu Rafiki Language School, Anfahrt siehe Kanaani Resthouse, ✆ 0713-734460, ✉ KaribuRafikiLS@web.de. Die Initiatorin der Sprachschule ist Sabine Mmole, Betreiberin des Kanaani Resthouse. Einwöchiger Intensivkurs samt Unterbringung, Verpflegung und 21 Std. Unterricht US$200 (350 000 TSH). Einzelstunde 8000 TSH.

Tourveranstalter

Der Kulturtourismusveranstalter **Tayodea** kann nicht mehr uneingeschränkt empfohlen werden, da die Einnahmen nicht, wie vollmundig behauptet, in soziale Projekte der Region gehen. Außerdem zahlt er den Hotels Provisionen, statt die Einnahmen an die Bevölkerung weiterzugeben. Die (hohen) Preise für Touren setzen sich aus zahllosen Komponenten zusammen, denn jede auch nur peripher involvierte Person will an den Touristen Geld verdienen.

Friends of Usambara, nach dem Markt vor der NMB Bank rechts, ✆ 027-2660132, www.usambaratravels.com. Das recht zentral gelegene Tourist Information Centre ist Heimat eines der ältesten Kulturtourismusprogramme in Tansania, das seine Tätigkeit 1997 mit Hilfe einer holländischen Organisation aufgenommen hat, aber mittlerweile eigenständig agiert. Ein Teil der Einnahmen wird (angeblich) in Gemeinschaftsprojekte investiert, z. B. in Naturschutzinitiativen. Zahlen keine Provisionen an die Hotels, deswegen werden sie nur von wenigen Hotels empfohlen. Wanderungen, Radtouren, Autovermietung (US$100/Tag), allgemeine Informationen. Gratis WLAN im Büro.

Tupande, beim Busbahnhof, ✆ 0783-908597, 💻 www.tupande-usambara.org. Neues, engagiertes Kulturtourismusprogramm mit frischen Ideen, die wahrscheinlich alsbald von der Konkurrenz kopiert werden, z. B. Kaffeetour zu einer Gruppe Kaffee-Bäuerinnen, Trommelworkshop bei Sonnenuntergang am Irente View Point mit typisch tansanischem Abendessen, Kochkurse mit lokalen Frauengruppen oder Tagesausflug nach Vuga zur Familie des letzten *chief* Kimweri.

SED Tours and Adventures, an der Hauptstraße im Lushoto Sun Hotel, ✆ 0784-689848, ✉ anna@sedadventures.com. Angemeldeter Tour Operator mit Lizenzen für Safaris und Bergbesteigungen. Anna, die gute Seele des Büros, antwortet sogar auf E-Mails. Fahrradtouren von wenigen Stunden bis zu 5 Tagen, Wanderungen nach Mtae, Safaris nach Mkomazi und Amani sowie Northern Circuit. Effizient und gut organisiert, mit Büro in Arusha.

Wandern

Lushoto hat zahllose attraktive Routen zu bieten. Zu den beliebtesten zählen die leichte Wanderung zum grandiosen **Irente Viewpoint** (mit Blick auf die darunter liegenden Ebenen (einen Teil der Strecke dorthin kann man auch per Anhalter mit einem Pick-up absolvieren, Fahrt ca. 1 Std.), in den **Magamba-Shume-Regenwald**, auf den **Migambo Peak** oder zu den **Mkuzu-Wasserfällen.**

Eine spektakuläre mehrtägige Wanderung führt nach **Mtae**, eine andere schöne Tour über die Bumbuli-Mission in den **Mazumbai-Regenwald**. Tagestouren ab US$30 p. P., mehrtägige Touren ca. US$70–90 pro Tag inkl. Verpflegung und Übernachtung. Mehr Infos bei den Kulturtourismusprogrammen in Lushoto.

Im kühleren Bergklima fahren die fleißigen Bauern bis zu drei Ernten pro Jahr ein.

© KURT KAUBE

SONSTIGES

Apotheken

Die besten Apotheken sind die **Ado duka la dawa** (neben der Tankstelle), die **Shetumba Pharmacy** (bei der NMB Bank) sowie die *dispensary* von **St. Eugene**.

Autovermietungen

Fahrzeuge können bei den **Friends of Usambara** gemietet werden, z. B. US$60–100/Tag für 6 Personen inkl. Benzin, solange die Usambara-Berge nicht verlassen werden. Ein Taxi für den ganzen Tag kostet etwa 60 000–100 000 TSH, je nach Distanzen.

Geld

CRDB-Automat (Visa-, Maestro-/Master-Card) bei der Post. Das **Forex-Büro** am Tumaini Hostel wechselt als einzige Institution in Lushoto Geld, aber zu denkbar schlechtem Kurs. Tipp: ausreichend Barmittel in die West Usambara Mountains mitbringen.

Informationen

S. „Aktivitäten".

Internet

Usambara Communication Centre, schräg gegenüber der NMB. Ein weiteres liegt neben dem **Tumaini Hostel**. Preis ca. 2000 TSH/Std. Gratis WLAN im Büro der **Friends of Usambara**. Einige Unterkünfte haben ebenfalls Internetanschluss oder WLAN, z. B. Highland Park Hotel oder Avocado Lodge.

Medizinische Hilfe

Das **District Hospital** liegt direkt an der Asphaltstraße kurz vor dem Ortseingang von Lushoto. Die bessere Alternative ist das von der lutherischen Kirche geführte **Bumbuli Hospital**, ✆ 027-2640361, 40 km südöstlich von Lushoto in Bumbuli.

Polizei

Gegenüber der Kirche im Ortszentrum.

Post und Telefon

Das **TTCL-Büro** liegt kurz vor dem Tumaini Hostel, die **Post** am nördlichen Dorfende.

Sicherheit

Seitdem die Kulturtourismusveranstalter einen Teil des eingenommenen Geldes an Sozialprojekte in der Region spenden, sind die Übergriffe auf allein gehende Touristen zurückgegangen. Es ist aber ratsam, für Wanderungen einen Guide anzuheuern.

Taxis

Taxis sind vereinzelt unterwegs, am besten man fragt am Busbahnhof oder bei den Unterkünften danach, z. B. 15 000 TSH zur Mullers Mountain Lodge, 60 000 TSH zur Mambo View Lodge (S. 373). Eine Fahrt innerhalb des Ortes kostet max. 4000 TSH.

TRANSPORT

Selbstfahrer

Lushoto kann bedenkenlos auch während der Regenzeit auf der Teerstraße angefahren werden. Hinter Lushoto sind die Pisten in den Regenmonaten aber vielerorts unpassierbar. Tankstellen in Mombo und Lushoto.

Daladalas

Der *stendi kuu* befindet sich beim Markt. Von Mombo und Lushoto aus fahren mehrmals tgl. Minibusse in die entlegensten Regionen (in der Regenzeit eingeschränkte Verbindungen), u. a. nach MOMBO, LUKOZI, MTAE, MLALO oder SONI (mit Anschluss nach Bumbuli). Max. 5000 TSH.

Busse

Anreise entweder mittels Direktbussen, z. B. von Moshi aus mit *semi-luxury*-Bussen, oder mittels sicherer *luxury*-Busse, die die Strecke Arusha–Dar es Salaam bedienen und in Mombo stoppen (ab dort weiter mit Minibussen). Auch wenn kreative Busfahrer oder *kondakta* behaupten, man könne in Mombo nicht aussteigen bzw. nur Tickets für die gesamte Strecke lösen, stimmt das nicht. Zu- und ausgestiegen wird nicht bei der Kreuzung, sondern nördlich von Mombo (in Mombo nachfragen!). Wie überall in Tansania ist auf dem Busbahnhof besondere **Vorsicht** walten zu lassen – lieber auf die Empfehlungen anderer Reisender und

des Reiseführers hören als auf die „verlockenden" Angebote der Flycatcher.
ARUSHA (direkt), mit Fasaha und Chaikito, Abfahrt 7–7.30 Uhr, Dauer ca. 7 Std., max. 20 000 TSH.
DAR ES SALAAM (direkt, Ubungo Bus Terminal), mit Ibariki, Burdan, Mbaraku, Shambalai und Saibaba, Abfahrt 6–12 Uhr, Dauer 7–8 Std., max. 22 000 TSH.
MLALO, mit Chaikito und Saibaba (kommen von Arusha, Dar und Tanga), Abfahrt am frühen Nachmittag, Dauer 1–2 Std., 7000 TSH. Auch Daladalas für 5000 TSH.
MOMBO, siehe Daladalas, Abfahrt alle 10–15 Min., 1 Std., max. 4000 TSH.
MOROGORO, mit Kimaka, Abfahrt um 8 Uhr, 5–6 Std., 16 000 TSH.
MOSHI, siehe Arusha.
MTAE, mit Fasaha, Shambalai, Airbus, Abfahrt um die Mittagszeit, Dauer 2–3 Std., 7000 TSH.
TANGA via Muheza, mit Makadiri, Tashrif und Airbus (von Mtae kommend) oder Shashui (Expressbus), Abfahrt regelmäßig 6–16.30 Uhr, Dauer 3–4 Std., max. 15 000 TSH, von/nach Muheza 6000 TSH. Mit Shashui erreicht man zeitgerecht den Flug von Tanga nach Sansibar bzw. Dar es Salaam um 16 Uhr.

Auf der Hauptpiste nach Mtae

Nach der markanten Kreuzung in **Magamba**, wo man sich links hält, folgt man der Hauptpiste. Man passiert die Sebastian Kolowa Memorial University, eine Bildungseinrichtung, die von der lutherischen Kirche betrieben wird und erst kürzlich um einen modernen Hörsaal (auf der rechten Straßenseite) erweitert wurde. Schwerpunktmäßig wird neben Recht und Ökotourismus sowie Naturschutz Sonderpädagogik gelehrt, was aufgrund der Ausgrenzung von behinderten Menschen in Tansania besonders bemerkenswert ist.

Die Piste schlängelt sich durch die Berge, vorbei an beschaulichen Dörfern, intensiv bewirtschafteten Feldern und durch fruchtbare saftig-grüne Täler. Hier wird bei idealen Temperatur- und Regenbedingungen der Großteil der landwirtschaftlichen Erzeugnisse angebaut. In **Lukozi** hält man sich geradeaus (die Piste nach rechts, die ebenfalls nach Mtae führt, kann ausnahmslos in der Trockenzeit als Alternativroute gewählt werden). Im Dorf **Malindi** zweigt man links ab. Hinter Malindi direkt an der Hauptpiste liegt das bescheidene Gästehaus von **Papaa Moze** ❶. Der lustige, gesellige Gastgeber, Herr Shemndolwa, der viele Geschichten zu erzählen hat, arrangiert gerne die Abholung von Lukozi und bietet auch noch fantastisch gute, traditionelle Gerichte.

Weiter an der Hauptpiste passiert man das katholische Kloster von **Rangwi**. Die Rangwi Sisters betreiben ein einfaches, aber sehr sauberes Gästehaus mit besonders schönem Garten ❶, ebenso wie eine Krankenstation (mit Generator). Das Kloster wurde einst von deutschen Missionaren gebaut, die die erste Sekundarschule der Berge einrichteten. Rangwi kann auch gut zu Fuß auf einer zweitägigen Rundwanderung ab Mtae (s. Mambo View Point, S. 373) besucht werden.

Mtae

Wer mindestens drei Tage erübrigen kann, sollte ins malerische 12 000-Seelen-Dorf Mtae kommen. Das kleine beschauliche Bergdorf ohne Anbindung ans Stromnetz liegt am äußersten westlichen Zipfel der West Usambara Mountains auf 1670 m Höhe, wo die Inselberge schlagartig abfallen. Kilometerweit reicht die grandiose Aussicht in alle Richtungen, u. a. auf die Maasai-Steppe, den Mkomazi National Park und die benachbarten Pare Mountains bis weit nach Kenia hinein. An klaren Tagen lugt sogar der Kilimanjaro unter seiner Wolkendecke hervor. Dramatische Sonnenuntergänge voller intensiver Farbspiele runden das Erlebnis ab. Nicht umsonst genießt Mtae auch das Prädikat „The End of the World View Point".

In Mtae wurde 1893 die zweite Bethel-Mission in den Usambara-Bergen errichtet, wobei die alte **Kirche** noch heute steht. Das ehemalige Neu-Bethel kann auf mehrere Arten erreicht werden. Am schweißtreibendsten und emotional intensivsten ist die mehrtägige **Trekkingtour von Lushoto** aus (nur mit Guide!), wobei die Dauer der Wanderung erheblich verkürzt werden kann, wenn man einige Teilstrecken mit dem Bus fährt. Doch nicht nur auf Schusters Rappen, auch per Fahrzeug ist ein Abstecher nach Mtae lohnend.

Die beste Zeit für uneingeschränkte Fernsicht sind die Monate November bis März. Während den Regenmonaten bis August hängen oft hartnäckige Wolken in den Bergen; in den Wintermonaten Juli bis September kann es bis auf frische 5–10 °C in der Nacht abkühlen. Insgesamt ist das Wetter durch die Randlage in den Bergen freundlicher als beispielsweise in Lushoto.

ÜBERNACHTUNG UND ESSEN

€ **Mambo Cliff Inn**, in Mambo, in direkter Nachbarschaft zur Mambo View Point Eco Lodge, ✆ 0787-34545, ✉ ndegec@gmail.com. Einfachere Backpacker-Unterkunft auf Klippen mit 5 rustikalen Zimmern mit großen Fenstern, um die tolle Aussicht zu genießen. Ein Holzhäuschen steht erhöht (mit Ofen) und ist wegen des größeren Raumangebots geringfügig teurer. Panoramarestaurant mit Blick auf die Pare Mountains und den Kilimanjaro. Abendessen max. 7000 TSH. ❶–❷

Mambo View Point Eco Lodge, Einfahrt hinter Sunga, noch vor Mtae (gut beschildert), ✆ 0785-272150 oder ✆ 0774-272150, 💻 www.mamboviewpoint.org. Kaum ein anderer Ort in den Bergen von Tansania kann mit der Aussicht der Mambo View Point Lodge auf 1900 m konkurrieren. Frühmorgens um 6 Uhr, noch bevor sich die ersten Wolken bilden, reicht das Panorama bis zum 160 km entfernten Kilimanjaro. Die Lodge mit 3 zweckmäßigen Canvas-Zelten und 5 gemauerten, komfortableren Cottages (mit Öfen) operiert unter Einbindung der Dorfgemeinschaft und bietet unverfälschten Kulturtourismus unter ökologischen Gesichtspunkten. Camping US$10 p. P., Küche/Grillplatz für Selbstversorger. WLAN im Restaurant, Generator. ❸–❹

AKTIVITÄTEN

Safaris

Kanyambo Safaris, in der Mambo View Point Lodge, ✆ 0783-330046, 💻 kanyambosafaris.com. Safaris können organisiert werden, z. B. in den Mkomazi oder Saadani National Park, aber auch der ganze Northern Circuit. Transfers (z. B. von/nach Moshi oder Kilimanjaro Airport). So könnte man die Usambara-Berge ideal zur Akklimatisierung für den Kilimanjaro in den Reiseverlauf einbauen.

Wanderungen und Radtouren

Die Betreiber der Mambo View Point Lodge haben in Mtae unzählige **Wanderungen** und andere Aktivitäten erarbeitet, organisiert und dokumentiert, z. B. in den Shagayu Forest zu den Kideghe-Wasserfällen (oder gar zum Kideghe Peak in 2 Tagen), zum Ndungu Dam unten in der Ebene (Tagesausflug per Fahrzeug), zu anderen hohen Gipfeln, Wasserfällen, Regenwäldern, Dörfern und Höhlen (3 Std.) oder für anthropologisch Interessierte zu 1,5 Mio. Jahre alten hominiden Abdrücken, den **Mambo Footprints**, 💻 www.mambofootprints.com (3 Std.). Gewisse Wanderungen, z. B. nach Mambo oder zum Töpferdorf (Sunga Pottery) können ohne Guides gemacht werden, andere erfordern die Zuhilfenahme von Führern, US$15/ halber Tag, US$25/Tag.

Auch **Mountainbikes** sind zur Ausleihe erhältlich, entweder mit Guide oder GPS-Gerät.

TRANSPORT

Selbstfahrer

Selbstfahrer halten sich hinter Lushoto in Magamba links in Richtung Norden und folgen der **Hauptpiste** von Lushoto über Lukozi, Malindi und Rangwi nach Mtae (ca. 60 km, 2–3 Std. Fahrzeit).

Abenteurer können eine Alternativroute nach Mtae wählen: In der Nähe des **Mkomazi Village**, ca. 83 km südlich von Same am Dar-Arusha Highway zweigt eine unscheinbare Piste in Richtung Nordosten ab (erkennbar am Hinweisschild zum Mkomazi National Park und zur Mambo View Lodge; ist auch die südliche Zufahrt zur auf S. 360 beschriebenen Panoramastrecke). Zuerst führt die Piste an der Bahnlinie entlang; an der Weggabelung nach 4 km hält man sich rechts (links geht es zum Mkomazi National Park über die Panoramastrecke). Nach weiteren 40 km auf Sand in der

DAS NÖRDLICHE BERGLAND

Ebene ist das Dorf **Langoni** erreicht, wo die Abzweigung nach rechts (Süden) erfolgt.
Ab hier wird es haarig: Die 12 km lange Piste ist anfangs kaum sichtbar; sie schraubt sich in nur wenigen Kehren von 520 m auf 1600 m Seehöhe. Ausnahmslos nur mit einem leistungsstarken Geländewagen und bei trockenen Bedingungen zu empfehlen. Am besten man erfragt vorher bei der Mambo View Lodge den Pistenzustand.

Busse

Mit öffentlichen Verkehrsmitteln ist die Anfahrt etwas mühsam, aber die Mambo View Lodge organisiert den Transport von Lushoto oder Lukozi (mit Rabatt bei mindestens 4 Übernachtungen), denn bis dorthin geht es recht flott mit dem Bus.
Von Mtae (über Lushoto) brechen die Überlandbusse ab 6.30 Uhr morgens auf:
ARUSHA, mit Fasaha, 8 Std., max. 24 000 TSH.
DAR ES SALAAM (Ubungo Bus Terminal), mit Ibariki, Mbaraku und Shambalai, 8 Std., max. 27 000 TSH.
TANGA, mit Makadiri, Airbus und Tashrif, 7 Std., max. 22 000 TSH.

Mlalo

Mit Zustimmung des lokalen Häuptlings gründeten deutsche Bethel-Missionare im Mai 1891 eine Missionsstation in Mlalo, die sie auf den Namen Hohenfriedeberg tauften. Die Missionare bauten das Schulwesen sowie die medizinische Versorgung in diesem abgelegenen Dorf auf. Wer von Lushoto kommend in Malindi an der Kreuzung geradeaus fährt, erreicht das reizvolle Mlalo mit seinen alten, verfallenden Kolonialbauten, in den Berg gebauten Steinhäusern, den roten Staubpisten und den sattgrünen Bäumen nach knapp 16 km. Mittlerweile ist Mlalo an das Stromnetz angeschlossen, sodass man am Abend vielleicht sogar ein kühles Bier findet.

Mlalo kann im Zuge der mehrtägigen Touren von Lushoto oder Mtae aus zu Fuß erreicht werden. Als Stützpunkt bietet sich die **Gilead Cliff Lodge** ❷ an.

Rund um Korogwe

Flexible Reisende, die garantiert unverfälschten Kulturtourismus suchen, werden in Korogwe und seiner Umgebung auf ihre Rechnung kommen. Der Besuch von Lutindi erfordert aber entweder, dass man Selbstfahrer ist oder ein Fahrzeug (Taxi, Tour Operator) gemietet hat.

9 km nördlich von **Korogwe**, der Hauptverkehrsdrehscheibe zwischen dem Norden, Tanga und Dar es Salaam (mit einem Visa- und Mastercard/Maestro-Automaten bei der CRDB Bank, Tankstellen und einfachen Unterkünften), zweigt im Dorf Msambiazi eine Piste bergwärts (nach Osten) ab, auf der nach 13 km (steil bergauf!) **Lutindi** erreicht ist.

Ausgehend vom **Lutindi Mental Hospital**, der landesweit wichtigsten und besten psychiatrischen Klinik, wurde ein Projekt initiiert, das dem Spital und den Bewohnern von Lutindi gleichermaßen Einkünfte beschert. Zahlreiche Wanderungen durch Bergregenwälder, auf Gipfel und zu Teeplantagen werden ebenso geboten wie Einblicke in die professionelle Arbeit der Klinik und in echtes tansanisches Dorfleben. Das Lutindi Mental Hospital, das 1896 von deutschen Missionaren gegründet wurde, ist heute noch durch fachliche Kooperationen eng mit deutschen Kliniken verbunden und wird mittels deutschen Spenden teilfinanziert. Zimmerreservierungen und Informationen beim Lutindi Mental Hospital Guest House unter ✆ 027-2641040 oder 0763-695541, ✉ lutindi-hospital@elct.org oder lutindi@yahoo.com, ❷, Camping möglich.

Amani Nature Reserve (East Usambara Mountains)

- **Zugang**: Sigi Gate, 25 km ab Muheza.
- **Eintritt**: US$10 (einmalige Gebühr, unabhängig von der Dauer), in Tansania zugelassene Fahrzeuge: 10 000 TSH, alle anderen Fahrzeuge bis 2 t US$50, über 2 t US$200, Guide: US$15 p. P. pro Tag, Photography Fee US$50 p. P.
- **Informationen**: Unmittelbar hinter dem Sigi Gate steht links auf einer Anhöhe das

Amani Nature Reserve Information Centre (Broschüren über Wanderungen und zur Biodiversität stehen zum Verkauf). Das Information Centre ist übrigens im Wärterhaus der alten Eisenbahnstation von Sigi untergebracht, das während der deutschen Kolonialzeit errichtet wurde. Nähere Infos unter www.amaninature.org.

- **Beste Reisezeit**: Okt–April, im tansanischen Winter (Juni–Sep) kann es in dieser Höhe empfindlich kalt werden.

Mühsam schraubt sich die holprige Schotterpiste über viele Kehren in die East Usambara Mountains hinauf. Stellenweise ragt blanker Fels aus dem Schotter heraus, der ein Weiterkommen bei Regen äußerst schwierig macht. Schwaden von Düften nach Alm, Kräutern und Kuhdung begleiten die Fahrt und geben einen Vorgeschmack auf das, was einen erwartet: absolute Abgeschiedenheit und unberührte Natur.

Neben riesigen Teeplantagen, so weit das Auge reicht, sind die östlichen Usambara-Berge (höchste Erhebung: Mt. Nilo mit 1507 m) vor allem als Heimat unzähliger teilweise endemischer Tiere und Pflanzen und als Mekka für Botaniker und Biologen bekannt. Für gewöhnliche Touristen ist die Gegend besonders interessant, wenn man eine Leidenschaft für die weniger spektakulären Wunder der Natur hegt, z. B. für seltene Amphibien und Vogelarten sowie ungewöhnliche Pflanzen. Zahlreiche Wanderungen sorgen für Kurzweil, und die Abende werden von einer beruhigenden Geräuschkulisse aus dem Wald begleitet.

Geschichte

Saftige Almen, grüne Wiesen, dichte Urwälder und ein angenehm kühles Höhenklima stehen in auffälligem Kontrast zur Landschaft im Tal. Das Bergdorf **Amani** liegt auf etwa 950 m Höhe – und hält, was seine Bedeutung in Swahili verspricht: Frieden. Umgeben ist es vom **Amani Nature Reserve** (ANR), das erst 1997 eingerichtet wurde, nachdem zu Beginn der 1990er-Jahre die Auswirkungen der menschlichen Zivilisation dramatisch sichtbar wurden. Die Ausbeutung des küstennahen Urwalds begann aber schon ein Jahrhundert früher, als die deutschen Kolonialisten erste Plantagen und botanische Gärten anlegten. 1896 wurde in Kwai (West Usambara Mountains) die erste **Forschungsstation** eröffnet, wo Robert Koch einige Jahre lang Heilmittel gegen diverse Tropenkrankheiten erforschte, insbesondere gegen die Malaria, die die europäischen Siedler am meisten bedrohte. Hier verfasste Koch seine bahnbrechende Arbeit über den Einsatz von Chinin gegen Malaria. 1902 schließlich errichtete man in Amani das **Biologisch-Landwirtschaftliche Institut**, das vor allem dem Ziel dienen sollte, die Plantagenwirtschaft zu optimieren und Tierseuchen sowie Pflanzenschädlinge auszurotten. Angesichts der Tropenkrankheiten, die weiterhin viele Kolonialisten dahinrafften, bestand die Mission auch darin, diverse Heilmittel zu erforschen. Man legte Plantagen und Gärten an, errichtete eine große Forschungsanstalt mit Laboratorien und modernster Ausrüstung und schickte die besten Köpfe nach Amani. Die Eukalyptus- und Kampferbäume beispielsweise stammen noch aus dieser Zeit. Nebenbei kam man auf die wahnwitzige Idee, den größten **botanischen Garten** der Welt anlegen zu wollen. So wurden wahrscheinlich an die 1000 neue Tier- und Pflanzenarten eingeführt, die aufgrund des günstigen Klimas ausgezeichnet gediehen.

Fast gleichzeitig begannen die Kolonialisten, die dicht gewachsenen Urwälder zu roden, nicht nur um Platz für **Kaffee- und Teeplantagen** zu schaffen, sondern auch zur Holzgewinnung. 1910 wurde die **Sigi-Bahn** fertiggestellt, eine Zweigstrecke der Usambara-Bahn, die von Tengeni über knapp 24 km nach Sigi führte. Vorrangig diente sie dem **Abtransport von Holz**, das direkt nach Tanga verfrachtet wurde, um dort in die Transportschiffe nach Deutschland verladen zu werden. Nach der Übernahme Tansanias durch die Briten verlegten diese die botanische und landwirtschaftliche Forschungsanstalt kurzerhand nach Kenia. 1931 wurde die heutige Straße angelegt und die Bahn eingestellt. Doch die ökologische Bedrohung war damit noch lange nicht gebannt. Um die Teeplantagen zu vergrößern, wurde weiterhin gerodet, und bis hinein in die 1980er-Jahre existierte ein profitables **Sägewerk** (teilfinanziert von der finnischen Regierung), das Holz produzierte. Nachdem die

Usambara-Veilchen

Die wohl bekannteste internationale Botschafterin der östlichen Usambara-Berge ist eine kleine, samtige Pflanze, die ihren Siegeszug um die Welt als *African Violet* oder zu Deutsch Usambara-Veilchen angetreten hat.
Als sich Baron **Walter von Saint Paul Illaire**, der Bezirksvorsteher von Tanga, 1892 in den Usambara-Bergen aufhielt, entdeckte er zufällig eine ihm unbekannte Pflanze. Die ursprünglichen Blütenfarben blau und violett inspirierten ihn, die Blume „Afrikanisches Veilchen" zu nennen. Seinem Vater in Schlesien, einem leidenschaftlichen Orchideenzüchter, schickte er von der damals völlig unbekannten Blume sogleich einige Samen. Nachdem der Vater sie mit seinem Gärtnergeschick zum Blühen gebracht hatte und das Usambara-Veilchen bei einer Blumenschau vorgestellt worden war, war sein Siegeszug in Mitteleuropa nicht mehr aufzuhalten. Während seine Heimat für den deutschen Namen Pate stand, ehrte man seinen Entdecker mit dem botanischen Namen *Saintpaulia ionantha*. Heutzutage gehören die Saintpaulien zu den beliebtesten Topfpflanzen in unseren Breiten, zieren Fenstersimse und Küchentische. In den Usambara-Bergen hingegen sind sie schwer zu finden, höchstens tief drinnen in Wald, wohin sich kaum eine Menschenseele verirrt. Acht verschiedene Gattungen wurden isoliert; sie wachsen vornehmlich in den feuchten Wintermonaten Juni bis September.

Finnen begriffen hatten, welchen Schaden sie den East Usambara Mountains zufügten, verlegten sie sich auf den Naturschutz. Sie gehören heute noch zu den größten Geldgebern von Initiativen zum Erhalt und zur Erforschung des Lebensraums. So unterstützten und forcierten sie die Errichtung des Amani Nature Reserve, das nicht nur eine Artenvielfalt aufweist, die in Afrika ihresgleichen sucht, sondern zudem für die Küstenregion die wichtigste Wasserquelle darstellt.

Zu Beginn des 21. Jhs. konnte man erfolgreich einen vermeintlichen Edelstein- und Goldboom abwenden, als aufgrund eines entsprechenden Gerüchts Abertausende Tansanier in die Berge strömten und Wälder zu schlagen sowie Löcher in die Erde zu graben begannen. Daneben hat sich im Dorf Amani das **Tanzania National Institute for Medical Research** niedergelassen, das hier oben Malariaforschung betreibt und u. a. an der Entwicklung eines Malariaimpfstoffs arbeitet.

Flora und Fauna

Die östlichen Usambara-Berge zählen laut WWF zu den sogenannten Hot Spots der Welt, Orten mit hoher Biodiversität, deren Artenvielfalt jedoch bedroht ist. Man schätzt, dass an die 25 % der **Pflanzen** endemisch sind, also nur in den Eastern Arc Mountains gedeihen. Der Großteil davon steht auf der Roten Liste gefährdeter Arten der Weltnaturschutzunion IUCN. Dazu zählen neben den Usambara-Veilchen auch Wolfsmilchgewächse *(Euphorbiaceae)* sowie Annonengewächse *(Annonaceae)*.

In den Wäldern sind hauptsächlich **kleinere Tiere** wie Schnecken, Schmetterlinge oder andere Insekten beheimatet. Fast 350 Vogelarten wurden dokumentiert; mehrere davon sind von der Ausrottung bedroht, beispielsweise der Usambara-Uhu *(Usambara eagle owl)*, der Nicollweber *(Usambara weaver)* oder der Amaninektarvogel *(Amani sunbird)*. Zahlreiche Amphibien und Reptilien konnten sich in den dichten, schützenden Wäldern entwickeln, u. a. die kleinen Stummelschwanzchamäleons oder das seltene Ostafrikanische Dreihornchamäleon, jede Menge Laubfrösche sowie Schleichenlurche (überdimensionale Tausendfüßler). Auf der **Schmetterlingsfarm** (The Butterfly Project) 2 km hinter dem Headquarter werden in einem international geförderten Hilfsprojekt Schmetterlinge gezüchtet – aus Naturschutzgründen und zur Armutsbekämpfung (Eintritt 2500 TSH).

Größere Tiere sind eher selten zu beobachten, oft aber turnen Schwarz-weiße Stummelaffen oder Diademmeerkatzen *(blue monkeys)* durch das Geäst. Auf Wanderungen trifft man vielleicht auf kleine Ducker oder andere Zwergantilopen. Das Rüsselhündchen *(elephant shrew)* hingegen steht auf der Roten Liste der gefährdeten Arten – ein kleiner, lustig anzusehender mausähnlicher Geselle mit einer spitzen Nase.

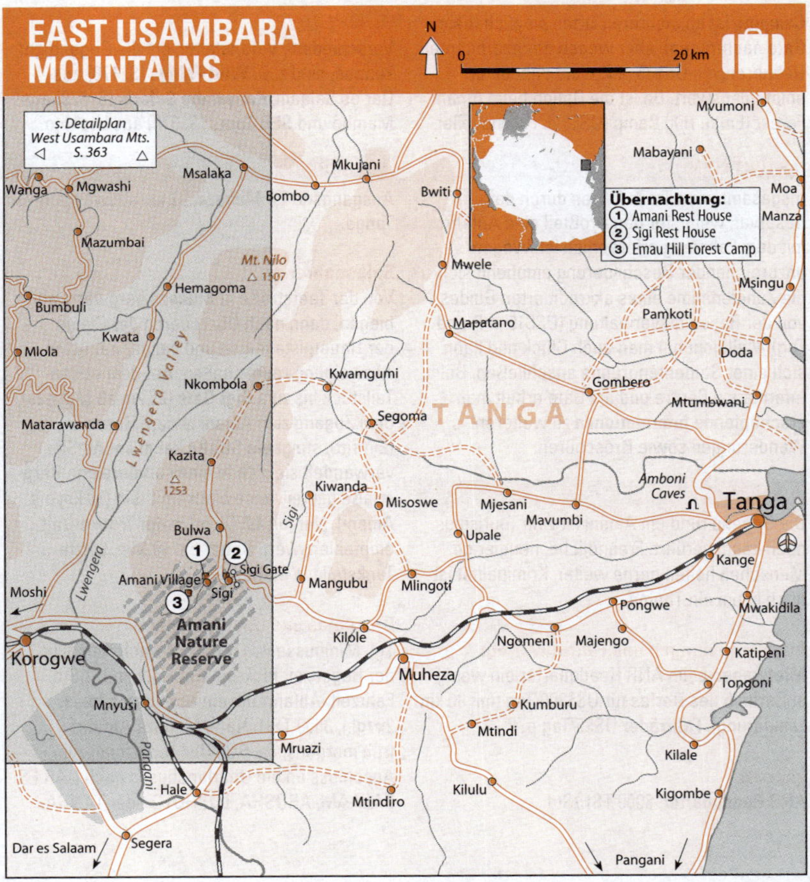

ÜBERNACHTUNG UND ESSEN

Das Amani Nature Reserve betreibt zwei bescheidene, fast identische Gästehäuser mit bodenständiger Swahili-Küche: Das **Sigi Rest House** liegt direkt am Eingang des Amani Nature Reserve und das **Amani Rest House** direkt im Dorf Amani. Offizielle Preise: 12 000 TSH p. P., Frühstück 3000 TSH, Dinner 5000 p. P. Reservierungen möglich, ✆ 027-2640313, aber besser ist es, sich die Unterkunft anzusehen und vor Ort zu buchen. Die Qualität der Unterbringung ist einfach, aber akzeptabel.

Amani Forest (Emau Hill) Camp, durch Amani Village hindurch in Richtung Kwamkoro bis zum Reserve Headquarter (ANR), 3 km weiter rechts abzweigen, ✆ 0782-656526, www.amaniforestcamp.com. Urige Unterkunft mit einem Cottage mit Bad/WC ❺, typischen, mit Makuti überdachten Canvas-Zelten (mit Gemeinschaftsbad) sowie etwas billigeren Kuppelzelten (beide ❹), alle mit Vollpension. Gemütliches Restaurant mit großer Terrasse, Strom aus Solarenergie, kompostierbare Toiletten und Recycling-Programme.

Camping ist an mehreren Orten möglich (beim Gate nachfragen), aber wegen der exorbitanten Gebühren von US$35 p. P. nicht unbedingt empfehlenswert. Da ist die Option beim Amani Forest (Emau Hill) Camp (US$7 p. P.) sinnvoller.

AKTIVITÄTEN

Insgesamt neun Trails führen durch das Reservat, wobei für den Großteil eine Anfahrt mit dem Fahrzeug erforderlich ist. Wegen unzureichender Beschilderung empfiehlt sich die Zuhilfenahme eines akkreditierten Guides von der Reservatsverwaltung (US$15 p. P. und Tag). Vielleicht hat man auch Glück und kann sich einer Studentengruppe anschließen. Beim Information Centre und am Gate erhält man erschöpfende **Informationen** zu weiteren Wanderungen sowie Broschüren.

SONSTIGES

Die Gegend rund um Amani ist vom Tourismus noch kaum berührt. Freundliche, neugierige Menschen helfen gerne weiter, Kriminalität ist noch kaum ein Thema.

Autovermietungen und Fahrradverleih

Mietwagen beim ANR Headquarter ein wenig außerhalb des Dorfes für US$300/Tag (mit 80 km Limitierung), **Fahrräder** US$5/Tag p. P.

Internet

ANR Headquarter, 8000 TSH/Std.

Veranstalter

Verschiedene Veranstalter, die die Gegend gut kennen, sind z. B. **Wild Things** (S. 178) aus Dar es Salaam, **Kanyambo Safaris** (S. 373) aus Mambo und **SED Tours** (S. 370) aus Lushoto.

TRANSPORT

Ausgangsort ist **Muheza**, 37 km südwestlich von Tanga.

Selbstfahrer

Von der Teerstraße in **Muheza** bergwärts abbiegen, dann nach Überqueren der Gleise der Hauptpiste folgen und bei der nächsten Abzweigung rechts halten. Auf dem ersten Teilstück bis zum **Sigi Gate** (25 km ab Muheza), dem Zugang zum Amani Nature Reserve (Eintritt), steigt die Straße kaum an. Ab Sigi verwandelt sie sich in eine kurvenreiche Bergstraße mit teilweise blankem Stein (10 km bis Amani). Nur mit 4WD und in der Trockenzeit empfehlenswert, Dauer ca. 90 Min. Letzte Tankstelle in Muheza.

Daladalas und Überlandbusse

Tgl. Minibusse von MUHEZA nach Amani (in der Regenzeit Pick-up-Trucks), mind. 2 Std. Fahrzeit, Abfahrt um die Mittagszeit (max. 2x tgl.), 3500 TSH. Nach Muheza Abfahrt früh morgens, ca. 6.30 Uhr, rechtzeitig zum Anschluss an die Überlandbusse nach DAR ES SALAAM, ARUSHA, LUSHOTO oder TANGA.

Safaris im Norden

Stefan Loose Traveltipps

9 **Kulturtourismus um Arusha** Für Reisende, die nach der Safari noch gut zu Fuß sind, gibt es keinen Grund zu faulenzen, denn in der Umgebung von Arusha laden verschiedene Dörfer zum Besuch. S. 393

10 **Mount Meru** Die Besteigung des vierthöchsten Gipfels in Afrika ist anspruchsvoll, lohnt aber allein schon wegen des Blicks auf den Kilimanjaro. S. 403

West Kilimanjaro Area Unberührt vom Tourismus liegt der Landstrich eingebettet zwischen den beiden höchsten Gipfeln Tansanias – ein unvergleichlicher Anblick. S. 408

11 **Ol Doinyo Lengai** Der heilige Berg der Maasai und aktive Vulkan thront inmitten einer überwältigenden Landschaft. S. 423

12 **Ngorongoro Crater** Durch die Kraterwand geschützt, präsentiert sich die reiche Wildtierpopulation wie in einem überdimensionalen Zoo. S. 429

13 **Serengeti National Park** Das wohl berühmteste Naturschauspiel der Welt: Millionen von Tieren machen sich mit Beginn der Trockenzeit auf die Suche nach saftigem Gras und frischem Wasser. S. 436

Die meisten Touristen, die auf Safari gehen, zieht es in den Norden. Kein Wunder, liegen hier doch alle Sensationen dicht beieinander und sind größtenteils auch noch bequem zu erreichen. Seitdem 2005 die Teerstraße von Arusha bis zum Ngorongoro-Schutzgebiet fertiggestellt wurde, haben sich die Anfahrtszeiten für die Safaris enorm verkürzt. Außer der Serengeti ist kein Park mehr weit entfernt – in tansanischen Dimensionen gemessen.

Die einzelnen Naturschutzgebiete könnten trotz ihrer relativen Nähe zueinander unterschiedlicher nicht sein. Der hügelige **Arusha National Park** erstaunt einerseits durch seine landschaftliche und botanische Vielfalt, andererseits durch seine Giraffen- und Büffelherden. Nur zwei Stunden entfernt breitet sich im **Tarangire National Park** die für Afrika typische goldbraune Gras- und Strauchsavanne aus, wo Baobab-Bäume, riesige Elefantenpopulationen und Scharen von Vögeln für Ahs und Ohs sorgen. Eine halbe Stunde weiter an der Teerstraße liegt der kleine **Lake Manyara National Park** malerisch am Fuße des Ostafrikanischen Grabenbruchs, dessen unterirdische Wasseradern für immergrüne Vegetation sorgen. Nur eine Stunde weiter nordwestlich befindet sich in den Höhen der Crater Highlands die bewaldete, hügelige **Ngorongoro Conservation Area** mit dem Weltwunder **Ngorongoro Crater**. Nicht nur die gigantische Kulisse lohnt, sondern vor allem die reiche Tierwelt. Und schließlich lockt die geheimnisvolle und viel zitierte **Serengeti**, ein Naturschutzgebiet der Superlative: unermesslich groß, mit baumleeren Ebenen, lebensspendenden Flüssen, markanten Findlingen und unzähligen Wildtieren. In der Serengeti keine Löwen, Leoparden oder Geparden zu sehen, ist fast ein Ding der Unmöglichkeit.

Nach der intensiven weltweiten Vermarktung im letzten Jahrzehnt steigen die Besucherzahlen nun kontinuierlich, was bei Touristen und Naturschützern gleichermaßen Bedenken aufwirft. Zum einen stehen zu wenige Unterkünfte zur Auswahl, was zu langen Vorlaufzeiten bei der Reservierung und zu Überbuchungen führt. Zum anderen stellt sich die Frage, wie viel Tourismus die Naturschutzräume vertragen, ohne dass das empfindliche Ökosystem gestört wird. In

DER NORDEN

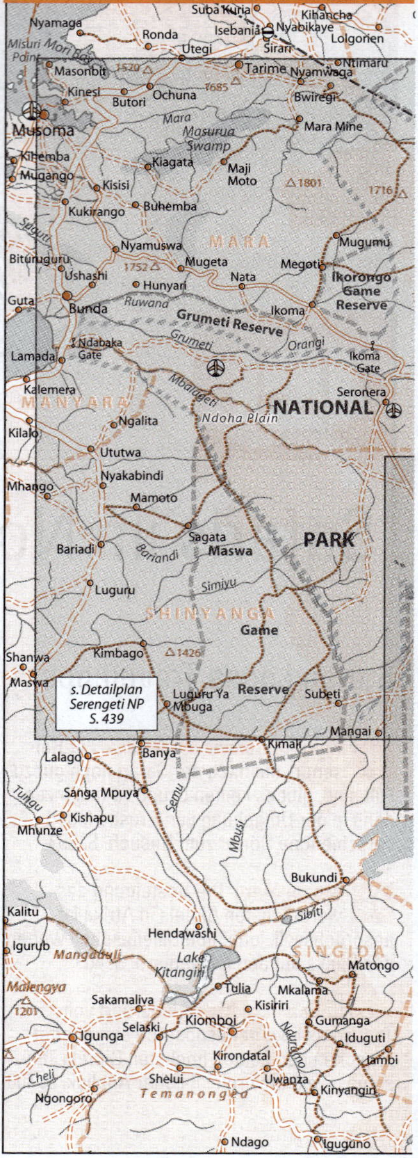

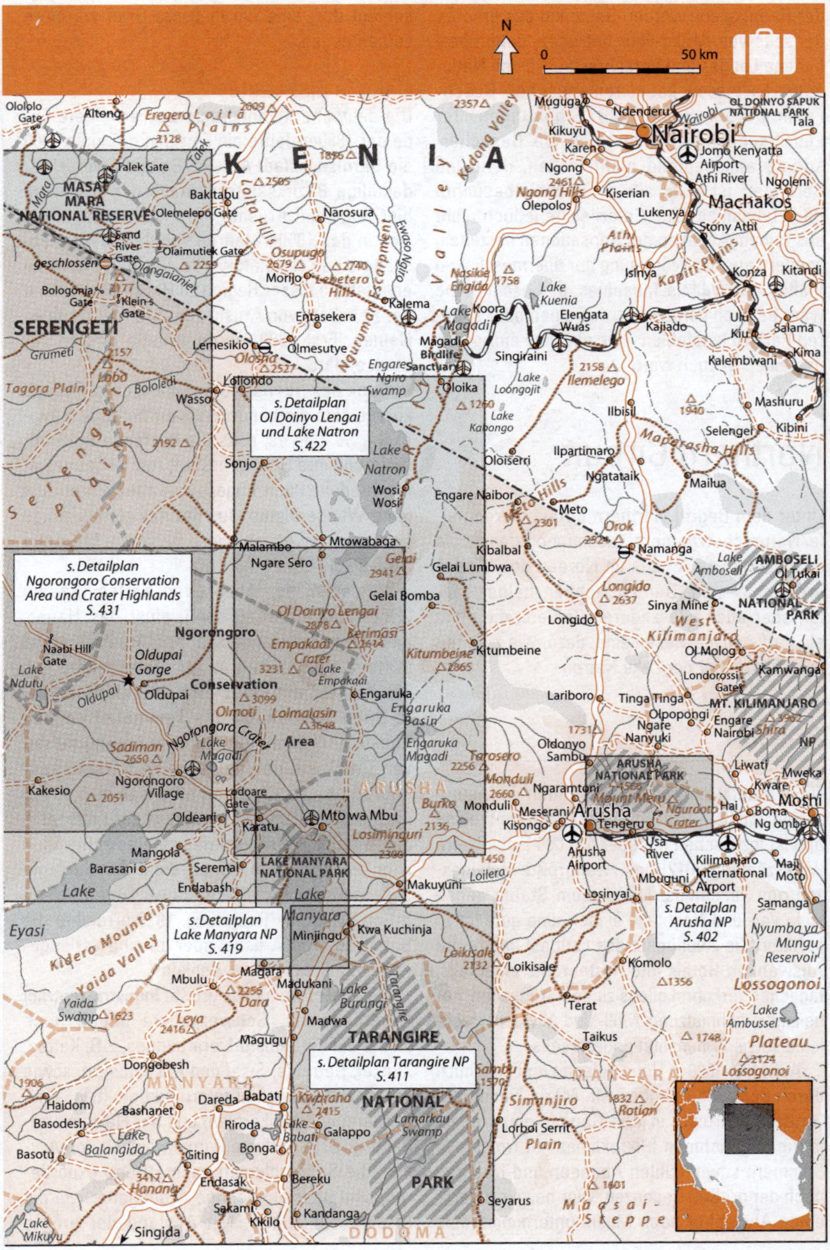
N
0
50 km
KENIA
Nairobi
Jomo Kenyatta Airport
Athi River
Machakos
Ngong
Ngong Hills
Olepolos
Kiserian
Lukenya
Stony Athi
Athi Plains
Kapiti Plains
Konza
Kitandi
Isinya
Kajiado
Ulu
Kiu
Salama
Kima
Kalembwani
Mashuru
Kibini
Selengei
Ngoleni
Tala
OL DOINYO SAPUK NATIONAL PARK
Muguga
Ndenderu
Kikuyu
Karen
Kedong Valley
Rift Valley
Nguruman Escarpment
Ewaso Ngiro
Lake Magadi
Magadi
Koora
Lake Kuenia
Elengata Wuas
Nasikie Engida
Singiraini
Birdlife Sanctuary
Engare Ngiro Swamp
Lake Loongojit
Ilemelego
Oloika
Lake Kabongo
Ilbisil
Ilpartimaro
Ngatataik
Maparasha Hills
Mailua
Oloiserri
Engare Naibor
Meto Hills
Meto
Orok
Namanga
Kibalbal
Gelai Lumbwa
Gelai Bomba
Gelai
Longido
Sinya Mine
Lake Amboseli
AMBOSELI NATIONAL PARK
Ol Tukai
West Kilimanjaro
Ol Molog
Kitumbeine
Kamwanga
Londorossi Gate
MT. KILIMANJARO NP
Shira
Lariboro
Tinga Tinga
Olpopongi
Ngare Nanyuki
Engare Nairobi
Oldonyo Sambu
ARUSHA NATIONAL PARK
Mount Meru
Ngurdoto Crater
Liwati
Mweka
Kware
Moshi
Hai
Boma Ng'ombe
Ngaramtoni
Arusha
Tengeru
Meserani
Kisongo
Monduli
Arusha Airport
Usa River
Kilimanjaro International Airport
Maji Moto
Mbuguni
Losinyai
s. Detailplan Arusha NP S. 402
Samanga
Nyumba ya Mungu Reservoir
Lossogonoi Plateau
Lake Ambussel
Komolo
Loikisale
Terat
Taikus
MANYARA
Simanjiro Plain
Rotian
Lorboi Serrit
Maasai-Steppe
Ololplo Gate
Altong
Eregero
Loita Plains
Talek Gate
MASAI MARA NATIONAL RESERVE
Mara
Talek
Loita Hills
Baktabu
Olemelepo Gate
Narosura
Sand River Gate
Olaimutiek Gate
geschlossen
Olangaianiet
Osupuga
Morijo
Loleteró Hills
Kalema
Bologonja Gate
Klein's Gate
SERENGETI
Entasekera
Lemesikio
Olmesutye
Olosha
Grumeti
Lobo
Tagora Plain
Bololedi
Wasso
Lollondo
s. Detailplan Ol Doinyo Lengai und Lake Natron S. 422
Lake Natron
Sonjo
Wosi Wosi
Serengeti Plains
Malambo
Mtowabaga
Ngare Sero
s. Detailplan Ngorongoro Conservation Area und Crater Highlands S. 431
Ol Doinyo Lengai
Ngorongoro Conservation Area
Naabi Hill Gate
Lake Ndutu
Oldupai Gorge
Oldupai
Empakaai Crater
Lake Empakaai
Kerimasi
Kitumbeine
Engaruka
Engaruka Basin
Engaruka Magadi
Olmoti
Lolmalasin
Sadiman
Ngorongoro Crater
Lake Magadi
Ngorongoro Village
Kakesio
Lodoare Gate
Oldeani
Karatu
Mto wa Mbu
ARUSHA
Tarosero
Monduli
Burko
Losimingori
Mangola
Barasani
Seremai
Endabash
LAKE MANYARA NATIONAL PARK
Lake Manyara
Makuyuni
Loilera
Lake Eyasi
Kidero Mountains
Yaida Valley
s. Detailplan Lake Manyara NP S. 419
Minjingu
Kwa Kuchinja
Magara
Mbulu
Madukani
Lake Burungi
Tarangire
Dara
Yaida Swamp
Leya
Madwa
Magugu
TARANGIRE NATIONAL PARK
Dongobesh
s. Detailplan Tarangire NP S. 411
Sambu
Haidom
Bashanet
Dareda
Babati
Kwaraha
Lamarkau Swamp
Basodesh
Lake Balangida
Riroda
Lake Babati
Galappo
Basotu
Giting
Bonga
Hanang
Endasak
Bereku
Sakami
Kikilo
Kandanga
Seyarus
Lake Mikuyu
Singida
DODOMA

der Hauptsaison werden Gäste um das erhoffte Jenseits-von-Afrika-Flair betrogen, denn überlaufene Lodges und Verkehrsstaus in den Nationalparks lassen kaum romantisches Busch-Feeling aufkommen. Mit Erhöhungen der Eintrittsgebühren lassen sich die Besucherströme anscheinend nicht lenken, denn die Serengeti ist trotz allem der meistbesuchte Park Tansanias. Eine Safari sollte jedoch nicht aus reinem Abhaken der Sensationen bestehen, sondern aus der Würdigung der unermesslichen Vielfalt der Wildnis Tansanias. In diesem Sinne wäre es auch vermessen, den einen oder anderen Park zu empfehlen – sie alle sind einzigartig und einen Besuch wert.

Northern Circuit

Unter dem Begriff Northern Circuit werden alle Naturschutzgebiete zusammengefasst, die ausgehend von Arusha im Norden des Landes erreichbar sind. Der Einfachheit halber zählen aber auch alle anderen Gebiete, die nicht als Parks ausgewiesen sind, dazu, wie z. B. der Lake Eyasi oder der Lake Natron.

Arusha

Nicht zuletzt durch die steigenden Touristenzahlen wuchs Arusha im letzten Jahrzehnt rapide und ist inzwischen mit über 416 000 Einwohnern (Volkszählung 2012) das zweitgrößte Ballungszentrum Tansanias. Mit diesem Status gehen viele Vor- und Nachteile einher: eine gute Infrastruktur (die zweitbeste des Landes) und große Auswahl an Hotels und Restaurants einerseits, täglicher Verkehrskollaps zu den Stoßzeiten, hohe Luftverschmutzung, Müll- und Abwasserprobleme sowie Kriminalität andererseits.

Auf 1400–1500 m Höhe gelegen und geschützt durch den 4566 m hohen Mt. Meru, kommt der Großraum Arusha in den Genuss eines ganzjährig angenehmen Mikroklimas mit trockenen Sommern sowie kühlen Abenden und Nächten nach der großen Regenzeit. Wer beispielsweise einen Abstecher nach Moshi unternimmt, dem schlägt dort eine um mehrere Grad wärmere Luft entgegen.

Damals und heute

Die deutsche Kolonialregierung errichtete Ende der 1880er-Jahre ein Fort und gründete 1900 die **Garnisonsstadt** Arusha. Benannt wurde der damalige Bezirksamtssitz nach den bis heute hier lebenden Arusha, einer Volksgruppe, die sich in den 1850er-Jahren von den Maasai abspaltete und sesshaft wurde. Von den Meru, die ebenfalls in dieser Region zu Hause sind, erhielt der Hausberg von Arusha, der Mt. Meru, seinen Namen. Erst 1980 wurde Arusha offiziell zur Stadt erklärt.

Dank des fruchtbaren, vulkanischen Bodens konnte sich die Landwirtschaft bestens entwickeln. So kam es, dass die deutsche Kolonialregierung ihre Garnisonsstadt zum Anbaugebiet für veredelte Pflanzungen wie Kaffee, Pyrethrum (eine Wucherblume, aus der das gleichnamige Insektizid gewonnen wird), Bananen, Mais und Sisal machte.

Vor allem der Anbau von **Kaffee** (Kasten „Hochlandkaffee", S. 344), einst das Hauptausfuhrprodukt Tansanias, ließ Arusha – Hand in Hand mit Moshi – in der ersten Hälfte des 20. Jhs. boomen. 1912 erreichte die Usambara-Bahn (von Tanga aus kommend) endlich Moshi, nachdem die Kolonialregierung massiven Druck auf das deutsche Mutterland ausgeübt hatte. Vorrangig erhoffte man sich davon einen Aufschwung, besonders in der Kaffeeproduktion. Der Erste Weltkrieg machte schließlich allen ambitionierten Plänen, die Bahn durch die Serengeti zum Victoriasee zu verlängern, einen Strich durch die Rechnung. 1929 erreichte die Bahnlinie zwar Arusha, aber an eine Verlängerung war nicht mehr zu denken.

Heute ist Arusha das größte **Industriezentrum** Nordtansanias. Schwerpunkte liegen noch immer auf der Rohstoffverarbeitung, z. B. Kaffee, Zucker, Getreide, Sisal und Kokosfasern, sowie auf der Nahrungsmittelproduktion (u. a. eine Brauerei und Molkereien) und der Fleischverarbeitung. Große Blumenfarmen östlich von Arusha, die Schnittblumen nach Europa exportieren, sind ebenso wichtige Arbeitgeber wie die Insektizid-Industrie. Mit Abstand der größte

Arbeitgeber für die lokale Bevölkerung ist aber der **Tourismus**. Weit über 300 Safari-Unternehmen (manche davon illegal), Hotels, Restaurants, Souvenirgeschäfte oder auch Autowerkstätten profitieren von über einer Million Touristen im Jahr (Stand 2012), von denen der Großteil Arusha passiert.

In die weltweiten Nachrichten gelangte Arusha 1995, als das internationale UN-Tribunal zur Verhandlung des Genozids in Ruanda, 💻 www.ictr.org, ins **Arusha International Conference Center (AICC)** zog. Das fragwürdige Unternehmen verursachte horrende Kosten, aber 2014 soll damit Schluss sein. Juristen verweisen gerne darauf, dass das Tribunal dazu dienen soll, afrikaweit ein Exempel zu statuieren. Ob dies Ausgaben von über US$270 Mio. pro Jahr (für vier involvierte Gerichtshöfe) rechtfertigt, sei dahingestellt, denn es wurden in 20 Jahren nur knapp 100 Fälle verhandelt. Durchschnittlich waren über 1000 Personen direkt beim UN-Tribunal beschäftigt, und Schätzungen gehen davon aus, dass das Tribunal an die 30 Mio. US-Dollar jährlich in die regionale Wirtschaft gepumpt hat. Man machte es auch für die hohen Preise und Lebenshaltungskosten in Arusha mitverantwortlich.

Das gigantische Konferenzzentrum, in dem das Tribunal tagte, wurde anlässlich eines Wirtschaftsabkommens, der **East African Community**, gebaut. Von 1967 bis 1977 war Arusha Sitz dieses Wirtschaftspaktes nach dem Muster der EU, doch bevor der Mammutbau 1978 überhaupt fertiggestellt wurde, war die Union schon wieder zerbröckelt. So zogen in den 1980er-Jahren Safari-Unternehmen ein. Erst seit 1995 bestritt die Uno den Großteil der Mietkosten.

Dass es mit der Ostafrikanischen Gemeinschaft offensichtlich wieder bergauf geht, beweist der Neubau des Hauptquartiers in Arusha (neben dem AICC), wobei ein deutsches Unternehmen den Zuschlag für dessen Errichtung bekam (wohl weil die veranschlagten Kosten von 14 Mio. € zur Gänze aus der deutschen Staatskasse stammten). Der 2012 eröffnete Neubau kann zwar die Verluste durch den Abzug des UN-Tribunals nicht kompensieren, aber Arusha kann erneut seiner Rolle als Vermittler und Friedensstifter gerecht werden. Als Konferenzstandort wird sich Arusha sicherlich weiter bewähren – allein schon wegen der großen Anzahl an Konferenzhotels.

Klima

Fast der gesamte Northern Circuit liegt auf über 1000 m Seehöhe und ist sehr hügelig, weswegen es in den Wintermonaten (Juni–Sep) auch empfindlich kalt sein kann. Temperaturen zwischen 10–18 °C in der Nacht sind dann keine Seltenheit, vor allem um den hoch gelegenen Ngorongoro-Krater. Für die Abende oder die Morgen-Pirschfahrten muss unbedingt warme Kleidung (z. B. eine Fleecejacke) ins Gepäck. Sobald die Sonne lacht, erwärmt sich die Luft, und gerade die Wintermonate sind tagsüber angenehm trocken und heiß.

Orientierung

Der Stadtkern liegt südlich vom Dar-Arusha-Nairobi-Highway; mehrere Abzweigungen führen dorthin. Das Zentrum konzentriert sich um den **Clock Tower**, von wo die wichtigen Straßenzüge **Boma Road**, **Sokoine Road** und **Old Moshi Road** wegführen. Westlich des Goliondoi River beginnen die typischeren **afrikanischen Stadtteile**, wo der Central Market und andere Märkte, landestypische Gästehäuser und viele Geschäfte, z. B. für Elektronik, Autoersatzteile oder den täglichen Bedarf, angesiedelt sind.

Rund um den Uhrturm

An echten Sehenswürdigkeiten hat Arusha nicht viel zu bieten, doch die Straßen rund um den kleinen Clock Tower lohnen allemal einen Bummel. Aber Vorsicht: Lästige Flycatcher versuchen, ihre vermeintlich billigen Safaris zu verkaufen, Souvenirhändler können ganz schön dreist werden, und Taschendiebe haben immer Hochsaison.

Als Ausgangs- und Endpunkt eines Rundgangs bietet sich das alte deutsche Fort, auch **Boma** genannt, am Ende der Boma Road an. Mit dem Bau des Forts wurde 1886 begonnen; in den 1990er-Jahren wurde es mit EU-Geldern restauriert, sodass es wieder in weißer Farbe erstrahlt. Der gut gepflegte Garten hält für müde Beine

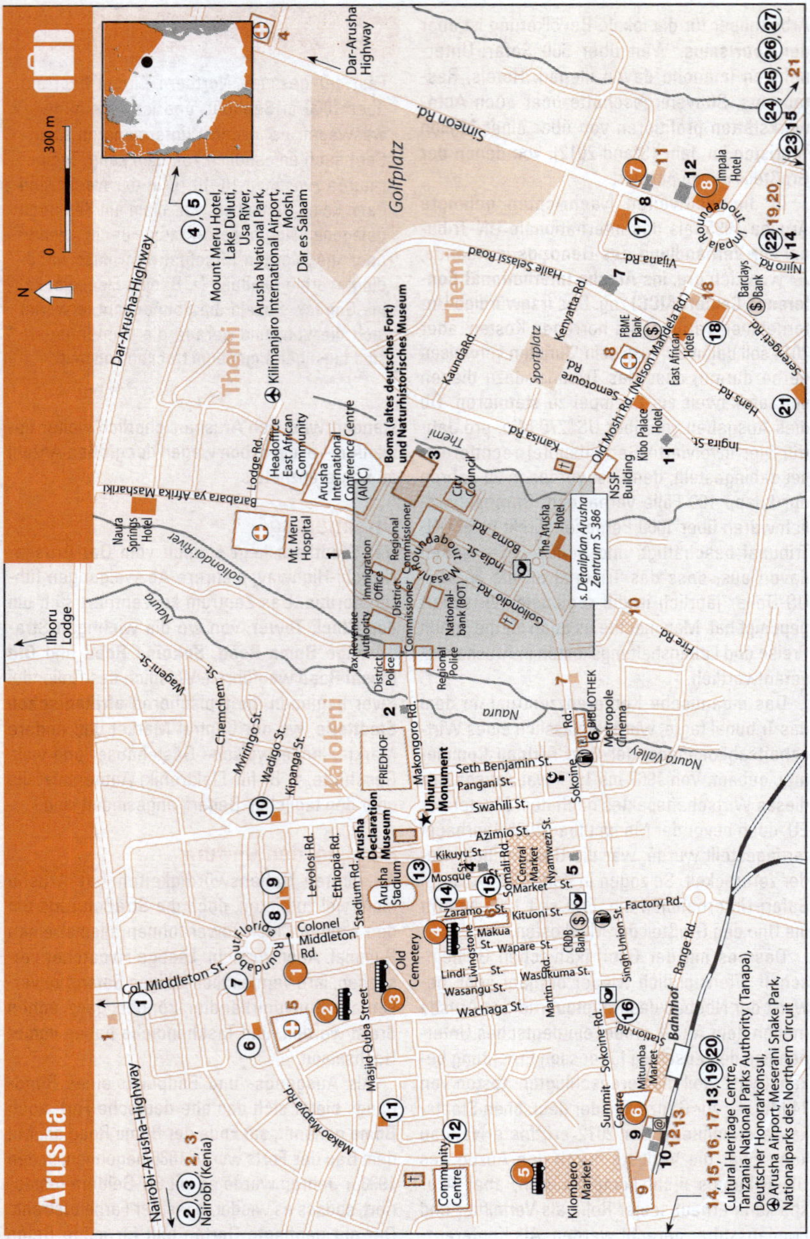
Arusha
Nairobi-Arusha-Highway
Nairobi (Kenia)
Ilboru Lodge
Dar-Arusha-Highway
Mount Meru Hotel, Lake Duluti, Usa River, Arusha National Park, Kilimanjaro International Airport, Moshi, Dar es Salaam
Golfplatz
Simeon Rd.
Themi
Kaloleni
Naura Springs Hotel
Barbara ya Afrika Mashariki
Goliondoi River
Mt. Meru Hospital
Headoffice East African Community
Arusha International Conference Centre (AICC)
Boma (altes deutsches Fort) und Naturhistorisches Museum
Lodge Rd.
Tax Revenue Authority
Immigration Office
District Police
District Commissioner
Regional Commissioner
Clock Tower Roundabout
City Council
National-bank (BOT)
Regional Police
The Arusha Hotel
s. Detailplan Arusha Zentrum S. 386
NSSF Building
Kibo Palace Hotel
Old Moshi Rd.
Sokoine Rd.
India St.
Boma Rd.
Goliondoi Rd.
Fire Rd.
Kaunda Rd.
Kanisa Rd.
Ingira St.
Hans Rd.
Sportplatz
Kenyatta Rd.
Semonone Rd.
(Nelson Mandela Rd.)
FBME Bank
East African Hotel
Haile Selassi Road
Vijana Rd.
Impala Roundabout
Impala Hotel
Barclays Bank
Serengeti Rd.
Njiro Rd.
BIBLIOTHEK
Metropole Cinema
Naura Valley Rd.
Naura
Seth Benjamin St.
Pangani St.
Swahili St.
Azimio St.
Kikuyu St.
Mosque St.
Somali Rd.
Central Market
Nyamwezi St.
Kituoni St.
Factory Rd.
CRDB Bank
Makua St.
Wapare St.
Zaramo St.
Livingstone St.
Lindi St.
Wasangu St.
Wasukuma St.
Wachaga St.
Martin Rd.
Singh Union St.
Range Rd.
Station Rd.
Bahnhof
Mitumba Market
Summit Centre
Sokoine Rd.
FRIEDHOF
Makongoro Rd.
Uhuru Monument
Arusha Declaration Museum
Arusha Stadium
Stadium Rd.
Ethiopia Rd.
Levolosi Rd.
Colonel Middleton Rd.
Col. Middleton St.
Roundabout Florida
Old Cemetery
Masjid Quba Street
Makao Mapya Rd.
Community Centre
Kilombero Market
Chemchem St.
Mvirringo St.
Wadigo St.
Kipanga St.
Wageni St.
Cultural Heritage Centre, Tanzania National Parks Authority (Tanapa), Deutscher Honorarkonsul, Arusha Airport, Meserani Snake Park, Nationalparks des Northern Circuit
N
0
300 m

Übernachtung:
1 Ahadi Lodge
2 Tumaini Cottage
3 Sakina Campsite
4 Kigongoni Lodge
5 Onsea House Country House
6 Silver Palm Hotel
7 Lush Garden Annex
8 Kitundu Guest House
9 Giraffe Motel
10 Monje's C
11 Kutetere Motel
12 Green Park Motel
13 Arusha Crown Hotel
14 Natron Palace Hotel
15 Aquiline
16 Arusha Backpackers
17 The Bay Leaf
18 The African Tulip
19 Meserani Snake Park
20 Arusha Coffee Lodge
21 The Outpost
22 Korona House
23 The Bed'Ou Inn
24 Karama Lodge
25 Masai Camp
26 Planet Lodge
27 Arusha Safari Lodge

Essen:
1 Arusha Masai Café
2 Arusha City Park
3 Via Via Café & Restaurant
4 Khan's Barbecue
5 Dollies Patisserie
6 Babylon Club
7 Blue Heron
8 Picasso's Café
9 Chocolate Temptations
10 Stiggy's
11 The Station
12 Spices & Herbs
13 Shanga River House
14 Blues & Chutney
15 Damascus

Sonstiges:
1 Bosch-Vertretung
2 Triple-A
3 Sakina Supermarket
4 AAR Arusha Medical Centre
5 Arusha Lutheran Medical Center
6 Club AQ
7 Moona's Pharmacy
8 AICC Hospital
9 TFA Shopping Complex
10 Mount Meru Craft & Curio Market
11 Kijenge Supermarket
12 Empire Sports Bar
13 Nama Zone
14 Savannah Shop
15 Heron Recreation Center
16 Shanga Shangaa
17 TFSC (Manfred Lieke)
18 Mangotree
19 Njiro Shopping Centre
20 Mr. Price Supermarket
21 The Apex

Transport:
1 Kilimanjaro Express Bus Terminal
2 Selian Bus Terminal
3 Daladala-Busbahnhof
4 Central Bus Stand (stendi kuu)
5 Kilombero Bus Terminal
6 ZanAir
7 Riverside Shuttle
8 Impala Shuttle

ein schattiges Plätzchen bereit. Hier befindet sich auch das bescheidene **Naturhistorische Museum**, ⌚ 8–18 Uhr, Eintritt US$5, Führung US$15 p. P., Fotogebühr US$10 p. P.

Das alte **koloniale Viertel** im Gebiet zwischen Sokoine Road, Goliondoi Road und Boma Road birgt zwar wenig architektonische Highlights, aber dafür umso mehr Souvenirshops, Wechselstuben und Banken sowie die Post und einige Büros von Fluggesellschaften. Auch unzählige Safari-Unternehmen haben hier ihre Büros.

Östlich von Arusha

Malerisch eingebettet in Kaffeepflanzungen, wilde Blumenfelder und einen dichten Kranz von Bäumen liegt der Kratersee **Lake Duluti** etwa 14 km östlich von Arusha entfernt (in Tengeru bei den Schildern *Duluti Camp* und *Duluti Secondary School* nach Süden abbiegen). Scharen von Schmetterlingen und Vögeln fühlen sich im Gehölz wohl, und ein schmaler Rundweg von ca. 5 km bringt Besucher ganz nahe an diese zarten Geschöpfe heran. Der See ist zum Schwimmen nicht geeignet, weil er mit Bilharziose-Erregern verseucht ist, aber Kanufahren kann arrangiert werden. Eintritt für Spaziergänger US$12 plus Ranger US$5 pro Person (Gate nahe Duluti Camps). Exkursionen zum Lake Duluti werden von vielen Kulturtourismusprogrammen und Safariagenturen organisiert (Halbtagsausflüge ca. US$40–60 inkl. Eintritt und Transport). Wayo Africa (S. 395) führt auch Kanufahrten durch, die für Vogelliebhaber interessant sind, ca. US$40 p. P.

€ Wem die hohen Gebühren ungerechtfertigt vorkommen, der kann sich für weit weniger Geld im Duluti Forest Club oder auf der anderen Seite in der Serena Mountain Village Lodge einen Drink genehmigen und bequem von oben die herrliche Aussicht genießen.

ÜBERNACHTUNG

Sofern nicht anders angegeben, finden sich alle Unterkünfte auf der Karte S. 384.

Florida Roundabout/Selian Bus Terminal

Um den Kilimanjaro Express und den Selian Bus Terminal liegen zahllose Gästehäuser, z. B. das **Kitundu Guest House** oder das **Giraffe Motel**,

beide ❶. Taxifahrten kosten etwa 3000 TSH, mit dem Mopedtaxi wird man für ca. 1000 TSH zum Gästehaus transportiert.

Monje's C, Court Rd., östlich des KLM Express Terminals. 14 einfache Zimmer, jene im Obergeschoss sind zu bevorzugen. Sicheres Parken. Die beiden Schwester-Unterkünfte Monje's A und Monje's B, die auf dem Weg nach Monje's C liegen, sind älter und dementsprechend abgewohnter. ❶

Lush Garden Annex, Makao Mapya Rd., östlich des KLM Express Terminals, neben Carnivore Club. Simple Zimmer, aber mit Flatscreen, Sessel/Tisch sowie Kleiderschrank sind sie besser ausgestattet als andere Unterkünfte in der gleichen Preisklasse. Abwechslungsreicheres Frühstück als anderswo. ❶

Kutetere Motel, Masjid Quba St., Ecke Stadium Rd., Nähe Selian Bus Terminal. In einem eingeschossigen Gebäude mit verspiegelten Fenstern und einer Mini-Veranda sind 10 kleine Zimmer mit einfacher, aber sauberer Ausstattung untergebracht. Restaurant vorhanden, aber kein sicheres Parken vor dem Haus. Auch wenn es nur einen Katzensprung entfernt ist, empfiehlt es sich, vom Selian Bus Terminal ein Taxi (3000 TSH) zu nehmen. ❶–❷

Silver Palm Hotel, Makao Mapya Rd., neben Carnivore Club, 💻 www.silverpalmhotel.com. Typisches mehrstöckiges Stadt- und Geschäftshotel mit WLAN (in der Lounge), Zimmern mit AC und elektronischen Schlössern an den Türen. ❷–❸

Kilombero Bus Terminal

Green Park Motel, Makao Mapya Rd. Kleine, saubere Zimmer um einen Innenhof mit Moskitonetzen, TV und Schreibtisch. Frühstück im Preis inbegriffen. ❶

Central Market

€ **Arusha Backpackers**, Sokoine Rd., ✆ 0715-377795, 💻 www.arushabackpackers.co.tz. Kostenbewusste Reisende finden im Arusha Backpackers einfache, saubere Zimmer und ein behagliches Ambiente vor. Liegt westlich vom Zentrum direkt an der Sokoine Road, daher kann es lauter zugehen; der öffentliche Verkehr geht direkt an der Haustür vorbei. Internetcafé. Gemeinschaftsräume US$10 p. P. ❶

Natron Palace Hotel, Livingstone St., neben dem Central Bus Stand, ✆ 0769-646569, 💻 www.natronpalacehotel.com. Typisches mehrstöckiges Geschäftshotel im belebten Viertel in einer Seitengasse beim Busbahnhof mit 30 kleinen, aber zweckmäßigen Zimmern. WLAN. ❸

Aquiline, Zaramo St., Nähe Central Bus Stand, ✆ 027-2546061. Unübersehbar thront das mehrstöckige Gebäude mit den markanten, blau verspiegelten Fenstern gegenüber dem Busbahnhof. Typisches, älteres Mittelklasse-Stadthotel in zentraler Lage mit guter Schalldämpfung, denn nicht einmal die Disco Club AQ im 8. Stock hört man auf den Zimmern. WLAN, AC. ❸

Arusha Crown Hotel, Makongoro Rd., ✆ 027-2544161, 💻 www.arushacrownhotel.com. Steriles Stadthotel mit 38 Zimmern in zentraler Lage (nahe Busbahnhof und Stadion); wenig Flair, aber zweckmäßig und sauber. TV und Safe im Zimmer, Internet. ❸

Zentrumsnah

€ **The Bed'Ou Inn,** Nähe Impala Roundabout und AICC Club, den Schildern zum Blues & Chutney folgen, ✆ 0765-878453, 💻 www.escapetz.com. Einfache Pension mit 7 zweckmäßigen Zimmern, aber herzlichen Gastgebern. Interessant für Langzeitaufenthalte. Köstliches Frühstück, familiäre Atmosphäre. Taxi 5000 TSH zu den Busbahnhöfen. ❸

The Outpost, Serengeti Rd., ✆ 027-2548405, 💻 www.outpost-lodge.com. Einfache, rustikale, farbenfrohe Unterkunft mit hellen, sauberen Zimmern inmitten eines sattgrünen Gartens. Die familiär geführte, sympathische Unterkunft hat 28 große Zimmer; die neueren sind zu bevorzugen. Schöner Pool, WLAN in den öffentlichen Bereichen. Ruhige Stadtlage, etwa 15 Min. Fußweg ins Zentrum. ❸

The Bay Leaf, Vijana Rd., Nähe Impala Roundabout, ✆ 027-2543055, 💻 www.bayleaftz.com. Intimes, stilvolles Boutique-Hotel mit nur 5 individuell designten Zimmern und Suiten. Fühlt sich überhaupt nicht wie ein Hotel an. Ruhige und dennoch zentrale Lage, ausgezeichnete Küche mit indischen, mediterranen und afrikanischen Einflüssen. ❻

The African Tulip, Serengeti Rd., ✆ 027-2543004, 💻 www.theafricantulip.com. Gediegenes Stadthotel, das architektonisch das afrikanische Thema sehr strapaziert, mit 29 großen Zimmern bzw. Suiten und allen erdenklichen Annehmlichkeiten: Flatscreen, WLAN, Pool, Souvenirshop und mehr. Angenehmes, elegantes Ambiente in Ruhelage und Spaziernähe zur Innenstadt (ca. 15 Min. Gehzeit). ❻

The Arusha Hotel, am Clock Tower, Old Moshi Rd., Karte S. 386, ✆ 027-2507777, 💻 www.thearushahotel.com. Ausgezeichnetes, altehrwürdiges Hotel mit 86 komfortablen Zimmern direkt im Zentrum. Eines der ältesten Hotels Tansanias (1894 errichtet!), das modernisiert und in ein gediegenes Hotel mit internationalem Standard verwandelt wurde. Konferenzhotel für Geschäftsleute mit Zimmern in unterschiedlichen Kategorien, exklusives Ambiente, gutes Restaurant, riesiger Pool. WLAN, Kasino, Gym. ❼

Außerhalb der Stadt

€ **Korona House**, Njiro Kwa Msola, nach dem Ende der Teerstraße südlich des Njiro Shopping Centre, ✆ 0687-666808, 💻 www.koronahouse.com. Nette, familiäre Pension mit nur 7, gut ausgestatteten Zimmern in einem Privathaus. WLAN, gratis Transfers vom/zum Flughafen. Lunch/Dinner (max. 15 000 TSH) erhältlich. Attraktive Preise für Langzeitgäste. Taxi in die Stadt 15 000 TSH, Daladala 400 TSH. ❷

Tumaini Cottage, Elerai Area, Nairobi-Arusha-Highway, bei Happy Sausage nach Süden abzweigen, ✆ 0784-588698, 💻 www.tumaini cottage.com. Sympathisches Gästehaus mit 8 blitzsauberen Zimmern auf 2 Etagen und 2 Familienhäusern rund um eine grüne Oase. Mzee Andrew und Bibi Lilian führen das Haus mit viel Esprit und Liebe. Panoramarestaurant mit Blick auf Arusha, teilweise Blick auf den Mount Meru. Aktivitäten werden arrangiert. ❸

Planet Lodge, 6 km östlich vom Clock Tower Roundabout, Old Moshi (Nyerere) Rd., ✆ 0736-209966, 💻 www.planet-lodge.com. 24 adrette Zimmer, die in 12 Rundhäusern in einem großen, gepflegten Garten untergebracht sind. Herrlicher Blick auf den Mount Meru, ruhige Lage abseits der Stadt, aber lange Anfahrt ins Zentrum wegen der Verkehrsstaus. Pool, WLAN, Kinderspielplatz. ❹

Karama Lodge, Suye Hills, unmittelbar nach dem Masai Camp (Old Moshi Rd.) links in die Hügel abbiegen, ✆ 0754-475188, 💻 www.karamalodge.com. Lokale Materialien und afrikanische Rustikalität dominieren. Die 22 Chalets stehen an einem Hang auf Stelzen. Vorzügliche Küche. Genießerische Ausblicke auf den Mt. Meru und – an klaren Tagen – bis zum Kilimanjaro. Pool, Spa. WLAN im ganzen Gelände. Sehr gute Qualität für vergleichsweise wenig Geld. ❹

Ahadi Lodge, Morovia Mianzini, nördlich des Dar-Arusha Highway, ✆ 0682-183108, 💻 ahadi-lodge.com. Draußen vor dem großen Eisentor pulsiert das Stadtleben, aber dahinter gleicht die Ahadi Lodge einer wohltuenden Oase. 12 Zimmer in warmen Erdfarben, einfache, aber umfassende Ausstattung, WLAN, Pool. Gute Küche. ❹–❺

Arusha Coffee Lodge, 4 km westlich von Arusha auf der Dodoma Rd. links stadtauswärts, Nähe Flughafen, ✆ 027-2500630, 💻 www.elewanacollection.com. Koloniales Ambiente mit roten Backsteinziegeln, viktorianischen Ledersesseln und gepflegtem Garten erwartet Gäste der Lodge, die romantisch in eine noch bewirtschaftete Kaffeeplantage eingebettet ist. 30 weitläufige Zimmer in 15 schindelgedeckten Bungalows mit Kristalllüstern, knarrenden Holzböden, Lounge und schöner Veranda. Pool, Spa. Ausgezeichnetes Restaurant. Für gehobene Ansprüche eine der besten Adressen in Arusha. ❼–❽

Zwischen Arusha und Usa River

Kigongoni Lodge, ab der Simeon Rd. 8 km auf dem Dar-Arusha Hwy. nach Osten, dann Abzweig in Richtung Süden, ✆ 027-2553087, 💻 www.kigongoni.net. Inspirierende Lodge mit 18 Cottages auf einer Anhöhe mit Blick auf den Mt. Meru und den Kilimanjaro. Kigongoni unterstützt das in der Nachbarschaft angesiedelte Therapiezentrum Sibusiso für geistig behinderte Kinder. ❼

Arusha Safari Lodge, 9 km östlich vom Clock Tower Roundabout von der Old Moshi (Nyerere) Rd. nach Norden abzweigen, ✆ 027-2506315, 💻 www.moivaro.com. 9 weitläufige Cottages im afrikanischen Landhausstil (3 mit Kamin) in einer parkähnlichen Gartenanlage mit Pool, Spa und einem charmanten Haupthaus aus den 1930er-Jahren im Kolonialstil. Ruhige Lage weit weg von der Stadt, aber nahe am Arusha National Park. WLAN. ❻

Onsea House Country House, ab der Simeon Rd. 5 km auf dem Dar-Arusha Hwy. nach Osten, dann Abzweig in Richtung Süden (700 m, knapp hinter einer Brücke), ✆ 0784-833207, 💻 www.onseahouse.com. Gästehaus mit 4 geräumigen Zimmern im zeitgemäßen Afrika-Design und mit persönlicher Betreuung. Beste Küche in Arusha in der gehobenen Preisklasse. Pool, Internet, Jacuzzi. Eine besondere Adresse in Arusha. Das nebenan gelegene, ebenso schicke und hochgelobte **Machweo Retreat** mit 9 weiteren Suiten sowie einem Wellnesscenter gehört denselben Betreibern. ❼

Camping

Masai Camp, Old Moshi Rd., Kijenge, südöstlich vom Zentrum, ✆ 0762-605778. In der großzügigen Anlage finden viele Camper und Overlander Platz, dementsprechend voll ist das Gelände in der Hochsaison. Zelten US$8 p. P., einfacher Dorm US$10 p. P., einfache Zimmer bis US$50. Restaurant und Bar auf dem Gelände.

Sakina Campsite, am Nairobi-Arusha-Highway neben Lush Garden Hotel. Kampieren im grünen Garten; auch einfache Zimmer vorhanden. Frühstück wird auf Wunsch gerne arrangiert. US$7 p. P. ❷

€ 🌳 **Meserani Snake Park**, 25 km westlich von Arusha an der Dodoma Rd., ✆ 027-2538282 . Beliebter Treffpunkt geselliger Overlander und Langzeitreisender, die mit dem eigenen Fahrzeug unterwegs sind. Gemütliche Bar, Souvenirladen, Maasai Cultural Centre, Camel Safaris, Reptilien und Schlangen. Hier hört man viele bunte Geschichten, die das Leben schrieb. Engagiert in vielen Projekten, z. B. einer Klinik und einem Waisenhaus. Campen US$8 p. P.

Weitere Campingplätze finden sich am **Lake Duluti** (schön gelegen, aber sehr rudimentär und am Wochenende laut, weil der Lake Duluti ein beliebtes Naherholungsgebiet ist) oder bei der **Ilboru Lodge**, wo man im gepflegten, grünen Garten kampiert und Zugang zum Pool hat (US$10 p. P.).

ESSEN

Zentrumsnah

Babylon Club, Sokoine Rd. Oberhalb des Metropole Cinema befindet sich ein landestypisches Lokal, das bekannt für sein *nyama choma* (gegrillte Fleischspießchen) ist. Günstig. ⌚ von früh bis spät.

€ **Arusha City Park**, Makongoro Rd., in der Nähe zweier Polizeistationen. Angenehmes, weitläufiges Open-Air-Restaurant, in dem typisch tansanisches Essen mit täglich wechselnden Hauptgerichten gekocht wird. Beliebt bei der Mittelschicht von Arusha. Hauptgerichte max. 6000 TSH. ⌚ tgl. von mittags bis spät abends.

Khan's Barbecue, Mosque St. Vor einem Geschäft auf der Straße (wo tagsüber eine Autowerkstatt ist) gibt es nach Sonnenuntergang leckere Grill- und Fleischgerichte, u. a. Tandoori-Hühnchen mit Pommes frites, indische Saucen, Naan-Brot, Salate und Säfte (kein Alkoholausschank). Tische und Sessel werden auf dem Gehsteig aufgestellt. Die Portionen sind riesig. 10 000 TSH. ⌚ tgl. ab 18.30 Uhr.

Via Via Café & Restaurant, Boma Rd. Alteingesessenes Kultur- und Musikcafé mit recht leckeren Speisen und viel Atmosphäre hinter der Boma in den Gärten des kleinen Naturhistorischen Museums. WLAN. 8000–15 000 TSH. Siehe auch „Unterhaltung“. ⌚ Mo–Sa 9–23 Uhr.

Arusha Masai Café, gegenüber vom Haupteingang des AICC zweigt man auf die Piste ab, 100 m weiter hinten links, 💻 www.warmheartart.com. Lauschiges, simples Restaurant unter ausladenden Bäumen, wohin die Gäste meist wegen der großen Holzofen-Pizza (unter 13 000 TSH) kommen. Der kunstsinnige Betreiber unterstützt heimische Künstler; sie stellen in der kleinen, angeschlossenen Galerie aus. ⌚ Mo–Sa 11–21, So 12–20 Uhr.

Africafé Coffee House, Boma Rd. Einladendes Café und Restaurant direkt neben der Touristeninformation. Auf wuchtigen, dunkelroten Lederbänken schmecken die Burger, Sandwiches, Salate und herzhaften süßen Versuchungen (Muffins, Kuchen) fast wie in Amerika. Exzellenter Kaffee – trotz des irreführenden Namens, der wie der allseits beliebte, herbe Pulverkaffee lautet. Ideal für ein spätes Frühstück bis 11 Uhr. 7000–18 000 TSH. ⌚ Mo–Fr 7.30–21, Sa–So 8–21 Uhr.

Fifi's Café, Sokoine Rd., gegenüber der Exim Bank. Eines der neueren, typisch westlichen Cafés direkt an der stark befahrenen Straße. Guter Caffè Latte und Co, auch das westliche Essen ist momentan sehr gut. Starkes WLAN. ⌚ Mo–Sa 7.30–21 Uhr.

Cafe Barrista, Sokoine Rd., Nähe Clock Tower. Seit dem Umbau werden guter Caffè Latte, Pizza, Steaks, Burritos oder asiatische Speisen kredenzt (max. 15 000 TSH), aber viele kommen wegen des Internets. Nettes Ambiente mit AC, im Stil eines amerikanischen Diners. ⌚ tgl. 7–18.30 Uhr.

Westlich des Zentrums

Chocolate Temptations, im Ostflügel des Shoprite/Nakumatt (TFA) Shopping Complex. Schokoholics und Schleckermäulchen werden das Café/Restaurant lieben, denn die Süßspeisen, importierten Schokoladen und die Schwarzwälder Kirschtorte erfreuen die Geschmackssinne. 🕒 Mo–Sa 8.30–18 Uhr.

Stiggy's, im Ostflügel des Shoprite/Nakumatt (TFA) Shopping Complex. Legeres Restaurant, das Sandwiches, internationale Gerichte, Snacks und Kaffee samt Desserts serviert. Ausreichend Parkplätze vorhanden. 🕒 Mo–Sa 9–17.30 Uhr.

Shanga River House, Dodoma Rd., auf dem Weg zum Arusha Airport rechts, ✆ 0689-759067, 💻 shanga.org. Zwar ist unbedingt eine Reservierung notwendig, aber der Aufwand lohnt sich. Tolles Essen und romantisches Ambiente im Garten oder im stimmungsvollen, überdachten Patio. Die Einnahmen fließen einem Sozialprojekt zu. Mittagsmenü US$25. 🕒 tgl. 10–17 Uhr.

Östlich des Zentrums

Spices & Herbs, Simeon Rd., Nähe Impala Roundabout. Das äthiopische Restaurant, das aber mehr für seine Schweinskoteletts *(pork chops)* und vegetarischen Gerichte bekannt ist, existiert schon seit vielen Jahren. Indische, äthiopische, europäische Küche für max. 18 000 TSH. 🕒 tgl. 7–23 Uhr.

Damascus, Nähe Impala Roundabout und AICC Club. Ausgezeichnetes Essen aus dem Vorderen Orient und nördlichen Afrika wie Hummus, Falafel, Dips, Pita-Brot, typische Salate sowie viele vegetarische und vegane Gerichte. Nettes Ambiente im Garten, wo man entweder unter den Sternen oder unter Partyzelten sitzt. WLAN. 🕒 tgl 9 Uhr bis spät.

Picasso's Café, Simeon Rd., Nähe Impala Roundabout. Beliebtes Café der gehobenen Kategorie mit schmackhaften internationalen Gerichten, z. B. Sandwiches, Burger, Salate, Pasta für max. 15 000 TSH. Ideal für ein kräftiges Frühstück bis 12 Uhr (max. 10 000 TSH). 🕒 Mo–Sa 9–23, So 9–17 Uhr.

The Station, Ingira Rd., Einfahrt beim Kibo Palace Hotel. Gemütliches Café mit tansanischen Betreibern; gute Küche, Kaffee, Secondhand-Bücher, Souvenirshop, WLAN, saftiggrüner Garten. 🕒 Mo–Sa 9–21, So 11–17 Uhr.

Blue Heron, Haile Selassie Rd. In der hübschen Lounge mit Dhow-Möbeln und dem gepflegten, lauschigen Garten samt Frangipani-Baum werden leckere ofenfrische Pizza, Pasta, Suppen, Salate und Steaks serviert. 10 000–22 000 TSH. 🕒 Mo–Do 9–17, Fr und Sa 9–22.30 Uhr.

Blues & Chutney, Nähe Impala Roundabout und AICC Club. Liebevoll gestaltetes Restaurant, in dem unprätentiöse, köstliche Speisen aus dem alten Europa serviert werden, z. B. Pasteten, Quiches, gefüllte Baguettes, Salate, Kuchen. Lunch ca. 15 000 TSH, Dinner ca. 20 000 TSH. 🕒 Di–Sa 9–22, So 11–15 Uhr.

Außerhalb der Stadt

Wer wirklich exquisit essen möchte, muss in die Hotels ausweichen. Zu den besten Adressen östlich der Stadt zählt das Onsea House, dessen französische Küche die beste der ganzen Stadt ist. Westlich der Stadt kann man in der Arusha Coffee Lodge außergewöhnlich schmausen.

UNTERHALTUNG

Bars und Pubs

Via Via Café & Restaurant, Boma Rd., s. „Essen". Ein angenehmer Ort, um den Tag ausklingen zu lassen. Mi Movie Night, Do abends Livekonzerte bis früh morgens, Sa traditionelle Tänze. Gut, um zu feiern und Leute kennenzulernen. WLAN. 🕒 Mo–Sa 9–23 Uhr.

Masai Camp, Old Moshi Rd., Kijenge, s. „Übernachtung". An den Wochenenden geht es im Barafu Restaurant & Bar hoch her, z. B. Sa ab 21 Uhr, 5000 TSH Eintritt. 🕒 tgl. 8–24 Uhr.

Mangotree, Old Moshi, Ecke Nyerere Rd., neben Olduvai Inn. Nettes Garten-Pub mit großer Auswahl an Alkoholika (auch Cocktails), Tischen drinnen und im Garten sowie Musik und großer Leinwand für Sportübertragungen. 🕒 tgl. mittags bis spät.

Empire Sports Bar, Ostflügel TFA Shopping Complex (Shoprite/Nakumatt). Ein beliebter Treffpunkt der Expats mit Tischen drinnen und auf der Terrasse, Pool-Tischen, Dancefloor und Live-Reggae-Konzerten am Fr oder Sa. 🕒 tgl. abends bis spät.

Kinos

Njiro Movies, im Njiro Shopping Centre, zeigt Bollywood- und Hollywood-Filme, hauptsächlich Neuerscheinungen, 8000–10000 TSH.

Nachtclubs

Vor 22 Uhr ist nirgends was los; meist wird Eintritt verlangt (5000–10 000 TSH).

Triple-A, Sakina, Kreuzung Nairobi Rd. Noch immer einer der angesagtesten Nachtclubs (mit DJs) in Arusha, was sich aber schnell ändern kann. ⌚ tgl. ab 21 Uhr.

The Apex, Old Moshi Rd., Kijenge, Nähe Masai Camp. Einer der zahlreichen In-Clubs, wo am Wochenende bis mindestens bis 6 Uhr morgens getanzt wird.

Club AQ, Hotel Aquiline, 8. Stock, Zaramo St. Nachtclub mit DJs und heißen Rhythmen, 5000 TSH Eintritt. 2 Fr–So, ab 22 Uhr.

EINKAUFEN

Bücher

Kase Book Shop, Joel Maeda St. sowie Boma St. Kleinerer Buchladen, in dem man ein bisschen stöbern muss, bevor man fündig wird. Landkarten, Swahili-Lernunterlagen, Afrika-Literatur.

A Novel Idea, Shoprite/Nakumatt (TFA) Shopping Complex, Ostflügel. Gut sortierter Laden der erfolgreichen Handelskette mit hauptsächlich englischsprachigen Titeln sowie vielen Bildbänden und Büchern zur tansanischen und afrikanischen Geschichte. ⌚ Mo–Sa 9–17.30, So 9–15 Uhr.

Markttag bei den Maasai

© KURT KAUBE

Für die Maasai ist der wöchentliche Markt in ihrem Dorf oft die einzige Möglichkeit, sich mit dem Notwendigsten einzudecken: Ziegen, Kühen, Geschirr, Sandalen aus alten Autoreifen, Secondhand-Uhren, klapprigen Mobiltelefonen, Mais oder Bohnen. Die Märkte finden draußen im staubigen Maasai-Land statt, ohne Ladentische oder Unterstände. Die Handelsware wird einfach auf dem Boden ausgebreitet und lautstark feilgeboten. Selbst gelegentliche Windhosen beeinträchtigen das quirlige Treiben nicht. Maasai-Märkte finden fast täglich irgendwo im Umland von Arusha statt, z. B. am Mittwoch in **Kisongo** (12 km westlich) und **Longido** (80 km nördlich), donnerstags und sonntags in **Ngaramtoni** (12 km nordwestlich), dienstags und freitags in **Meserani** (25 km westlich). Unerlässlich ist die Anheuerung eines Guides – so kann man gelassen dem Markttreiben zuschauen und sogar unbehelligt Fotos schießen. Anfragen an das TTB Arusha oder an die einzelnen Kulturtourismusprogramme (S. 393).

Einkaufszentren und Lebensmittel

Shoprite/Nakumatt (TFA) Shopping Complex, Sokoine Rd., auf dem Weg in die Nationalparks. Die beste Shopping-Adresse von Arusha, wo mit einem Stopp gleich vieles erledigt werden kann. Links und und rechts des Supermarktes, der vormals dem südafrikanischen Konzern Shoprite gehörte und nunmehr kin enianischer Hand ist, hat sich ein ansehnliches Potpourri unterschiedlicher Dienstleister entwickelt. NBC, Exim Bank und Barclays-Automaten. ◷ Supermarkt: Mo–Fr 7.30–19, Sa 7.30–18, So 9–13 Uhr.

Njiro Shopping Centre, Njiro Area, südöstlich vom Zentrum. Einkaufszentrum mit dem Village Supermarket, Kino, Restaurants und Bars, Läden für Bekleidung oder Möbel, WLAN und Internet, Geldautomaten, z. B. Barclays und NBC. Nicht so gut besucht wie TFA, deshalb wechseln die Mieter auch häufiger.

Sakina Supermarket, Nairobi Highway, westlich der Stadt. Gute Lebensmittelauswahl zu günstigen Preisen.

Zentraler in der Stadt liegen die kleinen Lebensmittelgeschäfte **Modern Supermarket** (beim Naaz Hotel), **Clock Tower Supermarket** direkt am Clock Tower, **Kijenge Supermarket** (Nähe Impala Hotel, selbe Einfahrt wie Picasso's Café), **Mr. Price Supermarket** in Njiro (auf dem Weg zum Njiro Shopping Centre) und **Village Supermarket** (Njiro Shopping Centre).

Meat King, am oberen Ende der Goliondoi Rd. Gute Wurst- und Fleischerzeugnisse sowie andere Delikatessen, darunter Käse und Milchprodukte. ◷ Mo–Fr 8–16.30, Sa 8–13 Uhr.

Gutes Brot bekommt man bei Shoprite/Nakumatt (TFA Shopping Complex), im Shoprite-Supermarkt und in Dollies Patisserie (Sokoine Rd., Nähe McMoodys).

Kunsthandwerk und Souvenirs

Viele kleine Souvenirgeschäfte befinden sich in der Boma St., Goliondoi St. oder in der Joel Maeda St. Dort stößt man mit Sicherheit auf das passende Mitbringsel.

Mount Meru Craft & Curio Market, Fire Rd., südwestlich des Clock Tower. Auch als Maasai Market bekannt. Die Maasai-Frauen sitzen am Boden und fabrizieren ihren typischen Perlenschmuck. In den zahlreichen Verkaufsbuden wird von Holzschnitzereien über Textilien bis hin zu Specksteinfiguren oder Lederwaren fast alles angeboten, was in Ostafrika an Souvenirs erhältlich ist. Nur für Leute empfehlenswert, die gut im Handeln sind, denn mit allen Tricks wird hier versucht, die hohen Preise zu rechtfertigen. ◷ tgl. 8–18 Uhr.

Shanga Shangaa, Dodoma Rd., auf dem Weg zum Arusha Airport rechts. Das Sozialprojekt Shanga schlägt zwei Fliegen mit einer Klappe: Es beschäftigt behinderte Menschen und recycelt Glas. Die soziale Gesinnung fordert aber ihren Preis. Geschmackvolle Glasperlen und -erzeugnisse (z. B. mundgeblasene Trinkgläser), tragbarer Schmuck, einzigartige Deko. Führungen durch den Workshop auf Anfrage. ◷ Mo–Sa 9–16.30 Uhr. Kleiner Laden auch im Shoprite/Nakumatt Shopping Complex.

Blue Heron, Haile Selassie Rd., s. „Essen“. Hochwertige, lokal erzeugte Waren, z. B. Taschen, Kerzen, Dekorationsgegenstände, Kleidung, Weihnachtsschmuck. ◷ Mo–Sa 8.30–17 Uhr.

Savannah Shop, Heron Recreation Center, Anfahrt siehe Schwimmen. Geschmackvolle Stücke aus Glas, Metall, Textilien.

Cultural Heritage Centre, westlich von Arusha, Dodoma Rd. Im gewaltigen Touristenmekka findet man Mitbringsel zu stolzen Preisen. Die Fahrer erhalten fette Provisionen für jeden Kunden, der hier einkauft. ◷ tgl. 9–18 Uhr.

Märkte

Kilombero Market, gegenüber dem Shoprite/Nakumatt Shopping Complex am Westende Arushas. Hier finden Einheimische alles, was sie zum Leben brauchen, vor allem Lebensmittel, aber auch Kitenges, Kangas, Schuhe usw. ◷ tgl. 6–18 Uhr.

Mitumba Market, Factory Rd., hinter dem Bahnhof. Größter Markt für Secondhand-Kleidung in Arusha.

Safari-Ausrüstung

Safari Care, Shoprite/Nakumatt, Sokoine, Ecke Dodoma Rd. Kleiner, feiner Laden für Safari-Ausrüstung und Berg-Equipment. ◷ Mo–Sa 9–17 Uhr.

9 HIGHLIGHT

Kulturtourismusprogramme

Longido im Maasai-Land

Tief im kargen Maasai-Land, ca. 80 km nördlich von Arusha auf dem Weg nach Kenia, liegt Longido, wo neben Führungen durch das Dorf, Besuche traditioneller Maasai-Bomas und einem Abstecher zum Viehmarkt (jeden Mittwoch) auch die Besteigung des Longido (2638 m) angeboten wird. Früh am Morgen zieht man mit einem Maasai los und folgt kleinen Büffel-Trampelpfaden in die Höhe. Von ganz oben (4–5 Std.) sieht man an klaren Tagen bis zum Kilimanjaro und Mt. Meru. Wie die anderen Berge in der Umgebung ist auch der Longido ein steiler Vulkankegel, dessen Besteigung nur von fitten Sportlern angetreten werden sollte. Übernachtung auf dem Campingplatz (Ausrüstung mitbringen) oder im einfachen Gästehaus. Auf Wunsch werden Gäste gegen Gebühr verköstigt. Longido ist auch mit Daladalas gut erreichbar. Infos unter ✆ 0787-855185, ✉ touryman1@yahoo.com.

Monduli Juu

Das kleine Maasai-Dorf liegt etwa 50 km nordwestlich von Arusha an der Dodoma Road in Richtung Serengeti. Besucher werden durch Regenwald, an Dörfern und Dorfprojekten vorbei, auf die Monduli Mountains begleitet, wo herrliche Aussichten auf die Ebenen bis hin zum Ol Doinyo Lengai locken. Besonders schön (und anstrengend) ist die Tour auf die Kona Saba (dt.: „Sieben Ecken“), wo eine Wand des Ostafrikanischen Grabenbruchs (Great Rift Valley) erklommen wird. Besuche bei Naturheilern oder die Teilnahme an Maasai-Zeremonien können arrangiert werden. Anfragen zum Programm können auch an den Meserani Snake Park (S. 389) gerichtet werden. Mehr Infos unter 🖳 www.monduli-juu.org.

Mto wa Mbu

Zu den besten Initiativen weit und breit zählt das Kulturtourismusprogramm von Mto wa Mbu mit den verschiedensten Aktivitäten, angefangen von einfachen Village Tours (2 Std. ca. US$28 p. P.) und einer Maasai Tour von 1 Std. (US$10) bis zu den unterschiedlichsten kurzen und längeren Wanderungen (ca. US$30 p. P.). Herr Wesley Hans Kileo, ✆ 0784-606654, im Red Banana Café (S. 417), organisiert auch 3-tägige Wanderungen zum Lake Natron samt Begleitfahrzeug. Gut in Eigenregie machbar, da Überlandbusse von Arusha nach Mto wa Mbu fahren und sich entlang der Hauptstraße zahlreiche Unterkünfte finden.

Tansanit

Wer gefälschte Steine auf der Straße oder von zwielichtigen Händlern kauft, ist selbst schuld. Bei Tanzanite Experience kann der Stein gegen Gebühr auf Echtheit und Qualität geprüft werden.

The Tanzanite Experience, India St., Blue Plaza. Hier existiert das einzige Labor Tansanias, das Echtheitszertifikate ausstellt. Mit Schauraum, Museum und kostenlosen Führungen. 🕒 Mo–Fr 8–17, Sa 9–13 Uhr. Weitere Filialen von Tanzanite Experience finden sich bei Shanga Shangaa und in der Arusha Coffee Lodge.

Swala Gem Traders im Arusha Hotel, Clock Tower Roundabout.

Mehr Infos zu diesem Stein auf S. 336.

AKTIVITÄTEN

Alle Veranstalter organisieren sowohl <<Safaris als auch Bergbesteigungen und Kulturtouren. Mittlerweile haben auch viele Unterkünfte Programme für ihre Gäste ausgearbeitet.

Kulturtourismusprogramme

Ausführliche Informationen erhält man in der **Touristeninformation (TTB)** von Arusha in

der Boma Rd., bei einigen Tour Operators, Unterkünften oder auch Restaurants/Cafés. Zahllose Initiativen bieten z. B. Dorf-, Markt- oder Schulbesuche, Wanderungen zu Wasserfällen oder durch Kaffeeplantagen, Touren zu Medizinmännern und vieles mehr (Kasten Kulturtourismusprogramme S. 393). Infos auch bei **Peace Matunda**, einem eigenständigen Programm, 💻 peacematunda.org.
Weil viele Menschen an einer Tour mitwirken, sind die Preise entsprechend hoch. Jeder will an den Touristen verdienen (Koordination, Village Development Fee, Guide, kochende Frauen, besuchte Personen etc.). Richtpreise: Für Halb- und Ganztagstouren im gewöhnlichen Rahmen US$30–50, für mehrtägige Touren dementsprechend mehr (ab US$80), je nachdem, ob Verköstigung und Übernachtung inbegriffen sind. Transportkosten werden je nach Distanz extra verrechnet. Es sollten nur geprüfte oder persönlich empfohlene Initiativen gewählt werden. Nicht jedes Programm arbeitet karitativ, in vielen Fällen wird das nur vorgegeben.
Einige Programme sind auch für Individualisten passend, die mit öffentlichen Verkehrsmitteln anreisen möchten. Wer nicht in Eigenregie unterwegs sein möchte, kann Touren auch über Safariagenturen buchen, z. B. jenen, die im vorliegenden Reiseführer empfohlen werden, siehe „Traveltipps von A bis Z", S. 37.

Meserani Snake Park

25 km westlich von Arusha an der Dodoma Road. Für Liebhaber von Schlangen und Reptilien lohnt sich ein Abstecher hierher. Eintritt: US$10 p. P. Als krönender Abschluss empfiehlt sich ein kaltes Bier an der Bar. Maasai-Museum und Souvenirshop gleich nebenan. 🕒 tgl. 9–18 Uhr.

Reiten

Eine Handvoll Anbieter hat sich auf Horse Safaris spezialisiert, z. B. die **Makoa Farm** (S. 345), die **Manyara Ranch Conservancy** (S. 415), **Farasi Safaris** (mit Basis auf der Ndarakwai Ranch), 💻 www.ecotourism-africa.com, und **Equestrian Safaris**, 💻 www.safaririding.com. In jedem Fall sind Reit-Safaris kein ganz preiswertes Unterfangen und setzen immer Reit-Erfahrung voraus – bei Begegnungen mit Wildtieren oder unerwarteten Ereignissen muss der Reiter sein Pferd fest im Griff haben.

Safari-Rallye

Leider hat sich die Praxis eingebürgert, dass die Eintrittsgebühren, die ja für 24 Stunden gelten, von den Safari-Veranstaltern nicht voll ausgenutzt werden. Da kann es schon mal passieren, dass man z. B. im Lake Manyara Park nur zwei Stunden verbringt. Stattdessen wird man noch am selben Tag in den Tarangire-Nationalpark gebracht und noch einmal zur Kasse gebeten.
Touristen können etwas dagegen tun, indem sie die Veranstalter darauf aufmerksam machen, dass sie keine Safari-Ralley wünschen – ohne Druck werden die Tour Operator diese gewinnbringende Praxis sicher nicht ändern. Eine Safari ist übrigens dann am angenehmsten, wenn man jeweils zwei Nächte in einer Unterkunft bleibt, statt täglich ein- und auszuchecken und die Nationalparks zu wechseln.

Safari-Veranstalter

Mehr Informationen zur Organisation einer Safari und zu Reiseveranstaltern finden sich in den „Traveltipps von A bis Z", S. 76. Üblicherweise wird man vom Hotel oder Flughafen abgeholt.

Untere Preisklasse

Gerade bei den Safari-Veranstaltern in der günstigeren Preisklasse kommt es häufig vor, dass sich auf Standardtouren viele Besucher ein Fahrzeug teilen müssen – selbst wenn sie eine Privatsafari gebucht haben. In dieser Preisklasse darf man keine ausgefallenen Touren, hochqualifizierten Guides oder Engagement für Sozialprojekte erwarten.
Sunny Safaris, Colonel Middleton Rd., gegenüber von KLM Express, 📞 027-2508184, 💻 www.sunnysafaris.com. Seit über 20 Jahren Anbieter von günstigeren Safaris und Bergbesteigungen.

Mittlere Preisklasse

Roy Safaris, Serengeti Rd., ✆ 027-2502115, 💻 www.roysafaris.com. Verlässliches, renommiertes Unternehmen mit großem Fuhrpark. Standard-Safaris, kombinierte Camping- und Lodge-Safaris, anständiges Personal und ordentlicher Kundenservice.

Tanzania Experience, ✆ +27-21-8526911 (in Südafrika), 💻 www.tanzania-experience.com. Deutschsprachiges Unternehmen mit Hauptsitz in Südafrika sowie Sitz in Arusha und Büro in Moshi, das seit 2007 von Tansania aus operiert, Camping- und Lodge-Safaris, Bergbesteigungen.

Warrior Trails, Levolosi Area, ✆ 0784-964338, 💻 www.warriortrails.com. Effizienter Tour Operator im mittleren Preissegment mit Standardtouren.

Good Earth Tours, Moshono Area, ✆ 0682-530187, 💻 www.goodearthtours.com. Für Reisende, die mehrere afrikanische Länder verbinden möchten, bietet Good Earth Tours Touren im mittleren Preissegment. Safaris und Bergbesteigungen, z. B. in Tansania, Kenia, Uganda, Ruanda und auch weiter südlich.

Maasai Wanderings, ✆ 0755-984925, 💻 www.maasaiwanderings.com. Jüngerer australisch-tansanischer Safari-Veranstalter mit individuellen Touren, dessen Philosophie auf den Eckpfeilern Nachhaltigkeit, Fairness und Miteinander gründet.

Duma Explorer, PPF Olorien, Njiro, ✆ 0787-079127, 💻 www.dumaexplorer.com. Gute Reputation und starke Organisation für Safaris und Bergbesteigungen, preislich im mittleren Segment; Zubucher-Safaris (d. h. man kann sich einer Gruppensafari anschließen, wenn es noch freie Plätze gibt) auf Anfrage.

Hoopoe Safaris, India St., ✆ 027-2507011, 💻 www.hoopoe.com. Erfahrener, verlässlicher Tour Operator mit ausgezeichnetem Ruf und Verantwortung für Land und Leute. Eines der ältesten Unternehmen im Safari-Zirkus und für seine Beständigkeit und Qualität bekannt. Für nachhaltige Umwelt- und Sozialprojekte erhielt es sogar Auszeichnungen. Gute Adresse für Kulturtourismusprogramme.

Summits Africa, ✆ 0784-522090, 💻 www.summits-africa.com. Auf Bergbesteigungen (Kilimanjaro, Mt. Meru, Mt. Kenya) spezialisiertes Unternehmen. Der Betreiber, Ake, ist ein Sprössling jener Pionierfamilie im Safaritourismus, die seinerzeit Hoopoe Safaris gründete. Ausgezeichnete Qualität, arbeitet nach den Grundsätzen der Nachhaltigkeit und Fairness.

Bush2Beach, Olasiti, ✆ 0787-096008, 💻 www.bush2beach.com. Verlässliche Top-Agentur für Individualisten mit sympathischem Management, bestens gewarteten Fahrzeugen und viel Fingerspitzengefühl.

Tanzania Adventure, Sekei, gegenüber vom Big Y Club, am Dar-Arusha Highway, ✆ 0786-013994, 💻 www.tanzania-adventure.com. Renommiertes, deutschsprachiges Safari- und Tour-Unternehmen mit einem Büro in Stone Town. Bietet jede Art von Safaris an, aber vor allem wer keine Touren von der Stange sucht, ist bei Corina und ihrem Team goldrichtig.

Wayo Africa, Sekei Village Rd., Einfahrt schräg gegenüber vom Mount Meru Hotel, ✆ 0784-203000, 💻 www.wayoafrica.com. Neben den üblichen Safaris hat sich Wayo Africa auf Aktivsafaris spezialisiert, z. B. Wanderungen am Grabenbruch, Mountainbiking o. Ä., und sich auch die Lizenzen für besondere Aktivitäten gesichert, die sie exklusiv anbieten dürfen: Walking Safaris in der Serengeti, Kanu-Safaris am Little Momela See oder dem Lake Duluti, Nachtpirschfahrten im Manyara-Nationalpark. Speziell ausgebildete Guides, höchste Sicherheitsstandards. Viele Tour Operators kaufen Leistungen von Wayo Africa hinzu.

Obere Preisklasse

Safari-Liebhaber mit dem entsprechenden Urlaubsbudget halten sich am besten an

€ Green Season Rates

In den Regenmonaten sind die Safari-Preise stark rabattiert bzw. verhandelbar. Viele Straßen sind zwar unpassierbar, doch wo die Verhältnisse es erlauben, wird man mit einer Fülle von Wildtieren belohnt. Solcherlei reduzierte Tarife, oft als Green Season Rates bezeichnet, können um 30 oder 40 % günstiger als normal liegen.

Abercrombie & Kent, www.akdmc.com, **andBeyond** in Südafrika, +27-11-8094314, www.andbeyond.com, **Sanctuary Retreats**, 027-2509817, www.sanctuaryretreats.com, oder **Nomad Tanzania**, www.nomad-tanzania.com. Hochpreisige Luxus-Bergbesteigungen legt man in die Hände von **African Environments**, africanenvironments.com.

Schwimmen

The Arusha Hotel, 10 000 TSH, **Heron Recreation Center** (TGT, Tanganyika Game Trackers), hinter dem Arusha Airport rechts vom Highway in die Kaffeefelder abzweigen und der Straße folgen, 15 000 TSH Tagespass, **Ilboru Lodge**, 6000 TSH.

Verschiedenes

Heron Recreation Center, Anfahrt und Preis siehe Schwimmen. Fitnessraum, Tennis, Squash, Laufbahn, Pilates und anderer Gruppensport.

Wandern

Im Rahmen der diversen Kulturtourismusprogramme (S. 393) oder Touren der Safari-Veranstalter gibt es viel zu entdecken. Dazu zählen Wanderungen in den Ausläufern des **Mount Meru** (z. B. Ilkiding'a, Peace Matunda, Ng'iresi, Mulala, Mkuru), bei **Monduli Juu**, **Longido** oder rund um Arusha. Informationen erhält man bei der Touristeninformation TTB, in den Unterkünften und bei Tour Operators.

SONSTIGES

Apotheken

Im ganzen Stadtgebiet finden sich zahlreiche gut sortierte Apotheken; klimatisierte sind immer zu bevorzugen.

Moona's Pharmacy, Sokoine Rd., westlich der NBC Bank, noch vor der Brücke über den Fluss, 027-2505101. Eine der besten Apotheken in Arusha, sogar mit Linsenpflegeprodukten. Mo–Fr 8.30–17.30, Sa 8.30–13 Uhr.

Autoreparaturen

TFSC, Dodoma Rd., gegenüber vom Cultural Heritage Centre, 027-2548587, tfsc@habari.co.tz. Manfred Lieke betreibt die beste Werkstatt in Arusha für Landcruiser, Landrover und andere Fabrikate.

Eine verlässliche und äußerst bemühte **Bosch-Vertretung** für Fahrzeugtechnik befindet sich direkt am Nairobi-Arusha-Highway, neben dem Eland Hotel.

Autovermietungen

Für gut gewartete Landcruiser oder Landrover muss man um US$180–US$200 pro Tag rechnen, meist mit auf 120 km pro Tag limitierten Kilometern.

Shaw Safaris, Nähe Gate zum Arusha National Park, 0768 945735, www.shawsafaris.com. Voll ausgestattete Landrover für US$300 pro Tag inkl. Dach-Zelt und GPS-Gerät, Inverter, Kühlschrank etc. Unbegrenzte Kilometer, Hilfe bei Reiseplanung, Komplettbriefing, Airport-Transfers. Bieten in ihrer Twiga Lodge auch schöne Zimmer (❼ mit Vollpension).

Arusha Naaz Rent a Car, Sokoine Rd., Arusha Naaz Hotel, 027-2502087, www.arushanaaz.net.

Fortes Tours & Safaris, Nairobi-Moshi-Hwy., 027-2506094, www.fortescarhire.com.

Botschaften und Konsulate

Deutscher Honorarkonsul, Ulf A. Kusserow, Msumbi Estate, stadtauswärts auf der Dodoma Rd., nach der Flughafeneinfahrt (Arusha Airport) rechts, 0754-789603, arusha@hk-diplo.de. In Notfällen unbedingt telefonisch kontaktieren. Mi 10–12, Do 15–17 Uhr.

Expressversand

DHL, Sokoine Rd., neben NBC Bank, 027-2506749, www.dhl.co.tz.

Geld

Banken

In den beiden großen Einkaufszentren Shoprite/Nakumatt (TFA) Shopping Complex sowie Njiro Shopping Centre gibt es mehrere **Geldautomaten**. **Barclays Bank**, Serengeti Rd., südlich der Old Moshi Rd.; **Exim Bank**, Goliondoi Rd.; **FBME Bank**, Old Moshi Rd.; **Stanbic Bank**, Sokoine Rd., alle für Abhebungen mit Master-, Visa- und Maestro-Card.

NBC Bank, Sokoine Rd.; **Standard Chartered Bank**, Goliondoi Rd., für Abhebungen mit Visa-Card.

Geldwechsel
Rund um den Clock Tower und in dem Viertel zwischen Boma Rd. und Goliondoi Rd. gibt es viele Wechselstuben mit unterschiedlichsten Kursen (vergleichen lohnt!). Die 4 Büros von **Sanya Forex** in der Sokoine Rd. (unterschiedliche Standorte) waren zur Zeit der Recherche die Wechselstuben mit den besten Wechselkursen.

Informationen

Tanzania Tourist Board (TTB), Boma Rd., ✆ 027-2503842, 💻 www.tanzaniatouristboard.com. (Teilweise veraltete) Stadtpläne, Informationen und Buchungen der Kulturtourismusprogramme, Abfahrtspläne der Busse, Hotels und Safari-Veranstalter und die sogenannte (leider nicht aktuelle) Blacklist der schwarzen Schafe in der Safari-Szene. Die Angaben der Angestellten, vor allem in Bezug auf Safari-Veranstalter, sind mit Vorsicht zu genießen. 🕒 Mo–Fr 8–16, Sa 8.30–13 Uhr.
Büro der Ngorongoro Conservation Area, Boma Rd., gleich neben Africafé, ✆ 027-2544625, 💻 www.ngorongorocrater.org. Alle Infos über die Ngorongoro Conservation Area (Unterkünfte, Camping, Aktivitäten). 🕒 Mo–Fr 8–17, Sa 8–13 Uhr.
Tanzania National Parks Authority (Tanapa), Dodoma Rd., ca. 5 km westlich des Zentrums, ✆ 027-2503471, 💻 www.tanzaniaparks.com. Reservierung und Vorauszahlung der Special Campsites, US$50 p. P. (s. Camping, S. 106). Detaillierte Ortsangaben müssen erfragt werden. Die Rest Houses sind zweckmäßig. Public Campsites müssen nicht reserviert werden, für einige ist es jedoch ratsam. 🕒 Mo–Fr 8–17 Uhr.
Wertvolle Informationen über politische und gesellschaftliche Neuigkeiten in der Region liefert die **Zeitung** *The Arusha Times*, 💻 www.arushatimes.co.tz, die wöchentlich erscheint.

Internet

In Arusha gibt es haufenweise **Internetcafés** (1000–2000 TSH pro Std.). Auch die meisten Unterkünfte und Cafés verfügen mittlerweile über WLAN. Manche verwenden den Provider Raha (gratis, nachdem man ein Benutzerkonto angelegt hat).
Cafe Barrista, Sokoine Rd., Nähe Clock Tower. Schnelles WLAN (bei Getränkebestellung gratis) und Computer, 2000 TSH/Std. 🕒 7–18.30 Uhr.
Nama Zone, Shoprite/Nakumatt (TFA) Shopping Complex, Ostflügel, neben Novel Idea. WLAN 2000 TSH/Std., Flatscreen-Computer, Skype-Telefonie, , am Computer 4000 TSH/Std. 🕒 Mo–Sa 8–18.30, So 9–16.30 Uhr.

Sicherheit

Arusha hat sich in den letzten Jahren von einem unbedeutenden Stopover zum wichtigsten Touristenort Tansanias gemausert. Krasse Gegensätze prallen hier aufeinander: auf der einen Seite wohlhabende Touristen, die ihren Reichtum sorglos zur Schau stellen, auf der anderen Seite Tansanier ohne Aussicht, jemals auch nur annähernd so viel Wohlstand zu erlangen. Konflikte sind also vorprogrammiert. Mit Taschendieben und Gelegenheitsgaunern muss in Arusha gerechnet werden. Sogar Straßenkinder können u. U. sehr fordernd sein. Am besten, man trägt möglichst wenige Wertsachen mit sich herum und hält die Tasche gut fest (Rucksack nach vorne!). Fahrzeuge werden aufgebrochen, also entweder bewachen lassen oder Wertsachen ausräumen. Nächtliche Spaziergänge unbedingt meiden!

Medizinische Hilfe

AICC Hospital, Old Moshi Rd., ✆ 027-2544113. Nicht uneingeschränkt empfehlenswert, doch es verfügt über eine 24-Std.-Hotline, die in Notsituationen wirklich hilft.
AAR Arusha Medical Centre, Simeon Rd., ✆ 027-2501594.
Arusha Lutheran Medical Center (vormals **Selian Town Clinic**), Wachagga St., Nähe Selian Bus Terminal, ✆ 0736-502376. Eines der modernsten Spitäler von Arusha.

Notfälle

Bei Diebstählen von Dokumenten ist umgehend die konsularische Vertretung anzurufen.

First Air Responder, Knight Support Office, Dodoma Rd. stadtauswärts links, ✆ 0732-972283, 💻 www.firstairresponder.com. 14 Tage Mitgliedschaft US$20 p. P., 30 Tage US$35 p. P.

Optiker

Vision Perfect, Joel Maeda, Ecke India St., ✆ 0732-975479. Brillen, Sonnenbrillen, Kontaktlinsen, Kontaktlinsenprodukte. 🕒 Mo–Fr 9–13, 14–17.30, Sa 9–13 Uhr.

Polizei

Central Police, Makongoro Rd., ✆ 027-2503641.

Post

Die Hauptpost ist am Clock Tower, Zweigstellen befinden sich in der Sokoine Rd. und im AICC. 🕒 Mo–Fr 8–13, 14–16.30, Sa 9–12 Uhr.

Reisebüros

Emslies, Goliondoi Rd., Subzali Building, im Gebäude der Exim Bank, ✆ 027-2548048, 💻 emsliesglobal.com.

Uniglobe Skylink, Goliondoi Rd. gegenüber dem Toyota-Händler, ✆ 027-2509108, 💻 www.skylinktanzania.com.

Telefon

TTCL an der Boma Rd. Internet-Telefonie wird in einigen Internetcafés angeboten, z. B. im **Cafe Barrista** oder **Nama Zone** TFA (Shoprite/Nakumatt).

Visa

Immigration Office Arusha, Barabara Afrika ya Mashariki, gegenüber vom AICC. 🕒 Mo–Fr 7.30–15.30 Uhr.

NAHVERKEHR

Selbstfahrer

Parkgebühren – 200 TSH pro Std. oder 1000 TSH pro Tag – werden grundsätzlich für das gesamte Stadtgebiet einkassiert; die Parkwächter sind unbarmherzig.

Daladalas

Mit den kleinen Daladalas (mit Farbleitsystem) kommt man gut vorwärts, auch außerhalb von Arusha, z. B. fährt Gelb nach Sakina und Ngaramtoni, Schwarz nach Njiro, Grün nach Majengo (Nähe Shoprite), Blau nach Usa River und Rot nach Kijenge. Der **Busbahnhof** befindet sich ein wenig westlich vom Stadion an der Stadium Rd.

Taxis

Am Abend ist unbedingt auf Taxis zurückzugreifen, sofern man nicht mit dem eigenen Fahrzeug unterwegs ist. Taxis warten am ehesten vor den Lokalen und Hotels, z. B. vor dem Arusha Hotel am Clock Tower, in der Joel Maeda St., beim Msasani Roundabout oder beim Impala Hotel (Impala Roundabout). Von den Busterminals zu den nahe gelegenen Gästehäusern 3000 TSH, Fahrt innerhalb der Stadt 10 000 TSH, für die Peripherie 15 000 TSH. Achtung: Nur lizenzierte Taxis mit weißer Nummerntafel und Banderole nutzen!

TRANSPORT

Selbstfahrer

Nach Osten (Moshi und weiter nach Dar es Salaam), nach Norden (Kenia) und nach Westen (bis zu den Toren der Ngorongoro Conservation Area bzw. bis nach Babati) verlaufen geteerte Straßen.

Vor Fahrten in den Süden des Tarangire National Park, zum Lake Natron oder in die Serengeti sollte man aber sicherstellen, dass man (als Individualtourist) ausreichend Lebensmittel, Wasser und Benzinvorräte dabeihat. Tankstellen finden sich in allen größeren Orten entlang der Hauptstraße und in den Hauptorten am Kraterrand in der NCA und der Serengeti (zu stark erhöhten Preisen). Das Fahrzeug muss in einem Top-Zustand sein; Sandblech, Schaufel und ähnliche Utensilien sind in diesen Gegenden ein Muss.

Busse

Wie überall in Tansania gibt es drei unterschiedliche Kategorien von Bussen: *ordinary* (Coastline, Ngorika), *semi-luxury buses* (Sumry) und *luxury buses* (KLM Express, Hood, Dar Express, Metro Express, teilweise Mtei Express, Ngorika, Ibra). Die drei Kategorien haben jeweils unterschiedliche, staatlich geregelte Preise, S. 94.

SAFARIS IM NORDEN

Busbahnhöfe
Manche Buslinien halten an mehreren Busbahnhöfen.
Daladala-Busbahnhof, Stadium Area, nahe Makao Mapya (Selian) Bus Terminal.
Central Bus Stand (stendi kuu), zwischen Makongoro Rd. und Zaramo St., Nähe Markt. Hier halten fast alle *ordinary*, also landestypischen (wenig sicheren) Busse. Einige stoppen hier wie auch am Kilombero Bus Terminal, z. B. Mtei Express.
KLM Express Bus Terminal, Colonel Middleton Rd., ums Eck vom neuen NSSF-Gebäude. Am nördlichen Ende der Colonel Middleton Road am Florida Roundabout.
Kilombero Bus Terminal, Sokoine Rd., westlich der Stadt beim Shoprite/Nakumatt Einkaufszentrum. Hier hält u. a. Mtei Express (nach Dar es Salaam, Babati, Kondoa oder Tanga).
Selian Bus Terminal (aka **Makao Mapya Terminal**), Wachagga St. Die *luxury* und *semi-luxury buses* Dar Express, Hood, Metro, Sumry, Ibra Line, Mtei Express oder Ngorika fahren nahe dem Arusha Lutheran Medical Center ab. Zweites Booking Office von Mtei Express.

Busverbindungen
BABATI, s. Kondoa, 2 1/2–3 Std..
DAR (Ubungo), u. a. mit *luxury buses* von Dar Express, Ibra Line, von 5.30–11 Uhr ab Selian Bus Terminal und mit Kilimanjaro (KLM) Express ab KLM Express Terminal, mit *luxury buses* von Mtei Express ab Kilombero Terminal, 36 000 TSH; weniger sichere *ordinary/semi-luxury buses* ab Central Bus Stand tgl. 6–9 Uhr, 8–10 Std., 22 700/32 800 TSH, ; Metro Express bietet einen *super luxury bus* mit AC und WC für ca. 40 000 TSH.
DODOMA, ab Central Bus Stand, u. a. mit *luxury buses* (z. B. Shabiby, 25 000 TSH) oder *semi-luxury buses* (z. B. Arusha Express, Champion, 22 700 TSH), tgl. ab 6 Uhr, 8–9 Std.
IRINGA, via Chalinze, tgl. ab 5.45 Uhr ab Selian Bus Terminal, 12 Std., mit Sumry 47 500 TSH, mit Hood max. 52 200 TSH.
KARATU, tgl. mehrere Minibusse (Hiace, Coaster) ab Central Bus Stand, 3 Std., max. 8000 TSH. Um 16 Uhr ab Selian Bus Terminal mit Dar Express, 8200 TSH.
KIGOMA, u. a. mit Mohammed Class oder Mgamba Express, NBC, tgl. ab Central Bus Stand um 6 Uhr bis Kahama, 10–11 Std., am Folgetag Weiterfahrt, 9–10 Std., 61 700 TSH.
KONDOA, via Babati, tgl. z. B. mit *ordinary buses* von Mtei Express ab Kilombero Bus Terminal um 6 Uhr; weitere Busse ab 7 Uhr ab Central Bus Stand, 5 Std., max. 18 000 TSH.
LUSHOTO, mit Bussen Richtung Dar bis Mombo, Weiterfahrt mit Daladalas/Minibussen, oder mit den Direktbussen von Fasaha und Chaikito ohne Umsteigen tgl. um 6 Uhr ab Central Bus Stand, 6–7 Std., ca.18 000 TSH. Mit Fasaha Direktverbindung nach Mtae, mit Chaikito nach Mlalo (sonst Umstieg in Lushoto, beide je 7000 TSH ab Lushoto, 2–3 Std.).
MBEYA, via Chalinze, s. Iringa, Abfahrt 6 Uhr, max. 72 000 TSH mit *luxury buses* (z. B. Hood), 65 500 TSH in *semi-luxury buses* (z. B. Sumry).
MIKUMI, s. Iringa, 10 Std., max. 42 000 TSH.
MOMBO, ab Selian Bus Terminal, alle *luxury buses* in Richtung Dar es Salaam, max. 18 000 TSH, in Mombo Umstieg in Kleinbusse (Daladalas und Coaster) nach LUSHOTO, max. 2000 TSH. Siehe Hinweise S. 371.
MOROGORO, s. Iringa, mit Sumry 31 500 TSH, mit Hood oder Abood 34 600 TSH, ca. 7–8 Std.
MOSHI, s. Dar, zudem stdl. Minibusse (Coaster, Hiace) und Überlandbusse ab Central Bus Stand und dem Daladala-Bahnhof, 1 Std., 3000 TSH; mit Riverside Shuttle und Impala Shuttle (beide Nähe Impala Roundabout) 1–2 x tgl., US$10.
MPANDA (Lake Tanganyika), via Iringa, Mbeya, Sumbawanga, mit Sumry, Abfahrt 5.45 Uhr, 2 Tage, max. 97 000 TSH.
MTO WA MBU, siehe Karatu, 2 Std., 5000 TSH.
MUSOMA. Am besten fährt man erst nach Mwanza (via Babati) und dann weiter nach Musoma.
MWANZA, via Babati, mit *ordinary buses*, z. B. Jordan, Kimotco, Mgamba, ab Central Bus Stand, Abfahrt 6–7 Uhr (mehrere Busse), ca. 6–7 Std., 29 300 TSH.
NAIROBI, mit Dar Express ab Selian Bus Terminal, Abfahrt am Nachmittag (15 Uhr), 6 Std., ca. 30 000 TSH, zzgl. US$50 fürs Kenia-Visum; S. 400.
SINGIDA, via Babati, tgl. mit *ordinary buses*; ab Kilombero Bus Terminal mit Mtei Express,

Grenzverkehr nach Kenia

Von Arusha führt eine Teerstraße nach Kenia, wo nach 105 km, im Dorf **Namanga**, der Grenzbalken steht. Aus- und Einreiseformalitäten funktionieren reibungslos. Für ein dreimonatiges Touristenvisum für Kenia sind US$50 zu berappen (bzw. US$20 für ein Transitvisum), S. 40, bzgl. ostafrikanisches Visum. Fotos werden vor Ort gemacht. Achtung: Die Gangart in Kenia ist um einiges härter; Kleinkriminelle fackeln nicht lange. Kein Geld auf der Straße oder im Bus wechseln; möglichst herumlungernde Typen nicht nach dem Weg fragen, man könnte so in Hinterhalte gelockt werden. Kameras, Uhren, Handys unter Verschluss halten und das gesamte Gepäck unter keinen Umständen aus den Augen lassen!

Abfahrt 6–7.30 Uhr, 12 200 TSH; ab Central Bus Stand mit Sharon, Mtoko oder Kanahari, Abfahrt 6–10 Uhr , 4–5 Std., 12 200 TSH.
TANGA, mit *ordinary buses*, u. a. von Ngorika, tgl. 6–8 Uhr ab Selian Bus Terminal, von Mtei Express tgl. um 8.30 Uhr ab Kilombero Terminal; mit *ordinary buses* wie Simba Mtoto oder Airbus tgl. 6–12 Uhr ab Central Bus Stand, 6–7 Std., 15 200 TSH.

Shuttles nach Nairobi
Shuttles verkehren nach Nairobi und zum Jomo Kenyatta Airport Nairobi; Preise einheitlich US$35, 6 Std.; mehr Infos unter S. 39.
Impala Shuttle, Impala Hotel, Simeon Rd., beim Impala Roundabout, ✆ 027-2508448 bis 51. Abfahrt tgl. 8 und 14 Uhr.
Riverside Shuttle, Simeon Rd., Mezza Luna (Nähe Hotel Impala), ✆ 027-254 5993. Abfahrt tgl. 8 und 14 Uhr.

Flüge

International
Der Kilimanjaro International Airport ist 47 km entfernt, Näheres s. Moshi S. 327.
Ethiopian Airlines, Boma Rd., ✆ 027-2506167, 💻 www.ethiopianairlines.com.
KLM, Kilimanjaro Airport, 💻 www.klm.com.

Inlandflüge
Der **Arusha Airport** liegt 8 km westlich von Arusha; hier werden hauptsächlich Inlandflüge abgewickelt. Umbauarbeiten und eine Vergrößerung wurden bereits begonnen.
Air Excel, Goliondoi Rd., Subzali Building, im Gebäude der Exim Bank, ✆ 027-2501595, ✉ reservations@airexcelonline.com. Bedient die wichtigsten Airstrips im Northern Circuit und fliegt nach Dar und Sansibar.
Coastal Aviation, ✆ 785-500004, 💻 www.coastal.cc. Eines der dichtesten Streckennetze in Tansania, mit kleinem Büro in der Boma Rd. (nur Ticketabholung). Nach DAR ES SALAAM oder SANSIBAR US$250, SELOUS US$380, SERONERA US$185, RUAHA US$330, TANGA US$230, jeweils einfach. Auch Flüge in die MASAI MARA (Kenia), nach ENTEBBE (Uganda) und KIGALI (Ruanda).
Fastjet, India St., Blue Plaza, ✆ 0783-540540, 💻 www.fastjet.com. Chaotische Low-Cost-Airline, die ab Kilimanjaro Airport fliegt. Je nach Tag/Uhrzeit/Saison nach DAR ab 80 000 TSH, nach SANSIBAR ab 96 000 TSH. Weitere Flüge ab DAR.
Precision Air, neben New Safari Hotel, Boma Rd., ✆ 027-2502836, 💻 www.precisionairtz.com. Im selben Büro ist auch Kenya Airways untergebracht. Neben Coastal Aviation das größte Streckennetz Tansanias.
Zanair, Summit Centre, ✆ 027-2548877, 💻 www.zanair.com. Verbindet hauptsächlich die Swahili-Küste mit Arusha, z. B. nach SANSIBAR ab US$183, nach PEMBA ab US$260.

Arusha National Park

- **Zugang**: Von Arusha aus ist das **Ngongongare Gate** am besten zu erreichen (7 km nördlich des Dar-Arusha Highway). Der zweite Zugang, das **Momela Gate** (24 km vom Highway entfernt, 1514 m hoch), liegt im Norden des Parks (Parkverwaltung). Von hier starten die Meru-Besteigungen und können bewaffnete Ranger angeheuert werden. Theoretisch kann man sich hier auch seine eigene Meru-Besteigung organisieren – wenn man alle notwendigen

Utensilien dabeihat, denn Träger aus dem Dorf sind schnell bei der Hand (US$10 pro Träger).

- **Eintritt**: US$45 für 24 Std.
- **Beste Reisezeit**: Der Nationalpark kann ganzjährig besucht werden, außer während der Regenzeit von April bis Mai/Juni. Für Besteigungen eignen sich am besten die Monate Sep–März (obwohl es im November regnen kann); die Wintermonate Juni–Aug sind eisig kalt. Die beste Aussicht auf den Kilimanjaro genießt man von Dezember bis Februar. Im Durchschnitt liegt der Park über 1600 m Höhe und das Gebiet gilt als malariafrei.

Der Nationalpark, keine 30 km von Arusha entfernt, ist mit knapp 300 km² einer der kleinsten – und trotzdem einer der landschaftlich vielfältigsten und artenreichsten des Landes. Im deutschsprachigen Raum wurde er in den 1960er-Jahren bekannt, als der Schauspieler Hardy Krüger hier die Momella Lodge betrieb. Touristen (oder Tour Operators) vernachlässigen das Kleinod sträflich. Vielleicht liegt es daran, dass die Landschaft, die den zweithöchsten Berg Tansanias einschließt, an die Alpen zu Hause erinnert und das beliebteste Safari-Tier, der Löwe, hier fehlt.

Dabei spricht vieles für den Park. Er liegt knapp eine Stunde von Arusha entfernt und beheimatet eine artenreiche Flora, die von Schatten- und Waldgewächsen über tropische Palmenarten bis zu alpiner Hochlandvegetation reicht, sowie **über 500 Vogelspezies**. Darüber hinaus sind gezählte 50 Arten größerer Wildtiere vertreten, wenn auch nicht in großen Herden, z. B. **Kaffernbüffel**, Flusspferde, Zebras, Dikdiks, Wasser- und Buschböcke, Ducker und sogar Elefanten. Rekordverdächtig ist die Anzahl der **Giraffen**, die daher auch auf kaum einem Foto vom Arusha-Nationalpark fehlen. Leoparden und Tüpfelhyänen können sich gut vom hiesigen Wildbestand ernähren, nur Löwen fehlen eben, denn sie bevorzugen Beutetiere, die auf offenem Land grasen. Dafür tummeln sich in den dichten Bergwäldern Primaten, darunter die weit verbreiteten Anubispaviane, Grüne Meerkatzen, Stummelaffen und Diademmeerkatzen. Die abwechslungsreiche, teilweise dichte Vegetation trägt zum besonderen Reiz des Parks bei, erschwert allerdings bisweilen die Tierbeobachtung.

Ngurdoto Crater und Serengeti Ndogo

Gleich 1 km hinter dem Gate geht von der Hauptpiste eine Abzweigung nach rechts zum **Ngurdoto Crater** ab. Die teilweise steile Piste schlängelt sich durch den Bergurwald, bis die ersten Aussichtspunkte auf den Kraterboden erreicht sind. Der „Kleine Ngorongoro-Krater", wie er genannt wird, ist geologisch gesehen ein Nebenschlot des Mt. Meru, dessen Spitze vor etlichen tausend Jahren in sich zusammenfiel und eine Caldera bildete.

Neben weiteren Aussichtspunkten bietet der **Leitong** (1853 m) als höchster Punkt des Kraterrands herrliche Panoramen, mit den Momela-Seen in der Ferne. Bei klarem Wetter glänzt der Kilimanjaro im Hintergrund (je nachdem, wo man sich genau befindet) und macht die Idylle perfekt. An den Hängen gedeiht dichter Regenwald, u. a. Wilde Mangos, Würgefeigen, Baumfarne und der wegen seines Holzes begehrte Ostafrikanische Olivenbaum (dessen Früchte sich aber nicht zur Ölherstellung eignen). Im Urwald leben u. a. Kaffernadler, Geierraben und Wanderfalken – für Vogelliebhaber ein kleines Paradies.

Der Kraterboden auf 1474 m Höhe, der größtenteils saisonal bedingt versumpft, ist unberührter Lebensraum von Kaffernbüffeln, Giraffen, Elefanten und Warzenschweinen. Denn die im Durchmesser etwa 2,5 km große, rund 200 m tiefer liegende Kraterschüssel darf von Menschen nicht betreten werden; stattdessen führen zwei holprige Pisten jeweils ein Stück weit rechts und links am Rand entlang (eine Umrundung mit dem Fahrzeug ist nicht möglich). Der Rest des Rundwegs lässt sich aber gut gemeinsam mit einem Wildhüter begehen.

Westlich davon, gleich hinter dem Ngongongare Gate, beginnt die wegen ihrer optischen Ähnlichkeit zur Serengeti auch **Little Serengeti** (Swahili: *Serengeti Ndogo)* genannte Grassavanne, in der große Herden von Steppenzebras grasen und freche Anubispaviane ihre Scherze treiben.

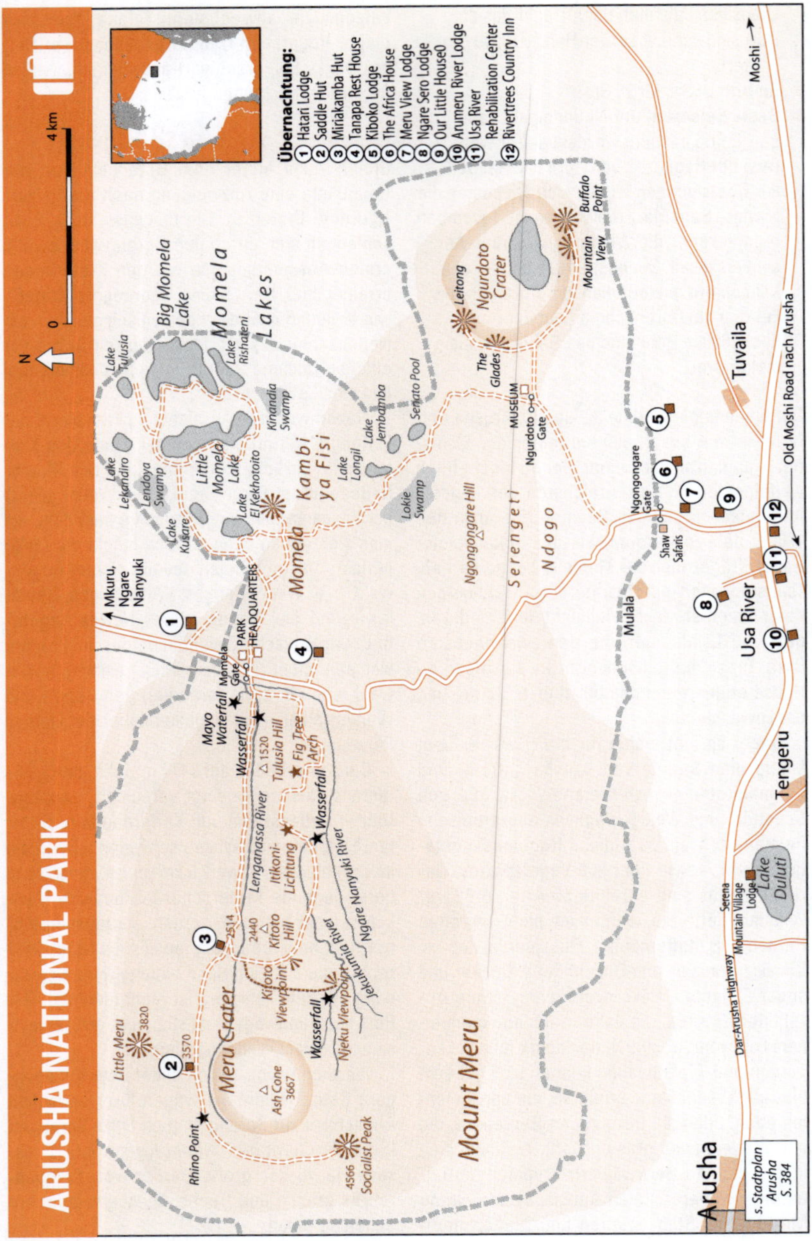
ARUSHA NATIONAL PARK
Übernachtung:
1 Hatari Lodge
2 Saddle Hut
3 Miriakamba Hut
4 Tanapa Rest House
5 Kiboko Lodge
6 The Africa House
7 Meru View Lodge
8 Ngare Sero Lodge
9 Our Little House0
10 Arumeru River Lodge
11 Usa River Rehabilitation Center
12 Rivertrees Country Inn
N
0
4 km
Moshi
Mkuru, Ngare Nanyuki
Big Momela Lake
Lake Tulusia
Lake Rishateni
Momela Lakes
Little Momela Lake
Lake Lekandiro
Lendoya Swamp
Lake Kusare
Lake El Kekhotoito
Kinandia Swamp
Kambi ya Fisi
Lake Jembamba
Lake Longil
Senato Pool
Lokie Swamp
Momela
PARK HEADQUARTERS
Momela Gate
Mayo Waterfall
Wasserfall
1520 Tulusia Hill
Fig Tree Arch
Lenganassa River
Itikoni-Lichtung
Wasserfall
Ngare Nanyuki River
2440 Kitoto Hill
2514
Kitoto Viewpoint
Jekukumia River
Njeku Viewpoint
Wasserfall
Little Meru 3820
3570
Meru Crater
Ash Cone 3667
Rhino Point
4566 Socialist Peak
Mount Meru
Ngongongare Hill
Serengeti Ndogo
Leitong
Ngurdoto Crater
The Glades
Mountain View
Buffalo Point
MUSEUM
Ngurdoto Gate
Ngongongare Gate
Shaw Safaris
Mulala
Tuvaila
Usa River
Old Moshi Road nach Arusha
Tengeru
Lake Duluti
Serena Mountain Village Lodge
Dar-Arusha Highway
Arusha
s. Stadtplan Arusha S. 384

Momela Lakes

Am nördlichen Ende der Hauptpiste zweigt man rechts in den nordöstlichen Teil des Parks ab, wo sich die Vegetation schlagartig ändert. Sieben Seen auf etwa 1400 m, von denen der eine oder andere saisonal austrocknet, durchziehen die hügelige Gegend, die von Akazien und Buschsavanne bewachsen ist. Durch die Eruptionen des Mt. Meru vor 250 000 Jahren flossen enorme Massen von glutheißem Material den Osthang hinab und bildeten Mulden. Das poröse, vulkanische Gestein ließ Quellwasser von unten die Mulden füllen, und auch heute werden die Seen so gespeist. Durch die fehlenden Zu- und Abflüsse sind die Gewässer größtenteils alkalisch – der ideale Lebensraum für bestimmte Algenarten. Je nach Art schimmern die Seen in unterschiedlichen Schattierungen, die von Blau über Türkis und Moosgrün bis zu Rotbraun reichen.

Speziell der **Big Momela Lake** und **Lake Rishateni** sind ideale Lebensräume für **Zwergflamingos**. Im kleineren **Little Momela Lake** finden die **Kanu-Safaris** statt, wo man in Ufernähe Reiher, Kormorane, Kiebitze, Haubentaucher, Gänse und zahlreiche weitere Vogelarten beobachten kann. Viele von ihnen machen nur Halt auf dem Weg von und nach Zentral- oder Südafrika. Sie teilen sich das Uferschilf mit Wasser- und Buschböcken, aber auch mit Büffeln und gar Giraffen, die bis zum Bauch im See waten. Flusspferde lugen vorsichtig aus dem Wasser und prusten bei Bedrohung.

10 HIGHLIGHT

Mount Meru

Westlich vom **Momela Gate**, dem Ausgangspunkt der Besteigung, liegt der Mt. Meru, mit 4566 m der vierthöchste Berg Afrikas. Ursprünglich war er höher als der Kilimanjaro, doch vor rund 250 000 Jahren sprengten gewaltige Ausbrüche den östlichen Kraterrand weg, wobei im Übrigen auch die Momela-Seen entstanden. So ist der Vulkankegel zur Ostseite hin offen. Forscher betrachten ihn momentan als schlafend; die letzte kleinere Eruption wurde 1910 verzeichnet.

Moosbedeckte Baumkronen, von Lianen umschlungene Urwaldriesen, zarte Orchideen und plätschernde Gewässer prägen die ersten Kilometer des sanften Anstiegs. Zunächst folgt man dem „braunen Fluss", dem **Ngare Nanyuki**, nach rund einer Stunde durch Wald ist die kuriose **Fig Tree Arch** erreicht, wo die Luftwurzeln einer Würgefeige zwei Bäume umwunden haben. Der mit einem Gewehr bewaffnete Ranger erinnert daran, dass man sich mitten in der Wildnis befindet. Auf der **Itikoni-Lichtung**, nur 20 Minuten weiter, lugen Kaffernbüffel gelangweilt herüber. Grüne Meerkatzen beobachten neugierig das Geschehen. Ein wenig weiter oben liegen die **Mayo-Wasserfälle**, die über einen kurzen Abstecher von der Hauptroute erreicht werden. Den märchenhaften Kitoto Forest hinter sich lassend, genießt man am **Kitoto Viewpoint** (ca. 2500 m Höhe) zum ersten Mal herrliche Fernsichten – auf die Momela-Seen und den Kilimanjaro.

Nach Erreichen des Kraterbodens (gut 3,5 km Durchmesser), dort wo Strauchwerk die Bäume ablöst, läuft man noch 45 Minuten weiter bis zur **Miriakamba Hut** (2514 m), und der erste Tag geht zu Ende (1000 m Höhendifferenz, 4–5 Std.). In der Ferne trompeten Elefanten.

Die Hauptroute bahnt sich am folgenden Tag ihren Weg stetig bergauf durch märchenhaften Bergwald, streckenweise über steile Holztreppen. Entlang des serpentinenreichen Wegs geben viele Lichtungen ungeahnte Panoramen frei, auf den Kilimanjaro, den Mt. Meru, die Momela-Seen und den darunter liegenden Kraterboden. Auch der **Ash Cone**, der von einer kleineren Eruption in den 1880er-Jahren herrührt, erscheint regelmäßig im Blickfeld (er kann in 4–6 Std. über einen Seitenpfad erklommen werden, der kurz vor der **Miriakamba Hut** links abgeht; der Aufstieg ist aber durch den weichen Vulkansand stellenweise sehr kraftraubend). Durch dichten Bergurwald mit Bartflechten und Moosen ist nach 2–3 Std. ab der Miriakamba Hut der 3200 m hohe „Elefantenrücken" (Mgongo wa Tembo) erreicht. Nach weiteren 1–2 Std. Aufstieg (insgesamt 1000 Höhenmeter) kommt man um die Mittagszeit bei der **Saddle Hut** (3570 m) an, dem zweiten Nachtlager – ausreichend Zeit also, um sich an den **Little Meru**

Ähnlich wie am Kilimanjaro kann man den Mt. Meru nur mit einheimischen Guides und Trägern besteigen.

(3820 m) zu wagen. Der steile Weg hat es in sich (hin und zurück 1 1/2 Std.), die wunderbaren Lichtverhältnisse der langsam untergehenden Tropensonne, die den Grabenbruch bis weit nach Kenia hinein in samtweiches Licht taucht, entschädigen aber für die Anstrengung.

Früh beginnt am dritten Tag die letzte Etappe bis zum Gipfel. Wer pünktlich zum Sonnenaufgang oben sein möchte, tut gut daran, bis spätestens zwei Uhr morgens aufzubrechen. Aber auch Langschläfer kommen in den Genuss eines spektakulären Sonnenaufgangs, der sich vom 45 Minuten entfernten **Rhino Point** (3800 m) bietet – auf den erwachenden Kilimanjaro, den in orangefarbenes Licht getauchten Ash Cone oder den noch zu bezwingenden Mt. Meru.

Stetig aufwärts verläuft der Pfad, über lockeren schwarzen Lavasand und Geröll; exponierte Stellen verlangen ganzen Körpereinsatz. Eine letzte steile Felspassage noch und der **Socialist Peak** (4566 m), der Gipfel des Mt. Meru, ist erklommen. Von den Crater Highlands rund um den Ngorongoro Crater bis zum 80 km entfernten Kilimanjaro reicht der gigantische Rundumblick. Eine kurze Rast zum Verschnaufen, und schon geht es wieder nach unten. Erst der Abstieg (nun bei Tageslicht) gibt die wahren Dimensionen der Route frei, die teilweise dicht am steilen Abbruch der Kraterwand verläuft. Beeindruckend ist der Blick auf den Ash Cone, dem man von oben in den Schlot schaut, und die permanente Aussicht auf den Kilimanjaro in der Ferne.

Passionierte Bergsteiger mit guter Kondition können den Berg noch am selben Tag verlassen, was natürlich die Kosten senkt. Gemütlicher ist der Abstieg aber mit einer weiteren Übernachtung in der Miriakamba Hut, von wo man dann am vierten Tag ausgeruht zur kurzen Schlussetappe aufbricht, vermutlich unter Begleitschutz von Büffeln oder Elefanten.

Landschaftlich und sportlich betrachtet ist die Besteigung des Mt. Meru weit reizvoller als die des Kilimanjaro. Der Mt. Meru steht zwar im Schatten seines berühmten Nachbarn, aber das ist wiederum ein Vorteil für alle, die abseits der Massen eine Herausforderung suchen. Zudem spielt die gefürchtete Höhenkrankheit hier eine kleinere Rolle. Einzige Voraussetzung: Trittsicherheit und Schwindelfreiheit.

ÜBERNACHTUNG UND ESSEN

Alle Unterkünfte bieten ein gutes Rahmenprogramm, meist in Zusammenarbeit mit den lokalen Gemeinden und den benachbarten Kulturtourismusprogrammen. Die meisten organisieren auch Mount-Meru-Besteigungen.

Südlich außerhalb des Parks

€ **Usa River Rehabilitation Center**, in Usa River südlich des Dar-Arusha Highway, unweit des Usa Plaza, ✆ 027-2553427, 💻 www.rehabilitation-center-tanzania.org. Die Einnahmen aus dem einfachen, aber gemütlichen Gästehaus fließen in eine Ausbildungseinrichtung für behinderte und benachteiligte Jugendliche. Zum Anwesen gehört das kleine, lauschige Café Tanz-Hand's, wo leckere frisch gepresste Säfte, Milchshakes, Kaffee, Kuchen, Sandwiches und warme Mahlzeiten serviert werden. Ein kleiner Souvenirshop rundet das Angebot ab. Zimmer nur nach Voranmeldung. WLAN. Frühstück 10000 TSH, Abendessen 12 000 TSH. Abholung vom Airport US$50. Gut und günstig. ❷ ohne Verpflegung

€ **Our Little House**, an der Straße zum Park, ca. 1 km vor der Meru View Lodge rechts, ✆ 0787-248666, 💻 www.schimann.info. Kleines Gästehaus mit 3 separaten, gut ausgestatteten Cottages. Das Gästehaus der tansanisch-deutschen Familie Schimann ist ideal für Leute, die gerne inviduell unterwegs sind. Johannes geizt nicht mit guten Tipps für Reisende. WLAN. Angeschlossen ist die kleine Safari-Agentur, die sich vor allem auf günstige Safaris und Bergbesteigungen spezialisiert hat. ❸

Kiboko Lodge, an der Straße zum Park vor dem Gate rechts abzweigen und 4 km den Schildern folgen (nur mit gutem Geländewagen), ✆ 0784-652260, 💻 www.kibokolodge.nl. Idyllisch zu Füßen des Mt. Meru gelegene, rustikale Lodge mit 19 Zimmern verteilt auf 7 Rundhäuser. Die Mitarbeiter der Lodge werden aus einem Sozialprojekt für Straßenkinder rekrutiert. Wer professionellen Hotelservice erwartet, wird enttäuscht; für wen hingegen Engagement und guter Wille zählen, der wird sich wohl fühlen. Das abwechslungsreiche Frühstück nehmen die Gäste auf einer Plattform im Sumpf vor der Kulisse des Mt. Meru ein – und mit ganz viel Glück zeigen sich die beiden Flusspferde, die der Lodge den Namen gaben. ❹ mit Vollpension

Meru View Lodge, an der Straße zum Park, 6,5 km nördlich von Usa River, ✆ 0784-419232, 💻 www.african-view.com. Familiäre, rustikale Unterkunft in herrlich ruhiger Lage mit deutschen Betreibern. Die 15 Zimmer sind zweckmäßig, doch der weitläufige Garten und der Pool sind ideal zum Erholen. Selbst gemachte Spezialitäten. Organisation von Mt.-Meru- und Kilimanjaro-Besteigungen. Internet. ❹–❺

Von den gleichen Betreibern wird die komfortablere **Ngurdoto Lodge** in unmittelbarer Nähe betrieben. ❼

The Africa House, Straße zum Park hoch, bei der Hühnerfarm rechts, ✆ 0784-344004, 💻 www.the-african-house.com. Familiäre Unterbringung bei der Schweizerin Beatrice Erb und ihrem tansanischen Mann in 6 sehr gepflegten Zimmern samt hübschem Garten. Mit Blick auf den Mount Meru. Herrliche Ruhelage, mit wunderbarem Essen. Gut für anspruchsvolle Reisende, die persönliche Betreuung schätzen. Bergbesteigungen werden organisiert. ❻

Ngare Sero Lodge, Dar-Arusha Hwy., 2,5 km westlich der Einfahrt zum Arusha National Park beim großen Schild des Dik Dik Hotel nach Norden abzweigen, ✆ 0732-978931, 💻 www.ngare-sero-lodge.com. Die Lodge mit 12 Zimmern und einem Cottage auf einer ehemals deutschen Farm punktet mit Charme, exzellentem Essen und einem romantischen Garten samt Teich und eigenem kleinen Kraftwerk. Viele Aktivitäten, Pool, Fischen. Ökologisch ausgerichtet mit Engagement im Naturschutz, biologischer Landwirtschaft und Fischzucht, außerdem ist das Dorf in den Tagesbetrieb und den Profit der Lodge sowie der Farm involviert. ❼ mit Vollpension

Rivertrees Country Inn, Usa River, südlich des Highway, ✆ 0732-971667, 💻 www.rivertrees.com. Charmante Lodge in einem alten Kolonialhaus im rustikalen afrikanischen Landhaus-Stil mit viel Liebe zum Detail. 18 individuell eingerichtete Zimmer, 2 größere Cottages (alle mit gemütlicher Veranda) sowie das äußerst

Kulturtourismusprogramme am Mount Meru

Mulala

In den südöstlichen Ausläufern des Mount Meru, 30 km von Arusha entfernt, liegt auf ungefähr 1600 m Seehöhe das Dorf Mulala. Üppige Vegetation, Bananenhaine, Kaffeefelder und dichter Tropenwald empfangen wanderbegeisterte Besucher. Das Programm wird ausschließlich von Frauen aufrechterhalten, die mit dem Erlös u. a. einen Kindergarten und eine kleine Buschklinik aufbauen wollen. Ausgangspunkt ist eine kleine lokale Käserei, etwas ungewöhnlich für tansanische Verhältnisse, denn Käse steht gewöhnlich nicht auf dem Speiseplan. Vielmehr wird er an Hotels und Restaurants der Umgebung geliefert. Ausflüge führen durch dichten Tropenwald zum Marisha River, Vogel- und Primatenkunde sowie botanische Hinweise sind selbstverständlich inbegriffen. Ein zweiter Ausflug geht zu den Lemeka-Hügeln, wo herrliche Aussichten auf den Kilimanjaro, den Mt. Meru und die Maasai-Steppe locken, natürlich nur bei entsprechendem Wetter.

Für die Wanderungen werden gutes Schuhwerk und Sonnenschutz vorausgesetzt. Warme Kleidung wird empfohlen. Anreise per Daladala Richtung Usa River, Ausstieg an der Dik Dik Junction, von dort Abholung (30 000 TSH). Preise ab 50 000 TSH p. P. bei 2 Pers.; Voranmeldung unter ✆ 0784-378951, 💻 www.agapetourism.com.

Mkuru

Unweit vom Momela-Zugang des Arusha National Park wurden mit Unterstützung italienischer Sponsoren Mitte der 1990er-Jahre Kamele für die ansässige Maasai-Gemeinschaft gekauft. Das Projekt sollte den Maasai zeigen, dass die genügsamen Kamele für ihre traditionelle Weidewirtschaft weitaus besser geeignet wären als die wenig Dürre-resistenten Kühe – offensichtlich ohne Erfolg. Die Kamele wurden gar nicht in der Landwirtschaft eingesetzt, sondern im Tourismus. Sie werden schon seit geraumer Zeit für Kamel-Safaris genutzt.

Eine dreitägige Kamel-Safari führt z. B. nach Longido (ca. 55 km). Zebras, Giraffen oder Antilopen können dabei genauso den Weg kreuzen wie Elefanten. Längere Ausritte führen u. a. zum Lake Natron, vorbei an spitzen Vulkankegeln und stets den Ostafrikanischen Grabenbruch im Visier. Ausrüstung: Campingausrüstung, Schlafsäcke, ausreichend Wasser und Lebensmittel. Ebenfalls möglich sind unterschiedliche Wanderungen durch das Maasai-Land. Man muss sich selbst um die An- und Rückreise sowie Verpflegung kümmern. Die Anfahrt mit einem leistungsfähigen Geländewagen (ausschließlich in den Trockenmonaten) erfolgt über die Nairobi Rd. ca. 45 km ab Arusha; 1 km hinter Oldonyo Sambu Village führt eine Piste nach Osten (rechts), wo nach weiteren 14 km Fahrt das Dorf Mkuru erreicht ist.

Informationen und Anmeldung unter ✆ 0784-724498 oder 💻 www.mkurucamelsafari.com.

geschmackvolle River House (für den größeren Geldbeutel). Der Usa River plätschert durchs bezaubernde Anwesen und sorgt das ganze Jahr über für ein tiefgrünes Ambiente. Ausgezeichnete Küche, Pool, Internet. ❼

Arumeru River Lodge, in Tengeru 700 m südlich des Dar-Arusha Highway, Nähe Usa River und 4 km westlich der Einfahrt zum Arusha National Park, ✆ 0764-502225, 💻 www.arumerulodge.com. 21 große Zimmer, 6 Suiten sowie ein großes Familienhaus im modernen, schicken Safari-Stil. Ausgedehnter Pool, in dem man ordentliche Längen schwimmen kann. WLAN, viele Aktivitäten. ❼

Im Park

Die **Miriakamba Hut** sowie die **Saddle Hut** (je US$30 p. P. ohne Verpflegung), die bei der Mt.-Meru-Besteigung als Schlafstätte dienen, sind zweckmäßig mit den in Wanderhütten üblichen Stockbetten ausgestattet. Buchen über Tanapa Arusha, S. 397, oder beim Park Gate anmelden.

Tanapa Rest House, Nähe Momela Gate, zu buchen über Tanapa Arusha, S. 397, oder beim

Park Gate anmelden, US$30 p. P. ohne Verpflegung.

Hatari Lodge, Momela Rd., liegt zwar nördlich außerhalb der Parkgrenzen, doch um zu ihr zu gelangen, sind reguläre Eintrittsgebühren zu bezahlen, ✆ 0752-553456, 💻 www.hatarilodge.de. Wem architektonische Experimente vor afrikanischer Kulisse gefallen, der ist hier gut aufgehoben – das Design ist jedenfalls einzigartig in Tansania. Die herrliche Lage und permanente Sichtung von Wildtieren zeichnen die Lodge mit deutschen Besitzern aus, aber das Afro-Retro-Design ist möglicherweise nicht jedermanns Geschmack. Highlight: Die Aussichtsplattform, wo der Sundowner beim Tierebeobachten eingenommen wird. ❼–❽

Camping ist auf den öffentlichen Campingplätzen möglich, US$30 p. P. Für Special Campsites s. Tanapa Arusha, S. 397.

AKTIVITÄTEN

Besteigung des Mt. Meru

Sie ist entweder von den Safari-Veranstaltern in Arusha oder Moshi oder von den Hotels in der Umgebung zu organisieren (oder von zu Hause aus zu buchen). Campingausrüstung – außer einem warmen Schlafsack – muss keine mitgenommen werden, da in Hütten übernachtet wird. Der Schlafsack kann u. U. von den Tour Operators ausgeliehen werden. **Kosten** für eine 4-tägige Besteigung: ab US$700 p. P. (3–4 Pers. Gruppengröße); eingerechnet sind hier US$20 Rescue Fee, Ranger-Gebühren, Eintrittsgeld, Übernachtung, Essen, Guides und Träger, nicht jedoch Trinkgelder, S. 56). Start und Ende ist das Momela Gate.

Bootsausflüge

Als einer von wenigen Parks sind im Arusha National Park **Kanu-Safaris** erlaubt. Die Lizenz dazu hat **Wayo Africa** (S. 395, Arusha). Sie veranstalten Bootsfahrten auf dem Little Momela Lake. Am 4 km langen See, entlang kleiner Inseln und vorbei an lauschigen Buchten, sieht man aus nächster Nähe Wasservögel im Schilf, scheue Wasser- und Riedböcke im ufernahen Gebüsch, prustende Flusspferde oder Giraffen, die sich bis zum Bauch ins Wasser wagen. Flamingos fühlen sich hier besonders wohl. US$55 plus US$40 p. P. Conservation Fee (zzgl. Parkeintritt).

Walking Safaris

Wer den Mt. Meru nicht besteigen will, für den lohnen sich auch Tagesausflüge in den Park, wobei man sich auf ein bestimmtes Areal konzentrieren sollte. In Begleitung eines Rangers der Parkverwaltung (US$20, auch in Eigenregie machbar, die Unterkünfte helfen bei der Organisation) oder eines erfahrenen Safari-Veranstalters (der den Transport, den Ranger und den Guide organisiert) sind Walking Safaris möglich, z. B. am Rand des **Ngurdoto Crater** oder rund um die **Tulusia Waterfalls**. Die Hatari Lodge bietet seinen Gästen ebenfalls ungewöhnliche Aktivitäten, wie eine Wanderung durch den Ngurdoto Crater (US$170 p. P.) oder Tagestouren am **Mount Meru** (US$120 p. P.).

NAHVERKEHR

Selbstfahrer

Abseits der Nord-Süd-Achse verlaufen genügend Pisten, die eine Erkundung des Parks mit einem Allradfahrzeug zulassen. Alle Attraktionen sind während der Trockenzeit gut erreichbar, selbst zur Miriakamba Hut kann man notfalls mit dem Auto fahren. Die Piste führt an der Hatari Lodge vorbei weiter nach Ngare Nanyuki. Wer hier der Piste geradeaus in Richtung Nordwesten folgt, kommt an den Nairobi Hwy.; wer sich rechts hält, gelangt in die West Kilimanjaro Area und schließlich wieder an den Dar-Arusha Hwy.

Transfers

Über eine der angeführten Unterkünfte, ca. US$75–100 für 2 Pers.

TRANSPORT

Öffentlicher Transport mit Bussen und Daladalas vom Central Bus Stand in ARUSHA 1x tgl. um die Mittagszeit bis **Ngare Nanyuki** nördlich des Momela Gate (1 1/2 Std., 3000 TSH); der Eintritt ist beim Passieren zu bezahlen. Umgekehrt verlässt der Bus Ngare Nanyuki morgens um 7 Uhr. Auf Wunsch stoppen Überlandbusse der Strecke zwischen MOSHI und Arusha in **Usa River**. Von dort muss die Abholung mit den

Unterkünften arrangiert werden. Ohne eigenes Fahrzeug ist es aber fast unmöglich, den Park zu besuchen!

West Kilimanjaro Area

Obwohl sie gut erreichbar zwischen Moshi und Arusha liegt, scheint die West Kilimanjaro Area Lichtjahre von einer touristischen Vermarktung entfernt. Die authentische Busch-Atmosphäre lässt sich leicht mit dem Arusha National Park oder Arusha kombinieren und kommt Reisenden, die die tansanische Natur abseits des Trubels des Northern Circuit erleben wollen, entgegen. Durch die relative Nähe zum Flughafen bietet sich die Ndarakwai Ranch oder Olpopongi als Startpunkt einer Safari durch den Norden oder als Einstieg für eine Kilimanjaro-Besteigung an, vor allem über die Lemosho/Londorossi-Route.

Besucher der West Kilimanjaro Area zweigen bei **Boma Ng'ombe** vom Dar-Arusha Hwy. Richtung Norden und Sanya Juu ab. Nach 27 km ist **Sanya Juu** erreicht und 15 km weiter folgt eine Abzweigung nach links zur Ndarakwai Ranch und **Olpopongi**, geradeaus geht es zum **Londorossi Gate**.

Die **Panoramastrecke** lohnt sich: Die Teerstraße, die später zur Piste wird, führt durch typische Dörfer, vorbei an Maisfeldern, Flammenbäumen und Kuhherden, die von Maasai gehütet werden. Wenn das Wetter mitspielt, könnte die Kulisse eindrucksvoller nicht sein: rechts Richtung Osten der Kilimanjaro, links Richtung Westen der Mount Meru.

Interessant ist die recht trockene Savannenlandschaft der West Kilimanjaro Area, weil aus dem im Norden angrenzenden Amboseli National Park (Kenia) Tiere hierher kommen, besonders die **großen Elefantenherden**.

Olpopongi

Im Takt ihrer monotonen Gesänge hüpfen blau und rot gewandete Maasai dem Eingangstor entgegen. Der heiße Wüstenwind wirbelt eine Windhose auf. Die sanften Hügel der West Kilimanjaro Area verschmelzen mit dem klimpernden Schmuck der Maasai-Krieger und dem strengen Geruch von Kuhdung zu einer Erfahrung für alle Sinne.

Nach dem tanzenden Begrüßungsritual geleiten die Maasai-Männer ihre Gäste vorbei am typischen Dornenzaun ins Dorf, den *kral*. Alles am **Museumsdorf** Olpopongi ist echt, wenn auch für Besucher nachgebaut. Die Hütten *(engaji)* sind nach traditioneller Art mit Ästen, Lehm, Kuhdung und Wasser errichtet worden. In Kreisform angeordnet, stehen in der Mitte, wo die Maasai normalerweise das Vieh hinter Dornenbegrenzungen unterbringen, Bänke und Tische. Olpopongi ist das erste Maasai-Dorf, in dem Gäste übernachten können. Geschlafen wird in den traditionellen Hütten, auf rustikalen Gestellen aus Akazienholz, auf denen Kuhfelle und dünne Decken liegen. Trotz Isomatte, Schlafsack und Petroleumlampe wirkt die Bettstatt karg. Die Gemeinschaftstoiletten und -duschen liegen ein paar Schritte entfernt.

In Olpopongi wird den Besuchern ein reichhaltiges, abwechslungsreiches Programm geboten. Ans Thema führt das kleine Museum heran, wo anhand von Abbildungen, Artefakten und deutschen sowie englischen Beschreibungen der Alltag der Maasai erklärt wird. Danach führen Maasai die Besucher durchs Dorf, durch die Hütten, erzählen vom traditionellen Hüttenbau, von der Arbeitsaufteilung, ihrer Medizin und ihren Traditionen und Zeremonien.

Bei aller Anpassung an die Touristen ist die Authentizität größtenteils erhalten geblieben. Die umliegenden Dörfer sind am Projekt beteiligt und betreuen abwechselnd die Besucher; die Erlöse werden aufgeteilt. Das Projekt sichert den Maasai Einkünfte in diesem Landstrich, der vom Tourismus ansonsten nicht profitiert.

ÜBERNACHTUNG UND ESSEN

€ **Faraja Guest House**, am Ende der Teerstraße links, ✆ 0769-771691, 💻 faraja-diaconic-centre.org. Einfaches geistliches Gästehaus, das einer Einrichtung angeschlossen ist, in der körperbehinderte Kinder und Jugendliche betreut werden. Deutsche Leitung. Der Transfer vom Flughafen wird gerne organisiert, aber ohne eigenes Fahrzeug ist man hier nicht sehr mobil. ❶–❷

Olpopongi, Nähe Ndarakwai Ranch beim Tinga Tinga Village, ✆ 0756-718455, 🖳 www.olpopongi-maasai.com. 24 Stunden mit den Massai zu verbringen, ist ein mystisches Erlebnis. Olpopongi kann auch gut von Individualisten erreicht werden, da Transfers von Moshi oder Arusha arrangiert werden. 3-Tage-Ausflug inkl. Transfers und Lunch ab US$149 (bei 2 Pers.), mit Übernachtung, Vollpension und Transfer ab US$179 p. P. Eine Voranmeldung ist notwendig. ❼

Ndarakwai Ranch, Nähe Olpopongi, ✆ 027-2502713, 🖳 www.ndarakwai.com. Aufwachen mit Blick auf den Kilimanjaro – das können nicht viele Camps in Tansania bieten. Stilvolle Anlage mit 14 großzügigen Zelten und Lounge samt Kamin. Vorzügliche Küche. ❽ mit Vollpension

AKTIVITÄTEN

Auf der Ndarakwai Ranch sind neben den üblichen Pirschfahrten Safari-Aktivitäten möglich, die in den offiziellen Parks nicht erlaubt sind: **Walking Safaris** und **Night Drives**. Besonders eindrucksvoll ist das **Beobachtungsdeck** der Ndarakwai Ranch mitten im Busch – ein herrlicher Ort, um den Tag bei einem Sundowner ausklingen zu lassen.

TRANSPORT

Nach Sanya Juu oder Engare Nairobi gehen in der Trockenzeit **Pick-up-Taxis** und **Daladalas** von Boma Ng'ombe am Dar-Arusha Highway aus, aber nach Olpopongi oder zur Ndarakwai Ranch gelangt man nur mit dem Geländewagen (eigenes Fahrzeug oder organisierte Transfers).

Maji Moto

Wer hier in der Gegend ist und noch einen oder zwei Tage Zeit hat, kann an einer echten Wasseroase ausspannen. Mitten im Maasai-Farmland, ca. 15 km südlich vom Dar-Arusha Highway (Abzweigung nach Süden in Boma Ng'ombe beim Supermarkt schräg gegenüber der Einfahrt nach Sanya Juu) befinden sich unterirdische **warme Quellen**, die mehrere Bäche sowie einen natürlichen Pool speisen. An klaren Tagen sieht man von den Quellen direkt auf den Kilimanjaro – eine wunderbare Kulisse! Der Pool liegt in einem Wald voller riesiger Maulbeerfeigen *(Ficus sycomorus)*, die in der vor Hitze flimmernden Öde kühlen Schatten spenden. Unter den ausladenden Bäumen kann kampiert werden; Selbstversorger müssen ausreichend Vorräte und Wasser mitführen. Das Wasser der Quellen ist nicht als Trinkwasser geeignet.

Allein die Anfahrt ist den Abstecher wert. Nach der Abzweigung auf eine zusehends schlechter werdende Sandpiste quert man zunächst Eisenbahnschienen. Je weiter weg die Hauptstraße liegt, desto undeutlicher werden die Pisten. Es wird sich nicht vermeiden lassen, öfters bei Passanten nach den *chem chem maji moto* zu fragen. Nach gut 45–60 Minuten sind die Quellen erreicht. Die Maasai-Gemeinde erhebt von Besuchern Gebühren für ihre Quelle, die sich derzeit auf 2000 TSH für einen Wachmann pro Nacht, 10 000 TSH p. P. für eine Übernachtung im Zelt sowie 5000 TSH für das Schwimmen im Pool, der von Quellen gespeist wird, belaufen. Hart verhandeln! Freundliche Dorfbewohner führen Gäste herum. Die Quellen sollten an den Wochenenden gemieden werden, da die Städter unter den Maulbeerfeigen gern ihre Wochenenden verbringen – teilweise in großen Gruppen.

Tarangire National Park

- **Zugang**: Anfahrt über die Dodoma Rd., bei Kwakuchinja (etwa 100 km ab Arusha auf geteerter Straße) links in Richtung Süden abbiegen. Am Minjingu Gate im Norden des Parks, dem einzigen öffentlichen Zugang, gibt es ein Informationszentrum.
- **Eintritt**: US$45 für 24 Std.
- **Beste Reisezeit**: Für die Beobachtung der riesigen Elefantenherden sind Juli–Okt, für Vögel Dez–April am besten.

Von Arusha aus kommt man nun tiefer und tiefer ins Maasai-Land. Maasai in ihren typischen Gewändern, den *shuka*, hüten ihre Rinderherden. Da und dort gibt es kleine Wasserstellen, die von der tansanischen Regierung eigens für die Maasai angelegt wurden. Die goldbraunen Grassavannen geben bereits einen Vorgeschmack darauf, was einen im Tarangire National Park erwartet. Gemeinsam mit dem Lake Manyara National Park hat er den undankbaren Status, für den Großteil der Touristen nur Zwischenstation zwischen Serengeti und Ngorongoro Crater zu sein. Dabei bietet er auf einer gewaltigen Größe von 2600 km^2 (etwa die Größe Luxemburgs) alles, was das Safari-Herz begehrt: stachelige Akazienwälder, endlose hügelige Weiten und unverfälschtes Busch-Feeling.

Bereits 1970 wurde das Gebiet zum Nationalpark erklärt, auch deshalb, weil es seit jeher wegen der lästigen Tsetse-Fliege nicht Weideland der Maasai war und es folglich kaum Einwände dagegen gab.

An die 100 Säugetierarten tummeln sich im Park, darunter Impalas, Warzenschweine, Dikdiks, Wasserböcke, Kaffernbüffel, Kudus, Geparden, Hyänen, Löwen, Paviane und Diademmeerkatzen. Gerade Giraffen lieben die Akazien, da sie sich primär von deren kleinen Blättern ernähren. Weit über **500 Vogelarten**, einige davon endemisch, wurden hier beobachtet. Besonders heimisch fühlen sich **Elefanten**, kein Wunder also, dass das Gebiet mit die höchste Elefantendichte in Tansania aufweist. Je nach Saison vergrößert sich der Tierbestand um Gnus, Burchell-Zebras, Grantgazellen und andere Tiere, die dem Wasser folgen (s. „Die kleine Migration", S. 412).

Tarangire River

Seinen Namen verdankt der Park dem Tarangire River, der sich von Nord nach Süd durch den gesamten Park schlängelt und der zwar das ganze Jahr Wasser führt, aber nicht entlang des ganzen Flusslaufes. Er ist von Doum- und Borrassus-Palmen sowie dichtem Galeriewald gesäumt, der vielen Vögeln Nistplätze bietet. Praktisch alle Tiere kommen im Laufe eines Tages an den Fluss, wenn es nirgendwo anders mehr Wasser gibt. Ein wenig Warten zahlt sich also aus.

Links und rechts vom Fluss erstreckt sich ein wenige Kilometer breiter Saum von Grasland. Daran schließt sich die offene, meist knochentrockene Baumsavanne mit Akazienwäldern an. Das weitläufige, sanft hügelige Areal wirkt durch diese Vegetationszonen besonders weit und übersichtlich.

Im Norden

An der Nordspitze des Parks, also gleich nach dem Eingang, stechen Massen von ausladenden **Baobab-Bäumen** ins Auge. Manche von ihnen sehen mitgenommen aus: Elefanten können vom saftigen Holz des Affenbrotbaums nicht genug bekommen. Sie lieben es, am wasserspeichernden Gewebe zu nuckeln, obgleich die so aufgenommenen Wassermengen nicht ausreichen, um ihren täglichen Wasserbedarf von bis zu 200 l zu decken. Mit den Stoßzähnen brechen sie zunächst die Rinde auf und höhlen danach die riesigen Stämme richtiggehend aus. Nicht nur Elefanten, auch die fliegenden Bewohner des Parks schätzen die knorrigen Giganten. Flughunde oder Fledermäuse suchen tagsüber Schatten in den ausgehöhlten Stämmen, Schleiereulen bevorzugen die stabilen Äste als Nistplatz, und auch Nashornvögel leben gerne in ihnen.

Im Süden

Den Süden bekommen nur wenige Besucher zu Gesicht, da man dazu – wegen der Größe des Parks – mindestens eine zweitägige Safari einplanen und in den dortigen Luxus-Camps übernachten müsste. Er versumpft saisonal, was Tierbeobachtern in den Trockenmonaten August bis Oktober nahezu paradiesische Bedingungen beschert: jede Menge Vögel, Zebras, Büffel- und Elefantenherden. Dann werden Safari-Liebhaber auch Zeuge einer der größten Tierkonzentrationen in ganz Tansania, der „kleinen Migration" (s. S. 412).

Einziger Wermutstropfen: Die Pisten, egal ob in den Trockenmonaten oder während der Regenzeit, sind in haarsträubendem Zustand. In der Regenzeit kann der schwarze, vulkanische Lehmboden *(black cotton soil)* wegen kontinuierlicher Regenfälle kein Wasser mehr aufnehmen und verwandelt sich in schlickigen Sumpf, der ein Weiterkommen unmöglich macht. Wenn die Oberfläche wieder trocknet, bleibt unwegsames, ruppiges Terrain mit Trockennarben, die bis zu 2 m tief sein können, zurück.

TARANGIRE NATIONAL PARK

N 0 10 km

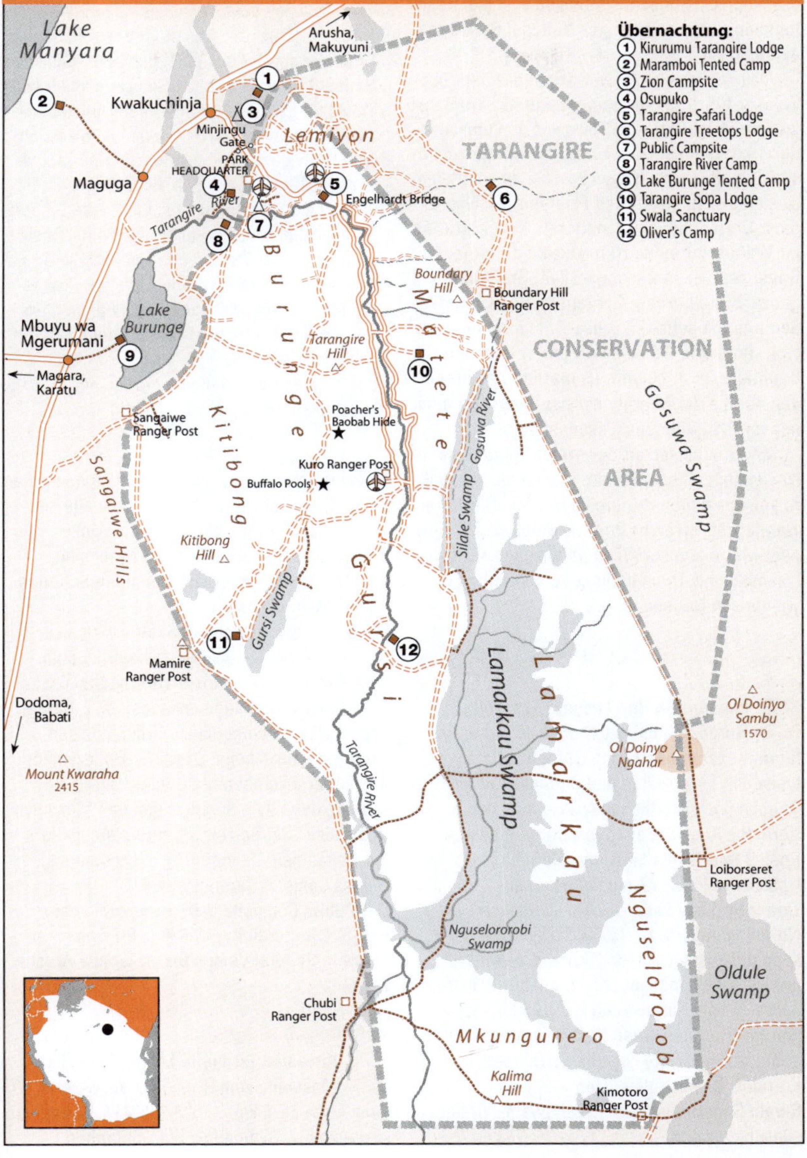

Die kleine Migration

Jeder kennt sie, die sensationelle „Great Migration" in der Serengeti, doch nur Wenige wissen, dass sich ein ähnliches Schauspiel in kleinerem Rahmen auch im Tarangire National Park beobachten lässt.

Weil der Tarangire River das ganze Jahr über Wasser führt, ziehen **gegen Ende der Trockenmonate** (Aug–Okt) viele Tiere aus den umliegenden Ökosystemen zum Fluss und zu den zahllosen Sumpflöchern, um am Wasser ihr Überleben zu sichern. Zu dieser Zeit kann nur der Ngorongoro Crater mit einer höheren Konzentration an Wildtieren aufwarten. Unzählige Elefanten, Gnus, Zebras, Thomsongazellen, Grantgazellen, ganze Büffelherden, Elenantilopen, Kuhantilopen und die seltenen Beisa-Antilopen tummeln sich dann am Wasser. Mit ihnen kommen die Raubtiere, u. a. Löwen, Leoparden und Geparden, für die der Migrationstross ein (wenn auch nur vorübergehendes) Festmahl darstellt.

Mit dem Einsetzen der ersten Regenfälle im November ziehen die Tiere wieder zurück in ihre angestammten Reviere im Norden. Diese Tierwanderung erreicht ihren Höhepunkt im April oder Mai, wenn die Wildtiere bis nach Kenia gekommen sind. Dann beginnt der jährliche Zyklus wieder von Neuem.

Vogelhochzeit

Im tropischen Sommer, also von Dezember bis April, kommen Vogelliebhaber in Nordtansania auf ihre Kosten. Der **Arusha National Park**, der **Tarangire** sowie das Gebiet des **Lake Manyara National Park**, aber auch Gebiete südlich von Moshi (S. 327) sind für ihre Vogelvielfalt inklusive endemischer Arten bekannt. Die leuchtend grün-gelb-orange-roten *Fischer's Lovebirds* (dt. Pfirsichköpfchen) findet man nur hier, ebenso wie den sonnengelben *Taveta Golden Weaver* (Genickbandweber) oder den dunkelgrünen *Hartlaub's Turaco* (Seidenturako) mit schwarzer Haube. Besonders im europäischen Winter wird man viele gefiederte Freunde wiedererkennen, die den kalten Temperaturen davongeflogen sind. Vogelinteressierte tun gut daran, einen Spezialveranstalter mit eigens geschulten Guides zu konsultieren.

ÜBERNACHTUNG

Im Park

€ **Tarangire Safari Lodge**, 10 km vom Nordeingang, ✆ 027-2544752, 🖳 www.tarangiresafarilodge.com. Einfaches Camp mit typischen Safarizelten und Cottages auf einer Anhöhe unter stattlichen Akazienbäumen. Herrliche Aussicht auf den Tarangire River. Pool. Bestes Preis-Leistungs-Verhältnis (DZ für US$360) im Park. ❼ mit Vollpension

Tarangire Sopa Lodge, 32 km südöstlich des Nordeingangs, ✆ 027-2500630, 🖳 www.sopalodges.com. Ausgedehnte, in die Jahre gekommene Lodge im Stil der späten 1980er-Jahre. Wenig Safari-Schick, die 75 Zimmer werden aber gerne von Safari-Veranstaltern gebucht. Plus: Gute Lage im tierreichen Korridor. ❼ mit Vollpension

Swala Sanctuary, Nähe Gursi Swamp, 67 km südlich des Nordeingangs, ✆ 027-2509817, 🖳 www.sanctuaryretreats.com. 12 todschicke Safari-Zelte auf Holzplattformen, die alle mit hervorragenden Ausblicken auf ein gut frequentiertes Wasserloch gesegnet sind. Ausladende Schirmakazien spenden Schatten. ❽ mit Vollpension

Oliver's Camp, östlich der Silale Swamps im Süden des Parks, 🖳 www.asiliaafrica.com. Exklusives, unprätentiöses Buschcamp weit ab vom Schuss, weswegen mindestens 2, besser noch 3 Nächte eingeplant werden müssen. Lagerfeuer am Abend, Open-Air-Badezimmer und äußerst kompetente Guides. Durch die Lage an den Silale Swamps und den Minyonyo Pools eines der tierreichsten Gebiete im Park mit vielfältigen Aktivtäten, u. a. Fly Camping. Bestes Camp im Tarangire! ❽

Der **Public Campsite** liegt wenige Kilometer vom Nordtor entfernt, US$30 p. P. Es gibt mehrere **Special Campsites**, s. Tanapa Arusha, S. 397.

Außerhalb des Parks

Kirurumu Tarangire Lodge, 16 km hinter Makuyuni vom Hwy. links abzweigen, dann noch ca. 6 km, ✆ 027-2502417, 🖳 www.kirurumu.net. Sympathisches, einfaches

Zeltcamp in malerischer Lage mitten im Maasai-Land unter Akazien an Auen des Tarangire River, wo auch Walking Safaris und Besuche im Maasai-Dorf geboten werden. Wird von Hoopoe Safaris betrieben (S. 395). ❼ mit Vollpension

Lake Burunge Tented Camp, auf dem Dodoma Hwy. 28 km südwestlich von Makuyuni links (Richtung Osten) abzweigen, ✆ 0736-502471, 💻 www.tanganyikawildernesscamps.com. Einfaches Buschcamp in schöner Lage am Lake Burunge. Die geräumigen Zelte (alle am Ufer des Sees) stehen auf Holzplattformen, teilweise mit Blick auf den See. Aktivitäten, wie Sundowner Cocktail auf einem Hügel oder Besuch eines Maasai-Dorfes, werden arrangiert. Liegt ein wenig ab vom Schuss und sollte deswegen mindestens für 2, 3 Nächte gebucht werden. ❼ mit Vollpension

Maramboi Tented Camp, auf dem Dodoma Hwy. hinter Kwakuchinja und der Düngemittelfabrik rechts abzweigen, ca. 4 km auf Piste weiter, ✆ 0736-502471, 💻 www.tanganyikawilderness camps.com. In einem Wald voller wilder Palmen steht ein ansprechendes Zeltcamp mit 40 geräumigen Zelten auf Holzplattformen und gemütlicher Lounge. Toller Blick auf den Lake Manyara und den Ostafrikanischen Grabenbruch. Pool. Busch-Sundowner, Nature Walks, Massagen. ❼ mit Vollpension

Tarangire River Camp, Anfahrt wie zum Gate, aber kurz vor dem Gate nach rechts abzweigen, ✆ 0732-978879, 💻 www.mbalimbali.com. Am Steilufer des Tarangire River gelegenes, sehr stimmungsvolles Camp mit 21 grasgedeckten Zelten auf Holzplattformen und einem großen Haupthaus mit Blick auf den Fluss. Reichlich Tierbestand von Juli–Okt, den man gemütlich von der Veranda aus beobachten kann. Mit Pool. ❼ mit Vollpension

Osupuko, Anfahrt wie zum Gate, aber kurz vor dem Gate nach rechts abzweigen, ✆ 027-2545318, 💻 osupukolodges.com. Die 12 gemauerten Chalets mit guter Ausstattung und Panoramafenstern sind für den gebotenen Standard überteuert. Durch die etwas erhöhte Lage gute Fernsicht auf den Tarangire. Karge, etwas lieblose Anlage mit Pool. ❼

Tarangire Treetops Lodge, hinter Makuyuni links, 37 km vom Highway, ✆ 027-2500630, 💻 www.elewanacollection.com. Stimmungsvolles Luxus-Camp auf Stelzen rund um alte Baobab- und Feigenbäume. Pool, Wasserloch zur Tierbeobachtung. ❽

Auf dem Weg zum Nordeingang befinden sich zweckmäßige Campingplätze; der **Zion Campsite** ist am ehesten zu empfehlen (US10 p. P., Warmwasser, aber kein Strom, schattiger Garten). Keiner der Campsites ist sonderlich gut geführt und alle wirken heruntergekommen, aber es handelt sich noch immer um die billigste Möglichkeit, im Einzugsgebiet des Tarangire National Park zu übernachten.

AKTIVITÄTEN

Mit **Pirschfahrten** *(game drives)* verbringen Besucher den Großteil ihres Tages im Tarangire. Außerhalb der Parkgrenzen werden von allen Camps **Bush Walks**, **Vogelbeobachtung**, **Nachtpirschfahrten** oder **Kulturtourismusprogramme** angeboten. Im Park haben nur wenige ausgewählte Veranstalter die Erlaubnis dafür.

Ballonfahrten

Adventure Aloft, zu buchen über Tour Operator, Unterkünfte oder direkt bei Mada Hotels Kenia, ✆ 027-25433 00, ✉ tarangire@madahotels.com. US$499 p. P.

Walking Safaris und Nachtpirschfahrten

Nur das **Oliver's Camp** und **Swala Sanctuary** haben die Lizenz für **Walking Safaris** im Tarangire National Park. Besonders schön gestalten sich die Walking Safaris nach den Regenmonaten, wenn die Wildblumen blühen und Schmetterlinge sowie unzählige Vögel durch die Lüfte schwirren. **Nachtpirschfahrten**, d. h. Tierbeobachtung von nachtaktiven Tieren mit großen Scheinwerfern, dürfen ebenfalls von den beiden gegen Aufpreis (zzgl. Sondergebühren an den Nationalpark) durchgeführt werden.

TRANSPORT

Selbstfahrer

Bei Kwakuchinja (ca. 100 km ab der Stadtgrenze von Arusha auf dem Dodoma Highway führt

eine 7 km lange Allwetterpiste nach links bis zum Nordeingang. Das Wegenetz im Nationalpark selbst ist dicht, vor allem im Norden; ohne Ortskenntnisse oder ein GPS-Gerät kann man sich leicht verirren. Der südliche Teil sollte in der Regenzeit gemieden werden.
Der Dodoma Highway wurde 2013 erneuert, nun gibt es durchgehend von Arusha über Makuyuni bis nach Babati eine nagelneue Teerstraße. Tankstellen befinden sich in Makuyuni und Babati. Der Rest des Highways bis nach Dodoma ist trotz Ankündigungen noch nicht in Angriff genommen worden.

Flüge

Zentral im Park (Kuro) sowie beim Nordeingang (Makumira) gibt es kleine Flugfelder. Coastal Aviation fliegt für rund US$120 einfach von ARUSHA. Weitere Fluglinien: Regional Air, Air Excel.

Magara Waterfalls und Mbulu Plateau

Wer mit dem Fahrzeug unterwegs und der Safaris überdrüssig ist oder für einige Tage das Reisebudget entlasten möchte, kann über eine Panoramastrecke nach Karatu fahren und dabei gut und gerne zwei Nächte bei den Magara Waterfalls verbringen. Als Alternative zur weniger reizvollen Teerstraße bietet sich ausschließlich in der Trockenzeit die Fahrt über das fruchtbare und intensiv bewirtschaftete Mbulu Plateau nach Karatu an.

Südwestlich von Kwakuchinja zweigt vom Dodoma Highway im Dorf **Mbuyu wa Mgerumani** in westliche Richtung eine Piste ab. Durch zahlreiche Dörfer, vorbei an Reis- und Maisfeldern und malerischen Granitblöcken führt die teils gute, teils schmale Piste, die man sich mit Radfahrern, Ochsenkarren und Kühen teilen muss, immer näher an den Grabenbruch.

Nach 21 km muss der Magara River überquert werden, was nur in den Trockenmonaten möglich ist. Danach zweigt links ein sandiger Pfad zu den je nach Saison imposanten **Magara Waterfalls** ab.

Kurz danach beginnt sich die Piste den Ostafrikanischen Grabenbruch von 990 m auf über 1500 m hinauf zu schrauben. Oben angekommen, führt die Piste weiter stetig bergauf und erreicht nach ca. 27 km ab dem Fluss das Dorf **Mbulu**, wo eine Abzweigung nach rechts (Norden) erfolgt. Die Durchschnittshöhe des Plateaus beträgt 1800–2000 m. Das Dorf wurde einst von den deutschen Kolonialisten als Verwaltungssitz Neu-Trier geführt, denn hier im Hochland befanden sich zahlreiche deutsche Plantagen. Noch heute ist das Plateau dicht besiedelt und man passiert viele quirlige Dörfer. Die Piste schlängelt sich durch Felder, um Hügel herum und in Serpentinen darüber hinweg. Rechts davon befindet sich der Ostafrikanische Grabenbruch, und wenn die Vegetation es erlaubt, reicht der Blick weit bis zum Lake Manyara und ins Maasai-Land.

Ab **Endabash** geht es wieder bergab bis auf 1400 m. Nach 75 km ab Mbulu bzw. 123 km ab Mbuyu wa Mgerumani ist nach insgesamt 3–5 Stunden Fahrt (je nach Pistenzustand) schließlich Karatu erreicht.

Babati und Kolo Rock Paintings

Südwestlich vom Tarangire National Park lohnt sich für Individualisten der Abstecher ins landschaftlich reizvolle Babati, wenn man an typisch afrikanischem Dorfleben, Besteigungen des Mt. Hanang (3418 m), Kanutouren auf dem Lake Babati und Begegnungen mit den Volksgruppen Barbaig und Sandawe interessiert ist. Babati (175 km von Arusha, ca. 2 Std. Fahrt), ein aufstrebendes, staubiges Städtchen entlang des kürzlich fertiggestellten Dodoma Highway, liegt in einem hügeligen Landstrich, der intensiv landwirtschaftlich genutzt wird. Das empfehlenswerte **Kulturtourismusprogramm** organisiert zahlreiche Aktivitäten, die sich auch gut für Reisende mit öffentlichen Verkehrsmitteln eignen. Die besseren Busse von Mtei Express nach Babati fahren früh morgens vom Kilombero Bus Terminal bzw. Central Bus Stand in Arusha ab. Ansprechpartner ist Herr Joas Kahembe, ✆ 0784-397477, 💻 www.kahembecultural safaris.com, der gleichzeitig der Initiator des

Buschwanderung und Ausritt zu den Flamingos

Das Beste aus zwei Welten vereint das Naturschutzprojekt **Manyara Ranch Conservancy**, ✆ 027-2545284, 🖳 www.manyararanch.com. Östlich des Lake Manyara und des Ostafrikanischen Grabenbruchs und nördlich des Tarangire-Nationalparks hat eine private Initiative Land gekauft und im Kwakuchinja Corridor eine Pufferzone eingerichtet, damit die Wildtiere unbehelligt zwischen den beiden Parks wandern können. Da es sich um keinen ausgewiesenen Nationalpark handelt, sind die Verhältnisse für Reisende fantastisch buschnah. Die Aktivitäten gehen weit darüber hinaus, was in staatlichen Nationalparks möglich ist – Reitsafaris (ab US$125), Buschwanderungen, Nachtpirschfahrten, Fly Camping etc. Basis für alle Aktivitäten ist das stilvolle, intime Buschcamp mit nur sechs Zelten, die unter ausladenden Akazien stehen.
So viel Individualität und Abenteuer hat seinen Preis: ab US$580 p. P., doch jeder Cent ist das Erlebnis wert. Nur für erfahrene Reiter zu empfehlen!

seit 1992 bestehenden Programms ist. Das Büro befindet sich im gleichnamigen **Kahembe's Guest House**, ❶. Abgesehen davon kann man auch in der noch recht neuen, gepflegten **GMM Executive Lodge** ❶ übernachten. Mittlerweile gibt es Geldautomaten (NBC, Exim Bank) und sogar recht gut sortierte Mini-Supermärkte in Babati. Leider lässt die angekündigte Teerstraße nach Dodoma und Iringa noch auf sich warten; sie endete zur Zeit der Recherche (2013) 15 km hinter Babati. Auf dem noch holprigen Weg können die wenig erforschten und selten besuchten **Kolo Rock Paintings** (90 km südlich von Babati), die 2006 in die Liste des Unesco-Weltkulturerbes aufgenommen wurden, besichtigt werden. In einigen Hunderten Höhlen und an Felsüberhängen im Bezirk Kondoa, an den westlichen Hängen des Great Rift Valley, wurden Felsmalereien entdeckt, die vermutlich an die 6000 Jahre sind. Sie wurden 1951 erstmals von Mary Leakey entdeckt und später dann kartografiert und erforscht, doch bis heute gibt es wenig gesicherte Informationen darüber. Die Höhlen spielen noch immer eine bedeutende Rolle in den Ritualen der Hadza und der Sandawe.

Von den 186 kartografierten Höhlen sind momentan nur drei für Besichtigungen freigegeben. Man kann die Höhlen samt Felsmalereien auf eigene Faust besuchen, aber angenehmer ist es sicherlich, sich den Trip vom Kulturtourismusprogramm von Babati oder von Arusha aus organisieren zu lassen. Ausgezeichnete dreitägige Rock Art Tours samt Transport, Übernachtung und Vollpension auf dem lauschigen **Amarula Campsite** nordöstlich des Visitor Centre im Dorf Mnenya organisiert das Masai Café in Arusha, ✆ 0754-672256, 🖳 www.racctz.org, US$280 p. P. bei 2 Pers.

Wer auf Eigenregie besteht, muss in Kolo mit folgenden Kosten rechnen: US$20 (27 000 TSH) p. P. Eintritt samt Zugang zu einem kleinen Museum, 20 000 TSH für einen Guide pro Gruppe. Da es keine Unterkünfte in Kolo gibt, bietet das Dorf Camping für um 20 000 TSH pro Zelt an (15 000 TSH Zeltmiete). Die drei zugänglichen Höhlen liegen ca. 9 km südlich von Kolo, ein *piki piki* (Moped) übernimmt den Transfer (hin und retour) für 20 000 TSH. Hinzu kommen noch die Hin- und Rückfahrt nach Kolo mit dem Bus (oder Privatfahrzeug) sowie Essen. Die Frauen im Dorf übernehmen gern die Zubereitung von Essen, was nicht mehr als 5000 TSH pro Mahlzeit kosten sollte.

Mto wa Mbu

Mto wa Mbu hat sich in den letzten Jahren als Basis für den Besuch des Lake Manyara etabliert. Wörtlich übersetzt bedeutet der Name „Fluss der Moskitos", und die kleinen Quälgeister machen hier ihrem Namen auch alle Ehre. Der Mto wa Mbu River selbst mündet in den Lake Manyara.

Der Ort hat sich mit der Ankunft der Asphaltstraße rasant entwickelt und den Wünschen der Touristen angepasst. Jede Menge Souvenirläden, neuere landestypische Gästehäuser und

Mittelklasse-Unterkünfte sowie der alteingesessene **Maasai Central Market** säumen die Straße. Außerdem kann man sich in den hiesigen Läden und auf dem Markt gut mit Lebensmitteln, Obst, Gemüse, Wasser etc. eindecken.

Mto wa Mbu ist bekannt für sein Angebot an verschiedenen Bananensorten, wobei z. B. die **Rote Banane** hier ganz typisch ist. Sie schmeckt süßer und buttriger als die üblichen Bananen.

Die Bevölkerung ist ein buntes Kaleidoskop aus vielen verschiedenen Ethnien, was vielleicht für den Durchreisenden auf den ersten Blick nicht unbedingt erkennbar ist. Während der Zeit von Julius Nyerere und seiner Vision des afrikanischen Sozialismus wurden Menschen aus ganz Tansania nach Mto wa Mbu zwangsumgesiedelt, da hier viel fruchtbares Ackerland zur Verfügung stand. Das Projekt *Ujamaa* ist zwar gescheitert (S. 457), aber die bunt zusammengewürfelten Menschen aus allen Landesteilen leben heute noch in Mto wa Mbu.

ÜBERNACHTUNG

Mto wa Mbu ist ein Straßendorf. Die meisten landestypischen Unterkünfte befinden sich jeweils links und rechts der Straße in dritter, vierter Reihe. Alle Angaben beziehen sich auf die Zufahrt von Süden aus.

New Sunlight Lodge, im Ortszentrum an der Teerstraße rechts. Einfaches Gästehaus direkt an der Straße; es kann lauter zugehen. ❶ ohne Frühstück

Continental Luxury Lodge, links vom Dorfzentrum in der zweiten Querstraße. 7 simple, aber saubere Zimmer mit eigenem Bad/WC inkl. Frühstück. ❶

€ **Maryland Resort**, am Ortsende rechts abzweigen. Einfaches, landestypisches Gästehaus in ruhiger Lage mit liebevoll gepflegtem Garten und sicherem Parkplatz. Essen wird auf Vorbestellung zubereitet. Taxi vom Busstop max. 5000 TSH. ❷

€ **Twiga Campsite & Lodge**, mitten im Ort links, ✆ 0783-559333. Die Zauberformel lautet: 34 funktionale Zimmer verschiedener Kategorien, grüner, schattiger Campingplatz samt Pool zu adäquaten Preisen. Sauberes, ordentliches Restaurant. Immer viel los. Beliebtester Campingplatz in Mto wa Mbu für Camping-Safaris und Overlander. ❷–❸

€ **Ol Mesera Tented Camp**, an der Piste zum Lake Natron, ✆ 0784-428332, 💻 www.ol-mesera.com. Rustikales, einfaches Zeltcamp, bestehend aus nur 5 Zelten, mit Blick auf das Selela Valley und den Grabenbruch. Viele Aktivitäten, Besuche im Maasai-Dorf, Walking Safaris, Kochkurse etc. ❺ mit Vollpension

Nsya Lodge & Campsite, am Ortseingang rechts, ✆ 0754-271001, 💻 www.nsyalodge.com. 10 gemauerte Zimmer, verteilt auf 5 Cottages, sowie 3 große Zelte, in einem weitläufigen, noch etwas kahlen Garten. Freundliche Ausstattung, Pool, ruhige Lage. Camping ist möglich (US$10 p. P.). ❺–❼ mit Halbpension

Migunga Tented Camp, am Ortseingang links, gut ausgeschildert, ✆ 027-2506315, 💻 www.moivaro.com. Rustikales Zeltcamp in einem Wald von Fieberakazien vor üppig grüner Dschungelkulisse am Fluss Mto wa Mbu. Gemütliches Restaurant. Bird Walks, Mountainbiken, Dorf-Besuche. ❼ mit Vollpension

Kirurumu Tented Camp, auf dem Escarpment rechts abzweigen, noch weitere 6 km nordwestlich, ✆ 027-2502417, 💻 www.kirurumu.net. Das ansprechende, komfortable Camp mit 31 Zelten und Cottages – ein Klassiker am Lake Manyara – liegt auf der Bruchkante des Great Rift Valley inmitten von stacheligen Akazienhainen. Highlight: die heimelige Bar mit fantastischem Blick auf den

Grenzenloser Ausblick

Wenige Kilometer hinter dem Ort Mto wa Mbu, nachdem sich das Fahrzeug die kurvige Straße auf die Bruchkante des Ostafrikanischen Grabenbruchs hinaufgeschraubt hat, befindet sich gleich nach einer Rechtskurve ein größerer Parkplatz (mit Toiletten). Der grenzenlose Ausblick von der anderen Straßenseite auf den darunter liegenden See und den Nationalpark ist lohnend. In den dichten Wäldern kann man weiße Safari-Fahrzeuge oder gar die rosa schimmernden Flamingos im See ausmachen.

Lake Manyara und die goldbraune Maasai-Steppe. Vogel-Safaris, Ausflüge zu Maasai-Dörfern, ethno-botanische Exkursionen, Massagen. Wird von Hoopoe Safaris betrieben (S. 395). ❼ mit Vollpension

Lake Manyara Hotel, **Lake Manyara Serena Safari Lodge**: Beide Großhotels, jeweils betrieben von internationalen Hotelketten, werden gerne von deutschen Veranstaltern gebucht, sind aber mehr praktisch als besonders stimmungsvoll. Tolle Lage jeweils auf dem Escarpment, internationale Standards. ❼–❽

Camping

Direkt im Ort befinden sich **Twiga Campsite**, **Migunga Tented Camp**, **Fanaka Camp & Lodge** und **Nsya Lodge & Campsite** (jeweils US$10 p. P.). Das **Panorama Safari Camp** liegt oben auf der Bruchkante rechts wenige Kilometer hinter Mto wa Mbu, ebenfalls US$10 p. P., aber zur Zeit der Recherche wurde gerade an Öko-Cottages in Adobe-Bauweise gearbeitet, ✆ 0763-075130, ❶. Das letztgenannte Camp liegt in einer gepflegten Anlage mit Baumbestand, hat den schönsten Ausblick auf den Lake Manyara sowie das Great Rift Valley und ist deshalb unbedingt zu bevorzugen!

ESSEN

Red Banana Café, direkt im Ort am Highway. Einfache tansanische Gerichte. Dazu hat man einen wunderbaren Überblick über das lebhafte Treiben im Ort. ◷ tgl. durchgehend.

In der Nähe liegen weitere, beliebte *hoteli*, wie das **Scorpion Pub** (nebenan) oder das **Makuru Pub** (gegenüber).

Nyama choma (Fleischspieße) und andere traditionelle Gerichte gibt es im **Micasa es Succasa** sowie gleich nebenan im **Fiesta** (beide links vom Zentrum in der ersten Querstraße). ◷ tgl. durchgehend.

SONSTIGES

Einkaufen

Der größte Souvenirmarkt ist sicherlich der **Maasai Central Market**, ◷ tgl. 8–18 Uhr, aber auch die umliegenden Verkaufsbuden oder die Stände entlang des Highways bieten teilweise identische Ware. Unbedingt handeln! Jeden Do

Aktivitäten

Die Basis des hiesigen **Kulturtourismusprogramms** ist im Red Banana Café, ✆ 0784-606654, angesiedelt; Herr Wesley Hans Kileo führt die Unternehmung. Im Vordergrund stehen die Vermittlung der lokalen Kultur und Exkursionen ins Umland. Village Tour für 2 Pers. US$56, Maasai-Tour zu Fuß US$10 p. P. Im Rahmen geführter Spaziergänge gelangt man z. B. zum Lake Miwaleni oder auf den Grabenbruch (beide je US$56 für 2 Pers.). Fahrrad fahren ist ebenfalls möglich, ab US$8 pro Tag. Achtung: Unternehmungen sollten nur mit akkreditierten Führern des Projekts erfolgen.

Wayo Africa (S. 395) bietet Mountainbiken oder Wanderungen den Grabenbruch hinunter (jeweils US$40, 3 Std.) sowie Kanufahren auf dem Lake Manyara (S. 421).

ist **Markttag** in Kigongoni vor Mto wa Mbu. Im Eingangsbereich des Twiga Campsite befindet sich der kleine **Betty Retail Supermarket**.

Geld

Bei Twiga Campsite & Lodge befindet sich ein **NBC**-Geldautomat (Master-, Maestro- und Visa-Card). Ein mobiler Geldautomat der **CRDB-Bank** (für Visa-Card) wird jeweils Di und Do an der neuen Tankstelle aufgebaut. Schräg gegenüber des Twiga Campsite wechselt man im **Al-Aqsa Bureau de Change** zu einem recht guten Kurs fremde Währungen.

Internet

Lilac Internet, links von der Hauptstraße vor dem Dorfzentrum, 4000 TSH/Std.

Twiga Campsite & Lodge: 6000 TSH/Std.

Medizinische Hilfe

Am Ortsausgang liegt rechts der Teerstraße die **Lutheran Centre Clinic** (aka Kirurumo Health Centre) mit ausländischen Ärzten.

TRANSPORT

Busse

Überlandbusse von und nach ARUSHA (ca. 2 Std.) stoppen in Mto wa Mbu. Weitertransport mit Daladalas. Lodges organisieren gerne die Abholung von der Bushaltestelle.

Flüge

In der Nähe der Lake Manyara Serena Lodge befindet sich ein Flugfeld. Linienflüge werden u. a. von Coastal Aviation oder Regional Air angeboten, von ARUSHA einfach um US$85.

Lake Manyara National Park

- **Zugang**: Den einzigen öffentlichen Zugang (mit Zahlstelle und Informationszentrum) erreicht man im nördlichen Teil von Mto wa Mbu über den Highway (links abzweigen).
- **Eintritt**: US$45 für 24 Std.
- **Beste Reisezeit**: Ganzjährig bis zum Endabash River befahrbar, Trockenzeit (Juli–Okt) ideal für große Säugetiere, Regenzeit (Nov–Juni) für Vogelexpeditionen.

Mit seinen 330 km² Fläche kann der Lake Manyara National Park in puncto Größe nicht mit seinen Nachbarn mithalten, aber wenn es um botanische Vielfalt, verschiedene Lebensräume und nicht zuletzt Tierreichtum auf kleinstem Raum geht, nimmt er es spielend mit ihnen auf.

Der Nationalpark liegt knapp zwei Stunden Fahrtzeit von Arusha (113 km) – das Tor befindet sich direkt am Highway – am westlichen Ufer des Manyara-Sees auf etwa 1000 m Höhe, unterhalb der Bruchstufe des großartigen Ostafrikanischen Grabenbruchs. Von dieser 500 bis 800 m hohen, dramatisch schönen Grabenwand stürzen Wasserfälle ins Tal und speisen die von allen Seiten murmelnden Bäche, die den Park durchziehen und sich schließlich im Manyara-See vereinen.

Zwei Drittel des gesamten Parkareals nimmt der leicht alkalische **See** ein, wobei seine Größe je nach Jahreszeit variiert. Während der Trockenzeit, zwischen Juni und September, ist er fast ausgetrocknet, Tiere können ihn mit Leichtigkeit durchwaten. Ein ganz anderes Bild bietet sich während der Regenzeit im März oder April: In dieser Zeit steigt der Wasserpegel stark an und die Bäche können zu reißenden Wasserläufen werden, die mitunter nicht mehr passierbar sind.

Die **Baumlöwen** haben den Park bekannt gemacht. Ihr atypisches Verhalten, auf Ästen zu ruhen, hat unterschiedliche Gründe. Zum einen bietet die erhöhte Lage Schutz, z. B. in der Regenzeit vor lästigen Insekten im Gras oder angriffslustigen Büffeln. Bis in die 1970er-Jahre existierten nämlich große Büffelherden im Manyara-Park. Es kann auch beobachtet werden, dass speziell Löwinnen in die Bäume gehen, u. a. wenn es der Nachwuchs zu bunt treibt. In den letzten Jahren ist die Sichtung der Baumlöwen aber generell zurückgegangen, doch insbesondere in nassen Monaten stehen die Chancen gut, Löwen auf Ästen ruhen zu sehen.

Große Familien von frechen Pavianen leben ebenso im Park wie Grüne Meerkatzen und die selteneren Diadem-Meerkatzen. Auch Giraffen, Büffel, Impalas, Kudus, Gnus, Dikdiks, Warzenschweine, Schakale und Zebras fühlen sich hier heimisch.

Bekannt ist der Park für seine große Elefantenpopulation. Die dichte Vegetation stellt ein regelrechtes Festessen für **Elefanten** dar. So zählt das Naturschutzgebiet zu den Gebieten mit der größten Elefantendichte Afrikas. Besucher können mit Sicherheit viele Herden beobachten. Es liegt natürlich auf der Hand, dass zu viele Elefanten den Baumbestand nachhaltig schädigen, was auch in den 1980er-Jahren der Fall war. Doch Wilderer lösten das Problem, indem sie mit schweigender Zustimmung der Tanapa einige hundert Elefanten abschlachteten. Heute ist das Gleichgewicht wieder einigermaßen hergestellt, doch als Besucher kann man sich immer noch ein gutes Bild von den zerstörerischen Kräften der Elefanten machen.

An die 400 **Vogelarten** hat man gezählt, darunter Zwergflamingos, Watvögel, Seiden- und Silberreiher, Pelikane, Ibisse, Afrikanische Löffler, Störche (Afrikanischer Nimmersatt), Kormorane, Nilgänse sowie die auffälligen Nashornvögel oder seltene Kräuselhaubenperlhühner. Während und kurz nach der Regenzeit, wenn der See viel Wasser führt, ist er Treffpunkt großer Flamingoschwärme. Das restliche Jahr verbringen die rosa Vögel aber an den anderen Sodaseen Nordtansanias.

Wie die meisten Gewässer in Tansania ist auch der Lake Manyara akut bedroht, was nicht

LAKE MANYARA NATIONAL PARK

nur auf die ausbleibenden Regenfälle zurückzuführen ist, sondern vor allem auf die sich ständig ausdehnende Landwirtschaft im Hochland, z. B. in Karatu. Entwicklungsprojekte, in deren Rahmen die Bauern im Hochland über ihre wasserintensiven Produkte aufgeklärt und zu neuen Anbaumethoden angeleitet werden, sind bereits initiiert worden.

Im nördlichen Teil

Gleich hinter dem Parkeingang beginnt die saftig grüne Zone, die von unterirdischen Quellen aus den Ngorongoro Highlands ganzjährig bewässert wird. Im dichten **Grundwasserwald**, der mit seinen unbekannten Geräuschen und exotischen Düften viel mehr an einen tropischen Regenwald erinnert, finden sich verschiedenste Baumarten, darunter der vertraute *Ficus benjaminii*, Wilde Feigenbäume, Tamarinden-Bäume, Baobabs, Mahagoni-Bäume und nicht zu vergessen der bizarr aussehende Leberwurstbaum. Auch die bei den Maasai als Emanyara bekannte Euphorbien-Art – eine genügsame Sukkulenten-Spezies, die mit ihren vielen dünnen Armen an einen Kaktus erinnert – gedeiht hier prächtig.

Wenige Kilometer nach dem Eingang weisen Schilder den Weg zum **Mahali pa Nyati** (dt.: Platz der Büffel), von wo aus die **Hippo Pools** zugänglich sind, Heimat einer Vielzahl von Flusspferden. Viele Wasservögel schätzen die Gesellschaft dieser prustenden Giganten, wobei der faszinierende Kontrast zwischen zierlich und behäbig ein lohnendes Fotomotiv abgibt. Jenseits der kleinen schlammigen Wasserlöcher breitet sich fruchtbares Grasland aus; in der Ferne sieht man Büffel grasen oder Zebras springen, und an vielen Tagen im Jahr reicht der Blick bis zu den Hügeln des Tarangire-Parks und zum spektakulären Great Rift Valley.

Leichtfüßig wie ein Hippo

Die **Hippo Pools** im Norden des Parks sind zwar zu jeder Tageszeit sehr beeindruckend, doch ganz besonders in der Abenddämmerung. Da verwandeln sich die schwerfällig wirkenden Flusspferde in leichtfüßige Grazien, die aus dem Wasser steigen und sich auf die Suche nach Gras machen. Erst am nächsten Morgen kehren sie ins kühlende Nass zurück. Frühaufsteher können das gleiche Spektakel also zweimal bewundern.

Südlich des Grundwasserwalds

Wenige Kilometer hinter dem Gate, auf der Hauptstraße in den Süden, gelangt man unvermutet in eine vollkommen andere Vegetationszone. Hier beginnt die für Afrika so typische **Gras- und Akazienlandschaft**.

Am mitunter steil aufragenden Escarpment (dt.: Bruchstufe) dominieren jahrhundertealte Baobab-Bäume die Szenerie, noch weiter südlich leisten Palmen und Feigenbäume den Akazien Gesellschaft.

Nach ca. 25 km ist der breite **Endabash River** erreicht, dessen Durchquerung der Pirschfahrt einen Hauch von Abenteuer verleiht. Während der Regenzeit muss hier kehrtgemacht werden, da kein Fahrzeug den reißenden Wassermassen gewachsen wäre. Jenseits des Flusses ebbt der Besucherandrang ab; hier hat man den Busch wieder für sich allein.

Südlich des Endabash, schon fast an der Grenze des Parks, sprudeln **heiße Quellen** *(Maji Moto Kubwa)* an die Oberfläche, die über 60 °C heiß sind und aufgrund ihres hohen Schwefelgehalts übel riechen. Die ebenfalls unspektakulären kleineren Quellen *(Maji Moto Ndogo)* befinden sich vor dem Endabash, etwa 5 km nach der Überquerung des Bagoyo River, wo die Piste immer näher an den Grabenbruch kommt. Beide hängen stark vom Wasserpegel des Sees ab.

ÜBERNACHTUNG

Lake Manyara Tree Lodge, 45 km südlich vom Parkeingang, über andBeyond in Südafrika, ✆ +27-11-8094314, 🖳 www.andbeyond.com. Ultimative Safari-Eleganz zum stolzen Preis. 10 romantische Holzchalets auf Stelzen an Mahagonibäumen; viel Holz und natürliche Materialien dominieren, Pool. Im grünen und ruhigen südlichen Teil. ❽

Die **Public Campsites** liegen in der Nähe des Haupteingangs, US$30 p. P. Für die **Special Campsites** s. Tanapa Arusha, S. 397.

Tanapa Resthouse, neben den öffentlichen Campingplätzen, zu buchen über Tanapa Arusha (je nach Saison notwendig), US$30 p. P. ohne Verpflegung.
Aus Kostengründen empfiehlt sich das Campen außerhalb in Mto wa Mbu.

AKTIVITÄTEN

Start der **Nachtpirschfahrten** um 19.30 Uhr beim Gate. Kosten: neben dem Eintritt zusätzlich US$70 sowie US$50 p. P. Night Drive Fee. Die nachtaktiven Tiere stehen im Fokus einer Nachtsafari, allen voran die Großkatzen Löwen und Leoparden, aber auch Flusspferde, Warzenschweine oder Buschbabys können beobachtet werden, während die nächtliche Geräuschkulisse den Sternenhimmel erfüllt. Nachtpirschfahrten sind selten in Tansania und dürfen nur mit teuren Extragenehmigungen angeboten werden. Der Lake Manyara National Park ist der einzige Park im Norden, in dem Nachtpirschfahrten erlaubt sind. Zu buchen bei Wayo Africa (S. 395).
Es ist vor Ort zu klären, ob der Wasserstand des Sees ausreichend hoch ist, um **Kanufahrten** durchzuführen. Zu buchen sind sie entweder über die Lodges, über das Kulturtourismusprogramm in Mto wa Mbu oder direkt bei Wayo Africa, US$60 zzgl. US$40 Canoeing Fee sowie Parkeintritt.

TRANSPORT

Im Großen und Ganzen sind die Schotterpisten im Park in ausgezeichnetem Zustand und sogar in der Regenzeit befahrbar. Links und rechts gehen von der Hauptroute immer wieder Rundwege (Circuits) ab, die alle wieder zur Hauptstraße zurück führen. Es sind ausreichend Schilder vorhanden, Verirren ist praktisch ausgeschlossen.

Ol Doinyo Lengai und Lake Natron

- **Zugang:** Der Zugang erfolgt über den Ort Kigongoni (vor Mto wa Mbu) und Engaruka.
- **Eintritt:** Es gibt mehrere „Gates" auf dem Weg zum Lake Natron, wo die Maasai-Gemeinschaften nicht näher definierten Wegezoll erheben, in Engaruka, Longido und in Ngare Sero (ca. US$20 für das in Tansania registrierte Fahrzeug, ca. US$10–20 p. P.). In letzter Zeit gab es einen „Wildwuchs" an willkürlichen und illegalen Gates (samt utopischen Gebühren). Als weißer Autofahrer muss man sich darauf einstellen, dass man viel mehr als einheimische Fahrer (mit ausländischen Gästen) bezahlen muss. Reisende erzählen von Forderungen von US$150 pro ausländisches Vehikel. An weiteren illegalen Gates dazwischen könnten Zahlungen zwischen US$20–50 fällig werden. In Summe könnte ein Ausflug zum Lake Natron teurer werden als ein Tag Safari in der Serengeti.
- **Beste Reisezeit:** Außerhalb der Regenzeiten, beste Zeit für Flamingos Juli–Okt.
- **Gut zu wissen:** Dieser Landstrich ist kein ausgewiesener Nationalpark und unterliegt daher keinerlei Regulationen. Als Individualtourist ist man auf sich allein gestellt.

Der äußerste Norden des Landes wird von Vulkanen geprägt und ist ein Landstrich voller bizarrer Schönheiten: dem aktiven Vulkan Ol Doinyo Lengai (was übersetzt so viel wie „Der Berg Gottes" heißt), dem flimmernden Lake Natron, dem zerfurchten Ostafrikanischen Grabenbruch sowie endlosen Sand- und Steinwüsten.

Außer den Maasai, ihren Rinder- und Ziegenherden und Abertausenden von Flamingos weiter nördlich scheint der glühend heiße Lebensraum den meisten Lebewesen zu feindselig zu sein – auch Touristen. In den Regenmonaten ist dieses Gebiet durch großflächige Überschwemmungen und Hochwasser führende Flüsse nicht erreichbar. Die lange gefürchteten Pisten zum Lake Natron wurden in den letzten Jahren aber verbessert, vor allem wegen der geplanten Soda-Fabrik. Die Fahrt führt zuerst durch endlose Grassteppen, später durch karge Geröllwüsten und zwischen Vulkangipfeln hindurch (125 km von Mto wa Mbu bis Ngare Sero, 4 Std.). Ständige Begleiter sind Zebraherden, Gnus, Giraffen, Gazellen und Riesentrappen.

Die Fahrt in den äußersten Norden des Landes beginnt recht idyllisch auf einer unscheinbaren, anfangs passablen Schotterpiste (Abzweigung kurz vor Mto wa Mbu). In der knochentrockenen Dornstrauchsavanne säumen mächtige Baobab-Bäume die Piste. Links davon erstreckt sich die 300 m hohe Wand des Ostafrikanischen Grabenbruchs, rechts davon gewährt die großflächige Maasai-Steppe sporadische Einblicke. Von Weitem schon ist der 2865 m hohe Mount Kitumbeine sichtbar.

Engaruka

Nach 48 km ab Mto wa Mbu passiert man den Ort Selala, bei KM 64 ist Engaruka erreicht. Das staubige, wenig ansehnliche Dorf liegt am Talboden des Rift Valley Escarpment. Wasserläufe vom Escarpment speisen den Ort mit Wasser, weswegen dort überhaupt erst so etwas wie eine Ansiedlung entstehen konnte. Am Rande der Stein- und Sandwüste erheben sich immer wieder kleinere Windhosen, die hier als „Teufelsfinger" bezeichnet werden und den Menschen Unglück bringen sollen, wenn sie von ihnen berührt werden.

Die wenig besuchten **Steinruinen von Engaruka** sind ein bemerkenswertes Zeugnis des erstaunlichen Wissens alter tansanischer Stämme. Auf einer Größe von ungefähr 20 km² stehen Ruinen von vermutlich sieben Dörfern, die alle durch ein komplexes Bewässerungssystem aus steinernen Kanälen, Drainagen und Dämmen verbunden waren. Allerdings ist über diese alte Gemeinde nur wenig bekannt. Experten schätzen die Entstehung der Dörfer auf das 15. Jh.; auch über die Auflassung der Siedlung in der Mitte des 18. Jhs. gibt es nur Vermutungen. Die wahrscheinlich 5000 Personen fassende Siedlung wurde nicht von den Maasai erbaut, da in ihren Überlieferungen von solch einem Ort keine Rede ist. Sie dürften die verlassenen Gemäuer allerdings übernommen haben. Aufgrund von heute noch sichtbaren Affinitäten glauben Archäologen, dass die Iraqw, die heute rund um Karatu leben, oder die Sonjo, die gegenwärtig in der Nähe des Lake Natron sesshaft sind, die Erbauer sein könnten. Ob das hiesige Kulturtourismusprogramm Führungen anbietet, ist vor Ort zu prüfen.

Je weiter nördlich man gelangt, desto karger wird die Landschaft. Zuerst dominiert Grassteppe mit niedrigen Akazien und Buschgewächs, bald aber bestimmen Geröll- und Steinwüsten sowie endlose Sandlandschaften vulkanischen Ursprungs das Bild. Trotz der verbesserten Pisten bedarf es je nach Saison eines routinierten und ortskundigen Off-Road-Fahrers, um im anspruchsvollen Terrain sicher ans Ziel zu gelangen.

11 HIGHLIGHT

Ol Doinyo Lengai

Von allen Vulkanen entlang des Great Rift Valley in den sogenannten Crater Highlands ist der Ol Doinyo Lengai (2960 m) der einzige, der noch aktiv ist. Der perfekt kegelförmige heilige Berg der Maasai brach 2006–2010 in regelmäßigen Abständen aus und spuckte Asche sowie schwarze, „kalte", sehr dünnflüssige Lava. Je nach Intensität waren mitunter die umliegenden Maasai-Dörfer bedroht. Vor einem Besuch ist deshalb unbedingt mit einem Tour Operator in Arusha oder sachkundigen Leuten in Mto wa Mbu Rücksprache zu halten, ob ein Zugang möglich ist.

Für Wissenschaftler ist der Ol Doinyo Lengai ungemein interessant, weil er nämlich eine geologische Besonderheit aufweist. Wie nur wenige andere Vulkane weltweit speit er **Natrokarbonatit**, ein Gemisch aus Natrium-, Kalium- und Kalzium-Karbonatiten, aus. Gewöhnlich kommen diese Minerale auch in Kreide oder Backpulver vor. Sie haben die Eigenschaft, nicht nur binnen kurzer Zeit zu erhärten, sondern verfärben sich auch noch grau-weißlich, was dem Vulkan das Aussehen eines schneebedeckten Gipfels verleiht. Zusätzlich sind sie für die Säure im Lake Natron verantwortlich, die vom Regenwasser nach unten ausgewaschen wird.

Besteigung des Ol Doinyo Lengai

Vor einer Besteigung sind immer verlässliche Vor-Ort-Informationen einzuholen; eine Internet-Recherche ist ungenügend. Seit den letzten Ausbrüchen 2010 müssen zwei neue Routen gewählt werden. Bei der **Nordroute** steigt man ab Mitternacht auf, erlebt den Sonnenaufgang am Gipfel und ist zu Mittag wieder im Camp. Bei der **Süd-Ost-Route** beginnt der Aufstieg am Nachmittag, man kampiert im Südkrater und steigt am nächsten Morgen wieder ab. Die Preisgestaltung für die geführten Besteigungen obliegt dem Maasai-Dorfrat, momentan sind mit ca. US$160–200 p. P. zu rechnen. Dieser Preis sollte alle Gebühren (Village Fee, Guiding Fee etc.) beinhalten. Für die Übernachtung am Berg ist zusätzlich ein Träger (US$90–100 pro Träger für 2 Pers.) anzuheuern. Am besten ist es jedoch, den Trek mit einem Tour Operator aus Arusha zu machen oder bei den wenigen ansässigen Camps zu buchen, denn da werden bergerfahrene, „dolmetschende" Guides gestellt (einige der Maasai sprechen kein Englisch).

Eine Besteigung ist wirklich nur erfahrenen, **trittsicheren, schwindelfreien und eigenverantwortlichen Wanderern** mit ausgezeichneter Kondition und ohne Knieprobleme zu empfehlen. Auf den Rat eines Maasai darf man in dieser Angelegenheit nicht vertrauen. Sie schätzen Gefahren anders ein als westliche Besucher, denn immerhin besteigen sie diesen Berg bei jeder Witterung und mit (in unseren Augen) bescheidenem Schuhwerk. Das nächste kompetente Krankenhaus liegt im etwa acht Stunden entfernten Arusha.

Lake Natron

Zu Füßen des Ol Doinyo Lengai auf 600 m Seehöhe liegt der seichte, sodahaltige Lake Natron, der nur über wenige Zuflüsse und keinen einzigen Abfluss verfügt. Während und nach den Regenzeiten speisen die Flüsse aus den umliegenden Hochländern den See, allen voran der Ngare Sero River aus dem Ngorongoro-Hochland. Deshalb schwankt die Fläche des Sees zwischen über 1000 km^2 am Ende der Regenzeit und wenigen Quadratkilometern gegen Ende der Trockenzeit.

Oftmals trocknet der flache See gänzlich aus. Übrig bleiben Salzkristalle, die Schicht für Schicht **weiße Krusten** auf dem Lake Natron bilden. Wenn diese in besonders regenarmen Jahren aufreißen, setzen sich in den Erdspalten Mineralien ab. Aus der Vogelperspektive erscheinen diese Risse dann wie eine gigantische Wabenfläche. Purpurbakterien färben die Wasserflächen zwischen den Sodarändern blutrot – ein faszinierendes Naturschauspiel. Für die **rosarote Färbung** des Sees, die allerdings nur saisonal sichtbar ist, zeichnen einzellige Algen, die Spirulinas, verantwortlich. Diese mit Purpurbakterien versetzten Algen sorgen nicht nur für die partielle Kolorierung des Sees, sondern auch für die charakteristische Färbung der **Zwergflamingos**, deren natürliches Habitat dieses ansonsten lebensfeindliche Milieu darstellt.

Lake Natron – ein See in Not

Im Lake Natron soll der größte Vorrat an Sodaasche weltweit lagern. Sie ist als Rohstoff für die Glaserzeugung oder in der chemischen Industrie wichtig. Schon zu Zeiten der deutschen Kolonialverwaltung gab es Stimmen, die für eine Eisenbahnlinie bis zum Lake Natron zum Abtransport des Salzes eintraten. Mangels Wirtschaftlichkeit wurde das Projekt aber nie umgesetzt. Jetzt, über ein Jahrhundert später, scheint der Plan in abgewandelter Form Gestalt anzunehmen. Mit tatkräftiger Unterstützung der tansanischen Regierung soll eine US$500 Mio. schwere Sodaasche-Fabrik am Lake Natron gebaut werden. Hand in Hand damit sollen eine breite Teerstraße (als Teil des Serengeti Highway), eine Eisenbahnlinie, ein Kraftwerk, Pipelines sowie Wohnsiedlungen für die über 1000 Bauarbeiter und Angestellten errichtet werden. Organisationen aus aller Welt sowie die ansässige Bevölkerung liefen Sturm gegen diese Pläne – ohne Erfolg. Ein weltweit einzigartiges Ökosystem, die Brutstätte von bis zu 2,5 Mio. Zwergflamingos, steht vor der Vernichtung. Nicht nur die Tierwelt, sondern auch die Maasai sind (erneut) die Verlierer dieses Großprojekts, denn wie schon in anderen Fällen, etwa am Ngorongoro Crater, sollen sie aus ihrem angestammten Lebensraum brutal und ohne staatliche Entschädigung vertrieben werden. Präsident Kikwete beruft sich auf Umweltverträglichkeitsprüfungen, die angeblich belegen, dass ein wirtschaftlicher Aufschwung mit dem Erhalt der weltgrößten Flamingo-Brutstätte vereinbar ist. Wie der Präsident mit einer groß angelegten Studie von Ende 2013 umgehen wird, die genau das Gegenteil beweist, wird die Zukunft weisen.

Hier können die Vögel ohne Angst vor ihren Jägern nisten und brüten, weshalb der Lake Natron auch zu einem der weltgrößten Brutgebiete für Zwergflamingos zählt. Irrtümlicherweise wird oft angenommen, dass die Flamingos sich von Fischen ernähren, die hätten jedoch im Sodawasser kaum Überlebenschancen. Richtig ist vielmehr, dass sie das Wasser durch ihren siebähnlichen Schnabel seihen und so die darin enthaltenen Algen aussondern.

Da die Uferregion sehr schlickig und matschig ist, kann man sich dem See nur unter äußerst schwierigen Umständen nähern. Die Flamingos sind nur von Weitem auszumachen, ein Fernglas ist daher unbedingt erforderlich! Tipp: Wer gerne Zwergflamingos sehen möchte und nicht 2, 3 Extra-Tage am Lake Natron einplanen kann, weicht entweder an den Lake Manyara oder in den Arusha National Park aus.

ÜBERNACHTUNG

Lake Natron Tented Camp, ✆ 027-2506315, 💻 www.moivaro.com. Das nach dem Fluss gleich rechts, ca. 1 km nördlich vom Gate gelegene Camp wirkt wie eine Oase in der sonst so trostlosen Steinwüste. Die Übernachtung in einem der 9 Zelte kostet fast die Hälfte des Ngare Sero Natron Camp, man sollte also auch nur halb so viel Komfort erwarten. Viele Aktivitäten, z. B. Schwimmen im eigenen Naturpool. Es gibt günstigere Maasai-Bomas zum Übernachten und Camping (US$10 p. P.). ❼ mit Vollpension

Halisi Natron Camp, 💻 www.halisicamps.com. Neueste Ergänzung am Lake Natron mit 8 simplen Zelten samt guter Ausstattung und vielen Aktivitäten. ❽ mit Vollpension

Lake Natron Camp, 💻 www.lake-natron-camp.com. Das stimmungsvolle Camp wurde Anfang 2014 von Ake Lindstrom (Summits Africa, S. 395) gekauft, der eine umfassende Renovierung plant. Für abenteuerlustige, naturverbundene Reisende. Wird ökologisch nachhaltig betrieben, siehe auch **Summits Africa** in Arusha, S. 395. Viele Aktivitäten. ❽ mit Vollpension

Es gibt noch mehrere einfache **Campingplätze**, nach Möglichkeit sind aber jener vom **Lake Natron Camp**, der **Waterfall Campsite** oder der **Mikuyu River Campsite** zu bevorzugen, weil sie grüner und einladender sind, US$10 p. P.

SONSTIGES

Aktivitäten

Alle Camps organisieren Aktivitäten rund um den Lake Natron, z. B. **Flamingo Walks** (US$10), **Vogelbeobachtung** (US$10), **Kamel-Ausritte** (US$10), Besuch einer **Maasai-Boma** (US$40),

Preise jeweils p. P. Die Gebühren fließen zum Großteil direkt an die Maasai-Gemeinschaft. Zum Crater Highlands Trek S. 434. Auch die Tour Operator in Arusha oder Moshi können Aktivitäten arrangieren.

Sicherheit

Vor der Fahrt konsultiert man am besten die Polizei in Mto wa Mbu und fragt nach der Sicherheitslage bzw. erkundigt sich nach den momentanen Gebühren an den jeweiligen Gates. Hier im Hinterland besteht die Gefahr von Überfällen durch organisierte Banden.

TRANSPORT

Für einen Ausflug ins Niemandsland sollte der **Tour Operator** sorgsam gewählt sein. Es muss ein Funkgerät an Bord sein, und für eine Besteigung des Ol Doinyo Lengai hat dieser auf alle Fälle einen klettererfahrenen Guide zu stellen. Achtung: Genügend Wasser und Erste-Hilfe-Kasten mitnehmen!

Reisende ohne Rücken- und Bandscheibenprobleme können in der Trockenzeit die in den Nordwesten verlaufende Piste über Loliondo in die SERENGETI (Kleins' Gate) nehmen, aber das Fahrzeug muss im Topzustand und hart gefedert sein (ca. 130 km, 5–6 Std.).

Öffentliche Verkehrsmittel (4x4-Taxis) fahren von MTO WA MBU maximal bis Engaruka – und das nicht immer verlässlich.

Karatu

Nachdem man den Aufstieg auf die Bruchkante des Great Rift Valley geschafft hat, folgt eine sanft hügelige Landschaft, die an heimische Gefilde erinnert. Riesige Mais- und Weizenfelder, Kaffeeplantagen oder gar Sonnenblumen wiegen sich im Fahrtwind der vielen Safari-Fahrzeuge, weswegen die Bezeichnung „Kornkammer Tansanias" durchaus gerechtfertigt ist. Auf dem Mbulu-Plateau, das auf durchschnittlich 1800–2000 m Seehöhe liegt, machen die meisten Besucher in Karatu, etwa 25 km westlich von Mto wa Mbu und 146 km von Arusha, halt. Als Tor zum Ngorongoro Crater hat es sich zu einem wichtigen Stopover für Touristen entwickelt.

Während der Tourismus heute einen nicht unbedeutenden Wirtschaftszweig darstellt, leben die meisten der hier ansässigen Iraqw nach wie vor von der Landwirtschaft. So wie zahlreiche deutsche Siedler, die in den 1920er-Jahren hierher – vor allem in die Gegend von Oldeani – emigrierten und im regenreichen Hochland große Farmen aufbauten. Manche ehemaligen Farmen haben sich den neuen Gegebenheiten hervorragend angepasst, weswegen es in dem Gebiet auch überdurchschnittlich viele „Farm"-Unterkünfte gibt.

Wenngleich anderes behauptet wird, ist das Gebiet nicht moskitofrei. Zwar gibt es in den höher gelegenen Bergregionen (über 1500 m) weniger Moskitos, dennoch sollte man auf Vorsichtsmaßnahmen wie lange Hosen, leichte Jacken oder Anti-Moskito-Spray nicht verzichten. Rund um Karatu ist es übrigens das ganze Jahr über kühl, besonders in den Nächten (unbedingt warme Fleecejacke einpacken).

ÜBERNACHTUNG

Die Anfahrtsbeschreibungen beziehen sich auf die Anreise von Arusha.

Msimbazi Inn, gegenüber der NBC von der Hauptstraße abzweigen. Landestypisches Gästehaus, das an den Betontieren vor der Tür und dem grauen Eisentor erkennbar ist. Taxi vom Busstand max. 3000 TSH. ❶

Sayuni Luxury Guest House, neben Reedbuck Resort. Nettes, einfaches Gästehaus mit Parkmöglichkeit. ❶

Reedbuck Resort, beim Hai Supermarket links vom Highway abzweigen. Landestypisches Gästehaus mit einfacher Ausstattung, aber nicht so lieblos gestaltet wie andere Hotels, z. B. durch bunte Wände. Sicheres Parken möglich, zentral Lage in der Nähe von Bars und Restaurants. ❶

TanzaNice Farm, hinter Karatu rechts, www.tanzanice.net. Vermietet 6 simple, saubere Zimmer mit *shared bathroom*. Die Farm, auf der Mais, Kaffee und Bohnen kultiviert werden, bezieht die Dorfbevölkerung von Bashay ein und unterstützt soziale Projekte. Interessant für Reisende, die Familienanschluss suchen und mit der Dorfbevölkerung interagieren möchten. Touren und Safaris können organisiert werden. Internet, Camping möglich (10 000 TSH p. P). ❹ mit Vollpension

Crater Rim View Inn, an der Post von der Hauptstraße abzweigen, danach rechts halten, ✆ 0754-656502, 💻 www.craterrimview.com. 14 geräumige und zweckmäßige Zimmer mit großen Betten, aber für den gebotenen Standard zu teuer, deshalb unbedingt verhandeln. Sauber, die Zimmer im Obergeschoss haben ein schönes Panorama. ❸ mit Halbpension

Eileen's Trees Inn, Mbulu Rd., ✆ 0783-379526, 💻 www.eileenstrees.com. Für Liebhaber schöner, gepflegter Gärten ist das einfache Gästehaus mit 10 geräumigen Zimmern und 3 neueren Apartments im typisch tansanischen Dekor ein Muss. Sehr nettes Ambiente, erhöhtes Restaurant mit Blick auf den Pool, recht gute Küche. ❸–❹ mit Halbpension

Country Lodge, gleich um die Ecke von der Bougainvillea Lodge, ✆ 027-2534622, 💻 countrylodgekaratu.com. Das einfache, im typischen Hochland-Farmstil errichtete Schwesterhotel der Bougainvillea Lodge bietet 22 funktionale Zimmer in gemauerten Cottages, die zur Zeit der Recherche zu den günstigsten Mittelklasse-Unterkünften in Karatu zählten. Gute Küche, Pool. ❹

Bougainvillea Safari Lodge, am Ortsausgang neben der Tankstelle rechts, ✆ 027-2534083, 💻 www.bougainvillealodge.net. 34 freundliche, geräumige Zimmer im etwas kahlen Ethno-Look rund um einen gepflegten Garten. Gute Küche, Pool, herzliches Personal. ❺

Rhotia Valley Tented Lodge, vor Karatu rechts, 5 km von der Hauptstraße, ✆ 0784-446579, 💻 www.rhotiavalley.com. 15 rustikale Safari-Zelte wurden auf Holzplattformen in den Hang gebaut und bescheren traumhafte Blicke auf das Rhotia Valley. Gutes Essen, behagliche Atmosphäre, viele Aktivitäten wie Wanderungen. Die Profite gehen zu 20 % an das benachbarte Kinderheim. ❼ mit Vollpension

Ngorongoro Farm House, am Ortsende links, ✆ 0736-502471, 💻 www.tanganyikawildernesscamps.com. Sehr sympathische Lodge mit 51 Zimmern auf einer Farm mit Blumen- und Gemüsegarten, Kaffeeplantagen und Feldern. Exzellente Küche, Pool. Führungen durch die Plantage, Massagen, schönes Panorama, effizient organisiert. ❼ mit Vollpension

Endoro Lodge, gleiche Anfahrt wie Gibb's Farm, ✆ 0767-190007, 💻 www.endorolodge.com. 20 geräumige, gemütliche Cottages mit Kamin, Lounge-Area und allerlei Annehmlichkeiten. Man sollte gut zu Fuß sein, denn durch die Lage auf einem Hügel sind die gepflasterten Gehwege steil. ❻–❼ mit Vollpension

Plantation Lodge, nach Karatu rechts, ✆ 027-2534364, 💻 www.plantation-lodge.com. Das weitläufige Anwesen mit gepflegtem Garten liegt eingebettet in Kaffeeplantagen. Das koloniale Mobiliar, Antiquitäten und afrikanisches Kunsthandwerk prägen die 22 geräumigen Zimmer und sorgen für unverwechselbare Eleganz. Mit Pool, Aktivitäten und einer der vorzüglichsten Küchen Tansanias. ❽

Gibbs Farm, Abzweigung rechts vor dem Ortskern, ✆ 027-2534397, 💻 www.gibbsfarm.net. Der traditionsreiche Klassiker im Norden will mehr sein als nur ein Stopover auf einer staubigen Safari: Die Lodge mit 20 Cottages im Landhausstil auf einer 1929 errichteten Kaffeefarm versteht sich als Oase für Geist, Körper und Gaumen. Romantische Cottages, köstliche Küche mit Zutaten aus der eigenen Bio-Produktion, paradiesischer Garten, viele Aktivitäten (Wanderungen, Kaffee rösten, Dorfbesuche etc.) und – einzigartig in Tansania – das African Living Spa mit interessanten Wellnessbehandlungen. Hat einige Auszeichnungen für Nachhaltigkeit eingeheimst, z. B. wegen der Bio-Farm, des Wasser- und Glasrecycling, Waschen mit sauberen Waschmitteln, Verwendung von Sonnenenergie etc. Fazit: Viel zu schade, um auf Safari zu gehen! ❽

Camping

Flamingo Safari Lodge & Campsite, im Ortszentrum rechts, ✆ 0755-902966. Camping US$10 p. P. in einem sehr schönen Garten, aber die Zimmer der Lodge sind für den Standard viel zu teuer. ❹–❺

The Ngorongoro Camp, in die Piste gegenüber der Einfahrt zur Kudu Lodge einbiegen. Nicht zu verwechseln mit der Unterkunft direkt am

Highway. Einfacher Campingplatz mit überdachtem Restaurant- und Bar-Bereich. Nicht überragend ausgestattet, aber grüne, ruhige Lage abseits der Straße. 10 000 TSH p. P.
TanzaNice Farm, hinter Karatu rechts, 10 000 TSH p. P. Für Leute, die echtes Dorfleben kennenlernen wollen.

ESSEN

Happy Days Pub, Mbulu Rd., ✆ 0686-489481. Das vormals als „Bytes" bekannte Lokal ist das einzige seiner Art in Karatu. Hier werden westliche Gerichte wie Burger, Pizza, Pasta und Ähnliches in gemütlichem Ambiente serviert. Die Preise liegen bei 9000–13 000 TSH pro Hauptgericht. WLAN. ◷ tgl. 10–20.30 Uhr, Bar länger.

AKTIVITÄTEN

Viele Unterkünfte in Karatu organisieren informative **Kulturtourismustouren**, z. B. zu Iraqw-Dörfern, traditionellen Maasai-Bomas oder Maasai-Märkten.
Die meisten Unterkünfte bieten auch kurze **Wanderungen** rund um Karatu an. Eine ausgedehnte Wanderung führt zu den Elephant Caves, Erdhöhlen, die von Elefanten gegraben wurden; für weitere längere Wanderungen s. Ngorongoro-Schutzgebiet, S. 428.

SONSTIGES

Autovermietungen

Die günstigeren Lodges organisieren Mietwagen. Ab US$150 pro Tag mit Fahrer und Benzin für Safaris in den Ngorongoro Crater; für die Serengeti wird mehr berechnet.

Einkaufen

Souvenirgeschäfte säumen die Hauptstraße. Viele der Shops haben den Vorteil, dass sie Kreditkarten akzeptieren (was im übrigen Tansania kaum der Fall ist). Mit Sicherheit lassen sich aber in Arusha, Moshi oder Dar es Salaam günstigere Schnäppchen machen.
Es gibt **Obst- und Gemüsemärkte**, kleinere Lebensmittelläden und (überteuerte) **Supermärkte** (z. B. im Ngorongoro Camp direkt an der Hauptstraße mit Tankstelle und Internetcafé) – ideal um sich vor der Serengeti noch einmal einzudecken.

Geld

NBC Bank (Master/Maestro, Visa) und **Exim Bank** (Visa, Maestro, Mastercard) liegen direkt am Highway.

Internet

Das digitale Zeitalter hat Karatu noch nicht mit voller Wucht erreicht. Viele Unterkünfte bieten zwar Internet an, häufig aber gegen Aufpreis. WLAN gibt es z. B. im Happy Days Pub; Internetcafés finden sich u. a. im Ngorongoro Camp am Highway (erkennbar an der Tankstelle und dem Supermarkt).

TRANSPORT

Selbstfahrer

Von Karatu zweigen in Richtung Süden zwei wichtige Pisten ab: Die **Mbulu Road** (mitten im Ort, erkennbar an den Schildern für die Kudu Lodge) führt über das Mbulu Plateau und Magara (S. 414, Magara Waterfalls) zum Dodoma Hwy. und dem Tarangire National Park. Die zweite Piste zweigt bei der Ortsausfahrt in einer Rechtskurve links vom Highway bei den Schildern für die Banjiko bzw. Domel Secondary School ab und führt zum **Lake Eyasi** (S. 428).
Safaris können ausnahmslos nur mit Safari-Veranstaltern oder einem Mietwagen (samt Fahrer) unternommen werden (s. Hinweise zu Selbstfahrer-Safaris S. 84 und 100).

Busse

Mit Überlandbussen ist Karatu von ARUSHA aus bequem in ca. 3 Std. erreichbar, Bushaltestelle nahe NBC Bank. Von hier zu den Unterkünften sollten Taxis nicht mehr als 3000 TSH berechnen.
ARUSHA, mit Kleinbussen (Coaster, Hiace), Abfahrt von 6–18 Uhr, max. 8000 TSH.
DAR ES SALAAM, mit Saibaba oder Dar Express, Abfahrt 6.15 und 6.30 Uhr, 11–12 Std., max. 44 100 TSH.
MOSHI, mit Lakrome, Abfahrt 6–8.30 Uhr, ca. 3 Std., 8000 TSH.
MUSOMA, mit Coastline und Kimotco, Abfahrt ca. 7.45 Uhr, max. 19 500 TSH zzgl. Eintrittsgebühren in die NCA und die Serengeti.

Lake Eyasi

Nirgendwo sehen der Ostafrikanische Grabenbruch und die Vulkane der Crater Highlands malerischer aus als vom Lake Eyasi aus betrachtet. Relativ unberührt (auch von Touristen) liegt knapp 50 km (ca. 2 Std. Autofahrt) westlich von Karatu der größte der leicht alkalischen Great Rift Valley-Seen. Der in Regenzeiten bis zu 70 km lange See hat für Tansania insofern Bedeutung, als hier das Volk der **Hadzabe** lebt, die als letzte echte Jäger und Sammler Tansanias gelten. Die kleine Gruppe von Buschmännern jagt noch mit Pfeil und Bogen, sammelt Früchte und gestaltet ihren Alltag wie unsere Vorfahren im Steinzeitalter. Der Bevölkerungsdruck der letzten Jahre hat das Jagdgebiet der Hadzabe massiv eingeschränkt. Mehr und mehr Menschen lassen sich im einst unwirtlichen Hinterland von Karatu nieder und erwirtschaften durch den Anbau und Verkauf von roten Zwiebeln bescheidenen Wohlstand. Die hier sesshaften Datoga, ein den Maasai ähnliches Volk von Viehhütern, pochen auf ihr Vorrecht an Weideland. Die Lebensweise der Buschmänner gelangt so unter enormen Druck. Einige Familienverbände, besonders in der Nähe des Dorfes Man'gola, haben sich den Touristen geöffnet, nehmen sie mit auf die Jagd und verkaufen ihnen Souvenirs. Andere haben sich weit weg von den Siedlungen niedergelassen und möchten ihre Traditionen nicht mit Fremden teilen. Die Gruppe der letztgenannten Hadzabe wird auf 800–1200 Menschen geschätzt; insgesamt sollen sie etwa 2000 zählen. Mehr Informationen, im Besonderen über die Bedrohung ihres Lebensraums, finden sich im Kapitel „Land und Leute“, S. 115.

ÜBERNACHTUNG UND ESSEN

Kisima Ngeda Tented Camp, www.kisimangeda.com. Intimes, schönes und persönlich geführtes Zeltcamp am Ufer des Sees inmitten einer immergrünen Oase aus Akazien- und Feigenbäumen und Wilden Palmen. Die deutsch-argentinischen Besitzer führen das Camp nach ökologischen und Fair-Trade-Prinzipien. Pool, zahlreiche Aktivitäten. Ideal als Safari-Ausklang, wenn man nicht unbedingt ans Meer will. ❼ mit Vollpension

Man kann beim Kisima Ngeda auch campen. Weitere Campingplätze stehen zur Verfügung, z. B. das **Bushman Camp** (US$10 p.P.).

Das **Tindiga Tented Camp**, ein wenig südlich davon, ist einfach und rustikal. ❼ mit Vollpension

KULTURTOURISMUS

Die Attraktion besteht darin, mit den **Hadzabe** auf die Jagd zu gehen. Weiters kann ein Dorf der **Datoga** besucht werden und den Datoga-Schmieden bei der Arbeit zugesehen werden. Nur vom Dorfkomitee akkreditierte **Guides** (mit Namensschild) sollten angeheuert werden, die eine Rechnung ausstellen können (und die Gelder auch wirklich weiterleiten). Das Kisima Ngeda Tented Camp vermittelt akkreditierte Führer; einige der Tour Operator hingegen nehmen es nicht so genau. Jene Hadzabe, die Touristen empfangen, haben keine Berührungsängste. Jeweils 25 000 TSH (bis zu 5 Pers.) für die einzelnen Aktivitäten, Guide ebenfalls 25 000 TSH. Am besten übergibt man das Geld direkt (nicht über eines der zahlreichen Offices).

TRANSPORT

Daladalas fahren in der Trockenzeit mehrmals am Tag zwischen KARATU und dem See hin und her, Anfahrt s. Karatu, S. 425.

Das Ngorongoro-Schutzgebiet

- **Zugang und Informationen**: Der Zugang erfolgt über Karatu und der Serengeti Road. Am Lodoare Gate, dem südlichen Zugang, gibt es ein bescheidenes Informationszentrum sowie eine Zahlstelle. Infos unter www.ngorongorocrater.org. Weitere Zahlstellen: Naabi Hill Gate von der Serengeti-Seite, Headquarter im Ngorongoro Village.
- **Eintritt**: US$50 pro 24 Std. für die NCA plus US$200 Kraterbenutzungsgebühr pro Fahrzeug für max. 6 Std. im Krater.
- **Beste Reisezeit**: Außerhalb der großen Regenzeit von Juli–März. Von Okt–Feb beste-

hen die besten Chancen, den Krater wolkenfrei zu genießen. Am tiefsten sinken die Temperaturen im Juli–Aug (um den Gefrierpunkt in der Nacht), bis zu 22 °C warm wird es von Jan–März.

Die Ngorongoro Conservation Area (NCA) umfasst ein Schutzgebiet von 8292 km², wovon der Ngorongoro-Krater ein kleiner, wenn auch äußerst bedeutender Teil ist. Neben dem Ngorongoro Crater finden sich auf dem Areal, das so groß wie Kreta ist, geologische, botanische und nicht zuletzt paläontologische Attraktionen dicht an dicht.

Aufgrund seiner beachtlichen Größe und seiner immensen Höhenunterschiede von 1020 m (Lake Eyasi) bis zu 3648 m (Lolmalasin) ist die NCA ein **Mikrokosmos** für sich. Wüstenartige Savannen (z. B. die Ausläufer der Serengeti und Salei Plains oder Oldupai Gorge) werden an den Kraterrändern von immergrünen, dichten Bergwäldern abgelöst, und fruchtbare, mit Flüssen, Sümpfen und Seen durchsetzte Kraterböden sind ideale Lebensräume für Wildtiere. Je nachdem, in welchem Teil und zu welcher Jahreszeit man sich in der NCA aufhält, zeigt sich dem Besucher ein anderes Bild.

All diese Besonderheiten auf engstem Raum waren Grund genug, das Ngorongoro-Schutzgebiet 1979 als **Weltnaturerbe der Unesco** anzuerkennen. Zuvor aber gab es Auseinandersetzungen mit den hier ansässigen Maasai, die auf ihr Recht zur Landnutzung pochten. Deshalb trennte die Regierung die NCA vom Serengeti National Park ab – zuvor waren beide Gebiete eine Einheit – und stellte sie 1959 den Maasai als Conservation Area (nicht als Nationalpark) wieder als Weideland zur Verfügung. Man vermutet, dass heute schätzungsweise 60 000 Maasai in dem Gebiet leben, und nur ihnen ist es erlaubt, sich in der Schutzzone – den Krater ausgenommen – anzusiedeln. Ihr Vieh dürfen sie allerdings zum Weiden auf den Kraterboden treiben.

Der Erhalt dieses einzigartigen Naturschutzgebiets ist vor allem dem Engagement des ehemaligen Frankfurter Zoodirektors Professor **Bernhard Grzimek** und seinem Sohn Michael zu verdanken. Sie leisteten Pionierarbeit in der Erforschung und ebneten den Weg zum Schutz der Serengeti sowie der NCA. Der noch junge Michael kam bei den Dreharbeiten zum Film *Die Serengeti darf nicht sterben* 1959 auf tragische Weise um, als ein Geier in den Propeller des Flugzeugs flog. Die Parkverwaltung setzte den Grzimeks ein Denkmal am Kraterrand, direkt an der Straße.

12 HIGHLIGHT

Ngorongoro Crater

Vom Lodoare Gate (166 km ab Arusha) im Süden führt eine Allwetterpiste im Halbkreis um den südlichen Teil des Ngorongoro-Kraters. An einigen Stellen erlaubt der dichte, saftige Bergwald einen spektakulären Blick in die überdimensionale Kraterschüssel. Oftmals kreuzen Wildtiere den Weg, weswegen man die Geschwindigkeit drosseln sollte (auch wenn die Fahrer der Safari-Fahrzeuge dies nur sehr widerwillig tun). Drei offizielle Rampen verbinden den Kraterboden mit dem Kraterrand, der durchschnittlich auf über 2300 m Höhe liegt. Sobald die Besucher den Boden des Kraters erreicht haben, können sie verstehen, warum Kenner vielfach vom „Achten Weltwunder" sprechen: Seelenruhig – vom großen Safari-Zirkus um sie herum vollkommen unbeirrt – leben 25 000 bis 30 000 Tiere, darunter auch die **Big Five**, in diesem riesigen Amphitheater, das scheinbar nur ihnen zu Ehren von der Natur erschaffen wurde. Der weltgrößte, nicht mit Wasser gefüllte Krater der Erde misst 19,2 km im Durchmesser und weist eine Fläche von 304 km² auf. Vom Kraterboden (auf ca. 1700 m Seehöhe) führen 600 m steile Wände zum Kraterrand hinauf.

Auf den ersten Blick sticht der bis zu 3 m tiefe **Lake Magadi** ins Auge, der die tiefste Stelle des Kraters bildet. Seine Größe wird von Regenfällen bestimmt; in der Trockenzeit kommt es regelmäßig vor, dass seine seichteren Uferbereiche austrocknen. Wenn genügend Wasser vorhanden ist, halten sich hier gerne riesige Gnu- und Zebra-Herden auf, außerdem Gazellen, Elenantilopen, Wasserböcke, Marabus oder Warzenschweine. Löwen, Schakale oder Tüpfelhyänen

Einfahrt über die Lemala-Route

Die meisten Safari-Fahrzeuge fahren über das **Seneto Gate** im Nordwesten in den Krater und verlassen ihn über den **Lerai Gate**; beide sind nur in eine Richtung befahrbar. Seltener frequentiert, landschaftlich abwechslungsreicher und vor allem weniger steil ist der Zugang im Osten bei der Sopa Lodge **(Lemala-Route)**. Wer hier in den Ngorongoro Crater fährt, weicht dem Safari-Stau (an Spitzentagen angeblich an die 350 Safari-Fahrzeuge) aus. Als Ausfahrt eignet sich aber trotzdem die Lerai-Route, wo sich um den Lake Magadi am späten Nachmittag gerne Löwen oder Geparden sehen lassen.

liegen hier gern auf der Lauer nach Beute. Besonders Flamingos und andere Wasservögel schätzen das leicht sodahaltige Wasser.

Flankiert wird der See von zwei mehr oder weniger erkennbaren Sümpfen, den **Mandusi Swamps** im Norden und den **Gorigor Swamps** im Süden, Lebensraum unzähliger gefiederter Freunde und Wasserstelle für die Tiere. Die Gorigor Swamps beherbergen auch eine Vielzahl von Flusspferden. Entlang des Munge-Bächleins halten sich gern Leoparden, Büffel und Elefanten auf.

Außer einer bescheidenen Erhebung im Norden, dem **Engitati Hill**, prägen flache, bräunlich-goldene Grassavannen das Bild des Kraterbodens in der Trockenzeit. Das hohe Gras macht es mitunter schwierig, Tiere auszumachen. Spitzmaulnashörner (dank der intensiven Schutzmaßnahmen der Zoologischen Gesellschaft Frankfurt ist ihr Bestand auf 35 angewachsen), Riesentrappen, Strauße, Kronenkraniche, aber auch Geparden – sie alle verschmelzen farblich mit ihrem Lebensraum.

Hingegen ist die einzige Grünfläche im Krater, der **Lerai Forest**, schon aus der Ferne zu erkennen. Viele Besucher stoppen hier, um ihre Lunchbox zu leeren (der zweite öffentliche Picknickplatz befindet sich beim Gorigor-Sumpf im Osten, beide mit WC). Fieberakazien, die leicht an ihrer gelben Rinde zu erkennen sind, und Wilde Feigenbäume bieten sowohl Singvögeln als auch Greifvögeln ein ideales Zuhause. Außerdem leben im Lerai Forest Paviane, Servalkatzen, Elefanten und Büffel. Vor allem gegen die Grünen Meerkatzen oder einige dreiste Vögel, z. B. Schwarzmilane, muss man sein Mittagessen verteidigen. Sie sind nämlich oft schneller als wir – und schnappen einem mit zielgenauer Sicherheit die Leckerbissen aus der Hand. Die willentliche Tierfütterung ist übrigens strengstens untersagt.

Giraffen, Impalas und Topis wird man im Krater vergebens suchen, denn während den beiden Letztgenannten die vorherrschenden Grasarten nicht schmecken, brauchen Giraffen zum Überleben ausreichend Akazien. Auch Elefantendamen scheuen häufig den Abstieg in den Krater, weshalb Bullen zahlenmäßig überwiegen. Sie verbleiben das ganze Jahr über am Kraterboden. Lange Zeit haben die Elefantenmütter den Krater vollends gemieden, weil ihre Jungen die Kraterwand nur mühsam emporklettern können. In letzter Zeit mehrten sich die Sichtungen von Elefantenweibchen aber wieder, möglicherweise hat sich wegen der Wilderei ihr Verhalten verändert.

Crater Highlands und Shifting Sands

Der Ngorongoro-Krater, ein eingefallener Vulkankegel, gilt wohl als eindrucksvollster Beweis für enorme vulkanische Urkräfte, die vor rund 10 bis 15 Mio. Jahren walteten. Dadurch entstanden mehrere Vulkane, Erdrisse und Seen, die heute das Landschaftsbild in der Ngorongoro-Schutzzone prägen. Zu den imposantesten Formationen zählen u. a. der üppig grüne **Olmoti** (3099 m), der **Lolmalasin** (3648 m) mit seinen herrlichen Fernsichten und der **Empakaai** (3231 m), in dessen Caldera sich ein See gebildet hat, der wie ein Juwel im Sonnenlicht glänzt.

Der jüngste aller Vulkane ist der **Ol Doinyo Lengai** (S. 421) im Norden. Dieser war mit seinen früheren Ausbrüchen auch schuld daran, dass sich unweit der Oldupai-Schlucht eine Wanderdüne bildete. Der feine Aschesand der Eruption wurde vom Wind hierher getragen und formierte sich in der offenen Ebene zu einer sichelförmigen Düne, die vom ständig wehenden Wind bewegt wird, weshalb man ihr den Namen **Shifting Sands** gab. Betonmarkierungen mit Jahreszahlen machen deutlich, wie schnell sich die Düne

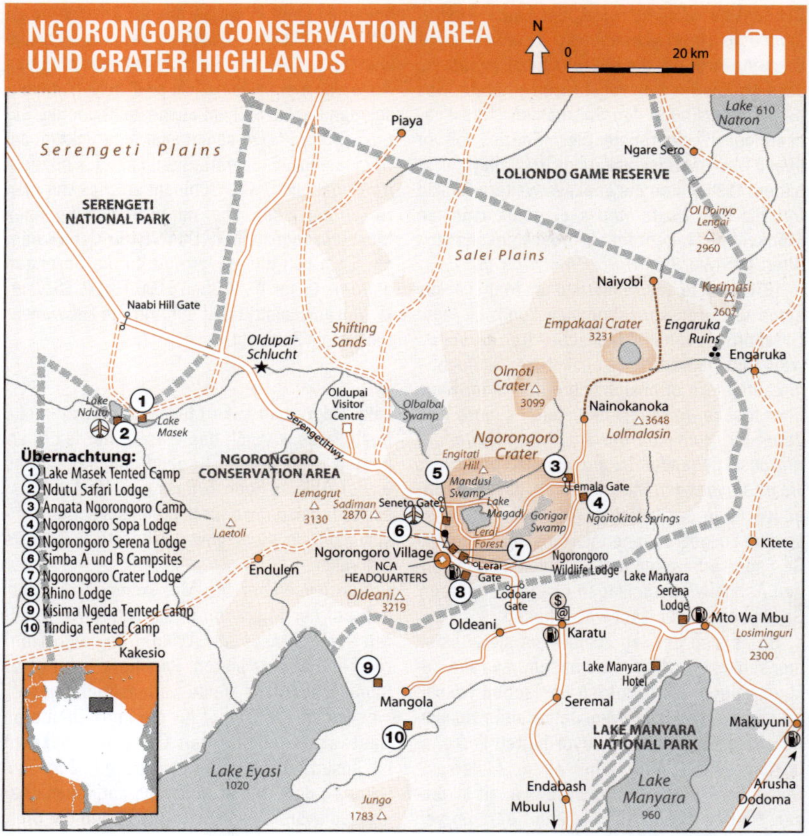

weiterbewegt. Sie liegt weit abseits der Hauptstraße. Um zu ihr zu gelangen, muss man die Oldupai-Schlucht durchwandern; ihr Besuch setzt also einen längeren Aufenthalt in der NCA voraus.

Die Oldupai-Schlucht

Als paläontologisch bedeutende Fundstelle wird die Oldupai Gorge (oder auch Olduvai Gorge, wie sie bis 2005 genannt wurde) gerne als **Wiege der Menschheit** bezeichnet. Immerhin stießen Archäologen hier auf hominide Funde, die an die 3,75 Mio. Jahre alt sein dürften. Das Synonym für uralte menschliche Fußabdrücke ist eine schwer zugängliche, steile Schlucht von knapp 50 km Länge und im Durchschnitt 100 m Tiefe. Der Oldupai River schnitt sich tief in die Landschaft ein und legte so über Jahrtausende unterschiedliche Gesteinsschichten mit Relikten menschlicher Existenz frei.

Angespornt durch einen zufälligen Fund von fossilen Knochen begab sich das Archäologenpaar **Mary und Louis Leakey** 1931 auf eine Expedition in die Schlucht. Bereits nach einigen Stunden hatten sie prähistorische Steinwerkzeuge gefunden. Es sollten aber noch fast 30 Jahre vergehen, bis sie schließlich 1959 auf erste menschliche Fossilien stießen, den

Schädel des *Zinjanthropus*, der heute *Australopithecus boisei* genannt wird. Er weist riesige Backenzähne auf, die darauf schließen lassen, dass die Spezies sich vegetarisch ernährte, was dem Schädel auch den Spitznamen „Nussknackermensch" einbrachte. Diese Spezies soll vor über 3 Mio. Jahren entlang des Rift Valley gelebt haben. 1960 legten die Leakeys weitere Relikte frei, die dem *Homo habilis*, dem „geschickten Menschen", zugeordnet werden (geschätztes Alter: 1,75 Mio. Jahre).

1978 machte das Team rund um Mary Leakey einen weiteren sensationellen Fund: Es legte Fußabdrücke von drei Menschen frei, die vor etwa 4 Mio. Jahren 25 km südlich der Schlucht – in Laetoli – in offensichtlich aufrechtem Gang über frische Vulkanasche liefen. Es muss sich dabei um Hominide der Art *Australopithecus afarensis* gehandelt haben, die als Vorfahr des *Homo sapiens* gilt. Man nimmt an, dass die Fußabdrücke in der weichen Ascheschicht eines soeben ausgebrochenen Vulkans durch die heiße Sonne erhärteten und dann von nachfolgenden Asche-Niederschlägen überdeckt wurden. So blieben sie der Nachwelt erhalten.

Ob es sich bei den Funden um die ältesten menschlichen Überreste handelt, mag die Zukunft zeigen. 2001 wurden im Tschad Fossilien eines angeblich 7 Mio. Jahre alten Hominiden freigelegt. Im Jahr zuvor hatten Forscher in Kenia den 6 Mio. Jahre alten „Millenium-Menschen" entdeckt. Bewiesen ist mit all diesen Funden aber, dass sich im Zeitraum von mehreren Millionen Jahren verschiedene Arten von Hominiden entwickelten, wobei sich offensichtlich die robusteste durchsetzte. Die Evolution des Menschen verlief also nicht linear. „Fehlversuche" der Natur, wie der *Australopithecus boisei*, wurden schließlich durch natürliche Auslese ausgemerzt.

Die Ausgrabungen in der Oldupai-Schlucht und in Laetoli werden in einem kleinen **Museum**, das beim Oldupai Visitor Centre liegt, anschaulich dokumentiert. Vom **Aussichtspunkt** gleich neben dem Museum hat der Besucher einen ausgezeichneten Blick auf die Schlucht sowie auf die sieben durch Verwitterung freigelegten Gesteinsschichten *(beds)*. Das kleine Museum bietet eine willkommene Pause auf der holprigen Fahrt in die Serengeti (Arusha–Naabi Hill Gate: 270 km). Allerdings zeigt es nicht die wichtigsten Relikte, die Schädelfragmente des *Australopithecus boisei* (sie sind im Nationalmuseum in Dar es Salaam ausgestellt) und die *Laetoli Footprints* (zu sehen sind Gips-Imitate; die Originale im 25 km entfernten Laetoli sind nicht frei zugänglich). Die Schlucht selbst kann man zu Fuß besuchen, aber nur in Begleitung eines Museumsangestellten. Das **Visitor Centre** liegt ca. 5 km von der Hauptroute in die Serengeti entfernt. ⌚ tgl. 8–17 Uhr, 28 000 TSH (US$20) inkl. Museumseintritt und auf Anfrage Fußwanderung in die Schlucht.

Lake Ndutu und Lake Masek

Lake Ndutu und Lake Masek sind zwei flache Seen, in denen sich das Wasser der leicht erhöhten umliegenden Gegend sammelt. Da es weder Abfluss noch Zufluss gibt, ist das Wasser sodahaltig, also für den menschlichen Konsum gänzlich ungeeignet – wie fast alle Seen im Rift Valley.

Von November bis Mai kommen die Herden auf der Migration in die Ndutu Area, deren kurze Gräser und Wälder zugleich Nahrung und Schutz bieten. Raubtiere haben hier folglich ebenfalls beste Lebensbedingungen, weswegen das Gebiet für die hohe Dichte an Raubkatzen, allen voran Geparden, bekannt ist. Zusätzlich machen Abertausende Zugvögel Rast, die dem Winter in Europa entfliehen. Riesige Schwärme von Flamingos färben die Uferpartien der Seen pink.

ÜBERNACHTUNG

Am Krater

Fürstlich sind nicht nur die Preise, sondern auch die Aussicht. Alle Preisangaben für Übernachtung mit Vollpension.

Rhino Lodge, Nähe Ngorongoro Village, ☎ 0762-359 055, 💻 www.ngorongoro.cc. Günstigste Option für alle, die bei den kalten Nächten auf Camping verzichten möchten. Einfache, aber gemütliche Lodge auf 2432 m ohne Kraterblick, in einer kasernenartigen Anlage, aber schön ist das Restaurant mit seinem grasgrünen Mobiliar und dem knisternden Kamin in der Mitte. ❻

Ngorongoro Sopa Lodge, Nähe Lemala Gate, ✆ 027-2500630, 🖳 www.sopalodges.com. Weitläufige, massiv gebaute, ältere Lodge mit 96 Zimmern und wenig Flair. Nur ein paar der Zimmer haben wirklich Sicht auf den Krater. Pool, Internet. ❼

Ngorongoro Serena Lodge, am westlichen Kraterrand, ✆ 027-2545555, 🖳 www.serenahotels.com. Mit ihren 75 Zimmern schon etwas in die Jahre gekommen, das Innere wirkt altbacken und abgewohnt. Internet. Nicht die inspirierendste Lodge der Serena-Hotelkette, doch sie wird gerne von Tour Operators und Gruppen gebucht. ❽

Angata Ngorongoro Camp, an der Lemala Rd., ✆ 0786-025352, 🖳 www.angatacamps.com. Sehr schönes Zeltcamp mit großen, gemütlichen Zelten unter Schirmakazien im saftig grünen Busch. Für all jene, die der Faszination von Zeltcamps erlegen sind. ❽

Ngorongoro Crater Lodge, am westlichen Kraterrand, andBeyond Südafrika, ✆ +27-11-8094314, 🖳 www.andbeyond.com. Architektonisch eine der spektakulärsten Lodges in Tansania. Pompös und mit persönlichem Butler. Von diversen Hochglanzmagazinen für die oberen Zehntausend überschwänglich als „Versailles meets Maasai" gepriesen. ❽

Der einzige **öffentliche Campingplatz** Simba A liegt am Kraterrand (mit Blick auf den Krater), US$30 p. P. Für die zahlreichen **Special Campsites**, z. B. Simba B oder Nyati (US$50 p. P.) s. Ngorongoro-Touristeninformation in Arusha S. 397. **Achtung**: Camping auf dem Kraterboden ist strengstens untersagt!

Um den Lake Ndutu und Lake Masek

Ndutu Safari Lodge, ca. 21 km von der Hauptpiste und 90 km vom Krater entfernt, ✆ 0736-501045, 🖳 www.ndutu.com. Seit 1967 gehen die renommiertesten Naturfotografen in der Ndutu Safari Lodge ein und aus. Die naturverbundene Lodge am Sodasee Lake Ndutu hat 34 Zimmer. Rustikales, gemütliches Ambiente auf 1646 m Seehöhe. Im Vordergrund steht die Tierwelt, denn von Dez–Mai läuft hier praktisch die Migration durch. Attraktives Preis-Leistungs-Verhältnis in einem der besten Tierkorridore. ❼

Lake Masek Tented Camp, ca. 85 km vom Krater entfernt, ✆ 0784-207727, 🖳 www.tanganyikawildernesscamps.com. Schickes Camp der effizienten TWC-Gruppe mit weitläufigen, oktagonförmigen Zelten auf Holzplattformen und opulenter Austattung. ❽

Zusätzlich zu den beiden permanenten Unterkünften stellen von Dez bis März alle namhaften Campbetreiber mobile **temporäre Camps** im Großraum des Lake Ndutu und des Lake Masek auf, z. B. **Tanzania Wilderness Camps**, 🖳 tanzaniawildernesscamps.com, **Halisi Camps** (www.halisicamps.com), **Lemala Camps**, 🖳 www.lemalacamp.com, **Nomad Camps**, 🖳 www.nomad-tanzania.com oder **Olakira Camp**, 🖳 www.asiliaafrica.com. ❼–❽

AKTIVITÄTEN

Vogelbeobachtung

Die dichten Wälder sind Heimat einer Vielzahl von Vögeln; an die 400 Arten wurden in der NCA identifiziert. 1–2-stündige Bird Walks können auf Wunsch von den Lodges organisiert werden.

Walking Safaris

Sie sind in der NCA, z. B. beim Lake Ndutu oder am Kraterrand, grundsätzlich erlaubt, aber nur mit einem bewaffneten Ranger (US$20 pro Gruppe). Anfragen beim Gate.

Wandern in den Crater Highlands

Ein Fußmarsch durch die faszinierende Landschaft aus Vulkankegeln, Kratern und Sodaseen bleibt in unvergesslicher Erinnerung. Es empfiehlt sich, Wanderungen mit einem Safari-Veranstalter zu unternehmen. Alles ist möglich, von einfachen Tagestouren bis zu mehrtägigen Treks über mehrere Gipfel oder von See zu See – Maasai-Guide und Packesel inklusive. Wie auch bei Safaris ist dem **Preis** nach oben hin keine Grenze gesetzt, aber als Untergrenze muss je nach Ausrüstung und Komfortniveau mit Kosten ab US$280 p. P. und Tag gerechnet werden. Zu bedenken ist, dass bereits die Fixkosten pro Tag (Eintritt US$50, Ranger US$20, Camping US$30–50,

Die Maasai im Aufbruch

Kaum jemand denkt bei Ostafrika nicht an die groß gewachsenen, stolzen Maasai, die vermutlich das bekannteste Volk Afrikas sind. Mit ihren roten und blauen Gewändern, ihrem traditionellen Schmuck und ihren archaischen Werkzeugen, die von der Taille baumeln, geben sie ein stattliches, oft romantisiertes Bild ab. Nicht zuletzt durch TV-Filme und Trivialliteratur in jüngerer Zeit sind sie wieder vermehrt ins Rampenlicht gerückt.

Herkunft

Das Volk von nomadischen Kriegern und Hirten lebt ausschließlich in Tansania und Kenia. Ab 1550 kamen die Maasai aus dem Sudan entlang des Nils in ihr heutiges Siedlungsgebiet.

Altersklassen

Das soziale Miteinander in einer Maasai-Gemeinschaft wird vom Altersklassensystem bestimmt. Jeder männliche Maasai durchläuft im Laufe seines Lebens verschiedene Altersränge, die mit unterschiedlichen Aufgaben, Rechten und Pflichten verbunden sind. Der Wechsel in die hierarchisch organisierten Altersklassen vollzieht sich im Abstand von einigen Jahren. Die Anzahl der Lebensjahre ist dabei sekundär, vielmehr zählt die geistige Reife. Jungen *(laiyoni)*, die das Vieh hüten müssen, werden durch die Initiationsriten (Beschneidung bzw. das Ziehen der mittleren Schneidezähne) zu Jungkriegern *(moran)* gemacht. In dieser Klasse dürfen sie sich erstmals der Autorität des Vaters entziehen, gehen Beziehungen mit unbeschnittenen Mädchen ein (beschnittene Mädchen sind heiratsfähige Mädchen und als solche für die *moran* tabu, weil sie noch nicht heiraten dürfen) und erschließen neue Weidegründe für das Vieh. Außerdem ist es ihre Aufgabe, den Kral *(enkang)* zu beschützen. Es folgen die Altersklassen der Vollkrieger *(senior warrior)*, Älteren *(junior elders)* und des Ältestenrat *(senior elders)*. Erst als *senior warrior* darf ein Maasai-Mann heiraten und Kuhmilchprodukte verzehren. Die Älteren und der Ältestenrat brauchen nicht mehr das Dorf zu verteidigen und zu kämpfen, sondern erhalten rituelle Vollmachten. Rechtschaffene Krieger, die sich bewährt haben, steigen zu den politischen Machthabern einer Gemeinschaft auf und unterrichten die Krieger.

Rinder als Statussymbol

Das Ansehen eines Mannes steigt mit der Anzahl seiner Frauen, die selbst keiner Altershierarchie unterliegen. Der Brautpreis besteht aus einer bestimmten Anzahl von Rindern, die noch immer als traditionelles Zahlungsmittel gelten. Manche besitzen über 1000 Rinder – ihr Prestige entspricht damit etwa dem eines wohlhabenden Bankiers in monetären Gesellschaften. Aus diesem Grund stehen die Rinder auch im wirtschaftlichen Zentrum der Maasai-Gemeinde. Die Herden werden sorgsam gehütet und nachts in einem Gehege gehalten, um sie vor Dieben und Wildtieren zu schützen. Das Weiden und Gedeihen der Rinder hat allerhöchste Priorität, weswegen die halbnomadische Lebensweise der Maasai von täglichen Wanderungen mit ihren Viehherden geprägt ist. Wenn das Land nicht mehr genug Futter und Wasser für die Herden hergibt, muss es verlassen werden.

Maasai und Moderne

Die beiden genannten Eckpfeiler der Maasai-Lebensweise sind in der tansanischen Moderne stark bedroht. Zum einen schränken die willkürliche Landnahme der tansanischen Regierung zugunsten

Maasai samt Packesel US$30–50) relativ hoch sind.
Meist startet der **Crater Highlands Trek** in der Nähe des Ngorongoro Crater beim Nainokanoka Village und endet nach 4–5 Tagen Wanderung am Lake Natron. Fast alle renommierten Safari-Agenturen haben den Crater Highlands Trek mittlerweile im Programm.

von Nationalparks und der Verkauf von Großflächen den benötigten Lebensraum massiv ein. Zum anderen kollidiert die allgemeine Schulpflicht mit der Altersklasse der *moran*. Viele junge Männer brechen die Schule ab, da der Lebensabschnitt als Jungkrieger als weit wichtiger und lohnender als ein Schulbesuch angesehen wird. Maasai-Mädchen werden ohnehin früh verheiratet, somit bleibt auch ihnen meist ein Schulbesuch verwehrt.

Infolgedessen ist monetäre Armut unter Maasai häufig, da sie keinen Zugang zu gut bezahlten Jobs haben. Durch den Verlust von Land dezimiert sich die Zahl der Rinder, die ein Maasai besitzt: Während es in den 1960er-Jahren noch an die 30 pro Mann waren, sind es heute geschätzte 5. Am ehesten sieht man Maasai-Männer noch als *askari*, als Wachpersonal, da sie wegen ihres Muts und ihrer Ehrlichkeit gerne für solche Posten gewählt werden. Einige wenige engagieren sich im Handel, andere suchen ihr Glück auf Sansibar, doch fast alle kehren nach einer bestimmten Zeit wieder in ihr Dorf zurück.

Viele Maasai leben heute in tristen wirtschaftlichen Verhältnissen, doch in Tansania haben die Maasai den Ruf, gewiefte, manchmal sogar skrupellose Geschäftsleute zu sein – häufig aber zum Vorteil der Gemeinschaft. Vielerorts partizipieren Maasai-Dörfer neuerdings an den Einnahmen von Unterkünften. Damit werden vor allem Gemeinschaftsprojekte wie Schulen oder Kliniken finanziert.

Das Gefüge der Maasai wird auch durch Aids immens bedroht. Zwar wird dies offiziell geleugnet und Aids als Seuche der „Zivilisation" abgetan, doch der polygame Lebenswandel der Maasai hat die Krankheit zu ihrem täglichen Begleiter gemacht. Männer haben das Recht, mit den Frauen von Männern derselben Altersklasse außereheliche Beziehungen einzugehen, und es spielt auch keine Rolle, wer letztendlich der biologische Vater eines Kindes ist. Männer bringen die Seuche aus der Stadt ins Dorf und übertragen sie auf ihre Frauen.

Das hartnäckige Festhalten der Maasai an ihrer Lebensweise ist ihrer prekären Situation nicht sehr dienlich. Selbst progressive Maasai, die sich beispielsweise für die Einführung neuer, robusterer und ertragreicherer Rindergattungen aus Europa einsetzen, scheitern am Widerstand des Ältestenrates.

Maasai und Staatsmacht

Der tansanischen Regierung sind die Maasai seit der sozialistischen Ära, als die nationale Einheit über Stammesgrenzen hinweg propagiert wurde, ein Dorn im Auge. Weil sie seit jeher eine Eingliederung ins System verweigern, werden sie von offiziellen Stellen, ebenso wie die Hadzabe (S. 428), als rückständig und minderwertig eingestuft und können auf keinerlei Unterstützung zählen. Ihre Siedlungsgebiete sind infrastrukturell benachteiligt, es gibt kaum Schulen, Kliniken und Straßen, ganz zu schweigen von Strom oder Internet.

Die Zukunft der Maasai

Viele Maasai sind zwar für ein Festhalten an den alten Strukturen, doch es regt sich auch Widerstand, vor allem unter den Jungen, die u. a. im Zuge von Entwicklungshilfeprojekten Schulbesuche finanziert bekommen. Zahlreiche Organisationen konzentrieren sich dabei speziell auf die Maasai-Mädchen, um so auch der Praxis der Beschneidung Einhalt zu gebieten. Unabhängig davon, was die Maasai letztendlich aus ihrer Ausbildung machen werden, in allen Schulen zeigt sich dasselbe Bild: Die Maasai zählen immer zu den Klassenbesten.

Tageswanderungen zu den Vulkan werden auch von den hiesigen Lodges organisiert. Meist benötigt man ein Fahrzeug, um zu den *trailheads*, den Ausgangspunkten, zu gelangen.

TRANSPORT

Selbstfahrer

Bis zum Lodoare Park Gate reicht die Teerstraße, ab da wird es holprig. Rund um den

Krater ist die Piste in gutem Zustand, je näher die Serengeti kommt, desto mehr Anforderungen werden ans eigene Sitzfleisch gestellt. In der Ndutu Area macht die Black Cotton Soil ein Vorwärtskommen in nassen Monaten fast unmöglich. Die Piste im Ngorongoro Crater ist sandig und stellenweise tief.

Flüge

In der NCA gibt es ein Flugfeld, aber wegen der zeitweise dicken Wolkendecke ist Manyara der verlässlichere Airstrip. In der Nähe des Ndutu-Sees gibt es ein weiteres Flugfeld, z. B. US$220 einfach von ARUSHA mit Coastal Aviation. Je nach Lage des Camps können auch die Flugfelder der Serengeti (Seronera, Kusini) genutzt werden.

Tierbeobachtung in der Serengeti

Natürlich ist die Große Migration *das* Aushängeschild der Serengeti. Es gibt Erfahrungswerte, wie die Migrationsrouten verlaufen, doch Tiere halten sich nicht immer an menschliche Kalender. Aber mit etwas Glück und großzügiger Planung kann man dem atemberaubenden Spektakel beiwohnen. Doch auch die Tiere, die in ihren angestammten Revieren bleiben, begründen den Ruf der Serengeti als wildreichstem Nationalpark der Welt. Neben den üblichen Tieren eines Nationalparks in Afrika versetzen vor allem die zahlreichen Raubkatzen die Besucher in Entzücken.

13 HIGHLIGHT

Serengeti National Park

- **Zugang**: Der Zugang zur Serengeti erfolgt über Mto wa Mbu, Karatu und die NCA. Zahlstellen befinden sich am Naabi Hill Gate im Osten, am Ndabaka Gate im Westen, am Klein's Gate im Nordosten sowie am Ikoma Gate nordwestlich des Seronera Village.
- **Eintritt**: US$60 für 24 Std.
- **Informationen**: Ein Informationszentrum mit Schautafeln und Tierfilmen ist im Seronera Village angesiedelt. Mehr Infos auf der ausführlichen Website 💻 www.serengeti.org.
- **Beste Reisezeit**: Ganzjährig, während der Regenzeiten von April–Mai sind manche Pisten unpassierbar.

Bei den Maasai, die für ihre Rinder- und Ziegenherden jahraus, jahrein auf der Suche nach saftigem Weideland sind, ist die Serengeti seit Jahrhunderten als *siringet* bekannt, als „große, endlose Weite". Und es sind genau jene unendlich scheinenden Grassavannen, die die einzigartige Faszination der Serengeti ausmachen. Wenn unvorstellbar riesige Herden von Wildtieren je nach Jahreszeit den saftigen Gräsern und dem Wasservorkommen folgen und somit ein- bis zweimal jährlich eine lange Wanderung unternehmen, wird die wahre Bedeutung der Serengeti offenbar, nämlich als Schauplatz der einzigen verbliebenen intakten Tierwanderung der Welt.

Um die Serengeti für die Nachwelt zu erhalten, wurde sie von der Unesco als **Weltnaturerbe** unter besonderen Schutz gestellt. Für den Mythos in unserem Teil der Welt sind vor allem Walt Disneys *König der Löwen* und Bernhard Grzimeks Film und Buch *Serengeti darf nicht sterben* aus den 1950er-Jahren verantwortlich, ganz zu schweigen von unzähligen Dokumentarfilmen, u. a. von Hugo von Lawick, die einem selbst vor dem Bildschirm die Sprache verschlagen. Erst Anfang 2011 setzte Reinhard Radke dem unvergleichlichen Naturraum mit seiner Dokumentation *Serengeti* ein opulentes, filmisches Denkmal.

Das Serengeti-Ökosystem

Im engeren Sinn erstreckt sich die Serengeti über eine Fläche von 14 763 km². Damit gehört sie neben dem Ruaha National Park (Tansania), dem Kruger National Park (Südafrika) und dem Ethosha National Park (Namibia) zu den größten Parks in Afrika. Das komplette Ökosystem der Serengeti nimmt über 30 000 km² ein, was etwa der Fläche von Belgien entspricht.

Im Norden stellt die kenianische Masai Mara die natürliche Verlängerung der Serengeti dar, im Osten reicht sie bis an die Ngorongoro Conservation Area und im Westen bis auf 8 km an den Lake Victoria heran. Um den Tieren weit weg vom Menschen genügend Naturraum entlang ihrer Migrationspfade zu lassen, hat man zusätzlich ausgedehnte Pufferzonen eingerichtet. Sie zählen zwar nicht direkt zur Serengeti, gehören aber zum Serengeti-Ökosystem, wie z. B. die Loliondo Game Controlled Area im Nordosten, Maswa Game Reserve im Westen, Grumeti und Ikorongo Game Reserve im Nordwesten. In diesen Gebieten kann man der unvergleichlichen Migration ebenso gut beiwohnen und Tiere beobachten, weswegen sich hier (auch aufgrund weit weniger strenger gesetzlicher Auflagen) zahlreiche Camps und Lodges (s. „Übernachtung") etabliert haben.

Durch die Serengeti

Mehr Mythos als Wahrheit hängt den endlosen Weiten der Serengeti an, denn eigentlich machen die goldbraunen Grasebenen nur einen kleineren Teil des Nationalparks aus, nämlich die Serengeti Plains im **Southern Corridor** und einige Zipfel im Norden. Die Plains, die nahtlos in das Ngorongoro-Schutzgebiet übergehen, sind durch kurzes, weiter nördlich durch langes, aber sehr nährstoffreiches Gras charakterisiert. Der Ausbruch des Kerimasi vor ca. 150 000 Jahren bedeckte die heutigen Grasebenen mit Asche, sodass der lehmhaltige Boden in der Folge nur noch Grasbewuchs hervorbrachte.

In der Regenzeit leuchten die Gräser saftig grün und bieten reichlich Futter für Zebras, Büffel, Gazellen, Antilopen und andere Vegetarier. In der Trockenzeit allerdings fängt das strohige Gras schnell Feuer und verwandelt die Ebene in eine tiefschwarze, leblose Fläche. Bei den ersten Regentropfen beginnen im mineralreichen Boden zartgrüne Halme zu sprießen.

Ursprünglich gehörte auch die Ngorongoro Conservation Area (NCA) zum Parkgebiet, wurde aber 1959 – nicht zuletzt durch den unermüdlichen Einsatz von Bernhard Grzimek – den ansässigen Maasai in eingeschränktem Maße wieder als Nutzfläche zur Verfügung gestellt.

Als einzige Unterbrechungen des endlosen Horizonts stechen kuriose Steinformationen ins Auge. Diese **Kopjes** (Niederländisch für „kleines Köpfchen") sind Felsen aus Gneis und Granit, die wie kleine Steininseln aus dem Grasmeer auftauchen und über die gesamte Serengeti verstreut sind. Von Erosion und Witterung wurden sie im Laufe der Zeit freigelegt. Manche Steine spalteten sich, wenn kalter Regen auf die von der Sonne aufgeheizten Felsen fiel. So entstanden teilweise bizarre Gesteinsformationen. Die Felsen bieten hervorragenden Unterschlupf für Klein- und Kriechtiere, wie Dikdiks, Klippschliefer (Hyrax), Klippspringer, Mangusten, aber auch Kobras, Puffottern sowie Siedler- und Fliederagamen, die durch ihre hübsche metallische Blau-Rosa-Färbung auffallen. Löwenrudel dösen ebenso gerne im Schatten der Felsen. Vielleicht haben früher auch Menschen in den Felsen Schutz gesucht, denn in den **Moru Kopjes**, unweit vom Seronera Valley, wurden menschliche Spuren entdeckt: Felsmalereien, die den Maasai zugeschrieben werden. Da man zur Besichtigung der Moru Kopjes das Fahrzeug verlassen muss, dürfen sie nur mit einem Parkranger besichtigt werden.

Das Seronera Valley bildet das gut besuchte Zentrum des Parks, also **Central Serengeti**. Hier befindet sich auch der Hauptort der Serengeti, das **Seronera Village**, zu dem ein Informationszentrum mit Picknickplätzen, ein Rangerposten und eine kleine Tankstelle gehören. Die typische Savannenlandschaft ergänzen stachelige Akazien und zahlreiche kleine Flussläufe. Die Galeriewälder und die permanenten Gewässer sind Heimat vieler Tierarten. Die Wahrscheinlichkeit, Leoparden, Impalas, Schakale, Wasser- und Riedböcke sowie Paviane zu sichten, ist groß, und auch die schwarzmähnigen Löwen, für die Seronera bekannt ist, kann man erspähen. Viele kleine Rundwege (Circuits) erlauben eine optimale Erkundung der Gegend – auch wenn starker Verkehr hier zuweilen wenig afrikanisches Busch-Feeling aufkommen lässt. Das Gros der touristischen Infrastruktur konzentriert sich in dieser Ecke, und zum unaufhörlichen Touristenstrom gesellen sich noch ein paar Hundert Mitarbeiter des Serengeti Wildlife Research Centre.

Ein paar Kilometer hinter dem Visitor Centre bei den Nyaraswiga Hills gabelt sich die Hauptpiste. Geradeaus erheben sich links von der Piste die ersten markanten Hügelketten, die Banagi Hills. Hier beginnt der **Northern Corridor**, der bis hinauf zur Grenze mit Kenia reicht. Das Gesicht der Serengeti verändert sich: Hügellandschaften und Granitformationen wechseln sich mit Grasebenen und typischen Schirmakazien-Hainen ab. Die gefürchtete, aber sehr fruchtbare Black Cotton Soil sorgt stellenweise für dichten Bewuchs. Größere Fließgewässer, wie der Grumeti River, der weltberühmte Mara River oder Bologonja River, halten (noch) ständig Wasser für die Tiere bereit. Entlang der Wasserläufe wachsen riesige Feigen- und Mahagonibäume. In den Galeriewäldern hat sich eine bunte Vogelwelt eingenistet. Unüberhörbar tönen die Turakos, nicht zu übersehen sind die bunt schillernden Dreifarbenglanzstare *(superb starling)* und die großen Schreiseeadler. Außerdem bietet der Wald Schutz und Nahrung für eine Vielzahl von Laubfressern, allen voran den Elefanten. Viele weitere Tiere, die nicht an der Migration teilnehmen, sind hier permanent ansässig, darunter Büffel, Löwen, Leoparden, Geparden, Giraffen, Zebras, Warzenschweine oder Antilopen, die rund um die ganzjährigen Flüsse gut mit Nahrung und Wasser versorgt sind. Die Hauptroute nach Norden geht über die Lobo Wildlife Lodge bis hinauf nach Kenia. Dort, am Bologonja Gate, ist dann aber Endstation, da der Grenzposten aufgelöst wurde (und ein Grenzübertritt nicht mehr möglich ist). Man fährt denselben Weg wieder zurück.

Mit der zunehmenden Zahl von permanenten und mobilen, saisonalen Camps hat sich der nördliche Korridor zu einem Geheimtipp in puncto Migration und Tierbeobachtung entwickelt. Während sich Abertausende Touristen durch Verkehrsstaus in der Masai Mara quälen, haben die wenigen Besucher des Nordens im Juli, August und September freie Fahrt. So viel Exklusivität hat seinen Preis, alle Unterkünfte im Norden sind teurer und nicht auf Massentourismus bedacht.

Wer sich hinter den Banagi Hills links hält, gelangt nach 21 km an das Ikoma Gate und dahinter in die **Ikoma Area**. Unweit der Abzweigung, in einem dicht gewebten Netz aus Flussläufen, kühlen sich schnaufende Flusspferde im **Retima Hippo Pool** ab – eine Belastungsprobe für die Nase, aber es ist wunderbar kurzweilig, die prustenden Hippos zu beobachten. Interessant ist die Ikoma Area besonders von Mai–Juni/Juli, wenn hier die Migration durch läuft. Man befindet sich zwar außerhalb der Serengeti, aber die Tiere kennen keine Parkgrenzen. Zudem können hier Nachtpirschfahrten, Walking Safaris und Dorfbesuche unternommen werden.

Der **Western Corridor**, der hinter der Serena Lodge bei den Musabi Plains beginnt, endet kurz vor dem Viktoriasee. Die weiten Ebenen werden vor allem entlang des Grumeti River und am Fuße der kleinen Hügel von Wäldern durchzogen. Charakteristisch sind die beiden Flüsse, Grumeti River und Mbalageti River, die für die unzähligen Wasserlöcher, Sümpfe und den Schilfbewuchs sorgen. Während der Regenfälle (es regnet hier aufgrund der klimatischen Nähe zum Viktoriasee fast doppelt so viel wie im Osten der Serengeti) versumpft dieser unzugängliche Landstrich völlig; der schwarze Lehmboden, die Black Cotton Soil, wird rutschig wie eine Eisfläche und unpassierbar. Vor der Fahrt in den Western Corridor sollte man sich deshalb unbedingt über den aktuellen Pistenzustand informieren.

Auf Ballon-Safari

Bei einer Safari in einem Heißluftballon sanft über die Serengeti zu schweben und im goldenen Schein der aufgehenden Sonne Abertausende Zebras und Gnus aus der Vogelperspektive zu beobachten, ist kein ganz billiges Unterfangen – aber beeindruckend. Kosten: Inklusive Sekttaufe, Buschfrühstück und fantastischem Sonnenaufgang US$499 p. P. Zuvor sollte man in Erfahrung bringen, wo sich der Tier-Trek gerade befindet und ob die Flugroute damit übereinstimmt. Zu buchen über 💻 www.balloonsafaris.com und bei den Lodges. Start und Landung in der Seronera Area (Büro gegenüber dem Seronera Visitor Center) und saisonal in der Süd- und West-Serengeti. Abholung durch den Veranstalter von allen Lodges und Campsites in der Zentral-Serengeti. Seit 2010 werden Ballonfahrten auch im Tarangire National Park (S. 409) angeboten.

SERENGETI NATIONAL PARK

N
0 30 km

Übernachtung:

1. Klein's Camp
2. Buffalo Luxury Camp
3. Serengeti Migration Camp
4. Public Campsites
5. Lobo Wildlife Lodge
6. Robanda Safari Camp
7. Serengeti Simba Lodge
8. Ikoma Tented Camp
9. Mapito Tented Camp
10. Mbuzi Mawe Camp
11. Grumeti River Camp
12. Kirawira Camp
13. Serengeti Stop Over
14. Speke Bay Lodge
15. Mbalageti Tented Lodge
16. Serengeti Serena Safari Lodge
17. Resthouses
18. Soroi Lodge
19. Serengeti Sopa Lodge
20. Sanctuary Kusini Camp

Die Serengeti – eine Summe von Herausforderungen

Bevor die Serengeti 1929 zum ersten Wildtierreservat Tansanias ausgerufen wurde, nutzten die Viehnomaden der Maasai sie als Weidefläche. 1892 durchstreifte der österreichische Forschungsreisende Dr. Oscar Baumann als erster Weißer das Gebiet, und von da an bediente sich die weiße Oberschicht hemmungslos am unermesslichen Tierreichtum des elitären Jagdreviers. Bis zu 100 Tiere erlegten die Hobbyjäger bei einem einzelnen Jagdausflug, sodass schon bald mehr Löwen die Salonwände schmückten als die Wildnis. Glücklicherweise wurde die alarmierende Situation bald erkannt und 1929 das erwähnte Reservat eingerichtet; 1951 schließlich erklärte die Kolonialregierung die Serengeti zum ersten und größten Nationalpark Tanganyikas.

Den Kampf gegen die **Trophäenwilderei** mussten die Parkverantwortlichen und ihre Berater von der Zoologischen Gesellschaft Frankfurt (ZGF) nach etlichen erfolgreichen Jahren nun wieder intensivieren. In den blutigen 1970er- und 1980er-Jahren wurden Großtiere gnadenlos gejagt und dabei fast ausgerottet. 1990 wurde kein einziges Nashorn mehr in der Serengeti gesehen (20 Jahre zuvor waren noch über 65 000 in Tansania und Kenia unterwegs), stattdessen zierten ihre Hörner entweder arabische Dolchgriffe oder sollten die Potenz asiatischer Männer stärken. Gleichzeitig wurden die Elefanten auf ein Grüppchen von etwa 300 dezimiert; auch der Großteil der Büffel war verschwunden. Leider nimmt die Wilderei in ganz Tansania wieder zu. 2013 musste die Tanapa zugeben, dass die Tierpopulation in der Serengeti rückläufig ist, trotz teurer Patrouillen und Community-Projekte. Nur die Population der **Spitzmaulnashörner** hat sich geringfügig erholt. Diese Tiere sind beispielsweise so empfindsam, dass sich der Lärm der Safari-Fahrzeuge negativ auf ihr Fortpflanzungsverhalten auswirkt. Gemeinsam mit der ZGF wurde 2010 ein Rhino-Projekt initiiert, das bis 2015 die Wiederansiedlung von insgesamt 32 Spitzmaulnashörnern in der Serengti vorsieht. Von den ersten fünf 2010 angesiedelten Nashörnern wurde eines wenige Monate später von Wilderern getötet und eines verstarb eines natürlichen Todes, dafür brachte eines der Nashörner ein Junges zur Welt. Man schätzt, dass heute an die 30 Rhinos in der Serengeti leben. Die Trophäenwilderei ist nach wie vor die größte Herausforderung für dieses Projekt, besonders seit dem Einfluss der Chinesen in Tansania, die den Schwarzmarkt in Dar es Salaam kontrollieren.

Massiv setzt der Serengeti der **Bevölkerungsdruck** in den Randzonen, besonders im Westen der Serengeti, zu. Hier siedeln überdurchschnittlich viele Menschen, da das Gebiet fruchtbar ist und es ausreichend Regenfälle gibt. Viele leben in Armut, sie wildern Tiere, um selbst nicht zu verhungern, aber auch um das Fleisch zu verkaufen. Zudem werden immer mehr landwirtschaftliche Flächen genutzt, das Verkehrsaufkommen steigt – Konflikte zwischen Tier und Mensch sind vorprogrammiert.

Am meisten ist die Serengeti jedoch durch **ausbleibendes Wasser** bedroht; durch den Klimawandel und lokale Klimaveränderungen. Die Pläne eines Wasserkraftwerks auf der kenianischen Seite des Mara-Flusses sind zwar vorläufig ad acta gelegt, aber nicht zuletzt die Bewässerung landwirtschaftlicher Großflächen zieht Wasser aus den Flüssen. Über 2 Mio. Tiere hängen während der Trockenzeit einzig und allein vom Mara-Fluss ab – doch es gibt deutliche Anzeichen dafür, dass er zu versiegen droht. Auch die Pegelstände der anderen beiden Hauptgewässer, des Orangi-Grumeti und des Mbalageti River, sinken zunehmend.

Der **unkontrollierte Tourismus** stellt ebenfalls eine Gefahr für das Ökosystem dar. Noch mehr Gäste als jetzt würden das Gleichgewicht empfindlich stören. Auch wenn die tansanische Regierung ständig versichert, die Serengeti genieße obersten Schutz, so lässt der angekündigte Bau eines internationalen Flughafens derlei Beteuerungen in einem fahlen Licht erscheinen. Überhaupt wird der

Wenn die wenigen bescheidenen Pisten und das Wetter zusammenpassen, sind die Monate Mai bis Juni im Western Corridor geradezu perfekt für eine Safari, denn dann quälen sich Millionen Weißbartgnus über den Grumeti River. Lohnend ist das Gebiet aber auch das restli-

© KURT KAUBE

wirtschaftliche Aufschwung stärker gefördert als der Naturschutz. Der geplante Bau des **Serengeti Highway** wird als wirtschaftlich unerlässlich erachtet, um den isolierten Nordwesten aufzuwerten und eine Transitstrecke von Ruanda, Burundi, Uganda und dem Osten Kongos bis zu den Häfen von Tanga, Bagamoyo und Dar es Salaam einzurichten. Die Zoologische Gesellschaft Frankfurt und die internationale Gemeinschaft befürchten die Zerstörung der letzten intakten Tiermigration der Welt und eines einzigartigen Lebensraums. Denn nicht nur die Serengeti selbst, sondern auch die Zwergflamingos am Lake Natron wären bedroht, wenn die von der Regierung geplante Streckenführung von Arusha über Mto wa Mbu und Lake Natron und weiter über den nördlichen Zipfel der Serengeti bis nach Musoma umgesetzt würde. Von der weit sinnvolleren Südroute über Makuyuni und Shinyanga durch dichter besiedeltes Land würden viel mehr Menschen profitieren, doch aus unerfindlichen Gründen schaltet die Politik auf stur.

Kritiker befürchten, dass der tägliche Schwerverkehr Tiere tötet; zudem öffnet die Teerstraße der Wilderei Tür und Tor und gefährdet die Wasserversorgung der Tiere. Der Bevölkerungsdruck würde sich erhöhen und das sensible Ökosystem stören. Ebenso glauben die Tourismustreibenden, dass die Besucherzahlen einbrechen werden, denn eines der Highlights eines Tansania-Besuchs ist unbestritten die – unberührte – Serengeti. Nach weltweiten Protesten wurde der Highway 2011 vorübergehend auf Eis gelegt, aber vom Tisch sind die Pläne noch lange nicht. Auf der Website www.savetheserengeti.org können der Status der Verhandlungen sowie weitere Bedrohungen für das Ökosystem verfolgt werden.

che Jahr über, denn durch die beiden Flussläufe gibt es hier große Populationen von sesshaften Tieren: Giraffen, Büffel, Kuhantilopen, Elenantilopen, Impalas, Wasserböcke und auch Leoparden. Grunzende Flusspferde und sich in der Sonne badende **Krokodile** säumen die Flussufer. Besonders abenteuerlich ist es, die außergewöhnlich großen Krokodile am Grumeti River beim Beutefang zu beobachten. Sie überraschen ihr Opfer, packen es mit ihren messerscharfen Zähnen und ertränken es entweder oder zerstückeln es gleich genussvoll.

ÜBERNACHTUNG UND ESSEN

In den Regenmonaten April–Mai haben die meisten Unterkünfte geschlossen. Lodges/Camps werden nur mit Vollpension angeboten.

Mobile Camps

Die Zahl der mobilen Camps in der Serengeti und den Pufferzonen steigt, um dem Touristenaufkommen Rechnung zu tragen und stets nahe bei den Tieren zu sein. Mittlerweile gibt es Camps in allen Variationen. Einige orientieren sich an der Migration und wechseln ein-, zweimal pro Jahr den Standort, andere werden zentral in der Seronera Area errichtet. Camps außerhalb der Nationalparkgrenzen bieten häufig Walking Safaris und Nachtpirschfahrten. Die Preise beginnen bei US$250–300 p. P. und Nacht.

Empfehlenswerte Anbieter von einfacheren mobilen Camps an mehreren Standorten sind das

€ **Kati Kati Camp**, ✆ 0736-502471, 💻 www.tanganyikawildernesscamps.com,
Nasikia Camps, ✆ 0787-475714, 💻 www.nasikialuxurycamps.com,
Halisi Camps, ✆ 027-2754296, 💻 www.halisicamps.com,
Angata Camps, ✆ 0786-025352, 💻 www.angatacamps.com,
€ **Wilderness Camps**, ✆ 027-2543068, 💻 www.tanzaniawildernesscamp.com,
Kirurumu Camps, ✆ 027-2502417, 💻 www.kirurumu.net. Alle ❽.

Jenseits von US$1000 pro Nacht für ein Doppelzimmer mit Vollpension bezahlt man für eines der folgenden mobilen Luxus-Camps:
Nomad Tanzania, 💻 www.nomad-tanzania.com, **Lemala Camps**, ✆ 027-2548966, 💻 www.lemalacamp.com, **Asilia Camps**, ✆ 0736-500515, 💻 www.asiliaafrica.com.

Southern Corridor

Die meisten Camps in diesem Gebiet sind saisonal und werden in der NCA (Ndutu Area) aufgebaut.

Sanctuary Kusini Camp, Nähe Moru Kopjes und Ndutu, ✆ 027-2509817, 💻 www.sanctuaryretreats.com. Einziges permanentes Zeltcamp mit 12 luxuriösen Zelten in einer von Felsformationen durchzogenen Buschlandschaft. Absoluter Busch-Schick mit persönlichem Butler und inmitten unzähliger Großkatzen. Empfehlenswert Jan–März. ❽

Central Serengeti

Visitor Centre Resthouse und Twiga Resthouse, beide beim Visitor Centre, müssen frühzeitig in Arusha gebucht werden, S. 398, US$30 p. P. ohne Verpflegung.

Serengeti Sopa Lodge, 23 km nördlich des Naabi Hill Gate und weitere 30 km westlich von der Hauptpiste, ✆ 027-2500630, 💻 www.sopalodges.com. Das Monstrum mit 73 Zimmern hat wenigstens exzellente Aussichten. Pool. Empfehlenswert Jan–März, Juni–Aug. ❼–❽

Serengeti Serena Safari Lodge, 27 km nordwestlich vom Seronera Airstrip, auf dem Weg in den Western Corridor, ✆ 027-2545555, 💻 www.serenahotels.com. Einer traditionellen afrikanischen Siedlung nachempfunden, liegt die ältere, weitläufige, sympathische Anlage mit 66 Zimmern auf einem Hügel. Von den Zimmern im Obergeschoss hat man eine tolle Aussicht. Pool. Empfehlenswert Jan–März, Sep–Dez. ❽

Western Corridor

Speke Bay Lodge, am Viktoriasee, ca. 15 km vom Ndabaka Gate entfernt, ✆ 028-2621237, 💻 www.spekebay.com. 8 komfortable, weitläufige Bungalows direkt am See. Man kann auch in günstigeren, einfachen Zeltunterkünften (mit Gemeinschaftsbad) schlafen. Interessant für Vogelliebhaber (250 aufgezeichnete Gattungen). Zelte ❺, Zimmer ❼

Mbalageti Tented Camp, Mwanyeni Hill, 80 km westlich von Seronera, ✆ 028-2622387, 💻 www.mbalageti.com. Herrlich gelegene Lodge im rustikal-eleganten Design. Drei Kategorien von Unterkünften werden angeboten, von gemauerten Standardzimmern bis zu stimmungsvollen Stein-und-Canvas-Chalets. Exzellente Küche, nicht enden wollender Horizont mit Blick auf die Ebene und den Mbalageti River. Pool, Internet. Empfehlenswert Juni–Juli. Exzellentes Preis-Leistungs-Verhältnis für die Serengeti! ❼–❽

Soroi Lodge, auf dem Weg in die West-Serengeti, 65 km nordwestlich vom Visitor Centre, 💻 www.mbalimbali.com. Luxuriöse Lodge mit 25 großzügigen Chalets mit Blick über die Musabi Plains (sogar beim Duschen von der Outdoor Shower aus). Viel Holz, viel Atmosphäre. Pool, Spa, WLAN. Empfehlenswert Jan–März, Juni–Aug. ❽

Kirawira Camp, 100 km westlich von Seronera, ✆ 027-2545555, 💻 www.serenahotels.com. Die Lodge auf einem Hügel bietet einen hervorragenden Ausblick auf den westlichen Korridor und den Grumeti River. 25 Luxus-Canvas-Zelte auf Holzplattformen spiegeln das gediegene Ambiente der viktorianischen Kolonialzeit wider. Pool. Empfehlenswert Juni–Aug. ❽

Grumeti River Camp, knapp 50 km östlich vom Ndabaka Gate, andBeyond in Südafrika, ✆ +27-11-8094314, I www.andbeyond.com. Unter stattlichen immergrünen Bäumen platziert, an einem Seitenarm des Grumeti River. 10 Zelte mit luxuriöser, für den Busch übertrieben üppiger Inneneinrichtung in Retro-Farben und westafrikanischem Dekor direkt am Fluss und mit Blick auf die Hippos. Empfehlenswert Juni–Aug. ❽

Ikoma Area

Die Gegend nordwestlich von Seronera, außerhalb des Parks, ist besonders empfehlenswert von Mai bis Juli.

€ **Robanda Safari Camp**, Nähe Robanda Village, ✆ 027-2506315, 💻 www.moivaro.com. Einfaches, familiäres Zeltcamp mit 10 Zelten sowie einem kleinen Restaurant und Aussichtsturm. Für anspruchslose Reisende, die ihr Budget schonen möchten. ❼

Ikoma Tented Camp, 5 km hinter dem Ikoma Gate an der Hauptpiste, ✆ 027-2506315, 💻 www.moivaro.com. Einfaches Zeltcamp mit Steinböden in den Zelten und einem sehr gepflegten, weitläufigen Garten für etwas kleinere Reisekassen. ❼

Mapito Tented Camp, Nähe Ikoma Gate, 4 km südlich der Hauptpiste, ✆ 0732-975210, 💻 www.mapito-camp-serengeti.com. Komfortables, gepflegtes Zeltcamp mit 13 geräumigen, in Weiß und Beige gehaltenen Zelten sowie Outdoor-Duschen. Wuchtiges Restaurant mit Panorama-Deck im Obergeschoss. Angenehme Atmosphäre. ❽

Serengeti Simba Lodge, im Grumeti Reserve; beim Robanda Village nach Westen abzweigen, ✆ 027-2753001, 💻 www.serengetisimba.com. Von den geräumigen Oktagon-Zelten mit Outdoor-Dusche in erhöhter Lage hat man eine wunderbare Sicht auf die Migration und die Plains. Das in den Fels hineingebaute Restaurant ist gewöhnungsbedürftig, aber im Pool mit Blick auf die Plains kann man gut nach einer Safari relaxen. ❽

Northern Corridor

Lobo Wildlife Lodge, 75 km nördlich von Seronera, ✆ 027-2544595, 💻 www.hotelsandlodges-tanzania.com. Ein alteingesessener Klassiker, aber vom Standard bestenfalls Mittelklasse. Bekannt für herrliche Panoramen auf die östlichen Plains. Architektonisch imposant, weil die Lodge mit 75 Zimmern in einen überdimensionalen Kopje hineingebaut wurde. Pool. Empfehlenswert Nov–Dez. ❼

Mbuzi Mawe Camp, 45 km nordöstlich von Seronera, ✆ 027-2545555, 💻 www.serenahotels.com. Typisch ostafrikanisches Zeltcamp mit 16 guten Zelten, herrlich in eine Gruppe von Kopjes hineingebaut. Nicht so stilsicher wie andere Camps, doch die Lage ist zentral und die interessanten Safarigebiete sind gut erreichbar. Internet. ❽

Buffalo Luxury Camp, 5 km östlich des Klein's Gate, außerhalb der Parkgrenzen, ✆ 0753-888555, 💻 www.buffaloluxurycamp.com. Nicht ganz so stilsicher wie die anderen Lodges in der Umgebung, aber die 20 permanenten Safari-Zelte sind großzügig bemessen und komfortabel ausgestattet. Außerhalb der Parkgrenzen, Walking Safaris und Night Drives sind möglich. ❽

Serengeti Migration Camp, 85 km nördlich von Seronera und westlich von Lobo, ✆ 027-2500630, 💻 www.elewanacollection.com.

Die Serengeti im Jahreskreis – die Wanderung der Gnus und Zebras

Jedes Jahr aufs Neue, wie schon in Tausenden Jahren zuvor, machen sich über 2 Mio. Tiere auf den 1000 km langen Rundweg. 1,5 Mio. Weißbartgnus sind beim jährlichen Massenspektakel auf den Beinen, begleitet von 500 000 weiteren Tieren, darunter Zebras und Thomsongazellen. Die einzige Motivation hinter der unvorstellbar großen Tierwanderung im Uhrzeigersinn ist die **instinktive Suche nach Wasser** und ausreichend Nahrung für sich und die Nachkommen.

Der Rundkurs – jedes Jahr in etwa dieselbe Route – beginnt in den **Serengeti Grass Plains** im Süden, wo die Gnus nach der Regenzeit für **Nachwuchs** gesorgt haben. Von Dezember bis März bietet die Region ihnen und ihren Jungen saftiges Gras und genügend Wasser. Wenn die Jungen einigermaßen kräftig und die Gräser langsam vertrocknet sind, zwingt Mutter Natur die Gnus, sich woanders Nahrung zu suchen. Die Grasfresser machen sich also allmählich auf den Weg in Richtung Nordwesten. Zu ihnen gesellen sich Zebras, Thomsongazellen und Topis. Obwohl allesamt Grasfresser, kommen die verschiedenen Tierarten einander nicht ins Gehege: Zebras fressen längeres Gras, während Gnus das mittelhohe bevorzugen, „Tommys" wiederum knabbern die bodennahen Halme ab, die die Gnus übrig lassen.

Der große Trek zieht ab April in den nun grasreichen **Western Corridor** der Serengeti, wo er die erste Hürde – die Überquerung des **Grumeti River** – nehmen muss. Von Juli bis August geht es langsam nordwärts, wo der Zug die zweite Hürde, den **Mara River**, überwindet. Die 40, 50 km langen gigantischen Herden ziehen bis Oktober in die kenianische **Masai Mara** weiter. Wenn hier das Gras abgeweidet ist und die ersten Regenfälle in der Serengeti einsetzen, schlagen sie über den östlichen Flügel der Serengeti den Rückweg ein, um im Dezember oder Januar wieder im Süden der Serengeti anzukommen.

In der Zwischenzeit sind die Wasserläufe zu reißenden Flüssen angeschwollen, viele Tiere – vor allem die Schlusslichter der Herde – schaffen nicht mehr den Sprung über die Flüsse, ertrinken oder werden von Krokodilen gefressen.

Ebenso wittern andere Raubtiere wie Löwen, Geparden und Hyänen ihre Chance auf reiche Beute. Ihre Opfer sind vor allem langsame, kranke oder alte Tiere. Bei ihren Angriffen bringen sie die ganze Herde in Bewegung, dichte Staubwolken wirbeln auf – ein atemberaubendes Naturschauspiel, das auf fesselnde Weise die Gesetze der Wildnis demonstriert.

In eine Gruppe von Kopjes hineingebautes, geschmackvolles Camp mit Reminiszenz an den alten, britischen Kolonialstil und Blick auf den Grumeti River. Wunderbare Sonnenuntergänge von der offenen Bar mit Restaurant auf einer Holzplattform. Pool. Empfehlenswert im Okt–Nov. ❽

Klein's Camp, Kuka Hills, außerhalb der Parkgrenzen, andBeyond in Südafrika, ✆ +27-11-8094314, 💻 www.andbeyond.com. Auf einer Hügelkette mit Blick ins Tal, in einem eigenen Privat-Reservat. 10 Stein-Cottages in klassischem Safari-Ambiente mit hellen Farben, viel Holz und Stein. Exklusiv und luxuriös durchgestylt. Pool. Walking Safaris und Bush Dinners. Empfehlenswert Juli/Aug–Okt/Nov. ❽

Camping

In der Serengeti stehen zahlreiche **Public Campsites** zur Verfügung, z. B. gleich mehrere hinter dem Seronera Visitor Centre an einer Piste, am Ndabaka Gate oder in Lobo, US$30 p. P. Für **Special Campsites** s. Tanapa Arusha, S. 397.

Serengeti Stop Over, 1 km südwestlich vom Ndabaka Gate, außerhalb der Parkgrenzen, ✆ 0784-406996. Camping (US$15 p. P.) in einem kargen Areal mit rudimentären Sanitäranlagen; die Zimmer sind dagegen für den gebotenen Standard viel zu teuer.

AKTIVITÄTEN

Während in der Serengeti selbst hauptsächlich **Game Drives** (mit Tour Operator) gemacht

SERENGETI MIGRATIONSROUTEN

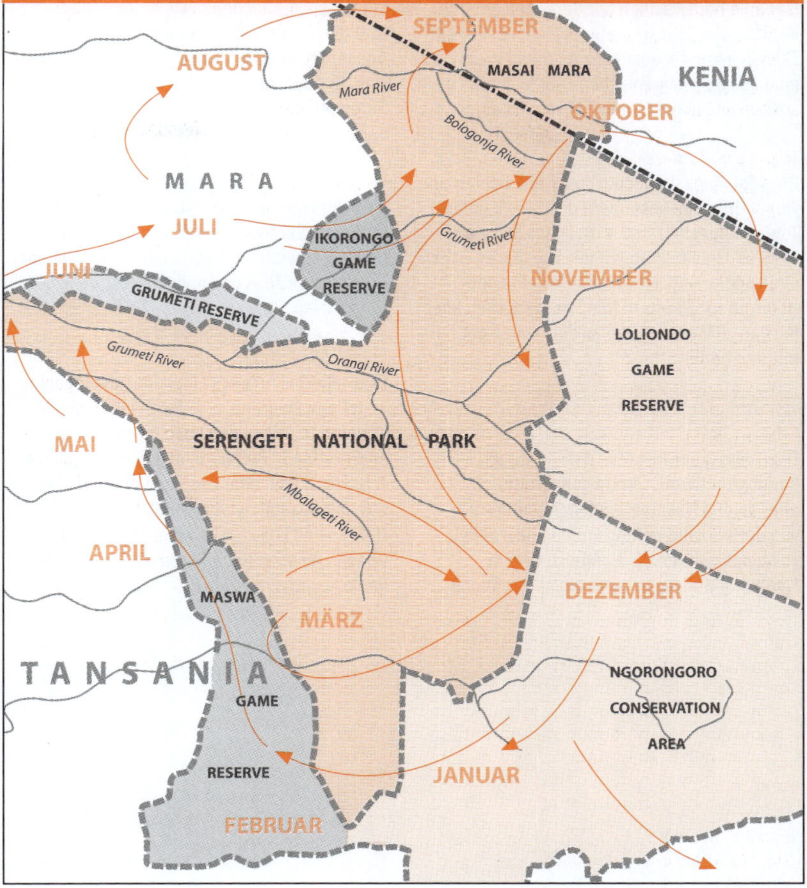

werden, können in den Pufferzonen, z. B. Ikoma Wildlife Management Area oder Loliondo Game Reserve, **Walking Safaris** oder auch **Nachtpirschfahrten** unternommen werden, die auch von den Lodges organisiert werden können.

Ein besonderes Erlebnis ist eine mehrtägige **Buschwanderung** durch die Pufferzonen der Serengeti mit Camping-Übernachtungen, ab US$2100 p. P., z. B. bei Wayo Africa, S. 395, oder bei 💻 www.africanenvironments.co.tz.

SONSTIGES

Im **Seronera Village** gibt es eine kleine Dispensary mit den wichtigsten Medikamenten, eine teure Tankstelle und eine Post.

Grenzverkehr

Für den offiziellen Grenzverkehr zwischen **Kenia** und Tansania ist der Grenzposten Isebania nordwestlich der Serengeti geöffnet. Kenianische Tour Operator dürfen nicht nach Tansania fahren, am Grenzübergang muss man aus dem kenianischen Fahrzeug aussteigen und in ein tansanisches umsteigen.

Telefon und Internet

Der Mobilfunk (Vodacom, Zain) funktioniert an vielen Orten, insbesondere dort, wo Network Tower aufgestellt sind, z. B. in der Seronera Area und in den Pufferzonen. Die teuren Camps und Lodges sind mit Satellitentelefon und -Internet (US$5 pro 15 Min.) ausgestattet, aber bei den „billigeren" Camps darf man nicht auf Internet hoffen.

TRANSPORT

Selbstfahrer

Die Qualität der Pisten in der Serengeti hängt grundsätzlich stark vom Wetter ab, aber an den Hauptverbindungsrouten wird von der Parkverwaltung laufend gearbeitet. Teilweise werden die Hauptpisten zum Naabi Hill Gate bzw. in die Ikoma Area (und weiter nach Musoma) vom Schwerverkehr genutzt.

Vor einem Besuch in der Serengeti ist es unerlässlich, sich genau zu informieren (z. B. bei einem Safari-Veranstalter), welche Abschnitte empfehlenswert bzw. befahrbar sind. In den Regenmonaten ist in der Nord-Serengeti sowie im Western Corridor wegen der Black Cotton Soil Vorsicht geboten.

Busse

Eine Busfahrt von KARATU nach MWANZA durch die Serengeti ist technisch machbar, aber nicht zu empfehlen. Neben dem Ticket sind der Eintritt in die NCA und in die Serengeti (US$110) zu bezahlen.

Flüge

Es existieren mehrere Flugfelder, die täglich angeflogen werden, u. a. Seronera, Grumeti, Kogatende, Lamai und Lobo, auch in den angrenzenden Pufferzonen gibt es Flugplätze, z. B. Fort Ikoma oder Sasakwa. Von ARUSHA z. B. mit Coastal Aviation nach Seronera für US$185 und Lobo für US$275, von DAR mit Coastal Aviation nach Seronera für US$420 (jeweils einfach und p. P.).

Lake Victoria

Stefan Loose Traveltipps

Ukerewe Island Auf der größten Insel im See lässt sich Tansania in Reinkultur erleben. S. 451

Mwanza Von vielen Orten in der weitläufigen, luftigen Stadt hat man Panoramablicke auf den Lake Victoria. Hier kann man gut ein paar unbeschwerte Tage verbringen. S. 452

Bukoba Die sympathische Kleinstadt am Westufer des Sees versprüht ländlichen Charme. S. 465

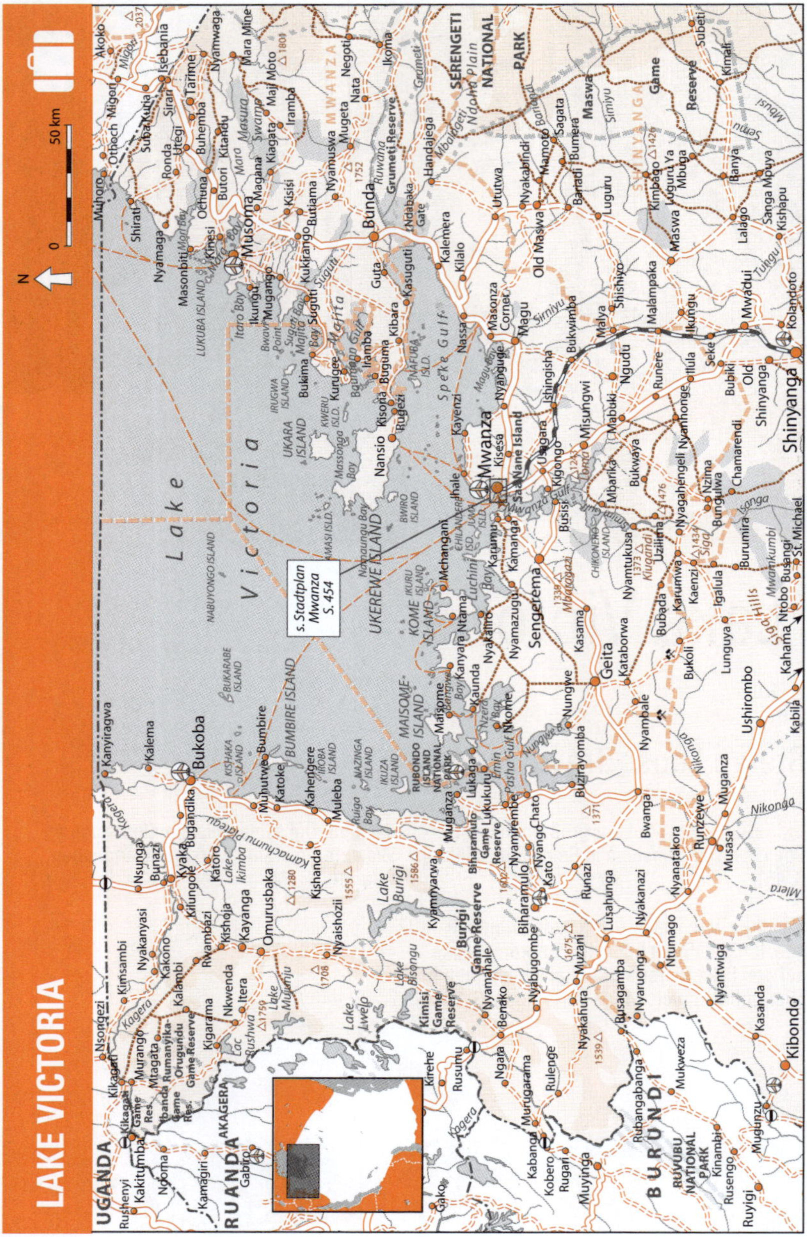
LAKE VICTORIA
Lake Victoria
s. Stadtplan Mwanza S. 454
50 km
N
UGANDA
RUANDA
BURUNDI
SERENGETI NATIONAL PARK
Grumeti Reserve
Maswa Game Reserve
Burigi Game Reserve
Biharamulo Game Reserve
Rubondo Island National Park
Ruvubu National Park
Kimisi Game Reserve
Rumanyika-Orugundu Game Reserve
Akagera
Mwanza
Bukoba
Musoma
Shinyanga
Geita
Sengerema
Bunda
Kibondo
Magu
Speke Gulf
Mwanza Gulf
Emin Pasha Gulf
Ukerewe Island
Maisome Island
Kome Island
Bumbire Island
Ukara Island
Lake Burigi
Siga Hills
Mara
Kagera
Nikonga
Isanga
Simiyu

Das Gewässer der Superlative in Tansania ist der Lake Victoria, das „Mittelmeer Ostafrikas", der bekannteste und größte unter den Seen des Ostafrikanischen Grabenbruchs. Die Hälfte der Seefläche wird Tansania zugerechnet, die beiden anderen Anrainerstaaten sind Kenia und Uganda.

Seit jeher ranken sich Legenden um den mit rund 69 400 km² zweitgrößten Süßwassersee der Welt, denn die Suche nach den Quellen des Nils hielt die Forscher und Entdecker jahrhundertelang in Atem. Heute weiß man, dass der See (er ist doppelt so groß wie die Niederlande!) in den Viktoria-Nil abfließt, der wiederum den Weißen Nil speist – sein Wasserstand hat somit dramatische Auswirkungen auf die flussabwärts gelegenen Länder.

Die Region um den See, der auf 1134 m Seehöhe liegt, ist geprägt von einem eigenen, äußerst niederschlagsreichen, milden **Mikroklima** und infolgedessen einer spezifischen Flora und Fauna sowie fruchtbarem Agrarland: Teepflanzungen, Bananen- und Zuckerrohrfelder hüllen das Hochplateau das ganze Jahr über in saftiges Grün. Erstaunliche 85 % des Seewassers stammen aus Niederschlägen! Es ist daher kein Wunder, dass das Seengebiet zu den besonders dicht besiedelten Gebieten Tansanias zählt.

Neben der Landwirtschaft ist der See selbst die Haupterwerbsquelle der Anrainer: Jährlich werden 500 000 t **Fisch** (Tilapia und Nilbarsch) allein auf tansanischer Seite gefangen – und größtenteils exportiert. Bis zu US$400 Mio. an Einnahmen soll der Lake Victoria der Region pro Jahr bescheren. Im See lebt auch der Afrikanische Lungenfisch, sozusagen ein lebendes Fossil, das über 300 Mio. Jahre alt sein soll. Er atmet durch die Lunge und nicht, wie bei der modernen Spezies üblich, über Kiemen.

Wegen der **Bilharziose-Erreger** eignet sich das Gewässer nur an ganz wenigen Stellen zum Baden. Überhaupt hat der See mit vielen Problemen zu kämpfen, insbesondere mit dem Überfluss an Nilbarschen (Kasten „Nilbarsche, Hyazinthen und andere unliebsame Nilbewohner", S. 460), der starken Wasserverschmutzung aufgrund dichter Besiedelung und schließlich der wuchernden Wasserhyazinthe, die versehentlich eingeschleppt wurde und die Lebewesen im See beeinträchtigt.

Am Ostufer

Musoma

Musoma, schön an der Mara Bay gelegen, hat eher praktischen Nutzwert als touristischen Reiz. Dennoch, das Städtchen liegt malerisch auf einer spitz zulaufenden Halbinsel und ist von sanften Hügeln und zahlreichen Granitfindlingen umgeben. Der Mara-Fluss, eine markante Hürde für die Große Migration in der Serengeti, mündet in die Bucht vor der Stadt, der zweitgrößten der Victoria-Region. 134 000 Menschen leben laut Volkszählung 2012 in der Distrikthauptstadt von Mara; mit 1,74 Mio. Menschen ist die gesamte Mara-Region, die bis weit in die Serengeti reicht, relativ dicht besiedelt. Obwohl die Stadt am See liegt und das Potenzial für einige eindrucksvolle Fotos (besonders bei Sonnenuntergang) hat, kann man wegen der Bilharziose-Erreger nirgends im See baden.

Wegen der guten Teerstraße in alle Richtungen ist Musoma für Reisende zumeist nur ein Ort der Rast auf dem Weg nach Kenia (112 km in Richtung Norden) oder in die Serengeti (87 km in Richtung Süden).

Trotz der Nähe zur Serengeti spielt der Tourismus hier keine Rolle; vielmehr leben die Menschen, die hauptsächlich dem Volk der Haya angehören, von der Fischerei und der Landwirtschaft, die ausschließlich für den Eigenbedarf betrieben wird. Früher hatte die Stadt noch als Binnenhafen Bedeutung, doch die Schifffahrt nach Kenia (Kisumu) oder Mwanza ist vollständig zum Erliegen gekommen.

Ein Abstecher nach Butiama, etwa 45 km südöstlich von Musoma (30 Min. auf Teerstraße,

Ikoma Gate

Selbstfahrer haben die Möglichkeit, über das Ikoma Gate in die Serengeti zu reisen. Die reizvolle Landschaft entschädigt für eine sehr holprige Piste. Bei Regen und generell in der Regenzeit ist diese Option jedenfalls vorzuziehen, denn dann sind die Pisten im Western Corridor unpassierbar.

Abzweigung links nach dem Ortsschild „Butiama"), ins **Mwalimu Julius K. Nyerere Memorial Museum** lohnt sich nur, wenn man profundes zeitgeschichtliches Wissen über Tansania mitbringt. Das Geburtshaus, die Bibliothek und das Mausoleum sind zugänglich, ⌚ tgl. 9.30–18 Uhr, Eintritt 6500 TSH. Vom Bus Stand in Musoma fahren alle 30 Min. Daladalas nach Butiama.

ÜBERNACHTUNG

Tembo Beach Hotel, nördlich des Zentrums auf der Landzunge, ✆ 028-2622887. Einfache Zimmer (alle mit Blick auf den See) in einem düsteren Gebäude, aber die Lage am silbergrauen Strand entschädigt dafür. Beliebt an Wochenenden bei Einheimischen, die auf eine Cola und *chipsi na kuku* vorbeikommen. Oft ausgebucht mit Overlandern. ❷

Hotel Matvilla, Mkendo St., ✆ 028-2622445, ✉ mwakazi@yahoo.com. 25 zweckmäßige Zimmer mit TV und AC, Freiluftrestaurant im Garten. Unbedingt vor dem Einzug die Zimmer checken. Zentrale Lage, deshalb kann es lauter zugehen. ❷

Hotel Afrilux, Karume St., ✆ 028-2620031, ✉ afriluxhoteltz@yahoo.com. Großes, mehrstöckiges Hotel in zentraler Lage im typischen indisch-tansanischen Stil mit unkonventionellen runden Fenstern. Große Zimmer mit TV und Du/WC, bestes Restaurant der Stadt. Von den oberen Stockwerken hat man einen schönen Blick auf die Bucht und das Städtchen. WLAN. ❷

Peninsula Hotel, direkt am Seeufer, unweit vom Zentrum, ✆ 028-2642526. Älteres, abgewohntes Hotel. Das Beste am Hotel ist die Lage direkt am Wasser samt stimmungsvollen Sonnenuntergängen. ❷

Camping

Tembo Beach Campsite, nördlich des Zentrums auf der Landzunge, ✆ 028-2622887. Herrlicher Campingplatz direkt am Strand des Lake Victoria inmitten von Palmen und unter Schatten spendenden Bäumen. Einfach nur „a tent with a view"! (mit den üblichen rudimentären Sanitäranlagen). Wird gerne von Overlandern benutzt. 10 000 TSH p. P.

ESSEN

Bodenständige Restaurants und Kioske, die *ugali*, *matoke* (Bananen) und *chipsi* servieren, gibt es im Zentrum, an einigen Orten wird auch frischer Fisch aufgetischt.

Rehema Café, hinter der anglikanischen Kirche, zweifelsohne die beste Wahl. Karitatives Frauen- und Kinderprojekt der Kirche, wo man obendrein gut essen kann. Kreative, köstliche Gerichte, gemütliche Holzbänke und nettes Ambiente. Im gepflegten Garten wird westliche Küche und Kaffee zu gehobenen Preisen serviert.

Auch das Restaurant des **Afrilux Hotel** ist empfehlenswert.

AKTIVITÄTEN

Exkursionen und Bootsausflüge, z. B. zur **Lukuba Island** und ihren Nachbarinseln oder zu **Fischerdörfern**, können nur informell arrangiert werden. Am besten fragt man am Fischerhafen (Nähe Markt) nach. Mehr Informationen s. Lukuba Island S. 451.

SONSTIGES

Einkaufen

In den kleinen Supermärkten – ein namenloser **Mini Supermarket** gegenüber der NBC Bank, **Kotra** sowie **Alpha Choice**, beide gegenüber liegend 2,5 km außerhalb der Stadt in Richtung Mwanza – kann man sich mit dem Notwendigsten ausstatten.

Souvenirs aus *vitenge* und Kanga, Schmuck u. Ä. findet man im **Rehema Café**. Die Erlöse gehen an ein Frauenprojekt.

Geld

NBC und **CRDB** (beide Bargeldabhebung mit Visa- und Master-Card) liegen in der Mkendo Rd.

Internet

Mehrere Internetcafés befinden sich in der Mkendo Rd., das **Musoma Communications Centre Internet Café** liegt in der Nähe des Hotel Matvilla, 1500 TSH/Std.

Medizinische Hilfe

Man sollte den langen Weg ins **Shirati Hospital** 125 km nördlich von Musoma in Kauf nehmen.

> **Grenzübertritt nach Kenia**
>
> Nördlich von Musoma und ca. 156 km nördlich des Ndabaka Gate (Strecke ist vollständig geteert) liegt der Grenzübergang **Isebania/Sirari**. Man braucht ein Touristenvisum (US$50) oder ein Transitvisum (US$20) für Kenia, evtl. auch ein neues Visum für Tansania (US$50) beim Wiedereintritt. Infos zum Ostafrika-Visum S. 40.
>
> **Vorsicht vor Übergriffen:** In abgelegenen Gegenden regieren organisierte Banden. Kenianische Tour Operator dürfen nicht nach Tansania fahren, am Grenzübergang muss man daher aus dem kenianischen Fahrzeug aussteigen und in ein tansanisches umsteigen.

Post

In der Boma Rd.

TRANSPORT

Busse

Der **Bus Stand** (stendi kuu) liegt ein wenig abseits der Einfahrtsstraße zentral in der Stadt. Nach MWANZA tgl. ab 6 Uhr morgens alle 30–60 Min., 4–5 Std., max. 11 800 TSH in *semi-luxury buses*. Wer nach NANSIO (Ukerewe Island) fahren möchte, muss in Bunda umsteigen.

Nach Arusha

Die Route über die SERENGETI ist nur bedingt empfehlenswert, da US$110 an Eintrittsgebühren für die Serengeti sowie für die NCA anfallen. Daher ist die Route über Mwanza zu bevorzugen.

Über Nairobi s. u.

Nach Kenia

Mehrere Daladalas und größere Busse fahren tgl. über die Grenze nach KISII und KISUMU, danach muss man in große Überlandbusse, z. B. Modern Coast Express, umsteigen (Kasten S. 466).

Flüge

Das Flugfeld liegt westlich des Zentrums relativ zentral in der Stadt, zwischen Nyerere Rd. und Lakeshore Rd. **Auric Air**, ✆ 0783-233334, hat einen regelmäßigen Flugdienst zwischen Musoma und Mwanza angekündigt, ab 70 000 TSH. Ob die anderen Airlines (Precision, Air Tanzania) Musoma wieder in den Flugplan aufnehmen, ist vor Ort zu erfragen.

Coastal Aviation fliegt nach TARIME an der Grenze zu Kenia. Von hier kann man leicht mit dem Shuttledienst nach Kenia weiterreisen. Buchungen direkt unter 💻 www.coastal.cc oder in einem Reisebüro, z. B. im Matvilla Hotel.

Lukuba Island

13 km nordwestlich von Musoma und wunderbar eingebettet in malerische Granitformationen liegt das von zahlreichen kleineren Inseln flankierte Lukuba Island. Es muss nicht immer Sansibar sein – der Abstecher auf die Lukuba-Insel kann ebenso den krönenden Abschluss einer staubigen Safari oder einen willkommenen Zwischenstopp auf einer Safari zwischen Kenia und Tansania markieren.

Gleich neben großen Steinblöcken in der Lukuba Bay befindet sich die exklusive **Lukuba Island Lodge** mit acht komfortablen Bungalows und Zelten und grenzenloser Ruhe. Gäste werden vom Tembo Beach Hotel in Musoma (92 km vom Ndabaka Gate entfernt) mit dem hauseigenen Motorboot abgeholt (abenteuerliche Überfahrt von ca. 1 Std.). Wer nach einer Safari ein paar Tage Ruhe sucht, ist hier goldrichtig. Faulenzen, im Pool schwimmen, Bootsausflüge, Sportfischen, Fußsafaris und Vogelbeobachtung sind möglich. Näheres unter The Anasa Safari Collection, ✆ 0784-402344, 💻 www.lukuba.com, ❽ all inclusive. Tagesgäste sind ebenso willkommen: Entweder man heuert am Tembo Beach Hotel ein Boot an (ca. US$80 pro Boot) oder man arrangiert einen Tagesausflug samt Bootstransfer, Lunch und div. Aktivitäten direkt mit der Lodge (US$105 p. P.); der Pool kann ebenfalls genutzt werden.

Ukerewe Island

Die Inseln im Lake Victoria werden zum Ukerewe District zusammengefasst. 2012 wurden hier offiziell 345 147 Menschen gezählt, was den Inseln den Status des am dichtesten besiedelten Gebiets in Tansania einbringt. Bei der namensgebenden Insel Ukerewe handelt es sich um die größte Insel eines Binnengewässers in Afrika (50 km lang und zwischen 25 und 35 km breit). Die Inselbewohner finden als Fischer und Subsistenzbauern ihr Auskommen. Touristische Highlights fehlen, abgesehen von alten Gebäuden wie dem Chief's Palace, dem Haus eines vormals einflussreichen Stammesoberhaupts, der ältesten Kirche der Insel oder Überresten der deutschen Missionare. Dafür entschädigen tiefgrüne Reisfelder und stachelige Cassavafelder, eine authentische, unverfälschte Lebensart, fantastische Steinformationen und einsame Sandstrände. Der **Halwego Viewpoint**, der höchste Punkt der Insel, lockt mit Rundum-Panorama.

Einige Abschnitte, besonders im Westen bei **Rubya Beach**, sind frei von Bilharziose; dort kann gebadet werden. An den restlichen Stränden sollte man das Baden unterlassen. Neben Faulenzen, Swahili lernen und langen Spaziergängen (da es kaum motorisierten Verkehr gibt) lassen sich hier wunderbar Vögel beobachten. Zur Erkundung der Insel mietet man sich eines der vielen Fahrräder. Bei den diversen Guides ist Vorsicht geboten: Sie verlangen exorbitante Preise jenseits von US$100 für Führungen oder Aktivitäten.

Im Hauptort **Nansio** legen die Boote und Fähren an. Dort existiert noch am ehesten eine einfache Infrastruktur mit einem Markt, Lebensmittelgeschäften und sogar einer Post und Bank. Achtung: Regenjacke nicht vergessen, Ukerewe gehört zu den regenreichsten Orten Tansanias!

ÜBERNACHTUNG UND ESSEN

Einige Gästehäuser in Nansio bieten sehr einfache Zimmer, z. B. das **Holiday Motel** ❶. Die beste Unterkunft der Insel ist das **Monarch Beach Hotel** ❷, gefolgt vom **La Bima** hinter der Post ❶, beide in Nansio.
Camping ist beim Gallu Beach Hotel möglich.

TRANSPORT

Boote verkehren tgl. zwischen MWANZA (North Port) und Nansio, 4500–6500 TSH je nach Klasse zzgl. Port Tax, Dauer ca. 3 Std., Abfahrt Mo–Fr 9, 14, Sa 14, So 9 Uhr ab Mwanza. Rückfahrt von Nansio Mo–Fr 9, 14, So 9 Uhr. Die Abfahrtszeiten sind vor Ort zu verifizieren.
Eine holprige Piste führt von BUNDA bis nach KISORIA, wo eine **Autofähre** mehrmals täglich in Richtung Ukerewe Island ablegt, 200 TSH p. P., 5000 TSH für Fahrzeuge. Bei der Ankunft in Rugezi stehen Daladalas für den Weitertransport bereit.

Am Südufer

Mwanza und Umgebung

Der größte Binnenhafen Tansanias befindet sich in Mwanza, dem zweitgrößten Ballungszentrum des Landes, zentral in der Mitte des Südufers gelegen. Das wirtschaftliche und industrielle Zentrum des Nordwestens mit geschätzten 706 000 Einwohnern (Stand 2012) konnte sich erst durch die gute verkehrstechnische Anbindung entwickeln. Zum einen spielte der Frachthafen, wenige Kilometer vom Zentrum entfernt, eine wichtige Rolle – so wird z. B. das westliche Ufer des Lake Victoria um Bukoba ausschließlich von Mwanza aus versorgt. Zum anderen hatte auch der Ausbau des Schienennetzes bis nach Mwanza wesentliche Auswirkungen auf die Stadtentwicklung.

Wirtschaftliche Hauptstandbeine der Stadt sind die Fischverarbeitung, die Baumwoll- und Textilproduktion sowie die Seifenherstellung. Zudem profitiert Mwanza von der größten Goldmine Tansanias in Geita und den zahlreichen Hilfsorganisationen, die sich im Umland angesiedelt haben. Insgesamt zählt die Region Mwanza mit der gleichnamigen Hauptstadt zu den am dichtesten besiedelten Gebieten Tansanias.

Mwanza

Das entspannte Städtchen hat außer schönen Seepanoramen, einigen kolonialen Gebäuden, bizarren Steinformationen zu Wasser und zu Land und seiner malerischen Lage wenig zu bieten.

Das Herz Mwanzas kann bequem zu Fuß erkundet werden, die Ränder erstrecken sich über mehrere von Granitfelsen übersäte Hügel. Einige Häuser wurden sogar in diese Felsen hineingebaut und haben der Stadt den Namen „Rock City" eingebracht.

Der markante **Bismarck Rock** am Capri Point gleich neben dem Kamanga Ferry Port verdankt seinen Namen einer Statue, die während der deutschen Kolonialära zu Ehren des Reichskanzlers Otto von Bismarck angeblich auf dem Felsen stand. Für die zahlreichen Sonntagsausflügler ist der Park davor einfach ein lauschiger Ort am See.

Der alte Teil der Stadt liegt im Dreieck zwischen Posta Street, Uhuru Street und Clock Tower Roundabout. Beim Spaziergang (speziell rund um die Gandhi Hall) können niedrige Kolonialgebäude aus den 1930er- und 1940er-Jahren entdeckt werden, die in ihrer Bauweise ein wenig an den Wilden Westen erinnern. Die **Gandhi Hall** soll dem Vernehmen nach von indischen Geschäftsmännern in den 1950er-Jahren gestiftet worden sein. Sie steht mitten im traditionellen **Inder-Viertel**, das sich einst von der Bantu Street über die Uhuru Street und Nkrumah Street bis zur Posta Street erstreckte. Prächtige Villen, Moscheen, hinduistische Tempel und stattliche alte Verwaltungsgebäude reihen sich hier aneinander.

In der Kenyatta Road stadtauswärts thront hinter dem monumentalen NSSF-Gebäude (mit dem Nyumbani Hotel) malerisch auf einem Hügel das **Robert-Koch-Haus**. Obwohl es kurz vor dem Ersten Weltkrieg gebaut wurde, war es nie als Labor in Verwendung. Vielmehr diente es einige Jahrzehnte als Verwaltungsgebäude. Heute steht es leer, aber man hofft auf eine einträgliche touristische Nutzung in den nächsten Jahren.

Nördlich des Clocktower Roundabout auf dem Weg zum Malaika Beach Resort wurde den knapp 800 Opfern der Schiffskatastrophe von 1996 ein Denkmal gesetzt. Der Ausflug lohnt aber nicht unbedingt wegen des **MV Bukoba Monuments**, das an die wegen völliger Überladung gesunkene Fähre erinnert, sondern vielmehr wegen des Panoramas auf den See und auf Mwanza von einem der Basaltsteine. Auf dem Weg dorthin kann man einen Abstecher zum größten Fischmarkt Ostafrikas machen, den **Kirumba Market**. Man nimmt die erste Abzweigung links von der Makongoro Rd. in Richtung Flughafen.

Etwa 19 km östlich von Mwanza bei Kisesa (an der Straße nach Musoma) lohnt der Besuch des **Sukuma Museum and Bujora Cultural Centre**. Die Sukuma, die in der Region rund um den Lake Victoria bis hinunter nach Shinyanga zu Hause sind, stellen mit etwa 15 % der Gesamtbevölkerung die größte Volksgruppe Tansanias (S. 128). Das 1952 von kanadischen Missionaren ins Leben gerufene Museumsdorf dokumentiert die Geschichte und die Lebensweise der Sukuma. So wird nicht nur der Alltag der Menschen in ihren traditionellen Hütten gezeigt, sondern auch ein Palast der Art, wie sie früher von den Sukuma-Königen erbaut wurden. Artefakte wie Trommeln, Hausrat und Kunsthandwerksgegenstände sind ebenfalls ausgestellt. Unregelmäßig, zumeist an Wochenenden in der Touristenhochsaison, finden Tanz- und Trommelvorführungen statt. Auf Wunsch werden sie auch arrangiert. 🕒 Mo–Sa 8–18, So 10–18 Uhr, Eintritt 10 000 TSH.

Saa Nane Island

Die Insel vor den Toren von Mwanza, deren Name wortwörtlich übersetzt so viel wie „Acht-Uhr-Insel" bedeutet, bot sich bis zur Ernennung zu einem Nationalpark 2013 für einen beschaulichen Tagesausflug an, obwohl Besucher, die gerade von der Serengeti kommen, die bescheidene Tierwelt wohl kaum nachhaltig begeistern wird. Lange Zeit fristeten zahlreiche Tiere in Käfigen auf der Insel ihr Dasein. Sie waren einst auf der Insel ausgesetzt worden, um als Attraktion für ein geplantes Game Reserve zu dienen. Die Käfige sind mittlerweile verschwunden und viele der größeren Tiere wurden umgesiedelt. Immerhin können Impalas, Klippschliefer *(rock hyrax)*, Grüne Meerkatzen *(vervet monkey)*, Fingerotter *(African clawless otter)*, kleinere Reptilien, Echsen, Krokodile und unzählige Vögel gesichtet werden, wenn man die Insel auf den kleinen Gehwegen erkundet. Man sollte nicht zu viel erwarten, aber wer Mwanza für einige Stunden entkommen möchte, kann hier die üppige tropische Flora genießen und Vögel beobachten. Überall auf der pittoresken Insel finden

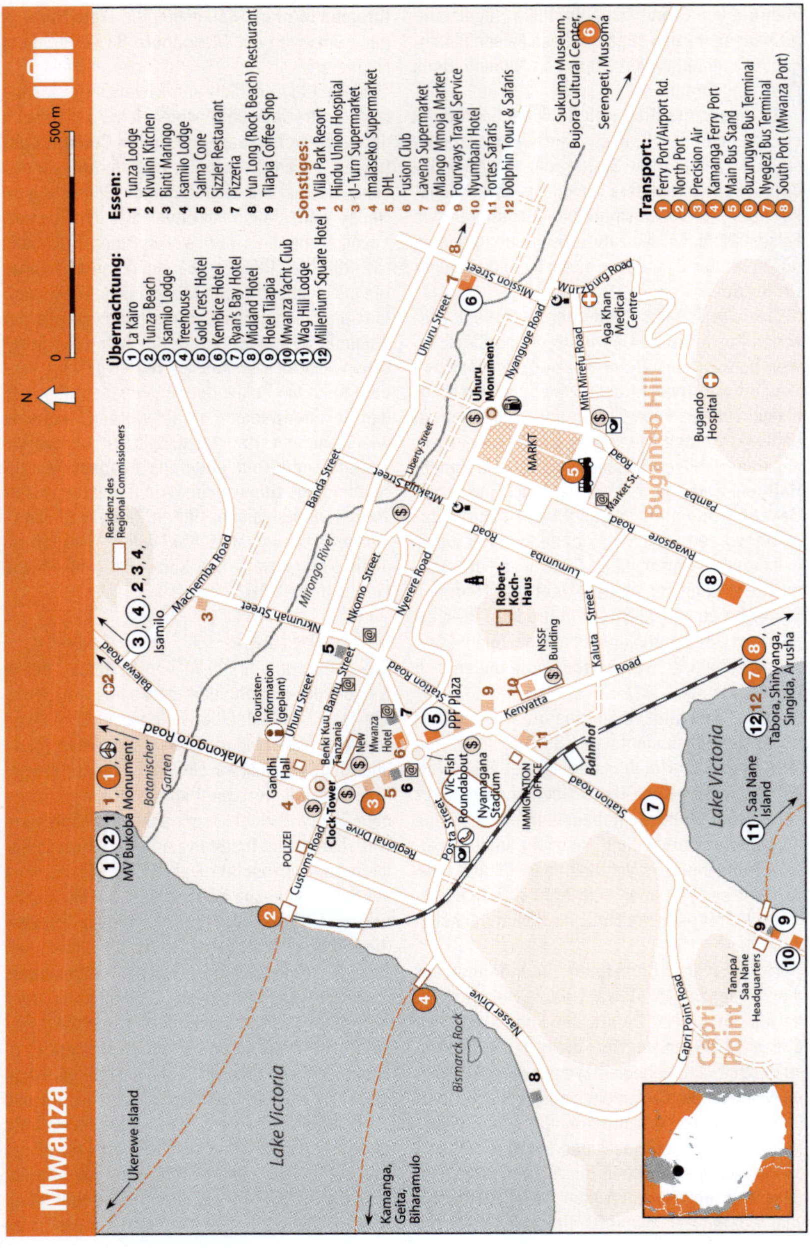
Mwanza
0
500 m
N
Übernachtung:
1 La Kairo
2 Tunza Beach
3 Isamilo Lodge
4 Treehouse
5 Gold Crest Hotel
6 Kembice Hotel
7 Ryan's Bay Hotel
8 Midland Hotel
9 Hotel Tilapia
10 Mwanza Yacht Club
11 Wag Hill Lodge
12 Millenium Square Hotel
Essen:
1 Tunza Lodge
2 Kivulini Kitchen
3 Binti Maringo
4 Isamilo Lodge
5 Salma Cone
6 Sizzler Restaurant
7 Pizzeria
8 Yun Long (Rock Beach) Restaurant
9 Tilapia Coffee Shop
Sonstiges:
1 Villa Park Resort
2 Hindu Union Hospital
3 U-Turn Supermarket
4 Imalaseko Supermarket
5 DHL
6 Fusion Club
7 Lavena Supermarket
8 Mlango Mmoja Market
9 Fourways Travel Service
10 Nyumbani Hotel
11 Fortes Safaris
12 Dolphin Tours & Safaris
Transport:
1 Ferry Port/Airport Rd.
2 North Port
3 Precision Air
4 Kamanga Ferry Port
5 Main Bus Stand
6 Buzurugwa Bus Terminal
7 Nyegezi Bus Terminal
8 South Port (Mwanza Port)
Ukerewe Island
Lake Victoria
Kamanga, Geita, Biharamulo
Bismarck Rock
Nasser Drive
Capri Point
Capri Point Road
Tanapa/Saa Nane Headquarters
Saa Nane Island
Tabora, Shinyanga, Singida, Arusha
MV Bukoba Monument
Botanischer Garten
Makongoro Road
Customs Road
POLIZEI
Clock Tower
Regional Drive
Gandhi Hall
Benki Kuu Bantu Street
Tanzania
New Mwanza Hotel
Touristen-information (geplant)
Uhuru Street
Posta Street
Vic Fish Roundabout
Nyamagana Stadium
IMMIGRATION OFFICE
Bahnhof
Station Road
PPF Plaza
Kenyatta Road
NSSF Building
Kaluta Street
Robert-Koch-Haus
Nyerere Road
Nkomo Street
Nkrumah Street
Mirongo River
Machemba Road
Isamilo
Balewa Road
Residenz des Regional Commissioners
Banda Street
Liberty Street
Makunja Street
Lumumba Road
Rwagsore Road
Pamba Road
Market St.
MARKT
Uhuru Monument
Nyanguge Road
Mission Street
Würzburg Road
Aga Khan Medical Centre
Miti Mirefu Road
Bugando Hill
Bugando Hospital
Sukuma Museum, Bujora Cultural Center,
Serengeti, Musoma

sich große Gesteinsbrocken, die wunderbare Plätze zum Rasten und Beobachten abgeben. Der Blick nach Mwanza von einem der Blöcke ist malerisch.

Seit der Ernennung zum **Saa Nane Island National Park**, der mit 2,18 km² nicht nur die namensgebende Insel, sondern ebenso Chankende Island und ein wenig Wasserfläche umfasst, kann ein Inselbesuch wegen der horrenden Eintrittspreise von US$30 p. P. nicht mehr empfohlen werden.

Anfahrt: Im Saa Nane (und Tanapa) Headquarters an der Station Road muss nach einem Boot gefragt werden; die Überfahrt dauert 15–20 Min. Bei der Recherche konnte nicht einwandfrei festgestellt werden, ob die Bootsüberfahrt in den Eintrittsgebühren von US$30 pro Person enthalten ist. Die offiziellen Boote sind nicht immer in einwandfreiem Zustand. Am besten fragt man an der Hotelrezeption vor Ort, denn die Einheimischen wissen Bescheid.

ÜBERNACHTUNG

Landestypische Unterkünfte bietet Mwanza in rauen Mengen, doch vielen eilt der Ruf einer fragwürdigen Sicherheitslage voraus. Deshalb sollte man hier Quartiere der höheren Kategorien bevorzugen. Für Besucher ohne Fahrzeug sind die Hotels außerhalb der Stadt (Isamilo, Makongoro Rd.) nur per Taxi erreichbar.

Hotel Kembice, Uhuru St., ✆ 028-2542267. Zweckmäßiges, etwas abgewohntes Hotel in typischer Landesart. Interessant aufgrund der Lage in der Nähe des Busterminals. ❷

Millenium Square Hotel, Nähe Nyegezi Bus Stand, ✆ 028-2550420, 💻 www.millenium squarehotel.co.tz. Neueres landestypisches Hotel mit AC und kleinem Kühlschrank im Zimmer. Internet. Gute Lage gleich am Busbahnhof, aber etwa 8 km weit vom Zentrum entfernt. ❷

La Kairo, Makongoro Rd., ✆ 028-2500345, 💻 www.hotellakairo.co.tz. Typisches Stadthotel mit zweckmäßiger Ausstattung, aber in guter Lage zwischen dem Zentrum und Tunza Beach. ❷–❸

Tunza Beach, 4 km außerhalb von Mwanza in Richtung Flughafen am Ilemela Beach, auf dem Weg zum Malaika Beach Resort, 💻 tunza beach.com. Einfache, rustikale Zimmer direkt am schönen, weißen Strand von Tunza Beach. Ist zwar weit weg vom Zentrum (ca. 10 km), aber ideal für naturverbundene Leute, die sich Ruhe wünschen. Camping am Strand möglich. ❷–❸

Treehouse, Isamilo, ✆ 028-2541160, ✉ treehouse@streetwise-africa.org. Nettes Gästehaus eines Straßenkinder-Hilfsprojekts mit 2 DZ, 2 EZ und einem Cottage 2 km außerhalb des Zentrums (Taxi 3500 TSH). Internet. Ruhige Lage, nur Frühstück. In der Kivulini Kitchen nebenan kann man gut essen. ❸

Midland Hotel, Rwagasore Rd., ✆ 028-2541509. Großes, vielstöckiges Geschäftshotel mit Konferenzräumen, Restaurants und Bars, das durch seine zentrale Lage und die vielen Angebote besticht (Internet, Beauty Salon, Apotheke etc.). ❸

Isamilo Lodge, Isamilo Hills, nördlich des Zentrums auf dem Weg zum Flughafen, ✆ 028-2541627, 💻 www.isamilolodge.com. Großes Geschäftshotel auf einem Hügel mit schöner Aussicht, das vor Kurzem vergrößert wurde. Zweckmäßige Zimmer mit AC, TV, Internet. Recht gutes Restaurant, Bar. Pool. ❸–❹

Hotel Tilapia, Capri Point, ✆ 028-2500517, 💻 www.hoteltilapia.com. Als alteingesessener Klassiker, malerisch am Lake Victoria gelegen, gehört das Mittelklasse-Haus noch immer zu den beliebtesten Hotels in Mwanza. 40 Zimmer mit AC, Internet, TV und Safe. Ausgezeichnete Küche; netter Coffeeshop mit Kuchen und Torten, Pool, Reisebüro, Beauty Salon und Tour Operator. ❹

Gold Crest Hotel, Kenyatta Rd., ✆ 028-2506058. Großes, gehobeneres Geschäftshotel in zentraler Lage mit WLAN, Restaurant, Bar, Lounge, Club, Pool. ❹

Ryan's Bay Hotel, Capri Point, Station Rd, ✆ 028-2542347, 💻 www.ryansbay.com. Zur Zeit der Recherche das westlichste Hotel der Stadt, mit freundlichen, großen Zimmern samt Balkon, WLAN, AC und Flatscreen, einem einladenden Pool und einer tollen Lage direkt am Wasser. Sauber und sympathisch. Bequemerweise sind die Betreiber gleichzeitig Tour Operators (Fortes Safaris). ❹

Wag Hill Lodge, westlich von Mwanza, per Boot vom Mwanza Yacht Club aus zu erreichen, ☏ 0754-917974, 💻 www.waghill.com. Die wohl ungewöhnlichste Unterkunft in Mwanza. 5 rustikale Chalets auf Stelzen, in den Berg hinein gebaut, mit Blick auf den dichten Wald sowie den See. Ökofreundlich durch Einsatz von Solarenergie; es gibt weder Generator noch Steckdosen. Idyllischer Pool. Klein, intim, wirklich etwas Besonderes. Ein Muss für passionierte Angler (Angelausrüstung zu mieten) und Vogelliebhaber. ❼

Camping

Mwanza Yacht Club, Capri Point, neben Tilapia Hotel. Schöner und beliebter Campingplatz in Mwanza direkt am See, 10 000 TSH p. P., Essen ab 6000 TSH. Mit Bar und Squash-Court. Camping ist auch am **Tunza Beach** möglich, 10 000 TSH p. P.

ESSEN

In den meisten Hotel-Restaurants, z. B. im **Hotel Tilapia** (indische und westliche Küche), in der **Isamilo Lodge** (italienisch, indisch, chinesisch), oder in der **Tunza Lodge** (alle liegen in Richtung Flughafen), kann man ausgezeichnet essen.

Salma Cone, Bantu St. Günstige Snacks, Burger und Eiscreme sowie Kaffee. 🕒 tgl. 7–22 Uhr.

€ **Kivulini Kitchen**, Isamilo, neben dem Treehouse. Betrieben von einer karitativen Frauenorganisation, die hauptsächlich typisch tansanische Gerichte zubereitet. Aber auch das Chocolate Mousse zergeht auf der Zunge! Gut und günstig.

(Kuleana) Pizzeria, Posta St., ☏ 028-2500955. Lohnt hauptsächlich wegen der Pizza und der frischen Säfte. Außerdem Sandwiches, Kaffee und Kuchen zu fairen Preisen unter 10 000 TSH. 🕒 tgl. 9–21 Uhr.

Sizzler Restaurant, Kenyatta Rd., schräg gegenüber vom New Mwanza Hotel. Das Ambiente mag zwar nicht sonderlich einladend wirken, doch die Auswahl ist groß. Neben bodenständigen Gerichten (Brathähnchen) wird auch Indisches und Chinesisches gekocht. 🕒 tgl. 10–15, 18–22 Uhr.

Binti Maringo, Balewa Rd., im Kuleana Children Centre. Restaurant samt Café, das mit seinen Einnahmen das angeschlossene Straßenkinderprojekt unterstützt. Leckeres Frühstück, Pizza, Salate und Gemüsegerichte, frisch gepresste Säfte, exzellenter Cappuccino.

Tilapia Coffee Shop, siehe Hotel Tilapia. Sympathisches Kaffeehaus im westlichen Stil mit akzeptablen Kaffees sowie Süßspeisen.

Yun Long Restaurant (Rock Beach), Nasser Drive, südlich des Bismarck Rock. Vorzügliche Lage am See, gute chinesische Küche, nettes Ambiente. Unter 20 000 TSH. 🕒 tgl. ab 11 Uhr.

UNTERHALTUNG

Von den Dächern zahlreicher mehrstöckiger Hotels hat man bei Sonnenuntergang einen tollen Blick auf den See und die Stadt, z. B. im **Nyumbani Hotel**, im **Gold Crest Hotel** oder im **Midland Hotel**.

Die Hotels haben das einträgliche Geschäft mit Alkohol, Musik und Tanz für sich entdeckt, denn die angesagtesten Clubs finden sich in den besten Hotels der Stadt, z. B. **Fusion Club** im New Mwanza Hotel, **Rock Bottom Club** im Gold Crest Hotel oder **Lips Club** in der Isamilo Lodge, alle mit Eintritt und meist 🕒 Do–So ab 21 Uhr.

Tunza Beach, siehe Übernachtung. Die rustikale Bar und der schöne dazugehörige Strand sind am Wochenende besonders bei den Städtern aus Mwanza beliebt.

Villa Park Resort, Kirumba Area. Nachtclub, Bar und Disco mit Hip-Hop, Bongo Flava und Livekonzerten. Fr und Sa geht hier die Post ab.

EINKAUFEN

Es gibt mehrere gut sortierte Supermärkte mit westlichen Waren, z. B. **U-Turn**, Nkrumah St., Ecke Machemba Rd., **Imalaseko** beim Clock Tower oder **Lavena**, Hotel Kembice, Uhuru St. Im **Mlango Mmoja Market** am südöstlichen Ende der Uhuru St. ist Secondhandkleidung und vieles mehr erhältlich (unbedingt hart verhandeln).

AKTIVITÄTEN

Safaris

Beliebte Freizeitaktivitäten sind Ausflüge zu den Inseln Rubondo, Ukerewe, Lukuba. Des

Ujamaa – der Traum vom afrikanischen Sozialismus

Er träumte davon, die Klassen- und Stammesunterschiede zu eliminieren und Tansania nach Dekaden der kolonialen Fremdbestimmung endlich auf einen selbstbestimmten Weg zu führen. Sein Land sollte unabhängig von Europa und den USA werden und den inneren Frieden festigen.

Zielstrebig verfolgte Mwalimu („Lehrmeister") **Julius K. Nyerere**, der erste Präsident des unabhängigen Tansania, seinen Traum von einem gerechten Staat. Der Sohn eines Häuptlings aus Butiama am Lake Victoria, der sich in Europa zum Lehrer ausbilden ließ, proklamierte 1967 die **Arusha Declaration**, die die Ideen seiner gesellschaftlichen Neuordnung enthielt.

Sein Traum beruhte auf traditionellen Formen des tansanischen Gemeinschaftslebens (der Großfamilie), die er mit staatlicher Lenkung und Planung verbinden wollte. Weit im Busch verstreute Familien sollten sich (nach Kibbuz-Vorbild) zu neuen *Ujamaa*-Gemeinschaften (Swahili für Familie, Gemeinde) zusammenschließen, die nach drei Prinzipien zu leben hatten: gegenseitiger Respekt, gemeinschaftliches Eigentum und die Pflicht zur Arbeit. Den neuen Dorfgemeinschaften entstünden dadurch Vorteile: Es ließe sich leichter flächendeckend Schulbildung und Gesundheitsversorgung gewährleisten, die Arbeitsteilung würde das Dorfleben erleichtern und das Fehlen von Hierarchien die Stabilität fördern. Wirtschaftlich träumte Nyerere vor allem davon, dass auch ohne Technisierung Produktionssteigerungen in der Landwirtschaft (in der weit über 90 % der Bevölkerung ihr Auskommen fand) erreicht werden könnten und Tansania auf dem afrikanischen Markt wettbewerbsfähig würde.

So wurden in den Folgejahren **neue Dorfgemeinschaften** aus dem Boden gestampft. Sie waren ethnisch bunt gemischt, denn die nationale Einheit über Stammesgrenzen hinweg stellte einen Grundpfeiler des Systems dar. Dennoch mussten zwischen 1973 und 1977 11 Mio. Menschen gewaltsam, teilweise unter Einsatz des Militärs, umgesiedelt werden. In den neuen Dörfern mangelte es an der versprochenen Infrastruktur, weder Wasser- noch Stromleitungen noch Straßen wurden jemals angelegt. Darüber waren die Menschen verbittert, denn unter diesen Umständen hätten sie ebenso gut in ihrem angestammten Lebensraum bleiben können. Es gibt viele solcher Dörfer in Tansania, z. B. Mto wa Mbu am Northern Circuit oder Gezaulole am South Beach in Dar es Salaam.

In der Bevölkerung regte sich wegen der **Zwangsumsiedlungen** Widerstand. Durch die anhaltenden Öl- und Wirtschaftskrisen in den 1970er-Jahren und eine allgemein verfehlte Agrarpolitik der korrupten Eliten lohnte sich der Verkauf der landwirtschaftlichen Produkte nicht; es gab für die Bauern also keinerlei Produktionsanreize mehr. Sie kehrten zu der seit Generationen praktizierten Subsistenzwirtschaft zurück. **Produktionsrückgänge**, schmerzhafte Exporteinbußen und schließlich Versorgungsengpässe für die eigene Bevölkerung waren die Folge.

Letztlich scheiterte Nyerere daran, dass er seine eigene moralische Integrität zum Maßstab erhob und dabei die gesellschaftliche Realität im Lande falsch einschätzte. Denn die politischen Eliten in Dar es Salaam hatten keinerlei Interesse am Gleichheitsideal Nyereres; ihnen lag – dem traditionellen Herrschafts- und Großfamiliensystem entsprechend – viel mehr die eigene Bereicherung am Herzen. So zerschellte die gut gemeinte Umstrukturierung an überbordender Bürokratie, unproduktiven Beamten und grassierender Korruption. Tansania schlitterte in eine **Wirtschaftskrise**, die paradoxerweise – ganz entgegen Nyereres Zielsetzung – in eine noch größere Abhängigkeit von den Geberländern mündete.

Doch obwohl die wirtschaftlichen Erfolge ausblieben, führte Nyereres Politik immerhin zu einem Anstieg der Alphabetisierungsrate und einer Verbesserung der Gesundheitsversorgung. Ganz sicher hat er mit seinem Traum die **nationale Einheit** sowie die Wahrung des inneren Friedens erreicht und damit den Ausbruch ethnisch motivierter Unruhen verhindert.

Weiteren können Safaris in die Serengeti oder Exkursionen in das Sukuma Village Museum arrangiert werden. Mwanza ist außerdem ein guter Ausgangspunkt für Gorilla-Trekking in Ruanda, das nur eine Tagesreise entfernt liegt. Bei den Preisen der einzelnen Veranstalter herrschen große Unterschiede, unbedingt vorher Angebote einholen.
Fortes Safaris, Station Rd., in Nachbarschaft zum Bahnhof, ✆ 028-2500561, 🖳 www.fortes-africa.com. Safaris und Mietfahrzeuge.
Dolphin Tours & Safaris, außerhalb von Mwanza in Richtung Shinyanga, ✆ 0784-322111. Hauptsächlich interessant für Fahrzeugverleih.

Schwimmen

Im großen Pool der **Isamilo International School** möglich.

SONSTIGES

Apotheken

Besonders empfehlenswert sind die Apotheke im **New Mwanza Hotel**, Kenyatta Rd., und die **Sunpharm Pharmacy** im Midland Hotel, Rwagasore Rd.

Autovermietungen

Siehe „Aktivitäten“.

Expressversand

DHL, Kenyatta Rd, neben Precision Air.

Geld

NBC Bank, Kenyatta Rd. im Nyumbani Hotel, **Standard Chartered Bank**, Clock Tower (CCM Building), und **Stanbic**, Uhuru Monument, Nyerere Rd., **Exim Bank**, Kenyatta Rd., und **Barclays**, Pamba Rd. neben der Post. Alle akzeptieren Master- und MaestroCard sowie Visa-Card.
Geldwechsel z. B. im New Mwanza Hotel im **Victoria Bureau de Change** (Posta St.) sowie in den Banken.

Informationen

Zur Zeit der Recherche planten einige engagierte Touristiker, eine Touristeninformation für die gesamte Lake Zone einzurichten.

Internet

Es gibt eine große Auswahl an Internetcafés, die besten Anbieter sind u. a. **Karibu Corner Internet** direkt am Kreisverkehr Kenyatta Rd., Ecke Posta St., oder **Mwanza Cyber World Internet Café** (im G.J. Hotel, Rwagasore St.). Mittlerweile haben viele Hotels auch WLAN. Generell ist das Internet langsam in Mwanza.

Medizinische Hilfe

Bugando Hospital, Bugando Hill, am Ende der Würzburg Rd. Staatliches Krankenhaus mit deutschen Ärzten und Famulanten.
Aga Khan Medical Centre, Miti Mirefu St., ✆ 028-2502474.
Hindu Union Hospital, Balewa Rd., ✆ 028-2500382. Gemeinsam mit dem Aga Khan Medical Centre die beste medizinische Versorgung in der Stadt.

Polizei

Customs Rd., unweit vom Clock Tower.

Post

Posta St., eine weitere Zweigstelle befindet sich in der Pamba Rd., in der Nähe vom Busbahnhof.

Reisebüros

Fourways Travel Service, NCU Hostel Building, Station Rd., Ecke Kenyatta Rd., am Kreisverkehr, ✆ 0713-230620, 🖳 www.fourwaystravel.net. Erfahrenes Reisebüro und Tour Operator. Mit Niederlassungen im Tilapia Hotel und am Flughafen.

Sicherheit

Die Kleinkriminalität stellt ein ernstes Problem in Mwanza dar; auf Taschendiebe muss man gefasst sein. Dass man unter keinen Umständen nachts unterwegs sein sollte, ist selbstverständlich, aber auch tagsüber lässt man im Menschengewühl besser Vorsicht walten, besonders am Busbahnhof.
Malaria ist ebenso verbreitet wie Bilharziose. Viele Straßenkinder und Leprakranke betteln an den Kreuzungen – statt Geld lieber Essen geben.

> **Vorsicht auf dem Weg nach Burundi**
>
> Das Gebiet zwischen Biharamulo und der Grenze zu Ruanda und Burundi ist für Überfälle bekannt, die **organisierte Banden** verüben. Reisende sollten dieses Gebiet nur nach genauer Erkundung der aktuellen Lage durchqueren (möglichst im Konvoi) oder es vollständig meiden. Notfalls muss die Strecke geflogen werden. Sicherer sind Grenzübertritte von Uganda nach Ruanda und die Weiterreise von dort nach Burundi.

Visa

Immigration Office, Station Rd., schräg gegenüber vom Bahnhof.

TRANSPORT

Wer auf bequeme Weise den Lake Victoria besuchen will, dem bietet sich nur eine einzige Möglichkeit für die An- und Abreise: das Flugzeug. Alles andere ist zeit- und nervenraubend.

Selbstfahrer

Nach Westen: Nach BIHARAMULO (via Geita und Nyamirembe) dauert es ca. 4–5 Std. für 300 km, auf Teer, bei Kigongo/Busisi (ca. 35 km südwestlich) Fähre über den Mwanza Gulf (5000 TSH/Fahrzeug, 300 TSH p. P., 500 TSH Steuer, 30 Min.). Von Biharamulo nach BUKOBA (überwiegend Teerstraßen, 3 Std.), nach Ruanda oder Burundi ebenfalls Teerstraße.
Nach Osten: Nach MUSOMA durchgehend Teerstraße (220 km, 3–4 Std.).
Nach Süden: Bis NGEZA (über Shinyanga) durchgehend Teerstraße (240 km, 3–4 Std.).

Busse

Der **Main Bus Stand** befindet sich zentral neben dem Markt.
Der **Nyegezi Bus Terminal** liegt an der Straße nach Shinyanga etwa 10 km südlich der Stadt. Busse, die nach Süden (Arusha über Shinyanga, Singida, Tabora, Dodoma, Mbeya, Dar es Salaam) unterwegs sind, sollten theoretisch hier abfahren, die meisten Buslinien haben ihre Booking Offices aber auch am Main Bus Stand. Im Zweifelsfall muss man sich vorher erkundigen, von wo der Bus abfährt. Erreichbar per Daladala vom Main Bus Stand oder per Taxi (ca. 10 000 TSH).
Der alte Busbahnhof **Buzurugwa**, 5 km östlich der Stadt, wird auf dem Weg nach Osten angefahren.

Nach Dar es Salaam
Es gibt zwei Möglichkeiten: Die eine führt via SHINYANGA, SINGIDA und BABATI über ARUSHA (Übernachtung) nach Dar. Die zweite Route führt über SINGIDA, DODOMA und MOROGORO, max. 61 400 TSH in *semi-luxury buses*, 2 Tage, Übernachtung in Dodoma. Im großen Bürogebäude neben dem Main Bus Stand sind die Büros der Linien untergebracht. Vom Nyegezi Bus Terminal starten tgl. um 6 Uhr *luxury buses* von Saibaba oder Shabiby, ca. 67 500 TSH.

Weitere Ziele
ARUSHA, via BABATI, mit *ordinary buses*, z. B. Jordan, Kimotco, Mgamba, ab Nyegezi Bus Terminal, tgl., Abfahrt 6 Uhr, 29 300 TSH, mit *semi-luxury buses* 42 200 TSH.
BUKOBA, via KAHAMA, mind. 1x tgl., max. 37 200 TSH in *semi-luxury buses*, s. auch „Fähren".
KIGOMA, via KAHAMA, mit Saratoga (s. Reisesicherheitshinweise für Biharamulo und Geita S. 463), 1–2 Tagesreisen, max. 40 800 TSH in *semi-luxury buses*.
MUSOMA, tgl. zahlreiche Busse, 4–5 Std., max. 11 800 TSH in *ordinary buses*.
NAIROBI, via MUSOMA mit Umstieg an der Grenze, dann Weiterfahrt z. B. mit Modern Coast Express nach Nairobi; 2 Tage einplanen.

Eisenbahn

Der **Bahnhof** liegt südwestlich vom Zentrum in der Station Rd. Die Northern Line fuhr früher 2x pro Woche nach DAR ES SALAAM, 74 800 TSH in der 1. Klasse, Dauer ca. 39 Std. Der Bahndienst ist aber bis auf Weiteres ausgesetzt. Eine Wiederaufnahme der Linie ist geplant und vor Ort zu erfragen.

Fähren

Die Abfahrtshäfen, Linien und Routen ändern sich ständig, Boote quittieren

Nilbarsche, Hyazinthen und andere unliebsame Seebewohner

Berühmt ist der Lake Victoria nicht nur wegen seiner imposanten Größe, sondern vor allem wegen seiner vielfältigen Fischwelt. Er soll Hunderte – vielfach endemische – Buntbarscharten beherbergen, von denen noch nicht einmal die Hälfte wissenschaftlich erfasst ist. Klingt wie ein kleines Fischparadies, wenn es nicht eklatante Schönheitsfehler hätte. Das nährstoffreiche, warme und lichtdurchflutete Gewässer bot den Viktoriasee-Buntbarschen seit jeher eine ideale Lebensgrundlage. Für die ansässige Bevölkerung stellte der See nicht nur eine wichtige Nahrungs- und Erwerbsquelle dar, sondern auch das wichtigste Trinkwasserreservoir. Doch folgenschwere menschliche Eingriffe haben das Ökosystem des Sees nachhaltig geschädigt. So wurde in den 1960er-Jahren der bis zu 200 kg schwere **Nilbarsch** bewusst ausgesetzt, damit ein kommerziell einträglicher Fisch die Fischernetze füllte. Die Ansiedlung erwies sich als Katastrophe, denn für den gefräßigen Raubfisch eröffnete sich ein Schlaraffenland – die viel kleineren **Tilapia** (so der zusammenfassende Name für die verschiedenen Buntbarscharten) hatten dem übermächtigen Feind nichts entgegenzusetzen. Die Fischbestände wurden drastisch dezimiert – Experten sprechen davon, dass mittlerweile an die zwei Drittel der Buntbarscharten ausgerottet sein dürften.

Die erhofften Gewinne für die **Kleinfischer** blieben allerdings aus: Der als Viktoriabarsch gehandelte und weltweit äußerst beliebte Nilbarsch erzielt auf dem Markt einen viel geringeren Preis als der Tilapia, gleichzeitig verlangt er höhere Investitionen. Er kann nicht in der Sonne getrocknet werden, sondern muss für die Konservierung geräuchert werden, was wiederum Rodungen erfordert, die für das ökologische Gleichgewicht dringend erforderliche Waldflächen zerstören. Außerdem werden besonders starke und folglich teure Netze benötigt, die sich die kleinen Fischer nicht leisten können. Das Geschäft mit den lukrativen Fischfilets ist längst fest in den Händen einer Handvoll **fischverarbeitender Konzerne** und korrupter Beamter. Während die (indisch geführten) Betriebe satte Gewinne schreiben, kämpfen 300 000 Fischer und weit über eine Million indirekt Beschäftigter täglich ums Überleben. Den harten Alltag der Fischer dokumentiert der Film *Darwin's Nightmare* des Filmemachers Hubert Sauper eindrucksvoll. Ob auch die These des Films, dass im Handel mit den Viktoriabarschen statt mit Devisen mit Waffen bezahlt wird, zutrifft, ist bis heute umstritten.

Da mag es schon fast nebensächlich klingen, dass noch eine Reihe weiterer Einflüsse das ökologische Gleichgewicht bedroht. Ohne ihre natürlichen Feinde, die Tilapia, konnten sich u. a. Wasserschnecken, die Zwischenwirte der Bilharziose-Würmer, kräftig vermehren – mit dem Resultat, dass die Seuche heute den kompletten See erfasst hat. Neben der allgemeinen Verschmutzung des Sees, hervorgerufen durch die dichte Besiedelung der Küstenregionen, erwies sich auch die Einschleppung der **Wasserhyazinthe** in den 1980er-Jahren als gravierend: Buchstäblich beim Zuschauen überwuchert sie die Buchten des Lake Victoria, denn innerhalb von nur zwei Wochen kann sie ihre Wucherfläche verdoppeln! Über 90 % der ufernahen Gewässer, besonders in Kenia und Uganda, sollen schon mit ihr bedeckt sein, was für die ohnehin malträtierte Fischfauna zusätzlich verheerend ist: Durch den Lichtmangel sterben die heimischen Wasserpflanzen und die noch verbliebenen Buntbarsche. Neben anderen Folgeerscheinungen behindert der Hyazinthenteppich besonders die Schifffahrt sowie die Fischerei. Der Handlungsbedarf am Lake Victoria ist also groß, und nicht umsonst wurde er vom Global Nature Fund zum „bedrohten See des Jahres 2005" erklärt. Doch seitdem ist es wieder ruhig geworden um den See.

einfach ihren Dienst oder sinken. Leider gibt es keine zentrale Anlaufstelle für Bootsauskünfte. Boote nach Rubondo s. Rubondo Island, S. 462.

Ferry Port (Airport Road)

Momentan legt von hier die *MV Victoria* Di, Do und So, jeweils um 21 Uhr, nach BUKOBA (Zwischenstopp Kemondo Bay) ab. Ankunft

Bukoba am nächsten Morgen. Jeweils Mo, Mi und Fr fährt die Fähre von Bukoba zurück nach Mwanza (ebenfalls über Nacht). Kosten:
1. Klasse um 33 000 TSH (2er-Schlafkabine),
2. Klasse (in einer 6er-Kabine) 23 500 TSH.
Unbedingt mindestens am Tag zuvor Tickets kaufen, sonst muss man mit der 3. Klasse an Deck vorliebnehmen!

North Port (Customs Road)
Vom North Port zentral in der Stadt, unweit der Polizei und des Clock Tower Roundabout, verkehren 2x tgl. Fähren nach UKEREWE ISLAND, S. 451. 3–4 Std., 1. Klasse um 25 000 TSH.

South Port oder Mwanza Port (Kenyatta Road)
Hier, vom Haupthafen von Mwanza südlich der Stadt, legen die Fähren nach KAMPALA (Uganda) ab – allerdings erst, wenn das Boot voll ist und sich die Fahrt für die halbstaatlichen Betreiber lohnt.

Kamanga Ferry Port (Nasser Drive)
Stdl. Pendelverkehr (7–18.30 Uhr) zwischen Mwanza und KAMANGA (Straße nach Sengerema und weiter nach Geita, Alternative zur Kigongo/Busisi-Fähre).

Flüge

Der Flughafen liegt 9 km nördlich des Clock Tower. Flugtickets werden am besten über die Reisebüros in Mwanza reserviert.
Air Auric, am Flughafen, ✆ 0783-233334, 💻 www.auricair.com. Nach BUKOBA (ab US$88) via Rubondo Island, nach KIGOMA (ab US$178), außerdem nach SONGEA, IRINGA, MBEYA, MOROGORO und sogar nach SANSIBAR oder MAFIA ISLAND. Sehr dichtes Flugnetz, das sich nach Süden und Westen hin orientiert, aber bekannt für chaotischen Service.
Coastal Aviation, am Flughafen, ✆ 028-2560441, 💻 www.coastal.cc. Nach ARUSHA US$320 einfach, nach SANSIBAR US$550 einfach. Fliegt alle wichtigen Airports zwischen Mwanza und der Küste an.
Precision Air, Kenyatta Rd., gegenüber der KCB-Bank, ✆ 028-2500819, 💻 www.precisionairtz.com. Nach KIGOMA (von Dar es Salaam kommend), nach MBEYA oder DAR ES SALAAM US$400, NAIROBI US$420, alle einfach.
Fast Jet, 💻 www.fastjet.com. Low-Cost-Carrier, der Mwanza mit DAR ES SALAAM (ab US$50 zzgl. Steuern) verbindet. Notorisch verspätet und chaotisch, aber für Reisende ohne Zeitdruck die billigste Möglichkeit, nach Dar zu gelangen.

Am Westufer

Rubondo Island National Park

- **Eintritt**: US$30 p. P., obligatorischer bewaffneter Guide (US$20 pro Gruppe).
- **Beste Reisezeit:** In der Trockenzeit von Juni bis Oktober, doch wer Schmetterlinge, Orchideen und andere Blumen sehen will, muss während der Regenmonate (Okt–Dez, März–Mai) kommen. Ab Okt/Nov sind auch europäische Zugvögel zu beobachten.
- **Aufenthaltsdauer**: Mit An- und Abreise sollten mindestens 3 Tage eingeplant werden.
- **Hinweis:** Gerade weil es sich um keinen überlaufenen Nationalpark handelt, ist er für Individualreisende attraktiv. Man benötigt nicht unbedingt einen Tour Operator für einen Besuch.

Der Rubondo Island National Park mit einer Fläche von 457 km^2 liegt westlich von Mwanza im südwestlichen Zipfel des Lake Victoria. Er besteht aus der Hauptinsel, elf kleineren Inseln und zusätzlich 150 km^2 an umgebenden Gewässern, wo Fischfang verboten ist. Der ungewöhnliche Park besticht vor allem durch seine grandiosen Urwaldlandschaften mit unzähligen kleinen Sümpfen, seine vielfältige **Flora**, darunter allein 40 Orchideen-Arten, und die herrlichen Sandstrände des Sees: ein erfrischendes Kontrastprogramm nach einer staubigen Safari.

Doch auch die **Fauna** ist überwältigend. Dass der Park von über 200 Vogelarten bevölkert ist, darunter Graupapageien, die imposanten Schreiseeadler oder Paradiesschnäpper, mag angesichts der Waldlandschaften vielleicht nicht überraschen. Doch auch Säugetiere wie Ginsterkatzen, Diademmeerkatzen, Guereza-Affen, Buschböcke, Antilopen, Klippschliefer, Elefanten oder Giraffen sind hier heimisch geworden – dank dem Einsatz des Zoologischen Instituts Frankfurt, das die Insellage als Chance erkannte, vom Aussterben bedrohte Tiere zu retten und ihren Bestand auszuweiten. Mit der Einführung von Schimpansen versuchte man die Attraktivität des Parks weiter zu erhöhen. Schon vor dem Tierimport waren Flusspferde, Krokodile und die seltenen zotteligen, im Wasser lebenden Sitatunga (Sumpfantilopen) auf der Insel ansässig. Letztere verfügen über Schwimmhäute zwischen ihren Paarzehen, was ihnen das Schwimmen ermöglicht. Sie sind in Tansania nur auf Rubondo Island zu sehen.

ÜBERNACHTUNG UND ESSEN

In Muganza, der Bootsanlegestelle für Rubondo Island, gibt es nur bescheidene Gästehäuser und keinen Strom.

Tanapa Resthouse, beim Headquarter. Einfache Bandas und Zimmer für Selbstversorger direkt am Ufer, es ist ausnahmslos alles selbst mitzubringen. Wer Mahlzeiten wünscht, muss dies ein paar Tage im Voraus bekanntgeben (Frühstück US$8, Mittagessen US$12, Abendessen US$15 p. P.). US$35 p. P.

Rubondo Island Camp, zu buchen über Asilia Camps, ✆ 0736-500515, 💻 www.asiliaafrica.com. Das nagelneue Luxuscamp mit Pool wurde 2012 komplett aus dem Boden gestampft. 8 weitläufige Zelte und Chalets aus rustikalen Materialien im Urwald, nur wenige Meter vom Strand entfernt. ❽

Camping ist nach Anweisung der Ranger möglich, US$30 p. P., Special Campsite US$50 p. P.

AKTIVITÄTEN

Das Camp oder Park Headquarter organisiert gegen Aufpreis die verschiedensten Aktivitäten. Auf Safari geht es entweder zu Fuß oder per Boot; gutes, knöchelhohes Schuhwerk ist unerlässlich, US$20. Für passionierte Angler ist das Nilbarsch-Sportfischen im Lake Victoria ein Muss (Angelgebühr: US$25 pro Tag).

SICHERHEIT

Bilharziose ist allgegenwärtig. Nicht nur Baden im Wasser, sondern Spritzwasser reicht schon, um infiziert zu werden. Da das Brauchwasser meist auch aus dem See stammt, muss mit einer Infektion gerechnet werden. Bei schneller medikamentöser Behandlung entstehen aber keine langfristigen Probleme. Menschen, die so nah am Wasser leben, unterziehen sich alle sechs Monate einer Bilharziose-Behandlung.

NAHVERKEHR

Außer den Fahrzeugen der Parkverwaltung und des einzigen Camps existieren keine Transportmittel auf der Insel, der eigene Wagen darf nicht mit auf die Insel genommen und muss sicher geparkt werden, z. B. in Mwanza oder bei der Kirche 2 km vor Muganza.

TRANSPORT

Es kann mühsam sein, den Nationalpark auf eigene Faust zu bereisen. Informationen zu Transport, Abholung und anderes erhält man beim **Chief Park Warden** des Nationalparks in Kageye, ✆ 0767-536123, oder dem Camp. Wer es weniger aufwendig mag, muss Kiroyera Tours in Bukoba oder Fortes Safaris in Mwanza mit der Organisation betrauen.

Busse und Boote

Per Bus und Boot ist die Anreise nur zu empfehlen, wenn man es nicht eilig hat. Es gibt zwei Anreisemöglichkeiten: via MUGANZA und via NKOME. 2–3 Minibusse tgl. fahren von Bukoba (2 Std.) sowie von Biharamulo oder Mwanza (4 Std.) nach MUGANZA bzw. ins 5 km entfernte KASENDA (Fahrt mit Mopedtaxi ca. 2000 TSH). Von Mwanza (via Geita) aus mit Direktbussen schneller zu erreichen ist NKOME (ca. 5 Std.) zzgl. Mopedtaxi-Transfer vom Busbahnhof zum Warden's Office, wo das Boot ablegt. Für die Überfahrten heuert man entweder ein Fischerboot an oder arrangiert die Abholung durch die Parkbehörden (s. u.). Überfahrt von Muganza/Kasenda: Dauer ca. 30 Min., US$100; Überfahrt von Nkome: Dauer ca. 1 Std., US$185; beide Preise jeweils hin und zurück und inkl. Transfer zur Parkverwaltung in Kageye. Es handelt sich um offizielle Preise von

© KURT KAUBE

Neben Elefanten wurden auch andere Tiere auf Rubondo Island angesiedelt, um ihren Fortbestand zu sichern.

der Parkbehörde, aber es ist unwahrscheinlich, dass die Fischer die Überfahrt für weniger machen.

Flüge

Am bequemsten erfolgt die Anreise per Flug von BUKOBA oder MWANZA, sie ist aber auch von der SERENGETI aus möglich, z. B. mit Auric Air. Die Landebahn liegt unweit vom Rubondo Island Camp bei der Parkverwaltung.

Geita und Biharamulo

Auf dem Weg von Mwanza nach Bukoba passiert man zwei Orte mit interessanter Entstehungsgeschichte. In **Geita** befindet sich die ertragreichste Goldmine Tansanias. Bereits Ende der 1890er-Jahre wurde hier, etwa 120 km westlich von Mwanza, eine Goldader entdeckt, die aber mangels Rentabilität von der deutschen Kolonialregierung nicht weiter ausgebeutet wurde. Erst Ende der 1930er-Jahre begann die britische Kolonialregierung, Minen anzulegen, die bis 1966 betrieben wurden. Nach der Privatisierung der Wirtschaft in den 1990er-Jahren wurden die Minen mit Millionen-Investitionen wiederbelebt. Seitdem hat sich das Land zum viertgrößten afrikanischen Goldproduzenten hoch gearbeitet. Die Goldmine von Geita, die dem südafrikanisch-ghanaischen Joint Venture AngloGold Ashanti Limited gehört, zählt zu den größten Goldminen Afrikas. Unzählige Tansanier strömen in die Minenstadt, um am Goldrausch mitzuverdienen. So wurde aus dem unbedeutenden Dorf eine der am schnellsten wachsenden Siedlungen Tansanias, wo heute geschätzte 150 000 Menschen leben. Über 800 000 Menschen sind es im Geita District. Die Mine selbst gibt über 3500 Personen Arbeit, etwa 95 % davon sind Tansanier.

Seit der Eröffnung der Mine im Jahr 2000 begleitet den Goldabbau schlechte Publicity. Es kursieren Geschichten von unsachgemäßer Entsorgung hochtoxischer Zyanide im nur 20 km entfernten Lake Victoria oder Geschichten über gefährliche Abbaupraktiken und nicht ausbezahlte Löhne. Neben den offiziellen Minen buddeln Menschen an allen möglichen Orten, was ebenfalls Probleme mit sich bringt. 2009 stürz-

Grenzübertritt nach Ruanda und Burundi

Knapp 125 km westlich von Biharamulo steht der Grenzbalken in Rusumu, **Ruanda**. Die Fahrt mit Bussen nach Rusumu ist beschwerlich und kann je nach Verbindung eine Übernachtung erfordern, z. B. in Benako, einem Dorf 13 km vor der Grenze. In Benako heuert man ein Taxi an, das einen zur Grenzstelle bringt. Visa (US$50) werden direkt an der Grenze ausgestellt (S. 112); deutsche Staatsbürger können visumsfrei einreisen. Nach Kigali sind es dann nur noch flotte 3–4 Std. im Minibus. Die Reise kann auch länger dauern, wenn man sich länger als geplant an den schönen Rusumu Waterfalls ergötzt oder die Busse überfüllt sind. Es verkehren Busse von Biharamulo oder sogar von Mwanza nach Benako. Schneller und bequemer geht's über Uganda. Wer Ruanda, Uganda und Kenia bereisen möchte, löst ein ostafrikanisches Visum, s. S. 113.

Nicht viele Reisende verschlägt es nach **Burundi**, denn noch ist nicht überall Ruhe eingekehrt. Überfälle und Verkehrsunfälle sind vielerorts an der Tagesordnung. Die deutsche Botschaft in Bujumbura rät dringend dazu, sie vor einem Besuch anzurufen und die Sicherheitslage auszukundschaften bzw. die Website des Auswärtigen Amtes zu konsultieren. Busse, z. B. von Mwanza, fahren ins Grenzdorf Kabanga, wo eine Übernachtung notwendig wird. Per Taxi geht es danach zum tansanischen und anschließend weiter zum burundischen Grenzposten (nicht laufen!). Das Visum sollte am besten zuvor bei der Botschaft in Dar es Salaam oder Berlin (1 Monat US$90) beantragt werden. An der Grenze ist nur ein Visum für 3 Tage für US$40 erhältlich, danach muss man nach Bujumbura, um sich ein ordentliches Visum ausstellen zu lassen (s. auch Reisehinweise bei Kigoma, S. 474). Nur bei Tag reisen! Gewisse Gebiete in Burundi sind komplett zu meiden.

te beispielsweise eine private Mine ein und verschüttete neun Bergleute. Kinderarbeit soll gang und gäbe sein.

Geita ist ein guter Ausgangspunkt für die Anreise zum Rubondo Island National Park. Entweder man fährt in nördliche Richtung nach Nkome (via Nzera, 61 km), oder man fährt 59 km weiter auf Teer nach Westen bis Bwanga und nimmt die Abzweigung nach rechts in Richtung Norden nach Muganza (93 km auf Piste).

180 km von Geita, über Chato und Nyamiremba und an der südlichen Grenze des Biharamulo Game Reserve entlang, ist **Biharamulo** erreicht. In der deutschen Kolonialzeit diente es als Sitz einer Verwaltungseinheit; sein weitläufiger, geordneter Grundriss mit einigen bröckelnden Kolonialhäusern erinnert an andere Orte mit kolonialer Vergangenheit.

Weitere 18 km nördlich entlang der Straße nach Bukoba steht der Rangerposten des **Biharamulo Game Reserve**, das für die seltenen Pferdeantilopen bekannt ist. Wer das Game Reserve besuchen möchte, muss beim Headquarter in Biharamulo vorsprechen. Leider ist das Game Reserve mit seiner geringen Tierpopulation den Aufwand nicht wert.

ÜBERNACHTUNG

Touristen haben eigentlich keinen Grund, länger als eine Nacht in Geita zu bleiben. Die Unterkünfte sind wegen der vielen Ausländer vor Ort überteuert. Empfehlenswert sind z. B. das **Kisabo Green View Hotel** ❶ oder das **Kilimanjaro Motel** ❷.

In Biharamulo bietet sich das **Starlight Hotel** ❶ für eine Übernachtung an.

SICHERHEIT

Die Strecken von Biharamulo nach Rusumu (Ruanda), nach Kabanga (Grenze zu Burundi), nach Kigoma bzw. durch das Biharamulo Game Reserve werden wegen Bandenwesens nach wie vor als kritisch eingestuft, S. 459.

TRANSPORT

Die Hauptstraße von Mwanza nach Biharamulo ist nun vollständig geteert.

Daladalas verkehren zwischen MWANZA und Biharamulo via Geita und Nyamirembe (ca. 10 Std., knapp 300 km).

Ob die **Fähre** zwischen Mwanza und Nyamirembe wieder ihren Dienst aufgenommen hat, ist vor Ort zu klären.

Bukoba

175 km nördlich von Biharamulo oder Nyamirembe an der Teerstraße von Geita gelangt man schließlich ins verschlafene Bukoba, mit knapp 129 000 Einwohnern (lt. Volkszählung 2012) die Bezirkshauptstadt von Kagera und zweitgrößte tansanische Hafenstadt am Lake Victoria. Als Bischofssitz ist Bukoba Anziehungspunkt für viele westliche Missionare.

Wenn Expats bekunden, dass Bukoba das schönste Städtchen Tansanias sei, ist dies vor allem seiner entspannten Atmosphäre zu verdanken. Der auffälligste Bau in Bukoba ist wohl die neue katholische **Kathedrale**, ein riesiges Gotteshaus, das jedoch seit Jahren unvollendet und schon wieder baufällig ist. Geld dürfte bei dem opulenten Bau keine Rolle gespielt haben, doch die Architekten errichteten das Fundament auf Sand, und so muss die Kirche jetzt abgestützt werden.

Sand prägt auch das Stadtbild und verleiht Bukoba einen Hauch von Wildem Westen, mit roten Fahrpisten und jeder Menge Schlaglöchern.

Einen starken Kontrast zu den tiefroten Farben der Stadt bilden die zahlreichen „Bleichgesichter", die in Bukoba leben. Neben den Missionaren tummeln sich ausnehmend viele **Entwicklungshelfer und Freiwillige** in der Gegend, die – nicht zuletzt wegen der hohen Aids-Rate – alle Hände voll zu tun haben. Umso erstaunter wird empfangen, wer nur auf der Durchreise ist, denn Reisende sind im Gegensatz zu den Entwicklungshelfern hier eher Exoten.

Landschaftlich ist Bukoba allemal sehenswert, da es zwischen immergrünen Hügeln, Bananenstauden und den Sandstränden des Lake Victoria eingebettet liegt. Die regenreichen, gemäßigten klimatischen Bedingungen machen es nicht nur bei Expats beliebt, sondern vor allem ideal zum **Kaffeeanbau**. Hier stehen die größten Kaffeeverarbeitungsbetriebe des Landes, Tanica und Bukop, die den minderwertigeren Robusta-Kaffee zu Pulverkaffee verarbeiten. Während die Chagga am Kilimanjaro den Kaffee ausschließlich für den Export anbauen, genießen ihn die Haya auch selbst, jedoch nicht als Gebräu: Vielmehr kauen sie auf den Bohnen – mit dem gleichen Effekt.

Geschichte und Sehenswürdigkeiten

Seit den 1890er-Jahren ist Bukoba auf den in Europa gedruckten Landkarten verzeichnet; es wurde aber von der anderen Seite her „entdeckt", als der aus Schlesien stammende Afrikaforscher und Gouverneur von Äquatoria (dem heutigen Südsudan), Emin Pascha, Bukoba zum Außenposten seiner Provinz erkor. Erst zur Jahrhundertwende erreichte die deutsche Kolonialregierung das Dorf, machte daraus einen Verwaltungssitz, errichtete eine **Boma** und siedelte einen Statthalter an. Zu sehen gibt es heute noch einige alte Häuser aus deutscher Zeit, besonders zwischen dem Hafen und dem **Lake Hotel**, das seinerzeit das Wohnhaus des letzten deutschen Bezirksamtmanns war. Neben der unscheinbaren Boma, die nicht fotografiert werden sollte, blieben auch drei Steinsäulen am Strand in der Nähe des Lake Hotel erhalten, die ursprünglich als Stützen der Antennen für die Schutztruppen-Funkstation dienten. Ein paar Schritte stadteinwärts vom Lake Hotel steht das bröckelnde, verlassene **Duka Kubwa** (das „große Geschäft"), eines der ältesten Steinhäuser der Stadt, das den deutschen Siedlern angeblich auch wirklich als Laden diente. Im Süden der Stadt befindet sich die neugotische **Bunena Church**, die 1913 durch die katholische Mission errichtet wurde.

In der britischen Kolonialzeit mauserte sich Bukoba zur wohlhabenden Stadt, nicht nur dank des Kaffeeanbaus, sondern auch durch das ausgeklügelte Steuer- und Verteilungssystem der Könige der Haya: Im Siedlungsgebiet der **Haya** gab es mehrere Königreiche mit feudaler Gesellschaftsordnung. Die Könige wurden jeweils als gottähnliche Instanz verehrt, lebten in prunkvollen Palästen mit einem riesigen Hofstaat – und finanzierten das alles durch Steuerzahlungen der arbeitenden Landbevölkerung. Bis weit ins 20. Jh. hinein basierte der Reichtum der Königreiche vorwiegend auf dem Bananen- und Kaffeeanbau. Erst nach der Unabhängigkeit (als Präsident Nyerere die Königreiche auflöste), dem Verfall des Kaffeepreises und den Kriegen mit Uganda 1971/72 und 1978/79 fielen die

Grenzübertritt nach Uganda

Der Grenzübergang befindet sich 80 km nordwestlich von Bukoba in Mutukula. Die Visumserteilung (US$50 für alle deutschsprachigen Länder) funktioniert problemlos. Der tansanische Grenzposten war berühmt-berüchtigt für die von den Beamten unterschlagenen Visumsgebühren (s. „Visa", S. 112), aber mit der Einführung der EDV sollte das der Vergangenheit angehören. Ruanda lässt sich über Kenia und Kampala (z. B. mit Modern Coast Express) schneller erreichen. Ostafrika-Visum s. S. 40.

Stadt und der Landstrich der Vergessenheit und der wirtschaftlichen Bedeutungslosigkeit anheim. 1996 ging der Name Bukobas durch die Weltpresse, als die **MV Bukoba** sank und mehr als 1000 Menschen in den Tod riss (s. Mwanza, S. 452).

Vor wenigen Jahren wurde die Stadt durch ein kleines sehenswertes Museum bereichert. Das **Kagera-Museum**, ein Stück weit hinter dem Airstrip, stellt lokale Exponate und Artefakte der alten Königreiche der Kagera-Region aus. Besonderer Hingucker: traumhafte Naturfotografien von Dick Persson. ⏲ tgl. 9.30–18 Uhr, Eintritt US$2.

ÜBERNACHTUNG

Einfache, landestypische Unterkünfte sind u. a. das **Yasira Hotel** am Strand oder das **Prince Motel** (Nähe Lina's Night Club), beide ❶.

New Banana Hotel, Zam-Zam St. Simple Zimmer, einige mit TV, AC und Warmwasser. ❶

New Upendo Lodge, Rwaijumba St., ✆ 028-2220620. Gästehaus ohne viel Schnickschnack, aber mit sauberen Zimmern und großen Betten sowie Kabel-TV, Bar und Restaurant. Sollte der Flughafen über kurz oder lang ausgebaut werden, dann wäre die Upendo Lodge wohl das Airport Hotel. ❶

€ **ELCT Lutheran Church Center**, neben dem Lake Hotel an der Aerodrome Rd., ✆ 028-223121, 💻 www.elctbukobahotel.com. Einfache und saubere Zimmer mit TV, heißem Wasser und AC, faires Preis-Leistungs-Verhältnis. Kein Alkohol. Sicheres Parken möglich. ❷

Victorious Perch Hotel, Uganda Rd., gegenüber von Lina's Nightclub, ✆ 028-2220115, 💻 victoriousperchhotel.com. Landestypisches Hotel mit einfachen Zimmern und Internet. ❷

Bukoba Kolping Hotel, Maruku Rd., 3 km südlich der Stadt, Kashura Hill, ✆ 028-2221236, 💻 www.kolpingtz.net. Sympathisches, funktionales Gästehaus außerhalb der Stadt mit schönen Panoramen. ❷

New Coffee Tree Inn, Jamhuri Rd., beim Fußballstadion, ✆ 028-2221227. Sehr zentral gelegenes, landestypisches Geschäftshotel. ❷

Walkgard Hotel, Maruku Rd., 3 km südlich der Stadt, Kashura Hill, ✆ 028-22200935, 💻 www.walkgard.com. Opulent wirkendes Mittelklassehotel mit 42 Zimmern, das von einheimischen Geschäftsreisenden frequentiert wird. Jedes Zimmer hat TV und Mini-Bar. Phänomenales Panorama auf den See. Der große Pool kann für 4000 TSH auch von Tagesgästen benutzt werden. WLAN. ❷

Walkgard Annex, Uganda Rd., gegenüber von Lina's Nightclub, ✆ 028-2220935. Modernisierte Ausgabe des Haupthauses am Kashura Hill und sehr zentrale Lage in der Stadt. ❷

Balamaga Bed & Breakfast, Anfahrt wie Walkgard Hotel, ✆ 0787-757289, 💻 www.balamagabb.com. Sympathische Frühstückspension mit 4 geräumigen Zimmern in einem bunten Garten mit unvergleichlichem Blick auf den Lake Victoria. Zum Abendessen muss man woanders hin, z. B. ins Kolping Hotel oder Walkgard Hotel. ❸

Camping

Kiroyera Campsite, Shore Rd., am südlichen Strand von Bukoba, ✆ 028-2220203, 💻 www.kiroyeratours.co.tz. Campingplatz (US$5 p. P.). Ausflüge, Bus- oder Flugtickets werden organisiert, allerdings sind die Preise für Bukoba ein wenig überzogen.

ESSEN

Lokale Küche gibt es z. B. im **ELCT Café** beim ELCT-Buchladen, im **Rose Café**, Jamhuri Rd., oder in der **Police Canteen**, Jamhuri Rd., gegenüber der Kathedrale. Letztere liegt hinter der

Polizeistation in einem gepflegten Garten; die riesige Auswahl an landestypischen Speisen (zum fairen Preis) ist nicht nur Polizisten vorbehalten.
Die Mittelklassehotels verfügen alle über Restaurants, in denen man recht passabel speisen kann.

Bukoba Grill House, Uganda Rd. Serviert hauptsächlich Fleischgerichte, Frittiertes und deftige tansanische Spezialitäten. Geleitet wird das Grill House von einem deutschsprechenden Tansanier.

UNTERHALTUNG

Beliebtester Treffpunkt der *wazungu* und Einheimischen in Bukoba ist **Lina's Nightclub**, Uganda Rd., mit Disco und Livekonzerten an den Wochenenden und einer gut sortierten Bar.
Die **Beach Bar** auf dem Kiroyera Campsite direkt am Strand ist ein idyllischer Ort, um den Tag ausklingen zu lassen.
Im schön am See gelegenen **Spice Beach Motel** findet man sich ein, wenn man nach dem Essen noch ein paar Bier trinken möchte.
Einheimische bevorzugen die Disco sonntags im **Casino**, das auf der Ausfahrtstraße nach Süden (Richtung Biharamulo) liegt.

EINKAUFEN

Der zentrale **Markt** *(soko kuu)* ist groß und hat reichlich Obst und Gemüse zu bieten. Westliche Waren, z. B. Käse, verkaufen u. a. der **Hussein Shop**, Arusha Rd., **Dolly's Cash and Carry**, Kashozi St., Nähe Markt, und **Fido Dido Supermarket**, Jamhuri Rd., gegenüber vom Markt. Die Spezialität der Region sind *matoke* (grüne Bananen), die überall erhältlich sind.

AKTIVITÄTEN UND TOUREN

Beste Anlaufstelle für Informationen und Exkursionen ist **Kiroyera Tours** , siehe Übernachtungen, ✆ 0713-568276, 🖳 www.kiroyeratours.co.tz. Sie organisieren Bootsausflüge zur Musila Island (mit Start an ihrem Campingplatz) und unternehmen kulturelle Touren in Bukoba sowie Wanderungen , Radtouren, begleitete Spaziergänge und vieles mehr. Engagiertes Unternehmen, das die unaufdringliche Schönheit von Bukoba und Kagera vermitteln möchte.

Safaris

Ausflüge nach **Rubondo Island**, aber auch in die **Serengeti** oder nach **Uganda** (Gorilla Tracking) mit Kiroyera Tours.

Schwimmen

Am **Ntoma Beach**, 20 km südlich von Bukoba, am **Maruku Beach** in Stadtnähe oder im Pool des **Walkgard Hotel** möglich. Schön zum Relaxen (weniger zum Schwimmen) ist der **Bunena Rock Beach** in Stadtnähe. Bilharziose ist allgegenwärtig!

SONSTIGES

Apotheken

MK Pharmacy, gegenüber von Rose Café in der Jamhuri Rd., oder **Net Pharmacy**, Sokoine St., Nähe Mosque St.

Geld

Die **NBC Bank** befindet sich bei der katholischen Kathedrale; auch zum Geldwechsel geeignet. Geldabhebungen sind bei der **NBC** (Visa, Master, Maestro) und **CRDB** (Visa), Jamhuri Rd., Nähe Busstation, möglich.

Informationen

Kiroyera Tours, Campingplatz am Südstrand von Bukoba, s. Aktivitäten und Touren.

Internet

Beste Option ist **Fourways Internet**, Kashozi St., 1 Std. für 1000 TSH.

Medizinische Hilfe

St. Therese's Bukoba Medical Center an der Zamzam St.; **N'dolage Town Clinic**, Nähe NBC Bank und NBC Club.

Post

Nahe der NBC Bank, Kawawa, Ecke Barongo St.

Reisebüros

Kiroyero Tours reserviert Bus-, Flug- und Fährtickets. Siehe „Aktivitäten".

Visa

Immigration Office, Uganda Rd.

TRANSPORT

Taxis innerhalb von Bukoba sollten nicht mehr als 3000 TSH pro Fahrt kosten. Die wichtigsten Verkehrsrouten sind mittlerweile geteert.

Busse

Der **Bus Stand** liegt an der Kawawa Rd. (Nähe Kreisverkehr am Eingang der Stadt). Kiroyera Tours hilft beim Kauf von Bustickets. Nur das Büro von Mohammed Trans liegt ein wenig außerhalb an der Straße nach Uganda, alle anderen Buslinien haben ihr Büro in der Nähe des Busbahnhofs.

ARUSHA, via Nzega, Singida und Babati, u. a. mit Kimotco oder Jordan, Tagesreise, um 41 800 TSH.

BIHARAMULO, mehrere Busse tgl., 3 Std., ca. 11 000 TSH (s. Sicherheitshinweise S. 466), von hier weiter nach Lusahunga und zur Grenze nach Ruanda und Burundi.

DAR ES SALAAM, tgl. früh morgens via Dodoma, mit Übernachtung in Dodoma, S. 470, 77 300 TSH in *semi-luxury buses*.

DODOMA, 3x wöchentl. (Mo/Mi/Fr) z. B. mit Say Yaali, Abfahrt 6 Uhr, 1 Tagesreise, ca. 37 000 TSH, s. Sicherheitshinweise S. 459.

DODOMA, via Biharamulo, max. 53 300 TSH in *semi-luxury buses*.

KAMPALA (Uganda), mind. 1x tgl. zwischen 6–7 Uhr, ca. 6 Std., 17 000 TSH.

KIGOMA, 3x wöchentl. (Mo/Mi/Fr), z. B. mit Say Yaali, Abfahrt 6 Uhr, Tagesreise, ca. 37 000 TSH, s. Sicherheitshinweise S. 459.

MWANZA, via KAHAMA, z. B. mit Kimotco oder Mohammed Trans, tgl. morgens und am Nachmittag, ca. 6 Std., max. 37 200 TSH in *semi-luxury buses*, 27 300 TSH in *ordinary buses*.

NAIROBI, tgl. Verbindungen via Kampala (Übernachtung), 48 000 TSH.

Fähren

Der **Hafen** von Bukoba liegt 3 km südlich vom Stadtzentrum.

Die Nachtfähre *MV Victoria* verkehrt Mo, Mi und Fr jeweils um ca. 21 Uhr nach MWANZA, Ankunft am nächsten Morgen zwischen 6 und 8 Uhr, 1. Klasse um 33 000 TSH (2er-Schlafkabine), 2. Klasse (in einer 6er-Kabine) 23 500 TSH. Unbedingt mindestens am Tag zuvor Tickets kaufen, sonst muss man mit der 3. Klasse an Deck vorliebnehmen!

Flüge

Das mittlerweile geteerte Flugfeld liegt am Ende der Aerodrome Rd., nordöstlich vom Stadtzentrum.

Momentan fliegt **Auric Air** tgl. von/nach MWANZA (US$88), teilweise via Rubondo Island. Flugtickets bei Kiroyera Tours oder am Flughafen. **Precision Air** fliegt ebenso von/nach Bukoba, z. B. von Mwanza.

Zentraltansania und Lake Tanganyika

Stefan Loose Traveltipps

Kigoma Entspanntes Städtchen mit viel Geschichte. S. 474

Schimpansen Liebhaber dieser Primaten kommen am Lake Tanganyika auf ihre Kosten – im Gombe Stream und im Mahale Mountains National Park. S. 479 und 480

Katavi National Park Ein unentdecktes Juwel mit gesunder Tierpopulation. S. 481

Am Strand Es muss nicht immer Sansibar sein, denn neuere Unterkünfte am südlichen Ende des Lake Tanganyika versprechen idyllischen Urlaub abseits des Trubels. S. 483

ZENTRALTANSANIA UND LAKE TANGANYIKA

Wer sich von Dar es Salaam in den äußersten Westen aufmacht, passiert die Hauptstadt **Dodoma** und andere Ballungszentren wie Tabora, Singida oder Shinyanga. Nur wenige Reisende besuchen dieses dünn besiedelte Gebiet. Bis vor kurzem befanden sich die Verbindungswege in schlechtem Zustand, doch seit Fertigstellung der Teerstraße von Dodoma nach Singida und weiter nach Shinyanga und Mwanza ist Zentraltansania besser erschlossen. Sobald auch die Teerstraße nach Arusha vollendet ist (was noch viele Jahre dauern kann), wird Dodoma wirklich gut erreichbar sein.

In den Westen reist man nicht einfach nur so zwischendurch. Der Transport ist beschwerlich, markante Highlights fehlen, die Nationalparks sind sündhaft teuer und ohne eine große Portion Idealismus machen diese Landesteile keinen Spaß. Doch Reisende ohne Zeitdruck, die sich nicht an fehlenden Annehmlichkeiten stoßen, werden beeindruckt sein. Hier, in den ehemaligen Karawanenstädtchen **Kigoma** und **Ujiji** oder an den Ufern des **Lake Tanganyika**, erlebt man noch am ehesten das alte, traditionsbewusste Tansania.

Dodoma

Seit 1973 ist Dodoma die Hauptstadt des Landes, ohne dadurch sonderlich an Charme gewonnen zu haben. Weder die deutschen Kolonialherren, die Dodoma Anfang des 19. Jhs. gerne als Hauptstadt gesehen hätten, noch Julius Nye-

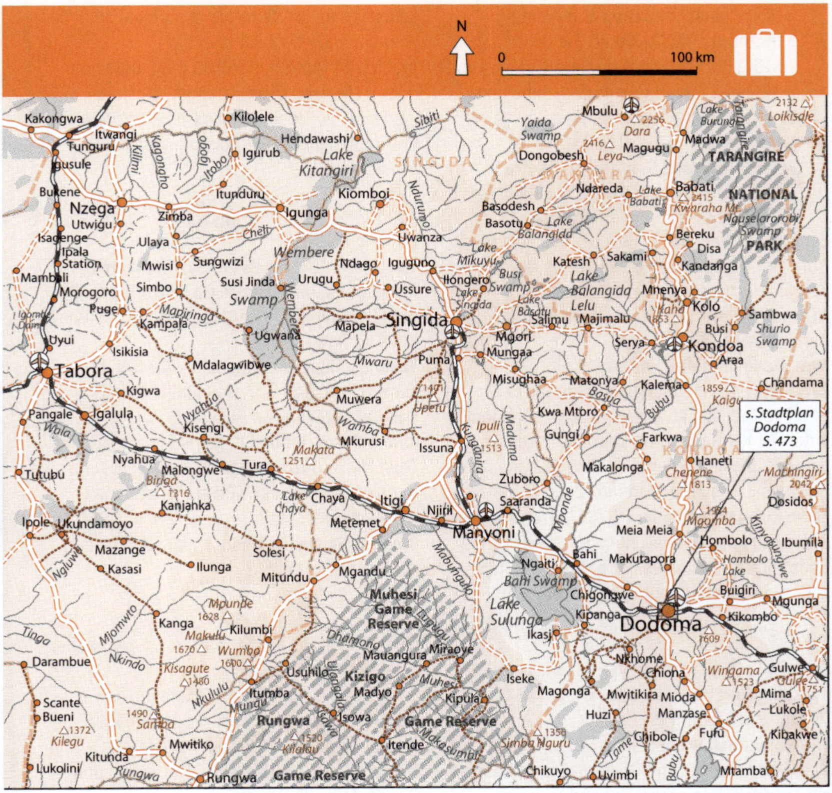

rere, der den Regierungssitz schließlich 1973 hierhin verlegte, erkannten, dass der Ort für eine Metropole denkbar ungeeignet ist. Das wüstenähnliche Klima ist die meiste Zeit des Jahres unangenehm, die Wasserversorgung stellt seit jeher ein Problem dar, und die Parlamentarier sind froh, wenn sie die auf dem Reißbrett entstandene Stadt nach ihren Sitzungen wieder verlassen können.

Heute ist Dodoma mit seinen 410 000 Einwohnern eine unansehnliche, künstlich vergrößerte Stadt auf staubigem Terrain, der jegliches hauptstädtisches Flair fehlt. Nur wenige Wochen im Jahr, wenn die Parlamentssitzungen im Gange sind, kommt Leben in den weitläufigen Ort ohne Hochhäuser. Dann sind alle Hotels ausgebucht, einfachste Dienstleistungen kosten das Dreifache und die Einwohner werden noch rauer, als sie es ohnehin schon sind. Für Touristen ist Dodoma ein Ort, der kaum in Erinnerung bleiben wird.

ÜBERNACHTUNG

Die Hotels der Stadt sind alle landestypisch und für die gebotene Qualität teurer als anderswo. Sie sind bei Parlamentssitzungen ausgebucht.

Nam Hotel, Area C, Arusha Rd., ✆ 026-2352263. Älteres Hotel im klobigen kommunistischen Stil mit 30 Zimmern. ❷

Dear Mama Hotel, Arusha Rd., ✆ 026-2303256. Einfaches, landestypisches Hotel in einem 2-stöckigen Haus an der Ausfahrtsstraße nach Arusha. Recht gut in Schuss. Mit Internetcafé und kleinem Restaurant. ❷–❸

€ **Vocational Education and Training Authority (VETA) Hotel**, Bunge Rd., ✆ 026-2322181. Einfache, saubere Zimmer rund um einen gepflegten Innengarten, nahe dem Parlament. Parlamentarier steigen hier gerne ab. Angenehme und beliebte Bar. ❷

St. Gaspar Hotel and Conference Centre, Dar es Salaam Rd., 7 km östlich des Zentrums, ✆ 0732-960202, 💻 stgasparhotel.co.tz. Zur Zeit der Recherche definitiv das beste Hotel der Stadt, an der Straße nach Dar es Salaam. Gut ausgestattete Zimmer mit AC. Internet, Restaurant, Bar und großer Parkplatz. ❸–❹

New Dodoma Hotel, Railway St., ✆ 026-2321641. Hält sich noch immer für das beste Hotel in Dodoma, aber das einstige „Bahnhofshotel" ist für die Qualität überteuert. Die meisten Zimmer liegen rund um einen schönen Garten mit Pool. Die Standard-Zimmer haben keine Klimaanlage, aber WLAN. Akzeptables Restaurant mit chinesischen und indischen Spezialitäten. Als eines der besseren Hotels von Dodoma immer gut gebucht. ❹

ESSEN UND UNTERHALTUNG

Roses's Cafe, 9th St., bei der Cana Lodge. Gute, indische Gerichte und Snacks, max. 8000 TSH. ⌚ Mo–Sa 8–16 und 18–22 Uhr.

The Point Restaurant & Pub, Nähe Maisha Club. Gute Pizza, Burger und Grillgerichte gemeinsam mit Landesspezialitäten. Gut und günstig. ⌚ Mo–Sa 7–23 Uhr.

Leone L'Africano, Area D, nördlich vom Flugfeld, ✆ 0788-629797. Für Leute ohne Ortskenntnis ist das Restaurant schwer zu finden; Abzweigung beim Nam Hotel, dann nach dem Weg fragen. Die italienischen Gerichte des von einem Italiener geführten Restaurants enttäuschen nicht. Italo-Spezialitäten mit klingenden Namen, italienische Weine, starker Mokka. Weitläufiger, schöner Garten mit Kinderspielplatz und Minigolfanlage. ⌚ Di–Fr 17–22, Sa–So 12–15 und 17–22 Uhr.

Sipé Cafeteria, Tabora Ave, Ecke Mtendeni St. Nettes kleines Café mit italienischen Spezialitäten, hausgemachter Lasagne, cremigem Risotto, echtem Cappuccino und sogar Eiscreme. Gemütlich, selbst wenn der Betreiber manchmal grimmig schaut. ⌚ Di–So 8–20 Uhr.

Im **Club 84** (Area D, nördlich des Flugfeldes) oder im **Maisha Club** (Mtendeni St.) kann man sich die Nacht um die Ohren schlagen. Während der Parlamentssitzungen viele Prostituierte!

SONSTIGES

Einkaufen

Two Sisters Stores (Fazal Jan Mohamed), im Airtel-Gebäude, Nyerere Rd., Ecke Hatibu Rd. Bester Laden für Importlebensmittel. ⌚ Mo–Sa 8.30–18, So 9–13 Uhr.

Yashna's Supermarket, hinter der Gapco-Tankstelle (Nähe CDA Roundabout), hat ebenfalls eine große Auswahl.

Zimba Shop, Hatibu St., gegenüber Diamond Trust Bank (DTB). Versteckt in einer Nische liegt der kleine Laden des Künstlers, der hauptsächlich Bilder malt.

Weitere Souvenirs findet man in den beiden italienischen Lokalen.

Geld

NBC Bank, Nyerere St.; außerdem gegenüber dem Jamatini Daladala Stand an der Ecke zur Saba Saba Rd. und beim Parlament, sowie **Barclays Bank**, 12th St., Ecke Hatibu Rd., für Abhebungen mit Visa-, Master- und MaestroCard; **CRDB Bank**, Nyerere St. und Hospital Rd., für Abhebungen mit Visa-Karte. Geldwechsel im **New Dodoma Hotel**, aber Banken sind zu bevorzugen.

Internet

Überall in der Stadt finden sich Internetcafés, die mehr oder weniger langsam arbeiten. Einige Hotels, wie das **Dear Mama Hotel** oder das **St. Gaspar Hotel**, bieten ebenfalls ein paar Computer samt Internet. Bestes WLAN der Stadt: **New Dodoma Hotel** (5000 TSH für 24 Std.).

Medizinische Hilfe

Aga Khan Health Centre, 6th St., unweit des Kreisverkehrs, ✆ 026-2321789, ⌚ tgl. 8–20 Uhr.

Mackay Health Centre gegenüber der Anglican Church und neben der CRDB-Bank, mit Apotheke.

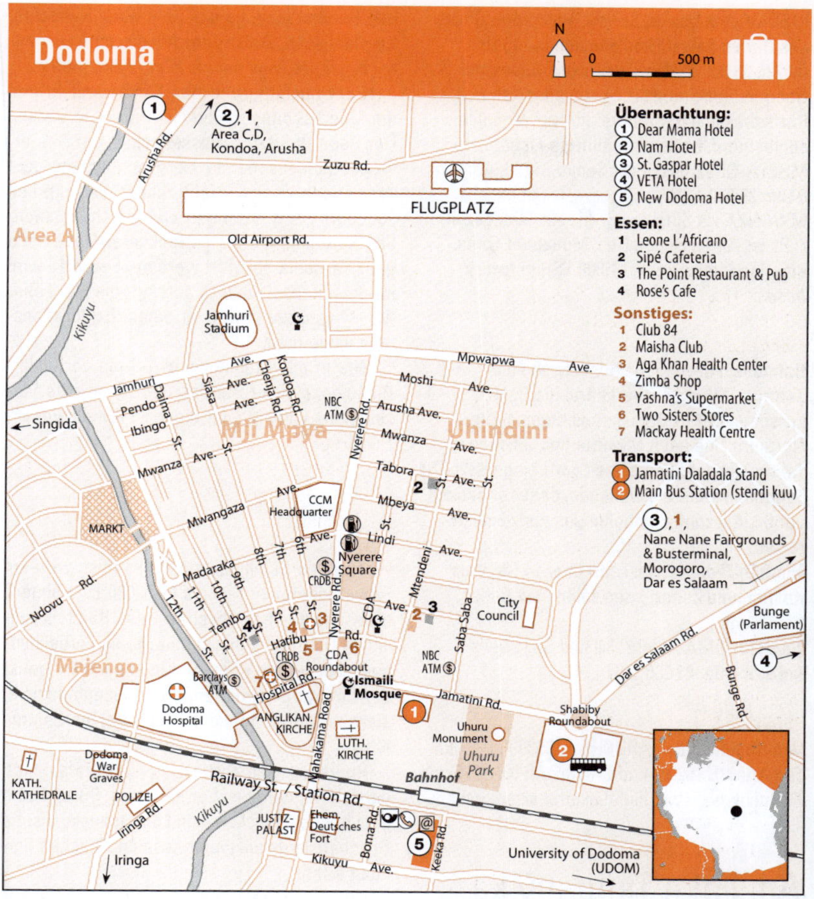

Schwimmen

Im Pool des **New Dodoma Hotel** (4000 TSH) oder des **St. Gaspar Hotel** (5000 TSH).

Taxis und Bajajis

Taxis im Stadtzentrum kosten 3000 TSH, *bajajis* 1500 TSH.

TRANSPORT

Busse

Main Bus Station *(stendi kuu),* Dar es Salaam Rd., direkt an der Einfahrtsstraße. Zur Zeit der Recherche wollte man den Busterminal zu den Nane Nane Grounds an der Straße nach Dar es Salaam verlegen.

ARUSHA, tgl. mehrmals über Kondoa und Babati, u. a. mit Champion oder Shabiby Line, Abfahrt 6–7 Uhr, mind. 8 Std., 25 000 TSH mit *luxury buses.*

DAR ES SALAAM via Morogoro, stdl. bis 14 Uhr, u. a. mit Kimbinyiko oder Shabiby Line, ca. 7 Std. je nach Verkehr in Dar, max. 15 100 TSH.

IRINGA via Mtera, 1x tgl., jeweils mit Urafiki und Rotion, 9 Std., 14 000 TSH; via Morogoro mit Sumry, Abfahrt 6–8 Uhr, 8 Std., 25 000 TSH; von Iringa Weiterfahrt nach MBEYA.

KIGOMA, mit Osaka, Sumry, Adventure, Busse aus Dar es Salaam kommen um ca. 13 Uhr durch, 56 800 TSH in *semi-luxury buses*, mit Übernachtung meist in Nzega oder Kahama. (Direktbusse nach Tabora gibt es wegen der schlechten Straßenverhältnisse nicht.)
MBEYA, Direktbusse mit Sumry, Hood, Abfahrt 6 Uhr, 35 300 TSH.
MWANZA via Singida, tgl. bis zur Mittagszeit, z. B. mit Ally's, Bunda Bus, Mohamed Trans, eine Tagesreise, max. 41 000 TSH in *luxury buses*.

Eisenbahn

Bahnhof in der Station Rd., unweit vom Zentrum. Mitte 2013 verkehrte die Bahn zwischen Dar es Salaam und Kigoma. Die Northern Line nach Mwanza (mit Umstieg in Tabora) ist dagegen derzeit ganz eingestellt. Die Fahrpläne ändern sich häufig, daher unbedingt vor Ort Auskünfte einholen und nur zu zweit reisen!
Nach DAR dauert die Fahrt über 14 Std. Aus Kosten- und Zeitgründen sollte man Busse bevorzugen.
Nach KIGOMA Abfahrt Mi und Sa jeweils um 5 Uhr, ca. 42 000 TSH.

Flüge

Von Dodoma nach ARUSHA (US$360), DAR ES SALAAM (US$235) und SANSIBAR (US$275) mit Flightlink, 💻 www.flightlinkaircharters.com.

Am Lake Tanganyika

Die natürliche Grenze, die Tansania von Sambia, Burundi und Kongo trennt, markiert der Lake Tanganyika. Der zweitgrößte See Afrikas auf 773 m Seehöhe, im „Western Rift" des Ostafrikanischen Grabenbruchs, ist unter Kennern für sein breites Spektrum an Zierfischen bekannt, die in alle Welt exportiert werden. 676 km lang, 50 km breit und bis zu 1470 m tief, so lauten die Olympiamaße des laut World Conservation Union (IUCN) artenreichsten Ortes der Welt. 2000 Spezies sind hier heimisch, über 40 % davon endemisch. Wie im Malawi-See überwiegen Buntbarsche, es gibt aber auch Nilhechte, Karpfenfische, Welse oder Afrikanische Lungenfische – allerdings nur bis in ca. 200 m Tiefe.

Nicht nur aufgrund des Klimawandels und der Überfischung ist die Naturidylle in Gefahr. Der Pegelstand des Wassers sinkt, der See erwärmt sich zusehends. Der Fischbestand geht dramatisch zurück, nicht zuletzt weil jährlich 200 000 t Fisch gefangen werden (hauptsächlich Sardinen, die als getrocknete *dagaa* nach ganz Tansania geliefert werden). Seit 2010 wird im See intensiv nach Öl gebohrt; die alte Fähre *MV Mwongozo* wurde zu einem Explorationsboot umgerüstet.

Wie in allen tansanischen Seen verhindert Bilharziose vielerorts das Baden; ob eine Verseuchung vorliegt oder nicht, ist jeweils vor Ort zu klären.

Kigoma

Wer zu den Schimpansen-Parks reist, wird am Provinzstädtchen Kigoma (215 000 Einwohner), einer wichtigen Drehscheibe des Handels zwischen Ost- und Zentralafrika, kaum vorbeikommen. Bedeutung erlangte Kigoma als Endpunkt der Central Line, der zentralen Eisenbahnlinie, die quer durch Tansania nach Dar es Salaam führt.

Heute ist es in erster Linie eine Hafenstadt, die den Handel zwischen Tansania, Burundi und dem Kongo abwickelt – und durch ausländische Geschäftsleute ein wenig kosmopolitischen Glamour erfährt.

Die deutsche Kolonialregierung hatte anscheinend viel vor mit Kigoma, dessen Ausbau 1912 begann. Aus dieser Zeit stammt der überdimensionale, dreistöckige **Bahnhof** mit gewaltigen Rundbögen, der 30 Züge pro Tag hätte abfertigen können. Er markierte den Endpunkt der Mittellandbahn, die die Größe Deutschlands und die vollkommene Erschließung Deutsch-Ostafrikas symbolisieren sollte. Man erwartete als Fahrgast Kaiser Wilhelm II. höchstpersönlich. Ihm zu Ehren errichtete man sogar ein feudales Jagdschloss, den **Kaiserhof** (wo heute das Büro der Regionalverwaltung untergebracht ist). Doch seine Reise zum westlichen Ende von

Deutsch-Ostafrika wurde durch den Ausbruch des Ersten Weltkriegs vereitelt.

Das entspannte Städtchen an einer Bucht und zu Füßen sanfter Hügel bietet außer alten Kolonialbauten kaum touristische Attraktionen. Neben den Einheimischen beleben Geschäftsreisende und die Mitarbeiter der zahlreichen Hilfsorganisationen die Straßen. Die Bevölkerung lebt von der traditionellen Landwirtschaft und dem Fischfang. Einträgliche Einkünfte erzielen viele auch mit dem Warenschmuggel von Tansania in den Kongo.

ÜBERNACHTUNG

In Unterkünften in zentraler Lage muss man damit rechnen, dass der Imam um 5 Uhr morgens zum Gebet ruft.

Coast View Resort, 2 km südwestlich der Stadt, ✆ 0714-331977. Einfache Pension im landestypischen Standard, die ein wenig außerhalb des Städtchens im Grünen liegt. In erhöhter, ruhiger Lage, aber ohne Blick auf den See. ❶–❷

Lake Tanganyika Hotel, westlich der Stadt, ✆ 028-2803052, 💻 www.laketanganyikahotel.com. Bestechende zentrale Lage nicht weit vom Bahnhof entfernt und dennoch direkt am Strand. Ansonsten ist es ein typisch tansanisches Geschäftshotel mit akzeptabler Küche, aber mangelhaftem Service und dürftiger Instandhaltung. Ausflüge werden arrangiert. ❹

Kigoma Hilltop Hotel, 3 km südwestlich des Bahnhofs, ✆ 0732-978879, 💻 www.mbalimbali.com. Das kürzlich vollständig renovierte Hotel mit 30 Zimmern in 3 Kategorien liegt malerisch auf einem Felsvorsprung mit Blick auf die Bucht. Gute Küche, aber kein Alkoholausschank. Pool, WLAN, Badestrand, Fitnesscenter. Ausflüge und Safaris (Mahale, Gombe) werden von **Mbali Mbali Safaris** arrangiert. ❹

Camping

Jakobsen's Beach & Guesthouse, ca. 4,5 km südlich des Kigoma Hilltop Hotel, Mwamahunga Beach, w 0713-331215, 💻 www.kigomabeach.com. Unterbringung in unterschiedlichen Kategorien, alle mit Kaltwasser: Camping (15 000 TSH pro Zelt), einfache Zimmer (40 000 TSH p. P.), Canvas-Zelte 25 000 TSH p. P.) und Cottage für bis zu 4 Personen (240 000 TSH) direkt am fantastischen Strand. Kein Restaurant, nur für Selbstversorger.

ESSEN UND UNTERHALTUNG

Die Restaurants der oben genannten Hotels gehören zu den besseren der Stadt.

Seit Jahren beliebt ist auch das bodenständige **Ally's Restaurant** an der Straße nach Ujiji.

Essen und trinken lässt es sich gut im **Sun City** am Beginn der Lumumba Ave.

In der Nähe des Marktes liegt die **Kigoma Bakery**, ein kleines Restaurant mit Backwaren und Lebensmittel.

AKTIVITÄTEN

Bootsfahrten

Nachfragen im **Lake Tanganyika Hotel**, Abfahrt beim Fischerdorf Kibirizi 2 km nördlich.

Safaris

Nach Informationen zu Bootsausflügen, Motorbooten nach Gombe, Angeltouren oder Stadtführungen fragt man am besten bei den Unterkünften. In der Kigoma Hilltop Lodge können über **Mbali Mbali Safaris** Trips in die Schimpansen-Parks oder nach Katavi gebucht werden. In der **Lakeshore Lodge** (S. 483) können ebenfalls Safaris und Trips gebucht werden.

Das **Büro des Gombe National Park** (Tanapa Visitor Information Centre) liegt östlich des Markts in Kigoma, ✆ 028-2804009, ✉ gonapachimps@yahoo.com, ⌚ 9–16 Uhr. Wer auf eigene Faust (ohne Veranstalter) in den Park fahren möchte, muss sich vorher dort anmelden und informieren (Transport, Unterkünfte der Parkverwaltung, aktuelle Preise). Über den Mahale hat das Büro keine zuverlässigen Informationen.

Schwimmen

Am **Jakobsen Beach**, bestehend aus zwei Buchten, kann man bedenkenlos baden (Eintritt 7000 TSH), schnorcheln und sogar tauchen; er ist nicht mit Bilharziose verseucht. Die Betreiber von Jakobsen Beach vermieten Mountainbikes und vermitteln einen erfahrenen Dive Master.

In den Pools des Kigoma Hilltop Hotel oder des Lake Tanganiyka Hotel kann man ebenfalls im kühlen Nass planschen (5000 TSH pro Tag).

SONSTIGES

Einkaufen

Lebensmittel bekommt man z. B. in der **Kigoma Bakery** (gegenüber Ally's Cafè).

Geld

NBC Bank und **Exim Bank** (beide für Master/Maestro-Card und Visa-Card) sowie **CRDB** (für Visa-Card) sind alle in der Lumumba Rd. angesiedelt

Immigration

In Kibirizi und am Hafen.

Internet

Am ehesten verfügen die Hotels über schnelles Internet, z. B. **Coast View Hotel** oder **Kigoma Hilltop Hotel.**

Medizinische Hilfe

Das **Baptist Hospital**, ✆ 028-2802244, und das **International Health Center**, ✆ 0784-591995, beide auf dem Weg zum Flughafen, sind dem staatlichen **Maweni Hospital** in der Ujiji Rd. vorzuziehen.

Grenzverkehr

Burundi und **Kongo** unterhalten in Kigoma Konsulate (beide in Nähe der Polizei bzw. Bangwe Rd., ⌚ Mo–Fr 9–15 Uhr), die vor einer Weiterreise unbedingt zu kontaktieren sind, um die Einreiseformalitäten zu klären.
Von Kigoma fahren mehrmals tgl. Daladalas zum Grenzübergang nach Burundi (ca. 1 1/2 Std.). Reisende erzählen, dass die Visa (US$90 für 1 Monat) anstandslos an der Grenze ausgestellt werden. Ca. 20 km hinter der Grenze werden Busse gewechselt, um nach Bujumbura weiterzureisen. Dort müssen bei der zuständigen Botschaft Visa für **Ruanda** beantragt werden.
Visa für **Sambia** sind an Bord oder nach Ankunft in Mpulungu zu erwerben (US$50 für drei Monate). Visa für Tansania sind in Kasanga (erster Stopp in Tansania auf der Bootsfahrt) mühelos erhältlich.

NAHVERKEHR

Boote in den Gombe National Park fahren nicht direkt vom Hafen in Kigoma ab, sondern 2 km nördlich davon in Kibirizi. Für ein Charterboot (für Daytrips nach Gombe zu bevorzugen) sind an die US$200–400 hin und retour (1 1/2 Std., für bis zu 4 Pers.) zu rechnen. Am teuersten ist das Speed Boat von Mbali Mbali Safaris (ca. 45 Min., US$700).
Die billigen **Lake Taxis** (ebenfalls Abfahrt von Kibirizi, zu Fuß gehen oder Mopedtaxis nehmen) fuhren zur Zeit der Recherche tgl. um 13 Uhr ab (4000 TSH, 3 Std.). Sie sind aber nicht allen Travellern zu empfehlen, denn sie sind beengt, man wird nass, es ist heiß und es gibt keinen Schatten (Wasser mitnehmen!). Sie stoppen in Kasakela am Gombe Headquarter (S. 479).

TRANSPORT

Nach Kigoma zu gelangen, ist kein einfaches Unterfangen. Individualisten müssen große Pufferzeiten einrechnen, und für Leute, die es bequemer mögen, kommt sowieso nur Fliegen in Frage.

Selbstfahrer

Die Piste von Kigoma südwärts über Mpanda und Sumbawanga nach Tunduma (Tanzam-Highway) ist in schlechtem Zustand, ebenso wie die katastrophale Piste über Kasulu nach Biharamulo in Richtung Norden (bekannt für Bandenüberfälle, s. S. 459 – unbedingt vor Ort klären). Beide sollen in absehbarer Zeit geteert werden, mit Baustellen ist zu rechnen.

Busse

Der **Busbahnhof** liegt ca. 4 km südöstlich vom Zentrum. Aufgrund der sehr schlechten Straßenverhältnisse existieren nur wenige Busverbindungen. Die meisten Busfahrten dauern 2 Tage mit einer Übernachtung in einem Transitstädtchen. Abfahrt jeweils früh morgens zwischen 5–7 Uhr.
ARUSHA, via Kahama und Singida, u. a. mit Mohammed Class, Mgamba Express oder NBC, 61 700 TSH, mit Nächtigung in Kahama.

MV Liemba, die ehemalige „Graf von Götzen"

Die Mittellandbahn brachte 1914 über 5000 Kisten voller Nieten, Einzelteile und sogar Toiletten und Liegestühle bis knapp vor die Tore von Kigoma. Die restlichen Kilometer bis zur eigens eingerichteten Werft am See mussten von Kompanien von Trägern geschleppt werden. Bis zum Stapellauf am 15. Februar 1915 waren über 200 afrikanische und 20 indische Arbeiter unter der Leitung von drei erfahrenen deutschen Ingenieuren damit beschäftigt, das weltweit erste Schiff im Baukastensystem, ein Wunderwerk zeitgenössischer Technik, zusammenzubauen.

In Auftrag gegeben hatte die *Graf von Götzen* Kaiser Wilhelm II. im Jahre 1913, als sich Belgien, England und Deutschland in ihrer Kolonialpolitik in die Quere kamen. Als Beweis für deutsche Stärke und Überlegenheit wurde das Schiff in Deutsch-Ostafrika stationiert. Im Juli 1916, als die deutschen Truppen Kigoma aufgeben mussten, widersetzten sich die Ingenieure dem Befehl von Lettow-Vorbecks, die „Götzen" zu zerstören. Ihnen lag ihr Schiff so am Herzen, dass sie es stattdessen an einer seichten Stelle versenkten, sodass es die Belgier Monate später leicht wieder heben konnten. 1927 tauften die Briten die *Graf von Götzen* in *MV Liemba* um, was auf Swahili so viel wie Tanganyika-See bedeutet. Das Schiff inspirierte Cecil Scott Forester zu seinem Buch *African Queen*, dessen Verfilmung mit Katharine Hepburn und Humphrey Bogart in den Hauptrollen 1951 in die amerikanischen Kinos kam. Bei dem im Film vorkommenden Schiff *Louisa* handelt es sich tatsächlich um die ehemalige *Graf von Götzen*.

Heute verkehrt die *MV Liemba* als weltweit ältestes Passagier- und Frachtschiff. So wie die Schiffe auf dem Lake Nyasa stellt sie für die Anliegerdörfer des Sees manchmal die einzige Verbindung zur Außenwelt dar in einer Region, in der es auf Hunderten von Kilometern nicht einmal eine Piste gibt.

BUKOBA, 3x wöchentl. (Di/Do/Sa), z. B. mit Say Yaali, Abfahrt 6 Uhr, 1 Tagesreise, ca. 37 000 TSH, s. Sicherheitshinweise S. 82.
DODOMA, via Nzega und Singida, mit Osaka, Sumry, Adventure, 56 800 TSH in *semi-luxury buses*, mit Übernachtung meist in Nzega oder Kahama. Von Dodoma Weiterfahrt nach DAR ES SALAAM (max. 88 900 TSH).
MWANZA, via Shinyanga, max. 44 800 TSH.
SUMBAWANGA, z. B. mit Sumry, Mbarakiwe, max. 29 300 TSH. Hier umsteigen nach MBEYA.
Solange die Teerstraße nicht fertiggestellt ist, kommt der Busverkehr in den Regenmonaten zum Erliegen.

Eisenbahn

Zur Zeit der Recherche verkehrte die **Central Line** zwischen DAR ES SALAAM und Kigoma , Abfahrt nach Dar es Salaam So und Mo morgens, Dauer mind. 36 Std., 75 700 TSH. Solange die Central Line nicht instandgesetzt worden ist, wird der Service weiterhin unzuverlässig bleiben.

Boote

Die *MV Liemba* verkehrt noch immer, aber nur der Kapitän weiß, wann genau (Abfahrt vom Passenger Terminal nördlich des Lake Tanganyika Hotel). Zur Zeit der Recherche fuhr das Schiff jeweils mittwochs 14-tägig. Genaue Informationen sind vor Ort einzuholen. Mit viel Zeit im Gepäck kann man „Lakeshore Hopping" machen, also mit dem Boot von Anlegeplatz zu Anlegeplatz schippern. Südlich der* Mahale Mountains liegen insgesamt vier Orte, die angesteuert werden: IKOLA, KALEMA, KIPILI und KASANGA. Verkehrstechnisch am günstigsten sind Ikola (mit Anschluss an Mpanda) und Kasanga (mit Anschluss an Sumbawanga und Mbeya). Hier befindet sich auch die Liemba Beach Lodge, wo man gut ein paar Tage entspannen kann (S. 484). In Kipili liegt eine weitere empfehlenswerte Beach Lodge, die Lakeshore Lodge (S. 483).
Nach Sambia (Mpulungu): US$100 in der 1. Klasse (Schlafkabine, ausschließlich in US$ zu bezahlen), Essen an Bord ca. 5000–10 000 TSH, mind. 40 Std., meist mehr.

Auf den Spuren von mutigen Abenteurern und gierigen Kolonialmächten

Bereits die alten Römer suchten die Quellen des Nils, dessen Unterlauf ja in ihrem Reich lag. So wurde die Metapher „Caput Nili quaerere" (nach der Quelle des Nils fragen) geprägt, um auszudrücken, dass man vor einem schier unlösbaren Problem stand. Bis zum 19. Jh. wusste man nicht genau, wo der Nil entsprang. Die von Europa finanzierten Expeditionen sollten diese Frage klären. Federführend in der „Afrikaerforschung" waren zweifellos die Briten, deren Neugier an (und Gier nach) fremden Ländereien durch die Gründung der **Royal Geographic Society** 1788 nachhaltige Impulse erhielt. Zuerst war man getrieben von der Suche nach den Ursprüngen der drei größten Flüsse – des Kongo, des Niger und des Nils. Aber bald überlagerten wirtschaftliche und politische Interessen die innerafrikanischen Forschungsreisen.

Als 1848 dann die Berichte des deutschen Missionars **Johannes Rebmann** über Schnee am Äquator die Gemüter erregten, rückte auch Ostafrika ins Zentrum des Interesses. Von Wissensdurst, Handelsinteressen und Sendungsbewusstsein getrieben, entsandten die Briten daraufhin Forschungsreisende nach Ostafrika. Unter dem Deckmantel der Wissenschaft versuchten sie herauszufinden, welche nutzbaren Ressourcen sich im Landesinneren verbargen und welche politischen und wirtschaftlichen Möglichkeiten bestanden, sich diese anzueignen.

Zu den Pionieren gehörten **John Hanning Speke** und **Richard Burton**. Ihr offizielles Ziel war es, die Quellen des Nils zu erkunden. Die beiden Forscher machten sich 1857 mit mehreren Dutzend Trägern, Köchen und Dolmetschern auf den Weg. Dabei folgten sie alten Karawanenrouten von Bagamoyo bis nach Ujiji am Tanganyika-See. Diese Wege wurden bereits seit Jahrhunderten von afrikanischen Händlern und arabischen Sklaventreibern genutzt. Am Lake Tanganyika erkrankte Burton an einer schweren Malaria und Speke setzte die Reise ohne seinen Gefährten fort. Er erreichte schließlich den Viktoria-See und ortete ihn als Quelle des Nils, was 1862 bei einer erneuten Forschungsreise von Speke bestätigt wurde. Vier Jahre später stieß **Samuel Baker** weiter im Westen beim Albert-See (Uganda) auf die zweite Nilquelle.

1866 wurde einer der erfahrensten Afrikaforscher, der schottische Missionar und Mediziner **David Livingstone**, nach Ostafrika entsandt. Von Mikindani aus trat er zu seiner letzten Expedition an, die sieben Jahre dauern sollte. Er ging zu Fuß zum Lake Malawi und anschließend nach Ujiji am Tanganyika-See. Heimtückische Krankheiten quälten ihn, er verlor nicht nur seine Zähne, sondern auch die Bindung zu Europa. Er wurde Zeuge der brutalen Sklavenfänger, die im Namen der Weißen handelten, und verdammte daraufhin die Ausbeutungspolitik der Europäer. Nachdem die westliche Welt lange nichts von ihrem verschollenen Forscher gehört hatte, setzte sie ihm **Henry Morton Stanley** auf die Fersen. Stanley war eher ein sensationslüsterner Journalist als ein Forschungsreisender. 1871 fand er den vermissten Livingstone bei Ujiji (S. 479). Damit hatte er seine Aufgabe erfüllt und kehrte nach Europa zurück, wo seine Abenteuerberichte in Zeitungen und Büchern für Furore sorgten. Manche der Schilderungen befriedigten die Sensationslust der Leser, andere aber dienten durchaus als aufschlussreiche Quellen für Politiker, Händler und Missionare, die in der Folgezeit (ab etwa 1880) aus jeweils unterschiedlichen Motiven über den ostafrikanischen Kontinent herfielen (s. Geschichte und Politik, S. 138).

Flüge

Es gibt einen kleinen Flughafen 5 km östlich von Kigoma. Taxis zum Flughafen ca. 5000 TSH.
Zur Zeit der Recherche waren die Linienflüge von **Auric Air** von und nach MWANZA am verlässlichsten (3x wöchentl.), ca. US$200. Theoretisch verkehren auch Air Tanzania oder Precision Air von und nach DAR ES SALAAM, ca. US$300 einfach, aber praktisch sind die beiden Airlines sehr unzuverlässig.

Air Tanzania, Lumumba Rd. Nähe CRDB Bank, CRDB Bank Office Building, ✆ 0784-737507, ✉ stanleymariki@airtanzania.com.

Precision Air, Nähe NBC Bank beim Markt, ✆ 028-2804436, 🖳 www.precisionairtz.com.

Ujiji

Weit wichtiger als Kigoma war seit jeher der nur wenige Kilometer südlich gelegene Ort Ujiji. Im 19. Jh. marschierten die großen **Sklaven- und Elfenbeinkarawanen** auf dem Weg an die Küste – mit dem Endziel Sansibar – hier durch. An die 1200 km Fußmarsch hatten die Gefangenen noch vor sich; viele überstanden die Strapazen nicht. An diese wenig rühmliche Zeit erinnern einige Gebäude im typischen Swahili-Stil, erbaut von den damaligen Drahtziehern und Nutznießern der Sklaverei, den arabischen Händlern. Auch die Einwohnerschaft des Örtchens scheint stärker von der Swahili-Kultur beeinflusst als das Umland: Muslimische Kofias oder Kanzus, sonst eher in Sansibar heimisch, werden gern getragen.

In unseren Breiten ist Ujiji eher durch das Wirken des Forschungsreisenden **David Livingstone** ein Begriff. 1871 stieß der Journalist **Henry Morton Stanley** hier endlich auf den vermissten Afrikaforscher. Nachdem Stanley sich seit Wochen durch den Busch geschlagen hatte und schließlich auf den einzigen Weißen im Umkreis von mehreren hundert Kilometern traf, brachte der Journalist nur ein trockenes „Doctor Livingstone, I presume" („Dr. Livingstone, nehme ich an") über die Lippen. Ein nüchternes Zitat, das in die Geschichtsbücher eingehen sollte. Stanley wollte den von Krankheit geschwächten Livingstone davon überzeugen, mit ihm nach Europa zurückzukehren. Doch Livingstones Herz hing an diesem Kontinent, und ihm war die Afrikapolitik der Europäer verhasst. Daher blieb er in Afrika, wo er am 1. Mai 1873 in Chitambo (Sambia) an der Ruhr starb. Sein Herz wurde an Ort und Stelle begraben, seinen einbalsamierten Körper schickte man nach England.

Vor Livingstone hatten bereits 1858 die Forscher Richard Burton und John H. Speke den See auf den Landkarten vermerkt. Zwei Gedenksteine sowie das bescheidene **Livingstone-Museum** erinnern an die ersten europäischen Erkundungsreisenden. Das Museum, in dem ein lokaler Künstler die Geschichte in Gemälden nachzuempfinden versucht, befindet sich in der Livingstone Street, kurz vor der kleinen Bootswerft. ⌚ tgl. 8–18 Uhr, Eintritt 20 000 TSH.

Gombe Stream National Park

- **Zugang**: Bei Kasakela liegt das Park Headquarter, das Tanapa Gombe Stream Visitor Centre liegt in Kigoma. Nur maximal 20 Touristen dürfen täglich in den Park (vor dem Besuch beim Gombe-Büro in Kibirizi nachfragen).
- **Eintritt**: US$100 pro 24 Std., US$20 für den obligatorischen Ranger.
- **Beste Reisezeit**: Juni–Nov sowie Jan–Feb in der Trockenzeit.

Nur 16 km nördlich von Kigoma liegt der Gombe Stream National Park, der aufgrund der Bemühungen der weltberühmten Primatologin **Jane Goodall** 1968 eingerichtet wurde.

Der 16 km schmale Landstreifen – ein bewaldetes Gebiet mit hohen Bergkämmen, die bis auf 1500 m emporragen, und plätschernden Wasserläufen – reicht vom See bis zur Abbruchkante des Ostafrikanischen Grabenbruchs. Der mit knapp 50 km² Fläche kleinste aller tansanischen Parks bildet das Refugium für rund 100 Schimpansen sowie eine Reihe weiterer Affenarten, darunter Anubispaviane, Rote Stummelaffen, Diademmeerkatzen und Grüne Meerkatzen.

Jane Goodall setzte sich u. a. dafür ein, dass der Park nur von wenigen Touristen besucht wird, um den Schimpansen ein ungestörtes Leben zu garantieren – zum Wohle der Schimpansen, zum Leid der Besucher, die pro Tag US$100 für den Parkbesuch berappen müssen (und möglicherweise in Zukunft zusätzlich ca. US$150 p. P. und Tag für Trekking-Permits).

Im Park gibt es keine Straßen; auf **Walking Safaris** ist man in unmittelbarer Tuchfühlung mit der Natur. Eine Safari im Schimpansen-Land kann allerdings mitunter ernüchternd sein, weil die Tiere – anders als in den anderen Parks – eher verhalten auf Menschen reagieren. Einen Schimpansen beobachten zu können, setzt daher einiges Glück voraus. Man muss gut zu Fuß sein, denn die Suche nach den Primaten bringt lange Wanderungen durch den Urwald mit sich.

ÜBERNACHTUNG UND ESSEN

Tanapa Resthouses, Kasakela, zu buchen im Tanapa-Büro in Kigoma, S. 475. Einfache

Resthouses für Selbstversorger, US$20 p. P., US$10 Frühstück, US$15 Lunch bzw. Abendessen.
Gombe Forest Lodge, Nordufer am Tanganyika-See, ✆ 0732-978879, 🖳 www.mbalimbali.com. Einziges Camp im Gombe Park mit westlichem Standard. Es steht im dichten Wald direkt am Ufer, in typisch afrikanischer Zeltsafari-Manier, sehr familiär und rustikal. Geschlossen März–April. ❽
Die Ranger des Headquarters weisen ausgesuchte **Campingplätze** zu (US$30 p. P.).

TRANSPORT

Der Transport nach Gombe erfolgt ausschließlich per **Boot**. Entweder man zwängt sich in die abenteuerlichen Lake Taxis von KIBIRIZI (S. 476), organisiert in Kibirizi ein Motorboot – oder lässt einen Veranstalter die gesamte Organisation erledigen (z. B. Mbali Mbali, die das Kigoma Hilltop Hotel und die Gombe Forest Lodge betreiben). Die Lake Taxis machen einen Aufenthalt von 2 Nächten notwendig und fahren meist um 8 Uhr morgens zurück nach KIGOMA. Mit Charterbooten (S. 476) kann der Park auch als Tagesausflug besucht werden, Abfahrt bei Tagesanbruch.

Mahale Mountains National Park

- **Zugang**: Beim Headquarter in Bilenge ist der Eintritt zu bezahlen.
- **Eintritt**: US$80 pro 24 Std.; für Wanderungen ist ein Ranger für US$20 p. P. anzuheuern. Man spricht davon, die Besucherzahl pro Tag auf etwa 20 zu beschränken.
- **Beste Reisezeit**: In der Trockenzeit von Mai/Juni–Okt.

Weit weg von jeglicher Zivilisation, etwa 120 km südlich von Kigoma an den feinsandigen Ufern des Lake Tanganyika gelegen, ist der Mahale Mountains National Park eine der Heimstätten der gefährdeten Schimpansen, die das 1613 km² große, bergige (höchste Erhebung: 2462 m) und mit dichtem Urwald bewachsene Areal mit Warzenschweinen, Buschschweinen, Buschböcken, Blauduckern, Ginsterkatzen, jeder Menge Primaten wie Steppenpavianen und Roten Stummelaffen oder gar Leoparden, Elefanten oder Büffeln teilen müssen. Zum Leidwesen der Besucher ist das Areal 32 Mal größer als der Gombe Stream National Park, was die (schweißtreibende) Suche nach den Schimpansen zu Fuß herausfordernder macht. Die Wahrscheinlichkeit, auf sie zu treffen, ist in den Trockenmonaten von Juni–Okt am höchsten. Mit knapp 800 Schimpansen soll hier die größte Schimpansenpopulation des Landes leben, aber nur eine Gruppe von etwa 60 Tieren ist an Menschen gewöhnt. Wissenschaftler der Universität Kyoto überwachen die Primaten in Langzeitstudien seit den 1960er-Jahren.

ÜBERNACHTUNG UND ESSEN

Kungwe Beach Lodge, Mahale, ✆ 0732-978879, 🖳 www.mbalimbali.com. Am Sandstrand des Lake Tanganyika. Abgeschiedenes Zeltsafaricamp mit 10 komfortablen Zelten auf erhöhten Holzplattformen. März–Mai geschlossen. ❽
Greystoke Mahale, Kangwena Beach, 🖳 www.nomad-tanzania.com. Absolute Robinson-Atmosphäre vor der dramatischen Kulisse der Mahale-Berge. In den A-Frames (Nur-Dach-Häusern) aus lokalen Materialien herrscht rustikale Eleganz. Geschlossen März–Mai. ❽
Außerdem gibt es im Park einfache **Tanapa Resthouses** und **Bandas**, US$30 p. P. Essen auf Vorbestellung möglich.

AKTIVITÄTEN

Neben Walking Safaris bieten die Camps auch Fischen, Vogel-Safaris, Wanderungen, Schnorchelausflüge oder Sundowner-Bootsfahrten an. Den Tsetse-Fliegen weicht man am besten aus, indem man sich in den Wald, aufs Wasser oder in die Unterkünfte zurückzieht. Hinweise zur Schimpansenbeobachtung S. 479, Gombe Stream National Park.

TRANSPORT

Während eine Safari in den Gombe Stream National Park unter Umständen noch auf eigene Faust unternommen werden kann, sollte

Mahale am besten auf einer **organisierten Tour** besucht werden. Jede Unterkunft im Park arrangiert Komplettpakete. Ausgesuchte Safari-Veranstalter finden sich in Arusha, Dar es Salaam, Mbeya oder Mwanza. Das Kigoma Hilltop Hotel organisiert ebenfalls Safaris nach Mahale. Es ist weder besonders einfach noch besonders billig, den Mahale National Park anzusteuern.

Flüge

Der Park ist am besten per Flug erreichbar; es existiert ein Flugfeld. Mahale wird ausschließlich von Chartermaschinen aus Arusha, Mwanza, Katavi und Ruaha angeflogen, z. B. von RUAHA US$675 mit Airlink. Für Flüge siehe Kigoma S. 474.

Katavi National Park

- **Zugang**: Das Gate und das Headquarter liegen bei Sitalike im Norden.
- **Eintritt**: US$30 pro 24 Std., plus US$40 Konzessionsgebühr *(concession fee)*.
- **Beste Reisezeit**: Während der Trockenzeiten (Juni–Jan).

Wer sich schon mal in diese Gegend verirrt, sollte sich auch das dritte große Highlight nicht entgehen lassen, das am besten per bequemem Charterflug erreicht wird – außer man nimmt es mit den Pisten auf, weil man sowieso an den Lake Tanganyika möchte. Ursprüngliche afrikanische Wildnis ist charakteristisch für den Katavi-Park, der von drei Gewässern beeinflusst wird: im Norden vom Lake Katavi und dessen Grasland, im Südosten vom palmengesäumten Lake Chada sowie dem Katuma River und dessen Sumpflandschaften.

Zusammen mit seinen Wildreservaten und Pufferzonen nimmt das Katavi-Ökosystem eine Fläche von über 20 000 km^2 ein und ist zudem mit dem Ruaha/Rungwa-System, dem Mahale National Park und dem Ugalla Game Reserve verbunden. Die Pufferzonen sowie die Wildtierkorridore sorgen für eine gesunde genetische Vielfalt der Tierpopulationen. In den Überschwemmungsebenen leben bis zu 1000 Tiere starke Büffelherden. Hunderte von Zebras und Topis pilgern täglich zur Wasserquelle in Ikuu. Dort wird man fast unweigerlich auf Löwen treffen, die zur Mittagsstunde gerne auf Bäumen liegen. Wer ein wenig Glück hat, kann die vom Aussterben bedrohten Afrikanischen Wildhunde am Ufer des Katavi-Sees bei der Wasserbockjagd beobachten. Die Krönung eines Besuchs stellt vermutlich eine Leopardensichtung in der Morgen- oder Abenddämmerung dar. Die majestätischen Rappen- und Pferdeantilopen bevölkern die Waldsavannen im Osten des Parks (Ilumbi, Mlele), die zahlreichen Gewässer sind Lebensraum unzähliger Flusspferde und Krokodile. Jede Tiergattung, die man üblicherweise dem afrikanischen Kontinent zurechnet, existiert im Katavi-Park weitgehend unbehelligt von menschlichen Einflüssen (woran die hier ebenfalls verbreitete Tsetse-Fliege nicht unschuldig ist). Er ist einer der wenigen Naturräume Tansanias, der (noch) größtenteils unerforscht ist.

ÜBERNACHTUNG UND ESSEN

Im Park

Tanapa Bandas, Nähe Headquarters in Sitalike, Buchung über Tourism Warden, ✉ katavinp@yahoo.com, 💻 www.katavipark.org. 6 einfache Gästehäuser (jeweils für bis zu 4 Personen) und 9 Zimmer, mit Bad und Toilette, Terrasse und Gemeinschaftsküche. Essen auf Vorbestellung. Inklusive Giraffen direkt vor dem Fenster. Um US$30 p. P.

Katavi Wildlife Camp, Kitasunga Plains, ✆ 0713-237422, 💻 www.tanzaniasafaris.info. Schnörkelloses Camp mit 8 Zelten in einer tierreichen Ecke. Feb–Mai geschlossen. ❽

Katuma Bush Camp, zentral gelegen, ✆ 0732-978879, 💻 www.mbalimbali.com. Eine herrliche Lage (mit Blick auf die Kitasunga Plains) und 10 komfortable, geschmackvolle Zelte machen das Safari-Erlebnis perfekt. Feb–Mitte Mai geschlossen. ❽

Chada Katavi, Chada Plains, 💻 www.nomad-tanzania.com. Romantisches Busch-Camp mit nur 6 weit verstreuten Zelten auf Plattformen – die schickste Variante im Park. ❽

Tanapa Public Campsite, Nähe Headquarters, US$30 p. P.

ZENTRALTANSANIA UND LAKE TANGANYIKA

Dunkle Wolken über Kitasunga Mbuga

Es ist wieder Oktober, die Temperaturen sind drückend im heißesten Monat im Katavi National Park. Die Flusspferde liegen zu Hunderten im fast völlig ausgetrockneten Schlamm des Katuma River und rühren sich kaum, um so wenig Energie wie möglich zu verbrauchen. Auch alle anderen Tiere leiden, besonders die Wasserböcke und Büffel, wenn der Regen auf sich warten lässt und alles Gras verbrannt oder aufgefressen ist.

Jeden Tag warten die Wildhüter und Dorfbewohner sehnsüchtig auf Regen. Schließlich fallen die ersten Tropfen auf die staubtrockene rote Erde, bis das Wasser in Strömen die Hänge herabläuft und das Matschloch der Flusspferde ein wenig wohnlicher macht. Ihre von der Sonne geplagten Rücken glänzen im Regen. Doch der hält nicht lange an: Schon am nächsten Tag offenbart sich am Hippo-Pool wieder dasselbe traurige Bild.

Flusspferde brauchen Gebiete mit permanentem Oberflächenwasser und nur sehr kurzer Trockenphase, denn ihre Haut ist sehr empfindlich und verträgt keine direkte Sonne. Daher verbringen die Flusspferde den Tag im Wasser und grasen nachts in der näheren Umgebung. Trotzdem ist Katavi das angestammte Habitat von bis zu 4000 Hippos – denn früher war es hier viel feuchter.

Katavis Wasserlöcher, Seen und die riesigen Überschwemmungsebenen werden nicht nur direkt vom Regen gespeist, sondern vor allem von den höher gelegenen Mwese Mountains 60 km nördlich des Parks. In den letzten Jahren jedoch wurden in den Flussbetten viele kleine Dämme und Blockaden errichtet, um Wasser in riesige Reisfelder umzuleiten. Dieser Eingriff in den Wasserhaushalt hat die Abflussmenge flussabwärts in den Park enorm reduziert. Als Reaktion darauf haben die Behörden einige Dämme aufgebrochen, um den Wasserfluss wieder zu erhöhen.

Für die Behörden ist die Gratwanderung zwischen Naturschutz und Wohlergehen der Bevölkerung schwierig. Die wachsende Bevölkerung hat großen Hunger nach mehr und mehr Land. Der Mpanda-Distrikt verzeichnet überdurchschnittlich hohe Zuwachsraten, vor allem bei den Sukuma, die aus Mwanza und Shinyanaga südwärts drängen und deren große Rinderherden und Landbau wasserintensiv sind. Der Kreislauf beginnt: Bäume werden für die Landwirtschaft, als Brennholz und für Möbel gefällt, Holzkohle wird geköhlert – auch als zusätzliche Erwerbsquelle für die stark wachsenden Ballungszentren Tansanias.

Doch auch wenn der Park unter dem Bevölkerungsdruck, der ökonomischen Entwicklung Tansanias, Wasserknappheit und Wilderei leidet, muss so wohl das Paradies für Safari-Liebhaber aussehen. Garantiert mit keiner Menschenseele muss man sich den hohen Wildtierbestand und die artenreiche Flora teilen.

Besonders fantastisch ist der Park nach dem ersten Regen im Oktober, wenn zartes Grün die rote Erde überzieht und Abertausende Blumen unter dem noch offenen Dach der Waldsavanne aufgehen.

Ein Beitrag von Britta Meyer, Beraterin für ökologisches Monitoring und GIS sowie Gründungsmitglied der Friends of Katavi, www.friendsofkatavi.org

Außerhalb des Parks

Sowohl in **Sitalike** als auch im größeren **Mpanda** gibt es landestypische Verpflegung wie *nyama choma* (gegrilltes Fleisch) oder *chipsi mayai* (Fritten-Omelette) sowie saisonales Obst und Gemüse.

In Mpanda gibt es mehrere landestypische, heruntergekommene Gästehäuser, wobei das **Super City Hotel** die beste Option ist, alle ❶, zudem eine Handvoll simpler Gästehäuser in Sitalike.

Riverside Camp, Nähe Gate, ✆ 0784-754740. Camping mit eigenem Zelt 8000 TSH, einfache Chalets 35 000 TSH p. P. Kaltes Wasser, auf Anfrage heißes Wasser im Eimer. Recht schöne Lage am Fluss.

AKTIVITÄTEN

Man kann entweder ein Fahrzeug samt Driver im Park Headquarter (etwa 20 Min. Fußmarsch von Sitalike entfernt) mieten oder wendet sich an **Marula Wilderness Expeditions** in Mpanda, ✆ 0784 946 188, ✉ marulacamp@gmail.com (billiger als beim Headquarter).

TRANSPORT

Selbstfahrer

Anfahrt von Sumbawanga ca. 5 Std. für knapp 190 km haarsträubende Piste (soll in den nächsten Jahren geteert werden). Letzte Möglichkeit zum Tanken in Mpanda. 36 km (45–60 Min. Fahrt) weiter südlich, in Sitalike, gabelt sich die Piste, die Nebenpiste nach Mpimbwe (Kibaoni) führt ebenso wie die Hauptpiste durch den Park.

Busse

Von MPANDA fahren laufend Minibusse nach Sitalike.

Eisenbahn

Eine Anreise mit der Central Line ist möglich, Umstieg in Tabora, Ausstieg in MPANDA (s. Dar es Salaam, S. 151). Verlässlich ist diese Anreise aber nicht. Von Mpanda kann ein Weitertransport organisiert werden.

Flüge

Es gibt mehrere kleine Flugfelder für „Buschtaxis", z. B. von/nach RUAHA mit Safari Airlink für US$525, von ARUSHA Charter-Flüge für ca. US$820, jeweils p. P. einfach.
Die Landebahn in Mpanda wurde 2012 geteert und vergrößert, z. B. mit Auric Air von KIGOMA nach Mpanda oder von Mpanda nach MWANZA, je 285 000 TSH einfach.

Lake Rukwa

Im Migrationskorridor des Katavi National Park, dem flachen Sodasee Lake Rukwa, leben große Tierherden, seltene Vögel und jede Menge Krokodile und Flusspferde. Die Anfahrt erfolgt über Katavi, Sumbawanga oder Mbeya (Chunya, S. 510). Nur Selbstversorger (mit Zelt, Wasser, Nahrungsmitteln und Offroad-Erfahrung) sollten sich in das Gebiet vorwagen, und auch nur in der Trockenzeit (April–Okt). Oder man bucht einen Abenteuertrip über einen Tour Operator, z. B. in Mbeya, Mpanda oder über eine Lodge im Katavi, die Camping-Safaris dorthin unternehmen.

Kipili

Wer unverfälschtes Landleben und Abenteuer sucht, macht sich auf den Weg an die südliche Küste des Lake Tanganyika. Idyllische Fischerdörfer wechseln sich mit tiefen Pisten, satter Vegetation und glasklarem Wasser ab.

Als Zwischenstopp zwischen Mpanda und Sumbawanga (oder eigentlich genau umgekehrt, denn die Zufahrt zum Gebiet des südlichen Lake Tanganyika sollte über Mbeya/Tunduma erfolgen) eignet sich Kipili nur, wenn man in der Lakeshore Lodge bleiben oder auf die historische *MV Liemba* warten möchte.

Kipili ist über Namanyere (160 km von Mpanda, 90 km von Sumbawanga, jeweils auf schlechter Piste) erreichbar. Von Namanyere, Drehscheibe des öffentlichen Transports, muss man sich in Richtung Katongolo (56 km, ca. 1 Std. als Selbstfahrer) halten und fährt über eine malerische Bruchstufe hinunter an den See. Die letzten 8 km bis Kipili sind nach dem Aufwand zuvor nur noch ein Katzensprung.

ÜBERNACHTUNG UND ESSEN

Lakeshore Lodge, ✆ 0684-540792, 💻 www.safaritourtanzania.com. Abgeschiedener und abenteuerlicher geht's nicht mehr, dabei braucht man bei Louise und Chris auf nichts zu verzichten. Unterbringung in 3 Kategorien (Luxus-Chalets, einfachere Bandas, Campingplatz). Nahrungsmittel von der eigenen Farm, jede Menge Aktivitäten und Internet stehen den Gästen, die sich hier bestens erholen können, zur Verfügung. In der Lake Shore Lodge selbst halten Tauchen, Schnorcheln, Kayaking, Sportfischen, Wasserskifahren, Quadbike fahren, Mountainbiking oder Wanderungen die Besucher auf Trab.

Die Betreiber organisieren auf Wunsch alles – auch Anreise, Bootsfahrten mit der *MV Liemba* oder Safaris (Katavi liegt nur 4–5 Std. entfernt). Camping US$12. ❺–❻

Lupita Island, Buchungen bei Firelight Expeditions, ✆ 027-2508773, 💻 www.firelightexpeditions.com. Wer sich nach einer Safari im Western Circuit nach Wasser sehnt, muss nicht unbedingt nach Sansibar schielen. Lupita Island, eine private Insel vor Kipili, ist ein wahrer Schatz inmitten des Lake Tanganyika, deren komfortable Luxus-Lodge keine Wünsche offen lässt. Der Blick auf den türkisfarbenen Lake Tanganyika ist wirklich erhebend. ❽

TRANSPORT

Die Anfahrt erfolgt (solange die Teerstraße nicht fertiggestellt ist) mit einem leistungsfähigen Geländewagen, der *MV Liemba* oder Bussen von MBEYA aus (Umstieg in Sumbawanga, Weiterfahrt in Richtung Kirando, Ausstieg in Katangolo, Abholung von dort durch die Lodge).

Von und nach Kipili fliegen Chartermaschinen, z. B. Airlink von DAR ES SALAAM (US$1010 p. P.) oder von den umliegenden Nationalparks.

Kasanga

Wer in Kipili nicht Halt gemacht hat, stoppt spätestens in Kasanga – ebenso abgeschieden und fruchtbar, ebenso abenteuerlich. Von der Distrikthauptstadt Sumbawanga geht die Piste nach Kasanga (knapp 100 km) direkt zum Lake Tanganyika ab, wo die Liemba Beach Lodge liegt.

Als südlichster Stützpunkt am Tanganyika-See war das Dorf – es hieß damals Bismarckburg – den deutschen Kolonialisten sogar den Bau eines Hauptquartiers *(boma)* wert.

ÜBERNACHTUNG UND ESSEN

Liemba Beach Lodge, zwischen Kasanga und Muzi, ✆ 0784-327464. Schön gelegene, leider schon heruntergekommene Strand-Lodge. Der Betreiber Oscar Mangwangwa ist hilfsbereit, auf Anfrage organisiert er die Abholung von der *MV Liemba* (per Boot) oder vom Bus. Camping möglich, Übernachtung in Cottages. ❷

AKTIVITÄTEN

Es gibt kaum etwas, was Oscar von der Liemba Beach Lodge nicht arrangieren kann, z. B. Bootsfahrten zum Mahale National Park und zu den Kalambo Waterfalls, angeblich mit 211 m die höchsten Wasserfälle des afrikanischen Kontinents (Preis auf Anfrage) im tansanisch-sambischen Grenzgebiet.

TRANSPORT

Sumbawanga liegt genau auf halbem Weg zwischen Mpanda (230 km in Richtung Norden) und Tunduma am Tanzam-Highway (218 km in Richtung Südosten, 5 Std. Fahrt mit dem Geländewagen in jede Richtung).

Selbstfahrer

Für Selbstfahrer ist die Anfahrt nach Kasanga über Mbeya am empfehlenswertesten; sie müssen in Tunduma (130 km westlich von Mbeya) das Fahrzeug auftanken (nächste Tankstelle Sumbawanga).

Busse

Nach Kasanga verkehren Pick-up-Taxis und Busse ab SUMBAWANGA, die alle in Marktnähe abfahren. Die Busse verlassen Sumbawanga um die Mittagszeit; Ankunft gegen 16 Uhr (Ausstieg Primary School von Muzi), 13 000 TSH. Ein Bus fährt 1x tgl. von Sumbawanga weiter nach MPANDA, außerdem mehrere Busse pro Tag, z. B. mit Sumry, Mbarakiwe, nach MBEYA via Tunduma (ca. 8 Std. Fahrt, 19 500 TSH, Abfahrt in den Morgenstunden).

Der Süden

Stefan Loose Traveltipps

14 **Selous Game Reserve** Hier hat man die reißenden Löwen und grunzenden Hippos noch ganz für sich allein. S. 488

Udzungwa Mountains Pulsierendes Dorfleben, schreiende Nashornvögel, endemische Tiere und Pflanzen und anspruchsvolle Wanderungen machen die Gegend zu etwas ganz Besonderem. S. 500

Iringa In dem quirligen, klimatisch begünstigten Städtchen mit guter Verkehrsanbindung können Reisende im Neema Crafts Café auftanken und einkaufen. S. 501

15 **Ruaha National Park** Sanfte Hügelketten, mächtige Baobab-Bäume und die ewig goldbraune Savanne sind nur die Statisten – die wahren Helden sind Wildtiere in rauen Mengen. S. 506

16 **Lake Nyasa (Lake Malawi)** Nur für Abenteurer: Wenige Annehmlichkeiten und mörderische Straßen, doch so muss wohl das Paradies aussehen. S. 515

DER SÜDEN

Kapapa
Mlala Hills
Inyonga
Kirogwe
Bueni
Kaswa
Magawe
Bagamoyo
Rungwa
1520
Kilalau
Itende
Game Reserve
Vihungu
Makasumbi
Mpulwa
Mwitiko
Kitunda
Majojoro
Rungwa
Vangama
Isawa
Kitete
Siba
Njombe
Matuli
Kambi Katoto
Game Reserve
KATAVI NATIONAL PARK
RUAHA NATIONAL PARK
Maji Moto
Chinganda
Rukwa Game Reserve
Rungwa
Lukwati Game Reserve
1634
Tundaliru
s. Detailplan Ruaha NP S. 509
Biti Manyanga
Ilungu
Kipembawe
TANSANIA
Ruaha Escarpment
Msembe Gate
Mdonya Gorge
Tungamalenga
Mbizi Mountains
Lake Rukwa
Lukwati
Kizungu
Ngongo
Nkundi
Sumbawanga
Kasunga
Igoma
Mtanila
Usungu
Game Reserve
Mamba
s. Stadtplan Mbeya S. 513
Kwimba
Msanzi
Mpwapwa
Great Ruaha
Madibira
Mkowe
Mtai
Kaengesa
Ilunga Range
Mbangala
Ngomba
Saza
Makongolosi
Kisada
Humbula
Ivuna
Makwemba
Nyororo (James Corner)
Kalambo
Mwazye
Lupa Goldfield
Chunya
Usangu Flats
Mbaramaziwa
Laela
Kanga
Mwimbi
Kanyezi
Lupa
Mbeya Range
2656 Loleza Peak
Rujewa
Kasesya
Thombe Hills
Tunko
Songwe
Mbeya Peak 2834
Salangwe
Idofi
Igurusi
Kimani
Makambako
Mkutano
Itaka
Kimani Falls
Mbala
Kasinde
Myunga
Utengule
Mbeya
Chimala
Itunda
Sunzu
2067
M1
Mpozi
Ruanda
Mbalizi
Uyole
Njipanda
Kirenganye
Chalowe
Chanyana
Palimpopo
Ndalambo
Vwawa
Panda Hills
Ngozi Crater Lake
Mtorwi
Elton Plateau
2289
Kipengere
Mpanga
Mdandu
1877
2961
Masamba
Igunga
Ngamba
Mbozi-Meteorit
Mbogo
2952
KITULO N.P.
Game Reserve
Likembe
Mambwe
Nsokolo
Chinwanda
Kasamba
2700
Rungwa
Kiwira
Lwanga
Kipengere Range
Njombe
Chozi
Nteko
Tunduma
Ibungu
Tukuyu
Itete
Mogoto
Mpande
Ntumba
Illenda
Darja la Mungu
Mbaka
Bulongwa
Nganda
Igominyi
Mukunta
Chozi
Kaomowe
Ipinda
Matema
Uwemba
Kayambi
T2
Mkasi
Ibanda
Kyela
Lumbila
Ruhuhu
Tazara
Chanka
Mwandenga
Lutsitu
Kalungu
Chitipa (Fort Hill)
Misuku
Livingstone Mountains
Chunga
Kapoka
Kaporo
Kirondo
Lugalawa
Mwinechinji
Nsindano
Milo
T2
Chendo
Fwama
Chisato
Karonga
Makonde
Mulembe
Lupindi
Lupembe
Lupingu
Rudewa
Mulilansolo
Isoka
Mulekatembo
Mwenewenya
Lake
Kitiwaka
Kampumbu
Nkweto
Luwalizi
Chifungwe
Kavukuku
Nyungwe
Nthalire
Nganda 2608
Manda
Mpolomombo
Amelia Bay
Gingama
NYIKA NATIONAL PARK
Chitimba
Young's Bay
Lituhi
Ruanda
Muyombe
Chelinda
Livingstonia
Lundu
Bemba
2527
Vitumbi
Mlowe
Nyasa
SAMBIA
Nchenachena
Zunga
Nindai
Lusangani
Luangwa
Muhuju
Mwazisi
Phwezi
Muyeleko
Mbinga
South Rukuru
Tumbi Point
Njambe
Vwaza Marsh
Rumphi
Kadyungu
Mkondowe
Liuli
Ndengo
Gondwe
Jitha
Jembe
Ruarwe
Game Reserve
Usisya Bay
Enguçwini
Usisya
Mbamba Bay
Lake Kazuni
Mphandi Point
Emeisweni
MALAWI
Bweteka
Chikwina
Lukoma Bay
s. Detailplan Lake Malawi S. 517
Timbiri
Mzuzu
(L. Malawi)
Limpasa
Nkhata Bay
Chizi Point
Chaisa
Vipya Plateau
Ndlovu
Eswazini
Mankhambira
Mpika
Chintheche

N
0
100 km
Morogoro
Kilosa
Mvumi
Msimba
Mkata
Kimamba
Wami
Ubena
Chalinze
Mlandizi
Ruvu
Mikese
Kiziwa
Lukosi
Mzenga
Kipera
Mlandizi
Mgeta
Mkuyuni
Mtambo
s. Stadtplan Morogoro S. 496
Gwata
Kibuko
Uluguru
Kimbandu
Mountains
Mvuha
Kidunda
Ruvu
Maneromango
Tazara
Mgoda
Kikeo
Dutumi
Mugazi
s. Detailplan Selous Game Reserve S. 490
Kikoboga
MIKUMI NATIONAL PARK
Kisaki
Matambwe Gate
Matambwe Station
Lake Tagalala
Nzasa Plains
Stiegler's Gorge
Rufiji
Mtemere Gate
Msanza
Ngulakula
Mkongo
Nyera
Utete
Lake Utlenge
Huzi
Tame
Bubu
Fufu
Lukole
Kibakwe
Kidete
Chugu
Mtera Reservoir
Mamboya
Cambaku
Uvimbi
Fufu Escarpment
Rubeho Mountains
Zombo
Ulaya
Chikuyo
Himva
New Mtera
s. Stadtplan Iringa S. 505
Migole
Great Ruaha
Izazi
Mang'alisa
Mlovo
Malolo
Kisanga
Mkata
Ephons Pass
Great Ruaha
Itunudu
Nyangolo
Ruaha
Mbuyuni
Kidayi
Mikumi
Mtandika
Luganga
Kidodi
Ngongwa
Mazombe
Matassi
Nyamihur
Iringa
Kalenga
Idodi
Lugalo
Kalimbasi
2381
2339
UDZUNGWA MOUNTAINS
Sanje
Luhombero
Mang'ula Gate
Nyumbenito
NATIONAL PARK
Great Ruaha
Tosamaganga
Nyabula
Isimila
Mgama
Ifunda
Uwindi
Lupembelwasenga
Dabaga
Little Ruaha
Ifakara
Kilombero
Lugoda
Mafinga
Ihelwe
Chombe
Tongora
Ruipa
Kibasira
Kivukoni
Lupiro
Rufiji
Kalinga
Mufundi
Chita
Kilombero Valley
Swamp
Kasanga
Idetero
Highlands
Kungu
Ngawasi
Tazara
Tete Hills
Selous Game Reserve
Lukuliro
Lungonya
Mbangala
Mahenge
Itete
Mnyera
Mbarika
Mzerezi
Salle
Kiswaga
Malinyi
Kandawale
Njinjo
Zinga Nakingombe
Zinga
Mkangira
Taveta
Mpanga
Mnyera
Ngoilanga
Mountains
Luhambera
Luwegu
Kiwulunge
1795
Lupembe
Ruhudji
Kiloreo
Ruhudji
Mitumbati
Kimambi
Mlowoka
Liwale
Mkunya
Liwale
Kifanya
Lukumburu
Lirondo
Mgenya
Magingo
Rutukira
Luhira
Luwegu
Mbarangandu
Njenje
Mnembwi
Nlandamanga
TANSANIA
Nangano
Mpurukasese
Likuyu
Rutukira
Nachingwea
Lumecha
Suluti
Namtumbo
Mbarangandu
Peramiho
Njuga
Kitai
Likuyufusi
Songea
Kigonsera
Lukuledi
Msangesi Game Res.
Masasi
Matemanga
Muhuwesi
Mtetesi
999
Mt. Mbaya
Kwitanda
Nakasanya
Mchiga
Likokona
Mikangaula
Mkowela
Nangomba
Lukimwa
Mokungwe
Njuga
Likonde
Tunduru
Muhuwesi
Lukwamba
Lukwika
Kibawana
Msineveve
Lukwila-Lumesule Game Reserve
Gomba
Masunguru
Negomano
Ruvuma
Sasawara
Msangesi
Lukumbule
Rio Rovuma
Chamba
Ruvuma
Rio Rovuma
Rio Lugenda
Rio Ninga
Olivença
Rio Messinge
Rio Moola
Montes Singa
Niassa Game Reserve
MOSAMBIK

Gemeinsam mit ihren Nachkommen formen weibliche Impalas bis zu 100 Tiere starke Herden.

„Abseits der ausgetretenen Pfade" beschreibt am besten das Reisen im südlichen Tansania, denn obwohl die Region alles zu bieten hat, was Touristen wünschen, ist die praktische Umsetzung wegen der großen Distanzen schwierig. Abseits und am besten per Flug erreichbar ist das **Selous Game Reserve**, während der **Mikumi National Park**, der **Ruaha National Park** und die saftig grünen **Udzungwa Mountains** näher am Highway liegen. An den verschlafenen Fischerdörfern am **Lake Nyasa (Lake Malawi)** können sich ebenfalls nur Reisende ohne Zeitdruck erfreuen.

Der Tourismus spielt als Einnahmequelle kaum eine Rolle, vielmehr sorgt die Agrarwirtschaft für das Auskommen der Menschen. Die Gebiete um **Morogoro**, **Iringa** und **Mbeya** sind bedeutende Anbaugebiete für die Exportprodukte *(cash crops)* Sisal, Tee, Kaffee und Tabak. Darüber hinaus produziert die Region große Maisüberschüsse und deckt damit teilweise den landesweiten Bedarf an diesem wichtigsten Grundnahrungsmittel. Im Bergbau und beim Abbau von Gold, Diamanten oder Halbedelsteinen wird das in diesem Landstrich vorhandene Potenzial noch längst nicht ausgeschöpft.

Trotz der sehr guten Verkehrsanbindung braucht man für Reisen im Süden vor allem eines: Zeit. Sobald man den voll ausgebauten Tanzam-Highway verlässt, der von Dar es Salaam nach Mbeya (und weiter nach Sambia) führt und eine wichtige Transportroute im panafrikanischen Güterverkehr darstellt, werden die Verbindungen mühsam. Überdies eignet sich die veraltete Tazara-Eisenbahnlinie, die den Hochseehafen von Dar es Salaam mit Sambia verbindet, bestenfalls für Nostalgiefahrten. Aber genau diese Langsamkeit macht den Charme des Südens aus.

14 HIGHLIGHT

Selous Game Reserve

- **Zugang**: Über das Matambwe Gate im Norden oder das Mtemere Gate im Osten. Letzteres ist mit dem Fahrzeug schneller erreichbar.
- **Eintritt**: US$50 pro 24 Std. Alle Lodges und Camps innerhalb der Parkgrenzen müssen

zudem eine Conservation Fee von US$25 p. P. und Tag abführen, was den Eintrittspreis de facto auf US$75 erhöht. Unterkünften außerhalb des Parks werden US$15 berechnet. Camping ist von den Conservation Fees nicht betroffen.

- **Beste Reisezeit**: Alle Monate außerhalb der Regenzeit von Feb–Mai, in der die Pisten (Black Cotton Soil) unpassierbar sind und die Flüsse sich ausdehnen. Die angenehmste Reisezeit ist zwischen Juni und Oktober, weil es dann tagsüber heiß und trocken ist und die Nächte angenehm bleiben.

Im größten Wildreservat Afrikas, dem Selous (sprich „Selu"), meint man noch die wilde Ursprünglichkeit des afrikanischen Kontinents zu spüren. Die Tierpopulation von über 1 Mio. Wildtieren klingt zwar imposant, doch angesichts der gigantischen Fläche des Naturreservats (6 % der Landfläche Tansanias), das mit über 51 200 km^2 mehr als dreimal so groß wie die Serengeti und größer als die Schweiz ist, relativiert sich diese Zahl. Unendliche Weiten prägen das Bild. Es kann vorkommen, dass man auf einer Pirschfahrt keiner anderen Menschenseele begegnet. Die Lodges sind familiär und nicht überlaufen. Naturverbundene Gäste können hier auch zu Fuß oder per Boot auf Safari gehen, was in den Nationalparks nur eingeschränkt möglich ist. Bereits 1896 richtete die deutsche Kolonialregierung in Teilen des heutigen Gebiets Schutzzonen ein; somit ist der Selous das älteste Naturschutzgebiet Afrikas. 1982 erklärte die Unesco es wegen seiner Einzigartigkeit zum „Erbe der Menschheit". Diese Maßnahmen kollidierten glücklicherweise nicht mit den Interessen der einheimischen Bevölkerung, da in der Region die Tsetse-Fliege vorkommt, die nicht nur Rinder, sondern auch andere Nutztiere mit Seuchen infiziert, sodass die Gegend wirtschaftlich bedeutungslos ist. Für Menschen sind die Tsetse-Fliegen zwar lästig, aber meist ungefährlich.

Nur der kleinere, nordöstliche Teil des Reservats, der etwa 15 % des Gesamtareals ausmacht, ist für **Pirschfahrten** zugelassen, während der Rest von **Großwildjägern** genutzt wird.

Das Wegesystem im Reservat ist kaum ausgebaut, außer einer **Hauptpiste**, die schnurstracks durch den nordöstlichen Sektor läuft. Sie wird größtenteils in gutem Zustand gehalten, doch in der Regenzeit ist auch sie für Besucher geschlossen. Die (meist informellen) **Nebenpisten** sind oft sandig, schlecht zu befahren und teilweise gar verwachsen. Außer auf den Hauptpisten gibt es keine Beschilderung, es empfiehlt sich daher die Mitnahme eines Navigationsgerätes.

Frederick Courteney Selous

Captain Frederick Courteney Selous gab dem Reservat einst seinen Namen. Der 1851 in London geborene Selous war der viktorianischen Konventionen schon früh überdrüssig. Im Alter von 19 Jahren begab er sich auf seine erste Afrika-Expedition und bereiste Südafrika und Simbabwe. Er frönte der Großwildjagd und verdiente sich seinen Lebensunterhalt als Schriftsteller und Präparator. Seine detaillierten, akkuraten Beschreibungen von Wildtieren und deren Lebensweise machten ihn zu einem David Attenborough seiner Zeit.

Der britische Jäger, Soldat, Naturliebhaber und Exzentriker trat 1915 im Alter von 63 Jahren als Freiwilliger in den Ersten Weltkrieg ein – und kam dafür aus seinem Ruhestand zurück. Er wollte seine heiß geliebte zweite Heimat Ostafrika gegen die deutschen Truppen unter Führung von Lettow-Vorbecks verteidigen – als Kommandant einer außerordentlichen Einheit, die aus französischen Legionären, texanischen Cowboys, afrikanischen Jägern, russischen Emigranten, Akrobaten und einem General aus Honduras bestand. Allerdings starb er nicht so, wie es sich für einen großen Soldat gehört, denn am 4. Januar 1917 traf ihn eine verirrte Kugel, und selbst von Lettow-Vorbeck bedauerte diesen unehrenhaften Tod. Heute ruht Captain Selous in einem bescheidenen Grab in der Beho Beho Area.

Flora und Fauna

Große Herden von Streifengnus, Steppenzebras, Lichtenstein-Kuhantilopen, Rappenantilopen, Großen Kudus, Wasserböcken, Riedböcken

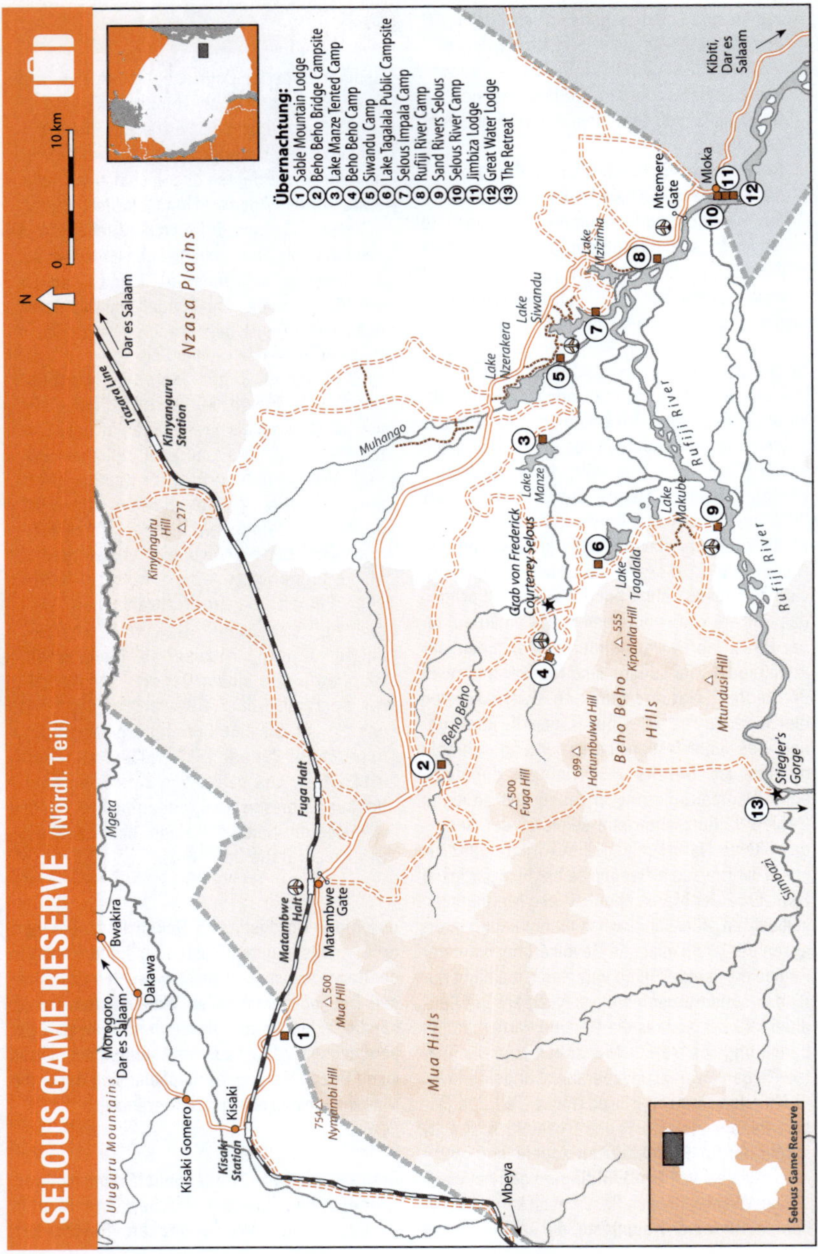
SELOUS GAME RESERVE (Nördl. Teil)
N
0
10 km
Übernachtung:
1 Sable Mountain Lodge
2 Beho Beho Bridge Campsite
3 Lake Manze Tented Camp
4 Beho Beho Camp
5 Siwandu Camp
6 Lake Tagalala Public Campsite
7 Selous Impala Camp
8 Rufiji River Camp
9 Sand Rivers Selous
10 Selous River Camp
11 Jimbiza Lodge
12 Great Water Lodge
13 The Retreat
Nzasa Plains
Dar es Salaam
Tazara Line
Kinyanguru Station
Kinyanguru Hill
△ 277
Muhango
Lake Nzerakera
Lake Siwandu
Lake Mzizimia
Mtemere Gate
Kibiti, Dar es Salaam
Mloka
Rufiji River
Lake Manze
Lake Makubi
Lake Tagalala
Grab von Frederick Courteney Selous
Kipalala Hill
△ 555
Beho Beho Hills
Mtundusi Hill
Beho Beho
Stiegler's Gorge
Simbazi
Mgeta
Fuga Halt
△ 500 Fuga Hill
699 △ Hatumbulwa Hill
Matambwe Halt
Matambwe Gate
Bwakira
Morogoro, Dar es Salaam
Dakawa
△ 500 Mua Hill
Mua Hills
Uluguru Mountains
Kisaki Gomero
Kisaki
Kisaki Station
754 △ Nyamambi Hill
Mbeya
Selous Game Reserve

und Impalas bilden das „Buffet" für Tüpfelhyänen und weit über 3500 **Löwen**, deren hiesige Konzentration die höchste in ganz Tansania darstellt. Einzigartig in Afrika ist die große Population von **Afrikanischen Wildhunden** – an die 800–1000 sollen hier leben, was die größte Dichte in Ostafrika darstellt.

Lange Trockenperioden charakterisieren den Bewuchs – und dennoch kann es kaum ein anderes Naturschutzgebiet mit der Biodiversität des Selous aufnehmen. Nördlich des Rufiji River dominieren **Savannen** mit den charakteristischen *Terminalia spinosa* (mit flacher Krone) und fächerartigen Doumpalmen, die auch Pfefferkuchenbäume genannt werden. In Flussnähe prägen **Sümpfe** mit Borassuspalmen die Szenerie. Südlich des Rufiji River gedeihen überwiegend **Miombo-Trockenwälder**, der bevorzugte Lebensraum der Elefanten, durchzogen von offenen Grasflächen und Galeriewäldern. Auch bei stundenlanger Fahrt durch das größtenteils flache, mancherorts auch sanft hügelige Gebiet (Höhenprofil: 80–1300 m) verliert die Landschaft niemals an Faszination.

Durch das Reservat

Der **Rufiji River** durchquert das Reservat; er und seine zahlreichen Seitenarme prägen die Tier- und Pflanzenwelt nachhaltig. Aus der Vogelperspektive erinnert er ans Okavango-Delta in Botswana, denn er bildet große Seen und verzweigt sich wie ein Labyrinth in viele Flussarme mit Inseln, Sandbänken und Lagunen. An deren Ufern sonnen sich so viele Krokodile wie sonst nirgends in Tansania, grunzende Hippos suhlen sich im schlammigen Wasser, und unter den Borassuspalmen dösen stehend Elefantenfamilien. Nebenbei sind die Galeriewälder der zahlreichen Flussläufe Heimat für über 430 Vogelarten – und natürlich auch beliebter Aufenthaltsort weiterer Tiere.

Wer über das Mtemere Gate im Osten in den Selous fährt, darf auf keinen Fall die zahlreichen kleinen Seen des Rufiji-Flusses verpassen: Sie sind Heimat großer Gruppen von suhlenden Flusspferden und scheuen Krokodilen. Die größten sind der **Lake Manze**, der **Lake Nzerakera** und der **Lake Tagalala**. Man zweigt einfach hinter den Lodges, z. B. dem Selous Impala Camp, von der Hauptpiste ab. In jedem Fall lohnt sich auch eine Boot-Safari, egal ob auf dem Fluss oder den Seen; sie wird in fast jeder Lodge angeboten.

Ein besonders spektakulärer Aussichtspunkt auf dem Wasserweg ist die 100 m tiefe **Stiegler's Gorge** im Nordwesten des Parks – eine atemberaubende Schlucht, in der sich der Fluss staut und die vielen Tieren als Tränke dient.

Wegen vieler Tiersichtungen lohnt auch eine Fahrt nach **Kinyanguru** (vom Matambwe Gate

Der Selous in Gefahr

Aufgrund der schlechten Erreichbarkeit kann der überwiegende Teil des Reservats nicht kontrolliert werden, was natürlich der **Wilderei** Tür und Tor öffnet. Das Dorf Mloka beim Mtemere Gate hat sich innerhalb weniger Jahre von einer kleinen Siedlung zu einem großen Dorf mit über 5000 Einwohnern ausgewachsen, die alle gut von der Wilderei leben. Die Angestellten des Game Reserve verdienen am Handel mit Trophäen und Fleisch prächtig mit, seitdem sich die Entwicklungsorganisation GTZ 2005 zurückgezogen hat. In den letzten drei Jahren soll sich die Population von Elefanten um 42 % verringert haben, größtenteils wegen der Elfenbein-Wilderei. Man geht davon aus, dass ca. 50 % des weltweiten illegalen Elfenbeins aus Tansania, und da vor allem aus dem Selous, stammen.
Zudem stieß man vor wenigen Jahren auf **Rohöl und Erdgas.** Probebohrungen sind noch immer im Gange und die Hoffnungen sind groß. Indes fand man auch Uran. Um die Uranvorkommen fördern zu können, wurde das Reservat mit der Zustimmung der Unesco 2012 um 345 km^2 (0,8 % des Reservats) verkleinert. Die Regierung erhofft sich US$640 Mio. Einnahmen daraus. Naturschützer fürchten hauptsächlich, dass ein Ausbau der Infrastruktur mehr unkontrollierte Wilderei und Bevölkerungsdruck mit sich bringt und dass Uran im tansanischen Korruptionssumpf in die falschen Hände gerät Schließlich wird mithilfe von brasilianischen Geldern auch noch ein gigantisches **Wasserkraftwerk** in der Stiegler's Gorge geplant, das Dar es Salaam mit mehr Strom versorgen soll.

Panoramafahrt durch die Uluguru Mountains

Vom Matambwe Gate via **Kisaki** führt eine Allwetterstraße, die größtenteils (in der Trockenzeit) in gutem Zustand ist, nach Morogoro. Ab Kisaki (rechts halten, dann im nächsten Dorf links abzweigen) führt die Piste zuerst – teilweise schnurstracks geradeaus – durch Sumpfgebiet und fruchtbare Ebenen, wo Mais, Reis und viele Feldfrüchte gedeihen.
Es gibt nur wenige Dörfer, trotzdem sind die Straßen voller Menschen: Frauen in bunten Tüchern, lachende Kinder, die gelbe Kübel voll Wasser nach Hause tragen, oder Männer auf ihren Fahrrädern. Hier bieten sich wunderbare Aussichten auf die malerischen Uluguru Mountains.
Später beginnt die Piste stetig zu steigen und man fährt in zahlreichen Serpentinen über die Uluguru-Berge. Nach 93 km Fahrt durch die Berge (ab Kisaki) erreicht man den großen Ort **Mkuyuni**, wo Marmor und Quarz abgebaut werden. An der großen Steintafel „Mkuyuni Secondary School", die nach 3 km folgt, nach rechts abzweigen. Wer die Abzweigung versäumt, wird schließlich auf einer abenteuerlichen Gebirgsstraße das Dorf Kinole erreichen und umdrehen müssen, da die Piste hier endet. Nach der Abzweigung bei Mkuyuni beginnt die Straße bald sanft zu fallen und die in der Sonne glitzernden Dächer von Morogoro und den umliegenden Dörfern werden sichtbar. Die letzten Kilometer geben wunderbare Panoramablicke auf Morogoro und die dahinter liegenden Ebenen frei. Die Panoramastraße endet direkt in **Morogoro** an der Old Dar es Salaam Road (150 km, 5–7 Std.).

kommend die Abzweigung zum Fuga Halt nehmen, dann weiter Richtung Kinyanguru Hill), obwohl ab dem Bahnhof Fuga die Pisten schlechter werden.

ÜBERNACHTUNG UND ESSEN

Alle Angaben gelten für ein DZ mit Vollpension. Die Camps sind von Mitte März bis Ende Mai geschlossen. Mindestens drei Nächte im Selous einplanen!

Im Reservat

Rufiji River Camp, Nähe Mtemere Gate und Mtemere Airstrip, ✆ 0713-237422, 🖳 www.tanzaniasafaris.info. Das einstige deutsche Jägercamp und die älteste Lodge im Reservat wurde 2010 generalsaniert. 20 komfortable, große, behindertengerechte Zelte in schöner Lage direkt am Rufiji River. Pool. ❼

Lake Manze Tented Camp, am Lake Manze, 44 km nordwestlich des Mtemere Gate, ✆ 022-2601747, 🖳 www.ed.co.tz. Einfaches, rustikales Zeltcamp am See mit 12 Zelten, wo man zum Buschdinner und kalten Bier seine Zehen in den Sand stecken kann. Wunderbar reduziert aufs Wesentliche, nämlich auf die zahlreichen Wildtiere, deren Lebensader der See darstellt. Gut von diversen Tieren frequentiert. ❽

Selous Impala Camp, 15 km nordwestlich des Mtemere Gate, ✆ 022-2601747, 🖳 www.ed.co.tz. Farbenfrohes Ambiente herrscht in den 8 Zelten auf Holzplattformen mit bunten Kikoys und Blick auf den Fluss. Exzellente Guides und Tierbeobachtung in einem tierreichen Gebiet; angenehme Atmosphäre. Die Flusspferde können nachts ganz schön laut schnauben. Pool. ❽

Siwandu Camp (vormals Selous Safari Camp), am Lake Nzerakera, ✆ 022-2128485, 🖳 www.selous.com. Die herrliche Lage am Wasser und 13 große, klassisch-elegante Safarizelte machen das Camp besonders. Charmante Lounge auf Stelzen mit Blick auf den See. Pool. Exzellente Tierbeobachtung. ❽

Sand Rivers Selous, am Rufiji River südlich von Beho Beho, 🖳 www.nomad-tanzania.com. Wunderbares, luxuriöses Zeltcamp mit schickem Interieur samt noch exklusiverem Privat-Camp Kiba Point. ❽

The Retreat, ca. 4 Std. südwestlich des Matambwe Gate, ✆ 0783-213951, 🖳 www.retreat-africa.com. Intimes Camp ab vom Schuss im afro-arabischen Stil mit großem Haupthaus samt Dachterrasse, Infinity-Pool und 12 geschmackvollen Suiten in Feng-Shui-Harmonie direkt am Rufiji River. Ein Freudenfest für alle Sinne! Die Anreise ist nur mittels Flugzeug empfehlenswert (Airstrip Sumbazi). ❽

Beho Beho Camp, 70 km südöstlich des Matambwe Gate, ✆ +44-1-932260618, 💻 www.behobeho.com. In 10 luxuriösen Stein-Cottages (mit Open-Air-Duschen) wird in den Beho Beho Hills elegantes Safari-Savoir-vivre zelebriert, mit Cocktailbar, offenem Restaurant mit Blick auf die Hügel und Sonnendeck. Pool. Bekannt für hervorragende Guides und Walking Safaris in einem Gebiet ohne hohes Besucheraufkommen. Einziges Manko: keine Lage am Fluss, dafür Boot-Safaris auf dem Lake Tagalala. ❽

Außerhalb des Reservats am Mtemere Gate

Die gut beschilderten Camps außerhalb sind viel einfacher und billiger, aber viele Besucher empfinden die langen Transferfahrten und das Passieren des Gates als unangenehm.

€ **Great Water Lodge**, in Mloka, ✆ 0684-651337, 💻 www.selouslodge.co.tz. Einfache, (noch) sehr kleine Lodge am Rufiji River mit Zelten auf erhöhten Plattformen, jene am Wasserloch sind zu bevorzugen. Safaris im Reservat werden arrangiert, z. B. per Boot US$40. Einfach, aber gut geführt, engagierter Betreiber. ❺

€ **Selous River Camp (Rest Camp)**, in Mloka nahe am Gate, Buchungen per SMS oder telefonisch unter ✆ 0784-237525, 💻 www.selousrivercamp.com. Preisgünstige Unterbringung entweder in einfachen Lehmhütten (ab US$143 p. P. mit Vollpension, Wasser und Kaffee/Tee) oder günstigeren Safari-Zelten (ab US$78 p. P mit Vollpension) direkt am Fluss, jeweils mit Veranda. 3-tägige Safari-Packages ab US$569 p. P. ohne Parkeintritt. Boot-Safaris US$35, Buschwanderungen US$30, Pirschfahrten US$90, je p. P., ohne Gebühren. ❺–❼

Jimbiza Lodge, in Mloka, ✆ 022-2618057, 💻 www.jimbizaselous.com. Einfaches, rustikales Zeltcamp ohne viel Schnickschnack direkt am Fluss mit gemauerten Cottages und Zelten. Ein Pool ist vorhanden. Die Anlage wirkt allerdings etwas lieblos. ❼

Außerhalb des Reservats am Matambwe Gate

Sable Mountain Lodge, 10 km vor dem Matambwe Gate, ✆ 022-2110507, 💻 www.selouslodge.com. Familiäre, gemütliche Lodge mit 13 gemauerten Cottages und Zelt-Cottages, in sanften Hügeln gelegen und mit fantastischem Blick auf die Uluguru Mountains. Pool. Die 5 Zelt-Cottages sind unbedingt zu bevorzugen. Anreise per Zug möglich. ❽

Fly Camping

Die am höchsten entwickelte Form von Camping wird von einigen Camps angeboten – Fly Camping. An besonderen Plätzen (jedes Camp hat seine Geheimtipps) werden temporäre Zeltlager mit allem Drum und Dran aus dem Boden gestampft, oft nur für wenige Tage (je nach Buchungslage). Absolut authentisches Busch-Feeling ohne Elektrizität oder fließendes Wasser und mit Speisen, die auf offenem Feuer gekocht werden. Mit Sicherheit unvergesslich! Ab US$500 p. P. aufwärts, Anfragen z. B. bei Selous Safari Company, 💻 www.selous.com, Nomad Tanzania, 💻 www.nomad-tanzania.com, und Sable Mountain Lodge, 💻 www.selouslodge.com.

Camping

Lake Tagalala ist der schönste Campingplatz im Reservat (aber relativ schwer zu finden). Eine weitere Option ist der Platz bei der **Beho-Beho-Brücke**. Beide US$20 p. P. plus US$20 für den obligatorischen Ranger. Anzumelden bei den Gates.

Außerhalb gibt es in Mloka am Mtemere Gate mehrere Lodges, wo man kampieren kann, z. B. im **Selous River Camp** und bei der **Great Water Lodge**, beide US$10 p. P.; Vollpension wird auch Campern geboten.

TRANSPORT

Aufgrund der großen Distanzen ist eine Anfahrt mit dem Auto nur für Individualtouristen mit ausreichendem Zeitpolster zu empfehlen. Das Matambwe Gate ist am besten per Flugzeug oder Zug erreichbar, das Mtemere Gate per Flug, Auto oder Bus. Tipp: Einige der Unterkünfte in Mloka organisieren Transfers mit dem Auto von Dar es Salaam, was sich ab 3 Personen im Fahrzeug rentiert. Überhaupt ist die Hinfahrt per Geländewagen und der Weiter- oder Rückflug zu empfehlen.

Selbstfahrer

Am besten durchquert man den Selous von Osten (Mtemere Gate) nach Norden (Matambwe Gate, 75 km). Die Anreise erfolgt von Dar über das größere Straßendorf **Kibiti** (250 km, 4–5 Std.), zuerst auf Asphalt, ab Kibiti auf guter Sandpiste. Die Abzweigungen sind aufgrund der Schilderwälder nicht zu übersehen. Im Dorf Mloka existiert eine kleine **Tankstelle** mit überhöhten Preisen.

Nach der Durchquerung des Selous biegt man im Dorf **Kisaki**, 20 km nach dem Matambwe Gate, rechts ab, weitere Anfahrtsbeschreibung Kasten, S. 492.

Busse

Mit altersschwachen und unzuverlässigen Bussen gelangt man vom Mbagala Bus Terminal in DAR (Abfahrt 4–5 Uhr morgens) nach **Mloka** (Mtemere Gate), 6–7 Std., 12 000 TSH. Mit den Unterkünften muss die Abholung von der Bushaltestelle organisiert werden.

Eisenbahn

Eine Anreise per Bahn ist nur für die Sable Mountain Lodge sinnvoll (Bahnhof Kisaki). Die Tazara-Bahn verkehrt von DAR ES SALAAM in Richtung Mbeya, die Abholung muss vorher bei der Lodge gebucht werden. Abfahrt in Dar: Di, Fr, jeweils am Nachmittag/Abend, Dauer ca. 5–6 Std., um 12 000 TSH. Die Rückreise per Bahn nach Dar ist nicht ratsam, da die aus Sambia kommenden Züge oft viele Stunden Verspätung haben. Die Fahrpläne ändern sich laufend; Details sind vor Ort zu erfragen. Wenn ein Zug schon um die Mittagszeit von Dar es Salaam abfährt, kann man vom Zug aus Wildtiere beobachten.

Flüge

Flugfelder bei den Gates Mtemere und Matambwe sowie bei Siwandu in der Nähe des Siwandu Camp. Täglich Linienflüge (Coastal, Zanair, Flightlink oder Airlink), z. B. von DAR ES SALAAM US$155 p. P. einfach, von SANSIBAR US$190, von ARUSHA US$455 (jeweils mit Coastal).

Morogoro

Morogoro liegt malerisch zu Füßen der Uluguru-Berge auf 500 m Seehöhe und ist mit einem milden Klima gesegnet. Nichts erinnert daran, dass sich hier früher ein Umschlagplatz für arabische Handelskarawanen befand. Befreite Sklaven waren es auch, die die Stadt Mitte des 19. Jhs. gründeten. Später siedelten sich aufgrund des fruchtbaren Bodens und des gemäßigten Klimas deutsche Siedler und Missionare an. 1907 erreichte der Gleisbau der „Mittellandbahn" Morogoro, was dem Ort erwartungsgemäß einen Aufschwung bescherte. 1913 lebten an die 3000 Einwohner in Morogoro, davon 60 deutsche Siedler. Ihre Präsenz belegen heute noch wenig ansehnliche Kolonialbauten, z. B. der Bahnhof, die alte Boma oder das ehemalige Edelweiß-Gasthaus in den Bergen.

Mit seinen geschätzten 316 000 Einwohnern ist Morogoro heute eines der führenden Agrar- und Bildungszentren Tansanias. Große Tabakfelder an den fruchtbaren Berghängen der Uluguru Mountains, wo sich regelmäßig die Wolken abregnen, und eine Reihe von Tabakfabriken prägen die Stadt nachhaltig. Zusammen mit den zahlreichen Wohlfahrtsverbänden und der hohen Dichte an kirchlichen Organisationen sind sie auch für die vergleichsweise große Zahl an westlichen Einwohnern verantwortlich.

Die meisten Reisenden betrachten Morogoro (188 km westlich von Dar) eher als Durchgangsstation auf dem Weg in die südlichen Nationalparks, doch auch ein Zwischenstopp lohnt sich, vor allem wenn dieser mit Wanderungen in den grandiosen **Uluguru Mountains** verbunden ist, wo Gipfel bis 2646 m Höhe locken.

ÜBERNACHTUNG UND ESSEN

Die besseren Unterkünfte liegen alle außerhalb des Zentrums.

Im Zentrum

Sofia Hotel, Mahenge St., gegenüber Matunda Internet, ✆ 023-2608478. Zweckmäßige, abgewohnte, aber erstaunlich saubere Zimmer mit Bad, TV und Kühlschrank in sehr zentraler Lage, die billigeren Zimmer mit Gemeinschaftsbad. ❶

Vanilla Lodge, Madaraka Rd., schräg gegenüber Tex Palace Hotel, ✆ 023-2601303. Einfaches Hotel in Zentrumsnähe mit Zimmern mit AC, TV und Kühlschrank. ❶

Mama Pierina's, Station Rd., ✆ 0786-786913, ✉ dshatzis@hotmail.com. Freundliches, einfaches Gästehaus für trinkfeste Reisende. Dimitra bietet Zimmer in verschiedenen Kategorien: die älteren, kleineren, aber renovierten Doppelzimmer kosten 30 000 TSH. Die neueren Zimmer mit AC, Fliesen und TV sind größer und besser ausgestattet (45 000 TSH). Am Wochenende geht es hier schon mal ordentlich zur Sache. ❷

Hotel Oasis, Station Rd., ✆ 023-2614178. Zweckmäßige, nicht immer ganz saubere Zimmer in einem typischen Mittelklasse-Geschäftshotel, das beliebt für Konferenzen ist. Große Plus: ausgezeichnetes Restaurant, Pool und eine der besten WLAN-Verbindungen in Morogoro. ❷–❸

Außerhalb

Monile Travellers Lodge, fast am Ende der geteerten Old Dar es Salaam Road östlich der Stadt nach Norden abbiegen, ✆ 0719-557573. 5 einfache, saubere Zimmer im Erdgeschoss mit AC, Ventilator, Moskitonetz, TV und eigenem Bad. Weit vom Stadtzentrum entfernt. Sichere Parkmöglichkeit. ❶

Arc Hotel, östlich von Morogoro, Abzweigung vom Highway nach Süden, beschildert, ✆ 0769-600240, 💻 archotel-tz.com. Typisches Mittelklasse-Geschäftshotel ein wenig außerhalb, aber in der Nähe des Highway. Großes ruhiges Anwesen; geräumige Zimmer mit AC; Internet. Recht gutes Restaurant, sicheres Parken. ❸

New Acropol Hotel, Old Dar es Salaam Rd., östlich des Krankenhauses, ✆ 0754-309410, 💻 www.newacropolhotel.com. Das in die Jahre gekommene, teilweise leider schmuddelige Hotel, das von einer eigenwilligen Kanadierin geführt wird, bietet große Zimmer und ein uriges Restaurant (ca. 8000–12 000 TSH). WLAN. ❸

Dragonaire's, östlich vom Zentrum von der Old Dar es Salaam Rd. nach Süden abzweigen, ✆ 0787-600001, 💻 www.dragonairestz.com. Kleines Gästehaus mit nur 4 praktischen, recht ansprechenden Zimmern mit Blick auf die Berge. Die Zimmer liegen hinter dem Restaurant; an den Wochenenden kann es lauter zugehen. AC im Zimmer; gutes Frühstück. ❸

Mbuyuni Farm Retreat, am Kingolwira Village 12 km östlich von Morogoro beim Wassertank und der Moschee nach Norden abzweigen, ✆ 0784-601220, 💻 www.kimango.com. Die 3 charmanten, geräumigen Cottages im Farmhaus-Stil haben Ausblick auf die Uluguru Mountains und den blühenden Garten. Köstliches Frühstück mit sehr ausgefallenen Kreationen. Am Abend kocht Simone raffinierte Hausmannskost mit Produkten aus dem eigenen Garten. Pool. Die beste Wahl in und um Morogoro! ❼

ESSEN

Gut indisch (und chinesisch) essen bei großer Auswahl kann man im **Hotel Oasis**. Sehr gutes Essen bekommt man auch im **ARC Hotel**, z. B. Pizza, BBQ oder Steaks.

€ **Chacha's Chicken Point**, neben dem Red Chilli Restaurant. Auf der Straße vor dem Lokal wird köstliches, billiges Street- und Fingerfood bereitet, u. a. Hähnchen und *mishkaki*.

High Classic Hotel, Lumumba St. Beliebtes, bodenständiges Restaurant.

Coco Beach Restaurant, Makongoro St. Äußerst beliebtes und immer gut besuchtes Restaurant mit einer riesigen Auswahl von lokalen Spezialitäten. Anstatt auf Tagesgerichte angewiesen zu sein, kann man hier aus dem Vollen schöpfen! 🕒 tgl. 6–22 Uhr.

Ricky's Café, Old Dar es Salaam Rd., in der Oryx-Tankstelle. Gute Snacks, Käse-Sandwiches, Cappuccino, Getränke, Desserts und Eiscreme zu günstigen Preisen. Mittags auch Lunch erhältlich, z. B. Steaks, Fisch, Chinesisches oder Thai-Gerichte, ca. 4000–7000 TSH. 🕒 Mo–Sa 7–22 Uhr.

Dragonaire's, siehe „Übernachtung". Lauschiges Open-Air-Restaurant. Fr–So wird köstliche Holzofen-Pizza serviert (6000–8000 TSH), die restliche Speisekarte ist ein Mix aus Chinesisch, Italienisch und deftigen Fleischgerichten, z. B. Spare Ribs oder Burger, ca. 11 000 TSH. An Wochenenden beliebter

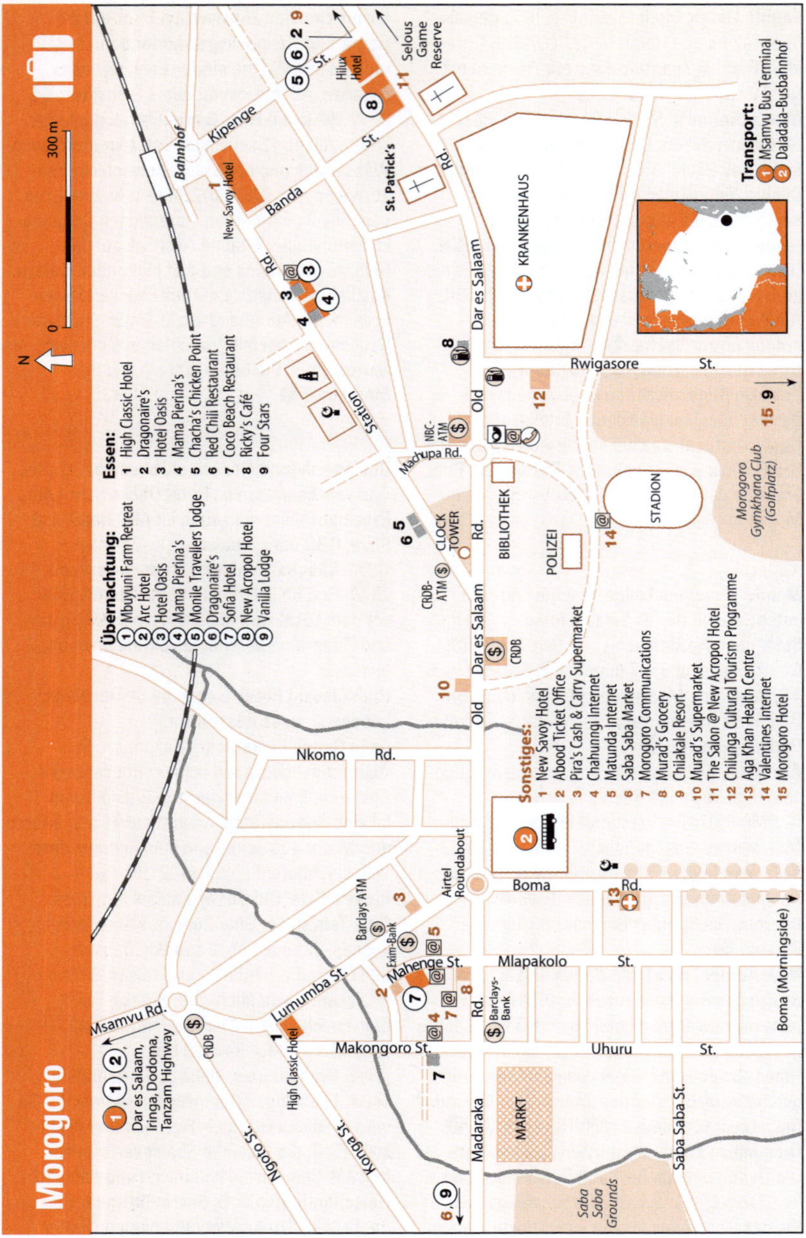
Morogoro
N
0
300 m
Übernachtung:
1 Mbuyuni Farm Retreat
2 Arc Hotel
3 Hotel Oasis
4 Mama Pierina's
5 Monile Travellers Lodge
6 Dragonaire's
7 Sofia Hotel
8 New Acropol Hotel
9 Vanilla Lodge
Essen:
1 High Classic Hotel
2 Dragonaire's
3 Hotel Oasis
4 Mama Pierina's
5 Chacha's Chicken Point
6 Red Chili Restaurant
7 Coco Beach Restaurant
8 Ricky's Café
9 Four Stars
Sonstiges:
1 New Savoy Hotel
2 Abood Ticket Office
3 Pira's Cash & Carry Supermarket
4 Chahunngi Internet
5 Matunda Internet
6 Saba Saba Market
7 Morogoro Communications
8 Murad's Grocery
9 Chilakale Resort
10 Murad's Supermarket
11 The Salon @ New Acropol Hotel
12 Chilunga Cultural Tourism Programme
13 Aga Khan Health Centre
14 Valentines Internet
15 Morogoro Hotel
Transport:
1 Msamvu Bus Terminal
2 Daladala-Busbahnhof
Dar es Salaam, Iringa, Dodoma, Tanzam Highway
Msamvu Rd.
CRDB
Lumumba St.
High Classic Hotel
Makongoro St.
Mahenge St.
Exim-Bank
Barclays ATM
Barclays-Bank
Airtel Roundabout
Boma
Rd.
Mlapakolo
St.
Uhuru
St.
Madaraka
Rd.
MARKT
Saba Saba St.
Saba Saba Grounds
Boma (Morningside)
Ngoto St.
Konga St.
Nkomo
Rd.
Old
Dar es Salaam
Rd.
CRDB-ATM
CLOCK TOWER
BIBLIOTHEK
POLIZEI
STADION
Machupa Rd.
NBC-ATM
Station
Rwigasore
St.
Morogoro Gymkhana Club (Golfplatz)
KRANKENHAUS
Old
Dar es Salaam
Rd.
St. Patrick's
New Savoy Hotel
Bahnhof
Banda
St.
Kipenge
St.
Hilux Hotel
Selous Game Reserve

Treffpunkt der Expats. ⌚ Di–Fr 15–23, Sa–So 11–24 Uhr.
Red Chilli Restaurant, Station Rd. Fantastische indische Gerichte, max. 11 000 TSH. ⌚ Mo–Sa 11–23, So 11–14 Uhr.
Mama Pierina's, Station Rd. Ausgezeichnete griechische und italienische Küche für max. 12 000 TSH. ⌚ tgl. früh bis spät.

UNTERHALTUNG

Wie für jede tansanische Stadt gilt: Nach Einbruch der Dunkelheit ist man besser nur noch mit Fahrzeug und Taxi unterwegs.
Four Stars, hinter dem Golfplatz rechts. Beliebte Disco und Bar, die von Einheimischen und Expats gleichermaßen besucht wird. Bunt gemischte Musik (Bongo Flava, Popmusik) sowie Livemusik. ⌚ Mi–So 21 Uhr bis früh morgens, Eintritt 5000–6000 TSH.
Chilakale Resort, die ungeteerte Verlängerung der Old Dar es Salaam Rd. weiterfahren. Heißer Open-Air-Club für Nachtschwärmer mit regelmäßigen Livebands und natürlich Bongo Flava. Taxi von der Innenstadt 7000 TSH. ⌚ Fr 21 Uhr bis früh morgens, Sa–So 18 Uhr bis früh morgens.
New Savoy Hotel, Station Rd. An den Wochenenden Livebands, Eintritt 8000 TSH.

AKTIVITÄTEN

Kulturtourismus

Zahlreiche Wanderungen des engagierten **Chilunga Cultural Tourism Programme**, Rwigasore Rd., gegenüber dem Spital, ✆ 0754- 477582, 🖳 www.chilunga.or.tz, in die Uluguru Mountains verbinden körperliche Betätigung mit kulturellen Erlebnissen. So führt die kürzeste aller Touren in nur 3 Std. in das Mbete Village, wo Frauen genießbare, kalziumreiche Kuchen aus Erde backen, die Schwangeren zur Stärkung gereicht werden. Viel anstrengender sind die Lupanga Peak Tour, wobei der 2150 m hohe Gipfel in 7–8 Std. erklommen wird, und die mehrtägige Kinole Tour durch die Uluguru-Berge. Weitere Wander- und Kulturtouren führen zu traditionellen Heilern, Wasserfällen, den Maasai von Melela oder dem ehemaligen Edelweiß-Gasthaus (heute bekannt als Morningside). Die Preise variieren je nach Dauer, Leistungen (Essen und Übernachtung), Gruppengröße und Höhe der Gebühren, die die Dörfer erheben; die Tagestouren ohne Transport kosten an die US$20 p. P. (bei mind. 2 Pers.). Bei einigen Ausflügen werden US$10 Forest Reserve Fees fällig. Transport (Fahrzeugmiete), Übernachtung und Essen werden extra berechnet.

Schwimmen

Im **Hotel Oasis**, Eintritt 3000 TSH pro Tag, und im Morogoro Hotel, Eintritt 5000 TSH pro Tag.

SONSTIGES

Einkaufen

Pira's Cash & Carry, Lumumba St. Der am besten sortierte Supermarkt der Stadt mit zahlreichen westlichen Produkten.
Murad's Supermarket, Old Dar es Salaam Rd., ist ein weiterer, kleiner Supermarkt. Dessen kleine „Schwester", **Murad's Grocery** in der Madaraka Rd., führt vor allem Lebensmittel. Souvenirs kann man u. a. an den Verkaufsständen in der Uhuru St. erstehen; gebrauchte Kleidung bietet der **Saba Saba Market** (Fr, Sa, So), der in der westlichen Verlängerung der Madaraka Rd. hinter dem zweiten *keeplefti* (Kreisverkehr) liegt.

Geld

NBC Bank, Old Dar es Salaam Rd. beim Posta-Kreisverkehr, und **CRDB Bank** (mehrere Bankhäuser und Automaten, u. a. Station Rd., Old Dar es Salaam Rd., Ngoto St., Ecke Lumumba St.) für Abhebungen mit Visa-Card, **Exim Bank** und Geldautomat von **Barclays**, Lumumba St., sowie **Barclays**, Madaraka Rd., für Abhebungen mit Visa-, Master- und Maestro-Card.

Internet

Es gibt viele Internetcafés in der Stadt, die aber generell sehr langsam sind, meist 500–1000 TSH pro Std. Zu den Internetcafés mit schnelleren Leitungen zählen u. a. **Morogoro Communications** und **Matunda Internet** (viele Rechner!), beide in der Mahenge St., **Valentines**, Kitope Rd., beim Stadion neben Dolphin Restaurant, **Posta**, Old Dar es Salaam Rd., Eingang um die Ecke vom Postamt, oder **Chahunngi Internet**

Café in der Makongoro St. gegenüber dem Coco Beach Restaurant.
Hotel Oasis, Station Rd. Bestes WLAN in der Stadt, Benutzung bei Verzehr von Essen/ Getränken.

Medizinische Hilfe

Das beste Krankenhaus ist das **Aga Khan Health Centre**, Boma Rd. ⌚ Mo–Sa 8–20, So 8–13 Uhr.

Polizei

Hinter Bibliothek und Post.

Post und Telefon

Post am Kreisverkehr östlich des Clock Tower, dahinter liegt auch die **TTCL**.

Wellness

The Salon @ New Acropol Hotel, siehe „Übernachtung", ✆ 0718-118518. Die druckvollen Massagen von Agnes wirken Wunder nach anstrengenden Busfahrten oder wilden Pistenritten auf Safari. Maniküre, Pediküre und andere Leistungen. Gut und günstig! ⌚ Mo–Sa 10–17 Uhr.

NAHVERKEHR

Der Stadtkern ist kompakt, sodass man alles erlaufen kann. Ansonsten empfiehlt sich ein Daladala (Stand im Zentrum) oder ein Taxi (nicht mehr als 7000 TSH, z. B. zum Dragonaire's 6000 TSH oder zum Msamvu Bus Terminal 5000 TSH).

TRANSPORT

Busse

Die Überlandbusse halten am 4 km nördlich der Stadt gelegenen **Msamvu Bus Terminal** *(stendi kuu)* direkt am Highway. Es gibt entweder Direktbusse (meist *ordinary buses*) oder *luxury buses*, die Morogoro auf dem Weg nach Mbeya (oder Dar) anfahren.
ARUSHA, mit Abood, BM, Abfahrt 8.30–9 Uhr, 9 Std., max. 34 600 TSH.
DAR ES SALAAM (Direktbusse), mit. Abood, BM, ab 5.30 Uhr alle 30 Min., 3 Std., max. 11 300 TSH.
DODOMA, mit *luxury buses* von Dar kommend, u. a. Shabiby, Kimbinyiko, Abfahrt ca. 8.30 Uhr, 5–6 Std., max. 15 100 TSH.
IRINGA, mit *luxury buses* von Dar kommend, u. a. Green Star Line , Abood, Sumry, Saibaba, Abfahrt 8–9 Uhr, max. 17 700 TSH.
MBEYA, siehe IRINGA, ca. 8–9 Std., max. 37 400 TSH.
MOSHI, siehe Arusha, 29 900 TSH.
MWANZA via DODOMA, durchgängig auf Teer, 15 Std., max. 56 200 TSH, häufig mit Übernachtung in Dodoma – Taxis in die Stadt kosten max. 5000 TSH.

Eisenbahn

Der **Bahnhof** der Central Line befindet sich in der Station Rd. Abfahrt in Richtung Westen: Fr ca. 21 Uhr. Nach KIGOMA 54 600 TSH, nach MWANZA (sofern die Linie fährt) 53 700 TSH. Ankunft des Zugs aus Kigoma: Sa 5 Uhr morgens. Nur ratsam in Richtung Westen, nach Dar nimmt man besser den Bus, der nur etwa 2 Std. unterwegs ist.

Mikumi National Park

- **Zugang**: Das Gate liegt in Kikoboga ein wenig nördlich des Highway, 18 km östlich von Mikumi Village.
- **Eintritt**: US$30 pro 24 Std. Für die Durchfahrt auf dem Tanzam-Highway wird keine Gebühr erhoben. Patrouillen wachen darüber, dass Autos auch wirklich nur durchfahren und keine Tiere beobachten, sonst wird Eintritt kassiert. Achtung: Bevor man zu den Unterkünften in den Park fährt, muss man zuerst am Gate Eintritt zahlen.
- **Beste Reisezeit**: Alle Monate außerhalb der Regenzeit von März–Mai; der Park ist jedoch ganzjährig geöffnet.

Dieser relativ unbekannte Nationalpark erstreckt sich zu beiden Seiten des Tanzam-Highway nur 290 km oder vier Fahrstunden westlich von Dar es Salaam (102 km westlich von Morogoro). Weil er von allen Parks im Süden am leichtesten zu erreichen ist, wird er von den Großstadtbewohnern gerne als Naherholungsgebiet genutzt.

Die Legende will es, dass bereits Livingstone und Speke 1857 von der Schönheit dieses Landstreifens begeistert waren. Auch Grant, auf seiner Suche nach den Quellen des Nils, jagte 1860 im heutigen Mikumi-Gebiet. Die Forscher folgten der berüchtigten Sklavenroute, die quer durch die Mkata Plains führte.

Der Mikumi Park ist kein Park der Superlative, dennoch ist die typisch afrikanische Baum- und Grassavanne ein lohnendes Ziel. Als Teil des riesigen Ökosystems des Selous Game Reserve vermittelt der Park einen guten Eindruck von der afrikanischen Tierwelt, z. B. mit Elefanten, Büffeln, Giraffen, Zebras und Gnus. Auch Löwen, Leoparden und Flusspferde sind häufige Besucher der Wasserlöcher. Die Abendpirsch wird von dramatischen Sonnenuntergängen begleitet, die die Buschlandschaft in stimmungsvolle Farben tauchen.

In der abendlichen Stille kann man das Heulen der Afrikanischen Wildhunde vernehmen, die zu den bedrohten Tierarten zählen, hier allerdings noch in größeren Rudeln vorkommen.

Das Herzstück des Parks stellen die Grassavannen der Mkata Flood Plains im Nordwesten dar. Viele Pisten durchqueren diesen Teil, vorbei an Wasserlöchern und Flussläufen, und die Wahrscheinlichkeit ist hoch, hier Löwen zu erspähen, da ihre Beute (Zebras, Weißbartgnus und Impalas) diesen Lebensraum bevorzugt. Heimisch ist hier auch die größte Antilopenart, das Eland, das andernorts selten gesichtet wird.

ÜBERNACHTUNG UND ESSEN

Alle Angaben gelten für ein DZ mit Vollpension.

Im Park

Stanley's Kopje, 26 km nördlich des Gates, ✆ 0713-237422, 💻 www.tanzaniasafaris.info. Das rustikale Camp gehört der Busch-erfahrenen Foxes-Familie. 12 komfortable, geräumige Zelte, auf Plattformen rund um einen Hügel gruppiert, gewähren Blick auf den Park sowie die Uluguru und Udzungwa Mountains. Restaurant auf der Spitze des Hügels mit 360°-Panoramen, aber eher mäßig gutes Essen. Pool. Durch die Lage auf dem Hügel muss man gut zu Fuß sein. Liegt in Hörweite des Highway, was aber nicht stört. ❼

Vuma Hill Tented Camp, 7 km südlich des Gates, ✆ 0713-237422, 💻 www.tanzaniasafaris.info. Betagtes, aber schönes Zeltcamp in erhöhter Lage mit Blick auf die Mkata-Ebene. 17 gemütliche Zelte auf Holzplattformen im braun-roten Ethno-Dekor. Pool. ❼

Mehrere **Public Campsites** stehen zur Verfügung, US$30 p. P.

Außerhalb des Parks

Mikumi Village ist ein kleines verschlafenes Straßendorf, das hauptsächlich als Stopover für den Schwerverkehr fungiert. Hier kreuzen sich die Straßen nach Norden (Kilosa) und Süden (Udzungwa, Ifakara), alle wichtigen Einrichtungen liegen direkt an der Straße.

VETA Guest House, am westlichen Ortsende, erkennbar an der Beton-Giraffe am Gate. Einfache Zimmer (z. T. mit AC) rund um einen betonierten Innenhof hinter dem Gartenrestaurant. Lokale Küche zu günstigen Preisen. ❶

St. Kizito Hospital Hostel, am westlichen Ortsende, beim Spitalschild abbiegen. Nimmt nur Touristen auf, wenn gerade keine ausländischen Ärzte oder Volunteers da sind. Nur 2 einfache Zimmer hinter dem Hospital im Grünen. ❶ ohne Essen

€ **Tan-Swiss Lodge**, direkt am Highway, ✆ 0755-191827, 💻 www.tan-swiss.com. Nettes Gästehaus eines Schweizers und dessen tansanischer Familie in einem gepflegten Garten und mit simplen, sauberen Zimmern und Bungalows (DZ ab US$65). Gute bodenständige und internationale Küche. Safaris in den Mikumi oder Udzungwa National Park lassen sich bequem arrangieren (ab US$145). ❸

Camping

Tan-Swiss Lodge, s. o. Schattiger Campingplatz mit guten Sanitäranlagen, US$7 p. P. Im Vergleich zu den Campingplätzen im Park hat man es auf dem Platz der Tan-Swiss-Lodge viel bequemer und lauschiger.

Crocodile Camp, 65 km westlich von Mikumi am Highway, ✆ 0789-233305, 💻 www.crocodilecamp.de. Guter Ort für Vogelliebhaber. Schöner Campingplatz zwischen Baobab-Bäumen am Ruaha River, 7000 TSH p. P., Lunch/Dinner 15 000 TSH. Auch zweckmäßige, teure Bandas. ❺

AKTIVITÄTEN

Wegen **Pirschfahrten** in der Tan-Swiss Lodge oder bei den Foxes-Camps nachfragen. Für **Walking Safaris** beim Gate anfragen.

Ausflüge in die Udzungwa Mountains organisieren z. B. **Stanley's Kopje** (US$150 p. P.) und **Tan-Swiss Lodge** (US$145 ohne Nationalparkeintritt).

TRANSPORT

Selbstfahrer

Der Park sowie Mikumi Village liegen an einer gut ausgebauten Teerstraße. Achtung: Langsam, defensiv fahren und Kollisionen mit Tieren vermeiden (hohe Strafen!).

Die zahlreichen gut beschilderten Circuits (und kleineren Loops) erleichtern die Erkundung des Parks. Unbedingt am Gate nachfragen, welche Gebiete gerade passierbar sind.

Busse

Mikumi Village ist mehrmals tgl. mit Bussen aus DAR ES SALAAM (nach Iringa und Mbeya) erreichbar, S. 183. Auf Anfrage stoppen die Busse auch am Gate (Abholung mit den Lodges vereinbaren). *Bajaji* max. 2000 TSH.

Eisenbahn

Nächster Bahnhof in Mang'ula, s. Udzungwa Mountains, S.501.

Flüge

Der Airstrip befindet sich in der Nähe des Kikoboga Headquarter. Flüge, z. B. mit Airlink, von DAR ES SALAAM US$165, vom SELOUS US$260.

Udzungwa Mountains National Park

- **Zugang**: Mang'ula Gate, beim Mang'ula Village.
- **Eintritt**: US$30 pro 24 Std., US$20 pro Tag pro Gruppe für den obligatorischen Ranger.
- **Informationen**: 💻 www.udzungwa.org.
- **Beste Reisezeit**: Dez–April.

Die Hauptattraktion des drittjüngsten Nationalparks (gegründet 1992) besteht in den zahlreichen endemischen Pflanzen- und Tiergattungen, weshalb man sich in der Eigenwerbung auch großspurig als „die afrikanischen Galapagos" bezeichnet.

Der Park ist Teil der 25 Mio. Jahre alten Eastern Arc Mountains (s. „Land und Leute", S. 115), zu denen auch die benachbarten Uluguru Mountains gehören und deren höchster Gipfel, der Luhomero Peak, 2576 m misst. Dieser Umstand macht das Schutzgebiet zu einem hervorragenden Wander- und Klettergebiet für abenteuerlustige und naturverbundene Reisende – durch einen einzigartigen Klangteppich wandert man hier im lebendigen, bis zu 50 m hohen Bergurwald mit über 2500 Pflanzenarten, über 400 Vogelarten, zierlichen Schmetterlingen und auch Säugetieren.

Dank der Abgelegenheit des Gebiets und der Jahrmillionen währenden Isolation konnten sich in der überwältigenden Berglandschaft überdurchschnittlich viele endemische Tierarten entwickeln. Erst 2005 entdeckten Forscher im dichten Dschungel eine neue Primatenspezies, den Kipunjii-Affen, dessen Population auf rund 1000 Tiere geschätzt wird. Im selben Jahr stießen Forscher durch Zufall auf eine weitere unbekannte Spezies, das Graugesichtige Rüsselhündchen *(grey-faced elephant shrew)*. Zwischen rauschenden Wasserfällen, blanken Felsen und dichtem Primärwald tummeln sich überdies u. a. zehn Primatengattungen, darunter Udzungwa Red Colobus (vormals Iringa Red Colobus), Grüne Meerkatzen, Weißkehlmeerkatzen, Guereza-Affen sowie die endemische Sanje-Mangabe (Sanje Crested Mangabey). Im Park leben außerdem Elefanten, Büffel, Busch- und Wasserböcke, diverse Antilopen und sogar Leoparden.

ÜBERNACHTUNG UND ESSEN

Zu den empfehlenswerteren, landestypischen Gästehäusern in Mang'ula zählen die **Mountain Peak Lodge** und die **Mangabey Lodge**, beide mit Bar/Restaurant. ❶

Twiga Hotel, zwischen Bahnhof und Gate, ☎ 0689-062291, ✉ udzungwa@gmail.com. Gästehaus der Parkverwaltung mit überzogenen

Preisen. Die rund um einen begrünten Innenhof gruppierten Zimmer bieten TV, AC und einige sogar Kühlschrank. Restaurant mit kleinen Picknick-Rondeaus draußen im Garten. Bewachter Parkplatz, Restaurant, Bar. Auf Wertsachen gut aufpassen, unmotiviertes Personal. ❸

Hondo Hondo Camp, an der Hauptstraße von Mang'ula, ✆ 0758-844228, 💻 www.udzungwaforestcamp.com. Komfortables, naturverbundenes Zeltcamp zu Füßen der Udzungwa-Berge im saftig grünen Garten mit toller Atmosphäre. Unterbringung in sehr schönen, großen Zelten und günstigeren Lehmhütten. Als Community Project konzipiert, bezieht es die lokale Bevölkerung erfolgreich ein. Zahlreiche Aktivitäten, wie Mountainbiken (US$15 p. P.), Bush Walks (US$5), Dorftouren (US$10 p. P.) etc. Zelten möglich (US$6 p. P.). ❸–❻

AKTIVITÄTEN

Man kann in Eigenregie am Gate einen Ranger bzw. einen Guide anheuern (nicht alle sprechen Englisch), doch höheren Erlebniswert bietet eine Erkundung des Parks mit einem ordentlichen Tour Operator. Die beliebteste Wanderung führt zu den **Sanje Waterfalls** (6 km, 4 Std.), andere Wanderwege erklimmen z. B. den **Mwanihana Peak** (38 km, 3 Tage).

TRANSPORT

In Dar es Salaam ansässige Safari-Unternehmer, z. B. Wild Things, bieten Trekkingtouren an.

Selbstfahrer

Gleich hinter Mikumi Village zweigt die Straße in Richtung Süden und Ifakara ab (beschildert), sie führt (zunächst auf Asphalt bis Kidatu) nach Mang'ula (65 km ab der Abzweigung). Südlich von Mang'ula rechts zum Headquarter abbiegen.

Busse

Von MIKUMI fahren tgl. viele Coasters nach Mang'ula (ca. 3 Std.) und IFAKARA (ca. 2 Std. ab Mang'ula).

Eisenbahn

Die Züge der Tazara-Linie halten in Mang'ula. Abfahrt in Richtung DAR So und Do am Morgen (6–7 Std., max. 19 000 TSH), Abfahrt in Richtung MBEYA und Sambia Di und Fr gegen 21 oder 22 Uhr (10–11 Std., ca. 29 100 TSH). Die Abholung ist mit den Unterkünften zu vereinbaren.

Ifakara

47 km südlich des Mang'ula Gate liegt Ifakara, Hauptort des Kilombero District, der mit seinen 56 000 Einwohnern wegen der Malaria-Forschungsstation und des Distriktkrankenhauses überraschend viele Ausländer anzieht. Das Kilombero Valley dient den Tieren des Selous-Ruaha-Ökosystems als Migrationskorridor; in einigen Gebieten ist die Jagd erlaubt. Naturliebhaber genießen eine Bird Safari oder eine Kanufahrt am Kilombero River, die z. B. auch vom Hondo Hondo Camp (s. links) arrangiert werden kann.

Man hat die Wahl zwischen äußerst bescheidenen lokalen Gästehäusern wie dem **Tabasam Guest House** oder der **Njema Lodge**, beide an der Hauptstraße, ❶. Als bestes Hotel gilt das Kilombero **Mbega Resort** am Ortsanfang, ❷. Wenn die Zimmer nicht an ausländische Ärzte und Volunteers vergeben sind, kann man sein Glück auch beim **Ifakara Health Centre Guest House** versuchen, 💻 www.ihi.or.tz, ❷.

Ausreichend Barmittel mitbringen! Bei **Upendo Masista** neben der St. Francis Church gibt es deutsches Brot; in der lokalen **Weber-Kooperative** können handgemachte Tücher gekauft werden (Nähe Mwenge-Kreisverkehr). Zur Erkundung bieten sich Fahrräder an (max. 1000 TSH/Tag).

Von Mikumi fahren tgl. viele Coasters nach Ifakara (ca. 5 Std.).

Iringa

Das malerische, entspannte Städtchen (15100 Einwohner) auf einem Felsplateau mit Blick auf die Tabak- und Maisfelder der Ebene ist gesäumt von blauen Jacaranda-Alleen; die Höhe von 1600 m verspricht moderate Temperaturen. Im Südwesten fällt das Plateau fast senkrecht zum Flusstal des Little Ruaha ab.

Der Name Iringa

Der Name ist von dem Wort *lilinga* aus der Sprache der Hehe abgeleitet, was auf Deutsch so viel wie Festung oder Fort bedeutet. Die deutsche Schutztruppe wählte diesen Ortsnamen aufgrund ihrer Absicht, hier eine Militärstation zu errichten. Diese wurde 1896 zu einem Fort ausgebaut und diente anschließend als Verteidigungsposten gegen die wehrhaften Hehe, die erbitterten Widerstand gegen die deutsche Kolonialregierung leisteten.

Wegen der strategisch günstigen Lage errichteten die Deutschen im nahen Kilosa 1896 ein großes Fort und legten damit den Grundstein für die Stadt. Rund um die stattliche **Markthalle**, deren buntes Markttreiben allemal einen Besuch lohnt, stehen Relikte längst vergangener Kolonialtage, wie die **Boma** gegenüber vom Uhuru Park, heute das Büro des District Commissioner, und einige Gebäude entlang der belebten Einkaufsstraße **India Street**. Auch die Markthalle selbst stammt aus dieser Zeit. Vor der Polizei (Fotografieren verboten!) erinnert eine Tafel an die afrikanischen Soldaten, die beim Maji-Maji-Aufstand (S. 518) ums Leben kamen, obwohl die hier ansässigen Hehe selbst an diesem Aufstand nicht teilnahmen, da sie die Härte der deutschen Kolonialmacht bereits einige Jahre vorher zu spüren bekommen hatten (Kasten S. 506).

Später wurde rund um Iringa der Erste Weltkrieg ausgefochten, was einige Commonwealth-Gräber und deutsche Gräber auf dem **Iringa Cemetery** in der Nähe des Neema Crafts Café verdeutlichen.

Das geschäftige Städtchen lebt vor allem durch den kontrastreichen Mix verschiedener Kulturen – hier die Bauten hinduistischer Inder und alte Kolonialhäuser im bayrischen Stil, dort die Moscheen der moslemisch-afrikanischen Bevölkerung.

ÜBERNACHTUNG

Von Juli bis September kann es in Iringa empfindlich kühl werden, daher unbedingt warme Kleidung einpacken!

€ **Iringa Lutheran Centre**, Kawawa St., ✆ 026-2700722, ✉ lutherancenter iringa@gmail.com. Einfaches, geistliches Gästehaus abseits der Hauptstraße, ruhig und dennoch zentral, aber in einiger Entfernung vom Busbahnhof. Zählt zu den besseren – und vor allem preislich vernünftigen – Optionen. Nettes Ambiente, Dekoration vom Neema Crafts Centre, sicheres Parken, reservieren sinnvoll, da oft ausgebucht. ❷

€ **Neema Guest House**, Hakimu St., ✆ 0683-380492, 💻 www.neema crafts.com. Im sonnengelben Gebäude von Neema Crafts. Einfache, saubere Zimmer im Obergeschoss rund um einen Innenhof mit strikten Hausregeln. Reichliches Frühstück. Die Einnahmen gehen an eine karitative Einrichtung, siehe „Essen". ❷

Wilolesi Hilltop Hotel, auf der Uhuru/Dodoma Rd. stadtauswärts, links abzweigen in die Wilolesi Hills, ✆ 026-2700007, 💻 www.wilolesi hilltophotel.com. Einfaches Mittelklassehotel mit 30 Zimmern weiter draußen in schöner Grünlage an einem Hang. Preislich eine etwas überteuerte Alternative für alle, die nicht in der lauten Stadt schlafen möchten. Schöne Aussicht auf die Stadt und die Gangilonga-Berge. Transfer in die Stadt 3000 TSH. ❸

Kisolanza Farm, 55 km südwestlich von Iringa in Richtung Mbeya, ✆ 0754-306144, 💻 www.kisolanza.com. Zu schade für nur eine Nacht! Die Unterbringung erfolgt in Cottages und Zimmern in mehreren Kategorien im charmanten Afro-Landhausstil. Man verkauft frische Produkte von der Farm. Chalets für Selbstversorger US$45, Camping US$6 p. P., Luxury Suite US$150 mit Halbpension. Zahlreiche Aktivitäten, wie Farm Walks oder Vogelbeobachtung. Fair geführter Betrieb, deren britische Besitzer in Tansania aufgewachsen sind. Unbedingt rechtzeitig reservieren. ❷, ❺

€ **Rivervalley Campsite**, von Mikumi aus Abzweigung 10 km vor Iringa, ✆ 026-2701988, 💻 rivervalleycampsites.com. Lauschiges Plätzchen am Little Ruaha River unter Akazien. Unterkunft in einfachen gemauerten Bandas mit Gemeinschaftsbad, komfortableren Bandas mit eigenem Bad/

WC oder Camping für US$6 p. P. Dinner US$10 p. P. Wegen der Swahili-Kurse (US$140 pro Woche) immer gut von Freiwilligen und NGO-Angehörigen gebucht. ❷–❸

ESSEN

Hasty Tasty Too, Uhuru Ave. gegenüber von Iringa Info. Eine Institution in Iringa und beliebt bei Expats und Reisenden. Herzhafte indisch-afrikanische Küche, aber auch Sandwiches (7000 TSH), Burger (max. 9000 TSH), Kuchen, Kaffee, Smoothies und Milchshakes (3000 TSH). ⌚ Mo–Fr 8–20, Sa Pause von 16–18 Uhr, So 10–14 Uhr.

Neema Crafts Café, siehe „Übernachtung". Internationale und tansanische Küche, z. B. Panini mit Avocado und Speck, Salate, Pizza sowie Smoothies und Kaffee. Nettes Ambiente drinnen, aber viel schöner ist es, auf dem Balkon zu sitzen. Zusätzlich handgemachte, schöne Souvenirs, u. a. handgeschöpftes Papier, Erzeugnisse aus Kitenge/Kanga-Patchwork, Ketten aus Papierperlen etc. Kirchliche Initiative, bei der körperbehinderte und hörgeschädigte Menschen Ausbildung, Arbeit und Anerkennung finden. Nettes Ambiente, recht gute Küche. WLAN. ⌚ Mo–Sa 8–18.30 Uhr.

Village Coffee Shop, im Büro von Iringa Info. Kleines Café mit nur 3 Tischen und köstlichen Speisen, wie Gebackenen Kartoffeln, englischen Pies, Burgern, Sandwiches. Flottes WLAN für 5000 TSH/Tag. Guter Kaffee, sehr entspannt! ⌚ Mo–Sa 9–16 Uhr.

Mama Iringa's Pizzeria, ca. 3 km nordwestlich der Stadt, Nähe Danish School. Wohl der beste Italiener des Südens mit Original-Pizza und Pasta, Bruschetta und sonstigen grün-weiß-roten Köstlichkeiten. Liebenswürdige Betreiberin. Taxi ca. 5000 TSH. ⌚ Di–So mittags und 17–21 Uhr.

Greek Club, aka Marietta's, nicht weit vom Lutheran Center. Stimmungsvolles griechisches Restaurant im alten Griechischen Club aus dem Jahr 1957, liebevoll restauriert. Die original griechische Küche schmeckt wie in einer Taverna auf Kreta. ⌚ Mo–Sa 8–18, So 10–18 Uhr.

Saivilla, Kenyatta Dr. Wird in Iringa hochgelobt für seine authentische indische Küche. ⌚ tgl. mittags und abends.

UNTERHALTUNG

Beliebte Treffpunkte abends und nachts sind die **Container Bar**, Uhuru Rd., gegenüber Barclays Bank, das **Shooters** in Marktnähe und die Disco **Twisters** (Nähe Getreidesilos).

EINKAUFEN

Auf dem **Markt** *(soko kuu)* sowie im **Maasai Market** (neben Iringa Info) wird man auf der Suche nach Lebensmitteln, Souvenirs und Dingen des alltäglichen Bedarfs fündig.

A Novel Idea, s. Iringa Info, S. 505. Kleiner Buchladen mit recht gutem Sortiment, für mehr Auswahl muss man nach Arusha oder Dar es Salaam fahren.

Banati Supermarket, India St.

Iringa ist für seine **Korbwaren** bekannt. Wer in der Markthalle trotz der großen Auswahl nichts Passendes findet, dem gelingt dies spätestens auf dem Highway, wo Männer und Frauen am Straßenrand ihre Ware anpreisen.

AKTIVITÄTEN

Warthog Adventures, im Büro der Iringa Info, ☎ 026-2701988 oder 0688-322888, 💻 warthogadventures.com. Das Informationsbüro von Iringa arrangiert Transfers, Safaris und Exkursionen. Kompetent, verlässlich, engagiert. Miete für einen Geländewagen pro Tag samt Driver ab US$250 (für 6 Pers.).

Swahili lernen im Rivervalley Camp, s. „Übernachtung". Kursgebühren US$140 für eine Woche plus US$225 zzgl. MwSt. für Unterbringung samt Vollpension.

Wer genügend Wildtiere gesehen hat, kann einen Besuch in einem der Maasai-Dörfer bei Tungamalenga, also eine **Maasai Village Tour**, oder einen Besuch der **Teeplantagen** von Mufindi ins Auge fassen.

SONSTIGES

Geld

In der Uhuru Ave. finden sich Automaten der **NBC Bank**, der **CRDB Bank** (beide Abhebungen mit der Visa-Card), der **Barclays Bank** (für Master-/Maestro-Card-Abhebungen), alle in der Nähe des Clock Tower. Die **Exim Bank** (für Master-/Maestro-Card-Abhebungen) befindet sich in der India St.

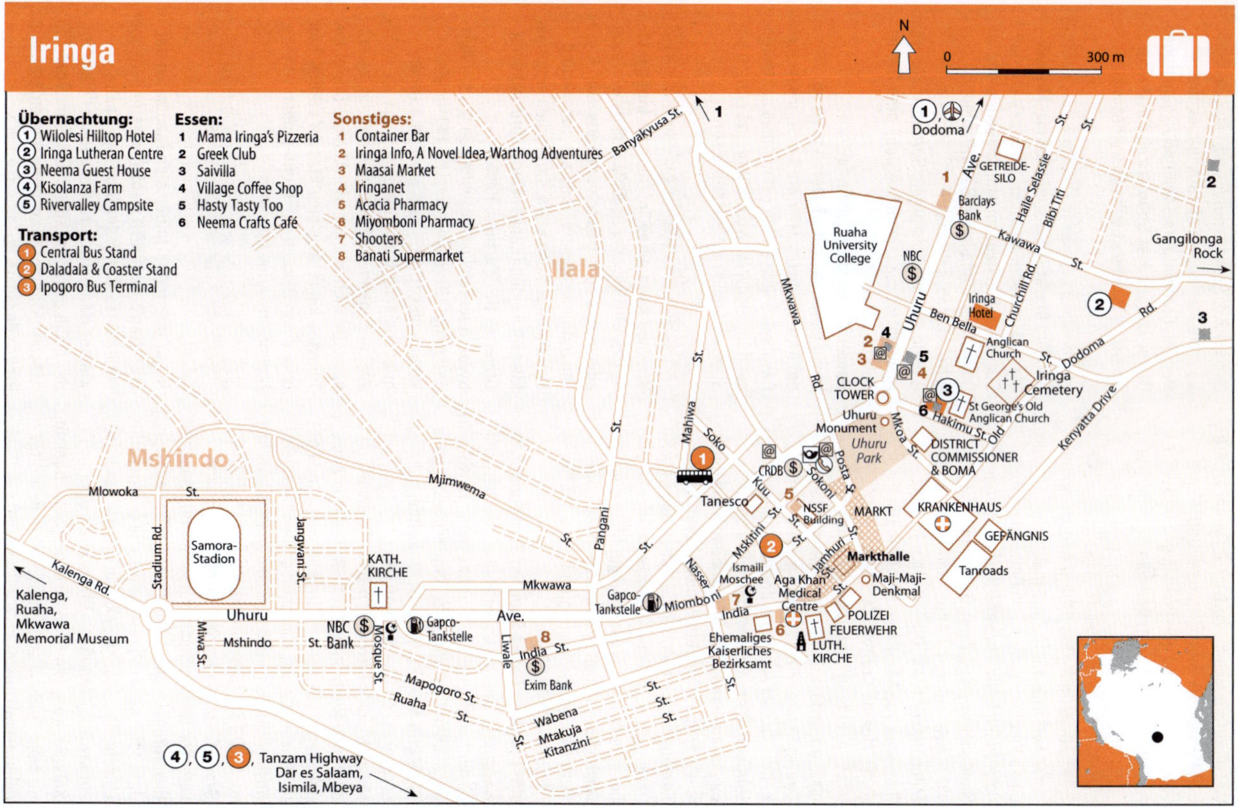
Iringa
N
0
300 m
Übernachtung:
1 Wilolesi Hilltop Hotel
2 Iringa Lutheran Centre
3 Neema Guest House
4 Kisolanza Farm
5 Rivervalley Campsite
Transport:
1 Central Bus Stand
2 Daladala & Coaster Stand
3 Ipogoro Bus Terminal
Essen:
1 Mama Iringa's Pizzeria
2 Greek Club
3 Saivilla
4 Village Coffee Shop
5 Hasty Tasty Too
6 Neema Crafts Café
Sonstiges:
1 Container Bar
2 Iringa Info, A Novel Idea, Warthog Adventures
3 Maasai Market
4 Iringanet
5 Acacia Pharmacy
6 Miyomboni Pharmacy
7 Shooters
8 Banati Supermarket
Ilala
Mshindo
Banyakyusa St.
1, Dodoma
Ave.
GETREIDE-SILO
Barclays Bank
Haile Selassie St.
Bibi Titi St.
Kawawa St.
Gangilonga Rock
Ruaha University College
NBC
Uhuru
Ben Bella
Iringa Hotel
Churchill Rd.
Anglican Church
Dodoma Rd.
Iringa Cemetery
St George's Old Anglican Church
Hakimu St.
Old
Kenyatta Drive
CLOCK TOWER
Uhuru Monument
Uhuru Park
Mkoa St.
DISTRICT COMMISSIONER & BOMA
KRANKENHAUS
GEFÄNGNIS
Tanroads
Mkwawa Rd.
Mahiwa St.
Soko
Kuu St.
CRDB
Sokoni
Posta St.
Tanesco
NSSF Building
MARKT
Markthalle
Maji-Maji-Denkmal
Mskitini St.
Jamhuri St.
Ismaili Moschee
Aga Khan Medical Centre
POLIZEI
FEUERWEHR
LUTH. KIRCHE
Ehemaliges Kaiserliches Bezirksamt
Nasser
Miomboni
India
Gapco-Tankstelle
Pangani St.
Mjimwema St.
Mlowoka St.
Samora-Stadion
Stadium Rd.
Jangwani St.
KATH. KIRCHE
Mkwawa
Uhuru Ave.
NBC
St. Bank
Mosque St.
Gapco-Tankstelle
Mshindo
Miwa St.
Liwale
India St.
Exim Bank
Mapogoro St.
Ruaha St.
Wabena
Mtakuja
Kitanzini
Kalenga Rd.
Kalenga, Ruaha, Mkwawa Memorial Museum
4, 5, 3, Tanzam Highway Dar es Salaam, Isimila, Mbeya

Informationen

Iringa Info, Uhuru Ave., Nähe Clock Tower. Kleines Informationsbüro (neben A Novel Idea und Village Coffee Shop), organisiert Safaris (Warthog Adventures) und spart nicht mit allerlei wertvollen Infos für Besucher. ⌚ Mi–Sa 9–17, So 10–14 Uhr.

Internet

Sehr gute WLAN-Verbindungen findet man im **Neema Crafts Café**, im **Village Coffee Shop** sowie in einigen Hotels.

IringaNet, Uhuru Ave. Computer vorhanden, man kann auch WLAN-Hotspot-Vouchers kaufen. ⌚ Mo–Sa 8–18.30, So 8–13 Uhr.

Medizinische Hilfe

Aga Khan Medical Centre, India St., ☏ 028-2502474.

Apotheken sind in der ganzen Stadt verstreut, z. B. **Acacia Pharmacy** im NSSF-Gebäude, Sokokuu St., sowie **Miyomboni Pharmacy** gleich neben dem Aga Khan Medical Centre.

Polizei

Beim Markt, India St.

Post und Telefon

Post unweit vom Clock Tower, Telefon daneben.

NAHVERKEHR

Daladalas und **Taxis** sind überall zu finden. Die Strecke vom Ipogoro Bus Terminal in die Stadt sollte per Taxi max. 3000 TSH kosten, eine längere Stadtfahrt max. 4000 TSH.

TRANSPORT

Um das erhöht gelegene Iringa (3 km nördlich des Highway) zu erreichen, muss man 190 km westlich von Mikumi auf fast kontinuierlich ansteigender Strecke in Richtung Norden abzweigen.

Busse

Ipogoro Bus Terminal, Tanzam Hwy. Für Transit-Busse, die nur in Iringa Zwischenstation machen, also alle *semi-luxury* und *luxury buses* in Richtung DAR ES SALAAM und MBEYA.

Central Bus Stand *(stendi kuu)*, Mkwawa St. Für *ordinary* und *semi-luxury buses*, deren Abfahrtsort oder Endbahnhof Iringa ist. Ticketbüros rund um den Busbahnhof. Coasters/ Daladalas fahren ebenfalls von hier ab.

DAR ES SALAAM, u. a. mit Sumry und JM Bus, Abfahrt 6–10 Uhr, ca. 8–9 Std., max. 28 900 TSH in *luxury buses*, mit Deluxe Tours *(semi-luxury bus)* 26 000 TSH.

DODOMA, u. a. mit Kingcross, Upendo, Abfahrt 7–8.30 Uhr, ca. 4 Std., 14 200 TSH in *semi-luxury buses*.

MBEYA, u. a. mit Chaula, Nganga, Abfahrt 7–10 Uhr, ca. 5 Std.,18 000 TSH in *semi-luxury buses*.

SONGEA, z. B. mit Superfeo, Abfahrt 6 Uhr, ca. 6 Std., 24 200 TSH.

Die Umgebung von Iringa

Gangilonga Rock, der „Sprechende Stein", liegt östlich von Iringa. Die Legende erzählt, dass Mkwawa (S. 506) hier Visionen hatte, also quasi vom Stein Ratschläge erhielt, wie er sich und sein Volk am besten vor den Angreifern schützen könnte. Er traf sich hier mit seinen Kommandanten, um das weitere Vorgehen zu besprechen. Man kann den Stein (1635 m) erklettern – zur Zeit der Recherche gab es aber eine allgemeine Warnung wegen vermehrten Überfällen auf Touristen.

Im Dorf Kalenga, etwa 12 km westlich auf dem Weg in den Ruaha, steht das **Mkwawa Memorial Museum**, das an die einst glorreichen Zeiten erinnert. Von außen ähnelt es einem Mausoleum, drinnen sind der Schädel des heldenhaften Mkwawa und einige Waffen sowie Gegenstände der Hehe ausgestellt. ⌚ nach Bedarf, Eintritt US$5, Guide 10 000 TSH. Der Ausflug ist mit Daladalas leicht zu organisieren.

Nur 20 km südwestlich von Iringa auf dem Weg nach Mbeya liegt die **Isamila-Schlucht**. Mit ihren bizarren 15 m hohen Säulen erinnert sie an die Miniaturausgabe des Bryce Canyon in Utah (USA). ⌚ tgl., Eintritt 20 000 TSH, Guide 10 000 TSH. Sie liegt ein wenig abseits der Hauptstraße und ist äußerst schlecht beschildert. Entweder heuert man vor Ort einen

Der Aufstand der Hehe

Nach dem Tod seines Vaters im Jahr 1880 übernahm **Mkwawa** die Herrschaft über das im Großraum von Iringa lebende Volk der Hehe. Schon Sultan Munyigumba hatte als geschickter Krieger das Hehe-Reich durch zahlreiche blutige Eroberungskriege gegen Nachbarvölker entscheidend vergrößert, und Mkwawa trat in die kriegerischen Fußstapfen seines Vaters.
Doch von den 1890er-Jahren an hatte er es nicht mehr nur mit Nachbarvölkern zu tun, sondern auch mit der deutschen Schutztruppe. Diese wollte die wirtschaftlich bedeutende Karawanenstraße sichern, die vom Lake Tanganyika über das Landesinnere zur Küste führte. Iringa sollte dabei wegen seiner strategisch günstigen Lage als Militärstation ausgebaut werden. Die Hehe nahmen die Gebietsansprüche der Kolonialbeamten nicht widerspruchslos hin, und so kam es im Sommer 1890 zu ersten Kämpfen gegen die Deutschen.
In den nächsten acht Jahren widersetzten sich die nur mit Speeren ausgerüsteten Hehe in zahlreichen Gemetzeln und Guerillaangriffen den Soldaten. Zu Hause in Deutschland hagelte es Kritik seitens der Politik und der Presse, da die für die Kolonialverwaltung veranschlagten Budgets weit überschritten wurden. Doch schließlich bescherte nicht Geld oder militärische Macht dem Kolonialreich den Sieg, sondern eine besonders grausame Taktik, nämlich die des Aushungerns. Nach einem Jahr waren die Kräfte der Hehe 1898 so geschwächt, dass selbst ihr Anführer Mkwawa die Waffen streckte: Um nicht lebend in die Hände seiner Feinde zu fallen, richtete er sich kurzerhand selbst. Sein Kopf wurde abgetrennt und der Heeresleitung als Siegeszeichen übergeben. Von dort gelangte er auf offiziell unbekannten Wegen – vermutlich war es der deutsche Leutnant Tom von Prince – vor dem Ersten Weltkrieg nach Deutschland.
Obwohl im Versailler Vertrag von 1919 die Rückgabe der Trophäe vereinbart wurde, sollte es noch bis 1954 dauern, bis der Schädel den Hehe in einer feierlichen Zeremonie zurückgegeben wurde. Heute ist der Kopf in dem kleinen **Museum von Kalenga** (S. 505) ausgestellt. Ein **Monument in Lugalo**, 20 km vor Iringa, erinnert an die Kämpfe. In Tansania verehrt man Mkwawa noch heute als Nationalhelden.

Guide für den Spaziergang (1 1/2 Std.) an oder fragt im Neema Crafts Café nach. Die Anfahrt mittels Daladalas ist leicht zu bewerkstelligen. Ausreichend Wasser mitbringen! Ein Besuch am frühen Vormittag oder späten Abend ist (wegen des Lichteinfalls und der Temperaturen) am besten. Hier wurden seit Ende der 1960er-Jahre die **Steinzeitfunde von Isimila** freigelegt, hauptsächlich Faustkeile, Steinäxte oder Hackmesser, die aus der Zeit der Acheuléen (Altsteinzeit) vor 270 000 Jahren stammen sollen (damals schlummerten Teile Europas noch unter einer Eisdecke). Damit gehören sie zu den ältesten Steinzeitfunden überhaupt. Hinzu kommen Fossilien längst ausgestorbener Tiergattungen, z. B. eines archaischen Flusspferds oder einer Giraffe mit kurzem Hals. Ein paar der Werkzeuge werden gezeigt, teilweise im kleinen Museum und teilweise draußen.

15 HIGHLIGHT

Ruaha National Park

- **Zugang**: Einziger Zugang mit der Zahlstelle am Msembe Gate im Süden.
- **Eintritt**: US$30 pro 24 Std.
- **Beste Reisezeit**: Im November beginnen die Regenfälle, die bis Mai anhalten. Im April/Mai ist der Park unpassierbar. Die besten Monate für Besuche sind Juli bis Ende Oktober und Januar/Februar.

1877 berichteten Forschungsreisende das erste Mal von einem magischen Ort voller Wildtiere, deshalb richtete die deutsche Kolonialregierung hier 1912 ein Naturreservat ein. 1964 erhielt

Ruaha schließlich den Status eines Nationalparks. Erst 2008 wurde dessen Fläche auf 22226 km² verdoppelt. Als größter Park Tansanias bietet der Ruaha heute noch immer alles, womit die großen Parks des Nordens locken – außer Verkehrsstaus auf der Piste –, doch nur wenige Reisende entscheiden sich für einen Besuch. Das hat durchaus sein Gutes, denn so besteht keine Gefahr, dass die spektakuläre, raue Schönheit des Parks wie bei der Konkurrenz im Norden von Safarifahrzeugen entzaubert wird. Die Anreise ist lang, aber problemlos, und wer es eilig hat, kann das Flugzeug nehmen.

Die Bruchstufe

Quer durch den Ruaha-Nationalpark verläuft eine auffällige, etwa 200 m hohe Bruchstufe, die den Park zweiteilt: Im südlichen, zugänglichen Teil des Parks befindet sich das Tal (ca. 900 m Seehöhe), im nördlichen dominiert ein Plateau mit bis zu 1800 m hohen Bergen, wo Besucher keinen Zutritt haben. Dorthin wandern alle Tiere im November, wenn sie riechen, dass der Regen kommt, denn oben am Escarpment setzen die ersten Regenfälle ein. Dann ist der südliche Teil wie verwaist – kein guter Monat für Safaris. Besonders während der Regenzeit schießen Bachläufe die Bruchstufe hinunter und graben sich Jahr für Jahr tiefer ins Gestein – gut sichtbar bei der Mdonya Gorge. Die Höhenlage und das Hügelland sorgen nicht nur für eine abwechslungsreiche Landschaft, sondern auch für ein angenehmes, trockeneres Klima als beispielsweise im schwülen Selous Game Reserve. Zum gewaltigen Ruaha-Ökosystem gehört nicht nur der Ruaha National Park selbst, sondern auch die westlich und nördlich davon gelegenen, unzugänglichen Game Reserves. Das an die 45000 km² große Areal, das die Größe von Niedersachsen hat, bildet eine Pufferzone, um die Migrationskorridore der Wildtiere zu schützen.

Vegetationsformen

Trockene Dornstrauchsavanne und Akazienwald dominieren im hügeligen, tiefer gelegenen Süden. Majestätische alte Baobab-Bäume bilden dazu einen attraktiven Kontrast und tolle Fotomotive. Auf der Bruchstufe hingegen herrschen Miombo-Wälder (trockene Waldsavannen) vor. Durch den lockeren Bewuchs lassen sich die Wildtiere im gesamten zugänglichen Gebiet verhältnismäßig gut beobachten.

Great Ruaha River

Das Herz des Parks schlägt ähnlich wie im Selous am Great Ruaha River, der zugleich im Osten die natürliche Grenze markiert. In den Trockenmonaten konzentriert sich entlang des Flusses die Tierwelt, die sich mit einsetzender Regenzeit in nicht zugängliche Teile des Parks zurückzieht. Der Fluss mündet im Selous Game Reserve in den Rufiji. Daneben gibt es eine Reihe kleinerer Flussläufe, die in den Regenmonaten März bis Mai als reißende Ströme viele Pisten überschwemmen, um danach für neun Monate unter ihrem Flussbett zu schlummern. Die „Sand-Flüsse" scheinen ausgetrocknet zu sein, doch zwischen hartem Granitstein im Unterboden und der Sandschicht an der Oberfläche verbergen sich unterirdische Rinnsale, die während der Trockenzeit vielen Tieren als Tränke dienen. Am Mwagusi und Mdonya Sand River kann man oft Elefanten dabei beobachten, wie sie mit ihrem Rüssel Wasserlöcher bohren.

Wie alle Gewässer in Tansania hat auch der Ruaha River mit einem **Rückgang der Wasserstände** zu kämpfen, vor allem aufgrund der bewässerungsintensiven Reisfarmen und massiven Rinderwirtschaft flussaufwärts. 1993 trocknete der Fluss das erste Mal seit Menschengedenken aus, und seitdem werden die Trockenperioden kontinuierlich länger.

Tierwelt

Das herrliche Flusstal des Ruaha bildet die Kulisse für beeindruckende Tierbeobachtungen. Der Fluss zwängt sich durch Stromschnellen, formt tiefe Becken – hier faulenzen die gewichtigen **Flusspferde** –, spaltet sich und bildet dadurch eine Insel, auf der Impalas, Wasserböcke oder Riedböcke grasen, und hinterlässt große Sandbänke – Logenplätze für **Krokodile**. Weitere beliebte Fotomotive sind riesige Herden von weit über 100 **Kaffernbüffeln**, eine der dichtesten Populationen von **Elefanten** in Tansania, Giraffen, Löwen, Leoparden und die seltenen **Afrikanischen Wildhunde**, die auch im Selous, Mikumi und Katavi leben und vom Aussterben bedroht sind. Sie leben in Rudeln von etwa 15 Tieren und sind äußerst soziale Wesen, deren schlechter Ruf ihnen zum Verhängnis wurde. Früher sah man die Wildhunde sogar in der Sahara, doch irrtümlicherweise hielten die Menschen sie für eine mit der Hyäne vergleichbare reißende Bestie, die den Viehbestand bedrohte. In Wahrheit ernähren sie sich jedoch von Gazellen und Antilopen.

Seltenere Spezies stellen die bis zu 270 kg schweren **Pferdeantilopen**, **Rappenantilopen** oder **Großen Kudus** dar. Überhaupt weist der Ruaha die höchste Antilopendichte Tansanias auf. Ornithologen werden die über 500 **Vogelarten** begeistern, vom Zwergeisvogel über den Kaffernhornraben bis zum mächtigen Schreiseeadler. In manchen Teilen des Parks gibt es außerordentlich viele Tsetse-Fliegen, allerdings übertragen sie hier nicht die Schlafkrankheit auf den Menschen.

ÜBERNACHTUNG UND ESSEN

Alle Angaben gelten für ein DZ mit Vollpension. Die Camps sind im April und Mai geschlossen.

Im Park

Ruaha Cottages (Kiganga Bandas), anzumelden bei der Parkverwaltung. Zweckmäßige Cottages mit Frühstück in Panorama-Lage. Ideal für Selbstversorger, da es in den kleinen Apartments auch einen Kühlschrank gibt. ❹ Komfortablere Option als die alten **Old Government Bandas** beim Msembe Headquarter. ❶

Ruaha River Lodge, 18 km südwestlich des Gates, ✆ 0713-237422, 💻 www.tanzaniasafaris.info. Die ältere gemütliche Lodge mit 30 Stein-Cottages liegt reizvoll am Great Ruaha River. Trotzdem strahlt die weitläufige Anlage mit 2 Panorama-Restaurants eine intime und buschnahe Atmosphäre aus. Mit Pool. ❼

Mdonya Old River Camp, 43 km westlich des Gates, ✆ 022-2452005, 💻 www.adventurecampstz.com. Einfaches Zeltcamp ohne Firlefanz in malerischer Lage mit Fokus auf raue Buscherlebnisse und Tiere. Rustikaler Stil und Du/WC unter freiem Himmel. ❽

Kigelia Camp, nördlich des Mwagusi Safari Camp, ✆ 0769-204159, 💻 www.nomad-tanzania.com. Stimmungsvolles Zeltcamp am Ifuguru Sand River mit 6 weit auseinander stehenden Zelten unter Leberwurstbäumen. Wurde 2013 von Nomad Tanzania übernommen; es ist davon auszugehen, dass es dadurch an Klasse gewinnt. ❽

Jongomero Camp, 63 km südwestlich des Gates, ✆ 022-2128485, 💻 www.selous.com. Intimes, luxuriöses Zeltcamp der absoluten Extraklasse. 8 Zelte auf Plattformen, die äußerst elegant und geschmackvoll eingerichtet sind. Liegt direkt am Jongomero Sand River – ein fantastisches Panorama ist garantiert. Pool. Ziemlich weit abseits. ❽

Mwagusi Safari Camp, 30 km nördlich des Gates, zu buchen über Wings Over the Wild, ✆ +44-1-822615721, 💻 www.mwagusicamp.com. Zugegeben, ein Schnäppchen ist das Mwagusi Safari Camp nicht gerade, aber jede Sekunde hier wird zum Safarigenuss. Chris Fox hat in jahrelanger Hingabe ein Refugium errichtet, das mit dem Busch auf wunderbare Weise verschmilzt und wo die Liebe für Land und Leute spürbar wird. Tierknochen fungieren als Klopapierhalter, aus Ebenholz-Fundstücken wurden Lampen fabriziert, und jedes der 13 weitläufigen Chalets mit Canvas- und Makuti-Dach ist einzigartig in Design und Einrichtung. Liebe zum Detail beweisen auch die Küche und vor allem die Guiding School, die jeder Guide durchlaufen muss. Die Mwagusi Guides machen Safaris im tierreichen Ruaha wegen ihres profunden Wissens zu einem intellektuellen Hochgenuss. ❽

Camping

Öffentlicher Campingplatz beim Msembe Headquarter für Selbstversorger, US$30 p. P.

Außerhalb des Parks

€ **Ruaha Hilltop Lodge**, 5 km hinter Tungamalenga an der Village Road, ✆ 026-2701806, 💻 www.ruahahilltoplodge.com. Sympathische Unterkunft in schöner Lage am Fuße der Ideremle Mountains. Einfache, saubere Zimmer in Chalets am Hang garantieren beste Fernsicht. Safaris in den Ruaha werden angeboten, zudem zahllose Aktivitäten in der Umgebung. ❺

Tandala Safari Camp, kurz vor dem Gate an der Village Road, ✆ 0755-680220, 💻 www.tandalacamp.com. Komfortable und geräumige Zelte auf Stelzen mit Veranden vermitteln ein rustikales Busch-Feeling. Vor dem Restaurant befindet sich ein künstlich angelegter Pool, der von vielen Elefanten regelmäßig besucht wird. Pirschfahrten im Nationalpark und viele Aktivitäten wie Village Walks im Angebot. Unterstützung bei Reisearrangements. Pool. ❼

Camping

Mehrere einfache Camps und Campingplätze liegen entlang der Village Road (US$10 p. P.), sie haben aber einen zweifelhaften Ruf in puncto Sicherheit. Lieber bis in den Ruaha weiterfahren!

AKTIVITÄTEN

Neben gewöhnlichen Pirschfahrten bieten die meisten Camps Vogel-Safaris sowie Picknicks und Buschdinner an. Walking Safaris (bis auf Widerruf gestattet) müssen separat gebucht und bezahlt werden. Außerhalb des Parks sind u. a. auch Besuche in Maasai-Dörfern im Angebot.

TRANSPORT

Selbstfahrer

Iringa ist auf der gut ausgebauten Teerstraße vom 500 km entfernten Dar es Salaam aus gut erreichbar. Die 120 km lange Piste bis zum Gate teilt sich 64 km hinter der Stadtgrenze; links geht es auf der „Village Road" durch die Dörfer Idodi und Tungamalenga, rechts führt die „never ending road" die Parkgrenze entlang durch jungfräuliches Buschland. Nach ca. 40 km vereinen sich beide Pisten kurz vor dem Gate wieder. Dann sind es noch 6 km bis zum Fluss. Der Park ist für Selbstfahrer nur in der Trockenzeit zu befahren. Die Orientierung wird durch nummerierte Steinblöcke an den Kreuzungen (z. B. D12, R23) erleichtert.

Flüge

Coastal Aviation und Airlink bieten Linienflüge von/nach DAR ES SALAAM (US$350) oder ARUSHA (US$330, mit Anschlussflug in die Serengeti) an. Airstrips befinden sich beim Msembe Gate und dem Jongomero Camp.

Mbeya

In den 1920er-Jahren stießen Feldarbeiter bei der Ortschaft Lupa auf Gold. Daraufhin wurde 1927 die heutige Provinzhauptstadt Mbeya im Hochland des tansanischen Zentralplateaus (durchschnittlich auf 1700 m Meereshöhe) gegründet. Heute vermutet man im 70 km nördlich gelegenen Chunya die größten Goldvorkommen des Landes.

Die gute Verkehrsanbindung über den Tanzam-Highway (Entfernung nach Dar es Salaam: 860 km) und die Eisenbahnverbindung von Dar über Mbeya nach Lusaka, der Hauptstadt Sambias, beschert den 385 000 Bewohnern Mbeyas eine gute Infrastruktur. Aufgrund der Nähe zu Malawi und Sambia kommt Mbeya eine wichtige Rolle im grenzüberschreitenden Güterverkehr zu; noch heute ist es das Tor zum südlichen Afrika.

Besonders beim Anbau von **Arabica-Kaffee** (S. 344) hat sich Mbeya über die letzten Jahre einen guten Ruf erworben. Etliche ertragreiche Kaffeefarmen sind entstanden. Größter Arbeitgeber der Region ist eine Zementfabrik, deren Silhouette und dampfende Schlote weithin sichtbar sind. Insbesondere den Minen, der Brauerei sowie zahlreichen Banken und NGOs verdankt das Ballungszentrum sein ungebremstes Wachstum. In den letzten Jahren hat sich das verbaute Stadtgebiet massiv ausgeweitet, dennoch ist das Stadtzentrum am Fuße des Loleza Peak (2656 m) so kompakt wie eh und je.

ÜBERNACHTUNG

New Millenium Inn, beim Central Bus Terminal. Einfache Unterkunft direkt gegenüber vom lauten Busbahnhof. Nur zu empfehlen für frühe Abfahrten. ❶

Continental Hotel, North St., gegenüber Sombrero Restaurant. Einfache Unterkunft im Stadtzentrum. Im Erdgeschoss befinden sich ein beliebtes landestypisches Restaurant sowie eine Bar, es könnte daher etwas lauter zugehen. Aber die Zimmer sind sauber und günstig. ❶

€ **Karibuni Center**, Lehner Rd., Nähe Ndiyo Mini Market vom Hwy. nach Norden abzweigen, ✆ 025-250-3035, 💻 www.mec-tanzania.ch/karibunicenter. Nettes, landestypisches Gästehaus mit 7 Zimmern, geführt von der Mbalizi Evangelistic Church unter Schweizer Leitung. Die freundliche Atmosphäre und der attraktive Preis machen es beliebt. Sicheres Parken, gutes Essen, ruhige Lage im Grünen. Frühstück 3000 TSH. Taxi ins Zentrum ca. 5000 TSH. ❶–❷

€ **The Peace of Mind Rest House**, ✆ 0754-277410, 💻 peaceofmindresthouse.com. Liebevoll gestaltetes Stadthotel südlich des Zentrums bei den Saba Saba Grounds. 15 bunte Zimmer auf mehreren Etagen, Pool, WLAN, freundlicher Empfang. Taxi ins Zentrum ca. 5000 TSH. ❷

Ifisi Community Center (ICC), Tanzam-Highway, 16 km westlich von Mbeya und 7 km hinter Mbalizi, ✆ 0753-011622, 💻 www.mec-tanzania.ch/icc. Wer mit dem eigenen Fahrzeug unterwegs ist, sollte den Weg nach Ifisi nicht scheuen, denn das einfache, saubere Gästehaus ist nicht nur preislich attraktiv, sondern liegt herrlich ruhig in einer riesigen Grünanlage mit Blick auf die Mbeya Range. WLAN, Airport Shuttle (nur 6 km vor dem Songwe Airport). Sehr gute Küche mit Pizza (10 000 TSH), Pasta, Spätzle und bodenständigen Speisen zum fairen Preis. Gehört wie das Karibuni Center der von Schweizern betriebenen Mbalizi Evangelistic Church. ❷

Beaco Resort, Tanzam-Highway, gegenüber dem Kadege Bus Stop, ✆ 025-2504441, 💻 www.beacoresort.com. Das einstöckige, üppig dekorierte Hotel etwas zurückversetzt

© DANIELA EILETZ-KAUBE

Die schöne Bergkulisse von Mbeya macht Lust auf Wanderungen.

vom Highway punktet mit blitzsauberen Zimmern, einem gepflegten Garten und Infrastruktur, wie sie Reisende brauchen: Supermarkt, WLAN in jedem Zimmer, sicherer Parkplatz und Restaurant. Zur Zeit der Recherche eines der besseren Geschäftshotels der Stadt zu einem stolzen Preis. ❸–❹

Utengule Coffee Lodge, 11 km westlich von Mbeya plus 8 km nördlich der Kreuzung in Mbalizi auf Teerbelag, ✆ 0753-020901, 💻 www.riftvalley-zanzibar.com. Älteres, beliebtes Landhotel nach westlichem Standard mit 16 funktional eingerichteten Zimmern unterschiedlicher Kategorien in wunderbarer Lage. Großer Pool, Internetcafé, Transfer vom Bahnhof, Busbahnhof oder Songwe Airport 30 000 TSH pro Fahrzeug. Ideal zum Joggen oder für Spaziergänge rund um die Kaffeeplantage oder am Fluss. ❹–❺

Camping

Karibuni Center (5000 TSH p. P.), **Utengule Coffee Lodge** (US$ 10 p. P.), **Ifisi Community Center** (10.000 TSH p. P.).

ESSEN

Landestypische Gerichte zum günstigen Preis gibt es z. B. im **New Apricourt Restaurant**, Jacaranda Rd. (gegenüber Gazelle Safaris), im **Continental Hotel**, North St., oder bei **Mambeu**, Market St., alle drei liegen zentral.

€ **Babu Kubwa**, Jacaranda Rd. Bodenständige Küche mit tansanischen und indischen Snacks. Das Straßencafé ist ein herrlicher Ort, um das bunte Treiben in der Stadt zu beobachten.

Sombrero, North St. Ein freundlicher Ort, der bei Reisenden und Einheimischen gleichermaßen beliebt ist. Heimische und internationale Gerichte mit Fokus auf Fleisch und sogar Innereien, z. B. Ochsenleber. Preise bis 8000 TSH. 🕒 tgl. 7–21, So bis 20 Uhr.

Karibuni Center, s. „Übernachtung". Gute Pizza (7000 TSH) und schmackhafte Gerichte zum fairen Preis bis max. 8000 TSH.

Utengule Coffee Lodge, s. „Übernachtung". Wohl eines der besten (und teuersten) Restaurants in Mbeya mit Preisen zwischen 16 000 und über 30 000 TSH. Hotelfremde Gäste müssen eine Mindestsumme von 10 000 TSH p. P. konsumieren. Sonntags ofenfrische Pizza (10 000–13 000 TSH).

UNTERHALTUNG

Man trifft sich gerne auf ein Bier im **New Carnival Club** am Hwy. oder in der **Mbeya Peak Hotel Bar**, Acacia St. In der Disco **Royal Pamozi** (Fr–So 21 Uhr bis früh morgens, Eintritt 3000 TSH)

Die Tazara – 1860 km ursprüngliches Afrika

Konzipiert wurde die Eisenbahnverbindung **Tanzania Zambia Railways**, kurz Tazara, in den 1970er-Jahren, um das Binnenland Sambia von den Verkehrswegen durch Rhodesien (das heutige Simbabwe) und Südafrika unabhängig zu machen, vor allem im Hinblick auf den schwelenden Unabhängigkeitskrieg in Rhodesien.

Die wirtschaftliche Unabhängigkeit wurde (dank der ideologischen Nähe Nyereres zum chinesischen Kommunismus) von der chinesischen Regierung finanziert und 1976 fertiggestellt. In der Rekordzeit von nur sechs Jahren verlegten die Chinesen das 1860 km lange, einspurige Schienensystem. Sümpfe, Sandflächen und tiefe Schluchten mussten mit Hilfe von 23 Tunneln und 320 Brücken überwunden werden. Wer genau hinschaut, kann in den Bahnhofshallen chinesische Schriftzeichen erkennen!

Trotz zahlreicher Güterzüge ist die Tazara heute wirtschaftlich wenig bedeutsam. Sie gilt als veraltet, die Passagierzüge – so sie überhaupt fahren – als notorisch verspätet. Oft fallen Lokomotiven aus oder Bahnstrecken werden nach Regenfällen unterspült. Dennoch wäre das Leben in der Region ohne die Bahn undenkbar. Zeit ist in Afrika ohnehin ein dehnbarer Begriff.

Eine Fahrt mit der Tazara ist zweifelsohne ein faszinierendes Erlebnis. Von Dar es Salaam auf 36 m Seehöhe schlängelt sich der eiserne Koloss zunächst entlang der Pugu-Berge und durchquert dann den Norden des Selous Game Reserve, wo nicht selten Wildtiere zu sehen sind. Später windet sich der Zug durch die Berge des südlichen Hochlands, vorbei an den Udzungwa Mountains und über einen 1786 m hohen Pass bei Uyole kurz vor Mbeya, um nach rund 24 Stunden das inmitten grüner Hügel gelegene Mbeya zu erreichen. Von hier benötigt die Bahn weitere 24 Stunden bis New Kapiri Mposhi (1275 m) in Sambia.

Es bleibt zu hoffen, dass die Linie durch die Unterstützung der chinesischen Regierung wieder an Qualität gewinnt. Zur Zeit der Recherche war der Fahrplan unzuverlässig; vor einer Fahrt sind unbedingt vor Ort Informationen einzuholen.

werden ebenso wie im **The Vibes** (Nähe Msumbe University) die Nächte durchgetanzt.

AKTIVITÄTEN

Sisi Kwa Sisi, Mbalizi Rd., beim kleinen Kreisverkehr, ✆ 0754-463471, ✉ sisikwasisitours@hotmail.com. Das engagierte, lokale Kulturtourismusprogramm bietet Touren zu den Hauptsehenswürdigkeiten der Umgebung an. Tagestouren US$25–35 p. P. plus Eintritt.

Gazelle Safaris, Jacaranda Rd., ✆ 025-2502482, 💻 www.gazellesafaris.com. Einziger professioneller Tour Operator vor Ort. Safaris in den Ruaha, zum Western Circuit und zu den Sehenswürdigkeiten der Region.

Schwimmen ist z. B. in der Utengule Coffee Lodge für 10 000 TSH (inkl. 5000 TSH Getränke) möglich.

Besuch der Utengule-Kaffeeplantage, s. „Übernachtung“. Führungen während der Erntemonate Juni, Juli und August sind besonders aufschlussreich. US$10 p. P.

SONSTIGES

Apotheken

Bhojani Chemists, Jacaranda Rd. Exzellente Apotheke, sogar mit pflanzlichen und homöopathischen Arzneien.

Babito Duka la Dawa, Nähe Uhuru Roundabout.

Autoreparaturen

CFAO Motors, Mbalizi, Tanzam-Highway. Werkstätte und Ausbildungszentrum unter der Leitung der Mbalizi Evangelistic Church.

Einkaufen

Es gibt mehrere kleine Supermärkte, z. B. den **Elegante Supermarket** in der Oilcom-Tankstelle und den **Ndiyo Mini Market**, beide am Tanzam-Highway.

Geld

NBC Bank und **CRDB Bank**, beide Karume Rd., **Stanbic Bank**, Karume Rd., **Exim Bank**, Tanzam-Highway, und **Barclays**, Tanzam-Highway und

Mbeya

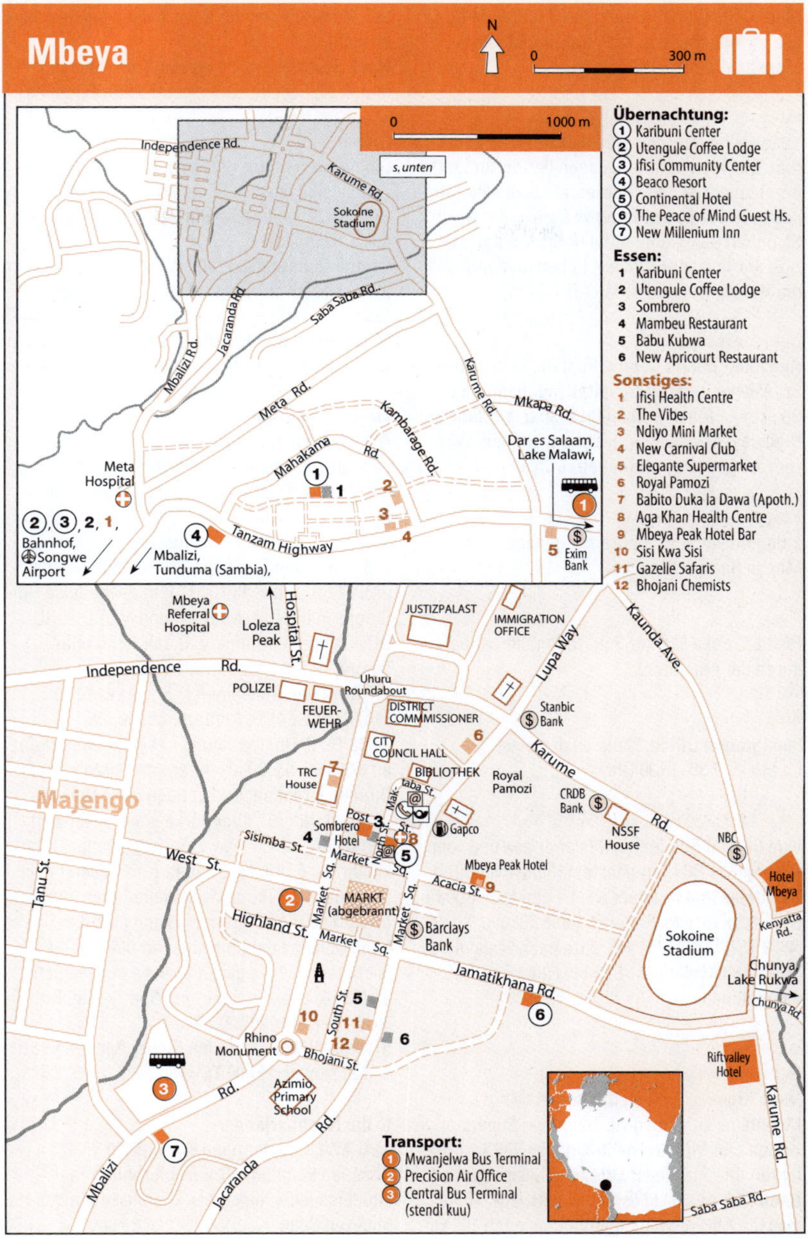
N
0 300 m
0 1000 m
s. unten
Übernachtung:
1 Karibuni Center
2 Utengule Coffee Lodge
3 Ifisi Community Center
4 Beaco Resort
5 Continental Hotel
6 The Peace of Mind Guest Hs.
7 New Millenium Inn
Essen:
1 Karibuni Center
2 Utengule Coffee Lodge
3 Sombrero
4 Mambeu Restaurant
5 Babu Kubwa
6 New Apricourt Restaurant
Sonstiges:
1 Ifisi Health Centre
2 The Vibes
3 Ndiyo Mini Market
4 New Carnival Club
5 Elegante Supermarket
6 Royal Pamozi
7 Babito Duka la Dawa (Apoth.)
8 Aga Khan Health Centre
9 Mbeya Peak Hotel Bar
10 Sisi Kwa Sisi
11 Gazelle Safaris
12 Bhojani Chemists
Transport:
1 Mwanjelwa Bus Terminal
2 Precision Air Office
3 Central Bus Terminal (stendi kuu)
Independence Rd.
Karume Rd.
Sokoine Stadium
Saba Saba Rd.
Jacaranda Rd.
Mbalizi Rd.
Meta Rd.
Mkapa Rd.
Kambarage Rd.
Mahakama Rd.
Tanzam Highway
Meta Hospital
Dar es Salaam, Lake Malawi,
Bahnhof, Songwe Airport
Mbalizi, Tunduma (Sambia),
Exim Bank
Mbeya Referral Hospital
Loleza Peak
Hospital St.
JUSTIZPALAST
IMMIGRATION OFFICE
Lupa Way
Kaunda Ave.
POLIZEI
Uhuru Roundabout
FEUER-WEHR
DISTRICT COMMISSIONER
Stanbic Bank
CITY COUNCIL HALL
BIBLIOTHEK
Royal Pamozi
TRC House
Majengo
Maktaba St.
Post
Sombrero Hotel
Gapco
CRDB Bank
NSSF House
NBC
Hotel Mbeya
Sisimba St.
North St.
West St.
Market Sq.
Mbeya Peak Hotel
Acacia St.
Tanu St.
MARKT (abgebrannt)
Highland St.
Barclays Bank
Kenyatta Rd.
Jamatikhana Rd.
Chunya, Lake Rukwa
Chunya Rd.
South St.
Rhino Monument
Bhojani St.
Riftvalley Hotel
Azimio Primary School
Karume Rd.
Mbalizi Rd.
Jacaranda Rd.
Saba Saba Rd.

Market Sq. (Verlängerung der Jacaranda Rd.), alle für Abhebungen mit Visa- und Master-/ Maestro-Card.

Internet

Viele kleine Internetcafés existieren im Zentrum. Die besten Verbindungen hatten zur Zeit der Recherche das Internetcafé in der **Hauptpost** und das **Mnasi Internet Café** in der North St. neben dem Continental Hotel. Viele Hotels, z. B. am Tanzam-Highway, haben mittlerweile recht leistungsstarkes WLAN.

Medizinische Hilfe

Aga Khan Health Centre, Post St., Ecke North St., **Mbeya Referral Hospital**, Independence Rd., sowie **Mbalizi Hospital in Ifisi**, am Tanzam-Highway in westlicher Richtung auf dem Weg zum Songwe Airport (neben ICC).

Polizei

Independence Rd., schräg gegenüber vom Mbeya Referral Hospital.

Post

Post St., Ecke Market Square (unübersehbar durch die Antennen).

Visa

Immigration Office, Nähe Justizpalast.
🕒 Mo–Fr 7.30–15.30 Uhr.

NAHVERKEHR

Vom Central Bus Terminal *(stendi kuu)* und vom Mwanjelwa Bus Terminal (am Highway) fahren **Daladalas** und **Coasters** ab, die den Nahverkehr nach Mbalizi, zum Bahnhof, nach Tukuyu, Kyela (4500 TSH) oder bis zur Grenze nach Malawi (Bus nach Kyela) oder Sambia (Tunduma) übernehmen.

TRANSPORT

Selbstfahrer

Nach Kigoma: Entlang der kargen Mbizi Mountains kann man via Tunduma, Sumbawanga und Mpanda nach Kigoma (789 km) fahren. Die Straße ist bereits teilweise geteert.
Nach Malawi: 9 km östlich von Mbeya nimmt man die Abzweigung nach Süden, nach 105 km auf Teerstraße ist der Grenzbalken bei Ibanda erreicht.
Nach Sambia: 116 km westlich von Mbeya (auf Teer) liegt der Grenzposten von Tunduma.

Busse

Die meisten Busse nutzen beide Terminals, im Zweifelsfall muss man genau vor Ort nachfragen. Unbedingt die Hinweise zum Busfahren auf S. 92 lesen!
Central Bus Terminal *(stendi kuu)*, Mbalizi Rd., ein Stück südlich des Zentrums. Hier fahren fast alle Busse ab, die Langstreckenbusse meist um 6 Uhr.
Mwanjelwa Bus Terminal, Tanzam-Highway, ein wenig östlich der Abzweigung in die Karume Rd.

Ziele in Tansania

ARUSHA, via Chalinze, z. B. mit Sumry oder (weniger empfehlenswert) Hood, 15 Std., max. 72 000 TSH in *luxury buses*, Ankunft in Arusha ca. 21 Uhr.
DAR ES SALAAM, Direktbusse nach Ubungo, z. B. mit Green Star Express, Sumry, Saibaba JM, 12 Std., max. 48 700 TSH in *luxury buses*, mit Stopps in IRINGA, MIKUMI und MOROGORO.
DODOMA, über Iringa, z. B. mit Hood oder Sumry, 10 Std., max. 35 300 TSH.
KIGOMA, mit Umsteigen in Sumbawanga.
MATEMA BEACH, Anfahrt nach Kyela (5000 TSH), Übernachtung in Kyela, Weiterfahrt ab 6.30 Uhr, 5000 TSH. Alternativ verkehrt der Direktbus Makete Half London ohne Umstieg (vor Ort prüfen!), aber nur in der Trockenzeit!
MWANZA, via Chunya, z. B. mit Sabena, Mabruki, Abfahrt 6 Uhr, ca. 2 Tagesreisen, zuerst nach Dodoma und Tabora, dann weiter nach Mwanza, max. 52 600 TSH. Alternativ kann man den Bus nach Dodoma nehmen und dort übernachten (sicherer, weil die ganze Strecke auf Teer ist).
SONGEA, z. B. mit Superfeo, Sumry, Abfahrt 6 Uhr, 6–7 Std., 20 000 TSH.
SUMBAWANGA, z. B. mit Sumry, Mbarakiwe, 7–8 Std., max. 19 500 TSH.

In die Nachbarländer

MALAWI, Coaster nach Kyela (5000 TSH), Ausstieg in Ibanda, Grenzabfertigung zu Fuß, Einstieg in einen der Minibusse auf der anderen Seite.

Grenzübertritt

Nach Malawi: Deutsche Staatsbürger benötigen kein Visum (max. 3 Monate Aufenthalt). In der Theorie sollten österreichische und Schweizer Staatsbürger das Visum für Malawi (US$50 für 3 Monate) bei einer Botschaft, z. B. in Dar es Salaam oder gar im Heimatland besorgen. Wer keines hat, müsste an der Grenze mittlerweile ohne viel Aufhebens ein Visa-on-arrival ausgestellt bekommen.
Nach Sambia: Es fallen Visumgebühren von US$50 für 3 Monate an. Reisende erzählen, dass es bei der Einreise nach Sambia kaum Probleme gibt und die Beamten professionell agieren.
Hinweise zum Geldwechsel, S. 87.

LUSAKA, via Tunduma, mit Falcon, Abfahrt 11 Uhr (Bus von Dar kommend), 2 Tagesreisen mit Übernachtung, 75 000 TSH.

Eisenbahn

Der **Bahnhof** liegt 5 km außerhalb des Zentrums am Tanzam-Highway. Taxis in die Stadt kosten max. 10 000 TSH. Achtung, die Fahrpläne der Bahn ändern sich häufig, zudem ist mit teilweise enormen Verspätungen zu rechnen.
Nach DAR ES SALAAM Abfahrt: Mi *(express train)* und Sa *(ordinary train)* jeweils um ca. 13 Uhr, 24 Std., max. 48 100 TSH.
Nach SAMBIA (New Kapiri Mposhi) momentan Mi und Sa um 13 Uhr, 24 Std., ca. 56 000 TSH.

Flüge

Songwe Airport liegt ca. 22 km westlich von Mbeya, Flüge von/nach DAR ES SALAAM mit Precision Air ca. 170 000 TSH. Das Ticket Office von Precision Air liegt neben der NMB Bank in der Mbalizi Rd.

Die Umgebung von Mbeya

Das Umland von Mbeya ist eine wahre Augenweide. Pinien-, Eukalyptus- und Bambuswälder überziehen die Gebirgszüge der saftig grünen **Mbeya Range**. Deren höchste Erhebungen, der relativ steile **Mbeya Peak** (2834 m) und der **Loleza Peak** (2656 m), sind bestens für Tagestouren geeignet. Es gibt mehrere Aufstiegsrouten und Startpunkte; in jedem Fall ist ein Guide anzuheuern (z. B. bei der Utengule Country Lodge oder Gazelle Safaris in Mbeya).

Ein weiteres Highlight stellt der **Ngozi-Kratersee** dar, der wunderschön in den Poroto Mountains liegt, eingebettet in dicht bewachsene Hänge (darunter der Mount Ngozi, 2622 m). Die Einheimischen schreiben dem See magische Kräfte zu, und ähnlich wie im Loch Ness soll ein Ungeheuer im See sein Unwesen treiben. Schwimmen ist nicht möglich. Um hinzugelangen, zweigt man in Uyole vom Tanzam-Highway in Richtung Tukuyu ab und sucht nach 26 km im Dorf Mbeya Moja (oder Mchangani) ein unscheinbares, schwarzes Schild an der rechten Seite. Der Krater ist am Funkturm auf der rechten Straßenseite erkennbar, noch vor dem Ortsschild von Ndaga. Nur für Allradfahrzeuge geeignet. Eintritt 5000 TSH pro Fahrzeug, 5000 TSH p. P., Führer 10 000 TSH pro Gruppe. Nach etwa 5 km auf holpriger Piste kann das Auto geparkt werden; der obligatorische Wachmann dafür kostet 5000–10 000 TSH. Ein schmaler Pfad (1 Std. Gehsteig, sehr steil) führt zum Kraterrand auf ca. 2200 m. Der Blick auf den tiefblauen Kratersee – mit 2 km Länge und 1 km Breite der zweitgrößte Kratersee Afrikas, ist wunderschön. Auch mit Daladalas ist dieser Ausflug gut machbar.

Südlich vom Kratersee lädt der 2960 m hohe **Mount Rungwe** zu schweißtreibenden Wanderungen ein. Weitere Ausflugsziele sind der sodahaltige **Rukwa-See** (Anfahrt über Chunya), der **Mbozi-Meteorit** (an der Straße nach Tunduma) und die Kiwira-Natursteinbrücke **Daraja la Mungu** (an der Straße nach Tukuyu, Abzweigung hinter Rungwe).

16 HIGHLIGHT

Lake Nyasa (Lake Malawi)

Den mit knapp 30 000 km² drittgrößten See Afrikas müssen sich Tansania, Malawi und Mosambik teilen, doch allein Malawi nutzt ihn einträglich,

Sterne, Steine und viele Stunden auf See

Die Überfahrt von **Kiwira Port** beginnt, wie sie enden wird: mit Verspätung. Doch Zeit spielt nur eine untergeordnete Rolle am „Ende der Welt", und so lässt man sich am besten von Wind, Wogen und der Liebenswürdigkeit der Menschen treiben. Die kleine, teilweise stark verrostete *MV Songea* befördert einmal pro Woche (Abfahrt momentan Do um die Mittagszeit) neben Passagieren auch allerlei Waren wie Mehl, Zucker, Reis, Matratzen, Fahrräder und – natürlich – Coca-Cola, denn für die Fischerdörfer entlang des tansanischen Ufers stellt die Fährverbindung die einzige Versorgungsmöglichkeit dar. Voller Erwartung wird das Schiff stürmisch begrüßt (gleich ob zur Tages- oder Nachtzeit); unter lautem Geschrei werden die Waren ausgeladen; Frauen verkaufen *chai* (Tee), *chapati* (eine Art Fladenbrot), Obst oder getrocknete Fische an die hungrigen Passagiere, während die Kinder aufgeregt winken.

An Bord geht es außer bei den geschäftigen Stopps gemütlich zu. Die Bordküche bietet lokale Gerichte, es werden warmes Kilimanjaro-Bier und kohlensäurehaltige Limonaden ausgeschenkt, und einem Plausch ist keiner der Passagiere abgeneigt – immerhin sind bis zur Ankunft in **Mbamba Bay** 22–24 Std zu überbrücken, wenn der Kapitän nicht gerade den Fahrplan eigenwillig interpretiert oder das Schiff wegen Altersmüdigkeit irgendwo strandet.

Den würdigen Rahmen bildet die imposante Szenerie der Livingstone Mountains, an deren Füßen herrlich weiße Sandbuchten mit glasklarem Wasser und kleine Fischerdörfer liegen. Geschlafen wird später, auch wenn man eine der sechs Schlafkabinen ergattert hat – viel zu zauberhaft ist der Himmel mit Abertausenden von leuchtenden Sternen.

einerseits durch den Fang und Export von Zierfischen, andererseits durch touristische Entwicklung. Im Süden auf malawischer Seite stehen an den feinsandigen Stränden und Buchten des glasklaren Süßwassersees viele kleine Lodges, Tauchbasen, Segelclubs und Fischereizentren.

Ganz anders sieht es in Tansania aus. Der Lake Malawi (oder Nyasa, wie er von den Tansaniern seit dem Grenzdisput mit Malawi wieder genannt wird) gilt als der stimmungsvollste der drei großen Grabenbruch-Seen. Durch die isolierte Lage weit weg von Touristenattraktionen, schlechte Straßen und die fehlende Anbindung an das Bus-, Bahn- und Flugnetz haben die wenigen ansässigen Dörfer ihre jahrhundertelang erprobte Lebensweise beibehalten. Die Menschen leben mit dem Wellenschlag des Sees, viele haben ihr Dorf noch nie im Leben verlassen.

Vielleicht ist der auf 474 m Meereshöhe gelegene Lake Nyasa gerade deshalb so zauberhaft. Die steilen, faltigen und dunkelgrünen Livingstone Mountains (bis zu 2488 m hoch) geben dem glasklaren Wasser und den feinsandigen, weißen Stränden einen würdigen Rahmen. Je weiter südlich man kommt, desto mehr stechen bizarre Felsformationen ins Auge. Die einzige Möglichkeit, sie zu erleben, ist mittels einer abenteuerlichen Schiffsreise auf der *MV Songea*.

Der Bilharziose-Erreger ist natürlich auch im Lake Nyasa verbreitet, doch genaue Angaben darüber fehlen. Man weiß, dass einige Abschnitte auf malawischer Seite verseucht sind, doch der Großteil des Sees gilt als unbedenklich, vor allem auf tansanischer Seite, wo es wenig Verschmutzung, Uferbewuchs und noch weniger Menschen gibt. Ebenso im Dunkeln tappt man in puncto Artenvielfalt im See. Bei geschätzten 800 Buntbarscharten kommen Kenner ins Schwärmen. Für Schnorchler und Taucher mit einem Hang zu ausgefallenen Destinationen ist der See ein kleiner Garten Eden.

Über Mbeya nach Matema Beach

Etwas östlich von Mbeya zweigt bei **Uyole** die Teerstraße nach Süden ab. Die kurvenreiche Fahrt führt durch regenreiches, fruchtbares Hügelland mit Tee-, Kartoffel-, und Maisfeldern, wo Engelstrompeten wie Unkraut wachsen und manche Abschnitte an die Schweizer Alpen erinnern. Vorbei am Ngozi Crater (S. 518) ist nach 60 km ab Uyole **Tukuyu** erreicht. Tukuyu ist eine Kleinstadt in den Bergen zwischen Mbeya und

LAKE NYASA (LAKE MALAWI)

DER SÜDEN

dem Lake Nyasa, die zur deutschen Kolonialzeit als Neu Langenburg gegründet wurde. Die alte Boma (Verwaltungs- und Befestigungsanlage) erinnert an jene Zeiten. Das auf 1500 m gelegene Tukuyu eignet sich gut als Stopover auf dem Weg nach Matema Beach. Man kann hier Wanderungen in die Rungwe Mountains, zu Teeplantagen, Wasserfällen oder zum Ngozi Crater Lake unternehmen.

Kurz hinter Tukuyu blitzt linker Hand das erste Mal der See in der Ferne auf. Kurz vor der Grenze zweigt links die Teerstraße nach **Kyela** ab (52 km ab Tukuyu). Wenn es für die Weiterreise nach Matema bereits zu spät ist (1 1/2–2 Std. Fahrt), muss man hier übernachten, z. B. im **Sativa Midland Hotel** oder im **Jonad Blue Sky** (bietet sogar gratis Transfers zur Bushaltestelle an), ❶. Bis auf die sattgrünen Reisfelder ist an Kyela wenig lieblich, selbst die Menschen sind spröder und rauer als anderswo. Doch der Reis von Kyela genießt den Ruf, der aromatischste des ganzen Landes zu sein.

Beeindruckende Landschaften säumen den Weg nach Matema Beach – Reisfelder zu beiden Seiten der Piste, dichte Bananenhaine, tropischer Dschungel und Kakaobäume (dies ist eines der seltenen Kakao-Anbaugebiete in Ostafrika).

Nach 70 holprigen Kilometern ist das typisch afrikanische Fischerdorf **Matema** erreicht, das herrlich idyllisch in den Ausläufern der **Livingstone Mountains** am Nordufer des Sees liegt. Strom gibt es erst seit 2012, nur die Mobilfunkbetreiber waren noch schneller. Aber ansonsten fühlt man sich hier noch immer wie am Ende der Welt. Einzige Geräuschkulisse: der unaufhörlich sanfte Wellenschlag des Nyasa-Sees – und möglicherweise das Surren einiger Moskitos, denn das Gebiet ist für das Auftreten der *Malaria tropica* bekannt. Das hiesige Krankenhaus mit westlichen Ärzten und Freiwilligen sorgt für eine akzeptable medizinische Versorgung.

Das Leben plätschert im beschaulichen Rhythmus. Die Männer sieht man im Morgengrauen in ihren Einbäumen zum Fischen fahren, die Frauen kümmern sich um Haus, Herd und die Marktstände. Wenn ihre Männer beim Fischen verunglücken, sind fliegende Geister und Luftwesen schuld. Samstags trifft man sich zum Markttag, wenn Töpferwaren aus Ikombe, Gemüse, Fische und andere Waren feilgeboten werden. Den verkauften Grundstücken am See nach zu urteilen, sehen viele In- und Ausländer großes Potenzial, aber in den nächsten Jahren wird die zauberhafte Nordküste wohl weiterhin den Dorfbewohnern und echten Individualtouristen vorbehalten bleiben. Trotz der Abgeschiedenheit und friedvollen Ruhe brauchen Besucher sich vor Langeweile nicht zu fürchten. Für eine Wanderung in die unberührten Berghänge sollte man sich einen ortskundigen Führer suchen, denn bislang gibt es keine Wanderwege. Ausflüge zum Töpferdorf **Ikombe** werden von den hiesigen Fischern und Unterkünften gerne organisiert. Wer im April, Mai, Juni kommt (und eigenes Equipment dabeihat), kann gar Kite- oder Windsurfen. Ein herrlicher Ort, um ein paar Tage die Seele baumeln zu lassen – und um Swahili zu lernen, denn mit Englisch kommt man hier nicht weit.

Über Songea nach Mbamba Bay

In der Trockenzeit kann man Mbamba Bay auch auf dem Straßenweg erreichen. Als Zwischenstopp (von Mbeya oder Mtwara her kommend) bietet sich **Songea** an, eine eher praktische als schöne Stadt mit guter Infrastruktur für Reisende und reizenden Menschen. Landschaftlich schön in einer sanften Hügellandschaft gelegen, werden hier hauptsächlich Tabak, Kaffee und Mais angepflanzt. Die ansässigen Ngoni, eine Ethnie, die ursprünglich aus Südafrika stammt, leisteten den deutschen Kolonialbeamten während des Maji-Maji-Aufstands (S. 518) erbitterten Widerstand. 1907 wurden schließlich zur Strafe alle *chiefs* der Gegend gehängt. Das weitläufige Mahnmal (Makumbusho ya Maji Maji) ein wenig außerhalb der Stadt erinnert an die Gräueltaten. In der kleinen Galerie können Artefakte des Aufstands besichtigt werden (Eintritt 6500 TSH p. P.). Die spektakuläre Fahrt von Songea nach Mbamba Bay (162 km, 4 Std.) führt durch Bergland und fruchtbares Ackerland mit Kaffeeplantagen, Bananenhainen und anderen landwirtschaftlichen Nutzflächen. Bis **Mbinga** führt eine Teerstraße, ab Mbinga schlängelt sich eine akzeptable Allwetterpiste durch das Hügelland nach Mbamba Bay. Herrliche Panoramen versüßen die Anfahrt. Schon von Weitem glitzert der Lake Nyasa in der Sonne, den man erst viele Kurven und Kehren später erreicht.

Mbamba Bay

Auch hier ein ähnliches Szenario wie in Matema – zwar noch kein Strom, dafür idyllische Buchten, reizvolle Felsformationen im Wasser und überschwängliche Menschen. In der Kolonialzeit hatte man mit der Ortschaft Großes vor – Mtwara am Indischen Ozean sollte mittels einer Eisenbahnlinie mit Mbamba Bay verbunden werden, um von Malawi Kohle und andere Bodenschätze per Schiff und Bahn an den Indischen Ozean zu verfrachten. Die Pläne liegen heute noch in der Schublade, von Zeit zu Zeit werden sie von den Regierungsverantwortlichen laut zitiert. Aber alles bleibt beim Alten.

ÜBERNACHTUNG

Tukuyu

Als Unterkunft bieten sich die einfache **Kalonga Lodge** ❶ oder das **Landmark Hotel** ❷ an. Am **Bongo Campsite**, ✆ 0732-951763, 4 km nördlich von Tukuyu, lässt es sich im gepflegten Garten herrlich campen (6000 TSH p. P.), und auch Touren können organisiert werden.

Matema Beach

Kwa Sumbi, an der Einfahrtsgabelung links, keine Beschilderung (Passanten fragen). Einfaches, anspruchsloses Gästehaus direkt am Strand mit Moskitonetz und einladendem Strandbereich, wo man gut ein kaltes Bier genießen kann. Es ist sicher etwas lauter, weil es im Haus eine kleine Bar gibt. ❶

Matema Lake Shore Resort, an der Einfahrtsgabelung rechts, 1,5 km westlich der Missionskirche, ✆ 0782-179444, 💻 www.mec-tanzania.ch/matema. In die Jahre gekommenes, farbenfroh gestaltetes Gästehaus mit 20 Zimmern direkt am See, nur der Strand wirkt aufgrund geringer Bepflanzung etwas kahl. Einfache 2er-, 3er- und 5er-Zimmer und komfortablere Doppelzimmer, landestypisches Essen nur auf Bestellung (ca. 8000 TSH), Frühstück wird extra berechnet (4000 TSH). Gehört wie das Karibuni Center und das ICC der von Schweizern betriebenen Mbalizi Evangelistic Church. ❶–❷

Blue Canoe Lodge & Campsite, an der Einfahrtsgabelung rechts, 3 km westlich von Matema, ✆ 0783-575451, 💻 www.bluecanoelodge.com. Wunderschöne, geräumige Bungalows aus Naturmaterialien in der ersten Reihe am Strand mit Liebe zum Detail sowie einfachere Bambushütten und Camping (8000 TSH p. P.) bieten der deutsche Besitzer Thomas und seine Familie an. In der vormals als Crazy Crocodile Camp bekannten Lodge sollen weitere Bungalows weiter hinten im Garten folgen. Nachhaltigkeit wird gelebt, z. B. mit Trockentoilette, Solarstrom und Insektenbekämpfung durch ätherische Öle. Internet und Geldwechsel. Gut sortierte Beach Bar, ausgezeichnete Küche und viele Aktivitäten, darunter Bird Watching im hauseigenen Sumpf, Einbaum-Touren oder Schnorcheltrips (ca. 30 000 TSH p. P.). Tauchen soll bald möglich sein. Transfers von Mbeya oder Kyela werden auf Anfrage arrangiert. Parken von Fahrzeugen möglich. ❶–❹

Songea

Landestypische Unterkünfte sind z. B. das Mittelklasse-Hotel **Heritage Cottages** an der Einfahrtsstraße von Njombe, das beste Hotel der Stadt, ❸, das **Safina Hotel**, Sokoine Rd. (gegenüber der NMB-Bank), die neuere **Grana Comfort Lodge** an der Straße nach Mbinga, unweit vom Busbahnhof, mit AC, TV und Parkmöglichkeit für Fahrzeuge, und die **Pappaya Lodge** auf der Rückseite des Busbahnhofs in der Matomondo St., alle ❶.

Mbamba Bay

St. Bernadetha Sisters Guest House, auf einer Anhöhe mitten in Mbamba Bay, ✆ 0768-443238, ✉ milingaf@gmail.com. Einfache Unterkunft, von bemühten Ordensschwestern geführt, mit ausgezeichneter Swahili-Küche auf Vorbestellung. Einige der 16 Zimmer haben einen herrlichen Blick auf den See. ❷

Bio Camp, 10 Min. hinter Mbamba Bay, ✆ 0768-053 544 (SMS schreiben). An einem breiten, feinen Kieselstrand gibt es neben Campingmöglichkeiten (15 000 TSH pro Zelt) mehrere Stein-Cottages (DZ 70 000 TSH) und billigere Canvaszelte (DZ 30 000 TSH).

Ursprüngliches, rustikales Ambiente; ökologischer Ansatz mit Biokläranlage, Solarstrom und Lebensmitteln aus eigener Produktion. Viele Aktivitäten und zum Seele baumeln lassen. ❶–❸

SONSTIGES

Tukuyu

Abhebungen mit Visa-Karte sind im Ort möglich.

Matema Beach

Die Möglichkeiten in Matema Beach sind eingeschränkt, Selbstversorger sollten ihre **Einkäufe** in Mbeya erledigt haben.
Internet gibt es in der Blue Canoe Lodge.
Geld sollte man spätestens in Tukuyu abgehoben haben.

Songea

An der **NBC Bank** (Nähe Markt) kann man mit der Visa-, Master- und Maestro-Card Geld abheben, in der **CRDB Bank** (in der Einfahrtsstraße) mit Visa Geld beziehen oder wechseln, was vor der Reise nach Mbamba Bay unerlässlich ist.

Mbamba Bay

Man sollte sich schon in Songea mit Lebensmitteln eindecken, da das Angebot vor Ort äußerst beschränkt ist.

TRANSPORT

Selbstfahrer

Die Anreise ab Mbeya führt über eine Teerstraße in Richtung Süden. Vor der Grenze links nach Kyela abbiegen (112 km ab Mbeya). Knapp vor Kyela erneut nach links abbiegen, die restlichen 60 km auf holpriger Allwetterstraße, insgesamt. 4–5 Std. ab Mbeya.
Selbstfahrer finden einen sicheren, gebührenpflichtigen Autostellplatz bei den Unterkünften in Matema, z. B. Blue Canoe Lodge. Kyela ist nicht zum Parken zu empfehlen.

Busse und Daladalas

Nach Matema Beach
Siehe Mbeya, S. 510.

Nach Mbamba Bay
Ab SONGEA fahren Kleinbusse (Coaster) um 6 Uhr morgens, ca. 4 Std., 10 000 TSH. Bei starken Regenfällen Einschränkungen!

Von Songea nach Norden und Osten
Der Busbahnhof liegt zentral in Songea.
DAR ES SALAAM, z. B. Sumry, Superfeo, Ottawa oder Saibaba, Abfahrt jeweils um 6 Uhr, 1 Tagesreise, 50 600 TSH.
IRINGA, mit Superfeo, Abfahrt 6 Uhr, ca. 7 Std., 24 200 TSH.
LINDI via Masasi, mit Happiness Coach, Abfahrt 5 Uhr, 26 400 TSH, 2 Tagesreisen mit Übernachtung in Masasi, nur in der Trockenzeit, solange die Teerstraße noch nicht fertiggestellt ist.
MBEYA, z. B. mit Superfeo oder Sumry, Abfahrten laufend zwischen 6 und 11 Uhr, 25 300 TSH.

Boote

Von Kyela und Matema Beach
Der Hafen liegt in **Kiwira Port** (10 km südöstlich von Kyela). Von Kyela zum Schiffsanlegeplatz fahren an den Tagen der Abfahrten Share Taxis (3000–5000 TSH) und Daladalas (2000–2500 TSH).
Fahrt mit der *MV Songea* nach MBAMBA BAY jeden Do um 13 Uhr, 24 Std., 15 000 TSH p. P. für eine Kabine 1. Klasse, doch Fahrpläne können sich ändern, also besser vorher nachfragen. Eine neue Fähre soll in den nächsten Jahren angeschafft werden.
Zustieg zur *MV Songea* in Matema beim Markt *(soko kuu)* möglich.

Von Mbamba Bay
Zurzeit wird So zurück nach KIWIRA PORT gefahren, die genauen Abfahrtszeiten sind immer vor Ort zu erfragen. Nach NKHATA BAY in Malawi existiert seit Anfang 2014 eine neue Fährverbindung mit der *MV Mwande*, Abfahrt Mi 13.30 Uhr, ca. 4 Std., US$50. Rückfahrt von Nkhata Bay Mi 6.30 Uhr.

© KURT KAUBE

Anhang

Sprachführer

Grundsätzlich gelten sowohl die ehemalige Kolonialsprache Englisch als auch Swahili (korrekt heißt es **Kiswahili**, auf Deutsch auch Suaheli) als gleichwertige Verkehrs- und Verwaltungssprachen. Dennoch sollte man immer darauf gefasst sein, auf Menschen zu treffen, die des Englischen nicht mächtig sind.

In Moshi, Arusha, Dar es Salaam oder Sansibar wird die englische Sprache meist verstanden. Je weiter abseits der Touristenpfade man sich bewegt, desto wichtiger werden (zumindest rudimentäre) Swahili-Kenntnisse – die Landessprache beherrscht fast jeder.

Einige Brocken Swahili zu lernen, lohnt sich für Reisende allemal. Jeder noch so bescheidene Versuch, die Landessprache zu sprechen, wird mit einem breiten Lachen, viel Hilfsbereitschaft und Respekt quittiert.

Aussprache

Die Aussprache des Swahili ist einfach, da sie dem Deutschen ähnelt. Nur bei folgenden Konsonanten gibt es Abweichungen:

ch	wie *tsch* in rutschen
dh	wie stimmhaftes englisches *th* in that
th	wie stimmloses englisches *th* in thin
gh	wie *ch* in Bach
j	wie *dj* in Job
s	wie scharfes *s* in Maß
sh	wie *sch* in Schere
v	wie *w* in Wasser
y	wie *j* in Jaguar
z	wie stimmhaftes *s* in summen

Die Betonung liegt i. d. R. auf der vorletzten Silbe. Es gibt keine Unterscheidung zwischen „du" und „Sie".

Begrüßung und Abschied

Ohne das Begrüßungsritual wird kein Gespräch von Erfolg gekrönt sein. Die Begrüßungsfloskeln werden auf der Straße (wenn man es eilig hat) genauso nachdrücklich gepflegt wie am Telefon (auch wenn das Guthaben zur Neige geht). Es wird als äußerst unhöflich empfunden, gleich mit der Tür ins Haus zu fallen, so wie es in unserem Kulturkreis üblich ist.

Erste Phase der Begrüßung

Salama	*Hallo (ausschließlich auf Sansibar, auch als Antwort)*
Hujambo?	*Wie geht es dir? (wortwörtlich: „Hast du Probleme?")*
Jambo	*Hallo (verkürzte, nicht ganz korrekte Anredeform)*
Hamjambo?	*Wie geht es euch?*
Sijambo.	*Mir geht es gut. (wortwörtlich: „Ich habe keine Probleme.")*
Hatujambo.	*Uns geht es gut.*
Shikamoo mzee	*Respektvolle Begrüßung eines älteren Mannes*
Shikamoo mama	*Respektvolle Begrüßung einer älteren Frau*
Marahaba	*Antwort auf die respektvolle Begrüßung an den Jüngeren*

Zweite Phase der Begrüßung

Habari?	*Gibt es Neuigkeiten?*
Habari gani/yako?	*Was gibt es Neues?*
In Anlehnung an diese Frage gibt es unendlich viele Varianten: Habari za kazi?; Was gibt es Neues von der Arbeit?, Habari za leo? – Was gibt es heute Neues?; oder Habari za safari? – Was gibt es Neues von der Reise?	
Habari za asubuhi?	*Guten Morgen (eigentlich: Was gibt es Neues am Morgen?)*
Habari za jioni?	*Guten Abend (eigentlich: Was gibt es Neues am Abend?)*
Nzuri sana/ Njema/ Safi!	*Sehr gut. (Antwort auf die oberen Fragen)*
Na wewe?	*Und (wie geht es) dir?*
Mambo vipi?	*Informelle Begrüßung*

Mambo?/Vipi?	*unter Freunden (am ehesten vergleichbar mit dem informellen „What's up?")*
Karibu! (Plural Karibuni)	*Willkommen!*

Verabschiedung

Kwaheri! (Plural Kwaherini)	*Auf Wiedersehen!*
Tutaonana!	*Bis bald! (wortwörtlich: „Wir werden uns wiedersehen!")*
Usiku mwema!	*Gute Nacht!*
Lala salama!	*Schlaf gut!*

Wörter und Wendungen

Anrede

mama	*Frau*
bwana	*Herr*
bibi	*ältere Dame (sehr respektvoll)*
mzee	*älterer Herr (sehr respektvoll)*
dada	*Schwester (Anrede von Gleichaltrigen)*
kaka	*Bruder (Anrede von Gleichaltrigen)*
rafiki	*Freund (Anrede von Gleichaltrigen)*

Wichtige Höflichkeitsfloskeln

samahani	*Verzeihung, Entschuldigung*
si kitu	*Macht nichts (wörtlich: „kein Ding")*
asante (sana)	*(Vielen) Dank*

Dieses Wort wird in Swahili viel seltener eingesetzt als im Deutschen, da diese Höflichkeitsform normalerweise in die Verben eingearbeitet wird. Es gibt spezielle Verbformen, die als besonders höflich gelten.

tafadhali	*bitte*
pole sana	*Es tut mir sehr leid.*

Ausdruck des Mitleids, wenn jemand erkrankt ist, wenn jemand gestorben ist oder wenn jemand Geld verloren hat

Kennenlernen

Jina lako nani/gani?	*Wie heißt du?*
Jina langu …	*Ich heiße …*
Unatoka wapi?	*Woher kommst du?*
Ninatok(e)a …	*Ich komme aus …*
Ujerumani	*Deutschland*
Austria	*Österreich*
Uswisi	*Schweiz*
Unafanya nini?	*Was machst du (beruflich)?*
Nafanya kazi kama …	*Ich arbeite als …*
mwalimu	*Lehrer*
daktari	*Doktor*
mwuguzi	*Krankenschwester*
fundi	*Handwerker/Arbeiter*
mkulima	*Bauer*
mfanyibiashara	*Geschäftsmann*
mhandisi	*Ingenieur*
mwanafunzi	*Student*
katibu	*Sekretär(in)*
karani	*Beamter*
Nimefurahi kukutana na wewe.	*Es freut mich, dich kennengelernt zu haben.*

Nützliche Redewendungen

Unasema Kiingereza/ Kiswahili?	*Sprichst du Englisch/ Swahili?*
Kidogo tu!	*Nur ganz wenig!*
Sisemi Kiswahili, lakini Kiingereza.	*Ich spreche kein Swahili, dafür aber Englisch.*
Kuna mtu hapa anayesema Kiingereza?	*Gibt es hier jemanden, der Englisch spricht?*
Sema polepole, tafadhali.	*Bitte sprich langsam.*
Sema tena, tafadhali.	*Bitte wiederhole, was du gesagt hast.*
Sifahamu.	*Ich verstehe nicht.*
Nafahamu.	*Ich verstehe.*
Naweza kupiga picha?	*Darf ich fotografieren?*
Nionyeshe …	*Bitte zeig mir …*
Tuonyeshe …	*Bitte zeig uns …*
Nipeleke …	*Bitte bring mich zu/nach …*

Tupeleke …	*Bitte bring uns zu/nach …*
Naweza kupata …	*Kann ich bitte … haben?*
Tunaweza kupata …	*Können wir bitte … haben?*

In einer Notlage

Tunaomba msaada.	*Wir bitten um Hilfe.*
Nimepoteza/ Tumepoteza …	*Ich habe/wir haben … verloren.*
Nimeibiwa/ Tumeibiwa …	*Mir/uns wurde … gestohlen.*
mfuko/begi	*Tasche/ Handtasche*
kamera	*Fotoapparat*
mizigo	*Gepäck*
pesa	*Geld*
pasipoti	*Reisepass*
Kituo cha polisi kiko wapi?	*Wo ist die nächste Polizei?*
Tulikuwa na ajali na gari.	*Wir hatten einen Unfall mit dem Auto.*

Pronomen

mimi (ni/si)	*ich (bin/bin nicht)*
wewe (ni/si)	*du (bist/bist nicht)*
yeye (ni/si)	*er, sie, es (ist/ist nicht)*
sisi (ni/si)	*wir (sind/sind nicht)*
nyinyi (ni/si)	*ihr (seid/seid nicht)*
wao (ni/si)	*sie (sind/sind nicht)*

Adjektive und Adverbien

sana	*sehr, viel*
zaidi	*mehr*
kabisa	*absolut, genau*
kubwa	*groß*
ndogo	*klein*
kidogo	*ein wenig*
nzuri/safi	*gut, schön*
mbaya	*schlecht*
rahisi	*billig*
ghali	*teuer*
polepole	*langsam (auch: „immer mit der Ruhe")*
haraka	*schnell*
karibu	*nah*
mbali	*weit entfernt*
fungua	*offen*
funga	*geschlossen*

Ortsangaben

hapa	*hier*
pale	*dort*
kulia	*rechts*
kushoto	*links*
moja kwa moja	*geradeaus*

Zeitergänzungen

leo	*heute*
kesho	*morgen*
jana	*gestern*
mara moja	*jetzt sofort, bald*
bado	*noch nicht (im Sinne von bald)*
asubuhi	*am Morgen*
mchana	*tagsüber*
jioni	*am Abend*
usiku	*in der Nacht*
Jumatatu	*Montag*
Jumanne	*Dienstag*
Jumatano	*Mittwoch*
Alhamisi	*Donnerstag*
Ijumaa	*Freitag*
Jumamosi	*Samstag*
Jumapili	*Sonntag*

Fragewörter

nani?	*wer?*
gani?	*welcher?*
nini?	*was?*
lini?	*wann?*
vipi?	*wie?*
kwa nini?	*warum?*
(kwa sababu …)	*(weil …)*
wapi?	*wo?*
ngapi?	*wie viel?*

Wichtige Fragen

Bei gani?	*Wie viel kostet das?*
Ni nini?	*Was ist das?*
Choo kiko wapi?	*Wo ist die Toilette?*
Unafahamu?	*Verstehst du?*
Unajua …?	*Weißt/Kennst du …?*
Unaweza …?	*Kannst du …?*
Saa ngapi?	*Wie viel Uhr ist es?*

Bei der Frage nach der Uhrzeit auf Swahili wird i. d. R. die Swahili-Zeit genannt, S. 113.

Wichtige Wörter und Sätze

ndiyo	*ja*
hapana (oder siyo)	*nein*
na	*und*
au	*oder*
sawa	*okay*
Sijui.	*Ich weiß nicht.*
Ninajua.	*Ich weiß.*
Nimechoka.	*Ich bin müde.*
Napenda …	*Ich möchte …* *Ich hätte gerne …*
Naomba …	*Ich bitte um … (höfliche Bitte, viel höflicher als napenda)*
Sipendi …	*Ich möchte nicht …*
labda	*vielleicht*
Ngoja kidogo!	*Warte einen Moment!*
Njoo! (Njooni!)	*Komm her!*

Auf dem Markt

soko	*Markt*
Soko liko wapi?	*Wo ist der Markt?*
Nataka kununua …	*Ich möchte … kaufen.*
Nipe kilo moja ya …	*Bitte gib mir ein Kilo …*
matunda	*Obst*
ndizi	*Bananen*
machungwa	*Orangen*
maembe	*Mangos*
limau	*Zitronen*
nanasi	*Ananas*
papai	*Papaya*
tikiti	*Wassermelone*
mboga	*Gemüse*

Zahlen

1	*moja*	**20**	*ishirini*
2	*mbili*	**30**	*thelathini*
3	*tatu*	**40**	*arobaini*
4	*nne*	**50**	*hamsini*
5	*tano*	**60**	*sitini*
6	*sita*	**70**	*sabini*
7	*saba*	**80**	*themanini*
8	*nane*	**90**	*tisini*
9	*tisa*	**100**	*mia*
10	*kumi*	**1000**	*elfu*

Alle anderen Zahlen werden zusammengesetzt und mit dem Wörtchen *na* (und) verbunden, z. B. *kumi na nane* (18), *mia mbili na ishirini* (220), *elfu tatu na mia nne* (3400).

vitunguu	*Zwiebel*
nyanya	*Tomaten*
kabichi	*Kohl (von Englisch: cabbage)*
mchicha	*Spinat*
Upunguze bei, bwana/ mama!	*Bitte reduziere den Preis, Herr/Frau!*

Im Restaurant

Nina/tuna njaa sana.	*Ich bin/wir sind sehr hungrig.*
Nina/tuna kiu sana.	*Ich bin/wir sind sehr durstig.*
Napenda …	*Ich hätte gerne …*
kinywaji	*ein Getränk*
kahawa na maziwa	*einen Kaffee mit Milch*
chai	*Tee*
maji	*Wasser*
bia	*ein Bier*
soda	*Limonade*
chakula	*Essen*
mkate	*Brot*
chumvi na pilipili	*Salz und Pfeffer*
Sil i …	*Ich esse kein …*
baridi	*kalt*
moto	*heiß*

Beim Arzt

daktari	*Arzt*
daktari wa meno	*Zahnarzt*
hospitali	*Krankenhaus*
duka la dawa	*Apotheke*
Mimi ni mgonjwa.	*Ich bin krank.*
Nahitaji daktari kwa haraka.	*Ich brauche dringend einen Arzt.*
Hospitali iko wapi?	*Wo ist das Krankenhaus?*
Zahanati iko wapi?	*Wo ist die Krankenstation?*
Duka la dawa liko wapi?	*Wo ist die Apotheke?*
Nina homa.	*Ich habe Fieber/ Malaria.*
Ana homa.	*Sie/er hat Fieber/ Malaria.*
Ninahara.	*Ich habe Durchfall.*
Anahara.	*Sie/er hat Durchfall.*
Inaumwa sana hapa.	*Hier tut es weh.*
Ninaumwa …	*Mir tut … weh*
mkono	*die Hand/der Arm*
mguu	*der Fuß/das Bein*
tumbo	*der Bauch*
kifua	*die Brust*
koo	*der Hals*

Unterwegs

safari	*Reise*
Safari njema!	*Gute Reise!*
gari	*Auto*
teksi	*Taxi*
pikipiki	*Motorrad*
baiskeli	*Fahrrad*
kwa miguu	*zu Fuß*
Iko wapi ...?	*Wo ist …*
stesheni ya treni	*der Bahnhof*
kituo cha basi	*die Bushaltestelle*
kituo cha ndege	*der Flughafen*
kituo cha petroli	*die Tankstelle*
kituo cha teksi	*der Taxistand*
posta	*das Postamt*
kituo cha polisi	*die Polizei*
balozi la Ujerumani/ Austria/ Uswisi	*… die Botschaft von Deutschland/Österreich/der Schweiz*
bandari	*der Hafen, Fährhafen*
kanisa/msikiti	*die Kirche/Moschee*
soko	*der Markt*
… inaondoka saa ngapi?	*Wann fährt … ab?*
basi (Plural mabasi)	*der Bus*
treni	*der Zug*
meli	*das Boot, Schiff*
ndege	*das Flugzeug*
Tutafika lini?	*Wann kommen wir an?*
nauli	*Fahrpreis*
barabara	*Straße, Highway*
Usimame hapa.	*Bitte halte hier.*
Unaweza kunionyesha?	*Kannst du mir das zeigen?*
Twende!	*Auf geht's!*

Übernachten

Natafuta/ tunatafuta …	*Ich/wir sind auf der Suche nach …*
gesti	*einem Gästehaus*
hoteli	*einem Hotel, Restaurant*
Kuna nafasi ya chumba?	*Gibt es ein freies Zimmer?*
Nataka/ tunataka …	*Ich/wir möchte/n gerne … haben.*
chumba cha watu wawili	*ein Doppelzimmer*
chumba cha mto mmoja	*ein Einzelzimmer*
chumba chenye	*ein Zimmer mit Toilette*
choo na bafu	*und Bad*
kwa usiku mmoja	*für eine Nacht*
kwa usiku mbili	*für zwei Nächte*
Nionyeshe chumba kingine!	*Bitte zeig mir ein anderes Zimmer!*
Samahani, hakifai!	*Es tut mir leid, das Zimmer passt mir nicht.*
Bei gani usiku mmoja?	*Was kostet die Nacht?*
Naweza/Tunaweza kupiga hema hapa?	*Darf ich/dürfen wir hier das Zelt aufschlagen?*
Tunaomba kupiga hema shambani lako.	*Wir würden gerne auf ihrem Feld zelten.*

Glossar

askari Wachmann, Soldat
bajaji aus Indien importierte Tuktuks (dreirädrige Motor-Rikschas), die nach dem Hersteller benannt wurden
banda alleinstehendes Cottage/Chalet im lokalen Stil mit Makuti-Dach (kann einfach, aber auch luxuriös sein)
baraza gemauerte Bänke vor Häusern, insbesondere in den Swahili-Städten
beach boys (engl.) Strandverkäufer in den von Touristen frequentierten Küstenorten
black cotton soil Vertisol; Erde mit hohem Lehmgehalt, die bei Regen spiegelglatt, seifig und unpassierbar wird
boma 1. runde traditionelle Hütte der Maasai mit Makuti-Dach; 2. ehemals deutsches Kolonialregierungsgebäude
bui-bui schwarzer Umhang moslemischer Frauen, mit / ohne Verschleierung des Gesichts
chai Bestechungsgeld; wortwörtlich: „Tee"
daladala kleine Minibusse, wichtigstes Nahverkehrsmittel in Tansania
dhow (engl.) an der Küste verbreiteter Typ von Segelboot
dispensary (engl.) kleine Klinik mit Medikamentenausgabe
driverguide (engl.) Fahrer, der auch als kundiger Safari-Guide fungiert
duka landestypischer Laden jeder Art
expats (engl.) kurz für *expatriates* (Ausländer, Auswanderer)
flycatcher (engl.) Straßenverkäufer, der Safaris oder Ausflüge auf der Straße verkauft (und deren verlockenden Angeboten man tunlichst widerstehen sollte)
fundi Arbeiter
game drive (engl.) Pirschfahrt, Tierbeobachtungsfahrt
gate (engl.) Zugang, Tor
guide (engl.) eher Begleiter als sachkundiger Führer
hoteli landestypisches Restaurant, das lokale Kost serviert
kabila Stamm
kanga bunt bedruckte Baumwolltücher der tansanischen Frauen mit Sinnsprüchen
kanisa Kirche
kanzu weißes / cremefarbenes, bodenlanges, langärmeliges Gewand moslemischer Männer
kikoy traditioneller Baumwollstoff in intensiven Farben mit Fransen, aber ohne Muster
kitenge bunt bedruckte Baumwolltücher ohne Sinnsprüche
kofia traditionelle, meist bestickte Kopfbedeckung moslemischer Männer
Makuti-Dach meist steil aufragendes Dach aus getrockneten Kokospalmenblättern
malaika Engel
mskiti Moschee
mungu Gott
mwalimu Lehrer, Führer
mzungu Weißer, Europäer (Mehrzahl: *wazungu)*
ngalawa typisch sansibarisches Auslegerkanu
NGO (engl.) Non-Governmental Organization, internationale Hilfsorganisation
ngoma Tanz, Trommeln, Fest, Musik
Overlander Reisende, die im eigenen Fahrzeug oder in einer Gruppe mit einem entsprechend ausgerüsteten Truck eines Reiseveranstalters mehrere afrikanische Länder durchqueren
panga Machete
papaasi Straßenverkäufer in Stone Town, manchmal mit unlauteren Absichten
pesa Geld (auch: *fedha*)
pikipiki Moped
porini im Busch
safari (jede Art von) Reise
safari njema! Gute Reise!
shamba Feld, Landwirtschaft (davon abgeleitet: *shambani* – auf dem Land)
simu Telefon, Mobiltelefon
soko Markt
sundowner (engl.) (jede Art von) Aktivität bei Sonnenuntergang, z. B. Bootsfahrt, Pirschfahrt oder Ähnliches, bei der auf Wunsch alkoholische Getränke serviert werden
Tanapa (Tanzania National Parks Authority) tansanische Nationalparkbehörde
Tingatinga naive, farbenfrohe Malerei, die von Edward Tingatinga erfunden wurde und heute der Exportschlager Tansanias ist
Ujamaa Gemeinschaft, Einheit, Zugehörigkeit, S. 457
ukimwi Aids
Ulaya Europa

Reisemedizin zum Nachschlagen

Vieles, was in Europa über gesundheitliche Gefährdungen in Tansania kolportiert wird, ist ungerechtfertigte Panikmache. Entlang der Touristenpfade und in den von den Europäern geführten Tourismusbetrieben halten sich die gesundheitlichen Risiken in Grenzen. Ernst zu nehmende Gefahren für durchschnittliche Touristen stellen **Malaria**, Belastungen des Magen-Darm-Trakts, Erkältungskrankheiten sowie Sonnenstiche und -brände dar. Normale Reisende werden kaum mit Cholera, Typhus oder anderen schwerwiegenden Erkrankungen in Berührung kommen.

Bilharziose

Das Bilharziose-Risiko ist in Tansania an allen stehenden Gewässern gegeben; insbesondere an allen großen Seen. Im Zweifelsfall muss vom Baden in solchen Gewässern abgesehen werden, wobei Einheimische in dieser Sache nicht um Rat gefragt werden sollten, da sie sich selten der Gefahr bewusst sind.

Bilharziose wird durch **Saugwürmer** verursacht. Die Larven der Würmer leben in warmen, stehenden Gewässern. Sie durchbohren die Haut von Mensch oder Tier, wandern zunächst in die Leber und dann weiter in die Blase und den Darm. Dort reifen die Larven heran und legen Eier. Diese scheidet der Träger wieder aus. Erste Symptome sind Juckreiz und Fieber, später kommen Blut im Stuhl oder Urin hinzu. Bei rechtzeitiger Behandlung ist eine komplikationslose Heilung möglich.

Cholera

Die Cholera wird vom Bakterium Vibrio cholerae verursacht und durch direkten Kontakt mit infizierten Personen, deren Ausscheidungen oder durch verunreinigte Nahrungsmittel übertragen. Die Symptome – wässrige Durchfälle und Erbrechen – treten nach ein bis fünf Tagen auf und können schnell zur Dehydrierung führen. Wer erkrankt, muss umgehend zum Arzt und die verlorene Flüssigkeit ersetzen.

Die Impfung gegen Cholera wird von der WHO nicht mehr empfohlen. Solange man auf eine saubere Umgebung und hygienische Nahrungsmittel achtet und nicht geschwächt ist, wird man kaum gefährdet sein.

Dengue-Fieber

Wie Malaria wird auch das Dengue-Fieber von Stechmücken übertragen. Wie die englische Bezeichnung *break bone fever* vermuten lässt, verursacht die kurze, fieberhafte Erkrankung vor allem starke Muskel- und Gelenkschmerzen. Ausreichend Anti-Mücken-Lotion und vernünftige Kleidung helfen auch hier als wirksame Expositionsprophylaxe. Eine Impfung gibt es nicht.

Durchfallerkrankungen

Wer für Durchfallerkrankungen anfällig ist, dem werden eventuell schon der Klimawechsel und, im tansanischen Sommer, die Hitze zu schaffen machen.

Im Allgemeinen genügt jedoch die Einhaltung normaler Hygienemaßnahmen, wie z. B. regelmäßiges Händewaschen, besonders vor den Mahlzeiten. Die meisten Bakterien und Erreger siedeln nämlich an Gegenständen wie Geldmünzen und -scheinen oder der Türklinke des Restaurants.

Auch bei der Nahrungsaufnahme selbst sollte man einige Grundregeln befolgen. Da sich zahlreiche Erreger im Wasser tummeln, ist Vorsicht geboten bei allem, was mit Wasser gewaschen wird: Salate, rohes Gemüse und Obst. Hier kommt der Grundsatz *Cook it, peel it or leave it* („Koch es, schäl es, oder lass' es") zum Tragen. Der noch so verlockende Apfel muss unbedingt geschält werden, und auch die Schnittfläche der halbierten Banane sollte entfernt werden. Vorsicht ist ebenso bei Eiswürfeln, Eiscreme und Mayonnaise, Kaltschalengerichten, unpasteurisierten Milchprodukten, rohem Fisch und Fleisch

Sanfte Hausmittel für den Ernstfall

Bei **Durchfall und verdorbenem Magen** braucht der dehydrierte Körper in erster Linie Flüssigkeit und Salze. Am besten helfen mit einer Prise Zucker und Salz gewürzte sanfte Kräutertees wie Kamille, Fenchel oder Pfefferminze, doch im Notfall tut's auch ein Schwarztee. Aus vier gehäuften Teelöffeln Zucker oder Honig, 1/2 Teelöffel Salz und 1 l Orangensaft oder abgekochtem Wasser kann eine weitere Lösung hergestellt werden. Coca-Cola kann in Maßen genossen werden, denn es enthält Zucker, Spurenelemente sowie Elektrolyte und ersetzt teilweise die verlorene Flüssigkeit.
Als leichte Aufbaukost können Weißbrot, Bananen, gewöhnlicher polierter Reis oder Salzkartoffeln verzehrt werden. Unbedingt meiden: Milch, Milchprodukte und Fett.
Verstopfungen können durch eine große Portion geschälter Früchte, z. B. Ananas oder eine halbe Papaya, verhindert werden.
Insektenstiche lassen sich gut mit den ätherischen Ölen einer Zwiebel behandeln, die insbesondere Moskitostiche und die schmerzenden Stiche der Tsetse-Fliegen lindern.
Bei **Sonnenbrand** hilft der unverzügliche Gang zum nächsten Bauernmarkt. Unverdünnter Zitronensaft oder Essig lindern Sonnenbrände und beruhigen die Haut. Rohe Zwiebel- oder Gurkenscheiben kühlen ebenfalls. Auch Wickel mit kaltem Schwarztee oder kalter Milch bringen Linderung (Teebeutel und Milch sind in jedem Hotel erhältlich).

geboten. Leitungswasser sollte überhaupt nicht getrunken werden (deshalb auch keine Eiswürfel!). Frisch zubereitete, frittierte und heiße Speisen können hingegen bedenkenlos konsumiert werden – solange sie noch heiß sind. Vorsicht ist bei lauwarmen und aufgewärmten Gerichten angesagt.

Entsprechende Medikamente zur Behandlung von Durchfall gehören auf jeden Fall in die Reiseapotheke (S. 62).

Erkältungen

Erkältungen kommen in den Tropen und Subtropen häufiger vor, als man denkt. Schuld sind vor allem Ventilatoren und Klimaanlagen (der Autos und Unterkünfte); sie bescheren krasse Temperaturwechsel und zu viel Zugluft. Bereits geringe Temperaturschwankungen, z. B. wenn dauernd das Fenster zum Fotografieren geöffnet wird, können das Immunsystem angreifen. Ebenso können die Anstrengungen des Flugs und die allgemeine Umstellung schwächen.

Bewährt hat sich die sogenannte „Zwiebeltechnik", bei der man mehrere dünne Kleidungsstücke übereinander trägt, die sich bei Temperaturschwankungen leicht an- und ausziehen lassen. Vermeiden sollte man auch, nass geschwitzt in klimatisierte Räume zu flüchten, sofern man nicht etwas zum Wechseln oder Überziehen dabei hat. Auch in kühleren Höhenlagen ist wärmere Kleidung wichtig. Vor allem im tropischen Winter von Juni bis August kann es nachts sehr kalt werden, hier sieht man mehr vor sich hin schnupfende und niesende Tansanier, als man es sich je vorstellen konnte.

Giftige Tiere

In Afrika gibt es einige giftige Tiere, die dem Menschen gefährlich werden können; dazu zählen Schlangen, Skorpione, Spinnen und Wespen. Übertriebene Sorgen braucht man sich deshalb aber nicht zu machen. Die meisten **Schlangen** haben Angst vor Menschen und verschwinden, bevor man sie sieht. Während einer Tansania-Reise auf Schlangen oder **Skorpione** zu treffen, ist eher etwas Besonderes.

Trotzdem sind bei Wanderungen lange Hosen und knöchelhohe Schuhe vorteilhaft, da sie vor Bissen schützen. 80 % aller Schlangenbisse sind unterhalb des Knies, von den verbleibenden 20 % treten wiederum 80 % an den Händen auf! Kräftiges Auftreten verjagt die meisten Schlangen, mit Ausnahme der trägen und angriffslustigen Puffotter – daher immer schauen, wohin man tritt. Außerdem sollte nicht in Höhlen oder dunkle Löcher gegriffen werden. Beim Holzsammeln empfiehlt es sich, die einzelnen Stücke vor dem Anfassen mit dem Fuß anzustupsen, hier können sich Skorpione verbergen. Viele Schlangen sind nachtaktiv, daher nachts möglichst nicht im Freien umherlaufen. In den Unterkünften sollte nicht barfuß gelaufen werden, denn Skorpione oder Spinnen können überall sein. Beim Zelten muss darauf geachtet werden, dass das Zelt immer geschlossen bleibt und der Schlafsack erst beim Schlafengehen ausgerollt wird. Kleidung nicht in einen Baum oder Busch hängen, sondern eher zusammenrollen. Generell, ob beim Zelten oder in Unterkünften, sollte man die Schuhe ausschütteln, bevor man hineinschlüpft. **Spinnen** sind weniger gefährlich. Ein gesunder Organismus erliegt selten einem Spinnenbiss, obwohl er schmerzhaft oder unangenehm sein kann. Gefährdet sind jedoch Kinder und alte Menschen. Bei allergischen Reaktionen empfiehlt sich ein Antihistaminikum.

Selten trifft man in Tansania auf **Wespen**, am ehesten noch in den Nationalparks. Um solche Wespenschwärme oder Wespenhäuser macht man geflissentlich einen großen Bogen. Stiche sind zwar schmerzhaft und erfordern unter Umständen die Einnahme von Antihistaminika, sollten aber ansonsten keine größeren Probleme verursachen.

Auch **Zecken** können gefährlich werden, doch Panik ist nicht angeraten. Nach Spaziergängen oder Walking Safaris sollte man sich selbst untersuchen und mögliche Zeckenbisse versorgen. Zudem ist die Kleidung nach solchen Ausflügen unverzüglich zu waschen.

Hepatitis

Hepatitis ist eine Lebererkrankung, die durch Viren hervorgerufen wird. Häufig geht die Hepatitis mit einer **Gelbsucht** einher, sie kann jedoch auch ohne diese Symptomatik auftreten (anikterische Hepatitis). Die Krankheit kann bei unsachgerechter Behandlung zu bleibenden Leberschäden führen.

Es wird zwischen Hepatitis A (oder Infektiöser Gelbsucht), Hepatitis B (oder Serum-Hepatitis), Hepatitis C, Hepatitis D (oder Delta-Hepatitis) und Hepatitis E unterschieden. Nur die ersten beiden Arten spielen für Touristen eine Rolle. Schutzmaßnahmen gegen Hepatitis A und B verringern ebenfalls das Risiko einer Infektion mit Hepatitis C, D und E.

Hepatitis A wird durch infiziertes Wasser und Lebensmittel, also aufgrund mangelnder Hygiene, oral übertragen. Die Beachtung gängiger Hygienemaßnahmen wie Händewaschen und gründliches Reinigen von Obst und Gemüse vor dem Verzehr reduziert das Risiko einer Infektion auf ein Minimum.

Hepatitis B wird durch Austausch von Körperflüssigkeiten übertragen, also durch sexuellen Kontakt und über die Blutbahn (ungenügend sterilisierte Injektionsnadeln, Bluttransfusionen, Tätowierung). Hepatitis B kann chronisch verlaufen und zu Leberzirrhose oder Leberkrebs führen. Hier gelten die gleichen Schutzmaßnahmen wie bei HIV. Hepatitis C und D werden auf demselben Weg übertragen wie Hepatitis B und können ebenfalls zu gefährlichen Langzeitschäden führen.

Sowohl gegen Hepatitis A als auch gegen Hepatitis B gibt es Impfungen. Gegen Hepatitis B ist man nach abgeschlossener Grundimmunisierung zehn Jahre lang geschützt. Wer noch keinerlei Hepatitis-Impfungen gemacht hat, für den ist eine kombinierte Impfung gegen Hepatitis A und B in Betracht zu ziehen. Ob die Impfung notwendig ist, zeigt ein Antikörpertest (empfehlenswert nur bei Reisenden ab ca. 50 Jahren).

HIV / Aids

Obwohl Tansania von Aids nicht in demselben grausamen Ausmaß wie beispielsweise Südafrika oder Namibia betroffen ist, stellt der HI-Virus dennoch eine der größten Bedrohungen für das Land dar – besonders in gesellschaftspolitischer und sozioökonomischer Hinsicht. Laut aktuellen Studien von WHO und UNAIDS beträgt die Verbreitungsrate des HI-Virus bei Erwachsenen über 15 Jahren etwa 5,6 %; rund 1,5 Mio. Tansanier sind an Aids erkrankt.

Zu den Gründen für die rasche Ausbreitung der Seuche zählen ein schlechtes Bildungssystem, Aberglauben, unvorteilhafte Sexualpraktiken und nicht zuletzt die benachteiligte Stellung der Frau. Als Folge der unzureichenden Bildung und mangelhaften Aufklärung sind vielen Tansaniern die Übertragungswege des Virus nicht geläufig, ebenso wenig wie die Möglichkeiten, sich davor zu schützen. Mangelnde Schulbildung (und der daraus resultierende Glaube an Geister und Hexenkunst) führt z. B. dazu, dass viele Männer nach wie vor glauben, den besten Schutz gegen Aids biete Sexualverkehr mit einem jungfräulichen Mädchen ...

Neben ungeschütztem Geschlechtsverkehr dürften auch die anderen Übertragungswege des HI-Virus bekannt sein: verschmutzte Injektionsnadeln bei Drogengebrauch und Bluttransfusionen, also alle Wege, auf denen infiziertes Blut oder andere Körperflüssigkeiten in den eigenen Blutkreislauf gelangen können.

Reisende kommen mit Aids i. d. R. durch sexuelle Abenteuer mit Tansaniern in Berührung. Weitere Ansteckungsmöglichkeiten entstehen durch mangelndes hygienisches Bewusstsein in Krankenhäusern oder *dispensaries*, die Wahrscheinlichkeit einer Ansteckung ist jedoch gering. Wer in Tansania Impfungen, Infusionen oder Ähnliches durchführen lässt, muss die hygienischen Umstände vor Ort ohnehin genau prüfen.

Malaria

Von allen Tropenerkrankungen stellt Malaria die größte Bedrohung für Europäer dar. Der Grund: Es gibt **keinen vollständigen Schutz gegen Malaria**. Bei rechtzeitiger Behandlung kann diese Krankheit, die viele Reisende zu Recht fürchten, aber problemlos geheilt werden.

Malaria wird durch Plasmodien-Arten (Parasiten) verursacht, die die roten Blutkörperchen angreifen. Es grassieren verschiedene Arten von Malaria, deren gefährlichste Form die Malaria tropica (Erreger *Plasmodium falciparum*) ist, die unbehandelt zum Tod führen kann. Ihre Inkubationszeit beträgt an die sieben Tage, bei anderen Arten liegt sie im Normalfall zwischen zwölf Tagen und zwei Monaten.

Das feucht-tropische Klima sowie die Regenzeiten stellen ideale Brutbedingungen für die Überträgerin des Malaria-Erregers, die Anopheles-Mücke, dar. Dieses zumeist nur Moskito genannte Insekt benötigt zum Brüten offenes, stehendes Wasser mit Sonneneinstrahlung. Nach frühestens einer Woche schlüpft der Moskito und lebt im Allgemeinen zwei bis vier Wochen in einem Radius von wenigen Kilometern. Nur die weiblichen Moskitos übertragen die Krankheit. Die Voraussetzung ist, dass vorher ein Malariaträger gestochen wurde. Identifizieren kann man den Anopheles-Moskito nur, wenn man ihn erwischt: Er hat schwarz-weiß gestreifte Beine.

Prophylaxe

Der beste Schutz ist eine **Expositionsprophylaxe**, d. h. gar nicht erst gestochen zu werden. Die Moskitos stechen vornehmlich in der Morgen- und Abenddämmerung sowie im Dunkeln. Deshalb sollte man es sich zur Gewohnheit machen, ab 16 Uhr lange Kleidung (Hosen, Jeans und Shirts, leichte Jacken, Hemden) zu tragen. Zudem sollten die noch exponierten Stellen (Hals, Ohren, Füße, Dekolleté, Hände, Arme) mit Mücken abweisenden Mitteln *(repellent)* versehen werden. Ideal wäre es, auch die Kleidung mit einem sprühbaren Insektenschutzmittel zu imprägnieren. Das nächtliche Moskitonetz ist für Tansania ein absolutes Muss. In klimatisierten Räumen braucht man es im Normalfall nicht, da die Moskitos nicht von der Wärme in die Kälte fliegen. Man sollte aber sicherstellen, dass das Hotelpersonal täglich (meist am Abend) ausreichend Insektenspray sprüht. Zusätzlich können noch Räucherstäbchen *(mosquito coils)* aufgestellt werden, die zwar unangenehm riechen, aber die Moskitos recht gut in Schach halten.

Eine **medikamentöse Malaria-Prophylaxe** (wissenschaftlicher ausgedrückt: eine Chemoprophylaxe) ist immer eine Belastung für den Körper. Keine Malaria-Prophylaxe bietet vollständigen Schutz, da die Erreger zunehmend resistent werden. Die These, dass eine Prophylaxe das Krankheitsbild im Blut unterdrückt und man eine Malaria-Erkrankung dann schwieriger diagnostizieren kann, ist umstritten. Die gefährliche Malaria tropica jedoch soll bei vorheriger Prophylaxe weniger schwer verlaufen.

Medikamente zur Prophylaxe von Malaria kommen und gehen, da die Malaria-Erreger aufgrund ihrer Wandlungsfähigkeit jeweils Resistenzen dagegen entwickeln. Die **Deutsche Gesellschaft für Tropenmedizin**, www.dtg.org, publiziert ein ausführliches Merkblatt (als PDF) zur Malaria und ihrer Behandlung, das man sich vor Antritt der Reise ausdrucken kann. Für die Prophylaxe empfiehlt die Gesellschaft für Tansania derzeit einerseits den Wirkstoff **Atovaquon/ Proguanil** (z. B. Malarone®) und andererseits **Mefloquin** (z. B.Lariam®). Die dritte Empfehlung betrifft den Wirkstoff **Doxycyclin**, der jedoch in Deutschland nicht zugelassen ist, weil es sich um ein Antibiotikum handelt, das neben den Malaria-Erregern auch andere, wertvolle Bakterien angreift. Zahlreiche Studien belegen jedoch, dass der Wirkstoff gut verträglich und auch wirksam ist. In englischsprachigen Ländern, wie auch in Tansania, wird er als Malaria-Prophylaxe verwendet.

Nicht alle Reisenden sind von **Nebenwirkungen** betroffen, doch viele klagen darüber. Lariam® ist wegen seiner teilweise schwerwiegenden Nebenwirkungen (im Beipackzettel stehen nicht umsonst Hinweise auf Depressionen und Suizidgefahr) höchst umstritten. Hingegen soll Malarone® nur Übelkeit, Verdauungsstörungen und Kopfschmerzen verursachen. Da mit Malarone® die Parasiten bereits in der Leber angegriffen werden, ist die Einnahmedauer relativ kurz. Daher kann es auch als Last-Minute-Prophylaxe verwendet werden, aber nicht länger als vier Wochen, da Langzeitstudien fehlen. Risiken für Schwangere und Kinder können ebenfalls noch nicht eingeschätzt werden. Wer bei der Einnahme von Lariam® von Nebenwirkungen betroffen ist, sollte aufs Tauchen verzichten. Halluzinationen oder Stimmungsschwankungen könnten sich unter Wasser verstärken. Ein großer Nachteil von Malarone® ist der Preis: Die Packung mit zwölf Tabletten kostet um die 70 Euro; in Tansania ist sie mit rund 50 000–60 000 TSH etwa um die Hälfte billiger.

Eine Rücksprache mit dem Haus- oder Tropenarzt ist auf jeden Fall erforderlich, v. a. wenn gleichzeitig andere Medikamente eingenommen werden müssen. Dann besteht die Gefahr einer Wechselwirkung und eventuellen Abschwächung des einen oder anderen Medikaments.

Wer einer naturheilkundlichen Prophylaxe zuneigt, sollte rechtzeitig das Gespräch mit einem Homöopathen seines Vertrauens suchen.

Symptome

Durch die medikamentöse Prophylaxe wiegen sich die meisten Tropenreisenden in Sicherheit und kommen nicht auf die Idee, dass bestimmte Symptome auf eine Malaria hinweisen könnten. Immer wieder kommt es zu Komplikationen, weil eine Malaria nicht erkannt wird – daher auch bei der medikamentösen Prophylaxe unbedingt auf die nachfolgend beschriebenen Symptome reagieren! Generell ähneln die Malaria-Symptome denen einer Grippe: Fieber, Kopf- und Gliederschmerzen sowie Schüttelfrost. Doch auch wenn das Fieber ausbleibt, sollte man die Warnsignale des Körpers ernst nehmen. Jede Veränderung, z. B. Appetitlosigkeit, unerklärbare Müdigkeit, Übelkeit, Durchfall, Gliederschmerzen, Nackensteife, Stechen in der Milz- oder Lebergegend sowie Kopfschmerz, kann ein Indikator für eine aufkeimende Malaria-Erkrankung sein.

Behandlung

In solchen Fällen ist es unabdingbar, mit der Rezeption des Hotels, dem Reiseleiter oder notfalls der nächsten *dispensary* (Apotheke) Kontakt aufzunehmen, um rasch weitere Schritte einleiten zu können. Auch wenn die tansanischen Ärzte in vielen Dingen nicht über das Wissen unserer Ärzte verfügen, sind sie doch bei der Malaria-Behandlung unschlagbar. Gleiches gilt für die in Tansania erhältlichen Arzneimittel: Diese sind hochwirksam und vor allem (im Gegensatz zu Europa) überall und unverzüglich erhältlich.

Beim **Malaria-Test** wird aus einer Fingerkuppe ein Tropfen Blut entnommen und im Labor untersucht. Zumeist erhält der Betroffene binnen 20 Minuten das Ergebnis. Im Gegensatz zur europäischen Praxis ist die tansanische Behandlung kurz, unkompliziert und vor allem sehr billig (ca. 5000–10 000 TSH für den Test zzgl. Medikamente). Wer spezielle **Medikamente** zur Behandlung wünscht, weil beispielsweise ein bestimmtes nicht gut vertragen wird, erhält sie in den Apotheken zu Preisen von bis zu 20 000 TSH.

Die WHO empfiehlt für Afrika Kombinationspräparate auf Artemisinin-Basis mit den Wirkstoffen **Artemether und Lumefantrin**, z. B. Riamet®, das in Tansania unter dem Handelsnamen Coartem® erhältlich ist. Zur Prophylaxe ist der Wirkstoff nicht geeignet. In Tansania werden weitere gut verträgliche Kombi-Präparate basierend auf Artemisinin verwendet, wie Artequick® oder Artequine®. Sofern Medikamente nicht aus Europa importiert werden, sind sie meist beträchtlich billiger.

Wichtig ist, dass die Medikamente nicht nach Gutdünken abgesetzt werden, weil man sich schon etwas besser fühlt. Gleichzeitig sollte man Alkoholkonsum unbedingt vermeiden. An diese strikte Regel halten sich sogar die Einheimischen, die es sonst mit Regeln nicht so genau nehmen. Zwei bis drei Wochen nach der Erkrankung sollte der Malaria-Test wiederholt werden, um sicherzugehen, dass die Erreger unschädlich gemacht worden sind. Die Inkubationszeit der Malaria-Erreger kann in Ausnahmefällen bis zu einigen Monaten betragen, weswegen man auch noch Monate nach der Rückkehr aus einem Risikogebiet genau auf etwaige Veränderungen des Körpers horchen muss.

Weitere **Informationen** über Malaria und Medikamente gibt es bei den Tropeninstituten und Apotheken vor Ort. Aktuelle Infos und v. a. eine sehr gute, verständliche Erklärung mit kleiner Computer-Animation zur Entwicklung der Krankheit im Körper ist bei 💻 www.fit-for-travel.de zu finden, Stichwort „Malaria-Zyklus" auf der Malaria-Seite. Hier gibt es auch einen Link zu reisemedizinisch ausgebildeten Ärzten.

Auch ohne Malaria kann ein **Moskitostich** unangenehm sein, weswegen lindernde Präparate mit ins Gepäck sollten. Sehr gut hat sich Aloe-Vera-Gel bewährt, das schmerzlindernd und kühlend bei sämtlichen Stichen wirkt und zudem wunderbar bei Verbrennungen hilft.

Schlafkrankheit

In manchen Nationalparks (Serengeti, Tarangire u. a.) kann es zu einer Infektion mit Erregern der afrikanischen Schlafkrankheit kommen. Die amerikanischen Centers for Disease Control and Prevention, 💻 www.cdc.gov, berichten, dass ein bis zwei amerikanische Touristen pro Jahr davon betroffen sind. Die Erreger der Schlafkrankheit sind Trypanosomen und werden von Tsetsefliegen, einer Bremsenart, durch Biss übertragen. Eine frühzeitige Behandlung der Schlafkrankheit (Trypanosomiasis) mit Medikamenten ist anzustreben, um einen Befall des Zentralnervensystems zu verhindern. Allerdings sind die Fälle von Schlafkrankheit bei Menschen extrem selten. Doch allein schon weil der Biss der Tsetsefliege schmerzhaft ist, sollte man ihn unbedingt vermeiden. Dabei helfen ausreichend Anti-Mücken-Lotion und helle Kleidung. Schwarze oder grellbunte Kleidung nämlich zieht die Bremsen an.

Sonne

Die Sonne ist Balsam für die Seele – aber schädlich für die Haut. Eine Viertelstunde ohne Schutz in der prallen Sonne kann für einen schweren **Sonnenbrand** ausreichen. Selbst bei bedecktem Himmel ist die Sonneneinstrahlung unglaublich intensiv. Viele Reisende treffen nur am Strand und bei strahlender Sonne Vorkehrungen (Sonnencreme, Sonnenbrillen, eventuell Baseball-Kappe oder Hut) gegen Sonnenbrand und Hitzschlag, doch dies ist auch auf Safaris und bei wolkenbedecktem Himmel unbedingt notwendig. Wer empfindliche Haut hat, trägt am besten langärmelige Hemden und lange Hosen. In der Mittagszeit, wenn die Sonneneinstrahlung am intensivsten ist, hält man sich nach Möglichkeit im Schatten auf. Zudem muss **ausreichend Flüssigkeit**, am besten Wasser, getrunken werden.

Erschöpfungszustände bei Hitze äußern sich durch Kopfschmerzen, Übelkeit, Benommenheit und erhöhte Temperatur. Um die Symptome zu lindern, sollte man unbedingt den Schatten aufsuchen und genügend Flüssigkeit zu sich nehmen. Erbrechen und Orientierungslosigkeit können auf einen **Hitzschlag** hinweisen, der potenziell lebensbedrohlich sein kann.

Thrombose

Aufgrund des Bewegungsmangels, z. B. bei langen Flugreisen oder stundenlangen Safaris im Fahrzeug, verringert sich der Blutfluss im Körper, vor allem in den Beinen. Dadurch kann es zur Bildung von **Blutgerinnseln** kommen, die, wenn sie sich von der Gefäßwand lösen und durch den Körper wandern, eine akute Gefahr darstellen (z. B. Lungenembolie). Gefährdet sind vor allem Personen mit Venenerkrankungen oder Übergewicht, aber auch ältere Personen, Schwangere, Raucher oder Frauen, die die Pille nehmen.

Optimal vorbeugend wirken Thrombosestrümpfe oder preisgünstigere Stützstrümpfe, die in Apotheken oder Orthopädie-Fachgeschäften erhältlich sind. Besteht ein erhöhtes Thrombose-Risiko, kann (nach Absprache mit dem Hausarzt) die Verabreichung einer Enoxaparinspritze (niedrigmolekulares Heparin) erforderlich sein. Am allerwichtigsten sind jedoch Bewegung (kreisende Fußbewegungen und Fußwippen auch im Sitzen sowie Aufstehen, Pausen zum Füße vertreten, kleine Spaziergänge im Flugzeug) und reichliches Trinken, wobei auf Alkohol und Koffein möglichst verzichtet werden sollte, da beides dem Körper Flüssigkeit entzieht.

Tollwut

Wo streunende oder auch verendete Hunde zu sehen sind, ist Vorsicht geboten. Wer von einem Hund, einer Katze oder einem Affen gekratzt oder gebissen wird, muss sich sofort impfen lassen, da eine Infektion sonst tödlich endet. Eine vorbeugende Impfung ist sehr teuer und nur bei längerem Aufenthalt oder besonderer Exposition (intensiver Kontakt mit Tieren usw.) ratsam.

Typhus / Paratyphus

Typhus ist eine Salmonellenerkrankung, die durch die Einnahme verunreinigter und infizierter Lebensmittel oder Wasser verursacht wird. Typische Symptome sind mehr als sieben Tage hohes Fieber in Verbindung mit einem eher langsamen Puls und Benommenheit. Die Übertragung erfolgt ausschließlich über Lebensmittel und am ehesten in ländlichen, abgeschiedenen Gegenden. Insbesondere Rucksack- und Low-Budget-Reisende, aber auch Entwicklungshelfer, Praktikanten oder Freiwillige können damit konfrontiert sein. Entlang der Touristenpfade ist das Risiko jedoch als gering einzustufen.

Wilde Tiere

Afrikas Tierwelt ist wahrhaft faszinierend – und stellt an sich kein Gesundheitsrisiko dar. Erst der Mensch verursacht durch sein Verhalten Reaktionen, die lebensgefährlich werden können. Immer wieder passieren tödliche Unfälle, verursacht von leichtfertigen Touristen, die sich fälschlicherweise im Zoo wähnen und meinen, die Tiere müssten sich ähnlich rational wie in *König der Löwen* verhalten. Doch die meisten Unterkünfte, besonders jene in den Nationalparks, liegen in freier Natur, mitten im wilden und ungezähmten Busch Tansanias. Man sollte diesem Umstand Rechnung tragen und sich defensiv und umsichtig verhalten (S. 86). Wer seinen gesunden Menschenverstand walten lässt und auf die innere Stimme hört, wird die Tierwelt uneingeschränkt genießen können.

Wundheilung

Unbedingte Vorsicht ist im feucht-schwülen Klima bei Wunden geboten. Ob es sich nun um einen kleinen, aufgekratzten Insektenstich oder eine Blase an den Füßen handelt – die Wundheilung ist aufgrund der hohen Luftfeuchtigkeit (und oft auch durch die relative Höhe und den dadurch geringeren Anteil an Sauerstoff in der Luft) beeinträchtigt.

Wichtig ist, dass jede noch so kleine Wunde sauber gehalten, desinfiziert und ggf. mit Pflaster geschützt wird. Sollte nach zwei- oder dreitägiger Wundversorgung keine sichtbare Besserung eintreten, muss die Wunde medikamentös behandelt werden. Von zu Hause mitgebrachte Antibiotika-Salben oder Breitband-Antibiotika unterstützen den Heilungsprozess. Antibiotika wie z. B. Augmentin® sind im Normalfall auch in gut sortierten Apotheken *(duka la dawa, dispensary)* erhältlich. Nicht verheilende Blasen beispielsweise machen für viele Bergsteiger die Kilimanjaro-Besteigung zur Tortur.

Bücher

In den letzten Jahren kam es in puncto Afrikaliteratur zu einer regelrechten Inflation an Neuerscheinungen, die besonders seit Veröffentlichung der *Weißen Maasai* teils aberwitzige Blüten treibt. Nahezu jeder scheint sein Herz an und in Afrika verlieren zu wollen (und schlimmer noch: das Bedürfnis zu haben, darüber zu schreiben).

Belletristik

Muhammed Said Abdullah, *Der Geisterwald der Ahnen* (2010) und *Der Brunnen von Giningi* (2012), beide im Kalamu Verlag Berlin. Eine von ganz wenigen deutschen Übersetzungen tansanischer Literatur als Hörbuch. Der Detektiv Bwana Msa löst mysteriöse Rätsel auf Sansibar.

Alex Capus, *Eine Frage der Zeit* (Knaus 2007). Historischer Roman über drei Männer, die 1913 ein Schiff von Deutschland an den Lake Tanganyika schaffen und sich im gewalttätigen kolonialen Deutsch-Ostafrika zurechtfinden müssen. Dieses Schiff, die ehemalige *Graf von Götzen*, versieht heute noch ihren Dienst (als *MV Liemba*).

Ernest Hemingway, *Schnee auf dem Kilimandscharo* (Rowohlt 2006). Einer der vielen Schriftsteller, die der Faszination Afrikas erlagen. In diesem Klassiker versucht ein sterbender Schriftsteller am Fuße des Kilimanjaro mit seinem Leben ins Reine zu kommen.

Aniceti Kitereza, *Die Kinder der Regenmacher* (Hammer 2004). Diese zweiteilige tansanische Familiensaga (Teil 1: *Die Ehe*, Teil 2: *Die Familie*) beschreibt in bildhafter, afrikanischer Erzähltradition das Leben in Tansania vor 100 Jahren.

Henning Mankell, *Der Chronist der Winde* (dtv 2002). Obwohl die Geschichte in Maputo (Mosambik) spielt, könnte der Straßenjunge Nelio, der im Sterben liegt und sein Leben Revue passieren lässt, überall in Afrika zu Hause sein. Henning Mankell hat zeitweise in Mosambik gelebt und weitere Bücher mit Afrika-Bezug veröffentlicht.

Ilija Trojanow, *Der Weltensammler* (dtv 2007). Hoch gelobter, historisch belegter Abenteuerroman über das Leben des britischen Kolonialoffiziers und Exzentrikers Richard Burton, der viel lieber die Sprache des Landes, in dem er sich gerade befindet, lernt, als fremden Kulturen die britische Tea Time nahezubringen. Der Roman führt ihn von Indien nach Mekka und schließlich nach Ostafrika.

Hermann Schulz, *Mandela & Nelson – das Länderspiel* (Carlsen 2010) und *Mandela & Nelson – das Rückspiel* (Aladin 2013). Unterhaltsame Fußballgeschichten über Nelson und seine Schwester Mandela, die in Bagamoyo leben. Ist zwar als Jugendbuch konzipiert, aber auch für Erwachsene erquicklich zu lesen. Der Tansania-Kenner Hermann Schulz hat zahlreiche weitere Romane mit Tansania-Bezug geschrieben.

Geschichte

Auf nach Afrika! Stanley, Livingstone und die Suche nach den Quellen des Nils, Martin Dugard (Piper Verlag 2005). Die Geschichte der Reise von Henry Morton Stanley, einem jungen Journalisten auf der Suche nach Ruhm und Geld, der den alternden Afrika-Forscher Livingstone in Tansania auffindet, wird detailliert nachgezeichnet.

Der Maji-Maji-Krieg in Deutsch-Ostafrika (1905–1907), Felicitas Becker (Links 2005). Historisch fundierte Abhandlung einer Epoche, die die Entwicklung Tansanias nachhaltig geprägt hat.

Deutsche Spuren in Ostafrika, Rolf Hasse (Eigenverlag, Augsburg 2012). Rolf Hasse gilt als größter Experte deutscher Kolonialarchitektur und hat bereits sein zweites Buch über Kolonialgeschichte und -architektur in Tansania veröffentlicht.

Kilimandscharo: Die deutsche Geschichte eines afrikanischen Berges, Christof Hamann und Alexander Honold (Verlag Klaus Wagenbach 2011). Geschichtliche Aufarbeitung des Kaiser-Wilhelm-Spitz, wie der Kilimanjaro zur deutschen Kolonialzeit hieß, von Anbeginn der europäischen Erkundung bis heute.

Leben im Sultanspalast. Memoiren aus dem 19. Jahrhundert, Emily Ruete (Europäische Verlagsanstalt 2007). Leicht bearbeitete Neuausgabe des Buches *Memoiren einer arabischen*

Prinzessin von 1886. Die gebürtige Prinzessin Salme (S. 268) von Oman und Sansibar übersiedelte der Liebe wegen nach Deutschland und heiratete den Kaufmann Heinrich Ruete. Sie erzählt über das Leben im Luxus am Hof, über die Intrigen und ihre Flucht. Bemerkenswerterweise wurde das Original in deutscher Sprache verfasst.

Sansibar und die Deutschen, Heinz Schneppen (LIT Verlag 2006). Ein Kenner der Zusammenhänge zwischen deutscher und sansibarischer Geschichte, Politik und Gesellschaft zeichnet ein unbekanntes Bild des gegenseitigen Verhältnisses und fördert neue Erkenntnisse zutage.

Politik und Gesellschaft

Ach, Afrika. Berichte aus dem Inneren eines Kontinents, Bartholomäus Grill (Goldmann 2005). Der ZEIT-Journalist versucht mit berufstypischer Neugier die unverblümten Fakten mit seiner Begeisterung für Afrika zu einem Gesamtbild zu verschmelzen, das sowohl der bisweilen grausamen Realität als auch den Emotionen, die Afrika weckt, gerecht wird. Weniger wissenschaftlich als die Schriften von Peter Scholl-Latour, daher auch flotter zu lesen.

Afrika wird armregiert oder Wie man Afrika wirklich helfen kann, Volker Seitz (dtv premium 2009). Volker Seitz, seit 1965 tief mit Afrika verbunden, zeigt auf, dass der viel zitierte Kolonialismus nicht allein für den desolaten Zustand der afrikanischen Staaten verantwortlich ist. Als Insider nennt er die Dinge unverblümt beim Namen.

Afrikanische Totenklage. Der Ausverkauf des Schwarzen Kontinents, Peter Scholl-Latour (Goldmann 2003). Keine Fiktion, sondern ausschließlich Tatsachen schildert der deutsche Journalist, der seit 50 Jahren den Kontinent bereist, große Staatsmänner getroffen und ein immenses Wissen über Afrika zusammengetragen hat. Manchmal allerdings ist das Buch zu kopf- und faktenlastig.

Afrikanisches Fieber. Erfahrungen aus vierzig Jahren, Ryszard Kapuscinski (Piper 2001). Vielleicht eine der liebenswertesten Politschriften über Afrika. Der 2007 verstorbene, legendäre polnische Journalist Kapuscinski zeichnet anhand von politischen Ereignissen und persönlichen Erlebnissen ein akkurates, realistisches und auch sehr warmherziges Bild Afrikas, das das Wesen des „schwarzen Kontinents" erfasst.

Der Löwe im Keller des Palastes. Ostafrikanische Erfahrungen, Michael Bitala (Picus 2003). Der Afrika-Korrespondent der *Süddeutschen Zeitung* malt ein freundliches, lebensfrohes Bild vom Alltag der Menschen in der chaotischen Welt Ostafrikas.

Jenseits von Amerika. Eine Konfrontation mit Afrika, dem Land meiner Vorfahren, Keith Richburg (Ullstein 1999). Eine interessante Annäherung an das Thema Afrika, denn der Autor Richburg, ein afroamerikanischer Journalist, der im Auftrag der *Washington Post* als Auslandskorrespondent in Nairobi lebt, darf Dinge beim Namen nennen, über die weiße Journalisten oder Autoren besser schweigen.

Kulturschock Tansania, Daniela Eiletz-Kaube (Reise Know-How Verlag, 2014). Der Kulturführer will Brücken schlagen zwischen den Realitäten vor Ort und den Erwartungshaltungen der westlichen Besucher und behandelt alle Themen, die

Filme

Sich mit bewegten Bildern auf den Tansania-Urlaub einstimmen (oder ihn ausklingen lassen) kann man am besten mit folgenden Filmen:

- **Serengeti darf nicht sterben**, der Klassiker von Bernhard Grzimek, dem wohl verdienstvollsten Naturschützer Tansanias.
- **Circle of Life** (über die Große Migration), **Serengeti** und andere Filme des Dokumentarfilmers Hugo von Lawick, der viele Jahre in Tansania gelebt hat.
- **Serengeti** von Reinhard Radke zeigt wunderschöne Bilder der einzigartigen Großen Migration.
- **Das Geheimnis der Flamingos** von den Disney-Filmstudios – wunderbare Bilder, aber teilweise etwas geschönt, um kinderfreundlich zu bleiben.

ANHANG

Tansania ausmachen – ein Kompass für all jene, die Tansania besser verstehen wollen.

Reisebericht eines T-Shirts. Ein Alltagsprodukt erklärt die Weltwirtschaft, Pietra Rivoli (Econ 2006). In ihrer ebenso kurzweiligen wie einfühlsamen Reportage bricht die Washingtoner Wirtschaftsprofessorin mit einigen Mythen der Globalisierung. Sie schaut auf die Menschen hinter den Tauschprozessen, die kaum den Namen „Markt" verdienen. Das Urmodell des freien Unternehmertums findet sie schließlich in Tansania: auf den Märkten für Secondhandkleidung *(mitumba)*.

Kunst und Kultur

George Lilanga: African Collection Vol. 1., Enrico Mascelloni (Skira 2006). Taschenbuch über einen der bedeutendsten zeitgenössischen Künstler Tansanias.

Tanzania. Meisterwerke afrikanischer Skulptur, Jens Jahn (Haus der Kulturen der Welt, Berlin 1994). Monumentales Werk über die Bildhauerkunst in Tansania.

Natur und Naturschutz

Ich war ein Gepard. Zu Gast bei einer wildlebenden Gepardenfamilie in der Serengeti, Matto Barfuss (Edel Verlag 2004). Unglaublich, aber wahr: Matto Barfuss hat 25 Wochen bei und mit den Geparden in der Serengeti gelebt und ein einfühlsames, sensationelles Porträt der eleganten Tiere geschaffen.

Kilimandscharo. Der weiße Berg Afrikas, P. Werner Lange (As Verlag 2011). Bildband über den Kilimanjaro, garniert mit historischen Abhandlungen, persönlichen Erfahrungen und atemberaubenden Fotos. Vom Autor existieren weitere Kilimanjaro-Sachbücher und -Bildbände.

Mein Traum von Afrika, Carlo Mari (Frederking & Thaler 2003). Fantastischer Tansania- und Kenia-Bildband des Mode- und Unterwasserfotografen Carlo Mari, der als einer der eindrucksvollsten Naturfotografen Afrikas gilt.

Tanzania – Portrait of a Nation, Paul Joynson-Hicks (Quiller Press 2001). Der in Tansania lebende Fotograf zeichnet ein farbenprächtiges und spektakuläres Bild der unbekannten Vielfalt Tansanias, ohne sich dabei in den so beliebten Klischees zu verlieren. Englisch.

Wunderwelt Serengeti, Robyn Stewart (Moewig 2004). Wunderbare Bilder der Großen Migration in der Serengeti.

Tierbestimmungsbücher

Tierbestimmungsbücher für den Naturraum Ostafrika sind immer zu bevorzugen, denn dessen Tierwelt unterscheidet sich von jener Südafrikas.

Birds of Eastern Africa (2009 neu aufgelegt) und **Larger Mammals of Africa** (Collins Field Guides). Die *Collins Field Guides* sind noch immer die besten Tierbestimmungsbücher für Ostafrika, allerdings leider nur in englischer Sprache erhältlich. Umfassende Informationen und detailreiche Zeichnungen aller Tiere in Ostafrika. Ein Muss für jeden, der Safaris liebt. Die englischsprachigen Tierbestimmungsbücher aus dem südafrikanischen Verlag Struik Publishers und die britischen Princton Pocket Guides sind ebenfalls empfehlenswert.

Reise- und Erfahrungsberichte

Eine Farm in Afrika. Wer stehend stirbt, lebt länger, Hardy Krüger (Lübbe 2003). Der Schauspieler Hardy Krüger ließ sich bei Dreharbeiten zu dem Film *Hatari* von der Landschaft Ostafrikas verzaubern und kaufte sich am Mount Meru eine Farm. Das Buch handelt von seinen Erfahrungen beim Aufbau der Farm, die er letztendlich wieder aufgeben muss.

In Afrika. Mythos und Alltag, Ilija Trojanow (Frederking & Thaler 2001). Behutsam nähert sich Trojanow den tansanischen Befindlichkeiten und erzählt über den ostafrikanischen Alltag.

Traumatische Tropen. Notizen aus meiner Lehmhütte, Nigel Barley (dtv 1997). Herrlich selbstironische und humorvolle Abrechnung mit dem selbstgerechten Selbstverständnis von Ethnologen, die ausziehen, um die „Wilden Afrikas" zu studieren. Unterhaltsam und ehrlich geschrieben. Beschreibt u. a., wie man in Afrika schon an der Ausstellung einer Stempelmarke scheitern kann.

Von Goetzen bis Liemba, Sarah Paulus, Rolf G. Wackenberg (Artissage 2013). Persönliche Eindrücke und Reiseerlebnisse von zwei Journalisten von einer Überfahrt über den Lake Tanganyika in der historischen *MV Liemba* (vormals *Graf von Goetzen*).

Sprachführer / Lehrbücher

Complete Swahili, Joan Russell (aus der Teach-Yourself-Reihe, Hodder Arnold 2010). Ein ausgezeichnetes Buch, um Swahili im Selbststudium zu erlernen – aber nur wer des Englischen mächtig ist.

Kauderwelsch, Kisuaheli Wort für Wort, Christoph Friedrich (Verlag Reise Know-How 2012). Ein leicht verständlicher, gut aufgebauter praktischer Sprachführer.

Index

ANHANG

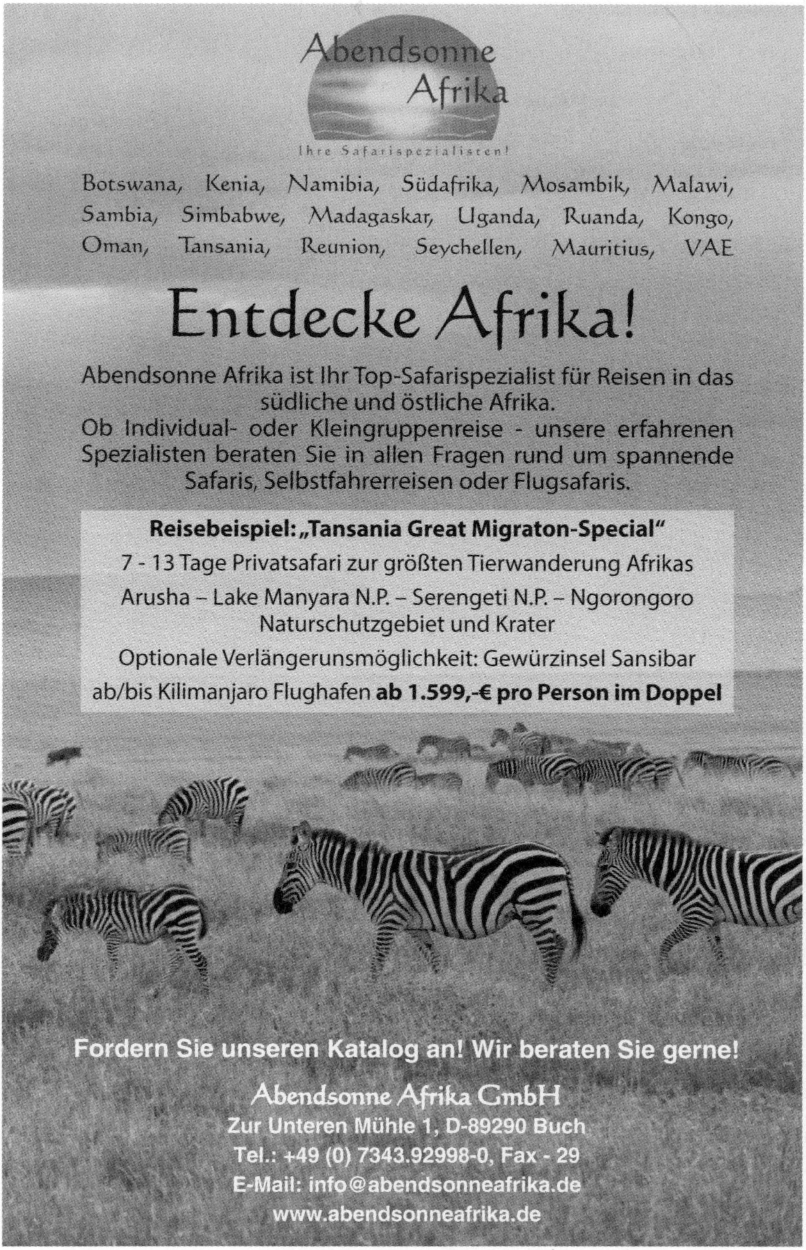
Abendsonne
Afrika
Ihre Safarispezialisten!
Botswana, Kenia, Namibia, Südafrika, Mosambik, Malawi, Sambia, Simbabwe, Madagaskar, Uganda, Ruanda, Kongo, Oman, Tansania, Reunion, Seychellen, Mauritius, VAE
Entdecke Afrika!
Abendsonne Afrika ist Ihr Top-Safarispezialist für Reisen in das südliche und östliche Afrika.
Ob Individual- oder Kleingruppenreise - unsere erfahrenen Spezialisten beraten Sie in allen Fragen rund um spannende Safaris, Selbstfahrerreisen oder Flugsafaris.
Reisebeispiel: „Tansania Great Migraton-Special"
7 - 13 Tage Privatsafari zur größten Tierwanderung Afrikas
Arusha – Lake Manyara N.P. – Serengeti N.P. – Ngorongoro Naturschutzgebiet und Krater
Optionale Verlängerunsmöglichkeit: Gewürzinsel Sansibar
ab/bis Kilimanjaro Flughafen ab 1.599,-€ pro Person im Doppel
Fordern Sie unseren Katalog an! Wir beraten Sie gerne!
Abendsonne Afrika GmbH
Zur Unteren Mühle 1, D-89290 Buch
Tel.: +49 (0) 7343.92998-0, Fax - 29
E-Mail: info@abendsonneafrika.de
www.abendsonneafrika.de

Tembo Kijani
Wo Strand und Safari...
... zu einem kleinen Stück Paradies verschmelzen, das einen atemberaubenden Sandstrand bietet und die Möglichkeit einen Eindruck von Tansanias einmaligen Naturwundern zu gewinnen ohne den Komfort eines erholsamen Urlaubs zu missen

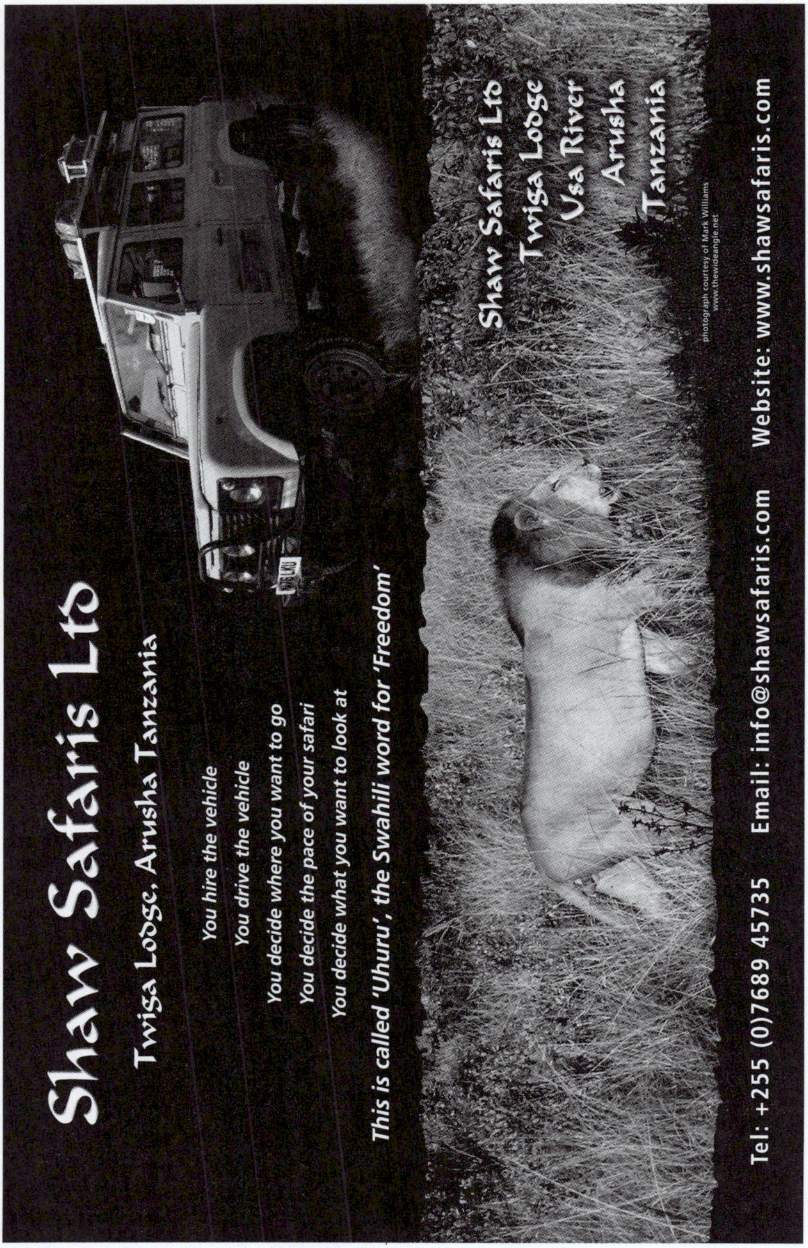
Shaw Safaris Ltd
Twiga Lodge, Arusha Tanzania
You hire the vehicle
You drive the vehicle
You decide where you want to go
You decide the pace of your safari
You decide what you want to look at
This is called 'Uhuru', the Swahili word for 'Freedom'
Shaw Safaris Ltd
Twiga Lodge
Usa River
Arusha
Tanzania
photograph courtesy of Mark Williams
www.thewideangle.net
Tel: +255 (0)7689 45735
Email: info@shawsafaris.com
Website: www.shawsafaris.com

Danksagung

So ein Konvolut an Informationen kann kaum aus eigener Kraft recherchiert werden, und ohne die selbstlose Hilfe vieler lieber Menschen wäre der vorliegende Reiseführer nicht möglich gewesen. Aus diesem Grund bedanken wir, die Autorin Daniela und der Fotograf Kurt, uns bei allen Menschen, die uns zur Seite gestanden sind:
Ingrid Vaes, Chris Piley, Frank Mlemwa, Brigitte und Ernst Grob, Roy Hinde, Peter Kerr, Nuria Panizo, Sabine Mlole, Marion Neidt und Herman Erdtsieck, Alexander und Sonja Berg, Sarah und Ejal Peled, Bwana Majura Songo, Rudi Stangl, Britta Meyer, Robert Waltenberg, Boris Marsh und Linda Johansson und vielen weiteren Menschen in Tansania sowie allen aufmerksamen Travellern, die uns laufend mit Updates und guten Tipps versorgen.

Bildnachweis

Umschlag

Titelfoto mauritius images/John Warburton-Lee; Löwen im Serengeti National Park
Umschlagklappe hinten Corbis/Strauss/Curtis; Ladenbesitzer auf Sansibar

Farbteil

S. 2 Kurt Kaube
S. 3 Kurt Kaube (oben)
Emayani Beach Lodge (unten)
S. 4 Drew Sutton@eco2.com (unten links)
One Ocean Diving (unten rechts)
S. 4/5 mauritius images/Alamy (oben)
S. 5 Drew Sutton@eco2.com (unten)
S. 6 Kurt Kaube
S. 7 Getty Images/Per Anders Petterson (oben)
mauritius images/Urs Flüeler (unten)
S. 8/9 Kurt Kaube
S. 10 Kurt Kaube (2)
S. 11 Kurt Kaube
S. 12 mauritius images/John Warburton-Lee (oben)
OKAPIA / NAS/Gregory G. Dimijian (unten)
S. 13 picture-alliance/NHPA/photoshot (oben)
Getty Images/Time & Life Pictures/Ovoworks (unten)
S. 14 Kurt Kaube (2)
S. 15 Authentic Tanzania (oben)
Wings Over The Wild Ltd. (unten links)
Kurt Kaube (unten rechts)
S. 16 Kurt Kaube

ANHANG

Schwarz-Weiß

alle Kurt Kaube, außer
Daniela Eiletz-Kaube S. 223, 485, 511
Drew Sutton @ eco2.com/Mikindani S. 231, 246
Louise Horsfall/Lake Shore Lodge S. 469

Safari-Guide

alle **Peter Pack,** außer
Getty Images/Danita Deliment S. 25 unten
Getty Images/Fuse S. 3 oben
Getty Images/Beverley Joubert S. 31 unten
LOOK-foto/age fotostock S. 25 oben
Renate Loose S. 9 oben (2), 13 oben (3), 15 2. Bild von unten, 17 oben/2. Bild von unten, 29 Mitte
OKAPIA/Jean-Louis Klein & Marie-uce Hubert S. 17 Mitte
OKAPIA/Joachim Moog S. 3 2. Bild von oben
OKAPIA/Nils Reinhard S. 3 oben

Impressum

Tansania
Stefan Loose Travel Handbücher
3., vollständig überarbeitete Auflage **2014**

Die in diesem Buch enthaltenen Angaben wurden von den Autoren nach bestem Wissen erstellt und vom Lektorat im Verlag mit großer Sorgfalt auf ihre Richtigkeit überprüft. Trotzdem sind, wie der Verlag nach dem Produkthaftungsrecht betonen muss, inhaltliche und sachliche Fehler nicht vollständig auszuschließen.
Deshalb erfolgen alle Angaben ohne Garantie des Verlags oder der Autoren. Der Verlag und die Autoren übernehmen keinerlei Verantwortung und Haftung für inhaltliche und sachliche Fehler.
Alle Landkarten und Stadtpläne in diesem Buch sind von den Autoren erstellt worden und werden ständig überarbeitet.

Gesamtredaktion und -herstellung
Bintang Buchservice GmbH
Zossener Str. 55/2, 10961 Berlin
www.bintang-berlin.de
Redaktion: Jessika Zollickhofer
Karten: Klaus Schindler
Grafisches Konzept: Groschwitz, Hamburg
Layout und Herstellung: Gritta Deutschmann
Farbseitengestaltung: Anja Linda Dicke, Anja Krapat

Printed in China

Kartenverzeichnis

Safari Guide

Südliches und östliches Afrika

Senegalgalago – (lesser bush baby)
Galago senegalensis
Es gibt neun Arten von Galagos, auch im Deutschen oft „Buschbabys" genannt. Am häufigsten ist das Senegalgalago oder Steppengalago. Die nur 30–40 cm großen Tiere haben bis zu 25 cm lange Schwänze und ein graubraunes, wolliges Fell. Die verhältnismäßig großen, runden Ohren sind erstaunlich beweglich. Einzigartig sind die großen Kulleraugen und die kleine, spitze Schnauze. Senegalgalagos bevorzugen waldige Biotope, am Boden sieht man sie eher selten. Durch ihre stark entwickelten Hinterbeine können sie hervorragend springen.
Die geselligen Tiere sind ausschließlich nachtaktiv. Tagsüber schlafen sie in einem Nest aus Blättern oder in Baumlöchern. Sie ernähren sich von Baumharz, Früchten und Insekten.

Riesengalago – (greater bush baby)
Galago crassicaudatus
Die Riesengalagos sehen mit ihren großen, runden Ohren und den riesigen Augen den Senegalgalagos ähnlich, sind jedoch mit einer Körpergröße von 70–80 cm und einer Schwanzlänge von 35–45 cm wesentlich größer. Sie weisen ein katzenähnliches Erscheinungsbild auf, die Hüfte ist allerdings deutlich höher als die Schulter. Der lange Schwanz wird meist horizontal gehalten. Auch Riesengalagos sind ausschließlich nachtaktiv, halten sich aber im Gegensatz zu den Senegalgalagos eher am Boden auf und sind dadurch viel häufiger zu sehen. Auch sie fressen Baumharz, Früchte und Insekten; größere Tiere wie Reptilien und Vögel gehören ebenfalls zu ihrem Speiseplan. Ihr lauter Ruf erinnert an ein schreiendes Baby.

Bärenpavian – (chacma baboon)
Papio cynocephalus ursinus
Die viertgrößten Primaten Afrikas, die Paviane, sind weit verbreitet und häufig zu sehen. Im südlichen Afrika lebt der Bärenpavian, in Ostafrika der Webbipavian (yellow baboon) *Papio c. cynocephalus* und in Zentralafrika der Grüne Pavian (olive baboon) *Papio c. anubis*. Alle Pavianarten weisen ein ähnliches Aussehen und Verhalten auf. Erwachsene Männchen wiegen bis zu 32 kg und haben eine Schulterhöhe von bis zu 75 cm. Von anderen Affen unterscheiden sie sich durch die hundeähnliche Nase und die kleinen, nackten Ohren. Das Gebiss besteht aus messerscharfen, bis zu 5 cm langen Reißzähnen. Typisches Merkmal sind der abgeknickte Schwanz und das nackte Hinterteil, das sich bei weiblichen Tieren in der Brunft rot färbt. Paviane sind immer in Gruppen anzutreffen, die mitunter mehr als 100 Tiere zählen. Die Großfamilien werden von einem dominanten Männchen beherrscht, nur dieses paart sich mit den empfängnisbereiten Weibchen. Während der „Herrscher" sich meist in der Mitte der Gruppe befindet, umringt von den Weibchen mit ihren Jungen, halten sich die untergeordneten Männchen und die Weibchen ohne Jungen am Rande der Gruppe auf. Paviane können einen ohrenbetäubenden Lärm veranstalten. Das charakteristische „bochum" ist ein ganz auffälliger Laut im afrikanischen Busch.
Paviane sind klassische Allesfresser: Pflanzen aller Art, Skorpione, Schlangen, Vögel, Hasen und sogar kleine Antilopen werden gern genommen. Die Lebenserwartung liegt bei 30 Jahren. Die Pavianbestände gelten als gesichert, obwohl die Tiere wegen ihres zerstörerischen Verhaltens in allen Ackerbaugebieten sehr stark bekämpft werden.

Grüne Meerkatze – (vervet monkey)
Cercopithecus aethiops
Die kleinen Äffchen sind v.a. in Baumsavannen anzutreffen. Das gelbgraue Fell variiert je nach Region ein wenig im Farbton. Charakteristisch ist die dunkle Gesichtsmaske, die von einem Ring weißer Haare umrandet ist. Männchen haben einen grell-blauen Hodensack. Meerkatzen sind tagaktiv und ziehen sich bei Nacht in Bäume oder Felsen zurück. Pflanzen stellen den Großteil der Nahrung, ergänzt durch Insekten und Eier. Die Meerkatzen-Gemeinschaft besteht aus etwa 30 Tieren. Untereinander verständigen sie sich mit 36 verschiedenen Lauten, von denen sechs Alarmrufe sind. Sie fallen durch ihr dreistes Verhalten auf und können zur regelrechten Plage werden.

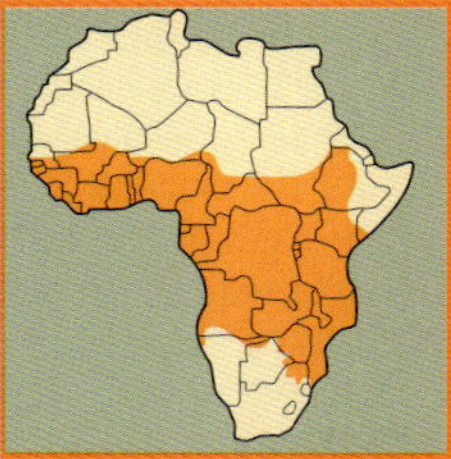

P.c. papio (Guinea)
Papio cynocephalus anubis
Überschneidungsgebiet
P.c. cynocephalus
Überschneidungsgebiet
P.c. ursinus

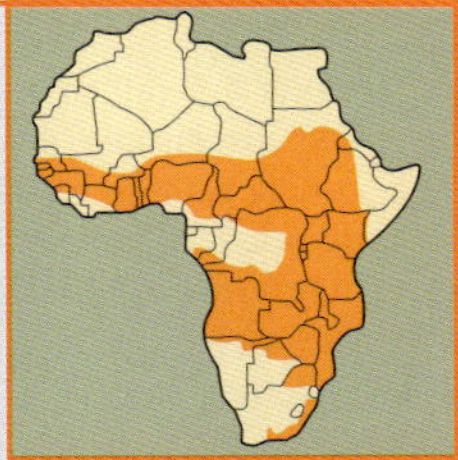

Bergzebra – (mountain zebra)
Equus zebra hartmannae und *Equus zebra zebra*
Am eindeutigsten sind die Bergzebras an der vom Hals hängenden Wamme (Hautfalte) von den anderen Zebras zu unterscheiden. Das markante schwarzweiße Streifenmuster geht bis zu den Hufen und weist keine Schattenstreifen auf. Der Bauch ist weiß und an der Schwanzwurzel haben sie ein deutliches, quer gestreiftes Muster. Sie leben in kleinen Herden, bestehend aus einem Hengst mit vier bis fünf Stuten und ihren Fohlen. Im Gegensatz zu den Steppenzebras meiden sie andere Tiere. Das Hartmannzebra ist etwas größer als das Kap-Bergzebra. Sie bevorzugen bergiges, meist trockenes Gelände. Zur Rettung der Kap-Bergzebras wurde 1937 bei Cradock, Südafrika, ein Park geschaffen. Es waren nur noch sechs Hengste und sieben Stuten übrig geblieben. Inzwischen gibt es wieder ca. 750 Tiere, dennoch ist das Überleben dieser Art nicht gesichert. Zum Schutz der Hartmannzebras wurde in Namibia der Naukluft Park eingerichtet. Trotzdem ist die Zahl von ca. 17 000 Hartmannzebras 1972 auf derzeit nur noch ca. 7000 gesunken.

Grevys-Zebra – (Grevy's Zebra)
Equus grevyi
Grevys sind die größten Zebras mit einem Gewicht von bis zu 430 kg bei einer Schulterhöhe von 1,50 m. Sie haben schwarze, sehr schmale Streifen auf dem weißem Körper, entlang der Wirbelsäule verläuft vom Nacken bis zum Schwanz ein schwarzer und daneben je ein weißer Streifen. Sie weisen keine Schattenstreifen auf. Die Bauchunterseite ist weiß, die Beine sind sehr dicht bis zu den Hufen gestreift. Der Kopf ist groß mit maultierähnlichen langen Ohren. Die Hengste markieren ihr Gebiet, das sie gegen andere Hengste verteidigen, mit Dunghaufen; Stuten mit ihren Fohlen dürfen jedoch hindurch ziehen. Grevys durchstreifen riesige Gebiete von bis zu 10 000 km^2, sie überstehen Trockenheiten dadurch besser als Steppenzebras.
In Kenya leben noch ungefähr 4000 Tiere und in Äthiopien noch 1500. Seit 1960 wurde der Bestand um 90 % reduziert. Unter den heutigen Bedingungen werden diese Zebras in spätestens 50 Jahren ausgestorben sein.

Steppenzebra – (Burchell's zebra)
Equus burchelli
Es gab sieben Unterarten der Steppenzebras, auch Burchell-Zebra genannt. Eine davon, *E.b. burchelli*, ist bereits ausgestorben, von den anderen seien hier nur die bekannteren erwähnt:
Das Grants-Zebra lebt in Ostafrika und in West-Zambia am Zambezi; das Crawshays-Zebra in Nord-Mosambik, Malawi und Ost-Zambia; das Chapmans-Zebra in Süd-Mosambik und das Damara-Zebra in Namibia und Südafrika. Die Musterungen sind sehr verschieden. Alle Steppenzebras haben breite schwarze Streifen auf dem weißen Körper, oft mit helleren Schattenstreifen dazwischen. Die Ausprägung dieser Schatten ist beim im Süden vorkommenden Damara-Zebra sehr deutlich, nimmt nach Norden ab und das am nördlichsten lebende Grants-Zebra hat gar keine Schattenstreifen. Die Streifenmuster sind vielfältig und gehen, anders als beispielsweise bei den Bergzebras, bis unter den Bauch. In der langen, aufrechten Mähne setzt sich das Streifenmuster des Halses fort. Auch wenn die Zahl der Steppenzebras auf über 700 000 geschätzt wird, sind sie extrem bedroht, denn noch immer gelten die Grasfresser als Konkurrenten der Rinder. Sie leben in kleinen Familienverbänden, die sich zu lockeren Herden mit einigen tausend Tieren zusammenschließen. Zebras sind relativ standorttreu, ihre Migrationen sind von den Futterbedingungen abhängig. Ausnahmen bilden die großen saisonalen Wanderungen wie z.B. im Serengeti-Ngorongoro-Masai Mara-Gebiet.
Der bellende, heisere „kwa-ha-ha"-Ruf ist eines der unverwechselbaren Geräusche der afrikanischen Savanne. Zebras sind eine beliebte Beute vieler Raubtiere, besonders von Löwen. Sie bevorzugen langes Gras und brauchen täglich Wasser, weshalb sie sich nur max. 15 km von Wasserstellen entfernen.

Equus zebra hartmannae
Equus zebra zebra

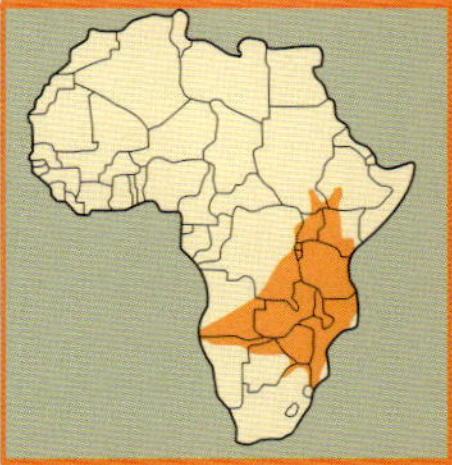

Spitzmaulnashorn „Schwarzes" Nashorn (hooked-lipped rhionoceros, black rhino)
Diceros bicornis
Das Spitzmaulnashorn wird bei einer Schulterhöhe von 1,60 m (nur) etwa 1100 kg schwer. Es hat einen verhältnismäßig gedrungenen Schädel mit zwei tief aufgesetzten Hörnern, wobei das vordere gewöhnlich länger und stärker ist und bis zu 1,20 m lang werden kann. Die Hörner bestehen aus dicht gepressten Haaren und sind mit der Haut verwachsen, nicht mit dem Knochen, wie sonst bei Hornträgern üblich. Nur an der Schwanzspitze und an der Ohrspitze haben sie kleine, schwarze Haarbüschel. Die namensgebende fingerförmige Oberlippe wird sehr geschickt eingesetzt, um Zweige und junge Triebe abzuzupfen und ins Maul zu schieben, um sie dann mit den Backenzähnen abzubeißen. Aufgrund ihrer Äsungsgewohnheiten sind die Schwarzen Nashörner selten in offenen Grasgebieten, sondern eher in Buschland anzutreffen. Sie brauchen regelmäßig Wasser, können aber in ariden Gebieten bis zu fünf Tage ohne Wasser überleben. Sie leben solitär, Gruppen sind nur selten nachts an Wasserlöchern, wie z.B. bei Okaukuejo in Etosha, zu sehen. Bullen und Kühe kommen nur kurz zur Paarung, unabhängig von der Jahreszeit, zusammen. Ein einzelnes Kalb wird nach einer Tragezeit von 15 Monaten geboren. Das Kalb bleibt bis zu vier Jahre lang bei der Mutter und läuft immer neben ihr her. Das Schwarze Nashorn gilt als sehr aggressiv.
Um 1900 lebten noch ungefähr eine Million dieser einmaligen afrikanischen Tiere, 1984 gab es noch 9000, und heute sind es gerade mal 2000. Diese führen eine behütete Existenz in Parks, überwacht von Satellitenortungssystemen und privaten bewaffneten Wildhütern. Ausschließlich im Nordwesten Namibias zieht noch eine winzige Gruppe durch die freie Natur, auch diese wird von Wildhütern betreut. Die Nashörner werden wegen ihres begehrten Horns gejagt. Doch da inzwischen ein lebendes Nashorn fast ebenso viel wert ist wie das Horn, werden nun Gelder für Schutzmaßnahmen bewilligt.

Breitmaulnashorn „Weißes" Nashorn (square-lipped rhinoceros, white rhino)
Ceratotherium simum
Die auch Breitlippennashörner genannten Tiere werden bei einer Schulterhöhe von 1,60 m bis zu 2300 kg schwer – sind also wesentlich massiger als die Schwarzen. Sie haben zwei Nas-Hörner, wobei das vordere länger und stärker ist. Die Rekordlänge für das vordere Horn beträgt stolze 1,58 m. Sie haben große, spitze Ohren, ein breites, fast rechteckiges Maul und einen auffallenden Nackenhöcker. Der große Kopf wird nur wenige Zentimeter über dem Boden getragen. Breitmaulnashörner bevorzugen offene Flächen, benötigen aber immer Schatten spendenden Busch sowie Wasser zum Trinken und Suhlen in der Nähe. Die geselligen Tiere sind meist in kleinen Grüppchen zu sehen. Bullen markieren ihr Gebiet mit Dung, verteidigen es gegen Eindringlinge und kämpfen um die Kühe. Nach einer Tragezeit von 16 Monaten wird ein 40 kg schweres Kalb geboren, das immer vor der Mutter läuft. Weiße und Schwarze Nashörner besitzen ein schlechtes Sehvermögen, dafür einen guten Geruchssinn und ein gutes Gehör. Weil sie Gefahr nur lokalisieren, aber nicht sehen können, greifen sie sofort an.
Eine mögliche Erklärung für den Namen „Weißes" Nashorn ist eine falsche Übersetzung aus dem Afrikaans: *wyde* („breit") ins Englische white. Konsequenterweise wurde das andere Nashorn dann Schwarz genannt, obwohl beide zweifelsfrei grau sind. Die Breitmaulnashörner, einstmals weit verbreitet und auf allen afrikanischen Grassavannen anzutreffen, findet man heute nur noch in Parks. Wegen der angeblichen Heilkraft und Potenz fördernden Wirkung des Horns wurden die Tiere skrupellos abgeschlachtet. 1897 wurden der Hluhluwe und der Umfolozi Park in Südafrika zur Erhaltung der letzten verbliebenen 50–100 Nashörner geschaffen. Heute gibt es wieder ca. 5000 Breitmaulnashörner, die meisten im Krüger Park.
Es existieren zwei Unterarten, neben dem südlichen C. s. simum gibt es das C. s. cottoni, dessen Bestand auf vermutlich nur 25 Exemplare im Garamba National Park im Kongo geschrumpft ist.

Warzenschwein – (warthog)
Phacochoerus aethiopicus
Warzenschweine haben eine graue, lederige Haut, die am Rücken und Nacken mit Borsten versehen ist. Der Kopf ist kantig. Die Eckzähne sind nach oben gebogen und entwickeln sich, vor allem beim Eber (Keiler), zu beeindruckenden Hauern. Eber haben zwei Warzenpaare im Gesicht, Säue (Bachen) hingegen nur eines. Der dünne Schwanz mit dem Haarbüschel am Ende stellt sich auf der Flucht nach oben auf. Warzenschweine ernähren sich von Früchten und Wurzeln, die sie mit ihrer flachen, spatenähnlichen Schnauze ausgraben. Sie übernachten in Erdhöhlen, in die sich ausgewachsene Tiere rückwärts, mit dem Hinterteil voran, begeben, während die Jungen vorwärts hineinkriechen.

Flusspferd – (hippo)
Hippopotamus amphibius
Hippos haben einen dicken, kurzbeinigen Körper und können bis zu 1500 kg wiegen. Sie leben sowohl an Land als auch im Wasser. Am Tag liegen sie lieber im Wasser oder ruhen sich am schlammigen Flussufer aus. Nachts ziehen sie auf Nahrungssuche bis zu 30 km weit über das Land, denn sie benötigen pro Tag 60 kg Gras und Wasserpflanzen.
Hippos bewegen sich unter Wasser fort, indem sie sich vom Boden abstoßen und dann mit beträchtlicher Geschwindigkeit vorwärts gleiten. Ausgewachsene Tiere bleiben bis zu sechs Minuten unter Wasser, um Wasserpflanzen zu fressen. Das Kalb wird an Land geboren und kann bereits wenige Minuten nach der Geburt schwimmen. Hippos leben in Herden von ca. 15 Tieren mit einem Leitbullen, der das Territorium mit Urin und Exkrementen markiert. Dringen Fremde in das Territorium ein, werden die Tiere äußerst aggressiv. Es heißt nicht umsonst, dass dem Hippo mehr Menschen zum Opfer fallen als irgendeinem anderen afrikanischen Säugetier.

Giraffe – (giraffe)
Giraffa camelopardalis
Giraffen werden bis zu 5 m groß und 1200 kg schwer. Es gibt acht Unterarten, die drei bekanntesten sind die Kenianische und die Netzgiraffe in Ostafrika sowie die so genannte Südliche Giraffe. Giraffen bevorzugen offene Savannen mit Akazien und brauchen täglich Wasser.
Einer Giraffe beim Trinken zuzuschauen, ist ein besonderes Erlebnis: Erst spreizt sie behäbig die Vorderbeine, senkt dann den Kopf zum Wasser hinab und muss gegebenenfalls die Beine noch einknicken. Wie alle Wirbeltiere hat auch die Giraffe nur sieben Halswirbel. Ein ausgeklügeltes System mit Klappen in der Halsvene sorgt dafür, dass das riesige Herz das Blut bis in den Kopf hinaufpumpen kann. Beim Bücken ruht die Blutsäule auf einem schwammartigen, dem Gehirn vorgelagerten Organ, *Rete mirabile*.
Die wiederkäuenden Giraffen äsen fast ausschließlich Blätter (ca. 66 kg am Tag), die sie mit der 45 cm langen Zunge und den Lippen von den Ästen ziehen. Das 100 kg schwere Kalb wird im Stehen geboren – welch unsanfter Empfang. Einige Löwen haben sich darauf spezialisiert, Giraffen beim Trinken zu reißen.

Afrikanischer Büffel oder Kaffernbüffel
(African buffalo) – *Syncerus caffer*
Die rinderähnlichen Tiere erreichen eine Schulterhöhe von 1,40 m. Bullen wiegen bis zu 800 kg, Kühe nur 550 kg. Beide tragen ein wuchtiges, zweifach geschwungenes Gehörn. Büffel bilden riesige Herden und bevorzugen Grassavannen. Sie sind Wiederkäuer und können sowohl frisches als auch verdorrtes Gras verdauen. Obwohl Büffel im Allgemeinen friedfertig sind, werden sie sehr gefährlich, wenn sie Gefahr wittern oder verletzt sind. Werden sie in verwundetem Zustand verfolgt, machen sie einen Bogen und warten auf der eigenen Spur auf den Verfolger, um diesen mit gesenktem Haupt und hoher Geschwindigkeit anzugreifen. Büffel haben schon viele Jäger, auch Löwen, getötet. Meist sind sie jedoch das Opfer. Löwen reißen gern Büffelkälber, nur im Rudel wagen sie es, einen einzelnen, ausgewachsenen Büffel anzugreifen.

G.c. antiquorum
G.c.camelopardalis
G.c. reticulata
Giraffa c. rothschildi
G.c. tippelskirchi
G. carmelopardalis giraffa
G.c. thornicrofti
G.c. peralta

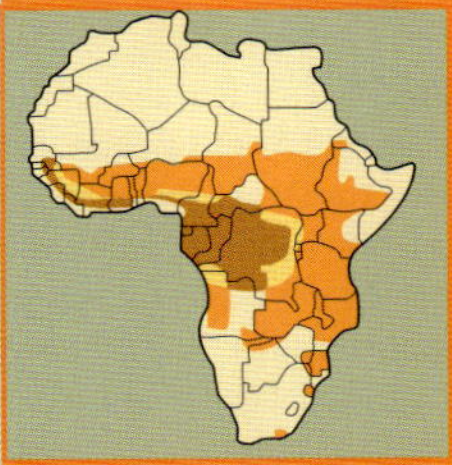

Syncerus caffer caffer
Syncerus caffer nanus
Überschneidungsgebiet

Elenantilope – (Eland)
Taurotragus (Tragelaphus) oryx
Die größte aller Antilopen kann bei einer Schulterhöhe von 1,70 m bis zu 700 kg wiegen. Beide Geschlechter tragen ein gerades, bis zu 60 cm langes Gehörn. Ältere Bullen haben eine vom Hals herabhängende Wamme (Hautfalte). Elands leben überwiegend in offenen Baumsavannen in Herden mit bis zu 60 Tieren, doch manchmal schließen sie sich zu großen Herden mit bis zu tausend Tieren zusammen. Beim Laufen geben sie ein markantes Klickgeräusch von sich, dessen Ursprung noch nicht genau erforscht wurde. Elands sind sehr gute Springer und können aus dem Stand mühelos über 2 m hohe Zäune springen.

Großer Kudu – (greater kudu)
Tragelaphus strepsiceros
Diese große, elegante Antilope (Schulterhöhe bis 1,50 m, Gewicht bis 250 kg) hat einen charakteristischen Höcker mit einer Mähne auf dem vorderen Rückgrat. Auf dem Rumpf sind 6–10 deutliche Streifen zu erkennen. Nur die Bullen tragen ein langes, spiralförmiges Gehörn mit einer Durchschnittslänge von 1,20 m, der Rekord liegt bei 1,816 m. Kühe bilden kleine Herden mit 3–8 Tieren, meist in Begleitung einiger Jungtiere und eines Bullen. Sofern sich die anderen Bullen nicht Junggesellenherden anschließen, ziehen sie allein umher. Kudus sind sehr wachsam, geben bei Gefahr einen Furcht einflößenden Warnruf von sich und flüchten mit hohen Sprüngen. Sie äsen an Büschen und Bäumen, fressen jedoch auch gern Mais und Luzerne.

Kleiner Kudu – (lesser kudu)
Tragelaphus imberbis
Diese elegante und schön anzusehende Antilope ist wesentlich kleiner (Schulterhöhe bis 1 m, Gewicht bis 100 kg) als der Große Kudu, wobei die weiblichen Tiere noch kleiner sind als die männlichen. Auf dem Rumpf sind deutlich 15 vertikale, weiße Streifen zu erkennen, am Hals zwei weiße Flecken. Nur die Bullen tragen ein spiralförmiges Gehörn mit einer Länge bis zu 75 cm. Kleine Kudus sind relativ standorttreu und leben meist allein oder als Pärchen, hin und wieder sind kleine Gruppen weiblicher Tiere mit ihren Jungen zu sehen. Sie sind überwiegend nachtaktiv und bevorzugen buschiges, trockenes Gelände, selten entfernen sie sich von schützender Deckung.

keine Abbildung

Sitatunga – (sitatunga)
Tragelaphus spekei
Diese besonderen Antilopen (Schulterhöhe bis 1,25 m, Gewicht bis 115 kg), auch Sumpfantilopen oder Wasserkudus genannt, sind nur in dicht bewachsenen, wasserreichen Gebieten anzutreffen. Einmalig sind die bis zu 18 cm langen Hufe, die sich weit spreizen, so dass diese Tiere auf Schlamm und schwimmenden Pflanzenflößen laufen können. Sie scheuen sich nicht, auch in tiefes Wasser zu gehen, denn sie sind gute Schwimmer. Die männlichen Tiere sind deutlich größer als die weiblichen, haben ein zottiges Fell und tragen ein spiralförmiges, bis zu 92 cm langes Gehörn. Im Allgemeinen sind die Sitatungas tagaktiv, nur bei Störungen und sonstigen außergewöhnlichen Verhältnissen äsen sie auch nachts.

Buschbock – (bushbuck)
Tragelaphus scriptus
Bei den Buschböcken (Schulterhöhe bis 85 cm, Gewicht bis 54 kg) werden 29 Unterarten beschrieben. Sie weisen deutliche Unterschiede in Statur und Farbe auf, mit Schattierungen von Schwarz bis Rotbraun mit zahlreichen weißen Pünktchen und Streifen. An der Kehle befinden sich immer zwei weiße Flecken. Nur die männlichen Tiere haben ein spiralförmiges Gehörn mit einer Durchschnittslänge von 26 cm, Rekordlänge 52 cm. Der auf dem Rückgrat sitzende Kamm wird aufgerichtet, um Feinden oder Weibchen zu imponieren. Buschböcke bevorzugen schützenden Busch und sind meist in Flusslandschaften in der Nähe von offenem Wasser anzutreffen.

Großer Kudu, männlich

Großer Kudu, weiblich

Oryx-Antilope – (gemsbok)
Oryx gazella
Oryx-Antilopen sind große, stämmige Tiere (Schulterhöhe bis 1,20 m, Gewicht bis 240 kg). Beide Geschlechter tragen lange, gerade, spitz zulaufende Hörner (Rekordlänge 1,219 m), wobei männliche Tiere und deren Gehörn wesentlich stattlicher sind als die weiblichen. Die Unterart im südlichen Afrika *O. g. gazella* ist grau und mit deutlichen schwarzen und weißen Markierungen, besonders im Gesicht, versehen. Diese Markierungen sind bei den ostafrikanischen Unterarten *O. g. beisa* und *callotis* beige und nicht ganz so deutlich ausgeprägt. Oryx-Antilopen leben meist in Herden, die bis zu 100 Tiere umfassen. Sie können gut ohne Wasser auskommen und bevorzugen weite Grassavannen. Die *O. g. gazella* lebt auch in Dünen (z.B. Sossusvlei und Kalahari).

Roan oder **Pferdeantilope** – (roan antelope)
Hippotragus equinus
Die Roans (Schulterhöhe bis 1,50 m, Gewicht bis 300 kg) sind die zweitgrößte Antilopenart. Ausgewachsene Tiere haben ein graubraunes Fell, junge sind eher rotbraun. Sie haben eine schwarzweiße Gesichtsmaskierung und markante lange Ohren mit Haarbüscheln an der Spitze. Beide Geschlechter tragen ein kräftiges, stark geringeltes, leicht nach hinten gebogenes Gehörn, das bei den weiblichen Tieren etwas kürzer ist.
Sie leben in kleinen Herden, bestehend aus 5–12 weiblichen und Jungtieren, die jeweils von einem starken männlichen Tier begleitet werden. Die Führung der Herde hat jedoch ein weibliches Leittier inne. Die jungen männlichen Tiere bilden Junggesellenherden. Roans bevorzugen offene Savannen mit hohem Gras.

Rappenantilope – (sable antelope)
Hippotragus niger
Beide Geschlechter dieser schönen, eleganten Antilope (Schulterhöhe bis 1,35 m, Gewicht bis 270 kg) tragen ein langes, nach hinten geschwungenes Gehörn, das beim männlichen Tier wesentlich größer ist (Rekordlänge 1,276 m). Es gibt ganz deutliche farbliche Unterschiede bei den Geschlechtern: Die männlichen Tiere sind pechschwarz mit schneeweißer Unterseite, während die weiblichen rötlichbraun sind. Beide Geschlechter haben eine markante schwarzweiße Gesichtsmaske.
Die Rappenantilopen bevorzugen offene, trockene Graslandschaften und sind auf offenes Trinkwasser angewiesen. Sie leben in Herden mit 10–30 Tieren, die von einem weiblichen Leittier geführt werden.

Wasserbock – (waterbuck)
Kobus ellipsiprymnus
Nur die männlichen Tiere des (Ellipsen-)Wasserbocks (Schulterhöhe bis 1,30 m, Gewicht bis 270 kg) tragen ein langes, nach vorne geschwungenes Gehörn. Es gibt zwei Unterarten, Defassa-Wasserbock und „normaler“ (engl.: common waterbuck), auch Hirschantilope genannt. Das Fell ist graubraun, dicht und zottig. Am Maul und an der Nase weisen sie weiße Flecken und an der Kehle einen weißen Streifen auf. Auffällig beim Wasserbock ist der weiße, ellipsenförmige Ring am Hinterteil, während der Defassa dort einen weißen Flecken besitzt.
Starke männliche Tiere haben klar abgrenzte Territorien, durch die die Zuchtherden, meist 6–30 Tiere, hindurch ziehen. Der Wasserbock bevorzugt offene, wasserreiche Flusslandschaften.

Puku-Antilope – (puku)
Kobus vardoni
Bei den Pukus (Schulterhöhe bis 80 cm, Gewicht bis 74 kg) tragen die männlichen Tiere ein kräftiges, leierförmiges, stark geringeltes Gehörn (Rekordlänge 53,98 cm). Ihr goldbraunes, an der Bauchunterseite grauweißes Fell ist gänzlich ohne Markierung.
Sie leben in kleinen, unstabilen Herden von etwa sechs Tieren, selten in größeren mit bis zu 30 Tieren. Männliche Tiere verteidigen ihr Territorium nur während der Brunft. In dieser Zeit versuchen sie auch, die umher ziehenden Zuchtherden in ihrem Gebiet zu halten. Sie sind immer auf offenen Flächen in der Nähe von großen Flüssen und Sümpfen anzutreffen und fressen nur Gras.

Oryx gazella beisa
Oryx gazella callotis
Oryx gazella gazella

K. ellipsiprymnus defassa
K. e. ellipsiprymnus

Lechwe – (lechwe)
Kobus leche
Diese Antilope (Schulterhöhe bis 1 m, wobei das Hinterteil deutlich höher als die Schulter ist, Gewicht bis 100 kg), auch Litschi-Wasserbock oder Litschi-Moorantilope genannt, ist vom Aussterben bedroht. Nur die männlichen Tiere tragen lange, stark geringelte, leierförmige Hörner. Es gibt drei Unterarten, wobei die jungen weiblichen Tiere sich ähneln, die Böcke sich jedoch v.a. in der Farbe unterscheiden. Lechwes leben in Zambia, einige sieht man im Caprivi (Namibia) sowie im Norden Botswanas. Sie lieben Wasser und stehen meist in seichten Schwemmebenen, nur bei schlechten Futterbedingungen entfernen sie sich 1–2 km vom Wasser. Sie äsen fast ausschließlich Sumpfgräser.

Großer Riedbock – (reedbuck)
Redunca arundinum
Riedböcke (Schulterhöhe bis 95 cm, Gewicht bis 70 kg) sind braun oder graubraun mit weißer Unterseite. Sie haben einen kurzen, buschigen Schwanz, der ebenfalls an der Unterseite weiß ist. Die Vorderbeine weisen einen senkrechten, schwarzen Streifen auf. Nur die männlichen Tiere tragen ein langes, mäßig geringeltes, leicht nach vorn gebogenes Gehörn. Riedböcke halten sich meist als Pärchen in hohem Gras immer in der Nähe vom Wasser auf und sind Grasfresser. Ihr typischer Warnpfiff ist am offenen Wasser oft deutlich zu hören. Es gibt zwei weitere Arten, den etwas kleineren Bohar Riedbock *Redunca redunca* und den noch kleineren (nur bis zu 30 kg) Bergriedbock *Redunca fulvorufula*.

Kuhantilope – (red hartebeest)
Alcelaphus buselaphus
Von dieser Antilope (Schulterhöhe bis 1,25 m, wobei die Schulter deutlich höher ist als die Hüfte, Gewicht bis 150 kg) gibt es sechs Unterarten, die sich vornehmlich durch die Form des Gehörns und durch die Farbe unterscheiden, sowie eine weitere Art, das Lichtenstein's Hartebeest *Sigmoceros lichtensteini*. Kuhantilopen können ausdauernd und schnell rennen. Beide Geschlechter tragen ein stark gebogenes Horn. Sie bevorzugen trockene Buschsavannen und treten in Herden von unterschiedlicher Größe, max. einige hundert Tiere, auf. Der afrikaanse (und englische) Name Hartebeest weist auf die herzförmige Zeichnung am Hinterteil und / oder auf die Herzform des Horns hin (harte = Herz, beest = Rind). *Abbildung: Alcelaphus buselaphus caama*

Leierantilope – (topi, tsessebe)
Damaliscus lunatus
Diese Antilopen (Schulterhöhe bis 1,20 m, wobei die Schulter deutlich höher ist als das Hinterteil, Gewicht bis 140 kg) werden auch Halbmondantilopen genannt. Es gibt vier Unterarten, von denen das Tsessebe *D.l. lunatus* im Süden und das Topi *D.l. jimela* im Osten die bekannteren sind. Beide Geschlechter tragen leierförmige Hörner, die beim Tsessebe weiter gespreizt sind als bei den anderen Unterarten. Ihr Fell ist rotbraun mit purpurnem Glanz. Die Beine, Schultern und Hüften sowie der Kopf sind etwas dunkler als der restliche Körper, beim Topi ist der Farbunterschied noch deutlicher als beim Tsessebe. Sie leben in eher kleinen Herden (6–30 Tiere), sind häufig in offenen Baumsavannen und im Grasland zu sehen und ernähren sich von Gras. *Abbildung: Topi*

Bunt- und **Blessbock** – (bontebok, blesbok)
Damaliscus dorcas dorcas und *D. d. phillipsi*
Die beiden Antilopenarten (Schulterhöhe bis 90 cm, Gewicht bis 70 kg, Buntbock geringfügig leichter) unterscheiden sich nur in der Fellfarbe und im bevorzugten Habitat. Der Buntbock hat dunklere Flanken als der Blessbock und einen großen, weißen Fleck am Hinterteil sowie eine durchgehende Blesse, während diese beim Blessbock aus zwei Flecken besteht. Männliche und weibliche Tiere beider Arten tragen ein leierförmiges Gehörn. Sie waren um 1900 fast ausgestorben, in eigens für sie geschaffenen Parks überlebten die Buntböcke an der Kap-Spitze und Blessböcke im zentralen Osten in Südafrika. Heute gibt es große Bestände auf privaten Wildfarmen in Südafrika und Namibia.

Abbildung: Blessbock

Kobus leche leche

Kobus leche kafuensis

Kobus leche smithemani

A. buselaphus major

A. buselaphus lelwel

A. buselaphus tora

A. buselaphus swaynei

A. buselaphus cokei

A. buselaphus caama

Damaliscus lunatus korrigum

Damaliscus lunatus tiang

Damaliscus lunatus jimela

Damaliscus lunatus lunatus

Damaliscus dorcas phillipsi

Damaliscus dorcas dorcas

Gnu – (blue wildebeest)
Connochaetes taurinus
Bei den Gnus (Schulterhöhe bis 1,50 m, Schulter kräftiger und höher als Hüfte, Gewicht bis 250 kg) tragen beide Geschlechter ein Gehörn, das dem der Büffel ähnelt, jedoch viel leichter ist. Die Rekordlänge von Spitze zu Spitze beträgt 83,8 cm. Es gibt fünf Unterarten, die in drei separaten Gebieten leben und sich nur farblich unterscheiden. Bei dem im südlichen Afrika lebenden Streifengnu *C. t. taurinus* sind die Barthaare schwarz, bei dem in Ostafrika lebenden Weißbartgnu *C. t. mearnsi / albojubatus* schmutzig-weiß. Das Cookson-Gnu *C. t. cooksoni* im Luangwa Valley in Zambia ist bräunlich. Das Gnu ist mit ca. 2 Mill. Tieren die häufigste Antilope in Afrika, trotzdem ist es stark bedroht. Von der Unterart *C.t. johnstoni* gibt es nur noch einige Exemplare in Mozambik.

Weißschwanzgnu – (black wildebeest)
Connochaetes gnou
Mit 180 kg und einer Schulterhöhe von 1,20 m sind sie kleiner als die Streifengnus. Weißschwanzgnus haben verglichen mit den Streifengnus ein noch unproportionaleres, fast groteskes Aussehen. Der pferdeähnliche, weiße Schwanz hebt sich deutlich vom schwarzen Körper ab. Einstmals mit vielen hunderttausend Tieren im gesamten südlichen Afrika weit verbreitet, gab es 1930 nur noch einige hundert Tiere. Heute hat sich der Bestand in privaten Parks etwas erholt. Charakteristisch und namensgebend für beide Gnus ist das einmalige, unverwechselbare Geräusch „ge-nu", das sie von sich geben.
Wer sie beobachtet, erkennt, warum sie in Afrika „Wildebeest" (wildes Rind) genannt werden.

Grants-Gazelle – (Grant's gazelle)
Gazella granti
Die Böcke dieser vergleichsweise großen Gazelle (Schulterhöhe bis 95 cm, Gewicht bis 80 kg) haben ein robustes, geringeltes, bis zu 81 cm langes Gehörn, bei weiblichen Tieren ist es wesentlich zierlicher. Anhand der Hornform sind diverse Unterarten zu unterscheiden. Der Oberkörper ist rotbraun, die Unterseite und das Hinterteil sind weiß. Ein weißer Streifen streckt sich vom Auge bis zur Nase. Sie leben meist in kleineren Herden mit bis zu 30 Tieren. Diese werden von einem männlichen Tier geführt.
Die Grants gibt es in vielen verschiedenen Vegetationsformen, sie meiden jedoch Savannen mit hohem Gras.

Thomson-Gazelle – (Thomson's gazelle)
Gazella thomsoni
Diese bekannte, kleine Gazelle (Schulterhöhe bis 65 cm, Gewicht bis 28 kg) wird meist als Tommy (pl. Tommies) bezeichnet. Sie hat ein eng beieinander stehendes, stark geringeltes, bis zu 43 cm langes Gehörn, das bei den weiblichen Tieren kürzer und schlanker ist. Die obere Körperhälfte ist hell gelbbraun, die untere weiß, getrennt durch einen breiten, schwarzen Streifen. Kennzeichnend ist außerdem der weiße Augenring. Es gibt zwei Unterarten, *G. t. thomsoni* in Kenya und Tanzania sowie *G. t. albonotata* in Somalia. Tommies bevorzugen offene Savannen und müssen täglich trinken. Mit über einer Million Tiere im Serengeti-Ngorongoro-Masai Mara-Gebiet und ca. 300 000 in Somalia ist die Thomson mit Abstand die häufigste Gazelle.

Springbock – (springbok)
Antidorcas marsupialis
Der Springbock (Schulterhöhe bis 75 cm, Gewicht bis 41 kg) ist die einzige Gazelle im südlichen Afrika. Springböcke „prunken" – ein einmaliges Verhalten, bei dem sie mit steifen Beinen und gebogenem Rücken hohe Luftsprünge machen. Dabei wird der Rückenkamm, der aus zusammengelegten, steifen Haaren besteht, zu einer großen Rosette geöffnet. Beide Geschlechter tragen ein leierförmiges Gehörn. Es gibt heute etwa 100 000 Tiere. Die ersten Abenteurer Afrikas berichteten von gigantischen Herden von je ca. 1 Mill. Tiere. Springböcke werden heute auf Farmen für die Trophäenjagd und wegen des Wildbret gehalten. Sie können sich exzellent an Wüstenbedingungen anpassen und graben mit den Vorderhufen nach Wurzeln und Knollen.

Gazella thomsoni albonotata

Gazella thomsoni thomsoni

Impala – (impala)
Aepyceros melampus
Die sechs Unterarten der mittelgroßen Antilope (Schulterhöhe bis 90 cm, Gewicht bis 50 kg) sind nur schwer zu unterscheiden. Lediglich die in Namibia vorkommende Schwarznasenantilope *A. m. petersi* ist eindeutig am schwarzen Fleck auf dem Nasenrücken zu identifizieren. Die Impala-Böcke haben ein elegantes, leierförmiges Gehörn, das in Ostafrika wesentlich länger ist als bei der in Südafrika vorkommenden Schwarzfersenantilope, *A. m. melampus*. Böcke geben in der Brunft schnaubende, grunzende, manchmal brüllende Laute von sich. Nur in dieser Zeit beanspruchen sie ein festes Territorium, um das bis aufs Blut gekämpft wird. Außerhalb der Brunft ziehen sie friedlich gemeinsam umher. Es leben etwa 500 000 Tiere in Südafrika und die gleiche Anzahl in Ostafrika.

Steinböckchen – (steenbok)
Raphicerus campestris
Die kleine, elegante Antilope (Schulterhöhe bis 50 cm, Gewicht bis 11 kg) hat auffällig große Augen und noch größere Ohren. Ihr Fell ist rehbraun und ohne jegliche Zeichnung, an der Bauchunterseite und Innenseite der Beine jedoch weiß. Nur die Böcke haben ca. 9 cm lange, spitze Hörner, die Rekordlänge beträgt 19 cm. Noch sind die Steinböckchen in den zwei geografisch getrennten Gebieten häufig anzutreffen, doch auch ihr Lebensraum wird immer stärker eingeschränkt. Sie leben meist paarweise und sind an ihr Revier gebunden. Sie bevorzugen Grassavannen mit etwas Deckung und sind unabhängig vom Wasser.
Für Antilopen ungewöhnlich ist, dass sie Dung und Urin mit den Vorderläufen verscharren.

Klippspringer – (klipspringer)
Oreotragus oreotragus
Bei dieser kleinen Antilope (Schulterhöhe bis 60 cm, Gewicht bis 15 kg) sind die weiblichen Tiere etwas schwerer als die männlichen. Bei den meisten Unterarten haben nur die Böcke ein weit auseinander stehendes, kurzes Gehörn. Ihr grobes, fast dorniges Haarkleid dient der Temperaturregelung sowie als Polster bei Stürzen. Als einzige Antilope laufen sie auf den Hufspitzen durch steinige Gebiete und können mit graziler Leichtigkeit extrem steile Felshänge überwinden. Das Warngeräusch ist ein lauter, nasaler Pfeifton. Sie leben immer als Pärchen, häufig in Begleitung eines Jungtiers. Klippspringer nutzen Dungplätze gemeinschaftlich.

Dikdik – (dik-dik)
Madoqua spp.
Es gibt vier Arten der sehr kleinen Antilope (Schulterhöhe bis 38 cm, Gewicht nur bis 5 kg), die häufigsten sind das Kirk- oder Damara-Dikdik *Madoqua kirki* und das Guenther's-Dikdik *Madoqua guentheri*. Sie sind einfach an der geschwollen wirkenden, rüsselartigen Nase zu erkennen. Böcke tragen ein kurzes Gehörn, beide Geschlechter schmücken sich mit einem Haarbüschel auf der Stirn. Sie sind immer paarweise zu sehen, oft in Begleitung eines Jungtieres, das so lange bei den Eltern bleibt, bis ein neues geboren wird.
Dikdiks haben einen vielfältigen Speiseplan: Sie grasen, äsen und sammeln Früchte, Schoten und Blüten, die von Elefanten und Kudus fallen gelassen werden. Oft nimmt man sie gar nicht wahr, wenn sie sich unter den Büschen aufhalten.

Kronenducker – (common duiker)
Sylvicapra grimmia
Der Ducker (Schulterhöhe bis 50 cm, Gewicht bis 21 kg) bekam seinen Namen aufgrund der Gewohnheit, bei Störungen mit weiten, schnellen Sprüngen zu flüchten und sich dann in ein Versteck zu ducken. Genau deshalb ist es so schwer, diese Antilope zu fotografieren. Sie ist in ganz Afrika südlich der Sahara anzutreffen. Es wurden bisher 18 Unterarten beschrieben, die sich v.a. in Farbnuancen unterscheiden. Nur die Böcke tragen ein durchschnittlich 11 cm langes, spitz zulaufendes Gehörn, die Rekordlänge beträgt 18,1 cm. Beide Geschlechter haben ein Haarbüschel (die so genannte Krone) auf der Stirn.
Sie bevorzugen Savannen und dichten Busch und meiden unbewachsene Flächen. Sie leben einzeln in Revieren, die sie mit Kothaufen markieren.

Afrikanischer Elefant – (African elephant)
Loxodonta africana
Diese riesigen Tiere mit ihrem unverwechselbaren Aussehen sind die bekanntesten Vertreter der Tierwelt Afrikas und die größten Landsäugetiere. Die Bullen wiegen bis zu 6,3 t bei einer Schulterhöhe bis zu 4 m. Die Kühe sind kleiner, wiegen maximal 3,5 t bei nur 3,50 m Schulterhöhe.
Elefanten haben einen sehr empfindlichen Rüssel und zwei Stoßzähne, die aus dem Oberkiefer wachsen. Diese aus reinem Elfenbein bestehenden Eckzähne nutzen sich durch stetigen Gebrauch nach und nach ab, wachsen aber ausgleichend dazu ein Leben lang nach. Die Stoßzähne werden zum Graben, Stochern und zur Verteidigung genutzt. Die größten Stoßzähne eines Elefanten aus Kenya wogen 102,3 kg und 97 kg.
Die lappenartigen Ohren mit dem feinen Adernetz, die bei afrikanischen Elefanten in etwa die Form Afrikas haben, dienen u.a. zur Temperaturregelung. Durch das Wedeln der Ohren wird die Körperwärme reduziert. Bei Erregung werden die Ohren weit aufgestellt (Drohgebärde). Mit ihrem äußerst beweglichen Rüssel können Elefanten viele Dinge bewältigen, wozu Menschen ihre Hände benötigen. Mit dem Rüssel wird alles Essbare gesammelt und in den Mund befördert. Mit den zwei fingerähnlichen Verlängerungen an der Spitze des Rüssels können selbst kleinste Gegenstände aufgehoben werden. Trinkwasser wird angesaugt und in den Mund gepumpt oder als Dusche über den Körper gespritzt.
Elefanten sind bis auf ein kleines Büschel an der Schwanzspitze nahezu haarlos. Vor 1500 Jahren waren sie in ganz Afrika bis zum Mittelmeer verbreitet, heute leben sie nur noch in kleinen Gebieten im mittleren und südlichen Afrika, fast ausschließlich in Parks und Schutzgebieten. 1930 wurde der bereits reduzierte Gesamtbestand der Elefanten auf 5–10 Mill. Tiere geschätzt, 1992 waren es nur noch 600 000. Ein guter Teil dieses Verlustes geht auf das Konto der Elfenbeinjäger, weit schlimmer ist jedoch die Eingrenzung ihres Habitats durch dramatisch zunehmende Besiedlung und die damit einhergehende Überweidung und Abholzung. In den wenigen Schutzgebieten gibt es auf der anderen Seite einen z.T. bedrohlichen Überbestand mit verheerenden Folgen für die Flora. Elefanten sind eine ernsthafte Gefahr für das empfindliche ökologische Gleichgewicht in fast allen Parks.
Sie sind sehr anpassungsfähig und leben sowohl in der Wüste – sogar in Dünenlandschaften – als auch in Wäldern, in Sumpfgebieten und trockenen Savannen. Sie benötigen je nach Futter- und Wasservorkommen ein Gebiet zwischen 5 und 50 km^2, Bullen in der Wüste gar bis zu 3000 km^2.
Elefanten sind gesellig und leben in Familien, bestehend aus einer älteren Leitkuh und ihren Nachkommen. Oft schließen sich mehrere Familien zu großen Herden zusammen. Erwachsene Bullen bewegen sich unabhängig zwischen den Familien. Junge Kühe bleiben solange in der Familie, bis genügend Tiere für eine neue Gruppe herangewachsen sind. Bullen bleiben bis zur Geschlechtsreife in der Familie und bilden dann Junggesellenherden. Da nur die stärksten Bullen decken dürfen, paaren sich Elefantenbullen selten vor dem 20. Lebensjahr, während Kühe mit ca. 11 Jahren ihr erstes Kalb bekommen. Sie paaren sich das ganze Jahr über. Das Kalb wird nach 22 Monaten mit einem Gewicht von etwa 120 kg geboren. Das Kleine ist dann schon fast 1 m groß. Die sehr verspielten Jungtiere werden fürsorglich und liebevoll behütet, bis sie mit etwa 2 Jahren selbstständig werden. Zwischen ihrem 10. und 12. Lebensjahr erreichen sie die Geschlechtsreife, erst nach 20 Jahren sind sie ausgewachsen. Elefanten werden im Durchschnitt 60 Jahre, vereinzelt sogar 100 Jahre alt.
Ein Elefant trinkt 100–220 l Wasser am Tag und frisst 150–300 kg an Gras, Blättern, Rinden, Ästen, Wurzeln und Früchten. Elefanten können große Bäume fällen, um an das Laub in der Spitze zu gelangen und verwandeln so innerhalb kürzester Zeit einen Wald in eine verwüstete Landschaft.
Elefanten haben komplizierte Verständigungsmethoden: Neben visuellen Signalen und Körperkontakt gibt es eine ganze Palette von für Menschen z.T. nicht hörbaren Geräuschen. Am eindruckvollsten ist das markdurchdringende, ohrenbetäubende Trompeten, das aus Furcht oder als Drohung ausgestoßen wird.
Einziger Feind der Elefanten ist der Mensch, nur selten werden Jungtiere von Löwen oder Hyänen gerissen. Elefanten sind grundsätzlich friedliche Tiere, greifen jedoch aggressiv an, wenn sie bedroht werden oder verwundet sind.

Kapfuchs – (Cape fox)
Vulpes chama
Der einzige „echte" Fuchs südlich der Sahara (Schulterhöhe bis 36 cm, Gewicht 2,5–4 kg) kommt ausschließlich an der Südwestspitze Afrikas vor. Der Rücken und die Seiten sind silbergrau meliert, Hals, Brust und Vorderläufe sind hell gelbbraun. Der Kapfuchs hat große, spitze Ohren und einen langen, buschigen Schwanz. Auffällig ist sein Gebell, das mitunter in ein hohes Heulen übergeht. Er bevorzugt offene Grassavanne, Halbwüste und das Fynbos-Gebiet Südafrikas. Die nachtaktiven Tiere leben meist einzeln und jagen Insekten, Reptilien, Vögel und auch schon mal ein Huhn oder ein kleines Lamm, weswegen sie von Farmern energisch bekämpft werden. Tagsüber verstecken sie sich in Löchern, sehr dichtem Gebüsch oder Felsspalten.

Löffelhund – (bat-eared fox)
Otocyon megalotis
Namensgebend sind die riesigen, bis zu 14 cm langen Ohren, die auf dem kleinen Tier (Schulterhöhe bis 40 cm, Gewicht bis 5 kg) fast deplatziert wirken. Löffelhunde haben ein langhaariges, grau meliertes Fell. Die Beine und die Oberseite des buschigen Schwanzes sind schwarz. Sie leben in Familienverbänden zusammen. Die nachtaktiven Löffelhunde konnten ihr Verbreitungsgebiet ausdehnen und wahrscheinlich sogar zahlenmäßig zunehmen – eine Besonderheit in der heutigen Welt. Sie leben überall, wo es Grasschneidetermiten (Hodotermes) gibt, die ihre Hauptnahrung darstellen.
Sie fressen auch andere Insekten, Reptilien und manchmal auch Feldfrüchte, reißen jedoch nie ein Huhn oder Lamm.

Schabrackenschakal – (black-backed jackal)
Canis mesomelas
Kaum ein Tier wurde vor allem im südlichen Afrika so ausdauernd gejagt wie der Schakal (Schulterhöhe bis 50 cm, Gewicht bis 8 kg), trotzdem kommt er immer noch sehr häufig vor. Schakale sind ausgesprochen anpassungsfähig – ob dieser Eigenschaft, so vermuten Wissenschaftler, werden sie vielleicht einmal die letzten wilden Tiere sein. Die schwarze, weiß durchsetzte Schabracke, die sich von der Schulter zum Schwanz hin verjüngt, verleiht ihnen ihren Namen. Sie fressen alles, von Pflanzen bis Aas, und reißen kleine Antilopen und andere Tiere, auch Lämmer und Kälber. Sie sind nachtaktiv und verständigen sich mit einem unvergleichlichen, markdurchdringenden Heulen, das mit einem drei- bis viermaligen Kläffen abgeschlossen wird.

Afrikanischer Wildhund – (African hunting dog)
Lycaon pictus
Die unregelmäßig schwarz, weiß, braun und gelbbraun gefleckten Tiere (Schulterhöhe 65–80 cm, Gewicht 17–36 kg) werden auch Hyänenhunde genannt. Die Flecken fallen bei jedem Hund anders aus. Die Schnauze ist schwarz, von der Spitze zieht sich ein schwarzer Streifen bis zwischen die großen, dunklen, runden Ohren. Sie jagen in Rudeln mit bis zu 15 Tieren und hetzen ihre Beute über mehrere Kilometer mit etwa 50 km/h bis zur Erschöpfung, um diese dann zu reißen. 70 % aller Jagdversuche sind erfolgreich – mehr als bei jedem anderen Raubtier. Die im Bau zurückbleibenden Jungtiere werden mit vorverdautem, hochgewürgtem Fleisch gefüttert. Wildhunde sind extrem bedroht. Einstmals sehr zahlreich, sind heute nur noch 2000–3000 Tiere übrig geblieben.

Honigdachs – (honey badger, ratel)
Mellivora capensis
Wegen ihres kleinen Körperbaus (Schulterhöhe bis 30 cm, Gewicht 8–14 kg) werden die Honigdachse sehr häufig unterschätzt. Sie sind die furchtlosesten Tiere in Afrika und greifen sogar Elefanten und Menschen an, wenn sie bedroht werden. Das kurze Haarkleid ist am Scheitel, Nacken und Rücken silbriggrau, sonst einheitlich schwarz. Sie sind gewöhnlich nachtaktiv, jedoch auch in den Morgen- und Abendstunden hin und wieder zu sehen. Die dicken, struppigen Borsten erlauben es ihnen, direkt in einen Bienenstock zu kriechen und den Honig auszuheben, den sie mit einem einmaligen Gespür finden. Nur die Nase ist sehr empfindlich und bekommt dabei schon mal ein paar Stiche ab. Ansonsten leben sie von Nagetieren, Reptilien, Vögeln und auch Aas.

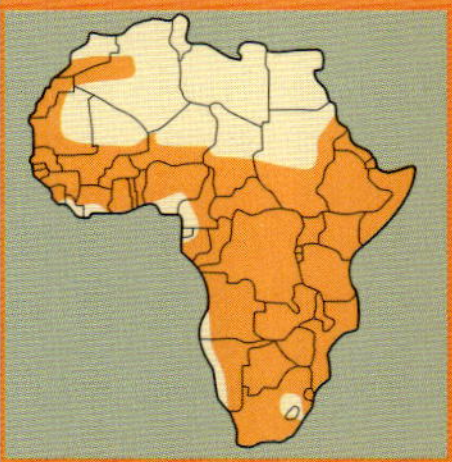

Afrika-Zibetkatze – (African civet)
Civettictis civetta
Zibets gehören zu den Mangusten und sind nur entfernt mit den Katzen verwandt. Sie sind kräftig gebaut (Schulterhöhe bis 40 cm, Gewicht 9–15 kg) und weit verbreitet. Sie haben zahlreiche schwarze Flecken, Tüpfel und Streifen auf einem grauen bis graubraunen, borstigen Fell. Charakteristisch sind die schwarzweißgraue Gesichtszeichnung und der beim Laufen gekrümmte Rücken. Bei Gefahr sträubt sich ein dunkler Haarstreifen am Rückgrat. Der Schwanz ist auf der Unterseite gestreift, doch an der Spitze und oben schwarz.
Zibets leben in der Nähe von Wasser und sind meist allein in der Nacht oder in der Dämmerung unterwegs. Sie nutzen immer die gleichen Stellen als Toilette, die so genannten „civetries".

Erdmännchen – (suricate)
Suricata suricatta
Diese Mangustenart (Schulterhöhe bis 15 cm, Gewicht bis 1 kg) lebt in trockenen, offenen Gebieten mit wenig Pflanzenwuchs. Die Farbe des Fells variiert von Rehbraun bis Silbergrau und hat eine Reihe dunkler, unregelmäßiger Querstreifen, die sich von der Schulter bis zur Schwanzspitze erstrecken. Den dünnen, spitz zulaufenden Schwanz mit der schwarzen Spitze strecken sie beim Laufen senkrecht in die Höhe. Ihr besonderes Merkmal ist, dass sie auf ihren Hinterbeinen stehen und „Männchen" machen können. Erdmännchen sind sehr gesellig und leben in Familien von 5–50 Tieren. Sie fressen Insekten und andere wirbellose Tiere. Faszinierend ist die Geschwindigkeit, mit der sie Skorpione fangen und vertilgen. Sie leben in selbst gegrabenen Bauten und sind tagaktiv.

Zebramanguste – (banded mongoose)
Mungos mungo
Die kleinen, agilen Tiere (Schulterhöhe bis 20 cm, Gewicht bis 1,8 kg) kommen in allen Savannen vor. Sie sind sehr gesellig und leben in ausgeprägten Verbänden von 5–30 und mehr Tieren. Ihr Fell ist grau meliert mit 10–12 dunkelbraunen oder schwarzen „Zebra"-Streifen, die quer über den Körper verlaufen. Sie haben einen relativ buschigen, kurzen Schwanz. Zebramangusten „unterhalten" sich ständig mit zwitschernden, zirpenden Geräuschen. Wie alle anderen Mangusten ernähren auch sie sich von wirbellosen Tieren, Reptilien, Vögeln und Mäusen.
In Afrika gibt es 23 Mangustenarten, auch Mungos genannt, und noch mehr Unterarten. 22 Arten leben südlich der Sahara. Einige sind vermutlich schon ausgestorben.

Fuchsmanguste – (yellow mongoose)
Cynictis penicillata
Diese kleine Manguste (Schulterhöhe bis 15 cm, Gewicht bis 0,9 kg) ist im südlichen Afrika sehr häufig auf offenen, mit kurzem Gras bestandenen Flächen und im Gestrüpp der Halbwüsten zu sehen. Auch bei den Fuchsmangusten variiert die Farbe des Fells, von rötlichgelb zu braungelb, sie haben meist eine weiße Schwanzspitze. Im nördlichen Botswana sind sie mehr gräulich und die weiße Schwanzspitze fehlt. Der Schwanz ist buschig und wird horizontal über dem Boden gehalten, nur beim Rennen (Flucht o. Ä.) wird er auf 45° angehoben. Fuchsmangusten sind tagaktiv, gehen allein auf Futtersuche und leben in kleinen Kolonien mit 5–10 Tieren in Erdlöchern, die sie selbst graben. Manchmal ziehen sie in die Bauten der Erdmännchen oder -hörnchen.

Serval – (serval)
Leptailurus serval
Diese gelbbraune, getüpfelte Wildkatze hat die Körpergröße einer Hauskatze, ist aber mit wesentlich längeren Beinen und einem längeren Hals ausgestattet (Schulterhöhe bis 60 cm, Gewicht bis 13 kg). Sie hat einen kurzen, gestreiften Schwanz mit einer schwarzen Spitze. Die großen, runden Ohren sind mit einem weißen Fleck markiert und an der Spitze schwarz. Die bevorzugten Areale bieten ausreichend Wasser und eine üppige Vegetation mit hohem Gras oder Ried. Servals sind geschickte Jäger und reißen überwiegend am Boden kleine Nagetiere, Reptilien und Vögel, können jedoch, wenn erforderlich, flink auf Bäume klettern. Sie sind nachts und in der Dämmerung allein oder in Familienverbänden unterwegs.

Mungos mungo
Mungos gambianus
Überschneidungsgebiet

Gepard – (cheetah)
Acinonyx jubatus
Die tagaktiven Geparden haben einen schlanken, grazilen Körper (Schulterhöhe bis 80 cm, Gewicht bis 70 kg) mit langen Beinen, einen kleinen Kopf und ein mit geschlossenen, schwarzen Flecken übersätes, beiges Fell. Vom inneren Augenwinkel bis zum Mundwinkel erstreckt sich ein schwarzer Streifen. Der lange Schwanz ist schwarz geringelt und an der Spitze weiß. Geparden fressen kein Aas, sondern jagen kleine bis mittlere Säugetiere, meist Antilopen. Sie schleichen sich an ihre Beute heran und greifen diese auf den letzten Metern mit sehr hoher Geschwindigkeit (70 km/h, Rekordgeschwindigkeit 112 km/h) an, sprinten aber nur kurze Distanzen und geben schnell auf. Ihr bevorzugter Lebensraum sind offene Savannen mit weiter Sicht. Von dieser stark bedrohten Raubkatze gibt es nur noch etwa 15 000 Tiere.

Leopard – (leopard)
Panthera pardus
Das beige Fell der kraftvoll gebauten Katze (Schulterhöhe bis 80 cm, Gewicht bis 90 kg, Männchen deutlich größer als Weibchen) ist mit unregelmäßigen Rosetten auf grauweißem oder orangefarbenem Grund markiert und an den Beinen, Flanken, Hinterschenkeln und am Kopf schwarz getupft. Leoparden sind zumeist allein unterwegs und treffen sich nur zur Paarung. Sie sind sowohl tag- als auch nachtaktiv, ruhen jedoch an heißen Tagen. Obwohl sie exzellente Kletterer und Schwimmer sind, bewegen sie sich meist am Boden, schleichen sich nah an die Beute heran und greifen mit einem geschmeidigen Sprung an. Sie reißen kleine Antilopen, aber auch Mäuse, Vögel und Ähnliches. Von allen Katzen ist die Nahrung des Leoparden am abwechslungsreichsten. Die Beute wird versteckt und das Aas später weitergefressen. Leoparden sind in ganz Afrika südlich der Sahara verbreitet, von der trockensten Wüste bis in den dichtesten Dschungel. Es wird angenommen, dass sie noch in guten Beständen vorkommen, denn kaum ein anderes Tier ist so schlau und anpassungsfähig. So zeigen sie sich nur in Parks und privaten Schutzgebieten, wo sie wissen, dass vom Menschen keine Gefahr ausgeht. Außerhalb werden sie fast nie gesichtet – was eben nicht heißt, dass sie dort nicht vorkommen. Sie verständigen sich mit einem heiseren Krächzen, knurren bei Gefahr und schnurren beim oder nach dem Fressen.

Löwe – (lion)
Panthera leo
Löwen sind die größten afrikanischen Katzen (Schulterhöhe bis 1,20 m, Gewicht bis 250 kg). Nur die männlichen Tiere, die deutlich größer sind als die Weibchen, tragen eine üppige Mähne. Löwen sind stark bedroht und außerhalb der Schutzgebiete kaum noch anzutreffen. Ihr Bestand wird auf weniger als 50 000 Tiere geschätzt.
Löwen sind die geselligste Katzenart und je nach Verfügbarkeit der Beute immer in Rudeln von 3–30 Tieren unterwegs. Sie weisen ausgeprägte Sozialstrukturen auf und verteidigen ihr Gebiet gegen Eindringlinge.
Männliche Jungtiere verlassen relativ früh das Rudel und tun sich mit anderen Jungesellen zusammen, bis sie erwachsen sind und sich gegen die dominierenden Männchen eines neuen Rudels behaupten können.
Obwohl meist die Löwinnen nachts oder in der Dämmerung jagen, nehmen sich die Löwen das Recht heraus, als erste zu fressen. Gern werden Büffel, Antilopen und Zebras gerissen. Manche Gruppen haben sich auf Hippos, Giraffen oder Stachelschweine spezialisiert.
Das imposante Löwengebrüll, das einem in freier Natur das Blut in den Adern gefrieren lässt, ist über etliche Kilometer zu hören.

Braune Hyäne (brown hyaena)
Hyaena brunnea
Diese Hyänenart (Schulterhöhe bis 80 cm, Gewicht bis 45 kg) wird auch Schabrackenhyäne genannt. Auch bei ihr sind die Schultern höher als die Hüfte. Braune Hyänen haben ein langes, dunkelbraunes Fell mit einer etwas helleren Mähne an den Schultern und auf dem Rücken sowie lange, spitz aufgestellte, nach vorn gerichtete Ohren und einen kurzen, buschigen Schwanz. Einstmals in allen trockenen Gebieten im südlichen Afrika verbreitet, gibt es sie heute nur noch in Wildschutzgebieten. Sie sind überwiegend nachtaktiv und meist als Einzelgänger unterwegs. Sie fressen hauptsächlich Aas, ernähren sich aber auch von Insekten und kleinen Tieren, sogar Wildfrüchte stellen einen Teil ihrer Nahrung.

Tüpfelhyäne – (spotted hyaena)
Crocuta crocuta
Hyänen haben deutlich stärkere und höhere Schultern als Hüften (Schulterhöhe bis 85 cm, Gewicht bis 80 kg). Kennzeichnend sind die braunen Tüpfel auf dem gesamten Fell und die großen Ohren. Sie haben einen unverwechselbaren Ruf, ein lang gezogenes „whoops", und ein unheimliches Kichern. Sie leben in Rudeln, auch als Clans bezeichnet, die von einem weiblichen Tier geführt werden. Sie sind nachts aktiv und fressen alles, von Aas, Insekten bis zu Großwild. Entgegen der allgemeinen Meinung sind sie sehr gute, aggressive Jäger und vertreiben oft Löwen und andere Raubkatzen von ihrem Riss. Besonders auffällig ist der kreideweiße Kot, dessen Färbung durch den sehr säurehaltigen Magen der Aas- und Allesfresser hervorgerufen wird.

Klippschliefer – (hyrax, dassies)
Procavia capensis
Die kleinen, stämmigen, schwanzlosen Tiere (Schulterhöhe 15–30 cm, Gewicht 2–5 kg) sind von Kapstadt bis Kairo an felsigen, buschbestandenen Hängen anzutreffen. Es gibt große Unterschiede in den Farbschattierungen, von gelblichem Rehbraun bis zu Dunkelbraun, selbst innerhalb einer Kolonie. Sie fressen Gras, Blätter und Früchte und leben in Kolonien, deren Größe vom Nahrungsangebot abhängt. Droht Gefahr, stoßen sie einen schrillen Warnschrei aus.
Es gibt eine weitere Art, *Heterohyrax brucei*, sowie drei Arten von Baumschliefern, *Dendrohyrax spp.* Deutlich erkennbar ist das aufrecht stehende Haarbüschel in der Mitte des Rücken, das eine Drüse schützt. Je nach Art ist dieses Büschel schwarz, weiß oder gelblich.

Erdferkel – (aardvark)
Orycteropus afer
Erdferkel (Schulterhöhe bis 60 cm, Gewicht bis 53 kg) haben einen langen, schweineartigen Rüssel, röhrenförmige Ohren, einen muskulösen, langen Schwanz, einen krummen Rücken und kräftige Vorderbeine mit Grabkrallen.
Die nachtaktiven Tiere haben schwache Augen, aber einen ausgeprägten Geruchssinn und ein gutes Gehör. Die Haut ist spärlich mit gelblichbraunen Borsten bedeckt, die Farbe des Tieres hängt von der Farbe des Erdreichs ab. Sie bevorzugen offene Savanne.
Sie ernähren sich von Ameisen und Termiten sowie deren Eiern und Larven, die sie selbst bei steinhartem Boden mit einer erstaunlichen Geschwindigkeit ausgraben und mit ihrer langen klebrigen Zunge auflecken.

Steppen-Schuppentier – (pangolin)
Manis temmincki
Diese ganz besonderen, urzeitlich anmutenden, nachtaktiven Tiere (Länge bis 1,10 m, Gewicht bis 18 kg) sind sehr selten zu sehen. Der Rücken, die Seiten und der Schwanz sind mit großen, braunen Schuppen bedeckt. Die Hinterbeine und der Schwanz sind stark entwickelt. Beim Laufen werden die kurzen Vorderbeine oft nicht genutzt. Bei Gefahr rollen sich die Schuppentiere zu einer festen Kugel zusammen, so dass die starken Schuppen die empfindliche Bauchseite schützen. Mit den Vorderbeinen graben sie Löcher auf der Suche nach Termiten und Ameisen, die ihre Hauptnahrung bilden. Das Steppen-Schuppentier hält sich in trockenen Buschsavannen auf, während das Riesen-Schuppentier sowie die beiden Baum-Schuppentiere feuchte Waldgebiete bevorzugen.

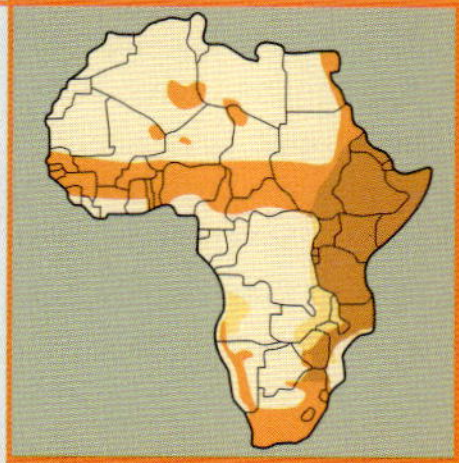

Procavia capensis
Heterohyrax brucei
Überschneidungsgebiet

Manis gigantea
Manis temmincki

Igel – (hedgehog)
Atelerix frontalis
Igel (bis 0,6 kg) sind an den kurzen, spitzen, gestreiften Stacheln leicht zu erkennen, die von der Stirn bis zum Steiß verlaufen. Dunkle Haare bedecken das Gesicht, die Beine und den kurzen Schwanz. Ein auffallendes, weißes Band zieht sich über die Stirn bis hinter die Ohren. Igel leben in vielen verschiedenen Habitaten, mit Ausnahme von regenreichen Gebieten und der Wüste. Tagsüber ruhen sie in Erdlöchern oder in trockenen Büschen. Sie ernähren sich von Insekten und Wildfrüchten. Bei Gefahr rollen sie sich zu einer festen Kugel zusammen, so dass die gesträubten Stacheln die empfindliche Bauchseite und den Kopf schützen. Sie bewegen sich im Allgemeinen gemächlich fort, können aber in Gefahrensituationen sehr schnell rennen.

Hase – (hare)
Lepus capensis und *L. saxatilis*
Die beiden in Afrika vorkommenden Hasenarten unterscheiden sich nur geringfügig voneinander. Beide haben einen kurzen, flauschigen Schwanz. Der Strauchhase ist etwas größer als der Kaphase. Die Ohren (Löffel) des Strauchhasen sind besonders lang und die Hinterläufe gut ausgebildet. Das weiche Fell ist graubraun bis grauschwarz gefleckt. Er hat einen weißen Stirnfleck und bevorzugt mit Gestrüpp bestandene Waldgebiete. Der Kaphase gleicht den in Europa vorkommenden Hasen. Er ist grauweiß bis mittelbraun mit einer rötlichen Tönung an der Seite. Die Brust ist heller als die Oberseite und der Bauch ist weiß. Er bevorzugt offenes, grasbewachsenes Gelände. Beide Hasenarten sind meist allein nachts oder in der Dämmerung unterwegs. *Abbildung: Kaphase*

Springhase – (springhare)
Pedetes capensis
Der Springhase (bis 3,8 kg) hat lange, kräftige Hinterbeine, mit denen er sich springend fortbewegt, und winzige Vorderbeine, die er zum Graben nutzt. Von vier Zehen sind drei lang gewachsen und mit Krallen versehen. Der lange Schwanz ist buschig mit einer schwarzen Spitze. Die Ohren sind lang und spitz. An der Oberseite ist das weiche Fell rötlichbraun bis gelb, die Bauchseite ist heller. Springhasen bevorzugen offene Graslandschaften. Sie sind ausschließlich nachtaktiv und leben in losen Verbänden in selbst gegrabenen Bauten. Sie ernähren sich von Gräsern und Wurzeln. In Pflanzungen können sie großen Schaden anrichten, daher werden sie stark bejagt.

Erdhörnchen – (ground squirrel)
Xerus inauris
Erdhörnchen (Länge 40–70 cm, davon 18–30 cm Schwanz, Gewicht bis zu 650 g) sind Nagetiere. An der Oberseite ist das Fell zimtfarben, ein einzelner weißer Streifen erstreckt sich an beiden Körperseiten von der Schulter bis zum Oberschenkel. Die Bauchseite ist etwas heller. Der buschige, schwarzweiße Schwanz nimmt etwa die Hälfte der gesamten Körperlänge ein. Er wird geschickt als Sonnenschirm über den Körper und Kopf gehalten. Erdhörnchen sind tagaktiv und leben gesellig in Kolonien von 5 bis manchmal weit über 50 Tieren am Boden bzw. unter der Erde, wo sie sich einen Bau aus Tunneln und Höhlen graben. Sie ernähren sich von verschiedenen Pflanzen und fressen manchmal auch Termiten. Verschiedene Arten sind in ganz Afrika verbreitet.

Stachelschwein – (porcupine)
Hystrix africaeaustralis
Der Körper des größten afrikanischen Nagers (Schulterhöhe bis 25 cm, Gewicht bis 13 kg) ist mit langen, robusten, schwarzweißen Stacheln bedeckt. Auf Kopf und Nacken befindet sich ein Kamm weicher Borsten, die normalerweise eng am Körper liegen. Sobald Gefahr droht, werden die Stacheln und Borsten aufgerichtet, so dass das Tier doppelt so groß aussieht. Stachelschweine kommen häufig vor, sind jedoch selten zu sehen, da sie nachtaktiv sind. Tagsüber ruhen sie im eigenen Bau, in Höhlen oder Geröll.

Ihre Nahrung ist vegetarisch und schließt Knollen, Zwiebeln und Borke ein. *H. africaeaustralis* im Süden und Osten und *H. cristata* in Nordafrika sind fast nicht zu unterscheiden.

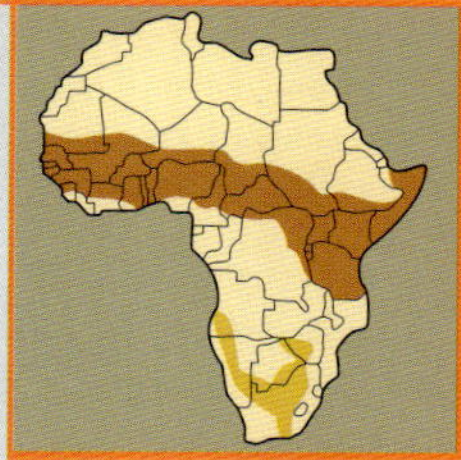

Atelerix albiventris
Atelerix frontalis

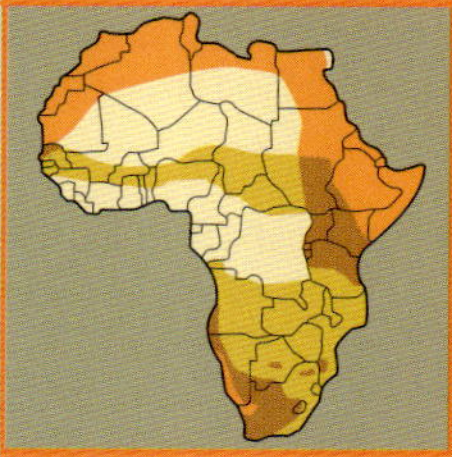

Lepus capensis
Lepus saxatilis
Überschneidungsgebiet

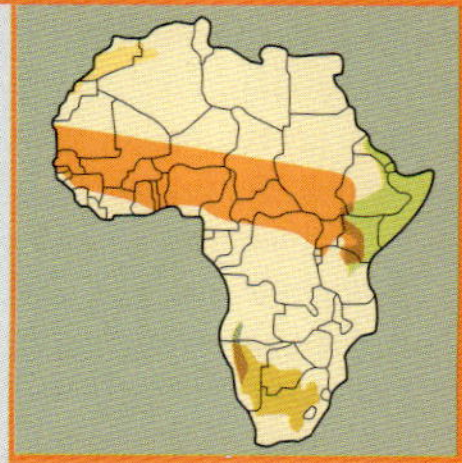

Xerus erythropus
Atlantoxerus getulus
Xerus rutilus
Xerus inauris
Xerus princeps
Überschneidungsgebiet
X. erythropus
A. getulus

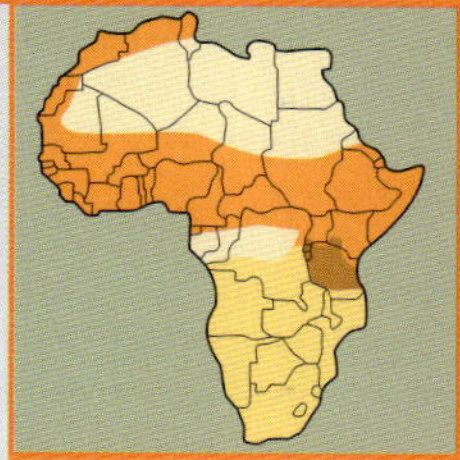

Hystrix cristata
Hystrix africaeaustralis
Überschneidungsgebiet

Zu den Tiernamen

Viele Tiere und Pflanzen haben diverse so genannte Trivialnamen (d.h. umgangssprachliche Namen), mitunter sogar mehrere in der gleichen Sprache. Diese Vielfalt führt zu einer „Sprachverwirrung". Daher nutzt die Wissenschaft ein einheitliches System der Namengebung in lateinischer Sprache mit universeller Geltung (selbst dabei gibt es noch unterschiedliche Schreibweisen). Dies ist sinnvoll, aber für den interessierten Besucher ziemlich kompliziert. Das *Wörterbuch der Tiernamen* von Theodor Cole, Spektrum Verlag, ISBN 3-8274-0589-0, will zwischen den Trivialnamen und den wissenschaftlichen vermitteln. Dieses einmalige und lobenswerte Buch ist jedoch noch nicht ausgereift. So wird *Oryx gazella* mit „Südafrikanischer Spießbock" übersetzt – ein Name, der zwar nicht unbekannt ist, aber von den Einheimischen milde belächelt wird. Im südlichen Afrika wird der afrikaanse Name Gemsbok gebraucht, nur gegenüber Touristen wird die in Ostafrika übliche Bezeichnung Oryx-Antilope oder nur Oryx verwendet. Auch *Madoqua kirki* hat viele Namen, z.B. Dikdik und Blauböckchen, Windspielantilope dagegen ist im südlichen Afrika gänzlich unbekannt und weckt merkwürdige Assoziationen. Um Reisenden die Handhabung des Safari Guides zu erleichtern, wurden neben dem meist gebräuchlichen deutschen Namen die englische sowie die wissenschaftliche Bezeichnung angegeben.

Zur Auswahl der Tiere

In Afrika ist eine riesige Anzahl verschiedener Säugetiere beheimatet – aus Platzgründen bleiben viele unerwähnt, z.B. Wale, Robben, über 150 Fledermausarten, Mäuse, Ratten, Kaninchen sowie weit verbreitete Tiere, die jedoch selten zu sehen sind, wie das Buschschwein. Auf die Vogel- und Reptilienwelt kann ebenfalls nicht eingegangen werden. Von den zehn Katzenarten werden nur die drei großen Arten und wegen seines besonderen Aussehens der Serval berücksichtigt.

Zu den **Big Five**, Afrikas berühmten, großen und vor allem gefährlichen Tieren, zählen Elefant, Nashorn, Büffel, Löwe und Leopard. Zusammen mit dem Hippo bilden sie die **Dangerous Six**.

Zu einzelnen Begriffen

Gehörn: Afrikanische Antilopen und Büffel tragen ein Gehörn, das fest mit dem Schädelknochen verwachsen ist und immer auf dem Kopf bleibt – anders als ein Geweih, das Hirsche und Rehe einmal jährlich verlieren (auch wenn Jäger das Geweih beim Reh wissenschaftlich inkorrekt als „Gehörn" bezeichnen).

Antilope ist kein wissenschaftlicher Begriff, trotzdem können sie relativ genau umschrieben werden: Die männlichen Tiere haben ein Gehörn, bei einigen auch die weiblichen, sie sind Paarhufer und Wiederkäuer, d.h. alle Antilopen gehören zur Familie der *Bovidae*. „Antilope" kommt vom griechischen *anthòlops* = „Blumenauge". **Gazellen** sind zierliche Antilopen. Neben dem Springbock im südlichen Afrika sind dies vor allem die Thomson-, Grants-, Lama- und Giraffen-Gazellen in Ostafrika.

Savanne [span.] ist eine Vegetationsformation der wechselfeuchten Tropen beiderseits des Äquators, die überwiegend Grasland, Busch und Laub abwerfende Wälder umfasst. Während der Regenzeit herrscht üppiges Wachstum, doch in der Trockenzeit verdorren die Pflanzen. Je nach Dauer der Trockenperiode unterscheidet man Feucht- und Trockensavannen, die wegen ihres häufig steppenförmigen Grasbewuchses auch als tropische Steppe bezeichnet werden. Die Steppe [russ.], eine offene, baumarme bis baumlose Landschaft, kommt hingegen nur in gemäßigten Zonen vor, z.B. die Pampa (Ost-Argentinien, Süd-Uruguay), Prärie (Nordamerika) und Tundra. Im Übergangsfeld zur Wüste findet sich zudem die Dornbuschsavanne, in der Sukkulenten und Dornengebüsch dominieren, die sich der Trockenheit angepasst haben.

Text: Livia und Peter Pack
www.packsafari.com
Fotos: siehe Bildnachweis